禮記淺悟

姜厚粤　著

山東大學出版社

圖書在版編目(CIP)數據

禮記淺悟/姜厚粤著. —濟南:山東大學出版社,
2020.5
ISBN 978-7-5607-5791-9

Ⅰ.①禮… Ⅱ.①姜… Ⅲ.①禮儀—中國—古代 ②《禮記》—研究
Ⅳ.①K892.9

中國版本圖書館 CIP 數據核字(2017)第 151022 號

策劃編輯:劉　彤
責任編輯:劉森文　陳海軍
封面題字:姜　濤
封面設計:楊曉怡
美術編輯:張　荔

出版發行:山東大學出版社
社　址　山東省濟南市山大南路 20 號
郵　編　250100
電　話　市場部(0531)88363008
經　銷:山東省新華書店
印　刷:山東和平商務有限公司
規　格:787 毫米×1092 毫米　1/16
45.5 印張　940 千字
版　次:2020 年 5 月第 1 版
印　次:2020 年 5 月第 1 次印刷
定　價:96.00 元

前言

禮記淺悟

《禮記》之名，始見於《史記·孔子世家》："孔子之時，周室微而禮樂廢，《詩》《書》缺。追迹三代之禮，序《書傳》，上紀唐虞之際，下至秦繆；編次其事曰：'夏禮吾能言，之杞，不足徵也；殷禮吾能言，之宋，不足徵也……周監二代，郁郁乎文哉，吾從周，'故《書傳》《禮記》自孔氏。"所云《禮記》，應當是後世所稱之《儀禮》；後世所稱之《禮記》者，大概是孔子講解《儀禮》時引用的輔導材料，由弟子和再傳弟子記録、編纂而成。秦火之後，此書亦被焚；不久漢興，漸漸又從漢儒的記憶中挖掘出來，經幾代學者的搜集、校對、增删、整理而成，最後由東漢大儒鄭玄爲之作注而流傳至今。《禮記》中記載著自堯舜至周王朝的大量與"禮"相關的珍貴資料，其中不乏至理名言，將中華文化"經天緯地""原始要終"的内涵闡述得淋漓盡致，爲歷代學者所推重。

儒家文化，實際就是"禮"的文化。所謂"禮"，即今人所説的規矩，是規範人的行爲的信條，是爲了培養人的道德情操，以使社會保持穩定而存在的。《曲禮》上篇有云："道德仁義，非禮不成；教訓正俗，非禮不備；分争辨訟，非禮不決；君臣上下、父子兄弟，非禮不定；宦學事師，非禮不親；班朝治軍、莅官行法，非禮威嚴不行；禱祠祭祀、供給鬼神，非禮不誠不莊。是以君子恭敬撙節退讓以明禮。"由此可見，"禮"在中華民族的社會生活中，無處不在；中國人要是不懂禮，將無法立足於社會。子曰："不學禮，無以立。"此之謂也。

"禮"是怎樣産生的呢？

追溯荒蠻的遠古時代，中華始祖們在與惡劣的生存環境長期相處中，以其天縱的善良、非凡的智慧和遠見卓識，最終選擇了遵奉天道，報本反始，贊天地之化育，與萬物和諧相處，使之生生不息的生存之道，即以堯舜爲代表所奉行的"大道"。隨着生存環境的不斷改善，物質條件的日益豐富，激發起人的貪欲，難遏將天下據爲自家所有的野心，"大道既隱，天下爲家"的局面出現了。爲了鞏固家天下的統治，中華文化又不斷增添堤防各種欲望膨脹的條文，即所謂禮。然而天下畢竟不是一家之物，於是"謀用是作，兵由此起"，中華民族從此陷入朝代頻繁更替和異族乘機入侵的戰亂中。每當此時，百姓生存環境之凶險，有甚於荒蠻之遠古。孔子的一生就是在這種環境下渡過的。

孔子生於周王朝禮壞樂崩的"春秋"亂世，少孤，雖貧賤，却有與始祖相同的善良和遠見卓識。十五歲勵志求學，雖無常師，却以人人爲師："擇其善者而從之，其不善者而改之”;更以其“好古,敏以求之”的勤奮,搜集散落在民間的官藏典籍刻苦自學;三十歲確立了人生志向,以匡世濟民、弘揚中華文化爲己任。爲此,他不羡浮榮,無視富貴,周游列國,不避危難,不理會“知其不可而爲之”之揶揄,我行我素,奮鬭到終生。知其不可而爲之,正是對中華文化必將普照寰宇抱有堅定信念的體現。在長期實踐人生抱負的過程中,“一以貫之”地遵奉天道,練就了“不勉而中,不思而得,從容中道”的識别是非善惡的能力。晚年回到魯國,將搜集到的浩繁古籍,“從心所欲不踰矩”地刪繁就簡、去粗取精,遴選、整理出《詩》《書》《禮》《樂》《易》《春秋》六經,並將此傳授給弟子,使祖先創作的凝結着生命真理的燦爛文化得以代代相傳,萬古不朽,與日月同輝。

孔子在《禮運》篇中説:“夫禮,先王以承天之道,以治人之情,故失之者死,得之者生。”《禮記》中凡所提到的先王、聖王或聖人,一般都是指創立和維護“天下爲公,選賢與能”的社會制度的天子唐堯和虞舜。所謂“天之道”,“天”指大自然,“道”是規律、法則的意思,即天的運行規律,或叫自然法則。所謂“人之情”,即孔子在此篇所説的人類與生具來“弗學而能”的“喜怒哀懼愛惡欲”七情。此七情不惟人類有,禽獸皆有。就是説,這禮,乃先王稟承天道法則制定的,用來治理人的七情,不能按此道治理天下的朝代必將走向滅亡,能按此道治理天下的朝代才會生存。孔子此語高度概括了中華民族五千多年起起伏伏的歷史。諸如秦始皇焚書坑儒、廢禮尚刑,統一天下後僅十四年即遭覆滅;漢武帝採納了董仲舒“《春秋》大一統”的建議,罷黜百家,獨尊儒術,舉賢良,興教化,很快將漢王朝推至極盛;後世一代代王朝之興衰成敗,全都印證着這一規律。然而家天下這種社會制度的本身就有悖於天道法則,儘管歷史上曾出現過漢朝的武帝、唐朝的太宗、清朝的康乾時期短暫的輝煌,卻最終都逃不脱覆滅的結局。以此道觀世界,同樣逃不出這一規律。

遵奉天道,報本反始,是《禮記》的主旨。《祭統》云:“凡治人之道,莫急於禮;禮有五經,莫重於祭。”所謂祭,無非是祭祀鬼神。中華文化的鬼神,與外來宗教的鬼神是兩種完全不同的概念。中華文化的神,是指生養萬物的皇天后土、高山大川、日月星辰、雨雪風雷以及創造文化和衣食住行的始祖等等;鬼,指的是逝去的先人。又云:“夫祭者,非物自外至者也,自中出,生於心也,心怵而奉之以禮,是故唯賢者能盡祭之義……賢者之祭也,致其誠信,與其忠敬,奉之以物,道之以禮,安之以樂,參之以時,明薦之而已矣,不求其爲。”就是説,祭祀本身,不是外物逼迫我們去應酬,而出於自願,產生於内心,内心感念、悲傷而敬奉祭祀之禮。賢者的祭祀,所表達的是真誠守信,所獻上的是忠心敬仰,敬奉上祭物,用禮的規範引導參祭者,奏起音樂來安頓他們,按時令進獻上時新的祭品就行了,不求鬼神有所作爲。完全是思源報恩的行爲。直到如今,能將天南海北的炎黄子孫的心凝聚在一起的,惟有祭祀。再比如《王制》篇云:“昆蟲未蟄,不以火田、不麛、不卵、不殺胎、不殀夭、不覆巢。”這類遵奉天道的規定在《月令》篇中有更詳盡的記載。還有古代稱最高領袖爲天子,表達敬意時所行的拱手禮,都體現着天道這一文化内涵。天子,顧名思義即天的兒子,兒子首要的品德是孝,就應長期無改於父之道,像天那樣默默無聞、無偏無黨、真誠無欺地向萬物溥施生機、恩惠而不求回報;天子之稱,寄托着人民對領袖的尊敬、提示、期望、儆誡等厚意，可以説，世上没有哪一種對領袖的稱謂能比“天子”的涵義更深刻，更準確、更合情理，更富有文化氣息。拱手禮，男子左掌包右拳，女子右掌包左拳，喪禮相反，有天覆地載、陰陽相生之涵義，觀手形，宛然太極圖之雙魚；不論面對多少賓朋，拱手揖拜，敬意盡達，單從文明和衛生的角度講，也要勝過握手、擁抱、親吻諸禮。總之，全書的禮制基本都是圍繞着遵奉天道、報本反始這一主旨制定的，縱然家天下時代所制定的絶大部分禮制，也不敢違背這一主旨，只不過將“報本反始”的内容增添了以“救世主”自居的王朝締造者而已。但這並不妨害《禮記》對後人從爲人處世、進德修業到治國平天下等方面的啟迪、指導作用。且載有大量的人生格言，諸如“愛而知其惡，憎而知其善”“弔喪弗能賻，不問其所費；問疾弗能遺，不問其所欲；見人弗能館，不問其所舍；賜人者不曰來取，與人者不問其所欲”等等，不勝枚舉。另外，《儒行》篇中，孔子從十六種不同角度介紹儒者所堅守的氣節，每一種都令人欽佩。還有《中庸》《大學》兩篇，備受學者推崇。《中庸》篇所論述的是凡事皆與天道保持一致的學問，道出了中華文化引導人進德修業時只責求自己，不苛求别人的内涵，與西方凡事“外求”的文化截然不同，通篇都是不朽的人生哲理；《大學》篇所論述的則是中華民族有史以來，不論哪種制度的社會，凡是有爲的統治者，都會遵照實行的治國平天下的一系列政治主張。

然亦有人認爲，《禮記》中的大部分禮制都是爲了維護君主專制統治服務的，毫無可取之處。此言未免太武斷，説明他並未讀懂《禮記》。《禮記》中每有述及家天下的禮制前，必冠以先王時代所推行的禮制，使二者形成對比。比如《曲禮》上篇云：“太上貴德。其次務施報，禮尚往來：往而不來非禮也，來而不往亦非禮也；人有禮則安，無禮則危，故曰禮者不可不學也。”所謂“太上”，是指天下爲公的堯舜時代，領袖既以公心統領天下，下面自然皆重視自身的道德修養。所謂“其次”，是指其後推行家天下的夏商周時代，此時致力於施惠和酬報，制定的禮制崇尚有往有來。怎樣往來呢？即孔子説的“十義”：父慈子孝，兄良弟悌，夫義婦聽，長惠幼順，君仁臣忠。如果父不慈，兄不良，夫不義，長不惠，君不仁，一味强調子孝，弟悌，婦聽，幼順，臣忠，能辦到嗎？所以往而不來、來而不往，都不符合禮制規定。由於家天下的王位是世襲制，違背天道法則，所以儘管强調“禮尚往來”，終不免落得覆滅的下場。堯舜時代，天下爲公，從天子到下面的官吏全採用“選賢與能”的禮制，選上來的必是德才兼備者，所以不需强調“禮尚往來”。用這種對比的方式論列，《禮記》中比比皆是，而表述得最透徹的當屬《禮運》篇中的孔子曰：“大道之行也，天下爲公，選賢與能，講信脩睦。故人不獨親其親，不獨子其子，使老有所終，壯有所用，幼有所長，矜寡孤獨廢疾者皆有所養。男有分，女有歸。貨惡其棄於地也，不必藏於己；力惡其不出於身也，不必爲己。是故謀閉而不興，盗竊亂賊而不作，故外户而不閉。是謂大同。今大道既隱，天下爲家，各親其親，各子其子，貨力爲己。大人世及以爲禮，城郭溝池以爲固，禮義以爲紀，以正君臣，以篤父子，以睦兄弟，以和夫婦，以設制度，以立田里，以賢勇知，以功爲己，故謀用是作而兵由此起。禹、湯、文、武、成王、周公由此其選也。此六君子者，未有不謹於禮者也，以著其義，以考其信，著有過，刑仁講讓，示民有常。如有不由此者,在埶者去,衆以爲殃。是謂小康。"用這種對比叙述的方式是何用意,不會看不明白吧?

《禮記》中還存在着後人製造的缺憾,主要有兩個方面。一是漢儒輯録《禮記》時,或因對暴秦懷有深仇大恨,而假孔子之口以抒己恨的情節加入其中,如《檀弓》上篇子夏問:"居父母之仇如之何?"夫子曰:"寢苫、枕干。不仕、弗與共天下也;遇諸市朝,不反兵而鬬。"這與《論語》所載"子不語怪、力、亂、神"的精神不符。孔子既然不談論有關暴力之事,又怎麽會教人如此具體的報仇方法呢?更可疑的是,孔子曾擔任過魯國大司寇,即今之最高執法官,居然不問結仇原委,便不分青紅皂白對復仇給予公式化的指導,這不符合孔子一貫的教育理念。類似的事例還有,已在相關的"淺悟"中作了駁辯,兹不贅述。二是古代的簡策,大概是受書寫條件的限制,或者爲便於携帶,不得不將所要表達的内容濃縮進儘量少的文字中,即所謂文言文;加上絶大多數漢字都是一字多義,而且同音字又可互借,這便給後人解讀經文帶來不少麻煩,稍有不慎,就會造成誤解。比如"禮尚往來"的禮,給理解成了禮品,從此凡是探親訪友,鄰里串門、託人辦事等,都要提上禮品,没有禮品便不敢往來,這與下文强調的"貧者不以財貨爲禮"不符,也與《論語》中孔子駁斥的"禮云禮云,玉帛云乎哉"相違;還有"禮不下庶人,刑不上大夫"一語,被解説成"禮制不下達到庶人,刑罰不上及大夫"。禮制若不下達到庶民,莫非庶民可以不忠不孝?刑罰若不上及大夫,那麽創制周朝法律的周公就處死過身爲諸侯的親兄弟,這該如何解釋?《郊特牲》篇中的"大夫强而君殺之,義也"這句話,又當作何解釋?矯正這類缺憾並不難,只要記住,儒家經典中没有相互抵牾的内容,就不難辯清其中的是與非。

理解中華文化之所以會出現偏差,其原因正如《漢書》所云"夫子没而微言絶,七十子卒而大義乖。"如何補救呢?常言道,立國之本,教育爲先。當今教育的弊病日顯,要求改革的聲浪日隆。試想,自孔子至今的兩千多年間,中國爲什麽再未出現過像孔子那樣的既爲弘揚中華文化作出了巨大貢獻,又培養出了七十多位德才兼備的賢弟子的教師呢?其弊病的根源正是自隋唐沿用至今的科舉取士制度。尤其是將科舉制度推向程式化的宋代理學家,他們以儒家道統的繼承者自居,尤崇拜孟子,却無視孔子"君子求諸己,小人求諸人""躬自厚而薄責於人,則遠怨矣""攻乎異端,斯害也已"等等教誨,偏好攻擊異端,甚至貶抑孔門弟子;又好别出心裁,將《中庸》《大學》兩篇從《禮記》中剥離出來,與《論語》《孟子》合編爲《四書》;其注解經文師心自任,將孔子從未言及的理學觀念掺入其中;遇有難解處,或斷爲錯簡、脱簡,或認爲衍文,或委過於記者傳抄之誤,獨不懷疑自己探求學問的勤奮程度和理解能力;於是擅改經文,隨意增删,强經就我。理學實際已背離了儒學,演變成了維護專制政體的鷹犬。南宋朱熹是理學之集大成者,他所輯録並加注釋的《四書章句集注》,元明清三代皆欽定爲科舉考試選題的範圍和答案的標準。學子們爲了求取功名,只得死記硬背朱熹的注釋而不敢懷疑其中是否有誤。從此教育成了"應試"的奴隸:教師"呻其佔畢",弟子們鸚鵡學舌,八百多年來的師生都在重復着朱熹説過的話,致使這種高度統一的學舌風氣影響到整個社會的思維方式和行爲模式。人的主觀能動被摧殘,教育便失去了靈魂,長此以往,"摹仿"成了中國最知名的品牌,由此又次生出造假、剽竊、投機取巧、阿權拜金、崇洋媚外等等一系列副産品。《學記》篇有云:“記問之學,不足以爲人師。”可謂一語中的。這種由科舉造就的“記問之學”,正是當今教育的病根。相信通過總結《論語》所記孔子的學以致用的多種教育方法,並認真探討《學記》篇的全文,就一定能制定出世界超一流的教育方案。另外,欽定的另一罪狀是:《禮記》按不同類别分述,凡四十九篇,每一篇都有其極寶貴的借鏡作用。自從《中庸》《大學》兩篇成書被欽定後,其餘四十七篇遂遭冷落,連孔子在《禮運》篇中那段有關“大同”“小康”的點睛之論,也很少有人問津,居然麻木到如此地步!

弘揚中華文化,必須先明六經之義。然而六經遭秦火後,《樂經》失傳,餘者除《易經》可用於卜筮而幸免外,另四經皆出自後儒之記憶,所記各異,真僞之辯從未間斷。其實用《論語》中的相關論述進行檢驗,一切争辯皆可平息。《論語》出自孔門衆弟子之手,對恩師的言行舉止、爲人處世、道德學問、教育風範以至生活細節等等,作了詳盡的實録。雖説《論語》也遭秦火之焚,然其篇幅不長,文字簡練而流暢,極易上口,多數儒生皆能一字不誤地從頭背誦至尾,加上焚書坑儒後僅五年,秦即爲漢所取代,《論語》很快又在神州大地流行起來,其真實性無可置疑。遺憾的是,自西漢以來爲《論語》作注解的所有注疏家,對許多關鍵的多義字由於擇義不當,致使理解經文出現謬誤甚至與原義完全顛倒,再以此作爲解釋其他語句的注脚,這《論語》所記載的還能算孔子的言行麽?比如《述而篇》子曰:“自行束脩以上,吾未嘗無誨焉。”將“束脩”解釋爲十條肉脯,這句話就成了:“自願送給我十條肉脯以上贄見禮的人,我未曾拒絶教誨他。”可是《鄉黨篇》對孔子還有“沽酒市脯不食”的記載,就是説,店裏打的酒和集市買的肉脯,孔子不吃,那麽他有弟子三千,收那麽多肉脯幹什麽?這種解説既不符合孔子“有教無類”的治學原則,更不符合其“君子喻於義,小人喻於利”“君子謀道不謀食,憂道不憂貧”的處世原則。假如孔子果真嘴上説一套,做的又是另一套,當其去世後,弟子們决不會在其墓旁搭倚廬爲其守喪三年,那位聰明絶頂且好“方人”的子貢甚至又加守三年喪。其實“束脩”還有一種涵義,即束髮脩身。古代男童滿十五歲時須行束髮禮,將頭髮盤在頭頂紮成髻,標誌已成童;脩身包括灑掃庭除之類,此時要會做這些事。這句話應譯爲:“能自行束髮脩身以求上進的成童,我從未拒絶教誨他們。”不用説,有兩種人孔子不教誨,一是十五歲以下的學齡前兒童,一是那種嬌生慣養、成童後連束髮脩身都不能自理的不求上進的紈袴子弟。除這兩種以外的任何人,“吾未嘗無誨焉”。這才應當是孔子的本意。再舉一例,《陽貨篇》子曰:“唯上知與下愚不移。”歷來的注疏家全解説爲:“只有上等的智者和下等的愚人不可改變。”這樣解説有兩大疑點:一、怎樣的人屬於上等的智者和下等的愚人?爲何只有這兩種人不可改變?這是任何人都無法回答的問題。假如孔子果真這樣説,很難想像孔門那麽多好學的優秀弟子,竟無一人質疑;二、身爲教師,向弟子灌輸這樣的觀念,有何教益?整部《論語》可證,凡是孔子的教言,必富有教益,只要没有弟子追問“何謂也”,必是讓人一聽就懂的道理,否則弟子們决不會將毫無教益或讓人聽不懂的言論輯録進《論語》中。由此斷定,上面的解説决非孔子之本意。其實這句話的道理既簡單又重要,“上知”和“下愚”是相比較而言的。就是説,在上位者必須比在下位者明智,這是領導和被領導不可改變的位置結構,用現今時髦話説就是:必須遵循能者上、庸者下、末位者淘汰的用人機制。如果在上位者比在下位者庸愚,這就不正常了,這個權力機構非出問題不可。一個權力機構要想生存並能長治久安,任何事都可變動,也可缺少任何明智的領導,唯獨在上位者明智和在下位者庸愚這種位置結構不可易移。拿楚漢之争爲例,匹夫之勇且剛愎自用的楚霸王項羽居上位,其足智多謀的亞父范增居下位,雖占盡優勢,終不免兵敗垓下,自刎於烏江;劉邦文韜雖不如張良、蕭何、陳平,武略更不如韓信,然其具備知人善任、博採衆長這些政治家最大的智慧,故能擊敗强大的項羽,一統天下,建立起漢朝。同樣,不論哪一級政權和團體組織,都必須遵循"唯上知與下愚不移"這一用人規律,才能立於不敗之地。孔子此論,隱含着對"天下爲公,選賢與能"社會制度的呼喚。此論若能被歷代解經家所認識,或許會對家天下時代用人上的"舉枉錯諸直",諂佞小人總是占上風的現象起到些警示乃至抑制作用。但是很不幸,如此重要的論述竟被埋没了兩千多年。兩千多年來的君主專制政體,多半都處於上愚而下智、老百姓世世代代盼青天却極少遇上青天的狀態,因而没有幾個朝代能保持三代不衰,不能説不是中華文化的悲哀。《論語》中謬誤的注解還有很多,拙著《論語淺悟》就所察覺到的謬誤一一作了辯駁。希望有志弘揚中華文化的有識之士參與進來,共同爲《論語》作出全面而準確的解釋,再用這準確的結論來分辯五經中的真僞,同時糾正前人注解五經由於引用注解《論語》的謬誤作注脚而造成的連鎖謬誤,就等於請出孔子親臨指導一樣,還會有什麽疑難問題不能迎刃而解呢?不過糾謬只是弘揚中華文化的第一步,更重要的是遵照《論語》和五經的指導的實踐,向"贊天地之化育"的總體目標盡到自己的努力,做原始祖先那樣的人。

古語云:"善言天者必有徵於人,善言古者必有驗於今。"余不自量力,敢試言之。

先言前者。天下萬物,除人類外,無一不遵循天道法則生存。人是天的寵兒,獨具思維能力,終生都在按各自的好惡選擇生存方式,其内心不可避免皆有美惡兩面。孔子曰:"人藏其心,不可測度也;美惡皆在其心,不見其色也,欲一以窮之,舍禮何以哉?"就是説,用禮來衡量人,其内心的美惡便可了然於胸。爲此,先王秉承天道法則,制定出方方面面規範人類行爲的禮制,通過教化,遏止其惡,使之知榮辱,有羞恥心,以"贊天地之化育",同萬物和諧相處、生生不息。縱觀自夏王朝以降的四千多年家天下的歷史長河,是從盛極而衰、衰極而盛的不斷變换中一路走來,這盛和衰,完全取決於專制帝王對待傳統文化的態度。强盛時,官場清正廉明,民風淳樸厚重,未曾侵略過任何國家,人稱禮義之邦,每每招徠周邊弱小國家投靠甘爲附庸;衰敗時,諂佞得勢,民不聊生,每每遭到外族入侵,曾被蒙人和滿人兩度滅亡,然其終爲傳統文化所同化而併入中華之版圖。儘管經歷亂世之時日遠比盛世長,而祖先遺傳的勤儉節約、吃苦耐勞、堅忍不拔、熱愛和平、與人爲善、"己所不欲勿施於人"等等古樸民風始終未變,這已成了我們民族精神的標幟。就連域外形同水火的不同宗教,只要落户到中華大地,從此也都能和平共處,相安無事。這一切都要歸功於中華祖先創造的以天道爲宗旨的文化。

再言後者。西方十八世紀興起的産業革命,將人類的貪婪推到了極限,肆無忌憚地霸佔動植物賴以生存的家園，瘋狂掠奪大自然不可再生的資源，來填補其無底的欲壑，搞得工業廢水横流，毒氣漫天，從江河湖海到天空，再無潔浄之處，致使温室效應加劇，雪山、南極和海洋冰蓋呈加速度消融，越來越多的生物慘遭滅絶，生態失去平衡。隨之而來的是老天的懲罰：各種異常災害頻繁暴發，不適宜人類生存的地域與日俱增。這種違反天道法則、以搶劫萬物及後世子孫賴以活命的資源爲代價的産業革命，竟美其名曰“社會的文明和進步”！不可再生的資源遲早要被揮霍光，被滅絶的生物不可復製，生物鏈必將逐次消亡。到那時，後世子孫將面臨比遠古的荒蠻更加惡劣的生存環境，他們將如何評價那些無視天道、以消耗不可再生資源發迹的“偉大”科學家、企業家和逞强的執政者？兩千多年前，西漢大儒董仲舒應武帝策問時曾説：“視前世已行之事，以觀天人相與之際，甚可畏也。國家將有失道之敗，而天乃先出災害以譴告之；不知自省，又出怪異以警懼之；尚不知變，傷敗乃至。”那時農田還是刀耕火種，兵器只有戈矛弓弩之類，董子就已清醒地警覺到天人相與之可畏，倘若見到今日之景象，不知會發出怎樣的感慨。這就是源自天道的智慧。

迅速崛起的西方列强，瞄準了愚蠢的清政府，用毒品鴉片大舉進犯；腐敗無能的清政府毫無還手之力，使中華民族蒙受了太多由産業革命帶來的蹂躪和屈辱，從而也唤醒了沉睡的雄獅，一舉推翻了清王朝，平定了軍閥混戰，趕走了世上最凶殘、有着海盗傳統、專以殺人取樂的倭寇，建立起人民共和國。爲了探索强國路，走過不少彎路後，終於在三十年前確立了盼望已久的以經濟建設爲中心的富民强國之路。備受鼓舞的雄獅僅用二十年，便走完西方二百年的路，一舉躍爲世界第二大經濟體，令世人矚目、列强眼紅且恐懼。上世紀末，七十多位諾貝爾獎獲得者聯名向全世界呼籲：進入二十一世紀，人類要想和平發展，就必須到中國孔子那兒尋求答案。令人不解的是，産業革命發端於英國，工業粉塵籠罩着倫敦上空不見天日，被稱爲“霧都”長達近百年，諾貝爾獎正是爲此做出巨大貢獻才獲得的，爲何那時不呼籲，一直拖到現在才向孔子尋求答案？孔子能給出的針對性答案恐怕只會是：“君子求諸己，小人求諸人。”放心吧，中華文化傳承了五千多年依然生機勃發，内中的智慧取之不盡用之不竭，路該怎麽走，還需外人操心嗎？等着瞧吧，中華民族很快會讓全世界見識什麽是真正的文明和進步。

中華民族諸多優秀品質集中體現在與人爲善上，尤其熱心於扶危濟困，見人遭難，哪怕是夙敵也不例外。這種做法不知是否可取。孔子匡世濟民一生，不妨聽聽他的經驗之談。《論語·憲問篇》有人問：“以德報怨何如？”子曰：“何以報德？以直報怨，以德報德。”如何理解“以直報怨”？《公冶長篇》子曰：“匿怨而友其人，左丘明恥之，丘亦恥之。”由此可見，對待仇人，只要不把怨恨藏在心裏去跟他結交，就是正直，正直足以使仇人不寒而慄。爲何不能“以德報怨”呢？孔子在《禮記·表記》中云：“以德報怨，寬身之仁也。”意思是，用恩德回報怨恨，那是寬慰自身的仁道。實踐已證明，這樣做，寇仇非但不領情，反以爲你怕他而變本加厲地向你挑釁；這樣做是否考慮過民意？數千萬受害家庭會有怎樣的感受？中華文化中有很多辦法可以化解仇恨，唯獨“以德報怨”不能。聖人之教誨，堪稱金科玉律。

漢儒趙岐《孟子題辭》中有云:"《論語》者,五經之錧鎋,六藝之喉衿也。"堪稱確論。問題是,必須將《論語》所灌輸的思想完全領悟準確,才能起到"錧鎋""喉衿"的作用,否則對五經、六藝的理解必定謬誤百出。但是至今未能將《論語》領悟透。究其原因,除解經家自身的理解出現偏差外,還有皇權干預的無奈,尤其將不倫不類的《四書章句集注》欽定爲科舉取士的標準後,士子獨立思考的能力被禁錮,久而習非勝是,天下學子只認理學一家之言。如今,隨着國力的飛速增强,民族的聲望日隆,引起世界各國的好奇,使之學習、研究、探索中華文化奥秘的熱情空前高漲。弘揚中華文化,是每一位華夏兒女的心願。但是總不能拿夾雜着謬誤、習非勝是的文化傳授給人家吧?所以糾謬這一當務之急的工作便責無旁貸地落到了今人肩上,只要羣策羣力地釐正前人注解《論語》的謬誤,恢復其"錧鎋""喉衿"的作用,秦火給五經造成的真僞争議以及前人解説的謬誤,皆可迎刃而解。完成這一工作後,才可心安理得地向人家傳播。眼下世界最急切解決的難題是如何治理日益惡化的生存環境,而解決這一難題正是中華文化的長項。若能使各國欣然接受中華文化並付諸實踐,人類和萬物共同的地球家園就有救了。爲了急於糾謬,難抑焦躁情緒,拙著放膽狂言,雜亂無章,錯謬之處,凡有是正者,必致謝忱。

榮成蕉嶺姜厚粤

二〇〇八年六月脱稿

二〇一五年九月修改

凡例

禮記淺悟

一、全書採用繁體字，主要有以下考慮：首先，繁體字是中華文化發展成熟後的産物，尤其是其中的會意字，每個字都代表著一種思想，我國自古以來的學堂均設有專門學習、研究文字的學科，足見繁體字是中華文化賴以流傳不息的保障，要想瞭解中華文化的真實涵義，不可不識繁體字；其次，古籍原著皆爲繁體字，若改用如今通行的簡體字，由於許多簡體與繁體的字同而涵義乃至讀音皆不同，容易混淆致誤，故有志研究古籍者，不可不讀繁體字的原著。

二、原文及所引古注之文字，均以《十三經注疏》本之《禮記集注》爲準，其中之異體字，本書均保持原貌。

三、原文之斷句，在參照原著斷句的基礎上，略有改動；所使用的標點符號，則完全出自本人之意，僅供參考。

四、爲便於閲讀和查找，各篇所作之章節和段落安排，以及於章首用阿拉伯數字標出之篇章順序，亦皆出自本人之意，僅供參考。

五、譯文部分，在參考古注，擇善而從的基礎上，對原文之字義經過慎重選擇，儘量採取對號入座的直譯方式；使其中起關鍵作用的字儘量出現在譯文中。不過礙於一字多義，個别關鍵字必須换成涵義相同的其他字，才能解釋通者，將在淺悟中作説明。爲達到通俗易懂之效果，有些語句不得不在不失原意的原則下，略加幾個字。

六、古注部分，只對鄭玄《注》作全録，而對孔穎達《疏》之繁文縟節或作節録，或不録；由於陸德明《音義》采用反切法拼音，而許多古字發音與今不同，不能拼出今音，故於反切後增入了用現代新舊兩種拼音字母所作之注音。

七、《中庸》《大學》兩篇之古注中，分别引入了朱熹爲之注釋之《中庸章句》和《大學章句》。

八、淺悟部分，一方面針對原文之疑點和古注中的謬誤給予必要的辯白，一方面略談閲讀此節之感悟，然亦未必每節必備，無則缺之。

九、《禮記》中的精辟論述太多，有些早已成了習用之成語。但在引用時，查找起來頗費周折。爲此，特設"索引"一欄，附於書後，以期讀者引用時能儘快查到相關資料之出處。

目録

禮記淺梧

曲禮上第一

(唐)孔穎達《疏》(以下簡稱《疏》)　案鄭(玄)《目録》云:"名曰《曲禮》者,以其篇記五禮之事。祭祀之説,吉禮也;喪荒去國之説,凶禮也;致貢朝會之説,賓禮也;兵車旌鴻之説,軍禮也;事長敬老執贄納女之説,嘉禮也。此於(劉向)《别録》屬制度。"案鄭此説,則此《曲禮》篇中有含五禮之義。此篇既含五禮,故其篇名爲《曲禮》。《曲禮》之與《儀禮》,其事是一,以其曲屈行事,則曰《曲禮》;見於威儀,則曰《儀禮》。但曲之與儀相對,《周禮》統心爲號,若揔而言之,則《周禮》亦有曲名。故《藝文志》云:"帝王爲政,世有損益,至周曲爲之防,事爲之制。故曰經禮三百,威儀三千。"是二禮互而相通,皆有曲稱也。云上者,對下生名。本以語多簡策重大,分爲上下,更無義也。

1.1

【原文】

《曲禮》曰:"毋不敬(一),儼若思(二),安定辭(三),安民哉(四)!"

敖不可長,欲不可從,志不可滿,樂不可極。(五)

賢者狎而敬之(六),畏而愛之(七);愛而知其惡,憎而知其善(八);積而能散(九),安安而能遷(十);臨財毋苟得(十一),臨難毋苟免(十二),很毋求勝,分毋求多(十三);疑事毋質(十四),直而勿有(十五)。

若夫(十六),坐如尸(十七),立如齊(十八),禮從宜(十九),使從俗(廿)。

夫禮者,所以定親疏,決嫌疑,别同異,明是非也。禮,不妄説人(廿一),不辭費(廿二)。禮,不踰節,不侵侮,不好狎(廿三)。脩身踐言,謂之善行(廿四);行脩言道,禮之質也(廿五)。禮,聞取於人,不聞取人(廿六);禮,聞來學,不聞往教(廿七)。

【譯文】

《曲禮》云:"君上執禮不可不恭敬,應像專心思考那樣端莊持重,出口的言辭要安穩妥帖而肯定,這樣才好安撫人民啊!"

不可滋長傲慢情緒,不可放縱貪欲之念,内心不可充滿私意,歡樂不可達到極點。

賢者跟人狎近却能敬重人家，心中畏服却能愛慕人家；喜愛一個人而能知道他的短處，憎惡一個人而能知道他的長處；善於蓄積財富又能散發賙濟，安於安逸並能情隨事遷；面對財物不貪一時的獲得，面臨危難不求一時的豁免，鬩牆之爭不求勝，分發財物不求多；有疑問的事不作結論，正確的見解而不獨稱己有。

要想成爲丈夫，坐着就要像代神受祭的尸那樣端莊，站着就要像齋戒時那樣虔誠，執禮要順從時宜，出使他國要遵從當地的風俗。

這禮的主要功能，是用來劃定親疏關系，解決疑惑難明的事理，區別異同，辨明是非嘛。按照禮的要求，不妄意取悦人，不説没用的空話。按照禮的要求，凡事不超越節度，不侵犯侮慢人，不好跟人狎昵。脩治自身踐履諾言，叫做美好的行爲。行爲得到脩整言語合乎正道，是禮的本質嘛。取士之禮，只聽説被人選取，没聽説選取人家。求學之禮，只聽説主動來學，没聽説主動去教。

【古注】

(漢)鄭玄《注》(以下簡稱《注》) (一)禮主於敬。(二)儼，矜莊貌。人之坐思，貌必儼然。(三)審言語也。《易》曰："言語者，君子之樞機。"(四)此上三句可以安民，説《曲禮》者，美之云耳。(五)四者慢遊之道，桀紂所以自禍。(六)狎，習也，近也。謂附而近之，習其所行也，《月令》曰"雖有貴戚近習"。(七)心服曰畏，曾子曰"吾先子之所畏"。(八)謂凡與人交，不可以己心之愛憎誣人之善惡。(九)謂己有蓄積，見貧窮者則當能散以賙救之若宋樂氏。(十)謂己今安此之安，圖後有害則當能遷，晉咎犯與姜氏醉重耳而行近之。(十一)爲傷廉也。(十二)爲傷義也。(十三)爲傷平也。很，鬩也，謂争訟也，《詩》云"兄弟鬩於牆"。(十四)質，成也。彼已俱疑，而己成言之終不然則傷知。(十五)直，正也。己若不疑，則當稱師友而正之，謙也。(十六)言若欲爲丈夫也，《春秋傳》曰"是謂我非夫"。(十七)視貌正。(十八)磬且聽也。齊，謂祭祀時。(十九)事不可常也。晉士匄帥師侵齊，聞齊侯卒，乃還，《春秋》善之。(廿)亦事不可常也。牲幣之屬，則當從俗所出，《禮器》曰："天不生，地不養，君子不以爲禮，鬼神不饗。"(廿一)爲近佞媚也。君子説之不以其道，則不説也。(廿二)爲傷信。君子先行其言，而後從之。(廿三)爲傷敬也。人則習近爲好狎。(廿四)踐，履也。言履而行之。(廿五)言道，言合於道。質，猶本也。禮爲之文飾耳。(廿六)謂君人者。取於人，謂高尚其道。取人，謂制服其身。(廿七)尊道藝。

《疏》 《曲禮》曰者，案下文"安民哉"，是爲君上所行，故記人引《儀禮》正經"毋不敬"以下三句，而爲實驗也。

【淺悟】

孔穎達認爲，本文這些話是針對有權位的人而言，其實對我們普通人何嘗没有借鑒作用？假如能用本文對照自己認真實踐，相信任何人都會成爲受人尊敬的人。不過孔氏説得並没錯，孔子在《論語》中説："君子之德風，小人之德草，草上之風必偃。"君子理應起模範作用。

1.2

【原文】

道德仁義，非禮不成；教訓正俗，非禮不備；分争辨訟，非禮不決；君臣上下、父子兄弟，非禮不定；宦學事師，非禮不親；班朝治軍，涖官行法，非禮威嚴不行；禱祠祭祀、供給鬼神，非禮不誠不莊(一)。是以君子恭敬撙節退讓以明禮(二)。鸚鵡能言，不離飛鳥；猩猩能言，不離禽獸。今人而無禮，雖能言，不亦禽獸之心乎？夫唯禽獸無禮，故父子聚麀(三)。是故聖人作，爲禮以教人，使人以有禮，知自别於禽獸。

大上貴德(四)。其次務施報(五)，禮尚往來：往而不來，非禮也；來而不往，亦非禮也。人有禮則安，無禮則危。故曰，禮者，不可不學也。夫禮者，自卑而尊人，雖負販者，必有尊也，而況富貴乎(六)？富貴而知好禮，則不驕不淫；貧賤而知好禮，則志不懾(七)。

【譯文】

道德仁義的樹立，不借助禮去規範便不會成功；教化訓導矯正風俗，不借助禮去規範便不會完備；分析争執辨别訴訟，不借助禮去權衡就不能決斷；君臣上下、父子兄弟各應承擔的義務，不借助禮去規範便不能確定；出游學仕服事教師，不借助禮去規範各自的行爲便不會相互親近；整頓朝儀位次、治理軍旅機要、到官執法，不借助禮去規範單靠威嚴便行不通；禱祠祭祀、供給鬼神，不借助禮去規範便不真誠不莊重。所以君子以恭敬撙節謙讓的姿態來昭明禮。鸚鵡會説話，却不能脱離飛鳥；猩猩會説話，却不能脱離禽獸。如今人要是不按禮的規範行事，縱然會説話，不也等於有着一顆禽獸之心嗎？由於禽獸不懂禮，所以父子共牝交配。正是這一緣故，聖人一興起，即制作禮制拿來教化人民，使人民從此嫻習禮法，知道自己有别於禽獸。

太古時的三皇五帝重視德行。其後的三王便致力於施惠和酬報，制定的禮制崇尚往來。往而不來，不符合禮制哩；來而不往，也不符合禮制哩。人有禮便覺安寧，没有禮就會有危險。所以説，禮制這種行爲規範，不可不學哩。這禮所講究的是，降低自己並尊重别人，縱使擔貨販賣的小商販，必有值得尊重之處嘛，何況富貴之人呢？身處富貴要是懂得愛好禮，就會不驕傲不淫亂；身處貧賤要是懂得愛好禮，其心志就不會惶恐怯懦。

【古注】

《注》 (一)分、辨,皆别也。宦,仕也。班,次也。涖,臨也。莊,敬也。學或爲御。(二)撙,猶趨也。(三)聚,猶共也。鹿牝曰麀。(四)大上,帝皇之世,其民施而不惟報。(五)三王之世,禮始興焉。(六)負販者,尤輕恌志利宜若無禮然。(七)慴,猶怯惑。

《疏》 大上,謂三皇五帝之世也。其時猶淳厚其德,不尚往來之禮,所貴者在於有德,故曰"貴德"也。德主務施其事,但施而不希其反也。其次,謂三王之世也。務,猶事也。三王之世,獨親其親,獨子其子,貨力爲己,施則望報以爲恒事,故云"務施報"。禮尚往來者,言三王之世,其禮主尚往來。貧賤而知好禮則志不慴者,慴,怯也,惑也。貧者之容好怯惑畏人,使心志不遂,若知禮者,則持禮而行之,故志不慴怯,是以於負販之中必有所尊也。

【淺悟】

撙音 zǔn(ㄗㄨㄣˇ)。撙節,克制、約束的意思。麀音 yōu(ㄧㄡ),母鹿。大讀 tài(ㄊㄞˋ),音義同太。

"道德仁義,非禮不成"以下這段話告訴我們:不論提倡道德、仁義、忠孝還是提倡一切所要提倡的事物,都必須先制訂出與之相應的具體措施才好貫徹實行,否則所提倡的事物不論多麽美好,最終都將流於形式以致變成空洞的口號被束之高閣。這種具體的措施,即所謂的"禮"。整部《禮記》從頭至尾全是一條條用以規範人的行爲的具體措施,其功用是維護社會的穩定,希望達到的最佳勝境是使各種矛盾化歸和諧。能否達到這一勝境,完全取決於所制定的禮制能否順應天道和民心。任何朝代由盛到衰的過程,實際都是其禮制由盛到衰的過程,即孔子在後面《禮運》篇中所説的"失之者死,得之者生"。

"禱祠祭祀",求福爲禱,求得爲祠,紀念鬼神的活動稱祭祀。中華文化中的鬼神與宗教中的鬼神是兩個完全不同的概念。中華文化的神、是指生養萬物的皇天后土、日月星辰、高山大川以及對人類有大恩澤的先祖和英烈們;鬼是指我們的先人。感念鬼神的恩澤,祭祀活動於是乎生。爲了使這一活動能够真誠而莊重,先王制定了許多有關祭祀的禮制。

所謂"大上",古注認爲指三皇五帝之世。而三皇是哪三位,五帝是哪五位,歷來説法不一,且没有一種説法具有絶對的權威,原因正如孔子在《論語》中所説的"文獻不足故也"。没有文獻作證的説法,自然不能令人信服。不過在各種説法中,爲各家所公認且爲文獻所證實的只有堯舜二帝。他們實行的是"天下爲公,選賢與能"的社會制度,以公心統領天下,此時的人民必然勇於公益,恥於私忿,喜好施與,不圖回報,即《禮運》中所説的"人不獨親其親,不獨子其子,使老有所終,壯有所用,幼有所長,矜寡孤獨廢疾者皆有所養",即所謂"貴德"。因此有理由相信"太上"是指堯舜之世。

"其次",自然是指堯舜之後,也就是鄭玄所説的"三王之世"。三王即夏商周三代的開國君王夏禹、商湯、周武王。孔穎達的見解是對的:"三王之世,獨親其親,獨子其子,貨力爲己,施則望報以爲恒事,故云務施報。"三王統治的大前提,即孔子在後面《禮運》

篇中所説的“大人世及以爲禮”,“大人”指君王,“世”指父傳位給子,“及”指無子傳位給弟。一切禮制都必須在維護和加强這一大前提之下制訂,因而所有的禮皆“尚往來”,“以正君臣,以篤父子,以睦兄弟,以和夫婦,以設制度……”(引自《禮運》,下同)。如何“往來”呢?諸如“父慈子孝,兄良弟悌,夫義婦聽、長惠幼順、君仁臣忠”等,凡有“施”必有“報”,比如丈夫要想使婦人聽從,首先自己的行爲必須合義;君王要想使臣下忠於自己,首先自己的行爲必須合乎仁道等,即所謂“往而不來非禮也,來而不往亦非禮也”。各社會角色能否遵守這一規則,乃是決定天下興衰的關鍵,即所謂“人有禮則安,無禮則危”。然而各社會角色中,最大的隱患正是把持着大政的君王:“政不明則君位危;君位危則大臣倍、小臣竊,刑肅而俗敝,則法無常;法無常而禮無列,禮無列則士不事也;刑肅而俗敝,則民弗歸也”。所以“大人世及”這種禮制不能使任何王朝長盛不衰。

毫無疑問,從“其次務施報”到“亦非禮也”,這是一句意思完整、環環相扣、不容支解的話。然而世俗硬是把“禮尚往來”一語抽出來,將“禮”解釋成禮品。從此便誕生了一則新版的“禮尚往來”的成語。人們凡是走親訪友、拜師學藝、求人辦事等,只要是需要往來的場合,都用禮品開路,拿不出禮品的便被視爲不懂禮,並説這是儒家的主張,實在讓人啼笑皆非。儒家何曾有這樣的主張?孔子在《論語》中説:“禮云禮云,玉帛云乎哉?”分明是説中華文化中的“禮”,並不是僅僅指玉帛之類的禮品。有子説:“禮之用,和爲貴。”就是説,“禮”最主要、最可貴的功用是化解矛盾使之歸於和諧。請問,禮品能換來和諧嗎?這顯然不是儒家的主張,儒家所看重的是前句的“大上貴德”,不然何必提及此事?有關儒家“貴德”的主張,《論語》中隨處可見。

“自卑而尊人”是學禮應持的態度,若再“知好禮”,就能使自己不論身處富貴還是貧賤,都不會讓人瞧不起。

1.3

【原文】

人生十年曰幼,學(一);二十曰弱,冠;三十曰壯,有室(二);四十曰强,而仕;五十曰艾,服官政(三);六十曰耆,指使(四);七十曰老,而傳(五);八十九十曰耄(六),七年曰悼(七),悼與老耄雖有罪,不加刑焉(八);百年曰期頤(九)。大夫七十而致事(十),若不得謝(十一),則必賜之几杖,行役以婦人;適四方,乘安車,自稱曰老夫(十二);於其國則稱名(十三);越國而問焉,必告之以其制(十四)。

謀於長者,必操几杖以從之(十五);長者問,不辭讓而對,非禮也(十六)。

【譯文】

人的一生在十歲時稱幼,開始求學;二十歲時稱弱,行加冠禮;三十歲時稱壯,有妻室;四十歲時稱强,可入仕途;五十歲時稱艾,可擔任官職聽政;六十歲時稱耆,可支使人幹事;七十歲時稱老,可傳家事任子孫;八十歲到九十歲時稱耄，七歲童稱悼，這兩類人縱然有罪，也不對他們施加刑具；百歲老人稱期頤。大夫七十歲可辭官告退，若不得謝職，則必賜給他几案和手杖，外出辦事當使婦人跟隨伺候；到四周臨國出使，配有可供坐乘的馬車，自稱稱老夫；在本國朝廷上則稱名字；鄰國有事來向他咨詢，必將所知制度告訴人家。

向長者謀求計策，必安排好几案手杖以聽從指教；長者發問，不推辭謙讓就應對，不符合禮制的要求哩。

【古注】

《注》 (一)名曰幼時，始可學也。《内則》曰："十年出就外傳，居宿於外，學書計。"(二)有室，有妻也，妻稱室。(三)艾，老也。(四)指事使人也。六十不與服戎，不親學。(五)傳，家事任子孫，是謂宗子之父。(六)耄，惛忘也。《春秋傳》曰："謂老，將知耄又及之。"(七)悼，憐愛也。(八)愛幼而尊老。(九)期，猶要也；頤，養也。不知衣服食味，孝子要盡養道而已。(十)致其所掌之事於君而告老。(十一)謝，猶聽也。君必有命勞苦辭謝之，其有德尚壯則不聽耳。(十二)几杖、婦人、安車，所以養其身體也。安車，坐乘，若今小車也。老夫，老人稱也，亦明君尊賢，《春秋傳》曰"老夫，耄矣"。(十三)君雖尊異之，自稱猶若臣。(十四)鄰國來問，必問於老者以答之。制，法度。(十五)從，猶就也。(十六)當謝，不敏若曾子之爲。

【淺悟】

中華文化注重人的早期教育，規定兒童十歲開始求學，《大戴禮·保傅》篇中更有胎教的記載。所學不外乎禮，下節將有系統的論述。

1.4

【原文】

凡爲人子之禮：冬溫而夏凊，昏定而晨省(一)，在醜夷不爭(二)。

夫爲人子者，三賜不及車馬(三)，故州閭鄉黨稱其孝也，兄弟親戚稱其慈也，僚友稱其弟也，執友稱其仁也，交遊稱其信也(四)。見父之執，不謂之進不敢進，不謂之退不敢退，不問不敢對(五)。此孝子之行也。

夫爲人子者，出必告，反必面(六)，所遊必有常，所習必有業(七)；恒言不稱老(八)；年長以倍，則父事之(九)；十年以長，則兄事之；五年以長，則肩取隨之(十)；羣居五人，則長者必異席(十一)。

爲人子者，居不主奧，坐不中席，行不中道，立不中門(十二)，食饗不爲槩(十三)，祭祀不爲尸(十四)；聽於無聲，視於無形(十五)；不登高，不臨深，不苟訾，不苟笑(十六)。

孝子不服闇，不登危，懼辱親也(十七)；父母存，不許友以死(十八)，不有私財。

爲人子者，父母存，冠衣不純素(十九)。孤子當室，冠衣不純采(廿)。

幼子常視毋誑(廿一)。童子不衣裘裳(廿二)，立必正方，不傾聽(廿三)；長者與之提攜，則兩手奉長者之手(廿四)；負劒辟咡詔之(廿五)，則掩口而對(廿六)。

【譯文】

凡是做子女的都應遵守的禮節：使父母冬天温煖而夏天凉爽，夜晚使之安定就寢而清晨起來問安，在同輩們之間不爭執。

任何做子女的，接受三命之賜唯獨不敢接受車馬，所以遠近的鄉親都稱贊他孝順哩，兄弟親戚都稱贊他慈善哩，同僚們都稱贊他善事長者哩，志同道合的友人都稱贊他有仁德哩，所有與之交往的朋友都稱贊他守信哩。拜見父親的執友，不叫進去便不敢進，不叫退便不敢告退，不發問不敢應對。這些都是孝子的品行嘛。

任何做子女的，出門必向父母稟告，返回必先打照面，所遊學的地方必是常去的處所，所親近的人必與學業有關；平時跟人説話不自稱老；比自己年長一倍的，就像對待父親一樣服事他；年長十歲的，就像對待兄長一樣友愛他；年長五歲的，走路時則稍後一肩跟着他；五人共聚一堂，就一定推年長的另坐一席。

做子女的，閒居時不坐西南角的尊位，不坐中央的席位，不走路當中，不站在門的中間，宴饗賓客不作主限制饌具的數量，不充任祭祀時代神受祭的尸；父母没出聲似乎聽到了教言，没出現似乎見到了指點；不登高，不臨深險之處，不隨意詆毁，不隨意笑。

孝子不在暗處行事，不登危險之地，懼怕辱没雙親哩。父母健在，不拿死向友人許諾，不私下積蓄財産。

做子女的，父母在世，帽子衣裳不鑲白邊。居父喪的嫡子，帽子衣裳不鑲彩色的邊。

對幼子要經常垂示正面教育不要欺騙他。童子不穿皮襖和裙子，站立時必須面向正前方，不側耳聽大人談話；長輩牽領着同他一起走，就雙手恭敬地握住長輩的手；抱着他側頭在其耳旁告誡，童子就用手掩着口來應對。

【古注】

《注》 (一)安定其牀衽也。省，問其安否何如，(二)醜，衆也。夷，猶儕也。四皓曰"陛下之等夷"。(三)三賜，三命也。凡仕者，一命而受爵，再命而受衣服，三命而受車馬。車馬而身所以尊者備矣。卿大夫士之子不受，不敢以成尊比踰於父；天子諸侯之子不受，自卑遠於君。(四)不敢重受賜者，心也，如此而五者備有焉。周禮，二十五家爲閭，四閭爲族，五族爲黨，五黨爲州，五州爲鄉。僚友，官同者。執友，志同者。（五）敬父同志如事父。（六）告、面同耳。反言面者，從外來宜知親之顏色安否。（七）緣親之意欲知之。（八）廣敬。（九）謂年二十於四十者。人年二十弱冠，成人有爲人父之端，今四十於二十者有子道。《内則》曰"年二十惇行孝弟"。（十）肩隨者，與之並行差退。（十一）席以四人爲節，因宜有所尊。（十二）謂與父同宫者也，不敢當其尊處。室中西南隅謂之奥。道有左右。中門，謂棖闑之中央。《内則》曰："由命士以上，父子皆異宫。"（十三）槩，量也，不制待賓客饌具之所有。（十四）尊者之處，爲其失子之道，然則尸卜筮無父者。（十五）恒若親之將有教使然。（十六）爲其近危辱也。人之性不欲見毁訾，不欲見笑，君子樂然後笑。（十七）服，事也。闇，冥也。不於闇冥之中從事，爲卒有非常且嫌失禮也，男女夜行以燭。（十八）爲忘親也。死爲報仇讎。（十九）爲其有喪象也。純，緣也。《玉藻》曰："縞冠玄武，子姓之冠也。縞冠素紕，既祥之冠也。"《深衣》曰："具父母，衣純以青。"（廿）早喪親，雖除喪，不忘哀也。謂年未三十者，三十壯，有室，有代親之端，不爲孤也。當室，適子也。《深衣》曰："孤子衣純以素。"（廿一）視，今之示字。小未有所知，常示以正物，以正教之無誑欺。（廿二）裘大温，消陰氣，使不堪苦，不衣裘裳便易。（廿三）習其自端正。（廿四）習其扶持尊者，提攜，謂牽將行。（廿五）負，謂置之於背。劒，謂挾之於旁。辟咡詔之，謂傾頭與語。口旁曰咡。（廿六）習其鄉尊者屏氣也。

《疏》 小兒恒習效長者，長者常示以正事，不宜示以欺誑，恐即學之。負劒辟咡詔之者，豈但在行須教之正，在抱時亦令習也。負，謂致兒背上也；劒，謂挾於脇下如帶劒也。辟，傾也；咡，口旁也；詔，告也。長者或若負兒之時而與之語，當傾頭以告之也；不正嚮之，令氣不觸兒也，亦令見長者所爲而復習之也。言"夫"者，貴賤悉然也。

【淺悟】

凊音 qìng（ㄑㄧㄥˋ），寒、凉之義。辟音 pì（ㄆㄧˋ）。咡音 èr（ㄦˋ），口旁的意思。

以上各節，都是每個人日常生活必須慎重對待的事。尤其對幼童，一定要經常垂示正面教育，切不可欺騙，因爲世上没有哪種教育方式能比身教更見成效。孔穎達對此講了一則故事：曾子之妻去趕集，童子哭鬧着要跟着去；其妻説："不要哭，等我回來殺豬給你吃。"兒哭輒止。趕集回來，並無殺豬之意。曾子即操刀殺豬，對其妻説："勿教兒欺。"

1.5

【原文】

從於先生，不越路而與人言（一）。遭先生於道，趨而進，正立拱手（二），先生與之言則對，不與之言則趨而退（三）。從長者而上丘陵，則必鄉長者所視（四）。登城不指，城上不呼（五）。

將適舍，求毋固（六）。將上堂，聲必揚（七）。户外有二屨，言聞則入，言不聞則不入；將入户，視必下；入户奉扃，視瞻毋回（八），户開亦開，户闔亦闔（九），有後入者，闔而勿遂（十），毋踐屨，毋踖席，摳衣趨隅，必慎唯諾（十一）。

大夫士出入君門，由闑右（十二），不踐閾（十三）。

凡與客入者，每門讓於客（十四）；客至於寢門，則主人請入爲席（十五），然後出迎客；客固辭(十六)，主人肅客而入(十七)，主人入門而右，客入門而左(十八)；主人就東階，客就西階；客若降等，則就主人之階(十九)；主人固辭，然後客復就西階(廿)；主人與客讓登，主人先登，客從之，拾級聚足(廿一)，連步以上(廿二)；上於東階則先右足，上於西階則先左足(廿三)。

帷薄之外不趨(廿四)，堂上不趨(廿五)，執玉不趨(廿六)；堂上接武(廿七)，堂下布武(廿八)，室中不翔(廿九)，並坐不横肱(卅)，授立不跪，授坐不立(卅一)。

【譯文】

跟在先生身後走，不隔着路去跟人打招呼。在路上遇見先生，要急步走上前，端正站立行拱手禮，先生跟自己説話就應對，不跟自己説話就快步退避。跟隨長者登上丘陵，就必須把目光朝嚮長者所看的方嚮。登上城樓不四處亂指，城上不得大聲呼喊。

剛到别人館舍，提要求不可固執己見。將要走上堂屋，聲音必高揚。門外有兩雙鞋，裏面的談話聲能聽見就進去，談話聲聽不見切勿進；剛進門，視綫一定朝下；走進屋兩手放在心口如同捧着門栓的樣子以示恭敬，眼光不可往回看，門原來開着還讓它開着，原來合着便隨手合上，後面還有人進來的話，門不要合嚴，小心不要踩到别人的鞋，找坐席不要從上席跨越着找，當兩手提起衣裳沿着席的下角徐徐嚮自己的席位找去，交談時必須慎重應對。

大夫士出入國君大門，當從門橛的右邊走，不要踩踏門檻。

凡跟客人一同進來的話，每道門都讓客人先進；客人到達寢門，主人便懇請先進屋拾掇坐席，然後出來迎接客人；客人再三謙讓，主人只好在前引導客人進來；主人進門走右邊，客人進門走左邊；主人走東臺階，客人走西臺階；客人要是職位較低，就應隨着走主人的東臺階；主人再三辭讓，然後客人重新回到西臺階；主人與客人互讓先登，主人只好先登，客人隨着登，一隻脚登上一級等另一隻脚相聚後再登，這樣一步連一步地往上登；從東階上的就先出右脚，從西階上的就先出左脚。

帷幔和簾子的外面不疾走，堂上不疾走，手執玉器不疾走；堂上細步徐行，堂下可細步疾行，室内不可像飛翔那樣張開膀子走，兩人並坐不可横出小臂撑着身體，授物給站立的人不跪着授，授物給坐着的人不站着授。

【古注】

《注》 (一)尊不二也。先生，老人教學者。(二)爲有教使。(三)爲其不欲與己並行。(四)爲遠視，不察有所問。(五)爲惑人。(六)謂行而就人館。固，猶常也。求主人物，不可以舊常或時乏無，《周禮·土訓》"辨地物，原其生以詔地求"其類。(七)警内人也。(八)不干掩人之私也。奉扃，敬也。

(九)不以後來變先。(十)示不拒人。(十一)趨隅,升席必由下也。慎唯諾者,不先舉,見問乃應。(十二)臣統於君。闑,門橛。(十三)閾,門限也。(十四)下賓也。敵者迎於大門外,《聘禮》曰"君迎賓於大門内"。(十五)爲,猶敷也。雖君亦然。(十六)又讓先入。(十七)肅,進也。進客謂道之。(十八)右,就其右;左,就其左。(十九)降,下也。謂大夫於君、士於大夫也,不敢輒由其階,卑統於尊,不敢自專。(廿)復其正。(廿一)拾,當爲涉,聲之誤也。級,等也。涉等聚足,謂前足躡一等,後足從之併。(廿二)重蹉跌也。連步,謂足相隨不相過也。(廿三)近於相鄉敬。(廿四)不見尊者,行自由,不爲容也,入則容。行而張足曰趨。(廿五)爲其迫也,堂下則趨。(廿六)志重玉也,《聘禮》曰"上介授賓玉於廟門外"。(廿七)武,迹也。迹相接,謂每移足半躡之中,人之迹尺二寸。(廿八)布武,謂每移足,各自成迹,不相躡。(廿九)又爲其迫也。行而張拱曰翔。(卅)爲害旁人。(卅一)爲煩尊者俛仰受之。

《疏》 適,猶往也;舍,主人家也;固,猶常也。凡往人家,不可責求於主人覓常舊有之物,故曰"求毋固"也。扃,關户之木。凡常奉扃之時,必兩手嚮心而奉之,今入户雖不奉扃木,其手若奉扃然。踖,猶躐也。將就坐,當從下而升當己位上,從上爲躐席也。摳,提也;衣,裳也;趨,猶嚮也;隅,猶角也。既不踖席,當兩手提裳之前徐徐嚮席之下角,從下而升當己位而就坐也。帷,幔也;薄,簾也;趨,謂行而張足疾趨而行。

【淺悟】

扃音 jiōng(ㄐㄩㄥ),即門栓。踖音 jí(ㄐㄧˊ),跨越的意思。摳音 kōu(ㄎㄡ),提起的意思。闑音 niè(ㄋㄧㄝˋ),門橛,即門中央所竪的短木。閾音 yù(ㄩˋ),即門檻。拾音 shè(ㄕㄜˋ),拾級,逐級上階。

這段文字記録的是西周那文明、和諧、高素質的社會景象,中華民族三千多年前的歷史實録。

1.6

【原文】

凡爲長者糞之禮,必加帚於箕上(一),以袂拘而退,其塵不及長者(二),以箕自鄉而扱之(三)。奉席如橋衡(四),請席何鄉,請衽何趾(五)。席南鄉北鄉,以西方爲上;東鄉西鄉,以南方爲上(六)。

若非飲食之客,則布席,席閒函丈(七)。主人跪正席(八),客跪撫席而辭(九);客徹重席,主人固辭(十),客踐席,乃坐(十一);主人不問,客不先舉(十二)。將即席,容毋怍(十三),兩手摳衣,去齊尺(十四),衣毋撥(十五),足毋蹶(十六)。

先生書策琴瑟在前,坐而遷之,戒勿越(十七)。虚坐盡後(十八),食坐盡前(十九)。坐必安,執爾顔(廿),長者不及,毋儳言(廿一)。正爾容,聽必恭(廿二),毋勦説(廿三),毋雷同(廿四),必則古昔,稱先王(廿五)。侍坐於先生,先生問焉,終則對(廿六);請業則起,請益則起(廿七)。父召無諾,先生召無諾,唯而起(廿八)。侍坐於所尊敬,毋餘席(廿九)。見同等不起(卅),燭至起(卅一),食至起(卅二),上客起(卅三)。燭不見跋(卅四),尊客之前不叱狗(卅五),讓食不唾(卅六)。

【譯文】

凡是爲長者整頓灑掃廳堂的禮節,必須將笤帚加在簸箕上面,用衣袖遮掩着且掃且退,不使揚起的灰塵落到長者那邊,撮取穢物要使簸箕朝嚮自己。捧席卷時要像橋衡那樣一頭高一頭低,鋪坐席時就請示朝哪個方嚮,鋪卧席時則請示脚放哪邊。坐席要是南北方嚮,就以西方爲上位;要是東西方嚮,就以南方爲上位。

如果不是安排飲食之客,就把坐席布置成相對式,使兩席的間隔相距一丈。主人跪着給客人整飭席位,客人也隨即跪下按住席位辭謝;客人要撤去多層的席墊,主人一再推辭,客人只好踏上席位就坐;主人不發問,客人不可搶先提問。適才將要就席時,臉上不可露出慚怍的表情,兩手要提起衣裳,使下襬離地一尺,不要撥弄上衣,脚步不要急迫。

先生的書策琴瑟在面前,要跪着移開它,切勿從上面跨越。講問的空座位儘量往後,飲食的座位儘量靠前。坐着必須安静,守住你的顔面,長者没説到的地方,不要隨便插話。端正你的儀容,聽講必須恭敬;不可剽竊别人的學説,不要跟别人的見解雷同,要説必須效法古訓,稱頌先代聖王。在先生身旁侍坐,先生提問你,等問完再應對;請教學業要起立,請求進一步講解要起立。父親召唤不坐着應諾,先生召唤不坐着應諾,應當答應一聲並同時起立。在所尊敬的人身旁侍坐,不留空餘的席位。見同等的人進來不起立,火燭送到要起立,食物送到要起立,上等貴客到來要起立。火燭不可燃到露出燭柄使人誤以爲厭倦,在尊貴的客人面前不可呵叱狗,勸客進食不可唾痰。

【古注】

《注》 (一)如是,得兩手奉箕,恭也。謂初執而往時也。《弟子職》曰:"執箕膺擖,厥中有帚。"(二)謂掃時也,以袂擁帚之前,掃而卻行之。(三)扱,讀曰吸。謂收糞時也,箕去棄物以鄉尊者,則不恭。(四)横奉之,令左昂右低,如有首尾然。橋,井上桔槔,衡上低昂。(五)順尊者所安也。衽,卧席也。坐問鄉,卧問趾,因於陰陽。(六)布席無常,此其順之也。上,謂席端也。坐在陽則上左,坐在陰則上右。(七)謂講問之客也。函,猶容也。講問宜相對容丈,足以指畫也。飲食之客,布席於牖前。丈或爲杖。(八)雖來講問,猶以客禮待之,異於弟子。(九)撫之者,答主人之親正。(十)徹,去也。去重席,謙也。再辭曰固。(十一)客安,主人乃敢安也。講問宜坐。(十二)客自外來,宜問其安否無恙及所爲來故。(十三)怍,顔色變也。(十四)齊,謂裳下緝也。(十五)撥,發揚貌。(十六)蹶,行遽貌。(十七)廣敬也。在前,謂當行之前。(十八)謙也。(十九)爲汙席。(廿)執,猶守也。(廿一)儳,猶暫也,非類雜。(廿二)聽先生之言既説又敬。(廿三)勦,猶擥也。謂取人之説以爲己説。(廿四)雷之發聲，物無不同時應者。人之言當各由己，不當然也。《孟子》曰："人無是非之心，非人也。"（廿五）言必有依據。（廿六）不敢錯亂尊者之言。（廿七）尊師重道也。起，若今摳衣前請也。業，謂篇卷也。益，謂受説不了，欲師更明説之。子路問政，子曰："先之勞之。"請益；曰："無倦。"（廿八）應辭，唯恭於諾。（廿九）必盡其所近尊者之端，爲有後來者。（卅）不爲私敬。（卅一）異晝夜。（卅二）爲饌變。（卅三）敬尊者。（卅四）跋，本也。燭盡則去之，嫌若燼多有厭倦。（卅五）主人於尊客之前不敢倦，嫌若風去之。（卅六）嫌有穢惡。

《疏》 言"凡"者，通貴賤也。《弟子職》者，管子之書篇名也。膺，胸前也；擖，箕舌也；厥，其也。言執箕之禮，以箕舌鄉胸而帚置於箕中。箕是棄物之器，故不持鄉尊也。席間函丈者，函，容也，既來講説，則所布兩席中間相去使容一丈之地，足以指畫也。先生書策者，策，篇簡也。坐亦跪也，坐通名跪，跪名不通坐也。越，踰也。弟子將行，若遇師諸物或當己前，則跪而遷移之，戒慎勿得踰越。

【淺悟】

拘音 gōu（ㄍㄡ），遮蔽的意思。扱音 xī（ㄒㄧ），斂取的意思。齊音 zī（ㄗ），裳下緝。蹶音 guì（ㄍㄨㄟˋ），行急貌。儳音 chàn（ㄔㄢˋ），他人言事未畢而插言。勦音 chāo（ㄔㄠ），抄襲，剽竊之義。跋音 bá（ㄅㄚˊ），燭燃盡之殘餘部分。

中華民族的禮制無處不在，引導着人們從一點一滴的各種小事做起。長此以往，會使道德仁義積微成著。小事不可踰矩，臨大事時才會有操守；長期不踰矩，則習與性成；人人都如此，則國齊天下平。

1.7

【原文】

侍坐於君子，君子欠伸，撰杖屨，視日蚤莫，侍坐者請出矣（一）。侍坐於君子，君子問更端，則起而對（二）。侍坐於君子，若有告者曰："少閒願有復也。"則左右屏而待（三）。毋側聽（四），毋噭應，毋淫視，毋怠荒，遊毋倨，立毋跛，坐毋箕，寢毋伏，斂髮毋髢，冠毋免，勞毋袒，暑毋褰裳（五）。

侍坐於長者，屨不上於堂（六），解屨不敢當階（七）。就屨，跪而舉也，屏於側（八）；鄉長者而屨，跪而遷屨，俯而納屨（九）。

離坐離立，毋往參焉，離立者不出中閒（十）。男女不雜坐，不同椸枷，不同巾櫛，不親授。嫂叔不通問，諸母不漱裳。外言不入於梱，内言不出於梱。女子許嫁，纓，非有大故不入其門。姑、姊、妹、女子子已嫁而反，兄弟弗與同席而坐，弗與同器而食（十一）。父子不同席（十二）。男女非有行媒，不相知名（十三）；非受幣，不交不親（十四）；故日月以告君（十五），齊戒以告鬼神（十六），爲酒食以召鄉黨僚友（十七），以厚其别也（十八）。取妻不取同姓，故買妾不知其姓則卜之（十九）。寡婦之子非有見焉，弗與爲友（廿）。

【譯文】

在君子身旁侍坐，君子打哈欠伸懶腰，拄着拐杖漫步，看太陽早晚，這是示意侍坐者可以請求離去了呀。在君子身旁侍坐，君子改問另一件事，則要起立應對。在君子身旁侍坐，若有人進來報告説："等會兒希望有機會復命哩。"此時在坐的人就應避開等待。不要側耳偷聽，不要高聲答應，不要流盼斜視，不要怠惰荒疏，行走不要擺出一副倨傲的架勢，站立時不要一脚高一脚低，坐姿不要像簸箕那樣叉開兩腿，寢卧不要趴伏着，結紮好頭髮不使散垂下來，帽子不要脱掉，勞作時不要袒露身體，暑天不要撩起下裳。

到長者家去侍坐，穿着鞋不能走到堂上，脱鞋不敢嚮着臺階。穿鞋時，跪着將鞋拿起，退到一側穿上；如果朝嚮長者穿鞋，就先跪着將鞋移開，再俯身穿上。

兩人並排坐着或站着，不要過去參與他們的事，不要從並排站着的兩人中間穿行。男女不混雜着坐，不共用一個衣架，不共用一條毛巾和一把梳篦，不親手遞交物品。嫂和小叔不互致問候，不可讓庶母給洗濯下身穿的裳。男人談論的公事不傳進閨房，婦女談論的話題不傳出閨門。女子已經許下婚嫁，繫結了彩纓，没有重大變故不再進入原先的閨門。姑、姐、妹、女兒已經出嫁再返回家，其兄弟不跟她同席而坐，不跟她同器而食。父親和子女不共用同一領席子。男女之間没有經過媒人撮合，不會相互知道名字；没有接受彩禮，不交往不親近；擇定吉日良辰後必須上報官府，還須齋戒祭告祖先，置辦酒宴召集鄉親僚友前來慶賀並見證，用以慎重女兒的離别嘛。娶妻不娶同姓，過去買妾不知其姓就用占卜確定身分。寡婦的兒子不是具有卓越的見識，不可與之結爲朋友。

【古注】

《注》 （一）以君子有倦意也。撰，猶持也。（二）離席對，敬異事也，君子必令復坐。（三）復，白也。言欲須少空間有所白也。屏，猶退也，隱也。（四）嫌探人之私也。側聽，耳屬於垣。（五）皆爲其不敬。噭，號呼之聲也。淫視，睇眄也。怠荒，放散身體也。跛，偏任也。伏，覆也。髢，髮也，毋垂餘如髮也。免，去也。褰，袪也。髢或爲肆。（六）屨賤，空則不陳於尊者之側。（七）爲妨後升者。（八）謂獨退也。就，猶著也。屏，亦不當階。（九）謂長者送之也，不得屏遷之而已。俯，俛也。納，内也。遷或爲還。（十）爲干人私也。離，兩也。（十一）皆爲重别防淫亂。不雜坐，謂男子在堂，女子在房也。椸，可以枷衣者。通問，謂相稱謝也。諸母，庶母也。漱，澣也。庶母賤，可使漱衣，不可使漱裳，裳賤，尊之者亦所以遠别。外言内言，男女之職也。不出入者，不以相問也。梱，門限也。女子許嫁繫纓，有從人之端也。大故，宫中有災變若疾病，乃後入也。女子有宫者，亦謂由命士以上也。《春秋傳》曰："羣公子之舍，則已卑矣。女子十年而不出嫁，及成人可以出矣，猶不與男子共席而坐。"亦遠别也。（十二）異尊卑也。（十三）見媒往來傳昏姻之言，乃相知姓名。（十四）重别，有禮乃相纏固。

(十五)《周禮》"凡取判妻人子者,媒氏書之","以告君"謂此也。(十六)《昏禮》"凡受女之禮,皆於廟爲神席",以告鬼神謂此也。(十七)會賓客也。(十八)厚,重慎也。(十九)爲其近禽獸也。妾賤,或時非媵,取之於賤者世無本系。(廿)辟嫌也。有見,謂有奇才卓然,衆人所知。

《疏》 女子子者,謂已嫁女子,子是己之女。不直云女子,而云女子子者,凡男子女子皆是父生,同爲父之子,男子則單稱子,女子則重言子者,是别於男子。外言不入於梱者,外言,男職也;梱,門限也;男職在於官政,各有其限域,不得令婦人預之。内言不出於梱者,内言,女職也,女職謂織紝,男子不得濫預。

【淺悟】

少閒,音 shǎo jiàn(ㄕㄠˇ ㄐㄧㄢˋ)。屏音 bǐng(ㄅㄧㄥˇ),退避之義。噭音 jiào(ㄐㄧㄠˋ)。跛音 bì(ㄅㄧˋ),偏斜的意思。髢音 dí(ㄉㄧˊ),頭髮散垂。褰音 qiān(ㄑㄧㄢ),撩起之義。椸音 yí(ㄧˊ),枷即架,椸枷即衣架。櫛音 zhì(ㄓˋ),梳篦的總稱。漱音 shù(ㄕㄨˋ),洗滌,漱口的意思。

古代中國的姓,是表明家族系統的稱號。同姓必是出自同一血統的家族。禮制規定"娶妻不娶同姓"是在三千年前,它一定是沿襲着早先没有文字記載時的規定,我們先祖確實有着高瞻遠矚的智慧。作爲中華子孫的我們,没有理由自卑。恰恰相反,中華子孫應爲全人類做出榜樣。另外,我們祖先反復强調的"男女有别"與現代所謂的"文明"鼓噪的"性解放"二者,從其綜合影響看,究竟孰優孰劣,歷史將會給出準確的答案。

1.8

【原文】

賀取妻者曰:"某子使某,聞子有客,使某羞(一)。"

貧者不以貨財爲禮,老者不以筋力爲禮(二)。

名子者,不以國,不以日月,不以隱疾,不以山川(三)。

男女異長(四)。男子二十冠而字(五)。父前子名,君前臣名(六)。女子許嫁,笄而字(七)。

凡進食之禮,左殽右胾;食居人之左,羹居人之右(八);膾炙處外,醯醬處内(九);葱渫處末(十),酒漿處右(十一)。以脯脩置者,左朐右末(十二)。客若降等,執食興辭(十三),主人興辭於客,然後客坐(十四)。主人延客祭(十五),祭食,祭所先進(十六),殽之序,徧祭之(十七)。三飯,主人延客食胾,然後辯殽(十八);主人未辯,客不虚口(十九)。

【譯文】

派來祝賀娶妻者的使者説:"某人差使我,聽説您有客,使我前來進獻酒肴。"

窮人不用貨物錢財行禮，老人不用體力行禮。

給子女起名，不使用國名，不使用日月的名稱，不使用身上看不到的疾患名，不使用山川的名稱。

兒子和女兒要分開排列長幼次序。男子二十歲行冠禮並於名外表字。在父親跟前兒子需稱名，在國君跟前臣子需稱名。女子許嫁即綰髮插簪並於名外表字。

凡是宴請賓客進獻食物之禮，左邊放帶骨的肉右邊放大塊的切肉；飯食放在客人左邊，羹湯放在客人右邊；炒肉絲和烤肉往外放，醋和醬往中間放；生葱和蒸葱放在醋和醬的左邊，酒漿放在其右邊。以肉脯肉乾爲主置辦的筵席，形狀彎曲的在左碎末在右。如果客的地位低一等，他便起身致辭執意要到堂下進食，主人便起身向客人致辭挽留，然後客人重新落坐。主人延請客人祭食，祭祀創造食物的先人，先上的食物先祭，按菜肴擺放的順序，遍祭所有的食物。吃過幾口飯，主人便延請客人吃大塊切肉，然後吃遍所有的菜肴；主人没吃遍菜肴，客人不可漱口。

【古注】

《注》（一）謂不在賓客之中，使人往者。羞，進也，言進於客。古者謂候爲進，其禮蓋壺酒束脩若犬也，不斥主人昏禮不賀。（二）禮許儉，不非無也。年五十始杖，八十拜君命，一坐再至。（三）此在常語之中，爲後難諱也，《春秋傳》曰"名終將諱之"。隱疾，衣中之疾也，謂若黑臀、黑肱矣。疾在外者雖不得言，尚可指摘，此則無時可辟，俗語云：隱疾難爲醫。（四）各自爲伯季也。（五）成人矣，敬其名。（六）對至尊，無大小皆相名。（七）以許嫁爲成人。（八）皆便食也。殽，骨體也。胾，切肉也。食，飯屬也。居人左右，明其近也。殽在俎，胾在豆。（九）殽胾之内外也。近醯醬者食之主，膾炙皆在豆。（十）渿，烝葱也，處醯醬之左，言末者，殊加也。渿在豆。（十一）處羹之右，此言若酒若漿耳。兩有之，則左酒右漿。此大夫士與賓客燕食之禮，其禮食則宜放《公食大夫禮》云。（十二）亦便食也。屈中曰朐。（十三）辭者，辭主人之臨己食，若欲食於堂下然。（十四）復坐。（十五）延，道也。祭，祭先也。君子有事不忘本也，客若降等則先祭。（十六）主人所先進先祭之，所後進後祭之如其次。（十七）謂胾炙膾也，以其本出於牲體也，《公食大夫禮》"魚腊湆醬不祭"也。（十八）先食胾，後食殽，殽尊也。凡食殽辯於肩，食肩則飽也。（十九）俟主人也。虚口，謂酳也。客自敵以上，其酳不待主人飽，主人不先飽也。

《疏》親朋友有昏，己有事礙不得自往而遣人往也。案《郊特牲》云："昏禮不賀，人之序也。"此云賀者，聞彼昏而送筐篚，將表厚意，身實不在，爲賀，故云賀，而其辭則不稱賀。曰某子使某者，此使者辭也。某子者，賀者名；使某者，使自稱名也，言彼使我來也。聞子有客者，聞子，呼娶妻者爲子也。昏禮既不稱賀，故云聞子有客也。客者，鄉黨僚友之屬也。使某羞者，某是使者名也；羞，進也，子既召賓客或須飲食，故使我將此酒食以與子進賓客。左殽右胾者，熟肉帶骨而臠曰殽，純肉切之曰胾。骨是陽，故在左；肉是陰，故在右。主人延客祭者，延，導也；祭者，君子不忘本，有德必酬之，故得食而種種出少許，置在豆間之地，以報先代造食之人也。主人未辯客不虚口者，辯，匝也；虚口，謂食竟飲酒蕩口使清潔及安食也。主人若食殽未辯，則客雖已辯而不得輒酳漱也。主人恒讓客不自先飽，故客待主人辯乃得爲酳也。

【淺悟】

殽音 xiáo(ㄒㄧㄠˊ)，帶骨肉。胾音 zì(ㄗˋ)，大塊切肉。醯音 xī(ㄒㄧ)，即醋。渫音 yì(ㄧˋ)，蒸葱。朐音 qú(ㄑㄩˊ)，形狀彎曲的肉脯。辯，同遍。

拿"貧者不以財貨爲禮"這句話來對照前文的"禮尚往來"，不難看出禮所崇尚的是心與心、感情與感情的往來，而不是庸俗的禮物。

1.9

【原文】

侍食於長者，主人親饋，則拜而食(一)；主人不親饋，則不拜而食(二)。

共食不飽(三)，共飯不澤手(四)，毋摶飯(五)，毋放飯(六)，毋流歠(七)，毋咤食(八)，毋齧骨(九)，毋反魚肉(十)，毋投與狗骨(十一)，毋固獲(十二)，毋揚飯，飯黍毋以箸，毋嚃羹(十三)，毋絮羹(十四)，毋刺齒(十五)，毋歠醢(十六)。客絮羹，主人辭不能亨；客歠醢，主人辭以窶(十七)。濡肉齒決(十八)，乾肉不齒決(十九)，毋嘬炙(廿)。卒食，客自前跪，徹飯齊，以授相者(廿一)；主人興辭於客，然後客坐(廿二)。

侍飲於長者，酒進則起，拜受於尊所(廿三)；長者辭，少者反席而飲；長者舉未釂，少者不敢飲(廿四)。長者賜，少者賤者不敢辭(廿五)。

【譯文】

陪侍在長者身旁吃飯，主人親自給搛菜，就要拜謝後才能吃；主人不親自給搛菜，不必拜謝就能吃。

與同事共用餐具聚餐不可只顧滿足自己，在共用的飯籠裏抓飯吃不可揉搓手，不可將飯摶成團吃，不可將手上粘的飯放回飯籠裏，喝湯不可像流水般急流而下，嚼食物不可發出聲響，不可啃咂骨頭，不可將咬過的魚肉又放回，不可將啃過的骨頭扔給狗，不可專吃一種菜和跟人爭搛一種菜，不可吹揚飯中的熱氣，黍米飯不可用筷子搛，羹裏的菜不可不嚼就吞嚥，不可向羹裏加調料，不可剔牙齒，不可喝肉醬。客往羹裏加調料，主人就會説不會烹飪；客人喝肉醬，主人就會説家中貧窶招待不充分。濡軟的肉可用牙齒咬斷，乾肉不可用牙齒咬斷，不可將大塊烤肉一下全塞嘴裏。吃完飯，客人跪着上前撤下剩飯和切碎的醬菜，打算交給主家的輔相；主人急忙起身阻止客人，然後客人重又坐下。

陪侍在長者身旁飲酒，長者賜酒就要起立，走到放酒樽的地方敬拜接受；長者辭讓後，少者才能回到席位上飲酒；長者舉杯尚未把酒飲盡，少者不敢飲。長者賞賜的任何物品，少者和卑者都不敢辭却。

【古注】

《注》 (一)勸長者食耳。雖賤，不得執食興辭，拜而已，示敬也。(二)以其禮於己不隆。(三)謙也，謂共羹飯之大器也。(四)爲汗手不絜也。澤，謂捼莎也。禮，飯以手。澤或爲擇。(五)爲欲致飽不謙.(六)去手餘飯於器中，人所穢。(七)大歠嫌欲疾。(八)嫌薄之。(九)爲有聲響不敬。(十)爲已歷口，人所穢。(十一)爲其賤飲食之物。(十二)爲其不廉也。欲專之曰固，争取曰獲。(十三)亦嫌欲疾也。嚃爲不嚼菜。(十四)爲其詳於味也。絮，猶調也。(十五)爲其弄口也，口容止。(十六)亦嫌詳於味也。歠者，爲其淡故。(十七)優賓。(十八)決，猶斷也。(十九)堅，宜用手。(廿)爲其貪食甚也。嘬，謂一舉盡臠，《特牲·少牢》"嚌之加於俎"。(廿一)謙也。自，從也。齊，醬屬也。相者，主人贊饌者。《公食大夫禮》"賓卒食，北面取粱與醬以降"也。(廿二)不聽親徹。(廿三)降席拜受，敬也，燕飲之禮鄉尊。(廿四)不敢先尊者。盡爵曰釂。《燕禮》曰"公卒爵而後飲"也。(廿五)不敢亢禮也。賤者，僮僕之屬。

《疏》 共食，謂同事聚居，非禮食。共飯不澤手者，亦是共器盛飯也；澤，謂光澤也。古之禮，飯不用箸，但用手。既與人共飯，手宜絜浄，不得臨食始捼莎手乃食，恐爲人穢也。

【淺悟】

摶音 tuán(ㄊㄨㄢˊ)。歠音 chuò(ㄔㄨㄛˋ)，通啜。咤音 zhà(ㄓㄚˋ)，象聲詞。齧音 niè(ㄋㄧㄝˋ)，咬，啃的意思。嚃音 tà(ㄊㄚˋ)，不細嚼而吞。絮音 chù(ㄔㄨˋ)，調和食物。醢音 hǎi(ㄏㄞˇ)，肉醬。窶音 jù(ㄐㄩˋ)，貧陋之義。嘬音 chuài(ㄔㄨㄞˋ)，大口吞食。徹飯齊，齊音 jī(ㄐㄧ)，同齏，細切的醬菜或腌菜。釂音 jiào(ㄐㄧㄠˋ)，酒飲盡。

文明，高雅的場合，必然是本節所描述的情形，其中決無利欲紛争的成分。

1.10

【原文】

賜果於君前，其有核者懷其核[一]。御食於君，君賜餘，器之溉者不寫，其餘皆寫[二]。

餕餘不祭。父不祭子，夫不祭妻[三]。

御同於長者，雖貳不辭[四]，偶坐不辭[五]。

羹之有菜者用梜，其無菜者不用梜[六]。

爲天子削瓜者副之，巾以絺[七]；爲國君者華之，巾以綌[八]；爲大夫累之[九]；士疐之[十]；庶人齕之[十一]。

父母有疾，冠者不櫛，行不翔[十二]，言不惰[十三]，琴瑟不御[十四]，食肉不至變味，飲酒不至變貌[十五]，笑不至矧，怒不至詈[十六]，疾止復故[十七]。有憂者側席而坐(十八),有喪者專席而坐(十九)。

【譯文】

在國君跟前賞賜吃水果,要是有核的話就將核揣進懷裏。在國君身旁勸食,國君賞賜多餘的食物,盛食物的器皿可以洗滌的話就不必倒進自己的器皿内,其餘的全倒進自己的器皿内。

吃剩的食物不可用來祭食。父親不用兒子餕餘的食物祭食,丈夫不用妻子餕餘的食物祭食。

在長者身旁陪侍享有與長者相同的待遇,即便得到兩份賞賜也不推辭,陪坐者都不需推辭。

羹裏要是有菜的話可用筷子搛,裏面没有菜的話不可動用筷子。

爲天子削瓜的話要剖成四瓣,用細葛布遮蓋起來;爲國君削瓜的話要剖成兩半,用粗葛布遮蓋起來;爲大夫削瓜横斷開倮着不必遮蓋;士只給他去掉瓜蒂;庶人咬着吃即可。

父母生病,二十歲以上的兒子不梳頭,走路不可像飛翔一樣張開兩臂,出言不可惰慢,不撫摩琴瑟,吃肉不至於使吃不完的變了味兒,飲酒不至於喝得改變了外貌,笑不至於露出牙齦,發怒不至於駡人,直到父母病愈才恢復原來的狀態。有憂心事的話就將席子卷起半邊一人獨坐,遭遇喪事的話只能坐單層的席子。

【古注】

《注》 (一)嫌棄尊者物也。木實曰果。(二)重汙辱君之器也。溉,謂陶梓之器;不溉,謂萑竹之器也。寫者,傳己器中乃食之也。勸侑曰御。(三)食人之餘曰餕。餕而不祭,唯此類也。食尊者之餘,則祭盛之。(四)謂侍食於長者,饌宜與之同也。貳,謂重殽膳也,辭之爲長者嫌。(五)盛饌不爲己。(六)梜,猶箸也,今人或謂箸爲梜提。(七)副,析也。既削又四析之,乃横斷之而巾覆焉。(八)華,中裂之,不四析也。(九)累,倮也,謂不巾覆也。(十)不中裂,横斷去疐而已。(十一)不横斷。(十二)憂不爲容也。(十三)憂不在私好。惰,不正之言。(十四)憂不在樂。(十五)憂不在味。(十六)憂在心難變也。齒本曰矧,大笑則見。(十七)自若常也。(十八)側,猶特也。憂不在接人,不布他面席。(十九)降居處也。專,猶單也。

《疏》 御者非侍者,但是勸侑君食也。君賜餘者,謂君食竟以食殘餘賜御者也。溉,滌也。寫,謂倒傳之也。若所賜食之器可滌溉者不畏汙,則不須倒寫,仍於器中食之,食訖乃澡絜以還君也。其餘,謂不可滌溉之器也,若不倒寫,久則浸汙其器,又不可澡絜,則壞尊者物也,故皆倒寫之。餕者,食餘之名;祭,謂祭先也。因前有賜餘,故明食人之餘不祭者也,若父得子餘、夫得妻餘不須祭。御同於長者,御,侍也;同,謂侍食而與長者饌同也。貳,謂重也。侍者雖獲殽膳重、而己不須辭其多也。所以然者,此饌本爲長者設耳,若辭之,則嫌當長者。偶,媲也。或彼爲客設饌,而召己往媲偶於客共食,此饌本不爲己設,故己不辭之也。絺,細葛也。綌,粗葛也。齕,齧也。然此削瓜等級不同,非謂平常之日，當是公庭大會之時也。

【淺悟】

寫音 xiè(ㄒㄧㄝˋ)，移置的意思。副音 pì(ㄆㄧˋ)，剖的意思。絺音 chī(ㄔ)，細葛布。華音 huā(ㄏㄨㄚ)，從當中剖開曰華。綌音 xì(ㄒㄧˋ)，粗葛布。累音 luó(ㄌㄨㄛˊ)，通倮。疐音 dì(ㄉㄧˋ)，同蒂。齕音 hé(ㄏㄜˊ)，咬的意思。矧音 shěn(ㄕㄣˇ)，即牙齦。

與本文對照一下，看是否有可供借鑒的規矩。

1.11

【原文】

水潦降，不獻魚鼈[一]。獻鳥者佛其首[二]，畜鳥者則勿佛也[三]。獻車馬者執策綏，獻甲者執胄，獻杖者執末，獻民虜者操右袂，獻粟者執右契，獻米者操量鼓，獻孰食者操醬齊，獻田宅者操書致[四]。凡遺人弓者，張弓尚筋，弛弓尚角[五]；右手執簫，左手承弣[六]，尊卑垂帨[七]；若主人拜[八]，則客還辟辟拜[九]；主人自受，由客之左，接下承弣[十]，鄉與客並，然後受[十一]。進劍者左首[十二]，進戈者前其鐏、後其刃，進矛戟者前其鐓[十三]，進几杖者拂之[十四]，效馬效羊者右牽之[十五]，效犬者左牽之[十六]，執禽者左首[十七]，飾羔鴈者以繢[十八]。受珠玉者以掬[十九]，受弓劍者以袂[廿]。飲玉爵者弗揮[廿一]。凡以弓劍苞苴簞笥問人者[廿二]，操以受命，如使之容[廿三]。

【譯文】

雨水降臨的季節，不進獻魚鼈。獻鳥的話要用小竹籠罩着頭，訓養的鳥就不需罩頭嘛。獻車馬的話只需拿着馬鞭和登車索，獻鎧甲的話只需拿着頭盔，獻手杖的話握着末端，獻俘虜的話抓住其右衣袖，獻粟米的話拿着右半邊契約，獻稻米的話提着量器，獻熟食的話帶上醬菜，獻田宅的話奉上文書。凡是贈人弓弩的話，拉緊的弓要使弓弦朝上，鬆弛的弓要使弓内的角朝上；右手握着弓的末端，左手托着弓柄的中部，不論地位尊還是卑都要垂下佩巾；如果主人拜謝，客便迴旋避讓着躲避拜謝；主人親自接受，要從客的左邊，接住客人手的下方托着弓柄的中部，與客人同一方嚮並立，然後收受下來。進獻劍的話要將劍柄朝左，進獻戈的話要使其柄末端的鐏朝前、戈刃朝後，進獻矛戟的話要使其柄端的鐓朝前，進獻几案和拐杖的話要拂去上面的灰塵，進呈馬或羊的話要用右手牽着，進呈狗的話要用左手牽着，拿飛禽的話要把頭別向左邊，裝飾羔羊、大鴈的話要用繪畫的布帛蓋其身上。接受珠寶玉器的話要用雙手捧着，接受弓劍的話要用衣袖掩着手承接。用玉爵飲酒不可揮甩剩餘的酒滴。凡是拿弓劍、草器包着的生魚生肉、竹器盛着的熟食去問候人的話，捧着這些物品接受尊長的教命，要有如同出國訪問的使者般的儀容。

【古注】

《注》 (一)不饒多也。(二)爲其啄害人也。佛，戾也，蓋爲小竹籠以冒之。(三)畜，養也，養則馴。(四)凡操執者，謂手所舉以告者也，設其大者，舉其小者便也。甲，鎧也。胄，兜鍪也。民虜，軍所獲也，操其右袂制之。契，券要也，右爲尊。量鼓，量器名。(五)弓有往來體，皆欲令其下曲，隤然順也。遺人無時，已定體則張之，未定體則弛之。(六)簫，弭頭也。謂之簫，簫邪也。弣，把中。(七)帨，佩巾也。磬折則佩垂，授受之儀尊卑一。(八)拜受也。(九)辟拜，謙不敢當。(十)由，從也。從客之左，右客尊之。接下，接客手下也。承弣，卻手則簫覆手與。(十一)於堂上則俱南面，禮敵者並授。(十二)左首尊也。(十三)後刃，敬也。三兵鐏鐓雖在下，猶爲首鋭。底曰鐏，取其鐏也。平底曰鐓，取其鐓也。(十四)尊者所馮依，拂去塵，敬。(十五)用右手便。效，猶呈見。(十六)犬齛齧人，右手當禁備之。(十七)左首尊。(十八)繢，畫也。諸侯大夫以布，天子大夫以畫。(十九)慎也，掬手中。(廿)敬也。(廿一)爲其竇而脆。(廿二)問，猶遺也。苞苴裹魚肉，或以葦，或以茅。簞笥，盛飯食者，圜曰簞，方曰笥。(廿三)謂使者。

《疏》 操以受命，如使之容者，言使者操持此上諸物以進，受尊者之命如臣爲君聘使，受君命先習其威儀進退，令如其至所使之國時之儀容，故云如使之容也。

【淺悟】

潦音 lǎo(ㄌㄠˇ)，水潦即雨水。遺音 wèi(ㄨㄟˋ)，贈的意思。弛音 shǐ(ㄕˇ)，放鬆弓弦。帨音 shuì(ㄕㄨㄟˋ)，即佩巾。鐏音 zūn(ㄗㄨㄣ)，戈柄下端的銅套。鐓音 duì(ㄉㄨㄟˋ)，矛戟柄下端的銅套。繢音 huì(ㄏㄨㄟˋ)，同繪。簞笥音 dān si(ㄉㄢ ㄙˋ)，盛食物的竹器，圓形曰簞，方形曰笥。

凡是規矩，都要爲對方考慮得非常細緻周到，只爲求和諧。

1.12

【原文】

凡爲君使者，已受命，君言不宿於家(一)。君言至，則主人出拜君言之辱；使者歸，則必拜送于門外(二)。若使人於君所，則必朝服而命之；使者反，則必下堂而受命(三)。

博聞強識而讓，敦善行而不怠，謂之君子(四)。君子不盡人之歡，不竭人之忠，以全交也(五)。

禮曰："君子抱孫不抱子。"此言孫可以爲王父尸，子不可以爲父尸(六)。爲君尸者，大夫士見之則下之，君知所以爲尸者則自下之(七)；尸必式(八)，乘必以几(九)。齊者不樂不弔(十)。

居喪之禮：毁瘠不形，視聽不衰(十一)；升降不由阼階，出入不當門隧(十二)。居喪之禮：頭有創則沐，身有瘍則浴，有疾則飲酒食肉，疾止復初；不勝喪，乃比於不慈不孝(十三)。五十不致毁；六十不毁；七十唯衰麻在身，飲酒食肉處於内(十四)。

【譯文】

凡是爲國君出使的官員，已經接受了使命，就不能使國君的囑託在家中過夜。國君的囑託到達時，主人就得出門拜迎君言的下辱；使者回去時，也必須拜送到大門外。要是派人到國君那裏，就必須穿上朝服鄭重其事地派遣；派去的人回來時，就必須下堂去接受復命。

見聞廣博強於記憶而且能謙讓，行爲敦厚善良並能够不懈怠地堅持，這種人可以稱之爲君子。君子不會傾盡别人的歡心，不會耗竭别人的忠誠，以此保全交誼嘛。

舊時的禮有云："君子抱孫不抱子。"這是説孫子可以充當代替祖父亡靈受祭的尸，兒子不可以充當代替父親亡靈受祭的尸。充當代先君受祭的尸的話，大夫士路上遇見他就得下車，國君明白了用來充當尸的緣由後就自動走下車；尸必俯身扶着車式以示敬，乘車時必踏着几案往上登。齋戒之後不再奏樂和參加弔唁。

居喪的禮制規定：因悲傷過度造成身體瘦弱不可瘦到形銷骨立的程度，不可使視力和聽力衰退；上下臺階不忍從主人的阼階上走，出去進來不走衝着門的必經之路。居喪的禮制還規定：叩頭碰出創傷可以洗髮，身上生出瘡毒可以洗澡，生了病可以飲酒吃肉，病愈便恢復居喪之初的狀態；要是因病弱而不能勝任喪事，便跟不慈不孝類似。五十歲的人不可使身體極度毁傷；六十歲的人不可使身體毁傷；到了七十歲只把衰麻服穿在身，照常飲酒吃肉居住在内室。

【古注】

《注》 (一)急君使也。言，謂有故所問也，《聘禮》曰："君有言，則以束帛如饗禮。"(二)敬君命也。此謂國君問事於其臣。(三)此臣有所告，請於其君。(四)敦，厚。(五)歡，謂飲食。忠，謂衣服之物。(六)以孫與祖昭穆同。(七)尊尸也。下，下車也。國君或時幼少，不能盡識羣臣，有以告者乃下之。(八)禮之。(九)尊者慎也。(十)爲哀樂則失正，散其思也。(十一)爲其廢喪事。形，謂骨見。(十二)常若親存。隧，道也。(十三)勝，任也。(十四)所以養衰老，人五十始衰也。

《疏》 受命，謂受得君命爲聘使也。君言，謂受君言宜急去，不得停留宿於家也，故《聘禮》"既受命，遂行，舍於郊"是也。毁瘠不形者，毁瘠，羸瘦也；形，骨露也，骨爲人形之主，故謂骨爲形也。居喪乃許羸瘦，不許骨露見也。升降不由阼階者，阼階，主人之階也，孝子事死如事生，故在喪，思慕猶若父在，不忍從父阼階上下也。不勝喪乃比於不慈不孝者，不勝喪，謂疾不食酒肉、創瘍不沐浴，毀而滅性者也。不留身繼世，是不慈也；滅性又是違親生時之意，故云不孝。不云同而云比者，此滅性本心實非爲不孝，故言比也。五十致不致毀者，致，極也，五十始衰，居喪乃許有毀，而不得極羸瘦。

【淺悟】

"抱孫不抱子"，似乎屬於天性，不需附加什麽條件，大致人人都是如此。其他方面都有借鑒意義，只是"爲君"不再是爲家天下的君了。

1.13

【原文】

生與來日，死與往日(一)。

知生者弔，知死者傷。知生而不知死，弔而不傷；知死而不知生，傷而不弔(二)。

弔喪弗能賻，不問其所費。問疾弗能遺，不問其所欲。見人弗能館，不問其所舍。賜人者不曰來取，與人者不問其所欲(三)。

適墓不登壟(四)。助葬必執紼(五)。臨喪不笑(六)。揖人必違其位(七)。望柩不歌，入臨不翔(八)。當食不歎(九)。鄰有喪，舂不相；里有殯，不巷歌(十)。適墓不歌(十一)，哭日不歌(十二)，送喪不由徑，送葬不辟塗潦(十三)。臨喪則必有哀色，執紼不笑，臨樂不歎，介冑則有不可犯之色(十四)，故君子戒慎，不失色於人(十五)。國君撫式，大夫下之；大夫撫式，士下之(十六)。禮不下庶人(十七)，刑不上大夫(十八)。刑人不在君側(十九)。

【譯文】

遭喪，生者的成服日從死者的第二天算起，死者的殯殮日從死去的這天算起。

與生者相知的話要去弔唁，與死者相知的話則悲傷。與生者相知而與死者没交情，只去弔唁而不悲傷；與死者相知而與其家屬没交情，只悲傷而不去弔唁。

弔喪不能以財物相助，就不要問人家花費多少；探問病人不能給予幫助，就不要問人家需要什麽；遇見熟人不能留宿，就不要問人家在哪落脚。賜給别人東西的話不可叫人家來取，援助别人的話不可問人家想不想要。

去墓地不可攀登墳壟。助葬必須牽引靈車的繩索。面對喪事不能笑。向人作揖必須離開自己的座位。遠遠望見靈柩便停止唱歌，進入靈堂走路不要張開兩臂像飛翔。面對飯食不歎息。鄰居有喪事,舂穀不可喊號子;鄰里有人出殯,不可在巷子裏唱歌。來到墓地不唱歌,哭的日子不唱歌。送殯不走小路,送葬不避路上的積水。參加喪事就必須有悲哀的表情,拉靈車繩索時不得嬉笑,面臨奏樂不歎息,穿上甲胄就應現出不可凌犯的氣色。所以君子時刻警戒謹慎,在人前不可失去莊重的本色。國君在車上撫式致敬,大夫需下車回敬;大夫在車上撫式致敬,士需下車回敬。禮制不會卑下庶人,刑法不會崇尚大夫。受過刑罰的人不能在國君身邊服事。

【古注】

《注》 (一)與,猶數也。生數來日,謂成服杖以死明日數也。死數往日,謂殯斂以死日數也。此士禮,貶於大夫者,大夫以上皆以來日數。《士喪禮》曰:"死日而襲,厥明而小斂,又厥明大斂而殯。"則死三日而更言三日成服杖,似異日矣。《喪大記》曰:"士之喪,二日而殯,三日之朝,主人杖。"二者相推,其然明矣。與或爲予。(二)人恩各施於所知也。弔傷,皆謂致命辭也。《雜記》曰:"諸侯使人弔,辭曰:寡君聞君之喪,寡君使某如何不淑。"此施於生者,傷辭未聞也。説者有弔辭云:皇天降災,子遭罹之如何不淑。此施於死者,蓋本傷辭,辭畢退,皆哭。(三)皆爲傷恩也。見人,見行人。館,舍也。與人不問其所欲,己物或時非其所欲,將不與也。(四)爲其不敬。壟,冢也。墓,塋域。(五)葬,喪之大事。紼,引車索。(六)臨喪宜有哀色。(七)禮以變爲敬。(八)哀傷之無容樂。(九)食或以樂,非歎所。(十)助哀也。相,謂送杵聲。(十一)非樂所。(十二)哀未忘也。(十三)所哀在此。(十四)貌與事宜相配。介,甲也。(十五)色厲而内荏,貌恭心狠,非情者也。(十六)撫,猶據也。據式,小俛,崇敬也,乘車必正立。(十七)爲其遽於事,且不能備物。(十八)不與賢者犯法,其犯法則在八議,輕重不在刑書。(十九)爲怨恨爲害也。《春秋傳》曰:"近刑人,則輕死之道。"

《疏》 禮不下庶人者,謂庶人貧,無物爲禮,又分地是務,不暇燕飲,故此禮不下與庶人行也。《白虎通》云:"禮爲有知制,刑爲無知設。"禮爲酬酢之禮,不及庶人,勉民使至於士也,故《士相見禮》云"庶人見於君,不爲容,進退走"是也。張逸云:"非是都不行禮也,但以其遽務不能備之故,不著於經文三百,威儀三千耳,其有事則假士禮行之。"刑不上大夫者,制五刑三千之科條,不設大夫犯罪之目也。所以然者,大夫必用有德,若逆設其刑,則是君不知賢也。張逸云:"謂所犯之罪不在夏三千,周二千五百之科,不使賢者犯法也。"非謂都不刑其身也,其有罪則以八議議其輕重耳。

【淺悟】

"禮不下庶人,刑不上大夫"一語,若按古注的解説,就成了這樣的意思:禮不向下普及到庶人,刑不向上追究到大夫。對於"禮",鄭孔二人都理解成了禮品,認爲"庶人貧,無物爲禮",又忙於事務,無暇顧及"禮";至於"刑",鄭玄認爲大夫犯了法,不受刑律制裁,而由"八議"處置;孔穎達則進一步疏解道:"大夫必用有德,若逆設其刑,則是君不知賢也。"尤其是《白虎通》"禮爲有知制,刑爲無知設"的説法更是荒謬。很顯然,"有知"是指士大夫,"無知"指庶人,就是説,庶民不可用禮制來規範,只可用刑罰去強制。如此解説,從理論上講,首先與孔子在《論語》中所説的"道之以政,齊之以刑,民免而無恥;道之以德,齊之以禮,有恥且格""禮云禮云,玉帛云乎哉"等相牴牾;其次也與前文"道德仁義，非禮不成；教訓正俗，非禮不備”和“貧者不以貨財爲禮”的説法矛盾。從歷史事實看，周朝的禮和刑絶大部分是由周公制定的，連其親兄弟管叔和蔡叔因作亂也没逃脱被殺、被放逐的刑法制裁，這算不算“逆設其刑”“刑爲無知設”呢？再看此後的歷朝歷代，有哪個朝代不曾用刑法制裁過大夫？所以不論依據理論還是事實來推斷，古注的解説都不符合此語的本意。

“禮下不庶人”的“下”字，是低下、卑下的意思。没聽説哪位想有所作爲的君王，不想令其治下的黎民百姓人人都具備仁義道德，以維持社會的穩定，從而鞏固其統治。而要達到這一目的，則必須通過“禮”去規範每個人的行爲，故禮制不會卑下庶人。“刑不上大夫”，古代“上”與“尚”字通用，即崇尚的意思。大夫觸犯了刑律，刑律可不尊崇你大夫，照樣治其罪，故刑法不崇尚大夫。假如“禮”不規範庶民的行爲，“刑”只制裁民衆而不懲處貪官污吏，社會能和諧嗎？所以“禮不下庶人，刑不上大夫”這句話，所灌輸的是一則不可違逆的政治規律，即在“禮”和“刑”面前，庶人和大夫所應受到的是同樣的待遇。

1.14

【原文】

兵車不式(一)，武車綏旌(二)，德車結旌(三)。

史載筆，士載言(四)。前有水，則載青旌；前有塵埃，則載鳴鳶；前有車騎，則載飛鴻；前有士師，則載虎皮；前有摯獸，則載貔貅(五)。行：前朱鳥而後玄武，左青龍而右白虎，招摇在上，急繕其怒(六)。進退有度(七)，左右有局，各司其局(八)。

父之讎，弗與共戴天(九)；兄弟之讎，不反兵(十)；交遊之讎，不同國(十一)。

四郊多壘，此卿大夫之辱也(十二)。地廣大荒而不治，此亦士之辱也(十三)。

【譯文】

在兵車上不行憑式禮，武裝的兵車要把旌旗舒散開，普通乘用的德車需將旌旗結紮起來。

國君率領隊伍參加盟會，太史要裝載書寫用具，主管司盟的士要裝載舊時盟會記載的言辭。隊伍前方遭遇水阻，前驅便舉起繪有青雀的旌旗；前方塵土飛揚，便舉起繪有鳴叫着的鳶鷹的旌旗；前方發現成隊的車騎，便舉起繪有鴻雁的旌旗；前方發現兵衆，便舉起繪有虎皮的旌旗；前方發現凶猛的野獸，便舉起繪有貔貅的旌旗。行陣之法：前陣爲朱鳥而後陣爲玄武，左陣爲青龍而右陣爲白虎，象徵北斗杓端的招摇星旗在陣中上空指揮，以急速修整隊伍使之威怒。進退有法度，左右有格局，各管理自己的部分。

殺父的仇敵，不與之共處一塊天底下；殺兄弟的仇人，不需返回取兵器；殺朋友的仇人，不與同處一國。

王城四郊築起很多軍事營壘，這是卿大夫的恥辱哩。廣濶的采地大片荒蕪却不治理，這也是擔任邑宰的士的恥辱哩。

【古注】

《注》（一）尚威武不崇敬。（二）盡飾也。綏，謂垂舒之也。武車亦兵車。（三）不盡飾也。結，謂收斂之也。德車，乘車。（四）謂從於會同，各持其職以待事也。筆，謂書具之屬。言，謂會同盟要之辭。（五）載，謂舉於旌首以警衆也。禮，君行師從，卿行旅從，前驅舉此，則士衆知所有，所舉各以其類象。青，青雀水鳥。鳶鳴則將風。鴻取飛有行列也。士師，謂兵衆。虎取其有威勇也，貔貅亦摯獸也，《書》曰"如虎如貔"。士或謂仕。（六）以此四獸爲軍陳，象天也。急，猶堅也。繕讀曰勁。又畫招搖星於旌旗上，以起居堅勁軍之威怒，象天帝也。招搖星在北斗杓端，主指者。（七）度，謂伐與步數。（八）局，部分也。（九）父者，子之天，殺己之天，與共戴天，非孝子也，行求殺之乃止。（十）恒執殺之備。（十一）讎不我辟則殺之。交遊或爲朋友。（十二）辱其謀人之國不能安也。壘，軍壁也。數見侵伐則多壘。（十三）辱其親民不能安荒穢也。

《疏》史，謂國史，書録王事者，王若舉動，史必書之；王若行往，則史載書具而從之也。不言簡牘而云筆者，筆是書之主，則餘載可知。士載言者，士謂司盟之士，言謂盟會之辭，舊事也。崔靈恩云："必載盟會之辭者，或尋舊盟，或用舊會之禮，應須知之，故載自隨也。"前有水則載青旌者，王行宜警衛，善惡必先知之，故備設軍陳行止之法也。軍陳卒伍行，則並銜枚無諠聲，若有非常不能傳道，且人衆廣遠難可周徧，故前有變異則舉類示之。青旌者，青雀旌。軍行若前值水，則畫青雀旌，旗幡上舉示之；青雀是水鳥，軍士望見則咸知前必值水而各防也。四郊者，王城四面並有郊，諸侯亦各有四面之郊。壘，軍壁也。言卿大夫尊高，任當軍帥，若有威德，則無敢見侵；若尸禄素餐，則寇戎充斥，數戰郊坰，故多軍壘，罪各有所歸，故爲卿大夫之恥辱也。地廣大荒而不治，此亦士之辱也者，地，采地也。荒，廢穢也。士，邑宰也。士爲君邑宰，必宜地民相得，若使土地廣大而荒廢，民散而流移，亦邑宰之恥辱也。而云亦者，今謂非但大夫之辱，亦是士之辱。言四郊多壘，獨爲大夫之辱，士則職卑位下，爲君邑宰勸課耕種，故地荒爲士之辱也。

【淺悟】

鳶音 yuān（ㄩㄢ），即老鷹。貔貅音 pí xiū（ㄆㄧˊㄒㄧㄡ），猛獸名，雄爲貔，雌爲貅。招摇，即北斗七星杓端那顆星。杓音 biāo（ㄅㄧㄠ）。

"父之讎弗與共戴天"一語，鄭玄和孔穎達解釋爲：殺父之人，必報殺之，不可與共處於天下也。這樣解釋，恐怕不是此語的原意。試想，殺了他，自己又成了他子女的"父之讎"。如此相報，何時終了？對待殺父之讎，還應按《論語》中孔子"以直報怨"的教誨去處置才是正道。所謂"直"，即不隱匿自己的怨恨，徑直交由國法了斷，同樣可以達到"弗與共戴天"的目的。如果殺父的是外國侵略者，對此國讎家恨，就應與國人一同不惜一切代價地消滅它，將其趕出國門，決不與之共戴天。

"兄弟之讎不反兵"一語，鄭孔二人則解釋爲：兵器常帶在身，見即殺之。見即殺之，也屬“弗與共戴天”之意，豈不是跟報父之讎一樣嗎？原文何必分别説？由此可見，“不反兵”應當解釋爲：不要返回家去拿兵器。這樣與讎人相遇，即便控制不住情緒，頂多賞其一頓老拳出出氣，不至於造成更嚴重的後果。不然兵刃相見，就算殺死他，也是兩敗俱傷，兄弟之讎將如何報？

1.15

【原文】

臨祭不惰(一)。祭服敝則焚之，祭器敝則埋之，龜筴敝則埋之，牲死則埋之(二)。凡祭於公者，必自徹其俎(三)。

卒哭乃諱(四)。禮不諱嫌名，二名不偏諱(五)。逮事父母，則諱王父母；不逮事父母，則不諱王父母(六)。君所無私諱(七)，大夫之所有公諱(八)。《詩》《書》不諱，臨文不諱(九)，廟中不諱(十)。夫人之諱，雖質君之前，臣不諱也(十一)，婦諱不出門(十二)。大功小功不諱。入竟而問禁，入國而問俗，入門而問諱(十三)。

外事以剛日(十四)，内事以柔日(十五)。凡卜筮日，旬之外曰“遠某日”，旬之内曰“近某日”(十六)。喪事先遠日，吉事先近日(十七)，曰：“爲日，假爾泰龜有常，假爾泰筮有常(十八)。”卜筮不過三(十九)，卜筮不相襲(廿)。

龜爲卜，筴爲筮。卜筮者，先聖王之所以使民信時日、敬鬼神、畏法令也；所以使民決嫌疑、定猶與也。故曰，疑而筮之，則弗非也；日而行事，則必踐之(廿一)。

【譯文】

對待祭祀不可怠惰。祭服破舊就燒掉它，祭器破損就埋掉它，龜甲蓍草壞了就埋掉它，犧牲病死了就埋掉它。凡是在國君那裏參加助祭的人，祭完必須自己撤下用過的禮器。

百日卒哭後始避先人的名諱。禮制規定，不避諱讀音與先人相同和相近的名，先人兩個字的名不一一全避諱。有幸得到侍奉父母，就要避祖父母的名諱；没趕上侍奉父母，就不避祖父母的名諱。在國君跟前没有私人的避諱，在大夫的面前要避國君的名諱。讀《詩經》《書經》不避名諱，書寫文典不避名諱，廟中不避名諱。國君夫人的名諱，雖在國君跟前提及，臣下也不需避諱哩，因爲婦女的名諱出了房門便不再避諱。服大功小功喪服的親人不避名諱。進入外地的疆界先要訪問當地的禁忌，進入外國先要打聽該國的風俗，進入别人家門先要詢問人家的避諱。

城郊以外的事使用奇數日，城郊以内的事使用偶數日。大凡通過卜筮選擇吉日，選十天之外的日子稱“遠某日”，十天之内的日子稱“近某日”。喪事先占遠日，吉事先占近日，占時説：“爲了選擇日子，要憑藉你神龜具有的恒常不易的法力，憑藉你神筮具有的恒常不易的法力。”卜筮不得超過三次，卜和筮不得相互重疊占驗。

龜甲用作占卜，蓍草用作占筮。卜筮這種方法，乃是先代聖王他用來使人民相信擇定的時日，以敬事鬼神，畏服法令哩；用來使人民決斷嫌忌疑惑，判定猶豫不決的事哩。所以説，有了疑惑能够占筮吉凶，就不會産生非分的想法嘛；選定了行事的日子，就必定會去實踐這件事（難道還會有人不安分守己嗎）。

【古注】

《注》 （一）爲無神也。（二）此皆不欲人褻之也。焚之，必已不用；埋之，不知鬼神之所爲。（三）祭於公，助祭於君也。臣不敢煩君使也，大夫以下或使人歸之。（四）敬鬼神之名也。諱，辟也。生者不相辟名，衛侯名惡，大夫有名惡，君臣同名，《春秋》不非。（五）爲其難辟也。嫌名，謂音聲相近，若禹與雨，丘與區也。偏，謂二名不一一諱也，孔子之母名徵在，言在不稱徵，言徵不稱在。（六）逮，及也。謂幼孤不及識父母恩，不至於祖名，孝子聞名心瞿，諱之由心，此謂庶人。適士以上廟事祖，雖不逮事父母，猶諱祖。（七）謂臣言於君前不辟家諱，尊無二也。（八）辟君諱也。（九）爲其失事正。（十）爲有事於高祖則不諱，曾祖以下尊無二也，於下則諱上。（十一）臣於夫人之家恩遠也。質，猶對也。（十二）婦親遠，於宫中言辟之。（十三）皆爲敬主人也。禁，謂政教。俗，謂常所行與所惡也。國，城中也。（十四）順其出爲陽也。出郊爲外事。《春秋傳》曰：“甲午祠兵。”（十五）順其居内爲陰。（十六）旬，十日也。（十七）孝子之心。喪事，葬與練祥也。吉事，祭祀冠取之屬也。（十八）命龜筮辭。龜筮於吉凶有常，大事卜，小事筮。（十九）求吉不過三，魯四卜郊，《春秋》譏之。（廿）卜不吉，則又筮；筮不吉，則又卜，是瀆龜筴也。晉獻公卜取驪姬不吉，公曰“筮之”是也。（廿一）弗非，無非之者。日，所卜筮之吉日也。踐讀曰善，聲之誤也。筴或爲蓍。

《疏》 臨祭不惰者，祭如在，故臨祭須敬，不得怠惰，故鄭《注》云“爲無神也”。鬼神享德祭，若怠惰，則神不歆，是無神也。既謂其不敬，亦是無神之心也。古人生不諱，故卒哭前猶以生事之，則未諱。至卒哭後，服以受變，神靈遷廟，乃神事之，敬鬼神之名，故諱之。諱，避也。生不相避名，名以名質，故言之不諱。死則質藏，言之則感動孝子，故諱之也。逮事父母則諱王父母者，逮，及也；王父母，謂祖父母也。若及事父母則諱祖也。何以然？孝子聞名心瞿，祖是父之諱，則子不敢言；既已終，不言若父母已亡而已，言便心瞿憶父母，故諱之也。不逮事父母則不諱王父母者，孝子若幼少孤，不及識父母，便得言之，故不諱祖父母。

【淺悟】

筴音 cè（ㄘㄜˋ），同策，即占筮所用的蓍草。俎音 zǔ（ㄗㄨˇ），祭祀時用來盛牲肉的禮器。

這一節所記載的三種禮制,如今除了卜筮還有部分人仍感興趣外,其他兩種已經很少有人講究了,尤其是名諱。這是大勢所趨。歷代帝王們的名諱爲中華文化制造的混亂,許多都是災難性的,諸如"文字獄"之類。

1.16

【原文】

君車將駕,則僕執策立於馬前(一);已駕,僕展軨(二),效駕(三),奮衣由右上,取貳綏(四),跪乘(五),執策分轡,驅之五步而立(六)。君出就車,則僕并轡授綏(七);左右攘辟(八),車驅而騶;至于大門,君撫僕之手而顧命車右就車;門閭溝渠必步(九)。凡僕人之禮:必授人綏;若僕者降等則受,不然則否;若僕者降等則撫僕之手,不然則自下拘之(十);客車不入大門(十一),婦人不立乘(十二),犬馬不上於堂(十三)。

故君子式黄髪(十四),下卿位(十五),入國不馳(十六),入里必式(十七)。君命召,雖賤人,大夫士必自御之(十八)。介者不拜,爲其拜而蓌拜(十九)。祥車曠左(廿)。乘君之乘車不敢曠左,左必式(廿一)。僕御婦人,則進左手,後右手(廿二);御國君,則進右手,後左手而俯(廿三)。國君不乘奇車(廿四),車上不廣欬(廿五),不妄指(廿六),立視五巂(廿七),式視馬尾(廿八),顧不過轂(廿九);國中以策彗卹勿驅,塵不出軌(卅),國君下齊牛,式宗廟。大夫士下公門,式路馬;乘路馬必朝服、載鞭策、不敢授綏,左必式;步路馬必中道;以足蹙路馬芻,有誅;齒路馬,有誅(卅一)。

【譯文】

國君的車將要駕上馬,御車人便拿着馬鞭站在馬前監視;駕車完畢,御車人還要察看車的各個部位,檢驗駕車的效果,拂去衣服上的塵土,從車的右邊抓住挽手的副綏上去,跪在車上,拿起馬鞭分開繮繩,試着驅車五步而後停住。國君出來乘車,御車人把分開的繮繩相併騰出手去遞登車綏;左右陪侍的羣臣退避着讓路,馬車驅馳疾行;行至大門口,國君按住御車人的手,而後回頭命護衛的武士上車;路過門閭溝渠時武士必下車步行。凡是御車人都要遵循的禮是:必須遞給乘車人挽手登車的綏;若御車人地位比自己低就接受遞來的綏,不然就不敢接;或者御車人地位比自己低就按住他的手制止,制止不了就從他執綏的手的下面取過綏;客人的車不可駛入主人的大門,婦女不可讓她站着乘車,狗和馬不可牽上堂。

君子乘車遇見黄髪老人必會低頭扶着車前的横式以示敬,經過卿的朝位必下車，進入國境不疾馳，進入里巷必撫式示敬。國君下令召見，傳令人雖地位卑賤，大夫士也必須親自迎接他。穿甲胄的武士不跪拜，因爲他的跪拜好像蹲着拜。葬魂使用死者生前的祥車要空出左邊的尊位。乘國君的副車不敢空着左位，在左位的人必須始終撫式示敬。爲婦人駕車，就要把左手伸向前去握繮繩，右手在後；爲國君駕車就要把右手伸向前去握繮繩，左手在後且俯下身子。國君不乘奇形怪狀的車，車上不大聲咳嗽，不胡亂指點，站在車上視綫不超過前方十六步半的距離，俯身憑式時眼睛看着馬尾，回頭看不超過輪轂；在國内行駛用馬鞭像笤帚搔摩馬屁股那樣輕輕驅趕，不使塵土揚出車軌，遇見祭祀用的犧牛國君要撫式示敬，見到宗廟需下車。大夫士行至國君的公門要下車，遇見國君的車馬要撫式示敬；乘國君的馬車必須穿朝服，馬鞭要放在車上，不敢將挽手登車的綏交給别人，居左位必須撫式示敬；牽着國君的路馬步行必須走在路中央；用脚踢踏路馬的草料，要受懲罰；數路馬的牙齒，要受懲罰。

【古注】

《注》 (一)監駕且爲馬行。(二)展軨，具視。(三)白已駕。(四)奮，振去塵也。貳，副也。(五)未敢立，敬也。(六)調試之。(七)車上僕所主。(八)謂羣臣陪位侍駕者。攘，却也。或者攘，古讓字。(九)車右，勇力之士，備制非常者，君行則陪乘，君式則下步行。(十)撫，小止之，謙也。自下拘之，由僕手下取之也，僕與己同爵則不受。(十一)謙也。(十二)異於男子。(十三)非摯幣也。(十四)敬老也。發語言"故"，明此衆篇雜辭也。(十五)尊賢也。卿位，卿之朝位也。君出，過之而上車，入未至而下車。(十六)愛人也。馳，善藺人也。(十七)不誣十室。(十八)"御"當爲"迓"。迓，迎也。君雖使賤人來，必自出迎之，尊君命也。《春秋傳》曰："跛者御跛者，眇者御眇者。"皆迓也，世人亂之。(十九)蓌則失容節。蓌，猶詐也。(廿)空神位也。祥車，葬之乘車。(廿一)君存，惡空其位。(廿二)遠嫌。(廿三)敬也。(廿四)出入必正也。奇車，獵衣之屬。(廿五)爲若自矜。廣，猶弘也。(廿六)爲惑衆。(廿七)立平視也。巂，猶規也，謂輪轉之度。巂或爲䌲。(廿八)小俛。(廿九)爲掩在後。(卅)入國不馳。彗，竹帚。卹勿，搔摩也。(卅一)皆廣敬也。路馬，君之馬。載鞭策，不敢執也。齒，數年也。誅，罰也。

《疏》 "國君下齊牛，式宗廟"者，案《齊右職》云："凡有牲事則前馬。"《注》云："王見牲則拱而式。"又引《曲禮》曰："國君下宗廟，式齊牛。"鄭注《周官》與此文異者，熊氏云："此文誤，當以《周禮》注爲正，宜云'下宗廟，式齊牛'。"

【淺悟】

軨音 líng(ㄌㄧˊㄥ)，固定輪和軸的銷釘。騶音 zhòu(ㄓㄡˋ)，同驟。拘，此處讀 gōu(ㄍㄡ)，取的意思，"自下拘之"即自下取之。蓌音 cuò(ㄘㄨㄛˋ)，即蹲。巂音 guī(ㄍㄨㄟ)，通規，輪轉一周爲巂，古制一丈九尺八寸，五巂爲九十九尺，六尺爲步，總計十六步半。齊牛，齊音 zhāi(ㄓㄞ)，祭祀用的犧牛。

“國君下齊牛，式宗廟”一語，孔穎達認爲應是“下宗廟，式齊牛”之誤，證據充分且有道理，故譯文從之。

最後這兩節的禮制，縱然是爲家天下的社會制度服務的，但對當今來説，並非完全没有借鑒作用。

曲禮下第二

2.1

【原文】

凡奉者當心，提者當帶[一]，執天子之器則上衡[二]，國君則平衡，大夫則綏之，士則提之[三]。凡執主器，執輕如不克[四]。執主器，操幣圭璧則尚左手，行不舉足，車輪曳踵[五]，立則磬折垂佩。主佩倚，則臣佩垂；主佩垂，則臣佩委[六]。執玉，其有藉者則裼，無藉者則襲[七]。

國君不名卿老世婦，大夫不名世臣姪娣，士不名家相長妾[八]。君大夫之子不敢自稱曰"余小子"[九]；大夫士之子不敢自稱曰"嗣子某"[十]，不敢與世子同名[十一]。

君使士射，不能，則辭以疾，言曰："某有負薪之憂。[十二]"侍於君子，不顧望而對，非禮也[十三]。

【譯文】

凡是捧東西的話應與心口平，提的話要與腰帶平。拿的是天子的器物就要高於心口，是國君的器物就要跟心口平，是大夫的器物就得低於心口，是士的器物就提着它。凡是拿着君主的器物，再輕也要像拿不動一樣。拿着君主的器物，如果拿的是幣帛圭璧就用右手托着底部左手放在上面，行走不抬脚，像車輪不離地那樣移動脚後跟，站立時就要折下身成磬背狀使身上的玉佩下垂。君主的玉佩要是倚在直立的身上，臣下的玉佩就要垂在折下的身前；君主的玉佩要是垂在折下的身前，臣下就得躬下身使玉佩垂到地面。捧玉時，若是玉有藻墊的話就脱去外衣露出裏面的裼衣捧，若没有藻墊的話就穿着外衣捧。

國君不直呼上卿和世婦的名字，大夫不直呼父時的老臣和貴妾的名字，士不直呼家相和有子之妾的名字。天子屬下的大夫之子不敢自稱説"余小子"；諸侯屬下的大夫士之子不敢自稱説"嗣子某"，不敢跟天子和國君的太子同名。

國君指使士參加射箭，實在不行，就以疾病爲由推辭，言道："某有負薪之憂。"在君子身旁陪侍，不還顧席間都是什麽人就搶着應對，不符合禮的規範哩。

【古注】

《注》（一）高下之節。（二）謂高於心，彌敬也。此衡謂與心平。（三）綏讀曰妥。妥之，謂下於心。（四）重慎之也。主，君也。克，勝也。（五）重慎也。尚左手，尊左也。車輪，謂行不絶也。（六）君臣俛仰之節。倚，謂附於身。小俛則垂，大俛則委於地。（七）藉，藻也。裼襲，文質相變耳。有藻爲文，裼見美亦文；無藻爲質，襲充美亦質。圭璋特而襲，璧琮加束帛而裼，亦是也。（八）雖貴，於其國家猶有所尊也。卿老，上卿也。世臣，父時老臣。（九）辟天子之子未除喪之名。君大夫，天子大夫有土地者。（十）亦辟其君之子未除喪之名。（十一）辟僭傚也。其先之生則亦不改。世或爲太。（十二）射者，所以觀德，唯有疾可以辭也。使士射，謂以備耦也。憂或爲疾。（十三）禮尚謙也。不顧望，若子路率爾而對。

《疏》圭璧，瑞玉也。尚，上也。謂執持君器及幣玉也。若擎捧此物，則右手在下左手在上，左尊，故云尚左手。行不舉足車輪曳踵者，曳，拽也；踵，脚後也。若執器行時，則不得舉足，但起前拽後使踵如車輪曳地而行。世婦者，謂兩媵也，次於夫人而貴於諸妾也。姪是妻之兄女，娣是妻之妹，從妻來爲妾也，大夫不得呼世臣及貴妾名也。家相，謂助知家事者也；長妾，妾之有子者也。熊氏云："士有一妻二妾，言長妾者，當謂娣也。"鄭注《昏禮》云："娣尊姪卑。"義或然也。

【淺悟】

綏，此處讀 tuǒ（ㄊㄨㄛˇ），下垂之義。曳音 yè（ㄧㄝˋ），拖、牽引的意思。藉音 jiè（ㄐㄧㄝˋ），草墊。裼音 xī（ㄒㄧ），袒開或脱去外衣。襲音 xí（ㄒㄧˊ），穿好外衣。

這一節除了"不顧望而對非禮"一事外，餘者只能作爲考究歷史、鑒賞古典劇目中人物的言語行動是否合乎規範的資料了。

2.2

【原文】

君子行禮，不求變俗（一）：祭祀之禮，居喪之服，哭泣之位，皆如其國之故，謹脩其法而審行之（二）。去國三世，爵禄有列於朝，出入有詔於國（三）；若兄弟宗族猶存，則反告於宗後（四）。去國三世，爵禄無列於朝，出入無詔於國，唯興之日，從新國之法（五）。

君子已孤不更名（六），已孤暴貴不爲父作謚（七）；居喪未葬讀喪禮，既葬讀祭禮，喪復常讀樂章（七）；居喪不言樂，祭事不言凶，公庭不言婦女（九）。

振書、端書於君前，有誅；倒筴、側龜於君前，有誅（十）。

龜筴、几杖、席蓋、重素、袗絺綌，不入公門（十一）；苞屨、扱衽、厭冠，不入公門（十二）；書方、衰、凶器，不以告，不入公門（十三）；公事不私議（十四）。

君子將營宫室，宗廟爲先，廄庫爲次，居室爲後(十五)；凡家造，祭器爲先，犧賦爲次，養器爲後(十六)。無田禄者，不設祭器；有田禄者，先爲祭服(十七)。君子雖貧，不粥祭器；雖寒，不衣祭服；爲宫室，不斬於丘木(十八)。

【譯文】

君子遵照禮制行事，不務求改變風俗：祭祀的禮儀，居喪的服制，哭泣的位次，都應遵照自己祖國的舊俗，恭謹脩治先祖創制的法度審慎踐行之。離開祖國三世，族人在朝中仍享有爵位俸禄，重大事件雙方都要你來我往地奔到國中互相通告；倘若兄弟或宗族親人尚存，有大事就返回向宗子禀告。離開祖國三世，族人在朝中没有爵位俸禄，有大事就不必你來我往地奔到國中相互通告，單等被所在國起用之日，便服從該新國的法度行事。

君子喪父之後不忍更改物品原有的名稱，喪父後驟然顯貴不爲父親立謚號；居喪尚未安葬時抓緊習讀喪禮，已經安葬抓緊習讀祭禮，喪期結束恢復常態後就應習讀樂章；居喪期間不談論音樂，祭祀過程中不談論凶事，公庭之上不談論婦女。

在國君跟前撣拭書籍上的灰塵、整理散亂的文書，當受懲罰；在國君跟前將蓍草顛倒、龜甲側轉，當受懲罰。

龜甲蓍草、憑几手杖、喪車的席蓋、全身素裝、身穿葛布單衣，不得進入君主之門；穿草鞋、衣襟插進腰間，戴孝帽，不得進入君主之門；用來記録贈助死者物件的方版，衰麻喪服、棺材和陪葬的明器，未經通告，不得進入君主之門；公事不得私下議論。

君子打算營造宫室，宗廟要先建，馬廄倉庫次之，居室最後建造。凡是大夫備辦家用器物，首先製造祭器，其次徵收供祭祀用的犧牲頂替賦税，最後製造飲食器具。没有采邑的大夫，不陳設祭器；有采邑的大夫，先置辦祭服。君子即便貧困，也不出賣祭器；縱然寒冷，也不穿祭服；建造宫室，不砍墓地種植的樹木。

【古注】

《注》 (一)求，猶務也。不務變其故俗，重本也。謂去先祖之國居他國。(二)其法，謂其先祖之制度，若夏殷。(三)三世，自祖至孫。踰久可以忘故俗而猶不變者。爵禄有列於朝，謂君不絶其祖祀復立其族，若臧紇奔邾立臧爲矣。詔，告也。謂與卿大夫吉凶往來相赴告。(四)謂無列無詔者。反告，亦謂吉凶也。宗後，宗子也。(五)以故國與己無恩。興，謂起爲卿大夫。(六)亦重本。(七)子事父無貴賤。(八)爲禮各於其時。(九)非其時也。(十)臣不豫事不敬也。振，去塵也。端，正也。倒，顛倒也。側，反側也。皆謂甫省視之。(十一)龜筴，嫌問國家吉凶。几杖，嫌自長老。席蓋，載喪車也。《雜記》曰:“士輤葦席以爲屋,蒲席以爲裳帷。”重素,衣裳皆素,喪服也。袗,單也。孔子曰:“當暑,袗絺綌必表而出之。”爲其形褻。(十二)此皆凶服也。苞,藨也,齊衰藨蒯之菲也。《問喪》曰:“親始死,扱上衽。”厭,猶伏也,喪冠厭伏。苞或爲菲。(十三)此謂喪在内,不得不入,當先告君耳。方,板也。《士喪禮》下篇曰:“書賵於方,若九若七若五。”凶器,明器也。(十四)嫌若姦也。(十五)重先祖及國之用。(十六)大夫稱家,謂家始造事。犧賦,以税出牲。(十七)祭器可假,祭服宜自有。(十八)廣敬鬼神也。粥,賣也。丘,壟也。

《疏》 君子行禮者,謂去先祖之國居他國者也。雖居他國,猶宜重本,行故國法,不務變之從新也。案鄭答趙商,以爲衛武公居殷墟,故用殷禮,即引此云“君子行禮不求變俗”。如鄭之意,不變所往之國舊時風俗。與此不同者,熊氏云:“若人臣出居他國,亦不忘本,故云不變本國風俗。人君務在化民,因其舊俗,往之新國,不須改也。”然則不求變俗,其文雖一,但人君人臣兩義不同。熊氏云:“必知人君不易舊俗者,《王制》云:‘脩其教,不易其俗。’”祭祀之禮者,此陳不變之事。皆如其國之故者,謂故俗也,凡上諸事悉不改革,行之如本國俗也。謹脩其法而審行之者,并結前事各令分明,謹脩本國之法,審慎行之。凡家造,謂大夫始造家事也。祭器爲先者,崇敬祖禰,故在先。犧賦爲次者,犧,謂牛,即是天子之大夫祭祀,賦斂邑民供出犧牢,故曰犧賦。養器爲後者,養器,供養人之飲食器也,自贍爲私,宜後造。有田禄者先爲祭服者,若有田禄雖得造器,而先爲祭服,後爲祭器耳。所以然者,緣人形參差,衣服有大小,不可假借,故宜先造。而祭器之品量同,官同可以共有,以其制同,既可暫假,故營之在後。

【淺悟】

袗音 zhěn(ㄓㄣˇ),單衣。絺音 chī(ㄔ),細葛布。綌音 xì(ㄒㄧˋ),粗葛布。扱,此處讀 chā(ㄔㄚ),同插。衽音 rèn(ㄖㄣˋ),衣襟。厭冠,厭讀 yā(ㄧㄚ),即喪冠。粥,此處讀 yù(ㄩˋ),同鬻,賣的意思。

“君子行禮,不求變俗”的“禮”和“俗”,完全是兩個不同的概念,不可混爲一談。禮的主要功能是維持和諧,因此必須隨着客觀條件的變化及時作出相應的調整,否則便不能與周圍的環境和諧相處。俗,即風俗,或叫習俗,是人類在長期共同生活中形成的,其中必有廣爲人們喜愛的合情合理的文化内涵,否則必遭摒棄,豈能長期流傳?所以這句話的本意應當是:作爲君子,只顧遵照禮制行事就行了,不要企圖改變風俗,以個人的好惡代替民意,那是徒勞的。世界上任何民族都有屬於他們自己的禮(或稱作制度、規矩)和風俗,同樣要遵循這一規律。因此“君子行禮,不求變俗”這一法則,是一種客觀反映,具有普遍的意義。

古注忽視了“禮”和“俗”的不同涵義,自然會作出節外生枝的解説,故譯文未從其説。

2.3

【原文】

大夫士去國,祭器不踰竟(一):大夫寓祭器於大夫,士寓祭器於士(二)。大夫士去國,踰竟,爲壇位鄉國而哭;素衣、素裳、素冠、徹緣,鞮屨、素簚,乘髦馬，不蚤鬋，不祭食，不說人以無罪，婦人不當御。三月而復服[三]。

大夫士見於國君，君若勞之，則還辟再拜稽首[四]；君若迎拜，則還辟不敢答拜[五]。大夫士相見，雖貴賤不敵，主人敬客則先拜客，客敬主人則先拜主人[六]，凡非吊喪，非見國君，無不答拜者[七]。大夫見於國君，國君拜其辱；士見於大夫，大夫拜其辱；同國始相見，主人拜其辱[八]。君於士，不答拜也；非其臣則答拜之[九]。大夫於其臣，雖賤必答拜之[十]。男女相答拜也[十一]。

【譯文】

大夫士遭黜離開祖國，祭器不可帶出國境：大夫將祭器寄存在相知的大夫處，士將祭器寄存在相知的士處。大夫士遭黜離開祖國，越過邊境時，築起土壇設置祭位，朝嚮祖國號哭；著素衣、素裳、素冠，拆下飾緣，穿没有鞋梁的草鞋，用白狗皮覆蓋起車欄，駕車的馬不修剪鬃毛，不修剪自己的指甲鬍髮，吃飯不祭食，不向人訴説自己無罪，婦人不擔當寢宿侍御。如此三月後才能恢復往時的服飾。

大夫士到他國聘問謁見國君，倘若受到國君慰勞，就趕緊回避再拜叩頭辭謝；國君倘若迎出來拜見，就趕緊回避不敢答拜。與該國大夫士相見，雖説彼此貴賤不對等，要是主人敬慕客人就先拜會客人，客人敬慕主人就先拜會主人，只要不是吊喪，不是會見國君，没有不回訪答拜的道理。大夫在他國謁見國君，國君便在門左拜謝人家肯下辱敝國；士去拜見該國大夫，大夫便在廟門外拜謝他肯下辱敝處；同國人初次相見，主人要拜謝對方的下辱。國君對待士的謁見，不需回拜嘛；他若不是本國的臣屬就得回拜人家。大夫對待自己臣屬的謁見，即便再卑賤也必須回拜人家。男女要互相回拜哩。

【古注】

《注》 (一)此用君禄所作，取以出竟，恐辱親也。(二)寓，寄也。與得用者言寄，覬已後還。(三)言以喪禮自處也，臣無君猶無天也。壇位，除地爲位也。徹，猶去也。鞮屨，無絇之菲也。幭，覆笭也。髦馬，不鬄落也。蚤讀爲爪。鬋，鬋鬢也。不自説於人以無罪，嫌惡其君也。御，接見也。三月一時天氣變，可以遂去也。幭或爲幕。(四)謂見君既拜矣，而後見勞也。《聘禮》曰："君勞使者及介，君皆答拜。"(五)嫌與君亢賓主之禮。迎拜，謂君迎而先拜之。《聘禮》曰："大夫入門再拜，君拜其辱。"(六)尊賢。(七)禮尚往來，喪賓不答拜，不自賓客也。國君見士不答其拜，士賤。(八)自外來而拜，拜見也；自内來而拜，拜辱也。(九)不臣人之臣。(十)辟正君。(十一)嫌遠别，不相答拜以明之。

《疏》 此以下明人臣三諫不從去國之禮。爲壇位鄉國而哭者，壇者，除地而爲壇。臣之無君猶人無天也，嫌去父母之邦，有桑梓之戀，故爲壇鄉國而哭，以喪禮自變處也。今既離君，故其衣裳冠皆素爲凶飾也。徹緣者，緣，中衣緣也。素服裏亦有中衣，若吉時中衣用采緣；此既凶喪，故徹緣而純素。鞮屨者，謂無絇飾屨。屨以絇爲飾，凶，故無絇也。鄭云："絇之言拘也，以爲行戒，狀如刀衣鼻，在屨頭。"素簚者，素白狗皮也。簚，車覆闌也。乘髦馬者，吉則翦剔馬毛爲飾，凶則無飾不剪而乘之也。不鬋者，以治手足蚤也。鬋，剔治鬚髮也。吉則治鬋爲飾，凶故不也。《士虞禮》曰："鬋，謂剪爪鬚也。"不説人以無罪者，善則稱君，過則稱己，今雖放逐，猶不得嚮人自説道己無罪而君惡，故見放退也。婦人不當御者，吉時婦人以次侍御寢宿，今喪禮自貶，故不也。三月而復服者，自貶三月，然後事事，反還如吉禮而遂去也。大夫士見於國君者，謂大夫士出聘他國君之禮。君若勞之則還辟再拜稽首者，勞，慰勞也；還辟，逡巡也。初至行聘享私覿禮畢，而主君又别慰勞己在道路之勤，故己逡巡而退者、辟君之答己之意也。君若迎，先拜賓；賓是使臣，不敢當禮，則還辟逡巡不敢答主君之拜。男女相答拜也者，男女宜别，或嫌其不相答，故明雖别必宜答也。

【淺悟】

鞮音 dī(ㄉㄧ)。簚音 mì(ㄇㄧˋ)，車簾。鬋音 jiǎn(ㄐㄧㄢˇ)剔鬚髮。"君若勞之"，勞在此讀 lào(ㄌㄠˋ)，慰問、慰勞之義。還辟，音義同旋避，即迅速迴避。

"男女相答拜"一語，有人認爲傳鈔者漏一"不"字，應爲"男女不相答拜"。孔穎達反駁道："禮，男女拜，悉相答拜，則有不字爲非。"這一説法是可信的，《論語》和《史記》中都有孔子拜見衛靈公夫人南子的記載，正是"男女相答拜"的鐵證。

爲了正義而被迫離開祖國時的心情，古人和今人毫無區别。國際間友好交往的禮節，古今也大致相同。凡是順應天道、適應民心的禮制，必有强大的生命力。

2.4

【原文】

國君春田不圍澤；大夫不掩羣；士不取麛卵(一)。歲凶，年穀不登(二)，君膳不祭肺，馬不食穀，馳道不除，祭事不縣；大夫不食粱；士飲酒不樂(三)。君無故玉不去身；大夫無故不徹縣；士無故不徹琴瑟(四)。

士有獻於國君，他日君問之曰："安取彼？"再拜稽首而后對(五)。大夫私行，出疆必請，反必有獻。士私行，出疆必請，反必告(六)。君勞之則拜，問其行，拜而后對(七)。

國君去其國，止之曰："奈何去社稷也？"大夫曰："奈何去宗廟也？"士曰："奈何去墳墓也(六)？"國君死社稷(九)，大夫死衆，士死制(十)。

【譯文】

國君春季田獵不合圍草澤豐美之地；大夫不偷襲成羣的禽獸；士不獵取幼獸和鳥卵。災荒之年，穀物全年無收成，國君用膳不祭肺，馬不喂穀料，不動用民力修葺車馬奔馳的大道，祭祀不懸挂鐘磬；大夫不吃精美的食物；士飲酒不奏樂。國君没有變故玉佩不離身；大夫没有變故不撤下懸挂的鐘磬；

士没有變故不撤琴瑟。

士有禮物向國君進獻,改日國君問他說:“何處獲取的那些東西?”應再次敬拜叩頭然後對答。大夫因私事出行,若出國境必須請示,返回必定有所進獻。士因私事出行,若出國境必須請示,返回必須禀告。國君若慰勞就敬拜,若問出行的情形,敬拜之後再應對。

國君爲了避禍離開自己的祖國,臣民勸止他說:“怎麼能捨棄社稷呢?”勸止大夫說:“怎麼能捨棄宗廟呢?”勸止士說:“怎麼能捨棄先人的墳墓呢?”國君當與社稷共存亡,大夫當與衆將士共存亡,士當與君令共存亡。

【古注】

《注》 (一)生乳之時,重傷其類。(二)登,成也。(三)皆自爲貶損,憂民也。禮,食殺牲則祭先,有虞氏以首,夏后氏以心,殷人以肝,周人以肺。不祭肺,則不殺也。天子食日少牢,朔月太牢;諸侯食日特牲,朔月少牢。除,治也。不治道,爲妨民取蔬食也。縣,樂器鐘磬之屬也。粱,加食也。不樂,去琴瑟。(四)憂樂不相干也。故,謂災患喪病。(五)起敬也。(六)臣不敢自專也。私行,謂以己事也。士言告者,不必有其獻也,告反而已。(七)亦起敬也。問行,問道中無恙及所經過。(八)皆民臣殷勤之言。(九)死其所受於天子也,謂見侵伐也,《春秋傳》曰“國滅君死”之正也。(十)死其所受於君。衆,謂君師。制,謂君教令所使爲之。

《疏》 春時萬物産孕,不欲多傷殺,故不合圍繞取也。歲凶者,謂水旱災害也。馳道不除者,馳道,正道,如今御路也,是君馳走車馬之處;除,治也;不治,謂不除於草萊也。所以不除者,凶年人各應採蔬食,今若使人治路,則廢取蔬食,故不除也。士有獻者,謂士有奉貢於君也。他日,謂别日也。安取彼,猶何處取彼物。所以須問者,士卑德薄,嫌其無有也。不即問而待他日者,士有貢獻,當日乃自致於外而不敢容易見,恐君答己拜,故别日乃見君,君得問之也。

【淺悟】

如今,由於各種災變頻繁出現而且日趨嚴重,迫使人類不得不關注的生態和環境問題,我們中華祖先在創造文化之初就注意到了,三千多年前的西周只是將此問題制定成禮制,以便轉化成人們的自覺行爲而已。中華文化之所以具有如此神奇的效驗,最根本的原因是我們祖先的心地善良,將天道法則作爲觀察一切事物的出發點,其後的子子孫孫都能盡其忠孝堅守、繼承着祖先的善良品格和思維方式的結果。人只要心地善良、能遵循天道法則行事,就必然具有高瞻遠矚的視野、先見之明的智慧;凡是違背天道法則的任何行爲,都必將爲此付出慘痛的、甚至是不可挽回的災難代價。

世上從出現競争那天起,就把人類引向了加速自我毁滅的路上;人們貪婪無厭地争鬬,致使賴以生存的環境日益惡化,生態失去平衡;任何一種生物滅絶,都不可再造;一種生物滅絶了,緊接着便輪到第二種、第三種……消亡。假如再不採取切實有效的措施予以補救,我們都將是後世子孫不可饒恕的罪人。

2.5

【原文】

君天下曰"天子";朝諸侯,分職授政任功,曰"予一人"(一);踐阼,臨祭祀,內事曰"孝王某",外事曰"嗣王某"(二);臨諸侯,畛於鬼神,曰"有天王某甫"(三);崩,曰"天王崩"(四);復,曰"天子復矣"(五);告喪,曰"天王登假"(六);措之廟,立之主,曰"帝"(七);天子未除喪曰"予小子"(八);生名之,死亦名之(九)。

天子有后,有夫人,有世婦,有嬪,有妻,有妾(十)。天子建天官,先六大,曰大宰、大宗、大史、大祝、大士、大卜,典司六典(十一);天子之五官,曰司徒、司馬、司空、司士、司寇,典司五衆(十二);天子之六府,曰司土、司木、司水、司草、司器、司貨,典司六職(十三);天子之六工,曰土工、金工、石工、木工、獸工、草工,典制六材(十四)。五官致貢曰"享"(十五)。

【譯文】

主宰天下者稱"天子";天子朝會諸侯、分封職官授予政權按功任用時,自稱"予一人";初登天子位,親臨祭祀,在宗廟內祭祖時自稱"孝王某",在郊外祭天地時則自稱"嗣王某";臨視諸侯,凡所過山川向鬼神祝告致辭時,自稱"有天王某甫";駕崩,稱"天王崩";招魂時,呼喚"天子回來呀";發訃告,稱"天王升仙";神主放置在祖廟,立的神主上稱"帝";繼位的天子未除喪,自稱"予小子";此時衆臣稱他的名"小王某",倘若死了也這樣稱呼他。

天子有后,有夫人,有世婦,有嬪,有妻,有妾。殷時的禮制:天子建立天官,先設置六太,稱太宰、太宗、太史、太祝、太士、太卜,依法執掌六種法典;天子設置的五種官銜,稱司徒、司馬、司空、司士、司寇,依法掌管各自的衆臣;天子設置的六座府庫,稱司土、司木、司水、司草、司器、司貨,依法執掌六種職事;天子設置的六種工匠,稱土工、金工、石工、木工、獸工、草工,依法製作這六種材料的器物。以上五官將其一年的功績貢獻給天子叫做"享"。

【古注】

《注》 (一)皆擯者辭也。天下,謂外及四海也。今漢於蠻夷稱天子,於王侯稱皇帝。《覲禮》曰:"伯父實來,余一人嘉之。"余、予古今字。(二)皆祝辭也。唯宗廟稱孝。天地社稷祭之郊內,而曰"嗣王",不敢同外內。(三)畛,致也,祝告致於鬼神辭也。曰有天王某甫,某甫,且字也,不名者,不親往也。《周禮》大會同,過山川則大祝用事焉。鬼神,謂百辟卿士也。畛或爲祗。(四)史書策辭。(五)始死時呼魂辭也;不呼名,臣不名君也;諸侯呼字。(六)告,赴也。登,上也。假,已也。上已者,若僊去云耳。(七)同之天神。《春秋傳》曰:"凡君卒哭而祔,祔而作主。"(八)謙,未敢稱一人。《春秋傳》曰:"以諸侯之踰年即位,亦知天子之踰年即位;以天子三年然後稱王,亦知諸侯於其封內三年稱子。"(九)生名之,曰小子王,死亦曰小子王也。晉有小子侯,是僭取於天子號也。(十)妻,八十一御妻,《周禮》謂之"女御",以其御序於王之燕寢。妾,賤者。(十一)典,法也。此蓋殷時制也。周則大宰爲天官,大宗曰宗伯,宗伯爲春官,大史以下屬焉。大士,以神仕者。(十二)衆,謂羣臣也。此亦殷時制也。周則司士屬司馬,大宰、司徒、宗伯、司馬、司寇、司空爲六官。(十三)府,主藏六物之税者,此亦殷時制也,周則皆屬司徒。司土,土均也;司木,山虞也;司水,川衡也;司草,稻人也;司器,角人也;司貨,卝人也。(十四)此亦殷時制也,周則皆屬司空。土工,陶旊也;金工,築冶鳧栗段桃也;石工,玉人磬人也;木工,輪輿弓廬匠車梓也;獸工,函鮑韗韋裘也;唯草工職亡,蓋謂作萑葦之器。(十五)貢,功也。享,獻也。致其歲終之功於王謂之獻也。《周禮·大宰》:"歲終,則令百官府各正其治,受其會,聽其致事,而詔王廢置。"

《疏》 内事曰孝王某者,内事,宗廟是事親,事親宜言孝,故升阼階祭廟則祝辭云孝王某,某爲天子名也。外事曰嗣王某者,外事,郊社也,天地尊遠,不敢同親云孝,故云嗣王某,言此王繼嗣前王而立也。天子建天官以下皆殷禮,所明異於周法。五官致貢曰享者,五官,即前自後以下之五官,歲終則此五官各考其屬一年之功,以獻於天子,故云致貢曰享。

【淺悟】

畛音 zhěn(ㄓㄣˇ),致意、祝告的意思。登假,假音 xiá(ㄒㄧㄚˊ),升天成仙的意思。嬪音 pín(ㄆㄧㄣˊ)。

"天子建天官"以下,鄭玄認爲是殷時的禮制,證據充分,故譯文加入"殷時的禮制"數字。

2.6

【原文】

五官之長曰"伯"(一),是職方(二),其擯於天子也,曰"天子之吏"(三);天子同姓謂之"伯父",異姓謂之"伯舅",自稱於諸侯曰"天子之老",於外曰"公",於其國曰"君"(四)。九州之長入天子之國曰"牧"(五);天子同姓謂之"叔父",異姓謂之"叔舅";於外曰"侯",於其國曰"君"(六)。其在東夷、北狄、西戎、南蠻,雖大曰"子"(七),於内自稱曰"不穀"(八),於外自稱曰"王老"(九)。庶方小侯入天子之國曰"某人",於外曰"子",自稱曰"孤"(十)。

天子當依而立,諸侯北面而見天子曰"覲";天子當宁而立,諸公東面、諸侯西面曰"朝"(十一)。

諸侯未及期相見曰"遇",相見於郤地曰"會",諸侯使大夫問於諸侯曰"聘",約信曰"誓",涖牲曰"盟"(十二)。

諸侯見天子曰"臣某侯某"(十三);其與民言自稱曰"寡人"(十四);其在凶服曰"適子孤"(十五);臨祭祀,内事曰"孝子某侯某",外事曰"曾孫某侯某"(十六);死曰"薨"(十七),復曰"某甫復矣"(十八);既葬,見天子曰"類見"(十九),言謚曰"類"(廿)。諸侯使人使於諸侯,使者自稱曰"寡君之老"(廿一)。

天子穆穆，諸侯皇皇，大夫濟濟，士蹌蹌，庶人僬僬(廿二)。

【譯文】

五官之長稱“伯”，此伯主管當方之事，他爲天子接待賓客傳達辭令時，自稱“天子之吏”；若跟天子同姓就稱他“伯父”，不同姓就稱他“伯舅”，他對諸侯自稱“天子之老”，在其封國以外自稱“公”，在其封國之内自稱“君”。九州之長進入天子之國自稱“牧”；若跟天子同姓就稱他“叔父”，不同姓就稱他“叔舅”；在其封地以外稱“侯”，在其國内稱“君”。那些封在東夷、北狄、西戎、南蠻的國家，地域雖廣大也得稱“子”，對内自稱“不穀”，對外自稱“王老”。各方衆多小侯爵進入天子之國稱“某人”，在國外稱“子”，自稱時稱“孤”。

天子站在門窗之間的屏風前，諸侯面嚮北朝見天子叫做“覲”；天子站在路門外的門屏之間，諸公面嚮東、諸侯面嚮西排列着叫做“朝”。

諸侯之間未到期限的相見叫做“遇”，到期在約定的空地相見叫做“會”，諸侯派大夫到另一諸侯國通問叫“聘”，締結互信的和約叫“誓”，諸侯親臨殺牲歃血發誓叫“盟”。

諸侯覲見天子要申明“臣某侯某”；他與民衆講話自稱“寡人”；他在穿凶服期間自稱“適子孤”；親臨祭祀，廟内之祭自稱“孝子某侯某”，郊外之祭自稱“曾孫某侯某”；死稱“薨”，招魂呼唤“某甫回來呀”；安葬完畢，嗣子覲見天子稱“類見”，爲其父嚮天子請賜謚號稱“類”。諸侯派人到另一諸侯國出使，使者自稱“寡君之老”。

天子穆穆威儀，諸侯皇皇莊盛，大夫濟濟徐行有節制，士蹌蹌步履舒揚，庶人僬僬疾行。

【古注】

《注》 (一)謂爲三公者，《周禮》九命作伯。(二)職，主也。是伯分主東西者，《春秋傳》曰：“自陝以東周公主之，自陝以西召公主之，一相處乎内。”是或爲氏。(三)擯者辭也。《春秋傳》曰“王命委之三吏”，謂三公也。(四)稱之以父與舅，親親之辭也。外，自其私土之外，天子畿内。(五)每一州之中，天子選諸侯之賢者以爲之牧也，《周禮》曰“乃施典於邦國而建其牧”。(六)牧尊於大國之君而謂之叔父，辟二伯也，亦以此爲尊，禮或損之而益謂此類也。外，自其國之外、九州之中。曰侯者，本爵也。二王之後不爲牧。(七)謂九州之外長也。天子亦選其諸侯之賢者以爲之子。子猶牧也，入天子之國曰子，天子亦謂之子，雖有侯伯之地，本爵亦無過子，是以同名曰子。(八)與民言之謙稱。穀，善也。(九)威遠國也。外，亦其戎狄之中。(十)謂戎狄子男君也。男者於外亦曰男，舉尊言之。(十一)諸侯春見曰朝，受摯於朝，受享於廟，生氣文也。秋見曰覲，一受之於廟，殺氣質也。朝者位於内朝而序進，覲者位於廟門外而序入，王南面立於依宁而受焉。夏宗依，春冬遇依。秋，春秋時齊侯唁魯昭公，以遇禮相見，取易略也。覲禮今存，朝宗遇禮今亡。(十二)及，至也。郤，閒也。涖，臨也。坎用牲臨而讀其盟書。聘禮今存，遇會誓盟禮亡。誓之辭，《尚書》見有六篇。（十三）謂嗇夫承命告天子辭也。其爲州牧，則曰天子之老臣某矦某奉珪請覲。（十四）謙也，於臣亦然。（十五）凶服，亦謂未除喪。（十六）稱國者遠辟天子。（十七）亦史書策辭。（十八）某甫，且字。（十九）代父受國。類，猶象也。執皮帛象諸矦之禮見也，其禮亡。（廿）使大夫行，象聘問之禮也。言謚者，序其行及謚所宜，其禮亡。（廿一）繫於君以爲尊也。此謂諸矦之卿上大夫。（廿二）皆行容止之貌也。《聘禮》曰"賓入門皇"，又曰"皇且行者"，曰衆介北面蹡蹡焉。凡行容，尊者體盤，卑者體蹙。

《疏》　五官之長曰伯，伯，長也，言此二伯爲内外官之。是職方者，言二伯於是職主當方之事也。擯，謂天子接賓之人也。若擯者傳辭於天子，則稱此二伯爲天子之吏也。天子同姓謂之伯父者，此三公與王同姓者，王呼爲伯父。牧，養也，言其養一州之人。天子於每州之中，選取賢矦一人，加一命，使主一州爲牧，若人天子國則自稱曰牧。殷曰伯，周曰牧。此云牧，據周禮也。天子當依而立者，依，狀如屏風，以絳爲質，高八尺，東西當户牖之間，繡爲斧文也，亦曰斧依，故《覲禮》云"天子設斧依於户牖之間"。天子當宁而立者，《爾雅》云："門屏之間謂之宁。"李巡云："謂天子受朝於路門外之朝於門外而宁立，以待諸矦之至。"臣某矦某者，若言齊矦、衛矦，下某是名，若伯子男，則云曹伯、許男某也。天子穆穆者，威儀多貌也。諸矦皇皇者，自莊威也。大夫濟濟者，濟濟，徐行有節。庶人僬僬者，卑盡之貌也，並當疾行而已。

【淺悟】

依讀上聲 yǐ(ǐ)。宁音 zhù(ㄓㄨˋ)。郤音 xì(ㄒㄧˋ)。濟音 jǐ(ㄐㄧˇ)。蹌音 qiāng(ㄑㄧㄤ)。僬音 jiào(ㄐㄧㄠˋ)。

本節這些禮制規定，只能作爲考證歷史資料使用了。

2.7

【原文】

天子之妃曰后(一)，諸矦曰夫人(二)，大夫曰孺人(三)，士曰婦人(四)，庶人曰妻(五)。公矦有夫人，有世婦，有妻，有妾(六)；夫人自稱於天子曰"老婦"(七)，自稱於諸矦曰"寡小君"(八)，自稱於其君曰"小童"，自世婦以下自稱曰"婢子"(九)。子於父母則自名也(十)。列國之大夫入天子之國曰"某士"(十一)，自稱曰"陪臣某"(十二)，於外曰"子"(十三)，於其國曰"寡君之老"，使者自稱曰"某"(十四)。

天子不言出，諸矦不生名。君子不親惡(十五)；諸矦失地，名；滅同姓，名(十六)。

爲人臣之禮，不顯諫(十七)，三諫而不聽則逃之(十八)。子之事親也，三諫而不聽則號泣而隨之(十九)。

君有疾，飲藥，臣先嘗之；親有疾，飲藥，子先嘗之(廿)。醫不三世，不服其藥(廿一)。

【譯文】

天子的配偶稱后，諸侯稱夫人，大夫稱孺人，士稱婦人，庶人稱妻。公爵和侯爵有夫人，有世婦，有妻，有妾，他們的夫人在天子跟前自稱"老婦"，在他國諸侯跟前自稱"寡小君"，在自己國君跟前自稱"小童"，自世婦以下都自稱"婢子"。子女對父母就得稱自己的名哩。各國的大夫進入天子之國稱"某士"，自稱"陪臣某"；在外國稱"子"，在本國稱"寡君之老"，出使的話自稱"某"。

天子逃亡在外書策不得言出，諸侯在世不可稱名。君子不親近惡人；諸侯喪失領地，稱名；消滅同姓諸侯國，稱名。

作爲臣下必須遵循的禮，對國君的過錯不在明顯處諫諍，再三諫諍如果不聽就逃離他。子女他們服事父母嘛，對其過錯再三諫諍如果不聽，就大聲嚎哭並尾隨着他們。

國君生病，喝湯藥，臣先嘗藥；父母生病，喝湯藥，子女先嘗藥。醫家不是三代相傳，不服他的藥。

【古注】

《注》 (一)后之言後也。(二)夫之言扶。(三)孺之言屬。(四)婦之言服。(五)妻之言齊。(六)貶於天子也，無后與嬪，去上中。(七)自稱於天子，謂畿内諸侯之夫人，助祭若時事見。(八)謂饗來朝諸侯之時。(九)小童，若云未成人也。婢之言卑也，於其君稱此，以接見體敵嫌其當。(十)名，父母所爲也。言子者通男女。(十一)亦謂諸侯之卿也，三命以下於天子爲士。曰某士者，如晉韓起聘於周，擯者曰"晉士起"。(十二)陪，重也。(十三)子，有德之稱，《魯春秋》曰"齊高子來盟"。(十四)使，謂使人於諸侯也。某，名也。(十五)天子之言出，諸侯之生名，皆有大惡。君子所遠出名以絶之，《春秋傳》曰"天王出居於鄭""衛侯朔入於衛"是也。(十六)絶之。(十七)爲奪美也。顯，明也。謂明言其君惡不幾微。(十八)逃，去也。君臣有義則合，無義則離。(十九)至親無去，志在感動之。(廿)嘗，度其所堪。(廿一)慎物齊也。

《疏》 天子不言出者，天子以天下爲家，策書不得言出，所在稱君。諸侯不生名者，諸侯南面之尊，名者，質賤之稱，諸侯相見只可稱爵，不可稱名。君子不親惡者，謂策書君子，謂孔子書經若見天子大惡，書"出"以絶之；諸侯大惡，書"名"以絶之。君子不親此惡人，故書出、名以罪之也。凡人病疾，蓋以筋血不調，故服藥以治之。其藥不慎於物，必無其徵，故宜戒之，擇其父子相承至三世也，是慎物調齊也。又説云："三世者，一曰黄帝針灸，二曰神農本草，三曰素女脉訣。"又云："夫子脉訣若不習此三世之書，不得服食其藥然。"鄭云"慎物齊也"，則非謂本草、針經、脉訣，於理不當，其義非也。

【淺悟】

"不顯諫"之禮，任何時代都應借鑒。這實在是一種文明的舉動。

2.8

【原文】

儗人必於其倫(一)。

問天子之年,對曰"聞之始服衣若干尺矣"(二)。問國君之年,長,曰"能從宗廟社稷之事矣";幼,曰"未能從宗廟社稷之事也"。問大夫之子,長,曰"能御矣";幼,曰"未能御也"。問士之子,長,曰"能典謁矣";幼,曰"未能典謁也"。問庶人之子,長,曰"能負薪矣";幼,曰"未能負薪也"(三)。

問國君之富,數地以對山澤之所出;問大夫之富,曰有宰食力,祭品衣服不假;問士之富,以車對數;問庶人之富,數畜以對(四)。

【譯文】

對比人必須跟他同類的人相比。

有人問起天子的年紀,應回答"聽説他開始穿若干尺的衣裳啦"。問到國君的年紀,如果年長,就説"能治理宗廟社稷的事務啦";如果年幼,就説"還不能治理宗廟社稷之事哩"。問到大夫之子,年長,就説"能駕御馬車啦";年幼,就説"還不能駕御馬車哩"。問到士之子,年長,就説"能傳遞賓主互相告謁的話啦";年幼,就説"還不能傳遞賓主互相告謁的話哩"。問到庶人之子,年長,就説"能擔柴草啦";年幼,就説"還不能擔柴草哩"。

有人問起國君的財富,先數算一下地域然後回答山林川澤有哪些出產;問到大夫的財富,就説有邑宰收取民間賦税,祭器衣服尚不需借用;問到士的財富,就拿車輛的數目應對;問到庶人的財富,就用牲畜的數目應對。

【古注】

《注》 (一)儗,猶比也。倫,猶類也。比大夫當於大夫,比士當於士,不以其類則有所褻。(二)既不敢言年,又不敢斥至尊所能。(三)皆言其能,則長幼可知。御,猶主也。《書》曰"越乃御事",謂主事者。謁,請也,謂能擯贊出入以事請告也。禮,四十强而仕,五十命爲大夫。(四)皆在其所制以多少對。宰,邑士也。食力,謂民之賦税。

《疏》 儗,比也。倫,匹類也。凡欲比方於人,當以類相並,不得以貴比賤,則爲不敬。

2.9

【原文】

天子祭天地,祭四方,祭山川,祭五祀,歲徧;諸侯方祀,祭山川,祭五祀,歲徧;大夫祭五祀,歲徧;士祭其先(一)。凡祭,有其廢之,莫敢舉也;有其舉之,莫敢廢也(二)。非其所祭而祭之,名曰淫祀,淫祀無福(三)。天子以犧牛,諸侯以肥牛,大夫以索牛,士以羊豕(四)。支子不祭,祭必告于宗子(五)。

凡祭宗廟之禮，牛曰“一元大武”，豕曰“剛鬣”，豚曰“腯肥”，羊曰“柔毛”。雞曰“翰音”，犬曰“羹獻”，雉曰“疏趾”，兔曰“明視”，脯曰“尹祭”，槀魚曰“商祭”，鮮魚曰“脡祭”，水曰“清滌”，酒曰“清酌”，黍曰“薌合”，粱曰“薌萁”，稷曰“明粢”，稻曰“嘉蔬”，韭曰“豐本”，鹽曰“鹹鹺”，玉曰“嘉玉”，幣曰“量幣”(六)。

【譯文】

天子要祭天地，要在四郊祭四方五官之神，要祭山川，要祭户、竈、中霤、門、行五祀，年内祭遍；諸侯要祭各自所在那一方的官神，要祭山川，要祭五祀，年内祭遍；大夫要祭五祀，年内祭遍；士只祭自己的先人。凡是祭祀，倘若有被廢止的，不敢重新舉辦哩；有當代規定舉辦的，不敢廢置哩。不是自己所應祭的項目却去祭祀的，叫做淫祀，濫行祭祀不會得福。天子祭牲用毛色純正的犧牛，諸侯用養在滌室的肥牛，大夫用臨時求索的牛，士用羊或豬。庶子不得主持祭祀，主持祭祀必須向嫡子報告。

凡是祭祀宗廟的禮，牛稱“一元大武”，豬稱“剛鬣”，小豬稱“腯肥”，羊稱“柔毛”，雞稱“翰音”，犬稱“羹獻”，野雞稱“疏趾”，兔稱“明視”，肉脯稱“尹祭”，乾魚稱“商祭”，鮮魚稱“脡祭”，水稱“清滌”，酒稱“清酌”，黍米稱“薌合”，小米稱“薌萁”，高粱稱“明粢”，稻米稱“嘉蔬”，韭菜稱“豐本”，鹽稱“鹹鹺”，玉稱“嘉玉”，繒帛稱“量幣”。

【古注】

《注》 (一)祭四方，謂祭五官之神於四郊也，句芒在東，祝融、后土在南，蓐收在西，玄冥在北，《詩》云“來方禋祀”，方祀者，各祭其方之官而已。五祀：户、竈、中霤、門、行也。此蓋殷時制也。《祭法》曰“天子立七祀，諸侯立五祀，大夫立三祀，士立二祀”，謂周制也。(二)爲其瀆神也。廢舉，謂若殷廢農祀，棄後不可復廢棄祀農也，後有德者繼之不嫌也。(三)妄祭神不饗。(四)犧，純毛也。肥，養於滌也。索，求得而用之。(五)不敢自專。謂宗子有故，支子當攝而祭者也，五宗皆然。(六)號牲物者，異於人用也。元，頭也。武，迹也。腯亦肥也，《春秋傳》作腯，腯，充貌也。翰，長聲也。羹獻，食人之餘也。尹，正也。商，猶量也。脡，直也。萁，辭也。嘉，善也。稻，菰蔬之屬也。豐，茂也。大鹹曰鹺，今河東云。幣，帛也。

《疏》 支子，庶子也。祖禰廟在適子之家，而庶子賤，不敢輒祭之也，若濫祭亦是淫祀。支子雖不得祭，若宗子有疾不堪當祭，則庶子代攝可也，猶宜告宗子然後祭，不敢自專。凡祭者，爲貴賤悉然。

【淺悟】

鬣音 liè（ㄌㄧㄝˋ）。腯音 tú（ㄊㄨˊ）。槀音 gǎo（ㄍㄠˇ）。脡音 tǐng（ㄊㄧㄥˇ）。粢音 zī（ㄗ）。鹹鹺音 xián cuó（ㄒㄧㄢˊ ㄘㄨㄛˊ）。

古時的祭祀，是極爲神聖的感恩活動。如能沿襲至今，環境和生態何至於惡化到這般地步？

2.10

【原文】

天子死曰“崩”,諸侯曰“薨”,大夫曰“卒”,士曰“不祿”,庶人曰“死”[一]。在牀曰“尸”[二],在棺曰“柩”[三]。羽鳥曰“降”,四足曰“漬”[四]。死寇曰“兵”[五];祭王父曰“皇祖考”,王母曰“皇祖妣”,父曰“皇考”,母曰“皇妣”,夫曰“皇辟”[六]。生曰“父”,曰“母”,曰“妻”,死曰“考”,曰“妣”,曰“嬪”[七];壽考曰“卒”,短折曰“不祿”[八]。

天子視不上於袷,不下於帶[九];國君綏視[十];大夫衡視[十一];士視五步[十二]。凡視,上於面則敖[十三],下於帶則憂[十四],傾則姦[十五]。

君命,大夫與士肄[十六]。在官言官,在府言府,在庫言庫,在朝言朝[十七]。朝言不及犬馬[十八],輟朝而顧,不有異事,必有異慮[十九]。故輟朝而顧,君子謂之固[廿]。在朝言禮,問禮對以禮[廿一]。

大饗不問卜[廿二],不饒富[廿三]。

凡摯,天子鬯,諸侯圭,卿羔,大夫鴈,士雉,庶人之摯匹,童子委摯而退[廿四]。野外軍中無摯,以纓、拾、矢可也[廿五]。婦人之摯椇、榛、脯、脩、棗、栗[廿六]。

納女於天子曰“備百姓”,於國君曰“備酒漿”,於大夫曰“備埽灑”[廿七]。

【譯文】

天子死説“崩”,諸侯説“薨”,大夫説“卒”,士説“不祿”,庶人説“死”。死人在牀上稱“尸”,裝進屍體的棺材稱“柩”。飛鳥死叫“降”,四條腿的獸死叫“漬”。爲了消滅敵寇而戰死者稱“兵”;祭祀祖父稱“皇祖考”,祖母稱“皇祖妣”,父親稱“皇考”,母親稱“皇妣”,丈夫稱“皇辟”。生時稱“父”、稱“母”、稱“妻”,死後稱“考”、稱“妣”、稱“嬪”;壽高而死稱“卒”,短命夭折稱“不祿”。

看天子時視線不超過領口,不低於紳帶;看國君時視線高於領口低於面頰;看大夫平視面孔;看士可以旁視左右五步。凡是看人,目光超過面頰就會顯得傲慢,低於紳帶就會顯得憂愁,側目流盼就會顯得姦猾。

國君有教命,大夫與士應抓緊熟悉其事。命其在官署就習議官署之事,命其在府藏就習議府藏之事,命其在倉庫就習議倉庫之事,命其在朝廷就習議朝廷之事。朝中言談不得涉及犬馬之類閑事。中途散朝而回頭顧望,不是有異常之事,必有異常的思慮。所以中途散朝如果回頭顧望,君子認爲這種表現固陋不達禮。在朝中凡事要講究禮,問和應對都應合乎禮的規範。

大饗五帝的祭祀不求問占卜,不求禮數豐饒完備。

凡是贄禮,天子用氣味芬芳的鬯酒,諸侯用圭,卿用羊羔,大夫用鴈,士用野雞,庶人之間贄見用鴨，童子放下贄禮便退下。野外軍中無處備贄禮，用馬腹下的繫纓、皮革護袖、箭就可以了。婦人的贄禮用枳椇、榛子、脯、脩、棗、栗。

將女兒嫁給天子就説“備百姓”，嫁給諸侯就説“備酒漿”，嫁給大夫就説“備埽灑”。

【古注】

《注》 （一）異死名者，爲人褻其無知若猶不同然也。自上顛壞曰崩。薨，顛壞之聲。卒，終也。不禄，不終其禄。死之言，澌也，精神澌盡也。（二）尸，陳也，言形體在也。（三）柩之言，究也。（四）異於人也。降，落也。漬，謂相瀸汙而死也，《春秋傳》曰“大災者何？大漬也”。（五）異於凡人，當饗禄其後。（六）更設稱號尊神，異於人也。皇，君也。考，成也，言其德行之成也。妣之言，媲也，媲於考也。辟，法也，妻所取法也。（七）嬪，婦人有法度者之稱也，《周禮》“九嬪掌婦學之法，教九御、婦德、婦言、婦容、婦功”。（八）禄，謂有德行任爲大夫士而不爲者。老而死從大夫之稱，少而死從士之稱。（九）袷，交領也。天子至尊，臣視之目不過此。（十）視國君彌高。綏讀爲妥。妥視，謂視上於袷。（十一）視大夫又彌高也。衡，平也。平視，謂視面也。（十二）士視得旁遊目五步之中也。視大夫以上，上下遊目不得旁。（十三）敖則仰。（十四）憂則低。（十五）辟頭旁視，心不正也。傾或爲側。（十六）肄，習也。君有命，大夫則與士展習其事，謂欲肄所發爲也。（十七）唯君命所在，就展習之也。官，謂版圖文書之處。府，謂寶藏貨賄之處也。庫，謂車馬兵甲之處也。朝，謂君臣謀政事之處也。（十八）非公議也。（十九）心不正，志不在君。輟，猶止也。（廿）固，謂不達於禮也。（廿一）於朝廷言，無所不用禮。（廿二）祭五帝於明堂，莫適卜也。《郊特牲》曰“郊血大饗腥。”（廿三）富之言，備也。備而已，勿多於禮。（廿四）摯之言，至也。天子無客禮，以鬯爲摯者，所以唯用告神爲至也。童子委摯而退，不與成人爲禮也。説者以匹爲鶩。（廿五）非爲禮之處，用時物相禮而已。纓，馬繁纓也。拾，謂射韝。（廿六）婦人無外事，見以羞物也。椇榛，木名。椇，枳也，有實，今邳郯之東食之。榛實似栗而小。（廿七）納女，猶致女也。壻不親迎，則女之家遣人致之，此其辭也。姓之言，生也，天子皇后以下百二十人，廣子姓也。酒漿、埽灑，賤婦人之職。

《疏》 死寇曰兵者，言人能爲國家捍難禦侮爲所殺者，謂爲兵。君命，謂君有教命有所營爲也。其大夫則與士先習學所爲之事，備擬君之所使。在官言官者，言，猶議也。若君命之在官，則臣當展習言議在官之事；命之在府，亦當習議在府之事也；命之在庫、在朝，亦隨而習議在庫、在朝之事也。朝是謀政教之處也，不宜私褻論議以及犬馬也。輟，止也。異事，非常之事；異慮，非常之慮也。臣於朝矜莊儼格，視不流目，若忽止朝而迴顧，此若非見異事，則心有異慮也，此由不先習也，故輟朝而顧。君子謂之固者，固，陋也。君子謂此爲固陋不達禮意也。

【淺悟】

妣音 bǐ（ㄅㄧˇ）。皇辟，辟讀 bì（ㄅㄧˋ）。袷音 jié（ㄐㄧㄝˊ）。綏讀 tuǒ（ㄊㄨㄛˇ）。鬯音 chàng（ㄔㄤˋ）。匹，依注讀 mù（ㄇㄨˋ）。椇音 jǔ（ㄐㄩˇ）。榛音 zhēn（ㄓㄣ）。

禮就像潤物的細霧一樣，於不知不覺中滲透到人的言語行動中，所謂細工出好活兒。

檀弓上第三

《疏》　案鄭《目録》云："名曰《檀弓》者，以其記人善於禮，故著姓名以顯之。姓檀名弓，今山陽有檀氏。此於《别録》屬通論。"此檀弓在六國之時，知者以仲梁子是六國時人，此篇載仲梁子故知也。案子游譏司寇惠子廢適立庶，又檀弓亦譏仲子舍適孫而立庶子，其事同，不以子游名篇而以檀弓爲首者，子游是孔門習禮之人，未足可嘉；檀弓非是門徒而能達禮，故善之以爲篇目。

3.1

【原文】

公儀仲子之喪，檀弓免焉(一)，仲子舍其孫而立其子(二)。

檀弓曰："何居？我未之前聞也(三)。"趨而就子服伯子於門右曰："仲子舍其孫而立其子，何也(四)？"

伯子曰："仲子亦猶行古之道也。昔者文王舍伯邑考而立武王，微子舍其孫腯而立衍也。夫仲子亦猶行古之道也(五)。"

子游問諸孔子。

孔子曰："否，立孫(六)。"

【譯文】

公儀仲子的喪事，檀弓去冠免髮來弔唁，發現仲子舍棄其嫡孫却立其庶子爲後。

檀弓説："是何道理啊？我從未聽説有這等先例嘛。"快步走向站在門右的子服伯子跟前問："仲子舍棄其嫡孫却立其庶子爲後，爲什麽呢？"

伯子説："仲子似乎也在遵行古時候的道路哩。往昔文王舍棄其長子伯邑考而立其次子武王，微子舍棄其嫡孫腯而立其弟衍哩，這仲子也仍然遵行古時候的道路嘛。"

子游以此事向孔子請教。

孔子説："不然，應當立嫡孫。"

【古注】

《注》　(一)故爲非禮以非仲子也。禮，朋友皆在他邦乃袒免。(二)此其所立非也。公儀蓋魯同姓,《周禮》"適子死,立適孫爲後"。(三)居,讀爲姬姓之姬,齊魯之閒語助也。前,猶故也。(四)去賓位就主人兄弟之賢者而問之。子服伯子,蓋仲孫蔑之玄孫子服景伯;蔑,魯大夫。(五)伯子爲親者隱耳,立子非也。文之立武王,權也;微子適子死,立其弟衍,殷禮也。(六)據周禮。

《疏》 公儀仲子而身今喪亡,檀弓與之爲友,又非處他邦,爲之著免,故爲重服譏其失禮。所以譏者,仲子適子既死,舍其適孫而立其庶子。檀弓居在賓位而言曰,何居,居是語辭,言仲子舍適孫立庶子,是何道理乎?伯子爲仲子隱諱,即引文王微子之事爲古之道也。子游以此爲疑,問諸孔子。孔子以仲子周人,當從周禮,不得立庶子,當立孫也。

【淺悟】

免,此處讀 wèn(ㄨㄣˋ),服喪時,去冠紮髮,用麻布裹頭稱免。何居,居讀 jī(ㄐㄧ),助詞。腯音 tú(ㄊㄨˊ)。微子,殷紂庶兄,名啟,武王滅紂封於宋。子游,孔子弟子,姓言名偃字子游。王位傳嫡不傳庶的禮制,對我們當今已經毫無意義了。但在家天下的時代裏,這一禮制對朝綱的穩定却往往起着決定性的作用。一旦朝綱紊亂,那將預示着天下大亂;一旦天下大亂,遭殃最深重的自然又是窮苦百姓。這正是孔子所不願見到的,所以給予子游"否,立孫"的回答。

3.2

【原文】

事親有隱而無犯(一),左右就養無方(二),服勤至死,致喪三年(三)。事君有犯而無隱(四),左右就養有方(五),服勤至死,方喪三年(六)。事師無犯無隱,左右就養無方,服勤至死,心喪三年(七)。

【譯文】

侍奉雙親對其過錯要對外隱匿且不可犯顔直諫,在其左右奉養没有固定的方法,殷勤服侍到死,爲他們服喪三年。服事君王對其過錯敢於犯顔諫諍且無所隱匿,在其左右服事要合乎道義,殷勤服事到死,比照父親那樣服喪三年。服事師長既不冒犯其尊嚴又不隱匿其過錯,在其左右服事没有固定的方法,殷勤服事到死,内心守喪三年。

【古注】

《注》 (一)隱,謂不稱揚其過失也。無犯,不犯顔而諫,《論語》曰"事父母幾諫"。(二)左右,謂扶持之。方,猶常也,子則然,無常人。(三)勤,勞辱之事也。致,謂戚容稱其服也。凡此以恩爲制。(四)既諫,人有問其國政者,可以語其得失,若齊晏子爲晉叔向言之。(五)不可侵官。(六)方喪,資於事父。凡此以義爲制。(七)心喪,戚容如父而無服也。凡此以恩義之間爲制。

《疏》 據親有尋常之過,故無犯;若有大惡亦當犯顔,故《孝經》云"父有争子,則身不陷於不義"是也。

【淺悟】

所謂“諫”,即以直言正人之非。規諫,是孝子和忠臣必須具備的品質,二者只在實際操作時的方式方法上各有側重而已。孝子之諫,應像《論語》中所説的“事父母幾諫”,還有前面 2.7 中所説的“三諫而不聽則號泣而隨之”那樣,叫做“無犯”;所謂“有隱”,即《論語》所説的“父攘羊,子爲父隱”。臣子之諫,應像《論語》中所説的“勿欺也,而犯之”,還有 2.7 中所説的“不顯諫,三諫而不聽則逃之”,叫做有犯無隱;需注意的是:不要欺騙,不要在明顯的地方諫諍。

3.3

【原文】

季武子成寢(一),杜氏之葬在西階之下,請合葬焉。許之。入宫而不敢哭。武子曰:“合葬非古也,自周公以來未之有改也(二)。吾許其大而不許其細,何居?”命之哭(三)。

子上之母死而不喪(四)。門人問諸子思曰:“昔者子之先君子喪出母乎?”曰然(五)。“子之不使白也喪之,何也?”子思曰:“昔者吾先君子無所失道,道隆則從而隆,道污則從而污(六),伋則安能(七)?爲伋也妻者,是爲白也母;不爲伋也妻者,是不爲白也母。”故孔氏之不喪出母,自子思始也(八)。

【譯文】

季武子建成寢宫,杜氏的墓葬就在寢宫西階的下方,請求在此合葬。武子應許了他們。杜氏進宫合葬却不敢哭。武子説:“合葬不是古代的規定哩,自周公以來也不曾對此作過改動嘛。我既應許他們合葬這樣的大節却不允許他們哭泣這種細節,這是什麽道理呢?”命人告訴他們盡情哭。

子上的母親死了却不服喪。門人向老師子思問道:“往昔您的先父爲離棄的母親服喪嗎?”回答有服喪。又問:“您不使兒子孔白爲出母服喪,又是爲什麽呢?”子思説:“往昔我先祖父没有失禮之處,該隆盛的禮便隨着隆盛,該降等的禮便隨之降等,我孔伋怎能做到?做我孔伋的妻呢,這便是孔白之母嘛;不做我孔伋的妻呢,那便不是孔白之母嘛。”故而孔姓一族的不爲離棄的母親服喪,是從子思開始的嘛。

【古注】

《注》 (一)武子,魯公子季友之曾孫季孫夙。(二)自見夷人冢墓以爲寢,欲文過也。(三)記此者,善其不奪人之恩。(四)子上,孔子曾孫,子思伋之子,名白,其母出。(五)禮,爲出母期;父卒,爲父後者不服耳。(六)污,猶殺也。有隆有殺,進退如禮。(七)自予不能及。(八)記禮所由廢,非之。

《疏》 吾許其大者,聽之將喪而入葬,是許其大;不許其細,哭是細也;何居,居,語辭。既許其大而不許其細是何道理，故云何居。子思既在，子上當爲出母有服，故門人疑而問之。云子之先君子，謂孔子也。令子喪出母乎？子思曰然，然猶如是也，言是喪出母故也。伯魚之母被出死，期而猶哭，是喪出母也。

【淺悟】

"先君子"有二解：一指先父，一指先祖父。門人問的先君子，應當指先父，因爲子思的祖父是孔子，而孔子的母親没有被離棄。子思説的先君子，所指的應是祖父孔子。

孔子所主張的事，無疑都是正確的，合乎禮的規範的。孔子既然不曾阻止兒子伯魚喪出母，説明兒子理應爲出母服喪，與道隆、道污何干？子思以"伋則安能"爲借口，阻止兒子孔白喪出母，以致影響整個"孔氏不喪出母"，與孔子的主張背道而馳，因此是極端錯誤的，應當擯棄。

由本節可以得知，孔子、子思祖孫二人的婚姻都不幸福。由此可見，婚姻是人世間最難處理的問題之一。

3.4

【原文】

孔子曰："拜而后稽顙，頹乎其順也(一)；稽顙而后拜，頎乎其至也(二)。三年之喪，吾從其至者(三)。"

孔子既得合葬於防(四)，曰："吾聞之，古也墓而不墳(五)。今丘也，東西南北之人也，不可以弗識也。"於是封之，崇四尺(六)。孔子先反(七)。門人後，雨甚至(八)。孔子問焉曰："爾來何遲也？"曰防墓崩(九)；孔子不應(十)；三(十一)；孔子泫然流涕曰："吾聞之，古不脩墓(十二)。"

孔子哭子路於中庭(十三)。有人弔者，而夫子拜之(十四)。既哭，進使者而問故(十五)，使者曰："醢之矣(十六)！"遂命覆醢(十七)。

【譯文】

孔子説："向弔唁的賓客敬拜之後叩頭謝孝，恭順得不能再恭順了啊；向弔唁的賓客叩頭謝孝之後再敬拜，是因喪親之痛太懇至的緣故啊。三年這樣的重喪，我遵循那種悲痛懇至的情感。"

孔子已經得以將父母合葬在防地，説道："我聽説，古時候平整墓地而不堆成墳。如今我孔丘呢，是以四海爲家的人了，不可以不做標誌哩。"於是聚土封墓，壘成四尺高的墳。孔子提前返回。門人在後繼續壘墳，忽然大雨滂沱而至。孔子問他們道："你們爲何回來得這麽遲呢？"回答防地的墳墓崩坍；孔子不應聲；門人又説了三遍；孔子泫然流涕道："我聽説，古人不脩治墓地。"

孔子在中庭哭子路。有官員前來弔唁的話，都是由孔子答拜他們。哭過一陣子，喚衛國報信的使者進來詢問子路死時的情狀；使者説："把他剁成肉醬了呀！"孔子即刻命人將食用的肉醬全倒掉。

【古注】

《注》 (一)此殷之喪拜也。頽，順也。先拜賓，順於事也。(二)此周之喪拜也。頎，至也。先觸地無容，哀之至。(三)重者尚哀戚，自期如殷可。(四)言既得者，少孤，不知其墓。(五)墓謂兆域，今之封塋也。古，謂殷時也。土之高者曰墳。(六)東西南北，言居無常處也。聚土曰封。封之，周禮也。《周禮》曰"以爵等爲丘封之度"。崇，高也。高四尺，蓋周之士制。(七)當脩虞事。(八)後，待封也。(九)言所以遲者，脩之而來。(十)以其非禮。(十一)三，言之以孔子不聞。(十二)脩，猶治也。(十三)寢中庭也，與哭師同親之。(十四)爲之主也。(十五)使者，自衛來赴者，故謂死之意狀。(十六)時衛世子蒯聵簒輒而立，子路死之。醢之者，示欲啗食以怖衆。(十七)覆，棄之不忍食。

《疏》 拜者，主人孝子拜賓也。稽顙者，觸地無容也。頽然，不逆之意也。拜是爲賓，稽顙爲己，前賓後己，各以爲頽然而順序也。頎，惻隱貌也。先觸地無容，後乃拜賓也，是爲親痛深貌，惻隱之至也。至者，謂先稽顙後拜也，重喪主貌惻隱，故三年喪則從其頎至者也。孔子泫然流涕者，自傷脩墓違古，致令今崩，弟子重脩，故流涕也。下文云"師吾哭諸寢"，今哭子路於中庭，故云"與哭師同親之"。若其不親，當哭於寢門外，與朋友同，故下文云"朋友哭諸寢門外"。

【淺悟】

稽顙，讀音 qǐ sǎng(ㄑㄧˇ·ㄙㄤˇ)，叩首至地。頽，讀音 tuí(ㄊㄨㄟˊ)，恭順之義。頎，讀音 kěn(ㄎㄣˇ)，通懇。墓和墳，古時是有區别的，與地平者爲墓，封土成丘者爲墳。識，讀音 zhì(ㄓˋ)，義同誌。泫，讀音 xuàn(ㄒㄩㄢˋ)，泫然，流淚貌。醢，讀音 hǎi(ㄏㄞˇ)，即肉醬。

喪主哀，孝子能懇切地表達悲痛之情就足够了，至於對來弔唁的賓客是否有精力表達恭敬，相信没人會計較。所以孔子遵從"頎乎其至"者。

孔子爲父母"合葬於防"這段記載很讓人懷疑。孔子在《論語》中自云"吾十有五而志于學。"爲父母合葬時，年不足二十，哪來的"門人"？"東西南北之人"又從何談起？況且孔子向來不迷信，竟然會爲頗帶迷信色彩的"雨甚至"，"防墓崩"而"泫然流涕"？這不可能是事實。

子路，孔子弟子，名仲由，字子路、季路，小孔子九歲，爲人忠直而英勇。哀公十五年，衛國内亂。起因於衛靈公的寵姬南子淫亂，太子蒯聵欲殺之而事敗，懼誅出奔。靈公死，蒯聵之子輒立，是爲出公。蒯聵借奔喪之名潛入衛大夫孔悝家。蒯聵姐乃孔悝之母，以其姐脅迫孔悝合謀復位。其時子路任孔悝所轄之蒲邑宰，聞知出公被逐，蒯聵自立爲莊公的消息後説："食其食者不避其難。"乃只身前往，臨城門向蒯聵高喊："太子焉用孔悝？請得而殺之！"蒯聵不聽。子路欲火攻，蒯聵懼，使人敵子路。子路寡不敵衆，身遭重創，冠纓被擊斷，説道："君子死而冠不免。"遂結纓正冠，從容而死。

《論語·先進》篇有載：孔子見子路一旁站立"行行如也"的架勢，就曾説："若由也，不得其死然。"爲此，孔子費盡心思予以扭轉，終未能改變其"行行如也"的習性。這一天真的降臨時，孔子仍抑止不住内心的悲慟，爲其料理後事。這樣的老師，怎能不令人景仰。

3.5

【原文】

曾子曰："朋友之墓，有宿草而不哭焉（一）。"

子思曰："喪三日而殯，凡附於身者，必誠必信，勿之有悔焉耳矣。三月而葬，凡附於棺者，必誠必信，勿之有悔焉耳矣（二）。喪三年，以爲極亡（三），則弗之忘矣（四）。故君子有終身之憂（五），而無一朝之患（六），故忌日不樂（七）。"

孔子少孤，不知其墓（八），殯於五父之衢（九）。人之見之者，皆以爲葬也（十）。其慎也，蓋殯也（十一）。問於郰曼父之母，然後得合葬於防（十二）。

鄰有喪，舂不相；里有殯，不巷歌（十三）。喪冠不緌（十四）。

【譯文】

曾子説："朋友的墓地，長有隔年的陳草就不要再爲他哭泣了。"

子思説："去世三天就應殯殮，凡是附在身上的衣衾等物，要必誠必信地料理，不要爲此留有可使自己悔恨的事而已呀。滿三月便安葬，凡是隨棺下葬的明器之屬，都應必誠必信地安置，不要爲此留有可使自己悔恨的事而已呀！守喪三年，作爲喪期的極致，這樣就不會把父母的忌日忘懷了呀。所以君子有終身思親的憂傷，而無一日因思親造成身體毁傷的禍患，故而只在忌日這天不奏樂唱歌。"

孔子幼年喪父，不知父親的墓地，只好將母親的靈柩暫時殯在五父之衢。凡是見到靈車的人，都以爲是埋葬哩。他是謹慎哩，分明是殯嘛。訪問到郰邑曼父的母親，然後才得以將母親在防地與父親合葬。

鄰居有喪事，舂米時不可邊碓杵邊喊號子；閭里内有人出殯，不可在巷子裏唱歌。戴孝帽不可繫飾帶。

【古注】

《注》（一）宿草，謂陳根也。爲師心喪三年，於朋友期可。（二）言其日月欲以盡心脩備之。附於身，謂衣衾。附於棺，謂明器之屬。（三）去已久遠而除其喪。（四）則之言曾。（五）念其親。（六）毁不滅性。（七）謂死日言忌日，不用舉吉事。（八）孔子之父郰叔梁紇，與顔氏之女徵在野合而生孔子，徵在恥焉，不告。（九）欲有所就而問之，孔子亦爲隱焉。殯於家，則知之者無由怪已欲發問端。五父，衢名，蓋郰曼父之鄰。（十）見柩行於路。（十一）慎當爲引，禮家讀然，聲之誤也，殯引飾棺以輤，葬引飾棺以柳翣。孔子是時以殯引，不以葬引，時人見者謂不知禮。（十二）曼父之母與徵在爲鄰相善。（十三）皆所以助哀也。相，謂以音聲相勸。（十四）去飾。

《疏》 曾子，孔子弟子，姓曾名參字子輿，魯人也。宿草，草經一年則根陳也。朋友相爲哭一期，草根陳乃不哭也。

【淺悟】

郰，讀音 zōu（ㄗㄡ）。緌，讀音 ruí（ㄖㄨㄟˊ）。

無父曰孤，少孤即幼年喪父。停放靈柩叫殯，掩埋死者叫葬。

3.6

【原文】

有虞氏瓦棺（一），夏后氏堲周（二），殷人棺椁（三），周人牆置翣（四）。周人以殷人之棺椁葬長殤，以夏后氏之堲周葬中殤下殤，以有虞氏之瓦棺葬無服之殤（五）。

夏后氏尚黑（六），大事斂用昏（七），戎事乘驪（八），牲用玄（九）。殷人尚白（十），大事斂用日中（十一），戎事乘翰（十二），牲用白。周人尚赤（十三），大事斂用日出（十四），戎事乘騵（十五），牲用騂（十六）。

【譯文】

虞舜時代用瓦器做棺材，夏朝用磚砌在瓦棺四周，殷朝用木製的棺和椁，周朝將翣衣放置在棺椁兩旁作飾物。周朝人用殷代的棺椁埋葬十六至十九歲夭折的長殤，用夏代的堲周埋葬十二至十五歲夭折的中殤和八至十一歲夭折的下殤，用虞舜時代的瓦棺埋葬七歲以下夭折的無服之殤。

夏朝崇尚黑色，喪事用黄昏時分入殮，兵戎之事乘黑驪馬拉的戰車，祭祀用黑色的犧牲。殷朝崇尚白色，喪事用中午時分入殮，兵戎之事乘白翰馬拉的戰車，祭祀用白色的犧牲。周朝崇尚赤色，喪事用日出時分入殮，兵戎之事乘赤騵馬拉的戰車，祭祀用赤色的犧牲。

【古注】

《注》 （一）始不用薪也。有虞氏上陶。（二）火熟曰堲，燒土冶以周於棺也。或謂之土周由是也。《弟子職》曰："右手折堲。"（三）椁大也，以木爲之，言椁大於棺也。殷人上梓。（四）牆，柳衣也。凡此言，後王之制文。（五）略未成人。（六）以建寅之月爲正，物生色黑。（七）昏時亦黑。此大事爲喪事也。（八）戎，兵也。馬黑色曰驪，《爾雅》曰"騋牝驪牡玄"。（九）玄，黑類也。（十）以建丑之月爲正，物牙色白。（十一）日中時亦白。（十二）翰，白色馬也。《易》曰"白馬翰如"。（十三）以建子之月爲正，物萌色赤。（十四）日出時亦赤。（十五）騵，駵馬，白腹。（十六）騂，赤類。

（唐）陸德明《音義》（以下簡稱《音義》）堲，子栗反，又音稷。何云："冶土爲甎，四周於棺。"管子云：

"左手執燭,右手折即。"即,燭頭燼也。《弟子職》,其篇名。十六至十九爲長殤,十二至十五爲中殤,八歲至十一爲下殤,七歲已下爲無服之殤,生未三月不爲殤。驪,純黑色焉;馬七尺以上爲騋。騂,純赤色也,一云赤黄色。

《疏》 夏言后者,《白虎通》云:"以揖讓受於君,故稱后。"殷周稱人者,以行仁義,人所歸往,故稱人。

【淺悟】

塈,讀音 jí(ㄐㄧˊ),即燒土爲磚。翣,讀音 shà(ㄕㄚˋ),棺飾。驪,讀音 lí(ㄌㄧˊ),黑色的馬。騵,讀音 yuán(ㄩㄢˊ),赤毛白腹的馬。騂,讀音 xīng(ㄒㄧㄥ),赤色馬。

本節所載只能作歷史資料,爲鑒定出土文物作參考了。

3.7

【原文】

穆公之母卒(一),使人問於曾子曰:"如之何(二)?"對曰:"申也,聞諸申之父曰:哭泣之哀,齊斬之情,饘粥之食,自天子達(三)。布幕,衛也;縿幕,魯也(四)。"

晉獻公將殺其世子申生(五)。公子重耳謂之曰:"子蓋言子之志於公乎(六)?"世子曰:"不可!君安驪姬,是我傷公之心也(七)。"曰:"然則蓋行乎(八)?"世子曰:"不可!君謂我欲弑君也,天下豈有無父之國哉?吾何行如之(九)?"使人辭於狐突曰:"申生有罪,不念伯氏之言也,以至于死。申生不敢愛其死(十),雖然,吾君老矣,子少,國家多難(十一),伯氏不出而圖吾君(十二),伯氏苟出而圖吾君,申生受賜而死(十三)。"再拜稽首乃卒(十四)。是以爲恭世子也(十五)。

【譯文】

魯穆公的母親死了,差人向曾子詢問道:"居喪之禮該怎樣辦理?"回答説:"我曾申呢,從我父親那裏聽説,哭泣時的哀傷,身著齊衰、斬衰孝服時的心情,每天只喝稠粥或稀粥這種食物,從天子到庶民都一樣。用葛布覆蓋棺柩是諸侯之禮,衛君就這樣嘛;用細絹覆蓋棺柩是天子之制,魯君一向這樣哩。"

晉獻公打算殺他的世子申生。公子重耳對他説:"你爲何不向君父訴説你的心意呢?"世子説:"不可!君父最大的安慰是驪姬,這樣做我便傷害了君父的心哩。"重耳説:"那麽何不出走呢?"世子説:"不可!君父以爲我想謀殺他哩,天下豈有容納殺父之人的國家啊?我將出走到何處去安身?"於是差人到師傅狐突那裏辭别説:"申生有罪,皆因不把師傅的教言記在心間所致哩,以至於落到被處死的下場。申生不敢貪生怕死,縱然如此,念我君父已經老了呀,驪姬的兒子尚在幼年,國家又多難,師傅却不肯出來幫我君父出謀畫策。師傅若肯出來幫我君父一展鴻圖,申生這就受賜而死。"説罷再次跪拜叩頭,乃自縊就死。以這樣的方式成就世子恭順的名聲哩。

【古注】

《注》 (一)穆公,魯哀公之曾孫。(二)問居喪之禮。曾子,曾參之子,名申。(三)子喪父母尊卑同。(四)幕,所以覆棺上也。縿,縑也,縿讀如綃。衛,諸侯禮;魯,天子禮。兩言之者,僭已久矣。幕或爲幦。(五)信驪姬之譖。(六)蓋皆當爲盍。盍,何不也。志,意也。重耳欲使言見譖之意。重耳,申生異母弟。後立爲文公。(七)言其意,則驪姬必誅也。驪姬,獻公伐驪戎所獲女也。申生之母蚤卒,驪姬嬖焉。(八)行,猶去也。(九)言人有父,則皆惡欲弒父者。(十)辭,猶告也。狐突,申生之傅,舅犯之父也。前此者,獻公使申生伐東山皋落氏,狐突謂申生欲使之行,今言此者謝之。伯氏,狐突别氏。(十一)子,驪姬之子奚齊。(十二)圖,猶謀也。不出,爲君謀國家之政。然則自皋落氏反後,狐突懼,乃稱疾。(十三)賜,猶惠也。(十四)既告狐突,乃雉經。(十五)言行如此,可以爲恭,於孝則未之有。

《疏》 哭泣之哀,謂有聲之哭、無聲之泣並爲哀然。齊斬之情者,齊是爲母,斬是爲父,父母情同,故答云之情也。饘粥之食者,厚曰饘,希曰粥,朝夕食米一溢,孝子以此爲食,故曰食也。自天子達者,父母之喪,貴賤不殊,哭泣以下自天子至庶人如一,故云自天子達。布幕衛也,縿幕魯也者,先言齊斬饘粥同,又言覆棺之幕天子諸侯各别。以布爲幕者,衛是諸侯之禮;以縿爲幕者,魯是天子之制。幕者,謂覆殯棺者也。周公一人得用天子禮,而後代僭用之,故曾申舉衛魯俱是諸侯,則後代不宜異,謂魯之諸公不宜與衛異也。獻公殺申生之事,案《僖四年左傳》云:"姬謂太子曰:'君夢齊姜,必速祭之。'太子祭於曲沃,歸胙於公。公獵,姬寘諸宫六日毒而獻之。公祭之地,地墳;與犬,犬斃;與小臣,小臣亦斃。姬泣曰:'賊由太子。'"又《晉語》云:"姬寘鴆於酒,寘堇於肉。"堇謂烏頭,是驪姬譖申生之事也。杜預云:"以六日之狀自理謂毒酒,經宿輒敗。若申生初則置毒,經六日其酒必壞,何以經六日其酒尚好?明臨至加藥焉。"乃雉經者,雉,牛鼻繩也,申生以牛繩自縊而死也。可以爲恭者,《春秋·左傳》云:"晉侯殺其世子申生,父不義也。"孝子不陷親於不義,而申生不能自理,遂陷父有殺子之惡,雖心存孝,而於理終非,故不曰孝,但謚爲恭。以其順於父事而已。謚法曰:"敬順事上曰恭。"

【淺悟】

齊,讀音 zī(ㄗ)。饘,讀音 zhān(ㄓㄢ)。縿,讀音 xiāo(ㄒㄧㄠ),薄絹。蓋,讀音 hé(ㄏㄜˊ),通盍,何不之義。

乍一看,申生是爲忠孝而死,頗具悲壯色彩。仔細想想,他的死,恰恰昭彰了其父輕信寵姬之譖,而不惜殺死親生骨肉的昏庸殘暴的行徑。正如鄭玄所云:"言行如此可以爲恭,於孝則未之有。"家天下時代宫廷内的事,幾乎無一可取之處。

3.8

【原文】

魯人有朝祥而莫歌者，子路笑之(一)。夫子曰："由，爾責於人，終無已夫？三年之喪，亦已久矣夫(二)！"子路出，夫子曰："又多乎哉？踰月則其善也(三)。"

魯莊公及宋人戰于乘丘(四)，縣賁父御，卜國爲右(五)。馬驚敗績(六)，公隊，佐車授綏(七)。公曰："末之卜也(八)！"縣賁父曰："他日不敗績而今敗績，是無勇也(九)！"遂死之(十)。圉人浴馬，有流矢在白肉(十一)。公曰："非其罪也(十二)。"遂誄之(十三)。士之有誄，自此始也(十四)。

【譯文】

魯國大夫有個早上剛舉行完大祥祭到了晚上就唱起歌的人，子路譏笑他。夫子説："仲由，你對别人的指責，總是没有休止的時候嗎？三年的喪期，已經很久了呀！"子路出去後，夫子説："那人還需等多久啊？過了這個月再唱就好了嘛。"

魯莊公率師跟宋國在乘丘作戰，縣賁父駕車，卜國爲車右。因馬初戰受驚而遭敗績，莊公墜落車下，佐車趕緊遞過車綏將他拉上車。莊公説："没有用的卜國哩！"縣賁父説："往日從不遭敗績而今天遭敗績，分明是没有勇氣嘛！"於是二人衝入敵陣直到戰死。馬夫爲馬洗浴，發現有支箭穿進馬屁股的肉裏。莊公説："不是他們的罪過哩。"於是爲他倆作誄文。士人死後有誄，由此開始哩。

【古注】

《注》 (一)笑其爲樂速。(二)爲時如此，人行三年喪者希。抑子路以善彼。(三)又，復也。(四)十年夏。(五)縣、卜皆氏也。凡車右，勇力者爲之。(六)驚奔失列。(七)戎車之貳曰佐，授綏乘公。(八)末之，猶微哉。言卜國無勇。(九)公他日戰，其御馬未嘗驚奔。(十)二人赴敵而死。(十一)圉人，掌養馬者。白肉，股裏肉。(十二)流矢中馬，非御與右之罪。(十三)誄其赴敵之功以爲謚。(十四)記禮失所由來也。周雖以士爲爵，猶無謚也。殷，大夫以上爲爵。

《疏》 戰於乘丘者，乘丘，魯地，莊公十年夏六月，齊師、宋師次於郎。公子偃曰："宋師不整，可敗也。宋敗齊必還。請擊之。"大敗宋師於乘丘，齊師乃還。

【淺悟】

圉，讀音 yǔ(ㄩˇ)。誄，讀音 lěi(ㄌㄟˇ)。

孔子一向反對譏誚人，縱然其人不够完美。

3.9

【原文】

曾子寢疾,病(一)。樂正子春坐於牀下(二),曾元、曾申坐於足(三),童子隅坐而執燭(四)。童子曰:"華而睆,大夫之簀與(五)?"子春曰:"止(六)!"曾子聞之,瞿然曰呼(七)。曰:"華而睆,大夫之簀與?"曾子曰:"然,斯季孫之賜也。我未之能易也。元,起易簀(八)。"曾元曰:"夫子之病革矣,不可以變!幸而至於旦,請敬易之(九)。"曾子曰:"爾之愛我也,不如彼(十)。君子之愛人也,以德(十一);細人之愛人也,以姑息(十二)。吾何求哉?吾得正而斃焉,斯已矣(十三)!"舉扶而易之,反席未安而没(十四)。

【譯文】

曾子卧病不起,病情危重。弟子樂正子春坐在牀下,兒子曾元、曾申坐在脚旁,童子坐在屋角並拿着火燭。童子説:"好華麗好光澤,鋪的是大夫用的竹席吧?"子春説:"住口!"曾子聽到此話面露驚懼地長嘘一聲。童子又問:"好華麗好光澤,鋪的是大夫用的竹席吧?"曾子説:"對,這是季孫大夫的賞賜哩,我没來得及把它换下哩。元,起來换下竹席。"曾元説:"夫子的病情危急呀,不可以移動!希望等到天亮,請謹慎地把它换下。"曾子説:"你對我的關愛呢,不如那童子。君子的愛人嘛,用德行;小人的愛人呢,用無原則的寬容。我還有什麽要求啊?我能獲得正當地斃命,這就足够了呀。"大家趕緊舉着扶着將竹席撤下,放回草席還没放安穩就嚥氣了。

【古注】

《注》 (一)病,謂疾困。(二)子春,曾參弟子。(三)元、申,曾參之子。(四)隅坐,不與成人竝。(五)華,畫也。簀,謂牀笫也。説者以睆爲刮,節目字,或爲刮。(六)以病困不可動。(七)呼,虚憊之聲。(八)未之能易,已病故也。(九)言夫子者,曾子親没之後,齊嘗聘以爲卿而不爲也。革,急也。變,動也。幸,覬也。(十)彼,童子也。(十一)成己之德。(十二)息,猶安也。言苟容取安也。(十三)斃,仆也。(十四)言病雖困,猶勤於禮。

《疏》 曾參謂曾元曰:爾之愛我也,不如彼童子。何者?君子之愛人也,必以善事成己之德,則童子是也;細小之人愛人也,不顧道理且相寧息,即汝是也。吾今更何求焉?唯求正道易换其簀而即仆焉。斯已矣者,斯,此也;已,猶了也;此則正一世事了不陷於惡。故君子慎終如始。《韓詩外傳》云:"曾子仕於莒,得粟三秉。方是之時,曾子重其禄而輕其身。親没之後,齊迎以相,楚迎以令尹,晉迎以上卿。方是之時,曾子重其身而輕其禄。"既言輕其禄,是不爲也。若已不爲大夫,則已所爲當須依禮,不得寢大夫之簀也。以己今病,氣力虚弱,故時復一時未能改易,聞童子之言,乃便驚駭。

【淺悟】

睆,讀音 huǎn(ㄏㄨㄢˇ),光澤貌。簀,讀音 zé(ㄗㄜˊ),竹席。呼,讀音 xū(ㄒㄩ),吹

氣聲。革,讀音 jí(ㄐㄧˊ),通亟,急也。

從曾子身上,可以看到孔門學問的特徵,那就是:只在自己身心修養上作實踐工夫,至死不渝。《論語·泰伯篇》曾子曰:"士不可以不弘毅,任重而道遠。仁以爲己任,不亦重乎?死而後已,不亦遠乎?"

3.10

【原文】

始死,充充如有窮;既殯,瞿瞿如有求而弗得;既葬,皇皇如有望而弗至;練而慨然;祥而廓然(一)。

邾婁復之以矢,蓋自戰於升陘始也(二)。魯婦人之髽而弔也,自敗於臺鮐始也(三)。

南宫縚之妻之姑之喪(四),夫子誨之髽曰:"爾毋從從爾;爾毋扈扈爾(五);蓋榛以爲笄,長尺而總八寸(六)。"

孟獻子禫,縣而不樂,比御而不入(七)。夫子曰:"獻子加於人一等矣(八)。"

孔子既祥,五日彈琴而不成聲(九),十日而成笙歌(十)。

有子蓋既祥,而絲屨組纓(十一)。

死而不弔者三(十二):畏(十三)、厭(十四)、溺(十五)。

子路有姊之喪,可以除之矣,而弗除也。孔子曰:"何弗除也?"子路曰:"吾寡兄弟而弗忍也。"孔子曰:"先王制禮,行道之人皆弗忍也(十六)。"子路聞之,遂除之。

【譯文】

父母初死時,滿腔悲慟有如走到窮途末路;殯殮停當,驚瞿不安得有如尋求什麼却又得不到;安葬完畢,皇皇不安得好像有所期望却又來不到;練祭時則慨歎日月有如奔馳般迅速;舉行完大祥祭又覺内心空曠寥廓。

邾婁國用射箭的方式爲死者招魂,是從升陘那場戰役開始的嘛。魯國婦人用麻將頭髮紮成髽去弔喪呢,是從壺鮐戰役失敗後開始的嘛。

南宫縚的妻子的婆婆的喪事,孔子教她結髽説:"你不可紮得太高哩;你不可紮得太寬哩;可拿榛木製成一尺長的髮笄,而且使紮的髽下垂八寸。"

孟獻子舉行除喪的禫祭時,懸挂起樂器並不演奏,等到可以親近婦人時却不進入寢室。夫子説:"獻子的孝心超出别人一等呀。"

孔子爲母親舉行完大祥祭,五天後彈琴仍彈不成聲調,第十天吹笙才吹成歌曲。

有子大約剛舉行完大祥祭，便穿起絲織的鞋，戴着組纓裝飾的帽子。

死後却不弔喪的情形有三種：遭冤獄而畏罪輕生者、重物壓死者、溺水而亡者。

子路遭姐之喪，到了可以除去喪服的期限，却還不肯除去喪服哩。孔子問："爲何不除服呢？"子路説："我缺少兄弟，所以不忍心嘛。"孔子説："先王制定的禮制，走正道的人都不忍心違背嘛。"子路聽了此話，遂即除掉喪服。

【古注】

《注》（一）皆憂悼在心之貌也。求，猶索物。（二）戰於升陘，魯僖二十二年秋也，時師雖勝，死傷亦甚，無衣可以招魂。（三）敗於臺鮐，魯襄四年秋也。臺當爲壺字之誤也，《春秋傳》作"狐鮐"。時家家有喪，髽而相弔。去纚而紒曰髽。禮，婦人弔服：大夫之妻錫衰，士之妻則疑衰與？皆吉笄無首素總。（四）南宫縚，孟僖子之子南宫閱也，字子容，其妻孔子兄女。（五）誨，教。爾，女也。從從，謂大高。扈扈，謂大廣。爾，語助。（六）總，束髮垂爲飾。齊衰之總八寸。（七）可以御婦人矣，尚不復寢。孟獻子，魯大夫仲孫蔑。（八）加，猶踰也。（九）哀未忘。（十）踰月且異旬也。祥亦凶事，用遠日，五日彈琴，十日笙歌，除由外也。琴以手，笙歌以氣。（十一）譏其早也。禮，既祥，白屨無絇，縞冠素紕。有子，孔子弟子有若也。（十二）謂輕身忘孝也。（十三）人或時以非罪攻已，不能有以説之死之者，孔子畏於匡。（十四）行止危險之下。（十五）不乘橋船。（十六）行道，猶行仁義。

《疏》（一）練而慨然者，轉緩也，至小祥但歎慨日月若馳之速也。祥而廓然者，至大祥而寥廓，情意不樂而已。（二、三）此一節論二國失禮之事。（四至六）此一節論婦人爲舅姑服髽與笄總之法。南宫縚之妻之姑之喪者，之並是語辭也。南宫縚妻姑喪，謂夫之母也。以是夫子兄之女，故夫子誨之作髽法。（七、八）此一節論獻子除喪作樂得禮之宜也。依禮，禫祭暫縣省樂而不恒作也，至二十八月乃始作樂。又依禮，禫後吉祭乃始復寢。當時人禫祭之後則恒作樂，未至吉祭而復寢，今孟獻子既禫暫縣省樂而不恒作，比可以御婦人而不入寢，雖與禮是常，而特異餘人，故夫子善之云"獻子加於人一等矣"。（九、十）此一節論孔子除喪作樂之限。（十一）此一節明除喪失禮之事。蓋是疑辭，録記之人傳聞有子既祥而絲屨，未知審否，意以爲實，故云"蓋既祥而絲屨"，以組爲纓也。（十二至十五）此一節論非理横死不合弔哭之事。畏，謂有人以非罪攻已，已若不有以解説之而死者。厭，謂行止危險之下，爲崩墜所厭殺也。溺，謂不乘橋船而入水死者。

【淺悟】

陘，讀音 xíng（ㄒㄧㄥˊ）。髽，讀音 zhuā（ㄓㄨㄚ）。縚，讀音 tāo（ㄊㄠ）。從從，讀音 zǒng（ㄗㄨㄥˇ）。禫，讀音 dàn（ㄉㄢˋ）。屨，讀音 jù（ㄐㄩˋ）。厭，讀音 yā（ㄧㄚ），同壓。

三年之喪，最能考驗人的孝心，其心情就應像第一節説的那樣，才是真孝。

畏、壓、溺之所以死而不弔，正如鄭玄所説，因爲其人"輕身忘孝也"。

3.11

【原文】

大公封於營丘，比及五世，皆反葬於周[一]。君子曰："樂，樂其所自生；禮，不忘其本[二]。古之人有言曰：'狐死正丘首。'仁也[三]。"

伯魚之母死，期而猶哭[四]。夫子聞之曰："誰與哭者？"門人曰："鯉也。"夫子曰："嘻，其甚也[五]！"伯魚聞之，遂除之。

舜葬於蒼梧之野[六]，蓋三妃未之從也[七]。季武子曰："周公蓋祔[八]。"

曾子之喪，浴於爨室[九]。

大功廢業。或曰："大功誦可也[十]。"

子張病，召申祥而語之曰："君子曰終，小人曰死[十一]，吾今日其庶幾乎[十二]？"

曾子曰："始死之奠，其餘閣也與？[十三]"

曾子曰："小功不爲位也者，是委巷之禮也[十四]。子思之哭嫂也爲位[十五]，婦人倡踊[十六]。申祥之哭言思也，亦然[十七]。"

古者冠縮縫，今也衡縫[十八]。故喪冠之反吉，非古也[十九]。

【譯文】

太公望分封在營丘，直到第五代國君，死後都送回周朝埋葬。君子說："音樂，是反映自身所生出的喜愛；禮制，使人不忘自己的根本。古人有句話說：'狐狸死時將頭端正地朝向山丘的洞窟。'其也有仁恩之心哩。"

伯魚的母親死，滿周年却還哭。夫子聽到哭聲問："哭的人是誰啊？"門人說："是孔鯉哩。"孔子說："嘻，這太過分了嘛！"伯魚聽了這話，遂即除掉喪服。

舜帝埋葬在蒼梧的郊野，大概三位妃子都不曾送去合葬哩。季武子說："周公大概是合葬的第一人。"

曾子的喪事，尸體是在厨房洗浴的。

服大功之喪會荒廢學業。有人說："服大功之喪時誦習學業總可以嘛。"

子張病危，召喚兒子申祥前來告訴他說："君子去世稱終，小人去世稱死。我今天也許有幸希望稱終吧？"

曾子說："剛死時的祭奠供品，應當用他在世時閣架上庋藏的餘下食物吧？"

曾子說："小功之喪不按位次哭的話，這是僻陋小巷裏的禮俗嘛。子思他們哭嫂子呢，就依照位次，由婦人率先踊哭。申祥兩口子哭言思呢，也跟子思一樣。”

古時候帽子直着縫，如今呢，横着縫。所以喪冠的縫法與吉冠相反，不是古代的規定哩。

【古注】

《注》（一）齊大公受封，留爲大師，死葬於周。子孫生焉不忍離也，五世之後乃葬於齊。齊曰營丘。（二）言其似禮樂之義。（三）正丘首，正首丘也。仁，恩也。（四）伯魚，孔子子也，名鯉。猶，尚也。（五）嘻，悲恨之聲。（六）舜征有苗而死，因留葬焉，《書》説舜曰“陟方乃死”。蒼梧，於周南越之地，今爲郡。（七）古者不合葬。帝嚳而立四妃矣，象后妃四星，其一明者爲正妃，餘三小者爲次妃。帝堯因焉。至舜，不告而取，不立正妃，但三妃而已，謂之三夫人，《離騷》所歌“湘夫人”，舜妃也。夏后氏增以三三而九，合十二人，《春秋》説云：“天子取十二”，即夏制也。以虞夏及周制差之，則殷人又增以三九二十七，合三十九人。周人上法帝嚳立正妃，又三二十七，爲八十一人，以增之合百二十一人，其位：后也，夫人也，嬪也，世婦也，女御也，五者相參以定尊卑。（八）祔，謂合葬。合葬自周公以來。（九）見曾元之辭，易簀矯之以謙儉也。禮，死浴於適室。（十）許其口習故也。（十一）申祥，子張子。欲使執喪成己志也。死之言，澌也。事卒爲終，消盡爲澌。《太史公傳》曰：“子張姓顓孫。”今曰申祥，周秦之聲，二者相近，未聞孰是。（十二）言易成也。（十三）不容改新。閣，庋藏食物。（十四）譏之也。位，謂以親疏叙列哭也。委巷，猶街里委曲所爲也。（十五）善之也。禮，叔嫂無服。（十六）有服者，娣、姒婦小功。倡，先也。（十七）説者云：言思，子游之子，申祥妻之昆弟，亦無服，過此以往獨哭不爲位。（十八）縮，從也。今禮制，衡讀爲横，今冠横縫，以其辟積多。（十九）解時人之惑。喪冠縮縫，古冠耳。

《疏》（一至三）太公封於營丘，及其死也，反葬於鎬京，陪文武之墓。其太公子孫比及五世，雖死於齊，以太公在周，其子孫皆反葬於周也。君子善其反葬，似禮樂之意，故云先王制禮樂者。又引古之人有遺言云狐死正丘首。丘是狐窟穴，根本之處，意猶向此丘，是有仁恩之心也。（四、五）悲恨之聲者，謂非責伯魚悲恨之聲也。時伯魚母出，父在，爲出母亦應十三月祥，十五月禫。言期而猶哭，則是祥後禫前。祥外無哭，于時伯魚在外哭，故夫子怪之，恨其甚也。或曰，爲出母無禫，期後全不合哭。（六至八）此一節論古者不合葬之事。舜葬於蒼梧之野者，舜南巡守因征有苗而死，以古代不合葬，且天下爲家故，遂葬於蒼梧之野。蓋三妃未之從也者，從，猶就也，古不合葬，故舜之三妃不就蒼梧與舜合葬也；云蓋者，録記之人傳云舜時如此，未知審悉，故云蓋；未之從者，記人以周公始祔，舜時未有此禮，故云未之從也。記者既論古不合葬，與周不同，引季武子之言云，周公以來蓋始祔葬，祔即合也，言將後喪合前喪。武子去周公不遠，無可疑亦云蓋者，意有謙退，不敢指斥，事雖不疑亦云蓋也。故《孝經》夫子云“蓋天子之孝也”“蓋諸侯之孝也”，非是不知，謙爲疑辭。（九）此一節論曾子故爲非禮以正其子也。案上易簀之後，反席未安而没，焉得有浴爨室遺語者？以反席之前欲易之後足可有言，但記文不備，必知謂曾元之辭，易簀故矯之者。曾子達禮之人，應須浴於正寢，今乃浴於爨室，明知意有所爲，故云矯之也。（十）此一節論遭喪廢業之事。業，謂所學習業。則身有外營，思慮他事，恐其忘哀，故廢業也。誦則在身，所爲其事稍静，不慮忘哀，故許其口習。（十一、十二）此一節論子張將終，戒勖其子之事。吾今日其庶幾乎者，庶，幸也；幾，冀也。言吾若平生爲惡，不可幸冀爲君子之人。吾既平生以善自修，今日將死，其幸冀爲君子乎？汝但執喪成禮，以助我意，則功名得存，但身終而已。（十三）始死之奠者，鬼神所依於飲食，故必有祭酹。但始死未容改異，故以生時庋閣上所餘脯醢以爲奠也。(十四至十七)此一節論無服爲位哭之禮。曾子以爲哭小功之喪當須爲位。時有哭小功不爲位者,是委細屈曲街巷之禮。既言其失,乃引得禮之人;子思之哭嫂,爲親疏之位,於時子思婦與子思之嫂有小功之服,故子思之婦先踊,子思乃隨之而哭。非直子思如此,其申祥哭妻之兄弟言思亦然,是亦如子思也。(十八、十九)古者,自殷以上也。縮,直也。殷以上質,吉凶冠皆直縫。今,周也。衡,横也。周世文,冠多辟積,不復一一直縫,但多作攝而并横縫之。若喪冠,質,猶疏辟而直縫,是喪冠與吉冠相反,故云喪冠之反吉也。故記者釋云非古也,正是周世如此耳,古則吉凶冠同從縫。

【淺悟】

大公即太公,古人太字不加點,後人爲了區别小大之大,便給太字加了點。樂樂,上樂讀 yuè(ㄩㄝˋ),即音樂;下樂讀 yào(ㄧㄠˋ),喜愛的意思。爨,讀音 cuàn(ㄘㄨㄢˋ),竈、炊之義。

整部《禮記》中,常有其、蓋、或曰等疑詞出現,使人不知所從。孔《疏》云:“言或曰者,以其事疑,故稱或曰。然録記之人必當明禮,應事無疑,使後世作法。今檢《禮記》多有不定之辭,仲尼門徒親承聖旨,子游裼裘而弔,曾子襲裘而弔;又小斂之奠,或云東方,或云西方;同母異父昆弟,魯人或云爲之齊衰,或云大功。作記之人多云蓋、多云或曰,皆無指的並設疑辭者,以周公制禮,永世作法,時經幽厲之亂,又遇齊晉之强,國異家殊,樂崩禮壞,諸侯奢僭,典法訛舛,是以普天率土不閑禮教。故子思聖人之胤不喪出母,隨武子晉之賢相不識殽烝。作記之人隨後撰録,善惡兼載,得失備書。但初制禮之時,文已不具,略其細事,舉其大綱,況乃時經離亂日月懸遠,數百年後何能曉達?記人所以不定止爲失禮者多推此而論,未爲怪也,亦兼有或人之言也。”孔穎達此説頗爲確當。

3.12

【原文】

曾子謂子思曰:“伋,吾執親之喪也,水漿不入於口者七日(一)。”子思曰:“先王之制禮也,過之者,俯而就之;不至焉者,跂而及之。故君子之執親之喪也,水漿不入於口者三日,杖而后能起(二)。”

曾子曰:“小功不税(三),則是遠兄弟終無服也(四),而可乎(五)?”

伯高之喪(六),孔氏之使者未至(七),冉子攝束帛乘馬而將之(八)。孔子曰:“異哉,徒使我不誠於伯高(九)!”

伯高死於衛,赴於孔子(十)。孔子曰:“吾惡乎哭諸(十一)?兄弟,吾哭諸廟;父之友,吾哭諸廟門之外(十二);師,吾哭諸寢;朋友,吾哭諸寢門之外;所知,吾哭諸野(十三)。於野則已疏,於寢則已重(十四)。夫由賜也見我,吾哭諸賜氏(十五)。”遂命子貢爲之主(十六),曰:“爲爾哭也來者,拜之;知伯高而來者,勿拜也(十七)。”

【譯文】

曾了告訴子思說："孔伋，我執守父母的喪事呢，米湯水七天不進口。"子思說："先王制定的禮法嘛，超過規範的人，應俯下身來遷就它；達不到規範的人，應踮起脚尖够到它。所以君子他們執守父母的喪事呢，米湯水三天不進口，還得拄着孝杖之後才能站得起。"

曾子說："小功不補行服喪的規定，就使遠方的兄弟最終失去服喪的機會哩，這可以嗎？"

伯高的喪事，孔氏弔唁的使者還没到，冉子便帶上束帛乘馬代替前往。孔子說："怪異啊，徒使我對伯高不真誠！"

伯高死在衛國，給孔子送來訃告。孔子說："我在何處哭他呀？兄弟，我在家廟裏哭他；父親的友人，我在廟門外哭他；教師，我在寢室裏哭他；朋友，我在寢門外哭他；相識者，我在郊野哭他。哭伯高，在郊野則太疏遠，在寢室又太重。他是由端木賜引見給我的嘛，我到端木賜家去哭他。"於是命子貢擔當伯高的喪主，說道："爲你的緣故而哭呢，就向來者拜謝；因與伯高相知而來的人，不須拜謝哩。"

【古注】

《注》（一）言己疾時禮而不如。（二）爲曾子言難繼，以禮抑之。（三）據禮而言也。日月已過乃聞喪而服曰稅，大功以上然；小功輕，不服。（四）言相離遠者聞之恒晚。（五）以己恩怪之。（六）伯高死時在衛，未聞何國人。（七）謂賻賵者。（八）冉子，孔子弟子冉有。攝，猶貸也。（九）徒，猶空也。禮所以副忠信也，忠信而無禮，何傳乎？（十）赴，告也。凡有舊恩者，則使人告之。（十一）以其交會尚新。（十二）别親疏也。（十三）别輕重也。（十四）已，猶太也。（十五）本於恩，哭於子貢寢門之外。（十六）明恩所由。（十七）異於正主。

《疏》（一、二）曾子謂子思伋，誇己居親之喪能行於禮，意疾時人行禮不如己也。故子思以正禮抑之，云古昔先代聖王制其禮法使後人行之，故賢者俯而就之，不肖者跂而及之，以水漿不入於口三日尚以杖扶病，若曾子之言，即後人難爲繼也。（三至五）曾子以爲，依禮，小功之喪日月已過，不更稅而追服，則是遠處兄弟聞喪恒晚終無服，而可乎？言其不可也。曾子仁厚，禮雖如此，猶以爲薄，故怪之。（六至九）攝猶貸也。謂冉子見孔子使人未至，貸之以束帛乘馬而行禮。徒猶空也者，忠信由心，禮在外貌，若内無忠信，禮何所施？故云忠信而無禮，謂無忠信也。既無忠信，禮何傳乎？言不可傳行也。冉有代孔子行弔，非孔子本意，是非孔子忠信虚有弔禮。若孔子重遣人更弔，即彌爲不可，故云空使我不得誠信行禮於伯高。（十至十七）夫子既命子貢爲主，又教子貢拜與不拜之法。若與女相知之人，爲爾哭伯高之故而來弔爾者，則爾拜之；若與伯高相知而來哭者，女則勿拜也。

【淺悟】

稅，讀音 tuì（ㄊㄨㄟˋ）。乘馬，乘讀音 shèng（ㄕㄥˋ），即四匹馬。惡乎，惡讀音 wū

(乂),猶於何也。

曾子是子思的老師,又以孝著稱,當其談到自己爲父母守喪的表現時,反被學生搬出"先王之制禮"給教訓了一通,其意是説:老師你那水漿七日不入口的做法不值得提倡,一般人水漿三日不入口的話,還得拄着棍才能站起身,如果是七日,難保不出人命。竟然把老師説得啞口無言。由此可見,孔門的學習風氣何等寬鬆,何等活潑。允許並倡導學生反駁自己,哪怕反駁錯了,起碼還有利於培養其獨立思考的能力,難道會爲此而降低自己的威望?這一學風源自孔子。《論語》中,子路、宰我、子游等都曾反駁過孔子,但這並未妨害他們對老師發自内心的崇敬。可惜這一學風受到後世"師道尊嚴"的阻撓,而被師云亦云、師謬亦謬、門户標榜等陋習所替代。此陋習不除,中華縱有萬古不磨之燦爛文化,也等於棄之於無用之地。

從伯高之喪,冉子代行弔唁這件事可以看出,孔子心中,容不下絲毫虚僞,這虚僞即便出自弟子對恩師真誠的崇敬,也不行。

3.13

【原文】

曾子曰:"喪有疾,食肉飲酒,必有草木之滋焉(一)。"以爲薑桂之謂也(二)。

子夏喪其子而喪其明(三)。曾子弔之曰:"吾聞之也,朋友喪明則哭之(四)。"曾子哭;子夏亦哭,曰:"天乎!予之無罪也(五)。"曾子怒曰:"商,女何無罪也?吾與女事夫子於洙泗之閒(六),退而老於西河之上(七),使西河之民疑女於夫子,爾罪一也(八);喪爾親,使民未有聞焉,爾罪二也(九);喪爾子,喪爾明,爾罪三也(十)。而曰,女何無罪與?"子夏投其杖而拜曰:"吾過矣!吾過矣(十一)!吾離羣而索居,亦已久矣!(十二)"

夫晝居於内,問其疾可也(十三);夜居於外,弔之可也(十四)。是故君子非有大故,不宿於外(十五);非致齊也,非疾也,不晝夜居於内(十六)。

高子皋之執親之喪也(十七),泣血三年(十八),未嘗見齒(十九),君子以爲難(廿)。

衰與其不當物也,寧無衰(廿一)。齊衰不以邊坐,大功不以服勤(廿二)。

【譯文】

曾子説:"守喪期間有了疾病,可以吃肉飲酒,肉中必須滷有草木的滋味。"草木是指生薑、肉桂説的。

子夏因喪失兒子而把眼睛哭瞎了。曾子去慰問他,説道:"我聽説呢,朋友失明只能爲他哭。"曾子説着便哭起來;子夏也哭,並説:"天呀!我是個没有罪過的人哩。"曾子發怒説:"卜商,你怎麽没有罪過呢?我和你在洙泗之間侍奉夫子，你離開後長期在西河之上執教，使西河這邊的人疑心你跟夫子的道德學問相似，這是你的第一罪狀哩；失去你的雙親，未能使人聽到他們的恩德，這是你的第二罪狀哩；你的兒子死了，你竟然哭得失去光明，這是你的第三罪狀哩。你説，你怎麼没有罪過呢？”子夏扔掉手中的拐杖而揖拜説："我知過呀！我知過呀！我離開羣體而散居一方，也太久了呀！"

一個人白天還滯留在内室，便可以去探問他的病情哩；如果整夜居住在外室，便可以向他弔喪哩。所以君子不是發生大的變故，不會在外室過夜；不是正在齋戒，不是因爲生病，不會晝夜都呆在内室。

高子皋他執守父母的喪事嘛，無聲哭泣了三年，不曾露齒笑過，君子認爲很難做到這樣。

喪服與其製作得不合規範，寧可没有喪服。身著齊衰喪服不可偏斜着坐，身著大功喪服不可從事勤勞的事務。

【古注】

《注》 （一）增以香味，爲其疾不嗜食。（二）爲記者正曾子所云。草木滋者，謂薑桂。（三）明，目精。（四）痛之。（五）怨天罰無罪。（六）言其有師也。洙泗，魯水名。（七）西河，龍門至華陰之地。（八）言其不稱師也。（九）言居親喪無異稱。（十）言隆於妻子。（十一）謝之且服罪也。（十二）羣，謂同門朋友也。索，猶散也。（十三）似有疾。（十四）似有喪。（十五）大故，謂喪憂。（十六）内，正寢之中。（十七）子皋，孔子弟子，名柴。（十八）言泣無聲如血出。（十九）言笑之微。（廿）言人不能然。（廿一）惡其亂禮。不當物，謂精粗廣狹不應法制。（廿二）爲褻喪服。邊，偏倚也。

《疏》 （一、二）上云草木之滋焉，下云以爲薑桂之謂也，是解上草木之滋，豈可曾子自言還自解乎？故以爲記者正曾子之言。（三至十二）此一節論子夏思隆於子之事。案《仲尼弟子傳》云，子夏姓卜名商，魏人也，哀喪其子而哭喪失其明。曾子是子夏之友。云疑女於夫子者，既不稱其師，自爲談説辨慧，聰睿絶異於人，使西河之民疑女道德與夫子相似。（十三至十六）非致齊也者，平常無事之時或出或入，雖晝居於外亦有入内，雖夜居於内亦有出外時，唯致齊與疾無間，晝夜恒居於内，故云非致齊也，非疾也，不晝夜居於内。（十七至廿）此一節論高柴居喪過禮之事。（廿一、廿二）衰，喪服也。當，猶應也。物，謂計升縷及法制長短幅數也。衰以表情，故制有法度，若精粗不應廣狹，乖法便爲失禮，故云寧無衰也，是雖有不如無也。齊衰不以邊坐者，邊坐，謂偏倚也；喪服宜敬，坐起必正，不可著衰而偏倚也。大功不以服勤者，大功雖輕，亦不可著衰服以爲勤勞事也。

【淺悟】

女，讀音 rǔ（ㄖㄨˇ），同汝。齊，讀音 zhāi（ㄓㄞ），同齋。見齒，見讀 xiàn（ㄒㄧㄢˋ），同現。齊衰，讀音 zī cuī（ㄗ・ㄘㄨㄟ），僅次於斬衰的重喪服。

據《論語》載，子夏以文學見長，孔子稱其“始可與言《詩》已矣”，其本人則有“賢賢易色，事父母能竭其力，事君能致其身，與朋友交言而有信”等名言傳世，《史記》也有“孔子既殁，子夏居西河教授，爲魏文侯師”的記載。他雖爲魏文侯師，又備受文侯尊重，却不曾在其幕下任過一天職，而是始終忠誠地實踐着孔子“天下有道則見，無道則隱”的教誨，選擇了注定要清貧一生的隱居教學之路，其在西河會享有怎樣的聲譽，便可想而知。就是這樣一位德才兼備的有志之士，當其身陷喪子喪明的雙重痛苦而欲訴無門之際，迎來了遠道而至的好友曾子，怎能抑制住鬱結在心的“天乎！予之無罪也”的積怨？不料此話一出口，竟遭到曾子的一頓怒斥。乍聽，曾子這番缺少根據的指責無異於向子夏的傷口處撒了一把鹽，未免太殘忍，太不近情理。但仔細深思，就會發現這正是曾子的過人之處。試想，此時如果對子夏只是一味安慰，百般同情，同他一起埋怨老天不公，勢必會使子夏的痛苦陷得更深。要想使子夏從痛苦中掙脱出來，就必須先把折磨他的病根給挖掉，這個病根就是“予無罪”。於是曾子便給他製造罪狀：第一，西河這邊的人都疑心你跟夫子的道德學問差不多，説明你對恩師的道德學問宣揚得不够；第二，你父母去世後，没能使西河人聽到他們的名聲，説明你對父母的恩德宣揚得不够。面對這兩條罪狀，子夏有何話可説？誰都知道，恩情是不可以封頂的，你子夏即便對父母的恩德、恩師的道德學問盡其所能地作過大量宣揚，可你敢説自己做得足够了嗎？緊接着曾子又直指折磨着子夏的最痛處：爲恩師、爲父母，你没哭瞎眼，却爲兒子的死哭瞎了眼，這是你的第三條罪狀。一席話説得子夏心服口服，只能埋怨自己離羣索居已久矣，才使自己落到如此悽慘的境地。曾子在《論語》中説：“吾日三省吾身：爲人謀而不忠乎？與朋友交而不信乎？……”信哉是言！

3.14

【原文】

孔子之衛，遇舊館人之喪(一)，入而哭之哀。出，使子貢説驂而賻之(二)。子貢曰：“於門人之喪未有所説驂，説驂於舊館，無乃已重乎(三)？”夫子曰：“予鄉者入而哭之，遇於一哀而出涕(四)。予惡夫涕之無從也，小子行之(五)。”

孔子在衛，有送葬者，而夫子觀之曰：“善哉爲葬乎！足以爲法矣，小子識之。”子貢曰：“夫子何善爾也？”曰：“其往也，如慕；其反也，如疑(六)。”子貢曰：“豈若速反而虞乎(七)？”子曰：“小子識之，我未之能行也(八)。”

顔淵之喪，饋祥肉(九)，孔子出受之，入彈琴而后食之(十)。

孔子與門人立，拱而尚右，二三子亦皆尚右(十一)。孔子曰：“二三子之嗜學也(十二)！我則有姊之喪故也。”二三子皆尚左(十三)。

孔子蚤作(十四)，負手曳杖，消摇於門(十五)，歌曰：“泰山其頽乎(十六)？梁木其壞乎(十七)？哲人其萎乎(十八)？”既歌而入，當户而坐(十九)。子貢聞之曰：“泰山其頽，則吾將安仰？梁木其壞，哲人其萎，則吾將安放？夫子殆將病也(廿)。”遂趨而入。夫子曰：“賜，爾來何遲也(廿一)？夏后氏殯於東階之上，則猶在阼也；殷人殯於兩楹之間，則與賓主夾之也；周人殯於西階之上，則猶賓之也(廿二)。而丘也,殷人也,予疇昔之夜,夢坐奠於兩楹之間(廿三)。夫明王不興,而天下其孰能宗予?予殆將死也(廿四)。"蓋寢疾七日而没(廿五)。

孔子之喪,門人疑所服(廿六)。子貢曰:"昔者夫子之喪顔淵,若喪子而無服,喪子路亦然。請喪夫子,若喪父而無服(廿七)。"

孔子之喪,公西赤爲志焉(廿八):飾棺牆(廿九),置翣(卅),設披,周也;設崇,殷也;綢練設旐,夏也(卅一)。

【譯文】

孔子來到衛國,遇上舊時館人的喪事,進去爲他哭得很悲哀。出來後,吩咐子貢卸下拉邊套的驂馬爲其助喪。子貢説:"對門弟子的喪事都不曾有這種脱驂助喪的事,居然脱驂給舊時的館人,此禮未免太重了吧?"夫子説:"我剛才進去哭館人,遇到裏面一片哀泣之聲而引出涕淚。我厭惡那種只流涕而無一物相從的行爲哩,小子按我説的去執行。"

孔子在衛國時,有送葬的隊伍經過,夫子觀看着隊伍説:"喪事辦得好啊!足以讓人效法呀!你們小青年記下這件事。"子貢説:"夫子爲何稱贊他們呢?"説道:"他們前往送葬呢,像小兒思慕父母那樣跟在後面嚎啼;他們返回時呢,那徬徨不前的樣子好像懷疑親人的靈魂是否肯回來。"子貢説:"怎比得上快點回來安排虞祭呢?"夫子説:"你們小青年記下他們送葬的情形,我還没能做到那種程度哩。"

顔淵的喪事,饋贈祥祭之肉,孔子出來接受祥肉,進屋彈琴之後才吃它。

孔子跟門人站在一起,向人拱手作揖用右掌抱左拳,弟子們也都隨着右掌抱左拳。孔子説:"你們這些弟子太貪學哩!我那是因遭姐姐之喪的緣故嘛。"弟子們趕快都改成左掌抱右拳。

孔子清早起來,背着手拖着拐杖,在門前徜徉,歌道:"泰山難道要崩頽了嗎?梁木難道要朽壞了嗎?哲人難道要凋萎了嗎?"歌罷便進了屋,迎門而坐。子貢聽了歌聲説:"泰山要是崩頽,那我將瞻仰什麽?梁木要是朽壞、哲人要是凋萎,那我將仿傚誰?夫子恐怕要生病了。"於是急步走了進去。夫子説:"賜,你來得怎麽這樣遲呢?夏朝人死後殯在東階之上,這仍佔據着主人的阼階嘛;殷朝人殯在堂前兩根楹柱之間,就給賓主夾在了中間嘛;周朝人殯在西階之上,這猶如把死者當成了賓客嘛。而我孔丘呢,殷人的後裔嘛,我前幾天的夜裏,夢中坐定在兩楹之間。那賢明的君王起不來,而天下還有誰能宗仰我?我恐怕將要死了。"此話説完大約卧病七日而殞殁。

孔子的喪事,門弟子質疑當服怎樣的喪服。子貢説:"昔日夫子去哀悼顔淵，就像失去兒子却没有喪服，哀悼子路也這樣。請各位哀悼夫子時，要像失去父親而没有孝服。”

孔子的喪事，公西赤對此作了記録：用飾物製做遮蔽棺柩的牆，靈車兩旁設置畫翣，以及用於牽挽靈車防止傾覆的披，這是周朝的禮制哩；另外，車上樹起的旗幡有崇牙形的邊飾，此爲殷時的禮制哩；並有用白熟絹套着的旗竿頂端設置的魂幡，這是夏朝的禮制哩。

【古注】

《注》 （一）前日君所使舍己。（二）賻，助喪用也。騑馬曰驂。（三）言説驂大重，比於門人恩爲偏頗。（四）遇，見也。舊館人恩雖輕，我入哭，見主人爲我盡一哀，是以厚恩待我，我爲出涕，恩重，宜有施惠。（五）客行無他物可以易之者，使遂以往。（六）慕，謂小兒隨父母啼呼。疑者，哀親之在彼，如不欲還然。（七）速，疾。（八）哀戚，本也；祭祀，末也。（九）饋，遺也。（十）彈琴以散哀也。（十一）儆孔子也。（十二）嗜，貪。（十三）復正也。喪尚右，右陰也；吉尚左，左陽也。（十四）作，起。（十五）欲人之怪己。（十六）泰山，衆山所仰。（十七）梁木，衆木所放。（十八）哲人，亦衆人所仰放也。以上二句喻之萎病也，《詩》云“無木不萎”。（十九）蚤坐，急見人也。（廿）覺孔子歌意。殆，幾也。（廿一）坐則望之。（廿二）以三王之禮占己夢。（廿三）是夢坐兩楹之間而見饋食也。言奠者，以爲凶象。疇，發聲也。昔，猶前也。（廿四）孰，誰也。宗，尊也。兩楹之間南面鄉，明人君聽治正坐之處，今無明王，誰能尊我以爲人君乎？是我殷家奠殯之象，以此自知將死。（廿五）明聖人知命。（廿六）無喪師之禮。（廿七）無服，不爲衰弔，服而加麻，心喪三年。（廿八）公西赤，孔子弟子，字子華。志，謂章識。（廿九）牆之障柩，猶垣牆障家。（卅）牆柳衣，翣以布衣木，如攝與？（卅一）夫子雖殷人，兼用三王之禮尊之。披，柩行夾引棺者。崇牙，旌旗飾也。綢練，以練綢旌之杠，此旌葬乘車所建也。旌之旒，緇布廣充，幅長尋曰旐，《爾雅》説旌旗曰“素錦綢杠”。

《疏》 （一至五）此一節論孔子欲示人行禮副忠信之事。予惡夫涕之無從者，謂我感舊館人恩深，涕淚交下，豈得虚惠？然客行更無他物，易换此馬，女小子但將驂馬以行之，副此涕淚然。《論語》云顔回之喪，子哭之慟，慟比出涕，慟則爲甚矣。又舊館之恩不得比顔回之極，而説驂於舊館，惜車於顔回者，但舊館情疏，厚恩待我，須有賵賻，故説驂賻之。顔回則師徒之恩，親乃是常事，則顔回之死必當以物與之；顔路無厭，更請賣車爲椁，以其不知止足，故夫子抑之。（六至八）此一節論喪禮以哀戚爲本之事。子貢曰豈若速反而虞乎，子貢之意，葬既已竟，神靈須安，豈如速反虞祭安神乎？但哀親在彼是痛切之本情，反而安神是祭祀之末禮，故下文夫子不許。《問喪》云“其反也如疑”，鄭《注》云：“疑者，不知神之來否。”與此相兼乃足。（廿八至卅一）孔子之喪，公西赤以飾棺榮夫子，故爲盛禮備三王之法，以章明志識焉。於是以素爲褚，褚外加牆，車邊置翣，恐柩車傾虧而以繩左右維持之，此皆周之法也。其送葬乘車，所建旌旗，刻繒爲崇牙之飾，此則殷法。又韜盛旌旗之竿，以素錦於杠首設長尋之旐，此則夏禮也。既尊崇夫子，故兼用三代之飾也。

【淺悟】

説驂，説通脱，讀 tuō（ㄊㄨㄛ）；驂讀 cān（ㄘㄢ）。賻讀 fù（ㄈㄨˋ），以財物助喪。疇讀 chóu（ㄔㄡˊ），疇昔即往昔。置翣，翣讀 shà（ㄕㄚˋ），畫有雲氣的棺飾。置披，披讀 bì

(ㄅ丨ˋ)，牽挽柩車防止傾覆的帛繩。綢讀 tāo(ㄊㄠ)，通韜。旐讀 zhào(ㄓㄠˋ)，引路之魂幡。

第一節所説的"館人"，即管理館舍、接待賓客的僕隸下人。孔子周游列國十四年，往返於衛國的次數最多，住的時間長，自然會有交情較深的舊館人。文中子貢説的"於門人之喪未有所説驂，説驂於舊館，無乃已重乎"，孔穎達依據《論語》中孔子對待其最得意的弟子顔淵之死的事來疏解這段話。事情是這樣：顔淵死，有棺無椁，其父顔路請求孔子將其乘坐的馬車賣掉爲顔淵置辦椁，孔子不答應。孔穎達認爲，子貢所指的就是這件事。但是本節這件事顯然是在周游列國期間發生的，因爲顔淵之死是在周游結束返回魯國之後，此後孔子再没離開過魯國。由此斷定，孔穎達之説不可信。另外，本節簡短的記述，展現出孔子許多可貴的品質：不忘舊情，無論其何等身分；弟子敢於質疑，趁此給以教誨；"惡夫涕之而無從"的追求表裏一致的真誠，並以此身教。

"孔子蚤作"一節，歌中所云，是其對夜間夢境所發的感慨。孔子已感覺到自己將不久於人世，身邊只有年幼的孫子孤兒寡母，急切需要向貼心人一吐此時的心情。子貢是孔子的忠實弟子之一，而且聰明過人。孔子也對他寄予很大的希望，曾不斷針對其缺欠給以指教，這在《論語》中隨處可見。在此臨終之際，子貢一直不離左右，其忠心可見。孔子所説的"夫明王不興，而天下其孰能宗予"一語，正是希望並激勵子貢能接過他的衣鉢，繼續行其匡世救民之道。而鄭《注》解説這句話時却説："今無明王，誰能尊我以爲人君乎？"實在莫名其妙。

"孔子之喪，公西赤爲志"一節，弟子們爲孔子送葬使用三王之禮。假如孔子有知，決不答應如此操辦。《論語・子罕第九》篇載，孔子一次病重，子路見其神志模糊，便指使門人充任治喪的家臣。當孔子清醒後便憤怒地説："久矣哉，由之行詐也！無臣而爲有臣！吾誰欺？欺天乎？……"孔子從來内心容不得半點假，又怎能允許用三王的規格爲自己送葬呢？所以崇敬孔子，實踐其教誨，就應本本分分地實踐，既不可做得過分，又不可做得不及。

3.15

【原文】

子張之喪，公明儀爲志焉(一)：褚幕丹質(二)，蟻結于四隅(三)。殷士也(四)。

子夏問於孔子曰："居父母之仇，如之何？"夫子曰："寢苫，枕干，不仕(五)，弗與共天下也(六)；遇諸市朝，不反兵而鬭(七)。"曰："請問居昆弟之仇，如之何？"曰："仕弗與共國。銜君命而使，雖遇之不鬭(八)。"曰："請問居從父昆弟之仇，如之何？"曰："不爲魁(九)，主人能，則執兵而陪其後(十)。"

【譯文】

子張的喪事，公明儀爲之作了記録：用紅色質料的布做覆蓋棺柩的褚幕，褚幕的四角畫有螞蟻往來交結的花紋。這是殷朝的士禮嘛。

子夏向孔子問道："對待殺害父母的仇人，該拿他怎麼辦？"夫子説："睡在居喪時的草苫上，枕着盾牌，不出仕，不跟他共處一塊天底下嘛；在市朝遇見他，不必返回取兵器而能決鬭。"又問："請問對待殺害兄弟的仇人，該拿他怎麼辦？"説道："不跟他共在一國爲官。不過領受君命出使他國，即使與之相遇也不可決鬭。"又問："請問對待殺害叔伯兄弟的仇人，該拿他怎麼辦？"説道："不領頭。主人如果有能力復仇，就帶上兵器並陪伴在他們後頭。"

【古注】

《注》（一）志，亦謂章識。（二）以丹布幕爲褚葬覆棺，不牆不翣。（三）畫褚之四角，其文如蟻行，往來相交錯。蟻，蚍蜉也。殷之蟻結，似今之蛇文畫。（四）學於孔子效殷禮。（五）雖除喪，居處猶若喪也。干，盾也。（六）不可以並生。（七）言雖適市朝不釋兵。（八）爲負而廢君命。（九）魁，猶首也。天文北斗魁爲首，杓爲末。（十）爲其負，當成之。

《疏》（一至四）公明儀是其弟子，亦如公西赤爲章識焉。褚，謂覆棺之物，若大夫以上其形似幄，士則無褚。今公明儀尊敬其師，故特爲褚不得爲幄，但以幕形，故云褚幕，以丹質之布而爲之也。又於褚之四角畫蚍蜉之形交結往來，故云蟻結於四隅。所以不牆不翣者，用殷禮也；所以畫蟻者，殷禮士葬之飾也。（五至十）此一節論親疏報仇之法。遇諸市朝者，身雖不仕，或有事須入朝，故得有遇諸朝也。不反兵而鬭者，言執殺之備，是身常帶兵，雖在市朝不待反還取兵即當鬭也。然朝在公門之内，兵器不入公門，身得持兵入朝者，案閽人掌中門之禁，但兵器不得入中門耳，其大詢衆庶在皋門之内則得入也。且朝文既廣，設朝或在野外，或在縣鄙鄉遂，但有公事之處皆謂之朝。負，猶不勝也，爲其鬭而不勝，廢君命也。

【淺悟】

苫，讀音 shīn（ㄕㄢ），居喪時睡的草墊。褚，讀音 zhǔ（ㄓㄨˇ）。

子夏問"仇"一節，孔子的答復與《曲禮上》所云大致相同，然其真實性令人生疑也。《論語·述而第七》篇有"子之所慎：齊、戰、疾"和"子不語怪、力、亂、神"的記載；還有《憲問第十四》篇南宫适問於孔子曰："羿善射，奡盪舟，俱不得其死然，禹稷躬稼而有天下。"夫子不答；《衛靈公第十五》篇衛靈公問陳於孔子，孔子對曰："俎豆之事則嘗聞之矣，軍旅之事未之學也。"明日遂行。這些記載足以證明，凡是牽涉到戰争、暴力等事項，孔子一概不談，而此節却爲何有問必答地教人如何報仇呢？更可疑的是，不問結仇的原委，便不分青紅皂白地對報仇給以公式化的指導，這符合孔子一貫的作風嗎？所以不論從哪個角度衡量，本節所述的復仇方法，都不可能出自孔子之口。多半是輯録《禮記》的漢儒，因對暴秦懷有深仇大恨，而借孔子之口以抒己意所致。

3.16

【原文】

孔子之喪，二三子皆絰而出（一）。羣居則絰，出則否（二）。

易墓，非古也[三]。

子路曰："吾聞諸夫子，喪禮，與其哀不足而禮有餘也，不若禮不足而哀有餘也[四]；祭禮，與其敬不足而禮有餘也，不若禮不足而敬有餘也[五]。"

曾子弔於負夏[六]，主人既祖填池[七]，推柩而反之[八]，降婦人而后行禮[九]。從者曰："禮與[十]？"曾子曰："夫祖者，且也[十一]。且，胡爲其不可以反宿也[十二]？"從者又問諸子游曰："禮與[十三]？"子游曰："飯於牖下，小斂於户内，大斂於阼，殯於客位，祖於庭，葬於墓。所以即遠也。故喪事有進而無退[十四]。"曾子聞之曰："多矣乎！予出祖者[十五]。"

曾子襲裘而弔，子游裼裘而弔。曾子指子游而示人曰："夫夫也，爲習於禮者，如之何其裼裘而弔也[十六]？"主人既小斂，袒括髮；子游趨而出，襲裘帶絰而入[十七]。曾子曰："我過矣，我過矣！夫夫是也[十八]。"

【譯文】

孔子的喪事，弟子們頭上腰間都繫着麻絰出門。弟子們相互服喪只在住所内繫麻絰，出了門則不繫。

修整墓地，不是古代流傳下來的風氣嘛。

子路説："我從夫子那裏聽説，喪禮，與其悲哀不足而禮數有餘呢，不如禮數不足而悲哀有餘哩；祭禮，與其尊敬不足而禮數有餘呢，不如禮數不足而尊敬有餘嘛。"

曾子到衛國的負夏去弔唁，主人已經祭過祖奠换上了遣奠，只好撤下遣奠重新設置祖奠，將柩車推回原處，讓婦人降下阼階然後行禮。隨從來的人問："這符合禮嗎？"曾子説："這祖奠呢，只是暫時性的事嘛。暫時性的事，爲什麽柩車不可以返回停留呢？"隨從來的人又向子游問道："這符合禮嗎？"子游説："在窗下爲死者飯含，在户内小斂，在阼階大斂，在客位出殯，在庭院祖奠，在墓地下葬。這是用以體現由近逐漸遠離嘛。所以喪事只有前進而没有後退。"曾子聽了這番解釋後説："子游給予出祖的解釋，勝過我呀！"

曾子穿着外衣完全罩住皮襖的襲裘去弔喪，子游穿着敞開外衣半露出皮襖的裼裘去弔喪。曾子指着子游向人示意説："這位丈夫呢，是位對禮制非常熟悉的人，爲什麽要身著裼裘來弔喪呢？"主人做完小斂，袒露左臂紮束髮髻；子游急步出來，改變成襲裘綑上絰帶走了進去。曾子説："我的過錯呀！我的過錯呀！這位丈夫正確哩。"

【古注】

《注》 （一）尊師也。出，謂有所之適，然則凡弔服加麻者，出則變服。（二）羣，謂七十二弟子相爲朋友服，子夏曰“吾離羣而索居”。(三)易，謂芟治草木。不易者，丘陵也。(四)喪主哀。(五)祭主敬。(六)負夏，衛地。(七)祖，謂移柩車去載處爲行始也。填池當爲奠徹，聲之誤也。奠徹，謂徹遣奠，設祖奠。(八)反於載處，榮曾子弔，欲更始。(九)禮，既祖而婦人降，今反柩，婦人辟之，復升堂矣。柩無反而反之，而又降婦人，蓋欲矜賓於此婦人，皆非。(十)怪之。(十一)且，未定之辭。(十二)給説。(十三)疑曾子言非。(十四)明反柩非。(十五)善子游言且服。(十六)曾子蓋知臨喪無飾。夫夫，猶言此丈夫也。子游於時名爲習禮。(十七)於主人變乃變也。所弔者朋友。(十八)服是善子游。

《疏》 (三)易，謂芟治草木，不使荒穢；墓，謂冢旁之地。古者，殷以前。墓而不墳，是不治易也。(十五)多矣乎者，多猶勝也。曾子自知己説之非，聞子游之答，是故善服子游也。故言子游所説出祖之事勝於我所説出祖也。(十六至十八)凡弔喪之禮，主人未變之前，弔者吉服而弔。吉服謂羔裘玄冠，緇衣素裳，又袒去上服以露裼衣，則此“裼裘而弔”是也。主人既變之後，雖著朝服而加武以絰，又掩其上服；若是朋友，又加帶，則此“襲裘帶絰而入”是也。

【淺悟】

絰，讀音 dié(ㄉㄧㄝˊ)，即麻帶。牖，讀音 yǒu(ㄧㄡˇ)，即窗。裼，讀音 xī(ㄒㄧ)。

這幾節記文，除子路述夫子之言具有永遠的意義外，餘者都只能當成歷史資料了。不過這些歷史資料在當時來説，則是極其講究的，否則將無法與周圍人達成和諧，也就無法立足於社會，即《論語》中孔子説的“不知禮，無以立”。

另外，文中“祖填池”鄭玄認爲是“祖奠徹”之誤，大致可信。古喪禮，靈車離家下葬前一日的祭奠稱祖奠，離家當天的祭奠稱遣奠。曾子一行是主人設遣奠時來到。爲了尊重起見，主人撤下遣奠重新設置祖奠，故云“奠徹”。這樣做是不符合禮制規定的。

3.17

【原文】

子夏既除喪而見(一)，予之琴，和之而不和，彈之而不成聲(二)，作而曰：“哀未忘也。先王制禮，而弗敢過也(三)。”子張既除喪而見，予之琴，和之而和，彈之而成聲，作而曰：“先王制禮，不敢不至焉(四)。”

司寇惠子之喪(五)，子游爲之麻衰，牡麻絰(六)。文子辭曰：“子辱與彌牟之弟游(七)，又辱爲之服，敢辭(八)。”子游曰：“禮也。”文子退，反哭(九)。子游趨而就諸臣之位(十)。文子又辭曰：“子辱與彌牟之弟游，又辱爲之服，又辱臨其喪，敢辭(十一)。”子游曰：“固以請(十二)。”文子退，扶適子南面而立，曰：“子辱與彌牟之弟游，又辱爲之服，又辱臨其喪，虎也敢不復位(十三)？”子游趨而就客位(十四)。

將軍文子之喪，既除喪而后越人來弔。主人深衣練冠，待于廟，垂涕洟(十五)。子游觀之曰：“將軍文氏之子，其庶幾乎？亡於禮者之禮也，其動也中(十六)。”

幼名，冠字，五十以伯仲，死謚，周道也。絰也者，實也[十七]；掘中霤而浴，毁竈以綴足，及葬，毁宗躐行，出于大門，殷道也[十八]。學者行之[十九]。

【譯文】

子夏已經除喪重新出現時，拿給他琴，和弦總也調不和諧，彈琴也彈不成聲，便站起來説："悲哀尚未忘懷哩，先王制定的禮，却又不敢超過規範哩。"子張已經除喪重新出現時，拿給他琴，稍一和弦就和諧了，彈琴也能彈成聲，就站起來説："先王制定的禮，不敢達不到規範呀。"

衛國司寇惠子的喪事，子游爲他著麻衰，並在腰上綑着牡麻絰。文子辭讓道："您下辱跟我彌牟的弟弟交游，又辱身爲其服衰絰，敢辭謝。"子游説："遵循禮制嘛。"文子退下，回去繼續哭。子游急步走到衆家臣弔位處。文子又來辭讓道："您下辱跟我彌牟的弟弟交游，又辱身爲他服衰絰，又辱身親臨他的喪事，敢辭謝。"子游説："固陋以嫡子虎相請。"文子退下，扶出嫡子虎面朝南站着，説道："您下辱跟我彌牟的弟弟交游，又辱身爲他服衰絰，又辱身親臨他的喪事，其嫡子虎呢，豈敢不恢復名位？"子游急步走向賓客的弔位。

衛國將軍文子的喪事，已經除喪之後遠方國家派人來弔唁，主人穿深衣戴練冠，在祖廟接待，涕淚交流。子游看到這一情形後説："將軍文家的兒子，其學識應該差不多了吧？在没有禮制規定的場合所持守的禮呢，其一舉一動都那麽合情合理。"

幼年呼名，行過冠禮之後稱字，五十歲開始用仲伯的尊稱，死後稱其謚號，這是周朝的規矩嘛。絰這種形式，體現的是真實哩；在室中央掘坑爲尸體沐浴，折毁竈臺將其磚連綴起死者的脚，待到送葬時，折毁廟的西牆越過神位前行，從大門出去，這是殷朝的規矩嘛。學者依照殷朝的規矩擇善而行。

【古注】

《注》 (一)見於孔子。(二)樂由人心。(三)作，起。(四)雖情異，善同，俱順禮。(五)惠子，衛將軍文子彌牟之弟惠叔蘭也，生虎者。(六)惠子廢適立庶，爲之重服以譏之。麻衰，以吉服之布爲衰。(七)謝其存時。(八)止之服也。(九)子游名習禮，文子亦以爲當然，未覺其所譏。(十)深譏之。大夫之家臣位在賓後。(十一)止之在臣位。(十二)再不從命。(十三)覺所譏也。虎，適子名。文子親扶而辭，敬子游也。南面而立，則諸臣位在門内北面明矣。(十四)所譏行。(十五)主人，文子之子簡子瑕也。深衣練冠，凶服變也。待於廟，受弔不迎賓也。(十六)中禮之變。(十七)所以表哀戚。(十八)明不復有事於此。周人浴不掘中霤，葬不毁宗躐行。毁宗，毁廟門之西而出，行神之位在廟門之外。(十九)學於孔子者行之，傚殷禮。

《疏》 (一至四)此一節論子夏子張居喪順禮之事。(五、六)此一節論子游譏司寇惠子廢適立庶得行之事。子游既與惠子爲朋友，應著弔服加緦麻帶絰，今乃著麻衰牡麻絰，故云重服譏之。（十五）越人來弔，謂遠國之人始弔其喪。（十六）亡於禮者之禮也者，亡，無也；其始死至練祥來弔，是有文之禮；祥後來弔，是無文之禮。言文氏之子庶幾堪行乎無於禮文之禮也。所以堪行者，以其舉動也中當於禮之變節也。（十七至十九）此一節論殷周禮異之事。

【淺悟】

子夏和子張"既除喪而見"的"見"，鄭《注》"見於孔子"。如果是這樣，原文就應是"既除喪而見於孔子"，不然怎能斷定所見的必是孔子呢？所以"見"字應當讀成 xiàn（ㄒㄧㄢˋ），即出現的意思，不論出現在孔子還是同窗好友抑或其弟子面前，都有可能讓他和弦彈琴，以消散其鬱積了三年的悲傷。通過子夏和子張的不同表現，再次印證了孔子在《論語・先進第十一》篇中對其二人所作的判斷，其原文載：子貢問："師與商也孰賢？"子曰："師也過，商也不及。"曰："然則師愈與？"子曰："過猶不及。"師即子張之名，商乃子夏之名。由此可見，孔子對弟子的觀察多麼準確。孔門之所以能涌現出七十二賢，應與孔子準確的因材施教密切相關。

"司寇惠子之喪"一節，子游這位貴賓弔喪不就賓位却"趨而就諸臣之位"，只這一舉動，就足以使喪主作深刻的反省並拿出切實的改正行動。由此可見，禮對古人具有多麼大的作用力了。這是值得我們後人深思的。

3.18

【原文】

子柳之母死，子碩請具（一）。子柳曰："何以哉（二）？"子碩曰："請粥庶弟之母（三）。"子柳曰："如之何其粥人之母以葬其母也？不可（四）！"既葬，子碩欲以賻布之餘具祭器（五）。子柳曰："不可！吾聞之也，君子不家於喪（六），請班諸兄弟之貧者（七）。"

君子曰："謀人之軍師，敗則死之；謀人之邦邑，危則亡之（八）。"

公叔文子升於瑕丘，蘧伯玉從（九）。文子曰："樂哉斯丘也！死則我欲葬焉。"蘧伯玉曰："吾子樂之，則瑗請前（十）。"

弁人有其母死而孺子泣者（十一）。孔子曰："哀則哀矣（十二），而難爲繼也（十三）。夫禮，爲可傳也，爲可繼也，故哭踊有節。"

叔孫武叔之母死（十四），既小斂，舉者出户，出户袒，且投其冠，括髮（十五）。子游曰："知禮（十六）！"

【譯文】

子柳的母親死了，其弟子碩請求添置葬具。子柳問："拿什麼添置啊？"子碩說："請變賣庶弟的母親。"子柳說："怎麼能變賣别人的母親爲自己的母親辦喪事？不行!”下葬完畢，子碩想用别人助喪剩餘的錢物添置祭器。子柳説：“不行！我聽説哩，君子不利用喪事發家，情願把多餘的錢物分發給兄弟中的貧困者。”

君子説：“統領軍隊，戰敗就應死節；治理國家，出現危機就應驅逐出亡。”

公叔文子到瑕丘登高，蘧伯玉相從。文子説：“站在這丘陵上真快樂啊！我希望死後就葬在這裏。”蘧伯玉説：“我的夫子喜愛這裏，那我蘧瑗情願搶在前面。”

弁人中有位他母親死了而哭得像幼兒那樣毫無節制的人。孔子説：“悲哀倒是够悲哀了呀，然而難能繼續下去哩。這禮，要使之可以傳播嘛，要使之可以繼續嘛，所以哭踊要有節制。”

叔孫武叔的母親死，小斂結束，抬尸體的人出了門，叔孫武叔走出門外才袒露出左臂，且扔掉頭上的帽子，結紮起頭髮。子游説：“如此主持喪禮!”

【古注】

《注》 (一)具，葬之器用。子柳，魯叔仲皮之子，子碩兄。(二)言無其財。(三)粥，謂嫁之也。妾賤，取之曰買。(四)忠恕。(五)古者謂錢爲泉布，所以通布貨財。(六)惡因死者以爲利。(七)以分死者所矜也，禄多則與鄰里鄉黨。(八)利己亡衆非忠也。言亡之者，雖辟賢，非義退。(九)二子，衛大夫。文子，獻公之孫，名拔。(十)瑗，伯玉名。刺其欲害人良田。(十一)言聲無節。(十二)此誠哀。(十三)失禮中。(十四)武叔，公子牙之六世孫，名州仇，毁孔子者。(十五)尸出户乃變服，失哀節。冠，素緌貌。(十六)嗤之。

【淺悟】

粥，讀音 yù(ㄩ̀)，同鬻，賣的意思。過去娶妾叫買；賣，自然是嫁給别人，當然是要收錢的。賣掉别人的母親來爲自己的母親辦喪事，真是不可思議！子柳的作法本是極爲正常的行爲，每一位正常人都應是這樣，竟然被環境襯托得如此高大，實乃社會的悲哀!

蘧伯玉，名瑗，是衛國的賢大夫，他那番話是針對公叔文子想强佔百姓良田作爲自己死後下葬地的譏刺。“樂哉斯丘”的樂讀 lè(ㄌㄜ̀)，快樂的意思。“吾子樂之”的樂讀 yào(ㄧㄠ̀)，喜愛的意思。

叔孫武叔一節，子游所云“知禮”的知，應取“主持”之義。據《論語·子張第十九》篇載，叔孫武叔是個用名利衡量人的勢利小人，在多種場合詆毁孔子，被子貢斥之爲“不知量”。這種人做出不和諧的事，甚至草率敷衍母親的喪事，自然也就不足爲奇了。

3.19

【原文】

扶君，卜人師扶右，射人師扶左(一)。君薨以是舉(二)。

從母之夫、舅之妻，二夫人相爲服，君子未之言也(三)。或曰，同爨緦(四)。

喪事欲其縱縱爾(五)，吉事欲其折折爾(六)。故喪事雖遽不陵節，吉事雖止不怠(七)。故騷騷爾則野(八)，鼎鼎爾則小人(九)。君子蓋猶猶爾(十)。

喪具，君子恥具(十一)，一日二日而可爲也者，君子弗爲也(十二)。

喪服，兄弟之子猶子也，蓋引而進之也。嫂叔之無服也，蓋推而遠之也(十三)。姑姊妹之薄也，蓋有受我而厚之者也(十四)。

食於有喪者之側，未嘗飽也(十五)。

曾子與客立於門側，其徒趨而出(十六)，曾子曰："爾將何之？"曰："吾父死，將出哭於巷(十七)。"曰："反哭於爾次(十八)。"曾子北面而弔焉。

【譯文】

攙扶病中的國君，僕人之長攙扶右邊，射人之長攙扶左邊。國君去世也由此二人搬動尸體。

姨母的丈夫、舅的妻室，此二人相互應服何種喪服，君子未曾對此談論過哩。有人説，同居同炊就服緦麻服。

喪事願意使其顯得急遽的樣子，吉事願意使其顯得安舒的樣子。不過喪事雖急遽却不可超越節度，吉事雖有停息却不可怠惰。原因是太急迫的樣子就顯得粗野，太舒緩的樣子就會像得志的小人。君子推崇急緩得當的狀貌。

喪事的用具，君子以預先全都具備爲可恥，即便一天兩天就可製造出來的物品，君子也不幹哩。

居喪的服制，兄弟的子女所服猶如自己的子女呢，是爲了引領他們使其關係增進嘛。叔嫂之間没制定服制呢，是爲了將他們的關係推得疏遠嘛。姑母的服制薄呢，是因爲有代替我厚待她們的人嘛。

在有喪服的人身旁吃飯，未曾吃飽過哩。

曾子與客人站在門旁，客的下屬急步走出來，曾子問："你打算去哪兒？"答道："我父親死了，打算出去到巷子口哭。"曾子説："回到你的館舍去哭。"曾子面朝北爲死者祭弔。

【古注】

《注》　(一)謂君疾時也。卜當爲僕，聲之誤也。僕人、射人皆平生時贊正君服位者。(二)不忍變也。周禮，射人大喪與僕人遷尸。(三)二夫人，猶言此二人也。時有此二人同居，死相爲服者，甥居外家而非之。(四)以同居生緦之親可。(五)趨事貌。縱，讀如揔領之揔。(六)安舒貌，《詩》云"好人提提"。(七)陵，躐也。止，立俟事時也。怠，惰也。(八)謂大疾。(九)謂大舒。(十)疾舒之中。(十一)辟不懷也。喪具，棺衣之屬。(十二)謂絞紟衾冒。(十三)或引或推，重親遠别。(十四)欲其一心於厚之者。姑姊妹嫁，大功，夫爲妻期。(十五)助哀戚也。(十六)徒，謂客之旅。(十七)以爲不可發凶於人之館。(十八)次，舍也。禮，館人使專之，若其自有然。

《音義》 卜人師，依《注》音僕；師，長也，謂大僕也；前儒如字，卜人及醫師也。縱，依《注》音揔，急遽貌。折音提。大音泰。

《疏》 (一、二)知是君疾時者，以下雲"君薨以是舉"，故知君疾時也。知卜當爲僕者，以卜人無正君之事，案《周禮》，大僕職掌正王之服位，射人職掌國之三公，孤、卿大夫之位，及王舉動悉隨王，故知也。(三、四)此一節論失禮之事。知同居者，以下云"同爨緦"，故知同居也。云甥居外家而非之者，以言從母及舅皆是外甥稱謂之辭，故知甥也。若他人之言，應云妻之兄弟婦、夫之姊妹夫相爲服，不得云從母之夫、舅之妻也。言甥居外家而非之者，謂甥來居在外姓舅氏之家，見有此事而非之；或云外家者，以二人同住，甥居外旁之家遥譏之。(五至十)此一節論吉凶趨容 之事。猶猶是曉達之貌。注《詩》雲"好人提提"，所引《詩》云者，《魏風·葛屨》之詩也。引之者，證安舒之意。(十一、十二)辟不懷，《宣八年左傳》云："禮，卜葬先遠日，辟不懷也。"懷，思也。葬用近日則是不思念其親。今送死百物皆具，是速棄其親；今未即辦具，是辟不思親之事也。云喪具棺衣之屬者，棺即預造，衣亦漸制，但不一時頓具。故《王制》云"六十歲制，七十時制，八十月制，九十日修，唯絞紟衾冒死而後制"是也。(十三、十四)喪服是《儀禮》正經，記者録喪服中有下三事，並雲蓋者，記人雖解其義，猶若不審然，故謙而言蓋。(十六至十八)此一節論館客使如其己有之事。反哭於爾次者，於時立曾子之門，故曾子許其反哭於汝次舍之處。依禮，喪主西面，曾子所以北面弔者，案《士喪禮》，主人西面，其賓亦在東門。北面，謂同國之賓。曾子既許其哭於次，故以同國賓禮北面弔焉。

【淺悟】

爨，讀音 cuàn(ㄘㄨㄢ)，即用火煮熟食物。姑姊妹，即父親的姐妹，今稱姑母。折，讀音 tí(ㄊㄧˊ)，同提。

3.20

【原文】

孔子曰："之死而致死之，不仁而不可爲也；之死而致生之，不知而不可爲也(一)。是故竹不成用，瓦不成味，木不成斲(二)，琴瑟張而不平，竽笙備而不和(三)，有鐘磬而無簨虡(四)，其曰明器，神明之也(五)。"

有子問於曾子曰："問喪於夫子乎(六)？"曰："聞之矣：喪欲速貧，死欲速朽。"有子曰："是非君子之言也(七)。"曾子曰："參也，聞諸夫子也。"有子又曰："是非君子之言也。"曾子曰："參也，與子游聞之。"有子曰："然。然則夫子有爲言之也。"曾子以斯言告於子游。子游曰："甚哉，有子之言似夫子也！昔者夫子居於宋，見桓司馬自爲石椁，三年而不成[八]。夫子曰：'若是其靡也，死不如速朽之愈也。'死之欲速朽，爲桓司馬言之也[九]。南宫敬叔反，必載寶而朝[十]。夫子曰：'若是其貨也，喪不如速貧之愈也。'喪之欲速貧，爲敬叔言之也。"曾子以子游之言告於有子。有子曰："然，吾固曰非夫子之言也。"曾子曰："子何以知之？"有子曰："夫子制於中都，四寸之棺，五寸之椁，以斯知不欲速朽也[十一]。昔者夫子失魯司寇，將之荆[十二]，蓋先之以子夏，又申之以冉有，以斯知不欲速貧也[十三]。"

【譯文】

孔子説："前往死者那裏助喪而認爲死者毫無知覺，這不仁道，因而不可這樣想哩；前往死者那裏助喪而認爲死者什麽都知道，這不明智，因而不可這樣想哩。正是這個緣故，陪葬的竹器不好用，瓦器不能洗臉，木器不雕飾，琴瑟張弦却不調平，竽笙齊備却調不和諧，有鐘磬却没有懸挂的架子。這些陪葬物品叫做明器，使死者的精神長明嘛。"

有子向曾子問道："向夫子詢問過喪失禄位之後的事了嗎？"回答説："只是聽到過而已：喪夫禄位後希望快點貧窮，死了希望快點腐朽。"有子説："這不是君子説的話哩。"曾子説："我曾參呢，分明是從夫子那裏聽到的嘛。"有子堅持説："這不是君子所應説的話哩。"曾子説："我曾參嘛，跟子游同時聽到的。"有子説："就算是，那麽夫子必是有緣故説這話的。"曾子將有子這話告訴了子游，子游説："厲害啊，有子説的話類似夫子嘛！以前夫子在宋國停留時，見桓司馬爲自己督造石椁，三年還没造成。夫子説：'倘若他這般奢靡嘛，死後還不如快點腐朽的更好哩。'死了希望快點腐朽，是針對桓司馬説的嘛。南宫敬叔失位出走每次返回魯國時，必定裝載些寶物去朝見國君。夫子説：'倘若他這樣去賄賂嘛，喪失禄位後真不如快點貧窮的更好哩。'喪失禄位希望快點貧窮，是針對敬叔説的嘛。"曾子將子游説的話轉告給有子聽。有子説："就是，我原來就説不是夫子的教言嘛。"曾子問："你如何知道得這麽肯定？"有子説："夫子任中都宰時，規定棺材的厚度四寸，椁材的厚度五寸，以此知道不希望迅速腐朽嘛。昔日夫子失去魯司寇之職，將前往楚國，大概是先使子夏前去熟悉情況，又派冉有前去申明來意，以此知道不希望迅速貧窮嘛。"

【古注】

《注》 (一)之，往也。死之、生之，謂無知與有知也。爲，猶行也。(二)成，猶善也。竹不可善用，謂邊無縢。味，當作沬。沬，靧也。(三)無宫商之調。(四)不縣之也。横曰簨，植曰虡。(五)言神明，死者也。神明者，非人所知，故其器如此。（六）有子，孔子弟子有若也。夫子卒後問此，庶有異聞也。喪，謂仕失位也，魯昭公孫於齊曰“喪人其何稱”。（七）貧、朽非人所欲。（八）桓司馬，宋向戌之孫，名魋。（九）靡，侈。（十）敬叔，魯孟僖子之子仲孫閲，蓋嘗失位去魯，得反，載其寶來朝於君。（十一）中都，魯邑名也，孔子嘗爲之宰，爲民作制，孔子由中都宰爲司空，由司空爲司寇。（十二）將應聘於楚。（十三）言汲汲於仕得禄。

《音義》 知音智。味，依《注》音沬。斲，陟角反 zhuó（ㄓㄨㄛˊ）。靧音悔，洗面。簨，息允反 sǔn（ㄙㄨㄣˇ）。虡音巨。

《疏》 （一至五）之死而致死之者，謂生者以物往送葬於死者而致死之，意謂之無復有知，是不仁之事也，而不可爲也。之死而致生之者，謂以物往送葬者而雖死猶致生之意，是不知之事而不可爲也。是故竹不成用者，成，善也，故爲器用並不精善也；竹不善用，謂竹器邊無縢緣也。瓦不成味者，味，猶黑光也，今世亦呼黑爲沬也；瓦不善沬，謂瓦器無光澤也。木不成斲者，斲，雕飾也，木不善斲。鄭《注》云，味當作沬，沬，靧也，靧謂靧面，證沬爲光澤也。琴瑟張而不平者，亦張弦而不調平也。竽笙備而不和者，亦備而無宫商之調和也。有鐘磬而無簨虡者，簨虡，懸鐘磬格也，亦有鐘磬而不用格懸挂之。神明微妙無方不可測度，故云非人所知也。

【淺悟】

第一節論述對待已故親人應持的正確態度。《論語》中，孔子將“敬鬼神而遠之”視爲明智。所謂鬼神，指的就是故去的親人。尊敬他們而遠離迷信活動，謂之明智。怎樣才能做到尊敬呢？只要不忘已故親人的恩澤，敬仰之情自會産生。如果認爲死者有知覺，那麽對他們的頂禮膜拜，多半都是出自希望賜福、保佑這些帶有功利色彩的考慮；如果認爲其没有知覺，恐怕就會像棄敝屣般很難再去思念。所以對待故去的親人，切勿考慮其地下有知還是無知。時時思念其恩德，保持敬仰之情，才是孝子的本分。守住這一本分，自然就會遠離迷信活動。

第二節正如孔《疏》所云：“孔子卒後，弟子相問，冀有所異聞也。”文中出現的有子、曾子、子游三位弟子，以及有子提到而未出現的子夏、冉有兩位弟子，據《史記》載，有子少孔子四十三歲，曾子少孔子四十六歲，子游少孔子四十五歲，子夏少孔子四十四歲，冉有少孔子二十九歲。孔子棄職周游列國時是五十六歲。不用説，有子、曾子和子游三人尚在童年，文中所提到的桓司馬和南宫敬叔之事他們都未經歷，只是耳聞而已，所以曾子的誤解情有可原。好在孔門弟子向有相互交流以取長補短的好學風，可以避免以訛傳訛。只是有子所説的“昔者夫子失魯司寇，將之荆，蓋先之以子夏，又申之以冉有”這段話令人生疑。當年子夏只有十二歲，孔子怎麽會派他“先之”呢？這恐怕也是有子感到疑惑之處，故在“先之以子夏”前加一“蓋”字。蓋是疑詞，大概之意。用此疑詞强調其所聞。

3.21

【原文】

陳莊子死，赴於魯，魯人欲勿哭（一），繆公召縣子而問焉。縣子曰：“古之大夫，束脩之問不出竟，雖欲哭之，安得而哭之(二)？今之大夫，交政於中國，雖欲勿哭，焉得而弗哭(三)？且臣聞之，哭有二道：有愛而哭之，有畏而哭之(四)。"公曰："然。然則如之何而可？"縣子曰："請哭諸異姓之廟(五)。"於是與哭諸縣氏。

仲憲言於曾子曰："夏后氏用明器，示民無知也(六)。殷人用祭器，示民有知也(七)。周人兼用之，示民疑也(八)。"曾子曰："其不然乎？其不然乎(九)？夫明器，鬼器也；祭器，人器也。夫古之人胡爲而死其親乎(十)？"

公叔木有同母異父之昆弟死，問於子游(十一)，子游曰："其大功乎(十二)？"狄儀有同母異父之昆弟死，問於子夏，子夏曰："我未之前聞也，魯人則爲之齊衰。"狄儀行齊衰。今之齊衰，狄儀之問也。

【譯文】

齊國大夫陳莊子死，向魯國發來訃告，魯君想不舉辦哭弔儀式。繆公召見縣子前來詢問對策。縣子說："古時候的大夫，連十條肉脯這麼微薄的饋贈都不許出國境，即便想哭他，又有什麼辦法去哭他？如今的大夫，專擅與中原各國的政治交往，即便想不哭，又怎麼可以不哭？況且敝臣聞知，哭有兩種類型：有因愛慕而哭的，有因畏懼而哭的。"繆公說："是這樣。可是該怎麼做才合適？"縣子說："請到異姓的廟裏哭他。"於是便到縣氏宗祠爲他哭。

仲憲向曾子談論說："夏王朝用明器陪葬，暗示人民死者沒有知覺哩。殷朝用祭器陪葬，暗示人民死者有知覺哩。周朝兼用明器和祭器陪葬，暗示人民對死者是否有知覺要心存懷疑哩。"曾子說："恐怕不是這樣吧？恐怕不是這樣吧？這明器，是陪伴死者的器物嘛；祭器，是人使用的器物嘛。那古代的人何故要分辨其死去的親人有知還是無知啊？"

公叔木有個同母異父的兄弟死了，來向子游詢問該用哪種服制，子游說："可能服大功吧？"狄儀有個同母異父的兄弟死了，向子夏詢問該用哪種服制，子夏說："我沒聽説從前對此有什麼規定哩，不過魯國人倒是爲之服齊衰。"狄儀採用了齊衰。如今爲同母異父的兄弟全都服齊衰，就是狄儀此問起的作用嘛。

【古注】

《注》 (一)君無哭鄰國大夫之禮。陳莊子，齊大夫陳恒之孫，名伯。(二)以其不外交。(三)言時君弱臣强，政在大夫專盟會以交接。(四)以權微勸之。(五)明不當哭。(六)所謂致死之。仲憲，孔子弟子原憲。(七)所謂致生之。(八)言使民疑於無知與有知。(九)非其説之非也。(十)言仲憲之言三者皆非，此或用鬼器，或用人器。(十一)木當爲朱，《春秋》作戍，衛公叔文子之子，定公十四年奔魯。

（十二）疑所服也，親者屬大功是。

《音義》 繆音木。竟音境。

3.22

【原文】

子思之母死於衛〔一〕。柳若謂子思曰："子，聖人之後也，四方於子乎觀禮，子蓋慎諸〔二〕。"子思曰："吾何慎哉？吾聞之，有其禮無其財，君子弗行也〔三〕；有其禮有其財，無其時，君子弗行也〔四〕。吾何慎哉〔五〕？"

縣子瑣曰："吾聞之，古者不降，上下各以其親〔六〕。滕伯文爲孟虎齊衰，其叔父也；爲孟皮齊衰，其叔父也〔七〕。"

后木曰："喪，吾聞諸縣子曰：'夫喪，不可不深長思也〔八〕，買棺外内易。'我死則亦然〔九〕。"

曾子曰："尸未設飾，故帷堂，小斂而徹帷。"仲梁子曰："夫婦方亂，故帷堂，小斂而徹帷〔十〕。"小斂之奠，子游曰："於東方。"曾子曰："於西方，斂斯席矣〔十一〕。"小斂之奠在西方，魯禮之末失也〔十二〕。

縣子曰："綌衰繐裳，非古也〔十三〕。"

子蒲卒，哭者呼"滅"〔十四〕。子皋曰："若是野哉〔十五〕！"哭者改之。

杜橋之母之喪，宫中無相，以爲沽也〔十六〕。

【譯文】

子思的母親死在衛國。柳若告誡子思説："您，聖人的後裔哩，周圍各國都將在您身上觀摩到具體的禮呀，您恐怕要格外謹慎從事哩。"子思説："我怎麽謹慎啊？我聽説，有那種禮却没有相應的財力，君子不會强行哩；有那種禮也有相應的財力，却没有適當的時代，君子不會强行哩。我該怎麽謹慎啊？"

縣子瑣説："我聽説，古時候喪服不因地位卑賤而降等，上下輩之間該服怎樣的喪服各以其親疏論。比如滕伯文這位國君爲孟虎服齊衰喪服，因爲孟虎是他的叔父嘛；爲孟皮服齊衰喪服，因爲他是孟皮的叔父嘛。"

后木説："對待喪事，我聽縣子這樣説：'關於喪事的操辦，不可不深思長慮哩，買棺材要令其外内仔細修治。'我死時也如此效法。"

曾子説："尸體尚未含洗修飾，堂上必須懸挂帷幕，小斂完畢再撤下帷幕。"仲梁子説："夫婦正在忙亂，堂上必須懸挂帷幕，小斂結束之後撤下帷幕。"小斂的祭奠，子游説："設在東方。"曾子説："設在西方，小斂要在這席上祭奠呀。"小斂的祭奠設在西方，是魯國末世失誤的禮制哩。

縣子說："有喪者服粗葛布的綌衰和細麻布的繐裳，不是古時候的禮制哩。"

子蒲死，哭的人呼唤他的名字"滅"。子皋說："你們這樣粗野啊！"哭者改换了呼法。

杜橋他母親的喪事，室内没有做輔相的人引導，來弔喪的人認爲過於簡略哩。

【古注】

《注》 (一)子思，孔子孫，伯魚之子。伯魚卒，其妻嫁於衛。(二)柳若，衛人也，見子思欲爲嫁母服，恐其失禮，戒之。嫁母齊衰期。(三)謂時可行，而財不足以備禮。(四)謂財足以備禮，而時不得行者。(五)時所止則止，時所行則行，無所疑也。喪之禮，如子贈襚之屬，不踰主人。(六)古，謂殷時也。上不降遠，下不降卑。(七)伯文，殷時滕君也，爵爲伯，名文。(八)后木，魯孝公子惠伯鞏之後。(九)此孝子之事，非所託。(十)斂者，動摇尸。帷堂，爲人褻之，言方亂，非也。仲梁子，魯人也。(十一)曾子以俗説，非又大斂奠於堂乃有席。(十二)末世失禮之爲。(十三)非時尚輕凉慢禮。(十四)滅，蓋子蒲名。(十五)非之也。唯復呼名。子皋，孔子弟子高柴。(十六)沽猶略也。

《音義》 綌，去逆反 xì(ㄒㄧˋ)，粗葛也。繐音歲，布細而疎曰繐。

《疏》 (六、七)瑣，縣子名。古者不降，所聞之事也。周禮以貴降賤，以適降庶，唯不降正耳。而殷世以上，雖貴不降賤也。上下各以其親，不降之事也，上謂旁親族、曾祖、從祖及伯叔之班族；下謂從子、從孫之流；彼雖賤，不以己尊降之，猶各隨本屬之親輕重而服之，故云上下各以其親。滕伯文者，謂滕國之伯，名文。爲叔父孟虎著齊衰之服，其虎是滕伯文叔父也。爲孟皮齊衰，其叔父也，謂滕伯爲兄弟之子孟皮著齊衰之服，其滕伯是皮之叔父也。言滕伯上爲叔父、下爲兄弟之子皆著齊衰，是上不降遠、下不降卑也。(八、九)后木云，孝子居喪之禮，吾聞之於縣子云，夫居喪不可不深思長慮也。孝子既深思長慮，故買棺之時，當令精好斵削外内使之平易。后木既述縣子之言，以語其子又云：在後我身若死則亦當然。然猶如是，我死亦當如是，縣子言買棺外内易也。此是孝子所爲之事，非是父母豫所屬託，譏后木也。(十至十二)依禮，小斂之奠設於東方，奠又無席。魯之衰末，奠於西方而又有席，曾子見時如是，謂將爲禮，故云小斂於西方。斯，此也。其斂之時，於此席上而設奠矣。曾子之言失禮，故記者正之云；小斂奠所以在西方，是魯人行禮，末世失其法也。知方亂非者，以小斂之後豈無夫婦方亂之事，何故徹帷乃云方亂？明爲動摇尸柩，故帷堂。(十三)當時失禮，有喪者不服粗衰，故云非古也。古謂周初制禮時也。(十六)此一節論喪須立相導之事。沽，粗略也。禮，孝子喪親，悲迷不復自知禮節事儀，皆須人相導。而杜橋家母死，宫中不立相侍，故時人謂其於禮爲粗略。

【淺悟】

亂世之下，首先亂的必定是禮制，各處都没了章法。這就是春秋戰國時禮壞樂崩的真實寫照。

3.23

【原文】

夫子曰："始死，羔裘玄冠者，易之而已。"羔裘玄冠，夫子不以弔(一)。

子游問喪具。夫子曰："稱家之有亡。"子游曰："有亡惡乎齊(二)？"夫子曰："有，毋過禮；苟亡矣，斂首足形(三)，還葬(四)，縣棺而封(五)，人豈有非之者哉(六)？"

司士賁告於子游曰："請襲於牀(七)。"子游曰諾。縣子聞之曰："汰哉，叔氏！專以禮許人(八)！"

宋襄公葬其夫人，醯醢百甕。曾子曰："既曰明器矣，而又實之(九)！"

孟獻子之喪(十)，司徒旅歸四布(十一)。夫子曰："可也(十二)。"讀賵，曾子曰："非古也，是再告也(十三)。"

成子高寢疾(十四)，慶遺入請曰："子之病革矣，如至乎大病，則如之何(十五)？"子高曰："吾聞之也，生有益於人，死不害於人。吾縱生無益於人，吾可以死害於人乎哉？我死，則擇不食之地而葬我焉(十六)。"

【譯文】

孔子說："人剛死，穿羔裘戴玄冠的親人，換掉它就行了。"夫子不穿戴羔裘玄冠去弔喪。

子游詢問喪事須備辦哪些喪具。夫子說："須跟家境的有無相稱。"子游問："有和没有如何能整齊？"夫子說："富有之家不可超過禮的規範；如果没有財力呢，只要斂藏頭脚形體不使外露，旋即送葬，用手懸起棺柩順下壙中，別人難道還有非議這樣做的啊？"

司士賁向子游禀告說："請求在床上爲死者换衣裳。"子游說可以。縣子聽到後說："妄自尊大啊，叔氏！擅自拿禮制應許人！"

宋襄公葬其夫人，用百甕醋和肉醬陪葬。曾子說："既然叫明器嘛，却又填滿東西！"

孟獻子的喪事，司徒指使屬下將多餘的財物歸還給四方來的助喪者。夫子說："可以這樣做哩。"宣讀助喪財物的清單時，曾子說："這不是古制哩，是再次通告嘛。"

成子高卧病在床，慶遺進來請示說："您的病情危急呀，如果到了大病時，將怎麼辦？"子高說："我聽説呢，生時對人要有益，死後不給人遺留禍害。我縱然生時對人毫無益處，我可以死後還給人製造禍害嗎？我死後，就選擇不長糧食的荒地來埋葬吧。"

【古注】

《注》 (一)不以吉服弔喪。(二)惡乎齊，問豐省之比。(三)形，體。(四)還之言，便也。言已斂即葬，不待三月。(五)不設碑繂，不備禮。封當爲窆。窆，下棺也，《春秋傳》作塴。(六)不責於人所不能。(七)時失之也。禮,唯始死廢牀。(八)當言禮然,言"諾"非也。叔氏,子游字。(九)言名之爲明器,而與祭器皆實之,是亂鬼器與人器。(十)獻子,魯大夫仲孫蔑。(十一)旅,下士也。司徒使下士歸四方之賻布。(十二)時人皆貪,善其能廉。(十三)曾子言喪禮袒而讀賵,賓致命將行,主人之吏又讀賵,所以存録之。(十四)成子高,齊大夫國成伯高父也。(十五)觀其意。革,急也。遺,慶封之族。(十六)不食,謂不墾耕。

《音義》 還音旋。縣音玄。封,依《注》作窆,彼驗反 biǎn(ㄅㄧㄢˇ)。賁音奔。汰音泰,自矜大。甕,烏弄反 wèng(ㄨㄥˋ)。革,紀力反 jí(ㄐㄧˊ)。

《疏》 (一)此一節論始死易服,小斂後不得吉服弔之事。記人引《論語·鄉黨》孔子身自行事之禮,以譏當時之事。(二至六)稱家之有亡,稱,猶隨也;亡,無也,言各隨其家計豐薄有無也。有亡惡乎齊,惡乎,猶於何也,言若必隨家之有無,貧富於何可齊。夫子曰有毋過禮,此答是稱富家也。毋,猶不也。禮有節限,設若家富,有正禮可依而不得過禮。苟亡矣斂首足形,此答貧家也。亡,無也,家無財也,但使衣衾斂於首足形體不令露見而已。還葬,還,便也;禮雖衆多,葬日有數,若貧者斂竟便葬,不須停殯待其月數足也。縣棺而封,封即窆,窆,下棺内壙中也。貴者則用碑繂;若貧而即葬者,但手縣棺而下之,同於庶人,不待碑繂。(七、八)案《喪大記》始死廢牀,至遷尸及襲皆在於牀。當時失禮,襲在於地,故司士賁告子游。子游知襲在牀爲是,故以許諾之。汰,自矜大也。叔氏,子游别字也。言凡有來諮禮事,當據禮以答之,今子游不據前禮以答之,專輒許諾,如似禮出於己,是自矜大,故縣子聞而譏之曰"汰哉",當言禮也,言"諾",非禮也。(十至十三)孟獻子之喪,送終既具,賻布有餘,其家臣司徒敬子禀承主人之意,使旅下士歸還四方賻主人之泉布也。謂四方賻者,泉布本助喪用,今既有餘,故歸還之也。時人皆貪,獻子之家獨能如此,故夫子曰可也,善其能廉。(十四至十六)知齊大夫者,以其有慶遺入請,齊有慶氏,故知是齊大夫;齊有國子高,故知姓國。又見《齊世本》"懿伯生貞孟,貞孟生成伯高父,國氏",以此知也。

【淺悟】

《論語·八佾》篇載:林放問禮之本。子曰:"禮,與其奢也,寧儉;喪,與其易也,寧戚。"可與"子游問喪具"和"孟獻子之喪"兩節相互發明。

成子高於病危時,對自己身後之事所作的安排,那一席話,實在令人感佩。身處亂世,在物欲橫流的環境中,難能有如此清醒的臨終者。

3.24

【原文】

子夏問諸夫子曰:"居君之母,與妻之喪?""居處言語飲食衎爾(一)。""賓客至,無所館?"夫子曰:"生於我乎館,死於我乎殯(二)。"

國子高曰:"葬也者,藏也;藏也者,欲人之弗得見也。是故,衣足以飾身,棺周於衣,椁周於棺,土周於椁(三),反壤樹之哉(四)?"

孔子之喪,有自燕來觀者,舍於子夏氏。子夏曰:"聖人之葬人,與人之葬聖人也,子何觀焉(五)?昔者夫子言之曰:'吾見封之若堂者矣(六),見若坊者矣(七),見若覆夏屋者矣(八),見若斧者矣(九)。從若斧者焉(十)。'馬鬣封之謂也(十一)。今一日而三斬板,而已封(十二),尚行夫子之志乎哉(十三)?”

【譯文】

子夏向夫子詢問道:“在國君的母親居室服事,如何參與小君的喪事?”答道:“在其住處言語飲食保持安穩的樣子。”又問:“賓客到來,沒地方住呢?”夫子説:“活着就住在我的客舍,死了由我負責殯殮。”

國子高説:“埋葬的用意,爲了隱藏嘛;隱藏的用意,希望別人不能見到嘛。正是這個緣故,衣裳足以掩飾住身體,棺材能將衣裳罩住,椁能將棺材罩住,土能將椁掩蓋住就達到了隱藏的目的,爲何還要覆土爲墳樹碑立標啊?”

孔子的喪事,有從燕國前來參觀的,住在子夏家。子夏説:“聖人主持埋葬別人,跟別人主持埋葬聖人是一樣的嘛,您何苦參觀這等事?昔日夫子談到這方面的情況時説:‘我見過將墳墓築得像殿堂的呀,見過造得像堤坊的呀,見過蓋得像夏代的房屋一樣的呀,還見過堆成斧頭形的呀。應當遵從像斧頭形的墳墓。’斧頭形的墳即俗稱的馬鬣封哩。今葬夫子一天之内三次斬斷下棺的木板,就築成了斧形的墳墓,也算差不多履行了夫子的志願吧?”

【古注】

《注》 (一)衎爾,自得貌。爲小君惻隱不能至。(二)仁者不厄人。(三)言皆所以爲深邃,難人發見之也。國子高,成子高也;成,謚也。(四)反,覆也。怪不如大古也,而反封樹之意在於儉,非周禮。(五)與,及也。(六)封,築土爲壟,堂形四方而高。(七)坊形旁殺平上而長。(八)覆,謂茨瓦也。夏屋,今之門廡也,其形旁廣而卑。(九)斧形旁殺刃上而長。(十)孔子以爲刃上難登,狹又易爲功。(十一)俗間名。(十二)板,蓋廣二尺,長六尺。斬板,謂斷其縮也,三斷止之旁殺,蓋高四尺,其廣袤未聞也,《詩》云“縮板以載”。(十三)尚,庶幾也。

《疏》 (一、二)此一節論臣服小君儀容之事。上子夏問居君之母與妻之喪,此“居處”言語是夫子答辭,不云子曰者,記人略也。(三、四)此一節論重古非今之事。子高之意,人死可惡,故備以衣衾棺椁欲其深邃不使人知。今乃反更封壤爲墳而種樹以標之哉,言不可封壤種樹也。國子意在於儉,非周禮文法。唐虞以上謂之大古。《易,繫辭》云:“古之葬者,厚衣之以薪,不封不樹。”今既封樹,故云怪不如大古也。(五至十三)此一節論葬夫子封墳之法。燕國人聞葬聖人,恐有異禮,故從燕來魯觀之。舍於子夏氏,舍,住也,燕人來住子夏家也。葬人與人葬,與,及也。子夏謂燕人云:若聖人葬人及人葬聖人,皆用一禮,而子遠來何所觀乎?而下又述昔聞夫子見四封之異者,此處可共是許燕人學之,故備陳其教,以赴遠觀之意。封,謂墳之也。既言四墳之異,夫子之意從若斧者焉,以爲刃上難登,狹又易爲功力。子夏既道從若斧形,恐燕人不識,故舉俗稱馬鬣封之謂也。尚行夫子之志乎哉者,尚,庶幾也,言今一日三斬板,是庶幾慕行於孔子平生所志也。孫毓難云:“孔子墓,魯城北門外西,墳四方,前高後下,形似卧斧,高八九尺,今無馬鬣封之形,不止於三板,記似誤者。”孫毓云:“據當時所見其墳,或後人增益,不與原葬墳同,無足怪也。”

【淺悟】

衎，讀音 kàn（ㄎㄢˋ）。鬣，讀音 liè（ㄌㄧㄝˋ）。

孔子在此説的“生於我乎館，死於我乎殯”，在《論語・鄉黨》篇中也説過類似的話。

國子高，即前面提到的成子高。

3.25

【原文】

婦人不葛帶(一)。

有薦新如朔奠(二)。

既葬，各以其服除(三)。

池視重霤(四)。

君即位而爲椑(五)，歲壹漆之(六)，藏焉(七)。

復楔齒，綴足，飯，設飾，帷堂，並作(八)，父兄命赴者(九)。

君復於小寢、大寢、小祖、大祖、庫門、四郊(十)。

喪不剥奠也與？祭肉也與(十一)？

既殯，旬而布材與明器(十二)。

朝奠日出，夕奠逮日(十三)。父母之喪哭無時，使必知其反也(十四)。

練練衣黄裏；縓，緣(十五)，葛要絰，繩屨無絇，角瑱(十六)，鹿裘，衡長袪(十七)。袪，裼之可也(十八)。

有殯，聞遠兄弟之喪，雖緦必往(十九)；非兄弟，雖鄰不往(廿)；所識，其兄弟不同居者皆弔(廿一)。

【譯文】

婦人居喪腰間不紮葛帶。

恰好月朔下來新熟的五穀時物，就應將祭祀祖先和祭奠未葬死者的儀式合并舉行。

下葬完畢，各遠近親屬都可將其喪服除去。

靈車飾柳上象徵重霤的池數，要視死者生時宫室簷下承接雨水的重霤數而定。

國君登上君位即可製造内棺，每年將之油漆一遍，裏面需貯藏着物品。

招魂回來即用楔子撬開死者的牙齒，將其雙脚綴直、爲其唅飯、斂尸著新衣、堂上掛起帷幕，這些事要同時操作，然後由父兄輩差人發送訃告。

國君死後要在小寢宫、大寢宫、小祖廟、太祖廟、庫門外、四郊招魂。

喪事不倮露祭奠的食物麽？是因爲有祭肉的緣故麽？

殯殮畢，十日後須布告示尋覓椁材和明器。

早上祭奠在日出時，晚上祭奠在日落時。父母的喪事哭泣没有時間限制，出使返家必設祭告知雙親哩。

小祥後所服的練衣是黄色襯裏，衣領和袖口用淺紅色的鑲邊，用葛紮腰，穿的麻鞋頭上没有繫鞋帶的絇，用角質的瑱塞耳，穿鹿皮襖，袖子要加寬加長設袖口，將裘外加套的有袖口的裼衣袒開穿是可以的嘛。

有殯事在身，忽聞遠支兄弟的噩耗，雖屬緦麻服的第五支也必親往弔唁；不是兄弟，縱然住在鄰近也不前往；相識的友人，他們兄弟不同居的話一律弔唁。

【古注】

《注》 (一)婦人質不變重者，至期除之，卒哭變絰而已。(二)重新物爲之殷奠。(三)卒哭當變衰麻者，變之或有除者，不視主人。(四)如屋之有承霤也。承霤以木爲之，用行水，亦宫之飾也。柳，宫象也。以竹爲池，衣以青布，縣銅魚焉。今宫中有承霤，云以銅爲之。(五)椑，謂杝棺親尸者。椑，堅著之言也。言天子椑内又有水兕革棺。(六)若未成然。(七)虚之不合。(八)設飾，謂遷尸又加新衣。(九)謂大夫以上者。士，主人親命之。(十)尊者求之備也，亦他日所嘗有事。(十一)剥，猶倮也。有牲肉則巾之，爲其久設塵埃加也。脯醢之奠不巾。(十二)木工宜乾腊且豫暴。材，椁材也。(十三)陰陽交接，庶幾遇之。(十四)謂既練，或時爲君服金革之事，反必有祭。(十五)小祥練冠，練中衣，以黄爲内。縓爲飾黄之色，卑於纁。縓，纁之類，明外除。(十六)瑱，充耳也，吉時以玉，人君有瑱。(十七)衡當爲横，字之誤也。袪，謂褎緣袂口也。練而爲裘横廣之，又長之，又爲袪，則先時狹短無袪可知，吉時麛裘。(十八)裼，表裘也。有袪而裼之，備飾也。《玉藻》曰"麛裘青豻褎，絞衣以裼之"，鹿裘亦用絞乎。(十九)親骨肉也。(廿)疏無親也。(廿一)就其家弔之，成恩舊也。

《疏》 (一)此論齊衰婦人帶要絰也。葬後卒哭變麻易葛，而婦人重要而質，不變所重，故不葛帶。至期除之，卒哭直變絰而已。大功以下輕，至卒哭並變爲葛，與男子同。絰，首絰也，婦人輕首重要故也。(二)薦新，謂未葬中間得新味而薦亡者。如朔奠者，謂未葬前，月朔大奠於殯宫者，大奠則牲饌豐也，朔禮視大斂，士則特豚三鼎。今若有新物及五穀始熟，薦於亡者，則其禮牲物如朔之奠也。大夫以上則朔望大奠，若士但朔而不望。(三)既葬，謂三月葬竟後至卒哭，重親各隨所受而變服。若三月之親至三月數滿應除者，葬竟各自除，不待主人卒哭之變，故云"各以其服除"也。(四)池者，柳車之池也。重霤者，屋承霤也，以木爲之，承於屋霤入此木中，又從木中而霤於地，故謂此木爲重霤也。生時既屋有重霤以行水，死時柳車亦象宫室，而在車覆鼈甲之下、牆帷之上，織竹爲之，形如籠，衣以青布，以承鼈甲，名之爲池，以象重霤。方面之數，各視生時重霤：天子四注，諸侯四注重霤則差降去後餘三，大夫唯餘前後二，士則唯一在前。(五至七)人君無論少長而體尊備物，故亦即位而造爲此棺也。歲一漆之者，雖爲尊得造，交未供用，故不欲即成，但每年一漆，示如未成也。藏焉者，棺中不欲空虚如急有所待也；虚之不令者，令，善也，言若虚空便爲不善，故藏物於其中。(八、九)復，招魂也。楔，柱也。招魂之後用角柶柱亡人之齒令開，使含時不閉也。綴足者，復用燕几綴亡人之足令直，使著屨時不辟戾也。飯者,飯食也。設飾者,謂襲斂遷尸之時及又加著新衣也。帷堂者,謂小斂時。並作者,作,起爲也,自復以下諸事並起以帷堂,故云並作。父兄命赴者,亦復後之事;赴,謂死者生時於他人有恩識者,今死,則其家宜使人往相赴告也。(十)自小寢以下,明招魂處所也。君,王侯也。於小寢者,前曰廟,後曰寢,此小寢者,所謂高祖以下寢也,王侯同。大寢,謂天子始祖、諸侯太祖也。小祖,高祖以下廟也,王侯同。大祖,天子始祖、諸侯太祖廟也。(十一)此一節論祭肉不可露見之事。剥,猶倮露也,"與"是語辭。謂喪不倮露奠者,爲有祭肉也,無祭肉即得倮露。(十二)旬,謂殯後十日也。而布材與明器者,布,班也;材,謂椁材也。殯後十日而班布告下覓椁材及送葬明器之材,或云布其木宜乾腊,故豫須暴之也。《士喪禮》"筮宅吉,左還椁,獻明器之材于殯門外"是也。(十三、十四)禮,哭無時有三種:一是初喪未殯之前哭不絶聲,二是殯後除朝夕之外廬中思憶則哭,三是小祥之後哀至而哭,或一日二日,而無復朝夕之時也。此云哭無時,謂小祥之後也。何以知然?下云使必知其反,是其可使之時也。使,謂君使之也。既小祥哭無時,其時可爲君所使服金革之事也。反,還也。若爲使還家,當必設祭告親之神令知其反。(十五至十八)練,小祥也。練衣者,練爲中衣。黄裏者,黄爲中衣裏也。正服不可變中衣,非正服但承衰而已,故小祥而爲之黄袷裏也。縓緣者,縓爲淺絳色也,緣謂中衣領及褎緣也。裏用黄而領緣用縓者,領緣外也,明其外除,故飾見外也。葛要絰者,亦小祥後事也,小祥男子去葛絰,唯餘要葛也。繩屨者,謂父母喪菅屨卒哭,受齊衰蒯藨屨至小祥,受大功繩麻屨也。無絇,屨頭飾也,吉有喪無。角瑱者,瑱,充耳也,人君平常吉用玉爲之以掩於耳,在初喪亦無,至小祥微飾,以角爲之。鹿裘者,亦小祥後也,爲冬時吉凶衣裏皆有裘,吉時則貴賤有異,喪時則同用大鹿皮爲之,鹿色近白,與喪相宜也。衡長袪者,衡,横也;袪,褎緣口也;小祥之前裘狹而短,袂又無袪,至小祥稍飾,則更易作横廣大者也,又長之又設其袪也。袪裼之可也者,裼,謂裘上又加衣也;吉時裘上皆有裼衣,喪已後既凶,質雖有裘,裘上未有裼衣;至小祥裘既横長又有袪,爲吉轉文,故加裼之可也。案如此文,明小祥時外有衰,衰内有練中衣,中衣内有裼衣,裼衣内有鹿裘,鹿裘内自有常著襦衣。

【淺悟】

重霤,讀音 chóng liù(ㄔㄨㄥˊ ㄌㄧㄡˋ)。椑,讀音 bì(ㄅㄧˋ)。縓,讀音 quàn(ㄑㄩㄢˋ),淺紅色。絇,讀音 qú(ㄑㄩˊ),鞋頭上的裝飾。瑱,讀音 tiàn(ㄊㄧㄢˋ)。裼,讀音 xī(ㄒㄧ)。

本節只能作歷史資料用了。

3.26

【原文】

天子之棺四重(一):水兕革棺被之,其厚三寸(二),杝棺一(三),梓棺二(四),四者皆周(五)。棺束縮二衡三,衽每束一(六)。柏椁以端長六尺(七)。

天子之哭諸侯也,爵弁絰,紂衣(八)。或曰:使有司哭之(九),爲之不以樂食(十)。

天子之殯也,菆塗龍輴以椁(十一),加斧于椁上,畢塗屋(十二)。天子之禮也。

唯天子之喪,有别姓而哭(十三)。

魯哀公誄孔丘曰:"天不遺耆老,莫相予位焉,嗚呼哀哉,尼父(十四)!"

國亡大縣邑，公卿大夫士皆厭冠，哭於大廟三日，君不舉[十五]。或曰：君舉而哭於后土[十六]。

孔子惡野哭者[十七]。

未仕者不敢税人；如税人，則以父兄之命[十八]。

士備入而后朝夕踊[十九]。

祥而縞[廿]。是月禫，徙月樂[廿一]。

君於士有賜帟[廿二]。

【譯文】

天子的棺材四層：第一層用水牛和兕牛皮覆蓋着棺材，兩層皮共三寸厚；第二層用椴木棺，三四層都用梓木棺，四層全都周圍密封。綑束棺材的皮帶豎綑兩道横綑三道，每道都要綑束在棺材板接合的榫頭上。柏木椁的長度六尺。

天子前去哭諸侯呢，頭戴加了麻布的爵弁，身穿黑絲衣。有人説：派專司此職的官員代替去哭，吃飯不用音樂伴食。

天子的出殯呢，在畫有龍的載柩的輴車上用菆木累積成椁形，將繡着斧形花紋的棺衣加蓋在椁上，完成後再塗飾殯屋。天子之禮嘛。

只有天子的喪事，才有分别姓氏而哭的禮儀。

魯哀公爲孔子作誄時説："上天不留住這位德高望重的老人，没有佐助我職位的人了，嗚呼哀哉，尼父！"

國家喪失大片國土，公卿大夫士都戴起小功喪服的厭冠，到太廟連哭三天，國君也三天不舉辦盛饌。有人説，國君到社宫舉辦盛饌來向后土哭告。

孔子厭惡哭得粗野的人。

没出仕的人不敢以財物贈人；若贈人，也得按父兄的旨意行事。

君薨，嗣子和羣臣舉行朝夕哭要等士全部進入靈堂後再踊哭。

大祥祭後戴白色的生絲帽。這個月舉行禫祭，下個月便可奏樂。

國君有許給士張蓋靈柩用的小帳幕的恩賜。

【古注】

《注》 （一）尚深邃也。諸公三重，諸侯再重，大夫一重，士不重。（二）以水牛兕牛之革以爲棺被，革各厚三寸，合六寸也，此爲一重。（三）所謂椑棺也，《爾雅》曰："椴柂"。（四）所謂屬與大棺。（五）周，帀也。凡棺因能溼之物。（六）衡亦當爲横。衽，今小要衽，或作漆，或作髹。（七）以端，題湊也，其方蓋一尺。（八）服士之祭服以哭之，明爲變也。天子至尊，不見尸柩，不弔服。麻不加於采，此言絰，衍字也，時人間有弁絰，因云之耳，《周禮》"王弔諸侯弁絰緦衰也"。（九）非也，哀戚之事不可虚。

(十)蓋謂殯斂之間。(十一)菆木以周龍輴加椁而塗之。天子殯,以輴車畫轅爲龍。(十二)斧謂之黼,白黑文也,以刺繡於縿幕加椁以覆棺,已乃屋,其上盡塗之。(十三)使諸侯同姓、異姓、庶姓相從而爲位,别於朝覲來時,朝覲爵同同位。(十四)誄其行以爲謚也。莫,無也。相,佐也。言孔子死,無佐助我處位者。尼父,因其字以爲之謚。(十五)軍敗失地以喪歸也。厭冠,今喪冠,其服未聞。(十六)后土,社也。(十七)爲其變衆。《周禮》"銜枚氏掌禁"。野,叫呼、歎呼於國中者,行歌哭於國中之道者。(十八)不專家財也。税,謂遺于人。(十九)備,猶盡也。國君之喪嫌主人哭,入則踊。(廿)縞冠素紕也。(廿一)言禫,明月可以用樂。(廿二)帟,幕之小者,所以承塵,賜之則張於殯上。大夫以上,幕人職供焉。

《疏》 (一至七)此一節論天子諸侯以下棺椁厚薄長短之事。(八至十)或人云,天子不自哭,但令有司哭之耳,非也。"爲之不以樂食",此是記者之言,非復或人之説也。天子食有樂,今哭諸侯,故食不復奏樂也。《注》曰"天子至尊,不見尸柩,不弔服"者,薨在本國,天子遥哭之,不親見尸柩,不服緦衰弔,而服爵弁紂衣。紂衣,絲衣也。諸侯以下雖不見尸柩,仍弔服也。(十一、十二)菆,叢也。謂用木菆棺而四面塗之,故云菆塗也。龍輴者,殯時輴車載柩而畫轅爲龍,故云龍輴也。以椁者,亦題湊菆木象椁之形,故云以椁。斧,謂繡覆棺之衣爲斧文也,先菆四面爲椁,使上與棺齊而上猶開也,以棺衣從椁上入覆於棺,故云加斧於椁上也。畢,盡也。斧覆既竟,又四注爲屋,覆上而下,四面盡塗之也,故云畢塗屋。(十三)異姓者,王昏姻甥舅。庶姓者,謂與王無親者。(十四)孔子以哀公十六年夏四月己丑日卒,哀公欲爲作謚。遺,置也。耆老,謂孔子也。莫,無也。相,佐也。言上天不置孔子,故無復佐助我處於位也。嗚呼哀哉,傷痛之辭也。尼父,尼則謚也;父,且字甫,是丈夫之美稱,稱字而呼之尼父也。(十五、十六)亡,失也。國之軍敗亡失土邑也。厭冠,喪冠也。國既失地,是諸侯無德所招,故諸臣皆著喪冠而哭於君之大廟三日也。舉,謂舉樂也。臣入廟三日哭,故君亦三日不舉樂也。后土,社也。又有或者言亦舉樂,而自於社中哭之,社主土故也。然二處之哭鄭皆不非,未知孰是。庾蔚云"舉者,謂舉饌",引《周禮》"膳夫王日一舉",又"王齊日三舉",《注》云"殺牲盛饌曰舉"。案庾蔚及前通合而爲用也。(十七)哭非其地謂之野,爲變衆,故惡之也。(十八)税人,謂以物遺人也。未仕未尊,則亦不敢專家財餉人也。如税人,謂已仕者也,亦當必稱父兄以將遺之。(十九)國君喪,羣臣則朝夕即位哭踊,嗣君孝子雖先入即位哭,必待諸臣皆入列位畢後乃俱踊者也。士卑最後,故舉士入爲畢也。所入有前後,而相待踊者,孝子哀深,故前入也;踊須相視爲節,故俟齊也。(廿、廿一)祥,大祥也。縞,謂縞冠,大祥日著之。既禫,徙月而樂作,禮之正也。(廿二)賜,恩賜也。帟者,幕之小者也。大夫以上喪,則幕人職供之也,士唯有君恩賜之乃得有帟也。

【淺悟】

棺被,被讀 pī(ㄆㄧ),同披。杝,讀音 yí(ㄧˊ)。梓,讀音 zǐ(ㄗˇ)。衽,讀音 rèn(ㄖㄣˋ)。紂,讀音 zī(ㄗ),同緇。菆,讀音 cuán(ㄘㄨㄢˊ)。輴,讀音 chūn(ㄔㄨㄣ)。縿,讀音 xiāo(ㄒㄧㄠ),同綃。誄,讀音 lěi(ㄌㄟˇ)。税,讀音 shuì(ㄕㄨㄟˋ),以物贈人之義。縞,讀音 gǎo(ㄍㄠˇ)。禫,讀音 dàn(ㄉㄢˋ),祭名。帟,讀音 yì(ㄧˋ)。

魯哀公爲孔子作誄一節,據《史記·孔子世家》載,子貢聽了哀公的哀歎後譏評道:"生不能用,死而誄之,非禮也;稱'余一人',非名也。"以此發泄胸中的悲忿。

檀弓下第四

4.1

【原文】

君之適長殤，車三乘；公之庶長殤，車一乘；大夫之適長殤，車一乘[一]。

公之喪，諸達官之長杖[二]。

君於大夫，將葬，弔於宫；及出，命引之，三步則止[三]；如是者三，君退[四]。朝亦如之，哀次亦如之[五]。

五十無車者，不越疆而弔人[六]。

【譯文】

國君的嫡長子未成年而夭折，送葬使用遣車三乘；國君的庶長子夭折，送葬使用遣車一乘；大夫的嫡長子夭折，送葬使用遣車一乘。

國君的喪事，各顯達貴官之長都要服斬衰喪服執喪杖。

國君對待去世的大夫，將要送葬時，來到殯宫弔唁；待靈車出來，命人牽引被孝子攀住不願離去的靈車，前行了三步才將車止住；像這樣前行又停止連續三次才使靈車離去，國君乃退。朝廟時遇到同樣的情形也如此，在孝子哀傷的處所遇見也如此。

五十歲没有車的人，不越過國界去弔喪。

【古注】

《注》 (一)皆下成人也，自上而下降殺以兩。成人遣車五乘，長殤三乘，下殤一乘，尊卑以此差之。庶子，言公卑遠之。《傳》曰"大功之殤中從上"。(二)謂君所命，雖有官職，不達於君則不服斬。(三)以義奪孝子。宫，殯宫。出，謂柩已在路。(四)退，去也。三命引之，凡移九步。(五)君弔不必於宫。朝，喪朝廟也。次，他日賓客所受大門外舍也，孝子至此而哀，君或於是弔焉。(六)氣力始衰。

《疏》 (一)車三乘者，遣車也。葬柩朝廟畢，將行，設遣奠竟，取遣奠牲體臂臑折之爲段，用此車載之以遣送亡者，故謂之遣車。(二)此一節論臣爲君杖法。公者，五等諸侯也。諸者，非一之辭。達官，謂國之卿大夫士被君命者也，既被君命，故稱達官也。既達於官而貴有其職，此對不達者爲長，故云長也。若遭君喪，則備服衰杖，故云諸達官之長杖也。不達於君，謂府史之屬也，賤不被命，是不達於君也，不服斬衰，但服齊衰三月耳。(三至五)此一節論君弔臣之禮。君於大夫之喪，將至葬時，君必親往弔於殯宫，謂就殯宫以弔。孝子弔禮既畢，及其柩出殯宫之門，孝子號慕攀轅，柩車不動；君奪孝子之情，命遣引之，引者三步則止。所以止者，引者不忍頓奪孝子之情，故且止柩住。君又命引之，引之者三步而止；君又命引之，引之者三步而止，故如是者三。君又命引之，柩車遂行，君便退去。君或來弔，參差早晚不必恒在殯宫，或當朝廟，明日將發之時亦如柩出殯宫，命引之三步，如是者三之事，故云朝亦如之。君弔或晚，不及朝廟之時，朝廟已畢，柩出大門至平生待賓客次舍之處，孝子哀其平生次舍之處，停柩不行，君於是始弔，弔畢君命引之，使行如上來之事，故云哀次亦如之。（六）五十既衰，越疆則道路遥遠，弔人又悲感哀戚，恐增衰憊，故不許也。

4.2

【原文】

季武子寢疾，蟜固不説齊衰而入見曰："斯道也，將亡矣，士唯公門説齊衰(一)。"武子曰："不亦善乎？君子表微(二)。"及其喪也，曾點倚其門而歌(三)。

大夫弔，當事而至，則辭焉(四)。弔於人，是日不樂(五)。婦人不越疆而弔人(六)。行弔之日，不飲酒食肉焉(七)。弔於葬者必執引，若從柩，及壙，皆執紼(八)。喪公弔之，必有拜者(九)，雖朋友州里舍人可也(十)。弔曰：寡君承事(十一)；主人曰臨(十二)。君遇柩於路，必使人弔之(十三)。大夫之喪，庶子不受弔(十四)。

妻之昆弟爲父後者死，哭之適室(十五)，子爲主，袒免哭踊(十六)。夫入門右(十七)，使人立于門外，告來者，狎則入哭(十八)。父在，哭于妻之室(十九)；非爲父後者，哭諸異室。

有殯，聞遠兄弟之喪，哭于側室(廿)；無側室，哭于門内之右(廿一)；同國則往哭之(廿二)。

【譯文】

季武子卧病在床，蟜固不脱齊衰喪服就進去探望説："我堅守的這種禮制呢，將要消亡了呀，士只有進公門才脱掉喪服。"武子説："這樣不也很好嗎？只有君子能明瞭細微的事。"待到他死呢，曾點倚着他家的大門歌唱。

大夫前去弔喪，正當主人忙於喪事時來到，需遣人嚮其説明情況。嚮人弔喪，這一天不奏樂。婦人不到國境外給人弔喪。弔喪這天，不飲酒吃肉。弔喪時適逢人家送葬必須幫助牽引靈車的繩索，要是跟隨靈車走，到達墓穴，都要抓着引棺繩幫忙下葬。如果客死異國無喪主，遇上國君前來憑弔，也必須有答拜的人，即便使朋友或州里鄉親乃至舍人代替也可以哩。弔唁者説：寡君願意承當些事務；主人這邊説：感謝國君屈尊下臨。國君要是在路上遇見送葬的靈柩，必使人前去弔唁喪家。大夫的喪事，庶子不可接受弔唁。

妻的兄弟是父親唯一的後嗣死了，要在正寢哭他，讓自己的兒子代做喪主，袒露左臂去冠括髮爲其舅跳踴着哭號。丈夫從門的右邊進，使人站在門外，嚮前來弔唁的人報告有關情況，與死者狎近的人就讓他進來哭。若父親健在，就在妻的寢室哭；如果這兄弟不是父親唯一的後嗣，就到其他寢室去哭。

家有殯葬之事，忽聞遠支兄弟的喪訊，要到側室去哭；没有側室，就在大門内的右邊哭；如果在同一國家，就前往去哭他。

【古注】

《注》　(一)季武子，魯大夫季孫夙也，世爲上卿，强且專政，國人事之如君。蟜固能守禮，不畏之，矯失俗也。道，猶禮也。(二)時無如之何，佯若善之。表，猶明也。(三)點，字皙，曾參父。明己不與也。(四)辭，猶告也。擯者以主人有事告也，主人無事則爲大夫出。(五)君子哀樂不同日，"子於是日哭則不歌"。(六)不通於外。(七)以全哀也。(八)示助之以力。車曰引，棺曰紼，從柩贏者。(九)往謝之。(十)謂無主後。(十一)示亦爲執事來。(十二)君辱臨其臣之喪。(十三)君於民臣有父母之恩。(十四)不以賤者爲有爵者主。(十五)以其正也。(十六)親者主之。(十七)北面辟正主。(十八)狎，相習知者。(十九)不以私喪干尊。(廿)嫌哭殯。(廿一)近南者爲之變位。(廿二)喪無外事。

《疏》　(一至三)武子，魯之執政上卿，時人畏之，事之如君，入其門皆説衰，唯蟜固不説齊衰而入見武子，謂武子曰：我所以著齊衰而入者，以此著齊衰之道將亡絶矣。以時人畏爾，入門者皆説齊衰，故此著齊衰入大夫之門，其道將絶。又語武子：若依正禮，士唯入公門乃説齊衰，而入大夫之門不合説也。武子既得蟜固之言，心雖恚恨，身既寢疾，無奈之何，乃佯言若美之：汝之所言不亦善乎？今説齊衰失禮之微，汝能知之，是君子之人，故云君子表微。及武子之喪，曾點慕蟜固之直，乃倚武子之門而歌，明己不與武子，故無哀戚。(四至十四)大夫弔者，謂大夫弔士也。當事，當主人有大小斂殯之事也。大夫尊，來弔士，則孝子應出下堂迎之。若正有事而至，則孝子遣人辭告之，道有事不得出也。婦人無外事，故不越疆而弔人。弔於葬者必執引，引柩車索也。若從柩及壙皆執紼者，及，至也；紼，引棺索也。至壙下棺窆時，則不限人數皆悉執紼，示助力也。喪公弔之必有拜者，喪謂諸侯臣之喪，公來親弔或遣人來弔，喪家雖無主後，必有以次疏親而往拜之以謝其恩；疏親亦無，雖死者朋友及同州同里及喪家典舍之人而往拜之可也。弔曰寡君承事者，文稱寡君，應是弔他國之臣。主人曰臨者，主人辭謝之曰，君屈辱降臨某之喪。君遇柩於路者，君不豫知其喪，造次遇柩於路，既有民臣之恩，以此使人弔。庶子不受弔者，適子主喪受弔拜賓，若適子或有他故不在，則雖庶子不敢受弔，明己卑，辟適也。言大夫庶子不受弔，則士之庶子得受弔也。(十五至十九)此一節論哭無服者之事。適室，正寢也。禮，女子適人者，爲昆弟之爲父後者不降，以其正故也，故姊妹之夫爲之哭於適室之中庭也。子爲主者，子，己子也，甥服舅緦，故命己子爲主受弔拜賓也。袒免哭踊者，冠尊，不居肉袒之上，必先去冠而加免，故凡哭哀則踊，踊必先袒，袒必先免，故袒免哭踊也。夫入門右者，夫，謂此子之父，即哭妻兄弟者也。言夫者，據妻之爲喪也，子既爲主位，在東階之下西嚮，父入門右，近南而北嚮哭也。(廿至廿二)此哭於門内之右，謂庶人無側室者。下云同國則往哭之，上云聞遠兄弟之喪，謂異國也。

【淺悟】

蟜音 jiǎo(ㄐㄧㄠˇ)。説音 tuō(ㄊㄨㄛ)，通脱。免音 wèn(ㄨㄣˋ)。

4.3

【原文】

子張死,曾子有母之喪,齊衰而往哭之。或曰:“齊衰不以弔(一)。”曾子曰:“我弔也與哉(二)?”

有若之喪,悼公弔焉(三),子游擯由左(四)。

齊穀王姬之喪(五),魯莊公爲之大功。或曰:“由魯嫁,故爲之服姊妹之服。”或曰:“外祖母也,故爲之服(六)。”

晉獻公之喪,秦穆公使人弔公子重耳(七),且曰:“寡人聞之,亡國恒於斯,得國恒於斯(八)。雖吾子儼然在憂服之中,喪亦不可久也,時亦不可失也,孺子其圖之(九)。”以告舅犯(十)。舅犯曰:“孺子其辭焉!喪人無寶,仁親以爲寶(十一)。父死之謂何?又因以爲利(十二),而天下其孰能説之?孺子其辭焉(十三)!”公子重耳對客曰:“君惠弔亡臣重耳,身喪父死,不得與於哭泣之哀,以爲君憂(十四)。父死之謂何?或敢有他志,以辱君義(十五)?”稽顙而不拜,哭而起,起而不私。子顯以致命於穆公(十六)。穆公曰:“仁夫,公子重耳!夫稽顙而不拜,則未爲後也,故不成拜;哭而起,則愛父也;起而不私,則遠利也。”

【譯文】

子張死,曾子有母親的喪服在身,便穿着齊衰喪服前往哭他。有人説:“齊衰喪服不能用來爲别人弔喪。”曾子説:“我難道是去弔喪的嗎?”

有若的喪事,魯悼公到他家去弔唁,子游站在左邊的卑位協助喪主擔當接待賓客的擯相。

齊國前來報告王姬的噩耗,魯莊公爲她著大功喪服。有人説:“由魯國出嫁的,當然爲她服姊妹的喪服。”有人説:“她是外祖母哩,本來就該爲她著大功喪服。”

晉獻公的死訊傳來,秦穆公使人弔慰出奔來避難的晉公子重耳,並且寄語説:“寡人聽説,失去國家常在此刻,得到國家也常在此刻。雖説吾子正莊敬持重地沉浸在憂傷服喪之中,然而逃亡的時間也不可太久嘛,時機也不可喪失嘛,孩子你應當圖謀大計才是。”公子將此語告訴了舅舅子犯。舅犯説:“孩子你應當推辭呀!逃亡的人没有珍寶,只用親近仁德作爲珍寶。你父親的死告訴了我們什麼?我們再沿用這種事去獲取利益,那麽天下還有誰能説我們無罪?孩子你應當推辭呀!”公子重耳回答客人説:“貴君惠顧弔慰逃亡的臣下重耳,喪身在外而父親又死,不得參與在老人靈前一盡哭泣之哀慟，反而給貴君帶來憂傷。然而父親的死告訴了我什麽？哪裏還敢有其他私心雜念，以致辱没貴君的恩義？"説着便叩頭觸地却不拱手揖拜，哭片刻便站起身，起身後也不與使者私語。使者子顯回去將這一切向穆公復命。穆公説："仁慈呀，公子重耳！他稽顙而不拜謝，則是未將自己作爲後嗣嘛，故而不做出完整的拜禮；哭片刻便站起身，則是愛慕父親嘛；起身後，不與使者私語，則是遠離利欲誘惑嘛。"

【古注】

《注》 (一)以其無服非之。(二)於朋友哀痛甚而往哭之，非若凡弔。(三)悼公，魯哀公之子。(四)擯，相侑喪禮者。喪禮廢亡，時人以爲此儀當如詔辭而皆由右相，是善子游正之。《孝經説》曰"以身擯侑"。(五)縠當爲告，聲之誤也。王姬，周女，齊襄公之夫人。(六)《春秋》"周女由魯嫁，卒，服之如内女服"，姊妹是也。天子爲之無服，嫁於王者之後乃服之，莊公，齊襄公女弟文姜之子，當爲舅之妻，非外祖母也，外祖母又小功也。(七)獻公殺其世子申生，重耳辟難出奔，是時在翟就弔之。(八)言在喪代之際。(九)勸其反國，意欲納之。喪，謂亡失位。孺，稺也。(十)舅犯，重耳之舅狐偃也，字子犯。(十一)寶，謂善道可守者。仁親，親行仁義。(十二)欲反國求爲後是利父死。(十三)説，猶解也。(十四)謝之。(十五)他志，謂私心。(十六)使者，公子縶也。盧氏云：古者名字相配，顯當作韅。

《疏》 (一、二)曾子與子張無服，不應往哭，故或人非之也。若有服者，雖緦亦往也。(三、四)出接賓曰擯，入詔禮曰相。《少儀》云"詔辭自右"，鄭云"爲君出命也，立者尊右"。案立者尊右，若已傳君之詔辭，詔辭爲尊，則宜處右。今擯者宜右也，若於喪事，則惟賓主居右，而已自居左。而當時禮廢，言相喪亦如傳君詔辭，已自居右。子游知禮，故推賓居右，已居左也。(五、六)案莊二年秋，齊王姬卒，齊來告魯云王姬之喪，魯莊公爲之大功。或人解之云：王姬，周女也，命魯爲主，由魯嫁，比之魯女，故爲之服出嫁姊妹之服。更有或人解云：王姬爲莊公外祖母，故爲之著大功之服。此或人之言乃爲二非也：王姬是莊公舅妻，不得爲外祖母，是一非；假令爲外祖母，正合小功，不服大功，是二非也。

【淺悟】

縠字應是告字，告讀音 gù(ㄍㄨˋ)。

4.4

【原文】

帷殯，非古也，自敬姜之哭穆伯始也(一)。

喪禮，哀戚之至也；節哀，順變也。君子念始之者也(二)。

復，盡愛之道也，有禱祠之心焉(三)；望反諸幽，求諸鬼神之道也(四)；北面，求諸幽之義也(五)。

拜稽顙，哀戚之至隱也；稽顙，隱之甚也(六)。

飯用米貝，弗忍虚也；不以食道，用美焉爾(七)。

銘，明旌也(八)。以死者爲不可别已，故以其旗識之(九)。愛之斯録之矣，敬之斯盡其道焉耳(十)。重，主道也(十一)。殷主綴重焉(十二)，周主重徹焉(十三)。

奠以素器，以生者有哀素之心也(十四)。唯祭祀之禮，主人自盡焉爾。豈知神之所饗，亦以主人有齊敬之心也(十五)。

辟踊，哀之至也。有筭，爲之節文也(十六)。

袒括髮，變也。愠，哀之變也。去飾，去美也；袒括髮，去飾之甚也。有所袒，有所襲，哀之節也。弁絰葛而葬，與神交之道也(十七)，有敬心焉(十八)。周人弁而葬，殷人冔而葬(十九)。

歠主人主婦室老，爲其病也，君命食之也(廿)。

【譯文】

用帷幔遮掩起殯柩，不是古時候的規矩哩，是從敬姜哭其丈夫穆伯開始的嘛。

喪禮期間，孝子的哀戚達到了極致哩；節制悲哀，順應不可逆轉的變故嘛。君子應思念最初父母生養自己所耗費的心血嘛。

招魂，是引導人盡其仁愛的途徑嘛，要有祈禱五祀之心來做這件事；盼望先人從幽暗之處返回，這是向鬼神祈求的道理嘛；面向北方，就是向幽暗中祈求的涵義嘛。

拱手揖拜並叩頭觸地，是哀戚中最悲慟的禮節嘛；叩頭觸地，表明悲慟到了極點嘛。

飯含用米和貝殼，是不忍心讓死者的口空着嘛；不用通常的飲食方法，只用天然的美好物品充實口内而已。

銘，即神明的旌幡嘛。因死者的形貌不可辨别了，所以拿這種旗幡作爲標識。因愛慕他所以在此旗幡上載録其功德而已，因尊敬他所以用這種方式以盡自己的孝養之道而已。重，即神主的道理嘛。殷代將神主連同重一起供奉，周朝有了神主便將重撤下埋掉。

祭奠使用樸素的器具，來表示活着的人具有哀痛質樸之心嘛。只有祭祀之禮，主人才能竭盡自己的虔誠而已。哪裏知道神之所以會享用，也是因爲主人具有潔净莊敬之心嘛。

哭得捶胸頓足，是悲痛的極致嘛。要有適當的次數，因而爲辟踊加以文飾使之有所節制嘛。

左袒束髮，是孝子形貌的改變嘛。無端愠怒，哀痛的變化嘛。去掉文飾，即去掉華美之物嘛；左袒束髮，乃是去掉飾物最主要的的部分嘛。有時袒露左臂，有時穿上衣袖，是對哀痛的調節嘛。戴着纏有絰帶的葛布弁冠去送葬，這是跟神交接的要道嘛，表明有敬慎之心呀。周朝人戴着弁冠去送葬，殷朝人戴着冔冕去送葬。

讓沉浸在大悲痛中的主人、主婦、家臣之長喝粥，因爲他們太憔悴哩，是國君命令吃的嘛。

【古注】

《注》（一）穆伯，魯大夫季悼子之子公甫靖也。敬姜，穆伯妻，文伯歜之母也。禮，朝夕哭不帷。（二）始，猶生也。念父母生已，不欲傷其性。（三）復，謂招魂且分禱五祀，庶幾其精氣之反。（四）鬼神處幽闇，望其從鬼神所來。（五）鄉其所從來也。禮，復者升屋北面。（六）隱，痛也。稽顙者觸地無容。（七）尊之也。食道褻，米貝美。（八）神明之旌。（九）不可别，形貌不見。（十）謂重與奠也與？（十一）始死未作主，以重主其神也。重，既虞而埋之，乃後作主。《春秋傳》曰“虞主用桑，練主用栗”。（十二）綴，猶聯也。殷人作主而聯其重，縣諸廟也，去顯考乃埋之。（十三）周人作主徹重埋之。（十四）哀素，言哀痛無飾也。凡物無飾曰素。（十五）哀則以素，敬則以飾，禮由人心而已。（十六）筭，數也。（十七）接神之道，不可以純凶。天子諸侯變服而葬，冠素弁，以葛爲環絰，既虞卒哭，乃服受服也。《雜記》曰：“凡弁絰，其衰侈袂。”（十八）踰時哀衰而敬生，敬則服有飾。大夫士三月而葬未踰時。（十九）周弁殷冔，俱象祭冠而素，禮同也。（廿）尊者奪人易也。歠，歠粥也。

《疏》（一）此一節論哭殯不合帷殯之事。（二）人或有禍災，雖或悲哀，未是哀之至極，唯居父母喪禮，是哀戚之至極也。既爲至極，若無節文，恐其傷性，故辟踊有節筭，裁節其哀也，欲順孝子悲哀使之漸變也。（三至五）始死招魂復魂者，盡此孝子愛親之道也。非直招魂，又分禱五祀，冀精氣之復反，故云有禱祠之心焉。（六）孝子拜賓之時，就拜與稽顙二事之中，稽顙爲痛之甚。（七）死者既無所知，所以飯用米貝，不忍虚其口。既不忍虚其口，所以不用飲食之道以實之。必用米貝者，以食道褻，米貝美，尊之不敢用褻，故用米貝美善焉爾。飲食，人所造作細碎不潔，故爲褻也；米貝，天性自然爲美，凡含用米貝。（八至十三）愛之斯録之矣者，謂孝子思念其親，追愛之道。斯，此也。故於此爲重，以存録其神也。敬之斯盡其道焉耳者，謂於此設奠，盡其孝養之道焉耳。重主道也者，言始死作重，猶若吉祭木主之道；主者，吉祭所以依神；在喪，重亦所以依神，故云“重，主道也”。殷主綴重焉者，謂殷人始殯，置重於廟庭作虞主，訖則綴重縣於新死者所殯之廟也。周主重徹焉者，謂周人虞而作主，而重則徹去而埋之。（十四、十五）奠，謂始死至葬之時祭名，以其時無尸，奠置於地，故謂之奠也。悉用素器者，表主人有哀素之心。（十六）撫心爲辟，跳躍爲踊。孝子喪親哀慕至懣，男踊女辟，是哀痛之至極也。若不裁限，恐傷其性，故辟踊有筭爲準。準節之數其事不一，每一踊三跳，三踊九跳，都爲一節，故云爲之節文也。故《雜記》云：“公七踊，大夫五踊，士三踊。”（十七至十九）袒衣括髮者，是孝子形貌之變也。悲哀慍恚者，是孝子哀情之變也。去其尋常吉時服飾也者，是去其華美也。孝子去飾雖有多塗，袒括髮者就去飾之中最爲甚也。孝子悲哀理應常袒，何以有所袒有所襲？時者表明哀之限節，哀甚則袒，哀輕則襲。（廿）此一節論尊者奪孝子情之法。歠者，親喪三日之後歠粥之時。主人，亡者之子；主婦，亡者之妻；室老，家之長相。此三者並是大夫之家貴者，爲其歠粥病困之故，君必有命食疏飯也。

【淺悟】

識，讀音 zhì（ㄓˋ），通誌。齊敬，齊讀 zhāi（ㄓㄞ）。筭，讀音 suàn（ㄙㄨㄢˋ），計數工具。㝷，讀音 xū（ㄒㄩ）。歠，讀音 chuò（ㄔㄨㄛˋ），通啜。

"節哀順變"一語，成了後世用來安慰死者家屬的專用成語。

4.5

【原文】

反哭升堂，反諸其所作也（一）；主婦入于室，反諸其所養也（二）。

反哭之弔也，哀之至也。反而亡焉，失之矣！於是爲甚（三）。殷既封而弔，周反哭而弔（四）。孔子曰："殷已慤，吾從周（五）。"

葬於北方北首，三代之達禮也，之幽之故也（六）。

既封，主人贈，而祝宿虞尸（七）。

既反哭，主人與有司視虞牲（八）。有司以几筵舍奠於墓左，反日中而虞（九）。

葬日虞，弗忍一日離也（十）。是月也，以虞易奠（十一），卒哭曰成事（十二）。是日也，以吉祭易喪祭（十三），明日祔于祖父（十四），其變而之吉祭也。比至於祔，必於是日也接，不忍一日末有所歸也（十五）。殷練而祔，周卒哭而祔，孔子善殷（十六）。

君臨臣喪，以巫祝桃茢執戈，惡之也（十七），所以異於生也（十八）。

喪有死之道焉（十九），先王之所難言也（廿）。

喪之朝也，順死者之孝心也（廿一）。其哀，離其室也，故至於祖考之廟而后行。殷朝而殯於祖，周朝而遂葬。

【譯文】

葬畢回來登上廟堂去哭，是回到父母以往行祭禮及爲自己行冠婚等禮之處哭哩；主婦進入室内哭，是回到舅姑以往所饋食之處哭哩。

弔慰送葬返回哭的喪家嘛，他們此時最哀傷哩。返回却没了老人，永遠失去他們了呀！在此刻的悲哀最爲沉痛。殷朝人是下棺完畢即弔慰，周朝人是下葬回來哭時才弔慰。孔子説："殷人太樸實，我遵從周朝的規矩。"

埋葬在國的北方使頭朝北，是夏商周三代通行的禮制哩，鬼神要到幽冥之處的緣故嘛。

已經下棺，主人將贈送死者的玄纁束帛等物放進壙中，此時司職祭禮的祝先行回去安排再次齋戒的虞尸。

返回家哭畢，主人與操辦虞祭的有司便去觀看虞祭用的牲牢。有司將几筵及祭品放置在墓左敬奉地神，然後返回安置正午送葬回來在殯宫舉行的安放神主的虞祭。

下葬這天舉行虞祭，是不忍心與死者有一天的分離嘛。這個月呢，用虞祭取代祭奠，直到百日卒哭才能稱做成事。成事這天呢，用吉祭取代喪祭，第二天奉持神主到祖廟舉行祔祭，這就改變成了吉祭嘛。待到在祖廟祔祭期間，必須從這天起每天都要把神主接回家，這是不忍親人的亡靈一天没有歸宿之處嘛。殷朝行完周年的練祭後再行祔祭，周朝卒哭後即行祔祭，孔子看好殷朝的祔祭。

國君親臨臣屬的喪事時，使女巫手持桃樹枝，男祝拿着笤帚，小臣手執兵器，以驅逐凶邪之氣嘛，用來跟生氣分離開嘛。

喪失有死亡的道理呀，先代聖王對此都難以説清楚哩。

喪禮在葬前要遷移靈柩到祖廟去朝拜呢，是在順延死者的孝心嘛。死者的靈魂必因離開他的居室正在悲哀哩，所以要到祖先的廟裏禀告之後再前行。殷代是朝告完一便殯在祖廟，周代是朝完祖廟即去埋葬。

【古注】

《注》 (一)親所行禮之處。(二)親所饋食之處。(三)哀痛甚。(四)封當爲窆，窆，下棺也。(五)慤者，得哀之始，未見其甚。(六)北方，國北也。(七)贈以幣，送死者於壙也。於主人贈，祝先歸。(八)日中將虞省其牲。(九)所使奠墓，有司來歸乃虞也。舍奠墓左，爲父母形體在此，禮其神也。《周禮·冢人》"凡祭墓爲尸"。(十)弗忍其無所歸。(十一)虞，喪祭也。(十二)既虞之後，卒哭而祭，其辭蓋曰"哀薦"。成事，成祭事也，祭以吉爲成。(十三)卒哭吉祭。(十四)祭告於其祖之廟。(十五)末，無也。日有所用接之，虞禮所謂"他用剛日"也，其祭祝曰"哀薦"、曰"成事"。(十六)期而神之人情。(十七)爲有凶邪之氣在側。君聞大夫之喪，去樂卒事而往未襲也。其已襲，則止巫去桃茢。桃，鬼所惡；茢，萑苕，可埽不祥。(十八)生人無凶邪。(十九)言人之死有如鳥獸死之狀，鳥獸之死人賤之。(廿)聖人不明説爲人甚惡之。(廿一)朝，謂遷柩於廟。

《疏》 (一、二)謂葬窆訖，反哭升於廟。所以升堂者，反復於親所行禮之處。行禮者，謂平生祭祀冠昏在於堂也。主婦反哭所以入於室，反復於親所饋食供養之處。(三至五)知非既封土爲墳者，以《既夕禮》"實土三，主人拜鄉人乃反哭"，周既如此，明殷亦然，且殷既不爲墳，故知封當爲窆。廟是親之平生行禮之處，今反哭於廟，思想其親而不見，故悲哀爲甚。壙者，非親存所在之處，今柩暫來至此始有悲哀，未是甚極，今弔者於此而來，哀情質慤，故云慤也。(六)言葬於國北及北首者，鬼神尚幽闇，往諸幽冥故也。殯時仍南首者，孝子猶若其生，不忍以神待之。(七)既封，謂葬已下棺。云主人贈而祝宿虞尸者，謂主人以幣贈死者於壙之時，祝先歸宿戒虞尸。案《既夕禮》，主人贈用制幣玄纁束帛也；案《士虞禮》記云："男，男尸；女，女尸。"是虞有尸也。(八、九)有司，修虞之有司也。几，依神也。筵，坐神席也，席敷陳曰筵。舍，釋也。奠，置也。墓道嚮南，以東爲左。孝子先反修虞，故有司以几筵及祭饌置於墓左，禮地神也。言以父母形體所在，故禮其地神以安之也。反日中而虞者，反，謂所使奠墓左有司歸也;虞者,葬日還殯宫安神之祭名;必用日中者,是日時之正也,《士虞禮》云"日中而行事",《注》云:"朝葬,日中而虞,君子舉事必用辰正也,再虞三虞皆用質明。"案周人尚赤,大事用日出,故朝葬也。(十至十六)既虞祭之後至於卒哭,其卒哭祭辭蓋曰成事,所以稱"蓋"者,以其《士虞禮》無文,唯《雜記》及此有卒哭成事,故鄭約之爲解,又稱"蓋"以疑之。以虞祭之時以其尚凶,祭禮未成,今既卒無時之哭,唯有朝夕二哭,漸就於吉,故云"成事",祭以吉爲成故也。上云虞卒哭及祔皆據得常正禮,此經所云謂不得正禮,故謂之變,以其變常禮也。所以有變者,或時有迫促,或事有忌諱,未及葬期,死而即葬者,即《喪服小記》所云"赴葬者,赴虞者,三月而後卒哭",彼據士禮而言,速葬速虞之後卒哭之前,其日尚賒,不可無祭,謂之爲變。其既虞之後,變禮而之吉祭也。之,往也,既虞往至吉祭。其禮如何?既虞比至於祔以來。必於是日接,謂於是三虞卒哭之間,則日而連接其祭,謂恒用剛日。所以恒用剛日接之者,孝子不忍使親每一日之間無所歸依。(十七、十八)臣喪未襲之前,君往臨弔,則以巫執桃,祝執茢,又使小臣執戈。所以然者,惡其凶邪之氣。必惡之者,所以異於生人也。(十九、廿)此一節論先王恐生者惡死者之事,故難言也。(廿一)喪之朝也者,謂將葬前以柩朝廟者,夫爲人子之禮,出必告,反必面,以盡孝子之情,今此所以車載柩而朝,是順死者之孝心也。其哀離其室也者,謂死者神靈悲哀弃離其室,故至於祖考之廟辭而後行。殷人尚質,敬鬼神而遠之,死則爲神,故云朝而殯於祖廟。周則尚文,親雖亡殁,故猶若存在,不忍便以神事之,故殯於路寢,及朝廟遂葬。夫子不論二代得失,皆合當代之禮,無所是非。

【淺悟】

愨,讀音 què(ㄑㄩㄝˋ),樸實、誠謹之義。茢,讀音 liè(ㄌㄧㄝˋ),即笤帚。

"喪有死之道焉"一語,古今學者對此的解説都嫌牽强,故不從。

4.6

【原文】

孔子謂爲明器者,知喪道矣,備物而不可用也(一)。哀哉,死者而用生者之器也!不殆於用殉乎哉(二)?其曰明器,神明之也(三)。塗車芻靈,自古有之(四),明器之道也(五)。孔子謂爲芻靈者善;謂爲俑者不仁,殆於用人乎哉(六)!

穆公問於子思曰:"爲舊君反服,古與(七)?"子思曰:"古之君子,進人以禮,退人以禮,故有舊君反服之禮也。今之君子,進人若將加諸膝;退人若將隊諸淵,毋爲戎首,不亦善乎?又何反服之禮之有(八)!"

悼公之喪,季昭子問於孟敬子曰:"爲君何食(九)?"敬子曰:"食粥,天下之達禮也。吾三臣者之不能居公室也,四方莫不聞矣(十)。勉而爲瘠,則吾能,毋乃使人疑夫不以情居瘠者乎哉?我則食食(十一)。"

【譯文】

孔子評論用明器作隨葬物的人,説他通曉喪葬的道理呀,配備的器物都不能使用嘛。悲哀啊,死人而用活人的器物哩!這不幾乎是在用人殉葬嗎?那些器物稱做明器,是將死者奉爲神明哩。用塗彩的泥車和茅草紮的人馬隨葬,自古就有,這才是明器的正道嘛。孔子稱使用芻靈的人善良;稱使用俑的人不仁道,說這幾乎是在用活人殉葬啊!

魯穆公向子思問道:"離職的臣子返回爲舊國君服喪,是古時候的規定麽?"子思説:"古時候的執政者,進用人依照禮的規範,黜退人依照禮的規範,所以有返回爲舊國君服喪的禮制規定嘛。如今的執政者,對進用的人寵愛得像要將他抱在膝蓋上,對黜退的人恨得像要將他墜入深淵,他們没有成爲領兵造反的首領,不也萬幸嗎?又哪裏會有回來參加喪禮的道理!"

魯悼公的喪事,季昭子向孟敬子詢問道:"爲國君守喪吃什麽?"敬子説:"吃粥,這是天下通行的禮制嘛。不過我們三家大臣不能安守公室的本分呢,已是四方各地没有不風聞的事實呀。勉强依禮守喪而把身體糟蹋瘦弱,這我能做到。可是這豈不更使人疑心我們根本不是因真情居喪變得瘦弱的嗎?我得吃飯。"

【古注】

《注》 《注》(一)神與人異道則不相傷。(二)殆,幾也。殺人以衛死者曰殉。用其器者漸幾於用人。(三)神明,死者,異於生人。(四)芻靈,束茅爲人馬,謂之靈者,神之類。(五)言與明器同。(六)俑,偶人也,有面目機發似於生人。孔子善古而非周。(七)仕焉而已者。穆公,魯哀公之曾孫。(八)言放逐之臣不服舊君也。爲兵主來攻伐曰戎首。(九)悼公,魯哀公之子。昭子,康子之曾孫,名强。敬子,武伯之子,名捷。(十)言鄰國皆知吾等不能居公室以臣禮事君也。三臣,仲孫、叔孫、季孫也。(十一)存時不盡忠,喪又不盡禮,非也。孔子曰:"喪事不敢不勉。"

《疏》 (一至六)此一節皆記者録孔子之言,善古非殷周之事。故云孔子謂夏家爲明器者,知死喪之道焉,以孝子之事親不可闕,故備其器物若似生存,以鬼神異於人,故物不可用。孔子既論夏家之事是,又言殷代之非,故云可哀哉。殷之送死者而用生者之祭器,不殆於用生人爲殉乎哉?殆,近也,謂近於用乎生人爲殉。所以近者,以生人食器而供死者,似若用生人而殉死人,故云近也。既言殷代之事,將言周代用偶人爲非禮,故先言明器芻靈,後論偶人之事,故言其曰明器,神明之也。死者之物還可用,塗車芻靈,即明器之物一類,自古帝王所制而有之,此則豈不可爲用?故云明器之道也。記者既録孔子之言,又説孔子臧否古今得失,以其語更端,故重言孔子謂古之爲芻靈者善,謂周家爲俑者不仁,不近於用生人乎哉?言近於用生人。所以近者,謂刻木爲人,面目發動與生人無異,但無性靈知識,故云近。此云用人,前言用殉,殉是已死之人,形貌不動,與器物相似,故言用殉。此云用人者,謂用生人入壙,今俑者形貌發動有類生人,故云用人。(七、八)此一節論不爲舊君著服之事。案《喪服·齊衰三月》章,爲舊君凡有三條:其一云,爲舊君、君之母妻,傳云"仕焉而已者也",《注》云"謂老若有廢疾而致仕者兼服其母妻";其二,大夫在外,其妻長子爲舊國君,《注》云"在外待放已去者";其三,爲舊君,《注》云"大夫待放未去者。以道去君,爲三諫不從待放於郊未絶者,言爵禄尚有列於朝,出入有詔於國。若已絶則不服也"。鄭《注》此云"仕焉而已者",取《喪服》第一條,謂年老致仕在國者。其實亦兼三諫未絶及有故出在他國者，故下子思云“古之君子進人以禮，退人以禮”是也。言放逐之臣者，解經中今之君子進人退人不能以禮也，如此者不服舊君，謂三諫不從去而已絶，及不能三諫辟罪逃亡。

【淺悟】

隊，讀音 zhuì（ㄓㄨㄟˋ），同墜。食食，下食讀 sì（ㄙˋ）。

孔子對用俑陪葬的做法斥之爲不仁。《孟子·梁惠王上》中也有類似的記載：仲尼曰：“始作俑者，其無後乎？”孔子對此做法的憎惡達到了無以復加的地步。看看後來歷朝歷代的權貴都有用活人殉葬的惡癖，就知道孔子此時爲什麽會對用俑陪葬如此憎惡的用心了。

4.7

【原文】

衛司徒敬子死[一]，子夏弔焉，主人未小斂，絰而往。子游弔焉，主人既小斂，子游出，絰反哭[二]。子夏曰：“聞之也與？”曰：“聞諸夫子，主人未改服，則不絰。”

曾子曰：“晏子可謂知禮也已，恭敬之有焉[三]。”有若曰：“晏子一狐裘三十年，遣車一乘，及墓而反。國君七个，遣車七乘；大夫五个，遣車五乘。晏子焉知禮[四]？”曾子曰：“國無道，君子恥盈禮焉：國奢則示之以儉，國儉則示之以禮[五]。”

國昭子之母死，問於子張曰：“葬及墓，男子婦人安位[六]？”子張曰：“司徒敬子之喪，夫子相，男子西鄉，婦人東鄉[七]。”曰：“噫？毋[八]！”曰：“我喪也斯沾[九]。爾專之，賓爲賓焉，主爲主焉[十]，婦人從男子皆西鄉[十一]。”

【譯文】

衛國司徒敬子死，子夏前去弔唁時，主人尚未舉行小斂，便繫起絰帶往裏進。子游前往弔唁時，主人小斂已結束，子游出來，繫好絰帶再回去哭。子夏問：“你聽説應該這樣做嗎？”子游説：“從夫子那兒聽説，主人没改换喪服，就不繫絰帶。”

曾子説：“晏子可以稱得上知禮了，他具有恭敬的德行。”有若説：“晏子一身狐裘襖穿了三十年，送葬只用遣車一乘，等到墓成便返回。按照禮制規定，國君要包裝發送祭奠的牲體七件，分載在七乘遣車上；大夫要包裝牲體五件，分載在五乘遣車上。晏子哪裏懂得禮？”曾子説：“國家昏亂，君子以將禮做得充盈爲恥辱呀：國家奢侈風盛就以儉樸向國人垂示，國家儉樸風盛就用禮的規範向國人垂示。”

國昭子的母親死，向子張詢問道："下葬和填墓，男子和婦人應怎樣站位？"子張說："司徒敬子的喪事，夫子任輔相，使男子面朝西，婦人面朝東。"國昭子說："噫？不對！"接着又說："我居喪嘛，大家都會來探視。你來負責此事，使來賓跟來賓歸在一起，主人跟主人歸在一起，婦人隨從男子都面朝西。"

【古注】

《注》 (一)司徒，官氏，公子許之後。(二)皆以朋友之禮往而二人異。(三)言禮者，敬而已矣。(四)言其大儉偪下非之。及墓而反，言其既窆則歸，不留賓客有事也。人臣賜車馬者乃得有遣車。遣車之差，大夫五，諸侯七，則天子九。諸侯不以命數，喪數略也。个，謂所包遣奠牲體之數也，《雜記》曰："遣車視牢具。"(五)時齊方奢，矯之是也。(六)國昭子，齊大夫。(七)夾羨道爲位。夫子，孔子也。(八)噫，不寤之聲。毋，禁止之辭。(九)斯，盡也。沾讀曰覘，覘，視也。國昭子自謂齊之大家，有事人盡視之，欲人觀之法其所爲。(十)專，猶司也。時子張相。(十一)非也。

《疏》 (三至五)此一節論晏子故爲非禮以矯齊之事。有子者，孔子弟子有若也，聞曾子說晏子知禮，故舉晏子不知禮之事以拒曾子也。狐裘貴在輕新，而晏子一狐裘三十年，是儉不知禮也；遣車一乘者，其父晏桓子是大夫，大夫遣車五乘，其葬父唯用一乘，又是儉失禮也；及墓而反者，及墓，謂葬時也，禮，窆後孝子贈幣辭親，辭親畢，而親情賓客應是送别，别竟乃反，於時晏子窆竟乃反，賓客並去，又是儉失禮也。个，謂所包遣奠牲體、臂、臑也，折爲七段、五段，以七乘、五乘遣車載之，今晏子略，不從禮數，是不知也。(六至十一)曰噫毋者，昭子不悟禮意，乃曰噫毋止子張也。既止子張，又自言我居喪也，既是齊之大家，人盡來覘視於我，當須更爲别禮，豈得以依舊禮？專，猶同也。爾當同此婦人與男子一處，若婦女之賓爲賓位焉，與男子之賓同處；婦女之主爲主位焉，與男子之主同處。於是昭子家婦人從男子皆西鄉，同在主位；賓之男子及賓之婦人皆西廂東鄉。言非也。

4.8

【原文】

穆伯之喪，敬姜晝哭；文伯之喪，晝夜哭。孔子曰："知禮矣(一)！"文伯之喪，敬姜據其牀而不哭，曰："昔者我有斯子也，吾以將爲賢人也(二)，吾未嘗以就公室(三)；今及其死也，朋友諸臣未有出涕者，而内人皆行哭失聲。斯子也，必多曠於禮矣夫(四)？"

季康子之母死，陳褻衣(五)。敬姜曰："婦人不飾不敢見舅姑，將有四方之賓來，褻衣何爲陳於斯？命徹之(六)。"

有子與子游立，見孺子慕者。有子謂子游曰："予壹不知夫喪之踊也，予欲去之久矣，情在於斯，其是也夫(七)。"子游曰："禮有微情者(八)，有以故興物者(九)；有直情而徑行者，戎狄之道也(十)。禮道則不然(十一)，人喜則斯陶(十二)，陶斯咏(十三)，咏斯猶(十四)，猶斯舞(十五)，舞斯慍(十六)，慍斯戚(十七)，戚斯歎(十八)，歎斯辟(十九),辟斯踊矣(廿)。品節斯,斯之謂禮(廿一)。人死,斯惡之矣,無能也,斯倍之矣(廿二)。是故制絞衾,設蔞翣,爲使人勿惡也(廿三)。始死,脯醢之奠,將行遣而行之,既葬而食之(廿四)。未有見其饗之者也,自上世以來未之有舍也,爲使人勿倍也(廿五)。故子之所刺於禮者,亦非禮之訾也(廿六)。"

【譯文】

穆伯的喪事,敬姜白天哭;文伯的喪事,白天夜裏都哭。孔子説:"敬姜知禮呀!"文伯的喪事,敬姜倚着他的床却不哭,説道:"以往我有這兒子呢,我以爲將會是個有賢德的人哩,我不曾親臨其公室去觀察;如今當他死了呢,朋友和衆臣没見有哭泣的,而那些妻妾却都痛哭失聲。這兒子嘛,必是多方面都把禮給荒廢的緣故吧?"

季康子的母親死,陳列着要换的内衣。敬姜説:"婦人不修飾不敢見公爹公婆,四方的賓客即將到來,褻衣爲什麽陳列在這裏?趕快命人把這些褻衣撤下。"

有子和子游站在一起,見一童子號哭着思慕父母。有子對子游説:"我一直不明白這喪事的跳着哭哩,我希望廢去這一形式很久了呀,思慕的真情全體現在這個童子身上,居喪能這樣就够了嘛。"子游説:"禮是有着微妙情感的,有用舊事激發人興起對眼前事産生思考的;有直接放縱自己的情趣徑直行事的,這是没開化的戎狄民族遵循的法則嘛。禮所遵循的法則就不這樣,人有喜事内心就歡悦,内心歡悦就不由得要吟咏,吟咏到得意之處就不覺摇晃起身體,摇着摇着便手舞足蹈起來,樂到極處往往會生出無名的愠怒,愠怒又會引發出哀戚,哀戚轉深就歎息,歎息不解氣就捶胸,捶着捶着便不由自主地踩脚跳踊了呀。品級節制就這樣,按品級加以節制稱之爲禮。人死,這是最令人憎惡的事呀,没有能力了嘛,都想背棄他呀。由於這一緣故,乃製做裹尸的絞帶被子,設置裝飾柩車的蔞翣,爲的是讓人不會産生厭惡嘛。初死,用肉脯肉醬在靈前祭奠,將送葬時要設遣奠來送行,葬畢回來還要舉辦虞祭迎魂。至於不曾見神靈前來享用這些祭品呢,要知道這是從上古以來不曾有人將此舍棄過嘛,爲的就是使人不要背棄嘛。所以你剛才對禮所譏刺的,並不是禮的瑕疵哩。"

【古注】

《注》 (一)喪夫不夜哭,嫌思情性也。(二)蓋見其有才藝。(三)未嘗與到公室觀其行也。季氏,魯之宗卿,敬姜有會見之禮。(四)内人,妻妾。(五)褻衣非上服,陳之將以斂。(六)言四方之賓嚴於舅姑。敬姜者,康子從祖母。(七)喪之踊,猶孺子之號慕。(八)節哭踊。(九)衰絰之制。(十)哭踊無節，衣服無制。（十一）與戎狄異。（十二）陶，鬱陶也。（十三）咏，謳也。（十四）猶當爲摇，聲之誤也。摇，謂身動摇也。秦人"猶""摇"聲相近。（十五）手舞之。（十六）慍，猶怒也。（十七）戚，憤恚。（十八）歎，吟息。（十九）辟，拊心。（廿）踊，躍。（廿一）舞踊皆有節乃成禮。（廿二）無能，謂心之無所復能。（廿三）絞衾，尸之飾。蔞翣，棺之牆飾，《周禮》蔞作柳。（廿四）將行，將葬也。葬有遣奠，食反虞之祭。（廿五）舍，猶廢也。（廿六）訾，病也。

《疏》 （一至四）此一節論喪夫不夜哭並母知子賢愚之事。案《家語》云："文伯歜卒，其妻妾皆行哭失聲。敬姜戒之曰：'吾聞好外者士死之，好内者女死之。今吾子早夭，吾惡其好内聞也，二三婦共祭祀者無加服。'孔子聞之曰：'女智莫若公父氏之婦知禮矣。'"與此不同者，彼戒婦人而成子之德，此論子之惡，各舉一邊相包乃具。（五、六）案《世本》，悼子紇生穆伯靖，靖與意如是親兄弟，意如是康子祖，穆伯是康子祖之兄弟，敬姜是穆伯之妻，故云康子從祖母也。（七至廿六）此一節論子游言制禮有節之事。有子謂子游曰：予壹不知夫喪之踊也，言我專壹不知夫喪之踊也，何須有節？直似孺子慕者其事足矣，予欲去此踊節其意久矣。斯，此也。言孝子之情在於此，小兒直號慕而已。其是也夫，但如小兒其事即是，何須爲哭踊之節？子游乃對之曰禮有微情者，微，殺也。言若賢者喪親必致滅性，故制使三日而食，哭踊有數，以殺其内情，使之俯就也。何胤曰："哭踊之情必發於内謂之微，微者，不見也。有以故興物者，興，起也；物，謂衰絰也；若不肖之屬，本無哀情，故爲衰絰使其覩服思哀起情企及也。引由外來，故云興物也。然衰絰之用，一則爲孝子至痛之飾，二則使不肖之人企及，今止説興物以對微情之故。有直情而經行者戎狄之道也，謂直肆己情而徑行之也，無哭踊節制，乃是夷狄之道。禮道則不然者，然，猶如是也，言中國禮道則不如是夷狄也。人喜則斯陶者，爲明踊次節，而踊由心哀，故此以下極言哀樂之本也。喜者，外竟會心之謂也；斯，語助也；陶者鬱陶，鬱陶者，心初悦而未暢之也。言人若外竟會心則懷抱欣悦，但始發俄爾則鬱陶未暢，故云斯陶也。陶斯咏者，咏，歌咏也；鬱陶情轉暢，故口歌咏之也。咏斯猶者，咏歌不足，漸至自摇動身體也。猶斯舞者，舞，起舞也，摇身不足乃至起舞，足蹈手揚，樂之極也。舞斯慍者，慍，怒也，外竟違心之謂也；凡喜怒相對，哀樂相生，故若舞而無節，形疲厭倦，事與心違，故所以怒生，怒生由於舞極，故云舞斯慍也。慍斯戚者，戚，憤恚也；怒來戚心，故憤恚起也。戚斯歎者，歎，吟息也；憤恚轉深，故因發吟息也。歎斯辟者，辟，撫心也；歎息不泄，故至撫心也。辟斯踊矣者，撫心不泄，乃至跳踊奮擊，亦哀之極也。品節斯，斯之謂禮者，品，階格也；節，制斷也；斯，此也；此之謂於哀樂也。若喜而不節，自陶至舞，俄頃而慍生；若怒而不節，從戚至踊，踊極則笑，故夷狄無禮，朝殞夕歌，童兒任情倏啼欻笑；今若品節此二塗，使踊舞有數，有數則久長，故云此之謂禮。"

4.9

【原文】

吴侵陳，斬祀殺厲（一），師還出竟。陳大宰嚭使於師。夫差謂行人儀曰："是夫也，多言，盍嘗問焉：師必有名，人之稱斯師也者，則謂之何（二）？"大宰嚭曰："古之侵伐者，不斬祀，不殺厲，不獲二毛（三）。今斯師也，殺厲與？其不謂之殺厲之師與（四）？"曰："反爾地，歸爾子，則謂之何（五）？"曰："君王討敝邑之罪，又矜而赦之，師與，有無名乎（六）？"

顔丁善居喪（七）：始死，皇皇焉，如有求而弗得；及殯，望望焉，如有從而弗及；既葬，慨焉，如不及其反而息[八]。

子張問曰："《書》云：'高宗三年不言，言乃讙。'有諸[九]？"仲尼曰："胡爲其不然也？古者天子崩，王世子聽於冢宰三年[十]。"

【譯文】

吴國侵犯陳國，砍伐社樹殺戮病弱，完了旋即班師出境。陳國太宰嚭出使來到吴師。吴君夫差交待行人儀說："太宰嚭這個人嘛，多言善辯，何不嘗試着問他：興師必須有理由，人們評論這次興師呢，都説些什麽？"行人儀按此意表達完後，太宰嚭説："古時候的侵伐者，不砍社樹，不殺病弱，不俘獲鬢髮斑白的老人。今天你們這次興師呢，殺戮病弱了麽？難道人們不會評論你們是殺戮病弱之師麽？"行人儀説："反還了侵佔你們的土地，歸還了俘獲你們的臣民，這該怎麽評説？"太宰嚭説："君王討伐敝國之罪，又憐憫而赦免了我們，如此興師呢，能没有名聲嗎？"

顔丁在父母喪期内守喪守得好：初死時，顯得彷徨失落，像是有所懇求却又得不到的樣子；出殯時，依戀地向前瞻望，好像要追隨而去却又追不上的樣子；下完葬，感慨系之，好像怕先人靈魂跟不上自己返回的脚步而走走停停。

子張問道："《尚書》云：'殷高宗居喪這三年不説話，喪畢一説話天下皆歡悦。'有這種事嗎？"仲尼説："爲什麽他不能這樣呢？古時候天子駕崩，世子三年内全聽憑冢宰攝政。"

【古注】

《注》 （一）祀，神位有屋樹者。厲，疫病。吴侵陳以魯哀元年秋。（二）大宰、行人，官名也。夫差，吴子光之子。盍，何不也。嘗，猶試也。夫差修舊怨，庶幾其師有善名。（三）獲，謂係虜之。二毛，鬢髮斑白。（四）欲微切之，故其言似若不審然，正言殺厲重人。（五）子，謂所獲民臣。（六）又微勸之終其意。吴、楚僭號稱王。（七）顔丁，魯人。（八）從，隨也。慨，憊貌。（九）時人君無行三年之喪禮者，問有此與，怪之也。讙，喜説也，言乃喜説則民臣望其言久。（十）冢宰，天官卿，貳王事者，三年之喪使之聽朝。

《音義》 （二）還音旋。竟音境。大音泰。嚭，普彼反 pǐ（ㄆㄧˇ）。夫差，吴王名，闔廬子。（九）讙音歡。説音悦。

《疏》 （一至六）此一節明征伐不合斬祀殺厲之事。夫差既見陳大宰嚭來，謂行人之官名儀曰："是夫也，多言。"夫，謂大宰嚭；言，是大宰嚭也博聞强識多有所言。盍，何不也。嘗，試也。何不試就問焉，我脩先君之怨而興此師，必有善名在外，衆人稱此師也，欲令行人儀以此辭而問大宰嚭也。知者，案《左傳》："吴伐楚，使召陳懷公。懷公朝國人而問焉曰：'欲與楚者右，欲與吴者左，陳人有田從田，無田從黨。'逢滑當公而進曰：'楚未可棄，吴未可從。'"陳懷公遂不從吴子光之召。至今夫差克越，乃脩先君之怨。秋八月吴侵陳脩舊怨是其事。案六年吴伐陳，鄭知非六年者，稱伐不云侵。哀元年，經雖不見，傳云吴侵陳，與此文同，俱云侵，故爲哀元年。陳大宰嚭與吴大宰嚭名號同而人異也。正言殺厲重人，以其殺人，故重；於斬祀，若其不殺，直拘囚人而已，則輕也。故《穀梁傳》云"苞人民、毆牛馬曰侵，斬樹木、壞宫室曰伐"，是侵輕而伐重也。又微勸之終其意者，上以微切之譏斬祀殺厲，今復勸之反地歸子，故言又也。因吴王反地歸子則云師有善名，是微勸之也；終其意者，上譏切斬祀及殺厲是初有其意，欲吴哀矜，既得吴哀矜，則云師有善名，是終竟其欲哀矜之意。（七、八）此一節論孝子居喪哀殺有漸之事。皇皇，猶彷徨，如所求物不得。望望，謂殯後容貌望望焉；如有從，逐人後行而不及之。但始死據内心所求，殯後據外貌所求。既葬慨焉如不及者，謂既葬之後中心悲，慨然如不復所及。既不可及，其反而息者，亦猶哀在内心，但稍輕耳。（九、十）此一節論世子遭喪冢宰聽政之事。言乃讙者，《尚書·無逸》云"言乃雍"，雍讙字相近，義得兩通。

【淺悟】

太宰又稱冢宰，相當於後世的丞相。行人是使者的通稱，掌管重大交際事宜。由於吴國也有位名叫嚭的太宰，故宋朝以後的一些學者便認爲此節的太宰嚭和行人儀的國别搞顛倒了。這種説法未免太武斷。首先，當時的陳國似乎没有名叫儀的行人；其次，兩國力量相差懸殊，大兵壓境的强國有可能派太宰去跟已在自己掌握中的弱小國家的行人對話嗎？

4.10

【原文】

知悼子卒，未葬（一），平公飲酒（二），師曠、李調侍（三），鼓鐘（四）。杜蕢自外來，聞鐘聲曰："安在（五）？"曰在寢（六）。杜蕢入寢，歷階而升，酌曰曠飲斯；又酌曰調飲斯；又酌堂上北面坐飲之；降，趨而出（七）。平公呼而進之曰："蕢，曩者爾心或開予，是以不與爾言（八），爾飲曠何也？"曰："子卯不樂（九）。知悼子在堂，斯其爲子卯也大矣（十），曠也，大師也，不以詔，是以飲之也（十一）。""爾飲調何也？"曰："調也，君之褻臣也，爲一飲一食，亡君之疾，是以飲之也（十二）。""爾飲何也？"曰："蕢也，宰夫也，非刀匕是共，又敢與知防，是以飲之也（十三）。"平公曰："寡人亦有過焉，酌而飲寡人（十四）！"杜蕢洗而揚觶（十五）。公謂侍者曰："如我死，則必無廢斯爵也（十六）。"至于今既畢獻，斯揚觶謂之"杜舉"（十七）。

【譯文】

智悼子死，尚未送葬，晉平公與羣臣燕飲，師曠、李調陪侍，敲編鐘奏樂。杜蕢從外邊進來，聽到鐘聲問："哪裏在敲鐘？"回答在寢廟。杜蕢進入寢廟，歷階而上，斟了一杯酒請師曠飲這杯；又斟一杯請李調飲這杯；又斟一杯來到堂上面朝北坐下一飲而盡，然後下了臺階，快步往外走。平公喊他進來説："杜蕢，剛才你心裏或許想開導我，所以不跟你説話，現在問你，你要師曠飲酒爲了什麽?”答道:“子日和卯日不奏樂。智悼子的靈柩就停在廟堂上,這比子卯日更重大呀。師曠呢,乃太師哩,不給君上以勸告,所以要他飲嘛。”“你要李調飲酒爲了什麽?”答道:“李調嘛,乃君上寵倖的臣子哩,爲貪一杯酒一口食,竟然忘了君上的毛病,所以要他飲嘛。”“你飲是爲什麽呢?”答道:“我杜蕢嘛,乃一介宰夫哩,不跟刀勺在一塊,却膽敢参與主張防禁之事,所以要飲這杯罰酒嘛。”平公説:“寡人也有過錯呀,斟一杯罰寡人飲!”杜蕢洗過酒觶並舉起斟滿的酒。平公告訴侍者説:“如果我死了,一定不能廢棄這樽酒觶哩。”直到如今獻完酒,這樣舉起酒觶稱之爲“杜舉”。

【古注】

《注》 (一)悼子,晉大夫荀盈,魯昭九年卒。(二)與羣臣燕。平公,晉侯彪。(三)侍,與君飲也,《燕禮》記曰“請旅侍臣”。(四)樂作也,燕禮,賓入門奏《肆夏》,既獻而樂闋,獻君亦如之。(五)怪之也。杜蕢或作屠蒯。(六)燕於寢。(七)三酌皆罰。(八)曩,鄉也,謂始來入時。開,謂諫争有所發起。(九)紂以甲子死,桀以乙卯亡,王者謂之疾日,不以舉樂爲吉事,所以自戒懼。(十)言大臣喪重於疾日也,《雜記》曰:“君於卿大夫,比葬不食肉,比卒哭不舉樂。”(十一)詔,告也。大師典奏樂。(十二)言調貪酒食。褻,嬖也。近臣亦當規君疾憂。(十三)防,禁放溢。(十四)聞義則服。(十五)舉爵於君也。《禮》揚作媵,揚,舉也;媵,送也;揚近得之。(十六)欲後世以爲戒。(十七)此爵遂因杜蕢爲名。畢獻,獻賓與君。

《音義》 知悼子,知音智。李調,《左傳》作外嬖,嬖叔。曩,乃黨反(nǎng・ㄋㄤˇ)。子卯不樂,賈逵云:“桀以乙卯日死,紂以甲子日亡,故以爲戒。”鄭同,《漢書》翼奉説則不然,張晏云:“子刑卯,卯刑子,相刑之日故以爲忌,而云夏殷亡日不推湯武以興乎?”觶,之豉反(zhì・ㄓˋ),《字林》音支,酒器。

《疏》 此一節論君有大臣之喪,不得有作樂飲酒之事。

【淺悟】

《論語・憲問》篇中,子路問事君,子曰:“勿欺也,而犯之。”“犯”指的是犯顔直諫。諫,即以直言正人之非。諫君,在家天下時代是要冒風險的,説得不好,甚至要付出身家性命的代價,所以要講究方式方法。杜蕢一介火夫,面對國君的錯誤並未直捷指向君,而是指向樂師和寵臣,最終却能使國君主動認錯。杜蕢可謂智者也,充分運用了諫諍的技巧,爲後世範。

4.11

【原文】

公叔文子卒(一),其子戍請諡於君曰:“日月有時,將葬矣,請所以易其名者(二)。”君曰:“昔者衛國凶饑,夫子爲粥與國之餓者,是不亦惠乎(三)?昔者衛國有難,夫子以其死衛寡人,不亦貞乎(四)?夫子聽衛國之政,脩其班制,以與四鄰交,衛國之社稷不辱,不亦文乎(五)?故謂夫子貞惠文子(六)。”

石駘仲卒(七)，無適子，有庶子六人，卜所以爲後者(八)，曰："沐浴佩玉則兆(九)。"五人者皆沐浴佩玉。石祁子曰："孰有執親之喪而沐浴佩玉者呼！"不沐浴佩玉(十)。石祁子兆。衛人以龜爲有知也。

陳子車死於衛，其妻與其家大夫謀以殉葬(十一)，定而后陳子亢至，以告曰："夫子疾，莫養於下，請以殉葬(十二)。"子亢曰："以殉葬，非禮也。雖然，則彼疾，當養者，孰若妻與宰？得已，則吾欲已；不得已，則吾欲以二子者之爲之也(十三)。"於是弗果用(十四)。

【譯文】

公叔文子死，他兒子戍向國君請求賜謚號說："日子有數，將要下葬了呀，請用什麼稱號代替先父的名字。"衛靈公說："昔日衛國遭逢凶年鬧饑荒，夫子施粥賑濟國中的饑餓百姓，這不也有恩惠嗎？昔日衛國發生内亂，夫子以其必死的忠勇保衛寡人，不也堅貞嗎？夫子治理衛國的政務，修整所轄官階的秩序，以便與四鄰交接，使衛國的社稷不會蒙受恥辱，不也文德昭彰嗎？所以應稱夫子爲貞惠文子。"

石駘仲死，没有嫡子，只有庶子六人，用占卜來確定誰當立爲後嗣，説道："洗完澡佩帶玉才能顯示徵兆。"其中五人都洗了澡佩了玉。石祁子反對説："誰有爲父親守喪還沐浴佩玉的呀！"他堅持不沐浴佩玉。結果石祁子得到了後嗣的吉兆。衛人認爲龜有知覺。

陳子車病死在衛國，他的妻室跟他的家宰謀畫用活人陪葬，決定之後陳子亢趕到，便將此事告訴他説："夫子有病，没有人在地下爲他調養，請用活人殉葬。"子亢説："用活人殉葬，不符合禮制規定哩。縱然如此，考慮他有病，擔當調養的人，誰能比得上妻室和家宰知根知底？得以罷止，我也願意罷止；不能罷止，那我希望你二人爲之殉葬嘛。"於是此事決定不採用。

【古注】

《注》 (一)文子，衛獻公之孫，名拔，或作發。(二)謚者，行之迹。有時，猶言有數也，大夫士三月而葬。(三)君，靈公也。(四)難，謂魯昭公二十年盜殺衛侯之兄縶也。時齊豹作亂，公如死鳥。(五)班制，謂尊卑之差。(六)後不言貞惠者，文足以兼之。(七)駘仲，衛大夫石碏之族。(八)莫適立也。(九)言齊絜則得吉兆。(十)祁子心正且知禮。(十一)子車，齊大夫。(十二)子亢，子車弟，孔子弟子。下，地下。(十三)度諫之不能正，以斯言拒之。已，猶止也。(十四)果，決。

《疏》 (一至六)請所以易其名者，生存之日若呼其名，今既死將葬，故請所以誄行爲之作謚，易代其名者。故謂夫子貞惠文子者，案謚法，愛民好與曰惠，外内用情曰貞，道德博聞曰文。既有道德，則能惠能貞，故鄭云後不言貞惠者，文足以兼之。(七至十)不沐浴佩玉者，居親之喪必衰絰憔悴，安有居親之喪而沐浴佩玉者乎？言不可。鄭云心正且知禮者，不信邪言是心正，居喪不沐浴佩玉是知禮也。(十一至十四)此一節論殉葬非禮之事。

【淺悟】

駘,讀音 dái(ㄉㄞˊ)。亢,讀音 gāng(ㄍㄤ)。

陳子亢,《史記·仲尼弟子列傳》中無此人;《論語》中三見其人,足以證明其不可能是孔門弟子。鄭玄謂其爲孔子弟子,不知有何依據。

4.12

【原文】

子路曰:"傷哉貧也!生無以爲養,死無以爲禮也。"孔子曰:"啜菽飲水盡其歡,斯之謂孝;斂手足形,還葬而無椁,稱其財,斯之謂禮(一)。"

衛獻公出奔,反於衛,及郊,將班邑於從者而后入(二)。柳莊曰:"如皆守社稷,則孰執羈靮而從?如皆從,則孰守社稷(三)?君反其國而有私也,毋乃不可乎(四)?"弗果班。

衛有大史曰柳莊,寢疾。公曰:"若疾革,雖當祭必告(五)。"公再拜稽首請於尸曰:"有臣柳莊也者,非寡人之臣,社稷之臣也,聞之死,請往(六)。"不釋服而往,遂以襚之(七),與之邑裘氏與縣潘氏,書而納諸棺曰:"世世萬子孫無變也(八)。"

陳乾昔寢疾,屬其兄弟,而命其子尊己曰:"如我死,則必大爲我棺,使吾二婢子夾我(九)。"陳乾昔死,其子曰:"以殉葬,非禮也,況又同棺乎!"弗果殺(十)。

仲遂卒于垂,壬午猶繹,萬入去籥(十一)。仲尼曰:"非禮也,卿卒不繹。"

【譯文】

子路說:"貧困真傷腦筋啊!父母在世時無法盡心奉養,死後無法依禮安葬哩。"孔子說:"吃稀粥喝清水也要盡量使父母心情歡暢,這就可以稱之爲孝;入殮有衣裳棺材掩住手脚形貌不外露,即便匆忙下葬没有椁,只要與自己的財力相稱,這就可以稱之爲禮。"

衛獻公出奔,十二年後返回衛國,到達郊外時,打算頒賜封邑給跟隨出奔的臣下之後再入城。柳莊說:"如果都去守護各自的封邑,再遭不測誰執馬繮跟隨出奔?如果都隨從出奔,那麼誰來守護封邑?君上一回國先顧及私情呢,恐怕不恰當吧?"最終没實施班賜。

衛國太史名叫柳莊,卧病不起。獻公說:"如果病情危急,即便我正在主持祭祀也必須報告。"這話不幸說中了。獻公向代神受祭的尸再次敬拜叩頭請求説:“有位名叫柳莊的臣子,不光是寡人的臣子,更是關系社稷安危的重臣哩,聽説他死了,請允許前往。”説完不脱祭服就去了,順手脱下祭服蓋在柳莊身上,賜給柳家封邑裘氏和縣潘氏兩處,將賞辭書録下來放進棺内,辭曰:“此邑世世相傳萬代子孫不得變更哩。”

陳乾昔卧病不起,囑咐他的兄弟,並命他的兒子尊己説:“如果我死了,就一定給我做個大棺材,使我的兩個婢子把我夾在當中。”陳乾昔死後,他的兒子説:“拿活人殉葬,不符合禮制規定嘛,況且又是同棺呀!”最終没讓二婢子殉葬。

仲遂死在垂地,第二天的壬午日魯君仍在舉行繹祭,萬舞進來籥舞出去。仲尼説:“這不符合禮制嘛,卿死不可舉行繹祭。”

【古注】

《注》 (一)還,猶疾也,謂不及其日月。(二)欲賞從者,以懼居者。獻公以魯襄十四年出奔齊,二十六年復歸於衛。(三)言從守若一。靮,紖也。(四)言有私則生怨。(五)革,急也。(六)急弔賢者。(七)脱君祭服以襚臣,親賢也。所以此襚之者,以其不用襲也,凡襚以斂。(八)所以厚賢也。裘,縣潘,邑名。(九)婢子,妾也。(十)善尊己,不陷父於不義。(十一)《春秋經》在宣八年。仲遂,魯莊公之子東門襄仲。先日辛巳有事於太廟而仲遂卒,明日而繹,非也。萬,干舞也。籥,籥舞也。《傳》曰:“去其有聲者,廢其無聲者。”

《音義》 (一)叔或作菽,音同,大豆也,王云“熬豆而食曰啜菽”。還音旋。(三)靮,丁歷反 dí(ㄉㄧˊ)。(五)革,本又作亟,居力反 jí(ㄐㄧˊ)。(九)乾音干。屬,之玉反 zhǔ(ㄓㄨˇ)。

《疏》 (一)啜菽飲水,以菽爲粥,以常啜之飲水更無餘物,以水而已。雖使親啜菽飲水盡其歡樂之情,此之謂孝。斂首足形者,親亡,但以衣棺斂其頭首及足,形體不露。還,速。葬而無椁材,稱其家之財物所有以送終,此之謂禮。(二至四)此一節論衛君歸國不合私賞從者之事。(五至八)柳莊爲衛大史,今寢疾,其家自告,公報之曰:若疾急困,雖當我祭必須告也。其後柳莊果當公祭之時卒而來告公。公祭事雖了,與尸爲禮未畢,公再拜稽首請於尸曰:有臣柳莊也者,才能賢異,非唯寡人之臣,乃是社稷之臣,今聞之身死,請往赴之。又不釋祭服即往哭,遂以所著祭服脱而襚之;又與之采邑曰裘氏及縣潘氏;與二邑又書録其賞辭而納之棺云:世世恒受此邑至萬世子孫無有改變。(九、十)此一節論人病時失禮也。尊己,乾昔子名也。(十一)萬是執干而舞,武舞也,即《文王世子》云“春夏學干戈”是也。籥舞,執羽吹籥而舞,《文王世子》云“秋冬學羽籥”是也。云去其有聲,謂去籥舞,以吹籥有聲故也;廢其無聲,謂廢留萬舞而不去,以萬無聲故也。

【淺悟】

“啜叔飲水”的叔字,同菽,即豆類。

所謂“社稷”,土神稱“社”。穀神稱“稷”。社稷一詞多數情況指國家。但也未必全指國家,凡有封邑者必立社稷,按時祭祀土神和穀神,示不忘本。《周禮·春官·大宗伯》:“以血祭祭五祀五獄。”鄭《注》:“社稷土穀之神,有德者配食焉。”《白虎通義》三《社稷》:“人非土不立,非穀不食……故封土立社,示有土地;稷,五穀之長,故立稷而祭之也。”由此可見,“衛獻公出奔”一節中提到的“社稷”,就是指“班邑”而言。

4.13

【原文】

季康子之母死,公輸若方小(一),斂,般請以機封(二)。將從之(三),公肩假曰:“不可! 夫魯有初(四),公室視豐碑(五),三家視桓楹(六)。般,爾以人之母嘗巧,則豈不得以(七)? 其母以嘗巧者乎? 則病者乎(八)? 噫(九)?”弗果從。

戰于郎(十),公叔禺人遇負杖入保者息(十一),曰:“使之雖病也(十二),任之雖重也(十三),君子不能爲謀也,士弗能死也。不可(十四),我則既言矣(十五)!”與其鄰重汪踦往,皆死焉(十六)。魯人欲勿殤重汪踦(十七),問於仲尼;仲尼曰:“能執干戈以衛社稷,雖欲勿殤也,不亦可乎(十八)?”

子路去魯,謂顔淵曰:“何以贈我(十九)?”曰:“吾聞之也,去國,則哭于墓而后行;反其國不哭,展墓而入(廿)。”謂子路曰:“何以處我(廿一)?”子路曰:“吾聞之也,過墓則式,過祀則下(廿二)。”

工尹商陽與陳弃疾追吳師,及之(廿三)。陳弃疾謂工尹商陽曰:“王事也,子手弓而可? 手弓,子射諸(廿四)!”射之,斃一人,韔弓。又及,謂之,又斃二人;每斃一人,揜其目(廿六);止其御曰:“朝不坐,燕不與,殺三人,亦足以反命矣(廿七)!”孔子曰:“殺人之中,又有禮焉(廿八)!”

【譯文】

季康子的母親死,掌管下葬的匠師公輸若年紀尚小,下棺時,其族人公輸般請求用自己造的機械操作。正準備依此而行,公肩假説:“不可! 這下棺的方式魯國有最初的舊制,公室下葬參照以大木爲碑的方式,季氏、叔氏、孟氏三家參照樹大楹柱的方式。公輸般,你拿人家的母親嘗試機巧,這莫非是被人逼迫而不得已? 康子的母親是可以用來嘗試機巧的人嗎? 你不爲此擔憂嗎? 噫?”最終没遵從般的技法。

魯國在郎邑與齊國抗戰,公叔禺人遇見扛着兵器躲進城堡的士兵在休息,説道:“徭役把他們害得雖苦不堪言哩,賦税把他們壓得雖不堪重負哩,可是執政的君子還是不能爲之計謀哩,所以士卒不能死國難嘛。不行,我既然這樣説了就得爲此言負責呀!”於是便與他鄰里的童子汪踦一同衝入敵陣,都戰死在沙場。魯國人希望不以夭折的名義爲童子汪踦舉行葬禮,去向仲尼請教;仲尼説:“能拿起武器扞衛祖國,僅希望不以夭折的名義舉行葬禮哩，不是也很合適嗎?”

子路要離開魯國，對顔淵説：“拿什麽贈送我?”顔淵道：“我聽説呢，離開祖國時，應到祖墓哭過之後再上路；返回祖國不哭，在祖墓周圍省視一遍再進城。”又問子路道：“拿什麽安頓我?”子路説：“我聽説嘛，乘車經過墓地須撫式示敬，經過祀神之處須下車。”

工尹商陽隨從陳弃疾追逐吴國潰軍，追上時，陳弃疾催促工尹商陽道：“這是君王的事哩，你手拿着弓就可以啦？端起手上的弓，你射他們呀!”射過去，仆倒一人，弓便裝進弓套。又追上，陳弃疾再催促，又射倒二人；每仆倒一人，商陽都要用手掩住自己的眼睛；此時停下他的車説：“朝覲不得坐，燕飲不能參與，射殺三人，也足以復命了呀!”孔子説：“殺人之中，也能體現出禮的作用呀!”

【古注】

《注》 (一)公輸若，匠師。方小，言年尚幼，未知禮也。(二)斂，下棺於椁。般，若之族多技巧者，見若掌斂事而年尚幼，請代之而欲嘗其技巧。(三)時人服般之巧。(四)初，謂故事。(五)言視者，時僭天子也。豐碑，斲大木爲之，形如石碑，於椁前後四角樹之，穿中於間爲鹿盧，下棺以綍繞，天子六綍四碑，前後各重鹿盧也。(六)時僭諸侯。諸侯下天子也，斲之形如大楹耳，四植謂之桓。諸侯四綍二碑，碑如桓矣；大夫二綍二碑；士二綍無碑。(七)以，已字。言誰有强使女者與？僭於禮有似作機巧，非也。以與已字本同。(八)毋，無也。於女寧有病苦與止之。(九)不寤之聲。(十)郎，魯近邑也。哀十一年，齊國書帥師伐我是也。(十一)遇，見也。見走辟齊師，將入保，罷倦，加其杖頸上，兩手掖之休息者。保，縣邑小城。禺人，昭公之子，《春秋傳》曰“公叔務人”。(十二)謂時繇役。(十三)謂時賦税。(十四)君子，謂卿大夫也。魯政既惡，復無謀臣，士又不能死難，禺人恥之。(十五)欲敵齊師踐其言。(十六)奔敵死齊寇。鄰，鄰里也。重皆當爲童。童，未冠者之稱，姓汪名踦。鄰或爲談，《春秋傳》曰“童汪踦”。(十七)見其死君事，有士行，欲以成人之喪治之。言魯人者，死君事國爲斂葬。(十八)善之。(十九)贈，送。(廿)無君事，主於孝。哭，哀去也。展，省視之。(廿一)處，猶安也。(廿二)居者主於敬。(廿三)工尹，楚官名。弃疾，楚公子弃疾也，以魯昭八年帥師滅陳，縣之，楚人善之，因號焉；至十二年，楚子狩於州來，使蕩侯、潘子、司馬督、囂尹午、陵尹喜圍徐以懼吴，於時有吴師。陳或作陵，楚人聲。(廿四)商陽仁，不忍傷人，以王事勸之。(廿五)不忍復射斃仆也。韔，韜也。(廿六)揜其目，不忍視之。(廿七)朝燕於寢，大夫坐於上，士立於下。然則商陽與御者皆士也，兵車參乘射者在左，戈盾在右，御在中央。(廿八)善之。

《疏》 (一至九)公輸若爲匠師之官，年方幼小，主掌窆事，欲下棺斂於壙中。其若之族人公輸般性有技巧，請爲以轉動機關窆而下棺。時人服般之巧，將從之。時有公肩假止而不許曰：不可，爲機窆之事，夫魯有初始舊禮。豐，大也，謂用大木爲碑。桓，大也；楹，柱也，其用之碑如大楹柱。言之舊事其法如此。遂呼般之名，般，女得以人之母而嘗巧乎？嘗，試也，欲以人母試己巧事，誰有强偪於女而爲此乎？豈不得休已者哉？其無以人母嘗試己巧，則於女病者乎？公肩假既告般爲此言，乃更噫而傷歎，於是衆人遂止不果從般之事。(十至十八)依禮，童子爲殤，魯人見其死寇，欲勿殤童汪踦，意以爲疑，問於仲尼。仲尼報之云：汪踦能執干戈以衛社稷，勿，猶不也，雖欲不以爲殤，不亦可乎？言其可不爲殤也。（十九至廿二）過墓則式，過祀則下者，墓，謂他家墳壟；祀，謂神位有屋樹者。居無事，主於恭敬，故或式或下也。（廿三至廿八）孔子曰，殺人之中又有禮焉者，言其既殺人之中又有禮，則韔弓揜目等是也。

【淺悟】

韔，讀音 chàng（ㄔㄤˋ），弓套。

以上各節的歷史實録，件件耐人尋味。

4.14

【原文】

諸侯伐秦，曹桓公卒于會(一)。諸侯請含(二)，使之襚(三)。襄公朝于荆，康王卒(四)，荆人曰："必請襚(五)。"魯人曰："非禮也。"荆人强之(六)；巫先拂柩；荆人悔之(七)。

滕成公之喪(八)，使子叔敬叔弔，進書(九)，子服惠伯爲介(十)。及郊，爲懿伯之忌不入(十一)，惠伯曰："政也，不可以叔父之私不將公事(十二)。"遂入(十三)。

哀公使人弔蕢尚，遇諸道。辟於路，畫宫而受弔焉(十四)。曾子曰："蕢尚不如杞梁之妻之知禮也(十五)。齊莊公襲莒于奪，杞梁死焉(十六)。其妻迎其柩於路，而哭之哀。莊公使人弔之，對曰：'君之臣不免於罪，則將肆諸市朝，而妻妾執(十七)；君之臣免於罪，則有先人之敝廬在，君無所辱命(十八)。'"

孺子𩁹之喪(十九)，哀公欲設撥(廿)，問於有若。有若曰："其可也，君之三臣猶設之(廿一)。"顔柳曰："天子龍輴而椁幬(廿二)；諸侯輴而設幬(廿三)，爲榆沈，故設撥(廿四)；三臣者廢輴而設撥，竊禮之不中者也，而君何學焉(廿五)？"

悼公之母死(廿六)，哀公爲之齊衰。有若曰："爲妾齊衰，禮與(廿七)？"公曰："吾得已乎哉？魯人以妻我(廿八)。"

季子皋葬其妻，犯人之禾(廿九)。申祥以告曰："請庚之(卅)。"子皋曰："孟氏不以是罪予(卅一)，朋友不以是弃予(卅二)。以吾爲邑長於斯也，買道而葬，後難繼也(卅三)。"

【譯文】

諸侯討伐秦國，曹桓公死在會師處，諸侯敦請爲其口中含珠玉，曹人請他們一便爲其襚衣。魯襄公到楚國荆州朝會，適逢楚康王死，荆人説："必須請襄公爲康王襚衣。"魯人説："這不符合禮的規範。"荆人强行要求；襄公採用君臨臣喪之禮，令巫祝先用桃枝編的茢帚拂拭棺柩；荆人見此悔恨不已。

滕成公的喪事，魯使子叔敬叔前去弔唁，呈進弔書，子服惠伯擔任他的佐助。到達滕國近郊，敬叔因與懿伯有怨忌而不打算進城，惠伯說："政令在身哩，不可因叔父的私怨而不奉行公事。"於是進了城。

魯哀公使人弔慰蕢尚，不巧在道上跟他相遇。蕢尚在路旁找了塊僻静處，在地上畫了個宫室接受使者弔慰。曾子說："蕢尚還不如杞梁之妻知禮呢。齊莊公在莒國郊外進行偷襲，杞梁被殺死。其妻到路上迎接杞梁的靈柩，哭得很哀傷。莊公使人弔慰她，她回答說：'君的臣下如果不能免於罪責，就將他陳尸市朝，並將妻妾一齊拘執；君的臣下要是有幸免於罪責，現在只有先人的破屋在，君上没有地方下辱使命。'"

小兒子韥的喪事，魯哀公想設置牽引殯車的繩索，向有若詢問。有若說："可以嘛，君的三位大臣尚且設置引繩。"顏柳說："天子使用車轅畫着龍的殯車而且棺柩用椁覆蓋着；諸侯的殯車不畫龍只是設置車帷，由於榆木車沉重，所以設置牽引殯車的繩索；三大臣廢棄殯車的等級並設置牽引殯車的繩索，這是僭竊禮制的不正當行爲哩，你國君爲何仿效他們呀？"

魯悼公的母親死，哀公爲她著齊衰喪服。有若問："爲妾著齊衰服，符合禮制麽？"哀公說："我能脱去嗎？魯國人都認爲她是我正妻。"

季子皋埋葬他的妻子，踐踏了人家的莊稼。申祥把損毁的情形告訴他說："請賠償人家。"子皋說："孟氏不因此事怪罪我，朋友不因此事嫌棄我。由於我在這裏擔任邑長哩，要是帶頭買下一路的損毁才能送葬，恐怕後面的百姓很難繼續這樣做嘛。"

【古注】

《注》 （一）魯成十三年，曹伯廬卒於師是也。廬謚宣，言桓，聲之誤也。（二）以朋友有相啖食之道。（三）非也。襲，賤者之事。（四）在魯襄二十八年。康王，楚子昭也。楚言荆者，州言之。（五）欲使襄公衣之。（六）欲尊康王。（七）巫祝桃茢，君臨臣喪之禮。（八）魯昭三年。（九）子叔敬叔，魯宣公弟叔肸之曾孫叔弓也。進書，奉君弔書。（十）惠伯，慶父玄孫之子，名椒。介，副也。（十一）郊，滕之近郊也。懿伯，惠伯之叔父忌怨也。敬叔有怨於懿伯，難惠伯也，《春秋傳》曰"敬叔不入"。（十二）政，君命所爲。敬叔於昭穆以懿伯爲叔父。（十三）惠伯强之乃入。（十四）哀公，魯君也。畫宫，畫地爲宫象。（十五）行弔禮於野非。（十六）魯襄二十三年齊侯襲莒是也，《春秋傳》曰："杞殖、華還載甲夜入且於入隧。"隧、奪聲相似，或爲兑。梁即殖也。（十七）肆，陳尸也，大夫以上於朝，士以下於市。執，拘也。（十八）無所辱命，辭不受也，《春秋傳》曰"齊侯弔諸其室"。（十九）魯哀公之少子。（廿）撥，可撥引輴車，所謂紼。（廿一）猶，尚也，以臣況子也。三臣，仲孫、叔孫、季孫氏。（廿二）輴，殯車也，畫轅爲龍。幬，覆也，殯以椁覆棺而塗之，所謂菆塗龍輴以椁。（廿三）輴不畫龍。（廿四）以水澆榆白皮之汁，有急以播地於引輴車滑。（廿五）止其學非禮也。廢，去也。紼繫於輴，三臣於禮去輴，今有紼，是用輴僭禮也。殯禮，大夫菆置西序，士掘肂見衽。（廿六）母，哀公之妾。（廿七）譏而問之。妾之貴者爲之緦耳。(廿八)言國人皆名之爲我妻,重服嬖妾文過非也。(廿九)季子皋,孔子弟子高柴,孟氏之邑成宰,或氏季。犯,躐也。(卅)申祥,子張子。庚,償也。(卅一)時僭侈。(卅二)言非大故。(卅三)恃寵虐民,非也。

《疏》 (一至七)此一節論諸侯失禮之事。不言楚而言荆者,楚屬荆,故荆言之也。荆蓋楚之本號,魯莊之世告命皆稱荆,至僖元年始稱楚。(八至十三)此一節論不可以私廢公之事。敬叔爲使,惠伯爲介,至滕之近郊。懿伯是惠伯叔父,敬叔於先有怨於懿伯,今至滕郊,爲有懿伯之怨,故畏難惠伯不敢入。惠伯知其難已,遂開釋之:今既奉君命政令奉使滕國,不可以叔父私怨遂欲報讎不行公事也。云敬叔於昭穆以懿伯爲叔父者,此後人傳寫鄭注之誤,當云:敬叔於昭穆以惠伯爲叔父。檢堪《世本》,敬叔是桓公七世孫,惠伯是桓公六世孫,惠伯是敬叔之父六從兄弟,則敬叔呼惠伯爲叔父,呼懿伯爲五從祖,故知此《注》誤也。(十四至十八)此一節論蕢尚不如婦人得禮之事。(十九至廿五)此論諫哀公不得學僭禮之事。顔柳以有若對非,其實恐哀公從之,以其正禮而言。(二十六至二十八)此一節論哀公爲妾著服非禮之事。(廿九至卅三)此一節論高柴非禮之事。

【淺悟】

蕢,讀音 kuài(ㄎㄨㄞˋ)。輴,讀音 tūn(ㄊㄨㄣ)。輴,讀音 chūn(ㄔㄨㄣ),載柩車。幬,讀音 dào(ㄉㄠˋ),覆蓋;又讀 chóu(ㄔㄡˊ),床帳、車帷。

4.15

【原文】

仕而未有祿者,君有饋焉曰獻,使焉曰寡君(一),違而君薨,弗爲服也(二)。

虞而立尸,有几筵,卒哭而諱(三),生事畢而鬼事始已(四)。既卒哭,宰夫執木鐸以命于宫曰:“舍故而諱新(五)。”自寢門至于庫門(六)。

二名不偏諱。夫子之母名徵在,言在不稱徵,言徵不稱在(七)。

軍有憂,則素服哭於庫門之外(八),赴車不載櫜韔(九)。

有焚其先人之室,則三日哭(十),故曰“新宫火”,亦三日哭(十一)。

【譯文】

已出仕却没有俸禄的話,有物饋贈給國君稱獻,出使他國稱自己的國君爲寡君,離開本國到他邦任職後如果原國君死了,不必爲他服喪嘛。

虞祭要立尸,有供奉神主的几筵,行完卒哭禮就要諱稱死者的名,標誌侍奉生時的完畢和侍奉先人神靈的開始而已。行罷卒哭禮,職掌治朝之法的宰夫便摇着木舌鈴鐺在宫中命令説:“遷出六世高祖的神位而安放新的避諱。”從宫外的寢門一直傳達到庫門。

兩個字的名不全諱。比如夫子的母親徵在,説在就不提徵,説徵就不提在。

軍隊戰敗，就用素絹纏着帽子到庫門外去哭，回國赴告的車上不載藏入櫜袋的甲胄和裝進韔套的弓箭。

供奉先人靈位的宗廟被人焚毁，則哭三日。所以《春秋經》所説的"魯宣公新建的宗廟遭天火"這件事，也是哭了三天。

【古注】

《注》 (一)見在臣位與有禄同也。君有饋，有饋於君。(二)以其恩輕也。違，去也。(三)諱，辟其名。(四)謂不復饋食於下室而鬼神祭之。已，辭也。(五)故，謂高祖之父當遷者也。《易説》帝乙曰：《易》之帝乙爲成湯，《書》之帝乙六世王，天之錫命疏可同名。(六)百官所在。庫門，宫外門。《明堂位》曰："庫門，天子皋門。"(七)稱，舉也。《雜記》曰："妻之諱，不舉諸其側。"(八)憂，謂爲敵所敗也。素服者，縞冠也。(九)兵不戢，示當報也，以告喪之辭言之，謂還告於國。櫜，甲衣。韔，弓衣。(十)謂人燒其宗廟。哭者，哀精神之有虧傷。(十一)火，人火也。新宫火，在魯成三年。

《疏》 (一、二)此一節論臣之仕未得禄者與得禄之臣有同有不同之事。君有饋焉曰獻者，君有饋，謂臣有物饋獻於君。使焉曰寡君者，謂爲君使往他國，則自稱己君爲寡君也。則並與得禄者同也。違而君薨弗爲服也者，違，去也，今此未得禄之臣，唯在朝時乃服，若放出他邦而故君薨，所仕雖敵亦不反服也，以其本無禄，恩輕故也。(三至六)此一節論葬後當以鬼神事之禮，未葬由生事之，故未有尸；既葬，親形已藏，故立尸以係孝子之心也。有几筵者，今葬訖，既設虞祭，更立筵與几相配。卒哭而諱者，諱，謂神名也，古者生不相諱，卒哭之前猶生事之，至卒哭乃有神諱也。生事畢而鬼事始已者，既虞卒哭，則生事畢，鬼神之事方爲始也。自寢門至于庫門者，前既執木鐸以命宫中，又出宫從寢門至于庫門；寢門、路門、庫門是魯之外門也，百官及宗廟所在之次，至庫門咸使知之也。(八、九)此一節論軍敗當報之事。赴車不載櫜韔者，軍既有憂，從軍赴國之車但露載其甲及兵，未有報敵之意，故甲則不以櫜戢之，弓則不以韔戢之。(十、十一)案宣十六年《左傳》云："人火曰火，天火曰災。"新宫者，魯宣公廟，故成三年《公羊傳》云："新宫者何？宣公之宫也。"

【淺悟】

櫜，讀音 gāo(ㄍㄠ)。櫜和韔都是斂藏兵器之具。

從以上各節可以看出，古代的禮，制訂得何等詳備。這就是爲什麽古人不注重刑罰而能使天下大治的根源所在。天下的治與亂，全在禮制的興或廢。禮能促使人類文明，刑罰則不能。

4.16

【原文】

孔子過泰山側，有婦人哭於墓者而哀。夫子式而聽之(一)，使子路問之曰："子之哭也，壹似重有憂者。"而曰："然。昔者吾舅死於虎，吾夫又死焉，今吾子又死焉(二)！"夫子曰："何爲不去也？"曰："無苛政。"夫子曰："小子識之，苛政猛於虎也！"

魯人有周豐也者，哀公執摯請見之(三)，而曰不可(四)。公曰："我其已夫[五]?"使人問焉,曰:"有虞氏未施信於民而民信之,夏后氏未施敬於民而民敬之,何施而得斯於民也[六]?"對曰:"墟墓之閒,未施哀於民而民哀;社稷宗廟之中,未施敬於民而民敬[七]。殷人作誓而民始畔,周人作會而民始疑[八]。苟無禮義忠信誠慤之心以涖之,雖固結之,民其不解乎[九]?"

【譯文】

孔子從泰山旁側經過,有一婦人在墓前哭得甚是悲哀。夫子禮貌地俯身扶着車式並細心聽那哭聲的情狀,指使子路問這婦人道:"你的哭聲嘛,好似有深重的憂傷一樣。"婦人說:"是啊。昔日我公公慘死在虎口之下,我丈夫後來也慘死在虎口之下,如今我兒子又慘死在虎口之下啊!"夫子問:"爲何不離開呢?"説道:"這裏没有煩苛的政令。"夫子説:"弟子們記住,苛政比老虎更凶猛哩!"

魯國有位名叫周豐的人,哀公提着禮物請求見他,却説不可如此。哀公説:"我豈能罷休麽?"便派人向他詢問:"有虞氏不曾向人民推行信任然而人民都信任他,夏后氏不曾向人民推行尊敬然而人民都尊敬他,他們施展了什麽手段能够在人民當中得到這般待遇呢?"回答説:"來到廢墟或墓地這些地方,未曾向人民施加悲哀的要求而人民自會悲哀,走進社稷壇或宗廟裏面,不曾向人民施加尊敬的要求而人民自會尊敬。殷紂王作踐盟誓因而人民開始畔散,周幽王作踐朝會因而人民開始疑心。倘若没有禮義忠信誠慤之心去對待人民,就算能把他們堅固集結在一起,這樣集結的人民難道就不會解體嗎?"

【古注】

《注》 (一)怪其哀甚。(二)而,猶乃也。夫之父曰舅。(三)下賢也。摯,禽摯也。諸侯而用禽摯,降尊就卑之義。(四)辭君以尊見卑。士禮,先生異爵者請見之則辭。(五)已,止也,重强變賢。(六)時公與三桓始有惡,懼將不安。(七)言民見悲哀之處則悲哀,見莊敬之處則莊敬,非必有使之者。墟,毀滅無後之地。(八)會,謂盟也。盟誓所以結衆以信,其後外恃衆而信不由中,則民畔疑之。孔子曰:"其身正,不令而行;其身不正,雖令不從。"(九)涖,臨。

《疏》 (一、二)此一節論苛政嚴於猛虎之事。(三至九)此一節論君之臨臣民當以禮義忠信爲本之事。何施而得斯施民也者,言虞之與夏施何政教以化民;斯,此也,而得如此敬信於民也?周豐之意,以虞之與夏由行敬信於民,民見其信,民自學之,不須設言號令,故云古昔丘墟及墳墓之間,是所悲哀之處也,人在其所未須施設教化令民使哀,而民自哀也;社稷宗廟之中嚴凝之處,人在其中未須施設教化而民自敬。言民之從君在君身所行,不在言也。若身之不行,言亦無益。故殷人作誓,由身不自行,徒有言誓而民始畔也。周人作會,爲身無誠信而民始疑。苟,誠也。人君之身誠無禮義忠信誠實質慤之心以臨化之,雖以言辭誓令堅固結之,民其不解散離貳乎?周豐此言欲令哀公身行誠信,不當唯以言辭率下而已。

【淺悟】

在實踐中施教，是孔子教學的主要特色之一。弟子們不需作記録，不需死記硬背，相信"苛政猛於虎"這一概念會使他們終生不忘。

周豐給予哀公的回答，鄭玄引用孔子在《論語·子路》篇中所説的"其身正，不令而行；其身不正，雖令不從"進行概括，非常恰當。

4.17

【原文】

喪不慮居(一)，毁不危身(二)。喪不慮居，爲無廟也；毁不危身，爲無後也。

延陵季子適齊，於其反也，其長子死，葬於嬴博之閒(三)。孔子曰："延陵季子，吴之習於禮者也。"往而觀其葬焉(四)。其坎深不至於泉(五)；其斂以時服(六)；既葬而封，廣輪揜坎，其高可隱也(七)；既封，左袒，右還其封，且號者三，曰："骨肉歸復于土，命也。若魂氣則無不之也，無不之也(八)。"而遂行(九)。孔子曰："延陵季子之於禮也，其合矣乎！"

邾婁考公之喪(十)，徐君使容居來弔含(十一)。曰："寡君使容居坐含，進侯玉，其使容居以含(十二)。"有司曰："諸侯之來辱敝邑者，易則易，于則于，易于雜者未之有也(十三)。"容居對曰："容居聞之，事君不敢忘其君，亦不敢遺其祖。昔我先君駒王，西討濟於河，無所不用斯言也。容居魯人也，不敢忘其祖(十四)。"

【譯文】

辦喪事不考慮變賣居舍，容顏毁損不可危害身體。辦喪事不考慮變賣居舍，爲的是没有廟舍祭祀先人嘛；容顏毁損不可危害身體，爲的是防止没有後嗣嘛。

延陵季子去齊國聘問，在返回時呢，他的長子死了，要葬在嬴、博兩地之間。孔子説："延陵季子，吴國的對禮制熟習的人哩。"遂前往觀摩他怎樣安葬兒子。那墓穴的坎深不近泉眼；他入斂就用平時的衣服；下完葬就封墓，寬和長都揜蓋到穴坎，墓高僅可隱藏棺椁而已；封完墓，袒露左臂，向右圍繞封好的墳墓走，且走且號哭三周，言道："骨肉回歸到土地裏，這就是天命哩，你的靈魂之氣則是没有不去之處哩，没有不去之處哩。"説完就上路了。孔子説："延陵季子對於禮的處理嘛，一切都合乎規範啊！"

邾婁國國君考公的喪事，徐國國君使大夫容居前來弔唁且含玉。容居説："寡君差我容居跪行含禮，進呈矦爵之玉，他讓我容居爲考公含。"主喪的有司説："諸矦凡是前来下辱敝邑的，簡易者則行簡易之禮，尊顯者則行尊顯之禮，簡易尊顯混雜不分這種情形不曾有過哩。"容居應道："我容居聽説，服事國君不敢忘記自己國君的交待，也不敢遺忘自己先祖的遺訓。從前我的先君駒王，西渡黄河進行征討，無處不用這種王者的口氣説話哩。我容居是個魯鈍之人嘛，不敢忘記自己的先祖。"

【古注】

《注》 (一)謂賣舍宅以奉喪。(二)謂憔悴將滅性。(三)季子名札，魯昭二十七年，吳公子札聘於上國是也。季子讓國居延陵，因號焉。《春秋傳》謂延陵，延州來。嬴博，齊地，今泰山縣是也。(四)往弔之。(五)以生恕死。(六)以時行之服，不改制節。(七)示節也。輪，從也。隱，據也，封可手據，謂高四尺所。(八)還，圍也。號，哭且言也。命，猶性也。(九)行，去也。(十)考公，隱公益之曾孫。考或爲定。(十一)弔且含。(十二)欲親含，非也，含不使賤者，君行則親含，大夫歸含耳。言矦玉者，時徐僭稱王，自比天子。(十三)易謂臣禮，于謂君禮。雜者，容居以臣欲行君禮。徐自比天子，使大夫敵諸矦，有司拒之。(十四)言我祖與今君於諸矦初如是，不聞義則服。駒王，徐先君僭號，容居其子孫也。濟，渡也。言西討渡於河，廣大其國。魯，魯鈍也。言魯鈍者，欲自明不妄。

《疏》 (三至九)此一節論仲尼云季子得禮之事。與季子同母者四，季子弱而才，兄弟皆愛之，同欲立之以爲君。及闔廬使專諸刺僚而致國乎季子，季子不受，去之延陵，終身不入吳國。(十至十四)此一節論徐之僭禮之事。

【淺悟】

延陵季子是位受人尊敬的長者，其長子死時，孔子處於壯年，聽説季子親自主持葬禮，便特地前往觀摩，其好學可見一斑。

4.18

【原文】

子思之母死於衛(一)，赴於子思，子思哭於廟。門人至曰："庶氏之母死，何爲哭於孔氏之廟乎(二)？"子思曰："吾過矣！吾過矣！"遂哭於他室。

天子崩，三日，祝先服(三)；五日，官長服(四)；七日，國中男女服(五)；三月，天下服(六)。虞人致百祀之木，可以爲棺椁者斬之(七)；不至者，廢其祀，刎其人。

齊大饑，黔敖爲食於路，以待餓者而食之。有餓者，蒙袂輯屨，貿貿然來(八)。黔敖左奉食，右執飲曰："嗟，來食！"揚其目而視之，曰："予唯不食嗟來之食，以至於斯也(九)。"從而謝焉，終不食而死(十)。曾子聞之曰："微與！其嗟也，可去；其謝也，可食(十一)。"

郲婁定公之時，有弑其父者(十二)，有司以告。公瞿然失席，曰："是寡人之罪也(十三)。"曰："寡人嘗學斷斯獄矣：臣弑君，凡在官者，殺無赦；子弑父，凡在宫者，殺無赦(十四)。殺其人，壞其室，洿其宫而豬焉(十五)。蓋君踰月而后舉爵(十六)。"

晉獻文子成室，晉大夫發焉(十七)。張老曰："美哉輪焉！美哉奂焉(十八)！歌於斯，哭於斯，聚國族於斯。"文子曰："武也，得歌於斯，哭於斯，聚國族於斯，是全要領以從先大夫於九京也。"北面再拜稽首(廿)。君子謂之善頌善禱(廿一)。

【譯文】

子思的生母死在改嫁後的衛國，向子思發來訃告，子思跑到家廟去哭。門人到來後説："姓庶的母親死，爲何在姓孔的家廟裏哭啊？"子思説："我的過失呀！我的過失呀！"遂即到其他居室裏哭。

天子駕崩，三天内，爲其飯含入殮的太祝先服喪；五天内，官長服喪；七天内，國中男女都服喪；三月内，全天下的人都服喪。掌管山澤的虞人招致各地祀壇的樹木，挑選可以製作棺椁的砍伐送來；不送來的話，便廢除那裏的祀壇，處死主管祀壇的人。

齊國鬧大饑荒，黔敖將飯食擺在路旁，以等待饑餓的人來到好給他們吃。有位饑餓的人，用衣袖蒙着臉趿拉着鞋，目光混濁的樣子走過來。黔敖左手擎着飯食，右手端着菜湯説："嗟，來吃！"那人抬眼看了看黔敖，説道："我正是因爲不吃這種帶羞辱性的嗟來之食，所以才成了這個樣子。"黔敖趕緊向他謝罪，最終他仍固執不吃因而餓死。曾子聽到此事後説："不該這樣嘛！他嗟呢，可以離去；人家謝罪了嘛，就該吃。"

郲婁定公的時代，有個殺了他父親的人，有司將此事向朝廷報告。定公神色驚懼地離開席位説："這是寡人的罪過哩。"繼而説："寡人曾經學過斷此類獄訟呀。臣弑君，凡是官府内的人，誰都可以將其拿下殺掉而不許赦免；兒子殺死父親，凡在家中的人，都可將其殺死而不許寬赦。殺死這個人，毁壞此人的居室，挖掘他的房屋並使流水聚積在其間。該國的國君需過一個月之後才可以舉爵飲酒。"

晉君慶賀文子建成宫室，朝中大夫都發送賀禮隨君前往。張老意味深長地贊頌道："壯美的宫室多麼高大啊！華麗的廳堂如此衆多啊！這裏可以演奏樂歌舉辦祭祀，這裏可以居喪哭泣，這裏可以燕聚國賓約會宗族。"文子説："我趙武呢，得以在此演奏樂歌舉辦祭祀，在此居喪哭泣，在此燕聚國賓約會宗族,這樣餘生就不會被罪討而全身首地跟隨我的先大夫埋葬在九原族墓嘛。"説完面朝北再拜稽首謝過受諫。君子稱其二人一位善於運用贊頌,一位善於運用祈禱。

【古注】

《注》 (一)嫁母也,姓庶氏。(二)門人,弟子也。嫁母與廟絶族。(三)祝佐含斂先服。(四)官長,大夫士。(五)庶人。(六)諸侯之大夫。(七)虞人,掌山澤之官。百祀,畿内百縣之祀也。以爲棺椁,作棺椁也。斬,伐也。(八)蒙袂,不欲見人也。輯,斂也。斂屨,力憊不能屨也。貿貿,目不明之貌。(九)嗟,來食,雖閔而呼之非敬辭。(十)從,猶就也。(十一)微,猶無也。無與,止其狂狷之辭。(十二)定公,鸌且也,魯文十四年即位。(十三)民之無禮,教之罪。(十四)言諸臣子孫無尊卑,皆得殺之,其罪無赦。(十五)明其大逆,不欲人復處之。豬,都也,南方謂都爲豬。(十六)自貶損。(十七)文子,趙武也,作室成。晉君獻之謂賀也,諸大夫亦發禮以往。(十八)心譏其奢也。輪,輪囷,言高大;奐,言衆多。(十九)祭祀死喪燕會於此足矣,言此者,欲防其後復爲。(廿)全要領者,免於刑誅也。晉卿大夫之墓地在九原。京,蓋字之誤,當爲原。(廿一)善頌,謂張老之言;善禱,謂文子之言。禱,求也。

《疏》 (三至七)此一節論天子崩,尊卑服杖及葬備椁材之事。虞人致百祀之木可以爲棺椁者斬之,謂王殯後事也。虞人者,主山澤之官也;百祀者,王畿内諸臣采地之祀也;言百者,舉其全數也;既殯,旬而布材,故虞人斬百祀之木可以爲周棺之椁者送之也。必取祀木者,賀瑒云:"君者,德著幽顯,若存則人神均其慶,没則靈祇等其哀傷也。"(八至十一)此一節論餓者狂狷之事。微與者,微,無也;與,語助;言餓者無得如是與。初時無禮之嗟也,可怒之而去;其終有禮之謝也,可返迴而食。曾子嫌其狂狷,故爲此辭。狂者進取一槩之善仰法夷齊耿介;狷者直申己意,不從無禮之爲。而餓者有此二性,故止之。(十二至十六)此一節論誅弑父之事。洿其宫而豬焉,謂掘洿其宫使水之聚積焉,故云豬,都也。鄭恐豬不得爲都,故引南方之人謂都爲豬。豬是水聚之名也。(十七至廿一)此一節論文子成室相禱頌之事。獻,謂慶賀也。文子,晉卿趙武也。成室,謂文子作宫室成也,晉君往賀也。發,禮也。晉君既賀,則朝廷大夫並發禮同從君往賀之。張老,亦往慶之一大夫也;心譏文子宫室飾麗,故佯而美之也,張老諫之是也。歌,謂祭祀時奏樂也。斯,此也。張老前美其飾麗,後又防更造也,言此室可以祭祀歌樂也,又言此室可以燕聚國賓及會宗族也,終始永足,切勿復更造作。武,文子名也。文子覺譏,故稱名自陳數前譏,具領述張老之言也。領,頸也。古者罪重要斬,罪輕頸刑也。先大夫,謂文子父祖以其世爲大夫,故稱父祖爲先大夫也。九原,文子家世舊葬地也。文子述張老語竟,故説此自陳也。言若得保此宅,以歌哭終於年不被罪討,是完全要領壽終而卒,以從先大夫葬於九原也。辭畢乃稽首謝過受諫也。北面者,在堂禮也。君子謂之善頌禱者,君子者,知禮之人也。見張老與文子皆能中禮,故善之也。頌者,美盛德之形容;禱者,求福以自輔也。張老因美而譏之,故爲善頌;文子聞過即服而拜,故爲善禱也。知京當爲原者,《爾雅》云:"絶高爲京,廣平曰原。"京非葬之處,原是墳墓之所,故知爲原也。

【淺悟】

通過以上各節,可以看到亂世之下各類人物的不同表現,其社會狀況可想而知。假如齊國大饑之年出現在今天,將會是怎樣的情形呢?還會有"不食嗟來之食"而餓死者麽?

4.19

【原文】

仲尼之畜狗死(一),使子貢埋之曰:“吾聞之也,敝帷不弃,爲埋馬也;敝蓋不弃,爲埋狗也。丘也貧,無蓋,於其封也,亦予之席,毋使其首陷焉(二)。路馬死,埋之以帷(三)。”

季孫之母死,哀公弔焉。曾子與子貢弔焉,閽人爲君在,弗内也(四)。曾子與子貢入於其廄而脩容焉(五)。子貢先入,閽人曰:“鄉者已告矣(六)。”曾子後入,閽人辟之(七)。涉内霤,卿大夫皆辟位,公降一等而揖之(八)。君子言之曰:“盡飾之道,斯其行者遠矣。”

陽門之介夫死(九),司城子罕入而哭之哀(十)。晉人之覘宋者反報於晉侯曰:“陽門之介夫死,而子罕哭之哀,而民説,殆不可伐也(十一)。”孔子聞之曰:“善哉覘國乎(十二)!《詩》云:‘凡民有喪,扶服救之(十三)。’雖微晉而已,天下其孰能當之(十四)?”

【譯文】

仲尼畜養的狗死了,支使子貢埋掉牠説:“我聽人説呢,破損的帷幔不要丢棄,爲了用來埋馬嘛;破損的苫蓋不要丢棄,爲了用來埋狗嘛。我孔丘貧窮哩,没用過苫蓋,在填埋狗時呢,也要給牠裹上草席,不要使牠的頭沉陷下去。爲天子諸侯駕路車的馬死了,埋牠得用帷幔裹着。”

季孫的母親死,魯哀公前去弔唁。曾子和子貢去弔唁,守門人因哀公在,不准進去哩。曾子和子貢走進季孫的馬廄脩飾了一番儀容。子貢先往裏進,守門人説:“剛才已經告訴了呀。”曾子隨後往裏進,守門人自動避開通道。經過裏面的滴水簷時,卿大夫都避出位置,哀公降下一級臺階向他倆作揖。君子談起此事時説:“盡其脩飾這條路,將會久遠流行呀。”

宋國有個把守陽門的衛士死了,司城子罕進去哭得很哀慟。晉國派來窺測宋國軍情的密探返回向晉侯報告説:“宋國陽門的衛士死,身爲卿相的子罕哭得很哀慟,能使人民心悦誠服,恐怕不可討伐哩。”孔子聽到此事後説:“好一個窺測國情的密探啊!《詩經·邶風·谷風》中有云‘尋常人遭遇到喪亂,爬行也要救援他們。’非但晉國而已,天下有誰能面對匍匐相救的人民?”

【古注】

《注》 (一)畜狗,馴守。(二)封當爲窆。陷,謂没於土。(三)路馬,君所乘者,其他狗馬不能以帷蓋。(四)閽人,守門者。(五)更莊飾。(六)既不敢止,以言下之。(七)見兩賢相隨,彌益恭也。

(八)禮之。(九)陽門,宋國門名。介夫,甲衛士。(十)宋以武公諱司空爲司城。子罕,戴公子樂甫術之後樂喜也。(十一)覘,窺視也。(十二)善其知微。(十三)救,猶助也。(十四)微,猶非也。

《疏》 (四至八)此一節論君子加服人乃敬之事。卿大夫皆辟位者,二子既入,涉至内霤,卿與大夫皆逡巡辟位,公於堂上降階一等揖而禮之。於時君子以二子盛飾備禮,遂美之云:凡人盡其容飾則被崇禮,其盡飾道理。斯,此,此其施行可久遠矣。所以可久遠者,以二子初時不具衣服則閽人拒之,二子退而脩容,閽人雖是愚鄙猶知敬畏,明其不愚之人則敬畏可知,是其盡飾之道行之可長遠矣。(九至十四)此一節論善覘國之事。殆不可伐也者,言介夫匹庶之賤人,而子罕是國之卿相,以貴哭賤,感動民心,皆喜悦與上共同死生,若有人伐,民必致死,故云殆不可伐也。殆,近也。殆不可伐爲疑辭也。引《詩·邶·谷風》之篇也。今此引《詩》斷章云:凡民有喪,則陽門之介夫死是也;在上扶服而救助之,則子罕哭之哀是也。雖微晉而已者,微,非也,言晉之强盛猶不能當,宋雖非晉之强,天下更有强於晉者誰能當之?言縱有强者,不能當宋。而已是助語句也。

【淺悟】

畜,讀音 xù(ㄒㄩˋ)。閽,讀音 hūn(ㄏㄨㄣ)。霤,讀音 liù(ㄌㄧㄡˋ),承接屋簷滴水之器。弗内,内同納。覘,讀音 chān(ㄔㄢ),窺視。扶服,讀音 púfú(ㄆㄨˊㄈㄨˊ),同匍匐,《詩經》即作匍匐。司城即司空,爲六卿之一,因宋武公名司空,為避其名諱,遂改司空為司城。

各級官員都能愛民如子,必將天下無敵。這一道理《論語》中已說得很透徹了。

4.20

【原文】

魯莊公之喪,既葬,而絰不入庫門(一)。士大夫既卒哭,麻不入(二)。

孔子之故人曰原壤,其母死,夫子助之沐椁(三)。原壤登木曰:"久矣,予之不託於音也(四)。"歌曰:"貍首之班然,執女手之卷然(五)。"夫子爲弗聞也者而過之(六)。從者曰:"子未可以已乎(七)?"夫子曰:"丘聞之,親者毋失其爲親也,故者毋失其爲故也。"

趙文子與叔譽觀乎九原(八)。文子曰:"死者如可作也,吾誰與歸(九)?"叔譽曰:"其陽處父乎(十)?"文子曰:"行并植於晉國,不沒其身,其知不足稱也(十一)。""其舅犯乎?"文子曰:"見利不顧其君,其仁不足稱也(十二)。我則隨武子乎,利其君,不忘其身;謀其身,不遺其友(十三)。"晉人謂文子知人(十四)。文子其中退然如不勝衣(十五),其言吶吶然如不出諸其口(十六)。所舉於晉國,管庫之士七十有餘家(十七),生不交利(十八),死不屬其子焉(十九)。

【譯文】

魯莊公的喪事,已經下完葬,然而不許紮着絰帶進庫門。士大夫行完卒哭禮,不許紮着麻帶進庫門。

孔子的舊友名叫原壤,他母親死了,孔子幫助他整治椁。原壤爬到椁的上面説:"很久了呀,我的情感不能寄託在音樂之中了。"歌唱道:"椁材的紋理好似貍首那樣斑斕,拿斧子的手好似女人那樣柔嫩。"夫子假裝没聽見一樣挨過了這一天。跟來的弟子説:"您不可以中止關係嗎?"夫子道:"我孔丘聽説,對待親近的人不要丢失跟他以往的親情嘛,對待舊友不要丢失跟他以往的舊情嘛。"

趙文子跟叔譽一同到九原墓地去觀光,文子説:"死者若能起死回生呢,我應歸附誰?"叔譽説:"那就是陽處父吧?"文子説:"在晉國行事專横跋扈且剛愎自用,不能盡其天年,他的智慧不值得稱道哩。""那是舅犯嗎?"文子説:"見到利益連自己的國君都不顧,他的仁德不值得稱道哩。我則贊許隨武子呀。有利國君的事,也不忘自身;爲自己謀劃,也不遺漏他的友人。"晉國人都説文子能識别人。文子那柔弱的身子骨好像連衣裳的重量都承受不起,他説話艱難的樣子好像不是出自他的口。在晉國所舉薦的,光掌管庫藏的小吏提升爲大夫的就有七十多家,生時不與他們發生利益交往,臨死時不把子女囑託給他們照應。

【古注】

《注》 (一)時子般弒慶父作亂,閔公不敢居喪,葬已吉服而反正君臣欲以防遏之,微弱之至。(二)麻,猶絰也。羣臣畢虞卒哭亦除喪也,閔公既吉服,不與虞卒哭。(三)沐,治也。(四)木,椁材也。託,寄也,謂叩木以作音。(五)説人辭也。(六)佯不知。(七)已,猶止也。(八)叔譽,叔向也,晉羊舌大夫之孫,名肸。(九)作,起也。(十)陽處父,襄公之太傅。(十一)并,猶專也,謂剛而專,已爲狐射姑所殺。没,終也。植或爲特。(十二)謂久與文公辟難,至將反國,無安君之心,及河授璧詐請亡,要君以利是也。(十三)武子,士會也,食邑於隨。范,字季。(十四)見其所善於前,則知其來所舉。(十五)中,身也。退,柔和貌。《鄉射》記曰:"居二寸以爲矦中。"退或爲妥。(十六)呐呐,舒少貌。(十七)管庫之士,府史以下官長所置也,舉之於君以爲大夫士也。管,鍵也;庫,物所藏。(十八)廉也。(十九)潔也。

《疏》 (一、二)莊公,閔公父也。絰,葛絰也,諸矦弁绖葛而葬也。魯有庫、雉、路三門,庫門最在外。莊公以三十二年薨,太子般立。十月己未,共仲使圉人犖賊子般於黨氏,立閔公,慶父作亂。閔公時年八歲,不敢居喪三年。既葬竟除凶服,於外吉服反以正君臣,故絰不入庫門也。麻猶絰也,士大夫是臣,故絰用麻也。此云麻不入者,承上庫門,亦謂不入庫門也。皇氏云:"時禍亂迫蹙,君既服吉服,故士大夫既虞不復受服,至卒哭緦除。"(三至七)此一節論孔子無大故不遺故舊之事。原壤登椁材而言曰:久矣予之不託於音也。託,寄也,謂我遭母喪以來日月久矣,我不得託寄此木以爲音聲。貍首之斑然者,言斲椁材文采似貍之首。執女手之卷然者,言孔子手執斤斧如女子之手卷卷然柔弱,以此歡悦仲尼,故《注》云"説人辭也"。然在喪而歌非禮之甚,夫子爲若不聞也者而過去之。從者見其無禮,謂夫子曰:子未可休已乎,不須爲治椁也。夫子對從者曰:朋友無大故不相遺棄。(八至十九)此一節論趙文子知人之事。死者如可作也,吾誰與歸者,文子云:此處先世大夫死者既衆,假令生而可作起，吾於衆大夫之内而誰最賢可以與歸？文子曰行并植於晉國者，并猶專也，植謂剛也，言處父唯行專植剛，强於晉國，自招殺害，不得以理終没其身，是不能防身遠害，以其無知故也，故云其知不足稱也。其仁不足稱也者，舅犯見君反國，恐不與己利禄，遂不顧其君，詐欲奔去，唯求財利，無心念君，無仁愛之心，故云其仁不足稱也。利其君不忘其身者，文子稱隨武子之德，凡人利君者多性行偏，特不顧其身，今武子既能利君又能不忘其身；利其君者，進思盡忠；不忘其身者，保全父母。謀其身不遺其友者，凡人謀身多獨善於己，遺棄故舊，今武子既能謀身又能不遺其朋友，此二句言武子德行弘廣，外内周備。"文子"至"其口"者，作記者美文子知人，既美隨士會於前，此論文子之貌。文子身形退然柔和似不勝其衣，言形貌之卑退也；其發言舒小似呐呐然如不出諸口，謂言語卑下也。生不交利者，謂文子生存之日不交涉爲利。死不屬其子者，謂臨死時不私屬其子於君及 朝廷也。

【淺悟】

呐，讀音 nè(ㄋㄜˋ)，通訥，言語遲鈍。屬，讀音 zhǔ(ㄓㄨˇ)，通囑，託付之義。

魯莊公之喪一節，由於發生内亂，嗣君年幼，所以絰麻不入庫門，草草結束喪禮。

孔子與原壤是自幼一起長大的朋友，只是各自追求不同，原壤極不注重禮的修養，這一點《論語》中也有記載。對待這種人，孔子説的"親者毋失其爲親，故者毋失其爲故"，值得我們終生效法。

趙文子所推重的隨武子以及其自身的品德，也值得終生效法。

4.21

【原文】

叔仲皮學子柳(一)。叔仲皮死，其妻魯人也，衣衰而繆絰(二)。叔仲衍以告(三)，請繐衰而環絰(四)。曰："昔者吾喪姑姊妹亦如斯，末吾禁也(五)。"退使其妻繐衰而環絰(六)。

成人有其兄死而不爲衰者；聞子皋將爲成宰，遂爲衰。成人曰："蠶則績而蟹有匡；范則冠而蟬有緌。兄則死而子皋爲之衰(七)。"

樂正子春之母死，五日而不食，曰："吾悔之(八)，自吾母而不得吾情，吾惡乎用吾情(九)？"

歲旱，穆公召縣子而問然(十)，曰："天久不雨，吾欲暴尪而奚若(十一)？"曰："天久不雨，而暴人之疾子，虐，毋乃不可與(十二)？""然則吾欲暴巫而奚若？"曰："天則不雨，而望之愚婦人，於以求之，毋乃已疏乎(十三)？""徙市則奚若？"曰："天子崩，巷市七日；諸侯薨，巷市三日。爲之徙市，不亦可乎(十四)？"

孔子曰："衛人之祔也，離之(十五)；魯人之祔也，合之，善夫(十六)！"

【譯文】

叔仲皮時常教兒子子柳學禮。叔仲皮死時，子柳妻是個魯鈍人哩，尚且知道依禮身穿齊衰頭結樛絰。叔仲衍將當時流行身穿細麻繐衰頭戴環形絰套的情形告訴姪兒子柳；子柳請示叔叔使妻子改服繐衰和環絰。叔仲衍說："以前我爲姑姊妹服喪也如此，没有誰會禁止我嘛。"子柳回去便讓妻子改服繐衰和環絰。

成邑人中有個他哥哥死了却不肯穿喪服的人，聽説子臯將要來擔任成邑宰，這才穿了喪服。成邑人説："蠶只會績絲作繭却没有筐盛而蟹背上有筐却没有繭；蜂的頭上戴着冠却没有緌垂而蟬有條像緌垂的喙却没有冠；哥哥死了而子臯使弟弟穿喪服。"

樂正子春的母親死，五天都不進食，説道："我悔恨自己，連我自己的母親都得不到我的實情，我還能到哪兒去用我的實情？"

大旱年景，穆公召來縣子詢問對策，問道："老天這麼久不下雨，我想把殘疾人暴露在烈日下以求上天哀憐如何？"回答説："天這麽久不下雨，却暴曬人家的殘疾孩子，這是虐待，豈不是更不妥麽？""那麽我想把女巫暴露在烈日下求雨你看如何？"回答説："天道法則不施雨，却把希望交給一個愚昧的婦人，用她去祈求蒼天，豈不是太疏遠道理了嗎？""把集市遷徙到巷子裏的辦法如何？"回答説："天子駕崩，徙市到小巷七天；諸侯死，徙市到小巷三天。爲了求雨遷徙集市，不也很好嗎？"

孔子説："衛國人的祔葬嘛，兩夫妻的棺材在椁中是分離的；魯國人的祔葬呢，把兩棺合并在一起，好哇！"

【古注】

《注》 (一)叔仲皮，魯叔孫氏之族。學，教也。子柳，仲皮之子。(二)衣當爲齊，壞字也。繆讀爲不樛垂之樛，士妻爲舅姑之服也。言雖魯鈍，其於禮勝學。(三)告子柳，言此非也。衍，蓋皮之弟。衍或爲皮。(四)繐衰，小功之縷而四升半之衰。環絰，弔服之絰。時婦人好輕細而多服者，衍既不知禮之本，子柳亦以爲然而請於衍，使其妻爲舅服之。(五)衍答子柳也。姑姊妹在室齊衰，與婦爲舅姑同。末，無也，言無禁我欲其言行。(六)婦以諸侯之大夫爲天子之衰弔服之絰服其舅，非。(七)蚩兄死者，言其衰之不爲兄死，如蟹有匡、蟬有緌，不爲蠶之績、范之冠也。范，蜂也。蟬，蜩也。緌爲蜩喙，長在腹下。(八)勉强過禮。子春，曾子弟子。(九)惡乎，猶於何也。(十)然之言，焉也。凡穆或作繆。(十一)奚若，何如也。尪者，面鄉天，覬天哀而雨之。(十二)錮疾人之所哀，暴之是虐。(十三)已，猶甚也。巫主接神，亦覬天哀而雨之。《春秋傳》説巫曰："在女曰巫，在男曰覡。"《周禮·女巫》："旱暵則舞雩。"(十四)徙市者，庶人之喪禮，今徙市是憂戚，於旱若喪。(十五)祔，謂合葬也。離之，有以間其椁中。(十六)善夫，善魯人也，祔葬當合也。

《疏》 (一至六)此一節論子柳失禮之事。言叔仲皮教訓其子子柳，雖受父教猶不知禮。在後叔仲皮死，子柳之妻是魯鈍婦人，猶知爲舅姑而身著齊衰而首服繆絰也，謂絞麻爲絰。衍是皮之弟，子柳之叔，見子柳之妻身著齊衰以告子柳，汝妻何以著非禮之服？子柳見時皆爾，亦以爲然，以妻非禮，遂請於衎欲令其妻身著繐衰首服環絰。末吾禁也者，末，無也，我著繐衰環絰無人於吾而相禁者，既無禁，明其得著繐衰。子柳得衎言，乃退使其妻著繐衰而環絰。（七）此一節論成人無禮之事。成，孟氏所食采地也。此邑中，民有兄死而弟不爲兄制服者也，聞孔子弟子子皋其性至孝，來爲成之宰，必當治前不孝之人，恐罪及己，故懼之遂制衰服也。（八、九）此一節論孝子遭喪哀過之事。五日而不食者，禮三日，其五日，過二日。曰吾悔之者，悔其不以實情，勉强而至五日。吾惡乎用吾情者，言吾母死而不得吾之實情，而矯詐勉强爲之，更於何處用吾之實情乎。（十至十四）此一節論歲旱變之事。縣子云：天道遠，人道近，天則不雨，而望於愚鄙之婦人，欲以暴之以求其雨。已，甚也，無乃甚疏遠於求雨道理乎？言甚疏遠於道理矣。（十五、十六）此一節論魯衛得失。袝，謂合葬也。離之，謂以一物隔二棺之間於椁中也。所以然者，明合葬猶生時男女須隔居處也。魯人則合並兩棺置椁中，無别物隔之，言異生，不須復隔，穀則異室，死則同穴，故善魯之袝也。

【淺悟】

學，讀音 xiào（ㄒㄧㄠˋ），通斅。繆，依《注》作樛，讀音 jiū（ㄐㄧㄡ），兩股相交扭結之義。繐，讀音 suì（ㄙㄨㄟˋ），細而疏的麻布。緌，讀音 ruí（ㄖㄨㄟˊ），帽帶結在頷下的剩餘部分，蟬嘴也有一根長長的似緌之物貼在肚皮上。暴，讀音 pù（ㄆㄨˋ），通曝，有曬、暴露等義。尫，讀音 wāng（ㄨㄤ），骨骼彎曲之症。袝，讀音 fù（ㄈㄨˋ）。

子皋將爲成邑宰一節，印證了孔子在《論語》中所説的"君子之德風，小人之德草，草上之風必偃"的道理。

王制第五

《疏》 案鄭《目録》云："名曰《王制》者，以其記先王班爵授禄祭祀養老之法度。此於《别録》屬制度。"《王制》之作蓋在秦漢之際，知者案下文云"有正聽之"。鄭云："漢有正平，承秦所置，又有古者以周尺之言。今以周尺之語，則知是周亡之後也。"秦昭王亡周，故鄭答臨碩云："孟子當赧王之際，《王制》之作復在其後。"盧植云："漢孝文皇帝令博士諸生作此《王制》之書。"

5.1

【原文】

王者之制禄爵：公、矦、伯、子、男，凡五等。諸矦之上大夫卿、下大夫、上士、中士、下士，凡五等(一)。

天子之田方千里(二)，公、矦田方百里，伯七十里，子、男五十里。不能五十里者，不合於天子，附於諸矦，曰附庸。天子之三公之田視公、矦；天子之卿視伯，天子之大夫視子、男，天子之元士視附庸(三)。

【譯文】

先王所制定的俸禄爵位有公、矦、伯、子、男，統括爲五個等級；諸矦所制定的俸禄爵位有上大夫卿、下大夫、上士、中士、下士，統括爲五個等級。

天子的秩祿田方圓千里，公和矦的秩祿田方圓百里，伯爵七十里，子和男五十里。秩祿田不足五十里的，不向天子朝會，附屬於諸矦，稱爲附庸。天子的三公的秩祿田比照公和矦；天子的正卿比照伯爵；天子的大夫比照子和男；天子的元士比照附庸。

【古注】

《注》 (一)二五，象五行剛柔十日。禄，所受食。爵，秩次也。上大夫曰卿。(二)象日月之大，亦取晷同也，此謂縣内，以禄公卿大夫元士。(三)皆象星辰之大小也。不合，謂不朝會也。小城曰附庸。附庸者，以國事附於大國，未能以其名通也。視，猶比也。元，善也。善士謂命士也。此地殷所因夏爵三等之制也，殷有鬼矦梅伯。《春秋》變周之文從殷之質，合伯子男以爲一，則殷爵三等者，公、矦、伯也，異畿内謂之子。周武王初定天下更立五等之爵，增以子男，而猶因殷之地以九州之界尚狹也。周公攝政致太平，斥大九州之界制禮，成武王之意，封王者之後爲公及有功之諸矦，大者地方五百里，其次矦四百里，其次伯三百里，其次子二百里，其次男百里。所因殷之諸矦亦以功黜陟之，其不合者皆益之地爲百里焉。是以周世有爵尊而國小、爵卑而國大者。唯天子畿内不增以祿，羣臣不主爲治民。

5.2

【原文】

制農田百畝。百畝之分，上農夫食九人，其次食八人，其次食七人，其次食六人，下農夫食五人。庶人在官者，其祿以是爲差也(一)。諸侯之下士視上農夫，祿足以代其耕也。中士倍下士，上士倍中士，下大夫倍上士，卿四大夫祿，君十卿祿。次國之卿三大夫祿，君十卿祿。小國之卿倍大夫祿，君十卿祿(二)。

次國之上卿，位當大國之中，中當其下，下當其上大夫。小國之上卿，位當大國之下卿，中當其上大夫，下當其下大夫(三)。

其有中士下士者，數各居其上之三分(四)。

【譯文】

制度規定農民每家田地百畝。百畝肥田，勞力和技術都是上等的農夫可養活九人，差點的可養活八人，再差點的可養活七人，再差的可養活六人，勞力和技術都是下等的農夫只能養活五人。庶人在官府當差的，他們的秩祿也採用這樣的等級差别嘛。諸侯的下士比照上農夫，使其俸禄足以取代上農夫的耕種所得嘛。中士的俸禄是下士的兩倍，上士是中士的兩倍，下大夫是上士的兩倍，卿是大夫四倍的俸禄，國君是卿十倍的俸禄。中等國的卿是大夫三倍的俸禄，國君是卿十倍的俸禄。小國的卿是大夫兩倍的俸禄，國君是卿十倍的俸禄。

次國的上卿，爵位相當於大國的中卿，中卿相當於大國的下卿，下卿相當於大國的上大夫。小國的上卿，爵位相當於大國的下卿，中卿相當於大國的上大夫，下卿相當於大國的下大夫。

参加聘問或盟會若有次國之士和小國之士的話，其數目各依照上國那樣分爲上士、中士、下士三等。

【古注】

《注》 (一)農夫皆受田於公，田肥墽有五等，收入不同也。庶人在官，謂府史之屬，官長所除，不命於天子國君者。分或爲糞。(二)此班祿尊卑之差。(三)此諸侯使卿大夫覜聘並會之序也，其爵位同，小國在下；爵異，固在上耳。(四)謂其爲介，若特行而並會也。居，猶當也。此據大國而言。大國之士爲上，次國之士爲中，小國之士爲下。士之數，國皆二十七人，各三分之上九、中九、下九。以位相當，則次國之上士當大國之中，中當其下；小國之上士當大國之下，凡非命士亦無出會之事。《春秋傳》謂士爲微。

《疏》 (一、二)此一節論制農田有上中下,以祿庶人在官及士大夫并卿及君之祿。以《經》云"制農田",是王者制度授農以田,是農夫受田於公也。(三)此一節論諸侯使卿大夫士覜聘班序行列之法。(四)中士者,謂次國之士;下士者,謂小國之士。大國之士既分爲三分,次國小國之士亦分爲三分。今大國之士既定在朝會,若其有中國之士、小國之士者,其行位之數各居其上國之三分之二,是各居上之三分。

5.3

【原文】

凡四海之内九州,州方千里,州建百里之國三十,七十里之國六十,五十里之國百有二十,凡二百一十國。名山大澤不以封。其餘以爲附庸閒田,八州,州二百一十國(一)。

天子之縣内,方百里之國九,七十里之國二十有一,五十里之國六十有三,凡九十三國。名山大澤不以朌。其餘以祿士,以爲閒田(二)。

凡九州,千七百七十三國,天子之元士、諸侯之附庸,不與(三)。

【譯文】

四海之内總共分成九個州,每州方圓千里,每州建立方圓百里的國家三十個,方圓七十里的國家六十個,方圓五十里的國家百二十個,總共二百一十國。名山大澤不能用來分封。餘下的閒田用來作爲附庸的俸祿,這八個州,每州都是二百一十國。

天子統轄的縣内,有方圓百里的大國九個,七十里的次國二十一個,五十里的小國六十三個,總共九十三國。名山大澤不用來頒賜。其餘的田地用來做士的俸祿,用來做閒田。

概括九州,共一千七百七十三國,天子直屬的元士、諸侯的附庸,尚不在其數之内。

【古注】

《注》 (一)建,立也。立大國三十,十三公也。立次國六十,十六卿也。立小國百二十,十二小卿也。名山大澤不以封者,與民同財,不得障管,亦賦税之而已。此大界方三千里,三三而九,方千里者,九也,其一爲縣内,餘八各立一州,此殷制也。周公制禮,九州大界方七千里,七七四十九,方千里者四十有九也,其一爲畿内,餘四十八,八州各有方千里者六,設法一州封地方五百里者不過四,謂之大國;又封方四百里者不過六,又封方三百里者不過十一,謂之次國;又封方二百里者不過二十五及餘方百里者,謂之小國;盈上四等之數并四十六,一州二百一十國;則餘方百里者六十四也。凡處地方千里者五,方百里者五十九,其餘方百里者四十一附庸地也。(二)縣内,夏時天子所居州界名也。殷曰畿,《詩·殷頌》曰:"邦畿千里,惟民所止。"周亦曰畿。畿内大國九者,三公之田三,爲有致仕者副之爲六也,其餘三待封王之子弟。次國二十一者,卿之田六,亦爲有致仕者副之爲十二,又三爲三孤之田,其餘六亦待封王之子弟。小國六十三,大夫之田二十七,亦爲有致仕者副之爲五十四,其餘九亦以待封王之子弟。三孤之田不副者,以其無職佐公論道耳,雖有致仕,猶可即而謀焉。肦讀爲班。(三)不與,不在數中也。《春秋傳》云"禹會諸侯於塗山,執玉帛者萬國",言執玉帛則是惟謂中國耳。中國而言萬國,則是諸侯之地有方百里,有方七十里,有方五十里者,禹承堯舜而然矣。要服之內,地方七千里乃能容之。夏末既衰,夷狄內侵,諸侯相并,土地減,國數少,殷湯承之更制中國,方三千里之界亦分爲九州而建此千七百七十三國焉。周公復唐虞之舊域,分其五服爲九,其要服之內亦方七千里,而因殷諸侯之數,廣其土,增其爵耳。《孝經説》曰"周千八百諸侯,布列五千里內",此文改周之法關盛衰之中,三七之閒以爲説也。終此説之意,五五二十五,方千里者二十五,其一爲畿內,餘二十四州各有方千里者三,其餘諸侯之地大小則未得而聞。

《音義》 閒音閑。肦音班,賦也。

《疏》 (一)此一節論四海之內九州州别,建國多少及附庸閒田之法,如鄭所《注》此經云是殷法也。周禮則九服,夷鎮蕃三服,謂之四海,四海之內謂要服以內。殷則服數無文,則必不與周同。案《爾雅·釋地》云:"九夷八狄七戎六蠻謂之四海。"孫炎云:"海之言晦,晦闇於禮義。"此言四海之內,謂夷狄之內也。地方三千里,以開方計之,三三如九,方千里者有九,其一爲子縣內,下文具之以外八州。(二)此經明天子縣內國數多少及禄士之法。案殷之與周稱畿,唐虞稱服,無云縣者。今此特云"縣內",故鄭云夏時天子所居州界名也。按鄭注《益稷》云:"禹會諸侯於塗山,執玉帛者萬國,四百國在畿內。"今此畿內惟有九十三國者,蓋夏之一代畿內稱縣。當夏禹之初有四百國,至夏之末土地既減,故與禹世不同,未知於時縣內國數多少。湯承夏末之後制爲九十三國,記者言縣,明其承夏之餘,國數是殷湯之制,故與四百國不同也。(三)此一節揔明殷之畿內畿外國數之法。故云凡九州,千七百七十三國,天子之元士,諸侯之附庸不在數中,故云"不與"。

5.4

【原文】

天子百里之內以共官,千里之內以爲御(一)。

千里之外設方伯,五國以爲屬,屬有長;十國以爲連,連有帥;三十國以爲卒,卒有正;二百一十國以爲州,州有伯(二)。八州,八伯,五十六正,百六十八帥,三百三十六長。八伯各以其屬,屬於天子之老二人,分天下以爲左右,曰二伯(三)。

千里之內曰甸(四),千里之外曰采(五)、曰流(六)。

天子三公、九卿、二十七大夫、八十一元士(七)。

【譯文】

天子王城周圍百里之內的田稅供給官府的用度,千里之內的田稅用做王室的衣食。

王城周圍千里之外的地域設置方伯,其中五國劃歸爲一屬 ,屬有屬長;十國劃歸爲一連,連有連帥;三十國劃歸爲一卒,卒有卒正;二百一十國劃歸爲一州，州有州伯。方伯之内設置八個州，有八個州伯，五十六個卒正，一百六十八個連帥，三百三十六個屬長。八個州伯各自帶領他的屬下，隸屬於天子的老臣二人，分領天下作爲天子的左右輔翼，稱之爲二伯。

王畿周圍千里之内的地域稱做甸，千里之外的地域稱做采，稱做流。

天子治下設三公、九卿、七十二位大夫、八十一位直屬的元士。

【古注】

《注》（一）謂此地之出税所給也。官，謂其文書財用也。御，謂衣食。（二）屬、連、卒、州，猶聚也。伯、帥、正，亦長也。凡長皆因賢侯爲之。殷之州長曰伯，虞、夏及周皆曰牧。（三）老，謂上公，《周禮》曰："九命作伯。"《春秋傳》曰："自陝以東周公主之，自陝以西召公主之。"（四）服治田出穀税。（五）九州之内地取其美物以當穀税。（六）謂九州之外也。夷狄流移或貢或不，《禹貢》"荒服之外，三百里蠻，二百里流"。（七）此夏制也。《明堂位》曰："夏后氏之官百。"舉成數也。

《疏》（一）此一節論畿内千里之地田税所共給之事。百里之内者，謂去王城百里，四面相距則二百里。千里之内，謂四面相距爲千里，去王城四面五百里。（二、三）此一節論千里之外設方伯及連、帥、卒正兼二伯之事。屬是繫屬，連是連接，卒是卒伍，州是聚居，故云猶聚也。伯、帥、正俱是長，但異其名。（四至六）此一節總論畿内畿外、九州治田及采取美物，并九州之外或貢或否之事。（七）此一經論夏天子設公卿大夫元士之數。

5.5

【原文】

大國三卿，皆命於天子，下大夫五人，上士二十七人。次國三卿，二卿命於天子，一卿命於其君，下大夫五人，上士二十七人。小國二卿，皆命於其君，下大夫五人，上士二十七人（一）。

天子使其大夫為三監，監於方伯之國，國三人（二）。

天子之縣内諸侯，禄也（三）；外諸侯，嗣也（四）。

制三公一命卷，若有加則賜也，不過九命。次國之君，不過七命。小國之君，不過五命（五）。

大國之卿，不過三命，下卿再命；小國之卿，與下大夫一命（六）。

【譯文】

大國下設三卿，皆由天子任命，並設下大夫五名，上士二十七名。次國下設三卿，其中二卿由天子任命，一卿由該國的國君任命，並設下大夫五名，上士二十七名。小國下設二卿，皆由該國的國君任命，並設下大夫五名，上士二十七名。

天子派遣朝中的大夫擔任三監，到方伯屬下的各國實施監督，每國派遣三名。

天子在縣內分封給諸侯的領地，只作俸祿哩；縣外的諸侯，可以繼嗣嘛。

制度規定三公加賜一命可服龍衮，若再有加就是賞賜哩，因為爵位不能超過九命。次國的國君，爵位不能超過七命。小國的國君，爵位不能超過五命。

大國的卿，爵位不能超過三命，下卿不超過再命；小國的卿，與大國下大夫都是一命官爵。

【古注】

《注》 (一)命於天子者，天子選用之，如今詔書除吏矣。小國亦三卿，一卿命於天子，二卿命於其君，此文似誤脱耳，或者欲見畿内之國二卿與？(二)使佐方伯領諸侯。(三)選賢置之於位，其國之祿如諸侯，不得世。(四)有功乃封之使之世也。《冠禮》記曰："繼世以立諸侯，象賢也。"(五)卷，俗讀也，其通則曰衮。三公八命矣，復加一命則服龍衮，與王者之後同，多於此則賜，非命服也。虞夏之制，天子服有日月星辰。《周禮》曰："諸公之服，自衮冕而下，如王之服。"(六)不著次國之卿者，以大國之下互明之。此卿命則異，大夫皆同。《周禮》："公侯伯之卿三命，其大夫再命；子男之卿再命，其大夫一命。"

《疏》 (一)此一節論夏家天子命諸侯之國卿大夫及士之數。(二)此一節論天子遣大夫往監方伯之國，州别各置三人之事。(三)此一經論天子縣内食采邑，諸侯得祿不得繼世之事。(四)此一節論外諸侯父死子得嗣位之事。(五)此一經論王制三公已下次國小國之君爵命之數。制，謂王者制度。(六)此一節論大國小國卿大夫命數多少不同之事。

5.6

【原文】

凡官民材，必先論之(一)；論辨，然後使之(二)；任事，然後爵之(三)；位定，然後祿之(四)。

爵人於朝，與士共之；刑人於市，與眾弃之(五)。是故公家不畜刑人，大夫弗養，士遇之塗弗與言也。屏之四方，唯其所之，不及以政，亦弗故生也(六)。

諸侯之於天子也，比年一小聘，三年一大聘，五年一朝(七)。

【譯文】

凡要授予民間有材望的人以官職，必先向他論難；對所論難能辨析得當，然後嘗試著使用他；通過任事，然後授予他相應的爵位；爵位確定下來，然後給他俸祿。

在朝廷上授人爵位，要與士共同慶賀；在集市上對人加刑，與民衆一同拋棄他。正是這個緣故，公室不容留受刑罰的人，大夫不收養，士在路上遇見不跟他搭話嘛。將他們放逐到四方偏遠之處，凡是他們到達的地方，都不得涉及行政事務，也不故意提供生計哩。

諸侯對待天子呢，每年派大夫小聘一次，每三年派卿大聘一次，每五年國君親自朝覲一次。

【古注】

《注》 （一）論，謂考其德行道藝。（二）辨，謂考問得其定也，《易》曰"問以辨之"。（三）爵，謂正其秩次。（四）與之以常食。（五）必共之者，所以審慎之也，《書》曰"克明德慎罰"。（六）屏，猶放去也。已施刑則放之棄之，役賦不與，亦不授之以田，困乏又無賙餼也，《虞書》曰"五流有宅，五宅三居"是也；周則墨者使守關，劓者使守闕，宫者使守內，刖者使守囿，髡者使守積。（七）比年，每歲也。小聘使大夫，大聘使卿，朝則君自行。然此大聘與朝，晉文霸時所制也；虞夏之制，諸侯歲朝；周之制：侯、甸、男、采、衛、要服六者，各以其服數來朝。

《疏》 （一至四）此一節論擇賢材，任以爵祿之事。任事然後爵之者，爵謂正其秩次，言雖考問，知其實有德行道藝，未明其幹能，故試任以事。事又幹了，然後正其秩次除授。位定然後與之以祿。引《易》，是《易·文言》文。（五、六）此一節論爵人及刑人之事。此云爵人於朝，謂殷法也，周則天子特假祖廟而拜授之。刑人於市與眾棄之者，亦謂殷法，謂貴賤皆刑於市，周則有爵者刑於甸師氏也。（七）此一經論諸侯遣卿大夫聘問及自親朝之事。

5.7

【原文】

天子五年一巡守(一)。歲二月東巡守，至于岱宗(二)，柴而望祀山川(三)，覲諸侯(四)，問百年者就見之(五)。命大師陳詩，以觀民風(六)；命市納賈，以觀民之所好惡，志淫好辟(七)；命典禮，考時月定日，同律、禮、樂、制度、衣服，正之(八)。山川神祇，有不舉者為不敬，不敬者君削以地(九)；宗廟有不順者為不孝，不孝者君絀以爵(十)；變禮易樂者為不從，不從者君流(十一)；革制度衣服者為畔，畔者君討(十二)。有功德於民者，加地進律(十三)。五月南巡守，至于南嶽，如東巡守之禮。八月西巡守，至于西嶽，如南巡守之禮。十有一月北巡守，至于北嶽，如西巡守之禮。歸假于祖禰，用特(十四)。

【譯文】

天子每五年離開都城巡察境內各諸侯國一次。這年二月向東巡守，到達東嶽岱宗，燒柴祭天並遙望祝祀山川，接受諸侯覲見，訪問百歲老人登門看望他們。命樂官太師陳獻采集的詩歌，用來觀察民間風俗；命掌管集市的官吏呈進物價，用來觀察民間的愛好和憎惡，心志淫泆自然愛好邪辟之物；

命掌管禮儀制度的官員，考核時節月分規定日曆，連同律令、禮法、音樂、制度、衣服，一一校正。山川神祇，有不祭祀的就視為不尊敬，不尊敬的話就得削奪國君的封地；宗廟的昭穆不按順序排列的就是不孝，不孝的話就得貶絀國君的爵位；變更禮制改易音樂的就是不服從，不服從的話就得將國君流放；改革制度衣服的就是畔逆，畔逆的話就得對國君進行誅討。對人民有功德的國君，將加封的土地列進律科。五月向南巡守，到達南嶽衡山，一切與東巡守的禮相同。八月向西巡守，到達西嶽華山，一切與南巡守的禮相同。十一月向北巡守，到達北嶽恒山，一切與西巡守的禮相同。歸來即到祖廟和父廟祭告，祭告時兩廟都用一頭牛。

【古注】

《注》（一）天子以海内為家，時一巡省之。五年者，虞夏之制也，周則十二歲一巡守。（二）岱宗，東嶽。（三）柴，祭天告至也。（四）覲，見也。（五）就見老人。（六）陳詩，謂采其詩而視之。（七）市，典市者。賈，謂物貴賤厚薄也，質則用物貴，淫則侈物貴，民之志淫邪，則其所好者不正。（八）同陰律也。（九）舉，猶祭也。（十）不順者，謂若逆昭穆。（十一）流，放也。（十二）討，誅也。（十三）律，法也。（十四）假，至也。特，特牛也。祖下及禰皆一牛。

《疏》此一經論王者巡守四嶽柴望及絀陟之事。按《白虎通》云："所以巡守者何？巡者，循也；守者，牧也。為天下循行守土牧民。道德太平，恐遠近不同化，幽隱不得其所者，故必親自行之，謹敬重民之至也。所以不歲巡守何？為太煩。過五年，為其太疏。為天道三歲一閏，天道小備；五歲再閏，天道大備。故五年一巡守。"以夏時仲月者，律厤常得其中也。二月八月又晝夜分，五月十一月者陰陽終，故取四仲月也。

5.8

【原文】

天子將出，類乎上帝，宜乎社，造乎禰。諸侯將出，宜乎社，造乎禰（一）。

天子無事，與諸侯相見曰朝（二），考禮正刑，一德以尊于天子。天子賜諸侯樂，則以柷將之；賜伯、子、男樂，則以鼗將之（三）。諸侯賜弓矢，然後征；賜鈇鉞，然後殺；賜圭瓚，然後為鬯；未賜圭瓚，則資鬯於天子（四）。

天子命之教，然後為學。小學在公宮南之左，大學在郊（五）。天子曰辟廱，諸侯曰頖宮（六）。

天子將出征，類乎上帝，宜乎社，造乎禰，禡於所征之地（七），受命於祖（八），受成於學（九）。出征執有罪，反釋奠于學，以訊馘告（十）。

【譯文】

天子將出行，要祭告天帝，祭告地神，祭告宗廟。諸侯將出行，要祭告地神，祭告父祖廟。

天子沒有征伐之事，跟諸侯相見叫做朝，通常都是考校禮制修正刑法，使天下一心一德尊奉天子。天子賜給諸侯樂器，就把柷拿給他們；賜給伯爵子爵男爵樂器，就把鼗拿給他們。諸侯得到賜給的弓箭，然後才可以專行征伐；得到賜給的鈇鉞，然後才可以行使殺戮；得到賜給的圭瓚，然後才可以釀造鬯酒；沒有賜給圭瓚，鬯酒就得由天子供給。

天子命諸侯實施教化，然後建立學校。小學設置在王宮南面的左方，大學設置在城郊。天子設立的學校稱辟廱，諸侯設立的學校稱頖宮。

天子將出征，要祭告天帝，祭告地神，祭告祖廟，到達所要征戰的地方後舉行禡祭，依照向祖先稟告的使命，和在學校謀劃成熟的戰略戰術去交戰。出征捉拿到有罪的人，返回後仍到學校向陣亡的將士祭奠，用審訊戰俘的口供和割下敵人左耳的數目告慰英魂。

【古注】

《注》 (一)帝，謂五德之帝，所祭於南郊者。類、宜、造，皆祭名，其禮亡。(二)事，謂征伐。(三)將，謂執以致命。柷、鼗，皆所以節樂。(四)得其器乃敢為其事。圭瓚，鬯爵也。鬯，秬酒也。(五)學，所以學士之宮。《尚書傳》曰："百里之國，二十里之郊；七十里之國，九里之郊；五十里之國，三里之郊。"此小學大學，殷之制。(六)尊卑學異名。辟，明也；廱，和也，所以明和天下。頖之言，班也，所以班政教也。(七)禡，師祭也，為兵禱。其禮亦亡。(八)告祖也。(九)定兵謀也。(十)釋，菜奠，幣禮先師也。訊馘，所生獲斷耳者，《詩》曰"執訊獲醜"，又曰"在頖獻馘"。馘或為國。

《音義》 柷，昌六反 zhù(ㄓㄨˋ)。鼗音桃。鈇，方於反 fū(ㄈㄨ)。鉞音越。圭字又作珪，案《說文》，珪古字，圭今字。瓚，才旦反 zàn(ㄗㄢˋ)。鬯，勑亮反 chàng(ㄔㄤˋ)。辟音璧。頖音泮 pàn(ㄆㄢˋ)。禡，馬怕反 mà(ㄇㄚˋ)。馘，古獲反 guó(ㄍㄨㄛˊ)，截耳。

《疏》 (一)此一經論天子諸侯巡守之禮也。將出，謂初出時也。類乎上帝者，謂祭告天也。宜乎社者，此巡行方事誅殺封割應載社主也；云宜者，令誅伐得宜，亦隨其宜而告也；社主於地，又為陰，而誅殺亦陰，故於社也，《書》云"弗用命，戮於社"是也。造乎禰者，造，至也，謂至父祖之廟也。(二至四)此一節論諸侯朝天子、天子賜之事。考禮，謂諸侯相與朝王之時，考校禮儀，正定刑法，專一道德以尊崇天子。諸侯賜弓矢者，謂八命作牧者，若不作牧，則不得賜弓矢，《尚書大傳》云："以兵屬於得專征伐者。"賜圭瓚者，亦謂上公九命者。(五、六)此一節論天子命諸侯立學及學名之事。辟，明也者，《釋詁》云"辟，君也"，君則尊明。廱，和也，《釋訓》文云"所以明和天下者"，謂於此學中習學道藝，欲使天下之人悉皆明達諧和，故云明和天下。云頖之言班也，所以班政教也者，頖是分判之義，故為班於此學中，施化使人觀之。(七至十)此一經論天子出征所祭之事。受命於祖者，謂出時告祖，是不敢自專，有所稟承。受成於學者，謂在學謀論兵事好惡可否，其謀成定。

5.9

【原文】

天子諸侯無事，則歲三田，一為乾豆，二為賓客，三為充君之庖(一)。無事而不田，曰不敬；田不以禮，曰暴天物(二)。天子不合圍，諸侯不掩羣(三)。天子殺則下大綏，諸侯殺則下小綏(四)，大夫殺則止佐車，佐車止則百姓田獵(五)。獺祭魚，然後虞人入澤梁；豺祭獸，然後田獵；鳩化為鷹，然後設罻羅；草木零落，然後入山林，昆蟲未蟄，不以火田(六)，不麛，不卵，不殺胎，不殀夭(七)，不覆巢(八)。

【譯文】

天子諸侯在沒有征伐出行凶喪等事時，則每年三時田獵，一是為了製成肉乾以備祭祀時供在豆器中，二是為了宴請賓客的肴饌，三是為了充實天子國君的庖廚。無事而不田獵，謂之不敬；田獵不用禮的規範加以制約，謂之暴殄天物。天子不四面合圍捕殺獵物，諸侯不偷襲羣居的獵物。天子獵獲到就降下有綏飾的大旗，諸侯獵獲到就降下有綏飾的小旗，大夫有獵獲就停下追截獵物的佐車，佐車停下來就讓百姓田獵。水獺將捕得的魚叨到岸邊的季節到來，然後掌管山澤的虞人才允許入河攔水捕魚；豺狗將捉殺的獸堆放在窩邊的季節到來，然後才可以田獵；鳩變化成鷹的季節到來，然後才可以張小網羅雀；草木零落的季節到來，然後才可以進入山林砍柴伐木，不過昆蟲尚未蟄伏之前，不得用火燒荒墾田，不得傷害幼鹿，不得掏取鳥卵，不得宰殺懷胎的母獸，不得濫殺幼小的禽獸，不得顛覆鳥巢。

【古注】

《注》 (一)三田者，夏不田，蓋夏時也，《周禮》"春曰蒐，夏曰苗，秋曰獮，冬曰狩。"乾豆，謂腊之以爲祭祀豆實也。庖，今之廚也。(二)不敬者，簡祭祀，略賓客。(三)為盡物也。(四)綏當為緌。緌，有虞氏之旌旗也。下，謂弊之。(五)佐車，驅逆之車。(六)取物必順時候也。梁，絕水取魚者。罻，小網也。昆，明也。明蟲者，得陽而生，得陰而藏。(七)重傷未成物曰殀，斷殺少長曰夭。(八)覆，敗也。

《音義》 乾音干。綏，依《注》音緌，耳隹反 ruí(ㄖㄨㄟˊ)。獺，他達反 tǎ(ㄊㄚˇ)。罻音尉。蟄，直立反 zhé(ㄓㄜˊ)。麛，本又作麑，音迷。殀，於表反 yāo(ㄧㄠ)，殺也。夭，烏老反 ǎo(ㄠˇ)。

《疏》 此一節論天子以下田獵之事。天子諸侯無事者，謂無征伐出行喪凶之事，則一歲三時田獵。獵在田中，又為田除害，故稱田也。

5.10

【原文】

冢宰制國用，必於歲之杪，五穀皆入，然後制國用(一)。用地小大，視年之豐耗[二]，以三十年之通，制國用，量入以為出[三]。祭用數之仂[四]。喪三年不祭，唯祭天地社稷，為越紼而行事[五]。喪用三年之仂[六]。喪祭，用不足曰暴，有餘曰浩[七]。祭，豐年不奢，凶年不儉[八]。國無九年之蓄曰不足，無六年之蓄曰急，無三年之蓄曰國非其國也。三年耕，必有一年之食；九年耕，必有三年之食。以三十年之通，雖有凶旱水溢，民無菜色，然後天子食，日舉以樂[九]。

【譯文】

冢宰制訂國家的用度，必須在年尾進行，五穀都入了賬，然後制訂來年的國家用度。根據可耕用的土地小大，視年成的豐饒或耗損，參照三十年來的通例，制訂國家用度，酌量收入來計劃支出。祭祀的費用應是總收入數的零頭。居喪三年期間不參加祭祀，唯祭祀天地社稷，即使牽引送葬柩車的繩索已經繫好也要暫且放下去參加。喪事的費用是三年收入的零頭。喪事和祭祀，費用不足叫暴殄，有饒餘叫浩劫。祭禮，豐年不奢侈，凶年不儉省。國家沒有九年的儲蓄叫不足，沒有六年的儲蓄叫窘急，沒有三年的儲蓄可謂國非其國了。三年耕作，必有可供應别人一年的糧食；九年耕作，必有可供應别人三年的糧食。以三十年的通例累積下來，儘管會有各種災害發生，人民臉上却不會有因吃菜而出現的饑餓之色，然後天子飲食時，每天都可以用音樂伴奏。

【古注】

《注》 (一)制國用，如今度支經用。杪，末也。(二)小國大國、豐凶之年，各以歲之收入制其用多少，多不過禮，少有所殺。(三)通三十年之率，當有九年之蓄。出，謂所當給為。(四)筭今年一歲經用之數，用其什一。(五)不敢以卑廢尊。越，猶躐也；紼，輴車索。(六)喪，大事，用三歲之什一。(七)暴，猶耗也。浩，猶饒也。(八)常用數之仂。(九)菜色，食菜之色。民無食菜之饑色，天子乃日舉以樂侑食。

《音義》 杪，亡小反 miǎo(ㄇㄧㄠˇ)。仂音勒。

《疏》 此一節論冢宰制國用及年之豐耗并喪祭及所蓄積之法。用地小大視年之豐耗者，用，謂制國之用，凡制國用多少，必計地小大，又視年之豐耗，若地大年豐則制用多，若地小年耗則制用少。以三十年之通制國用量入以為出者，言欲制國用之時，先以三十年通融之法留九年蓄，外計見在之物以制國用。假令一年有四萬斛，以一萬斛擬三十年通融積聚為九年之蓄，以見在三萬斛制國之來歲一年之用，量其今年入之多少以為來年出用之數。雖有凶旱水溢民無菜色者，凶旱，謂凶荒遭旱也；水溢，謂水之泛濫。

5.11

【原文】

天子七日而殯，七月而葬。諸侯五日而殯，五月而葬。大夫士庶人三日而殯，三月而葬(一)。三年之喪自天子達(二)。庶人縣封，葬不為雨止，不封不樹，喪不貳事(三)。自天子達於庶人，喪從死者，祭從生者，支子不祭(四)。

天子七廟，三昭三穆，與大祖之廟而七(五)。諸侯五廟，二昭二穆，與大祖之廟而五(六)。大夫三廟，一昭一穆，與大祖之廟而三(七)。士一廟(八)。庶人祭於寢(九)。

【譯文】

天子死後七天出殯，滿七個月下葬。諸侯死後五天出殯，滿五個月下葬；大夫、士及庶人死後三天出殯，滿三個月下葬。三年的喪制自天子通行到一切人。庶人用繩索懸起棺材下壙，葬時不因下雨而停止，不築墳不栽樹，守喪期間不做其他事。從天子直到庶人，喪事的規格遵從死者的地位，祭祀的規格遵從生者的地位，支子不得主持祭祀。

天子七廟，三昭廟三穆廟，加上太祖廟共七座。諸侯五廟，二昭廟二穆廟，加上太祖廟共五座。大夫三廟，一昭廟一穆廟，加上太祖廟共三座。士一座廟。庶人在寢室祭祀先人。

【古注】

《注》 (一)尊者舒，卑者速。《春秋傳》曰："天子七月而葬，同軌畢至；諸侯五月，同盟至；大夫三月，同位至；士踰月，外姻至。"(二)下通庶人於父母同，天子諸侯降期。(三)縣封當為縣窆，縣窆者至卑，不得引紼下棺，雖雨猶葬，以其禮儀少。封，謂聚土為墳。不封之，不樹之，又為至卑無飾也。《周禮》曰"以爵等為丘封之度與其樹數"，則士以上乃皆封樹。貳之言二也，庶人終喪無二事，不使從政也。《喪大記》曰："大夫士既葬，公政人於家；既卒哭，弁絰帶，金革之事無辟也。"(四)從死者，謂衣衾棺椁。從生者，謂奠祭之牲器。(五)此周制。七者，大祖及文王、武王之祧與親廟四。大祖，后稷。殷則六廟，契及湯與二昭二穆。夏則五廟，無大祖，禹與二昭二穆而已。(六)大祖，始封之君，王者之後不為始封之君廟。(七)大祖，別子始爵者。《大傳》曰"別子為祖"，謂此雖非別子，始爵者亦然。(八)謂諸侯之中士下士名曰官師者，上士二廟。(九)寢，適寢也。

《疏》 (一至四)此一節明天子以下殯葬日月不同及衣衾牲器之數。庶人縣封者，謂下棺縣繩下棺，故云縣窆。威儀既少，日又遽促，將葬之時不為雨而止，不積土為封，不標墓以樹，餘居喪之外不供他事。必至三日者，冀其更生，三日不生亦不生矣。(五至九)此一節明天子以下立廟多少不同之事。

5.12

【原文】

天子諸侯宗廟之祭，春曰礿，夏曰禘，秋曰嘗，冬曰烝(一)。天子祭天地，諸侯祭社稷，大夫祭五祀(二)。天子祭天下名山大川，五嶽視三公，四瀆視諸侯(三)。諸侯祭名山大川之在其地者(四)。

天子諸侯，祭因國之在其地而無主後者(五)。

天子犆礿，祫禘、祫嘗、祫烝(六)。諸侯礿則不禘，禘則不嘗，嘗則不烝，烝則不礿(七)。諸侯礿犆(八)，禘一犆、一祫(九)，嘗祫，烝祫。

【譯文】

天子諸侯宗廟的祭祀，春祭叫礿，夏祭叫禘，秋祭叫嘗，冬祭叫烝。天子祭祀皇天后土，諸侯祭祀社神穀神，大夫祭祀司命、中霤、門、行、厲五祀。天子祭祀天下所有的名山大川，祭五嶽時比照三公的禮數，祭四瀆時比照諸侯的禮數。諸侯祭祀在其封地之内的名山大川。

天子諸侯，祭祀所因襲的舊國在其領地已没有後裔的有功德宜享世祀的先王。

天子春季分别到各廟單獨舉行礿祭，夏季的禘祭、秋季的嘗祭、冬季的烝祭，都是將各廟的神主集中在太廟合祭。諸侯行過礿祭的就不行禘祭，行過禘祭的就不行嘗祭，行過嘗祭的就不行烝祭，行過烝祭的就不行礿祭。諸侯春季的礿祭分别到各廟單獨舉行，夏季的禘祭一年是到各廟單獨舉行，一年是合祭，秋季的嘗祭、冬季的烝祭都是合祭。

【古注】

《注》 (一)此蓋夏殷之祭名，周則改之春曰祠，夏曰礿，以禘為殷祭。《詩·小雅》曰"礿祠烝嘗，于公先王"，此周四時祭宗廟之名。(二)五祀，謂司命也，中霤也，門也，行也，厲也，此祭謂大夫有地者，其無地祭三耳。(三)視，視其牲器之數。(四)魯人祭泰山、晉人祭河是也。(五)謂所因之國先王先公有功德宜享世祀，今絕無後，為之祭主者。昔夏后氏郊鯀，至杞為夏後而更郊禹；晉侯夢黃熊入國而祀夏郊，此其禮也。(六)犆，猶一也。祫，合也。天子諸侯之喪畢，合先君之主於祖廟而祭之謂之祫，後因以為常。天子先祫而後時祭，諸侯先時祭而後祫。凡祫之歲，春一礿而已，不祫以物，無成者不殷祭。周改夏祭曰礿，以禘為殷祭也。魯禮，三年喪畢而祫於大祖，明年春禘於羣廟，自爾之後五年而再殷祭，一祫一禘。(七)虞夏之制，諸侯歲朝，廢一時祭。(八)互明犆礿文。(九)下天子也，祫歲不禘。

《音義》 礿，余若反 yào(ㄧㄠˋ)。鯀，古本反 gǔn(ㄍㄨㄣˇ)。犆音特。祫音洽。

《疏》 (一至四)此一節論夏殷天子諸侯大夫四時祭宗廟及祭天地山川之事。春曰礿者，皇氏云："礿，薄也。春物未成，其祭品鮮薄也。"孫炎云："礿者，新菜可礿。"夏曰禘者，皇氏云："禘者，次第也。夏時物雖未成,宜依時次第而祭之。”秋曰嘗者,《白虎通》云:“嘗者,新穀熟而嘗之。”冬曰烝者,烝者,眾也,冬之時物成者眾,孫炎云:“烝,進也,進品物也。”(五)此一節論天子置都之所及,諸侯所封之內,皆因古昔先王先公所居之地,今其地子孫絕滅而無主後者,則天子諸侯祭此先王先公,故云祭因國之在其地而無主後者。(六至九)此一節論夏殷天子諸侯大祭及時祭之事。天子之祭,當祫之歲,以春物未成,不為祫祭,惟犆為時祭之礿,故云犆礿。夏秋冬之時,先為祫祭,後為時祭,故云祫禘、祫嘗、祫烝。礿則不禘者,虞夏之制,歲朝皆闕一時之祭也,此從南方始也,南方諸侯春礿祭竟,夏來朝,故闕夏禘,故云礿則不禘也。禘則不嘗,此西方諸侯秋來朝也,行夏祭竟而秋來朝,故不嘗也。嘗則不烝,此北方諸侯冬來朝者也,行秋祭竟而冬來朝,故廢烝也。烝則不礿,此東方諸侯春來朝者也,行冬祭而春來朝,故廢礿也。然各廢一時耳,餘三時皆祭也。諸侯礿犆者,諸侯降於天子,故礿在犆上也,此見先時祭,故礿在犆上。禘一犆、一祫者,言諸侯當在夏祭一禘之時不為禘祭,惟犆一祫而已,闕時祭也。嘗祫烝祫者,謂諸侯先作時祭烝嘗,然後為大祭之祫。

5.13

【原文】

天子社稷皆大牢,諸侯社稷皆少牢。大夫士宗廟之祭,有田則祭,無田則薦(一)。庶人春薦韭,夏薦麥,秋薦黍,冬薦稻;韭以卵,麥以魚,黍以豚,稻以鴈(二)。祭天地之牛角繭栗,宗廟之牛角握,賓客之牛角尺(三)。諸侯無故不殺牛,大夫無故不殺羊,士無故不殺犬豕,庶人無故不食珍(四)。

庶羞不踰牲(五),燕衣不踰祭服,寢不踰廟。

古者公田藉而不稅(六);市廛而不稅(七);關譏而不征(八);林麓川澤以時入而不禁(九)。夫圭田無征(十)。

用民之力,歲不過三日(十一)。

田里不粥,墓地不請(十二)。

司空執度度地(十三),居民山川沮澤,時四時(十四),量地遠近(十五),興事任力(十六)。凡使民,任老者之事,食壯者之食(十七)。

【譯文】

天子每次祭祀社神穀神一律用牛羊豬三牲的太牢,諸侯每次祭祀社神穀神一律用羊豬二牲的少牢。大夫士舉行宗廟的祭祀,有田地的就用牲祭,没有田地的就用時新的食物薦。庶人祭祖春季薦韭菜,夏季薦麥,秋季薦黍,冬季薦稻;韭菜用卵配,麥用魚配,黍用豬肉配,稻用鴈配。祭天地使用的牛犢角的大小要像繭或栗子,祭宗廟使用的牛的角長不超過四寸,宴饗賓客使用的牛的角長可一尺。諸侯無故不殺牛,大夫無故不殺羊,士無故不殺犬和豬,庶人無故不吃珍味。

祭祀的衆多美味不得超越應該使用的牲,燕禮的衣服規格不得超越祭服，寢室的規格不得超越廟堂。

古時候公田借民力耕作因而農民的私田不納税；集市供商販交易的場所收取租金因而貨物不納税；關卡稽查違禁物品而不征税；依照適宜時節進入林麓川澤伐獵釣撈而不限禁；耕作卿大夫士的圭田的農民不征税。

使用人民的勞力，每年不得超過三日。

田地宅院不得出賣，墓地不得請求餘處。

司空執掌用丈尺測量土地，依照居住在山川沼澤的居民，預測四季的寒暖燥濕，計量地域的遠近，然後任用勞力興辦各種利民工程。凡是使用民力，任用老年人幹其力所能及的事，要供應他們吃壯年人的伙食。

【古注】

《注》 (一)有田者既祭又薦新，祭以首時，薦以仲月。士薦牲用特豚，大夫以上用羔，所謂“羔豚而祭，百官皆足”。《詩》曰：“四之日其蚤，獻羔祭韭。”(二)庶人無常牲，取與新物相宜而已。(三)握，謂長不出膚。(四)故，謂祭饗。(五)祭以羊，則不以牛肉爲羞。(六)藉之言，借也。借民力治公田，美惡取於此，不税民之所自治也。《孟子》曰：“夏后氏五十而貢，殷人七十而助，周人百畝而徹。”則所云古者謂殷時。(七)廛，市物邸舍。税其舍，不税其物。(八)譏，譏異服，識異言。征，亦税也。《周禮》“國凶札，則無門關之征”，猶譏也。(九)麓，山足也。(十)夫，猶治也，征税也。《孟子》曰：“卿以下必有圭田，治圭田者不税，所以厚賢也。”此則《周禮》之士田，以任近郊之地，税什一。(十一)治宫室城郭道渠。(十二)皆受於公，民不得私也。粥，賣也。請，求也。(十三)司空，冬官卿，掌邦事者。度，丈尺也。(十四)觀寒煖燥濕。沮，謂萊沛。(十五)制邑井之處。(十六)事，謂築邑廬宿市也。(十七)寬其力，饒其食。

《疏》 (一至四)此一節論天子諸侯祭用牲牢及庶人所薦之物。(五)闕文。(六至十)此一節論古者公田不税及關市、圭田無征之事。公田藉而不税者，謂民田之外别作公田，一井之中凡有九夫，中央一夫以爲公田，惟借八家之力以治此公田，美惡取於此而不税民之私田。市廛而不税者，廛，謂公家邸舍使商人停物於中，直税其所舍之處價，不税其在市所賣之物。市内空地曰廛，城内空地曰肆。關譏而不征者，征，税也；關，境上門也；譏，謂呵察，公家但呵察非違，不税行人之物。林麓川澤以時入而不禁者，以時入者，獺祭魚然後虞人入澤梁，謂民庶須有採取隨時而入，官不限禁之。夫圭田無征者，夫，猶治也，畿内無公田，故有圭田，卿大夫士皆以治此圭田，公家不税其物，故云無征。必云圭者，圭潔白也，言卿大夫德行潔白乃與之田。(十一)前明以殷法，此則兼通周禮。三日，謂使民治城郭道渠，年歲雖豐，不得過三日。案《周禮·均人》云：“豐年旬用三日，中年旬用二日，無年旬用一日。年歲不同，雖豐不得過三日。”(十二)田地里邑既受之於公，民不得粥賣。冢墓之地公家所給，族葬有常，不得輒請求餘處。(十三至十七)沮澤謂萊沛者，何胤云：“沮澤，下濕地也。草所生爲萊，水所生爲沛，言沮地是有水草之處也。”

5.14

【原文】

凡居民材，必因天地寒煖燥濕(一)。廣谷大川異制(二)，民生其間者異俗[三]：剛柔、輕重、遲速異齊[四]，五味異和[五]，器械異制[六]，衣服異宜[七]。脩其教不易其俗，齊其政不易其宜[八]。中國戎夷、五方之民，皆有性也，不可推移[九]。東方曰夷，被髮文身，有不火食者矣；南方曰蠻，雕題交趾，有不火食者矣[十]；西方曰戎，被髮衣皮，有不粒食者矣；北方曰狄，衣羽毛穴居，有不粒食者矣[十一]。中國、夷、蠻、戎、狄，皆有安居、和味、宜服、利用、備器[十二]。五方之民，言語不通，嗜欲不同。達其志，通其欲，東方曰寄，南方曰象，西方曰狄鞮，北方曰譯[十三]。

凡居民，量地以制邑，度地以居民。地、邑、民居，必參相得也[十四]，無曠土，無游民，食節事時，民咸安其居，樂事勸功，尊君親上，然後興學[十五]。

【譯文】

凡定居一地的民衆之材質，必是長期因循其所處的天地寒暖燥濕等氣候條件而形成。廣谷大川具有不同的制約作用，人民生活在其間必然便會形成不同的風俗：性情和語言的剛柔、輕重、遲速不會一般齊，對五味的調和各不相同，器械的制作各不相同，衣裳服飾各不相宜。因此，脩治他們的禮義教化不要試圖改易他們的風俗，整齊他們的政策法令不要試圖改易他們已經適宜的習慣。中國和周邊的戎夷，這五方面的人民，都有各自的特性哩，不可推移變遷。東方的民族稱夷，披散着頭髮身體刺着花紋，還有不吃熟食的人呀；南方的民族稱蠻，額上雕刻着花紋脚趾相對行走，也有不吃熟食的人呀；西方的民族稱戎，披散頭髮身穿獸皮，有不吃穀物的人呀；北方的民族稱狄，身穿羽毛住在洞穴，也有不吃穀物的人呀。中國、夷、蠻、戎、狄，都有各自安定的住所、協和的口味、適宜的服裝、便利的用具、完備的器皿。五方面的民族，言語不通、嗜欲不同。於是便出現了能曉達五方意志、通傳各方欲望的人，東方管這種人叫寄，南方叫象，西方叫狄鞮，北方管這種人叫譯。

凡要留住人民，就應根據土地面積裁制城邑，丈量土地來安置他們。土地、城邑、人民的居處，必須這三者相稱哩，使之没有拋荒的土地，没有無業的游民，使之衣食有節制做事按時令，當人民普遍安心各自的居住環境，樂於從事勤勉立功，尊敬國君親近長輩上司，然後振興學校教育。

【古注】

《注》 (一)使其材藝堪地氣也。(二)謂其形象。(三)謂其所好惡。(四)謂其性情緩急。(五)謂香臭與鹹苦。(六)謂作務之用。(七)謂旃裘與絺綌。(八)教謂禮義，政謂刑禁。(九)地氣使之然。(十)雕、文，謂刻其肌以丹青涅之。交趾，足相鄉然；浴則同川，卧則僢，不火食，地氣煖，不爲病。(十一)不粒食,地氣寒,少五穀。(十二)其事雖異,各自足。(十三)皆俗間之名,依其事類耳。鞮之言,知也,今冀部有言狄鞮者。(十四)得,猶足也。(十五)立小學大學。

《疏》 (一至十三)此一節論中國及四夷居處言語衣服飲食不同之事。凡居民材,必因天地寒煖燥濕者,材,謂氣性材藝,言五方之人,其能各殊,五者居處各須順其性氣材藝,使堪其地氣,故盧植云:"能寒者使居寒,能暑者使居暑。"即其義也。不易其俗者,俗謂民之風俗,宜謂土地器物所宜,教謂禮義教化,政謂政令施爲,言脩此教化之時當隨其風俗。齊其政者,謂齊其政令之事 當逐物之所宜,故云不易其宜。雕題交趾者,雕謂刻也,題謂額也,謂以丹青雕刻其額,亦文身也;趾,足也,言蠻卧時,頭向外而足在内而相交。衣皮有不粒食者矣者,以無絲麻,惟食禽獸,故衣皮;地氣寒,少五穀,故有不粒食者。達其志通其欲者,謂帝王立此傳語之人,曉達五方之志,通傳五方之欲,使相領解。其通傳東方之語官謂之曰寄,言傳寄外内言語;通傳南方語官謂之曰象者,言放象外内之言;其通傳西方語官謂之狄鞮者,鞮,知也,謂通傳夷狄之語與中國相知;其通傳北方語官謂之曰譯者,譯,陳也,謂陳説外内之言。(十四、十五)此一節論居民與地相得及食節事時、勸功尊君立學之事。食節,謂食得其節。事時,謂事得其時。樂事,謂民樂悦事務。勸功,謂勉勵立功。尊君,謂臣民尊君。親上,謂在下親愛長上。民富而可教,謂民事既得如此,然後可得興學也。

5.15

【原文】

司徒脩六禮以節民性,明七教以興民德,齊八政以防淫,一道德以同俗,養耆老以致孝,恤孤獨以逮不足,上賢以崇德,簡不肖以絀惡(一)。命鄉簡不帥教者以告(二),耆老皆朝于庠元日,習射上功,習鄉上齒,大司徒帥國之俊士與執事焉(三);不變,命國之右鄉簡不帥教者移之左,命國之左鄉簡不帥教者移之右,如初禮(四);不變,移之郊,如初禮(五);不變,移之遂,如初禮(六);不變,屏之遠方,終身不齒(七)。命鄉論秀士,升之司徒,曰選士(八)。司徒論選士之秀者,而升之學,曰俊士(九)。升於司徒者不征於鄉,升於學者不征於司徒,曰造士(十)。樂正崇四術,立四教(十一),順先王《詩》《書》《禮》《樂》以造士(十二),春秋教以《禮》《樂》,冬夏教以《詩》《書》。王大子、王子、羣后之大子、卿大夫元士之適子、國之俊選,皆造焉(十四)。凡入學以齒(十五)。將出學,小胥、大胥、小樂正,簡不帥教者,以告于大樂正,大樂正以告于王(十六)。王命三公、九卿、大夫、元士皆入學,不變,王親視學(十七);不變,王三日不舉(十八),屏之遠方,西方曰棘,東方曰寄,終身不齒(十九)。大樂正論造士之秀者,以告于王,而升諸司馬,曰進士(廿)。

【譯文】

司徒脩治六禮用以節制人民的天性,昭明七教用以興起人民的德行,齊整八政用以防止奢淫,一統道德規範以使社會習俗相同。敬養老人用以傳達孝心，撫恤孤兒獨老以助其不足，提倡尊重賢者用以崇尚道德，挑出不正派的人用以絀退醜惡。命令鄉里揀選出不遵循教化者向司徒報告，召集鄉中的耆老在吉日這天都到鄉學來聚會，演習射禮以崇尚立功，演習鄉飲酒禮以尊尚年齒，大司徒率領國學的俊士參與其中的具體事務；不屑者如果不轉變，就命令國中的右鄉把這種不聽從教化者挑選出來移送到左鄉，命令國中的左鄉把不聽從教化者挑選出來移送到右鄉，仍用原來的禮進行教化；還不轉變，就把他們遷移到郊外，仍用原先的禮進行教化；還不轉變，就把他們遷移到遠郊之外的遂地，仍用初時的禮教化；再不轉變，就將他們屏棄到遠方，終身不録用。命令鄉里論列德才優秀之士，上報給司徒，叫做選士。司徒論列選士中的優秀者，使之升入到國學，稱之爲俊士。上報給司徒的選士在鄉内不再被征用，升入到國學的俊士在司徒轄内不會被征用，稱他們爲造士。樂正崇尚四種學術，以此設立四科教育，即順從先王創作的《詩》《書》《禮》《樂》來培養造士，春秋二季教授《禮》《樂》，冬夏二季教授《詩》《書》。王太子、王子、衆公侯的太子、卿大夫及元士的嫡子，國中的俊士和選士，都送進國學造就他們。凡是進入國學的學子都以年齒論。學業即將完成時，小胥、大胥、小樂正，挑揀出不聽從教化者，向大樂正報告，大樂正再向君王禀告。君王命令三公九卿、大夫、元士全都入學演禮示範；如果不轉變，君王便親臨督察學業；再不轉變，君王三天吃飯不奏樂，將他們屏棄到遠方，屏棄到西方的叫僰，屏棄到東方的叫寄，這些人不論是誰的子弟，一律終身不得録用。大樂正論列造士中的優秀者，向君王禀告，且將他們舉薦給司馬，稱之爲進士。

【古注】

《注》 (一)司徒，地官卿，掌邦教者。逮，及也。簡，差擇也。(二)帥，循也。不循教，謂敖狠不孝弟者。司徒使鄉簡擇以告者，鄉屬司徒。(三)將習禮以化之，使之觀焉。耆老，致仕及鄉中老賢者。朝，猶會也。此庠謂鄉學也。鄉，謂飲酒也，鄉禮，春秋射國蜡而飲酒養老。(四)中年考校而又不變，使轉徙其居，覬其見新人有所化也，亦復習禮於鄉學，使之觀焉。(五)郊，鄉界之外者也。稍出遠之後，中年又爲之習禮於郊學。(六)遠郊之外曰遂。遂，大夫掌之。又中年復移之使居遂，又爲習禮於遂之學。(七)遠方，九州之外。齒，猶禄也。(八)移名於司徒也。秀士，鄉大夫所考有德行道藝者。(九)可使習禮者學大學。(十)不征，不給其繇役。造，成也，能習禮則爲成士。(十一)樂正，樂官之長，掌國子之教。《虞書》曰："夔，命女典樂教胄子。"崇，高也。高尚其術以作教也，幼者教之於小學，長者教之於大學。《尚書傳》曰："年十五始入小學，十八入大學。"(十二)順此四術而教以成是士也。(十三)春夏，陽也；《詩》《樂》者，聲聲亦陽也。秋冬，陰也；《書》《禮》者，事事亦陰也。互言之者，皆以其術相成。(十四)皆以四術成之。王子，王之庶子也。羣后，公及諸侯。(十五)皆以長幼受學，不用尊卑。(十六)此所簡者，謂王大子、王子、羣后之大子、卿大夫元士之適子。大胥、小胥，皆樂官屬也。

出學，謂九年大成學止也。(十七)亦謂使習禮以化之，不變，王又親爲之臨視，重棄賢者子孫。此習禮皆於大學也。(十八)去食樂，重弃人。(十九)棘當僰，僰之言偪，使之偪寄於夷戎。不屏於南北，爲其太遠。(廿)移名於司馬。司馬，夏官卿，掌邦政者。進士，可進受爵祿也。

《音義》 庠音祥。屏，必郢反 bǐng(ㄅㄧㄥˇ)。棘，依《注》音僰，蒲北反 bó(ㄅㄛˊ)。

《疏》 此一節論司徒脩禮明教上賢絀惡教學升進之事。六禮，謂冠一，昏二，喪三，祭四，鄉五，相見六。性，稟性，自然剛柔輕重遲速之屬，恐其失中，故以六禮而節其性也。七教，即父子一，兄弟二，夫婦三，君臣四，長幼五，朋友六，賓客七也。此六禮七教並是殷禮，周則五禮十二教也。八政，一曰飲食，二曰衣服，三曰事爲，四曰異別，五曰度，六曰量，七曰數，八曰制。淫，謂過奢侈，故以八政禁令之事以防淫。一道德以同俗者，道，履蹈而行，謂齊一所行之道以同國之風俗。

5.16

【原文】

司馬辨論官材(一)，論進士之賢者，以告於王而定其論(二)。論定，然後官之(三)；任官，然後爵之(四)；位定，然後祿之。大夫廢其事，終身不仕，死以士禮葬之(五)。有發，則命大司徒教士以車甲(六)；凡執技，論力，適四方，臝股肱，決射御(七)。凡執技以事上者，祝、史、射、御、醫、卜及百工(八)。凡執技以事上者，不貳事，不移官(九)，出鄉不與士齒(十)；仕於家者，出鄉不與士齒(十一)。

【譯文】

司馬通過辨別論列官員的材質，論列出進士中的賢者，即向君王稟告從而定奪他的論列。所論確定下來，然後使他擔任官職；能勝任此官職，然後授以爵位；爵位固定了，然後給他俸祿；擔任大夫後便荒廢其職事，終身不得再仕，死用士禮的規格埋葬他。國有發兵征戰之事，就命大司徒教進士乘兵車穿甲胄等儀容；凡是執掌技藝，要講究勇力，不論到達何方，都敢赤身露體，跟人比試射箭駕車決勝負。大凡執掌技藝用來服事上司的人，有祝、史、射、御、醫、卜以及各種工匠。凡是執掌技藝用來服事上司的人，不得做第二種事，不得改換官職，走出鄉土不得跟士人序齒；出仕在大夫之家，走出鄉土也不得與士人序齒。

【古注】

《注》 (一)辨其論，官其材，觀其所長。(二)各署其所長。(三)使之試守。(四)命之。(五)以不任大夫也。(六)乘兵車衣甲之儀。有發，謂有軍師發卒。(七)謂擐衣出其臂脛，使之射御決勝負見勇力。(八)言技，謂此七者。(九)欲專其事，亦爲不德。(十)賤也，於其鄉中則齒，親親也。(十一)亦賤。

《音義》 臝，本又作羸，力果反 luǒ(ㄌㄨㄛˇ)。肱，古弘反 gōng(ㄍㄨㄥ)。

《疏》 此一節主論司馬之官用其人及發兵論射御及居官黜退之事。大樂正論造士之秀者以告於王，王必以樂正論之狀授與司馬，司馬得此所論之狀乃更論辨之，觀其材能高下，知其堪任何官是準，擬其官以其材，故云官材也。有發者，謂國有軍旅以發士卒是司馬之事。王則命大司徒教此士卒以車甲之事，謂教以乘兵車及衣甲之儀容。必司徒者，以司徒主衆又主教，故與司馬相參也。

5.17

【原文】

司寇正刑明辟以聽獄訟(一)，必三刺(二)，有旨無簡不聽(三)。附從輕(四)，赦從重(五)。凡制五刑，必即天論(六)，郵罰麗於事(七)。凡聽五刑之訟，必原父子之親，立君臣之義以權之(八)，意論輕重之序，慎測淺深之量以別之(九)，悉其聰明，致其忠愛以盡之(十)。疑獄，汜與衆共之，衆疑，赦之，必察小大之比以成之(十一)；成獄辭，史以獄成告於正，正聽之(十二)；正以獄成告於大司寇，大司寇聽之棘木之下(十三)；大司寇以獄之成告於王，王命三公參聽之(十四)；三公以獄之成告於王，王三又，然後制刑(十五)。凡作刑罰，輕無赦(十六)。刑者，侀也；侀者，成也。一成而不可變，故君子盡心焉(十七)。析言破律，亂名改作，執左道以亂政，殺(十八)。作淫聲、異服、奇技、奇器以疑衆，殺(十九)。行僞而堅，言僞而辯，學非而博，順非而澤以疑衆，殺(廿)。假於鬼神、時日、卜筮以疑衆，殺(廿一)。此四誅者，不以聽(廿二)。凡執禁以齊衆，不赦過(廿三)。有圭璧金璋不粥於市；命服命車不粥於市；宗廟之器不粥於市；犧牲不粥於市；戎器不粥於市(廿四)；用器不中度不粥於市；兵車不中度不粥於市；布帛精麤不中數、幅廣狹不中量不粥於市；姦色亂正色不粥於市(廿五)；錦文珠玉成器不粥於市；衣服飲食不粥於市(廿六)；五穀不時、果實未熟不粥於市(廿七)；木不中伐不粥於市(廿八)；禽獸魚鼈不中殺不粥於市(廿九)。關執禁以譏，禁異服，識異言(卅)。

【譯文】

司寇正定刑法明斷罪狀來審理獄訟，必須再三刺探案情，那種有意圖没有確鑿事實的案件不審理。施刑時當從輕發落，赦免時情節嚴重的先釋放。凡裁制五刑，必須效法上天好生的倫理，責過罰罪當附麗所犯的事。凡審理五刑的訴訟，必須推原父子的親情，站在君臣之義的角度來權衡事情的原委，盡意思考論列罪行輕重的次序，謹慎測度罪狀淺深的程度來區別他們，悉心挖掘自己的聰明才智，表達自己的忠心和慈愛來感化他們盡吐真情。可疑難斷的獄訟，當廣汜跟衆人共同商討，衆人也疑惑，就應赦免人家，但是必須核察以往類似案例作出的輕重裁定來辦成此疑案；辦成獄案訟辭，史官將獄案辦成的經過向獄正報告，獄正再審理一遍；獄正再將獄案辦成的經過向大司寇報告，大司寇在朝外的棘樹林下再次審理；大司寇再將全部經過向君王稟告，君王命令三公參與審理上報的案件；三公將獄訟審理完成即向君王稟告，君王對誤殺、過失、遺忘這三種情況再行寬宥，然後裁制刑罰。凡是判定的刑罰，罪行雖輕也不得赦免。刑殺的刑，是針對形體的嘛；形體的侀，是成形之物嘛。一旦加刑完成便不可變更，所以君子應盡心盡力做好此事呀。割裂言辭破壞法律、錯亂名稱另造法度、拿旁門左道來擾亂政令者，殺；制作淫穢聲樂、變異服裝、離奇的技藝、奇怪的器物來疑惑民衆者，殺；行爲欺詐而且堅執，説話虛僞而且有辯才，所學的不是正道而且淵博，順從的不是正理而且粉飾得很光澤，用這些伎倆來疑惑民衆者，殺；假託鬼神、假託良辰吉日、假託卜筮來疑惑民衆者，殺。這四類誅殺的訟案，不需審理。凡是執掌禁令用來整齊民衆的，即使是過失也不赦免。存有圭璧金璋這些貴重玉器不得上市出售；宫廷配給官員的命服命車不得上市出售；宗廟用的祭器不得上市出售；合乎祭祀用的犧牲不得上市出售；軍中的兵器不得上市出售；用具器物不合法度不得上市出售；兵車製造得不合法度不得上市出售；布帛的絲縷精粗不够數、幅面的寬窄不足量，不得上市出售；紊亂正色的雜色物品不得上市出售；用有華麗文彩的珠玉製成的器物不得上市出售；衣服和飲食不得上市出售；五穀不到時節、果實尚未成熟不得上市出售；不按時節砍伐的木材不得上市出售；不按時節宰殺的禽獸魚鱉不得上市出售。關隘執此禁令譏察出入的人，禁止穿奇異的服裝，要能識别不同地域的語言。

【古注】

《**注**》（一）司寇，秋官卿，掌刑者。辟，罪也。（二）以求民情斷其獄訟之中。一曰訊羣臣，二曰訊羣吏，三曰訊萬民。（三）簡，誠也。有其意無其誠者，不論以爲罪。（四）附，施刑也，求出之使從輕。（五）雖是罪可重猶赦之。（六）制，斷也。即，就也。必即天論，言與天意合。閔子曰："古之道，不即人心。"即或爲則，論或爲倫。（七）郵，過也。麗，附也。過人罰人，當各附於其事，不可假他以喜怒。（八）權，平也。（九）意，思念也。淺深，謂俱有罪，本心有喜惡。（十）盡其情。（十一）小大，猶輕重。已行故事曰比。（十二）史，司寇吏也。正，於周鄉師之屬，今漢有正平丞，秦所置。（十三）周禮，鄉師之屬辨其獄訟，異其死刑之罪而要之，職聽於朝，司寇聽之朝，王之外朝也，左九棘，孤卿大夫位焉；右九棘，公矦伯子男位焉；面三槐，三公位焉。（十四）王使三公復與司寇及正共平之重刑也。周禮，王欲免之，乃命公會其期。（十五）又當作宥，宥，寬也。一宥曰不識，再宥曰過失，三宥曰遺忘。（十六）法雖輕，不赦之，爲人易犯。（十七）變，更也。（十八）析言破律，巧賣法令者也。亂名改作，謂變易官與物之名，更造法度。左道，若巫蠱及俗禁。（十九）淫聲，鄭衛之屬也。異服，若聚鷸冠瓊弁也。奇技、奇器，若公輸般請以機窆。（廿）皆謂虛華捷給無誠者也。（廿一）今時持喪葬、築蓋、嫁取、卜數文書，使民倍禮違制。（廿二）爲其爲害大而辭不可習。（廿三）亦爲人將易犯。（廿四）尊物非民所宜有。戎器，軍器也。粥，賣也。（廿五）凡以其不可用也。用器，弓矢耒耜飲食器也。度，丈尺也。數，升縷多少。（廿六）不示民以奢與貪也。成，猶善也。（廿七）物未成不利人。（廿八）伐之非時不中用。《周禮》："仲冬斬陽木，仲夏斬陰木。"（廿九）殺之非時不中用。《月令》："季冬始漁。"《周禮》："春獻鼈蜃。"（卅）關，竟上門。譏，呵察。

《疏》 此一節揔明論司寇聽訟刑罰禁止之事。正刑明辟者，謂司寇當正定刑書，明斷罪法，使刑不差二，法不傾邪，以聽天下獄訟。必三刺者，言正刑明辟聽訟之時，刑罰宜慎，不可專制，故必須三刺以求民情。有旨無簡不聽，求民情既得其所犯之罪，雖有旨意，無誠實之狀則不聽之，不論以爲罪也。附從輕者，附謂施刑，施刑之時，此人所犯之罪在輕重之間，可輕可重，則當求可輕之刑，而附之則罪疑，惟輕是也。赦從重者，謂所犯之罪本非意故爲而入重罪，今放赦之時，從重罪之上而赦之，其意輕故也，即《尚書》云"眚災肆赦"是也。必即天論者，即，就也；論，謂論議；言制五刑之時，必就上天之意論議輕重；天意好生，又有時以生，有時以殺，言論議刑時亦當好生，又就天道使生殺得中。論或爲倫；倫，理也，謂就天之倫理即是好生及好殺得中之理，故鄭云"言與天意合"。郵罰麗於事者，郵，過也，謂斷人罪過；罰謂責罰其身；麗，附也，言斷其罪過及責罰其身皆依附於所犯之事，不可離其本事假他別事而爲喜怒也。必原父子之親者，原，本也；權，平也；凡犯罪之人或子爲父隱，臣爲國諱，雖觸刑禁而非其本惡，故聽訟者本其宿情，立其恩義，爲平量之恕而免放。意論輕重之序者，意謂思念也，聽論者以盡意思念，論量罪之輕重，次序不有越濫也。慎測淺深之量以別之者，謂謹慎測度罪人意之善惡淺深之量以別之，謂分別善惡使不相亂。悉其聰明，致其忠愛以盡之者，謂聽獄之人盡悉己之聰明，尋其事之根本，又致其忠恕仁愛，不使嚴酷枉濫，以盡犯罪人情，不有抑屈。疑獄氾與衆共之者，疑獄，謂事可疑難斷者也；氾，廣也；己若疑彼罪而不能斷決，當廣與衆庶共論決之也。衆疑赦之者，若衆人疑惑則當放赦之，故《書》云："與其殺不辜，寧失不經。"必察小大之比以成之者，小大猶輕重也；比，例也，已行故事曰比；此言雖疑而赦之，不可直爾而放，當必察案舊法輕重之例以成於事。成獄辭者，謂獄吏初責覈罪人之辭已成定也。史以獄成告於正者，史，司寇吏也；正，獄之正也；吏以成辭告於正也。關執禁以譏者，司關之官執此戒禁之書，以譏察出入之人。

5.18

【原文】

大史典禮，執簡記，奉諱惡(一)。

天子齊戒受諫(二)。司會以歲之成質於天子(三)。冢宰齊戒受質(四)。大樂正、大司寇、市三官以其成，從質於天子(五)。大司徒、大司馬、大司空齊戒受質，百官各以其成質於三官，大司徒、大司馬、大司空以百官之成質於天子(六)。百官齊戒受質(七)，然後休老勞農(八)，成歲事(九)，制國用。

凡養老，有虞氏以燕禮；夏后氏以饗禮；殷人以食禮；周人脩而兼用之(十)：五十養於鄉，六十養於國，七十養於學。達於諸侯(十一)。

【譯文】

太史主管禮儀，執掌簡策記載，奉行忌諱憎惡之事。

天子歲末齋戒後接受羣臣規諫。司會將一年來羣官的治要呈報給天子評斷。天官冢宰齋戒後接受羣臣質正。大樂正、大司寇、司市三官將各自的治要隨從司會一同呈報給天子評斷。大司徒、大司馬、大司空齋戒後接受屬下質正,百官各將自己的治要呈報給此三官評定,大司徒、大司馬、大司空再將百官的治要呈報給天子評斷。百官齋戒後接受天子所評斷的各自的治要,然後宴饗老者慰勞農民,一年的大事告成,開始制訂來年的國用。

大凡對待養老,有虞氏使用燕禮;夏后氏使用饗禮;殷朝採用食禮;周朝脩整前三代之禮而兼用之:五十歲参加在鄉學舉辦的養老宴,六十歲参加在國中小學舉辦的養老宴,七十歲参加在大學舉辦的養老宴。此禮通行到諸侯。

【古注】

《一》 (一)簡記,策書也。諱先王名;惡忌日,若子卯。(二)歲終,羣臣奏歲事,諫王當所改爲也。(三)司會,冢宰之屬,掌計要者。成,計要也。質,平也,平其計要。(四)質王受之。(五)大樂正,於周宗伯之屬。市,司市也,於周司徒之屬。從,從於司會也。(六)百官,此三官之屬。(七)受,平報也。(八)饗養之。(九)斷計要也。(十)兼用之,備陰陽也。凡飲養陽氣,凡食養陰氣,陽用春夏,陰用秋冬。(十一)天子諸侯養老同也。國,國中小學,在王宮之左。學,大學也,在郊。小學在國中,大學在郊,此殷制明矣。

《音義》 惡,烏路反 wù(ㄨˋ)。司會,古外反 kuài(ㄎㄨㄞˋ)。勞,力報反 lào(ㄌㄠˋ)。

《疏》 (一)此一經論大史之官典掌禮事,國之得失是其所掌,執此簡記策書,奉其諱惡之事。奉,謂進也。諱,謂先王之名。惡,謂子卯忌日。謂奉進於王以所諱所惡。(二至九)此論歲終天子受質及百官質於天子,休老勞農制國用之事也。齊戒受諫者,以其歲終,舊來所施之事或有不便,須有改爲,百官以此上諫於王,天子以其事重,故先齊戒而後受於諫也。司會總主羣官治要,故以一歲治要之成質於天子,質,平也,謂奏上文簿,聽天子平量之。冢宰齊戒受質者,冢宰是貳王治事,故亦齊戒贊王受羣臣所平之事,謂共王論定也。百官齊戒受質,以司徒、司馬、司空質於天子,天子平斷畢當須報於下,故在下百官齊戒受天子所平之要。然後休老勞農者,即十月蜡祭之時飲酒勞農也。成歲事者,斷定計要一歲事成,乃制來歲之國用,故云制國用也。(十、十一)此一節論虞夏殷周養老不同之事。凡養老者,皇氏云:"人君養老有四種:一是養三老五更;二是子孫爲國難而死,王養死者父祖;三是養致仕之老;四是引户校年,養庶人之老。"有虞氏以燕禮者,崔氏云:"燕者,殽烝於俎,行一獻之禮,坐而飲酒以至於醉,以虞氏帝道弘大,故養老以燕禮"。夏后氏以饗禮者,崔氏云:"饗則體薦而不食,爵盈而不飲,依尊卑而爲獻,取數畢而已。夏既受禪於虞,是三王之首,貴尚於禮,故養老以饗禮相養,敬也。"殷人以食禮者,崔氏云:"不飲酒,饗大牢,以禮食之。殷人質素,威儀簡少,故養老以食禮。"周人脩而兼用之者,謂周人脩三代之禮而兼用之以養老,春夏養老之時用虞氏燕禮、夏后氏饗禮之法,若秋冬養老之時用殷人食禮之法。以周極文,故兼用三代之法也。

5.19

【原文】

八十拜君命,一坐再至,瞽亦如之,九十使人受(一)。五十異粻,六十宿肉，七十貳膳，八十常珍，九十飲食不離寢，膳飲從於遊可也(二)。六十歲制，七十時制，八十月制，九十日脩，唯絞、紟、衾、冒，死而后制(三)。五十始衰，六十非肉不飽，七十非帛不煖，八十非人不煖，九十雖得人不煖矣(四)。五十杖於家，六十杖於鄉，七十杖於國，八十杖於朝，九十者，天子欲有問焉，則就其室以珍從(五)。七十不俟朝(六)，八十月告存(七)，九十日有秩(八)。五十不從力政，六十不與服戎，七十不與賓客之事，八十齊喪之事弗及也(九)。五十而爵(十)，六十不親學(十一)，七十致政，唯衰麻爲喪(十二)。

【譯文】

八十歲拜受君命時，跪着叩頭觸地兩次即可，盲人也如此，九十歲使人代替拜受君命。五十歲吃不同於年輕人的糧食，六十歲備有存留的肉類，七十歲常備副食品，八十歲常備珍饈，九十歲飲食不離寢室，出遊時讓人帶上膳食飲料跟隨是可以的嘛。六十歲可在年内製作好棺材，七十歲可在季度内製作難完成的送終物品，八十歲可在月内製作易完成的送終物品，九十歲每天脩理一下辦好的物件，唯有入殮用的絞、紟、衾、冒這些唾手可得的物品留待死後再添置。五十歲開始衰弱，六十歲没有肉食便不能滿足身體需求，七十歲不穿絲帛便不能保煖，八十歲没有人焐被便徹夜不煖，九十歲即便有人焐被也不煖和呀。五十歲在家拄杖，六十歲在鄉里拄杖，七十歲在國中拄杖，八十歲可在朝廷上拄杖，九十歲的話，天子有事想詢問他，就得親往他的寢室就教並以珍稀物品相從。七十歲不等散朝便可告退，八十歲每日派人送膳以便回來稟告是否健存，九十歲每天都有常膳供給。五十歲不從事動力氣的政事，六十歲不參與征戰，七十歲不參與接待賓客之事，八十歲凡祭祀、喪葬等儀式可以不到場嘛。五十歲能够受爵，六十歲不親身就學，七十歲告老還政，遇上喪事只服衰麻。

【古注】

《注》 (一)命，謂君不親饗食，必以其禮致之。(二)粻，糧也。貳，副也。遊，謂出入止觀。(三)絞、紟、衾、冒，一日二日而可爲者。(四)煖，温也。(五)尊養之。(六)大夫士之老者揖君則退。(七)每月致膳。(八)秩，常也，有常膳。(九)力稍衰也。力政，城道之役也。與，及也。八十不齊則不祭也，子代之祭，是謂宗子不孤。(十)賢者命爲大夫。(十一)不能備弟子禮。(十二)致政，還君事。

《音義》 粻，陟良反 zhāng(ㄓㄤ)。衾，其鴆反 qín(ㄑㄧㄣ)。

《疏》 此一節論老人力衰與少不同之事。七十養於大學，至於八十，年漸衰弱，不堪來學受養，君以饗食之禮使人就家致之，其受君命之時理須再拜，不堪爲勞，一坐於地而首再拜於地。瞽人無目，恐其傾倒，拜君命時亦當如此，故云亦如之。六十歲制者，明老而預爲送終之具也，歲制，謂棺也，不易可成，故歲制然。七十時制者，時制，謂一時可辦，是衣物之難得者。八十月制者，謂一月可辦衣物易得者也。九十日脩者，棺衣皆畢，但日日脩理之。唯絞紟衾冒死而后制者，此四物易成，故生不逆爲，須亡乃制也。

5.20

【原文】

有虞氏養國老於上庠，養庶老於下庠。夏后氏養國老於東序，養庶老於西序。殷人養國老於右學，養庶老於左學。周人養國老於東膠，養庶老於虞庠，虞庠在國之西郊（一）。有虞氏皇而祭，深衣而養老。夏后氏收而祭，燕衣而養老。殷人冔而祭，縞衣而養老。周人冕而祭，玄衣而養老（二）。凡三王養老皆引年（三）。八十者，一子不從政；九十者，其家不從政；廢疾非人不養者，一人不從政（四）。父母之喪，三年不從政；齊衰大功之喪，三月不從政。將徙於諸侯，三月不從政；自諸侯來徙家，期不從政（五）。

【譯文】

有虞氏在上庠宴饗國老，在下庠宴饗庶老。夏后氏在東序宴饗國老，在西序宴饗庶老。殷朝在右學宴饗國老，在左學宴饗庶老。周朝在東膠宴饗國老，在虞庠宴饗庶老，虞庠在國都的西郊。有虞氏頭戴皇冠参加祭祀、身穿深衣参加養老宴。夏后氏頭戴收冠参加祭祀，身穿燕衣参加養老宴。殷朝頭戴冔冠参加祭祀，身穿縞衣参加養老宴。周朝頭戴冕冠参加祭祀，身穿玄衣参加養老宴。凡夏殷周三王舉行養老宴都要引户校年選擇其中的賢者参加。八十歲的老人，可有一個兒子不從事行政派遣；九十歲的話，他們全家都不從事行政派遣；不依靠别人幫助不能自養的廢疾者，家中可有一人不從事行政派遣。遭遇父母的喪事，三年不從事行政派遣；齊衰大功的喪事，三月不從事行政派遣。奉命從大夫采邑遷徙到諸侯國的移民，三月不從事行政派遣；從諸侯國遷徙來大夫采邑的移民，可在一年内不從事行政派遣。

【古注】

《注》（一）皆學名也，異者，四代相變耳，或上西，或上東，或貴在國，或貴在郊。上庠、右學，大學也，在西郊。下庠、左學，小學也，在國中王宫之東。東序、東膠亦大學，在國中王宫之東。西序、虞庠亦小學也，西序在西郊，周立小學於西郊。膠之言，糾也；庠之言，養也。周之小學爲有虞氏之庠制，是以名庠，云其立鄉學亦如之。膠，或作絿。（二）皇，冕屬也，畫羽飾焉。凡冕屬，其服皆玄上纁下，有虞氏十二章，周九章，夏殷未聞。凡養老之服，皆其時與羣臣燕之服，有虞氏質深衣而已，夏而改之尚黑而黑衣裳，殷尚白而縞衣裳，周則兼用之玄衣素裳，其冠則牟追、章甫、委貌也。諸侯以天子之燕服爲朝服，《燕禮》曰："燕朝服，服是服也。"王者之後亦以燕服爲之，魯季康子朝服以縞，僭宋之禮也。天子皮弁以日視朝也。（三）已而引户校年，當行復除也。老人衆多，非賢者不可皆養。（四）廢，廢於人事。（五）自，從也。

《音義》 鄩，况甫反 xū（ㄒㄩ）。期音基。

《疏》 將徙於諸侯者，此謂大夫采地之民徙於諸侯爲民，以其新徙，當須復除，但諸侯地寬役少，爲人所欲，故惟三月不從政。自諸侯來徙於家者，謂諸侯之民來徙於大夫之邑，以大夫役多地狹，欲令人貪之，故期不從政。養老必在學者，以學教孝悌之處，故於中養老。熊氏云："國老，謂卿大夫致仕者；庶老，謂士也。"皇氏云："庶老兼庶人在官者，其致仕之老。大夫以上當養從國老之法，士養從庶老之法。"故《外饔》云："邦饗耆老，掌其割亨。"鄭《注》引此"周人養國老於東膠，養庶老於虞庠"是也。

5.21

【原文】

少而無父者謂之孤，老而無子者謂之獨，老而無妻者謂之矜，老而無夫者謂之寡。此四者天民之窮而無告者也，皆有常餼（一）。

瘖、聾、跛、躃、斷者、侏儒，百工各以其器食之（二）。

道路，男子由右，婦人由左，車從中央（三）。父之齒隨行，兄之齒鴈行，朋友不相踰（四）。輕任并，重任分，斑白者不提挈（五）。

君子耆老不徒行，庶人耆老不徒食（六）。

大夫祭器不假，祭器未成不造燕器（七）。

【譯文】

年少而没有父親的話稱他爲孤兒，年老而没有子女的話稱他爲獨夫，年老而没有妻室的話稱他爲矜夫，年老而没有丈夫的話稱她爲寡婦。這四種人是天下庶民中的窮苦而又無處訴説的人哩，都應有經常性的糧食饋贈。

啞巴、聾子、單腿瘸、雙腿瘸、斷肢者、侏儒，使他們在百工中各掌握一門技能養活自己。

道路上，男子走右邊，婦人走左邊，車走路的中央。與父輩同行要跟隨在後面，與兄輩同行要像大鴈那樣相次隨行，與朋友同行不可相互超越。擔子輕就合併一起由年輕人挑，擔子重就分開由年輕人挑重的，不可使頭髮斑白的老者提着東西行走。

士大夫中的耆老出門不徒步行走，庶民中的耆老用餐不光吃飯食。

有采邑的大夫不向人借用祭器，祭器没置辦齊全不打造日常生活器具。

【古注】

《注》 （一）餼，廩也。（二）斷，謂支節絶也。侏儒，短人也。器，能也。（三）道中三途，遠別也。（四）廣敬也，謂於途中。（五）皆謂以與少者。雜色曰斑。（六）徒，猶空也。（七）造，爲也。

《音義》 矜，本又作鰥，古頑反 guān（ㄍㄨㄢ）。瘖，於金反 yīn（ㄧㄣ），啞也。躃，必亦反 bì（ㄅㄧˋ），兩足不能行也。挈,苦結反 qiè(ㄑㄧㄝˋ)。

《疏》 (一)此一節論矜恤鰥寡孤獨之事。案劉熙《釋名》云:"無妻曰鰥,愁悒不能寐,目恒鰥鰥然,其字從魚,魚目恒不閉。無夫曰寡,寡,倮也,倮然單獨也。無父曰孤,孤,顧也,顧望無所瞻見也。無子曰獨,獨,鹿也,鹿鹿無所依也。"(二)此一節論矜恤疾民之事。瘖,謂口不能言。聾,謂耳不聞聲。跛躃,謂足不能行。斷者,謂支節解絶。侏儒,謂容貌短小。百工,謂有雜技藝。此等既非老無告,不可特與常餼;既有疾病,不可不養;以其病尚輕,不可虚費官物,故各以其器食之。器,能也,因其各有所能供官役,使以廩餼食之。(三至五)任,謂有擔負者俱應擔負。老少並輕,則併與少者擔之也。重任分者,老少並重,不可併與少者一人,則分爲輕重,重與少者,輕與老者。

5.22

【原文】

方一里者,爲田九百畝(一)。方十里者,爲方一里者百,爲田九萬畝。方百里者,爲方十里者百,爲田九十億畝(二)。方千里者,爲方百里者百,爲田九萬億畝(三)。

自恒山至於南河,千里而近(四)。自南河至於江,千里而近(五)。自江至於衡山,千里而遥(六)。自東河至於東海,千里而遥(七)。自東河至於西河,千里而近(八)。自西河至於流沙,千里而遥(九)。西不盡流沙,南不盡衡山,東不盡東海,北不盡恒山,凡四海之内,斷長補短,方三千里,爲田八十萬億一萬億畝(十)。方百里者,爲田九十億畝,山陵、林麓、川澤、溝瀆、城郭、宫室、塗巷,三分去一,其餘六十億畝(十一)。

古者以周尺八尺爲步,今以周尺六尺四寸爲步;古者百畝,當今東田百四十六畝三十步;古者百里,當今百二十一里六十步四尺二寸二分(十二)。

【譯文】

方圓一里的地域,可造田九百畝。方圓十里的地域,是方圓一里的百倍,可造田九萬畝。方圓百里的地域,是方圓十里的百倍,可造田九十億畝。方圓千里的地域,是方圓百里的百倍,可造田九萬億畝。

從恒山向南到達黄河,接近千里。從黄河向南到達長江,接近千里。從長江向南到達衡山,千里有奇。從東部黄河到達東海,千里有奇。從東部黄河到達西部黄河,接近千里。從西部黄河到達流動的沙漠,千里有奇。西不超出流動的沙漠,南不越過衡山,東不超出東海,北不越過恒山,這四境之内,割長補短,方圓達三千里,可造田八十一萬億畝。方圓百里的地域,本可造田九十億畝,而山陵、林麓、川澤、溝瀆、城郭、宫室、道路街巷等,佔去了三分之一,剩下可造田的面積只有六十億畝了。

古時候以周尺八尺爲步，如今以周尺六尺四寸爲步；古時候的百畝，相當於如今的東田百四十六畝三十步；古時候的百里，相當於如今的百二十一里六十步四尺二寸二分。

【古注】

《注》 (一)一里，方三百步。(二)億，今十萬。(三)萬億，今萬萬也。(四)冀州域。(五)豫州域。(六)荆州域。(七)徐州域。(八)亦冀州域。(九)雍州域。(十)九州之大計。(十一)以一大國爲率，其餘所以授民也。山足曰麓。(十二)周尺之數未詳聞也。案禮制，周猶以十寸爲尺。蓋六國時多變亂法度，或言周尺八寸，則步更爲八八六十四寸。以此計之，古者百畝，當今百五十六畝二十五步；古者百里，當今百二十五里。

《疏》 (一至三)此一節論開方之法總計天子畿外内諸侯之地大小。(四至十一)此一節論四海之内地遠近里數也。言千里而近者，皇氏云："自恒山至南河，以千里言之，其地稍近，言不滿千里。下云自江至於衡山千里而遥，謂以千里言之，其地稍遠，言不啻千里。其餘遥近皆放此也。"爲田八十萬億一萬億畝，以一州方千里，九州方三千里，三三如九，爲方千里者有九，一箇千里有九萬億畝，九箇千里九九八十一，故有八十一萬億畝。但記文詳具於八十整數之下云萬億，是八十箇萬億，又云一萬億，言是詳也，以前文誤爲萬億，此則因前文之誤更以萬億言之。(十二)六國時多變亂法度，經文錯亂，不可用也。

5.23

【原文】

方千里者，爲方百里者百，封方百里者三十國。其餘方百里者七十，又封方七十里者六十，爲方百里者二十九、方十里者四十。其餘方百里者四十、方十里者六十，又封方五十里者百二十，爲方百里者三十。其餘方百里者十，方十里者六十，名山大澤不以封，其餘以爲附庸閒田。諸侯之有功者，取於閒田以禄之，其有削地者歸之閒田。

天子之縣内方千里者，爲方百里者百，封方百里者九。其餘方百里者九十一，又封方七十里者二十一，爲方百里者十、方十里者二十九。其餘方百里者八十、方十里者七十一，又封方五十里者六十三，爲方百里者十五、方十里者七十五。其餘方百里者六十四、方十里者九十六。

【譯文】

方圓千里的地域，是方圓百里地域的百倍，分封方圓百里的大國三十個。餘下的七十塊方圓百里的地域，再分封方圓七十里的次國六十個，共佔用二十九塊方圓百里、四十塊方圓十里的土地。餘下的四十塊方圓百里、六十塊方圓十里的土地，再分封方圓五十里的小國百二十個，共佔用三十塊方圓百里的土地。還餘下十塊方圓百里、六十塊方圓十里的地域，内中名山大澤不得分封,其餘作爲附庸閒田。諸侯中的有功者,從閒田中取出部分作爲賞祿,那些因罪而被削的土地一律劃歸閒田。

天子所轄的縣内,方圓千里的領地,劃分成一百塊方圓百里的地域,分封方圓百里的諸侯國九個。餘下的九十一塊方圓百里的地域,又分封方圓七十里的諸侯國二十一個,共佔用十塊方圓百里、二十九塊方圓十里的地域。餘下的八十塊方圓百里、七十一塊方圓十里的地域,又分封六十三個方圓五十里的小國,共佔用十五塊方圓百里、七十五塊方圓十里的地域。所餘還有六十四塊方圓百里、九十六塊方圓十里的領地。

5.24

【原文】

諸侯之下士,禄食九人,中士食十八人,上士食三十六人,下大夫食七十二人,卿食二百八十八人,君食二千八百八十人。次國之卿食二百一十六人,君食二千一百六十人。小國之卿食百四十四人,君食千四百四十人。次國之卿命於其君者,如小國之卿。天子之大夫爲三監,監於諸侯之國者,其禄視諸侯之卿,其爵視次國之君,其禄取之於方伯之地。方伯爲朝天子,皆有湯沐之邑於天子縣内,視元士(一)。諸侯世子世國(二)。大夫不世爵,使以德,爵以功(三)。未賜爵,視天子之元士,以君其國(四)。諸侯之大夫,不世爵禄。

六禮:冠、昬、喪、祭、鄉、相見(五)。七教:父子、兄弟、夫婦、君臣、長幼、朋友、賓客。八政:飲食、衣服、事爲、異别、度、量、數、制(六)。

【譯文】

諸侯的下士,俸禄可供養九人,中士可供養十八人,上士可供養三十六人,下大夫可供養七十二人,卿可供養二百八十八人,國君可供養二千八百八十人。次國的卿可供養二百一十六人,國君可供養二千一百六十人。小國的卿可供養百四十四人,國君可供養千四百四十人。次國的卿,是本國的國君任命的話,其俸禄跟小國由天子任命的卿相同。天子的大夫擔任三監,到諸侯國行使監督的,其俸禄比照諸侯國的卿,其爵位比照次國的國君,其俸禄從方伯的領地收取。各方伯因爲要朝覲天子,在天子所轄的縣内都享有供齋戒時湯沐用的采邑,采邑的規格比照元士的食邑。諸侯的世子世襲封國。大夫不世襲爵位,有德行繼續使用,有功勞賜給爵位。諸侯已死世子尚未賜以爵位時,其衣服禮制比照天子的元士,來君臨他的國家。諸侯的大夫，不得世襲爵位和俸禄。

六種節制民性的禮：冠禮、婚禮、喪禮、祭禮、鄉射鄉飲酒禮、相見禮。七種興民德的教化：父子、兄弟、夫婦、君臣、長幼、朋友、賓客之間的倫理關係。施政的八個方面：飲食、衣服、百工技藝之事爲、異别五方用器之不同、丈尺之度、斗斛之量、百十之數、布帛幅廣狭之制。

【古注】

《注》（一）給齊戒自潔清之用，浴用湯，沐用潘。（二）象賢也。（三）謂縣内及列國諸侯爲天子大夫者，不世爵而世禄，辟賢也。（四）列國及縣内之國也。（五）鄉，鄉飲酒鄉射。（六）飲食爲上，衣服次之。事爲，謂百工技藝也。異别，五方用器不同也。度，丈尺也。量，斗斛也。數，百十也。制，布帛幅廣狭也。

《疏》（一至四）此一節論士大夫及諸侯等食禄之數兼明臣之世與不世之事。前以有諸侯之下士以上及大夫、卿、君，故此依前而釋也。前云諸侯下士視上農夫，故有九人也；前云上士倍中士，故三十六也；前云下大夫倍上士，則食七十二人；前云卿四大夫禄，則二百八十八人。君食二千八百八十人者，君謂大國之君也，前云君十卿禄，故二千八百八十人。次國之卿命於其君者，大國三卿皆命於天子，則其禄各食二百八十八人。若次國三卿，二卿命於天子，禄各食二百一十六人，而一卿命於其君，爲賤，則禄不可等命天子者，故視小國卿，小國卿食一百四十四人也。未賜爵視天子之元士以君其國者，未賜爵，謂列國諸侯及縣内諸侯，其身既死，其子未得賜爵，其衣服禮制視天子元士，若畿外者，君其本國；畿内者，亦君畿内之國。

【淺悟】

全篇除了可以作爲考據歷史的資料用之外，並非完全没有借鑒作用。

月令第六

《疏》 案鄭《目録》云："名曰《月令》者，以其記十二月政之所行也，本《吕氏春秋·十二月紀》之首章也。以禮家好事抄合之，後人因題之名曰《禮記》，言周公所作。其中官名時事多不合周法。此於《别録》屬明堂陰陽記。"此卷所出，解者不同，今且申鄭旨釋之。按吕不韋集諸儒士著爲《十二月紀》，合十餘萬言，名爲《吕氏春秋》，篇首皆有月令，與此文同，是一證也；又周無大尉，唯秦官有大尉，而此《月令》云"乃命大尉"，此是官名，不合周法，二證也；又秦以十月建亥爲歲首，而《月令》云"爲來歲授朔日"，即是九月爲歲終，十月爲授朔，此是時不合周法，三證也；又周有六冕，郊天迎氣則用大裘，乘玉輅，建大常日月之章，而《月令》服飾車旗並依時色，此是事不合周法，四證也。故鄭云"其中官名時事多不合周法"。然按秦始皇十二年吕不韋死，十六年并天下，然後以十月爲歲首。歲首用十月時，不韋已死十五年，而不韋不得以十月爲正；又云，《周書》先有《月令》，何得云不韋所造？又秦并天下立郡，何得云諸侯？又秦以好兵殺害，毒被天下，何能布德施惠，春不興兵？既如此不同，鄭必謂不韋作者，以《吕氏春秋·十二月紀》正與此同，不過三五字别；且不韋集諸儒所作，爲一代大典，亦採擇善言之事遵立舊章，但秦自不能依行，何怪不韋所作也？又秦爲水位，其來已久，秦文公獲黑龍以爲水瑞，何怪未平天下前不以十月爲歲首乎？……。

6.1

【原文】

孟春之月，日在營室，昏參中，旦尾中〔一〕。其日甲乙〔二〕，其帝大皞，其神句芒〔三〕。其蟲鱗〔四〕，其音角〔五〕，律中大蔟〔六〕。其數八〔七〕，其味酸，其臭羶〔八〕。其祀户，祭先脾〔九〕。

東風解凍，蟄蟲始振，魚上冰，獺祭魚，鴻雁來〔十〕。

天子居青陽左个，乘鸞路，駕倉龍，載青旂，衣青衣，服倉玉，食麥與羊，其器疏以達〔十一〕。

【譯文】

春季第一個月，太陽位於營室星座，黄昏參星掛在中天，平旦尾星掛在中天。春日稱甲乙，春帝是太皞，春神是句芒。此時的動物有鱗，發出的鳴叫成角音，律應太蔟之聲。春的成數爲八，其味道酸，其氣味羶。春季祭祀户神，祭品先用脾。

東風使大地解凍，蟄藏的蟲類開始蠕動，魚從水底上浮近冰，水獭將捕捉的魚叨到岸上如同舉行祭祀，鴻鴈自南方飛來。

此月天子居住明堂東向的青陽堂的左方，乘坐有鸞鈴的輅車，駕轅用倉龍大馬，車上載有竿頭繫鈴、畫着龍的青色旗，身穿青色衣，佩帶青色的玉珮，食用麥和羊，所用的器物上刻鏤的紋理粗疏而通達。

【古注】

《注》（一）孟，長也。日月之行，一歲十二會，聖王因其會而分之以爲大數焉。觀斗所建，命其四時。此云孟春者，日月會於諏訾而斗建寅之辰也。凡記昏明中星者，爲人君南面而聽天下，視時候以授民事。（二）乙之言，軋也。日之行春，東從青道發生萬物，月爲之佐，時萬物皆解孚甲自抽軋而出，因以爲日名焉。乙不爲月名者，君統臣功也。（三）此蒼精之君，木官之臣，自古以來著德立功者也。大皞，宓戲氏。句芒，少皞氏之子曰重，爲木官。（四）象物孚甲將解鱗，龍蛇之屬。（五）謂樂器之聲也。三分羽益一以生角，角數六十四。屬木者，以其清濁中民象也，春氣和則角聲調。《樂記》曰："角亂則憂，其民怨。"凡聲尊卑取象五行，數多者濁，數少者清，大不過宫，細不過羽。（六）律，候氣之管，以銅爲之。中，猶應也，孟春氣至則大蔟之律應。應謂吹灰也。大蔟者，林鐘之所生，三分益一，律長八寸，凡律空圍九分。《國語》曰："大蔟，所以金奏贊陽出滯。"（七）數者，五行佐天地生物成物之次也，《易》曰"天一地二，天三地四，天五地六，天七地八，天九地十"。而五行自水始，火次之，木次之，金次之，土爲後。木生數三，成數八。但言八者，舉其成數。（八）木之臭味也，凡酸羶者皆屬焉。（九）春陽氣出，祀之於户内，陽也。祀之先祭脾者，春爲陽，中於藏直脾，脾爲尊，凡祭五祀於廟用特牲，有主有尸，皆先設席于奥。祀户之禮，南面設主于户内之西，乃制脾及腎爲俎，奠于主北；又設盛于俎西，祭黍稷，祭肉，祭醴，皆三祭肉脾一腎；再既祭徹之，更陳鼎俎，設饌于筵前迎尸，略如祭宗廟之儀。（十）皆記時候也。振，動也。《夏小正》曰："正月啟蟄，魚陟負冰。"漢始亦以驚蟄爲正月中，此時魚肥美，獭將食之先以祭也；鴈自南方來，將北反其居。今《月令》鴻皆爲候。（十一）皆所以順時氣也。青陽左个，大寢東堂北偏。鸞路，有虞氏之車，有鸞和之節而飾之以青，取其名耳，春言鸞，夏冬言色，互文。馬八尺以上爲龍。凡所服玉，謂冠飾及所佩者之衡璜也。麥實有孚甲屬木；羊，火畜也，時尚寒，食之以安性也。器疏者，刻鏤之象物，當貫土而出也。凡此車馬衣服皆所取於殷時而有變焉，非周制也。周禮，朝祀戎獵車，服各以其事，不以四時爲異。又《玉藻》曰："天子龍衮以祭，玄端而朝曰，皮弁以日視朝。"與此皆殊。

《音義》 參，所林反 shēn（ㄕㄣ）。大皞，上音太，後文及《注》大蔟、大史、大寢、大室、大微、大廟、大祝、大尉、大宰皆同，皞亦作昊，胡老反 hào（ㄏㄠ）。句芒，古候反 gōu（ㄍㄡ）。蔟，七豆反 còu（ㄘㄡˋ），奏也。个，古賀反 gè（ㄍㄜˋ）。

《疏》（一）此言孟春者，夏正建寅之月也。吕不韋在於秦世，秦以十月爲歲首，不用秦正而用夏時者，以夏時得天正，故用之也。周禮雖以建子爲正，其祭祀田獵亦用夏正也。（二）其當孟春、仲春、季春之時，日之生養之功謂爲甲乙。（三）其帝大皞者，謂自古以來木德之君，其帝大皞也。皞，廣大之意，以伏犧德能通天，故補皞；以東方生養元氣盛大，西方收斂元氣便小，故東方之帝謂之大皞，西方之帝謂之少皞。其神句芒者，謂自古以來主春立功之臣，其祀以爲神。是句芒者，主木之官。大皞言帝，則句芒當云臣也。大皞在前，句芒在後，相去縣遠，非是一時，大皞木王，句芒有生木之功，故取以相配也。(五)其春時之音爲當於角,取象木之聲。不云其聲角,而云其音者,單出曰聲,雜比曰音,音則樂曲也。以春時調和樂以角爲主,故云其音角。(六至九)上從其日甲乙,下終其祀户,皆總主三月一時之事。此律中大蔟惟主正月之氣,宜與東風解凍文次相連。(十)蟄蟲始振者,謂正月中氣之時,蟄蟲得陽氣初始振動。云魚上冰者,魚當盛寒之時,伏於水下逐其温暖,至正月陽氣既上,魚游於水上近於冰,故云魚上冰也。(十一)此已前明天時氣候早晚,此明天子每時居處及所乘車馬、所建旌旗、所服衣玉、所食牲穀及器物之屬。龍與玉言蒼者,蒼亦青也,遠望則蒼;旂與衣云青者,欲見人功所爲,故以近色言之。

6.2

【原文】

是月也,以立春。先立春三日,大史謁之天子曰:"某日立春,盛德在木。"天子乃齊(一)。立春之日,天子親帥三公、九卿、諸侯、大夫以迎春於東郊。還反,賞公卿諸侯大夫於朝(二)。

命相布德和令,行慶施惠,下及兆民(三)。慶賜遂行,毋有不當(四)。

乃命大史,守典奉法,司天日月星辰之行,宿離不貸,毋失經紀,以初爲常(五)。

【譯文】

這個月嘛,將立春。立春前三日,太史向天子禀告説:"某日立春,上天的盛大恩德在木位。"天子乃齋戒。立春這天,天子親自帥領三公、九卿、諸侯、大夫到東郊迎接春天。返回後,在朝堂賞賜有功德的公卿諸侯大夫。

命令擔任輔相的三公布施德教應和法令,舉行慶典施予恩惠,向下貫徹到兆民。慶賞恩賜順利推行,没有做得不恰當之處。

再命令太史,遵守六典奉行八法,司職天文及日月星辰的運行,止宿配偶相偕盡心審候不得出現差錯,不得使天文進退遲速的度數有所失誤,要以開初的注意力作爲常久之行。

【古注】

《注》 (一)大史,禮官之屬,掌正歲年以序事。謁,告也。(二)迎春,祭倉帝靈威仰於東郊之兆也。王居《明堂禮》曰:"出十五里迎歲。"蓋殷禮也,周近郊五十里。賞,謂有功德者有以顯賜之也。朝,大寢門外。(三)相,謂三公相王之事也。德,謂善教也。令,謂時禁也。慶,謂休其善也。惠,謂恤其不足也。天子曰兆民。(四)遂,猶達也。言使當得者皆得,得者無非其人。(五)典,六典。法,八法也。離,讀如儷偶之儷。宿儷,謂其屬馮相氏、保章氏掌天文者相與宿偶,當審候伺,不得過差也。經紀,謂天文進退度數。

《疏》 (一、二)此一節論立春天子迎春氣及行賞之事。是月也以立春者,十二月節氣有早晚,若節氣晚,則月之節氣在當月之内;若節氣早,月之節氣在前月之中。故立春爲正月之節,有在十二月之時。但至立春之時雖在十二月，即行立春之事。云是月者，謂是月之氣，不謂是月之日也。盛德在木者，四時各有盛時，春則爲生，天之生育盛德在於木位。（三、四）此一經因上天子迎春反國命三公布教施惠之事。案《公羊隱五年傳》云："三公者何？天子之相也。自陝而東者，周公主之；自陝而西者，召公主之；一相處乎内。"是三公相王之事也。至六國時一人知事者，特謂之相，故《史記》稱穰矦、范睢、蔡澤皆爲秦相，後又爲丞相也。云天子曰兆民者，《左傳・閔元年》晉卜偃之辭也。遂是申遂，故《尚書》云"顯忠遂良"，《商頌》云"莫遂莫達"，是遂爲達，言慶賜之事通達施行，使之周徧。云使當得者皆得，無非其人也者，謂當慶賜之人皆是有功可慶賜，無此不合得慶之人。非人，謂無功無德之徒。（五）迎春既還，行賞以畢，乃命大史之官令守其六典奉其八法，司主天文及日月星辰之行。大史令其屬官在其候處止宿，配偶相與審候，不得貸變過差。若應候不候，應知不知，則是候過差。無失經紀者，經紀謂天文進退度數，言當推勘考校，使得其中，應進則言進，應退則言退，若其推步不明，算厤失所，遲疾不依其度，進退或失其常，是失經紀。以初爲常者，初謂舊來之法，恒須遵奉以爲常行，故云以初爲常。

6.3

【原文】

是月也，天子乃以元日祈穀于上帝[一]。乃擇元辰，天子親載耒耜，措之于參保介之御閒，帥三公、九卿、諸矦、大夫，躬耕帝藉，天子三推，三公五推，卿諸矦九推[二]。反執爵于大寢，三公、九卿、諸矦、大夫皆御，命曰勞酒[三]。

是月也，天氣下降，地氣上騰，天地和同，草木萌動[四]。王命布農事，命田舍東郊，皆脩封疆，審端徑術[五]；善相丘陵、阪險、原隰，土地所宜，五穀所殖，以教道民，必躬親之[六]。田事既飭，先定準直，農乃不惑[七]。

【譯文】

這個月嘛，天子乃用上辛吉日舉行祭祀向太微上帝祈求五穀豐登。又擇良辰，天子親自將耒耜裝載到車上，放置在車右穿甲冑的勇士和居中駕車的御者之間，率領三公、九卿、諸矦、大夫，親身耕作天子的藉田，天子扶犁推土三遭，三公推土五遭，卿和諸矦推土九遭。返回後在大寢執杯宴飲，三公、九卿、諸矦、大夫全去侍奉飲酒，命名謂勞酒。

這個月嘛，陽氣下降，陰氣上騰，天地之間協和等同，草木開始萌芽活動。天子命令布置農耕之事，命令田畯官住到東郊，督促農民一律脩治田地的封堰疆界，審核端正田間小徑和溝洫，仔細視察丘陵險坡、廣平低濕之地、根據土地的適宜，安排種植相應的五穀，以此教導農民，必須親身去做。田事誡飭完畢，首先確定標準的封疆徑遂，農民才不會惑亂。

【古注】

《注》 （一）謂以上辛郊祭天也。《春秋傳》曰："夫郊，祀后稷以祈農事，是故啟蟄而郊，郊而後耕。"上帝，太微之帝也。(二)元辰，蓋郊後吉辰也。耒，耜之上曲也。保介，車右也，置耒於車右與御者之間，明已勸農，非農者也。人君之車必使勇士衣甲居右而參乘，備非常也。保，猶衣也；介，甲也。帝藉，爲天神借民力所治之田也。(三)既耕而宴飲，以勞羣臣也。大寢，路寢。御，侍也。(四)此陽氣蒸達可耕之候也。《農書》曰："土長冒橛，陳根可拔，耕者急發。"(五)田謂田畯，主農之官也。舍東郊，順時氣而居以命其事也。封疆，田首之分職。術，《周禮》作遂，夫間有遂，遂上有徑。遂，小溝也；步道曰徑，今《尚書》曰"分命羲仲宅嵎夷"也。(六)相，視也。(七)説所以命田舍東郊之意也。準直，謂封疆徑遂也，《夏小正》曰"農率均田"。

《疏》 (一至三)此一節論迎春既反，春事已起，當祈穀親耕燕勞之事。乃擇元辰者，甲乙丙丁等謂之日，郊之用辛，上云元日；子丑寅卯之等謂之爲辰，耕用亥日，故云元辰。天子親載耒耜者，謂天子所乘車上親載耕田之耒耜。措之于參保介之御間者，措，置也；保介，車右也；御者，御車之人，車右及御人皆是主參乘；於時天子在左，御者在中，車右在右，言置此耒器於參乘保介及御者之間，然後帥三公九卿而往南郊躬耕藉田也。(四至七)此一節論少陽之月務其始生，故既耕之後當勸農事。天氣下降者，天地之氣謂之陰陽，一年之中或升或降，故聖人作象各分爲六爻，以象十二月；正月三陽既上，成爲乾卦，乾體在下；三陰爲坤，坤體在上；乾爲天，坤爲地；今天居地下，故云天氣下降；地在天上，故云地氣上騰。王命農事者，於是春氣既和，王命羣官分布檢校農之事，命遣田畯官舍於郊之上，令農夫皆修理地之封疆，審正田之徑路及田之溝洫，故云審端徑術。田事既飭者，作記之人解説天子所以命田畯舍於東郊者，欲明其政理田事；若田事既能正，又先定此封疆徑遂以勸農夫，農夫知田事先後，審疆界畔域乃不有疑惑。準直者，準謂輕重平均，直謂繩墨得中也。封疆有界限，徑遂有濶狹，皆先平均正直之，故云準直。

6.4

【原文】

是月也，命樂正入學習舞(一)，乃脩祭典(二)。命祀山林川澤，犧牲毋用牝(三)，禁止伐木(四)，毋覆巢，毋殺孩蟲、胎夭飛鳥，毋麛，毋卵(五)。毋聚大衆，毋置城郭(六)。掩骼埋胔(七)。

是月也，不可以稱兵，稱兵必天殃(八)，兵戎不起，不可從我始(九)。毋變天之道(十)，毋絶地之理(十一)，毋亂人之紀(十二)。

孟春行夏令，則雨水不時(十三)，草木蚤落(十四)，國時有恐(十五)；行秋令，則其民大疫(十六)，猋風暴雨總至(十七)，藜莠蓬蒿並興(十八)；行冬令，則水潦爲敗，雪霜大摯，首種不入(十九)。

【譯文】

這個月嘛，命令樂正入學演習舞蹈，脩整祭祀法典。命令祭祀山林川澤，犧牲不可使用雌畜，禁止砍伐樹木，不得傾覆鳥巢，不得殺戮幼蟲、胎中的幼獸、學飛的小鳥，不得宰殺幼鹿，不得毀壞鳥卵。不得聚集廣大民衆，不得添置城郭。掩埋枯骨和腐肉。

這個月嘛，不可以興兵，興兵必遭上天降下的禍殃。戰爭不挑起，不可從我發端。不要改變天的陰陽規律，不要斷絶地的剛柔條理，不要紊亂人的禮義綱紀。

孟春要是頒行夏季的政令，雨水將會不守時，草木將會早早凋落，國家隨時都會有驚恐之事出現；要是頒行秋季的政令，這裏的人民將會流行大瘟疫，疾風暴雨也會同時而至，藜莠蓬蒿等雜草全都生長興旺；若頒行冬季的政令，將會積水成災，霜雪使樹木大折傷，先種的作物種子不能入土。

【古注】

《注》 （一）爲仲春將釋菜。（二）重祭禮，歲始省録。（三）爲傷妊生之類。（四）盛德所在。（五）爲傷萌幼之類。（六）爲妨農之始。（七）謂死氣逆生也。骨枯曰骼，肉腐曰胔。（八）逆生氣。（九）爲客不利，主人則可。（十）以陰政犯陽。（十一）易剛柔之宜。（十二）仁之時而舉義事。（十三）巳之氣乘之也。四月於消息爲乾。（十四）生日促。（十五）以火訛相驚。（十六）申之氣乘之也。七月始殺。（十七）正月宿直尾箕，箕好風，其氣逆也。回風爲猋。（十八）生氣亂，惡物茂。（十九）亥之氣乘之也。舊説首種謂稷。

《音義》 牝，頻忍反 pìn（ㄆㄧㄣˋ）。夭，烏老反 ǎo（ㄠˇ）。骼，江百反 gé（ㄍㄜˊ）。胔，才賜反 zì（ㄗˋ），蔡云："露骨曰骼，有肉曰胔。胔亦作骴。"蚤音早。猋，必遥反 biāo（ㄅㄧㄠ）。莠音酉。潦音老。摯音至，蔡云傷折。種，章勇反 zhǒng（ㄓㄨㄥˇ），蔡云宿麥。

《疏》 （一至七）此一節論此春爲四時之首，當脩祀典及祭山川之事。犧牲毋用牝者，以山林川澤其祀既畢，餘月之時牲皆用牝，唯此月不用，故《注》爲傷妊生之類者。天地宗廟大祭之時，雖非正月皆不用牝。（八至十二）此一節論時氣之事。天有陰陽之道，恐人改變，故云毋變天之道。地有剛柔之理，恐人斷絶，故云毋絶地之理。人有禮義綱紀，恐其迷亂，故云毋亂人之紀。案《易・説卦》云"立天之道曰陰與陽"，故鄭此《注》以陰政犯陽；《説卦》云"立地之道曰柔與剛"，故《注》地理云易剛柔之宜；《説卦》云"立人之道曰仁與義"，春爲仁，故《注》仁之時而舉義事。天云道，地云理，人云紀，互辭也。起兵伐人者謂之客，敵來禦捍者謂之主。此經云兵戎不合興起之時不可從我而始，我謂主人也，主人既不先起兵，彼來伐我，我不得不應，故云主人則可。客既先興兵，故云爲客不利。（十三至十九）從上以來，論當月施令之事。若施之順時，則氣序調釋；若施令失所，則災害滋興，故自此而下論政失致災之事。上既云毋變天之道，毋絶地之理，毋亂人之紀，今若施之不失，則三才相應，以人與天地共相感動故也。施令有失，三才俱應者，則此孟春行夏令雨水不時，天也；草木早落，地也；國時有恐，人也。

6.5

【原文】

仲春之月，日在奎，昏弧中，旦建星中（一）。其日甲乙，其帝大皞，其神句芒。其蟲鱗，其音角，律中夾鍾。其數八，其味酸，其臭羶。其祀户，祭先脾（二）。

始雨水，桃始華，倉庚鳴，鷹化爲鳩（三）。

天子居青陽大廟，乘鸞路，駕倉龍，載青旂，衣青衣，服倉玉，食麥與羊，其器疏以達(四)。

【譯文】

春季第二個月，太陽位於奎星座，黄昏弧星掛在中天，平旦建星掛在中天。春日稱甲乙，春帝爲太皞，春神是句芒。此時的動物有鱗，發出的鳴叫成角音，律應夾鍾之聲。春的成數爲八，其口味酸，其氣味羶。春季祭祀户神，祭品先用脾。

此月開始下雨，桃樹開始開花，黄鶯鳥鳴叫，蒼鷹變化成布穀鳥。

此月天子居住明堂東向的青陽堂的太室，乘坐有鸞鈴的輅車、用倉龍大馬駕轅，車上載有竿頭繫鈴、畫着龍的青色旗，身穿青色衣，佩帶青色的玉珮，食用麥和羊，所用的器物上刻鏤的紋理粗疏而且相互貫通。

【古注】

《注》 (一)仲，中也。仲春者，日月會於降婁而斗建卯之辰也，弧在輿鬼南，建星在斗上。(二)夾鍾者，夷則之所生，三分益一律，長七寸二千一百八十七分寸之千七十五，仲春氣至則夾鍾之律應，《周語》曰："夾鍾出四隙之細。"(三)皆記時候也。倉庚，驪黄也。鳩，搏穀也。漢始以雨水爲二月節。(四)青陽大廟，東堂當大室。

6.6

【原文】

是月也，安萌芽，養幼少，存諸孤(一)。擇元日，命民社(二)；命有司，省囹圄，去桎梏，毋肆掠，止獄訟(三)。

是月也，玄鳥至。至之日，以大牢祠于高禖，天子親往(四)，后妃帥九嬪御(五)；乃禮天子所御，帶以弓韣，授以弓矢，于高禖之前(六)。

是月也，日夜分，雷乃發聲，始電，蟄蟲咸動，啟户始出(七)。先雷三日，奮木鐸以令兆民曰："雷將發聲，有不戒其容止者，生子不備，必有凶災(八)。"日夜分，則同度量，鈞衡石，角斗甬，正權概(九)。

【譯文】

這個月嘛，安固萌發的幼芽，養育幼童少年，存恤衆孤兒。選擇吉日，命令民衆祭祀后土；命令有司，削減牢獄，除去犯人的手銬脚鐐，死刑犯處決不暴尸示衆，不要笞撻犯人，停止獄訟。

這個月嘛 ，燕子飛至，飛至的日子，用太牢向禖神舉行祭祀，天子親自前往參加，后妃率領九嬪跟隨去陪祭；在供奉的禖神跟前，祝官只禮接天子所御有身孕的妃嬪向她敬酒，給她佩戴上弓套，把弓箭交給她。

這個月嘛，日夜均分，雷會發出響聲，開始閃電，蟄藏的動物全都動了起來，開始破穴而出。打雷的前數天，摇動木舌鈴鐺向民衆號令説："將要打雷了，有不警戒自己儀容舉止的人，生下的孩子將不完備，家庭必有凶災。"日夜均分，就應等同市場的長度、容積、重量，校正秤砣、丈尺、斗斛。

【古注】

《注》 (一)助生氣也。(二)社，后土也，使民祀焉，神其農業也。祀社日用甲。(三)順陽寬也。省，減也。囹圄，所以禁守繫者，若今别獄矣。桎梏，今械也，在手曰梏，在足曰桎。肆，謂死刑暴尸也，《周禮》曰"肆之三日"。掠，謂捶治人。(四)玄鳥，燕也。燕以施生時來，巢人堂宇而孚乳，嫁娶之象也，媒氏之官以爲候。高辛氏之世，玄鳥遺卵，娀簡吞之而生契，後王以爲媒官嘉祥而立其祠焉，變媒言禖，神之也。(五)御，謂從往侍祠。周禮，天子有夫人，有嬪、有世婦、有女御，獨云帥九嬪，舉中言也。(六)天子所御，謂今有娠者於祠大祝酌酒，飲於高禖之庭，以神惠顯之也。帶以弓韣，授以弓矢，求男之祥也。王居《明堂禮》曰："帶以弓韣，禮之禖下，其子必得天材。"(七)又記時候。發，猶出也。(八)主戒婦人有娠者也。容止，猶動静。(九)因晝夜等而平當平也，同、角、正皆謂平之也。丈尺曰度；斗斛曰量；三十斤曰鈞；稱上曰衡；百二十斤曰石；甬，今斛也；稱錘曰權；概，平斗斛者。

《音義》 禖音梅。韣，大木板 dú(ㄉㄨˊ)，弓衣。

《疏》 (一至三)此一節論助其生氣，止其獄刑。(四至六)此一節論天子親祭高禖，妃嬪從行之事。祭高禖既畢，祝官乃禮接天子所御幸有娠之人，謂酌酒以飲之；飲酒既畢，乃屬帶此所御之人以弓韣，又授之以弓矢於高禖之前而北面也。(七至九)此一節論日夜既分，雷聲將發，婦人須戒其容止，度量須審正平均。蟄蟲咸動、啟户始出者，户謂穴也，謂發所蟄之穴。蟄蟲早者，孟春乃出；蟄蟲晚者，則二月始出，故此云蟄蟲咸動，則正月未皆動。

6.7

【原文】

是月也，耕者少舍，乃脩闔扇，寢廟畢備(一)。毋作大事，以妨農之事(二)。是月也，毋竭川澤，毋漉陂池，毋焚山林(三)。天子乃鮮羔開冰，先薦寢廟(四)。

上丁，命樂正習舞，釋菜(五)，天子乃帥三公、九卿、諸侯、大夫親往視之(六)。仲丁，又命樂正入學習樂(七)。

是月也，祀不用犧牲，用圭璧更皮幣(八)。

仲春行秋令，則其國大水，寒氣摠至(九)，寇戎來征(十)；行冬令，則陽氣不勝，麥乃不熟(十一)，民多相掠(十二)；行夏令，則國乃大旱，煖氣早來(十三)，蟲螟爲害(十四)。

【譯文】

這個月嘛，耕作者稍有歇息，就該抓緊脩治門扇，廟門寢門都要脩繕完備。不得謀畫兵戎徭役之類重大的事情,這將妨害農田之事。這個月呢,不可使川澤枯竭,不可使積存的池水乾涸,不可焚燒山林。天子乃開啟冰窖向司寒神進獻冰藏的羔羊,先進獻寢廟。

上旬的丁日,命令樂正演習舞蹈,向先師行釋菜禮,天子便帥領三公、九卿、諸侯、大夫親自前往視察習舞。中旬的丁日,又命令樂正進太學去練習唱歌和演奏音樂。

這個月嘛,祭祀不使用犧牲,使用圭璧,或改用毛皮和繒帛。

仲春要是頒行秋季的政令,國内將會發大水,寒氣也會聚合而至,敵寇來侵犯;若頒行冬季的政令,陽氣將不勝陰氣,小麥便不能成熟,民間多有相互掠劫之事;若頒行夏季的政令,國内將出現大旱,暑氣早來,蟲螟爲害。

【古注】

《注》 (一)舍,猶止也。因蟄蟲啟户,耕事少閒而治門户也。用木曰闔,用竹葦曰扇。畢,猶皆也。凡廟,前曰廟,後曰寢。(二)大事,兵役之屬。(三)順陽養物也。畜水曰陂,穿地通水曰池。(四)鮮當爲獻,聲之誤也。獻羔,謂祭司寒也,祭司寒而出冰,薦於宗廟乃後賦之。《春秋傳》曰:"古者日在北陸而藏冰,西陸朝覿而出之。其藏冰也,深山窮谷,固陰沍寒,於是乎取之。其出之也,朝之禄位、賓食喪祭,於是乎用之。其藏之也,黑牡秬黍以饗司寒;其出之也,桃弧棘矢以除其災。其出入也,時食肉之禄,冰皆與焉。大夫命婦,喪浴用冰。祭寒而藏之,獻羔而啟之。公始用之,火出而畢賦。自命夫命婦至于老疾,無不受冰。"(五)樂正,樂官之長也。命習舞者,順萬物始出地鼓舞也。將舞必釋菜於先師以禮之,《夏小正》曰:"丁亥,萬舞入學。"(六)順時達物也。(七)爲季春將習合樂也。習樂者,習歌與八音。(八)爲季春將選而合騰之也。更,猶易也。當祀者,古以玉帛而已。(九)酉之氣乘之也。八月宿直昴畢,畢好雨。(十)金氣動也,畢又爲邊兵。(十一)子之氣乘之也。十一月爲大陰。(十二)陰姦衆也。(十三)午之氣乘之也。(十四)暑氣所生爲災害也。

《音義》 漉者鹿,竭也。陂池,彼宜反 bì(ㄅㄧˋ),《尚書傳》云:"澤障曰陂,停水曰池。"鮮,依《注》音獻。

《疏》 鮮當爲獻者,案《詩·豳風·七月》云:"四之日其蚤,獻羔祭韭。"故知鮮爲獻也。獻羔開冰先薦寢廟,恐是獻羔寢廟,故云"祭司寒"。

6.8

【原文】

季春之月,日在胃,昏七星中,旦牽牛中(一)。其日甲乙,其帝大皞,其神句芒。其蟲鱗,其音角,律中姑洗。其數八,其味酸,其臭羶。其祀户,祭先脾(二)。

桐始華,田鼠化爲駕,虹始見,蓱始生。(三)

天子居青陽右个,乘鸞路,駕倉龍,載青旂,衣青衣,服倉玉,食麥與羊,其器疏以達(四)。

【譯文】

春季第三個月，太陽位於胃星座，黄昏七星掛在中天，平旦牽牛星掛在中天。春日稱甲乙，春帝爲太皞，春神爲句芒。此時的動物有鱗，發出的鳴叫成角音，音律應姑洗聲。春的成數爲八，其味道酸，其氣味羶。春季祭祀户神，祭品先用脾。

桐樹開始開花，田鼠變化爲鴾鵽，彩虹開始出現，浮萍開始生出水面。

此月天子居住明堂東向的青陽堂的右方，乘坐有鸞鈴的輅車，駕轅用倉龍大馬，車上載有竿頭繫鈴、畫着龍的青色旗，身穿青色衣，佩帶青色的玉珮，食用麥和羊，所用的器物上刻鏤的紋理粗疏而相互通達。

【古注】

《注》 (一)季，少也。季春者，日月會於大梁，而斗建辰之辰。(二)姑洗者，南吕之所生也，三分益一律，長七寸九分寸之一，季春氣至則姑洗之律應。《周語》曰："姑洗所以脩絜百物，考神納賓。"(三)皆記時候也。鴽，鴾母。螮蝀謂之虹。蓱，萍也，其大者曰蘋。(四)青陽右个，東堂南偏。

《音義》 洗，素典反 xiǎn(ㄒㄧㄢˇ)。鴽音如。蓱，步丁反 píng(ㄆㄧㄥˊ)，水上浮萍也。

6.9

【原文】

是月也，天子乃薦鞠衣于先帝(一)。命舟牧覆舟，五覆五反，乃告舟備具于天子焉(二)。天子始乘舟，薦鮪于寢廟(三)，乃爲麥祈實(四)。

是月也，生氣方盛，陽氣發泄，句者畢出，萌者盡達。不可以内(五)。天子布德行惠，命有司，發倉廩，賜貧窮，振乏絶(六)；開府庫，出幣帛，周天下；勉諸侯，聘名士，禮賢者(七)。

是月也，命司空曰："時雨將降，下水上騰，循行國邑，周視原野，修利隄防，道達溝瀆，開通道路，毋有障塞(八)。田獵罝罘、羅罔、畢翳、餧獸之藥，毋出九門(九)。"

是月也，命野虞無伐桑柘(十)。鳴鳩拂其羽，戴勝降于桑(十一)，具曲植籧筐(十二)。后妃齊戒，親東鄉躬桑，禁婦女毋觀，省婦使，以勸蠶事(十三)。蠶事既登，分繭稱絲效功，以共郊廟之服，無有敢惰(十四)。

【譯文】

這個月嘛，天子乃向五方先帝進獻黄色的鞠衣。命令掌管船的舟牧翻檢船隻，翻檢五次，然後向天子禀告船隻完好無損一應齊備。天子這才乘上船，將釣到的鮪魚進獻到寢廟，並爲小麥祈求籽粒飽滿。

這個月嘛，生氣旺盛，陽氣發泄，彎曲的幼芽全都破土而出，萌發的嫩芽盡皆茁壯生長。此時不可以積聚收斂。天子傳布道德施行恩惠，命令各有關職司，發放倉廩的糧米，賜給貧窮百姓，救助乏食絶糧的難民；打開府庫，拿出錢財布帛，周濟天下的災民；勸勉諸侯，聘問知名之士，禮遇有賢德的人。

這個月嘛，命令司空説："時雨即將降臨，地下水直向上蒸騰，抓緊巡視國都，周遭視察平原曠野，修好隄防，疏導通暢溝瀆，開通道路，不得有障礙阻塞。田獵捕獸用的罝罘、捕鳥用的羅網、長柄小網和用於隱身的翳、誘喂鳥獸的毒藥等，一律不得帶出九門。"

這個月嘛，命令掌管田野山林的野虞官，不得砍伐桑樹和柘樹。斑鳩振翅飛來，戴勝鳥降落在桑樹上，此時就要備足曲植籧筐這些養蠶的用具。后妃齋戒之後，親自面向東方採摘桑葉，禁止世婦女子修飾容貌，去掉衣著的飾物，以勸勉其盡力於蠶事。蠶事已經完成，再將各人的繭分開繅絲並過秤考核功效，織成的布帛將供郊祭廟祭時的祭服用料，没有人敢怠惰。

【古注】

《注》 (一)爲將蠶，求福祥之助也。鞠衣，黄桑之服。先帝，大皞之屬。(二)舟牧，主舟之官也。覆，反舟者。備，傾側也。(三)進時美物。(四)於含秀求其成也。不言所祈，承寢廟可知。(五)時可宣出，不可收斂也。句，屈生者。芒而直曰萌。(六)振，猶救也。(七)周，謂給不足也。勉，猶勸也。聘，問也。名士，不仕者。(八)廣平曰原。國也，邑也、平野也，溝瀆與道路皆不得不通，所以除水潦、便民事也。古者溝上有路。(九)爲鳥獸方孚乳、傷之逆天時也。獸罟曰罝罘，鳥罟曰羅罔，小而柄長謂之畢翳，射者所以自隱也。凡諸罟及毒藥禁其出九門，明其常有時不得用耳。天子九門者：路門也、應門也、雉門也、庫門也、皋門也、城門也、近郊門也、遠郊門也、關門也。今《月令》無罘，翳爲弋。(十)愛蠶食也。野虞，謂主田及山林之官。(十一)蠶將生之候也。鳩鳴飛且翼相擊，趨農急也。戴勝，織紝之鳥，是時恒在桑，言降者，若時始自天來重之也。(十二)時所以養蠶器也。曲，薄也；植，槌也。(十三)后妃親採桑，示帥先天下也。東鄉者，鄉時氣也，是明其不常留養蠶也。留養者，所卜夫人與世婦。婦，謂世婦及諸臣之妻也，《内宰職》曰："仲春，詔后帥外内命婦，始蠶于北郊。"女，外内子女也，《夏小正》曰："妾子始蠶，執養宫事。"毋觀，去容飾也。婦使，縫線組紃之事。(十四)登，成也。敕往蠶者，蠶畢，將課功以勸戒之。

《音義》 鮪，於軌反 wěi(ㄨㄟˇ)。句，古候反 gōu(ㄍㄡ)。罝，子斜反 jū(ㄐㄩ)。罘音浮。翳，於計反 yì(ㄧˋ)。餧，於僞反 wèi(ㄨㄟˋ)。柘，之夜反 zhè(ㄓㄜˋ)。

6.10

【原文】

是月也，命工師，令百工審五庫之量，金、鐵、皮、革、筋、角、齒、羽、箭、幹、脂、膠、丹、漆，毋或不良(一)。百工咸理，監工日號："毋悖于時，毋或作爲淫巧，以蕩上心(二)。"

是月之末，擇吉日大合樂，天子乃率三公、九卿、諸侯、大夫親往視之(三)。

是月也，乃合累牛騰馬，遊牝于牧(四)。犧牲駒犢，舉書其數(五)。

命國難，九門磔攘，以畢春氣(六)。

季春行冬令，則寒氣時發，草木皆肅(七)，國有大恐(八)；行夏令，則民多疾疫，時雨不降(九)，山陵不收(十)；行秋令，則天多沈陰，淫雨蚤降(十一)，兵革並起(十二)。

【譯文】

這個月嘛，命令工師，指使各種工匠按照舊法審察五庫的物資，諸如金、鐵、皮、革、筋、角、齒、羽、箭、幹、脂、膠、丹、漆等材料，不可有一件不合格。百工都各做各的事，監工每天都在一旁號令："不要悖逆時序，不可有一件做得過分奇巧，這會動摇君上的心志。"

此月之末，選擇吉日舉行大型音樂合奏，天子於是率領三公、九卿、諸侯、大夫，親自前往觀看其演奏。

這個月呢，將發情的公牛公馬趕到牧野，同放牧的母牛母馬交配，所有能供祭祀用的犧牲連同産下的馬駒牛犢，要全數記録其數目。

命令全國舉行驅除瘟疫的祭祀，天子的九門都要磔牲祈禳，以此終止春季的陰氣。

季春要是頒行冬季的政令，寒氣將會時時發作，草木全衰落，國家將有大恐慌；若頒行夏季的政令，民間將會流行傳染病，該降的雨不降，山地丘陵的桑麻果茶等作物不收；若頒行秋季的政令，就會頻繁出現陰沈天氣，連綿的雨季提早降臨，戰争蜂起。

【古注】

《注》（一）工師，司空之屬官也。五庫，藏此諸物之舍也。量，謂物善惡之舊法也。幹，器之木也。凡輮幹有當用脂。良，善也。（二）咸，皆也，於百工皆理。治其事之時，工師則監之，日號令之，戒之以此二事。悖，猶逆也。百工作器物各有時，逆之則不善。時者，若弓人春液角，夏治筋，秋合三材，冬定體之屬也。淫巧，謂僞飾不如法也。蕩，謂動之使生奢泰也。今《月令》無"于時"，"作爲"爲"詐僞"。（三）大合樂者，所以助陽達物風化天下也。其禮亡，今天子以大射、郡國以鄉射禮代之。（四）累、騰，皆乘匹之名，是月所合牛馬，謂繫在廄者，其牝欲遊則就牧之，牡而合之。（五）以在牧而校數，書之，明出時無他故，至秋當録内，且以知生息之多少也。（六）此難，難陰氣也，陰寒至此不止，害將及人。所以及人者，陰氣右行此月之中，日行歷昴，昴有大陵積尸之氣，氣佚則厲鬼隨而出行，命方相氏帥百隸索室毆疫以逐之，又磔牲以攘於四方之神，所以畢止其災也。王居《明堂禮》曰："季春出疫于郊，以攘春氣。”(七)丑之氣乘之也。肅，謂枝葉縮栗。(八)以水訛相驚。(九)未之氣乘之也。六月宿直鬼，鬼爲天尸，時又有暑也。(十)高者暵於熱也。(十一)戌之氣乘之也。九月多陰。淫，霖也，雨三日以上爲霖。今《月令》曰“衆雨”。(十二)陰氣勝也。

《音義》 難，乃多反 nuó(ㄋㄨㄛˊ)。磔，竹伯反 zhé(ㄓㄜˊ)。攘，如羊反 ráng(ㄖㄤˊ)。

《疏》 (一)《周禮考工記》無工師，知是司空屬官者，以司空掌工巧，此稱工，巧師長，故知司空之屬。言此等之物善惡先有舊法，當審察之，故云審五庫之量。(二)言於此之時，天氣和，適百工造作器物，當依百工皆治理其事之時，監工之官日日號令之，言造作器物當依氣序，無得悖逆於時使物不牢固；又所作器物當依舊常，無得有作淫過巧妙，以蕩動在上使生奢泰之心者。(四、五)以季春陽將盛，物皆産乳，故合此所累之牛、相騰之馬，故遊此繫牧之牝於牧田之中，就牡而合之其在廏。犧牲駒犢舉書其數者，既遊牝於牧之後，畜皆在野，所有犧牲及小馬之駒小牛之犢，皆書其見在之數。(六)以季春恐有難陽氣之嫌，故云難。難，陰氣也。

6.11

【原文】

孟夏之月，日在畢，昏翼中，旦婺女中(一)。其日丙丁(二)，其帝炎帝，其神祝融(三)。其蟲羽(四)，其音徵(五)，律中中吕(六)。其數七(七)，其味苦，其臭焦(八)。其祀竈，祭先肺(九)。

螻蟈鳴，蚯蚓出，王瓜生，苦菜秀(十)。

天子居明堂左个，乘朱路，駕赤騮，載赤旂，衣朱衣，服赤玉，食菽與雞，其器高以粗(十一)。

【譯文】

夏季第一個月，太陽位於畢星座，黄昏翼星掛在中天，平旦婺女星掛在中天。夏日稱丙丁，夏帝是炎帝，夏神爲祝融。此時的昆蟲生出羽翼，發出的鳴叫成徵音，律應中吕之聲。夏的成數爲七，其味道苦，其氣味焦。夏季祭祀竈神，祭品先獻肺。

此時蝦蟆開始鳴叫，蚯蚓出土，栝樓生出，苦菜開花。

此月天子居住明堂朝南的正寢的左方，乘坐朱紅色的輅車，駕轅用赤色的騮馬，車上載有竿頭繫鈴、畫着龍的赤色旗，身穿朱紅色的衣裳，佩帶赤色的玉珮，食用豆類和雞，所用的器物高而粗大。

【古注】

《注》 (一)孟夏者，日月會於實沈而斗建巳之辰。(二)丙之言，炳也。日之行夏，南從赤道，長育萬物，月爲之佐，時萬物皆炳然著見而强大，又因以爲日名焉。《易》曰：“齊乎巽，相見乎離。”(三)此赤精之君，火官之臣，自古以來著德立功者也。炎帝，大庭氏也。祝融，顓頊氏之子，曰黎，爲火官。(四)象物從風鼓翼，飛鳥之屬。(五)三分宫去一以生徵，徵數五十四。屬火者，以其微清，事之象也，夏氣和則徵聲調。《樂記》曰：“徵亂則哀，其事勤。”(六)孟夏氣至則中吕之律應。中吕者，無射之所生，三分益一，律長六寸萬九千六百八十三分寸之萬二千九百七十四。《周語》曰："中吕宣中氣。"(七)火生數二，成數七。但言七者，亦舉其成數。(八)火之臭味也，凡苦焦者皆屬焉。(九)夏，陽氣盛，熱於外，祀之於竈，從熱類也。祀之先祭肺者，陽位在上，肺亦在上，肺爲尊也。竈在廟門外之東，祀竈之禮先席於門之奥東面，設主於竈陘，乃制肺及心肝爲俎奠于主西；又設盛于俎南，亦祭黍三，祭肺心肝各一，祭醴三，亦既祭徹之更陳鼎俎，設饌于筵前。迎尸如祀户之禮。(十)皆記時候也。螻蟈，蛙也。王瓜，萆挈也，今《月令》云"王萯生"，《夏小正》云"王萯秀"，未聞孰是。(十一)明堂左个，大寢南堂東偏也。菽實孚甲堅合，屬水。雞，木畜，時熱食之亦安性也。粗，猶大也。器高大者，象物盛長。

《音義》 婺音務。炎帝，神農也。徵，張里反 zhǐ(ㄓˇ)。螻蟈，蛙也，即蝦蟇也。騮音留，本又作駵。

6.12

【原文】

是月也，以立夏。先立夏三日，大史謁之天子曰："某日立夏，盛德在火。"天子乃齊(一)。立夏之日，天子親帥三公、九卿、大夫以迎夏於南郊。還反，行賞，封諸侯，慶賜遂行，無不欣説(二)。

乃命樂師，習合禮樂(三)。命太尉，贊桀俊，遂賢良，舉長大(四)，行爵出禄，必當其位(五)。

是月也，繼長增高(六)，毋有壞墮(七)，毋起土功，毋發大衆(八)，毋伐大樹(九)。

【譯文】

這個月嘛，將要立夏。立夏前三天，太史向天子禀告説："某日立夏，上天的盛大德澤在火位。"天子乃齋戒。立夏這天，天子親自率領三公、九卿、大夫前往南郊迎接夏天。返回後，進行賞賜，加封諸侯，慶賀、恩賜盡皆施行，没有人不歡欣愉悦。

於是命令樂師，熟習演禮與奏樂相配合。命令太尉，選拔特出的人才，登進賢達善良之士，舉薦身材高大的勇士，給他們頒行的爵位和付出的俸禄，必須名實相符。

這個月呢，植物繼續生長增高，不得有折毀破壞的事出現，不得興起建築工程，不得徵發大量民衆服役，不得砍伐大樹。

【古注】

《注》 (一)謁，告也。(二)迎夏，祭赤帝赤熛怒於南郊之兆也。不言帥諸侯而云封諸侯，諸侯時或無在京師者，空其文也。《祭統》曰："古者於禘也，發爵賜服順陽義也；於嘗也，出田邑、發秋政，順陰義也。"今此行賞可也，而封諸侯則違於古。封諸侯，出土地之事，於時未可，似失之。(三)爲將飲酎。(四)助長氣也。贊，猶出也。桀俊，能者也。遂，猶進也。三王之官有司馬，無太尉，秦官則有太尉。今俗人皆云周公作《月令》，未通於古。（五）使順之也。（六）謂草木盛蕃廡。（七）亦爲逆時氣。（八）爲妨蠶農之事。（九）亦爲逆時氣。

《音義》 壞音怪。隳，許規反 huī(ㄏㄨㄟ)。

《疏》 贊是贊佐之義，故云猶出。桀俊，或未仕沉滯者，或職卑位下，故云遂賢良。舉長大者，謂用長大之人，故王肅云："舉形貌壯大者。"

6.13

【原文】

是月也，天子始絺(一)。命野虞，出行田原，爲天子勞農勸民，毋或失時(二)；命司徒巡行縣鄙，命農勉作，毋休于都(三)。

是月也，驅獸毋害五穀，毋大田獵(四)。農乃登麥，天子乃以彘嘗麥，先薦寢廟(五)。

是月也，聚畜百藥(六)。靡草死，麥秋至，斷薄刑，決小罪(七)，出輕繫(八)。

蠶事畢，后妃獻繭，乃收繭税，以桑爲均，貴賤長幼如一，以給郊廟之服(九)。

是月也，天子飲酎，用禮樂(十)。

孟夏行秋令，則苦雨數來，五穀不滋(十一)，四鄙入保(十二)；行冬令，則草木蚤枯(十三)，後乃大水，敗其城郭(十四)；行春令，則蝗蟲爲災，暴風來格(十五)，秀草不實(十六)。

【譯文】

這個月嘛，天子開始穿細葛布的夏衣。命令掌管田野山林的野虞官，出來巡行田地原野，替天子慰勞農夫勸勉民衆，不可稍有錯失時節。命令司徒巡視縣鄙，督促農民勉力耕作，不得到都邑中躲藏。

這個月嘛，驅趕野獸不要傷害到五穀，不得大肆捕獵。農戶只進呈新麥，天子就用豬肉搭配品嘗新麥，嘗罷先進獻寢廟。

這個月嘛，還要積蓄各種藥材。靡草枯萎時，麥收的節氣到來，此時斷案當使用薄刑，判決當縮小罪狀，釋放罪輕的繫囚。

養蠶之事完畢，后妃接受内命婦的獻繭，並向外命婦收取繭税，税以用桑多少爲基準，貴賤長幼一例對待，所收的税繭用來供給天子郊祀廟祭時穿的祭服。

這個月嘛，天子飲醇酒，按禮制順序與羣臣奏樂共飲。

孟夏要是頒行秋季的政令，苦雨將會頻繁來臨，五穀不能滋長，四周小邑的災民逃入城堡；若頒行冬季的政令，草木將會早枯，嗣後便發大水，毀壞其城郭；若頒行春季的政令，蝗蟲將會成災，暴風來到，秀穗的草不結籽實。

【古注】

《注》 (一)初服暑服。(二)重敕之。(三)急趨於農也。縣鄙，鄉遂之屬，主民者也。王居《明堂禮》曰"毋宿于國"，今《月令》休爲伏。(四)爲傷蕃廡之氣。(五)登，進也。麥之新氣尤盛，以彘食之散其熱也。彘，水畜。(六)蕃廡之時毒氣盛。(七)舊説云：靡草，薺葶藶之屬。《祭統》曰"草艾則墨"，謂立秋後也。刑無輕於墨者，今以純陽之月斷刑決罪，與"毋有壞墮"自相違，似非。(八)崇寬。(九)后妃獻繭者，内命婦獻繭於后妃。收繭税者，收於外命婦。外命婦雖就公桑蠶室而蠶，其夫亦當有祭服以助祭，收以近郊之税耳。貴賤長幼如一，國服同。(十)酎之言，醇也，謂重釀之酒也。春酒至此始成，與羣臣以禮樂飲之於朝，正尊卑也。孟冬云"大飲烝"，此言用禮樂，互其文。(十一)申之氣乘之也。苦雨，白露之類，時物得雨傷。(十二)金氣爲害也。鄙，界上邑。小城曰保。(十三)長日促。(十四)亥之氣乘之也。(十五)寅之氣乘之也。必以蝗蟲爲災者，寅有起蟄之氣，行於初暑，則當蟄者大出矣。格，至也，(十六)氣更生之不得成也。

《音義》 絺，敕其反 chī(ㄔ)。勞，力報反 lào(ㄌㄠˋ)。酎，直又反 zhòu(ㄓㄡˋ)。

《疏》 后妃獻繭者，謂后妃受内命婦之獻繭。乃收繭税者，謂既受内命婦獻繭，乃收外命婦繭之賦税。以桑爲均者，言收税之時，以受桑多少爲賦之均齊，桑多則賦多，桑少則賦少。貴賤長幼如一者，貴謂公卿大夫之妻，賤謂士之妻，長幼謂婦老幼，無問貴賤長少，出税之時齊同如一，皆以近郊之税十而税一也。所税之物以供給天子郊廟之服。

6.14

【原文】

仲夏之月，日在東井，昏亢中，旦危中(一)。其日丙丁，其帝炎帝，其神祝融。其蟲羽，其音徵，律中蕤賓。其數七，其味苦，其臭焦。其祀竈，祭先肺(二)。

小暑至，螳蜋生，鵙始鳴，反舌無聲(三)。

天子居明堂大廟，乘朱路、駕赤駵，載赤旂，衣朱衣，服赤玉，食菽與雞，其器高以粗(四)，養壯佼(五)。

【譯文】

夏季第二個月，太陽位於東井星座，黄昏亢星掛在中天，平旦危星掛在中天。夏日稱丙丁，夏帝爲炎帝，夏神爲祝融。此時活躍的動物有羽翼，發出的鳴叫成徵音，音律應蕤賓之聲。夏的成數爲七，其味道苦，其氣味焦。夏季祭祀竈神，祭品先獻肺。

小暑到，螳蜋出生，鵙鳥開始鳴叫，反舌鳥没有叫聲。

此月天子居住明堂朝南的太室，乘坐朱紅色的輅車，駕轅用赤色的駵馬，車上載有竿頭繫鈴、畫着龍的赤色旗，身穿朱紅色的衣裳，佩帶赤色的玉珮，食用菽豆和雞，所用的器物高而粗大，身體保養得健壯容顔佼好。

【古注】

《注》 （一）仲夏者，日月會於鶉首而斗建午之辰也。（二）蕤賓者，應鍾之所生，三分益一律，長六寸八十一分寸之二十六。仲夏氣至，則蕤賓之律應。《周語》曰："蕤賓，所以安静神人，獻酬交酢。"（三）皆記時候也。螳蜋，螵蛸母也。鵙，博勞也。反舌，百舌鳥。（四）明堂大廟，南堂當大室也。（五）助長氣也。

《音義》 亢音剛。蕤，人誰反 ruí（ㄖㄨㄟˊ）。鵙，古闃反 jú（ㄐㄩˊ）。

《疏》 養壯佼者，壯，謂容體盛大；佼，謂形容佼好，以盛夏長養之時，故養壯佼之人助長氣也。

6.15

【原文】

是月也，命樂師，脩鞀鞞鼓，均琴瑟管簫，執干戚戈羽，調竽笙箎簧，飭鍾磬柷敔（一）；命有司，爲民祈祀山川百源，大雩帝，用盛樂；乃命百縣，雩祀百辟卿士有益於民者，以祈穀實（二）。農乃登黍（三）。是月也，天子乃以雛嘗黍羞，以含桃先薦寢廟（四）。

令民毋艾藍以染（五），毋燒灰（六），毋暴布（七），門閭毋閉，關市毋索（八）。挺重囚，益其食（九）。游牝别羣（十），則縶騰駒（十一），班馬政（十二）。

【譯文】

這個月呢，命令樂師脩理撥浪鼓和鞞鼓，均衡琴瑟管簫的聲調，操練干戚戈羽之舞蹈，調和竽笙箎簧的音韵，整飭鍾磬柷敔；命令有司，爲民祈禱祭祀山川及衆水之源，向先帝太皞舉行求雨的大雩祭，使用盛大的樂舞；並且命令各諸侯同時雩祭古時對人民有功勞的衆多諸侯和卿士，以祈求穀粒飽滿。農家乃進獻黍米。這個月呢，天子就用雛雞並品嘗黍米飯作爲美味的食物，用櫻桃祭祀寢廟。

下令民衆不得割藍草用來染物，不得燒灰，不得曬布，城門閭門不得關閉，關市不得搜索商旅的貨物。寬待重罪囚犯，增加他們的伙食。游牧母馬要另成羣體，就得拴住公馬駒的脚，頒布養馬的政教。

【古注】

《注》 （一）爲將大雩帝習樂也。脩、均、執、調、飭者，治其器物習其事之言。（二）陽氣盛而常旱，山川百源能興雲雨者也。衆水始所出爲百源，必先祭其本乃雩。雩，吁嗟求雨之祭也。雩帝，謂爲壇南郊之旁，雩五精之帝配以先帝也。自鞀鞞至柷敔皆作曰盛樂，凡他雩用歌舞而已。百辟卿士，古者上公若句龍、后稷之類也。《春秋傳》曰"龍見而雩"，雩之正當以四月。凡周之秋三月之中而旱，亦脩雩禮以求雨，因著正雩此月失之矣。天子雩上帝，諸侯以下雩上公、周冬及春夏雖旱，禮有禱無雩。(三)登，進也。(四)此嘗雛也，而云以嘗黍，不以牲主穀也。必以黍者，黍，火穀，氣之主也。含桃，櫻桃也。(五)爲傷長氣也。此月藍始可別，《夏小正》曰"五月啟灌藍蓼"。(六)爲傷火氣也。火之氣於是爲盛，火之滅者爲灰。(七)不以陰功干太陽之事。(八)順陽敷縱，不難物。(九)挺，猶寬也。(十)孕妊之欲止也。(十一)爲其壯氣有餘，相蹄齧也。(十二)馬政，謂養馬之政教也。《廋人職》曰："掌十有二閑之政，教以阜馬佚特，教駣、攻駒。"此之謂也。

《音義》 鞀，大刀反 táo(ㄊㄠˊ)。鞞，步西反 pí(ㄆㄧˊ)。竽音于。篪音池，本又作箎。柷，昌六反 zhù(ㄓㄨˋ)。敔，魚吕反 yǔ(ㄩˇ)。雩音于。暴，步卜反 pù(ㄆㄨˋ)。縶如字，蔡本作執。

《疏》 (一)鞀字或從兆，下鼓，案《周禮・小師》注云："鼗，如鼓而小，持其柄搖之，旁耳還自擊。"鞞鼓者，則《周禮・鼓人》職掌六鼓，"雷鼓鼓神祀"之屬是也。脩者，脩理舊物；均者，均平其聲；執者，操持營爲；調者，調和音曲；飭者，整頓器物。(二)將欲雩祭，故先命有司爲民祈祀山川百源，重民之義也。用盛樂者，爲民祈穀後，天子乃大雩天帝，用鞀鞞之等，故云用盛樂。乃命百縣雩祀百辟卿士者，百縣謂諸侯也，命此諸侯以雩祀古之百辟及卿士等，生存之日能立功有益於人者。(八)蔡云："門謂城門，閭謂二十五家爲閭。"關市無索者，關市，停物之所，商旅或隱藏其物以避征稅，是月從長之時，故不搜索其物。

6.16

【原文】

是月也，日長至，陰陽爭，死生分(一)。君子齊戒，處必掩身，毋躁(二)；止聲色，毋或進(三)；薄滋味，毋致和(四)；節耆欲，定心氣(五)。百官静，事毋刑(六)，以定晏陰之所成(七)。鹿角解，蟬始鳴，半夏生，木堇榮(八)。

是月也，毋用火南方(九)，可以居高明，可以遠眺望，可以升山陵，可以處臺榭(十)。

仲夏行冬令，則雹凍傷穀(十一)，道路不通，暴兵來至(十二)；行春令，則五穀晚熟(十三)，百螣時起，其國乃饑(十四)；行秋令，則草木零落(十五)，果實早成十六，民殃於疫(十七)。

【譯文】

這個月嘛，白天長到極點，陰陽相爭，萬物死生各半。君子此時要齋戒，在家閑居必須掩蔽身體，不要煩躁；禁止聲樂女色，不要稍有接近；淡薄滋味，不要追求味道調和；節制嗜好欲望，穩定心氣。百官要安静，凡事不要動刑法，以確保安静無事能有成效。此月鹿角解脱，蟬開始鳴叫，半夏出生，木堇開花。

這個月呢，不要朝向南方用火，可以坐在高處明處，可以向遠處眺望，可以登上山陵，可以在臺榭中休息居住。

仲夏要是頒行冬季的政令，冰雹將會凍傷穀物，道路不通，不義的戰爭很快到來；要是頒行春季的政令，五穀將會晚熟，各種害蟲隨時都會出現，其國將鬧饑荒；要是頒行秋季的政令，草木將會零落，果實早早成熟，人民將遭受瘟疫的災殃。

【古注】

《注》（一）争者，陽方盛，陰欲起也。分，猶半也。（二）掩，猶隱翳也。躁，猶動也。今《月令》"毋躁"爲"欲静"。（三）進，猶御見也。聲，謂樂也，易及樂。《春秋》説：夏至，人主與羣臣從八能之士作樂五日，今止之，非其道也。（四）爲其氣異，此時傷人。（五）微陰扶精不可散也。（六）罪罰之事不可以聞。今《月令》"刑"爲"徑"。（七）晏，安也，陰稱安。（八）又記時候也。半夏，藥草。木堇，王蒸也。（九）陽氣盛，又用火於其方，害微陰也。（十）順陽在上也。高明，謂樓觀也。闍者謂之臺，有水者謂之榭。（十一）子之氣乘之也。陽爲雨，陰起脅之凝爲雹。（十二）盗賊攻劫，亦雹之類。（十三）卯之氣乘之也，生日長。（十四）螣，蝗之屬。言百者，明衆類並爲害。（十五）酉之氣乘之也。八月宿直昴畢，爲天獄，主殺。（十六）生日短。（十七）大陵之氣來爲害也。

《音義》 堇音謹，一名舜華。榭音謝。螣音特，食苗葉蟲。

《疏》（一）日長至者，謂此月之時日長之至極，太史漏刻夏至、晝漏六十五刻，夜漏三十五刻，是日長至也。死生分者，分，半也，陰氣既起，故物半死半生，蔡云："感陽氣長者生，感陰氣成者死。"故於夏至日相與分也。

6.17

【原文】

季夏之月，日在柳，昏火中，旦奎中（一）。其日丙丁，其帝炎帝，其神祝融。其蟲羽，其音徵，律中林鍾。其數七，其味苦，其臭焦。其祀竈，祭先肺（二）。

温風始至，蟋蟀居壁，鷹乃學習，腐草爲螢（三）。

天子居明堂右个，乘朱路，駕赤騮，載赤旂，衣朱衣，服赤玉，食菽與雞，其器高以粗（四）。

【譯文】

夏季第三個月，太陽位於柳星座，黄昏火星掛在中天，平旦奎星掛在中天。夏日稱丙丁，夏帝爲炎帝，夏神爲祝融。此時活躍的動物有羽翼，發出的鳴叫成徵音，音律應林鍾之聲。夏的成數爲七，其味道苦，其氣味焦。夏季祭祀竈神，祭品先獻肺。

此月暖風開始吹來，蟋蟀居住壁中，老鷹乃學習搏擊，腐草孕育出螢火蟲。

此月天子居住明堂朝南的正寢的右方，乘坐朱紅色的輅車，駕轅用赤色的騑馬，車上載有竿頭繫鈴、畫着龍的赤色旗，身穿朱紅色的衣裳，佩帶赤色的玉珮，食用菽豆和雞，所用的器物高而粗大。

【古注】

《注》 (一)季夏者，日月會於鶉火而斗建未之辰也。(二)林鍾者，黄鍾之所生，三分去一律，長六寸，季夏氣至則林鍾之律應。《周語》曰："林鍾和展百物，俾莫不任肅純恪。"(三)皆記時候也。鷹學習，謂攫搏也。《夏小正》曰："六月鷹始摯。"螢，飛蟲，螢火也。(四)明堂右个，南堂西偏也。

《疏》 (三)蟋蟀居壁者，此物生在於土中，至季夏羽翼稍成，未能遠飛，但居其壁，至七月則能遠飛在野。鷹乃學習者，於時二陰既起，鷹感陰氣乃有殺心，學習搏擊之事。腐草爲螢者，腐草此時得暑濕之氣，故爲螢。

6.18

【原文】

命漁師伐蛟、取鼉、登龜、取黿(一)；命澤人納材葦。(二)

是月也，命四監，大合百縣之秩芻，以養犧牲，令民無不咸出其力(三)，以共皇天上帝、名山大川、四方之神，以祠宗廟社稷之靈，以爲民祈福。(四)

是月也，命婦官染采，黼黻文章，必以法故，無或差貸(五)。黑黄倉赤，莫不質良，毋敢詐僞(六)，以給郊廟祭祀之服，以爲旗章，以别貴賤等給之度(七)。

【譯文】

命令漁師斬殺蛟，捕取鼉、黿和龜；命令掌管草澤的官繳納蒲葦。

這個月嘛，命令掌管山林川澤的四監，大量會合各縣常規的芻草，用來飼養可供祭祀的犧牲，使人民無不傾盡自己的全力，以供奉皇天上帝、名山大川、四方之神，以祭祀宗廟社稷的神靈，用來爲人民祈禱福祥。

這個月嘛，命令婦官著染色采，黼黻文章的綵紋，必須依照舊法染製，不可稍有差錯。黑黄蒼赤這些染料，無不品質優良，不敢欺詐造僞，這都是用來供給郊廟祭祀的服御，用來製作旌旗及章識，用來作爲區别貴賤等級的尺度，不可不慎重。

【古注】

《注》 (一)四者甲類，秋乃堅成。《周禮》曰"秋獻龜魚"，又曰"凡取龜，用秋時"，是夏之秋也，作《月令》者以爲此秋據周之時也。周之八月，夏之六月，因書於此，似誤也。蛟言伐者，以其有兵衛也。龜言登者，尊之也。鼉黿言取，羞物賤也。鼉皮又可以冒鼓。今《月令》"漁師"爲"榜人"。(二)蒲葦之屬，此時柔刃，可取作器物也。(三)四監，主山林川澤之官。百縣，鄉遂之屬，地有山林川澤者也。秩，常也。百縣給國養犧牲之芻多少有常，民皆當出力爲艾之。今《月令》"四"爲"田"。(四)牲以供祠神靈，爲民求福，明使民艾芻是不虚取也。皇天，北辰耀魄寶，冬至所祭於圜丘也。上帝，大微五帝。

（五）婦官，染人也。采，五色。（六）質，正也。良，善也。所用染者當得真采正善也。（七）旗章，旌旗及章識也。

《音義》 鼉，大多反 tuó（ㄊㄨㄛˊ）。黿音元。黼音甫。黻音弗。貸，他得反 tè（ㄊㄜˋ）。

《疏》 （一）此命漁師及仲夏養壯佼之等，皆是煩細之事，或非止一月所爲，故不言是月也，明非獨季夏而取。（五）於此月之時，命掌婦功之官染此五色之采：白與黑謂之黼，黑與青謂之黻，青與赤謂之文，赤與白謂之章。染此等之物必以舊法，故事無得有參差貸變。

6.19

【原文】

是月也，樹木方盛，乃命虞人入山行木，毋有斬伐（一）。不可以興土功，不可以合諸侯，不可以起兵動衆（二）。毋舉大事，以摇養氣（三）；毋發令而待，以妨神農之事也（四）。水潦盛昌，神農將持功，舉大事則有天殃（五）。

是月也，土潤溽暑（六），大雨時行，燒薙行水，利以殺草，如以熱湯（七），可以糞田疇，可以美土彊（八）。

季夏行春令，則穀實鮮落，國多風欬（九），民乃遷徙（十）；行秋令，則丘隰水潦（十一），禾稼不熟（十二），乃多女災（十三）；行冬令，則風寒不時（十四），鷹隼蚤鷙（十五），四鄙入保（十六）。

【譯文】

這個月呢，樹木正值茂盛期，於是命令虞人進山巡行林木，不許有人砍伐。此月不可以興土功，不可以糾合諸侯，不可以挑起戰争驚動民衆。不要舉行這些大事，從而動摇長養之氣；不要預先發布徵召之令徒使人等待，以免妨礙神農的事嘛。雨水豐盛，神農將會保持長養之功，舉大事就會遭受上天降下的災殃。

這個月呢，土地滋潤氣候濕熱，大雨應時而作，燒掉除下的草由雨水滲入土中，有利於除草，就像用沸湯煮過一般，可以肥沃田地，又可以改善板結得堅硬的土壤。

季夏要是頒行春季的政令，穀粒將會在鮮嫩時脱落，國家因感風寒而欬嗽的人多，人民於是大量遷徙；若頒行秋季的政令，丘陵窪地都將遭水淹，莊稼不能成熟，而且多出現女人的災異；若頒行冬季的政令，風寒隨時都會襲來，鷹隼提早變得凶猛，四郊的災民逃入城堡。

【古注】

《注》 （一）爲其未堅刃也。（二）土將用事，氣欲静。（三）大事，興徭役以有爲。（四）發令而待，謂出徭役之令以豫驚民也。民驚則心動，是害土神之氣。土神稱曰神農者，以其主於稼穡。（五）

言土以受天雨澤，安静養物爲功，動之則致害也。《孝經説》曰："地順受澤，謙虚開張，含泉任萌，滋物歸中。"(六)潤溽，謂塗濕也。(七)薙，謂迫地芟草也。此謂欲稼萊地，先薙其草，草乾燒之，至此月大雨流水潦畜於其中，則草死不復生，而地美可稼也。《薙人掌殺草職》曰"夏日至而薙之"，又曰"如欲其化也，則以水火變之"。(八)土潤溽，膏澤易行也。糞、美互文耳。土彊，强檗之地。(九)辰之氣乘之也。未屬巽，辰又在巽位，二氣相亂爲害。(十)象風轉移物也。(十一)戌之氣乘之也。九月宿直奎，奎爲溝瀆，溝瀆與此月大雨并，而高下皆水。(十二)傷於水也。(十三)含任之類敗也。(十四)丑之氣乘之也。(十五)得疾厲之氣也。(十六)象鳥雀之走竄也。都邑之城曰保。

《音義》 溽音辱，濕也。薙，他計反 tì(ㄊㄧˋ)。欬，苦代反 kài(ㄎㄞˋ)。隼，息允反 sun(ㄙㄨㄣˇ)。鷙音至，擊也。

《疏》 (四)發令者，發動徵召之令也。而待者，謂時未順而豫動召，以待後時乃使也。以妨神農之事者，解所以不豫發命也。神農者，土神也。爾時土神用事，若逆令召民，民驚心動，是妨土神之氣是也。(五)六月主未，未值東井，東井是水，故六月而水潦盛昌。神農將持功者，土地本受天雨澤，水潦以爲生養之功，此月多水，故土神方得將持功也。舉大事則有天殃者，神農方持功，若人君有舉大事干養氣者，非唯神農罪之，則天亦殃罰之也。

6.20

【原文】

中央土(一)，其日戊巳(二)，其帝黄帝，其神后土(三)。其蟲倮(四)，其音宫(五)、律中黄鍾之宫(六)。其數五(七)，其味甘，其臭香(八)。其祀中霤，祭先心(九)。

天子居大廟大室，乘大路，駕黄騮，載黄旂，衣黄衣，服黄玉，食稷與牛，其器圜以閎(十)。

【譯文】

五行中央的季夏之末屬土，此時的日子稱戊巳，此時之帝是黄帝，神是后土。此時最活躍的動物是倮蟲，發出的吼叫成宫音，音律應黄鍾的宫聲。此時的生數是五，其味道甘甜，其氣味芳香。此時祭祀中霤之神，祭品先獻心。

此時天子居住太廟中央的太室，乘坐大輅車，駕轅用黄色的騮馬，車上載有竿頭繫鈴、畫着龍的黄色旗，身穿黄色的衣裳、佩帶黄色的玉珮，食用稷和牛，所用的器物形圓而中寬。

【古注】

《注》 (一)火休而盛德在土也。(二)戊之言，茂也；巳之言，起也。日之行四時之間，從黄道，月爲之佐，至此萬物皆枝葉茂盛，其含秀者抑屈而起，故因以爲日名焉。(三)此黄精之君，土官之神，自古以來著德立功者也。黄帝，軒轅氏也。后土，亦顓頊氏之子，曰黎兼，爲土官。(四)象物露見不隱藏，虎豹之屬恒淺毛。(五)聲始於宮，宮數八十一。屬土者，以其最濁，君之象也。季夏之氣和則宮聲調，《樂記》曰："宮亂則荒，其君驕。"(六)黄鍾之宮最長也，十二律轉相生五聲，具終於六十焉。季夏之氣至則黄鍾之宮應，《禮運》曰："五聲六律十二管，還相爲宮。"(七)土生數五，成數十。但言五者，土以生爲本。(八)土之臭味也，凡甘香者皆屬之。(九)中霤，猶中室也。土主中央而神在室，古者複穴，是以名室爲霤。云祀之先祭心者，五藏之次心次肺，至此心爲尊也。祀中霤之禮，設主於牖下，乃制心及肺肝爲俎，其祭肉心肺肝各一，他皆如祀户之禮。(十)大廟大室，中央室也。大路，殷路也，車如殷路之制而飾之以黄。稷，五穀之長。牛，土畜也。器圜者，象土周帀於四時。閎讀如紘，紘謂中寬，象土含物。

《音義》 霤，力又反 liù(ㄌㄧˋㄡ)。圜，于權反 yuán(ㄩㄢˊ)。閎音宏。

《疏》 中央土者，夫四時五行同是天地所生，而四時是氣，五行是物。氣是輕虚，所以麗天；物體質礙，所以屬地。四時系天，年有三百六十日，則春夏秋冬各分居九十日。五行分配四時，布於三百六十日間，以木配春，以火配夏，以金配秋，以水配冬。以土則每時輒寄王十八日也，雖每分寄，而位本未，宜處於季夏之末，金火之間，故在此陳之也。

6.21

【原文】

孟秋之月，日在翼，昏建星中，旦畢中(一)。其日庚辛(二)，其帝少皞，其神蓐收(三)。其蟲毛(四)，其音商(五)，律中夷則(六)。其數九(七)，其味辛，其臭腥(八)。其祀門，祭先肝(九)。

涼風至，白露降，寒蟬鳴，鷹乃祭鳥，用始行戮(十)。

天子居總章左个，乘戎路，駕白駱，載白旂，衣白衣，服白玉，食麻與犬，其器廉以深(十一)。

【譯文】

秋季第一個月，太陽位於翼星座，黄昏建星掛在中天，平旦畢星掛在中天。秋日稱庚辛，秋帝爲少皞，秋神爲蓐收。此時活躍的動物身上長毛，發出的吼叫成商音，音律應夷則之聲。秋的成數爲九，其味道辛辣，其氣味腥。秋季祭祀門神，祭品先獻肝。

涼風吹來，白露降臨，寒蟬鳴叫，鷹捕殺備冬的鳥有如祭食，此時開始動用殺戮之刑。

本月天子居住明堂西向的總章堂的左方，乘坐兵車，駕轅用白身黑鬣的駱馬，車上載着竿頂繫鈴、畫有龍的白旗，身穿白衣，佩帶白玉，食用麻和犬，所用的器物有棱角而且深。

【古注】

《注》 (一)孟秋者，日月會於鶉尾而斗建申之辰也。(二)庚之言，更也；辛之言，新也。日之行秋，西從白道，成熟萬物，月爲之佐，萬物皆肅然改更，秀實新成，又因以爲日名焉。(三)此白精之君，金官之臣，自古以來著德立功者也。少皞，金天氏。蓐收，少皞氏之子，曰該，爲金官。(四)象物應涼氣而備寒，狐貉之屬生，旃毛出。(五)三分徵益一以生商，商數七十二。屬金者，以其濁次宮，臣之象也。秋氣和則商聲調，《樂記》曰："商亂則陂，其官壞"。(六)孟秋氣至則夷則之律應。夷則者，大吕之所生也，三分去一，律長五寸七百二十九分寸之四百五十一。《周語》曰："夷則，所以詠歌九則，平民無貳。"(七)金生數四，成數九。但言九者，亦舉其成數。(八)金之臭味也，凡辛腥者皆屬焉。(九)秋，陰氣出，祀之於門外陰也。祀之先祭肝者，秋爲陰中，於藏值肝，肝爲尊也。祀門之禮，北面設主於門左樞，乃制肝及肺心爲俎，奠於主南，又設盛于俎東，其他皆如祭竈之禮。(十)皆記時候也。寒蟬，寒蜩，謂蜺也。鷹祭鳥者，將食之，示有先也，既祭之後不必盡食，若人君行刑戮之而已。(十一)總章左个，大寢西堂南偏。戎路，兵車也，制如周革路而飾之以白。白馬黑鬣曰駱。麻實有文理屬金。犬，金畜也。器廉以深，象金傷害物入藏。

《音義》 少皞，黄帝之子。蓐音辱。陂，彼義反 bì(ㄅㄧˋ)。

6.22

【原文】

是月也，以立秋。先立秋三日，大史謁之天子曰："某日立秋，盛德在金(一)。"天子乃齊。立秋之日，天子親帥三公、九卿、諸侯、大夫以迎秋於西郊。還反，賞軍帥武人於朝(二)。天子乃命將帥：選士厲兵，簡練桀俊，專任有功，以征不義(三)，詰誅暴慢，以明好惡，順彼遠方(四)。

是月也，命有司，脩法制，繕囹圄，具桎梏，禁止姦，慎罪邪，務搏執(五)。命理瞻傷、察創、視折(六)、審斷；決獄訟，必端平(七)；戮有罪，嚴斷刑。天地始肅，不可以贏(八)。

【譯文】

這個月嘛，將立秋。立秋前三天，太史向天子禀告説："某日立秋，上天的盛大恩德在金位。"天子乃齋戒。立秋這天，天子親自率領三公、九卿、諸侯、大夫前往西郊迎接秋天。返回後，在朝堂賞賜衆將和武士。天子又命令將帥：選拔勇士磨利兵器，精選訓練傑出的俊才，專門任用有功之士，用來征伐不義，詰責誅討暴虐傲慢，以彰明好惡，使遠方諸侯順服。

這個月嘛，命令有司，脩明法令制度，繕補囹圄，完備刑具，禁止姦宄，慎重罪戾邪辟，務必將其捕捉緝拿。命令獄吏看望罪犯的傷勢、觀察其創痛、探視其骨折、審查其斷肢；裁決訴訟案件，必須端正公平；殺戮有罪，要嚴格審斷再行刑。天地開始肅殺，不可以贏縮屈伸。

【古注】

《注》 (一)謁，告。(二)迎秋者，祭白帝白招拒於西郊之兆也。軍帥，諸將也。武人，謂環人之屬，有勇力者。（三）征之言，正也，伐也。（四）詰，謂問其罪，窮治之也。順，猶服也。（五）順秋氣，政尚嚴。（六）理，治獄官也。有虞氏曰士，夏曰大理，周曰大司寇。創之淺者曰傷。（七）端，猶正也。（八）肅，嚴急之言也。贏，猶解也。

6.23

【原文】

是月也，農乃登穀。天子嘗新，先薦寢廟（一）。命百官始收斂（二），完隄坊，謹壅塞，以備水潦（三）；脩宫室，坏牆垣，補城郭（四）。

是月也，毋以封諸侯、立大官；毋以割地、行大使、出大幣（五）。

孟秋行冬令，則陰氣大勝（六），介蟲敗穀（七），戎兵乃來（八）；行春令，則其國乃旱（九），陽氣復還，五穀無實（十）；行夏令，則國多火災（十一），寒熱不節，民多瘧疾（十二）。

【譯文】

這個月嘛，農户需進獻成熟的穀物。天子品嘗一下新穀，先薦享寢廟。命令百官開始督促農民收穫農作物，完善堤壩，謹防壅塞，以防備即將到來的雨季水潦；脩整宫室、泥墁牆垣的縫隙，繕補城郭。

這個月嘛，不可以分封諸侯、增立大官；不可以割讓土地、派遣大使、支出大量車馬玉帛等聘享的禮物。

孟秋要是頒行冬季的政令，陰氣將會太勝，甲殼蟲敗壞穀物，戎兵就會來犯；若頒行春季的政令，該國將遭受旱災，陽氣重新回來，五穀没有顆粒；若頒行夏季的政令，國家多火災，寒熱不規律，民間多流行瘧疾。

【古注】

《注》 （一）黍稷之屬於是始熟。（二）順秋氣收斂物。（三）備者，備八月也，八月宿直畢，畢好雨。（四）象秋收斂，物當藏也。（五）古者於嘗出田邑，此其月也而禁封諸侯割地，失其義。（六）亥之氣乘之也。（七）介，甲也，甲蟲屬冬。敗穀者，稻蟹之屬。（八）十月宿直營室，營室之氣爲害也。營室主武事。（九）寅之氣乘之也。雲雨以風除也。（十）陽氣能生而不能成。（十一）巳之氣乘之也。（十二）瘧疾，寒熱所爲也，今《月令》“瘧疾”爲“厲疫”。

《音義》 坏，步回反 péi（ㄆㄟˊ）。

《疏》 案《祭統》“古者於嘗也，出田邑”，嘗謂秋祭，於此嘗祭之時，王者割出田邑以與諸侯。今正是嘗祭之月，而禁封諸侯及割地之事，故云“失其義”也。

6.24

【原文】

仲秋之月，日在角，昏牽牛中，旦觜觿中（一）。其日庚辛，其帝少皞，其神蓐收。其蟲毛，其音商，律中南吕。其數九，其味辛，其臭腥。其祀門，祭先肝(二)。

盲風至，鴻鴈來，玄鳥歸，羣鳥養羞(三)。

天子居總章大廟，乘戎路，駕白駱，載白旂，衣白衣，服白玉，食麻與犬，其器廉以深(四)。

【譯文】

秋季第二個月，太陽位於角星座，黄昏牽牛星掛在中天，平旦觜觿星掛在中天。秋天稱庚辛，秋帝是少皞，秋神爲蓐收。此時活躍的動物身上長毛，發出的吼叫成商音，音律應南吕之聲。秋的成數爲九，其味道辛辣，其氣味腥。秋季祭祀門神，祭品先獻肝。

疾風颳到，鴻雁飛來，小燕返回南方，羣鳥貯存食物。

此月天子居住明堂西向的總章堂的太室，乘坐兵車，駕轅用白身黑鬣的駱馬，車上載有竿頂繫鈴、畫着龍的白旗，身穿白衣，佩帶白玉，食用麻和犬，所用的器物有棱角而且深。

【古注】

《注》 (一)仲秋者，日月會於壽星而斗建酉之辰也。(二)南吕者，大蔟之所生，三分去一，律長五寸三分寸之一，仲秋氣至則南吕之律應。《周語》曰："南吕者，贊陽秀物。"(三)皆記時候也。盲風，疾風也。玄鳥，燕也。歸，謂去蟄也。凡鳥隨陰陽者，不以中國爲居。羞，謂所食也。《夏小正》曰："九月，丹鳥羞白鳥。説曰丹鳥也者，謂丹良也。白鳥也者，謂閩蚋也；其謂之鳥者，重其養者也，有翼爲鳥；養也者，不盡食也。"二者文異，羣鳥、丹良，未聞孰是。(四)總章大廟，西堂當大室也。

《音義》 觜，子斯反 zī(ㄗ)。觿，户圭反 xī(ㄒㄧ)。

6.25

【原文】

是月也，養衰老，授几杖，行糜粥飲食(一)。乃命司服，具飭衣裳，文繡有恒，制有小大，度有長短(二)，衣服有量，必循其故(三)，冠帶有常(四)。乃命有司，申嚴百刑，斬殺必當，毋或枉橈，枉橈不當，反受其殃(五)。

是月也，乃命宰祝，循行犧牲，視全具；案芻豢、瞻肥脊、察物色，必比類；量小大、視長短，皆中度。五者備當，上帝其饗(六)。天子乃難，以達秋氣(七)。以犬嘗麻，先薦寢廟(八)。

是月也，可以築城郭、建都邑，穿竇窖、脩囷倉(九)。乃命有司，趣民收斂，務畜菜，多積聚(十)，乃勸種麥，毋或失時，其有失時，行罪無疑(十一)。

【譯文】

這個月嘛，贍養衰弱老人，授予憑几手杖，施捨糜粥供其飲食。命令司服，治辦祭祀所用的衣裳，花紋刺綉依照常法，服制有小大，量度有長短，衣裳服飾有限量，必須遵循成規，帽子腰帶仍按常法。命令有司，申明嚴肅各種刑罰，斬殺必須得當，不許稍有違法曲斷和有理不申訴的情形，要是枉橈不當，該重判的判輕，該輕判的判重，翻案後要受這樣判罰的禍殃。

這個月嘛，命令太宰太祝，巡查犧牲，看是否全都具備；考查芻養牛羊的草料及豢養豬狗的飼料是否充足，瞻驗其肥瘦，觀察其毛色，必須按照不同祭祀的需要比照類推；丈量其小大，視其優劣長短，都要符合法度。這五項備辦妥當，上帝才會享用。然後天子舉行驅除疫鬼的活動，以通暢秋季的陽氣。用狗肉品嘗麻，先進獻寢廟。

這個月嘛，可以修築城郭、建設都邑、挖掘地窖、脩治糧倉。再命令有司，催促農民收穫斂藏，務必貯存蔬菜，多積聚糧草，並且勸勉種麥，不可稍微錯失時節，如果錯失時節，無疑要行使懲罰。

【古注】

《注》 (一)助老氣也。行，猶賜也。(二)此謂祭服也。文，謂畫也。祭服之制，畫衣而繡裳。(三)此謂朝燕及他服，凡此爲寒益至也。《詩》云："七月流火，九月授衣。"於是作之可也。(四)因制衣服而作之也。(五)申，重也。當，謂值其罪。(六)於鳥獸肥充之時，宜省羣牲也。宰祝，大宰大祝，主祭祀之官也。養牛羊曰芻，犬豕曰豢。五者，謂所視也，所案也，所瞻也，所察也，所量也，此皆得其正，則上帝饗之；上帝饗之，而無神不饗也。(七)此難，難陽氣也。陽暑至此不衰，害亦將及人。所以及人者，陽氣左行。此月宿直昴畢，昴畢亦得大陵積尸之氣，氣佚則厲鬼亦隨而出行，於是亦命方相氏帥百隸而難之。王居《明堂禮》曰："仲秋，九門磔攘以發陳氣，禦止疾疫。"(八)麻始熟也。(九)爲民將入物當藏也。穿竇窖者，入地隋曰竇，方曰窖。王居《明堂禮》曰："仲秋命庶民畢入於室，曰時殺將至，毋罹其災。"(十)始爲禦冬之備。(十一)麥者，接絶續乏之穀，尤重之。

《音義》 囷，丘倫反 qūn(ㄑㄩㄣ)。隋，他果反 tuǒ(ㄊㄨㄛˇ)，謂狹而長。趣，七住反 cù(ㄘㄨˋ)。畜，丑六反 chù(ㄔㄨˋ)。

《疏》 引《詩》"七月流火"者，此詩是《豳風》，周公所作。周公因管蔡流言，遂陳先公居豳施化之事。言七月之時火星西流，九月之時當授民以衣服。《經》云"枉橈不當"，枉，謂違法曲斷；橈，謂有理不申，應重乃輕，應輕更重，是其不當也。

6.26

【原文】

是月也，日夜分，雷始收聲，蟄蟲坏户，殺氣浸盛，陽氣日衰，水始涸(一)。日夜分，則同度量，平權衡，正鈞、石、角、斗、甬。是月也，易關市，來商旅，納貨賄，以便民事。四方來集，遠鄉皆至，則財不匱；上無乏用，百事乃遂(二)。

凡舉大事，毋逆大數，必順其時，慎因其類(三)。

仲秋行春令，則秋雨不降(四)，草木生榮(五)，國乃有恐(六)；行夏令，則其國乃旱，蟄蟲不藏，五穀復生(七)；行冬令，則風災數起(八)，收雷先行(九)，草木蚤死(十)。

【譯文】

這個月嘛，日夜均分，雷開始收斂響聲，蟄藏的動物修補洞穴，肅殺之氣逐漸强烈，陽氣日益衰退，積水開始乾涸。日夜均分，就需等同長度、容積，平準重量，校正鈞、石、角、斗、甬這些秤量之器。這個月呢，還需減輕關市税收，招徠客商，接納各種貨物，以便利民衆生活的需要。四面八方的土特産前來聚集，遠鄉的人都到此來交易，財物就不會匱乏；上頭的用度不缺乏，一切事情才能辦成。凡是興舉重大事情，不可違逆大氣數，必須順應所處的時運，謹慎因襲那些類似的事件。

仲秋要是頒行春季的政令，秋雨將不降落，草木生出花朵，國家就會出現驚恐的事；若頒行夏季的政令，該國將遭遇旱情，蟄藏的動物不蟄藏，五穀重新出生；若頒行冬季的政令，風災將會頻繁出現，雷鳴提前停止，草木及早枯死。

【古注】

《注》 (一)又記時候也。雷始收，聲在地中動内物也。坏，益也，蟄蟲益户，謂稍小之也。涸，竭也。此甫八月中，雨氣未止而雲水竭，非也，《周語》曰“辰角見而雨畢，天根見而水涸”，又曰“雨畢而除道，水涸而成梁”。辰角見，九月本也；天根見，九月末也。王居《明堂禮》曰：“季秋除道致梁以利農也。”(二)易關市，謂輕其税，使民利之。商旅，賈客也。匱，亦乏也。遂，猶成也。(三)事，謂興土功、合諸侯、舉兵衆也。季夏禁之，孟秋始征伐。此月築城郭，季秋教田獵，是以於中爲之戒焉。(四)卯之氣乘之也。卯宿直房心，心爲大火。(五)應陽動也。(六)以火訛相驚。(七)午之氣乘之也。(八)子之氣乘之也。北風殺物。(九)先，猶蚤也。冬主閉藏。(十)寒氣盛也。

6.27

【原文】

季秋之月，日在房，昏虚中，旦柳中(一)。其日庚辛，其帝少皞，其神蓐收。其蟲毛，其音商，律中無射。其數九，其味辛，其臭腥。其祀門，祭先肝(二)。

鴻鴈來賓，爵入大水爲蛤，鞠有黄華，豺乃祭獸戮禽(三)。

天子居總章右个，乘戎路，駕白駱，載白旂，衣白衣，服白玉，食麻與犬，其器廉以深(四)。

【譯文】

秋季第三個月，太陽位於房星座，黄昏虚星掛在中天，平旦柳星掛在中天。秋天稱庚辛，秋帝是少皞，秋神爲蓐收。此時活躍的動物身上有毛，發出的吼叫成商音，音律應無射之聲。秋的成數爲九，其味道辛辣，其氣味腥。

秋季祭祀門神,祭品先獻肝。

鴻雁仍在此客居,麻雀入海變爲蛤,黄色的菊花開,豺捕殺備冬的禽獸陳列四周有如祭食。

此月天子居住明堂西向的總章堂的右方,乘坐兵車,駕輳用白身黑鬣的駱馬,車上載着竿頭繫鈴、畫有龍的白色旗,身穿白衣,佩帶白玉,食用麻和犬,所用的器物有棱角而且深。

【古注】

《注》 (一)季秋者,日月會於大火而斗建戌之辰也。(二)無射者,夾鍾之所生,三分去一,律長四寸六千五百六十一分寸之六千五百二十四。季秋氣至,則無射之律應。《周語》曰:"無射,所以宣布哲人之令德,示民軌儀。"(三)皆記時候也。來賓,言其客止未去也。大水,海也。戮,猶殺也。(四)總章右个,西堂北偏。

《音義》 無射,射音亦。鞠本又作菊。

《疏》 仲秋直云鸿雁来,今季秋云來賓。以仲秋初來則過去,故不云賓;今季秋鴻雁來賓者,客止未去也,猶如賓客。云戮猶殺也者,禽獸初得皆殺而祭之,後得者殺而不祭也。

6.28

【原文】

是月也,申嚴號令(一),命百官,貴賤無不務内,以會天地之藏,無有宣出(二)。乃命冢宰,農事備收(三),舉五穀之要(四),藏帝藉之收於神倉,祗敬必飭(五)。

是月也,霜始降,則百工休(六)。乃命有司曰:"寒氣總至,民力不堪,其皆入室(七)。"上丁,命樂正,入學習吹(八)。

是月也,大饗帝(九),嘗犧牲,告備于天子(十)。合諸侯制,百縣爲來歲受朔日,與諸侯所税於民,輕重之法、貢職之數,以遠近土地所宜爲度,以給郊廟之事,無有所私(十一)。

【譯文】

這個月呢,再次發布嚴厲的命令,命令所有官員,貴賤物品不得有一人不盡力收斂,以合乎天地進入閉藏的規律,不得有所宣露散出。並命令冢宰,農作物收穫完備,列舉五穀之大要登記在册,將藉田所收祭祀上帝的禾穀儲藏到神倉之中,要敬之再敬且必須做得整飭有條理。

這個月呢,開始降霜,所有工匠都將休工。於是命令有司道:"寒氣悤悤而至,民力不堪其苦,讓他們都進入室内。"上旬的丁日,命令樂正,進入太學練習吹奏。

這個月嘛,要舉行遍祀五帝的大饗祭,還要在宗廟舉行使用犧牲祀羣神的嘗祭,有司將這一切置辦完備即向天子禀告。然後會合諸侯制定其國家宫室車旗衣服禮儀等,詔令畿内百縣鄉遂前來接受頒布來年朔日的政令,制定向人民征税輕重的法規，向朝廷進貢的數額，都要以離京城遠近、土地適宜生長的作物進行節制調度，這都是用來供給祭祀天地和祖廟的事，没有任何私用。

【古注】

《注》 (一)申，重。(二)内，謂收斂入之也。會，猶聚也。(三)備，猶盡也。(四)定其租税之簿。(五)重粢盛之委也。帝藉，所耕千畝也。藏祭祀之穀爲神倉。祗，亦敬也。(六)寒而膠漆之作不堅好也。(七)總，猶猥卒。(八)爲將饗帝也。春夏重舞，秋冬重吹也。(九)言大饗者，遍祭五帝也。《曲禮》曰"大饗不問卜"謂此也。(十)嘗者，謂嘗羣神也。天子親嘗帝，使有司祭于羣神，禮畢而告焉。(十一)秦以建亥之月爲歲首，於是歲終，使諸侯及鄉遂之官受此法焉。合諸侯制者，定其國家宫室車旗衣服禮儀也。諸侯言合制，百縣言受朔日，互文也。貢職所入天子，凡周之法，以正月和之正歲，而縣於象魏。

《疏》 (一至五)於此月之時，勑命百官，貴之與賤無不務内；内，謂收斂其物；言貴之與賤無有一人不勤務收斂内物。以會天地之藏者，會，猶趣也，言心皆趣嚮天地所藏之事，謂心順天地以深閉藏也。無有宣出者，以物皆收斂時，又閉藏，無得有宣露出散其物以逆時氣。帝藉者，供上帝之藉田也；神倉者，貯祀鬼神之倉也，言天子於此月命冢宰藏此帝藉所收禾穀於此神倉之中，當須敬而復敬，必使飭正。(九至十一)若祭一帝之時，則《禮器》謂之"饗帝"；今云"大饗"，故知徧祭五帝也。嘗犧牲者，謂嘗祭羣神以犧牲。於時有司嘗祭其事既畢、告祭備具於天子也。合諸侯制者，秦十月爲歲首，此月歲之終也；將入新歲，故此合諸侯之法制，又命百縣爲來歲受朔日之政令，并授諸侯所税於民、輕重之法、貢職之數，皆天子制之；言"與"者，兼事之辭。以遠近土地所宜爲度者，言定税輕重、入貢多少，皆以去京遠近之差、土地所宜之物爲節度。無有所私者，言既給郊廟重事，其百縣等物無得有所偏私不如法制也。諸侯謂畿外國，百縣謂鄉遂。

6.29

【原文】

是月也，天子乃教於田獵，以習五戎，班馬政(一)。命僕及七騶咸駕，載旌旐，授車以級，整設于屏外(二)，司徒搢扑，北面誓之(三)。天子乃厲飾，執弓挾矢以獵(四)。命主祠祭禽于四方(五)。

是月也，草木黄落，乃伐薪爲炭(六)。蟄蟲咸俯在内，皆墐其户(七)。乃趣獄刑，毋留有罪(八)；收禄秩之不當，供養之不宜者(九)。

是月也，天子乃以犬嘗稻，先薦寢廟(十)。

季秋行夏令，則其國大水，冬藏殃敗，民多鼽嚏(十一)；行冬令，則國多盗賊，邊竟不寧，土地分裂(十二)；行春令，則煖風來至，民氣解惰(十三)，師興不居。(十四)

【譯文】

這個月呢，天子將借田獵教授戰法，演習使用五種兵器，頒布乘馬之政令。命令戎僕御夫及駕御車馬的吏役悉數駕車，載着畫有龜蛇的旌旗，授此七戎之車以尊卑等級，整齊的行列陳設在軍陣的屏門之外，司徒腰間插着刑具，面向北對衆將士用軍法加以約束。天子於是身著戎服以嚴厲武猛其容飾，執弓搭箭進行射獵。獵竟，命令主管祭祀之官取所獵獲的禽獸到郊外還祭四方之神。

這個月嘛，草木黄葉零落，宜砍柴燒炭。蟄藏的動物全俯伏在洞穴内，都用泥塗塞着洞口。於是催促斷獄刑戮，不得存留有罪之人；收回不恰當的俸禄和職位，以及不適宜的供養物品。

這個月嘛，天子用狗肉品嘗過稻米飯後，先進獻寢廟。

季秋要是頒行夏季的政令，該國將會發大水，儲藏備冬的食物敗爛，民衆多患傷風鼻塞；若頒行冬季的政令，國家將多盗賊，邊境不安寧，國土分裂；若頒行春季的政令、暖風將會吹來，人民的精神面貌懈怠懶惰，軍隊興兵無休止。

【古注】

《注》 (一)教於田獵，因田獵之禮教民以戰法也。五戎，謂五兵：弓矢、殳、矛、戈、戟也。馬政，謂齊其色、度其力，使同乘也。《校人職》曰："凡軍事，物馬而頒之。"(二)僕，戎僕及御夫也。七騶，謂趣馬，主爲諸官駕説者也。既駕之又爲之載旌旗，《司馬職》曰"仲秋教治兵，如振旅之陳，辨旗物之用，王載大常，諸侯載旂，軍吏載旗，師都載旜，鄉遂載物，郊野載旐，百官載旟"是也。級，等次也。整，正列也。設，陳也。屏，所田之地，門外之蔽。(三)誓衆以軍法也。(四)厲飾，謂戎服，尚威武也。今《月令》"獵"爲"射"。(五)以所獲禽祀四方之神也，《司馬職》曰："羅弊致禽以祀祊。"(六)伐木必因殺氣。(七)墐，爲塗閉之辟殺氣。(八)殺氣已至，有罪者即決也。(九)天氣殺而萬物咸藏，可以去之也。禄秩之不當，恩所增加也。供養之不宜，欲所貪者熊蹯之屬非常食。(十)稻始熟也。(十一)未之氣乘之也。六月宿直東井，氣多暑雨。(十二)丑之氣乘之也。極陰爲外邊竟之象也，大寒之時地隆坼也。(十三)辰之氣乘之也。巽爲風。(十四)辰宿直角，角主兵。不居，象風行不休止也。

《音義》 騶，側求反 zōu(ㄗㄡ)。旐音兆。墐，其靳反 jìn(ㄐㄧㄣˋ)。蹯音煩。鼽音求，《説文》云："病寒鼻窒。"解，古買反 xiè(ㄒㄧㄝˋ)。

《疏》 (一)天子乃教於田獵者，謂因田獵而教之也。以習五戎者，謂於田獵之時，令人習用五種兵戎之器。班馬政者，謂班布乘馬之政令。(二)既班馬政，乃命戎僕御夫及七騶等，皆以馬駕車，又載旌旗，既畢，授此七戎之車以其尊卑等級正其行列，設於軍門屏之外東西廂以爲行陳。於是司徒在兩行之間北面誓之；或者屏之外左右六軍嚮南而陳，司徒於陳前北面誓之也。(三)司徒，地官掌邦教誓者也。搢，插也。(四)厲飾，謂嚴厲武猛容飾。(五)主祠，謂典祭祀者也。禽者，獸之通名也。四方，四方有功於方之神也。此天子獵既畢，因命典祀之官取田獵所獲之禽還祭於郊，以報四方之神也。(七)俯，垂頭也。墐，塗也。垂頭向下以隨陽氣，陽氣消，沈在下也；而又塗塞其户穴，以避地上陰殺之氣也。(九)禄秩不當，謂彼人不應得禄而主恩私與之者。供養不宜，謂非常之膳，求不可得者也。

6.30

【原文】

孟冬之月，日在尾，昏危中，旦七星中(一)。其日壬癸(二)，其帝顓頊，其神玄冥(三)。其蟲介(四)，其音羽(五)，律中應鍾(六)。其數六(七)，其味鹹，其臭朽(八)。其祀行，祭先腎(九)。

水始冰，地始凍，雉入大水爲蜃，虹藏不見(十)。

天子居玄堂左个，乘玄路、駕鐵驪，載玄旂，衣黑衣，服玄玉，食黍與彘，其器閎以奄(十一)。

【譯文】

冬季第一個月，太陽位於尾星座，黄昏危星掛在中天，平旦七星掛在中天。冬日稱壬癸，冬帝是顓頊，冬神爲玄冥。此時活躍的動物有介殼，發出的叫聲成羽音，音律應合應鍾之聲。冬季的成數爲六，其味道鹹，其氣味若有若無。冬季祭祀行路之神，祭品先獻腎。

水開始結冰，大地開始封凍，野雞進入大水變成大蛤，彩虹躲藏不出現。

此月天子居住北向的玄堂的左方，乘坐玄色的輅車，駕轅用鐵黑色的驪馬，車上載着竿頂繫鈴、畫有龍的玄色旗，身穿黑衣，佩帶玄玉，食用黍米和豬肉，所用的器物中寬且有蓋。

【古注】

《注》 (一)孟冬者，日月會於析木之津而斗建亥之辰也。(二)壬之言，任也；癸之言，揆也。日之行東，北從黑道，閉藏萬物，月爲之佐，時萬物懷任於下揆然萌芽，又因以爲日名焉。(三)此黑精之君，水官之臣，自古以來著德立功者也。顓頊，高陽氏也。玄冥，少皞氏之子，曰脩，曰熙，爲水官。(四)介，甲也，象物閉藏地中，龜鼈之屬。(五)三分商去一以生羽，羽數四十八。屬水者，以爲最清物之象也。冬氣和則羽聲調，《樂記》曰："羽亂則危，其財匱。"(六)孟冬氣至則應鍾之律應。應鍾者，姑洗之所生，三分去一，律長四寸二十七分寸之二十。《周語》曰："應鍾，均利器用，俾應復。"(七)水生數一，成數六，但言六者，亦舉其成數。(八)水之臭味也，凡鹹朽者皆屬焉。氣若有若無爲朽。(九)冬陰盛，寒於水，祀之於行，從辟除之類也。祀之先祭腎者，陰位在下，腎亦在下，腎爲尊也。行，在廟門外之西爲軷壤，厚二寸，廣五尺，輪四尺。祀行之禮，北面設主于軷上，乃制腎及脾爲俎，奠於主南；又設盛于俎東，祭肉；腎一、脾再，其他皆如祀門之禮。(十)皆記時候也。大水，淮也。大蛤曰蜃。(十一)玄堂左个，北堂西偏也。鐵驪，色如鐵。黍秀舒散，屬火，寒時食之亦以安性也。彘，水畜也。器閎而奄，象物閉藏也。今《月令》曰"乘軫路"，似當爲"袗"字之誤也。

《音義》 顓音專；頊音許玉反 xū(ㄒㄩ)。蜃，常忍反 shèn(ㄕㄣˋ)。驪，力知反 lí(ㄌㄧˊ)。

6.31

【原文】

是月也，以立冬。先立冬三日，大史謁之天子曰："某日立冬，盛德在水。"天子乃齊(一)。立冬之日，天子親帥三公、九卿、大夫以迎冬於北郊。還反，賞死事，恤孤寡(二)。

是月也，命大史釁龜筴占兆、審卦吉凶(三)，是察阿黨，則罪無有掩蔽(四)。

是月也，天子始裘(五)，命有司曰："天氣上騰，地氣下降，天地不通，閉塞而成冬(六)。"命百官謹蓋藏(七)。命司徒循行積聚，無有不斂(八)；坏城郭、戒門閭，脩鍵閉、慎管籥，固封疆、備邊竟、完要塞、謹關梁、塞徯徑(九)；飭喪紀：辨衣裳，審棺椁之薄厚、塋丘壟之大小、高卑厚薄之度、貴賤之等級(十)。

【譯文】

這個月呢，將立冬。立冬前三天，太史向天子稟告道："某日立冬，上天盛大的恩德在水位。"天子乃齋戒。立冬這天，天子親自率領三公、九卿、大夫到北郊迎接冬天。返回後，賞賜爲國事而死的功臣，撫恤孤兒寡婦。

這個月嘛，命令太史用牲血塗抹龜筴及占卜的徵兆，來審定卦象的吉凶，以是正察驗獄吏是否存在徇私枉法，這樣罪狀就無法掩蔽。

這個月嘛，天子開始加裘襖，命令有司道："天氣上騰，地氣下降，二氣不通，閉塞而形成冬天。"傳令讓百官對府庫糧倉謹慎蓋藏。傳令讓司徒巡視積聚的情形，不得出現不聚斂的現象；坏補坍損的城郭、警戒門閭，脩治門閂、慎重保管鑰匙，穩固封疆、戒備邊境、完善要塞、謹守關隘橋梁、堵塞狹小的路徑；整飭喪事：辨别當服用的衣裳，審察棺椁的薄厚、墳塋丘壟的大小、高低厚薄的限度、貴賤的等級。

【古注】

《注》 (一)謁，告。(二)迎冬者，祭黑帝叶光紀於北郊之兆也。死事，謂以國事死者，若公叔禺人、顔涿聚者也。孤寡，其妻子也。有以惠賜之，大功加賞。(三)筴，蓍也。占兆，龜之繇文也。《周禮·龜人》"上春釁龜"，謂建寅之月也。秦以其歲首使大史釁龜筴，與周異矣。卦吉凶，謂《易》也。審，省録之而不釁筮，筮短，賤於兆也。今《月令》曰"釁祠"，"祠"衍字。(四)阿黨，謂治獄吏以私恩曲橈相爲也。(五)九月授衣，至此可以加裘。(六)使有司助閉藏之氣，門户可閉閉之，窗牖可塞塞之。(七)謂府庫囷倉有藏物。(八)謂芻禾薪蒸之屬。(九)坏，益也。鍵，牡；閉，牝也。管籥，搏鍵器也。固封疆，謂使有司循其溝樹及其衆庶之守法也。要塞，邊城要害處也。梁，橋横也。徯徑，禽獸之道也。今《月令》"疆"或爲"壟"。(十)此亦閉藏之具，順時飭正之也。辨衣裳，謂襲斂尊卑所用也，所用又有多少。

《音義》 釁，許靳反 xìn(ㄒㄧㄣˋ)。筴，初格反 cè(ㄘㄜˋ)。籥，羊灼反 yuè(ㄩㄝˋ)。塋音營。

《疏》 (三)釁龜筴，謂殺牲以血塗釁其龜及筴，筴謂蓍也，亦以血塗之。占兆者，龜之繇文，非但釁此龜筴，又釁此占兆繇文，此占兆之語蒙上釁文也。審卦吉凶者，卦吉凶謂《易》也，《易》有六十四卦，或吉或凶，故云卦吉凶。卦之吉凶但是筮耳，筮短，賤於龜兆，不得塗釁，但省視録之而已，故云審卦吉凶。(四)是察阿黨者，謂當是正審察獄吏阿黨之事，則在下犯罪之人，獄吏不能掩蔽。

6.32

【原文】

是月也，命工師效功。陳祭器，按度程，毋或作爲淫巧，以蕩上心，必功致爲上[一]。物勒工名，以考其誠[二]；功有不當，必行其罪，以窮其情[三]。

是月也，大飲烝[四]。天子乃祈來年于天宗，大割祠于公社及門閭，臘先祖五祀[五]，勞農以休息之[六]。天子乃命將帥講武、習射御、角力[七]。

是月也，乃命水虞漁師，收水泉池澤之賦，毋或敢侵削衆庶兆民，以爲天子取怨于下，其有若此者，行罪無赦[八]。

孟冬行春令，則凍閉不密，地氣上泄[九]，民多流亡[十]；行夏令，則國多暴風，方冬不寒，蟄蟲復出[十一]；行秋令，則雪霜不時[十二]，小兵時起，土地侵削（十三）。

【譯文】

這個月呢，命令工師考查記録工匠製作的器物。陳列出標準祭器，要他們按其格式仿製，不可製作得過分怪巧，以至揺蕩君上産生奢侈之心，必須以功力精緻爲上品。器物要刻上工匠的名字，以便考察他的誠實；作功若有不恰當，必對其實行懲罰，並窮究其所以作爲淫巧的情實。

這個月嘛，舉行大規模飲酒的烝祭。天子將向日月星這三天宗祈求來年萬事大吉，在公社及門閭前大割羣牲進行祈禱，用田獵所獲的禽獸祭祀先祖和五祀，慰勞農民並使他們得到休息。天子還要命令將帥講授武事、演習射箭駕車、角逐武力。

這個月嘛，命令管理水上禁令的水虞和漁師，征收水泉池澤的賦税，不敢稍有侵犯剥削廣大百姓，以造成天子取怨於下民的影響，其中有敢這樣做的，執行懲罰決不寬赦。

孟冬要是頒行春季的政令，土地凍結得將會不緊密，地氣向上發泄，黎民多有流亡；若頒行夏季的政令，國家將多風暴，正值冬天却不寒冷，蟄伏的動物重又出來；若頒行秋季的政令，下雪降霜將會不準時，小股兵變隨時都會發生，土地遭受侵奪削減。

【古注】

《注》（一）霜降而百工休，至此物皆成也。工師，工官之長也。效功，録見百工所作器物也。主於祭器，祭器尊也。度，謂制小大也；程，謂器所容也。淫巧，謂奢僞怪好也。蕩，謂揺動生其奢淫。（二）勒，刻也。刻工姓名於其器，以察其信，知其不功致。（三）功不當者，取材美而器不堅也。（四）十月農功畢，天子諸侯與其羣臣飲酒於大學，以正齒位，謂之大飲，别之於他。其禮亡，今天子以燕禮、郡國以鄉飲酒禮代之。烝，謂有牲體爲俎也。《黨正職》曰："國索鬼神而祭祀，則以禮屬民，而飲酒于序，以正齒位。"亦謂此時也。《詩》云："十月滌埸，朋酒斯饗，曰殺羔羊，躋彼公堂，稱彼兕觵，受福無疆。"是頌大飲之詩。（五）此周禮所謂蜡祭也。天宗，謂日月星辰也。大割，大殺羣牲割之也。臘，謂以田獵所得禽祭也。五祀：門、户、中霤、竈、行也。或言祈年，或言大割，或言臘，互文。（六）黨正屬民飲酒正齒位是也。（七）爲仲冬將大閲簡習之，亦因誉室主武士也。凡田之禮，唯狩最備，《夏小正》"十一月王狩"。（八）因盛德在水，收其税。（九）寅之氣乘之也。（十）象蟄蟲動。（十一）巳之氣乘之也。立夏巽用事，巽爲風。（十二）申之氣乘之也。（十三）申陰氣尚微，申宿直參伐，參伐爲兵。

《疏》（一至三）冬閑無事，百工造作器物，恐爲淫巧，故命工官之長效實百工所造之物。陳列祭器善惡。按度程者，謂於按此器舊來制度大小及容受程限多少，勿得有作過制之巧，以揺動在上生奢侈之心。必功致爲上者，言作器不須靡麗華侈，必功力密致爲上。又每物之上刻勒所造工匠之名於後，以考其誠信與不，若其用材精美而器不堅固，則功有不當，必行其罪罰，以窮其詐僞之情。（四）言於是月之時，天子諸侯與羣臣大行飲酒爲饗禮，以正齒位。烝，升也。升此牲體於俎之上，故云大飲烝。（五）祈來年于天宗者，謂祭日月星辰也。大割祠于公社者，謂大割牲以祠公社，以上公配祭，故云公社。及門閭者，非但祭社，又祭門閭，但先祭社，後祭門閭，故云及。臘先祖五祀者，臘，獵也，謂獵取禽獸以祭先祖五祀也。此等之祭總謂之蜡。

6.33

【原文】

仲冬之月，日在斗，昏東壁中，旦軫中(一)。其日壬癸，其帝顓頊，其神玄冥。其蟲介，其音羽，律中黄鍾。其數六，其味鹹，其臭朽。其祀行，祭先腎(二)。

冰益壯，地始坼，鶡旦不鳴，虎始交(三)。

天子居玄堂大廟，乘玄路，駕鐵驪，載玄旂，衣黑衣，服玄玉，食黍與彘，其器閎以奄(四)。

【譯文】

冬季第二個月，太陽位於斗星座，黄昏東壁星掛在中天，平旦軫星掛在中天。冬日稱壬癸，冬帝是顓頊，冬神爲玄冥。此時活躍的動物有介殼，發出的叫聲成羽音，音律應黄鍾之聲。冬季的成數爲六，其味道鹹，其氣味若有若無。冬季祭祀行路之神，祭品先獻腎。

此時冰凍得益發結實、地凍得開始坼裂，鶡旦鳥停止鳴叫，老虎開始交配。

此月天子居住北向的玄堂的太室，乘坐玄色的輅車，駕轅用鐵黑色的驪馬，車上載着竿頂繫鈴、畫有龍的玄色旗，身穿黑衣，佩帶玄玉，食用黍米和豬肉，所用的器物中寬且有蓋。

【古注】

《注》　(一)仲冬者，日月會於星紀而斗建子之辰也。(二)黄鍾者，律之始也，九寸，仲冬氣至則黄鍾之律應。《周語》曰："黄鍾，所以宣養六氣九德。"(三)皆記時候也。鶡旦，求旦之鳥也。交，猶合也。(四)玄堂大廟，北堂當大室。

《音義》　坼，恥格反 chè(ㄔㄜˋ)。鶡，户割反 hé(ㄏㄜˊ)，鶡旦，鳥名。

6.34

【原文】

飭死事(一)。命有司曰："土事毋作，慎毋發蓋，毋發室屋及起大衆，以固而閉。地氣沮泄，是謂發天地之房，諸蟄則死，民必疾疫，又隨以喪，命之曰暢月(二)。"

是月也，命奄尹，申宫令，審門閭，謹房室，必重閉(三)；省婦事，毋得淫，雖有貴戚近習，毋有不禁(四)。乃命大酋，秫稻必齊，麴蘖必時，湛熾必絜，水泉必香，陶器必良，火齊必得，兼用六物，大酋監之，毋有差貸(五)。天子命有司祈祀四海、大川、名源、淵澤、井泉(六)。

是月也，農有不收藏積聚者，馬牛畜獸有放佚者，取之不詰(七)；山林藪澤，有能取蔬食田獵禽獸者，野虞教道之；其有相侵奪者，罪之不赦(八)。

【譯文】

飭厲軍士爲國效忠要有必死之志。命令有司道："與土地有關的事不要興作，切不可揭開掩蓋之物，不可敞開室屋的門窗以及起用大衆進行維修，只管固守你閉藏的責任。地氣遭泄漏，這就叫揭開天地的房蓋，諸多蟄伏的動物就會凍死，民間必定流行傳染病，喪事又隨之而來，所以此月命名叫暢月。"

這個月嘛，命令掌管宫廷事務的奄尹，鄭重申明宫内的教令，審察門閭，謹慎房室，必須將内外門重重關閉；減省婦人之事，不得巧淫，縱然是貴戚親幸，也不得有不禁止者。又命令掌管釀酒的大酋，秫子稻米必須搭配得當，發酵的麴蘖必須適時料理，浸漬炊燒必須潔净，所用的水泉必須甜美，盛酒的陶器必須優良，炊燒的火候必須恰好，這六件事，大酋要一一監督，不得出現差錯。天子還要命令有司祈禱並祭祀四海、大川、名源、淵澤、井泉。

這個月嘛，農作物有不收藏積聚的，馬牛這些畜養的禽獸有放養散失的，取走不詰問；山林草澤中，有能獲取草木果實獵得禽獸的，掌管田野山林的野虞要給以引導，其中有侵占掠奪他人成果者，判他的罪而不寬赦。

【古注】

《注》 (一)飭軍士戰必有死志。(二)而，猶女也。暢，猶充也。大陰用事尤重閉藏。(三)奄尹，主領奄豎之官也；於周則爲内宰，掌治王之内政。宫令，譏出入及開閉之屬。重閉，外内閉也。(四)省婦事，所以静陰類也。淫，謂女功奢僞怪好物也。貴戚，謂姑姊妹之屬。近習，天子所親幸者。(五)酒孰曰酋。大酋者，酒官之長也，於周則爲酒人。秫稻必齊，謂孰成也。湛，漬也；熾，炊也。火齊，腥孰之調也。物，猶事也。差貸，謂失誤有善有惡也。古者穫稻而漬米麴，至春而爲酒。《詩》云："十月穫稻，爲此春酒，以介眉壽。"(六)順其德盛之時祭之也。今《月令》"淵"爲"深"。(七)此收斂尤急之時，人有取者不罪，所以警懼其主也。王居《明堂禮》曰："孟冬之月，命農畢積聚，繫收牛馬。"(八)務收斂野物也。大澤曰藪，草木之實曰蔬食。

《音義》 麴，丘六反 qū(ㄑㄩ)。蘖，魚列反 niè(ㄋㄧˋㄝ)。湛，子兼反 jiān(ㄐㄧㄢ)。齊，才計反 jì(ㄐㄧˋ)，火齊同。藪，素口反 sǒu(ㄙˇㄡ)。道音導。

《疏》 (一)因殺氣之盛，以飭軍士使戰者必有死志，故曰飭死事也。(二)於此之時，土地之事毋得興作，又須謹慎毋得開發掩蓋之物。以固而閉者，而，汝也，命此有司云：於此之時，以堅固汝閉塞之事，勿令開動。若其不固汝所閉之事，令地氣泄漏，是開發天地之房也，如此則諸蟄則死，人必疾疫。又隨以喪者，國有大喪隨逐其後。命之曰暢月者，暢，充也，言名此月爲充實之月，當使萬物充實不發動故也。皇氏云："又隨以喪者，謂逃亡，人爲疾疫皆逃亡，故云又隨以喪。"(三)命奄尹者，尹，正也，謂命奄官正長，申重宫中之政令，審察門閭之事，謹慎房室之處。必重閉者，謂門閭房室必外内重閉。遠者謂門閭，近者謂房室，皆有外内門户，必重疊閉之。(四)此月陰氣既静，故減省婦人之事，順陰類也。婦人所事者務須質素，無得過爲淫巧。其所禁婦人無限，貴戚姑姊妹之徒，及王親近愛習嬖寵之類，無有不禁，言禁之無得淫巧也。(五)於此之時始爲春酒，先須治擇秫稻，齊得成熟。又須以時料理麴蘖，故云必時。湛熾必絜者，謂炊漬米麴之時必須清潔。水泉必香陶器必良者，謂所用水泉必須香美，所盛陶器必須良善。火齊必得者，謂炊米和酒之時用火齊，生熟必得中也。兼用六物者，謂作酒之人用此六事作酒，大酋監督之，無使有參差貸變，使酒誤其善惡。(七)若不積聚收牛馬，他人取之不詰。(八)以有水之處謂之澤，旁無水之處謂之藪。山林蔬食，榛栗之屬；藪澤蔬食，菱芡之屬。

6.35

【原文】

是月也，日短至，陰陽争，諸生蕩(一)。君子齊戒，處必掩身，身欲寧，去聲色，禁耆慾，安形性；事欲静，以待陰陽之所定(二)。芸始生，荔挺出，蚯蚓結，麋角解，水泉動(三)。日短至，則伐木取竹箭(四)。

是月也，可以罷官之無事，去器之無用者(五)，塗闕廷門閭，築囹圄，此以助天地之閉藏也(六)。

仲冬行夏令，則其國乃旱(七)，氛霧冥冥(八)，雷乃發聲(九)；行秋令，則天時雨汁，瓜瓠不成(十)，國有大兵(十一)；行春令，則蝗蟲爲敗(十二)，水泉咸竭(十三)，民多疥癘(十四)。

【譯文】

這個月嘛，白天短到至極、陰陽二氣相争，各種生命都在動蕩。君子齋戒，居家休息必遮掩身體，身心應當寧静，遠離聲色，禁止嗜慾，安定形貌性情；做事要平静，用來等待陰陽相争的穩定。芸草開始滋生，荔挺出芽，蚯蚓盤結，麋角解脱，水泉涌動。白天短到至極，就去砍伐木材和選取可供製箭的竹子。

這個月嘛，可以罷免没有事幹的官吏，除去没有用處的器具，塗刷粉飾城闕宫廷的門閭，修築囹圄，這些都是用來協助天地的閉藏哩。

仲冬要是頒行夏季的政令，該國將會出現旱情，霧氣晦暗昏冥，雷將發出聲響；若頒行秋季的政令，天上將會時常雨雪雜落，瓜瓠不能成熟，國家將遭遇大規模的戰争；若頒行春季的政令，蝗蟲將會出來爲害，水泉全都枯竭，民間多感染疥瘡癘疫。

【古注】

《注》 (一)争者，陰方盛，陽欲起也。蕩，謂物動萌芽也。(二)寧，安也。聲，謂樂也。《易》及《樂》《春秋説》云："冬至，人主與羣臣從八能之士作樂五日。"此言去聲色，又相違。(三)又記時候也。芸，香草也。荔挺，馬薤也。水泉動，潤上行。(四)此其堅成之極時。(五)謂先時權所建作者也，天地閉藏而萬物休，可以去之。(六)順時氣也。(七)午之氣乘之也。(八)霜降之氣散相亂也。(九)震氣動也，午屬震。(十)酉之氣乘之也。酉宿直昴畢，畢好雨。雨汁者，水雪雜下也。子宿直虚危，虚危内有瓜瓠。(十一)兵亦軍之氣。(十二)當蟄者出，卯之氣乘之也。(十三)大火爲旱。(十四)疥癘之病，孚甲之象。

《音義》 耆，市志反 shì(ㄕˋ)。麋，亡悲反 mǐ(ㄇㄧˇ)。解音蟹。瓠，户故反 hù(ㄏㄨˋ)。

《疏》 此《易·乾鑿度》文及《樂緯》《春秋緯》，其語同也。其八能之士，已具在仲夏《疏》文。又相違者，以夏以違，今此復違，故言又也。麋角解者，説者多家，皆無明據，熊氏云："鹿是山獸，夏至得陰氣而解角；麋是澤獸，故冬至得陽氣而解角。今以麋爲陰獸，情淫而進澤，冬至陰方退，故解角，從陰退之象；鹿是陽獸，情淫而遊山，夏至得陰而解角，從陽退之象。"既無明據，故略論焉：若節氣早，則麋角十一月解，故《夏小正》云"十一月麋角隕墜"是也；若節氣晚，則十二月麋角解，故《小正》云"十二月隕麋角"。

6.36

【原文】

季冬之月，日在婺女，昏婁中，旦氐中(一)。其日壬癸，其帝顓頊，其神玄冥。其蟲介，其音羽，律中大吕。其數六，其味鹹，其臭朽。其祀行，祭先腎(二)。

鴈北鄉，鵲始巢，雉雊雞乳(三)。

天子居玄堂右个，乘玄路，駕鐵驪，載玄旂，衣黑衣，服玄玉，食黍與彘，其器閎以奄(四)。

【譯文】

冬季第三個月，太陽位於婺女星座，黄昏婁星掛在中天，平旦氐星掛在中天。冬日稱壬癸，冬帝是顓頊，冬神爲玄冥。此時活躍的動物有介殼，發出的叫聲成羽音，音律應大吕之聲。冬季的成數爲六，其味道鹹，其氣味若有若無。冬季祭祀行路之神，祭品先獻腎。

大雁向北方飛，喜鵲開始築巢，野雞發出雊雊的鳴叫母雞孵卵。

此月天子居住北向的玄堂的右方，乘坐玄色的輅車，駕轅用鐵黑色的驪馬，車上載着竿頂繫鈴、畫有龍的玄色旗，身穿黑衣，佩帶玄玉，食用黍米和豬肉，所用的器物中寬並有蓋。

【古注】

《注》 (一)季冬者，日月會於玄枵而斗建丑之辰也。(二)大吕者，蕤賓之所生也，三分益一，律長八寸二百四十三分寸之百四。季冬之氣至，則大吕之律應。《周語》曰："大吕助陽宣物。"(三)皆記時候也。雊，雉鳴也。《詩》云："雉之朝雊，尚求其雌。"(四)玄堂右个，北堂東偏。

《音義》 鄉音向。雊，古豆反 gòu(ㄍㄡˋ)。

6.37

【原文】

命有司，大難旁磔，出土牛，以送寒氣(一)。征鳥厲疾(二)，乃畢山川之祀及帝之大臣、天之神祇(三)。

是月也，命漁師始漁，天子親往，乃嘗魚，先薦寢廟(四)。冰方盛，水澤腹堅，命取冰(五)；冰以入，令告民出五種(六)；命農計耦耕事：脩耒耜，具田器(七)。命樂師大合吹而罷(八)。乃命四監，收秩薪柴，以共郊廟及百祀之薪燎(九)。

【譯文】

命令有司，在四方之門舉行磔裂祭牲的禳除隨强陰而入的厲疫的大規模的儺祭，並製作土牛，用來遣送寒氣。鷹隼之類征鳥變得猛厲迅疾時，便終結一年對山川之神以及天帝的句芒、祝融、蓐收、玄冥等大臣、上天的司中、司命、風師、雨師等神祇的祭祀。

這個月嘛，命令掌管漁政的漁師開始解禁捕魚，天子親自前往，品嘗鮮魚後，先進獻寢廟。剛大面積結冰時，水澤腹地的最堅厚，命令將冰取回；冰已入窖，下令通告民衆取出五穀的種子；命令農師計劃耕作事宜：脩整耒耜，備辦耕田的器具。命令樂師在大寢爲燕飲的皇家三族作樂，直到吹管籥的大合奏響起而罷休。又命令掌管山林川澤的四監，徵收常例的薪柴，以供祭祀天地宗廟以及百神所需燃燒的柴火。

【古注】

《注》 (一)此難，難陰氣也。難陰始於此者，陰氣右行此月之中，日歷虚危，虚危有墳墓四司之氣，爲厲鬼將隨强陰出害人也。旁磔，於四方之門磔攘也。出，猶作也。作土牛者，丑爲牛，牛可牽止也。送，猶畢也。(二)殺氣當極也。征鳥，題肩也，齊人謂之擊征，或名曰鷹，仲春化爲鳩。(三)四時之功成於冬，孟月祭其宗，至此可以祭其佐也。帝之大臣，句芒之屬。天之神祇，司中、司命、風師、雨師。(四)天子必親往視漁，明漁非常事，重之也，此時魚絜美。(五)腹，厚也。此月日在北陸，冰堅厚之時也。北陸，謂虚也。今《月令》無"堅"。(六)冰既入而令田官告民出五種，明大寒氣過農事將起也。(七)耜者，耒之金也，廣五寸。田器，鎡錤之屬。(八)歲將終，與族人大飲作樂於大寢以綴恩也。言罷者，此用禮樂於族人最盛，後年若時乃復然也。凡用樂必有禮，用禮則有不用樂者。王居《明堂禮》"季冬命國爲酒以合三族，君子説，小人樂"。(九)四監，主山林川澤之官也。大者可析謂之薪，小者合束謂之柴，薪施炊爨，柴以給燎，《春秋傳》曰"其父析薪"。今《月令》無"及百祀之薪燎"。

《音義》 難，乃多反 nuó(ㄋㄨㄜˊ)。磔，竹百反 zhé(ㄓㄜˊ)。祇音祈。

6.38

【原文】

是月也，日窮于次，月窮于紀，星回于天，數將幾終(一)，歲且更始。專而農民，毋有所使(二)。天子乃與公卿大夫共飭國典，論時令，以待來歲之宜(三)。乃命大史，次諸侯之列，賦之犧牲，以共皇天上帝社稷之饗(四)。乃命同姓之邦，共寢廟之芻豢(五)。命宰歷卿大夫至于庶民土田之數，而賦犧牲，以共山林名川之祀(六)。凡在天下九州之民者，無不咸獻其力，以共皇天上帝、社稷寢廟、山林名川之祀(七)。

季冬行秋令，則白露蚤降，介蟲爲妖(八)，四鄙入保(九)；行春令，則胎夭多傷(十)，國多固疾(十一)，命之曰逆(十二)；行夏令，則水潦敗國，時雪不降，冰凍消釋(十三)。

【譯文】

這個月呢，太陽在此走完全程，月亮在與太陽相會處走完全程，星宿回復在天的原處，一年的天數幾近終了，歲月又將重新開始。讓你管轄的百姓專一從事農業，不得另有其他役使。天子就與公卿大夫共同整飭國家法典，論列節令，以待來年處理各種事宜。又命令太史，排比大小諸侯的位次，令其貢賦相應的犧牲，以供皇天上帝社稷的享用。再命令同姓的邦國，供給祭祀寢廟所用的牛羊豬犬之類的家畜。命令小宰依次列出卿大夫直到庶民采地農田的數目,依此貢賦相應的犧牲,以供山林名川的祭祀之用。凡是住在天下九州的人民,没有誰不想完全獻出自己的能力,以供皇天上帝、社稷寢廟、山林名川的祭祀所支配。

季冬要是頒行秋季的政令,白露將會早降,有介殼的動物行爲怪異反常,四周邊邑的民衆躲進城堡;若頒行春季的政令,胎中的嬰兒將多傷殘,國家多流行久治不愈的疾病,稱這種現象叫逆;若頒行夏季的政令,大雨將毁壞國家,該降的雪不降,凍成的冰又將消釋。

【古注】

《注》 (一)言日月星辰運行于此月,皆周匝於故處也。次,舍也。紀,會也。(二)而,猶女也。言專一女農民之心,令之豫有志於耕稼之事,不可徭役,徭役之則志散失業也。(三)飭國典者,和六典之法也。周禮以正月爲之建寅而縣之,今用此月,則所因於夏殷也。(四)此所與諸侯共者也。列國有大小也;賦之犧牲,大者出多,小者出少。饗,獻也。(五)此所以與同姓共也。芻豢猶犧牲。(六)此所與卿大夫庶民共者也。歷猶次也。卿大夫采地亦有大小,其非采地,以其邑之民多少賦之。(七)民非神之福不生,雖有其邦國采地,此賦要由民出。(八)戌之氣乘之也。九月初尚有白露,月中乃爲霜。丑爲鼈蟹。(九)畏兵辟寒象。(十)辰之氣乘之也。夭,少長也。此月物甫萌芽。季春乃句者畢出,萌者盡達。胎夭多傷者,生氣早至,不充其性。(十一)生不充性,有久疾也。(十二)衆害莫大於此。(十三)未之氣乘之也。季夏大雨時行。

《疏》 日窮於次者,謂去年季冬日次于玄枵,从此以来每月移次他辰,至此月穷尽,还次玄枵。月穷于紀者,紀猶會也,去年季冬月與日相會於玄枵,自此以來月與日相會在於他辰,至此月窮盡,還復會於玄枵。星回于天者,謂二十八宿隨天而行,每日雖周天一匝,早晚不同,至於此月復其故處,與去年季冬早晚相似。數將幾終者,幾,近也,以去年季冬至今年季冬,三百五十四日未滿,三百六十五日未得正終,唯近於終,故云數將幾終。

【淺悟】

本篇的《月令》,因與秦人吕不韋主持編纂的《吕氏春秋》首章的《十二月紀》大同小異,二者在“孟夏之月”中又都有“命太尉”一語,而“太尉”這一官職只有秦國才有,其尊號等同於列國的“太宰”。據此,鄭玄便認定本篇出自《吕氏春秋·十二月紀》。於是後世學者多沿此説。

這一結論未免太草率。

吕不韋是秦統一天下前的相國,有食客三千人。《史記》載:“吕不韋乃使其客人人著所聞,集論以爲八覽、六論、十二紀,二十餘萬言,號曰《吕氏春秋》。布咸陽市門,懸千金其上,延諸侯游士賓客有能增損一字者予千金。”其文辭之嚴謹可想而知。書中不但有儒家之説,且有道、法、墨、農、陰陽等各家之言。如此嚴謹的文辭,怎見得其中的《十二月紀》不是節録《禮記》中的《月令》之文呢?文中頻頻出現的“諸侯”,秦未并天下,何得云諸侯?即使一統天下後,爲了加强中央集權,秦已不再分封諸侯,改立郡縣制。至於“孟夏之月”中的“命太尉”,或許《禮記·月令》的原文爲“太宰”,吕氏之書既是秦人集論,處於習慣,抄録時誤寫成“太尉”也很有可能,這“太宰”和“太尉”只一字之差,其權限、地位則相同,我不相信哪位有識之士會爲那千金之賞而敢多事去觸犯强秦的相國。

孔子整理《六經》，所謂“整理”，必是經歷了删繁就簡、去粗取精、参照對比、擇善而從等大量艱苦細緻的工作過程。孔子在後面的《禮運》篇中説：“我欲觀夏道，是故之杞，而不足徵也，吾得夏時焉。”《論語》中，顔淵向孔子請教治理邦國的辦法，孔子回答的第一條就是“行夏之時”，即推行夏朝的計時曆法。因爲夏曆能最合理地調節生産和生活節奏，所以最受人民歡迎，也最具生命力。雖説秦一統天下後，焚書坑儒，將孔子整理的《六經》焚燒殆盡，却無法燒盡人們記憶中的《六經》。暴秦僅維持了十多年而亡，《六經》很快又從人們的記憶中復出，那早已牢牢扎根在人民心中的《月令》，何需抄録吕氏的《十二月紀》？恰恰相反，應當是吕氏的《十二月紀》取自《禮記》中的《月令》，因爲没有誰會像孔子那樣“好學”，肯親自跑到夏的後裔所在的杞國去驗證自己所掌握的夏禮，並具慧眼識别出這部注定可以流傳千古的“夏時”《月令》。

通過本文可以看出，中華文化事事遵循天道法則，以此來引導人民的生産和生活，使人時時處處不忘皇天后土、山林大川、列祖列宗的恩德，依時進行祭祀。創造這一文化的中華祖先是多麽的英明而善良啊！

一旦節令出現本篇所説的那種反常現象，作爲主宰萬物的人類就應檢討自己的行爲是否有違天道法則，如果有，必須採取補救措施、否則必遭天罰。我國歷朝歷代都曾這樣做過。作爲掌握着大量先進科技手段的今人，面對大自然日益嚴重的異常現象，更應擔負起萬物之靈的責任，檢討自己的行爲，採取補救措施，不然我們將是後世子孫的罪人。此决非危言聳聽。

本篇中所列舉的“春行夏令”“夏行冬令”等將會出現的異常後果，最耐人尋味。

曾子問第七

《疏》 按鄭《目録》云:“名爲《曾子問》者,以其記所問多明於禮,故著姓名以顯之。曾子,孔子弟子曾參。此於《别録》屬喪服。”

7.1

【原文】

曾子問曰:“君薨而世子生,如之何?”孔子曰:“卿、大夫、士從攝主,北面於西階南(一)。大祝裨冕、執束帛,升自西階,盡等,不升堂,命毋哭(二);祝聲三,告曰:‘某之子生,敢告(三)。’升,奠幣于殯東几上,哭降(四)。衆主人、卿、大夫、士、房中皆哭,不踊(五),盡一哀,反位,遂朝奠(六);小宰升、舉幣(七)。三日,衆主人、卿、大夫、士如初位,北面(八);大宰、大宗、大祝皆裨冕,少師奉子以衰,祝先,子從,宰宗人從,入門,哭者止(九);子升自西階,殯前北面,祝立于殯東南隅,祝聲三,曰:‘某之子某從執事,敢見。’子拜稽顙哭(十),祝、宰、宗人、衆主人、卿、大夫、士哭踊,三者三,降東反位,皆袒。子踊,房中亦踊,三者三,襲衰杖(十一),亦出(十二)。大宰命祝史,以名徧告于五祀山川(十三)。”

【譯文】

曾子問道:“國君剛死而世子降生,該怎麼辦?”孔子説:“卿、大夫、士跟隨代攝國政的上卿,面朝北站在西階的南邊。太祝身著裨衣頭戴冕冠,手持束帛,從西臺階往上登,登到頂端,不進入靈堂,命令不許哭;太祝朝靈堂噫歆三聲,禀告説:‘君夫人某氏的世子降生,斗膽禀告。’走進靈堂,將束帛放在靈柩東邊的几筵上,哭着走下臺階。衆君親、卿、大夫、士和房中婦人一齊哭,不頓足,盡情號哭一陣後,返回到朝夕哭的位置,即舉行朝拜祭奠;小宰登上靈堂,搬起束帛埋在臺階之間。第三天,衆君親、卿、大夫、士再次來到初時的位置,面朝北站着;太宰、太宗、太祝全都身著裨衣頭戴冕冠,少師侍奉世子身著衰麻服,太祝先行,世子跟隨,詔贊君事的宰宗人跟在世子之後,進得靈堂門,哭的人全止住;少師奉世子從西階上,面朝北站在靈柩前,太祝站在靈柩的東南角,向靈柩噫歆三聲,説:‘君夫人某氏的世子某跟隨執事,斗瞻前來拜見。'少師侍奉着世子邊拜邊叩頭邊哭,太祝、太宰、宗人、衆君親、卿、大夫、士全都邊哭邊頓足,哭三次,每哭一次踊三踊,哭完從東階下來返回到原位,全都袒露左臂。少師奉世子哭踊,房中的婦人也哭踊,哭三次,每哭一次踊三踊,然後加披衰麻服和喪杖,也都走出靈堂。太宰命令祝官和史官,將世子的名字遍向五祀和山川之神禀告。"

【古注】

《注》 (一)變於朝夕哭位也。攝主,上卿代君聽國政。(二)將有事,宜清静也。裨冕者,接神則祭服也,諸侯之卿大夫所服。裨冕,絺冕也,玄冕也。士服爵弁服,大祝裨冕則大夫。(三)聲,噫歆警神也。某,夫人之氏也。(四)几筵於殯東,明繼體也。(五)衆主人,君之親也。房中,婦人。(六)反朝夕哭位。(七)所主也,舉而下埋之階間。(八)三日,負子日也,初告生時。(九)宰宗人,詔贊君事者。(十)奉子者拜哭。(十一)踊、襲衰杖,成子禮也。(十二)亦,謂朝奠。(十三)因負子名之喪,於禮略也。

《音義》 大音泰,下文大祝、大宰、大宗、大廟、大史皆同此音。祝,之六反 zhù(ㄓㄨˋ),《説文》云:"祝,祭主贊詞者。"裨,婢支反 pí(ㄆㄧˊ)。衰,七雷反 cuī(ㄘㄨㄟ)。徧音遍。

7.2

【原文】

曾子問曰:"如已葬而世子生,則如之何?"孔子曰:"大宰、大宗從大祝而告于禰(一)。三月,乃名于禰,以名徧告及社稷、宗廟、山川。"

孔子曰:"諸侯適天子,必告于祖,奠于禰(二),冕而出視朝(三),命祝史告于社稷、宗廟、山川(四),乃命國家五官而後行(五),道而出(六)。告者五日而徧,過是非禮也(七)。凡告用牲幣,反亦如之(八)。諸侯相見,必告于禰(九),朝服而出視朝(十),命祝史告于五廟、所過山川(七);亦命國家五官,道而出,反必親告于祖禰,乃命祝史告至于前所告者,而后聽朝而入(十二)。"

【譯文】

曾子問道:"要是國君已下葬而世子降生,這該怎麼辦?"孔子説:"太宰、太宗跟隨太祝到殯宫向君父的神主禀告。三個月後,還到殯宫神主前爲世子起名,並將起好的名徧向社稷、宗廟、山川諸神禀告。"

孔子説:"諸侯要去朝覲天子,必須到祖廟和父廟去禀告並祭奠,穿戴起裨冕出來視朝,命令祝史向社稷、宗廟、山川祭告,並將國家政務授命給司徒、宗伯、司馬、司寇、司空五官分掌之後再出行,祭過道路之神就出發。祭告的話,要在五日之内告遍,超過這個期限便不合乎禮制了。凡是祭告都要使用犧牲和幣帛,返回時也要這樣做。諸侯相見,必須向父廟祭告,然後穿着朝服出來視朝，命令祝史向五廟以及所要經過的山川祭告，也將國家的政務授命給五官分掌，祭過道路之神就出發，返回時必親自向祖廟和父廟稟告，還要命令祝史祭告前面所祭告的一切神靈，然後進入朝廷主持朝會和聽政。”

【古注】

《注》 (一)告生也。(二)皆奠幣以告之，互文也。(三)聽國事也。諸侯朝天子必裨冕，爲將廟受也。裨冕者，公衮，侯伯鷩，子男毳。(四)臨行又徧告宗廟，孝敬之心也。(五)五官，五大夫典事者。命者，勑之以其職。(六)祖道也，《聘禮》"出祖釋軷祭酒脯"也。(七)既告，不敢久留。(八)"牲"當爲"制"字之誤也，制幣一丈八尺。(九)道近，或可以不親告祖。(十)朝服，爲事故也。(十一)山川，所不過則不告，貶於適天子也。(十二)反必親告祖禰，同出入禮。

《音義》 禰本又作祢，乃禮反 nǐ(ㄋㄧˇ)。

《疏》 禰，父殯宫之主也。既葬訖，殯無尸柩，唯有主在，故告於主。

7.3

【原文】

曾子問曰："並有喪如之何？何先何後(一)？"孔子曰："葬，先輕而後重；其奠也，先重而後輕，禮也。自啓及葬不奠(二)，行葬不哀次(三)，反葬奠，而後辭於殯，遂脩葬事(四)；其虞也，先重而後輕，禮也。"

孔子曰："宗子雖七十，無無主婦(五)；非宗子，雖無主婦可也。"

曾子問曰："將冠子，冠者至，揖讓而入，聞齊衰大功之喪，如之何(六)？"孔子曰："内喪則廢，外喪則冠而不醴，徹饌而埽，即位而哭。如冠者未至，則廢(七)；如將冠子而未及期日，而有齊衰大功小功之喪，則因喪服而冠(八)。""除喪不改冠乎？"孔子曰："天子賜諸侯大夫冕弁，服於大廟，歸設奠，服賜服。於斯乎有冠醮，無冠醴(九)。父没而冠，則已冠，埽地而祭於禰，已祭而見伯父叔父，而后饗冠者(十)。"

【譯文】

曾子問道："兩位親人同月去世該怎麽辦理喪事？哪位先辦哪位後辦？"孔子説："下葬，喪服輕的先辦而喪服重的後辦；這祭奠嘛，先祭奠重的後祭奠輕的，禮制規定嘛。輕者從啓殯到下葬不祭奠，柩車出門來到平時迎接賓客的大門外的右側不得舉哀，下葬返回時才在重者的殯宫内爲輕者設奠，然後把爲重者出殯的日期向賓客通告，即開始營脩重者下葬的事；他們的虞祭呢，應當先虞祭重者後虞祭輕者，禮制規定嘛。"

孔子説："嫡長宗子即便到了七十歲，也不可没有主婦正妻；不是嫡長宗子，即使没有主婦正妻也可以嘛。”

曾子問道：“將爲兒子行加冠禮，參加冠禮的賓客及贊佐都已到達，同主人相互揖讓着進了門，忽然傳來齊衰大功這類近親亡故的消息，該怎麽辦？”孔子説：“同住在大門之内的喪事就將加冠禮廢止；若在大門之外另住的喪事就行加冠禮却不得使用醴酒祝賀，然後撤下原先陳設的饌具並打掃乾净，到各自的位子去哭。如果賓客和贊佐都未到，加冠禮就廢止；如果將爲兒子行加冠禮但還没到約定的日期，而出現齊衰大功小功這類近親的喪事，就依照兒子居喪所應穿的喪服給他加喪冠。”又問：“除喪之後不改行加冠禮嗎？”孔子説：“除喪之後，天子賜給未冠的諸侯大夫冕服或弁服，要在太廟舉行，回到家再設奠，穿戴起恩賜的冕服。在這種情況下呀，只能用醮禮燕飲賓客，没有用醴酒燕飲賓客的先例。父親亡故之後如果到了加冠的年紀，然則本身已加了喪冠，就到父廟把地掃净舉行祭祀，祭完再去拜見伯父和叔父，而後設宴款待前來參加冠禮的賓客和贊佐。”

【古注】

《注》 (一)並，謂父母若親同者同月死。(二)不奠，務于當葬者。(三)不哀次，輕於在殯者。(四)“殯”當爲“賓”，聲之誤也。辭於賓，謂告將葬啓期也。(五)族人之婦不可無紀。(六)冠者，賓及贊者。(七)内喪，同門也。不醴，不醴子也。其廢者，喪成服，因喪而冠。(八)廢吉禮而因喪冠，俱成人之服。及，至也。(九)酒爲醮冠禮，醴重而醮輕，此服賜服酌用酒，尊賜也。不醴，明不爲改冠，改冠當醴之。(十)饗，謂禮之。

《音義》 醮，子妙反 jiào(ㄐㄧㄠˋ)，酌而無獻酬曰醮。

《疏》 (一至四)自啓及葬不奠者，既父喪在殯，先葬母之時，從啓母殯之後，及至葬柩欲出之前，唯設母之啓殯之奠，朝廟之奠及祖奠、遣奠而已，不於殯宫爲父設奠。不奠者，不朝夕更改新奠，仍有舊奠存也。行葬不哀次者，次，謂大門外之右平生待賓之處，葬柩車出門至此孝子悲哀，柩車暫停，今爲父喪在殯，故行葬母之時，出門孝子不得爲母伸哀于所次之處，遂行而去。反葬奠者，謂葬母還反丁父殯，然后設奠也。而后辭於殯，遂脩葬事者，辭猶告也，謂奠父之後，孝子告語於賓，以明日啓父殯期節，既告賓，賓出之後遂脩營葬父之事。所以葬則先輕，奠則先重者。其虞也，先重而後輕，禮也。以虞是奠之類，故亦先重後輕，以禮結之，故云禮也。(五)宗子，大宗子也。凡人年六十無妻者不復娶，以陽道絶故也。而宗子領宗男於外，宗婦領宗女於内，昭穆事重，不可廢闕，故雖年七十亦猶娶也，故云無無主婦，言必須有也。然此謂無子孫及有子而年幼小者，若有子孫則傳家事於子孫，故《曲禮》“七十老而傳”是也。(六至十)曾子問，將欲冠子，冠者至，冠者謂賓及贊者，至主人之門，而與主人揖讓而人，主人忽聞齊衰大功之喪如之何？孔子答之云，若是大門内之喪則廢，以加冠在廟，廟則在大門之内，吉凶不可同處，故云内喪則廢。外喪則冠而不醴者，外喪謂大門外之喪，喪在他處猶可以加冠也。但平常吉時，三加之後設醴以禮冠者之身，今既有喪，故直三加而已，不醴之。徹饌而埽者，以初欲迎賓之時未知有喪，醴及饌具既已陳設，今忽聞喪，故徹去醴與饌具，又埽除冠之舊位，令使清絜更新乃即位而哭，如賓及贊者未至，則廢而不冠也。既答曾子之問，遂言未及期日有喪之禮，故云未及期日而有齊衰大功小功之喪，則因喪服而冠者。曾子既得夫子引類以答之，仍疑而發問云：此人因喪服而冠，除喪之後不更改易而行吉冠之禮乎？孔子引類答曾子，謂諸侯幼弱未冠總角從事，至當冠之年因朝天子，天子而賜諸侯大夫或弁或冕之服於天子大廟之中，榮君之賜，歸設奠祭於己宗廟，此時身服所賜之服，更不改冠也。於斯乎有冠醮無冠醴者，斯，此也，於此之時，唯有冠之醮法，行醮以相燕飲；無有冠之醴法，謂不用醴以禮受服者之身。所以然者，凡改冠則當用醴，今既受服於天子，不可歸還更改爲初冠禮法，然則既因喪而冠，不可除喪更改爲吉冠也。孔子既答其問，又釋父没加冠之禮，故云父没而冠則加喪冠，已冠之後埽地而祭於禰廟，已祭之而見伯父叔父，見伯叔之後乃饗冠者。

7.4

【原文】

曾子問曰："祭，如之何則不行旅酬之事矣？"孔子曰："聞之小祥者，主人練祭而不旅，奠酬於賓，賓弗舉，禮也(一)。昔者魯昭公練而舉酬行旅，非禮也；孝公大祥，奠酬弗舉，亦非禮也(二)。"

曾子問曰："大功之喪，可以與於饋奠之事乎(三)？"孔子曰："豈大功耳！自斬衰以下皆可，禮也。"曾子曰："不以輕服而重相爲乎(四)？"孔子曰："非此之謂也(五)。天子諸侯之喪，斬衰者奠(六)，大夫齊衰者奠(七)，士則朋友奠，不足則取於大功以下者，不足則反之(八)。"曾子問曰："小功可以與於祭乎(九)？"孔子曰："何必小功耳！自斬衰以下與祭，禮也。"曾子曰："不以輕喪而重祭乎(十)？"孔子曰："天子諸侯之喪祭也，不斬衰者不與祭，大夫齊衰者與祭，士祭不足則取於兄弟大功以下者。"曾子問曰："相識有喪服，可以與於祭乎(十一)？"孔子曰："緦不祭，又何助於人？"曾子問曰："廢喪服，可以與於饋奠之事乎(十二)？"孔子曰："説衰與奠，非禮也(十三)，以擯相可也。"

【譯文】

曾子問道："祭祀時，什麽情形才不行使旅酬這種事呀？"孔子説："聽説小祥是這樣，主人練冠祭祀時宴請來賓就不搞旅酬，向來賓敬酒，來賓不舉杯回敬，禮制是這樣規定的嘛。往昔魯昭公練祭時却舉杯行使相互敬酒的旅酬，不符合禮制規定嘛；孝公在服喪滿兩年的大祥祭時，設酒宴却不舉杯敬酒，也不符合禮制嘛。"

曾子問道："自身有大功之喪，可以到别人的殯宫參與祭奠這種事嗎？"孔子説："豈止大功而已！從最重的斬衰喪服以下都可以參與，這是禮制規定嘛。"曾子問："不能使輕喪服去重喪服那裏幫助做事嗎？"孔子説："不是這個意思哩。比如天子諸侯的喪事，是服斬衰喪服的人到殯宫參與祭奠，大夫是服齊衰喪服的人到殯宫參與祭奠，士就由朋友到殯宫參與祭奠，人手不够就從服大功喪服以下的親屬中選取，還不够就反取前人的執事來補充。”曾子問道：“身穿小功喪服可以參與祭祀嗎？”孔子説：“何必小功呀！從斬衰以下的喪服都得參與祭祀，這是禮制規定嘛。”曾子又問：“不會是因爲輕視喪事而重視祭祀的緣故吧？”孔子説：“天子諸侯的喪祭呢，不是服斬衰喪服的人不得參與祭祀，大夫則要服齊衰喪服的人才可以參與祭祀，士要是參與祭祀的人手不够，就從服大功喪服以下的兄弟中選取。”曾子問道：“互相認識的人有喪服在身，可以前來參與祭祀嗎？”孔子説：“穿最輕的緦麻喪服要是不能參與祭祀，又怎麽幫助相識的人？”曾子問道：“除掉喪服之後，可以參與饋奠這種事嗎？”孔子説：“脱掉喪服參與饋奠，不符合禮制規定哩，充當擯相可以嘛。”

【古注】

《注》（一）奠無尸，虞不致爵，小祥不旅酬，大祥無無筭爵，彌吉。（二）孝公，隱公之祖父。（三）饋奠在殯時也。（四）怪以重服而爲人執事。（五）非謂爲人，謂於其所爲服也。（六）爲君服者皆斬衰，唯主人不奠。（七）服斬衰者不奠，辟正君也。齊衰者，其兄弟。（八）服齊衰者不奠，辟大夫也。言不足者，謂殷奠時。（九）祭，謂虞卒哭時。（十）怪使重者執事。（十一）問已有喪服，可以助所識者祭否。（十二）謂新除喪服也。（十三）執事於人之神，爲其忘哀疾也。

《音義》 説衰，説音脱。

《疏》（一）練，小祥祭也。旅，謂旅酬。（二）練祭但得致爵於賓，賓不合舉此爵而行旅酬，今昭公行之，故曰非禮也。大祥彌吉，得行旅酬，今孝公不然，亦曰非禮也。

7.5

【原文】

曾子問曰：“昏禮既納幣，有吉日，女之父母死，則如之何（一）？”孔孔曰：“壻使人弔。如壻之父母死，則女之家亦使人弔（二）。父喪稱父；母喪稱母（三）；父母不在，則稱伯父世母（四）。壻已葬，壻之伯父致命女氏曰：‘某之子有父母之喪，不得嗣爲兄弟，使某致命。’女氏許諾而弗敢嫁，禮也（五）。壻免喪，女之父母使人請，壻弗取而后嫁之，禮也（六）。女之父母死，壻亦如之（七）。”

曾子問曰：“親迎女在塗，而壻之父母死，如之何？”孔子曰：“女改服，布深衣、縞總，以趨喪（八）。女在塗，而女之父母死，則女反（九）。”“如壻親迎，女未至，而有齊衰大功之喪，則如之何？”孔子曰：“男不入，改服於外次；女入，改服於内次，然後即位而哭（十）。”曾子問曰：“除喪則不復昏禮乎（十一）？”孔子曰：“祭，過時不祭，禮也，又何反於初（十三）？”

【譯文】

曾子問道："婚禮已經納幣，並選定了吉日，女方的父母死了，這該怎麽辦？"孔子説："壻方使人去弔唁。如果是壻方的父母死了，那麽女方的家裏也要派人去弔唁。這邊父死對方來弔唁的人當稱父親所差使；這邊母死對方來弔唁的人當稱母親所差使；父母不在了，就稱伯父或伯母所差使。壻家安葬畢，壻的伯父向女家致辭説：'某人的兒子有父母之喪，不能接續兩家的兄弟之好，使我前來致辭。'女家許諾却不敢改嫁，這才合乎禮的規範嘛。等到婿家免喪除服時，女方的父母遣人去請成婚，壻方不打算迎娶之後再另嫁他人，這才符合禮的規範嘛。女方的父母死，婿方也應如此處理。"

曾子問道："新郎到女家迎娶正在途中，却傳來父母亡故的惡耗，該怎麽辦？"孔子説："嫁女更改服飾，换上衣裳相連的葛布深衣，用白生絹紮束頭髮，急速前去弔喪。嫁女在途中，要是自己的父母亡故，嫁女就返回家。"又問："如果新郎到女家迎娶，嫁女還未到，要是婿家有齊衰大功之類的喪事，這該怎麽辦？"孔子説："男方不進門，在外舍改换服飾；女方進門，在内舍改换服飾，然後就位而哭。"曾子又問："除喪之後就不恢復婚禮嗎？"孔子説："祭祀，過了時限不再補祭，這是禮制規定哩，又怎能返回到當初？"

【古注】

《注》 (一)吉日，取女之吉日。(二)必使人弔者，未成兄弟。(三)禮宜各以其敵者也。父使人弔之辭云："某子聞某之喪，某子使某如何不淑。"母則若云："宋蕩伯姬聞姜氏之喪，伯姬使某如何不淑。"凡弔辭一耳。(四)弔禮不可廢也，伯父母又不在則稱叔父母。(五)必致命者，不敢以累年之喪使人失嘉會之時。(六)請，請成昏。(七)女免喪，壻之父母亦使人請，其已葬時亦致命。(八)布深衣、縞總，婦人始喪未成服之服。(九)奔喪服期。(十)不聞喪即改服者，昏禮重於齊衰以下。(十一)復，猶償也。(十二)重喻輕也，同牢及饋饗，相飲食之道。

《疏》 父喪稱父，母喪稱母者，禮各宜以敵，若彼家父死，則此家遣使吊當稱此家父遣弔也；若彼家母死，則此家亦稱母遣使弔也。不得嗣爲兄弟者，夫婦有兄弟之義，或據壻爲妻父母有緦麻之服，故謂之兄弟。

7.6

【原文】

孔子曰："嫁女之家，三夜不熄燭，思相離也(一)。取婦之家，三日不舉樂，思嗣親也(二)；三月而廟見，稱來婦也；擇日而祭於禰，成婦之義也(三)。"

曾子問曰："女未廟見而死，則如之何？"孔子曰："不遷於祖，不祔於皇姑，壻不杖、不菲、不次、歸葬於女氏之黨，示未成婦也(四)。"

曾子問曰："取女有吉日，而女死，如之何？"孔子曰："壻齊衰而弔，既葬而除之。夫死亦如之(五)。"

【譯文】

孔子説："嫁女之家，三夜不熄滅火燭，沈思就要相互分離了。娶媳婦的人家，三天不演奏音樂，思考傳承父母的事業嘛；三月之後到家廟拜見公爹公婆的亡靈，自稱來婦哩；選擇吉日請回公爹公婆的神主舉行祭祀，以成就做媳婦的義務嘛。"

曾子問道："嫁女尚未到家廟拜見公爹公婆的亡靈就死了，這該怎麽辦？"孔子説："靈柩不得遷到祖廟，神主不得跟公婆的神主一起合享祔祭，夫壻不持喪杖，不穿草鞋、不在别處止息，將棺柩歸葬到女家的鄉黨，表示尚未成爲媳婦嘛。"

曾子問道："娶媳婦已經擇定吉日，女子却死了，該怎麽辦？"孔子説："夫壻穿上齊衰喪服去弔唁，下葬完畢便除去喪服。要是夫壻死了女方也這樣辦理。"

【古注】

《注》 (一)親骨肉也。(二)重世變也。(三)謂舅姑没者也。必祭成婦義者，婦有供養之禮，猶舅姑存時盥饋特豚於室。(四)遷朝廟也。壻雖不備喪禮，猶爲之服齊衰也。(五)未有期三年之恩也，女服斬衰。

《疏》 (一至三)所以不舉樂者，思念己之取妻嗣續其親，則是親之代謝，所以悲哀感傷，重世之改變也。此謂舅姑亡者。婦入三月之後而於廟中以禮見於舅姑，其祝辭告神稱來婦也。謂選擇吉日，婦親自執饌以祭於禰廟，以成就婦人盥饋之義。若舅姑存者，於當夕同牢之後，明日婦執棗栗腶脩見於舅姑；見訖，舅姑醴婦；醴婦訖，婦以特豚盥饋舅姑；盥饋訖，舅姑饗婦，更無三月廟見之事，此是《士昏禮》之文。(四)婦既死於己寢，將反葬於女氏之黨，故其柩不遷移，朝於壻之祖廟，言祔祭之時，又不得祔於皇姑廟也。皇，大也，君也。稱皇者，尊之也。菲，草屨也。不次，謂不别處止哀次也。(五)所以既葬除者，壻於女未有期之恩，女於壻未有三年之恩，以壻服齊衰，故知女服斬衰。

7.7

【原文】

曾子問曰："喪有二孤，廟有二主，禮與？(一)"孔子曰："天無二日，土無二王，嘗禘郊社，尊無二上，未知其爲禮也(二)。昔者齊桓公亟舉兵，作僞主以行，及反，藏諸祖廟，廟有二主，自桓公始也(三)。喪之二孤，則昔者衛靈公適魯，遭季桓子之喪；衛君請弔，哀公辭不得命，公爲主；客入弔，康子立於門右，北面；公揖讓，升自東階，西鄉，客升自西階弔，公拜興哭，康子拜稽顙於位，有司弗辯也。今之二孤，自季康子之過也(四)。”

【譯文】

曾子問道："喪事有兩位喪主，廟中一位先人有兩尊神主，符合禮制麽?"孔子説："天上没有兩個太陽，國土没有兩位君王，嘗禘郊社這四種祭祀，所尊奉的没有兩位上帝，不知那樣做是否符合禮制哩。往昔齊桓公多次舉兵討伐，製作假神主隨軍出行，待到返回後，便將假神主藏進祖廟，廟中一位先人有兩尊神主，由桓公創始的嘛。喪事出現兩位喪主，則是前時衛靈公(實際是衛出公)來到魯國，遭逢魯大夫季桓子的喪事；衛君請求弔唁，哀公推辭不能聽，只好擔任喪主；客人進去弔唁，不料桓子的嫡嗣康子站在門右喪主的位置上，面朝北方；哀公向客人揖讓後，從主人走的東階往上登，面朝西站定；客從西階登上去弔唁，哀公敬拜後站起來哭泣，康子也在喪主位上跪拜叩頭，主持禮儀的有司也不敢分辯是非曲直哩。如今出現的兩位喪主，出自季康子的過失嘛。"

【古注】

《注》 (一)怪時有之。(二)尊喻卑也。神雖多，猶一一祭之。(三)僞，猶假也。舉兵以遷廟主行，無則主命爲假主，非也。(四)辯，猶正也。若康子者，君弔其臣之禮也。鄰國之君弔，君爲之主，主人拜稽顙，非也，當哭踊而已。靈公先桓子以魯哀公二年夏卒，桓子以三年秋卒，是出公也。

《音義》 亟，徐起吏反 qì(ㄑㄧˋ)。

《疏》 昔者齊桓公亟舉兵作僞主以行者，亟，數也；僞，假也；言作假主以行而反藏於祖廟，故有二主也。舉兵，謂南伐楚，北伐山戎，西伐白狄，故云數舉兵也。今之二孤自季康子之過也者，上云自桓公始，此不云自季康子始而云康子之過者，以孔子答曾子之時，上去桓公已遠，二主行來又久，故云自桓公始也；康子之過者，正當孔子之時，未知後代行之與否，不得云自康子始，但見當時失禮，故云今之二孤自季康子之過也。

【淺悟】

讀《左傳》可知，本節提到的衛靈公確實有誤，應是其孫衛出公輒。此謬誤肯定不是出自孔子，因爲這段史實與孔子同時，應是後人誤録，皆因秦火所致。

7.8

【原文】

曾子問曰："古者師行，必以遷廟主行乎?"孔子曰："天子巡守，以遷廟主行，載於齊車，言必有尊也。今也，取七廟之主以行，則失之矣(一)。當七廟五廟無虚主，虚主者，唯天子崩、諸侯薨，與去其國，與祫祭於祖，爲無主耳。吾聞諸老聃曰，天子崩，國君薨，則祝取羣廟之主而藏諸祖廟，禮也；卒哭成事，而后主各反其廟(二);君去其國,大宰取羣廟之主以從,禮也(三);祫祭於祖,則祝迎四廟之主(四),主出廟入廟,必蹕(五)。老聃云。”曾子問曰:“古者師行無遷主,則何主?”孔子曰:“主命。”問曰:“何謂也?”孔子曰:“天子諸侯將出,必以幣帛皮圭告于祖禰,遂奉以出,載于齊車以行,每舍奠焉,而后就舍(六);反必告,設奠,卒,斂幣玉,藏諸兩階之閒,乃出。蓋貴命也。”

【譯文】

曾子問道:“古時候軍隊出行,必須將廟裏的神主遷出同行嗎?”孔子説:“天子巡行各國,與廟裏遷出的神主同行,裝載在齋車上,這樣説出的話必有尊嚴嘛。如今呢,取出七代祖廟的神主拿來同行,這就錯了呀。主持七廟五廟的天子諸侯不可以空着神主,空着神主的話,只有天子駕崩、諸侯亡故,或者離開本國,或者集中到祖廟舉行合祭,只有這幾種情况可以没有神主而已。我從老聃那裏聽説,天子駕崩,諸侯亡故,掌管祭禮的司祝就取出羣廟的神主藏進祖廟,這是禮制的規定哩;百日卒哭及祔祭等事完成,然後將各神主送回各自的廟内;國君離開本國,太宰取出羣廟的神主隨從出走,也是禮制規定哩;集中到祖廟舉行合祭,司祝便迎接父、祖、曾祖、高祖四廟的神主,神主出廟入廟,必清掃道路禁止行人。這是老聃説的。”曾子問道:“古時候軍隊出行没有遷出神主,將以什麽爲主?”孔子説:“神主的使命。”問道:“指什麽説呢?”孔子説:“天子諸侯將要出行,必須用幣帛皮圭到祖廟和父廟去祭告,完了便恭敬地捧着幣帛皮圭出來,裝載在齋車上同行,每到一處宿營地都要用肉脯肉醬祭奠幣帛皮圭,而後就寢;返回時必須到祖廟禀告,陳設脯醢祭奠,祭奠完,收拾起幣帛皮圭,藏於兩邊臺階之間,然後出來。大概這就叫重視先人的使命吧。”

【古注】

《注》 (一)齊車,金路。(二)老聃,古壽考者之號也,與孔子同時。藏諸主於祖廟,象有凶事者聚也。卒哭成事,先祔之祭名也。(三)鬼神依人者也。(四)祝,接神者也。(五)蹕,止行也。(六)以脯醢禮神乃敢即安也,所告而不以出即埋之。

《音義》 守,手又反 shòu(ㄕㄡˋ),本亦作狩。齊,側皆反 zhāi(ㄓㄞ),本亦作齋,齋車,祭祀所乘金輅也。聃,他甘反 dān(ㄉㄢ),老聃即老子也。

《疏》 老聃云,從上“天子崩”以下,至“出廟入廟必蹕”以上,皆是老聃所云。孔子曰主命以下,云天子諸侯將出,必以幣帛皮圭告于祖禰之廟,告訖,遂奉此幣帛皮圭以出於廟,載於齊車金路以行,每至停舍之處,先以脯醢奠此幣帛皮圭,而後始就停舍之處;行還反後,必陳此幣帛皮圭於祖禰主前以告神,又設奠祭,既卒,斂此幣帛皮圭埋諸兩階之間,乃後而出,蓋貴此主命故也。

7.9

【原文】

子游問曰："喪慈母如母，禮與(一)？"孔子曰："非禮也。古者男子外有傅，内有慈母，君命所使教子也，何服之有(二)？昔者魯昭公少喪其母，有慈母良，及其死也，公弗忍也，欲喪之。有司以聞曰：'古之禮，慈母無服(三)。今也，君爲之服，是逆古之禮，而亂國法也，若終行之，則有司將書之，以遺後世，無乃不可乎？'公曰：'古者天子練冠以燕居。'公弗忍也，遂練冠以喪慈母。喪慈母，自魯昭公始也(四)。"

【譯文】

子游問道："爲慈母服喪如同生母，符合禮制麽？"孔子説："不符合禮制哩。古時候國君的兒子外有保傅，内有慈母，國君命令使之教育兒子嘛，哪有服喪的道理？往昔魯昭公年少時死了母親，其慈母善良，到她死的時候呢，昭公不忍心了，打算爲她服喪。掌管禮儀的有司聽到此事勸導説：'古代的禮制，慈母没有喪服。今天呢，君要是爲之服喪，是忤逆古代的禮制，從而擾亂國法哩。若堅持這樣做，那麽有司將按實情書寫，以遺留給後世，豈不是更不好嗎？'昭公説：'古時候天子爲其母服喪都是戴着練冠燕居。'昭公不忍哩，還是戴着練冠爲慈母服喪。爲慈母服喪，是從魯昭公開始的嘛。"

【古注】

《注》 (一)如母，謂父卒三年也。子游意以爲國君亦當然。禮所云者，乃大夫以下父所使妾養妾子。(二)言無服也，此指謂國君之子也。大夫士之子爲庶母慈己者服小功，父卒乃不服。(三)據國君也。良，善也。謂之慈母固爲其善，國君之妾子於禮不服也。昭公年三十乃喪齊歸，猶無戚容，是不少，又安能不忍於慈母？此非昭公明矣，未知何公也。(四)公之言又非也。天子練冠以燕居，蓋謂庶子王爲其母。

《疏》 喪慈母者，子游之意以喪服。大夫以下，父所使妾無子者養妾子之無母者，謂之慈母，喪此慈母如己之母，今國君喪其慈母還如己母，是禮與？如母，謂父卒三年也。知者以喪服慈母如母，在父卒三年章中，故云謂父卒三年。若父在之時，則期也。云昭公年三十乃喪齊歸者，按襄三十一年襄公薨，《左傳》云："昭公十九猶有童心。"是即位時年十九也。昭公十一年，其母齊歸薨而無感容，是年三十，非少孤也。按《家語》云"孝公有慈母良"，今鄭云未知何公者，鄭不見《家語》故也。或《家語》王肅所定，故鄭不見也。

【淺悟】

本文孔子説的"昔者魯昭公少喪其母，有慈母良，及其死也，公弗忍也，欲喪之"一語，後世頗有争議。據各史料載，魯昭公十九歲繼位，"喪其母"時年已三十，正如鄭玄所説："猶無感容，是不少，又安能不忍於慈母？此非昭公明矣，未知何公也。"既不是昭公，又會是誰呢？於是唐人孔穎達據王肅所集《孔子家語》中有"孝公有慈母良"一語，便認爲本文的“昭公”應是“孝公”，由於秦火所致，使後人誤録；又因鄭玄爲漢時人，王肅爲三國魏人，鄭未見《家語》，故云“未知何公也”。然而單憑《家語》中“孝公有慈母良”一語，而其究竟是否“少喪其母”則未可知，便斷定應是孝公，未免草率。所以此事仍屬疑案。

7.10

【原文】

曾子問曰：“諸矦旅見天子，入門，不得終禮，廢者幾(一)？”孔子曰四；請問之；曰：“大廟火、日食、后之喪、雨霑服失容，則廢(二)。如諸矦皆在而日食，則從天子救日，各以其方色與其兵(三)；大廟火，則從天子救火，不以方色與兵。”

曾子問曰：“諸矦相見，揖讓入門，不得終禮，廢者幾？”孔子曰六；請問之；曰：“天子崩、大廟火、日食、后夫人之喪、雨霑服失容，則廢(四)。”

曾子問曰：“天子嘗禘郊社五祀之祭，簠簋既陳，天子崩，后之喪，如之何？”孔子曰廢(五)。

曾子問曰：“當祭而日食、大廟火，其祭也，如之何？”孔子曰：“接祭而已矣！如牲至未殺，則廢(六)。天子崩，未殯，五祀之祭不行，既殯而祭。其祭也，尸入，三飯不侑，酳不酢而已矣。自啟至于反哭，五祀之祭不行，已葬而祭，祝畢獻而已(七)。”

【譯文】

曾子問道：“諸矦共同覲見天子，已經進入朝門，不能等到禮事終了就罷朝，引起這樣廢止的原因有幾樁？”孔子説四樁；曾子請問哪四樁；孔子説：“太廟失火、日蝕、君王的喪事、雨水淋濕服裝失去儀容，有其中的任何一樁都要廢朝。如果諸矦都在而發生日蝕，就隨天子一同救日，各穿上本國方位顔色的衣裳並拿起本國的兵器；如果太廟失火，就隨天子去救火，不必换方位顔色的衣裳和執兵器。”

曾子問道：“諸矦相互會見，揖讓着進入朝門，不能等到終了禮事就罷朝，引起這樣廢止的原因有幾樁？”孔子説六樁；曾子請問哪六樁；孔子説：“天子駕崩、太廟失火、日蝕、國君及國君夫人的喪事、雨水淋濕服裝失去儀容，有其中任何一樁都得廢朝。”

曾子問道：“天子舉行嘗禘郊社五祀的祭祀前，盛有黍稷稻粱的簠簋器皿已經陳設好，要是遇上天子駕崩、皇后的喪亡，該怎麽辦？”孔子説廢除祭祀。

曾子問道：“正在祭祀忽然發生日蝕、太廟失火之類的事，這祭祀呢，該怎麽辦?”孔子説:“趕緊祭祀完呀!如果犧牲牽到還没殺,就廢除祭祀。要是天子駕崩,尚未出殯,五祀的祭祀不可進行,要等出完殯再祭祀。此時的祭禮嘛,將代神受祭的尸迎進尊位,尸三飯告飽便不再勸食,尸用酒漱完口不再斟酒酬答主人就完成了呀。從啟殯下葬直到返回哭奠這段過程,五祀的祭祀都不得進行,要等下葬結束再祭,到司祝獻酒完畢爲止。”

【古注】

《注》 (一)旅,衆。(二)大廟,始祖廟、宗廟皆然,主於始祖耳。(三)示奉時事有所討也。方色者,東方衣青,南方衣赤,西方衣白,北方衣黑。兵,未聞也。(四)夫人,君之夫人。(五)既陳,謂夙興陳饌牲器時也。天子七祀言五者,關中言之。(六)接祭而已,不迎尸也。(七)既葬彌吉,祝畢獻而後止,郊社亦然,惟嘗禘宗廟俟吉也。

《音義》 霑,竹廉反 zhān(ㄓㄢ)。簠音甫;簋音軌。侑音又。酳音胤。酢,才各反 zuò(ㄗㄨㄛˋ)。

《疏》 (一至三)日食是陰之災,故象五方之色,以兵討陰。救火無此義,故不用五方色及兵也。諸侯皆在京師者,則從天子救日,爲陰侵陽,是君弱臣强之象。兵未聞者,《隱義》云:“東方用戟,南方用矛,西方用弩,北方用楯,中央用鼓,所以有所討者,以日食陰侵陽,示欲助天子討陰也,亦備非常。”以彼非正經,故不取也。(四)曰后夫人之喪,恐是天子之三夫人,故云君之夫人。此大廟火者,亦謂君之大廟,非天子大廟也;知非者,既云揖讓入門,無容天子大廟之火赴告即至,故知非王之大廟;假令在後當朝方聞火,時過已久,又不可廢朝,故知非王之大廟也。(五)關中言之者,《祭法》“周天子七祀、諸侯五祀,大夫三祀。”五居其中,言是諸侯之法舉五而言,則上兼七,下通三,欲見天子及大夫其祭皆然,故云關中言之。關,通也,謂通取中央而言之。(六)接祭,接,捷也;捷,速也,速而祭之。經云如牲至未殺則廢,此云接祭,則牲至已殺之後也。

7.11

【原文】

曾子問曰:“諸侯之祭社稷,俎豆既陳,聞天子崩、后之喪、君薨、夫人之喪,如之何?”孔子曰:“廢(一)。自薨比至于殯、自啟至于反哭,奉帥天子(二)。”

曾子問曰:“大夫之祭,鼎俎既陳,籩豆既設,不得成禮,廢者幾?”孔子曰九;請問之;曰:“天子崩、后之喪、君薨、夫人之喪、君之大廟火、日食、三年之喪、齊衰、大功,皆廢。外喪自齊衰以下,行也(三)。其齊衰之祭也,尸入,三飯不侑,酳不酢而已矣;大功,酢而已矣;小功、緦,室中之事而已矣(四)。士之所以異者,緦不祭(五),所祭,於死者無服,則祭(六)。”

【譯文】

曾子問道:“諸侯將要祭祀社稷,盛有牲肉的俎豆都已陳列好,忽聽天子駕崩、皇后的喪事、國君亡故、君夫人死的消息,該怎麽辦?”孔子説:“廢除祭祀。從亡故直到出殯、從啟殯下葬直到返回哭奠，一律遵循天子祭祀五祀的做法。”

曾子問道：“大夫將要祭祀宗廟，鼎俎、籩豆這些祭器都已陳設好了，卻不得完成祭禮，引起廢止的原因有幾件？”孔子說九件；曾子請問哪九件；孔子說：“天子駕崩、皇后的喪事、國君亡故、君夫人死、國君的太廟失火、日蝕、三年的喪事、齊衰的喪事、大功的喪事，發生其中任何一件都要廢止。遭遇外喪自身是齊衰以下的喪服，祭祀可以繼續進行嘛。這種齊衰喪服的祭祀呢，將尸迎進室内的尊位，三飯告飽便不再勸食，用酒漱完口也不斟酒酬答主人就可停止祭祀呀；如果是大功喪服，只要尸斟酒酬答完主人就可停止祭祀呀；如果是小功或緦麻喪服，只要室中的來賓和長輩向尸獻完酒就可停止祭禮呀。士在這方面跟大夫所不同的地方是，就連發生了最輕的緦麻之喪也不得完成祭祀，只有所祭祀的先人，跟死者没有喪服關係，才可以繼續祭祀。”

【古注】

《注》 (一)亦謂夙興陳饌牲器時也。(二)帥，循也。所奉循如天子者，謂五祀之祭也。社稷亦然。(三)齊衰異門則祭。(四)室中之事，謂賓長獻。(五)然則士不得成禮者十一。(六)謂若舅、舅之子、從母昆弟。

《疏》 (二)帥，循也。奉循天子，案上天子有祭五祀之文，今云奉循如天子，謂諸侯五祀亦如天子。今此諸侯祭社稷，其遭喪節制與五祀同，故云社稷亦然。(三至六)此大夫祭者，謂祭宗廟，故下文云，所祭於死者無服則祭，是據宗廟也。

7.12

【原文】

曾子問曰：“三年之喪，弔乎？”孔子曰：“三年之喪，練不羣立，不旅行(一)。君子禮以飾情，三年之喪而弔哭，不亦虚乎(二)？”

曾子問曰：“大夫士有私喪，可以除之矣，而有君服焉，其除之也，如之何？”孔子曰：“有君喪，服於身，不敢私服，又何除焉(三)？於是乎有過時而弗除也，君之喪服除，而后殷祭，禮也(四)。”

曾子問曰：“父母之喪，弗除可乎(五)？”孔子曰：“先王制禮，過時弗舉，禮也；非弗能勿除也，患其過於制也，故君子過時不祭，禮也(六)。”

【譯文】

曾子問道：“自身有守孝三年的重喪，能到其他喪家去弔唁嗎？”孔子說：“三年這樣的重喪，到周年練冠舉行小祥祭時都不得成羣並立，不得結夥同行。君子用禮來修飾感情，身服三年的重喪却到其他喪家去弔唁哭泣，不也太虛假了嗎？”

曾子問道：“大夫士自家有喪事，到了可以除喪的日子，却又遇上爲國君服喪這種事，那除喪的事呢，該怎麽辦？”孔子説：“有國君亡故，喪服穿在身，就不敢有私家的喪服，又怎麽除去身上的喪服？在這種情況有過了時限還不除去喪服的人呢，要等國君的喪也除掉，然後合併舉行盛大的祭祀，這才符合禮的規範嘛。”

曾子問道：“父母的喪事，不除掉喪服可以嗎？”孔子説：“先王制定禮法，過了時限不再舉辦，這是禮法規定嘛；不是不能不除掉喪服哩，怕他超過禮法規定哩，所以君子超過時限便不祭祀，這才符合禮的規範嘛。”

【古注】

《注》 （一）爲其苟語忘哀也。（二）爲彼哀則不專於親也，爲親哀則是妄弔。（三）重喻輕也。私喪，家之喪也。《喪服四制》曰：“門外之治義斷恩。”（四）謂主人也，支子則否。（五）以其有終身之憂。（六）言制禮以爲民中，過其時則不成禮。

7.13

【原文】

曾子問曰：“君薨既殯，而臣有父母之喪，則如之何？”孔子曰：“歸居于家，有殷事則之君所，朝夕否（一）。”曰：“君既啟，而臣有父母之喪，則如之何？”孔子曰：“歸哭而反送君（二）。”曰：“君未殯，而臣有父母之喪，則如之何？”孔子曰：“歸殯，反于君所，有殷事則歸，朝夕否（三），大夫室老行事，士則子孫行事（四）。大夫内子有殷事，亦之君所，朝夕否（五）。”

賤不誄貴，幼不誄長，禮也（六）。唯天子稱天以誄之（七）。諸侯相誄，非禮也（八）。

【譯文】

曾子問道：“國君死後已經出殯，如果臣下遭父母之喪，這該怎麽辦？”孔子説：“回去住在家裏爲父母治喪，初一和十五有薦新之奠就去殯君的處所參加祭奠，早晚兩頭不必參加。”又問：“國君的殯車已經啟動，如果臣下遭父母之喪，這該怎麽辦？”孔子説：“回家哭完即返回爲君送葬。”又問：“國君還没出殯，如果臣下遭父母之喪，又該怎麽辦？”孔子説：“回家殯殮，殯完返回國君的處所，初一和十五有祭奠父母的大事就回家，早晚兩頭不必在家，大夫家的事由室老代理，士就由子孫代理。大夫之妻在初一和十五的祭奠日，也去國君的處所參加祭奠，早晚兩頭不必到場。”

卑賤者不得爲尊貴者作誄，幼者不得爲長者作誄，禮制是這樣規定的嘛。只有天子要以天的名義爲他作誄。諸侯之間相互作誄，不符合禮制規定嘛。

【古注】

《注》 (一)居家者，因其哀後隆於父母。殷事，朔月、月半薦新之奠也。(二)言送君，則既葬而歸也。歸哭者，服君服而歸，不敢私服也。(三)其哀雜，主於君。(四)大夫士其在君所之時，則攝其事。(五)謂夫之君既殯，而有舅姑之喪者。内子，大夫妻也。妻爲夫之君，如婦爲舅姑服齊衰。(六)誄，累也。累列生時行迹，讀之以作謚。謚當由尊者成。(七)以其無尊焉。《春秋・公羊》説以爲讀誄制謚於南郊，若云受之於天然。(八)禮當言誄於天子也，天子乃使大史賜之謚。

《音義》 誄，力水反 lěi(ㄌㄟˇ)，謂謚也。謚音示。

《疏》 (一)殷，大也。孔子答云：君殯既訖，君所無事，父母新喪，故歸於家以治父母之喪，若君喪有朔月、月半薦新大事，則臣之適君所以哭君，若凡常朝夕則不往哭君，唯在家爲父母治喪，故云朝夕否。(二)孔子答曰：歸哭父母而反往送君，既葬畢還來，歸家而治父母之喪。(三、四)孔子答曰：歸殯父母訖反於君所以殯君，恒在君所，家有殷事之時則暫歸於家，若尋常朝夕則不得歸也，故云朝夕否。大夫室老行事，士則子孫行事者，若朝夕恒在君所之時，則在家朝夕之奠不可廢，其大夫尊，故遣室老攝行其事；士卑，則子孫攝行其事。大夫内子有殷事，亦之君所，朝夕否者，此明婦人之進止：君既殯而歸，有舅姑之喪。大夫者，卿之總號；内子者，卿之適妻。婦有舅姑之喪，歸居於家，君有殷事亦之君所。云亦者，謂亦同其夫也，非但夫往君所，妻亦往君所也，若尋常，朝夕則不往君所。舉此一條婦同於夫，則君既啟及君未殯而有舅姑之喪，其禮悉同夫也。(六至八)誄，累也。謂賤不得誄列貴者之行而爲謚，幼不得累列長者之行而作謚，如此是其禮也。唯天子稱天以誄之者，諸侯及大夫其上猶有尊者爲之作謚，其天子則更無尊於天子者，故唯爲天子作誄之時，於南郊告天，示若有天命然，不敢自專也。非但賤不誄貴，平敵相誄亦爲不可，故云諸侯相誄非禮也。

7.14

【原文】

曾子問曰：“君出疆，以三年之戒，以椑從。君薨，其入如之何(一)?”孔子曰：“共殯服(二)。則子麻弁絰、疏衰、菲杖，入自闕，升自西階(四)。如小斂，則子免而從柩(五)，入自門，升自阼階(六)。君大夫士一節也。”

曾子問曰：“君之喪既引，聞父母之喪，如之何?”孔子曰：“遂既封而歸，不俟子(七)。”曾子問曰：“父母之喪既引，及塗，聞君薨，如之何?”孔子曰：“遂既封，改服而往(八)。”

【譯文】

曾子問道：“國君出離疆界，要作三年的戒備，以貼身的内棺相從。國君假如死了，那將怎麼回來？”孔子説：“家中預備好供出殯時所穿的喪服。太子則頭戴加環絰的素冠、身著齊衰孝服、脚穿草鞋、手拄喪杖，扶着靈柩從毀掉的殯宫西墻處進入，從西臺階上去。如果當時只行過小殮，太子則脱帽紮髮跟隨着空棺，從殯宫門進去，從阼階上去。遭遇這樣的變故，國君與大夫士採用一樣的節度。”

曾子問道：“國君的喪車已經牽引出發，忽聽父母去世的噩耗，該怎麽辦？”孔子説：“送葬到下棺完畢就回家，不必等待太子。”曾子問道：“父母的喪車已經牽引出發，走在半路，忽聽國君亡故的噩耗，該怎麽辦？”孔子説：“送葬到下棺結束，改换相應的喪服即前往。”

【古注】

《注》 (一)其出有喪備，疑喪入必異也。戒，猶備也，謂衣衾也。親身棺曰椑，其餘可死乃具也。(二)此謂君已大斂。殯服，謂布深衣苴絰散帶垂，殯時主人所服，共之以待其來也。其餘殯事亦皆具焉。(三)棺柩未安，不忍成服於外也。麻弁絰者，布弁而加環絰也，布弁如爵弁而用布。杖者，謂已病。(四)闕，謂毀宗也。柩毀宗而入，異於生也。升自西階，亦異生也。所毀宗，殯宫門西也，於此正棺而服殯服。既塗而成服，殷柩出毀宗，周柩入毀宗，禮相變也。(五)謂君已小斂也。主人布深衣不括髮者，行遠不可無飾。(六)親未在棺不忍異人，使如生來反。(七)遂，遂送君也。“封”當爲“窆”。子，嗣君也。(八)“封”亦當爲“窆”。改服，括髮徒跣布深衣扱上衽，不以私喪包至尊。

《音義》 椑，薄歷反 bì(ㄅㄧˋ)，親身棺謂杝棺也。弁絰，皮彦反 biàn(ㄅㄧㄢˋ)，下大結反 dié(ㄉㄧㄝˊ)。免音問。封音窆，彼驗反 biǎn(ㄅㄧㄢˇ)。

《疏》 (一至六)此論諸侯出外死，以喪歸之事。孔子曰共殯服者，於時大斂之後，主人從柩而歸，則其家豫共主人殯時所著之服。則子麻弁絰疏衰菲杖者，身著疏衰，疏衰是齊衰也；足著菲屨，菲謂藨屨也；其身已病者拄杖，故云疏衰菲杖也。入自闕，升自西階，謂柩入宫之時，毀殯宫門西邊牆從柩而入，其升堂之時自西階而升。必西階者，以柩從外來，如似賓客，故就西而升階就客位也。如小斂則子免而從柩，上之所言謂大斂之後，此所謂未大斂，當小斂以後之節，則子首不著麻弁身不著疏衰，唯首著免身著布深衣而從柩也。入自門，升自阼階者，其柩入之時入自門，不自闕也，升自阼階，不由西階也，故《注》云親未在棺猶如生也。君大夫士一節也者，言上文從柩之儀，更無尊卑之異，非但君死於道路亦然，諸侯與大夫士一等也。(七、八)君喪既引在塗而言遂，故知遂送君也；又云不俟子，是不待子而先還，若待封壙既畢，必在子還之後。今經云既封而歸，非封壙也，故知封當爲窆，窆，下棺也。

7.15

【原文】

曾子問曰：“宗子爲士，庶子爲大夫，其祭也，如之何？”孔子曰：“以上牲祭於宗子之家[一]，祝曰：‘孝子某爲介子某薦其常事[二]。’若宗子有罪，居于他國，庶子爲大夫，其祭也，祝曰：‘孝子某使介子某執其常事[三]。’攝主不厭祭，不旅不假，不綏祭，不配[四]。布奠於賓，賓奠而不舉[五]，不歸肉[六]，其辭於賓曰：'宗兄（宗弟、宗子）在他國，使某辭(七)。'"

曾子問曰："宗子去在他國，庶子無爵而居者，可以祭乎？"孔子曰："祭哉(八)！""請問其祭如之何？"孔子曰："望墓而爲壇，以時祭(九)。若宗子死，告於墓，而后祭於家(十)。宗子死，稱名不言孝(十一)，身没而已(十二)。子游之徒，有庶子祭者，以此(十三)，若義也(十四)。今之祭者，不首其義，故誣於祭也(十五)。"

【譯文】

曾子問道："嫡長子是士，庶子是大夫，他們舉行祭祀呢，該怎麽辦？"孔子説："用大夫級别的上牲在宗子的家廟祭祀，向神主祝告説：'孝子某使介子某進獻他的平常祭物。'要是宗子有罪，逃到其他國家居住，庶子是大夫，此時的祭祀呢，就得向神主祝告説：'孝子某指使介子某執掌他的日常事務。'代爲主祭的人祭祀不用尸，不互相敬酒也不向攝主致福，自然受福前也不綏祭，祝辭當然也不言某妃配某氏。攝主爲來賓布陳奠酒用的酒杯，賓客取酒杯以酒灑地而祭却不舉杯勸酒；攝主不向來賓饋贈俎肉，他只告訴來賓説：'宗兄（或宗弟、宗子）在他國，使某轉告。'"

曾子問道："嫡長子離去住在他國，庶子居家又没有爵位的話，可以祭祀嗎？"孔子説："可以祭祀啊！""請問他該怎麽祭祀？"孔子説："眺望着墳墓的方向築起祭壇，按時祭祀。要是宗子死了，就先到祖墓去禀告，然後在家祭祀。宗子死，祭告時只稱呼他的名不得説孝子某，這樣稱呼到身死爲止。子游的門徒，所有的庶子祭祀時，就是這樣做的，順從禮義嘛。如今的庶子祭祀時，不遵照禮的本義，所以對祭祀多有誣罔之舉哩。"

【古注】

《注》 (一)貴禄重宗也。上牲，大夫少牢。(二)介，副也，不言庶，使若可以祭然。(三)此之謂宗子攝大夫。(四)皆辟正主。厭，厭飫神也。厭有陰有陽，迎尸之前祝酌奠，奠之且饗是陰厭也；尸謖之後徹薦俎敦，設於西北隅是陽厭也。此不厭者，不陽厭也。不旅，不旅酬也。"假"讀爲"嘏"，不嘏，不嘏主人也。不綏祭，謂今主人也。"綏"，《周禮》作"墮"。不配者，祝辭不言以某妃配某氏。(五)布奠，謂主人酬賓奠觶於薦北。賓奠，謂取觶奠於薦南也。此酬之始也。奠之不舉，止旅。(六)肉，俎也，謂與祭者留之共燕。(七)辭，猶告也，宿賓之辭。舉宗子爲列則曰宗兄若宗弟，昭穆異者曰宗子而已，其辭若云：宗兄某在他國，使某執其常事，使某告。(八)有子孫存，不可以乏先祖之祀。(九)不祭於廟，無爵者賤，遠辟正主。(十)言祭於家，容無廟也。(十一)孝，宗子之稱，不敢與之同，其辭但言"子某薦其常事"。(十二)至子可以稱孝。(十三)以，用也，用此禮祭也。(十四)若，順。(十五)首，本也。誣，猶妄也。

《音義》 厭，本或作壓，於豔反 yān(ㄧㄢ)。辟音避。飫，於去反 yù(ㄩˋ)。敦音對。嘏，古雅反

jiǎ(ㄐㄧˇㄚ)。觶,支豉反 zhì(ㄓˋ)。歸,其位反 kuì(ㄎㄨㄟˋ)。

《疏》 (一至七)宗子是士,合用特牲,今庶子身爲大夫,若祭祖禰當用少牢之牲,就宗子之家而祭也,以廟在宗子家故也。宗子祭時祝告神辭云:孝子某,孝子謂宗子也,某是宗子之名;介子某,介子謂庶子爲大夫者,某是庶子名也;薦其歲之常事。孔子答畢,更爲曾子廣陳。攝主不厭祭者,此宗子有罪出在他國,庶子既爲攝主不敢備禮。不旅者,不爲旅酬也,旅酬是賓主交歡之始,今攝主不敢當正主,故不旅也。不嘏不綏祭者,嘏是主人受福,綏是將欲受福先爲綏祭,今辟正主,故不敢受嘏;以其不嘏,故不綏祭也。不配者,以祭初尸未入之時,祝告神辭曰:以某妃配某氏備告考妣,今攝主不敢備禮,略言皇祖而已。不歸肉者,歸,饋也,謂不饋俎肉於賓也。其辭於賓者,非但祭不備禮,其辭告於賓與常禮亦别,云宗兄(宗弟、宗子)在他國,不得親祭,故使某執其常事,使某告也。(八至十五)望墓而爲壇以時祭者,庶子無爵,不得就宗子之廟而祭,惟可望近所祭者之墓而爲壇,以四時致祭也。此又謂宗子身没,告於所祭之墓,而后祭於庶子無爵者之家也。宗子既死、庶子其祭之時,告神但稱其名,不得稱孝,辟宗子也。子游之徒有庶子祭者以此者,子游之徒黨,有庶子祭者而用此禮而祭。若義也者,謂順於古義。今之祭者不首其義故誣於祭也者,首,本也;誣,猶妄也,謂今日世俗庶子祭者,不尋本義之道理,誣於祭,謂妄爲祭之法不依典禮。

7.16

【原文】

曾子問曰:"祭必有尸乎(一)?若厭祭亦可乎(二)?"孔子曰:"祭成喪者必有尸。尸必以孫,孫幼則使人抱之,無孫則取於同姓可也(三)。祭殤必厭,蓋弗成也(四)。祭成喪而無尸,是殤之也(五)。"孔子曰:"有陰厭,有陽厭(六)。"曾子問曰:"殤不祔祭,何謂陰厭陽厭(七)?"孔子曰:"宗子爲殤而死,庶子弗爲後也(八),其吉祭特牲(九)。祭殤不舉肺,無肵俎,無玄酒,不告利成(十),是謂陰厭(十一)。凡殤與無後者,祭於宗子之家,當室之白,尊于東房,是謂陽厭(十二)。"

【譯文】

曾子問道:"祭祀必須有代死者受祭的尸嗎?若是採取不用尸的厭祭也可以嗎?"孔子説:"祭祀成人的喪禮必須有尸,尸必須用孫子,孫子年幼就使人抱着他,没有孫子就從同姓中選取也可以嘛。祭祀未成年而死的人必須採取不用尸的厭祭,因爲不是成人嘛。祭祀成人的喪禮要是没有尸,這是把他當成殤了嘛。"孔子接着又説:"厭祭有陰厭,有陽厭。"曾子問道:"殤不使用完備的祭禮,爲何又説陰厭和陽厭?"孔子説:"宗子未成年而死,庶子不得成爲後嗣哩,爲他卒哭成事的吉祭用一頭豬。祭祀殤不選用肺,没有敬尸用的肵俎,没有玄酒,不宣告供養之禮完成,這叫陰厭。凡是宗子大功以内的親屬未成年而死和没有後裔而死的,祭祀要在宗子家的祖廟舉行,對着室内的光亮處，將酒樽擺放在東房，這叫陽厭。”

【古注】

《注》 (一)言無益無用爲。(二)厭時無尸。(三)人以有子孫爲成人，子不殤，父義由此也。(四)厭飫而已，不成其爲人。(五)與不成人同。(六)言祭殤之禮，有於陰厭之者，有於陽厭之者。(七)“祔”當爲“備”，聲之誤也。言殤乃不成人，祭之不備禮，而云陰厭陽厭乎？此失孔子指也。祭成人始設奠於奥，迎尸之前，謂之陰厭；尸謖之後改饌於西北隅，謂之陽厭。殤則不備。(八)族人以其倫代之，明不序昭穆立之廟，其祭之就其祖而已，代之者主其禮。(九)尊宗子從成人也，凡殤則特豚。自卒哭成事之後爲吉祭。(十)此其無尸及所降也，其他如成人。舉肺脊、肵俎、利成，禮之施於尸者。(十一)是宗子而殤，祭之於奥之禮。小宗爲殤，其祭禮亦如之。(十二)凡殤，謂庶子之適也，或昆弟之子，或從父昆弟無後者，如有昆弟及諸父。此則今死者皆宗子大功之内親共祖禰者。言祭於宗子之家者，爲有異居之道也，無廟者爲墠祭之，親者共其牲物，宗子皆主其禮。當室之白，尊於東房，異於宗子之爲殤；當室之白，謂西北隅得户明者也，明者曰陽，凡祖廟在小宗之家，小宗祭之亦然。宗子之適亦爲凡殤，過此以往則不祭也。祭適者，天子下祭五，諸侯下祭三，大夫下祭二，士以下祭子而止。

《音義》 肵音其，敬也。祔依《注》音備。

《疏》 不告利成者，利猶養也，不告供養之禮成也。凡殤，謂非宗子之殤；無後者，謂庶子之身無子孫爲後。此二者皆宗子大功内親，祭於宗子之家祖廟之内，不敢在成人之處，故於當室之明白顯露之處爲之設，尊於東房，以其明是陽，故爲陽厭也。

7.17

【原文】

曾子問曰：“葬引至于堩，日有食之，則有變乎？且不乎(一)？”孔子曰：“昔者吾從老聃助葬於巷黨，及堩，日有食之。老聃曰：‘丘，止柩就道右，止哭以聽變，既明反，而后行。’曰禮也(二)。反葬而丘問之曰：夫柩不可以反者也，日有食之，不知其已之遲數，則豈如行哉(三)？老聃曰：‘諸侯朝天子，見日而行，逮日而舍奠；大夫使見日而行，逮日而舍(四)。夫柩不蚤出，不莫宿(五)，見星而行者，唯罪人與奔父母之喪者乎？日有食之，安知其不見星也(六)？且君子行禮，不以人之親痁患(七)。’吾聞諸老聃云。”

【譯文】

曾子問道：“葬車牽引上了道，發生了日蝕，將會改變葬期嗎？還是不變呢？”孔子説：“往昔我跟隨老聃到巷黨去協助治喪，當柩車上了道，發生了日蝕。老聃説：‘孔丘，把柩車停在路的右邊，止住哭聲來聽任日蝕變化，等到光明完全恢復，然後再走。’説這是禮制規定哩。送葬返回後我孔丘問他説：這柩車既然是不可以往回返的呢，遇上這日蝕，又不知其結束得慢還是快，哪比得上趁早前行啊？老聃説：‘諸侯去朝覲天子，出現太陽就前行，追上太陽便止宿祭奠;大夫出使也是出現太陽即出行,追上太陽便止宿。這柩車早晨不出發,日暮不止宿,出現星星才行動的話,只有罪犯和奔父母之喪的人才這樣吧?發生了日蝕,怎麼知道其不會延續到出現星星呢?況且君子依禮行事,從不使人家的雙親有久病的憂患。'我從老聃那裏聽説的。"

【古注】

《注》《注》(一)堩,道也。變,謂異禮。(二)巷黨,黨名也。就道右者,行相左也。變,日食也。反,復也。(三)已,止也。"數"讀爲"速"。(四)舍奠,每將舍,奠行主。(五)侵晨夜則近姦寇。(六)爲無日而遽作,豫止也。(七)痁,病也。以人之父母行禮而恐懼,其有患害不爲也。

《音義》堩,古鄧反 gèng(ㄍㄥˋ)。蚤音早。莫音暮。痁,始占反 shān(ㄕㄢ)。

7.18

【原文】

曾子問曰:"爲君使而卒於舍,《禮》曰:'公館復,私館不復。'凡所使之國,有司所授舍,則公館已,何謂私館不復也(一)?"孔子曰:"善乎問之也(二)!自卿大夫士之家曰私館,公館與公所爲曰公館。'公館復',此之謂也(三)。"

曾子問曰:"下殤土周葬于園,遂輿機而往,塗邇故也(四)。今墓遠,則其葬也,如之何(五)?"孔子曰:"吾聞諸老聃曰,昔者史佚有子而死,下殤也,墓遠(六),召公謂之曰:'何以不棺斂於宫中(七)?'史佚曰:'吾敢乎哉(八)?'召公言於周公(九),周公曰:'豈?不可(十)!'史佚行之(十一)。下殤用棺衣棺,自史佚始也(十二)。"

【譯文】

曾子問道:"爲國君出使而死在館舍,《禮經》説:'死在公館要招魂,死在私館不招魂。'凡是所出使到達的國家,都由掌管接待的有司安排館舍,都是公館呀,爲何説私館不招魂呢?"孔子説:"這話問得好哇!私自在卿大夫士的家中留宿的客舍叫私館,公家所建造的客舍和國君所指使停宿的住處叫公館。'死在公館要招魂',就是指這類公館説的嘛。"

曾子問道:"八至十一歲夭折的下殤用燒製的土棺埋葬在園圃中,即抬着載尸的床前往,因路近的緣故嘛。如今墓地遠,那麼埋葬下殤呢,該怎麼辦?"孔子説:"我從老聃那兒聽説,早先史佚有個兒子死了,屬於下殤哩,墓地又遠,召公對他説:'爲什麼不在殯宫用棺材裝殮?'史佚説:'我敢那樣做啊?'召公就去向周公請示,周公説:'怎麼?不可!'(大概召公把話學成"怎麼不可")史佚就按召公的説法進行。下殤用棺材及換衣入棺,是從史佚開始的嘛。"

【古注】

《注》（一）復，始死招魂。（二）善其問難明也。（三）公館，若今縣官舍也。公所爲，君所命使舍己者。（四）土周，塈周也。周人以夏后氏之塈周葬下殤於園中，以其去成人遠，不就墓也。機，輿尸之牀也，以繩絙其中央，又以繩從兩旁鉤之。禮，以機舉尸輿之以就園而斂葬焉，塗近故耳。"輿機"或爲"餘機"。（五）今人斂下殤於宫中而葬於墓，與成人同，墓塗乃遠，其葬當輿其棺乎載之也，問禮之變也。（六）蓋欲葬墓如長殤從成人也，長殤有送葬車者則棺載之矣。史佚，成王時賢史也，賢猶有所不知。（七）欲其斂於宫中如成人也，斂於宫中，則葬當載之。（八）畏，知禮也。（九）爲史佚問。（十）言是豈，於禮不可，不許也。（十一）失指，以爲許也，遂用召公之言。（十二）棺，謂斂於棺。

《音義》召公，召本又作邵，上照反 shào（ㄕㄠˋ）。

《疏》（一至三）私館者，謂非君命所使，私相停舍；公館，謂公家所造之館；與公所爲者，與，及也，謂公之所使爲命停舍之處，亦謂之公館，即是卿大夫之館也，但有公命，故謂之公館也。（四至十二）下殤，謂八歲至十一也。土周，《檀弓》所云"夏后氏之塈周"是也。周人用特葬下殤之喪，故云下殤土周也。葬於園者，下殤去成人遠，不可葬於成人之墓，所用土周而葬於園中也。遂輿機而往者，輿，猶抗也；機者，以木爲之，狀如牀無脚及軐簀也。以尸置於繩上，抗舉以往園中，尸從機中央零落入於塈周中。塗邇故也者，塗，路也；邇，近也，此下殤葬於園，是路去家甚近，故先用機舉尸往園中，而後棺斂，故曰塗邇故也。

7.19

【原文】

曾子問曰："卿大夫將爲尸於公，受宿矣，而有齊衰内喪，則如之何？"孔子曰："出舍於公館以待事，禮也（一）。"孔子曰："尸弁冕而出（二），卿大夫士皆下之（三）；尸必式（四），必有前驅（五）。"

【譯文】

曾子問道："卿大夫將爲國君擔當代神受祭的尸，並在安排的下榻處已齋戒完畢，家門内却發生了齊衰喪服的喪事，這該怎麽辦？"孔子説："從下榻在國君的公館中出來等待事情結束之後再回家哭，這是禮制規定嘛。"孔子補充説："尸要戴好弁冕再出來，路上卿大夫士見了都要從車上下來示敬；尸必須手扶車前的横木俯身還禮，車前必須有開道的前驅。"

【古注】

《注》（一）吉凶不可以同處。（二）爲君尸或弁者，先祖或有爲大夫士者。（三）見而下車。（四）小俛禮之。（五）爲辟道。

《疏》曾子言，卿大夫或爲尸，而已受宿齊戒，而門内有齊衰之喪，其禮如何。孔子答曾子云，且舍公館，待事畢然後歸哭也。所以出於公館者，以祭是吉，吉凶不可同處也。尸弁冕而出，此孔子因曾子上問爲尸之事，遂爲曾子廣説事尸之法，故此直言。卿大夫士皆下之者，謂尸或出於道路，其卿大夫乘車見尸則下車也。尸必式者，而尸當馮式小俛以敬之。必有前驅者，謂尸出行，則有前驅辟道之人也。

7.20

【原文】

子夏問曰:"三年之喪卒哭,金革之事無辟也者,禮與?初有司與(一)?"孔子曰:"夏后氏三年之喪,既殯而致事;殷人既葬而致事(二)。《記》曰:'君子不奪人之親,亦不可奪親也。'此之謂乎(三)?"子夏曰:"金革之事無辟也者,非與(四)?"孔子曰:"吾聞諸老聃曰,昔者魯公伯禽,有爲爲之也(五)。今以三年之喪,從其利者,吾弗知也(六)。"

【譯文】

子夏問道:"爲父母守孝三年的喪事到百日卒哭後,遇上金革戰伐之事無從迴避這種情形,是禮制規定的麼?還是當初主管此事的有司强逼派遣的呢?"孔子説:"夏朝規定三年的喪事,出完殯可以離職回家;殷朝規定下完葬可以離職回家。《記》中有云:'君子不褫奪别人的親情,也不可褫奪自己的親情哩。'就是指這個問題説的吧?"子夏問:"使金革征伐這種事無從迴避的做法呢,不對麼?"孔子説:"我從老聃那兒聽説,昔日魯公伯禽,因有徐戎作亂的緣故才在守喪期間没有迴避金革征伐之事嘛。如今利用三年的喪期,從自身的利益出發乘人之危進行征伐這種事,我不知怎樣評説哩。"

【古注】

《注》 (一)疑有司初使之然。(二)致事,還其職位於君,則卒哭而致事。(三)二者恕也、孝也。(四)疑禮當有然。(五)伯禽,周公子,封於魯,有徐戎作難,喪,卒哭而征之,急王事也。征之作《費誓》。(六)時多攻取之兵,言非禮也。

《疏》 子夏以人遭父母三年之喪卒哭之後,國有金革戰伐之事,君使則行,無敢辭辟,爲是禮當然與?爲當初時有司强逼遣之與?君子不奪人之親,君子謂人君也,人臣有親之喪,在上君子許其致事,是不奪人喪親之心。亦不可奪親者,謂人臣遭親之喪,若不致事,是自奪思親之心也。孔子既前答周人卒哭而致事,則無從金革之理。子夏見魯君居喪有金革之事,豈是禮也與?疑其非禮也。故問之。孔子對云,金革之事無辟也者當亦有之,昔者魯君伯禽卒哭而從金革時,有徐戎作亂,東郊不開,故征之有爲爲之也。今以三年之喪卒哭而從金革之事,更無所爲,蓋直貪從於利攻取於人者,吾不知也。言不知,是不得此禮也。

【淺悟】

本篇中孔子回答弟子之所問,其依據無疑是周禮。我們不應因此而認定孔子是在極力維護專制的家天下的社會制度,因爲没有誰能比孔子更清醒、更全面、更具體地認識到這種社會制度存在着怎樣的弊端,這一點,孔子在後面的《禮運》篇中將有詳盡的論述,在此暫且不談。但是必須承認,不論生活在哪個時代,首先要遵守當代的規章制度。生活在這個時代而不遵守其規章制度將會怎樣呢?必然會像孔子在《禮運》中所説的

“如有不由此者，在勢者去，衆以爲殃”，連有權勢的皇親國戚都將被驅逐，民衆都把他視爲禍殃；若换成平頭百姓，其下場就更可想而知了。孔子在《論語》中説：“不學禮，無以立。”所謂“禮”，即如今所説的規章制度，當然也包括社會制度。不論任何人，都應遵守所處時代的規章制度，才能與周圍的各種關係和諧相處，在社會上站穩脚跟，否則必被淘汰。這其中最難調理的當屬主宰天下大權的最高統治者，他們只要求别人與自家制定的規章制度亦即禮制保持和諧，其自身則是爲所欲爲，極少有主動與百姓及其規章制度保持和諧者。這正是每個專制王朝都必然走向滅亡的最主要的規律。

此外，在一切典籍中，孔子提到弟子時，無一例外地只稱其名而不稱其字，而本篇7.15中孔子却説“子游之徒”。子游姓言名偃字子游，要説也應是“偃之徒”，怎麽會是“子游之徒”呢？令人不解。看來那段話不可能出自孔子之口。

文王世子第八

《疏》 案鄭《目録》云："名曰《文王世子》者，以其記文王爲世子時之法。此於《别録》屬世子法。"陸曰："文王，周文王昌也。鄭云以其善爲世子之禮，故著謚號標篇，言可法也。"

8.1

【原文】

文王之爲世子，朝於王季日三（一）：雞初鳴而衣服，至於寢門外，問内豎之御者曰："今日安否何如（二）？"内豎曰安，文王乃喜（三）；及日中又至，亦如之（四）；及莫又至，亦如之（五）。其有不安節，則内豎以告文王，文王色憂，行不能正履（六）；王季復膳（七），然後亦復初（八）。食上，必在視寒煖之節（九）；食下，問所膳（十），命膳宰曰："末有原。"應曰諾，然後退（十一）。

武王帥而行之，不敢有加焉（十二）：文王有疾，武王不説冠帶而養（十三），文王一飯，亦一飯；文王再飯，亦再飯（十四），旬有二日乃閒（十五）。文王謂武王曰："女何夢矣（十六）？"武王對曰："夢帝與我九齡（十七）。"文王曰："女以爲何也？"武王曰："西方有九國焉，君王其終撫諸（十八）。"文王曰："非也，古者謂年齡，齒亦齡也。我百，爾九十，吾與爾三焉（十九）。"文王九十七乃終，武王九十三而終（廿）。

成王幼，不能涖阼（廿一）。周公相，踐阼而治（廿二）。抗世子法於伯禽，欲令成王之知父子君臣長幼之道也（廿三）；成王有過，則撻伯禽，所以示成王世子之道也（廿四）。文王之爲世子也（廿五）。

【譯文】

文王還是世子的時候，每天都向父王朝覲三次：雞鳴頭遍即穿起衣服，來到寢門外，問值日的内豎道："今天安適情況怎樣？"内豎回答安適，文王便歡喜；待到中午又來到，也這樣詢問；待夜暮降臨又來到，也這樣詢問。父王出現不安適的徵兆，内豎就會以實情告知文王，文王立刻露出擔憂的神色，行走時脚步都不能走端正。父王膳食恢復正常，然後文王的一切也都恢復如初。飯食送上時，文王必在現場視察冷熱的調節；吃完撤下時，詢問進膳的情形，囑咐膳宰説："下餐切勿將剩餘的食物再次進上。"聽到回應説是，然後才退下。

武王遵循其父文王的一切做法而行，不敢出現越軌的作爲：文王有小病，武王不脱帽不解帶在一旁奉養，文王吃一碗飯，也吃一碗飯；文王再吃一碗，也再吃一碗，十有二天病才好轉。文王問武王道："你做了什麼夢呀？"武王答道："夢見天帝賜給我九齡。"文王問："你以爲什麼意思呢？"武王説："西方還有九個未賓服的國家，君王恐怕終究會存撫他們。"文王説："不是哩，古時候稱年爲齡，稱齒也爲齡哩。我壽數一百，你九十，我給你三歲呀。"後來文王九十七歲乃終，武王九十三歲而終。

成王年幼，不能臨朝治理政事。周公輔佐成王，踐天子位代行治理天下之事。在兒子伯禽身上舉用世子法規，是想讓成王明白父子君臣長幼之間的道理嘛；成王有過失，就鞭撻伯禽，用來啟示成王做世子的道理嘛。這些都是遵照文王做世子時的做法嘛。

【古注】

《注》 (一)三皆曰朝，以其禮同。(二)内豎，小臣之屬，掌外内之通命者。御，如今小史直日矣。(三)孝子恒兢兢。(四)又，復也。(五)莫，夕也。(六)節，謂居處故事。履，蹈地也。(七)飲食安也。(八)憂解。(九)在察也。(十)問所食者。(十一)末，猶勿也。原，再也。勿有所再進，爲其失飪臭味惡也。退，反其寢。(十二)庶幾程式之。帥，循也。(十三)言常在側。(十四)欲知氣力箴藥所勝。(十五)閒，猶瘳也。(十六)閒後容臥。(十七)帝，天也。(十八)撫，猶有也。言君王，則此受命之後也。(十九)年，天氣也。齒，人壽之數也。九齡，九十年之祥也。文王以勤憂損壽，武王以安樂延年。言與爾三者，明傳業於女，女受而成之。(廿)君子曰終，終其成功。(廿一)涖，視也。不能視阼階行人君之事。(廿二)踐，履也。代成王履阼階攝王位治天下也。(廿三)抗，猶舉也。謂舉以世子之法，使與成王居而學之。(廿四)以成王之過撃伯禽，則足以感喻焉。(廿五)顯上事。

《音義》 説，本亦作脱，又作稅，音他活反 tuō(ㄊㄨㄛ)。撻，他達反 tà(ㄊㄚ)，撃也。

《疏》 案緯侯之説，文王九十六始稱王，崩後謚之曰"文"，則爲世子之時未得爲文王也，記者於後追而書之。食上，謂獻饌；食下，謂食畢徹饌而下。文王問進食之人，其父所膳何食？膳宰答畢，文王又命戒膳宰云：末有原，末，無也；原，再也；言在後進食之時，皆須新好，無得使前進之物而有再進。膳宰應曰諾，然後文王乃退反其寢也。不敢有加焉者，以武王伐紂功業既成，恐有踰越文王之嫌，故記者云不敢有加焉。文王疾瘳，武王得安睡，文王問爾其何夢？武王對曰：夢見天帝與我九齡。文王語武王云：女以九齡爲何事也？武王曰：齡，善也，是福善之事，西方有九國未賓，既夢得九種齡善，君王其終撫諸，撫，有也；諸，之也，言王終久有之。文王曰：女之所言非也，古者謂年齡，謂稱年爲齡，古者稱齒亦爲齡。天既與女九齡，女得九十年之祥。是我爲百歲，吾與爾三焉，言我於百年中與爾以三年焉。年壽之數，賦命自然，不可延之寸陰，不可減之晷刻，文王九十七，武王九十三，天定之數。今文王云吾與女三者，示其傳基業於武王，欲使武王承其所傳之業，此乃教戒之義，訓非自然之理。武王既終，成王幼弱，不能涖阼階行人君之事，周公乃輔相成王，令成王且在學，學世子之道。周公代成王踐履阼階攝王位而臨天下，乃興舉世子之法於伯禽，伯禽舉行世子之法以示成王，欲令成王觀而法之，使知父子君臣長幼之道。若成王法效伯禽不能備具而有過失，周公則笞撻伯禽，責其不能以世子之禮教成王也。文王之爲世子也者，從篇首以至於此，是文王之爲世子及武王成王之法，其武王成王爲世子之禮皆上法文王，故以文王之爲世子揔結之也。

8.2(**本節篇幅太長，將分四段注譯**)

【原文一】

凡學世子及學士，必時(一)：春夏學干戈，秋冬學羽籥，皆於東序(二)。小樂正學干，大胥贊之；籥師學戈，籥師丞贊之(三)；胥鼓南(四)。春誦，夏弦，大師詔之；瞽宗秋學禮，執禮者詔之；冬讀書，典書者詔之。禮在瞽宗，書在上庠(五)。

【譯文】

凡是教導世子及學士，必須順應季節的變化：春夏教授舞動干戈的武舞，秋冬教授舞動羽籥的文舞，都在王宫以東的太學進行。小樂正教授干舞，大胥協助他；籥師教授戈舞，籥師丞協助他；大胥擊鼓以爲南夷之樂的節奏。春季誦詩，夏季彈弦，太師訓導這兩門；秋季在瞽宗教禮，由執禮的官員予以訓導；冬季讀書，由掌管書籍的官員予以訓導。在瞽宗學禮，在上庠讀書。

【古注】

《注》 (一)四時各有所宜。學士，謂司徒論俊選所升於學者。(二)干，盾也。戈，句矛戟也。干戈萬舞象武也，用動作之時學之。羽籥，籥舞象文也，用安静之時學之。《詩》云："左手執籥，右手秉翟。"(三)四人皆樂官之屬也，通職秋冬，亦學以羽籥。小樂正，樂師也。《周禮》："樂師掌國學之政，教國子小舞；大胥掌學士之版，以待致諸子。春人學舍菜合舞，秋頒學合聲。籥師掌教國子舞羽吹籥。"(四)南，南夷之樂也。胥掌以六樂之會，正舞位；旄人教夷樂，則以鼓節之。《詩》云："以雅以南，以籥不僭。"(五)誦，謂歌樂也。弦，謂以絲播詩。陽用事則學之以聲，陰用事則學之以事，因時順氣，於功易成也。周立三代之學，學書於有虞氏之學，典謨之教所興也；學舞於夏后氏之學，文武中也；學禮樂於殷之學，功成治定與己同也。

《音義》 學，户孝反 xiào(ㄒㄧㄠˋ)，教也，下小樂正學干、籥師學戈、大樂正學舞干戚同。籥，羊灼反 yuè(ㄩㄝ)。大師，大音太，下文《注》大樂正、大學、大傅、大祖、大寢皆同。瞽音古，瞽宗，殷學名。庠音祥，上庠，虞學名。

《疏》 此一節是第二節中教世子及學士時節，兼明所教之官及所教之處。凡學世子及學士必時者，學謂教也，言三王教世子及學士等，必各遂四時所宜，則下文之類是也。胥鼓南者，胥謂大胥，南謂南夷之樂。旄人教國子南夷樂之時，大胥則擊鼓以節南樂。

【原文二】

凡祭與養老乞言、合語之禮，皆小樂正詔之於東序(一)；大樂正學舞干戚；

語説命乞言，皆大樂正授數(二)，大司成論説在東序(三)。凡侍坐於大司成者，遠近閒三席，可以問(四)，終則負牆(五)，列事未盡不問(六)。凡學，春官釋奠于其先師，秋冬亦如之(七)。凡始立學者，必釋奠于先聖先師，及行事必以幣(八)。凡釋奠者，必有合也(九)，有國故則否(十)。凡大合樂，必遂養老(十一)。凡語于郊者(十二)，必取賢斂才焉，或以德進，或以事舉，或以言揚(十三)；曲藝皆誓之(十四)，以待又語(十五)，三而一有焉(十六)，乃進其等(十七)，以其序(十八)，謂之郊人，遠之(十九)；於成均，以及取爵於上尊也(廿)。始立學者，既興器用幣(廿一)，然後釋菜(廿二)，不舞不授器(廿三)。乃退，儐于東序，一獻，無介語可也(廿四)。教世子(廿五)。

【譯文】

凡是祭祀和奉養德高望重的老者以向其求教、綜合告誡的禮儀，都由小樂正在王宫東側的太學予以訓導；大樂正教授揮舞干戚；告誡、解説、差遣向老者求教，都由大樂正規定傳授的篇數，由大司成在東序中議論評説。凡侍坐在大司成左右的學子，遠近要閒隔三個席位，可以發問，問完就退到後面背對着墻，列舉事例没講解完不得發問。凡是學校，春季執教的官員要向他的先師行釋奠禮，秋季冬季也這樣進行。凡是開始建立學校的諸侯國，必須向先聖先師行釋奠禮，待到行此事時必須用幣帛祭奠。大凡釋奠的話，必定有合夥舉辦的國家嘛，本國有先聖先師就不必跟鄰國合夥釋奠。凡是春季入學與秋季頒布舉行大合樂時，必於次日舉行養老禮。凡是到郊學作評議的官員，必須斂取賢才，或以德行引進，或以事蹟舉薦，或以嘉言顯揚；那些有小技藝的使他們都謹習其事，以待下次評議，三項才能中有一項突出，就進升他的等級，按其技藝排列次序，稱之爲郊人，以示疏遠他們，不過天子駕臨成均飲酒時，以此恩澤被及，郊人也可到堂上拿着酒爵向尊者敬酒嘛。開始建立學校的諸侯，拿牲血塗抹祭器的縫隙完畢後要用幣帛向先聖先師祭告器成，然後行釋菜禮，不舞蹈不授予兵器。就此告退，在東序引導賓客，獻一次酒，無須傳遞賓主的話語可以嘛。以上全是教導世子的事項。

【古注】

《注》 (一)學以三者之威儀也。養老乞言，養老人之賢者，因從乞善言可行者也。合語，謂鄉射、鄉飲酒、大射、燕射之屬也，《鄉射》記曰："古者於旅也語。"(二)學以三者之舞也。戚，斧也。語説，合語之説也。數，篇數。(三)論説，課其義之深淺，才能優劣，此云樂正司業父師。司成即大司成，司徒之屬，師氏也。師氏掌以媺詔王，教國子以三德三行及國中失之事也。(四)閒，猶容也。容三席，則得指畫相分别也。席之制，廣三尺三寸三分，則是所謂函丈也。(五)卻就後席相辟。(六)錯尊者之語不敬也。(七)官,謂禮樂詩書之官。《周禮》曰:“凡有道者有德者使教焉,死則以爲樂祖,祭於瞽宗。”此之謂先師之類也。若漢,禮有高堂生,樂有制氏,詩有毛公,書有伏生,億可以爲之也。不言夏,夏從春可知也。釋奠者,設薦饌酌奠而已,無迎尸以下之事。(八)謂天子命之教,始立學官者也。先聖,周公若孔子。(九)國無先聖先師,則所釋奠者當與鄰國合也。(十)若唐虞有夔龍、伯夷,周有周公,魯有孔子,則各自奠之不合也。(十一)大合樂,謂春入學舍菜合舞,秋頒學合聲於是時也,天子則視學焉。遂養老者,謂用其明日也,鄉飲酒、鄉射之禮明日乃息,司正徹唯所欲以告於先生君子可也,是養老之象類。(十二)語,謂論説於郊學。(十三)大樂正論造士之秀者升諸司馬曰進士,謂此矣。(十四)曲藝,謂小技能也。誓,謹也,皆使謹習其事。(十五)又語,爲後復論説也。(十六)三説之中有一善則取之,以有曲藝不必盡善。(十七)進於衆學者。(十八)又以其藝爲次。(十九)俟事官之缺者以代之。遠之者,不曰俊選曰郊人,賤技藝。(廿)董仲舒曰“五帝名大學曰成均”,則虞庠近是也。天子飲酒於虞庠,則郊人亦得酌於上尊以相旅。(廿一)“興”當爲“釁”字之誤也,禮樂之器成則釁之,又用幣告先聖先師以器成。(廿二)告先聖先師以器成有時將用也。(廿三)釋菜禮輕也。釋奠則舞,舞則授器司馬之屬司兵、司戈、司盾祭祀。授舞者,兵也。(廿四)言乃退者,謂得立三代之學者釋菜于虞庠,則儐賓于東序,魯之學有米廩。東序,瞽宗也。(廿五)亦題上事。

《疏》 此一節還是第二節中,教世子及學士祭與養老合語之威儀,又教世子等祭與養老合語之義理,兼明所教之官及所教之處,又明司成之官考課才藝深淺也;又論國子侍坐於大司成之儀,四時在學釋尊之事;又明諸侯之國天子命之始立學者,必釋奠於先聖先師,及行事之時必用幣而行禮,若己國無先聖先師,則合祭隣國先聖先師;又明官爵於學士已成者,必取賢斂才;又明禮樂之器初成,用幣告先聖先師,又釋菜告器成將用乃退儐之事也。教世子者,從上凡學世子至此,皆是教世子之法,其閒雖有王子公卿大夫元士之子及國之俊選,諸侯之事及釋奠養老之事,雖非一也,以世子爲主,故云“教世子”以揔之。

【原文三】

凡三王教世子,必以禮樂。樂所以脩内也,禮所以脩外也,禮樂交錯於中,發形於外,是故其成也懌,恭敬而温文(一)。立大傅少傅以養之,欲其知父子君臣之道也(二)。大傅審父子君臣之道以示之(三),少傅奉世子以觀大傅之德行而審喻之(四)。大傅在前,少傅在後(五),入則有保,出則有師(六),是以教喻而德成也(七)。師也者,教之以事,而喻諸德者也;保也者,慎其身以輔翼之,而歸諸道者也(八)。《記》曰:“虞、夏、商、周,有師保,有疑丞(九),設四輔及三公,不必備,唯其人。”語使能也(十)。君子曰:“德,德成而教尊,教尊而官正,官正而國治。”君之謂也。

【譯文】

大凡夏商周三代君王教育世子,必定運用禮制和音樂。音樂用來脩養内心嘛,禮制用來脩整外貌嘛,禮樂在心中交錯作用,發散到外表的形態,所以他的成長呢,是在悦懌中,逐漸養成了恭敬而且温厚文雅的習慣。設立太傅少傅來教養他,想讓他知道父子君臣的道理嘛。太傅審處父子君臣之道來爲他示範，少傅侍奉世子來觀摩太傅的德行從而審慎地曉喻他。太傅示範在前，少傅曉喻在後，入宫則有保氏，出宫則有師氏，所以教化加曉喻能使德業有成哩。這師氏呢，是教給世子怎樣處理事物，而用德行予以曉喻的人嘛；這保氏呢，是謹慎自身的行爲用來輔佐安護世子，從而使其歸附於正道上的人嘛。《記》中有云："虞、夏、商、周四位天子，設有師和保，設有疑和丞，設置四輔，以配合三公，這些職位不必齊備，只求合格的人才。"説的是使用能人哩。君子説："道德，道德培養見成效教育才會受到尊重，教育受到尊重爲官才能公正，爲官公正國家才能平治。"這是指君王説的嘛。

【古注】

《注》 (一)中，心中也。懌，説懌。(二)養，猶教也。言養者，積浸成長之。(三)謂爲之行其禮。(四)爲説其義。(五)謂其在學時。(六)謂燕居出入時。(七)以有四人維持之。(八)慎其身者，謹安護之。(九)《記》所云，謂天子也，取以成説。(十)語，言也。得能則用之，無則已，不必備其官也。小人處其位，不如且闕。

【原文四】

仲尼曰："昔者周公攝政，踐阼而治，抗世子法於伯禽，所以善成王也。聞之曰，爲人臣者，殺其身有益於君則爲之，況于其身以善其君乎！周公優爲之(一)。是故知爲人子，然後可以爲人父；知爲人臣，然後可以爲人君；知事人，然後能使人。成王幼，不能涖阼，以爲世子，則無爲也(二)。是故抗世子法於伯禽，使之與成王居(三)，欲令成王之知父子君臣長幼之義也。君之於世子也，親則父也，尊則君也，有父之親，有君之尊，然後兼天下而有之。是故養世子不可不慎也(四)。行一物而三善皆得者，唯世子而已，其齒於學之謂也(五)。故世子齒於學，國人觀之曰：'將君我，而與我齒讓，何也？'曰：'有父在則禮然，然而衆知父子之道矣。'其二曰：'將君我，而與我齒讓，何也？'曰：'有君在則禮然，然而衆著於君臣之義也。'其三曰：'將君我，而與我齒讓，何也？'曰：'長長也，然而衆知長幼之節矣。'故父在斯爲子，君在斯謂之臣，居子與臣之節，所以尊君親親也。故學之爲父子焉，學之爲君臣焉，學之爲長幼焉(六)，父子君臣長幼之道得而國治。語曰：'樂正司業，父師司成，一有元良，萬國以貞。'世子之謂也(七)。周公踐阼(八)。"

【譯文】

仲尼説："往昔周公攝理政事，踐天子位來治理天下，在兒子伯禽身上舉用世子的法規，用這種方法來改善成王的人品嘛。有名望的古人説，作臣子的，犧牲自己的生命，只要對君王有益，就去做，況且既能寬慰自身又對自己的君王有好處啊！周公這方面做得很優異。正是這個緣故，只有知道怎樣做兒子，然後才可以做父親；知道怎樣做臣下，然後才可以做君王；知道如何服事人，然後才可以指使人。成王年幼，不能臨天子位，作爲世子，又無從作爲哩。由於這個緣故，只能在伯禽身上舉用世子法規，使他跟成王同居，想讓成王他懂得父子君臣長幼的涵義嘛。君王對於世子來說，論親情則是父親哩，論尊嚴則是君王哩，既有父親的親情，又有君王的尊嚴，然後才能擁有天下的一切。正是這個緣故，教養世子不可不慎重哩。做一件事能使三方面都獲得好效果的人，只有世子而已，這是指他在學校能以年齒相讓説的哩。原先世子在學校以年齒相讓時，國人看到後問：'他將會主宰我，却與我序齒相讓，爲什麽呢？'知情人説：'有父親在就禮當如此，這樣能使衆人懂得父子之間的道理呀。'第二個人問：'他將會主宰我，却與我序齒相讓，爲什麽呢？'知情人説：'有君王在就禮當如此，這樣能使衆人對君臣之間的義務了解得更顯著了嘛。'第三個人問：'他將會主宰我，却與我序齒相讓，爲什麽呢？'知情人説：'尊敬年長的人嘛，這樣能使衆人明白長幼之間的禮節呀。'所以父在世子爲兒子，君在世子稱自己是臣，處於兒子和臣下的時節，主要精力用來尊敬君王親愛雙親嘛。所以教他學父子之道，教他學君臣之義，教他學長幼之節，父子君臣長幼的道理富有心得才能把國家治理好。成語有云：'樂正主管學業，父師主管成就德行，一人具有大好的品德，萬國都能得以釐正。'這是指世子説的嘛。以上全是周公踐天子位時的事。"

【古注】

《注》 (一)聞之者，聞之於古也。"于"讀爲"迂"，迂猶廣也，大也。(二)以爲世子，若爲世子時。(三)亦學此禮於成王側。(四)處君父之位，覽海内之士，而近不能教其子，則其餘不足觀矣。(五)物，猶事也。(六)學，教。(七)司，主也。一，一人也。元，大也。良，善也。貞，正也。(八)亦題上事。

8.3(**此節篇幅也太長，將分四段注譯**)

【原文一】

庶子之正於公族者，教之以孝弟睦友子愛，明父子之義，長幼之序(一)。其朝于公，内朝，則東面北上，臣有貴者以齒(二)；其在外朝，則以官，司士爲之(三)；其在宗廟之中，則如外朝之位，宗人授事，以爵以官(四)；其登餕獻受爵，則以上嗣(五)，庶子治之，雖有三命，不踰父兄(六)；其公大事，則以其喪服之精麤爲序，雖於公族之喪亦如之，以次主人(七)；若公與族燕，則異姓爲賓(八)，膳宰爲主人(九)，公與父兄齒(十)，族食世降一等(十一)；其在軍，則守於公禰(十二);公若有出疆之政(十三),庶子以公族之無事者守於公宫,正室守大廟(十四),諸父守貴宫貴室(十五),諸子諸孫守下宫下室(十六)。

【譯文】

庶子之官在公族内的政務是,教育公族弟子孝悌和睦友善慈愛,彰明父子之間的道義,長幼之間的次序。他們去朝覲國君,若在内朝,就面朝東以北邊爲上位,臣子有地位顯貴的也得按年齒排位次,由庶子之官治理此事,縱然身爲三命上卿之顯貴,其位次也不得超越父輩和兄輩;若在外朝,就按官職高低排位次,由司士主持此事;若在宗廟之中,也像在外朝那樣排位次,由掌管祭禮的宗人按爵位和官職授予他們事務;那些登堂向尸獻酒、接受尸回敬的酒爵及分發餕餘的祭物諸事,則由嫡長子親自操持;倘若是國君死喪的大事,就以他們所服喪服的精粗輕重爲排列的順序,就連公族的喪事也這樣排序,都要排在主喪者之下;要是國君與族人燕飲,就以異姓爲賓客,膳宰擔當禮接賓客的主人,國君與父輩兄輩序齒論坐次,族人燕食的次數按世系親疏依次減少;庶子之官要是隨從在軍中,就守在隨行神主的齋車上;國君要是有離開疆土朝覲天子或互相約會的政事,庶子之官就安排公族中没有職事的子弟留守在國君的宫廷中,安排公卿大夫的嫡子留守太廟,安排伯父叔父留守路寢,安排諸子諸孫留守祖廟和燕寢。

【古注】

《注》 (一)正者,政也。庶子,司馬之屬,掌國子之倅爲政於公族者。(二)内朝,路寢庭。(三)外朝,路寢門之外庭。司士,亦司馬之屬也,掌羣臣之班,正朝儀之位也。(四)宗人,掌禮及宗廟也。以爵,貴賤異位也;以官,官各有所掌也,若司徒奉牛,司馬奉羊,司空奉豕。(五)上嗣,君之適長子,以特牲饋食禮言之。受爵,謂上嗣舉奠也。獻,謂舉奠洗爵酌入也。餕,謂宗人遣舉奠盥祝命之餕也。大夫之嗣無此禮,辟君也。(六)治之,治公族之禮也,唯於内朝則然,其餘會聚之事則與庶姓同。一命齒於鄉里,再命齒於父族,三命不齒。不齒者,特爲位不在父兄行列中。(七)大事,謂死喪也。其爲君雖皆斬衰,序之必以本親也。主人,主喪者。次主人者,主人恒在上,主人雖有父兄,猶不得下齒。(八)同宗無相賓客之道。(九)君尊,不獻酒。(十)親親也。(十一)親者稠,疏者希。(十二)謂從軍者。公禰,行主也。所以遷主言禰,在外親也。(十三)謂朝覲會同也。(十四)正室,適子也。大廟,大祖之廟。(十五)謂守路寢。(十六)下宫,親廟也。下室,燕寢,或言宫,或言廟,通異語。

《音義》 倅,七對反 cuì(ㄘㄨㄟˋ),副也。餕音俊。適,丁歷反 dí(ㄉㄧˊ)。盥音管。

《疏》 此一節論庶子之官治理公族朝祭燕食吉凶刑罰之事。其登餕獻受爵也,登謂登堂,無事之時嗣子在堂下,餕時登堂,獻時亦登堂,受爵之時亦登,此一登之文包此三事。其登餕獻不用衆官,唯用上嗣,故云"則以上嗣"。庶子治之者,謂治此公族朝於内朝之時也,既不計官之大小,故雖有三命之貴,而列位不得踰越在無爵父兄之上也。然此句應承第二條前"臣有貴者以齒"之下,其外朝既云司士爲之，則内朝自然庶子治之也。所以在此者，當是簡札遺脱，故在此也。其在軍則守於公禰者，明庶子從行在軍及公行，庶子留守之事。公禰，謂遷主載在齊車隨公行者也，庶子官既從在軍，故守於公齊車之行主也。

【淺悟】

孔氏《疏》認爲"庶子治之，雖有三命，不踰父兄"一語，應承前"臣有貴者以齒"之下。所以在此者，當是簡札遺脱所致。説得很有道理，故譯文從之作了調整。

【原文二】

五廟之孫，祖廟未毁，雖爲庶人，冠取妻必告，死必赴，練祥則告(一)。族之相爲也，宜弔不弔，宜免不免，有司罰之(二)。至于賵賻承含，皆有正焉(三)。

公族其有死罪，則磬于甸人(四)；其刑罪，則纖剸，亦告于甸人(五)。公族無宫刑(六)。獄成，有司讞于公。其死罪，則曰某之罪在大辟；其刑罪，則曰某之罪在小辟(七)。公曰宥之(八)，有司又曰在辟，公又曰宥之(九)，有司又曰在辟；及三宥不對，走出，致刑于甸人(十)。公又使人追之曰："雖然，必赦之。"有司對曰："無及也(十一)。"反命于公(十二)；公素服不舉，爲之變，如其倫之喪，無服(十三)，親哭之(十四)。

【譯文】

五世同廟的孫輩，高祖的神主尚未移進太廟，縱然淪爲庶人，行冠禮和娶妻必須向國君禀告，死必訃告，練祭和大祥祭則禀告。族人之間的相互扶助嘛，應當弔唁而不弔唁、應當袒免而不袒免的，有司將會懲罰他們。至于贈送給喪家的車馬布帛珠玉等，都由庶子之官隨其親疏就正於禮制。

國君同族中有人犯死罪，就交由甸人行絞刑；有人犯肉刑罪，就得鑯刺剸割，也要向甸人宣讀審訊結果後令其行刑。國君族人不判處宫刑。獄訟平治完成，有司向國君陳述審判結果時，倘若是死罪，就説某人的罪在大辟；若是肉刑罪，就説某人的罪在小辟。國君説寬宥他；有司又强調應行辟刑；國君又説寬宥他；有司再次争辯應行辟刑。待國君第三次説到寬宥時有司不再對答，徑自走出去，交給甸人用刑。國君又派人追來説："即便有罪，也必須赦免他。"有司回答説："來不及了。"派來的人向國君復命；國君换上素服也不提起吃飯的事，爲死者改變常禮，按照與死者的倫常關係治理喪事，不服喪服，親自去哭他。

【古注】

《注》（一）赴，告於君也。實四廟孫而言五廟者，容顯考爲始封子也。（二）弔謂六世以往，免謂五世。（三）"承"讀爲"贈"，聲之誤也。正，正禮也。（四）不於市朝者，隱之也。甸人，掌郊野之官。縣縊殺之曰磬。（五）"纖"讀爲"鑯"。鑯，刺也。剸，割也。宫、割、臏、墨、劓、刖，皆以刀鋸刺割人體也。"告"讀爲"鞠",讀書用法曰鞠。(六)宫,割淫刑。(七)成,平也。讞之言,白也。辟,亦罪也。(八)宥,寬也,欲寬其罪出於刑也。(九)又,復也。(十)對,答也。先者君每言宥,則答之以將更寬之,至於三,罪定不復答。走,往刑之,爲君之恩無已。(十一)罪既正,不可宥,乃欲赦之,重刑殺其類也。(十二)白已刑殺。(十三)素服,於凶事爲吉,於吉事爲凶,非喪服也。君雖不服臣,卿大夫死則皮弁錫衰以居,往弔當事則弁絰,於士蓋疑衰,同姓則緦衰以弔之,今無服者,不往弔也。倫,謂親疏之比也。素服亦皮弁矣。(十四)不往弔,爲位哭之而已。君於臣,使有司哭之。

《音義》 免音問。賵,芳鳳反 fèng(ㄈㄥˋ)。賻音附。承音贈,出《注》。含,胡暗反 hàn(ㄏㄢˋ),本又作唅。賵賻含襚,皆贈喪之物也,車馬曰賵,布帛曰賻,珠玉曰含,衣服曰襚,揔謂之贈,贈猶送也。纖,依《注》音子廉 jiān(ㄐㄧㄢ)。剸,之兖反 tuán(ㄊㄨㄢˊ)。告,依《注》作鞠,jú(ㄐㄩˊ)。讞,魚列反 yàn(ㄧㄢˋ),言也。宥音又。

《疏》 (一至三)此論族人雖或至賤,吉凶必須相告弔。云皆有正焉者,正謂正禮,庶子之官治之,使賵賻贈含隨其親疏各有正禮。(四至十四)此一節論公之同族有死刑之罪,有司行法之事及公爲之貶降之禮。其刑罪則纖剸亦告于甸人者,謂族人犯刑罪者欲纖刺剸割之時,亦鞠讀刑法之書於甸人之官也。獄成有司讞于公者,成,平也;讞,言白也,謂獄斷既平,定其罪狀,有司以此成辭言白於公,若其所犯死罪,白公之時則曰某之罪在大辟,其犯刑罪,則曰某之罪在小辟。雖然必赦之,然猶如是,雖罪重如是,必更寬宥赦其刑殺也。有司對曰無及也,言其追之不可及也。公身著素服,衣裳皆素,不舉饌食,爲之變其常禮,如其親疏倫輩之喪,身不往弔,無弔服也,乃親自哭之於異姓之廟。

【原文三】

公族朝于内朝,内親也,雖有貴者以齒,明父子也(一);外朝以官,體異姓也(二);宗廟之中以爵爲位,崇德也(三)。宗人授事以官,尊賢也(四)。登餕受爵以上嗣,尊祖之道也(五)。喪紀以服之輕重爲序,不奪人親也(六)。公與族燕則以齒,而孝弟之道達矣(七);其族食世降一等,親親之殺也(八)。戰則守於公禰,孝愛之深也(九);正室守大廟,尊宗室而君臣之道著矣(十);諸父諸兄守貴室,子弟守下室,而讓道達矣(十一)。

【譯文】

諸侯的族人有事聚會都在内朝覲見國君,因是族内之親嘛,雖有地位顯貴者也得以年齒排序,用以彰明父輩和子輩的恩義嘛;凡在外朝就得按官職排序,以此連結異姓嘛;在宗廟就得以爵位排列位次,體現崇尚德行嘛。掌管祭祀的宗人按照官職高低授與事務,體現尊重賢者嘛。登堂接受尸的酒爵以及分發餕餘的祭物要由嫡長子來擔當,這是尊重祖先正統的道理嘛。喪事依照喪服的輕重排列次序,爲了不褫奪别人的親情嘛。國君與族人燕飲則以年齒排坐次,能使孝悌之道通達呀;與族人飲食的次數按世系從親到疏依次遞減,以此體現其親近親戚的等差嘛。征戰時就使庶子官守護着隨行神主的齋車,體現的是孝敬愛慕的深情呀;令嫡子守護太廟,來體現尊重宗室，能使君臣之道昭著呀；令衆父輩衆兄長守護路寢，子弟們守護燕寢，能使謙讓風氣暢達呀。

【古注】

《注》 (一)謂以宗族事會。(二)體猶連結也。(三)崇，高也。(四)官各有能。(五)上嗣，祖之正統。(六)紀猶事也。(七)以至尊不自異於親之列。(八)殺，差也。(九)行主，君父之象。(十)以其不敢以庶守君所重。(十一)以其貴者守貴，賤者守賤。上言父子孫，此言兄弟，互相備也。

《音義》 殺，色戒反 shài(ㄕㄞˋ)。

《疏》 覆明在上公族九條之義，言公族所以朝於内朝者，其内親也，雖貴，猶與賤者計年以爲齒列者，欲明父子昭穆之本恩故也。

【原文四】

五廟之孫，祖廟未毁，雖及庶人，冠取妻必告，死必赴，不忘親也。親未絶而列於庶人，賤無能也；敬弔臨賻賵，睦友之道也。古者庶子之官治，而邦國有倫；邦國有倫，而衆鄉方矣(一)。公族之罪，雖親不以犯有司，正術也，所以體百姓也(二)；刑于隱者，不與國人慮兄弟也；弗弔、弗爲服、哭于異姓之廟，爲忝祖，遠之也；素服居外、不聽樂，私喪之也，骨肉之親無絶也。公族無宫刑，不翦其類也(三)。

【譯文】

五世同廟的孫輩，高祖的神主尚未移進太廟，即便淪爲庶人，行冠禮和娶妻必須向國君禀告，死必訃告，因爲不忘親情嘛。親情未絶却落到庶人的行列，國君輕蔑無能哩；恭敬地弔唁並親臨贈送助喪的布帛車馬，體現了國君的和睦友愛之道哩。古時候庶子之官治理有方，就能使邦國有倫理；邦國有倫理，就能使民衆趨向道義呀。國君族中的罪人，縱然至親也不得使用權威干犯有司辦案，應公正執法嘛，以此來連結百姓嘛；到隱蔽處行刑，不給國人看見國君爲親戚憂傷嘛；不弔唁，不爲其服喪，到異姓的廟裏去哭，爲了避免羞辱先祖，因而疏遠他嘛；著素服居外室，不聽音樂，私下爲他辦喪事呢，都因骨肉親情没有斷絶嘛。國君族人不判處宫刑，爲的是不翦斷自己的同類嘛。

【古注】

《注》 (一)鄉方，言知所鄉。(二)犯，猶干也。術，法也。(三)翦，割截也。

《音義》 鄉，許亮反 xiàng(ㄒㄧㄤˋ)。遠，于萬反 yuàn(ㄩㄢˋ)。

《疏》 此覆釋前第八條之事。所以告必赴者，君不以貴仍統於親，故族人有事告赴，是不忘親也。既與君有親，何得爲庶人者？賤其無能也。所以體百姓也者，法無二制，故雖公族之親，猶治之與百姓爲一體,不得獨有私也。刑于隱者不與國人慮兄弟也者,若異姓則刑之於市,此同姓刑於甸師隱僻之處者,不與國人謀慮兄弟也。所以不弔無服哭于異姓之廟者,爲其犯罪,忝辱先祖於公法,合疏遠之也。

8.4

【原文】

天子視學,大昕鼓徵,所以警衆也(一)。衆至,然後天子至,乃命有司行事,興秩節,祭先師先聖焉(二)。有司卒事反命(三),始之養也(四);適東序,釋奠於先老(五),遂設三老五更羣老之席位焉(六);適饌省醴,養老之珍具(七);遂發咏焉,退脩之,以孝養也(八);反,登歌《清廟》(九),既歌而語,以成之也,言父子君臣長幼之道,合德音之致,禮之大者也(十);下管象,舞《大武》,大合衆以事,達有神,興有德也(十一)。正君臣之位,貴賤之等焉,而上下之義行矣(十二)。有司告以樂闋(十三),王乃命公矦伯子男及羣吏曰:"反養老幼于東序。"終之以仁也(十四)。

是故聖人之記事也,慮之以大(十五),愛之以敬(十六),行之以禮(十七),脩之以孝養(十八),紀之以義(十九),終之以仁(廿)。是故古之人一舉事,而衆皆知其德之備也。古之君子,舉大事必慎其終始,而衆安得不喻焉(廿一)?《兑命》曰:"念終始典于學(廿二)。"

【譯文】

天子視察學校,大清早便擊鼓徵召,用以警醒衆學士早起哩。衆人到齊,然後天子駕到,即命令有司行事,興辦通常的舊禮,諸如祭祀先師先聖等。有司辦完這些事復命後,天子開始前往養老之處;來到東序,向先老的靈位行釋奠禮,即在此設置三老五更等衆多老人的席位;又親自到放食物處省視醴酒和養老的珍貴器具;省視完即作樂發出歌咏之聲;天子退下脩習酌酒等禮節,以便用孝道禮遇老人嘛;返回坐席,令樂工登堂歌咏《清廟》之詩;歌罷便互相交談,所要成就的呢,通過言説父子君臣長幼的道理,使之合乎詩中美好德音的極致,這是禮制中的重大内容嘛;堂下笙管吹奏起象徵武王伐紂的樂曲,庭中便跳起《大武》舞,聚合廣大學士前來參加吹奏起舞之事,用以通達天神,振興道德嘛。以此端正君臣的位次、貴賤的等差,能使上下所應承當的義務通行無阻呀。有司向衆人宣告奏樂終了,帝王便囑咐參加視學的公矦伯子男及衆官吏説:"返回各自國家都要舉辦今天在東序這樣的養老幼之禮。"以仁恩之心終結了這項活動嘛。

由於上述的緣故,聖人所記録的事件呢,全是以遠大的目光去謀慮,用恭敬來體現所愛的人，用禮來規範行爲，用孝養來修習各種禮節，用道義作爲綱紀，用仁恩貫徹到最終。正是這個緣故，古時候的人一旦舉辦某事，便能使羣衆全知道他的德行有多麼完備哩。古時候的君子，舉辦大事必定慎重考慮它的終結和起始，那麼民衆怎麽會得不到開導呢？正如《書經·説命》中所云："思念事物從終到始的常道在於學。"

【古注】

《注》 （一）早昧爽擊鼓以召衆也。警猶起也。周禮凡用樂，大胥以鼓徵學士。（二）興猶舉也；秩，常也；節猶禮也。使有司攝其事，舉常禮，祭先師先聖。不親祭之者，視學觀禮耳，非爲彼報也。（三）告祭畢也，祭畢天子乃入。（四）又之養老之處。凡大合樂，必遂養老，是以往焉。言始，始立學也。（五）親奠之者，己所有事也。養老東序，則是視學於上庠。（六）三老五更各一人也，皆年老更事致仕者也，天子以父兄養之，示天下之孝弟也。名以三五者，取象三辰五星，天所因以照明天下者。羣老無數，其禮亡，以鄉飲酒禮言之，席位之處則三老如賓，五更如介，羣老如衆賓必也。（七）親視其所有。（八）發咏，謂以樂納之。退脩之，謂既迎而入，獻之以醴，獻畢而樂闋。（九）反，謂獻羣老畢皆升就席也，反就席，乃席工於西階上歌《清廟》以樂之。（十）既歌，謂樂正告正歌備也。語，談説也。歌備而旅，旅而説父子君臣長幼之道，諸合樂之美以成，其意《鄉射記》曰"古者於旅也"語。（十一）《象》，周武王伐紂之樂也，以管播其聲，又爲之舞，皆於堂下。衆，謂所合學士也。達有神，明天授命周家之有神也。興有德，美文王武王有德，師樂爲用，前歌後舞。（十二）由《清廟》與《武》也。（十三）闋，終也，告君以歌舞之樂終。此所告者，謂無筭樂。（十四）羣吏，鄉遂之官。王於燕之末而命諸侯時朝會在此者，各反養老如此禮，是終其仁心，《孝經説》所謂"諸侯歸，各帥於國，大夫勤於朝，州里驅於邑"是也。（十五）謂先本於孝弟之道。（十六）謂省其所以養老之具。（十七）謂親迎之如見父兄。（十八）謂親獻之薦之。（十九）謂既歌而語之。（廿）謂又以命諸侯歸於國復自行之。（廿一）言其爲之本末露見盡可得而知也。喻猶曉也。（廿二）"兑"當爲"説"。《説命》，《書》篇名，殷高宗之臣傅説之所作。典，常也。念事之終始常於學。學，禮義之府。

《音義》 昕音欣，《説文》云："旦明日將出也。"闋，苦穴反 què（ㄑㄩㄝˋ）。兑，《注》作説，音同悦。

《疏》 天子視學者，謂仲春合舞，季春合樂，仲秋合聲，於此之時天子親往視學也。遂發咏焉者，省具既畢，出迎三老五更，將入門之時，遂作樂聲發其歌咏，以樂納之也。退脩之以孝養也者，天子乃退，酌醴獻之，以脩行孝養之道也。下管象舞《大武》者，象謂象武王伐紂之樂，堂下管中奏此象武之曲，庭中舞此《大武》之舞。是故聖人之記事也者，記事，謂記序前代之事也。一舉事而衆皆知其德之備者，謂一舉養老之事以示於下，而衆皆知其在上道德備具。備具者，則上慮之以大、愛之以敬、行之以禮之屬是也。

8.5

【原文】

世子之記曰：朝夕至于大寢之門外，問於内豎曰："今日安否何如（一）？"内豎曰今日安，世子乃有喜色；其有不安節，則内豎以告世子，世子色憂不滿容（二）；内豎言復初，然後亦復初。朝夕之食上，世子必在視寒煖之節；食下，問所膳，羞必知所進，以命膳宰，然後退(三)。若内豎言疾，則世子親齊玄而養(四)；膳宰之饌，必敬視之(五)；疾之藥，必親嘗之(六)；嘗饌善，則世子亦能食(七)；嘗饌寡，世子亦不能飽(八)，以至于復初，然後亦復初(九)。

【譯文】

爲世子作的記稱：每天早晚都要到父王大寢的門外，向内豎問道："今日安適情況如何？"内豎回答今日安適，世子臉上便有喜色；如果出現不安適的徵兆，内豎則以實情禀告世子，世子頓時露出擔憂不滿意的容貌；内豎説現已恢復如初，然後世子的一切也都恢復如初。給父王早晚的飯食送上時，世子必在場審視冷熱的調節；吃完撤下時，詢問進膳的情形，必須知道父王喜歡進用的美味，以此交待膳宰，然後退下。倘若内豎説得了病，世子則自行齋戒换上玄冠玄端前去奉養；膳宰做的飯菜，必定慎重審視一遍；治病的藥，必親自品嘗一下；父王飲食狀況改善，那麽世子也能多吃；父王食量減少，世子也不肯吃飽，一直等到父王恢復如初，然後世子也恢復如初。

【古注】

《注》 (一)朝夕，朝朝暮暮也，日中又朝。文王之爲世子，非禮之制，世子之禮亡，言此存其記。(二)色憂，憂淺也，不及文王行不能正履。(三)羞必知所進，必知親所食。(四)親猶自也，養疾者。齊玄，玄冠玄端也。(五)疾者之食，齊和所欲或異。(六)試毒味也。(七)善，謂多於前。(八)又不及武王一飯再飯。(九)復常所服。

《疏》 此第五節也，以文王爲世子是聖人之法也，不可以爲常行，故此記尋常世子之禮也。則世子親齊玄而養者，内豎既言有疾，則世子親自齊戒，衣玄冠玄端而養也。《注》正義曰：經云親齊，恐是世子親視齊戒之事，非身自爲，故云"親猶自也"；以其玄冠而養，是世子自養，故知齊是世子自齊也；云齊玄，玄冠玄端也者，以經直云齊玄，故知冠衣皆玄。

【淺悟】

本篇所記雖爲家天下的産物，不過其中的大部分道理對後世仍有借鑒作用。遺憾的是，具中似有杜撰成分，比如"武王九十三而終"，他唯一的兒子"成王幼，不能涖阼"值得懷疑。

禮運第九

《疏》 按鄭《目録》云："名曰《禮運》者，以其記五帝三王相變易，陰陽轉旋之道。此於《别録》屬通論。"不以子游爲篇目者，以曾子所問事類既煩雜，不可以一理目篇。子游所問唯論禮之運轉之事，故以《禮運》爲標目耳。

9.1

【原文】

昔者仲尼與於蜡賓(一)，事畢，出遊於觀之上，喟然而嘆(二)。仲尼之嘆，蓋嘆魯也。

言偃在側曰："君子何嘆(三)？"

孔子曰："大道之行也，與三代之英，丘未之逮也，而有志焉(四)。大道之行也，天下爲公，選賢與能，講信脩睦(五)。故人不獨親其親，不獨子其子(六)，使老有所終，壯有所用，幼有所長，矜寡孤獨廢疾者，皆有所養(七)。男有分(八)，女有歸(九)。貨惡其弃於地也，不必藏於己；力惡其不出於身也，不必爲己(十)。是故謀閉而不興，盗竊亂賊而不作(十一)，故外户而不閉(十二)。是謂大同(十三)。

"今大道既隱(十四)，天下爲家(十五)，各親其親，各子其子，貨力爲己(十六)。大人世及以爲禮，城郭溝池以爲固(十七)。禮義以爲紀，以正君臣，以篤父子，以睦兄弟，以和夫婦，以設制度，以立田里，以賢勇知，以功爲己，故謀用是作，而兵由此起(十八)。禹、湯、文、武、成王、周公由此其選也(十九)。此六君子者，未有不謹於禮者也，以著其義，以考其信，著有過，刑仁講讓，示民有常(廿)；如有不由此者，在埶者去，衆以爲殃(廿一)。是謂小康(廿二)。"

【譯文】

昔日仲尼参與在蜡祭的賓客行列中，祭事完畢，出來走到觀樓上遊覽，喟然而嘆。仲尼的慨嘆，大概是慨嘆魯國哩。

陪在一旁的言偃問："君子爲何嘆氣？"

孔子説："大道暢行的時代，還有三代的英傑，我孔丘没趕得上哩，却有志書記載着。大道暢行的時代呢，天下爲公衆所有，選擇有賢德和有才能的人執政，講求信用脩好睦隣。所以人們不只是親近自己的父母，不只是關愛自己的孩子，而是設法使老人都有舒適的環境終其天年，壯年人都有地方發揮作用，幼童都能健康成長，矜夫寡婦孤兒獨老以及精神和肢體不健全的人都能得到贍養。男人有職分，女子有歸宿。財貨憎惡把它丢棄在地上嘛，收藏起來没有必要據爲己有；力氣憎惡它不是出在自己身上嘛，出力没有必要爲自己打算。正是這個緣故，陰謀閉塞且不會興起，盗竊亂賊也不能作惡，所以外出也不用關閉門户。這叫大同社會。

“如今大道已經隱没，天下變爲私家所有，人們各親近自己的父母，各關愛自己的孩子，收藏財貨和出力做事都是爲了自己。諸矦將父子兄弟世襲君位制定成禮制，建造城郭溝池來鞏固自己的統治。用這種禮制的義理作爲綱紀，來端正君臣之義，來篤厚父子之情，來親睦兄弟，來和合夫婦，來設置制度，來確立田地鄉里的歸屬，來推重勇敢和智謀，把功績歸爲自己，所以謀略用事從此興作，因而戰争由此開始。夏禹、商湯、周文王、武王、成王、周公就是由這種禮制把他們遴選出來的嘛。這六位君子，没有不在禮制上謹慎行事的哩，用來彰顯禮制的意義，用來考核執行禮制的信用，昭著出現的罪過，效法仁道講求遜讓，向人民展示這是不變的常法。如果有不依照這樣做的，哪怕是居官有權勢的人也要黜退，民衆就會把他當成禍殃。這叫小康社會。”

【古注】

《注》 （一）蜡者，索也，歲十二月合聚萬物而索饗之，亦祭宗廟。時孔子仕魯，在助祭之中。（二）觀，闕也。孔子見魯君於祭禮有不備，於此又覩象魏舊章之處，感而嘆之。（三）言偃，孔子弟子子游。（四）大道，謂五帝時也。英，俊選之尤者。逮，及也，言不及見。志，謂識古文。不言魯事，爲其太切，廣言之。（五）公猶共也，禪位授聖不家之。睦，親也。（六）孝慈之道廣也。（七）無匱乏也。（八）分猶職也。（九）皆得良奧之家。（十）勞事不憚，施無吝心，仁厚之教也。（十一）尚辭讓之故也。（十二）禦風氣而已。（十三）同猶和也，平也。（十四）隱猶去也。（十五）傳位於子。（十六）俗狹嗇。（十七）亂賊繁多，爲此以服之也。大人，諸矦也。（十八）以其違大道敦樸之本也。教令之稠，其弊則然，《老子》曰：“法令滋章，盗賊多有。”（十九）由，用也，能用禮義以成治。（廿）考，成也。刑猶則也。（廿一）埶，埶位也。去，罪退之也。殃，猶禍惡也。（廿二）康，安也。大道之人以禮，於忠信爲薄。言小安者，失之則賊亂將作矣。

《音義》 與音預。蜡，仕嫁反 zhà（ㄓㄚˋ），祭名，夏曰清祀，殷曰嘉平，周曰蜡，秦曰臘，《字林》作䄍。觀，古亂反 guàn（ㄍㄨㄢˋ）。矜，古頑反 guān（ㄍㄨㄢ）。埶音世，本亦作勢。

《疏》 皇氏（侃）曰：“從‘昔者仲尼’以下至於篇末，凡爲四段：自初至‘是謂小康’爲第一；又自‘言偃復問曰：如此乎禮之急’至‘天下國家可得而正也’爲第二；又自‘言偃復問曰：夫子之極言禮也’

至'此禮之大成也'爲第三;又自'孔子曰:鳴呼哀哉'訖篇末爲第四,以前始發未得自言嘆意,而言偃有問即隨問而答,答事既畢,故更備述所懷也。"今此第一段,明孔子發嘆,遂論五帝三王道德優劣之事。天下爲家者,父傳天位與子,是用天下爲家也,禹爲其始也。大人世及以爲禮者,大人,謂諸侯也;世及,諸侯傳位自與家也:父子曰世,兄弟曰及,謂父傳與子,無子則兄傳與弟也,以此爲禮也。然五帝猶行德,不以爲禮,三王行爲禮之禮,故五帝不言禮,而三王云以爲禮也。

【淺悟】

孔子在《論語》中談到自己的志向是"老者安之,朋友信之,少者懷之",與在本節描述天下爲公時代的"使老有所終,壯有所用,幼有所長,矜寡孤獨廢疾者皆有所養"的情形是一致的。由此可見,孔子的志向實際是天下爲公的大同社會,事實上,他一生都在爲此勞碌、奔波。同時從他對"天下爲家""大人世及以爲禮"的社會制度的形成、鞏固和發展的極爲精確的陳述,也可看出他對由此而必將産生的"謀用是作,而兵由此起"的後果的憂慮。

9.2

【原文】

言偃復問曰:"如此乎禮之急也?"

孔子曰:"夫禮,先王以承天之道,以治人之情。故失之者死,得之者生。《詩》曰:'相鼠有體,人而無禮;人而無禮,胡不遄死(一)!'是故夫禮,必本於天,殽於地,列於鬼神(二),達於喪祭射御冠昏朝聘(三)。故聖人以禮示之,故天下國家可得而正也(四)。"

【譯文】

言偃又問道:"這麽説禮的制定最急迫了?"

孔子説:"這禮,先王用來承奉天道法則,去治理人的情感。所以喪失禮的人死,得到禮的人生。《詩經·鄘風·相鼠》中有云:'看那老鼠尚有形體,作爲人反而没有禮;人要是没有禮,何不快點去死!'正是此緣故,這禮的制訂,必須以天道爲依據,以地德爲法則,在鬼神前陳列督責,使喪祭射御冠婚朝聘等禮制通行無阻。從前聖人凡事都是用禮向人昭示,所以天下國家能够走上正道嘛。"

【古注】

《注》 (一)相,視也。遄,疾也。言鼠之有身體,如人而無禮者矣,人之無禮可憎賤如鼠,不如疾死之愈。(二)聖人則天之明,因地之利,取法度於鬼神以制禮下教令也,既又祀之盡其敬也,教民嚴上也。鬼者,精魂所歸;神者,引物而出,謂祖廟山川五祀之屬也。(三)民知嚴上,則此禮達於下也。(四)民知禮則易教。

《音義》 相,息亮反 xiàng(ㄒㄧㄤˋ)。遄,市專反 chuán(ㄔㄨㄢˊ)。殽,户教反 xiào(ㄒㄧㄠˋ),法也。

【淺悟】

中華文化中所提到的先王和聖人，一般指天下爲公時代的帝王，即伏羲、神農、黄帝、堯、舜五帝；所謂鬼，一般指逝去的先人和爲人類建立過不朽功勳的先烈們，後面將有論述；所謂神，是指生養萬物的大自然，即皇天后土日月星辰高山大川等。

9.3

【原文】

言偃復問曰："夫子之極言禮也，可得而聞與(一)？"

孔子曰："我欲觀夏道(二)，是故之杞(三)，而不足徵也(四)，吾得夏時焉(五)。我欲觀殷道，是故之宋，而不足徵也(六)，吾得坤乾焉(七)。坤乾之義、夏時之等，吾以是觀之(八)。

"夫禮之初，始諸飲食。其燔黍捭豚，汙尊而抔飲，蕢桴而土鼓，猶若可以致其敬於鬼神(九)。及其死也，升屋而號，告曰：'皋某復(十)！'然後飯腥而苴孰(十一)。故天望而地藏也，體魄則降，知氣在上(十二)。故死者北首(十三)，生者南鄉(十四)，皆從其初(十五)。

"昔者先王未有宫室，冬則居營窟，夏則居橧巢(十六)；未有火化(十七)，食草木之實、鳥獸之肉，飲其血，茹其毛；未有麻絲，衣其羽皮(十八)。後聖有作，然後脩火之利(十九)：范金(廿)、合土(廿一)，以爲臺榭宫室牖户(廿二)；以炮(廿三)、以燔(廿四)、以亨(廿五)、以炙(廿六)，以爲醴酪(廿七)；治其麻絲以爲布帛，以養生送死，以事鬼神上帝。皆從其朔(廿八)。

"故玄酒在室，醴醆在户，粢醍在堂，澄酒在下，陳其犧牲，備其鼎俎，列其琴瑟管磬鍾鼓，脩其祝嘏，以降上神與其先祖，以正君臣，以篤父子，以睦兄弟，以齊上下，夫婦有所。是謂承天之祜(廿九)。

"作其祝號，玄酒以祭，薦其毛血，腥其俎，孰其殽，與其越席，疏布以冪；衣其澣帛，醴醆以獻，薦其燔炙，君與夫人交獻，以嘉魂魄，是謂合莫(卅)。然後退而合亨，體其犬豕牛羊，實其簠簋籩豆鉶羹；祝以孝告，嘏以慈告，是謂大祥(卅一)。此禮之大成也(卅二)。"

【譯文】

言偃又問道："夫子如此極力推許禮的作用，可以將其原委説來聽聽麽？"

孔子説："我想觀察夏朝走過的道路，爲此前往其後裔所在的杞國，然而那裏不值得驗證哩，我只得到夏朝遺留的四時曆書而已。我想觀察殷朝走過的道路，爲此前往其後裔所在的宋國，然而那裏也不值得驗證哩，我只得到一部論述坤乾的書而已。坤乾的義理、夏曆的等差，我用這些資料觀察他們走過的道路。

“這禮的最初，從飲食開始。那時把黍米和撕裂的小豬放在燔燒的石板上烘烤，在地上鑿坑盛酒用手捧着飲，拿土塊捏成鼓槌並築土夯成鼓，像這樣便可以向鬼神致其敬意了。待到死的時候呢，就爬上屋頂仰天長號，呼告說：‘嗥——某人回來喲！’然後用生米爲死者飯含並用苞谷皮裹着熟食設遣奠。舊時之所以望天招魂和下葬藏尸呢，是因爲體魄在往下降，精氣在上方的緣故。所以死者頭朝北，生者面嚮南，全都遵從最初的古制。

“往昔先王沒有房屋，冬天就居住在營窟內，夏天就居住在用柴薪築起的巢中；那時尚未發明用火使食物變熟，吃草木的果實、鳥獸的肉，連血帶毛一起吞嚥；不曾發現麻和絲，穿的是鳥羽獸皮。後來聖人興起，然後脩習用火的利益：用模範鑄造金屬器物，混合泥土燒製瓦器，用來建造臺榭宮室門窗；糧食通過在火上炮、燔、烹、炙，用來釀造醴酒和酸醋；加工麻皮蠶絲用來紡織布帛，以此養生送死和服事鬼神上帝。這些也全是遵從最初的古制。

“祭祀時要沿襲古制將玄酒擺放在室內，醴醆擺放在門旁，齊醍擺放在堂上，澄酒擺放在堂下，陳設出祭祀用的犧牲，備辦盛牲體的鼎俎，排列好琴瑟管磬鍾鼓等樂器，脩習主人向神祈福和尸向主人致福的祝辭和嘏辭，來請求上神及其先祖降臨，來釐正君臣的地位，來篤厚父子之情，以使兄弟親睦，以使上下關係齊整，使夫婦各有相應的處所。這叫承接上天的福祉。

“制作祭告鬼神尊號的祝辭，使用玄酒祭祀，進獻犧牲的血和毛，生肉盛在俎內，帶肉的骨浸在湯中使至半熟，將這些祭品全擺放在蒲草席上，用粗布巾遮蓋着；身穿練染的祭服，用白酒和甜酒進獻，向尸薦享燔肉炙肝，國君和夫人交替進獻，以使先祖的魂魄歡樂，這叫與虛無寂寞的魂魄和諧好合。祭完之後退下祭物合起來烹熟，按犬豬牛羊牲體的貴賤，分別盛入簠簋籩豆和盛湯菜的鉶器中；主人祭神的祝辭要以孝行祭告，祝史代神致福的嘏辭要表達出對主人的慈愛，這叫大祥。這種禮至此可告大成哩。”

【古注】

《注》 (一)欲知禮終始所成。(二)欲行其禮，觀其所成。(三)杞，夏后氏之後也。(四)徵，成也。無賢君，不足與成也。(五)得夏四時之書也，其書存者有《小正》。(六)宋，殷人之後也。(七)得殷陰陽之書也，其書存者有《歸藏》。(八)觀於二書之義。(九)言其物雖質略，有齊敬之心則可以薦羞於鬼神，鬼神饗德不饗味也。中古未有釜甑，釋米捭肉加於燒石之上而食之耳，今北狄猶然。汙尊，鑿地爲尊也。抔飲，手掬之也。“蕢”讀爲“凷”，聲之誤也。凷，堛也，謂摶土爲桴也。土鼓，築土爲鼓也。(十)招之於天。(十一)飯以稻米，上古未有火化。苴孰，取遣奠有火利也。“苴”或爲“俎”。(十二)地藏謂葬。(十三)首陰也。(十四)鄉陽也。(十五)謂今行之然也。(十六)寒則累土，暑則聚薪柴居其上。(十七)食腥也。(十八)此上古之時也。(十九)孰冶萬物。(廿)鑄作器用。(廿一)瓦瓴甓及甒大。(廿二)榭，器之所藏也。(廿三)裹燒之也。(廿四)加於火上。(廿五)煮之鑊也。(廿六)貫之火上。(廿七)烝釀之也。酪，酢截。(廿八)朔亦初也，亦謂今行之然。(廿九)此言今禮，饌具所因於古及其事義也。粢讀爲齊，聲之誤也，周禮五齊：一曰泛齊，二曰醴齊，三曰盎齊，四曰醍齊，五曰沈齊，字雖異，醆與盎、澄與沈，蓋同物也，奠之不同處，重古略近也。祝，祝爲主人饗神辭也。嘏，祝爲尸致福於主人之辭也。祜，福也；福之言備也。(卅)此謂薦上古中古之食也。周禮祝號有六：一曰神號，二曰鬼號，三曰祇號，四曰牲號，五曰齍號，六曰幣號。號者，所以尊神顯物也。腥其俎，謂豚解而腥之及血毛，皆所以法於大古也。孰其殽，謂體解而爓之，此以下皆所法於中古也。越席，翦蒲也。冪，覆尊也。澣帛，練染以爲祭服。嘉，樂也。莫，虚無也，《孝經説》曰“上通無莫”。(卅一)此謂薦今世之食也。體其犬豕牛羊，謂分别骨肉之貴賤以爲衆俎也。祝以孝告，嘏以慈告，各首其義也。祥，善也，今世之食於人道爲善也。(卅二)解子游以禮所成也。

《音義》 燔音煩。捭，卜麥反 bò(ㄅㄛˋ)，《注》作擗，又作擘，皆同。汙，鳥華反 wā(ㄨㄚ)。抔，步侯反 póu(ㄆㄡˊ)。蕢，依《注》音凷，若怪反 kuài(ㄎㄨㄞˋ)，土塊也。桴音浮，鼓槌。知氣，知音智。鄉，許亮反 xiàng(ㄒㄧㄤˋ)。橧，本又作增，又作曾，則登反 zēng(ㄗㄥ)。亨，普伻反 pēng(ㄆㄥ)，煮也。炙，之石反 zhì(ㄓˋ)。醴音禮。酪音洛。醆，側眼反 zhǎn(ㄓㄢˇ)。粢，依《注》爲齊，才細反 jì(ㄐㄧˋ)。醍音體。嘏，本或作假，古雅反 jiǎ(ㄐㄧㄚˇ)。祜音户。粢音咨。殽，本或作肴，户交反 xiáo(ㄒㄧㄠˊ)。越席，越音活，《字書》作趏，杜元凱云“結草”。冪，本又作鼏，莫歷反 mì(ㄇㄧˋ)。澣，户管反 huǎn(ㄏㄨㄢˇ)。鉶，本又作鈃，音刑，盛和羹器，形如小鼎。

《疏》 言偃既見孔子極言禮，故問其禮之終始可得聞不。孔子答以所成之事，但語意既廣，非一言可了所答之辭。凡有數節，今略言之：前云“大道之行，三代之英，丘未之逮也，而有志焉”，此我欲觀夏道至以是觀之，論披檢二記之書，乃知上代之禮運轉之事；自“夫禮之初”至“皆從其初”，論中古祭祀之事及死喪之禮，今時所法於前取以行者；自“昔者先王”至“皆從其朔”，論昔者未有宫室火化，後聖有作始制宫室、炮燔、醴酪之事，今世取而行之，故云“皆從其朔”。但今世一祭之中凡有兩節，上節是薦上古中古，下節是薦今世之食；自“玄酒在室”至“承天之祜”，此一節明祭祀因於古昔所供之物，并酒之所陳之處：玄酒在室者，玄酒謂水也，以其色黑謂之玄，而太古無酒，此水當酒所用，故謂之玄酒，今雖有五齊三酒，貴重古物，故陳設之時在於室内而近北；醴爲醴齊，醆謂盎齊，以其後世所爲，賤之，陳列雖在室内，稍南近户，故云“醴醆在户”；粢醍在堂者，以卑之，故陳列又南近户而在堂；“澄酒在下”者，澄謂沈齊也，酒謂三酒：事酒、昔酒、清酒之等稍卑之，故陳在堂下也；以下總論兩節祭祀獲福之義；自“作其祝號”至“是謂合莫”，别論祭之上節，薦上古中古之食併所用之物；自“然後退而合亨”至“是謂大祥”，論祭之下節，薦今世之食；此禮之大成一句，總結上所陳之言也。

【淺悟】

孔子在《論語·八佾》篇中所説的“夏禮吾能言，之杞，不足徵也。殷禮吾能言，之宋，不足徵也，文獻不足故也。足，則吾能徵之矣”，可與上面第一段所述相互發明。

第二段從“及其死也”以下，直到現今，我國凡是採用棺葬的地方，大體仍遵循這一古制。禮制的容易被人接納及容易深入人心，由此可見一斑。此皆因人心向善所致。

9.4(**本節篇幅太長,將分八段注譯**)

【原文一】

孔子曰:"於呼哀哉!我觀周道,幽厲傷之,吾舍魯何適矣(一)!魯之郊禘,非禮也,周公其衰矣!(二)

"杞之郊也,禹也;宋之郊也,契也,是天子之事守也(三)。故天子祭天地,諸侯祭社稷。

"祝嘏莫敢易其常古,是謂大假(四)。祝嘏辭説藏於宗祝巫史,非禮也,是謂幽國(五)。醆斝及尸君,非禮也,是謂僭君(六)。冕弁兵革藏於私家,非禮也,是謂脅君(七)。大夫具官,祭器不假,聲樂皆具,非禮也,是謂亂國(八)。故仕於公曰臣,仕於家曰僕,三年之喪與新有昏者期不使,以衰裳入朝,與家僕雜居齊齒,非禮也,是謂君與臣同國(九)。故天子有田以處其子孫,諸侯有國以處其子孫,大夫有采以處其子孫,是謂制度(十)。故天子適諸侯必舍其祖廟,而不以禮籍入,是謂天子壞法亂紀(十一)。諸侯非問疾弔喪而入諸臣之家,是謂君臣爲謔(十二)。是故禮者,君之大柄也,所以别嫌明微,儐鬼神,考制度,别仁義,所以治政安君也(十三)。故政不正則君位危,君位危則大臣倍,小臣竊,刑肅而俗敝,則法無常;法無常而禮無列,禮無列則士不事也;刑肅而俗敝,則民弗歸也,是謂疵國(十四)。

"故政者,君之所以藏身也(十五)。是故夫政必本於天,殽以降命(十六)。命降于社之謂殽地(十七),降于祖廟之謂仁義(十八),降於山川之謂興作(十九),降於五祀之謂制度(卅)。此聖人所以藏身之固也(廿一)。

【譯文】

孔子嘆道:"嗚呼悲哀啊!我觀察周朝所走的道路,幽王和厲王毁傷了它,我捨棄魯國何所適從呀!可是魯國在郊外舉行祭天地的禘祭,不符合禮制規定哩,周公創建的禮制衰敗了呀!

"杞國舉行郊祭呢,以禹的名義嘛;宋國舉行郊祭呢,以契的名義嘛,因爲這郊祭是天子所保守的事嘛。所以只有天子才可以祭祀天地,諸侯只能祭祀社稷。

"祝辭和嘏辭没有人敢改變其常古的法度,這是最大的事。祝辭和嘏辭由宗祝巫史收藏,不符合禮制規定嘛,這叫幽闇之國。諸侯國的國君拿醆斝這種先代帝王使用的酒器與尸相互獻酒,不符合禮制規定嘛,這叫僭禮的國君。衮冕皮弁兵器甲胄由大夫私家收藏,不符合禮制規定嘛,這叫脅迫國君。大夫家的官職一應俱全、祭祀器物應有盡有不需借用、聲樂也都一應俱全，不合乎禮的規範嘛，這叫動蕩不安的亂國。舊日仕進在諸侯國自稱臣，仕進在大夫家自稱僕，臣遭三年之喪或者剛完婚，一年之内不承擔使役，若穿着喪服進入朝堂，或者跟家僕雜居並列，不符合禮的規範嘛，這叫君與臣同國。舊日天子有田地來安頓自己的子孫，諸侯有國家來安頓自己的子孫，大夫有采邑來安頓自己的子孫，這叫制度。舊日天子到諸侯國去，必定住在諸侯的祖廟内，如果不依禮持簡記進住，這叫天子帶頭壞法亂紀。諸侯不是問疾弔喪如果進入衆臣的家中，這叫君臣相互戲謔。所以禮的規範，乃國君操以治國的大把柄哩，用來鑒别嫌疑辨明細微，敬事鬼神，考核制度，區别仁義，用來治理政務安定君位嘛。所以行政不公正將危及國君的地位，君位出現危機大臣就會背叛，小臣也乘機盜竊，導致刑殺峻急而且風俗敝壞，則又促使法令無常；法令無常因而禮也没有序列，禮没有序列士民就不做事哩；刑殺峻急且風俗敝壞，人民就不歸附哩。這叫病國。

"所以政權的功用，君王用來藏身的嘛。正是這個緣故，行使政權必須以天道爲本，效法天道下達政教命令。命令以社神的名義下達的就稱效法大地生養萬物，以祖廟的名義下達的就稱效法父祖布施仁義，以山川的名義下達的就稱效法山川興起造作，以五祀之神的名義下達的就稱效法五祀的各種制度。這就是聖人爲什麼藏身無比堅固的道理所在嘛。

【古注】

《注》 (一)政亂禮失，以爲魯尚愈。(二)非猶失也。魯之郊，牛口傷，鼷鼠食其角，又有四卜郊不從，是周公之道衰矣，言子孫不能奉行興之。(三)先祖法度子孫所當守。(四)假亦大也，不敢改其常古之法度，是謂大大也，將言今不然。(五)藏於宗祝巫史，言君不知有也。幽，闇也。國闇者，君與大夫俱不明也。(六)僭禮之君也。醆斝，先王之爵也，唯魯與王者之後得用之耳，其餘諸侯用時王之器而已。(七)劫脅之君也。冕弁，君之尊服。兵革，君之武衛及軍器也。(八)臣之奢富擬於國君，敗亂之國也。孔子謂管仲："官事不攝，焉得儉？"(九)臣有喪昏之事而不歸，反服其衰裳以入朝，或與僕相等輩而處，是謂君臣共國無尊卑也。有喪昏不歸唯君耳，臣有喪昏當致事而歸，僕又不可與士齒。(十)言今不然，《春秋·昭元年》"秦伯之弟鍼出奔晉"，刺其有千乘之國不能容其母弟。(十一)以禮籍入，謂大史典禮執簡記奉諱惡也。天子雖尊，舍人宗猶有敬，焉自拱勑也？(十二)無故而相之，是戲謔也。陳靈公與孔甯儀行父數如夏氏以取弒焉。(十三)疾今失禮如此，爲言禮之大義也。柄，所操以治事。(十四)又爲言政失君危之禍敗也。肅，駿也。疵，病也。(十五)於此又遂爲之言政也。藏，謂輝光於外而形體不見，若日月星辰之神。(十六)降，下也。殽天之氣以下教令，天有運移之期、陰陽之節也。(十七)謂教令由社下者也。社，土地之主也，《周禮》"土會之法有五地之物生"。(十八)謂教令由祖下者，《大傳》曰"自禰率而上至於祖遠者，輕仁也；自祖率而下至於禰高者，重義也"。(十九)謂教令由山川下者也。山川有草木禽獸，可作器物共國事。(廿)謂教令由五祀下者。五祀有中霤、門、户、竈、行之神，此始爲宫室制度。(廿一)政之行如此，何用城郭溝池之爲？

《音義》 於呼，於音嗚。舍音捨。契，息列反 xiè(ㄒㄧㄝˋ)。斝，古雅反 jiǎ(ㄐㄧㄚˇ)，又音嫁，爵名也，夏曰醆，殷曰斝，周曰爵。謔，許約反 xuè(ㄒㄩㄝˋ)。敝音幣，本亦作幣。疵，才斯反 cī(ㄘ)。殽，户教反 xiào(ㄒㄧㄠˋ)。

《疏》 此明孔子嘆意，更述其所懷。言觀周家文武之道已經幽厲之亂，傷此禮儀法則，無可觀瞻，唯魯國稍可。但郊禘失禮，言子孫不能承奉興行周公之道。自此以下皆論今時之惡，"今"謂孔子之時也。仕於公曰臣者，公是諸侯之號，今若仕於諸侯，其自稱以至賤之辭而曰臣。仕於家曰僕者，若仕於大夫之家，即自稱曰僕，彌更卑賤也。三年之喪與新有昏者期不使者，臣有喪昏則歸嚮家，一期之間不復使役也，故云期不使。今臣之有喪乃不致事，身著衰裳而人君朝，或與家臣之僕錯雜而居，齊齒等輩，是爲非禮也。故政者君之所以藏身也者，故因上起下之辭，人君身在於中施政於外，人但見其政不見其身，若政之美盛，則君身安静，故云政者所以藏身也。此一節以上文云政之不正則國亂君危，此則廣言政之大理，本於天地及宗廟山川五祀而來，所來既重，故君用之得藏身安固也。若能如此，則民懷其德，禍害不來，何所防禦？故云何用城郭溝池之爲。

【淺悟】

所謂聖人，即第二節孔子所説的天下爲公時代的先王，他們以天道法則作爲觀察事物和指導行爲的指南，時時處處效法天和地的生養、平衡、和諧萬物的職能，創造出被稱之爲"禮"的不朽文化，其重要性正如孔子所説："夫禮，先王以承天之道，以治人之情，故失之者死，得之者生。"不幸的是，隨着人的貪婪欲望不斷膨脹，"大人世及以爲禮"的"天下爲家"的社會制度出現了，專制帝王自家的利益成了制定一切法令禮規的核心，雖也强調遵循天道，那只不過是針對别人而已，自己則爲所欲爲。當天道與其自家利益發生矛盾時，便理所當然地拋棄天道。孟子有云："上有好者，下必有甚焉者矣。"天下爲家制度把人引入"各親其親，各子其子，貨力爲己"的自私自利的泥沼之中。"天道法則"這一中華文化的核心漸漸變成模糊概念以致被遺忘，不斷做出違背天道法則的事而不自知。舉個極端的例子：比如人類不喜歡痢疾病菌，而蒼蠅却因它的寄生而相得益彰；人類又因痢疾而捕殺蒼蠅。假如有一天蒼蠅被滅絶，失去生存環境的痢疾病菌決不會寬恕人類。原本世上萬物天都做了最合理的安排，作爲萬物之靈的人類切不可因自己的好惡或扶植或消滅另類，否則將是自找麻煩。這就是天道法則，任何理由都不得違背的天道法則。假如人類再不克制無厭的貪婪仍無休止地毁滅生物和不可再生的資源，便是加速自掘墳墓的進程。然而貪婪製造愚昧；不是死到臨頭，不肯承認貪婪的危害。唯我中華祖先是個例外，他們以其無與倫比的善良和智慧滌盡了這種愚昧，創造出以天道法則爲核心的萬古不磨的燦爛文化，以指導子孫的行爲。無數歷史事實都在作證：得天道者生，失天道者亡。孔子在《論語》中還説："君子有三畏：畏天命，畏大人，畏聖人之言。小人不知天命而不畏也，狎大人，侮聖人之言。"可謂遠見卓識。

【原文二】

"故聖人參於天地，並於鬼神，以治政也；處其所存，禮之序也；玩其所樂，民之治也(一)。故天生時而地生財，人其父生而師教之，四者君以正用之，故君者立於無過之地也(二)。

"故君者所明也，非明人者也；君者所養也，非養人者也；君者所事也，非事人者也。故君明人則有過，養人則不足，事人則失位(三)。故百姓則君以自治也，養君以自安也，事君以自顯也。故禮達而分定，故人皆愛其死而患其生(四)。故用人之知去其詐，用人之勇去其怒，用人之仁去其貪(五)。故國有患，君死社稷，謂之義；大夫死宗廟，謂之變(六)。

【譯文】

"過去聖人參照着天地，比擬着鬼神，用以修治政教嘛；處置好對天地鬼神所觀察的情狀，禮的制定便有了次序嘛；玩味天地鬼神所喜好的事物，以此規劃對人民的治理嘛。由於天生四時而地生財物，人是父親所生而由師傅教育他，這四者君王因爲能正確運用到治理上，所以君王的統治便建立在没有過失的地域了嘛。

"過去做君王的所謂尊顯呢，並非尊顯别人的嘛；做君王的所謂贍養呢，並非贍養别人的嘛；做君王的所謂服事呢，並非服事别人的嘛。原因是君王尊顯别人就會出現過錯，贍養别人則力有不足，服事别人就會喪失權位。所以百姓尊顯君王來自行修治嘛，贍養君王來自我安頓嘛，服事君王來自我顯揚嘛。由於禮制暢達能使職分確定，所以人民都會喜愛爲國家利益去死並能憂患國家的生存。過去先王任用人中的智者而斥去其中的奸詐者，任用人中的勇者而擯去其中的易怒者，任用其中的仁者而黜去其中的貪昧者。過去國家出現禍患，君王爲社稷而死，稱之爲義；大夫爲守衛宗廟而死，稱之爲辯。

【古注】

《注》 (一)並，并也，謂比方之也。存，察也。治，所以樂其事居也。(二)順時以養財，尊師以教民，而以治政則無過差矣。《易》曰："何以守位？曰仁；何以聚人？曰財。"(三)明，猶尊也。(四)"則"當爲"明"。人之道，身治居安名顯則不苟生也。不義而死、舍義而生，是不愛死患生也。(五)用知者之謀，勇者之斷，仁者之施，足以成治矣。詐者害民信，怒者害民命，貪者害民財，三者亂之原。(六)"變"當爲"辯"，聲之誤也，辯猶正也。君守社稷，臣衛君宗廟者。患，謂見圍入。

《音義》 玩其所樂，樂，五孝反 yào(ㄧㄠˋ)，好也。則君，則音明，出《注》。分，扶問反 fèn(ㄈㄣˋ)。

《疏》 (一、二)此一節結上政令之命降於天地宗廟之等，使禮儀有序，民得治理。(三、四)此一節論政之大體皆下之事上，非上之事下也，上下分定，人皆以死事上。(五、六)上既禮達分定，患其不義而生，因上生下，故云故也。此論去不義之事。

【淺悟】

孔子這段話，可與《論語·顏淵篇》中的第十七、廿二兩章相互發明。

【原文三】

“故聖人耐以天下爲一家，以中國爲一人者，非意之也，必知其情，辟於其義，明於其利，達於其患，然後能爲之(一)。

“何謂人情？喜、怒、哀、懼、愛、惡、欲，七者弗學而能。何謂人義？父慈、子孝、兄良、弟弟、夫義、婦聽、長惠、幼順、君仁、臣忠，十者謂之人義。講信脩睦，謂之人利。争奪相殺，謂之人患(二)。故聖人之所以治人七情，脩十義，講信脩睦，尚辭讓，去争奪，舍禮何以治之(三)？飲食男女，人之大欲存焉；死亡貧苦，人之大惡存焉。故欲惡者，心之大端也，人藏其心，不可測度也。美惡皆在其心，不見其色也，欲一以窮之，舍禮何以哉(四)？

【譯文】

“過去聖人能將天下團結得像一個大家庭，將中原各國凝聚得像一個人那樣的效果，並非臆度揣測出來的嘛，必是了解人的感情，開闢出人的恩義，明了什麽對人有利，通達什麽會給人造成禍患，然後才能獲得這樣的效果。

“什麽叫人情？喜歡、憤怒、悲哀、恐懼、愛惜、憎惡、欲望，這七種不學就會的能力。什麽叫人義？父親慈祥、兒子孝順、哥哥賢良、弟弟友愛、丈夫仗義、媳婦聽從、長者寬惠、幼者和順、君王親仁、臣下忠誠，這十種品德稱之爲人義。講信脩睦，稱之爲人利。争奪相殺，稱之爲人患。過去聖人他們用來治理人的七種感情，修養人的十種恩義，使之講信脩睦，崇尚謙讓，去除争奪，捨棄禮制如何治理這些事？飲食和男女之事，是人存在心中的最大欲望呀；死亡和貧苦，是人存在心中的最大憎惡呀。所以欲望和憎惡這二者，是心思中的重大端緒哩，人藏起他的心思，無法推測猜度哩。美好和醜惡全在他的心思中，不會顯現它的形色嘛，想用一種辦法窮究這些心思，捨棄禮制如何辦得到啊？

【古注】

《注》 (一)耐，古“能”字，傳書世異，古字時有存者，則亦有今誤矣。意，心所無慮也。辟，開也。(二)極言人事。(三)唯禮可耳。(四)言人情之難知，明禮之重。

《音義》 耐音能。辟，芳益反 pì(ㄆㄧˋ)。惡，烏路反 wù(ㄨˋ)。弟弟，上如字，下音悌。度，大洛反 duó(ㄉㄨㄛˊ)。見，賢遍反 xià(ㄒㄧㄢˋ)。

《疏》 (一)此承上“君死社稷”以統於下，然後能治其國。非意之也者，釋其能致之理，所以能致者，非是以意測度謀慮而已，須知其諸事，謂以下之事。辟於其義者，謂開闢其義以教之，則下文父慈子孝十者之類是也。然後能爲之者，聖人必知此情義利患，然後能使天下爲一家中國爲一人，皆感義懷德而歸之。(二至四)此一節以上經情義利患四者聖人皆知之，能有天下，故此覆釋情義利患必須禮以治之，又明人之欲惡在心難知，若其舍禮，無由可化。禮所以知人心者，有事於中心，貌必見於外，若七情美善，十義流行，則舉動無不合禮；若七情違辟，十義虧損，則動作皆失其法，故云"舍禮何以哉"。

【淺悟】

孔子這段話告訴我們：聖人治天下的第一要務是治人，治人的關鍵靠禮，用禮去規範人的行爲。(1.2)中有云："道德仁義，非禮不成。"就是説，禮是將道德仁義具體化了的信條，即當今所説的規章制度或規矩，要從幼兒學起，終生實踐，以使道德仁義轉化成人的自覺行爲。所以衡量一個人學得如何，不是聽其説得怎樣，而是看其行爲。人最想得到的，莫過於飲食和男女之事超過别人；人最憎惡的，莫過於死亡和貧苦。這話説得多麽準確啊！人在這兩方面的表現很難擋住别人的眼睛，也最考驗人的品質。於是人品的美善和醜惡，在與此有關的禮制面前一目了然。這就是聖人"耐以天下爲一家，以中國爲一人"的主要法寶。這是説的天下爲公時代的聖王。到了天下爲家時代的君王就做不到了，因爲没有人能約束他們的行爲，正如孔子在《論語》中所云："君子之德風，小人之德草，草上之風必偃。"即俗話説的"上梁不正下梁歪"。《荀子・君道》篇中也有"有亂君，無亂國""上好禮義，尚賢使能，無貪利之心，則下將綦辭讓"等論述。

【原文四】

"故人者，其天地之德、陰陽之交、鬼神之會、五行之秀氣也(一)。

"故天秉陽，垂日星(二)；地秉陰，竅於山川，播五行於四時，和而后月生也，是以三五而盈，三五而闕(三)。五行之動，迭相竭也；五行、四時、十二月，還相爲本也；五聲、六律、十二管，還相爲宫也；五味、六和、十二食，還相爲質也；五色、六章、十二衣，還相爲質也(四)。

"故人者，天地之心也，五行之端也，食味、别聲、被色而生者也(五)。故聖人作則，必以天地爲本，以陰陽爲端，以四時爲柄，以日星爲紀，月以爲量，鬼神以爲徒，五行以爲質，禮義以爲器，人情以爲田，四靈以爲畜(六)。以天地爲本，故物可舉也(七)；以陰陽爲端，故情可睹也(八)；以四時爲柄，故事可勸也(九)；以日星爲紀，故事可列也(十)；月以爲量，故功有藝也(十一)；鬼神以爲徒，故事有守也(十二)；五行以爲質，故事可復也(十三)；禮義以爲器，故事行有考也(十四)；人情以爲田，故人以爲奥也(十五)；四靈以爲畜，故飲食有由也(十六)。

【譯文】

"這人是什麽，是天覆地載的恩德、陰氣和陽氣的相交、鬼神的會合、五行的靈秀之氣的産物嘛。

"原因是天秉持陽氣，懸垂着日星；地秉持陰氣，從山川的孔竅進出，向四季播散五行，二者調和之後月亮出生哩，它以三個五天逐漸盈滿，三個五天逐漸虧闕。金木水火土這五行的移動，相互更迭承擔哩；五行、四時、十二月，互相循環爲本源哩；五聲、六律、十二管，互相循環爲宫聲哩；五味、六和、十二食，互相循環爲主料哩；五色、六章、十二衣，互相循環爲本色哩。

“原來這人呢，乃天地的心臟嘛，五行的開端嘛，吃五味、辨别五聲、披着五色而出生的嘛。過去聖人制作法則，必以天地爲根本，以陰陽爲開端，以四時爲把柄，以太陽和星宿爲綱紀，用月份來計量，以鬼神爲徒屬，以五行爲本質，以禮義爲器具，以人情爲田地，以四靈爲牲畜。以天地爲本，所以萬物都可舉用嘛；以陰陽爲開端，所以人情可察看嘛；以四時爲把柄，所以民事可勸勉嘛；以日星爲綱紀，所以民事可排列嘛；用月份來計量，所以事功有才藝嘛；以鬼神爲徒屬，所以事業可保守嘛；以五行爲本質，所以事情可往復輪迴嘛；以禮義爲器具，所以做事有成效嘛；以人情爲田地，所以人就成了田主嘛；以四靈爲牲畜，所以飲食有所由來嘛。

【古注】

《注》 (一)言人兼此氣性純也。(二)秉猶持也，言天持陽氣施生照臨下也。(三)竅，孔也，言地持陰氣出内於山川，以舒五行於四時，此氣和乃后月生而上配日，若臣功成進爵位也。一盈一闕，屈伸之義也，必三五者，播五行於四時也，一曰水，二曰火，三曰木，四曰金，五曰土，合爲十五之成數也。(四)竭，猶負載也，言五行運轉更相爲始也。五聲：宫、商、角、徵、羽也；其管陽曰律，陰曰吕，布十二辰，始於黄鍾；管長九寸，下生者三分去一，上生者三分益一，終於南吕，更相爲宫，凡六十也。五味：酸苦辛鹹甘也。和之者，春多酸，夏多苦，秋多辛，冬多鹹，皆有滑甘，是謂六和。五色六章，畫繢事也，《周禮·考工記》曰“土以黄，其象方，天時變。火以圜，山以章，水以龍，鳥獸蛇雜四時五色之位以章之，謂之巧”也。(五)此言兼氣性之效也。(六)天地以至於五行，其制作所取象也。禮義人情，其政治也。四靈者，其徵報也，此則春秋始於元、終於麟包之矣，吕氏説月令而謂之春秋，事類相近焉。量猶分也。鬼神，謂山川也，山川助地通氣之象也。器，所以操事。田，人所捊治也。禮之位，賓主象天地，介僎象陰陽，四面之位象四時，三賓象三光，夫婦象日月亦是也。(七)物，天地所養生。(八)情以陰陽通也。(九)事以四時成。(十)事以日與星爲候，興作有次第。(十一)藝猶才也。十二月各有分，猶人之才各有所長也。“藝”或爲“倪”。(十二)山川守職不移。(十三)事下竟，復由上始也。(十四)考，成也，器利則事成。(十五)奥猶主也，田無主則荒。(十六)由，用也。四靈與羞物爲羣。

《音義》 竅，苦弔反 qiào(ㄑㄧㄠˋ)。竭，義作揭，其列反 jié(ㄐㄧㄝˊ)，負擔也。還音旋。被，扶義反 pī(ㄆㄧ)。畜，許六反 xù(ㄒㄩˋ)。倪，五計反 nì(ㄋㄧˋ)，視也。

《疏》 (一)上既言禮知人情，從此以下言人感天地鬼神而生，聖王還因天地鬼神作其法則以化人，所以人情萬物可知也。陰陽則天地也，據其氣謂之陰陽，據其形謂之天地。獨陽不生，獨陰不成，二氣相交乃生，故云陰陽之交也。鬼謂形體，神謂精靈，必形體精靈相會，然後物生，故云鬼神之會。人感五行秀異之氣，故有仁義禮知信，是五行之秀氣也。(二至四)此又述明天地之德及五行之氣也，以陰陽鬼神是天地中物，故不重陳，但陳天地與五行耳。地秉陰竅於山川者，此一經總論地之德也，謂地秉持於陰氣，爲孔於山川以出納其氣也。(五、六)故人者天地之心也者，天地高遠，在上臨下，四方人居其中央，動静應天地，天地有人如人腹内有心動静應人也。王肅云：“人於天地之間如五臟之有心矣，人乃生之最靈，其心五臟之最聖也。”五行之端也者，端猶首也，萬物悉由五行而生，而人最得其妙氣，明仁義禮智信，爲五行之首也。王云：“端，始用五行者也。”（七至十六）此一節覆明前經諸事，若行諸事，治理皆應，則萬事得成也。天地生養萬物，今本天地而爲政教，故萬物可舉而興也；人情與陰陽相通，今法陰陽爲教，故人情無隱，所以可睹見也；生長收藏隨時無失，故民不假督勵而事自勸成也；日中星鳥敬授民時，無失早晚，故民事有次第也；十二月限分，猶人才各有所長，聖人隨人才而教之，則人竭其才之所長而爲功，故云功有藝也；山川鬼神各有分職不移，今爲教，引鬼神爲徒屬，則事無失業，故云事可守也；五行周而復始，運迴無窮，爲教法則，此則事必不絕，故云可復，復，反也；工欲善其事，必先利其器，若治國用禮義爲器，是器之利者，故所治之事行必有成也；人情以爲田，故人以爲奧也者，上人是人民，下人是聖人，奧，主也，田無主則荒廢，故用人爲主，今以人情爲田，用聖人以爲田主，則人情不荒廢也；靈是衆物之長，長既至爲聖人所畜，則其屬並隨其長而至，得以充庖厨，是飲食有用也。

【淺悟】

鬼神這一概念，在中華文化中，可以代表一切對人類有恩德的事物。“鬼神以爲徒”的鬼神，孔穎達認爲指的是山川，助地以通氣，是以爲地之徒屬，“聖王象之樹立羣臣助己以施教，爲己徒屬也”。這樣理解很有道理。由此可見，聖人作法，必以物比類。

【原文五】

“何謂四靈？麟、鳳、龜、龍，謂之四靈。故龍以爲畜，故魚鮪不淰；鳳以爲畜，故鳥不獝；麟以爲畜，故獸不狘；龜以爲畜，故人情不失（一）。

“故先王秉蓍龜，列祭祀，瘞繒，宣祝嘏辭説，設制度，故國有禮，官有御，事有職，禮有序（二）。

“故先王患禮之不達於下也（三）。故祭帝於郊，所以定天位也；祀社於國，所以列地利也；祖廟，所以本仁也；山川，所以儐鬼神也；五祀，所以本事也。故宗祝在廟，三公在朝，三老在學；王前巫而後史，卜筮瞽侑皆在左右，王中，心無爲也，以守至正（四）。

“故禮行於郊，而百神受職焉；禮行於社，而百貨可極焉；禮行於祖廟，而孝慈服焉；禮行於五祀，而正法則焉（五）。故自郊、社、祖廟、山川、五祀，義之脩而禮之藏也（六）。

【譯文】

“什麽是四靈？麒麟、鳳凰、龜、龍，稱之爲四靈。原因是龍用來畜養，所以魚類不會淰然驚走；鳳凰用來畜養，所以鳥類不會獝然驚飛；麒麟用來畜養，所以獸類不會狘然驚逃；龜用來畜養，所以人心世情不會丢失。

“過去先王秉持占卜用的蓍草龜甲，陳列祭祀，瘞埋犧牲繒帛，宣揚告神的祝嘏辭説，設立制度，所以國家有禮制，官位有人御事，百事各有職守，禮制井然有序。

“先王依舊憂患禮制不能通達到下面哩。所以親臨郊外祭祀天帝，用來確定天的地位嘛；親臨國都祭祀社神，用來論列土地帶給人類的利益嘛；親臨祭祀祖廟，用來倡導教悌這一仁的根本嘛；親臨祭祀山川，用來儐敬鬼神嘛；親臨祭祀五祀，用來引導做好本職之事嘛。所以委派宗伯太祝居於廟堂，三公居於朝堂，三老居於學堂；帝王前有巫師後有祝史，卜筮師、樂師、四輔都伴隨在左右，帝王居中，内心保持無爲的狀態，用來謹守至正之道。

“所以禮在郊祭時施行，百神就會接受各自應分的職事呀；禮在社祭時施行，各種財貨便可應有盡有呀；禮在祭祖廟時施行，能使孝慈之道服天下呀；禮在祭五祀時施行，能够端正法規準則呀。所以親自實施郊、社、祖廟、山川、五祀的祭禮，是對道義的脩飾而且又是禮的府藏嘛。

【古注】

《注》 (一)淰之言，閃也。獝、狘，飛走之貌也。失，猶去也。龜，北方之靈，信則至矣。(二)皆卜筮所造置也。埋牲曰瘞，幣帛曰繒。宣，猶揚也。“繒”或作“贈”。(三)患下不信也。(四)此所以達禮於下也，教民尊神慎居處也。宗，宗人也。瞽，樂人也。侑，四輔也。(五)言信得其禮，則神物與人皆應之。百神，列宿也。百貨，金玉之屬。(六)脩猶飾也，藏若其城郭然。

《音義》 鮪，於軌反 wěi(ㄨㄟˇ)，魚名。淰音審。獝字又作矞，況必反 xù(ㄒㄩˋ)。狘，況越反 xuè(ㄒㄩㄝˋ)。蓍音尸。瘞，於例反 yì(ㄧˋ)。繒，本又作增，似仍反 zēng(ㄗㄥ)。儐，皇音賓，敬也。侑音又。藏，如字，徐才浪反 zàng(ㄗㄤˋ)。

《疏》 (一)此一經以上有四靈之文，便復解四靈之事。謂之靈者，以此四獸皆有神靈，異於他物，故謂之靈。淰，水中驚走也。魚鮪從龍者，龍既來爲人之畜，故其屬見人不淰然驚走也。獝，驚飛也。鳥從鳳來，鳳既來爲人之畜，故其屬見人不獝然驚飛走也。狘，驚走也。龜以爲畜故人情不失者，以龜知人情，龜既來應人，知人情善惡，故人各守其行，其情不失也。(二)上既言龜知人情，故此言卜筮所造置之事。(三)此一經爲下生文。(四)上云禮有序，故記人因説禮須達下之事。天子至尊而猶祭於郊，以行臣禮而事天也，是欲使嚴上之禮達於下。(五、六)此一節論上文禮既達於下，有功而見徵應。百神，天之羣神也。王郊天備禮，則星辰不忒，故云受職。王祀社盡禮，則五穀豐稔，金玉露形，盡爲國家之用，故云可極焉。王祭廟盡禮，而天下皆服行孝慈也。王云：“孝慈之道爲遠近所服也。”王祭五祀以禮，而天下法則各得其正也。此經覆説祭在上諸神，是義之脩飾，禮之府藏也。

【原文六】

“是故夫禮，必本於大一，分而爲天地，轉而爲陰陽，變而爲四時，列而爲鬼神。其降曰命[一]，其官於天也[二]。

“夫禮必本於天[三]，動而之地[四]，列而之事[五]，變而從時[六]，協於分藝[七]。其居人也曰養[八]，其行之以貨力、辭讓、飲食、冠昏、喪祭、射御、朝聘[九]。

“故禮義也者，人之大端也，所以講信脩睦，而固人之肌膚之會、筋骸之束也；所以養生、送死、事鬼神之大端也；所以達天道、順人情之大竇也[十]。

故唯聖人爲知禮之不可以已也。故壞國、喪家、亡人，必先去其禮(十一)。故禮之於人也，猶酒之有蘖也，君子以厚，小人以薄(十二)。

【譯文】

“由於上述的緣故，這禮的制訂，必以太一爲本原，太一分離便形成天地，天地運轉便形成陰陽二氣，陰陽二氣變化便形成春夏秋冬四時，四時依次排列逐漸形成生育萬物的鬼神。聖人遵循這些自然規律制定的禮降旨到民間稱之爲教命，這些教命全都取法於天嘛。

“這禮的制訂，必以天道法則爲根本，行動則效法土地會給人類帶來利益，論列則效法五祀做好本職之事，變化則隨從四時勸勉民事，這些還須分别人的才藝互相協作。禮制居積在人身上呢，叫做義，它能恰當處理財貨氣力、推辭謙讓、日常飲食、冠禮婚禮、喪葬祭祀、射箭駕御、朝聘天子等各種事物之間的關係。

“所以禮義這種操守，是做人的重大方面哩，用它來講究信用脩好睦鄰，能堅固同他人像肌肉和皮膚那樣聚合、像筋腱和骸骨那樣緊束的效果嘛；用它來奉養父母、發喪送葬、服事鬼神這些重大事端嘛；這是用它來通達天道、順應人情所要進出的大通道嘛。所以獨有聖人能够知曉禮的應用不可以休止哩。過去壞國、喪家、人民流亡，必定是此前拋棄了先王制定的禮。所以禮對於人來説呢，猶如酒的釀造必須有麯蘖嘛，只是君子釀得醇厚，小人釀得淡薄。

【古注】

《注》 (一)聖人象此下之以爲教令。(二)官猶法也，此聖人所以法於天也。(三)本於大一與天之義。(四)俊法地也。(五)俊法五祀，五祀所以本事也。(六)俊法四時。(七)協，合也。言禮合於月之分，猶人之才也。合於日之分，本或作日月之分，日衍字。(八)“養”當作“義”，字之誤也。下之則爲教令，居人身爲義，《孝經説》曰：“義由人出。”(九)貨，摯幣庭實也。力，筋骸强者也。不則偃罷。(十)竇，孔穴也。(十一)言愚者之反聖人也。(十二)皆得以爲美味，性善者醇耳。

《音義》 大音泰。摯，本又作贄。罷音皮。蘖，魚列反 niè(ㄋㄧㄝˋ)。

《疏》 (一、二)必本於大一者，謂天地未分，混沌之元氣也，極大曰大，未分曰一，其氣既極大而未分，故曰大一也；禮理既與大一而齊，故制禮者用至善之大理以爲教，本是本於大一也。分而爲天地者，混沌元氣既分，輕清爲天在上，重濁爲地在下，而制禮者法之以立尊卑之位也。轉而爲陰陽者，天地二形既分，而天之氣運轉爲陽，地之氣運轉爲陰，而制禮者貴左以象陽，貴右以法陰，又因陽時而行賞，因陰時而行罰也。變而爲四時者，陽氣則變爲春夏，陰氣則變爲秋冬，而制禮者吉禮則有四面之坐，凶禮有恩理節權，是法四時也。列而爲鬼神者，鬼神謂生成萬物鬼神也，四時變化生成萬物，皆是鬼神之功，聖人制禮則陳列鬼神之功以爲教也。其降曰命者，降，下也，言聖人制禮皆仰法大一以下之事而下之以爲教命也。其官於天也者，結之也：官猶法也，言聖人所以下爲教命者，皆是取法於天也。（三至九）夫禮必本於天，謂本於大一與上天也，謂行至誠大道是本大一，效天降命是本於天也。動而之地，祀社於國是也。列而之事，謂五祀，即"五祀所以本事"是也。變而從時，時，四時也，則"四時以爲柄"是也。協於分藝，協，合也；分是月之量也；藝，人之才也，言制禮以月爲量，合人才之長短也。其居人也曰義者，義，宜也，言制度以上諸事之禮，居人中身則人得其宜也。"其行"至"朝聘"者，此皆居人身曰義之禮也，謂諸禮皆須義行，故云行也，言人若有義在身則能行此諸禮也。（十至十二）竇，孔穴也，孔穴開通人之出入，禮義者亦是人之所出入，故云達天道順人情之大竇也。禮之於人猶酒之有蘗也者，禮不可以已之故，在人譬如釀酒須用麴蘗則成酒，無麴蘗則酒不成，人無禮則敗壞也。君子以厚小人以薄者，譬如釀酒，共用一麴分半持釀，精米嘉器則其味醇和，一半釀粗米弊器則其味醨薄，亦猶如禮自是一耳，行之自有厚薄，若君子性識純深，得禮而彌深厚；小人智慮淺薄，得禮自虚薄者也。

【淺悟】

孔子這番話告訴我們，中華文化，實際就是禮的文化。禮的制訂，必本於太一。所謂太一，即孔穎達所説的，在天地未形成前的混沌元氣。天地形成後，中華祖先"官於天"，即效法於天，創造出禮的文化。衆所周知，作任何事都需有規矩，這規矩就是禮。這種禮的文化，注定是萬古不朽的文化，充分體現了中華始祖的非凡智慧和善良本性。我們每一位中華子孫都應珍惜和弘揚光大這一寶貴財富，使之傳布到全世界，來挽救人類的共同家園——地球。欲達此目的，我們首先要做出榜樣。

另外需要知道的是，做事符合禮的規範，即所謂"義"，所以古人解釋"義"字爲"合宜、適宜"。

【原文七】

"故聖王脩義之柄，禮之序，以治人情（一）。故人情者，聖王之田也，脩禮以耕之（二），陳義以種之（三），講學以耨之（四），本仁以聚之（五），播樂以安之（六）。故禮也者，義之實也，協諸義而協（七），則禮雖先王未之有，可以義起也（八）。義者，藝之分，仁之節也（九），協於藝，講於仁，得之者强（十）。仁者，義之本也，順之體也，得之者尊（十一）。

"故治國不以禮，猶無耜而耕也（十二）；爲禮不本於義，猶耕而弗種也（十三）；爲義而不講之於學，猶種而弗耨也（十四）；講之於學而不合之以仁，猶耨而弗穫也（十五）；合之以仁而不安之以樂，猶穫而弗食也（十六）；安之以樂而不達於順，猶食而弗肥也（十七）。四體既正，膚革充盈，人之肥也；父子篤，兄弟睦，夫婦和，家之肥也；大臣法，小臣廉，官職相序，君臣相正，國之肥也；天子以德爲車，以樂爲御，諸侯以禮相與，大夫以法相序，士以信相考，百姓以睦相守，天下之肥也，是謂大順。大順者，所以養生、送死、事鬼神之常也（十八）。故事大積焉而不苑，並行而不繆，細行而不失，深而通，茂而有閒，連而不相及也，動而不相害也，此順之至也（十九）。故明於順，然後能守危也（廿）。

【譯文】

“過去聖王脩義理這一把柄，以及禮的順序，用來治理人情。所以這人情，猶如聖王的田地哩，用脩整的禮去耕作它，用陳述義理的方式去種植它，通過講習學業去爲它耨除病害，本照仁道去聚集它，傳播音樂去安撫它。所以禮這一事物呢，乃是義的果實嘛，與義相協和的事物就用禮進行協調，那麽有的禮即便先王未曾制作，可用義來衡量起草創制嘛。義這一操守，乃才藝的職分、仁德的氣節嘛，與才藝相協和，講究的是仁德，得到義的人强盛。仁這一品德，乃義的根本，順從的主體嘛，得到仁的人尊顯。

“所以治國不依照禮，猶如没有農具却要耕田哩；依禮治國不以義爲本，猶如耕了田却不種植哩；以義爲本如果不結合講解學業，猶如種了莊稼而不除草哩；講解了學業如果不用仁道與之相配合，猶如除了草而不去收穫哩；用仁道配合了講學如果不用音樂加以安頓，猶如收獲了莊稼而不食用哩；用音樂做了安頓如果不能達到和順，猶如吃下食物却不會肥壯哩。四肢完好，皮膚豐潤，人的肥壯嘛；父子感情篤厚，兄弟親睦，夫婦和順，家庭的肥壯嘛；大臣規範，小臣清廉，官吏按職位彼此排序，君臣相互就正，邦國的肥壯嘛；天子以德行爲車，用音樂御駕，諸侯以禮相互交接，大夫按法度彼此排序，士以誠信相互考核成績，百姓以和睦相互守護，此乃天下之肥壯嘛，這叫大順。達到大順這一境界，是用來贍養父母、發喪送葬、服事鬼神的倫常之道嘛。所以重大事情積聚在一起而不會藴結，同時實行也不會謬誤，細小行爲能不遺失，義理深奥而能通曉，人才茂密因而有閒暇，互相連絡却不相干涉哩，舉動也不相妨害哩，這是順的極致嘛。所以明白了順的道理，然後才能遵守‘居安思危’的古訓嘛。

【古注】

《注》 (一)治者，去瑕穢、養菁華也。(二)和其剛柔。(三)樹以善道。(四)存是去非類也。(五)合其所盛。(六)感動使之堅固。(七)協，合也。合禮於義，則與義合不乖剌。(八)以其合於義，可以義起作。(九)藝猶才也。(十)有義則人服之也。(十一)有仁則人仰之也。(十二)無以入也。(十三)嘉穀無由生也。(十四)苗不殖草不除。(十五)無以知收之豐荒也。(十六)不知味之甘苦。(十七)功不見也。(十八)常，謂皆有禮，用無匱乏也。“車”或爲“居”。(十九)言人皆明於禮，無有蓄亂滯合者，各得其分，理順其職也。(廿)能守，自危之道也。君子居安如危，小人居危如安，《易》曰“危者安其位”。

《音義》 耨，奴豆反 nòu(ㄋㄡˋ)，鉏也。耜音似。苑，於粉反 yǔn(ㄩㄣˇ)，積也。繆音謬。

《疏》 此一節論因上君子小人厚薄不同，故此論聖人脩禮義治人情以至大順也。

【原文八】

“故禮之不同也，不豐也，不殺也，所以持情而合危也(一)。故聖王所以順？山者不使居川，不使渚者居中原，而弗敝也(二)；用水、火、金、木、飲食，必時(三)；合男女、頒爵位，必當年德(四)；用民必順(五)。故無水旱昆蟲之災，民無凶饑妖孽之疾(六)。故天不愛其道，地不愛其寶，人不愛其情(七)，故天降膏露，地出醴泉，山出器車，河出馬圖，鳳凰麒麟皆在郊棷，龜龍在宫沼，其餘鳥獸之卵胎皆可俯而闚也(八)。則是無故(九)？先王能脩禮以達義，體信以達順，故此順之實也(十)。"

【譯文】

"本來禮所協調的是各種不同的關係哩，應減省的不可增多，應增多的不可減省哩，以此扶持人情而閉塞危害嘛。過去聖王如何理順各種關係的？不使山上的居民移居到河邊，不使島上的居民移居到中原，從而免受疲敝之苦嘛。使用水、火、五金、樹木、飲食，必定符合時節；合和男女、頒賜爵位，必定與年齡、品德相當；使用民力必定順從農時。如此便没了水旱昆蟲的災害，人民没了凶饑妖孽的疾苦。故而天不吝惜其通道，地不吝惜其珍寶，人不吝惜其情感，因此天降甘露，地下涌出甜美的泉水，山上出産製造器具、車輛的礦物和木材，龍馬負圖從黄河中躍出，鳳凰麒麟都集結在郊外的草澤中，龜龍養在宫中的池沼裏，其他鳥獸的卵和胎兒都可以低下頭就看得見哩。然則這會没有緣故？先王能通過脩禮來通達道義，通過身體力行誠信來通達和順，所以這是和順的真實情形嘛。"

【古注】

《注》 (一)豐殺，謂天子及士名位不同，禮亦異數，所以拱持其情、合安其危。(二)小洲曰渚，廣平曰原。山者利其禽獸，渚者利其魚鹽，中原利其五穀，使各居其所安，不易其利勞敝之也，民失其業則窮，窮則濫。(三)用水，謂漁人以時漁爲梁，春獻鼈蜃，秋獻龜魚也。用火，謂司爟四時變國火以救時疾，及季春出火、季秋納火也。用金，謂廾人以時取金玉錫石也。用木，謂山虞仲冬斬陽木，仲夏斬陰木。飲食，謂食齊視春時，羹齊視夏時，醬齊視秋時，飲齊視冬時。(四)謂媒氏令男三十而娶，女二十而嫁，司士稽士任進退其爵禄也。(五)不奪農時。(六)言大順之時陰陽和也。昆蟲之災，螟螽之屬也。(七)言嘉瑞出，人情至也。(八)膏猶甘也。器，謂若銀甕丹甑也。馬圖，龍馬負圖而出也。棷，聚草也。沼，池也。(九)非有他事使之然也。(十)實猶誠也、盡也。

《音義》 殺，所戒反 shài(ㄕㄞˋ)。渚，之汝反 zhǔ(ㄓㄨˇ)。妖又作祅，《説文》云："衣服歌謡草木之怪謂之祅。"孽，魚列反 niè(ㄋㄧㄝˋ)，《説文》云："禽獸蟲蝗之怪謂之孽。"醴本又作澧，音禮。棷，素口反 sǒu(ㄙㄡˇ)，澤也，本或作藪。闚本又作窺，去規反 kuī(ㄎㄨㄟ)。

《疏》 此一節論上既得明順乃安位，此以下説行順以致太平之事。

【淺悟】

孔子在本篇所論述的絶大部分内容，都是天下爲公時代聖王制定的禮制。這種禮制“必本於太一”,“官於天地”,“選賢與能,講信脩睦”。由於聖王毫無私心,所以能做到“心無爲也,以守至正”,“能脩禮以達義,體信以達順”,整個社會才會出現“人不獨親其親,不獨子其子,使老有所終,壯有所用,幼有所長,矜寡孤獨廢疾者皆有所養”,“謀閉而不興,盗竊亂賊而不作,故外户而不閉”的太平景象。到了天下爲家的時代,三王制定的禮制,雖説也有遵循天道、效法天地的内容,但是必須在不違背“大人世及以爲禮”這一宗旨的前提下去遵循和效法,“如有不由此者,在勢者去,衆以爲殃”。這樣一來,遵循天道和效法天地只剩下按時祭祀天地以敬奉鬼神的空洞形式了,漸漸的,祭祀的感恩内涵被遺忘,演變成了祈求鬼神賜福禳災的迷信活動。但是這種時代却無法阻止人們“各親其親,各子其子,貨力爲己”的自私自利、争名逐利甚至欲將天下據爲己有的社會風氣的形成和曼衍,於是“謀用是作,而兵由此起”。這才是中華民族多災多難的根源。

孔子“喟然而嘆”,記者稱“蓋嘆魯也”。“蓋”即大概之義,給人以想像的空間,説明孔子决非僅爲魯國而嘆,還應包括對“大人世及”這種禮制的鄙夷。

中華民族相沿至今的最隆重的節日過大年,應是源自古代年終合祭百神的“蜡”,因爲二者活動的内容相似,只是如今的感恩成分幾乎被歡慶氣氛所湮没。

禮器第十

《疏》 案鄭《目録》云："名爲《禮器》者，以其記禮使人成器之義也。故孔子謂子貢：'汝，器也。'曰：'何器也？'曰：'瑚璉也。'此於《別録》屬制度。"

10.1

【原文】

禮器，是故大備；大備，盛德也(一)。禮，釋回，增美質，措則正，施則行(二)。其在人也，如竹箭之有筠也，如松栢之有心也，二者居天下之大端矣，故貫四時而不改柯易葉(三)。故君子有禮，則外諧而內無怨(四)，故物無不懷仁，鬼神饗德(五)。

先王之立禮也，有本有文。忠信，禮之本也；義理，禮之文也。無本不立，無文不行(六)。禮也者，合於天時，設於地財，順於鬼神，合於人心，理萬物者也(七)。是故天時有生也，地理有宜也，人官有能也，物曲有利也(八)，故天不生，地不養，君子不以爲禮，鬼神弗饗也(九)。居山以魚鼈爲禮，居澤以鹿豕爲禮，君子謂之不知禮(十)。故必舉其定國之數，以爲禮之大經(十一)。禮之大倫，以地廣狹(十二)；禮之薄厚，與年之上下(十三)。是故年雖大殺，衆不匡懼，則上之制禮也，節矣(十四)。

【譯文】

禮使人成器，此器必定十分完備；能做得十分完備，乃是盛大的品德嘛。禮制，能除去邪僻，增益美好的品質，處理事情便公正，實施起來就會通行。禮在人的身上呢，如同竹子的外表有青皮嘛，如同松柏的內裏有心嘛，二者占據着天下最大的根本呀，故而貫通春夏秋冬四季也不改變枝幹更換葉子。所以君子有禮，就會跟外界相處和諧而內部的人也没有怨恨，天下萬物無不歸仁，鬼神也會享受恩德。

先王所創立的禮制嘛，有本質有文飾。忠誠和守信，禮的本質嘛；合宜的道理，禮的文飾嘛。没有本質站不住，没有文飾行不通。這禮是什麼？是與天時相符，按地財設計，與鬼神之德順應，與人心相合，使萬物合於道理的規矩嘛。正是由於天的四時各有所生嘛，地的山川原隰諸條理各有其適宜之物嘛，人的五官各有其職能嘛，萬物的性能各有其功用嘛，所以不是天所應時而生，不是地所宜養之物，君子不會用這等物品從事禮的活動，鬼神也不會享用嘛。居住山上取用魚鼈從事禮的活動，居住水澤取用鹿豬從事禮的活動，君子管這種做法叫不知禮。因此必須列舉其能安邦定國的物産數目，用來制訂禮這一重大法規。禮的大原則，以土地的廣狹爲準；禮的薄厚，隨年景的好壞來定。這樣一來，年景縱使大減産，民衆也不恐懼，乃是上面制作的禮法有節制呀。

【古注】

《注》 (一)禮器，言禮使人成器，如耒耜之爲用也。人情以爲田，脩禮以耕之，此是也。大備，自耕至於食之而肥。(二)釋，猶去也。回，邪辟也。質，猶性也。措，置也。(三)箭，篠也。端，本也。四物於天下最得氣之本，或柔刃於外，或和澤於内，用此不變易也，人之得禮亦猶然也。(四)人協服也。(五)懷，歸也。(六)言必外内具也。(七)鬼神所祀事有德也。(八)言皆有異。(九)天不生，謂非其時物也。地不養，謂非此地所生。(十)不順其鄉之所有也。(十一)定國之數，謂地物所出多少。(十二)謂貢賦之常差。(十三)用年之豐凶也。(十四)言用之有節也。殺，謂穀不孰也。匡，猶恐也。

《音義》 措，七路反 cuò(ㄘㄨㄛˋ)，本又作錯，又厝，音同。筠，於貧反 yún(ㄩㄣˊ)，鄭云竹之青皮也。篠，西了反 xiǎo(ㄒㄧㄠˇ)。殺，色戒反 shài(ㄕㄞˋ)。

《疏》 (一至五)禮能使人成器，故云禮器也。既得成器，則於事無不足，故云是故大備也。身既成器，又能備足，則是盛德也。禮釋回者，釋，去也；回，邪也；用禮爲器，能除去人之邪惡也。增美質者，增，益也；質，姓也；禮非唯去邪而已，人有美性者，禮又能益之也。措則正者，措，置也，言置禮在身則身正也。施則行者，施，用也，若以禮用事，事皆行也。其在人也如竹箭之有筠也者，此謂設譬也，言人情備德由於有禮，譬如竹箭四時葱翠由於外有筠也，筠是竹外青皮。如松柏之有心也者，人經夷險不變其德，由禮使然，譬如松栢陵寒而鬱茂，由其内心貞和故也。二者居天下之大端矣者，二者，竹松也，端猶本也，松竹居於天下，比於衆物最得氣之本也。故貫四時而不改柯易葉，貫，經也，既得氣之本，故經四時柯葉無凋改也。外諧内無怨者，謂於外疏遠之處與人諧和，於内親近之處無相怨恨，以其有禮接人，故内外協服也。故物無不懷仁者，懷，歸也，由外内協服，故悉歸仁。鬼神饗德者，鬼神聰明正直，依人而行，物既懷仁，故神亦饗德也。(六至十四)此一節論因上禮則人外内諧和，遂云禮須信義，兼説行禮之事。順於鬼神者，鬼神，助天地爲化之鬼神也，祀之必順，不濫逆也。以經云順於鬼神，先王制禮所以能順鬼神者，以鬼神是有德之人，死乃祀爲鬼神，禮既合於人心，故得順於鬼神也。

10.2

【原文】

禮，時爲大，順次之，體次之，宜次之，稱次之(一)。堯授舜，舜授禹，湯放桀，武王伐紂，時也(二)，《詩》云"匪革其猶，聿追來孝"(三)；天地之祭，宗廟之事，父子之道，君臣之義，倫也(四)；社稷山川之事，鬼神之祭，體也(五)；喪祭之用，賓客之交，義也(六)；羔豚而祭，百官皆足，大牢而祭，不必有餘，此之謂稱也(七)。諸侯以龜爲寶，以圭爲瑞；家不寶龜，不藏圭，不臺門，言有稱也(八)。

【譯文】

禮，時勢排在首位，順序次之，體統又次之，適宜又次之，相稱又次之。堯傳天下給舜，舜傳天下給禹，商湯放逐夏桀得天下，武王討伐商紂得天下，時勢使然嘛，正如《詩經》所説的"並非急於推行自己的謀猷，只爲追述先祖之業來行孝"，即時勢使然；對天地的祭祀，對宗廟的侍奉，父子之間的道理，君臣之間的義務，乃倫理順序嘛；對社稷山川的服事，對鬼神的祭祀，各有體統嘛；人有喪葬祭祀的費用，賓客有以財物相助的交往，合人道之義嘛；如果祭祀用羊羔和小豬的少牢禮，祭完所有助祭的官吏都能分得祭品，如果祭祀用牛羊豬三牲的太牢禮，祭完分贈祭品也無須有剩餘，這種分法叫相稱。諸侯用龜作爲寶物，用圭作瑞信；大夫之家不得以龜爲寶，不得儲藏圭，不得壘土築臺門，説的就是要相稱嘛。

【古注】

《注》 (一)言聖人制禮所先後也。(二)言受命改制度。(三)革，急也。猶，道也。聿，述也。言文王改作者，非必欲急行己之道，乃追述先祖之業來居此爲孝。(四)倫之言，順也。(五)天地人之别體也。(六)義之言，宜也，人道之宜。(七)足，猶得也。稱，稱牲之大小而爲俎，此指爲助祭者耳，而云百官，喻衆也。(八)古者貨貝寶龜，大夫以下有貨耳，《易》曰"十朋之龜"。瑞，信也。諸侯執瑞，孤卿以下執摯。闍者謂之臺。

《音義》 稱，尺證反 chèng(ㄔㄥˋ)。革，紀力反 jí(ㄐㄧˊ)。闍，本又作堵，音都。

《疏》 揖讓干戈之時，於禮中最大，故云時爲大也。雖合天時，又須順序，故順次之也。有時有順，又須小大各有體别也。大小雖有體行之，又須各當其宜也。稱猶足也，行禮又須各自足也。《詩》，此《大雅·文王有聲》之篇，言文王改作豐邑，非是急行己之道，能述追先祖之業，來行孝道於此豐邑，時使之然，不得不爾，釋時之義也。

10.3

【原文】

禮有以多爲貴者：天子七廟，諸侯五，大夫三，士一。天子之豆二十有六，諸公十有六，諸侯十有二，上大夫八，下大夫六。諸侯七介七牢，大夫五介五牢。天子之席五重，諸侯之席三重，大夫再重。天子崩，七月而葬，五重八翣；諸侯五月而葬，三重六翣；大夫三月而葬，再重四翣。此以多爲貴也(一)。

有以少爲貴者：天子無介，祭天特牲。天子適諸侯，諸侯膳以犢。諸侯相朝，灌用鬱鬯，無籩豆之薦；大夫聘禮以脯醢。天子一食，諸侯再，大夫士三，食力無數。大路繁纓一就，次路繁纓七就。圭璋特，琥璜爵。鬼神之祭單席。諸侯視朝，大夫特，士旅之。此以少爲貴也(二)。

有以大爲貴者：宫室之量，器皿之度，棺椁之厚，丘封之大。此以大爲貴也。

有以小爲貴者：宗廟之祭，貴者獻以爵，賤者獻以散；尊者舉觶，卑者舉角。五獻之尊，門外缶，門内壺，君尊瓦甒。此以小爲貴也(三)。

有以高爲貴者：天子之堂九尺，諸侯七尺，大夫五尺，士三尺；天子諸侯臺門。此以高爲貴也。

有以下爲貴者：至敬不壇，埽地而祭；天子諸侯之尊廢禁，大夫士棜禁。此以下爲貴也(四)。

禮有以文爲貴者：天子龍衮，諸侯黼，大夫黻，士玄衣纁裳。天子之冕朱緑藻，十有二旒，諸侯九，上大夫七，下大夫五，士三。此以文爲貴也(五)。

有以素爲貴者：至敬無文，父黨無容，大圭不琢，大羹不和，大路素而越席，犧尊疏布鼏，樿杓。此以素爲貴也(六)。

孔子曰："禮不可不省也。禮不同、不豐、不殺。"此之謂也，蓋言稱也(七)。

【譯文】

禮制中有用數量多來顯示尊貴的情形：諸如天子有七座廟，諸侯五座，大夫三座，士一座。天子朔食所用的木製食器豆二十六個，諸公十六個，諸侯十二個，上大夫八個，下大夫六個。諸侯朝覲天子帶七個副手受賜七牢之禮，大夫出使帶五個副手受賜五牢之禮。天子的坐席五層，諸侯的坐席三層，大夫兩層。天子駕崩，需停柩七個月再下葬，葬具五重八翣；諸侯停柩五個月才下葬，葬具三重六翣；大夫三月而葬，葬具兩重四翣。這是以多爲貴嘛。

有用數量少顯示尊貴的：諸如天子無客禮，所以没有接洽賓客的介，祭天用一頭牛。天子到諸侯境内，諸侯奉膳用一頭牛犢。諸侯互相朝會，主君用鬱鬯香酒獻賓，没有用籩豆進獻的肴饌，大夫出使前來行聘問禮則用肉脯肉醬款待。進餐時，天子一食即告飽，諸侯二食告飽，大夫士三食告飽，吃力氣飯的人告飽不限次數。駕大輅車的馬綑馬腹的五色飾帶只一帀，駕次輅副車的馬腹飾帶要綑七帀。進獻圭璋這種最珍貴的玉不另加他物，進獻稍次的琥璜玉要在酬爵時另加幣帛。祭祀鬼神只設單層席。諸侯臨朝聽政，同大夫要一一揖拜，與士則朝他們羣體一揖。這都是以少爲貴嘛。

有以大顯示尊貴的：諸如宫室的容量，器皿的尺度，棺椁的厚薄，墳墓的大小，這些都是以大爲貴嘛。

有以小顯示尊貴的：諸如宗廟舉行祭祀時，貴者獻酒使用一升容積的酒具爵，賤者獻酒使用五升容積的酒具散；尊者飲酒手舉能容三升的酒具觶，卑者手舉能容四升的酒具角。五命子男饗禮用的酒樽，門外放置容量最大的容器缶，門内放置能容一石酒的容器壺，堂上放置國君自用的能容五斗酒的容器瓦甒。這些都是以小爲貴嘛。

有以高顯示尊貴的：諸如天子的堂基高九尺，諸侯七尺，大夫五尺，士三尺；天子諸侯還築有供瞭望守衛的臺門。這是以高爲貴嘛。

有以低顯示尊貴的：諸如最尊敬的祭天禮不築壇，只把平地打掃乾淨舉行祭祀；天子諸侯不使用承放酒樽的禁，大夫士則使用承放酒器的棜和禁。這是以低爲貴嘛。

禮制中還有使用文飾來顯示尊貴的情形：諸如天子穿綉有龍衮的禮服，諸侯穿綉有黼紋的禮服，大夫穿綉有黻紋的禮服，士穿黑色上衣淺紅下裳。天子的冠冕有紅緑色的藻紋，前後垂有十二條玉串旒，諸侯九條，上大夫七條，下大夫五條，士三條。這些都是以文爲貴嘛。

還有用樸素來顯示尊貴的：諸如天子最尊敬的祭天時所穿的大裘服没有文飾，父族之間的往來没有折旋揖讓等禮容，天子佩帶的大圭不雕琢，肉汁羹不用鹽梅等調和，天子乘坐的大輅車是素色而且墊着蒲草席，犧牛形的酒樽用粗布覆蓋，舀酒的杓用樿木製作。這些都是以素爲貴嘛。

孔子説："對禮制的旨趣不可不細心省察哩。因爲禮制各不相同，既不可增多，又不可減少。"此話的意思呢，大概還是説凡事都要相稱嘛。

【古注】

《注》（一）豆之數，謂天子朔食，諸侯相食及食大夫。《公食大夫禮》曰"宰夫自東房薦豆六，設於醬東"，此食下大夫而豆六，則其餘著矣。《聘禮》致饔餼於上大夫"堂上八豆，設於户西"，則凡致饔餼堂上之豆數亦如此，周禮公之豆四十，其東西夾各十有二；侯伯之豆三十有二，其東西夾各十；子男之豆二十有四，其東西夾各六。諸侯七介七牢者，周之侯伯也。大夫五介五牢者，侯伯之卿使聘者也。周禮上公九介九牢，侯伯七介七牢，子男五介五牢。《聘義》所云"上公七介，侯伯五介，子男三介"，乃謂其使者也。天子葬五重者，謂抗木與茵也，葬者抗木在上，茵在下，《士喪禮》下篇陳器曰，抗木横三縮二，加抗席三，加茵，用疏布緇翦有幅，亦縮二横三，此士之禮一重者，以此差之上公四重。（二）天子無介，無客禮也。灌，獻也。一食再食三食，謂告飽也。食力，謂工商農也。大路繁纓一就，殷祭天之車也。周禮王之五路：玉路繁纓十有二就，金路九就，象路七就，革路五就，木路翦繁鵠纓。圭璋特，朝聘以爲瑞，無幣帛也。琥璜爵者，天子酬諸侯、諸侯相酬，以此玉將幣也。大夫特，士旅之，謂君揖之。

(三)凡觴一升曰爵,二升曰觚,三升曰觶,四升曰角,五升曰散。五獻,子男之饗禮也。壺大一石,瓦甒五斗,缶大小未聞也,《易》曰"尊酒簋貳用缶"。(四)廢,猶去也。棜,斯禁也,謂之棜者,無足有似於棜,或因名云耳。大夫用斯禁,士用棜禁,如今方案隋長局足高三寸。(五)此祭冕服也。朱緑,似夏殷禮也,周禮天子五采藻。(六)大圭長三尺,杼上終葵首。"琢"當爲"篆"字之誤也。《明堂位》曰:"大路,殷路也。"鼏或作幕。樿,木白理也。(七)省,察也。不同,言異也。

《音義》 介,副也。重,直龍反 chóng(ㄔㄨㄥˊ)。翣,所甲反 shà(ㄕㄚˋ)。鬯,丑亮反 chàng(ㄔㄤˋ)。繁,步干反 pán(ㄆㄢˊ)。觶,支豉反 zhì(ㄓˋ)。缶,方有反 fǒu(ㄈㄡˇ)。甒音武。衮,本又作卷,古本反 gǔn(ㄍㄨㄣˇ)。黼音甫。黻音弗。大羹,音泰。越席,越音活。鼏,本又作幎,又作幕,莫歷反 mì(ㄇㄧˋ)。樿,市戰反 shàn(ㄕㄢˋ)。杓,市約反 sháo(ㄕㄠˊ)。

《疏》 禮不可不省,記者引孔子語證上諸事也。省,察也,禮既有諸事所趣不同,不可不察,不察則禮道無由可知也。禮不同者,此是可省之事也,不同,謂或高下、大小、文素之異也。不豐者,應少不可多。不殺者,應多不可少也。此之謂也,上諸事也,上事各異。蓋言稱也者,蓋是各言其有稱故也,此經揔説在人稱之事也。

10.4

【原文】

禮之以多爲貴者,以其外心者也(一)。德發揚,詡萬物(二),大理物博,如此則得不以多爲貴乎?故君子樂其發也(三)。禮之以少爲貴者,以其内心者也(四)。德産之致也,精微(五),觀天下之物,無可以稱其德者(六),如此則得不以少爲貴乎?是故君子慎其獨也(七)。

古之聖人,内之爲尊,外之爲樂,少之爲貴,多之爲美。是故先王之制禮也,不可多也,不可寡也,唯其稱也。

是故君子大牢而祭謂之禮,匹士大牢而祭謂之攘(八)。管仲鏤簋、朱紘、山節、藻棁,君子以爲濫矣(九)。晏平仲祀其先人,豚肩不揜豆,澣衣濯冠以朝,君子以爲隘矣(十)。

是故君子之行禮也,不可不慎也,衆之紀也,紀散而衆亂(十一)。孔子曰:"我戰則克,祭則受福,蓋得其道矣(十二)。"君子曰:"祭祀不祈(十三),不麾蚤(十四),不樂葆大(十五),不善嘉事(十六),牲不及肥大,薦不美多品(十七)。"

【譯文】

禮制中的以多爲貴的理由,是因王者向外用心的緣故嘛。王者德行發揚,遍及萬物,需大加治理的事物太多,如此去做能不以多爲貴嗎?所以君子喜愛其德行顯現於外嘛。禮制中的以少爲貴的理由,是因王者向内用心的緣故嘛。天地以其恩德生産出密緻的萬物,極其精深微妙,觀覽天下的萬物,没有一物可與天地的恩德相稱,如此效法天地能不以少爲貴嗎?所以君子謹慎自己獨處時的用心嘛。

古時候的聖人，向内用心則尊敬，向外用心則喜愛，少的則珍貴，多的則贊美。正是這個緣故，先王所制作的禮呢，既不可增多，又不可減少，只爲使其相稱嘛。

所以君子用太牢舉辦祭祀，稱這樣做合乎禮制，卑賤的士要是用太牢舉辦祭祀，稱這種做法爲盗竊。管仲雕鏤禮器簋、冠上繫着天子才能繫的大紅絲帶、室内斗拱雕刻着山、楹柱畫着水藻，君子認爲這是僭濫呀。晏平仲祭祀他的先人，豬蹄髈連食器豆都掩蓋不住，衣冠髒了澣濯一下就穿戴着去上朝，君子認爲這是狹隘呀。

所以君子在踐行禮制時，不可不慎重哩，君子好比衆多絲縷的頭緒嘛，頭緒散開衆多絲縷必亂。孔子轉述知禮者的話説："我參戰就能制勝，祭祀就能受福，大概是得到了相稱的規律而已。"君子説："祭祀不是爲了祈求保祐，不以早祭爲快事，不貪愛器皿高大幣帛多，不喜好爲了嘉慶之事而設祭，犧牲不追求肥大，進獻的祭品不以多爲美。"

【古注】

《注》 (一)外心，用心於外，其德在表也。(二)詡猶普也，徧也。(三)發猶見也，樂多其外見也。(四)内心，用心於内，其德在内。(五)致，致密也。(六)萬物皆天所生，孰可奉薦以稱也。(七)少其牲物致誠慤。(八)君子，謂大夫以上。攘，盗竊也。(九)濫，亦盗竊也。鏤簋，謂刻而飾之，大夫刻爲龜耳，諸侯飾以象，天子飾以玉。朱紘，天子冕之紘也，諸侯青組紘，大夫士當緇組紘。緟邊楯謂之節，梁上楹謂之棁。宫室之飾，士首本，大夫達棱，諸侯斲而礱之，天子加密石焉，無畫山藻之禮也。(十)隘，猶狹陋也。祀不以少牢，與無田者同，不盈禮也，大夫士有田則祭，無田則薦。澣衣濯冠，儉不務新。(十一)言二大夫皆非也。紀，絲縷之數有紀。(十二)我，我知禮者也。克，勝也。(十三)祈，求也，祭祀不爲求福也，《詩》云："自求多福，福由己耳。"(十四)麾之言快也，祭有時，不以先之爲快也，齊人所善曰麾。(十五)謂器幣也，葆之言褒也。(十六)嘉事之祭，致夫人是也。禮宜告見於先祖耳，不善之而祭。(十七)以禮之義，有以小少爲貴也。

《音義》 詡，況矩反 xǔ(ㄒㄩˇ)。樂其發，樂，五孝反 yào(ㄧㄠˋ)。鏤，力豆反 lòu(ㄌㄡˋ)。簋音軌。紘音宏。棁，章悦反 zhuó(ㄓㄨㄛˊ)，依字當作棳，梁上侏儒。澣又作浣，户管反 huǎn(ㄏㄨㄢˇ)。濯，直角反 zhuó(ㄓㄨㄛˊ)。隘，本又作阨，於賣反 ài(ㄞˋ)。麾，毁皮反 huī(ㄏㄨㄟ)，齊人謂快爲麾。蚤音早。

《疏》 (一至七)此一節以上言稱，作記之人因廣明稱之事，覆説聖人制禮或内或外或少或多，然後爲稱也。(八)此一節説禮既須稱，中則得禮，僭則盗竊。(九)此一節明奢而失禮之事。(十)此一節君子評其大儉褊狹之事。(十一)此一節論儉而不中禮，非稱之事。(十二)此一節論孔子述知禮之人自稱戰克祭受福之事。我，謂知禮者。克，勝也。言知禮之人戰必勝，祭必受福。蓋得其道矣者，戰勝祭受福，是所爲得道；不多不少，隨而稱當也，袛爲二大夫之不稱也。知非孔子自我者，君子務在謙光，不應自言祭祀受福之事，故知述知禮者而言我也。

【淺悟】

"祭祀不祈"一語，鄭玄《注》云："祭祀不爲求福也。"孔穎達《疏》云："凡祭祀之禮，本爲感踐霜露思親而宜設祭以存親耳，非爲就親祈福報也。"就是説，不論祭天地還是祭先人，都是爲了感念其恩德，並非祈求福祐。"不麾蚤"者，孔氏云："孝子感霜露，應心而思親，思親而宜祭，不以霜露未至而先時早設爲快也。"就是説，祭祀要依時舉行，不可提早，當然也不可推遲，只有記住準確的日期，才能體現感恩的誠心。這就是中華文化中祭祀活動的内涵，以使後世子孫養成飲水思源、不忘恩澤的品德。那種把古代的祭祀結論爲宗教式的迷信活動，純屬妄意猜測的無稽之談。

10.5

【原文】

孔子曰："臧文仲安知禮？夏父弗綦逆祀而弗止也，燔柴於奥(一)。夫奥者，老婦之祭也，盛於盆，尊於瓶(二)。"

禮也者，猶體也(三)，體不備，君子謂之不成人。設之不當，猶不備也。禮有大、有小、有顯、有微，大者不可損，小者不可益，顯者不可揜，微者不可大也。故經禮三百，曲禮三千，其致一也(四)，未有入室而不由户者(五)。君子之於禮也，有所竭情盡慎，致其敬而誠若(六)，有美而文而誠若(七)。君子之於禮也，有直而行也(八)，有曲而殺也(九)，有經而等也(十)，有順而討也(十一)，有摲而播也(十二)，有推而進也(十三)，有放而文也(十四)，有放而不致也(十五)，有順而摭也(十六)。三代之禮一也：民共由之，或素或青，夏造殷因(十七)。

【譯文】

孔子説："臧文仲怎能算知禮？擔任宗伯的夏父弗綦顛倒祭祀的次序却不予以制止哩，並在祭竈時使用祭天的燔柴禮。這祭竈呢，是對主炊事之神的祭祀嘛，只需用盆盛食品，將瓶内的酒斟進酒樽而已。"

禮這種事物呢，猶如人的身體嘛，身體不完備，君子説他不成人。設施禮制不恰當，猶如身體不完備嘛。禮制有的規模大、有的規模小、有的明顯、有的隱微，規模大的不可減損，小的不可增益，明顯的不可遮掩，隱微的不可張大。所以《周禮》三百官，《儀禮》三千事，所要達到至誠的目標是一致的嘛。不過没有人進入室内能够不經由門户的，同樣，没有真誠便不能實施禮制。君子對於禮制呢，有些是竭其真誠盡其謹慎，以表達他的恭敬並且誠心順從，有些則是具有威儀之美和文采顯著的誠心順從。君子對於禮制嘛，有直接就能實行的，有委曲削減的，有常行之道而是尊卑一律平等的，有按尊卑順序依次降等的，有删削尊貴者從而分播給卑賤者的，有推動而使之上進的，有仿效來繪制文采的，有仿效也達不到極致的，有按順序就能拾取的。夏商周三代“大人世及”的禮制是一致的嘛：人民共同跟着走，有的崇尚素色有的崇尚青色，夏家創造殷人因襲。

【古注】

《注》 (一)文仲，魯公子彄之曾孫臧孫辰也，莊文之間爲大夫，於時爲賢，是以非之不正禮也。文二年八月丁卯大事於大廟躋僖公，始逆祀，是夏父弗綦爲宗伯之爲也。“奥”當爲“爨”字之誤也，或作“竈”。禮，尸卒食而祭饎爨饔爨也，時人以爲祭火神，乃燔柴。(二)老婦，先炊者也。盆瓶，炊器也。明此祭先炊，非祭火神，燔柴似失之。(三)若人身體。(四)致之言至也。一，謂誠也。經禮，謂周禮也，周禮六篇，其官有三百六十。曲猶事也，事禮，謂今禮也，禮篇多亡，本數未聞，其中事儀三千。(五)三百三千皆猶誠也。(六)謂以少小下素爲貴也。若，順也。(七)謂以多大高文爲貴也。(八)謂若始死哭踊無節也。(九)謂若父在爲母期也。(十)謂若天子以下至士庶人爲父母三年。(十一)討猶去也，謂若天子以十二，公以九，侯伯以七，子男以五爲節也。(十二)摲之言芟也，謂芟殺有所與也，若祭者貴賤皆有所得，不使虛也。(十三)謂若王者之後得用天子之禮。(十四)謂若天子之服，服日月以至黼黻。(十五)謂若諸侯自山龍以下。(十六)謂若君沐粱，大夫沐稷，士沐粱。(十七)一也，俱趨誠也。由，用也。素尚白，青尚黑者也。言所尚雖異，禮則相因耳。孔子曰：“殷因於夏禮，所損益，可知也；周因於殷禮，所損益，可知也。”變白黑言素青者，秦二世時趙高欲作亂，或以青爲黑，黑爲黄，民言從之，至今語猶存也。

《音義》 綦音忌。燔音煩。奥，依《注》作爨，七亂反 cuàn(ㄘㄨㄢˋ)。盛音成。摲，所監反 shàn(ㄕㄢˋ)。放，方往反 fǎng(ㄈㄤˇ)。摭，之石反 zhí(ㄓˊ)。

《疏》 (一、二)文仲，魯大夫也，事莊閔僖文四君，時人衆尊爲知禮，故孔子證其不知禮之事。魯閔公、僖公俱是莊公之子，閔適而小，僖庶而大；莊公死而立閔爲君，僖時爲臣；閔少而死，後乃立僖爲君；僖死，僖公子文公立；文二年八月丁卯大事於大廟，是時夏父弗綦爲宗伯典禮，佞文公曰：“吾見新鬼大，故鬼小，使列昭穆。”以閔置僖下，是臣在君上，爲逆亂昭穆；時臧文仲爲卿大夫，見有此逆祀之事而不諫使止，故云安知禮也。燔柴於奥者，奥音爨，禮祭至尸食竟而祭爨神，言其有功於人，人得飲食，故祭報之；而夏父弗綦爲禮官，謂爨神是火神，而遂燔柴祭之，此是失禮，而文仲又不能諫止之，又爲不知禮也。夫奥者，老婦之祭也者，爨者是老婦之祭，其祭卑，唯盛食於盆，盛酒於瓶，卑賤若此，何得燔柴祭之也？(三至十七)此以下廣明三代之禮皆由誠信乃合，覆明上以少小下素、多大高文爲貴之義，又廣明禮意不同及三代損益不同。

【淺悟】

不要説不同朝代的禮制，即便同一朝代的不同時期，禮制也不盡一致，正所謂“禮，時爲大”“三王異世，不相襲禮”者也。那麽本節所説的“三代之禮一也”又是怎麽回事呢？請看拙著《論語淺悟》中的《爲政篇》第廿三章，本人對孔子所説的“殷因於夏禮……周因於殷禮……”那番話的解釋就明白了。孔子那番話的涵義，與本節所謂“三代之禮一也：民共由之，或素或青，夏造殷因”的涵義基本一致。就是説，這三代唯一一致的禮制，正是他們陳陳相因，誰都不肯放棄的，人民必須遵從的“大人世及以爲禮”，也就是將天下據爲己有的“夏造殷因”的家天下的社會制度。

10.6

【原文】

周坐尸，詔侑武方，其禮亦然，其道一也(一)。夏立尸而卒祭(二)，殷坐尸(三)，周旅酬六尸(四)。

曾子曰："周禮其猶醵與(五)？"

君子曰："禮之近人情者，非其至者也(六)。郊血，大饗腥，三獻爓，一獻孰(七)。是故君子之於禮也，非作而致其情也(八)，此有由始也(九)。是故七介以相見也，不然則已慤；三辭三讓而至，不然則已蹙(十)。故魯人將有事於上帝，必先有事於頖宫(十一)；晉人將有事於河，必先有事於惡池(十二)；齊人將有事於泰山，必先有事於配林(十三)。三月繫，七日戒，三日宿，慎之至也(十四)。故禮有擯詔，樂有相步，温之至也(十五)。"

【譯文】

周朝代神受祭的尸是坐着的，向尸傳授威儀及勸其飲食没有固定的法度，殷朝這方面的禮制也是這樣，他們所遵循的真誠之道是一樣的嘛。夏朝的尸是站着的而且站到祭祀結束，殷朝的尸是坐着的，周朝祭畢則需將六廟的尸集中到太廟設宴與衆賓客依次互相勸酒。

曾子説："周朝的旅酬禮怎麽像合夥湊錢飲酒呢？"

君子説："禮要是近人情的話，便不是禮要達到的極致哩。天子郊外祭天地用牲血，祫祭先祖的大饗禮用生肉，諸侯祭社稷五祀的三獻禮用半熟的爓肉，祭羣小祀的一獻禮用熟肉。所以君子對於禮嘛，並非上來就直接表達自己的情感哩，這要有根由才表達哩。正是這個緣故，諸侯出訪要帶七名傳遞旨意的介跟隨着相見哩，不然就顯得太樸實拘謹了；進門時主對賓的三辭需三讓之後才進去，不然就顯得太迫不及待了。所以魯君將要祭祀天帝，必先到頖宫稟告太祖后稷；晉君將要祭祀黄河，必先稟告從祀的小河惡池；齊君打算祭祀泰山，必先稟告從祀的配林。祭前三月要將犧牲繫在圈牢内，前七天進行散齋，前三天進行致齋，要慎重到極點哩。過去禮制規定迎接賓客要有擯相通告，樂師要有輔相攙扶走路，要蘊藉達到極點嘛。"

【古注】

《注》 (一)言此亦周所因於殷也。"武"當爲"無"，聲之誤也。方猶常也。告尸行節，勸尸飲食無常，若孝子之爲也，孝子就養無方。"詔侑"或爲"韶囿"。(二)夏禮尸有事乃坐。(三)無事猶坐。(四)使之相酌也。后稷之尸發爵不受旅。(五)合錢飲酒爲醵，旅酬相酌似之也。王居明堂之禮，仲秋乃命國醵。(六)近人情者褻，而遠之者敬。(七)郊，祭天也。大饗，祫祭先王也。三獻，祭社稷五祀。

一獻，祭羣小祀也。爓，沉肉於湯也。血、腥、爓、孰，遠近備古今也，尊者先遠，差降而下至小祀孰而已。(八)作，起也。敬非己情也，所以下彼。(九)有所法也。(十)已猶甚也。愨，蹙，愿貌，大愿則辭不見情，無由至也。(十一)上帝，周所郊祀之帝，謂蒼帝靈威仰也。魯以周公之故得郊祀上帝，與周同。先有事於頖宮，告后稷也，告之者將以配天先仁也。頖，郊之學也，《詩》所謂頖宮也，字或爲郊宮。(十二)"惡"當爲"呼"，聲之誤也，呼池，嘔夷，并州川。(十三)配林，林名。(十四)繫，繫牲於牢也。戒，散齊也。宿，致齊也。將有祭祀之事，必先敬慎如此，不敢切也。(十五)皆爲温藉重禮也。擯詔，告道賓主者也。相步，扶工也。"詔"或爲"紹"。

《音義》 侑音又，本或作宥。武音無。醵，其庶反 jù(ㄐㄩ)。爓，似廉反 qián(ㄑㄧㄢˊ)。蹙，本又作感，子六反 cù(ㄘㄨˋ)，又音促。頖，本或作泮，依《注》音判。惡，依《注》音呼，又音虖，好故反 hū(ㄏㄨ)。池，大河反 tuó(ㄊㄨㄛˊ)。相，息亮反 xiàng(ㄒㄧㄤˋ)。温，紆運反 yùn(ㄩㄣˋ)。

《疏》 (一至四)此一節論三代尸禮不同。(五)醵，斂錢共飲酒也。凡相敵斂錢飲酒，必非忘懷之酌，得而遽飲，必令平徧不偏頗，與周禮次序旅酬相似也。曾子引世事證周禮旅酬之儀象也。(六至十五)此一節論禮以尊遠爲敬，近人情爲褻。禮之近人情者，謂若一獻孰，飲食既孰，是人情所欲食啗，最近人情也。非其至者也，既近人情，非是敬之至極也。郊血者，以近者爲褻，遠者爲敬，血於人食啗最遠，天神尊嚴，不可近同人情，故薦遠人情者以爲極敬也。大饗腥者，祫祭宗廟也；腥，生肉也；宗廟爲私，比郊爲劣，故薦去人情稍近之腥，示爲敬降於天也。三獻爓者，謂祭社稷五祀也，其禮三獻；爓，沉湯肉，去人情漸近，又明其敬劣也。一獻孰者，祭羣小祀，酒一獻也，其薦用孰肉，小祀神爲最輕，故以褻近人之食祭之，表其敬又劣也。以下論君子行禮，當降下於彼，積漸擯相，敬慎之至。

10.7

【原文】

禮也者，反本脩古，不忘其初者也。故凶事不詔，朝事以樂(一)；醴酒之用，玄酒之尚；割刀之用，鸞刀之貴；莞簟之安，而稾鞂之設(二)。是故先王之制禮也，必有主也(三)，故可述而多學也(四)。

君子曰："無節於内者，觀物弗之察矣(五)；欲察物而不由禮，弗之得矣。故作事不以禮，弗之敬矣；出言不以禮，弗之信矣。故曰禮也者，物之致也(六)。"

是故昔先王之制禮也，因其財物而致其義焉爾。故作大事必順天時(七)，爲朝夕必放於日月(八)，爲高必因丘陵(九)，爲下必因川澤(十)。是故天時雨澤，君子達亹亹焉(十一)。

是故昔先王尚有德，尊有道，任有能，舉賢而置之，聚衆而誓之(十二)。是故因天事天(十三)，因地事地(十四)，因名山升中于天(十五)，因吉土以饗帝于郊(十六)。升中于天而鳳凰降、龜龍假(十七)；饗帝於郊而風雨節、寒暑時(十八)。是故聖人南面而立，而天下大治(十九)。

【譯文】

禮這種制度呢，是遵循着返還本性脩習古制，不忘自己初始的行爲規範嘛。所以喪親的凶事不需教導而哀自至，朝廷養老尊賢用音樂使他們歡樂；平時飲用甜美的醴酒，祭祀則崇尚古代的以水代酒；平時割物使用鋒利的刀，祭祀則以古代遲鈍的鸞刀爲尊貴；莞簟席精細又安舒，而祭祀則陳設古代粗糙的稿秸席。正是這個緣故，先王所制定的禮制呢，必定體現反本脩古這一主旨，所以可傳述且多學嘛。

君子説："内心没有節操的話，觀察事物便不能分辯清楚呀；想分辯清事物却不通過禮，同樣得不到真情呀。所以作事不合乎禮，不能使人尊敬呀；説出的話不合乎禮，不能使人信服呀。所以説禮這種制度嘛，是規範萬物的極致哩。"

正是這個緣故，過去先王在制訂禮的時候呢，都是依據萬物的才性來表達禮的涵義而已。所以創作祭禮必定遵循天時，制訂春分早晨和秋分晚上的祭禮必定仿傚太陽和月亮，冬至祭祀皇天必定依傍丘陵，夏至祭祀后土必定依傍川澤。因此天按時降雨潤澤，君子全是勤勉不倦的狀態。

由於這個緣故，往昔的先王崇尚有德行的人，尊重有道藝之士，任用有才能的人，舉拔賢才並安置他，聚集人衆令他們發誓互相約束。所以因襲天道侍奉皇天，因襲地理侍奉地神，依傍名山向皇天祭告諸侯成功的事，依傍吉祥的土地在四郊合祭五方的天帝。向皇天祭告成功的事因而鳳凰降臨、龜龍來至；在四郊合祭五方的天帝因而風雨適度、寒暑合時。因此聖人面朝南即位視朝，便能使天下大治。

【古注】

《注》 (一)二者反本也。哭泣由中，非由人也；朝廷養賢，以樂樂之也。(二)三者脩古。穗去實曰稭，《禹貢》"三百里納稭服"。(三)主，謂本與古也。(四)以本與古求之而已。(五)節，猶驗也。(六)致之言，至也，極也。(七)大事，祭祀也。《春秋傳》曰："啟蟄而郊，龍見而雩，始殺而嘗，閉蟄而烝。"(八)日出東方，月生西方。(九)謂冬至祭天於圜丘之上。(十)謂夏至祭地於方澤之中。(十一)達猶皆也。亹亹，勉勉也。君子愛物，見天雨澤皆勉勉勸樂。(十二)古者將有大事，必選賢誓衆，重事也。(十三)天高，因高者以事也。(十四)地下，因下者以事也。(十五)名猶大也。升，上也。中猶成也。謂巡守至於方嶽，燔柴祭天告以諸侯之成功也。《孝經説》曰"封乎泰山，考績燔燎，禪乎梁甫，刻石紀號"也。(十六)吉土，王者所卜而居之土也。饗帝于郊，以四時所兆祭於四郊者也。今漢亦四時迎氣，其禮則簡。(十七)功成而太平，陰陽氣和而致象物。(十八)五帝主五行，五行之氣和而庶徵得其序也。五行木爲雨，金爲暘，火爲燠，水爲寒，土爲風。(十九)南面立者，視朝。

《音義》 莞音官，一音丸。簟，徒點反 diàn(ㄉㄧㄢˋ)。稾字亦作藁，古老反 gǎo(ㄍㄠˇ)。稭，江八反 jiē(ㄐㄧㄝ)。亹,亡匪反 wěi(ㄨㄟˇ)。假音格,至也。

《疏》 (一至四)反本,謂反其本性。脩古,謂脩習於古定本及諸本。凶事,喪親之事也;詔,告也;孝子親喪,痛由心發,故啼號哭泣不待外告而哀自至,是反本還其孝性之本心也。朝事,謂朝廷之事也;以樂,奏音樂也;朝廷是養老尊賢之地,爲賢所樂也,故臣入門必縣,興奏樂之事,是反本還其樂朝廷之本心。此下三事是脩古也。醴酒,五齊第二酒也;玄酒是水也;尚,上也,言四時祭祀有醴酒之美而陳尊在玄酒之下,以玄酒之尊置在上,此是脩古也。割刀,今之刀也;鸞刀,古刀也;今刀便利可以割物之用,古刀遲緩用之爲難,而宗廟不用今刀而用古刀,亦是脩古故也。莞簟,今之席也,《詩》云"下莞上蕈,乃安斯寢",言其細精而可安人也;稾鞂,除穗粒取稈稾爲席;郊祭不用莞簟之可安,而用設稾鞂之粗席,亦脩古也。是故先王之制禮也必有主也者,主,謂本與古也,既初不可忘,故先王制禮必有反本脩古之法也。故可述而多學也者,禮既反本而脩古,若欲述行學習,但用本與古以求之則可得也,故云可述而多學也。(五、六)無節於内者,節猶驗也,内猶心也;觀物弗之察矣者,物,萬物也,察猶分辯也;言若欲外觀察萬物,必先内有識驗之明,若心内無明,則外不能分辯也。欲察物而不由禮弗之得矣者,言若外欲觀察萬物而心不由禮,則察物不能得也。故曰禮也者物之致也者,引舊語結察物必須禮也。致猶至極也,無禮既不爲民物敬信,故禮所以爲萬物之至極也。(七至十一)財物,猶云才性也。禮既爲一切萬物之至極,故聖人制禮因萬物之才性而致其義也。作大事必順天時者,自此以下皆因財物之事也,但財物大莫過於天,故順天時而行也,其事在下。爲朝夕必放於日月者,爲朝,謂天子春分之旦,朝日於東門之外;爲夕,謂天子秋分之夕,祀月於西門之外也;日旦出自東方,故於東方而朝之;月初生出自西方,故於西方而祀之,是放法於日月之始。君子達亹亹焉者,達猶皆也,亹亹,勉勉勸樂之貌也,君子謂天子也,天子皆愛物生而勉勉勸樂,所以與天地合德也。(十二至十九)因天事天者,謂因天體之高,以高處以事天,則上文爲高必因丘陵是也。因地事地者,地體卑下,因卑下之處以事地,則前文爲下必因川澤是也。因名山升中于天者,此還因天事天,但事天非在一所,此謂封禪之時,中,成也,謂天子巡守至方嶽之下,因此有名之大山升進諸侯成功之事以告於天。因吉土以饗帝于郊者,此謂祭五方之帝,因其所卜吉土以爲都,饗祭五方之帝於都之四郊。是故聖人南面而立而天下大治者,以其尚德尊賢,奉天事地,陰陽既合,嘉瑞並來,以是之故,聖人但南面而立,朝夕視朝而天下大治。

【淺悟】

禮既是規範萬物的極致,所以制訂時肯定是慎之再慎,特别要强調奉天事地、尚德尊賢,並能堅決貫徹實行,才能使天下大治。

文中的所謂"鳳凰、龜龍",只是用來概括天上飛的、地上跑的、水裹游的一切生物的習慣説法而已。

10.8

【原文】

天道至教,聖人至德(一)。廟堂之上,罍尊在阼,犧尊在西;廟堂之下,縣鼓在西,應鼓在東(二)。君在阼,夫人在房(三),大明生於東,月生於西,此陰陽之分,夫婦之位也(四)。君西酌犧象,夫人東酌罍尊(五),禮交動乎上,樂交應乎下,和之至也(六)。

禮也者,反其所自生(七);樂也者,樂其所自成(八)。是故先王之制禮也以節事(九),脩樂以道志(十)。故觀其禮樂而治亂可知也(十一)。蘧伯玉曰:“君子之人達(十二)。”故觀其器而知其工之巧,觀其發而知其人之知(十三)。故曰,君子慎其所以與人者(十四)。

【譯文】

天道是最根本的教化,聖人具有最完美的德行。廟堂之上,酒器罍樽放在阼階一邊,犧樽放在西階一邊;廟堂之下,大鼓在西邊,小鼓在東邊。國君在阼階,夫人在西房,如同太陽生自東方,月亮生自西方,這是陰陽的分際,夫婦的職位嘛。國君面朝西往犧象樽内斟酒,夫人面朝東往罍樽中斟酒,二人在堂上互相依禮勸酒,音樂在堂下交相呼應,和諧到了極點哩。

禮的制訂嘛,要反顧王業所産生的由來;音樂的制作呢,是喜歡王業所成功的由來。正是這個緣故,先王他制定禮用來節制人的所作所爲,脩治音樂用來引導人的志趣。所以觀察該國的禮制和音樂便可知道是安定還是混亂了嘛。蘧伯玉説:“君子這種人通達事理。”所以觀察這件器物便知此工匠的巧拙,觀察其做事的發端便知此人的智愚。所以説,君子謹慎自己用來與人交接時給與别人的感覺。

【古注】

《注》 (一)目下事也。(二)禮樂之器尊西也。小鼓謂之應。犧,《周禮》作獻。(三)人君尊東也。天子諸侯有左右房。(四)大明,日也。(五)象日出東方而西行也,月出西方而東行也。《周禮》曰:“春祠、夏禴,祼用雞彝鳥彝,皆有舟,其朝踐用兩獻尊,其再獻用兩象尊,皆有罍,諸臣之所酢。”(六)言交乃和。(七)自,由也。制禮者,本己所由得民心也。(八)作樂緣民所樂於己之功,舜之民樂其紹堯而作《大韶》,湯武之民樂其濩伐而作《濩》《武》。(九)動反本也。(十)勸之善也。(十一)國亂禮慢而樂淫也。(十二)觀其禮樂則知治亂也。蘧伯玉,衛大夫也,名瑗。(十三)禮樂亦猶是也。(十四)將以是觀。

《音義》 罍音雷。犧,素何反 suō(ㄙㄨㄛ)。縣音玄。道音導。蘧,其居反 qú(ㄑㄩˊ)。

《疏》 (一至六)此一節明天道用教以示人,聖人則放之以爲德,故君立於阼以象日,夫人在西房以象月。禮交動乎上者,謂君與夫人酌獻之禮,交相動於堂上也。樂交相應乎下者,謂縣鼓應鼓相應在於堂下。和之至也者,謂堂上下禮樂交相應會,和諧之至極也。(七至十四)前經明禮樂相交,故此經更論先王制禮樂以節事道志化民治下也。禮也者反其所自生者,言王者制禮,各反其本王業所由生以制禮也,猶若殷周爲民除害以得民心,初生王業,其制禮還以得民心之事而爲禮本。樂也者樂其所自成者,言王者制樂,樂己所由成者以制樂,若殷周之等,民樂其用武除殘討惡以成王業,故作樂以尚其威武也。但禮之與樂俱是象其王業所由,但禮據王業之初,樂據王業之末,俱太平功成治定之後,制禮本論其初,故云反其所自生;作樂論其末,故云樂其所成。君子慎其所以與人者,禮樂既爲人之所觀,以此之故,君子治國必謹慎其所以與人相接者,謂禮樂之事。此禮樂者,謂與人交接之具,故慎之。

【淺悟】

來到一個國家，見那裏的民風淳樸，待人接物彬彬有禮，所有的娛樂場所演奏的都是高雅音樂，此國的風貌自然可想而知，即所謂"觀其禮樂而治亂可知也"。

10.9

【原文】

大廟之内敬矣！君親牽牲，大夫贊幣而從(一)；君親制祭，夫人薦盎(二)；君親割牲，夫人薦酒(三)；卿大夫從君，命婦從夫人：洞洞乎其敬也，屬屬乎其忠也，勿勿乎其欲其饗之也(四)。納牲詔於庭，血毛詔於室，羹定詔於堂。三詔皆不同位，蓋道求而未之得也(五)。設祭于堂(六)，爲祊乎外(七)，故曰："於彼乎？於此乎(八)？"

一獻質(九)，三獻文(十)，五獻察(十一)，七獻神(十二)。

【譯文】

太廟之内令人肅然起敬呀！國君親自牽牲畜，大夫幫助搬幣帛在後跟從；國君親自裁制祭祀，夫人進獻盎齊酒；國君親自切割熟的牲體，夫人進獻酒；卿大夫隨從國君，其夫人隨從國君夫人：虔誠的樣子是那麽恭敬哩，謹慎的樣子是那麽忠厚哩，勤勉不懈的樣子是那麽希望鬼神前來享用祭品哩。接納牲畜時要在庭中向神禀告，殺牲取血毛時要在室内向神禀告，肉煮熟時要在堂上向神禀告。這三次禀告都不在同一個位置，因爲言語求告並未得到神的答復嘛。陳設祭物在廟堂，如果像祊祭那樣設在門外，必定會有人問："神在那邊嗎？神在這邊嗎？"

祭禮一獻時質樸，三獻時需文飾，五獻是祭昭明的山川，七獻是祭先公的神靈。

【古注】

《注》 (一)納牲於庭時也，當用幣告神而殺牲。(二)親制祭，謂朝事進血膋時所制者，制肝洗於鬱鬯以祭於室及主。(三)親割，謂進牲孰體時。(四)勿勿，猶勉勉也。(五)肉謂之羹。道猶言也。(六)設祭之饌於堂，人君禮焉。(七)祊祭，明日之繹祭也，謂之祊者，於廟門之旁因名焉，其祭之禮既設，祭於室而事尸於堂，孝子求神非一處也，《周禮》曰："夏后氏世室門，堂三之二，室三之一。"《詩・頌・絲衣》曰"自堂徂基"。(八)不知神之所在也。(九)謂祭羣小祀也。(十)謂祭社稷五祀。(十一)察，明也。謂祭四望山川也。(十二)謂祭先公。

《音義》 洞音慟。屬，之玉反 zhǔ(ㄓㄨˇ)。祊，百彭反 bēng(ㄅㄥ)。

10.10

【原文】

大饗其王事與(一)？三牲魚腊，四海九州之美味也；籩豆之薦，四時之和氣也(二)；内金，示和也(三)；束帛加璧，尊德也(四)；龜爲前列，先知也(五)；金次之，見情也(六)；丹、漆、絲、纊、竹、箭，與衆共財也(七)；其餘無常貨，各以其國之所有，則致遠物也(八)；其出也，《肆夏》而送之，蓋重禮也(九)。

祀帝於郊，敬之至也(十)；宗廟之祭，仁之至也(十一)；喪禮，忠之至也(十二)；備服器，仁之至也(十三)；賓客之用幣，義之至也(十四)。故君子欲觀仁義之道，禮其本也(十五)。

【譯文】

大饗之祭應是爲帝王服勞的事吧？諸侯進貢的牛羊豬三牲和魚乾，乃四海九州的美味嘛；進獻盛在籩豆中的五穀，乃四季的温和之氣所生嘛；繳納貢金，顯示柔和嘛；束帛之上加璧玉，表示尊崇道德嘛；將龜排在貢品的前列，寓意受貢者爲先知嘛；金屬器物排在龜後，隱喻金能照見情實嘛；金後陳列丹砂、油漆、蠶絲、大竹、小竹，寄意與大衆共享此財貨嘛；其餘没有固定貨物的蕃邦，各以其國的特産作貢品，説明能招致遠方的物産嘛。各諸侯事畢出去呢，乃演奏起《陔夏》樂章來歡送他們，因爲以禮爲重嘛。

到郊外祭祀天帝，乃崇敬的極致嘛；宗廟的祭祀，乃仁恩的極致嘛；喪禮，乃忠誠的極致嘛；備具衣服明器，乃仁愛的極致嘛；賓客贈送助喪用的幣帛，乃情義的極致嘛。所以君子想觀察仁義之道，禮就是行其道的根本嘛。

【古注】

《注》 (一)盛其饌與貢，謂祫祭先王。(二)此饌諸侯所獻。(三)此所貢也，内之庭實，先設之金從革性和，荆楊二州貢金三品。(四)貢享所執致命者，君子於玉比德焉。(五)龜知事情者陳於庭，在前荆州納錫大龜。(六)金炤物，金有兩義，先入後設。(七)萬民皆有此物。荆州貢丹，兖州貢漆絲，豫州貢纊，楊州貢篠簜。(八)其餘，謂九州之外夷服鎮服蕃服之國，《周禮》"九州之外謂之蕃國，世一見，各以其所貴寶爲摯"。周穆王征犬戎得白狼白鹿近之。(九)出，謂諸侯之賓也，禮畢而出，作樂以節之。《肆夏》當爲《陔夏》。(十)言就而祭之，不敢致也。(十一)仁，恩也，父子主恩之。(十二)謂哭踊袒襲也。(十三)謂小斂大斂之衣服，葬之明器。(十四)謂來賻賵。(十五)言禮有節於内，可以觀也。

《音義》 腊音昔。内音納。見，賢遍反 xiàn(ㄒㄧㄢ)。纊音曠，綿也。肆，依《注》作陔，古來反 gāi(ㄍㄞ)，《注》又作祴，音同。

《疏》 饗，謂饗祭先王，饗中之大謂祫也。"與"是語辭也。諸侯雖有祫祭，不可致有九州之物，唯王者乃然，故云其王事與。

10.11

【原文】

君子曰："甘受和，白受采，忠信之人可以學禮；苟無忠信之人，則禮不虛道。是以得其人之爲貴也(一)。"

孔子曰："誦《詩》三百，不足以一獻；一獻之禮，不足以大饗；大饗之禮，不足以大旅；大旅具矣，不足以饗帝(二)，毋輕議禮(三)。"

子路爲季氏宰(四)，季氏祭，逮闇而祭，日不足，繼之以燭(五)，雖有强力之容，肅敬之心，皆倦怠矣(六)；有司跛倚以臨祭，其爲不敬大矣(七)。他日祭，子路與，室事交乎户，堂事交乎階，質明而始行事，晏朝而退(八)。

孔子聞之曰："誰謂由也而不知禮乎(九)！"

【譯文】

君子説："甜味能接受五味的調和，白色能接受五色的調采，忠誠守信的人可以學禮；假如没有忠誠守信的人，那麽禮也不會憑空由人擺布。所以能得到忠信之人最爲可貴哩。"

孔子説："即使誦讀了全部《詩經》，也不足以主持一獻的祭禮；僅能勝任一獻這種祭禮，也不足以主持大饗宗廟的祭禮；即便能勝任大饗這種祭禮，也不足以主持總祀五帝的大旅祭禮；就算主持大旅祭的能力具備了，如果還不足以勝任饗祭天帝的話，千萬不要輕易議論禮。"

子路擔任季氏的邑宰時，季氏舉辦祭祀，直到黄昏還在祭，時間不够，燃起燭光繼續進行，雖有勉强支撑的儀容、嚴肅恭敬的心意，却都疲倦懈怠了呀；專管祭祀的有司斜倚着物件主持祭禮，這樣的表現太不敬了呀。改日舉辦祭祀，子路參與主持，内室的事務在門口交接，堂上的事務在臺階前交接，天剛亮就開始行事，日落時便告退。

孔子聽到此事後説："誰説仲由不能主持禮呀！"

【古注】

《注》 (一)道猶由也、從也。(二)誦《詩》三百，喻習多言而不學禮也。大旅，祭五帝也。饗帝，祭天。(三)謂若誦《詩》者不可以强言禮。(四)宰，治邑吏也。(五)謂晝時也。(六)以其久也。(七)偏任爲跛，依物爲倚。(八)室事，祭時。堂事，儐尸。(九)多其知禮。

《音義》 和，户卧反 hè(ㄏㄜˋ)。跛，彼義反 bì(ㄅㄧˋ)。與音豫。

《疏》 (一)此經明學禮之人唯須有忠信。(二、三)此節明禮之爲貴，貴於衆事。一獻，祭羣小祀。大饗，謂祫祭宗廟也。(四至八)前經既明禮爲其重，故記者引子路能行禮之事。(九)子路好勇，時人多不尚其所爲，故孔子以此明之，言其知禮也。寧可禮略而敬，不可禮煩而怠也。

【淺悟】

“誰謂由也而不知禮乎”中的“知”字，在此只能訓爲主、主持之義，不可訓爲知道、明白、懂得等義，孔門弟子豈有不懂禮的道理！

郊特牲第十一

《疏》 案鄭《目録》云:“名《郊特牲》者,以其記郊天用騂犢之義。此於《别録》屬祭祀。”

11.1

【原文】

郊特牲而社稷大牢。天子適諸侯,諸侯膳用犢;諸侯適天子,天子賜之禮大牢,貴誠之義也。故天子牲孕弗食也,祭帝弗用也(一)。大路繁纓一就,先路三就,次路五就(二)。郊血,大饗腥,三獻爓,一獻孰。至敬不饗味,而貴氣臭也(三)。諸侯為賓,灌用鬱鬯,灌用臭也,大饗尚腶脩而已矣(四)。

大饗,君三重席而酢焉(五)。三獻之介,君専席而酢焉,此降尊以就卑也(六)。

【譯文】

郊祭天帝用一頭牛,而祭社稷之神則用牛羊豬三牲俱全的太牢禮。天子巡狩到諸侯國,諸侯設膳用小牛犢;諸侯朝覲天子,天子賜宴用太牢禮,這都是重視真誠的涵義嘛。所以天子不吃有身孕的牲畜哩,祭祀天帝也不使用哩。駕大輅車的馬腹只有一匝繁纓飾帶,駕先輅副車的馬腹有三匝,駕次輅副車的馬腹有五匝。郊祭用牲血,大饗祭生肉,三獻祭半生半熟的肉,一獻祭熟肉。最尊敬的客體不享用滋味,而重視聞氣味嘛。諸侯來朝作為賓客,用鬱鬯香酒澆地以降神,澆在地上就是用來使神能聞到氣味嘛,大饗賓客也只是先上加有薑桂等佐料的肉脯而已呀。

諸侯相互聘問,大饗賓客時,國君坐在三重席上接受對方國君回敬的酒。派來聘問的是三獻的副使,國君要坐在單重席上接受副使回敬的酒,這是降低尊位來遷就卑位嘛。

【古注】

《注》 (一)犢者誠慤,未有牝牡之情,是以小為貴也。孕,任子也,《易》曰“婦孕不育”。(二)此因小說,以少為貴者。《禮器》言次路七就,與此乖,字之誤也。(三)血腥爓祭用氣。(四)亦不饗味也。

此大饗，饗諸侯也。(五)言諸侯相饗，獻酢禮敵也。(六)三獻，卿大夫來聘，主君饗燕之，以介為賓，賓為苟敬，則徹重席而受酢也，專猶單也。

《音義》 灌，本又作祼，古喚反 guàn(ㄍㄨㄢˋ)。腶，丁喚反 duàn(ㄉㄨㄢˋ)，鍛脯加薑桂曰腶脩。

《疏》 (一至四)天子適諸侯，謂天子巡守至諸侯之國，諸侯致膳於天子則用犢也。諸侯適天子，謂諸侯朝天子，天子賜之禮用大牢。(五、六)此大饗，謂諸侯相朝，主君饗賓，賓主禮敵，故主君設三重之席而受酢焉。三獻之介，此介是大夫，大夫席雖再重，今為介降一席，祇合專席；主君若受此介之酢爵，雖是諸侯合三重之席，必徹去重席，單席而受此介之酢爵焉；所以然者，降諸侯之尊以就介之卑故也。

11.2

【原文】

饗禘有樂，而食嘗無樂，陰陽之義也。凡飲，養陽氣也；凡食，養陰氣也。故春禘而秋嘗，春饗孤子，秋食耆老，其義一也，而食嘗無樂(一)。飲，養陽氣也，故有樂；食，養陰氣也，故無聲。凡聲，陽也。

鼎俎奇也籩豆偶，陰陽之義也。籩豆之實，水土之品也(二)，不敢用褻味而貴多品，所以交於旦明之義也(三)。

賓入大門而奏《肆夏》，示易以敬也(四)。卒爵而樂闋，孔子屢歎之(五)。奠酬而工升歌，發德也(六)。歌者在上，匏竹在下，貴人聲也(七)。樂由陽來者也，禮由陰作者也，陰陽和而萬物得(八)。

旅幣無方，所以別土地之宜，而節遠邇之期也(九)。龜為前列，先知也；以鐘次之，以和居參之也(十)；虎豹之皮，示服猛也；束帛加璧，往德也。

【譯文】

天子諸侯春季宴饗及禴祭有音樂伴奏，而秋季奉養及嘗祭沒有音樂伴奏，這屬於陰陽的涵義嘛。凡是飲，皆涵養陽氣哩；凡是吃，皆涵養陰氣哩。所以春季舉行禴祭而秋季舉行嘗祭，春季宴饗孤子，秋季奉養耆老，其涵義一樣嘛，而且奉養和嘗祭沒有音樂伴奏。飲，養陽氣嘛，所以有音樂；吃，養陰氣嘛，所以沒有聲音。凡是聲音，均屬於陽嘛。

禮器中的鼎俎用單數而籩豆用偶數，這是陰陽的涵義嘛。籩豆中的東西，皆水土所生的物品嘛，不敢用家常的食味而且以品種多為可貴，這是用來跟神明交接的涵義嘛。

前來朝聘的賓客一進大門便奏《肆夏》樂章，表示平易而恭敬嘛。每敬完一次酒便奏樂一闋，孔子對此屢屢贊歎。賓主互相敬酒時樂工也登堂歌舞，以發明賓主的德行嘛。歌唱者在堂上，吹奏笙笛的樂工在堂下，以人的聲音為貴嘛。音樂是從陽中來的嘛，禮制是由陰中創作的嘛，陰陽諧和才能使萬物各得其所。

各諸侯國進貢的衆多貨物不是產自一個地方，以此分別各國土地所適宜的出產，從而按路途遠近調節進貢的期限嘛。龜排在貢品的最前列，寓意受貢者是先知嘛；以鐘排在龜後，使和樂參雜居於各物之間嘛；其後的虎豹之皮，顯示能征服四方的凶猛者嘛；束帛之上加玉，表示向往道德嘛。

【古注】

《注》 (一)言義同而或用樂或不用樂也。此禘當為禴，字之誤也，《王制》曰"春禴夏禘"。(二)水土之品，言非人常所食。(三)旦當為神，篆字之誤也。(四)賓，朝聘者。易，和説也。(五)美此禮也。(六)以詩之義發明賓主之德。(七)匏，笙也。(八)得，得其所。(九)旅，衆也。邇，近也。(十)鐘，金也。獻金為作器，鐘其大者，以金參居庭實之間示和也。

《音義》 食嘗，食音嗣。闋，若穴反 què(ㄑㄩㄝˋ)，止也。匏，步交反 paó(ㄆㄠˊ)。竹，篪笛也。

《疏》 (一)依禮，三代無春禘之文，周則春曰祠，《王制》夏殷之禮云"春曰禴"，今云春曰禘，故知禘當為禴。(二、三)此一節論鼎俎籩豆所法陰陽之事。(四至八)此一節論朝聘之賓及己之臣子有王事勞者，設燕饗之禮，奏樂之節。(九、十)此一節明朝聘貨賄庭實之物。旅幣無方者，旅，衆也；幣，庭實也；衆國貢獻幣物非止一方。五方各殊，所出有異，所以分別土地所生之宜。六服有遠近，或嬪或貨，所貢之屬各有期也。龜是靈知之物，陳之於庭則列龜最在前。鐘，金也；不謂之為金而謂之爲鐘者，貴金以供王之鑄器，器之大者莫大於鐘，故言以鐘次之也；金性柔和，從時變革也，金列庭實，前龜後皮帛，以金參廁居龜帛之中間，故云以和居參之也。虎豹是威猛之獸，今得其皮來列在王庭，是表示君臣之德能服四方之威猛者也。玉以表德，今將玉加於束帛或錦繡黼黻之上，是以表往歸於德故也，謂主君有德而往歸之。

11.3

【原文】

庭燎之百，由齊桓公始也(一)。大夫之奏《肆夏》也，由趙文子始也(二)。

朝覲大夫之私覿，非禮也。大夫執圭而使，所以申信也(三)；不敢私覿，所以致敬也，而庭實私覿，何為乎諸侯之庭(四)？為人臣者無外交，不敢貳君也(五)。

大夫而饗君，非禮也(六)。大夫強而君殺之，義也，由三桓始也(七)。天子無客禮，莫敢為主焉。君適其臣，升自阼階，不敢有其室也(八)。覲禮，天子不下堂而見諸侯(九)，下堂而見諸侯，天子之失禮也，由夷王以下(十)。

諸侯之宮縣，而祭以白牡，擊玉磬，朱干設錫，冕而舞《大武》，乘大路，諸侯之僭禮也(十一)。臺門而旅樹，反坫，繡黼丹朱中衣，大夫之僭禮也(十二)。故天子微，諸侯僭；大夫強，諸侯脅。於此相貴以等，相覿以貨，相賂以利，而天下之禮亂矣(十三)！諸侯不敢祖天子，大夫不敢祖諸侯。而公廟之設於私家，非禮也，由三桓始也(十四)。

【譯文】

諸侯僭越天子之禮夜間在庭中燃起照明的火炬百支，是由齊桓公開始的嘛。大夫僭越諸侯之禮演奏《肆夏》之樂呢，是由晉大夫趙文子開始的嘛。

隨君到鄰國朝覲的大夫與該國的國君私下相見，不符合禮的規範哩。大夫受命執圭出使，用圭表明誠信嘛；不敢私下相見，以此表達對自己國君的尊敬嘛；如果把禮品陳列在中庭自己又去私下相見，那又何故把禮品陳列在諸侯的中庭？做別人臣下的話不可有本職以外的交往，不敢對自己的國君存有二心嘛。

身為大夫卻宴饗國君，不符合禮的規範嘛。大夫強横如果國君殺了他，合乎道義哩，這是從魯桓公的三個庶子開始的嘛。天子沒有客人的禮節，沒有人敢擔當主人呀。國君到其臣屬那裏，從東側屬於主人的阼階登上去，臣下不敢認為這是自己的家室嘛。覲見禮規定，天子接見諸侯不必走下殿堂，如果走下殿堂接見諸侯，那是天子的失禮嘛，是由周夷王帶動以後的天子都這樣。

諸侯的宫室四面懸掛著鐘磬等樂器，而且祭祀用白色公牛，奏樂敲擊玉磬，舞者手持紅色的鑲有龜形金屬飾物的盾牌，頭戴禮冠而且演奏武王的《大武》樂曲跳舞，乘殷天子的大輅車等，屬於諸侯他們僭越禮嘛。門前壘臺架屋而且當道樹起屏蔽，堂上壘有宴飲時回放酒具的土坫，紅色內衣的領緣綉有黼形紋等，屬於大夫他們僭越禮嘛。所以天子衰微，諸侯就會僭越；大夫強横，諸侯便受威脅。至此上下相互較量尊貴，用財貨私下相見，用利益相互賄賂，因而天下的禮制全亂了呀！依禮諸侯不敢仿效天子，大夫不敢仿效諸侯。然而將公廟設立在私家，不符合禮制規定哩，是由魯桓公的三個庶子開的頭嘛。

【古注】

《注》 (一)僭天子也。庭燎之差，公蓋五十，侯伯子男皆三十。(二)僭諸侯。趙文子，晉大夫名武。(三)其君親來，其臣不敢私見於主國君也。以君命聘則有私見。(四)非其與君無别。(五)私覿是外交也。(六)其饗君，由強且富也。(七)三桓，魯桓公之子，莊公之弟，公子慶父，公子牙，公子友。慶父與牙通於夫人以脅公，季友以君命鴆牙，後慶父弑二君又死也。(八)明饗君非禮也。(九)正君臣也。(十)夷王，周康王之玄孫之子也，時微弱，不敢自尊於諸侯。(十一)言此皆天子之禮也。宫縣，四面縣也。干，盾也。錫，傅其背如龜也。《武》，萬舞也。白牡，大路，殷天子禮也。(十二)言此皆諸矦之禮也。旅，道也，屏謂之樹，樹所以蔽行道，管氏樹塞門，塞猶蔽也。禮，天子外屏，諸矦内屏，大夫以簾，士以帷。反坫，反爵之坫也，蓋在尊南，兩君相見，主君既獻於反爵焉。繡黼丹朱，以為中衣領緣也。繡讀為綃，綃，繒名也，《詩》云“素衣朱綃”，又云“素衣朱襮”，襮，黼領也。（十三）言僭所由。（十四）言仲孫、叔孫、季孫氏皆立桓公廟。魯以周公之故立文王廟，三家見而僭焉。

《音義》 覿，大力反 dí(ㄉㄧˊ)。錫音陽。坫，丁念反 diàn(ㄉㄧㄢˋ)。繡，依《注》作綃，音消。

《疏》 （一至十）摠論朝聘失禮之事。庭燎之百者，謂於庭中設火以照燎來朝之臣夜入者，因名火為庭燎也。禮，天子百燎，上公五十，矦伯子男三十。齊桓公是諸矦而僭用百，後世襲之，是失禮從齊桓公為始。案《大射禮》“公升即席奏《肆夏》”，《燕禮》云“若以樂納賓，則賓及庭奏《肆夏》”，是諸矦之禮。今文子亦奏之，故云僭諸矦。朝覲，謂君親往鄰國行朝覲之禮。大夫從君而行輒行私覿，是非禮也。大夫執圭而使，謂受命執圭專使鄰國得行私覿，所以申己之誠信也。從君而行不敢行私覿，所以致敬於己君也。當周衰之後，有臣從君而行設庭實、私覿於主國之庭，作記者譏之庭實私覿，何得為乎諸矦之庭，譏其與君無別也。為人臣者既無外交，唯專一事君；既從君而行，不敢貳心於他君，所以不行私覿之禮。大夫富強，專制於君，召君而饗之，非禮也。大夫強盛則干國亂紀，而君能殺之，是銷絶惡源，得其義也。有能誅殺強臣，由三桓而來，故云由三桓始也。（十一至十四）此一節摠論諸矦及大夫奢僭強盛之事。諸矦唯合軒縣、用時王牲、擊石磬、不得朱干設錫冕服而舞、合乘時王之車，今乃有宫縣，用白牡、擊玉磬、朱干設錫冕而舞《大武》、乘殷之大路，並是諸矦之僭禮也。臺門者，兩邊起土為臺，臺上架屋曰臺門。旅樹者，旅，道也；樹，立也；人君當門道立屏蔽内外為敬也。繡黼丹朱中衣者，綃，繒也；黼，刺繒爲黼文也；丹朱，赤色，謂染繒爲赤色也；中衣，猶今中衣單也。於此相貴以等者，謂臣下不畏懼於君，而相尊貴以等列。相覿以貨者，大夫私相覿以貨賄不辟君。

11.4

【原文】

天子存二代之後，猶尊賢也，尊賢不過二代（一）。諸矦不臣寓公，故古者寓公不繼世（二）。

君之南鄉，答陽之義也；臣之北面，答君也（三）。

大夫之臣不稽首，非尊家臣，以辟君也（四）。大夫有獻弗親；君有賜不面拜，為君之答己也（五）。

鄉人裼（六），孔子朝服立于阼，存室神也（七）。

孔子曰：“射之以樂也，何以聽？何以射（八）？”

孔子曰：“士使之射，不能則辭以疾，縣弧之義也（九）。”

孔子曰：“三日齊，一日用之，猶恐不敬，二日伐鼓，何居（十）？”

孔子曰：“繹之於庫門內，祊之於東方，朝市之於西方，失之矣（十一）。”

【譯文】

天子存撫前兩個朝代的後裔，依然尊重其賢者嘛，尊重其賢者不超過兩代。諸矦不以臣下之禮對待因避禍前來寄寓的諸矦，所以古時候寓居的諸矦不繼續世襲。

君王的坐北朝南方嚮，是面對陽氣的涵義嘛；臣下的面朝北，要對答君王嘛。

大夫的家臣不向大夫行叩頭禮，並非尊重家臣，為了避君之嫌嘛。大夫有物進獻不親自獻；國君有賞賜不當面拜謝，為了防止國君答謝自己嘛。

鄉里人舉行驅逐疫鬼的活動，孔子便穿上朝服站在阼階上示敬，以存撫室內的神主嘛。

孔子說："射箭時使用音樂伴奏呢，將如何聽音樂？將如何射箭？"

孔子說："士子使他射箭，不能射就推辭有病，猶如出生時把弓懸掛在門左的涵義嘛。"

孔子說："三天致齋，用於一天的祭祀尚且恐怕不夠恭敬，而致齋的第二天就敲起鼓來，什麼原故呢？"

孔子說："繹祭安排在庫門內舉行，祊祭安排在廟門東方舉行，早市貿易安排在集市的西方進行，都失誤了呀。"

【古注】

《注》 (一)過之遠，難法也。二或為三。(二)寓，寄也。寄公之子非賢者，世不足尊也。寓或為託。(三)答，對也。(四)辟國君也。(五)不面拜者，於外告小臣，小臣受以入也。小臣掌三公及孤卿之復逆也。(六)裼，强鬼也，謂時儺索室毆疫逐強鬼也。裼或為獻，或為儺。(七)神依人也。(八)多其射容與樂節相應也。(九)男子生而設弧於門左，示有射道而未能也。女子設帨。(十)居讀為姬，語之助也。何居，怪之也。伐猶擊也。齊者止樂而二日擊鼓，則是成一日齊也。(十一)祊之禮宜於廟門外之西室，繹又於其堂，神位在西也。此二者同時而大名曰繹，其祭禮簡而事尸禮大。朝市宜於市之東偏。《周禮》市有三期："大市，日側而市，百族為主；朝市，朝時而市，商賈為主；夕市，夕時而市，販夫販婦為主。"

《音義》 裼音傷，鬼名也。齊，本又作齋，側皆反 zhāi(ㄓㄞ)。繹音亦。祊，百彭反 bēng(ㄅㄥ)。

11.5

【原文】

社祭土而主陰氣也，君南鄉於北墉下，答陰之義也(一)。日用甲，用日之始也(二)。天子大社，必受霜露風雨，以達天地之氣也(三)。是故喪國之社屋之，不受天陽也。薄社北牖，使陰明也(四)。社所以神地之道也，地載萬物，天垂象，取財於地，取法於天，是以尊天而親地也，故教民美報焉。家主中霤，而國主社，示本也(五)。唯為社事，單出里；唯為社田，國人畢作；唯社，丘乘共粢盛，所以報本反始也(六)。

季春出火，為焚也[七]，然後簡其車賦，而歷其卒伍，而君親誓社，以習軍旅，左之右之，坐之起之，以觀其習變也[八]。而流示之禽，而鹽諸利，以觀其不犯命也[九]。求服其志，不貪其得[十]，故以戰則克，以祭則受福。

天子適四方，先柴[十一]。

【譯文】

社日祭土神能夠主宰陰氣嘛，君王在北牆下朝南而祭，乃面對陰氣的涵義嘛。社日使用天干的首位甲，乃使用社日的開始嘛。天子祭祀社稷的處所太社，必須承受霜露風雨，以便通達天地之氣嘛。正是這個緣故，亡國的太社要蓋屋遮蔽，不使接受天的陽氣嘛。殷朝亳都的太社之屋只有北窗，使陰處透光嘛。社日所用來神明大地的道理呢，因為大地承載萬物，上天垂示徵象，從大地獲取財物，向上天獲取法則，這就是用來尊崇天而親善地的道理嘛，所以要教育人民贊美和報效天地的恩澤。卿大夫之家主祭土神在室中央，而天子諸侯之國主祭土神在太社，昭示此為生養的根本嘛。只有為了祭祀社神的事，每戶都得有一人走出鄉里來參加；只有為了祭祀社神的田獵，國人都得去參加；只有祭祀社神，才由都鄙井田之民供應盛在祭器內的黍稷，以此報恩思源嘛。

春二月外出用火，為了焚燒越冬的宿草嘛。然後選擇那些車馬兵賦，再挑選那些士卒編制軍隊，而且君王親臨誓師約束祭社之事，以此演習軍旅，向左向右，或坐或起，來觀察他們的演習變化嘛。而後舉行田獵驅趕飛禽展示在陣前，而用飛禽之利作為欣羨的誘餌，來觀察士卒能否不觸犯命令嘛。只求征服他們的意志，使他們不貪圖獲得，所以用這種軍隊作戰就能制勝，用來祭祀就能受到天地的賜福。

天子到天下各地巡狩，所到山嶽先燒柴祭告天帝。

【古注】

《注》 （一）牆謂之墉。北墉，社內北牆。（二）國中之神莫貴於社。（三）大社，王為羣姓所立。（四）絶其陽通其陰而已。薄社，殷之社、殷始都薄。（五）中霤亦土神也。（六）單出里，皆往祭社於都鄙，二十五家為里。畢作，人則盡行，非徒羨也。丘，十六井也。四丘六十四井曰甸，或謂之乘。乘者，以於車賦出長轂一乘。乘或為鄰。（七）謂焚萊也。凡出火，以火出建辰之月火始出。（八）簡、歷，謂算具陳列之也。君親誓社，誓吏士以習軍旅，既而遂田以祭社也。言祭社，則此是仲春之禮也，仲春以火田，田止弊火，然後獻禽。至季春火出而民乃用火。今云季春出火乃誓社，記者誤也。社或為省。（九）流猶行也，行，行田也。鹽讀為艷，行田示之以禽，使歆艷之，觀其用命不也。謂禽為利者，凡田，大獸公之，小禽私之。（十）失伍而獲，猶為犯命。（十一）所到必先燔柴，有事於上帝也，《書》曰："歲二月，東巡守，至於岱宗，柴。"

《音義》 墉，本亦作庸。大音太，下文大社、大王、大廟、大古皆同。薄，本又作亳，步各反 buó（ㄅㄨㄛˊ）。牖音酉。丘乘，時證反 shèng（ㄕㄥˋ）。粢音資。豔，依《注》音艷。

《疏》（一至六）社祭土，土謂五土：山林、川澤、丘陵、墳衍、原隰也，以時祭之，故云社祭土。土是陰氣之主，故云而主陰氣也。唯為社事單出里者，社事，祭社之事也，此唯每家出一人，不人人出也。唯為社田，田，獵也；作，行也，若祭社，先為社獵，則國中之人皆盡行，無得住家。唯社，丘乘共粢盛者，丘乘者，都鄙井田也；粢，稷也，在器曰盛，若祭社，則丘乘之民共之。（七至十一）季春出火為焚也者，祭社既用仲春，此出火為焚當在仲春之月，今云季春者，記者以季春之時民始出火，記者錯誤，遂以為天子諸侯用焚亦在季春，故誤為季春，當為仲春也；為焚者，謂焚燒除治宿草。然後簡其車賦者，謂既焚之後，簡選車馬及兵賦器械之屬。

11.6

【原文】

郊之祭也，迎長日之至也(一)。大報天而主日也(二)，兆於南郊，就陽位也(三)。掃地而祭，於其質也；器用陶匏，以象天地之性也(四)；於郊，故謂之郊；牲用騂，尚赤也；用犢，貴誠也(五)。

郊之用辛也，周之始郊，日以至(六)。卜郊，受命于祖廟，作龜于禰宮，尊祖親考之義也(七)。卜之日，王立于澤，親聽誓命，受教諫之義也(八)。獻命庫門之內，戒百官也；大廟之命，戒百姓也(九)。祭之日，王皮弁以聽祭報，示民嚴上也(十)。喪者不哭，不敢凶服，氾埽反道，鄉為田燭(十一)，弗命而民聽上(十二)。祭之日，王被袞以象天(十三)，戴冕璪十有二旒，則天數也(十四)；乘素車，貴其質也；旂十有二旒，龍章而設日月，以象天也(十五)。天垂象，聖人則之，郊所以明天道也(十六)。帝牛不吉，以爲稷牛(十七)。帝牛必在滌三月，稷牛唯具，所以别事天神與人鬼也(十八)。萬物本乎天，人本乎祖，此所以配上帝也(十九)。郊之祭也，大報本反始也。

【譯文】

郊外的祭天呢，迎接白天長日的到來嘛。普遍報答天的恩澤而以祭日爲主嘛，祭壇的界域在南郊，占據向陽的位置嘛。掃净地面就祭，用其本質嘛；酒器使用陶製的匏樽，以象徵天地的本性嘛；祭天在郊外，所以稱之爲郊祭；犧牲用赤色牛，因爲周人崇尚赤色嘛；用牛犢，因爲以誠爲貴嘛。

郊祭之所以用辛日呢，因爲周人開始郊祭時，辛日恰巧是冬至。占卜郊祭，先到祖廟接受教命，再到父廟燒灼龜甲取兆，這是尊重先祖親近亡父的涵義嘛。占卜這天，君王站在澤宫，親自聽受占卜告誡的教命，這是接受教誨規諫的涵義嘛。進獻的誓命在庫門内申敕，以告誡百官嘛；太廟的教命，以告誡皇親國戚嘛。郊祭這天，君王身著皮弁服聽斷祭事的報告，以昭示民衆尊敬上司嘛。這天有喪事的人家不能哭，不敢穿凶服出門，沿途各家都得廣泛清掃道路並用鏟子將新土翻到上面，沿鄉的田頭都要燃起火燭，這些事不需命令而民衆都會聽從上面安排。郊祭這天，君王身著繪有日月星辰的袞服以象徵天，戴的帽子有用彩絲貫玉下垂的裝飾十二條，以效法天數嘛；乘素車，注重它的本質嘛；竿頂擊鈴的旗幟有十二條懸垂的飾帶、旗面繪有龍形文彩和太陽月亮，以象徵天體嘛。天垂示徵象，聖人以天象爲法則，郊祭用來顯明天道嘛。祭祀天帝的牛如果發生意外，就改用祭祀穀神的牛。祭祀天帝的牛必須在洗滌清潔的廄舍裏喂養三個月，祭祀穀神的牛只需具備祭祀的條件即可，以此區别侍奉天神和死去的先人嘛。天為萬物之本，祖先為人的根本，這就是為什麼祭祀天帝要用先祖配祭的原由嘛。郊外的祭天呢，乃是最重大的報恩思源活動嘛。

【古注】

《注》 (一)《易説》曰："三王之郊一，用夏正。"夏正，建寅之月也。此言迎長日者，建卯而晝夜分，分而日長也。(二)大猶徧也。天之神，日爲尊。(三)日，太陽之精也。(四)觀天下之物，無可以稱其德。(五)尚赤者，周也。(六)言日，以周郊天之月而至，陽氣新用事，順之而用辛日，此説非也。郊天之月而日至，魯禮也。三王之郊一，用夏正，魯以無冬至，祭天於圜丘之事，是以建子之月郊天，示先有事也。用辛日者，凡為人君當齋戒自新耳。周衰禮廢，儒者見周禮盡在魯，因推魯禮以言周事。(七)受命，謂告之，退而卜。(八)澤，澤宫也，所以擇賢之宫也。既卜，必到澤宫擇可與祭祀者，因誓勑之以禮也，《禮器》曰"舉賢而置之，聚衆而誓之"是也。(九)王自澤宫而還，以誓命重相申勑也。庫門在雉門之外，入庫門則至廟門外矣。大廟者，祖廟也。百官，公卿以下也。百姓，王之親也。入廟戒，親親也。王自此還齊路寢之室。庫或爲廐。(十)報猶白也。夙興朝服以待白祭事者，乃後服祭服而行事也。周禮，祭之日，小宗伯"逆粢省鑊，告時于王，告備于王"也。(十一)謂郊道之民為之也。反道，剗令新土在上也。田燭，田首為燭也。(十二)化王嚴上。(十三)謂有日月星辰之象，此魯禮也。周禮，王祀昊天上帝則服大裘而冕，祀五帝亦如之。魯侯之服自袞冕而下也。(十四)天之大數不過十二。(十五)設日月畫於旂上。素車，殷路也。魯公之郊用殷禮也。(十六)則，謂則之以示人也。(十七)養牲必養二也。(十八)滌，牢中所搜除處也。唯具，遭時又選可用也。(十九)言俱本可以配。

《音義》 騂，息營反 xing(ㄒㄧㄥ)。璪音早。

《疏》 (一)明郊祭用夏正建寅之月，意以二月建卯春分後日長，今正月建寅郊祭，通而迎此長日之將至。(二)大猶徧也。徧報天之一切神，而天之諸神唯日爲尊，故此祭者，日爲諸神之主。(四)燔柴在壇，正祭於地，故云埽地而祭。陶謂瓦器，謂酒尊及豆簋之屬。匏謂酒爵。(七)郊事既尊，不敢專輒，故先告祖後乃卜，亦如受命也。作龜于禰宫者。作，灼也；禰宫，禰廟也，先告祖受命，又至禰廟卜之也。(十一)郊祭之旦，人之喪者不哭，又不敢凶服而出，以干王之吉祭也。汜埽反道者，汜埽，廣埽也；反道，剗路之土反之令新土在上也，郊道之民家家各當界廣埽新道也。鄉爲田燭者，鄉謂郊内六鄉也，六鄉之民各於田首設燭照路。(十七)郊天既以后稷爲配，故養牲養二以擬祭也。若帝牛不吉或死傷，以爲稷牛者，爲猶用也，謂用稷牛而爲帝牛，其祭稷之牛臨時别取牛用之。(十八)帝牛既尊，必須在滌三月；今帝牛不吉，故取稷牛已在滌三月也。其祀稷之牛臨時别取，故云稷牛唯具。天神既尊，故須在滌；人鬼稍卑，唯具而已，是分别天神與人鬼不同。(十九)天爲物本，祖爲王本，祭天以祖配之，謝其恩謂之報，歸其初謂之反，大義同也。

11.7

【原文】

天子大蜡八(一)，伊耆氏始爲蜡(二)。蜡也者，索也(三)，歲十二月，合聚萬物而索饗之也(四)。蜡之祭也，主先嗇而祭司嗇也(五)；祭百種，以報嗇也(六)。饗農，及郵表畷，禽獸，仁之至、義之盡也(七)。古之君子，使之必報之。迎貓，爲其食田鼠也；迎虎，爲其食田豕也，迎而祭之也(八)。祭坊與水庸，事也(九)。曰："土反其宅，水歸其壑，昆蟲毋作，草木歸其澤(十)。"皮弁素服而祭。素服，以送終也；葛帶榛杖，喪殺也；蜡之祭，仁之至、義之盡也(十一)。黄衣黄冠而祭，息田夫也(十二)。野夫黄冠。黄冠，草服也(十三)。

【譯文】

天子年終舉辦大規模的蜡祭八神，是伊耆氏開始舉辦蜡祭的。蜡的意旨呢，即求索嘛，每年十二月，合聚萬物並求其神進行合祭嘛。蜡這種祭祀呢，以先嗇神農爲主而使司嗇后稷從祭嘛；祭祀百穀的種子之神，以報答收穫之恩嘛。合祭農神以及田畔郵舍之神，馴養助田除害的禽獸之神，仁做到了極致、義做到了竭盡嘛。古時候的君子，凡是使用過的事物必予以報答。迎貓神，因爲它能吃田鼠嘛；迎虎神，因爲它能吃田裏的野豬嘛，迎來便祭祀它們嘛。祭祀堤坊和水渠之神，祭其事嘛。蜡祭祝辭説："土返還其原來的處所，水回歸其原來的溝渠，昆蟲莫製造災害，草木回歸其濕潤的澤地。"戴皮弁穿素服進行祭祀。素服，用作送終嘛；紮葛帶拄榛木杖，乃降等的喪事嘛；蜡這種祭禮，仁做到了極致、義做到了竭盡嘛。穿黄衣戴黄冠來祭祀先祖五祀，慰勞農夫以示休息嘛。田野的農夫戴黄冠。黄冠，乃是深秋之後草的顔色用於服飾嘛。

【古注】

《注》 (一)所祭有八神也。(二)伊耆氏，古天子號也。(三)謂求索也。(四)歲十二月，周之正數，謂建亥之月也。饗者，祭其神也。萬物，有功加於民者，神使爲之也，祭之以報焉，造者配之也。(五)先嗇，若神農者。司嗇，后稷是也。(六)嗇所樹藝之功，使盡饗之。(七)農，田畯也。郵表畷，謂田畯所以督約百姓於井間之處也，《詩》云"爲下國畷郵"。禽獸，服不氏所教擾猛獸也。(八)迎其神也。(九)水庸，溝也。(十)此蜡祝辭也。若辭同，則祭同處可知矣。壑猶坑也。昆蟲暑生寒死，螟螽之屬，爲害者也。（十一）送終、喪殺，所謂老物也。素服，衣裳皆素。（十二）祭，謂既蜡，臘先祖五祀也，於是勞農以休息之，《論語》曰"黄衣狐裘"。（十三）言祭以息民，服象其時物之色，季秋而草木黄落。

《音義》 蜡，仕詐反 zhà(ㄓㄚˋ)，蜡祭有八神：先嗇一，司嗇二，農三，郵表畷四，貓虎五，坊六，水庸七，昆蟲八。耆，巨夷反 qí(ㄑㄧˊ)，或云即帝堯是也。種，之勇反 zhǒng(ㄓㄨㄥˇ)，下之種也。畷，丁衛反 zhuì(ㄓㄨㄟˋ)。榛杖，側巾反 zhēn(ㄓㄣ)，以榛木爲杖也。殺，所界反 shāi(ㄕㄞ)。

11.8

【原文】

大羅氏，天子之掌鳥獸者也，諸侯貢屬焉。草笠而至，尊野服也（一）。羅氏致鹿與女，而詔客告也，以戒諸侯曰："好田好女者亡其國（二）。天子樹瓜華。不斂藏之種也（三）。"

八蜡以記四方（四），四方年不順成，八蜡不通，以謹民財也（五）。順成之方，其蜡乃通，以移民也（六）。既蜡而收，民息已。故既蜡，君子不興功（七）。

【譯文】

大羅氏，是天子的職掌羅捕鳥獸的官嘛，諸侯進貢的鳥獸統屬他管。諸侯派遣進貢的使者頭戴草編的斗笠前來，以尊重平民的穿戴嘛。臨行時，羅氏招致獵獲的鹿和女子，以天子的詔令向進貢的客人宣告，令其回國告誡諸侯説："喜好田獵貪戀女色的話將使自己的國家滅亡。天子所種植的瓜果草蓏，不是聚斂儲藏的種子哩。"

蜡祭八神以記録四方的豐稔凶荒情形，其中任何一國年景不順成，八神的蜡祭就不得與各方通祭，以便謹慎使用民財嘛。年景順成的國家，其蜡祭便可與各國通祭，以使民衆羡慕嘛。已經舉行完蜡祭便收斂積聚，農民要休息呀。所以蜡祭結束，君子不再興動農功。

【古注】

《注》 （一）諸侯於蜡使使者戴草笠貢鳥獸也，《詩》云"彼都人士，臺笠緇撮"，又曰"其餉伊黍，其笠伊糾"，皆言野人之服也。（二）詔使者，使歸以此告其君所以戒之。（三）華，果蓏也。又詔以天子樹瓜蓏而已，戒諸侯以蓄藏蘊財利也。（四）四方，方有祭也。（五）其方穀不熟則不通於蜡焉，使民謹於用財。蜡有八者：先嗇一也，司嗇二也，農三也，郵表畷四也，貓虎五也，坊六也，水庸七也，昆蟲八也。（六）移之言羨也，《詩·頌·豐年》曰"爲酒爲醴，烝畀祖妣，以洽百禮"，此其羨之與。（七）收，謂收斂積聚也。息民與蜡異，則黄衣黄冠而祭爲臘必矣。

《音義》 好，呼報反 hào(ㄏㄠˋ)，下好女、可好皆同。移，以鼓反 yì(ㄧˋ)。蓏，力果反 luǒ(ㄌㄨㄛˇ)

《疏》 （一至三）天子掌鳥獸之官謂大羅也。謂爲大羅者，鄭云："能以羅捕鳥獸者也。"《周禮》"羅氏掌羅鳥，鳥蜡則作羅襦"，鄭司農（衆）云："襦，細密之羅也。"解者云："順秋冬殺物，故羅氏用細密之羅網以捕禽鳥矣。”然《周禮》不云掌獸此云獸者，以其受貢獸故也。諸侯貢屬焉者，四方諸侯有貢獻鳥獸於王者，皆入屬大羅氏也。草笠而至者，以草爲笠也，此諸侯所使貢獻鳥獸之使者著草笠而至王庭也。尊野服也者，草笠是野人之服，今歲終功成是由野人而得，故重其而尊其服。羅氏致鹿與女而詔客告也者，詔亦告也，客謂使者，使者臨去，羅氏又以鹿及女子致與使者，而宣天子之詔，令使者反還其國以告戒其君，故云詔客告也。以戒諸侯曰，不得好田獵及女色使國亡也。華，果蓏也，言天子唯樹瓜與果蓏是供一時之食，不是收斂久藏之種，令使者歸告其君亦當如此，不得蓄藏與民爭利。（四至七）八蜡以記四方者，言蜡祭八神，因以明記四方之國，記其有豐稔有凶荒之異也。四方年不順成八蜡不通者，謂四方之內，年穀不得和順成熟，則當方八蜡之神不得與諸方通祭。所以然者，以謹慎民財，欲使不熟之方萬民謹慎財物也。順成之方其蜡乃通者，謂四方之内有順成之方，其蜡之八神乃與諸方通祭。所以然者，以蜡祭豐饒皆醉飽酒食，使民歆羡也。

11.9

【原文】

恒豆之菹，水草之和氣也；其醢，陸產之物也。加豆，陸產也；其醢，水物也（一）。籩豆之薦，水土之品也，不敢用常褻味而貴多品，所以交於神明之義也，非食味之道也（二）。先王之薦可食也，而不可耆也；卷冕路車可陳也，而不可好也；《武》壯，而不可樂也；宗廟之威，而不可安也；宗廟之器可用也，而不可便其利也。所以交於神明者，不可以同於所安樂之義也（三）。酒醴之美，玄酒明水之尚，貴五味之本也；黼黻文繡之美，疏布之尚，反女功之始也；莞簟之安，而蒲越、稾鞂之尚，明之也；大羹不和，貴其質也；大圭不琢，美其質也；丹漆雕幾之美，素車之乘，尊其樸也，貴其質而已矣。所以交於神明者，不可同於所安褻之甚也，如是而后宜（四）。鼎俎奇而籩豆偶，陰陽之義也（五）。黄目，鬱氣之上尊也：黄者，中也；目者，氣之清明者也，言酌於中而清明於外也（六）。祭天，掃地而祭焉，於其質而已矣。醯醢之美，而煎鹽之尚，貴天產也。割刀之用，而鸞刀之貴，貴其義也，聲和而后斷也。

【譯文】

恒常諸侯祭祀的食器豆中所盛的菹菜，乃水草的和美之氣嘛；豆中的肉醬，乃陸地所產之物嘛。祭未獻尸時加進豆中的菹菜，乃陸地所產嘛；加進的肉醬，乃水生之物嘛。盛在籩豆中的薦享之物，水中陸地的品種都有嘛，不敢使用通常喜愛的美味而且以品種多爲貴，因是用來跟神明交接的涵義嘛，與品嘗滋味不是一回事嘛。祭祀先王的薦羞可以食用哩，却不可以貪嗜哩；衮冕輅車可以陳設嘛，却不可以喜好哩；萬舞《大武》雄偉壯觀，却不可經常娱樂哩；宗廟極其威嚴，却不可在此安寢哩；宗廟的器物可以使用嘛，却不可用於方便自己的私利嘛。以上這些用來與神明交接的事物，不可以跟安寧快樂的禮儀相混同嘛。醴酒雖甘美，祭天時玄酒和明月下收取的露水却要放置在上位，因爲珍貴五味的根本嘛；綉有黼黻形文采的絲織物雖華美，祭天却崇尚用粗麻布遮蓋祭品，要回歸女子事功的初始嘛；莞草席上加鋪簟竹席雖安適，祭天却崇尚鋪蒲草和稿秸，神明要這樣的坐位嘛；用作祭祀的太羹不需佐料調和，珍貴它的本質嘛；天子佩帶的大圭不雕琢，以其質樸爲美嘛；用丹漆塗飾雕鏤着凹凸花紋的車雖美觀，祭天却要乘坐素色的車，尊重它的樸素嘛，珍貴它的本質而已呀。以上這些用來跟神明交接的事物，不可與通常那些所過分安適親昵的事物相混同嘛，像這樣考慮之後再去做才合宜。禮器中的鼎俎用單數而籩豆用偶數，此爲陰陽的涵義嘛。酒具黄目，是散發着鬱鬯香酒氣味的上等酒樽嘛：黄這種顔色，乃中和之色嘛；目這種形狀，乃神氣中的清静光明那部分嘛，意思是人君慮事斟酌合乎中庸而且清静光明顯露在外哩。祭天，掃地而祭之，使用其本質而已呀。醋和肉醬雖是美味，而祭天時煎鹽却是上品，珍貴天然的産物嘛。割刀的使用，而以有鸞鈴的刀最受重視，重視它的涵義哩，鈴聲諧和之後截斷牲體嘛。

【古注】

《注》 (一)此謂諸侯也。天子朝事之豆有昌本、麋臡、茆菹、麕臡，饋食之豆有葵菹、蠃醢、豚拍、魚醢，其餘則有雜錯云也。(二)言禮以異爲敬。(三)《武》，萬舞也。(四)尚質貴本其至如是，乃是交於神明之宜也。明水，司烜以陰鑑所取於月之水也。蒲越、稾鞂，藉神席也。明之者，神明之也。"琢"當爲"篆"，字之誤也。幾，謂漆飾沂鄂也。(五)牲陽也，庶物陰也。(六)黄目，黄彝也，周所重，於諸侯爲上也。

《音義》 菹，争居反 zū(ㄗㄨ)。醢音海。耆，市志反 zhì(ㄕˋ)。莞音官。簟，六點反 diàn(ㄉㄧㄢˋ)。越音活。稾又作藁，古老反 gǎo(ㄍㄠˇ)。鞂，簡八反 jiē(ㄐㄧㄝ)。和，胡卧反 hè(ㄏㄜˋ)。琢，依《注》爲丈轉反 zhuàn(ㄓㄨㄢˋ)。幾，巨依反 qí(ㄑㄧˊ)。乘，時證反 shèng(ㄕㄥˋ)。醯，呼兮反 xī(ㄒㄧ)，本又作醓。

《疏》 (一、二)偏明諸侯祭祀之禮。恒豆之菹者，謂朝事恒常所薦之豆所盛之菹，是水草和美之氣，其所盛之醢，陸地所産之物也。加豆陸産也者，謂祭末酳尸之後，其菹陸地産生之物而爲之，加豆所盛之醢用水中之物。其籩豆所薦之物或土或水所生品類也，不敢用常褻美味，貴其多有品類，言物多而味不美也，所以交接神明之義，取恭敬質素，非如人事飲食美味之道也。(三)祭祀薦羞質而無味，不可歆嗜；衮冕路車尊嚴，不可尋常乘服以爲榮好也；武是萬舞《大武》也，以示壯勇之容，不可常爲娱樂；宗廟尊嚴肅敬，不可寢處其中以自安也；宗廟之器供事神明之道，不可迴便以爲私利也。此揔明祭祀之物不可同於尋常安樂之義。(四)玄酒謂水也，明水謂取於月中水也，陳列酒尊之時，明水在五齊之上，玄酒在三酒之上，謂尊尚其古，故設尊在前也。尚質尚儉如是而後得交神明之義也。(五至七)黄目者，黄彝也，以黄金鏤其外以爲目，因取名也；因將貯鬱鬯酒，故云鬱氣也；祭祀時列之最在諸尊之上，故云上也。言酒清明在尊中，而可斟酌，示人君慮於祭事必斟酌盡於中也；目在尊外有清明，示人君行祭必外盡清明潔凈也。餘物皆人功和合爲之，鹽則天産自然，故云貴天産也。割刀之用，必用鸞刀，取其鸞鈴之聲宮商調和，而後斷割其肉也。

11.10

【原文】

冠義，始冠之緇布之冠也(一)。大古冠布，齊則緇之。其緌也，孔子曰："吾未之聞也(二)，冠而敝之可也(三)。適子冠於阼，以著代也(四)；醮於客位，加有成也(五)；三加彌尊，喻其志也(六)；冠而字之，敬其名也(七)。委貌，周道也；章甫，殷道也；毋追，夏后氏之道也(八)。周弁、殷冔、夏收(九)，三王共皮弁素積(十)。無大夫冠禮，而有其昏禮，古者五十而后爵，何大夫冠禮之有(十一)？諸侯之有冠禮，夏之末造也(十二)。天子之元子，士也，天下無生而貴者也(十三)。繼世以立諸侯，象賢也(十四)；以官爵人，德之殺也(十五)。死而謚，今也，古者生無爵，死無謚(十六)。禮之所尊，尊其義也(十七)；失其義，陳其數，祝史之事也。故其數可陳也，其義難知也。知其義而敬守之，天子之所以治天下也(十八)。"

【譯文】

加冠的禮儀，開始加冠給戴的是黑色的緇布冠嘛。遠古加冠戴白布冠，齋戒才戴緇布冠。後世緇布冠上纓帶末梢下垂的緌呢，孔子説："我對其來由不曾聽説哩，加完冠把它丢棄可以嘛。嫡長子在主人的阼階上行加冠禮，以顯著他的代立地位嘛；讓他坐到客位上飲酒，以加升其成人的地位嘛；三次加冠一次比一次尊貴，曉喻他要立大志嘛；加冠後便爲他取字，敬重他的幼名嘛。禮冠稱委貌，周朝的叫法嘛；稱章甫，殷人的叫法嘛；稱毋追，夏后氏的叫法嘛。齋戒和祭祀所著之冠，周稱弁，殷稱冔，夏稱收，三代帝王都戴皮弁和穿叫做素積的細褶白布衫。没有大夫的加冠禮，却有其婚禮，古時候五十歲以後才有爵位，大夫怎麽會有加冠禮？至於諸侯他們有加冠禮，那是夏朝衰亡時期的事嘛。天子的嫡長子，同樣是士嘛，天下没有生來就尊貴的人嘛。子繼父而立爲諸侯，那是因其能效法先人的賢德嘛；拿官位爵賞人，要按德行的等差封賞嘛。死後還要追贈謚號，那是現今的作法嘛，殷以前生時没有爵位，死後便没有謚號。禮的值得尊崇之處，是尊崇其義理嘛；不了解禮的義理，只會陳述那些禮數，則是祝史幹的事嘛。所以禮數可以陳説嘛，其義理難以知曉哩。知曉其義理又能敬慎地守護着禮，天子正是賴此才使天下大治的嘛。"

【古注】

《注》 (一)始冠三加,先加緇布冠也。(二)太古無飾,非時人緌也。《雜記》曰"大白緇布之冠不緌",大白即太古白布冠,今喪冠也。齊則緇之者,鬼神尚幽闇也。唐虞以上曰太古也。(三)此重古而冠之耳。三代改制,齊冠不復用也,以白布冠質,以爲喪冠也。(四)東序少北,近主位也。(五)每加而有成人之道也,成人則益尊。醮於客位,尊之也。(六)始加緇布冠,次皮弁,次爵弁冠,益尊則志益大也。(七)重以未成人之時呼之。(八)常所服以行道之冠也。或謂委貌爲玄冠也。(九)齊所服而祭也。(十)所不易於先代。(十一)言年五十乃爵爲大夫也,其有昏禮,或改取也。(十二)言夏初以上,諸侯雖有幼而即位者,猶以士禮冠之,亦五十乃爵命也。至其衰末,未成人者多見篡弒,乃更即位則爵命之以正君臣,而有諸侯之冠禮。(十三)儲君副主,猶云士也,明人有賢行著德乃得貴也。(十四)賢者子孫恒能法其先父德行。(十五)言德益厚官益尊也。(十六)古,謂殷以前也。大夫以上乃謂之爵,死有謚也。周制,爵及命士,雖及之猶不謚耳。今記時死則謚之,非禮也。(十七)言禮所以尊,尊其有義也。(十八)言政之要,盡於禮之義。

《音義》 齊,側皆反 zhāi(ㄓㄞ)。緌,耳佳反 ruí(ㄖㄨㄟˊ)。敝,本亦作弊,婢世反 bì(ㄅㄧˋ),棄也。醮,子妙反 jiào(ㄐㄧㄠˋ)。毋追,上音牟,下多雷反 duī(ㄉㄨㄟ)。冔,況甫反 xū(ㄒㄩ)。

《疏》 冠義者,一節摠論初冠之義,以《儀禮》有《士冠禮》正篇,此説其義,故云冠義,如下篇有燕義、昏義,與此同。

11.11

【原文】

天地合,而后萬物興焉(一)。夫昏禮,萬世之始也。取於異姓,所以附遠厚别也(二)。幣必誠,辭無不腆(三),告之以直信(四)——信,事人也;信,婦德也(五),壹與之齊,終身不改,故夫死不嫁(六)。男子親迎,男先於女,剛柔之義也——天先乎地,君先乎臣,其義一也(七)。執摯以相見,敬章别也(八)。男女有别,然後父子親;父子親,然後義生;義生,然後禮作;禮作,然後萬物安(九)。無别無義,禽獸之道也(十)。壻親御授綏,親之也;親之也者,親之也(十一)。敬而親之,先王之所以得天下也(十二)。出乎大門而先,男帥女,女從男,夫婦之義由此始也(十三)。婦人從人者也:幼從父兄,嫁從夫,夫死從子(十四)。夫也者,夫也;夫也者,以知帥人者也(十五)。玄冕齊戒、鬼神陰陽也,將以爲社稷主,爲先祖後,而可以不致敬乎(十六)?共牢而食,同尊卑也。故婦人無爵,從夫之爵,坐以夫之齒(十七)。器用陶匏,尚禮然也(十八),三王作牢,用陶匏(十九)。厥明,婦盥饋,舅姑卒食,婦餕餘,私之也(廿);舅姑降自西階,婦降自阼階,授之室也(廿一)。昏禮不用樂,幽陰之義也,樂,陽氣也(廿二)。昏禮不賀,人之序也(廿三)。

【譯文】

天地之氣交合,而後萬物興起呀。這婚禮,乃萬世的開始嘛。娶親選擇異姓，爲了遠離依附重視分别嘛。饋贈聘禮必須真誠，言辭不可過謙説彩禮不豐厚，此意是告誡對方做人要正直守信——守信，乃立身之道嘛；守信，婦人的美德嘛，一旦與夫婿合巹共牢，終身不變，所以夫死不再改嫁。男子親自到女家迎娶，男子要在女子前面作先導，此乃剛柔的涵義嘛——天是地的先導，君是臣的先導，其涵義是一致的嘛。拿着贄物見過岳父之後再與新娘去相見，用敬意彰明男女之别嘛。男女有别，然後父子才能相親；父子相親，然後情義生；情義生，然後禮制興作；禮制興作，然後萬物相安無事。没有分别没有情義，那是禽獸的道理嘛。夫婿親自駕車並遞上挽手登車的繩索，親愛婦人嘛；親愛别人的人呢，别人也親愛自己嘛。尊敬而且親愛别人，先王就是以此得到天下的嘛。夫婿從大門出來便坐到車前，男帥領女，女跟隨男，夫婦的情義由此開始嘛。婦人是跟隨别人的人嘛：幼時跟隨父兄，出嫁後跟隨丈夫，丈夫死後跟隨兒子。丈夫是什麽呢，師傅嘛；師傅是什麽呢，用才智帥領别人的人嘛。跟隨學習玄冕齋戒、鬼神陰陽等有關祭祀方面的事嘛，婚後將要擔當社稷的祭主，作爲先祖的後嗣，反而可以不表達敬意嗎？新婚時兩人同吃一頭牲的肉，表明尊卑相同嘛。所以婦人没有爵位，便隨從丈夫的爵位，坐次按丈夫的齒列就坐。器皿使用陶器和瓜瓢，上古時的禮是這樣嘛，三代帝王創作共牢之禮，用的就是陶器瓜瓢。其明日，婦人洗完手進獻飯食，公爹公婆吃罷，婦人吃剩餘的，私惠媳婦嘛；公爹公婆下堂走賓客的西臺階，媳婦走主人的東阼階，表明將家室傳給了媳婦嘛。婚禮不使用音樂，這是讓媳婦深思的涵義嘛，音樂屬於陽氣嘛。婚禮不祝賀，這是人人都有的程序嘛。

【古注】

《注》 (一)目禮之義。(二)同姓或取，多相褻也。(三)誠，信也。腆猶善也。(四)直猶正也。此二者所以教婦正直信也。(五)事猶立也。(六)齊，謂共牢而食，同尊卑也。齊或爲醮。(七)先，謂倡道也。(八)言不敢相褻也。摯，所奠鴈也。(九)言人倫有别則氣性醇也。(十)言聚麀之亂類也。(十一)言己親之，所以使之親己。(十二)先王若太王、文王。(十三)先者，車居前也。(十四)從，謂順其教令。(十五)夫之言丈夫也。夫或爲傅。(十六)玄冕，祭服也。陰陽，謂夫婦也。(十七)爵，謂夫命爲大夫，則妻爲命婦。(十八)此謂大古之禮器也。(十九)言大古無共牢之禮，三王之世作之而用大古之器，重夫婦之始也。(廿)私之，猶言恩也。(廿一)明當爲家事之主也。(廿二)幽，深也。欲使婦深思其義，不以陽散之也。(廿三)序猶代也。

《音義》 取音娶。腆，天典反 tiǎn(ㄊㄧㄢˇ)。迎，魚敬反 yìng(ㄧㄥˋ)。先，悉見反 xiàn(ㄒㄧㄢˋ)。摯音至，本亦作贄。盥音管。餕音俊。

《疏》 天地合而后萬物興焉者，言天氣下降，地氣上騰，天地合配，則萬物生焉，若夫婦合配，則子胤生焉。此與下昏禮爲目，故鄭云"目禮之義"也。所以附遠厚别也者，取異姓者，所以依附相疏遠之道，厚重分别之義，不欲相褻，故不取同姓也。

11.12

【原文】

有虞氏之祭也，尚用氣，血、腥、爓祭，用氣也(一)。殷人尚聲，臭味未成，滌蕩其聲，樂三闋，然後出迎牲，聲音之號，所以詔告於天地之閒也(二)。周人尚臭，灌用鬯臭，鬱合鬯，臭陰達於淵泉；灌以圭璋，用玉氣也；既灌，然後迎牲，致陰氣也；蕭合黍稷，臭陽達於牆屋；故既奠，然後焫蕭合羶薌(三)。凡祭慎諸此。魂氣歸于天，形魄歸于地，故祭求諸陰陽之義也。殷人先求諸陽，周人先求諸陰(四)。詔祝於室：坐尸於堂(五)，用牲於庭(六)，升首於室(七)，直祭祝于主(八)，索祭祝于祊(九)，不知神之所在，於彼乎？於此乎(十)？或諸遠人乎？祭于祊，尚曰求諸遠者與(十一)？祊之爲言，倞也(十二)；肵之爲言，敬也(十三)。富也者，福也(十四)；首也者，直也(十五)，相饗之也(十六)。嘏，長也，大也(十七)，尸陳也(十八)。毛、血，告幽全之物也(十九)。告幽全之物者，貴純之道也(廿)。血祭，盛氣也；祭肺肝心，貴氣主也(廿一)；祭黍稷加肺，祭齊加明水，報陰也(廿二)；取膟膋燔燎升首，報陽也(廿三)；明水涚齊，貴新也(廿四)。凡涚，新之也(廿五)，其謂之明水也，由主人之絜著此水也(廿六)。君再拜稽首，肉袒親割，敬之至也。敬之至也，服也。拜，服也；稽首，服之甚也；肉袒，服之盡也(廿七)。祭稱孝孫孝子，以其義稱也(廿八)；稱曾孫某，謂國家也(廿九)。祭祀之相，主人自致其敬、盡其嘉，而無與讓也(卅)，腥肆、爓、腍祭，豈知神之所饗也？主人自盡其敬而已矣(卅一)。舉斝角，詔妥尸——古者尸無事則立，有事而后坐也——尸，神象也，祝將命也(卅二)。縮酌用茅，明酌也(卅三)；醆酒涚于清(卅四)，汁獻涚于醆酒(卅五)，猶明清與醆酒，于舊澤之酒也(卅六)。祭有祈焉(卅七)，有報焉(卅八)，有由辟焉(卅九)。齊之玄也，以陰幽思也，故君子三日齊，必見其所祭者(四十)。

【譯文】

有虞氏時代的祭祀嘛，崇尚有氣味的祭品，牲血、生肉、半熟的肉這類祭物，用的就是氣味嘛。殷人崇尚聲音，殺牲前未聞到氣味時，摇蕩樂器使發聲，樂曲奏過三遍，然後出來迎接犧牲，聲音的呼號，用來向天地之間詔告嘛。周人崇尚香味兒，用芬芳的鬯酒澆地請神，這種煮鬱金草取汁調合黍米釀成的鬯酒，其芳香的陰氣直通到淵泉；澆地的鬯酒用圭璋柄的勺舀，用玉的純潔温潤之氣嘛；灌地完畢，然後迎接犧牲，招致陰氣嘛；蕭草攙合着黍稷一起燒，使芳香的氣味燻蒸着陽氣達到牆屋；所以奠醱完畢，然後將點燃的蕭草攙合進牛羊的腸間脂燒出香氣。凡是祭祀都要這樣慎重對待。先人的魂氣回歸到天上，形魄回歸到地下，所以祭祀是向陰陽祈求的涵義嘛。殷人先向陽祈求，周人先向陰祈求。在室內詔令祝史：引領代神受祭的尸在堂上就坐，在庭院宰殺犧牲，將牲首送到室内，進獻熟食的正祭要向神主致祝辭，索求各神靈的祭祀在廟門旁致祝辭，不知哪位神靈在哪裏，在那邊嗎？在這邊嗎？或者遠離於人嗎？在廟門旁設祭，或許可以説就該向遠方祈求麽？拿廟門旁設祭來説，爲了索求神嘛；拿盛放牲體的肵俎來説，對尸的尊敬嘛。富裕的涵義呢，有福嘛；升首的涵義呢，表明是特牲嘛，輔相用特牲饗神嘛。祝史爲尸向主人致嘏，祝其長壽嘛，祝其大福嘛，此乃尸所陳述之辭嘛。薦牲毛、牲血，是向神禀告牲體幽暗處和全身之物嘛。禀告暗處和全身之物的目的，表明以純爲貴的道理嘛。用牲血祭，使氣味旺盛嘛；祭用肺肝心，以氣味的主宰爲貴嘛；祭用黍稷外加肺，祭用齊酒加進月明下收取的露水，報答陰氣嘛；取牲血和腸間脂燒烤以及獻上牲首，報答陽氣嘛；用月明下收取的露水過濾齊酒，以清新爲貴嘛。凡是過濾，都是爲了使原物變得清新嘛，那稱之爲明水的呢，由於主人喜愛清潔才成就了此水嘛。國君再次揖拜叩頭至地，袒露肢體親自解割牲體，恭敬達到了極致嘛。之所以恭敬達到極致呢，表示順服嘛。揖拜，也表示順服嘛；叩頭至地，更推進一步的順服嘛；袒露肢體，達到極點的順服嘛。祭廟時自稱孝孫或孝子，這是依照其恩義的稱呼嘛；自稱曾孫某人，必是有資格服事五廟的有國的國君或有家的卿大夫嘛。祭祀的輔相，當主人自己表達他的敬意、極盡他的贊美時，就不要參與人家跟尸的揖讓嘛，又是剔下的生肉，又是半生不熟的沉湯肉，還有熟肉這些祭品，怎麽知道神喜歡饗用哪樣呢？只要主人自己盡到他的孝敬就行了呀。舉起斝樽或角樽，詔令祝史安頓尸就尊位——古時候尸没有事時就站着，祭祀開始之後才坐下嘛——尸，神的象徵哩，祝史只管傳達主人與尸的對話嘛。用紮束的茅草濾酒去滓，過濾清明再酌嘛；醆酒兑進清酒過濾，煮鬱金草摩莎過濾出汁兑入醆酒，猶如明酌清酒和醆酒，都是兑進以前釀造的陳酒過濾的嘛。祭祀有向神祈求福祉的，有報答恩澤的，有爲了躲避災難的。齋戒的冕服之所以使用黑色的呢，爲了思念陰幽處的先人嘛，所以君子齋戒三天，必能見到他所祭祀的先人的音容笑貌。

【古注】

《注》（一）尚，謂先薦之。爓或爲腤。（二）滌蕩猶搖動也。（三）灌，謂以圭瓚酌鬯始獻神也，已乃迎牲於庭殺之，天子諸侯之禮也。奠，謂薦孰時也，《特牲·饋食》所云"祝酌奠于鉶南"是也。蕭，薌蒿也，染以脂合黍稷燒之，《詩》云"取蕭祭脂"。羶當爲馨，聲之誤也。奠或爲薦。（四）此其所以先後異也。（五）謂朝事時也。朝事延尸于户西南面，布主席東面，取牲膟膋燎于爐炭，洗肝于鬱鬯而燔之，人以詔神於室，又出以墮于主，主人親制其肝，所謂制祭也。時尸薦以籩豆，至薦孰乃更延主于室之奥；尸來升席自北方，坐于主北焉。（六）謂殺之時。（七）制祭之後，升牲首於北墉下，尊首上氣也。（八）謂薦孰時也，如特牲，少牢饋食之爲也。直，正也。祭以孰爲正，則血腥之屬盡敬心耳。（九）索，求神也。廟門曰祊，謂之祊者，以於繹祭名也。（十）室與？堂與？（十一）尚，庶幾也。（十二）倞猶索也。倞或爲諒。（十三）爲尸有肵俎，此訓也。（十四）人君嘏辭有富，此訓之也。或曰福也者，備也。（十五）訓所以升首祭也。直或爲犆也。（十六）相，謂詔侑也。詔侑尸者，欲使饗此饌也，《特牲饋食禮》曰"主人拜妥尸，尸答拜執奠祝饗"。（十七）主人受祭福曰嘏，此訓也。（十八）尸，或詁爲主。此尸神象當從主訓之，言陳非也。（十九）幽，謂血也。（廿）純，謂中外皆善。（廿一）氣主，氣之所舍也。周祭肺，殷祭肝，夏祭心。（廿二）祭黍稷加肺，謂綏祭也。明水，司烜所取於月之水也。齊，五齊也。五齊加明水，則三酒加玄酒也。（廿三）膟膋，腸間脂也，與蕭合燒之，亦有黍稷也。（廿四）涚猶清也。五齊濁，泲之使清謂之涚齊，及取明水皆貴新也。《周禮·幌氏》"以涚水漚絲"，涚齊或爲汎齊。（廿五）新之者，敬也。（廿六）著猶成也，言主人齊絜此水乃成，可得也，（廿七）割解牲體。（廿八）謂事祖禰。（廿九）謂諸侯事五廟也，於曾祖以上稱曾孫而已。（卅）相，謂詔侑尸也。嘉，善也。（卅一）治肉曰肆。腍，孰也。爓或爲腤。（卅二）妥，安坐也。尸始入，舉奠斝若奠角。將祭之，祝則詔主人拜，安尸使之坐，尸即至尊之坐。或時不自安，則以拜安之也。天子奠斝，諸侯奠角。古，謂夏時也。（卅三）謂泲醴齊以明酌也。《周禮》曰"醴齊縮酌"，五齊醴尤濁，和之以明酌，泲之以茅縮去滓也。明酌者，事酒之上也，名曰明者，事酒今之醳酒皆新成也，《春秋傳》曰："爾貢包茅不入，王祭不共，無以縮酒。"酌猶斟也，酒已泲則斟之以實尊彝。《昏禮》曰"酌玄酒，三注于尊"，凡行酒亦爲酌也。（卅四）謂泲醆酒以清酒也。醆酒，盎齊。盎齊差清，和之以清酒泲之而已。泲盎齊必和以清酒者，皆久味相得。（卅五）謂泲秬鬯以醆酒也。獻讀當爲莎，齊語聲之誤也。秬鬯者，中有煮鬱，和以盎齊，摩莎泲之，出其香汁，因謂之汁莎。不以三酒泲秬鬯者，秬鬯尊也。（卅六）猶，若也。澤讀爲醳。舊醳之酒謂昔酒也。泲醴酒以明酌，泲醆酒以清酒，泲汁獻以醆酒，天子諸侯之禮也。天子諸侯禮廢，時人或聞此而不審知，云若今明酌清酒與醆酒，以舊醳之酒泲之矣，就其所知以曉之也。泲清酒以舊醳之酒者，爲其味厚腊毒也。（卅七）祈猶求也，謂祈福祥求永貞也。（卅八）謂若獲禾報社。（卅九）由，用也。辟讀爲弭，謂弭災兵遠罪疾也。（四十）齊三日者，思其居處，思其笑語，思其志意，思其所樂，則見之也。

《音義》焫，如悦反 ruò（ㄖㄨㄛˋ）。羶，依《注》音馨，許經反 xīn（ㄒㄧㄣ），羶當失然反 shān（ㄕㄢ）。倞音諒。肵音祈。嘏，古雅反 jiǎ（ㄐㄧㄚˇ）；長，直良反 cháng（ㄔㄤˊ）。齊，才細反 qí（ㄑㄧˊ）。膟音律。膋，力彫反 liáo（ㄌㄧㄠˊ）。祊，補耕反 bēng（ㄅㄥ）。涚，始鋭反 shuì（ㄕㄨㄟˋ），字又作説。肆，勑歷反 yì（ㄧˋ）。腍，而審反 rěn（ㄖㄣˇ）。斝，古雅反 jiǎ（ㄐㄧㄚˇ）。醆，側産反 zhǎn（ㄓㄢˇ）。汁獻，獻依《注》爲莎，素何反 suō（ㄙㄨㄛ）。澤，依《注》讀爲醳，音亦。辟，依《注》作弭，亡灶反 mǐ（ㄇㄧˇ）。

【淺悟】

中華文明之所以能够長盛不衰，主要靠禮教維繫。而在一切禮教中，又以祭禮最重要。目的只在報答天地和先人的恩澤,不忘初始,即(11.5)和(11.6)中都提到的"報本反始"。(11.7)中還説:"古之君子,使之必報之。"所謂"古之君子",應當是指創制祭禮的古天子伊耆氏;"使之",指爲人類所用,有恩於人類的事物;"報之",即報答其恩惠。不過報恩不同於還債,權且比作還債,那可是永遠還不完的債呀!且不説生養萬物的皇天后土和生我養我的父祖的大恩大德,就連窮途中一碗救命的粥,能用金錢量化麽?所以只能採用按時祭祀的辦法來報答:拿祭天來説,臨祭前要齋戒三天,這三天要搬出日常的居室,沐浴净身,换上素衣,吃素食,做到清心寡欲,以便集中精力沉思皇天后土以及配祀的先祖的恩澤;祭祀這天,陳設供品,舉行謝恩儀式,以此引導人們樹立飲水思源、有恩必報的品德。這大概就是"報本反始"的内涵吧?

進入家天下時代後,新王朝爲了鞏固和加强自身的統治,便把以感念皇天后土的恩澤爲中心的祭祀活動,轉變成了以感念爲他們那個家族奠定了統治基業的開山祖爲主的活動。到了下一個朝代,需要感念的自然又變成了這個王朝的奠基祖,前朝所行的一切當然都被指認爲罪惡,老百姓只能隨行就市,糊裏糊塗地跟隨着感念和憎恨。换了一朝又一朝,四千多年共换了十幾個,感念和憎恨也隨之輪廻了十幾次,最終能使世世代代華夏兒女牢記在心,一有機會便去祭拜的,則是爲人類創造了衣食住行和燦爛文化的五帝、把文化和文明播撒到民間的至聖先師、爲抗擊外侮而殺身成仁的先烈們。不幸的是,最不該忘記的皇天后土的恩澤,竟被日益膨脹的功利欲望所淹没。

忘恩,乃世間最危險的種子。

錯位的恩惠,則能助長罪惡泛濫。

另外,從孔子在本篇中所説的"天子之元子,士也,天下無生而貴者也"這番話,足見其内心的傾向。不過在家天下的時代裏,這種話只有在禮壞樂崩的天下大亂時才敢説。以此判斷,這番話出自孔子之口,可以確信無疑。

内則第十二

《疏》 按鄭《目録》云："名曰《内則》者，以其記男女居室事父母舅姑之法。此於《別録》屬子法，以閨門之内軌儀可則，故曰《内則》。"

12.1

【原文】

后王命冢宰，降德于衆兆民(一)。

子事父母，雞初鳴咸盥漱、櫛、縰、笄、總、拂髦、冠、緌、纓、端、韠、紳、搢笏(二)。左右佩用(三)：左佩紛帨、刀、礪、小觽、金燧(四)；右佩玦、捍、管、遰、大觽、木燧(五)。偪(六)、屨，著綦(七)。

婦事舅姑，如事父母，雞初鳴咸盥漱、櫛、縰、笄、總、衣紳(八)。左佩紛帨、刀、礪、小觽、金燧；右佩箴、管、線、纊、施縏袠、大觽、木燧(九)。衿纓、綦屨(十)，以適父母舅姑之所(十一)。及所，下氣怡聲，問衣燠寒，疾痛苛癢，而敬抑搔之(十二)。出入則或先或後，而敬扶持之(十三)。進盥，少者奉槃，長者奉水，請沃盥；盥卒，授巾(十四)，問所欲而敬進之，柔色以温之(十五)。饘、酏、酒、醴、芼、羹、菽、麥、蕡、稻、黍、粱、秫，唯所欲(十六)；棗、栗、飴、蜜以甘之；堇、荁、枌、榆、免、薧、滫、瀡以滑之；脂、膏以膏之(十七)。父母舅姑必嘗之而后退(十八)。

【譯文】

君王命令冢宰，向黎民百姓下達教令。

兒子侍奉父母，雞打頭遍鳴，全都起來洗手漱口、梳頭、紮頭、別上笄子、束髮、拂去短髮的塵垢、戴上帽子、結牢帽帶、紮上纓飾、穿上玄端服、紮起護膝的圍裙、束好紳帶、插上笏。紳帶左右繫掛的用具：左邊繫有擦拭物品的佩巾、小刀、礪石、解繩結的小觽錐、對着太陽取火的銅鏡；右邊繫有套在拇指拉弓弦的玦、套在衣袖上的皮捍、筆管、刀鞘、大鑴錐、鑽木取火的用具。打好裹腿，穿上鞋，繫牢鞋帶。

媳婦侍奉公爹公婆，如同侍奉父母，雞打頭遍鳴，全都起來洗手漱口，梳頭、紒頭、插上笄簪、束髮、穿衣繫腰帶。左腰繫有抹布、小刀、礪石、小鑴錐、對着太陽取火的銅鏡;右腰繫有針管、絲線、小香囊、大鑴錐、鑽木取火的工具。身上結纓,繫牢鞋帶,再去父母或公爹公婆的住所。來到住所,説話柔和低聲,問寒問暖,如有病痛瘙癢,便恭敬謹慎地爲他們按摩搔撓。出來進去則要按需要或在前或在後,要恭敬謹慎地扶持他們。送盥洗具,年輕媳婦捧木盆,年長媳婦捧水,請老人澆水洗手;洗畢,遞上手巾,問他們想吃什麽並恭敬地進上,用柔順的態度撫慰他們。濃粥、稀粥、白酒、甜酒、芼菜、肉羹、豆菽、小麥、麻子、稻米、黍米、小米、黏高粱,就看他們想吃什麽;加進紅棗、板栗、飴糖、蜂蜜,以使食物甘美;將堇菜、荁菜加進枌、榆、免、薨、滫、瀡等佐料並調和澱粉,以使菜肴滑爽;用脂拌、膏煎,使食物香美。必須等父母公爹公婆品嘗過之後再退下。

【古注】

《注》 (一)后,君也。德猶教也。萬億曰兆。天子曰兆民,諸侯曰萬民。周禮,冢宰掌飲食,司徒掌十二教。今一云冢宰,記者據諸侯也,諸侯并六卿爲三,或兼職焉。(二)咸,皆也。縰,韜髮者也。總,束髮也,垂後爲飾。拂髦,振去塵,著之髦,用髮爲之,象幼時鬌,其制未聞也。緌,纓之飾也。端,玄端,士服也,庶人深衣。紳,大帶,所以自紳約也。搢猶扱也,扱笏於紳,笏所以記事也。(三)自佩也。必佩者,備尊者使令也。(四)紛帨,拭物之佩巾也,今齊人有言紛者。刀礪,小刀及礪礱也。小觿,解小結也,觿貌如錐,以象骨爲之。金燧,可取火於日。(五)捍,謂拾也,言可以捍弦也。管,筆彄也。遰,刀鞞也。木燧,鑽火也。(六)偪,行縢。(七)綦,屨繫也。(八)笄,今簪也。衣紳,衣而著紳。(九)縏,小囊也。縏袠言施,明爲箴、管、線、纊有之。(十)衿猶結也,婦人有纓,示繫屬也。(十一)適,之。(十二)怡,説也。苛,疥也。抑,按;搔,摩也。(十三)先後之,隨時便也。(十四)槃,承盥水者。巾以帨手。(十五)温,藉也,承尊者必和顔色。(十六)酏,粥也,芼,菜也。蕡,熬枲實。(十七)謂用調和飲食也。荁,堇類也,冬用堇,夏用荁。榆白曰枌。免,新生者。薨,乾也。秦人溲曰滫,齊人滑曰瀡也。(十八)敬也。

《音義》 盥音官,洗手。漱,所救反 shù(ㄕㄨˋ),漱口也。櫛,側乙反 jié(ㄐㄧㄝˊ),梳也。縰,所綺反 shǐ(ㄕˇ),黑繒韜髮。笄,古兮反 jī(ㄐㄧ)。緌,耳佳反 ruí(ㄖㄨㄟˊ)。鞸音必。紳音申。搢音晉,插也。笏音忽。帨、始鋭反 shuì(ㄕㄨㄟˋ),佩巾也。觿,許規反 xī(ㄒㄧ),解結錐。燧音遂,火鏡。捍,户旦反 hàn(ㄏㄢˋ),謂射捍。遰,時世反 shì(ㄕˋ)。綦,其記反 qí(ㄑㄧˊ)。縏字作槃,步干反 pán(ㄆㄢˊ)。袠,陳乙反 zhì(ㄓˋ),又作帙。燠,於六反 yù(ㄩˋ),煖也。奉,芳勇反 pěng(ㄆㄥˇ),本或作捧。温,本又作薀,於運反 yùn(ㄩㄣˋ)。饘,之然反 zhān(ㄓㄢ),厚粥也。酏,羊皮反 yí(ㄧˊ),薄粥也。芼,毛報反 mào(ㄇㄠˋ)。蕡字又作黂,扶雲反 fén(ㄈㄣˊ),大麻子。飴,羊之反 yí(ㄧˊ),餳也。堇,音謹,菜也。荁音丸,似堇而葉大也。枌,扶雲反 fén(ㄈㄣˊ)。免音問。薨字又作槀,苦老反 kǎo(ㄎㄠˇ)。滫,思酒反 xiǔ(ㄒㄧㄡˇ),溲也。瀡音髓,滑也。

《疏》 后,君也。君謂諸侯,王謂天子。不先云王者,辟天子妃后之嫌,故言后王也。命冢宰者,若天子,則天官爲冢宰;若諸侯,則司徒爲冢宰。今記者據諸侯爲文,命此司徒之冢宰。降德於衆兆民者,降,下也;德,教也;諸侯命冢宰降下教令於羣衆兆民也。

12.2

【原文】

男女未冠笄者,雞初鳴,咸盥漱、櫛、縰、拂髦、總角、衿纓,皆佩容臭(一)。昧爽而朝(二),問何食飲矣,若已食則退,若未食則佐長者視具(三)。

凡内外,雞初鳴,咸盥漱、衣服、斂枕簟、灑掃室堂及庭、布席,各從其事(四)。孺子蚤寢晏起,唯所欲,食無時(五)。

由命士以上,父子皆異宫,昧爽而朝,慈以旨甘,日出而退,各從其事。日入而夕,慈以旨甘(六)。

父母舅姑將坐,奉席請何鄉;將衽,長者奉席請何趾,少者執牀與坐(七)。御者舉几,斂席與簟、縣衾、篋枕、斂簟而襡之(八)。

父母舅姑之衣、衾、簟、席、枕、几不傳;杖、屨祗敬之,勿敢近(九);敦、牟、卮、匜非餕莫敢用(十);與恒食飲,非餕莫之敢飲食(十一)。

【譯文】

男未冠女未笄的童子,雞打頭遍鳴,全都起來洗手漱口、梳頭、紮頭、拂除短髮的塵垢、紮束總角、身上繫結纓飾,都要佩掛芬芳的香物。拂曉便去問候父母,詢問需要哪類食物飲料而已。要是已經吃過就退下,要是尚未吃就幫助兄嫂陳設饌具。

凡是内外僕役,雞叫頭遍,都得起來洗手漱口,穿上衣服,收斂枕頭席子,灑掃後室前堂及庭院,布置坐席,各人做各人的事。小孩早睡晚起,任憑他們樂意,吃東西没有時間限制。

家中從任命爲士以上的成員,父子都得分開居住,拂曉去問候父母,敬奉上好吃的食品,太陽出來再退下,各自去做各自的事。太陽下山到了傍晚,再進獻好吃的食品孝敬父母。

父母或公爹公婆要改换坐處,便捧起坐席請示朝哪個方嚮;要是更换躺的地方,其中年長的媳婦捧起卧席請示脚想放哪邊,年輕的媳婦操持牀上的事並攙扶他們坐下。侍從搬上供身體憑靠的几案,收斂起鋪席和貼身席,懸掛起被子,枕頭放進箱篋,收斂的貼身席藏進套内。

父母或公爹公婆的衣、被、貼身席、鋪席、枕頭、几案不要移動;手杖和鞋要格外恭敬對待,不敢靠近;敦、牟、卮、匜這些盛食物和酒漿的器具,不是吃尊長餘下的酒食不敢使用;即使平常尊長邊吃邊飲酒,不是多餘下來的也不敢上去就又飲又吃。

【古注】

《注》 (一)總角,收髮結之。容臭,香物也,以纓佩之,爲迫尊者給小使也。(二)後成人也。(三)具,饌也。(四)斂枕簟者,不欲人見己褻者。簟,席之親身也。(五)又後未成人者。孺子,小子也。(六)異宫,崇敬也。慈,愛敬進之。日出乃從事,食祿不荒農也。(七)將衽,謂更卧處。(八)須卧乃鋪之也。襡,韜也。(九)傳,移也。(十)餕乃用之。牟讀曰整也。巵、匜,酒漿器。敦、牟,黍稷器也。(十一)餕乃食之。恒,常也,旦夕之常食。

《音義》 簟,徒點反 diàn(ㄉㄧㄢˋ)。衽,而鴆反 rèn(ㄖㄣˋ),卧席也。趾本又作止,足也。縣音玄。篋,口協反 qiè(ㄑㄧㄝˋ)。襡音獨。敦音對。牟,木侯反 móu(ㄇㄡˊ),齊人呼土釜爲牟。巵音支。匜,羊支反 yí(ㄧˊ),杜預注《左傳》云沃盥器也。

《疏》 (一至三)此一節論未冠笄者事親之禮。臭,謂芬芳。臭物謂之容者,庚氏云:"以臭物可以脩飾形容,故謂之容臭。以纓佩之者,謂纓上有香物也。"(四、五)此一經總論子婦之外,卑賤之人爰及僕隸之等,故云斂枕簟灑掃室堂及庭布席之屬。(六)此一經論命士以上事親異於命士以下之禮。(七、八)此一節論父母舅姑將坐將卧奉席之禮,及未卧之前且斂枕簟衾篋舉藏,須卧乃鋪御者。(九至十一)此一節論父母舅姑所服用之物,子婦不得輒用,所恒飲食之饌不得輒食。

12.3

【原文】

父母在,朝夕恒食,子婦佐餕(一),既食恒餕(二)。父没母存,冢子御食,羣子婦佐餕如初(三)。旨甘柔滑,孺子餕。

在父母舅姑之所,有命之,應"唯",敬對;進退周旋慎齊(四),升降出入揖遊,不敢噦噫、嚏咳、欠伸、跛倚、睇視,不敢唾洟(五);寒不敢襲,癢不敢搔(六),不有敬事,不敢袒裼(七),不涉不撅(八),褻衣衾不見裹(九)。父母唾洟不見(十),冠帶垢,和灰請漱;衣裳垢,和灰請澣(十一);衣裳綻裂,紉箴請補綴(十二);五日則燂湯請浴,三日具沐;其間面垢,燂潘請靧;足垢,燂湯請洗(十三)。少事長,賤事貴,共帥時(十四)。

【譯文】

父母健在,從早到晚的家常飯,兒子媳婦都要佐助吃餘下的飲食,每次都要把餘下的飯食吃光。父親去世母親尚存,長子陪侍母親進食,其他衆兒子媳婦佐助吃餘下的飯食仍像當初那樣全部吃光。甘美柔滑的食物,小孩們分享餘下的。

在父母或公爹公婆的處所,有事吩咐,先答應"唯",再恭敬對答;進退周旋需謹慎莊重,上下臺階進門出門揖讓行走,不敢出聲打嗝、打噴嚏咳嗽、打哈欠伸懶腰、單脚倚着東西站立、斜眼四處流盼,不敢吐唾沫擤鼻涕;寒冷不敢加衣，不敢搔癢，不是遇有敬慎侍奉的事，不敢袒露内衣，不是涉水就不掀起衣服，襯衣被子不可露出内裏。父母身上不可出現唾沫鼻涕，帽帶有污垢，拌和草灰請爲他們洗濯；衣裳有污垢，拌和草灰請爲他們用脚踩瀚；衣裳綻裂，紉上針線請爲他們補綴；五天便燒熱湯請他們洗澡，三天全都洗髮，其間臉上出現污垢，乃燒淘米水請他們洗臉；脚上有污垢，燒熱湯請他們洗濯。年少的服事年長的、卑賤的服事尊貴的，全都遵循這樣的禮制。

【古注】

《注》 (一)婦皆與夫餕也。(二)每食餕而盡之，末有原也。(三)御，侍也，謂長子侍母食也。侍食者不餕，其婦猶皆餕也。(四)齊，莊也。(五)睇，傾視也，《易》曰“明夷睇于左股”。(六)襲謂重衣。(七)父黨無容。(八)撅，揭衣也。(九)爲其可穢。(十)輒刷去之。(十一)手曰漱，足曰瀚。和，漬也。(十二)綻猶解也。(十三)潘，米瀾也。(十四)共猶皆也；帥，循也；時，是也，禮皆如此也。

《音義》 齊，側皆反 zhāi(ㄓㄞ)。噦，於月反 yuě(ㄩㄝˇ)。噫，於界反 ài(ㄞˋ)。嚏音帝。咳，苦愛反 ké(ㄎㄜˊ)。跛，彼義反 bì(ㄅㄧˋ)。睇，大計反 dì(ㄉㄧˋ)。洟本又作涕，吐細反 tì(ㄊㄧˋ)。袒音但。裼，思歷反 xī(ㄒㄧ)。撅，居衛反 guì(ㄍㄨㄟˋ)。見，賢遍反 xiàn(ㄒㄧㄢˋ)。瀚本又作浣，户管反 huǎn(ㄏㄨㄢˇ)。燂，詳廉反 qián(ㄑㄧㄢˊ)，温也。靧音悔，洗面。

《疏》 (一至三)子婦佐餕者，謂長子及長子之婦佐餕者，食必須盡，以父母食不能盡，勿使有餘，恐再進。羣子婦佐餕如初者，冢子既侍母而食，羣子婦，謂冢子之弟婦及衆弟婦；而佐餕如初者，如上父母在子婦佐餕之禮，故云如初也。(四至十四)此一節論事父母舅姑，在尊者之所畏敬之法，并論漱瀚沐浴，并明少事長，賤事貴如事父母舅姑。

12.4

【原文】

男不言内，女不言外(一)。非祭非喪，不相授器(二)；其相授，則女受以篚；其無篚，則皆坐，奠之，而后取之(三)。外内不共井，不共湢浴，不通寢席，不通乞假，男女不通衣裳，内言不出，外言不入(四)。男子入内，不嘯不指，夜行以燭，無燭則止(五)。女子出門，必擁蔽其面，夜行以燭，無燭則止(六)。道路，男子由右，女子由左(七)。

子婦孝者敬者，父母舅姑之命，勿逆勿怠(八)；若飲食之，雖不耆，必嘗而待(九)；加之衣服，雖不欲，必服而待(十)；加之事，人待之，己雖弗欲(十一)，姑與之而姑使之，而後復之(十二)。子婦有勤勞之事，雖甚愛之，姑縱之，而寧數休之(十三)。子婦未孝未敬，勿庸疾怨(十四)，姑教之；若不可教，而後怒之(十五)；不可怒，子放婦出，而不表禮焉(十六)。

【譯文】

男子不談論家内事，女子不議論外面的事。不是祭祀不是喪事的場合，男女不相互給予器物；要是相互給予，女子就用竹篚接受；要是没有竹篚，就都坐着，等對方把東西放在地上，然後取過來。外内不共用一眼井，不共用一個浴室洗澡，不交换睡席，不相互求借東西，男女不交换衣裳，房内説的話不出門，外面説的話不進門。男子進入房内，不呵叱不指責，走夜路要用火燭，没有火燭就停止；女子出家門，必須遮掩自己的臉，夜間行路要用火燭，没有火燭就止步。在道路上，男子從右邊走，女子從左邊走。

兒子孝順父母、媳婦敬事公爹公婆的話，對他們的吩咐，就不要違逆不要怠慢；比如賜給飲食，雖不愛吃，也必須品嘗一下且等待發話；加賞的衣服，雖不想要，也必須試穿一下且等待教命；加在自己身上的事，却讓别人代理，自己雖不情願，也只好姑且給人家做且支使他做，而後再把事情做得完善些。兒子媳婦正在做辛勤勞苦的事，二老雖説非常疼愛他們，也只能姑且任由他們去做，而寧願讓他們頻繁休息。兒子和媳婦如果未能盡到孝敬，也不用疾恨抱怨，姑且教育他們；若不可教育，然後朝他們動怒；要是動怒仍不見效，那就放棄兒子逐出媳婦，却不彰顯他們犯禮的情形。

【古注】

《注》 （一）謂事業之次序。（二）祭嚴喪遽不嫌也。（三）奠，停地也。（四）湢，浴室也。（五）嘯讀爲叱。叱，嫌有隱使也。（六）擁猶障也。（七）地道尊右。（八）恃其孝敬之愛，或時違解。（九）待後命而去也。（十）待後命釋藏也。（十一）謂難其妨己業。（十二）遠懟怨於勞事。姑猶且也。（十三）不可愛此而移苦於彼也。（十四）庸之言用也。（十五）怒，譴責也。（十六）表猶明也。猶爲之隱，不明其犯禮之過也。

《音義》 湢，彼力反 bì（ㄅㄧˋ），本又作偪。嘯，依《注》音叱，尺失反 chì（ㄔˋ）。耆，市志反 shì（ㄕˋ）。

《疏》 （一至七）此經論男子女子殊别之宜。非祭非喪不相授器，則是祭與喪時得相授器。（八至十六）此一節論子婦事父母舅姑受飲食衣服之事，并明父母舅姑接待子婦之禮。子孝於父母，婦敬於舅姑，或恐倚恃孝敬之心違逆其命，意有怠惰其身，故戒令勿逆勿怠也。

12.5

【原文】

父母有過，下氣怡色，柔聲以諫；諫若不入，起敬起孝，説則復諫（一）；不説，與其得罪於鄉黨州閭，寧孰諫（二）；父母怒，不説，而撻之流血，不敢疾怨，起敬起孝（三）。

父母有婢子，若庶子庶孫，甚愛之，雖父母没，没身敬之不衰（四）。子有二妾，父母愛一人焉，子愛一人焉，由衣服飲食，由執事，毋敢視父母所愛，雖父母没不衰[五]。子甚宜其妻,父母不説,出[六]。子不宜其妻,父母曰:"是善事我。"子行夫婦之禮焉,没身不衰。

父母雖没,將爲善,思貽父母令名,必果;將爲不善,思貽父母羞辱,必不果[七]。

【譯文】

父母有過失,應平心静氣、臉色和悦、聲調温柔地予以勸諫;倘若聽不進勸諫,就要表現得更加孝敬,等到高興時再行勸諫;一聽又不高興,無奈之下,與其把全鄉閭都給得罪了,寧願反復殷勤勸諫;父母震怒,不樂意聽,甚而將自己鞭撻到流血,也不敢疾恨抱怨,依舊更加恭敬更加孝順。

父母善待婢女的兒子,好像對待庶子庶孫那樣,非常喜愛他,縱然父母去世後,仍要終身敬重他不衰減。兒子有兩房妾,父母喜愛其中的一人,兒子喜愛另一人,兒子喜愛的這個從衣服飲食,到所擔負的勞務,都不敢比照父母所喜愛的那個,縱然父母離世後仍這樣堅持不衰減。兒子非常看好自己的妻子,父母却不喜歡,只好休棄。兒子不看好自己的妻子,父母説:"這個媳婦善於侍奉我。"兒子就要遵行夫婦之禮待她,終身不衰退。

父母雖已故去,將要做善事,想到這會遺留父母的美名,必會果敢去做;將做壞事,只要想到這會給父母留下羞辱,必不會果斷去做。

【古注】

《注》 (一)子事父母有隱無犯。起猶更也。(二)子從父之令,不可謂孝也。《周禮》曰"二十五家爲閭,四閭爲族,五族爲黨,五黨爲州,五州爲鄉"也。(三)撻,擊也。(四)婢子,所通賤人之子。(五)由,自也。(六)宜猶善也。(七)貽,遺也。果,決也。

《音義》 撻,吐達反 tà(ㄊㄚˋ)。

《疏》 (一至三)寧孰諫者,犯顔而諫,使父母不説,其罪輕;畏懼不諫,使父母得罪於鄉黨州閭,其罪重。二者之間,寧可孰諫,不可使父母得罪。孰諫,謂純孰殷勤而諫,若物之成孰然。(四至六)此一節論父母有婢子、庶子、庶孫,父母所愛,已亦愛之,并明己有妻妾被父母之所愛,已亦當愛之。(七)此一節論子事父母,父母雖没,思行善事必果決爲之;若爲不善,思遺父母羞辱,必不得果決爲之。

12.6

【原文】

舅没則姑老[一],冢婦所祭祀賓客,每事必請於姑[二],介婦請於冢婦[三]。舅姑使冢婦,毋怠[四],不友無禮於介婦[五]。舅姑若使介婦,毋敢敵耦於冢婦[六],不敢並行,不敢並命,不敢並坐[七]。凡婦不命適私室,不敢退[八]。婦將有事,大小必請於舅姑[九]。子婦無私貨,無私畜,無私器,不敢私假,不敢私與(十)。婦或賜之飲食、衣服、布帛、佩帨、茝蘭,則受而獻諸舅姑;舅姑受之,則喜,如新受賜(十一);若反賜之,則辭,不得命,如更受賜,藏以待乏(十二);婦若有私親兄弟,將與之,則必復請其故賜,而后與之。

適子庶子,袛事宗子宗婦(十三),雖貴富,不敢以貴富入宗子之家;雖衆車徒,舍于外,以寡約入(十四)。子弟猶歸器、衣服、裘衾、車馬,則必獻其上,而后敢服用其次也(十五)。若非所獻,則不敢以入於宗子之門(十六),不敢以貴富加於父兄宗族(十七)。若富,則具二牲,獻其賢者於宗子(十八),夫婦皆齊而宗敬焉(十九);終事而后敢私祭(廿)。

【譯文】

公爹去世時如果公婆年老,嫡長媳婦可以主持祭祀接待賓客,但每件事都必須向公婆請教,衆媳婦則向嫡長媳婦請教。公爹公婆使唤嫡長媳婦,不可怠慢,不可跟無禮的衆媳婦友善。公爹公婆如果使喚衆媳婦,不敢跟嫡長媳婦匹敵,不敢並排行走,不敢同時下指令,不敢並列坐着。凡是媳婦不經吩咐 去私室,不敢退下。媳婦將有事,不論大小必須向公爹公婆請示。兒子媳婦没有私家財貨、没有私家積蓄,没有私家器具,不敢私自借貸,不敢私自贈與。媳婦有人賜給她飲食、衣服、布帛、佩巾、茝蘭香草,就接受下來再獻給公爹公婆;公爹公婆把東西收下,就喜悦,如同剛才接受賞賜時的心情;若公爹公婆反賜給自己,就推辭,得不到允許,不如代替受賜,收藏起來以待二老缺乏時用;媳婦若有自己的親屬兄弟,打算把此物給他們,就必須再次向二老請示那些原先所賜之物的去向,然後送給他們。

嫡子庶子,都要恭敬服事嫡長子及其婦人,縱然顯貴富有,也不敢以顯貴富有的姿態進入宗子之家;雖説車騎僕從衆多,也得停留在外面,只帶少量隨從簡單的物品進去。子弟如果得到饋贈的器物、衣服、裘衾、車馬,則必須把上等的獻給宗子,然後才敢使用那些次等的嘛;要是所獻的器物與宗子的爵位不符,就不敢將這些器物帶進宗子的家門,更不敢以顯貴富有凌駕於父兄宗族之上。要是富有,就備辦兩頭犧牲,將其中那頭好的獻給宗子,宗内各家夫婦一律齋戒助祭來體現對宗祖的崇敬;此事終了之後才敢舉辦自家的祭祀。

【古注】

《注》(一)謂傳家事於長婦也。(二)婦雖受傳,猶不敢專行也。(三)以其代姑之事。介婦,衆婦。(四)雖有勤勞,不敢解倦。(五)衆婦無禮,冢婦不友之也。善兄弟爲友,娣姒猶親兄弟也。(六)雖有勤勞,不敢掉磬。(七)下冢婦也。命爲使令。(八)婦,侍舅姑者也。(九)不敢專行。

（十）家事統於尊也。（十一）或賜之，謂私親兄弟。（十二）待舅姑之乏也。不得命者，不見許也。（十三）祇，敬也。宗，大宗。（十四）入，謂入宗子家。（十五）猶，若也。子弟若有功德以物見饋賜，當以善者與宗子也。（十六）謂非宗子之爵所當服也。（十七）加猶高也。（十八）賢猶善也。（十九）當助祭於宗子之家。（廿）祭其祖禰。

《音義》 茝蘭，本又作芷，昌改反 chǎi（ㄔㄞˇ）；韋昭注《漢書》云："香草也，昌以反 zhǐ（ㄓˇ）。"又《説文》云："虈也，許嬌反 xiāo（ㄒㄧㄠ），齊人謂之茝，昌在反 chǎi（ㄔㄞˇ）。"適，丁歷反 dí（ㄉㄧˊ）。齊，側皆反 zhāi（ㄓㄞ）。

12.7

【原文】

飯（一）：黍、稷、稻、粱、白黍、黄粱、稰、穛（二）。膳（三）：膷、臐、膮、醢、牛炙、醢、牛胾、醢、牛膾、羊炙、羊胾、醢、豕炙、醢、豕胾、芥醬、魚膾、雉、兔、鶉、鴽（四）。飲（五），重醴：稻醴、清糟；黍醴、清糟；粱醴、清糟（六）；或以酏爲醴（七）：黍酏（八）、漿（九）、水（十）、醷（十一）、濫（十二）。酒（十三）：清、白（十四）。羞（十五）：糗餌粉酏（十六）。食（十七）：蝸醢而苽食雉羹、麥食脯羹雞羹、析稌犬羹兔羹；和糝不蓼（十八）；濡豚，包苦實蓼；濡雞，醢醬實蓼；濡魚，卵醬實蓼；濡鼈，醢醬實蓼（十九）；腶脩蚳醢（廿）；脯羹，兔醢；麋膚、魚醢；魚膾，芥醬；麋腥，醢醬、桃諸、梅諸、卵鹽（廿一）。凡食齊視春時（廿二），羹齊視夏時（廿三），醬齊視秋時（廿四），飲齊視冬時（廿五）。凡和，春多酸，夏多苦，秋多辛，冬多鹹，調以滑甘（廿六）。牛宜稌，羊宜黍，豕宜稷，犬宜粱，鴈宜麥，魚宜苽（廿七）。春宜羔豚，膳膏薌；夏宜腒鱐，膳膏臊；秋宜犢麛，膳膏腥；冬宜鮮羽，膳膏羶（廿八）。牛脩、鹿脯、田豕脯、麋脯、麕脯、麋、鹿、田豕、麕皆有軒；雉、兔皆有芼（廿九）；爵、鷃、蜩、范（卅）、芝、栭、蔆、椇、棗、栗、榛、柿、瓜、桃、李、梅、杏、楂、梨、薑、桂（卅一）。

大夫燕食，有膾無脯、有脯無膾；士不貳羹胾；庶人耆老不徒食（卅二）。

【譯文】

飯類：黄黍、稷、稻、白粱、白黍、黄粱、晚稻、早穀。膳類：牛肉羹、羊肉羹、豬肉羹、烤牛肉、大塊牛肉、細切牛肉、烤羊肉、大塊羊肉、烤豬肉、大塊豬肉、芥末醬、細切魚肉、野雞、野兔、鵪鶉、鴽雀。飲料，甜酒各兩種：稻米甜酒、有濾清和帶糟的、黍米甜酒、有濾清和帶糟的；粱米甜酒，有濾清和帶糟的；或用粥類代甜酒：黍米粥、酸漿、水、梅漿、水漬果乾。酒類：白酒、清酒。羞類：用稻米粉和黍米粉做的糕餅、厚粥。國君燕食所用的食物：蝸肉醬及苽米飯野雞羹、麵飯脯羹雞羹、粳米飯狗肉羹兔肉羹；羹用米湯調和不加蓼菜；烹煮小豬，要用苦苣包裹肚内用蓼菜填實；烹濡雞，要加肉醬並在肚内填實蓼菜；烹濡魚，要加魚子醬並在肚内填實蓼菜；烹濡鼈，加肉醬並在肚内填實蓼菜；吃搗碎加有薑桂的肉脯需配蟻子醬；肉脯羹，配兔肉醬；細切麋鹿肉，配魚肉醬；細切魚片，配芥末醬；生麋鹿肉，配麋肉醬、桃乾、梅乾、大粒鹽。凡是食物都要比照春季温暖時的温度，各種羹全要比照夏季炎熱時的温度，醬類全要比照秋季凉爽時的温度，飲料全要比照冬季寒冷時的温度。凡要和味養氣，春季多用酸味，夏季多用苦味，秋季多用辛味，冬季多用鹹味，四季都要用柔滑甘甜的作料進行調配。牛肉適宜配稻米飯，羊肉適宜配黍米飯，狗肉適宜配高粱米飯，豬肉適宜配小米飯，鴈肉適宜配麥麵飯，魚肉適宜配菰米飯。春秋適宜吃羊羔小豬，烹調用牛油；夏季適宜吃雉乾魚乾，烹調用狗油；秋季適宜吃小牛幼鹿，烹調用雞油；冬季適宜吃生魚大鴈，烹調用羊油。牛脯、鹿脯、野豬脯、麋鹿脯、獐脯、麋肉、鹿肉、野豬肉、獐肉都可切成豆葉狀的薄片；野雞肉、兔肉都可添加芼菜做羹；還有雀、鷃、蜩、蜂、芝菌、栭菌、蔆角、枳椇、棗、板栗、榛子、柿子、瓜、桃、李子、梅子、杏子、山楂、梨、薑、桂等庶羞。

大夫燕食，有炒魚片或肉片就没有肉脯，有肉脯就没有炒魚片或肉片；士不能有兩種大塊肉和兩種羹；庶民中六十歲以上的老人不能只是空吃飯。

【古注】

《注》 (一)目諸飯也。(二)孰穫曰稰，生穫曰穛。黍，黄黍也。(三)目諸膳也。(四)此上大夫之禮，庶羞二十豆也，以《公食大夫禮》饌校之，則膮牛炙間不得有醢。醢衍字也。又以鷃爲鴽也。(五)目諸飲也。(六)重，陪也。糟，醇也。清，泲也。致飲有醇者，有泲者，陪設之也。(七)釀粥爲醴。(八)酏，粥。(九)酢截。(十)清新。(十一)梅漿。(十二)以諸和水也，以《周禮》六飲校之，則濫，涼也。紀莒之間名諸爲濫。(十三)目諸酒也。(十四)白，事酒、昔酒也。(十五)目諸羞也。(十六)糗，擣熬穀也，以爲粉餌與餈。此記似脱，《周禮》"羞籩之實，糗餌粉餈；羞豆之實，酏食糝食"，此酏當爲䬸，以稻米與狼臅膏爲䬸是也。(十七)目人君燕食所用也。(十八)苽，彫胡也。稌，稻也。凡羹齊，宜五味之和，米屑之糝，蓼則不矣。此脯所謂析乾牛羊肉也。(十九)凡濡，謂亨之以汁和也。苦，苦荼也，以包豚殺其氣。卵讀爲鯤，鯤，魚子也。(廿)腶脩，捶脯施薑桂也。蚳，蚍蜉子也。(廿一)自蝸醢至此二十六物，似皆人君燕所食也，其饌則亂。膚，切肉也。膚或爲胖。卵鹽，大鹽也。(廿二)飯宜温也。(廿三)羹宜熱也。(廿四)醬宜凉也。(廿五)飲宜寒也。(廿六)多其時味以養氣也。(廿七)言其氣味相成。(廿八)此八物四時肥美也，爲其大盛，煎以休廢之膏節其氣也。牛膏薌，犬膏臊，雞膏腥，羊膏羶。腒，乾雉也。鱐，乾魚也。鮮，生魚也。羽，鴈也。(廿九)脯皆析乾肉也。軒讀爲憲，憲謂藿葉切也。芼謂菜釀也。軒或爲胖。(卅)蜩，蟬也。范，蜂也。(卅一)蔆，芰也。椇，枳椇也，椇梨之不臧者。自牛脩至此三十一物，皆人君燕食所加庶羞也。周禮天子羞用百有二十品，記者不能次録。(卅二)尊卑差也。

《音義》 稰，思吕反 xū(ㄒㄩ)。穛，側角反 zhuō(ㄓㄨㄛ)。膷音香，牛臛也。臐，許雲反 xūn

（ㄒㄩㄣ），羊臊也。膮，許堯反 xiāo（ㄒㄧㄠ），豕臊也。胾，側吏反 zì（ㄗˋ）。膾，古外反 kuài（ㄎㄨㄞˋ）。鶉，順倫反 chún（ㄔㄨㄣˊ）。鴽音晏。食音嗣。重，直龍反 chóng（ㄔㄨㄥˊ）。醷本又作臆，於紀反 yì（ㄧˋ）。以諸，乾桃乾梅皆曰諸。糗，起九反 qǐu（ㄑㄧㄡˇ）。酏讀曰餐，又作餰，之然反 zhān（ㄓㄢ）。苽音孤，又作菰。稌音杜。和糝，上胡卧反 hè（ㄏㄜˋ），下三敢反 sǎn（ㄙㄢˇ）。蓼音了。卵，依《注》音鯤，古門反 kūn（ㄎㄨㄣ）。腶，丁亂反 duàn（ㄉㄨㄢˋ）。蚳，直其反 chí（ㄔˊ），蟻子也。卵鹽，力管反 luǎn（ㄌㄨㄢˇ）。薌音香。腒，其居反 jū（ㄐㄩ），盧云"雉腊"，《說文》云"北方謂馬蜡曰腒"。鱐本又作膌，所求反 xīu（ㄒㄧㄡ）。麛音迷，鹿子。腥音星，雞膏也，《說文》作"胜"云"大膏臭也"。麕，九倫反 jūn（ㄐㄩㄣ），本又作麇，又作麏。蜩音條。范音犯，蠭也，本又作蜂。栭音而。蔆音陵。椇音矩。榛，側巾反 zhēn（ㄓㄣ）。

12.8

【原文】

膾，春用葱，秋用芥；豚，春用韭，秋用蓼[一]；脂用葱，膏用薤[二]；三牲用藙[三]，和用醯[四]，獸用梅[五]；鶉羹、雞羹、鴽釀之蓼[六]，魴鱮烝，雛燒，雉、薌無蓼[七]。

不食：雛鼈、狼去腸、狗去腎、狸去正脊、兔去尻、狐去首、豚去腦、魚去乙、鼈去醜[八]。

肉曰脱之，魚曰作之，棗曰新之，栗曰撰之，桃曰膽之，柤梨曰攢之[九]。

牛夜鳴則庮；羊泠毛而毳、羶；狗赤股而躁、臊；鳥皫色而沙鳴、鬱；豕望視而交睫、腥；馬黑脊而般臂、漏；雛尾不盈握弗食，舒鴈翠，鵠鴞胖，舒鳧翠，雞肝、鴈腎、鴇奥、鹿胃[十]。

肉腥，細者爲膾，大者爲軒[十一]；或曰，麋鹿魚爲菹，麕爲辟雞，野豕爲軒，兔爲宛脾，切葱若薤，實諸醯以柔之[十二]。羹食，自諸侯以下至於庶人，無等[十三]。大夫無秩膳[十四]。大夫七十而有閣[十五]。天子之閣，左達五，右達五，公侯伯於房中五，大夫於閣三，士於坫一[十六]。

【譯文】

細切肉的作料，春季用葱，秋季用芥茉醬；小豬肉，春季用韭菜，秋季用辣蓼；煉脂要加葱，油加鬣白；牛羊豬三牲用煎茱萸，用醋調和，野獸用酸梅；鵪鶉羹、鷄羹、烝鴽雜和進辣蓼；魴魚鱮魚要清蒸，雛雞要燒烤，野雞調味用薌草不用辣蓼。

不可吃的有：幼鼈、狼去掉的腸、狗摘去的腎、狸剃下的正脊、兔子去掉的尾椎、狐狸棄去的頭、小豬挖去的腦髓、魚去除的頰骨、鼈挖去的肛門。

肉去骨叫脱骨，爲魚刮鳞破肚叫作魚，爲棗擦拭塵垢叫新棗，板栗剥殼叫撰板栗，揩擦桃毛叫膽桃，爲山楂和梨挑蟲眼叫攢柤梨。

牛夜間鳴叫肉就會有惡臭；羊身上的毛稀少而且細，肉的羶氣重；狗大腿股没毛而且狂躁，肉格外臊；鳥的羽毛變色而且鳴聲嘶啞，肉有腐臭味；豬的眼睛總往遠處看而且交睫發睏，肉中有米粒狀的囊蟲胞；馬脊背發黑而且前肢有斑紋，肉有螻蛄般的臭氣；雛鳥的尾羽不足四寸不可吃，還有鵝的尾肉、天鵝和貓頭鷹兩肋的肉、野鴨的尾肉、雞肝、鴈腎、鴇脾、鹿胃都不可吃。

生肉，切成細絲薄片叫膾，切成大塊叫軒；有人説，麋肉鹿肉魚肉細切叫菹，獐肉細切叫辟雞，野豬肉切成大塊叫軒，兔肉細切叫宛脾，切些葱或韭菜，連同切好的肉一起充進醋攪拌使肉變得柔軟。羹和飯，自諸侯以下直到庶民，没有差别。大夫没有君賜的常膳。大夫七十歲才有放置食物的閣。天子的閣，左夾室有五個、右夾室有五個，公爵侯爵伯爵在房中放有五個，大夫這樣的閣有三個，士只有土坫一個。

【古注】

《注》 (一)芥，芥醬也。(二)脂，肥凝者，釋者曰膏。(三)藙，煎茱萸也，漢律會稽獻焉，《爾雅》謂之椴。(四)畜與家物自相和也。(五)亦野物自相和。(六)釀，謂切雜之也。駕在羹下烝之，不羹也。(七)薌，蘇荏之屬也，燒煙於火中也。自膾用葱至此，言調和菜釀之所宜也。(八)皆爲不利人也。雛鼈，伏乳者。乙，魚體中害人者名也，今東海鰫魚有骨名乙在目旁，狀如篆乙，食之鯁人不可出。醜，謂鼈竅也。(九)皆治擇之名也。(十)亦皆爲不利人也。庮，惡臭也。《春秋傳》曰："一薰一庮。"泠毛，毳毛别聚於不解者也。赤股，股裏無毛也。皫色，毛變色也。沙猶嘶也。鬱，腐臭也。望視，遠視也。腥當爲星，聲之誤也；星，肉中如米者。般臂，前脛般般然也。漏當爲螻，如螻姑臭也。舒鴈，鵝也。翠，尾肉也。鵠鴞胖，謂脅側薄肉也。舒鳧，鶩也。鴇奥，脾肶也。鵠或爲鴇也。(十一)言大切、細切異名也，膾者必先軒之，所謂聶而切之也。(十二)此軒辟雞、宛脾，皆菹類也，釀菜而柔之，以醯殺腥肉及其氣，今益州有鹿矮者，近由此爲之矣。菹，軒聶而不切；辟雞、宛脾，聶而切之。軒或爲胖，宛或爲鬱。(十三)羹食，食之主也，庶羞乃異耳。(十四)謂五十始命，未甚老也。秩，常也。(十五)有秩膳也。閣以板爲之，庋食物也。(十六)達，夾室。大夫言於閣，與天子同處，天子二五，倍諸侯也。五者，三牲之肉及魚腊也。

《音義》 𪓐，户界反 xiè(ㄒㄧㄝˋ)，俗本多作薤，非也。藙，魚氣反 yì(ㄧˋ)。醯，呼兮反 xī(ㄒㄧ)，酢也。魴鱮，上音房，下音敍。尻，苦刀反 kāo(ㄎㄠ)。庮音由。泠音零，泠，結毛如氈也。毳，昌鋭反 cuì(ㄘㄨㄟˋ)。皫本又作麃，劉昌宗音普保反 piǎo(ㄆㄧㄠˇ)。腥，依《注》作星，《説文》云："腥，星見食豕，令肉中生小息肉也。"漏，依《注》音螻，力侯反 lóu(ㄌㄡˊ)。鵠，胡篤反 hú(ㄏㄨˊ)。鴞，吁驕反 xiāo(ㄒㄧㄠ)。胖音判。鴇音保。奥，於六反 yù(ㄩˋ)。益州人取鹿殺而埋之地中，令臭乃出食，名鹿矮。矮，於僞反 wēi(ㄨㄟ)。坫，丁念反 diàn(ㄉㄧㄢˋ)。

12.9

【原文】

凡養老，有虞氏以燕禮，夏后氏以饗禮，殷人以食禮，周人脩而兼用之。

凡五十養於鄉，六十養於國，七十養於學，達於諸侯；八十拜君命，一坐再至，瞽亦如之；九十者使人受。五十異粻，六十宿肉，七十貳膳，八十常珍，九十飲食不違寢，膳飲從於遊可也。六十歲制，七十時制，八十月制，九十日脩，唯絞紟衾冒，死而后制。五十始衰，六十非肉不飽，七十非帛不煖，八十非人不煖，九十雖得人不煖矣。五十杖於家，六十杖於鄉，七十杖於國，八十杖於朝，九十者，天子欲有問焉，則就其室，以珍從。七十不俟朝，八十月告存，九十日有秩。五十不從力政，六十不與服戎，七十不與賓客之事，八十齊喪之事弗及也。五十而爵，六十不親學，七十致政。凡自七十以上，唯衰麻爲喪。凡三王養老皆引年，八十者，一子不從政；九十者，其家不從政，瞽亦如之。凡父母在，子雖老不坐。有虞氏養國老於上庠，養庶老於下庠；夏后氏養國老於東序，養庶老於西序；殷人養國老於右學，養庶老於左學；周人養國老於東膠，養庶老於虞庠，虞庠在國之西郊。有虞氏皇而祭，深衣而養老；夏后氏收而祭，燕衣而養老；殷人冔而祭，縞衣而養老；周人冕而祭，玄衣而養老。

【譯文】

請見《王制第五》篇第 18 至 20 節譯文。

【古注】

《注》 記《王制》有此。

《疏》 此一節皆《王制》文，記者重而録之。後人雖知其重因而不去，慎疑不敢删易。

12.10

【原文】

曾子曰："孝子之養老也，樂其心，不違其志，樂其耳目，安其寢處，以其飲食忠養之，孝子之身終。"終身也者，非終父母之身，終其身也。是故父母之所愛亦愛之，父母之所敬亦敬之，至於犬馬盡然，而況於人乎(一)！

凡養老，五帝憲(二)，三王有乞言(三)。五帝憲，養氣體而不乞言，有善則記之爲惇史；三王亦憲，既養老而后乞言，亦微其禮，皆有惇史(四)。

【譯文】

曾子說："孝子的奉養老人嘛，要使父母心情愉快，不違背他們的意志，使他們所聞所見都快樂，安頓好他們的起居，用他們喜愛的飲食忠誠地奉養他們，孝子要一直這樣做到生命終了。"終身的涵義呢，不是終父母的一生，是終孝子自己的一生嘛。正是這個緣故，父母所喜愛的事物自己也要喜愛，父母所敬重的事物自己也要敬重，直至所喜愛的犬馬都這樣，何況對待所敬重的人呀！

大凡奉養老人，五帝注重效法老人的德行，三王除此之外又向老人求取高妙的言論。五帝效法老人的德行，見他們修養心氣身體而不忍乞求善言，不過有善行便記録下來作爲惇厚的史籍；三王也效法老人的德行，但養完老便向他們乞求善言，也暗合當時的禮，三代都有惇厚的史籍。

【古注】

《注》 (一)賤喻貴也。(二)憲，法也，養之爲法其德行。(三)有讀爲又，又從之求善言可施行也。(四)惇史，史惇厚是也。微其禮者，依違言之求而不切也。

《疏》 (一)此一節因上陳養老之事，遂陳孝子事親之禮。孝子之身終者，是孝子事親之身終也。作記之人恐人不解，謂言孝子事親至親身終，故解云：終身也者，非終竟父母之身也，終其孝子之身也。言父母雖没終竟己身，而行孝道與親在無異。(二至四)此一節論五帝三王養老之禮。五帝憲者，言五帝養老法其德行。三王有乞言者，言三王其德漸薄，非但法其德行，又從求乞善言。養氣體而不乞言者，奉養老人，就氣息身體恐其勞動，故不乞言。有善則記之爲惇史者，言老人有善德行則記録之，使衆人法則爲惇厚之史。亦微其禮皆有惇史者，言三王養老既法德行，又從乞言，其乞言之禮亦依違求之而不偪切，三代皆法其德行善言爲惇厚之史，故云皆。

12.11

【原文】

淳熬：煎醢加于陸稻上，沃之以膏，曰淳熬(一)。淳毋：煎醢加于黍食上，沃之以膏，曰淳毋(二)。炮：取豚若將，刲之刳之，實棗於其腹中，編萑以苴之，塗之以謹塗；炮之，塗皆乾，擘之，濯手以摩之，去其皾；爲稻粉，糔溲之以爲酏，以付豚；煎諸膏，膏必滅之；鉅鑊湯，以小鼎，薌脯於其中，使其湯毋滅鼎；三日三夜毋絶火，而后調之以醯醢(三)。

擣珍：取牛羊麋鹿麕之肉，必脄，每物與牛若一，捶反側之，去其餌，孰出之，去其皾，柔其肉(四)。漬：取牛肉必新殺者，薄切之，必絶其理，湛諸美酒，期朝而食之，以醢若醯醷(五)。

爲熬：捶之，去其皾，編萑布牛肉焉，屑桂與薑，以洒諸上而鹽之，乾而食之；施羊亦如之；施麋、施鹿、施麕皆如牛羊。欲濡肉，則釋而煎之以醢；欲乾肉，則捶而食之(六)。

糝：取牛羊豕之肉，三如一，小切之，與稻米，稻米二肉一，合以爲餌煎之(七)。肝膋：取狗肝一，幪之以其膋，濡炙之，舉燋其膋，不蓼(八)。取稻米舉糔溲之，小切狼臅膏，以與稻米爲酏(九)。

【譯文】

八珍之一的淳熬法：將煎好的肉醬加在旱稻的米飯上，再把油澆進去，叫淳熬。八珍之二的淳毋法：將煎好的肉醬加在黍米飯上，再把油澆進去，叫淳毋。八珍之三、四的炮豚、炮牂法：取小豬或羊，宰殺後剖净，用棗將腹内真實，用編織的萑草裹住，用墐泥塗敷；放到火上烘烤，塗的墐泥全部乾透後，掰掉泥，洗净手再摩搓，搓去皮肉上的皽膜；取稻米粉，拿水調成糊狀，用來附著在小豬或羊身上；放進油裏煎，油必須没過豚或羊；大鑊燒熱湯，用小鼎盛着油煎的豚或羊及加進的香料、肉脯放進大鑊中，使裏面的熱湯不要没過小鼎；三天三夜不能斷火，最後再用醋跟肉醬調味。

八珍之五的擣珍法：取牛羊麋鹿獐的肉，必須是裏脊肉，每種肉的製法跟牛一樣，將肉反復捶擣，去掉其筋腱，煮熟出鍋，去掉肉上的皽膜，抹上醋或肉醬使肉變得柔和。八珍之六的漬法：取牛肉，必須是剛殺的，切成薄片，必須切斷其紋理，放進美酒裏浸漬，過一晝夜再吃，吃時用肉醬或醋、梅醬做調料。

八珍之七的熬法：捶擣牛肉，去掉肉上的皽膜，用編織的萑草裹住牛肉，將桂皮和薑研成碎屑，洒在肉上並用鹽漚起來，烤乾就可以吃了；加工羊肉也如法炮製；加工麋肉、鹿肉、獐肉都跟加工牛羊肉一樣。想吃濡肉，就用水發開再用肉醬煎；想吃乾肉，就捶鬆了吃。

糝食法：取牛羊豬的肉，三種肉一般多，切成小塊，摻進稻米，稻米二成肉一成，拌和做成糕餅狀下鍋煎。八珍之八的肝膋法：取狗肝一副，用它的腸間脂蒙在上面，趁濕熏烤，要把腸脂全部烤焦爲止，不需加辣蓼調味。取稻米，淘洗乾净，將狼胸内的脂膏切成小塊，用來跟稻米一起熬成粥。

【古注】

《注》 (一)淳，沃也。熬亦煎也。沃煎成之以爲名。(二)毋讀曰模。模，象也，作此象淳熬。(三)炮者，以塗燒之爲名也。將當爲牂，牂，牡羊也。刲刳，博異語也。謹當爲墐，聲之誤也，墐塗，塗有穰草也。皽，謂皮肉之上魄莫也。糔溲，亦博異語也。糔，讀與滫瀡之滫同。薌脯，謂煮豚若羊於小鼎中使之香美也，謂之脯者，既去皽，則解析其肉，使薄如爲脯然，唯豚全耳。豚羊入鼎三日乃内醯醢可食也。(四)脄，脊側肉也。捶，擣之也。餌，筋腱也。柔之爲汁和也，汁和亦醯醢與。(五)湛，亦漬也。(六)熬，於火上爲之也，今之火脯似矣，欲濡欲乾，人自由也。醢或爲醯。此七者，《周禮》八珍，其一肝膋是也。(七)此《周禮》糝食也。(八)膋，腸間脂。舉或爲巨。(九)狼臅膏，臆中膏也，以煎稻米，則似今膏𩰫矣。此《周禮》酏食也，此酏當從餰。

《音義》 淳，之純反 zhūn(ㄓㄨㄣ)。毋，依《注》音模，莫胡反 mó(ㄇㄛˊ)。將，依《注》音牂，子郎反 zāng(ㄗㄤ)。刲，苦圭反 kuí(ㄎㄨㄟˊ)。刳，口孤反 kū(ㄎㄨ)。萑音丸，蘆也。苴，子餘反 jū(ㄐㄩ)，包裹也。謹，依《注》作墐，音斤。擘，必麥反 bò(ㄅㄛˋ)。濯，直角反 zhuó(ㄓㄨㄛˊ)。皽，章善反 zhǎn(ㄓㄢˇ)。糔，息酒反 xǐu(ㄒㄧㄡˇ)。溲，所九反 sóu(ㄙㄡˊ)。鑊，户郭反 huò(ㄏㄨㄛˋ)。擣音搗。脄音每，夾脊肉。湛，子潛反 jiān(ㄐㄧㄢ)。期音朞。洒，所買反 sǎ(ㄙㄚˇ)。膋音遼。幪音蒙。燋字又作焦，子消反 jiāo(ㄐㄧㄠ)。酏讀爲饘，之然反 zhān(ㄓㄢ)。

12.12

【原文】

禮始於謹夫婦：爲宫室，辨外内，男子居外，女子居内，深宫固門，閽寺守之，男不入，女不出[一]。男女不同椸枷，不敢縣於夫之楎椸，不敢藏於夫之篋笥，不敢共湢浴[二]。夫不在，斂枕篋簟席，襡器而藏之[三]。少事長，賤事貴，咸如之[四]。夫婦之禮，唯及七十，同藏無間[五]。故妾雖老，年未滿五十，必與五日之御[六]；將御者，齊、漱、澣、慎衣服、櫛、縰、笄、總角、拂髦、衿纓、綦屨[七]，雖婢妾，衣服飲食必後長者[八]。妻不在，妾御莫敢當夕[九]。

妻將生子，及月辰，居側室[十]，夫使人日再問之；作而自問之，妻不敢見，使姆衣服而對。至于子生，夫復使人日再問之[十一]；夫齊，則不入側室之門[十二]。子生，男子設弧於門左，女子設帨於門右[十三]。三日始負子，男射女否[十四]。

【譯文】

禮從謹慎夫婦的行爲開始：建造房屋，辨别外内，男子住在外屋，女子住在内室，内室幽深大門堅固，有閽人和寺人看守着，男人不得進入，女人不得外出、男女不用同一個衣架，妻子不敢把衣服懸掛在丈夫的衣架竿上，不敢將衣物藏進丈夫的篋笥内，不敢共用一個浴室。丈夫不在家，收起枕頭箱子竹席草席，用帶套的器物都給掩藏起來。年少的服事年長的，卑賤的服事尊貴的，都要這樣做。夫婦的禮制規定，只有到七十歲時，兩人的衣物可以一同儲藏不必有差别。所以妾雖説已老，只要年紀未滿五十歲，還必須給與丈夫五天一回的侍奉；將去侍奉的話，需齋戒、洗漱、擦去身上的污垢、慎重挑選所穿的衣服、梳頭、紮頭、别上笄子、束髮、拂去劉海上的塵垢、衣衿繫上纓飾、結好鞋帶，雖是婢妾，穿衣吃飯必須在長者之後。正妻不在場，妾也不敢當夜侍奉。

妻將生孩子，到出生這個月的初一，要移居到側室，丈夫使人每天詢問兩次；作痛時如果丈夫親自進去探問，妻不敢現露，使保姆用衣服遮住來對答。待到孩子降生，丈夫重新使人每天詢問兩次；丈夫要是齋戒，就不可進入側室之門。孩子降生後，是男孩要在門的左邊掛木弓，女孩就在門的右邊掛佩巾。第三天開始背孩子,男孩要行射禮女孩不用。

【古注】

《注》(一)閽掌守中門之禁也,寺掌内人之禁令也。(二)竿謂之椸。楎,杙也。(三)不敢褻也。(四)咸,皆也。(五)衰老無嫌。及猶至也。(六)五十始衰,不能孕也,妾閉房不復出御矣。此御謂侍夜勸息也。五日一御,諸侯制也。諸侯取九女,姪娣兩兩而御則三日也,次兩媵則四日也,次夫人專夜則五日也。天子十五日乃一御。(七)其往如朝也。角,衍字也。拂髦或爲繆髦也。(八)人貴賤不可以無禮。(九)辟女君之御日也。(十)側室,謂夾之室,次燕寢也。(十一)作,有感動。(十二)若始時使人問。(十三)表男女也。弧者,示有事於武也。帨,事人之佩巾也。(十四)始有事也,負之,謂抱之而使鄉前也。

《音義》閽音昏。椸本又作杝,以支反 yí(ㄧˊ)。枷音嫁。縣音玄。楎音輝。齊,争皆反 zhāi(ㄓㄞ)。澣音浣。見,賢遍反 xiàn(ㄒㄧㄢˋ)。姆音母,女師也。

12.13

【原文】

國君世子生,告于君,接以大牢,宰掌具(一)。三日,卜士負之,吉者宿齊,朝服寢門外,詩負之,射人以桑弧蓬矢六,射天地四方(二)。保受乃負之(三),宰醴負子,賜之束帛(四)。卜士之妻、大夫之妾,使食子(五)。

凡接子擇日(六),冢子則大牢(七),庶人特豚,士特豕,大夫少牢,國君世子大牢(八)。其非冢子,則皆降一等(九)。

【譯文】

國君的太子出生,向國君禀告,迅速殺牛爲夫人補養,由膳宰執掌備辦。第三天,由士背負着太子占卜,占得吉兆的話此士便再次齋戒,在寢門外穿上朝服,用手托着下方背負起太子,射人用桑木弓和六支蓬草箭,分别射向天地四方。保母接過太子背負着,總管用一獻禮酬謝背負太子的士,賜給他束帛。用占卜的方法找出士的妻或大夫的妾,使其喂養太子。

凡是接子選擇吉日,接天子的嫡長子則用一頭牛的太牢禮,庶民用一頭小豬的特豚禮,士用一頭豬的特豕禮,大夫用一頭羊的少牢禮,接生國君的太子擇吉也用一頭牛的太牢禮。接的不是嫡長子,就得都降一個等級。

【古注】

《注》(一)接讀爲捷。捷,勝也,謂食其母使補虚强氣也。(二)詩之言,承也。桑弧蓬矢,本大古也。天地四方,男子所有事也。(三)代士也,保,保母。(四)醴當爲禮,聲之誤也。禮,以一獻之禮酬之以幣也。(五)食子不使君妾適,妾有敵義,不相褻以勞辱事也。士妻、大夫之妾,謂時自有子。(六)雖三日之内,尊卑必皆選其吉焉。(七)天子世子也。冢,大也,冢子猶言長子,通於下也。(八)皆謂長子。(九)謂冢子之弟及衆妾之子生也。天子諸侯少牢,大夫特豕,士特豚,庶人猶特豚也。

《疏》 接,王肅、杜預並以爲接待夫人以大牢,鄭必讀爲捷,爲補虚强氣者,以婦人初産必困病虚羸,當産三日之内,必未能以禮相接,應待負子之後,今在前爲之,故知補虚强氣宜速故也。詩者,持也,以手維持,則承奉之義,謂以手承下而抱負之。此云冢子大牢,下云國君世子大牢,故知此冢子大牢謂天子世子也。

12.14

【原文】

異爲孺子室於宫中(一),擇於諸母與可者,必求其寬裕、慈惠、温良、恭敬、慎而寡言者,使爲子師,其次爲慈母,其次爲保母,皆居子室(二),他人無事不往(三)。三月之末,擇日翦髮爲鬌,男角女羈,否則男左女右(四)。是日也,妻以子見於父:貴人則爲衣服,由命士以下皆漱澣(五);男女夙興,沐浴衣服,具視朔食(六)。夫入門,升自阼階,立于阼,西鄉;妻抱子出自房,當楣立,東面(七)。姆先相曰:"母某敢用時日,祗見孺子(八)。"夫對曰:"欽有帥。"父執子之右手,咳而名之;妻對曰:"記有成。"遂左還授師(十);子師辯告諸婦諸母名(十一),妻遂適寢(十二);夫告宰名;宰辯告諸男名,書曰:"某年某月某日某生。"而藏之(十三);宰告閭史;閭史書爲二,其一藏諸閭府,其一獻諸州史;州史獻諸州伯,州伯命藏諸州府(十四)。夫入,食如養禮(十五)。

【譯文】

爲孺子在宫中另外清掃一處居室,從國君衆妾中選擇可把太子託付照料者,必須尋求那種心性寬裕、慈惠、温良、恭敬、慎重而寡言的,使之擔任太子的女師,次一點的任慈母、再次一點的任保母,都住在太子的居室,其他人没事不得前往。孺子出生三個月的末尾,選擇吉日,剪髮留鬌,男孩留角女孩留羈,要不就男孩只留左邊的角女孩只留右邊的羈。這天呢,妻要抱着孺子與其父相見:其父要是大夫以上的貴人就置辦衣裳服飾,如果是命士以下官員只需把衣裳洗乾净;所有的男女清早起來,沐浴穿衣,一律按照每月初一的朔食標準進食。丈夫進門,沿阼階而上,站在東邊,面朝西;妻抱着孺子從房内出來,當着門楣站立,面朝東。保姆先於佐助説:"母親某氏敢用吉日,恭敬呈現孺子。"丈夫答道:"教他懂得尊敬並能遵循善道。"父親握着孺子的右手,把孩子逗笑且爲他起名;妻應道:"我會牢記使孺子有成就。"遂轉身向左將孺子交給女師;女師把孺子剛起的名遍告衆婦衆母,妻即回到燕寢;丈夫把給孺子起的名告訴家宰;家宰將孺子的名遍告各位男子,書寫道:"某年某月某日某人出生。"並將此收藏起來;家宰將此消息報告給閭史;閭史書寫成兩份，一份藏進閭府，一份上報給州史；州史上報給州伯，州伯命令藏進州府。丈夫進入燕寢，進食仍依照原先妻敬獻公爹公婆同樣的禮。

【古注】

《注》 (一)特掃一處以處之。(二)此人君養子之禮也。諸母，衆妾也。可者，傅御之屬也。子師，教示以善道者。慈母，知其嗜欲者。保母，安其居處者，士妻食乳之而已。(三)爲兒精氣微弱將驚動也。(四)鬌，所遺髮也。夾囟曰角，午達曰羈也。(五)貴人，大夫以上也。由，自也。(六)朔食，天子大牢，諸侯少牢，大夫特豕，士特豚也。(七)入門者，入側室之門也。大夫以下見子就側室，見妾子於内寢，辟人君也。(八)某，妻姓，若言姜氏也。祗，敬也，或作振。(九)欽，敬也。帥，循也。言教之敬，使有循也。執右手，明將授之事也。(十)記猶識也，識夫之言使有成也。師，子師也。(十一)後告諸母，若名成於尊。(十二)復夫之燕寢。(十三)宰謂屬吏也，《春秋》書桓六年九月丁卯子同生。(十四)四閭爲族，族百家也，閭胥中士一人。五黨爲州，州二千五百家也，州長中大夫一人也，皆有屬吏。獻猶言也。(十五)夫人，已見子入室也，其與妻食，如婦始饋舅姑之禮也。

《音義》 鬌，丁果反 duǒ(ㄉㄨㄛˇ)。咳字又作孩，户才反 hái(ㄏㄞˊ)。還音旋，轉也。辯音遍。

《疏》 此文雖據諸侯，其實亦兼大夫士，但士不具三母耳，大夫以上則具三母。三月翦髮，所留不翦者謂之鬌。姆先相者，妻既抱子當楣東面而立，傅姆在母之前而相佐。遂左還授師者，妻對既訖，遂左嚮迴還轉身西南以予授子師也。子師辯告諸婦諸母名者，諸婦，謂同族卑者之妻；諸母，同族尊者之妻；後告諸母，欲名成於尊。

12.15

【原文】

世子生，則君沐浴朝服，夫人亦如之，皆立于阼階，西鄉；世婦抱子升自西階，君名之，乃降(一)。適子庶子見於外寢，撫其首，咳而名之，禮帥初，無辭(二)。

凡名子，不以日月，不以國(三)，不以隱疾(四)，大夫士之子不敢與世子同名(五)。

妾將生子，及月辰，夫使人日一問之；子生三月之末，漱澣夙齊，見於内寢，禮之如始入室；君已食，徹焉，使之特餕，遂入御(六)。

公庶子生，就側室；三月之末，其母沐浴朝服見於君，擯者以其子見；君所有賜，君名之，衆子則使有司名之(七)。

庶人無側室者，及月辰，夫出居羣室；其問之也，與子見父子之禮無以異也(八)。凡父在，孫見於祖，祖亦名之，禮如子見父，無辭(九)。

食子者三年而出，見於公宫則劬(十)。大夫之子有食母(十一)，士之妻自養其子(十二)。由命士以上及大夫之子，旬而見(十三)。冢子未食而見，必執其右手；適子、庶子已食而見，必循其首(十四)。

【譯文】

太子降生，國君沐浴完換上朝服，夫人也如此，都站在阼階上，面朝西；世婦抱着太子從西階上來，等國君起完名，即下去。降生的如果是一般嫡子或庶子國君就在外寢相見，撫摸着孩子的頭，把孩子逗笑時爲他起名，其他禮俗遵循前面提過的，只是没有互相對答的言辭。

凡是給孩子起名，不用"日""月"這類字，不使用國名，不使用身上見不到的疾患名，大夫士的孩子不敢跟太子重名。

大夫士的妾將要生孩子，到出生這個月的初一，丈夫使人每天詢問一次；孩子下生三個月的末尾，妾便洗滌衣裳早起齋戒，到内寢去相見，待她的禮俗像剛來嫁時那樣；此時如果夫君已吃過飯，就把飯菜撤下，使她單獨吃剩下的，由此重新回到内寢服侍夫君。

國君的庶子降生，要住到側室；下生三個月的末尾，其母沐浴後換上朝服到國君那裏相見，由儐相抱着孩子去謁見；此妾如果平時侍國君有恩惠，國君會給孩子起名，其他衆庶子則使有關的官員起名。

庶民没有側室的，到出生這個月的初一，丈夫要出來住到羣居的卧室；他要詢問妻子的情形呢，跟三月末抱着孩子去見父親的禮俗没什麽差異嘛。凡是父親健在，三月末孫子去見祖父，祖父也可以爲他起名，禮俗如同孩子去見父親那樣，只是没有訓誡的言辭。

喂養太子的乳母滿三年就得出王宫，行前到公宫來謁見則要給予慰勞。大夫的孺子有乳母，士的妻自己喂養其子。從命士以上到大夫的孺子，父親均要接見。天子諸侯的嫡長子不等吃飯便接見，父親必須握着孩子的右手；要是其他嫡子和庶子，吃完飯再接見，父親必須撫摸孩子的頭。

【古注】

《注》 (一)子升自西階，則人君見世子於路寢也。見妾子就側室，凡子生皆就側室。諸侯夫人朝於君，次而褖衣也。(二)此適子謂世子弟也。庶子，妾子也。外寢，君燕寢也。無辭，辭謂"欽有帥""記有成"也。(三)終使易諱。(四)諱衣中之疾難爲醫。(五)尊世子也，其先世子生亦勿爲改。(六)内寢，適妻寢也。禮，謂已見子，夫食而使獨餕也。如始入室，始來嫁時，妾餕夫婦之餘亦如之。既見子可以御，此謂大夫士之妾也。凡妾稱夫曰君。(七)擯者，傅姆之屬也。人君尊，雖妾不抱子。有賜，於君有恩惠也。有司，臣有事者也，魯桓公名子問於申繻也。(八)夫雖辟之，至問妻及見子禮同也。庶人或無妾。(九)見子於祖家統於尊也，父在則無辭。有適子者無適孫，與見庶子同也。父卒而有適孫則有辭，與見冢子同。父雖卒而庶孫猶無辭也。(十)劬，勞也。士妻大夫之妾食國君之子三年，出歸其家，君有以勞賜之。(十一)選於傅御之中，《喪服》所謂乳母也。(十二)賤不敢使人也。(十三)旬當爲均，聲之誤也。有時適妾同時生子，子均而見者，以生先後見之，既見乃食，亦辟人君也。《易·説卦》坤爲均，今亦或作旬也。（十四）天子諸侯尊别，世子雖同母，禮則異矣。未食、已食，急正緩庶之義也。

12.16

【原文】

子能食食，教以右手；能言，男唯女俞；男鞶革，女鞶絲(一)。六年，教之數與方名(二)。七年，男女不同席，不共食(三)。八年，出入門户及即席飲食，必後長者，始教之讓(四)。九年，教之數日(五)。十年，出就外傅，居宿於外，學書計，衣不帛襦袴，禮帥初，朝夕學幼儀，請肄簡諒(六)。十有三年，學樂、誦《詩》、舞勺。成童，舞象，學射御(七)。二十而冠，始學禮，可以衣裘帛，舞《大夏》，惇行孝弟，博學不教，内而不出(八)。三十而有室，始理男事，博學無方，孫友視志(九)。四十始仕，方物出謀發慮，道合則服從，不可則去(十)。五十命爲大夫，服官政(十一)。七十致事(十二)。凡男拜，尚左手(十三)。

女子十年不出(十四)，姆教婉娩聽從(十五)，執麻枲，治絲繭，織紝組紃，學女事，以共衣服(十六)；觀於祭祀，納酒漿籩豆菹醢，禮相助奠(十七)。十有五年而笄(十八)。二十而嫁；有故，二十三年而嫁(十九)；聘則爲妻(廿)，奔則爲妾(廿一)。凡女拜，尚右手(廿二)。

【譯文】

孺子能吃飯時，教他們用右手；能説話時，教男孩答應唯女孩答應俞；教男孩佩帶盛手帕的皮革荷包，教女孩佩帶盛手帕的絲織荷包。六歲時，教他們數數和方位名稱。七歲時，學會男女不同坐一處，不一起吃飯。八歲時，出入門户及就座飲食，必須在長者之後，開始教他們謙讓。九歲時，教他們用朔望和干支計算時日。十歲時，出去從師受業，在外面住宿，學文字和計算，不穿絲帛短襖套褲，遵循先日所學的禮節，從早到晚學幼童的儀容，請求學習篇章簡策及誠信應對之言。十三歲，學音樂、朗誦《詩經》、舞勺舞。十五歲成童，學舞象舞，學射箭駕車。二十歲行完加冠禮，開始學禮，可以穿皮衣帛衣，舞文武兼備的《大夏》舞，惇誠地實行孝悌，廣博學問而不指教别人，做到藏才不露。三十歲有妻室後，開始治理男人的事，廣博地學而没有固定的方式，遜順友人要看他的志向。四十歲開始出仕，比方事物出謀抒發疑慮，主張相合就服從，不認可就離去。五十歲任命爲大夫，擔任官職處理政務。七十歲歸還政事告老還鄉。凡是男子拱手揖拜，左掌蓋在右拳之上。

女子年滿十歲便不出家門，由女師教誨婉娩聽從，掌握緝麻枲、治絲繭、織繒帛編絲帶,學習女人的事,用來供給衣裳服飾;去祭祀場所觀察,看别人如何進獻酒漿籩豆菹醢,依禮佐助祭奠。十五歲時行笄禮。二十歲論嫁;如有變故,那就推遲到二十三歲再嫁;行過訂婚、迎娶這種聘禮的就是正妻,未經媒妁走進夫家的就是妾。凡是女子揖拜,右掌蓋在左拳之上。

【古注】

《注》 (一)俞,然也。鞶,小囊盛帨巾者,男用韋,女用繒,有飾緣之則是鞶裂與?《詩》云"垂帶如厲",紀子帛名裂繻,字雖今異,意實同也。(二)方名,東西。(三)蚤其别也。(四)示以廉恥。(五)朔望與六甲也。(六)外傅,教學之師也。不用帛爲襦袴,爲大温,傷陰氣也。禮帥初,遵習先日所爲也。肄,習也。諒,信也。請習簡,謂所書篇數也;請習信,謂應對之言也。(七)先學勺,後學象,文武之次也。成童,十五以上。(八)《大夏》,樂之文武備者也。内而不出,謂人之謀慮也。(九)室猶妻也。男事,受田給政役也。方猶常也。至此學無常,在志所好也。孫,順也。順於友,視其所志也。(十)方猶常也,物猶事也。(十一)統一官之政也。(十二)致其事於君而告老。(十三)左陽。(十四)恒居内也。(十五)婉謂言語也,娩之言媚也,媚謂容貌也。(十六)紃,絛。(十七)當及女時而知。(十八)謂應年許嫁者。女子許嫁笄而字之,其未許嫁二十則笄。(十九)故,謂父母之喪。(廿)聘,問也。妻之言齊也,以禮聘問則得與夫敵體。(廿一)妾之言接也,聞彼有禮走而往焉,以得接見於君子也。奔或爲衒。(廿二)右陰也。

《音義》 食食,上如字,下音嗣。鞶,步干反 pán(ㄆㄢˊ)。襦音儒。袴,若故反 kù(ㄎㄨˋ)。肄本又作肆,以二反 yì(ㄧˋ)。勺,章略反 zhuó(ㄓㄨㄛˊ)。孫音遜。娩音晚。枲,思里反 xǐ(ㄒㄧˇ)。

【淺悟】

本篇所記載的内容,雖説只能作爲考古和研究歷史的參考資料,不過其中的養老制度以及有關飲食方面的知識,則是不論何時都有借鑒作用的。

玉藻第十三

《疏》 按鄭《目録》云:"名曰《玉藻》者,以其記天子服冕之事也。冕之旒以藻紃爲之,貫玉爲飾。此於《别録》屬通論。"

13.1

【原文】

天子玉藻十有二旒,前後邃延,龍卷以祭(一)。玄端而朝日於東門之外,聽朔於南門之外,閏月則闔門左扉,立于其中(二)。皮弁以日視朝,遂以食,日中而餕,奏而食。日少牢,朔月大牢(三),五飲:上水、漿、酒、醴、酏(四),卒食,玄端而居(五)。動則左史書之,言則右史書之(六),御瞽幾聲之上下(七)。年不順成,則天子素服,乘素車,食無樂(八)。

【譯文】

天子禮冠的玉藻前後各有十二旒,冠板上的玉藻向前後延伸下垂深邃,穿着畫有龍的衮袍去祭祀。戴着玄冕在東門外舉行朝日禮,每月初一在南門外治理政事,遇上閏月就關上左邊這扇門,站在明堂門的當中聽朔。平日就戴皮弁視朝,罷朝再吃飯,中午吃早飯剩餘的,邊奏樂邊吃。平日燕享用少牢禮,每月初一燕享用太牢禮,飲料有五種:最上等的是水,以下依次有漿、酒、醴、酏,吃罷,穿着玄端服休息。天子的行動則由左史書寫下來,言語則由右史書録下來,侍御的樂師審察音樂的聲調悲哀或歡樂。年景不順成,天子就會穿素衣,乘素車,吃飯没有音樂伴奏。

【古注】

《注》 (一)祭先王之服也。雜采曰藻,天子以五采藻爲旒,旒十有二。前後邃延者,言皆出冕前後而垂也,天子齊肩,延冕上覆也,玄表纁裏。龍卷,畫龍於衣,字或作衮。(二)端當爲冕字之誤也。玄衣而冕,冕服之下朝日,春分之時也。東門南門皆謂國門也。天子廟及路寢皆如明堂制,明堂在國之陽,每月就其時之堂而聽朔焉,卒事反宿路寢亦如之。閏月非常月也,聽其朔於明堂門中,還處路寢門終月。凡聽朔,必以特牲告其帝及神,配以文王武王。(三)餕,食朝之餘也。奏,奏樂也。(四)上水,水爲上,餘其次之。(五)天子服玄端燕居也。(六)其書《春秋》《尚書》具存者。(七)瞽,樂人也。

幾猶察也，察其哀樂。（八）自貶損也。

《音義》 卷音衮；古本及《注》同。朝，直遥反 cháo（ㄔㄠˊ），篇内除下《注》“朝之餘”皆同。端音冕，出《注》，下“諸侯玄端”同。

13.2

【原文】

諸侯玄端以祭（一），裨冕以朝（二），皮弁以聽朔於大廟（三），朝服以日視朝於内朝（四）。朝，辨色始入（五）；君日出而視之，退適路寢聽政，使人視大夫，大夫退，然後適小寢，釋服（六）；又朝服以食，特牲三俎，祭肺（七）；夕深衣，祭牢肉（八）；朔月少牢，五俎四簋（九）；子卯，稷食菜羹（十），夫人與君同庖（十一）。君無故不殺牛，大夫無故不殺羊，士無故不殺犬豕（十二）。君子遠庖廚，凡有血氣之類，弗身踐也（十三）。至于八月不雨，君不舉（十四）；年不順成，君衣布搢本，關梁不租，山澤列而不賦，土功不興，大夫不得造車馬（十五）。

【譯文】

諸侯祭宗廟服玄冕，朝覲天子服裨冕，每月初一在太廟處理政事戴皮弁，平日在内朝臨朝聽政穿朝服。清晨，能辨别顔色時羣臣開始進入王宫正門去上朝；國君日出時先來看望他們，便退到路寢聽政，差人探視大夫，等大夫全都告退，然後回到燕寢，脱去朝服；進食時重新穿上朝服，俎上擺放着豬身上的多種食品，祭食用肺；晚飯時换上深衣，祭食用牢肉；每月初一食用羊和豬，五俎分别盛着羊肉、羊肚腸、豬肉、魚、乾肉五種菜肴和黍、稷、稻、粱飯各一簋；子卯忌日，只食用稷米飯和菜羹，夫人和國君一同下廚製做，以警惕桀紂之誅。國君没有特殊緣故不殺牛，大夫没有特殊緣故不殺羊，士没有特殊緣故不殺犬和豬。君子遠離廚房，凡是有血喘氣的畜類，不要親身宰殺嘛。一直到八月份還不下雨，國君不舉事擾民；年景不順利穀物歉收，國君穿布衣臣子將書寫奏本的笏插進紳帶裏，關卡橋梁不收税，山林川澤列隊阻攔漁獵而不收田賦，不興辦修堤築城等工程，大夫不得製造新車添置馬匹。

【古注】

《注》 （一）祭先君也。端亦當爲冕字之誤也。諸侯祭宗廟之服，唯魯與天子同。（二）朝天子也。裨冕，公衮、侯伯鷩、子男毳也。（三）皮弁，下天子也。（四）朝服，冠玄端素裳也。此内朝，路寢門外之正朝也，天子諸侯皆三朝。（五）羣臣也。入，入應門也。辨猶正也、别也。（六）小寢，燕寢也。釋服，服玄端。（七）食必復朝服，所以敬養身也。三俎，豕魚腊。（八）祭牢肉，異於始殺也。天子言日中，諸侯言夕；天子言餕，諸侯言祭牢肉，互相挾。（九）五俎，加羊與其腸胃也。朔月四簋，則日食粱稻各二簋而已。(十)忌日貶也。(十一)不特殺也。(十二)故,謂祭祀之屬。(十三)踐當爲翦,聲之誤也。翦猶殺也。(十四)爲旱變也。此謂建子之月不雨至建未月也。《春秋》之義,周之春夏無雨未能成災,至其秋秀實之時而無雨則雩,雩而得之則書"雩喜祀有益"也;雩而不得則書"旱明災成"也。(十五)皆爲凶年變也。君衣布者,謂若衛文公大布之衣、大帛之冠是也。搢本,去珽荼佩士笏也,士以竹爲笏,飾本以象。關梁不租,此周禮也,殷則關,但譏而不征。列之言遮列也,雖不賦,猶爲之禁,不得非時取也。造,謂作新也。

13.3

【原文】

卜人定龜(一),史定墨(二),君定體(三)。

君羔幦虎犆(四);大夫齊車,鹿幦豹犆;朝車,士齊車,鹿幦豹犆(五)。

君子之居恒當户(六),寢恒東首(七),若有疾風、迅雷、甚雨,則必變,雖夜必興,衣服冠而坐(八);日五盥,沐稷而靧粱,櫛用樿櫛,髮晞用象櫛,進禨進羞,工乃升歌(九)。浴用二巾,上絺下綌(十);出杅,履蒯席,連用湯(十一),履蒲席,衣布晞身,乃屨,進飲(十二)。將適公所,宿齊戒,居外寢,沐浴;史進象笏,書思對命(十三),既服,習容,觀玉聲(十四),乃出;揖私朝,煇如也,登車則有光矣(十五)。天子搢珽,方正於天下也(十六);諸侯荼,前詘後直,讓於天子也(十七);大夫前詘後詘,無所不讓也(十八)。

【譯文】

占卜,卜人選定適用的龜,太史審定龜板開裂是否順着所畫的墨紋,國君裁定占卜的兆體。

國君所乘的齋車用羊羔皮做車簾用虎皮做緣飾;大夫所乘的齋車,用鹿皮做車簾用豹皮做緣飾;朝車,即士所乘的齋車,也用鹿皮做車簾用豹皮做緣飾。

君子的坐位固定對着門,睡覺固定頭朝東,若有疾風、迅雷、暴雨,必定會改變神態,縱然夜間也必起來,穿上衣服戴好帽子正襟危坐;每天洗五次手,用淘稷米水洗髮淘粱米水洗臉,梳頭用樿木梳,頭髮乾了用象牙梳子梳,梳洗完奉上禨酒和美味,樂工便升堂彈琴唱歌;洗澡用兩種手巾,上身用細葛巾下身用粗葛巾;出澡盆,踏上蒯席,用熱湯沖去脚上的污垢,踏上蒲席,穿上葛布衣使身體乾燥,乃穿上鞋,進酒勸飲。準備去國君那裏,要提前齋戒,住在外寢,沐浴;史官奉上象笏,把想好的應對國君的話寫在上面,穿好朝服,練習一番儀容,審視玉珮與脚步配合的聲音,然後出發;向自家私朝臣屬揖别時,一副容光焕發的樣子,登車時就更有光彩了呀。天子腰間插的是長三尺寬六寸的上尖下方的玉笏珽，表示對天下能端平正直嘛；諸侯腰間插的是玉笏荼，前圓後直，表示對天子能謙讓嘛；大夫的笏前後都是圓形的，表示無處不謙讓嘛。

【古注】

《注》 (一)謂靈射之屬所當用者。(二)視兆坼也。(三)視兆所得也。周公曰："體，王其無害。"(四)幦，覆苓也。犆，讀皆如直道而行之直，直謂緣也，此君齋車之飾。(五)臣之朝車與齋車同飾。(六)鄉明。(七)首，生氣也。(八)敬天之怒。(九)晞，乾也。沐靧必進禨作樂盈氣也，更言進羞，明爲羞籩豆之實。(十)刷去垢也。(十一)杅，浴器也。蒯席澀，便於洗足也。連猶釋也。(十二)進飲亦盈氣也。(十三)思所思念，將以告君者也。對，所以對君者也。命，所受君命者也。書之於笏，爲失忘也。(十四)玉佩。(十五)私朝，自大夫家之朝也，揖其臣乃行。(十六)此亦笏也，謂之珽，珽之言，珽然無所屈也，或謂之大圭，長三尺，杼上終葵首。終葵首者，於杼上又廣其首，方如椎頭，是謂無所屈，後則恒直。相玉書曰：珽玉六寸，明自炤。(十七)荼讀爲舒遲之舒。舒，懦者所畏在前也。詘，謂圜殺其首不爲椎頭，諸侯唯天子詘焉，是以謂笏爲荼。(十八)大夫奉君命出入者也，上有天子，下有己君，又殺其下而圜。

《音義》 幦音覓。犆依《注》音直。靧音悔。樿，章善反 shàn(ㄕㄢˋ)。禨，其既反 jì(ㄐㄧˋ)。絺，丑疑反 chī(ㄔ)。綌，去逆反 xì(ㄒㄧˋ)。杅音雩。煇音暉。荼音舒。詘，丘勿反 qū(ㄑㄩ)。

13.4

【原文】

侍坐則必退席；不退，則必引而去君之黨(一)。登席不由前，爲躐席(二)；徒坐不盡席尺(三)，讀書、食則齊，豆去席尺(四)。若賜之食，而君客之，則命之祭，然後祭(五)；先飯，辯嘗羞，飲而俟(六)。若有嘗羞者，則俟君之食，然後食，飯飲而俟(七)。君命之羞，羞近者(八)；命之品嘗之，然後唯所欲(九)；凡嘗遠食，必順近食(十)；君未覆手，不敢飧(十一)；君既食，又飯飧(十二)；飯飧者，三飯也(十三)；君既徹，執飯與醬，乃出授從者(十四)。

凡侑食，不盡食，食於人不飽(十五)，唯水漿不祭，若祭爲已偞卑(十六)。

君若賜之爵，則越席再拜稽首受，登席，祭之，飲卒爵而俟，君卒爵，然後授虚爵(十七)。君子之飲酒也，受一爵而色洒如也(十八)，二爵而言言斯(十九)，禮已三爵而油油(廿)，以退(廿一)，退則坐，取屨，隱辟而后屨，坐左納右、坐右納左(廿二)。

凡尊，必上玄酒(廿三)，唯君面尊(廿四)，唯饗野人皆酒(廿五)，大夫側尊用棜，士側尊用禁(廿六)。

【譯文】

陪侍國君坐就必須退到側席就坐；没有側席可退或國君不讓退，就必須離開原位移到國君親屬的下首。入座不從前面跨，這是越席；閒坐時不可坐盡席位一尺的距離；讀書、進食時就要坐得與席位齊平，盛食物的豆要距離席位一尺。若賜臣下一起進食，而且國君以客禮相待，如果命令臣下祭食，然後才敢祭；祭完先吃飯，把美味的菜肴嘗遍，喝着羹湯等待着。若有品嘗菜肴的膳宰，那就等國君開始吃，然後再吃，没吃前仍可邊喝湯邊等待。國君吩咐吃菜，要揀離自己近的；吩咐隨便品嘗，然後只揀自己想吃的；凡是品嘗離自己遠的食物，必須由近及遠按順序吃；國君吃飽尚未用手揩拭嘴，侍食者不敢把湯澆到飯裏；國君已吃罷，又用湯澆飯；所謂湯澆飯，是三度用湯澆飯嘛；國君所用的饌具已撤下，臣下端着所剩的飯和醬菜，便出去交給從者。

凡是陪伴尊長或賓客勸食，不可把食物吃盡，到别人家吃飯不可吃飽，只有水漿不祭，要是祭那就卑賤得太令人討厭了。

國君如果賜給臣下酒爵，就要離席站起再拜叩頭接受，回到坐席，默默祭告，飲完爵中酒而等待着，等國君飲完，然後將空爵交給侍者。君子他們飲酒嘛，接受第一杯時神色出現肅然起敬的樣子，接受第二杯時臉上便出現温和愉悦的樣子，依禮酒行三巡停止時臉上又出現愉悦恭敬的表情，由此告退，退到坐席，取鞋，隱避之後再穿，跪左膝穿右脚的鞋，再跪右膝穿左脚的鞋。

凡是使用酒樽，必定以玄酒爲上品，只有國君才可面向酒樽，只有大宴平民才會全用酒，大夫身側承放酒樽用棜器，士身側承放酒樽用禁器。

【古注】

《注》 (一)引，卻也。黨，鄉之細者。退，謂旁側也，辟君之親黨也。(二)升必由下也。(三)示無所求於前，不忘謙也。(四)讀書聲當聞尊者。食爲污席也。(五)雖見賓客猶不敢備禮也，侍食則正，不祭。(六)俟，君食而後食也。君將食，臣先嘗之，忠孝也。(七)不祭，侍食不敢備禮也。不嘗羞，膳宰存也。飯飲利將食也。(八)辟貪味也。(九)必先徧嘗之。(十)從近始也。(十一)覆手，以循咡已食也。飧，勸食也。(十二)不敢先君飽。(十三)臣勸君食，如是可也。(十四)食於尊者之前，當親徹也。(十五)謙也。(十六)水漿非盛饌也。已猶大也，祭之爲或有所畏迫，臣於君則祭之。(十七)不敢先君盡爵。(十八)洒如，肅敬貌。洒或爲察。(十九)言言，和敬貌。斯猶耳也。(廿)油油，説敬貌。(廿一)禮飲過三爵則敬殺，可以去矣。(廿二)隱辟，俛逡巡而退著屨也。(廿三)不忘古也。(廿四)面猶鄉也。《燕禮》曰"司宫尊于東楹之西，兩方壺，左玄酒南上；公尊瓦大，兩有冪，在尊南南上"。(廿五)飲賤者不備禮。(廿六)棜，斯禁也，無足，有似於棜，是以言棜。

《音義》 飧音孫。侑音又。㑊，虚涉反 xiè(ㄒㄧㄝˋ)，厭也。洒，先典反 xiǎn(ㄒㄧㄢˇ)。言言，魚斤反 yín(ㄧㄣˊ)。油油音由，王肅本亦作；二爵而言，《注》云：飲二爵可以語也；又云：言斯禮，《注》云：語必以禮也；三爵而油，《注》云：悦敬貌，無已及下油字也。辟，匹亦反 bì(ㄅㄧˋ)。棜，於據反 yù(ㄩˋ)。

13.5

【原文】

始冠緇布冠，自諸侯下達，冠而敝之可也[一]。玄冠朱組纓，天子之冠也；緇布冠繢緌，諸侯之冠也[二]；玄冠丹組纓，諸侯之齊冠也；玄冠綦組纓，士之齊冠也[三]；縞冠玄武，子姓之冠也[四]；縞冠素紕，既祥之冠也[五]；垂緌五寸，惰游之士也[六]；玄冠縞武，不齒之服也[七]。居冠屬武[八]，自天子下達，有事然後緌[九]。五十不散送[十]，親没不髦[十一]，大帛不緌[十二]。玄冠紫緌，自魯桓公始也[十三]。

【譯文】

初加冠戴的是緇布冠，自諸侯一直通行到下層，加完冠將其丢棄可以嘛。玄冠配有朱紅色的組纓帽帶，是天子加冠時戴的帽子嘛；緇布冠配有五彩的繢緌帽帶，是諸侯加冠時戴的帽子嘛；玄冠配有淺紅色的組纓帽帶，是諸侯齋戒時戴的帽子嘛；玄冠配有雜色的組纓帽帶，是士齋戒時戴的帽子嘛；白色的細絹冠鑲有黑繒卷，是祭者的子孫戴的帽子嘛；白色的細絹冠鑲有白生絹的飾緣，是祥祭結束後戴的帽子嘛；祥祭結束後便將帽帶下垂五寸，這是好逸惡勞的惰游之士嘛；玄冠配有細白生絹的帽簷，這種扮相讓人羞與爲伍哩。燕居時戴的冠要把繫冠的帶子連屬在一起，自天子一直通行到下層的士，遇有正事然後把繫帶垂下來。五十歲的人送葬不必散開衰麻，父母去世不打旄幡，白布冠不繫垂帶。玄冠配有紫色的垂帶，是由魯桓公開的頭嘛。

【古注】

《注》 (一)本太古耳，非時王之法服也。(二)皆始冠之冠也。玄冠，委貌也。諸侯緇布冠有緌，尊者飾也。繢或作繪，緌或作蕤。(三)言齊時所服也，四命以上齊祭異冠。(四)謂父有喪服，子爲之不純吉也。武，冠卷也，古者冠卷殊。(五)紕，緣邊也，紕讀如埤益之埤。既祥之冠也，已祥祭而服之也，閒傳曰：大祥縞素麻衣。(六)惰游，罷民也。亦縞冠素紕，凶服之象也。垂長緌，明非既祥。(七)所放不帥教者。(八)謂燕居冠也，著冠於武少威儀。(九)燕無事者去飾。(十)送喪不散麻，始衰不備禮。(十一)去爲子之飾。(十二)帛當爲白，聲之誤也。大帛，謂白布冠也。不緌，凶服去飾。僭宋王者之後服也，緌當用繢。

《音義》 敝音弊，本亦作弊。繢，户内反 huì(ㄏㄨㄟˋ)，《注》繪同。緌本又作蕤，耳佳反 ruí(ㄖㄨㄟˊ)。綦音其，雜色也。縞，古老反 gǎo(ㄍㄠˇ)。

《疏》 始冠緇布冠者，言初加冠，大夫士皆三加，諸侯則四加，其初加者是緇布冠。冠而敝之可也者，言緇布冠重古，始冠暫冠之耳，不復恒著，冠而敝去之可也。

13.6

【原文】

朝玄端，夕深衣。深衣三袪(一)，縫齊倍要(二)，衽當旁(三)，袂可以回肘(四)，長中繼揜尺(五)，袷二寸(六)，袪尺二寸(七)，緣廣寸半(八)。以帛裏布，非禮也(九)。士不衣織(十)，無君者不貳采(十一)，衣正色，裳閒色(十二)。非列采不入公門(十三)，振絺綌不入公門，表裘不入公門(十四)，襲裘不入公門(十五)。纊爲繭，緼爲袍(十六)，禪爲絅(十七)，帛爲褶(十八)。朝服之以縞也，自季康子始也(十九)。

孔子曰："朝服而朝，卒朔然後服之(廿)。"曰："國家未道，則不充其服焉(廿一)。"

唯君有黼裘以誓省，大裘非古也(廿二)。

【譯文】

大夫士早晨在私朝穿玄端，晚上在家穿深衣。深衣的腰圍是袖口的三倍，衣縫下襬的寬度是腰的一倍，衣襟當在一旁，衣袖的寬度要使胳膊肘可以自由回轉，長衣要掩蓋中衣一尺，交領寬二寸，袖口寬一尺二寸，深衣的飾邊寬一寸半。用絲帛做布衣的襯裏，不符合禮的規範嘛。士不得穿染絲織的彩衣；去職的大夫士不得穿不同色彩的衣和裳，因爲在職時衣應正色，裳應雜色。不是穿朝服不得進入國君之門，穿葛布單衣不得進入國君之門，穿裘皮外衣不得進入國君之門，袒露出内衣不得進入國君之門。按規定應當用新綿做綿衣，用舊絮做長袍，用單衣做外衣，用絲帛做夾衣。用細白的生絹製做朝服呢，是由季康子開的頭嘛。

孔子説："穿着朝服去上朝，要等告朔結束然後换上朝服。"又説："國家尚未走上正道，就不要急於充實那些車騎禮服之類的器物呀。"

國君只能穿著黼裘向將士發布田獵的誓約，穿大裘發布誓約不符合古代的禮制嘛。

【古注】

《注》 (一)謂大夫士也。三袪者，謂要中之數也，袪尺二寸，圍之爲二尺四寸，三之七尺二寸。(二)縫，紩也，紩下齊倍要中，齊丈四尺四寸。縫或爲逢，或爲豐。(三)衽，謂裳幅所交裂也。凡衽者，或殺而下，或殺而上，是以小要取名焉，衽屬衣則垂而放之，屬裳則縫之，以合前後上下相變。(四)二尺二寸之節。(五)其爲長衣中衣則繼袂揜一尺，若今褎矣；深衣則緣而已。(六)曲領也。(七)袂口也。(八)飾邊也。(九)中外宜相稱也。冕服，絲衣也，中衣用素；皮弁服，朝服。玄端，麻衣也，中衣用布。(十)織，染絲織之。士衣染繒也。(十一)大夫去位宜服玄端玄裳。(十二)謂冕服玄上纁下。(十三)列采，正服。(十四)振讀爲袗。袗，禪也。表裘，外衣也。二者形且褻，皆當表之乃出。

(十五)衣裘必當裼也。(十六)繭、袍,衣有著之異名也。纊,謂今之新綿也;緼,謂今纊及舊絮也。(十七)有衣裳而無裏。(十八)有表裏而無著。(十九)亦僭宋王者之後。(廿)謂諸侯與羣臣也,諸侯視朔皮弁服。(廿一)謂若衛文公者。未道,未合於道。(廿二)僭天子也,天子祭上帝則大裘而冕。大裘,羔裘也。黼裘,以羔與狐白雜爲黼文也。省當爲獮,獮,秋田也,國君有黼裘誓獮田之禮,時大夫又有大裘也。

《音義》 袪,起魚反 qū(ㄑㄩ)。齊音咨,本又作齎。袷音劫。褶音牒,袷也。振,依《注》爲袗,之忍反 zhěn(ㄓㄣˇ)。黼音甫。省,依《注》作獮,息典反 xiǎn(ㄒㄧㄢˇ),秋獵名。

《疏》 朝玄端夕深衣者,謂大夫士早朝在私朝服玄端,夕服深衣在私朝及家也。(廿)朝服,緇衣素裳;而朝,謂每日朝君。卒朔然後朝之者,卒朔,謂卒告朔之時服皮弁;告朔禮終,脱去皮弁而後服朝服也。(廿二)君,謂諸侯也。黼裘,以黑羊皮雜狐白爲黼文以作裘也。誓者,告勑也。獮,秋獵也。大裘,天子郊服也。禮唯許侯服黼裘以誓軍衆田獵耳,不得用大裘。當時有者,非但諸侯用大裘,又有大夫僭用大裘者,故譏之云"非古也"。

13.7

【原文】

君衣狐白裘,錦衣以裼之(一),君之右虎裘,厥左狼裘(二)。士不衣狐白(三)。君子狐青裘豹褎,玄綃衣以裼之(四);麛裘青豻褎,絞衣以裼之(五);羔裘豹飾,緇衣以裼之(六);狐裘,黄衣以裼之(七)。錦衣狐裘,諸侯之服也(八)。犬羊之裘不裼(九)。不文飾也,不裼(十)。裘之裼也,見美也(十一);弔則襲,不盡飾也(十二);君在則裼,盡飾也(十三);服之襲也,充美也(十四),是故尸襲(十五);執玉龜,襲(十六);無事則裼,弗敢充也(十七)。

【譯文】

天子穿狐白裘,外罩一件錦衣,身右的衛士穿虎皮裘,身左的衛士穿狼皮裘。士不穿狐白裘。大夫士穿袖口鑲着豹皮的狐青裘,外罩一件黑色的綃衣;或穿袖口鑲青豻皮的麛皮裘,外罩一件蒼黄色的絞衣;或穿袖口鑲豹皮的羔皮裘,外罩一件黑布衣;或穿狐皮裘,外罩一件黄布衣。錦衣罩着狐裘,是諸侯的服裝嘛。犬羊皮製的裘不用加罩衣。不以文飾爲主的事呢,不需加罩衣。穿皮裘要是開露裼衣呢,那是爲了顯現出美嘛;哀悼就得加外衣,不可盡情修飾嘛;國君在就可袒露裼衣,應盡情修飾嘛;穿上所加的外衣呢,爲了掩蓋美嘛,所以代神受祭的尸要加穿外衣;捧着玉或龜,需要加穿外衣;没有這類事情就應袒露出裼衣,不敢掩蓋美嘛。

【古注】

《注》 (一)君衣狐白毛之裘,則以素錦爲衣覆之,使可裼也。袒而有衣曰裼,必覆之者,裘褻也,《詩》云:"衣錦絅衣,裳錦絅裳。"然則錦衣復有上衣明矣。天子狐白之上衣皮弁服與?凡裼衣象裘色也。(二)衛尊者宜武猛。(三)辟君也,狐之白者少,以少爲貴也。(四)君子,大夫士也。綃,綺屬也,染之以玄,於狐青裘相宜。狐青裘,蓋玄衣之裘。(五)豻,胡犬也。絞,蒼黄之色也,孔子曰:"素衣麛裘。"(六)飾猶褏也,孔子曰:"緇衣羔裘。"(七)黄衣,大蜡時臘先祖之服也,孔子曰:"黄衣狐裘。"(八)非諸侯則不用錦衣爲裼。(九)質略,亦庶人無文飾。(十)裼主於有文飾之事。(十一)君子於事以見美爲敬。(十二)喪非所以見美。(十三)臣於君所。(十四)充猶覆也。所敬不主於君則襲。(十五)尸尊。(十六)重寳瑞也。(十七)謂已致龜玉也。

《音義》 綃音消。麛音迷。豻音岸,胡地野犬。絞,户交反 xiáo(ㄒㄧㄠˊ)。

《疏》 (一)君謂天子,以狐之白毛皮爲裘,其上用錦衣以裼之。(四)君子謂大夫士也,以狐青爲裘,豹皮爲褏,用玄綃之衣以覆裼之。

13.8

【原文】

(這段文字多處亂脱,爲方便閲讀,現據鄭《注》對原文前後次序作了修正。)

笏,天子以球玉,諸侯以象,大夫以魚須文竹,士竹本,象可也(一)。見於天子,與射,無説笏;入大廟説笏,非古也(二);小功不説笏,當事免則説之(三);既搢必盥,雖有執於朝,弗有盥矣(四);凡有指畫於君前,用笏;造受命於君前,則書於笏;笏,畢用也,因飾焉(五)。笏度二尺有六寸,其中博三寸,其殺六分而去一(六)。天子素帶朱裏、終辟(七);而素帶、終辟;大夫素帶、辟垂;士練帶、率下辟;居士錦帶,弟子縞帶,并紐約用組三寸(八),長齊于帶;紳長制:士三尺,有司二尺有五寸。子游曰:"參分帶下,紳居二焉。"紳韠結三齊(九)。大夫大帶四寸。雜帶,君朱緑,大夫玄華,士緇辟,二寸,再繚四寸;凡帶,有率無箴功(十);肆束及帶,勤者有事則收之,走則擁之(十一)。韠,君朱,大夫素,士爵韋(十二);圜殺直(十三):天子直(十四),公侯前後方(十五),大夫前方後挫角(十六),士前後正(十七);韠:下廣二尺,上廣一尺,長三尺,其頸五寸,肩革帶博二寸(十八);一命緼韍幽衡,再命赤韍幽衡,三命赤韍葱衡(十九)。王后褘衣,夫人揄狄(廿),君命屈狄,再命褘衣,一命襢衣,士褖衣(廿一),唯世婦命於奠繭,其他則皆從男子(廿二)。凡侍於君,紳垂,足如履齊,頤霤,垂拱,視下而聽上,視帶以及袷,聽鄉任左(廿三)。凡君召以三節,二節以走,一節以趨(廿四);在官不俟屨,在外不俟車(廿五)。

【譯文】

笏,天子的材料用球玉,諸侯的材料用象牙,大夫用有魚斑紋的竹,士用竹幹,邊緣可用象牙鑲嵌嘛。去覲見天子,參與射禮,笏不可脱身;入太廟不帶笏,不符合古制哩;服小功之喪笏不離身,親臨袒免哭踊的場合就把笏脱去；笏已插進紳帶必須洗手，其後即便又執笏上朝，就不用再洗手了呀；凡在君前有需要指畫的事，用笏指畫；在君前接受使命，就書寫在笏上；笏，使用完畢呢，用來作裝飾品而已。笏的長度二尺六寸，其中央寬三寸，各等級依次遞削六分之一。天子所紮的素絲大帶的裏子是朱紅色，整條都鑲邊加飾；諸侯所紮的大帶内外都是素色，整條也鑲邊加飾；大夫所紮的素絲大帶，只在下垂部分鑲邊加飾；士紮的是練絲大帶，用針緝邊爲飾；居士紮錦緞大帶，弟子紮細白的生絹大帶，繫結大帶的紐約全用三寸寬的絲帶，長度與大帶齊平。大帶的下垂部分紳的長度標準：士三尺，有司二尺五寸。子游説："三分大帶，下垂的紳占據兩分的長度。"紳帶、蔽膝和紐約餘下的絲帶三者齊平。大夫的大帶寬四寸。文飾大帶，國君内朱外緑，大夫内黄外黑，士用黑色的邊飾，因其帶寬二寸，故需於腰再繞一圈成四寸；有司的大帶，有緝邊，没有鑲邊加飾的針線功夫；餘下的紐約和組帶，值勤的人有事就把它抓在手上，走動時就把它擁抱着走。官服上的護膝韠，國君用的質料是朱紅革，大夫用的是素革，士用的是赤黑色的熟革；韠的圓、殺削、直等的形狀：天子四角皆直，公矦前後皆方，大夫前方後挫角，士前後皆正；韠的規格：下寬二尺，上寬一尺，長三尺，其頸寬五寸，繫肩的革帶寬二寸；祭服的護膝韍和結冠冕於髮髻上的横簪，一命士是淺紅色的韍黑色的横簪，二命大夫是赤紅色的韍黑色的横簪，三命卿是赤紅色的韍青色的横簪。王后的祭服服褘衣，夫人服揄狄，子男之妻服屈狄，卿妻服鞠衣，大夫妻服襢衣，士妻服褖衣，只有世婦要在獻完蠶繭後確定服哪種祭服，其他夫人就都隨從丈夫的地位而定。凡是在國君身邊的侍者，上身要前傾使紳帶下垂，脚像要踩到裳的下襬，下巴呈屋簷狀，垂衣拱手，朝下看而向上聽，看國君下不過衣帶上不過衣領，聽的方向朝左。大凡國君遣使前來召喚至多動用三支符節，接到兩支符節要立即奔走，接到一支符節要急步前往，此時身在官邸不待穿好鞋便趕去，身在外面不待駕好車便出發。

【古注】

《注》 (一)球，美玉也。文猶飾也，大夫士飾竹以爲笏，不敢與君並用純物也。(二)言凡吉事無所説笏也，大廟之中唯君當事説笏也。(三)免，悲哀哭踊之時不在於記事也。小功輕，不當事可以搢笏也。(四)搢笏輒盥爲必執事。(五)畢，盡也。(六)殺猶杼也，天子杼上終葵首，諸侯不終葵首，大夫士又杼其下首廣二寸半。(七)謂大帶也。(八)而素帶終辟，謂諸侯也，諸侯不朱裏，合素爲之，如今衣帶爲之，下天子也。大夫亦如之。率，繂也。士以下皆禪，不合而繂積，如今作幧頭爲之也。辟讀如裨冕之裨，裨謂以繒采飾其側。人君充之，大夫裨其紐及末，士裨其末而已。居士，道藝處士也。此自"而素帶"亂脱在是耳，宜承"朱裏終辟"。(九)三寸，謂約帶紐組之廣也。長齊於帶，與紳齊也。紳，帶之垂者也，言其屈而重也，《論語》曰："子張書諸紳。"有司，府史之屬也。三分帶下而三尺，則帶高於中也，結約餘也。此又亂脱，在是宜承"約用組"。結或爲衿。（十）雜猶飾也，即上之裨也。君裨帶上以朱，下以緑終之；大夫裨垂，外以玄，内以華，華，黄色也；士裨垂之下，外内皆以緇，是謂緇帶。大夫以上以素，皆廣四寸；士以練，廣二寸，再繚之。凡帶，有司之帶也，亦綷之如士帶矣，無箴功則不裨之，士雖綷帶，裨亦用箴功；凡帶不裨，下士也。此又亂脱，在是宜承"紳韠結三齊"。（十一）肆讀爲肄，肄，餘也，餘束，約紐之餘組也。勤，謂執勞辱之事也。此亦亂脱，在是宜承"無箴功"。（十二）此玄端服之韠也，韠之言蔽也。凡韠以韋爲之，必象裳色，則天子諸侯玄端朱裳，大夫素裳，唯士玄裳、黄裳、雜裳也。皮弁服皆素韠。（十三）目韠制。（十四）四角直，無圜殺。（十五）殺四角使之方，變於天子也。所殺者，去上下各五寸。（十六）圜其上角，變於君也。韠以下爲前，以上爲後。（十七）士賤，與君同不嫌也。正，直方之間語也，天子之士則直，諸侯之士則方。（十八）頸五寸，亦謂廣也。頸中央、肩兩角，皆上接革帶以繫之，肩與革帶廣同，凡佩繫於革帶。（十九）此玄冕爵弁服之韠，尊祭服，異其名耳。韍之言，亦蔽也。緼、赤黄之間色，所謂韎也。衡，佩玉之衡也。幽讀爲黝，黑謂之黝，青謂之葱。周禮公侯伯之卿三命，其大夫再命，其士一命；子、男之卿再命，其大夫一命，其士不命。（廿）褘讀如翬，揄讀如摇，翬摇皆翟雉名也，刻繪而畫之，著於衣以爲飾，因以爲名也，後世作字異耳。夫人、三夫人，亦侯伯之夫人也。王者之後夫人亦褘衣。（廿一）君，女君也。屈，《周禮》作闕，謂刻繒爲翟不畫也，此子男之夫人及其卿大夫士之妻命服也。褘當爲鞠字之誤也。禮，天子諸侯命其臣，后夫人亦命其妻以衣服，所謂夫尊於朝，妻榮於室也。子男之卿再命，而妻鞠衣，則鞠衣、襢衣、褖衣者，諸侯之臣皆分爲三等，其妻以次受此服也。公之臣，孤爲上卿，大夫次之，士次之；侯伯子男之臣，卿爲上，大夫次之，士次之。褖或爲税。（廿二）奠猶獻也，凡世婦已下，蠶事畢獻繭，乃命之以其服。天子之后夫人，九嬪及諸侯之夫人，夫在其位，則妻得服其服矣。自"君命屈狄"至此亦亂脱，在是宜承"夫人揄狄"。（廿三）紳垂，則磬折也。齊，裳下緝也。袷，交領也。（廿四）節，所以明信輔君命也，使使召臣急則持二，緩則持一。《周禮》曰："鎮圭以徵守。"其餘未聞也。今漢使者擁節。（廿五）趨君命也，必有執隨授之者。官，謂朝廷治事處也。

《音義》 魚須文竹，崔云：用文竹及魚斑也；隱義云：以魚須飾文竹之邊，須音斑。説，本又作税，他活反 tuō（ㄊㄨㄛ）。免音問。率音律。繚音了。箴音針。肆音肄，以四反 yì（ㄧˋ）。圜音圓。緼音温。韍音弗。幽讀爲黝，幼糾反 yǒu（ㄧㄡˇ），黑也。褘音翬，許韋反 huī（ㄏㄨㄟ）；揄音摇，羊消反 yáo（ㄧㄠˊ）；《爾雅》云：伊洛而南，素質五色皆備成章曰翬；江淮而南，青質五色皆備成章曰鷂，鷂音摇，謂刻畫此雉形以爲后夫人服也。屈音闕。褘，依《注》音鞠，居六反 jū（ㄐㄩ）。襢，張戰反 zhǎn（ㄓㄢˇ）。褖，吐亂反 tuàn（ㄊㄨㄢˋ），《注》作税，音同。齊音咨，本又作齋。袷，居業反 jié（ㄐㄧㄝˊ）。鄉，許亮反 xiàng（ㄒㄧㄤˋ）。

《疏》 士竹本象可也者，士以竹爲本質，以象牙飾其邊緣，飾之可也。造受命，謂造詣君前而受命，則書記與笏。

13.9

【原文】

士於大夫，不敢拜迎，而拜送（一）；士於尊者先拜，進面，答之拜則走（二）。士於君所言大夫，没矣則稱謚若字，名士；與大夫言，名士，字大夫（三）。於大夫所，有公諱，無私諱(四)；凡祭不諱，廟中不諱(五)，教學臨文不諱(六)。

古之君子必佩玉(七)，右徵角，左宮羽(八)，趨以《采齊(九)》，行以《肆夏(十)》，周還中規(十一)，折還中矩(十二)，進則揖之，退則揚之，然後玉鏘鳴也(十三)。故君子在車則聞鸞和之聲，行則鳴佩玉，是以非辟之心無自入也(十四)。君在不佩玉，左結佩，右設佩(十五)；居則設佩(十六)，朝則結佩(十七)，齊則綪結佩而爵韠(十八)。凡帶必有佩玉，唯喪否(十九)。佩玉有衝牙(廿)，君子無故，玉不去身，君子於玉比德焉(廿一)。天子佩白玉而玄組綬，公矦佩山玄玉而朱組綬，大夫佩水蒼玉而純組綬，世子佩瑜玉而綦組綬，士佩瓀玟而縕組綬(廿二)，孔子佩象環五寸而綦組綬(廿三)。

【譯文】

士對於大夫的來訪，不敢揖拜着迎接，却要揖拜着送别；士去造訪尊者要先敬拜，然後進去面見，尊者要是答拜便趕快躲避走開。士對於國君所談論的大夫，此大夫已死就稱他的謚號或字，談到已死的士則稱名；跟大夫一起談論，提到士則稱名，提到其他大夫則稱字。在大夫跟前談論，有國君家的避諱，没有自己私家的避諱；凡是祭祀社稷山川百神時不避諱，廟中不避諱，教學和書寫文章閲讀簡牒不避諱。

古代的君子必佩玉，右邊的玉發出徵角之音，左邊的玉發出宮羽之音，疾走奏《采齊》樂章，徐行奏《肆夏》樂章，反轉身要走成圓形，走曲綫要走成方形，向前走就俯下身，往後退就仰起身，這之後佩玉就會發出鏘鏘的自鳴聲了。所以君子乘車就會聽見鸞和的鈴聲，行走就有佩玉的鳴聲，這樣一來邪僻的心思便無由進入自身了嘛。國君在場不佩玉，把左邊的佩玉結紥起來，右邊的佩玉設置依舊；居家時照常佩玉，上朝時就結紥起佩玉，齋戒時則彎曲着結紥佩玉而且繫上用爵韋製作的護膝韠。凡是繫紳帶的人必有佩玉，只有遭遇喪事不佩。佩玉皆配有能使玉發聲的衝牙，君子没有重大變故玉不離身，君子是拿玉來比擬德行而已。天子佩白玉而用黑色的絲帶繫玉，公矦佩山玄玉而用朱紅色的絲帶繫玉，大夫佩水蒼玉而用黑色的絲帶繫玉，世子佩瑜玉而用青黑色的絲帶繫玉，士佩瓀玟石而用淺紅色的絲帶繫石，孔子佩五寸寬的象牙環而用青黑色的絲帶繫環。

【古注】

《注》 （一）禮不敵，始來，拜則士辟也。（二）士往見卿大夫，卿大夫出迎答拜亦辟也。（三）君所，大夫存亦名。（四）公諱，若言語所辟先君之名。（五）謂祝嘏之辭中有先君之名者也。凡祭，祭羣神，廟中上不諱下。（六）爲惑未知者。（七）比德焉。君子，士已上。（八）玉聲所中也。徵角在右，事也，民也，可以勞。宫羽在左，君也，物也，宜逸。（九）路門外之樂節也，門外謂之趨。齊當爲楚薺之薺。（十）登堂之樂節。（十一）反行也，宜圜。（十二）曲行也，宜方。（十三）揖之，謂小俛見於前也。揚之，謂小仰見於後也。鏘，聲貌。（十四）鸞在衡，和在式。自，由也。（十五）謂世子也，出所處而君在焉，則去德佩而設事佩，辟德而示即事也。結其左者，若於事有未能也。結者，結其綬不使鳴也。（十六）謂所處而君不在焉。（十七）朝於君亦結左。（十八）綪，屈也。結又屈之，思神靈不在事也。爵韠者，齊服玄端。（十九）喪主於哀，去飾也。凡，謂天子以至士。（廿）居中央以前後觸也。（廿一）故，謂喪與災眚。（廿二）玉有山玄、水蒼者，視之文色所似也。綬者，所以貫佩玉相承受者也。純當爲緇，古文緇字或作絲旁才。綦文，雜色也。緼，赤黄。（廿三）謙不比德亦不事也。象，有文理者也；環，取可循而無窮。

《音義》 徵，張里反 zhǐ(ㄓˇ)。齊，依《注》作薺，疾私反 jì(ㄐㄧˋ)，采薺，詩篇名。還音旋，本亦作旋。綪，側耕反 zhēng(ㄓㄥ)。純，讀爲緇，側其反 zī(ㄗ)。瑌，而兖反 ruǎn(ㄖㄨㄢˇ)。玟，武巾反 mín(ㄇㄧㄣˊ)，字又作砇。

《疏》 有公諱無私諱者，謂士及大夫言，但諱君家，不自私諱父母也。凡祭不諱者，凡祭，祭羣神也，謂社稷山川百神也，祝嘏辭中有先君之名不諱之也。廟中上不諱下，若有事於祖，則不諱父也，有事於父則諱祖。教學臨文不諱者，教學爲師長也，教人若諱，疑誤後生也；臨文，謂簡牒及讀法律之事也，若諱，則失於事正也。

13.10

【原文】

童子之節也，緇布衣、錦緣、錦紳并紐、錦束髮，皆朱錦也（一）。童子不裘不帛，不屨絇，無緦服，聽事不麻，無事則立主人之北，南面；見先生，從人而入（二）。

侍食於先生，異爵者，後祭先飯（三）；客祭，主人辭曰："不足祭也（四）。"客飧，主人辭以疏（五）；主人自置其醬，則客自徹之（六）；一室之人非賓客，一人徹（七）；壹食之人，一人徹（八）；凡燕食，婦人不徹（九）。

食棗桃李，弗致于核（十）。瓜祭上環，食中，弃所操（十一）。凡食果實者，後君子（十二）；火孰者，先君子（十三）。有慶，非君賜不賀（十四）；有憂者（十五），勤者有事則收之，走則擁之（十六）。

【譯文】

童子的節度呢，穿緇布衣，衣邊鑲錦，用錦製的紳帶和紐扣，用錦帶束髮，都用朱紅色的錦嘛。童子不穿皮襖和絲帛襖，不穿鞋頭飾有鼻梁的鞋，没有緦麻喪服，到喪家聽差不著麻絰，没有事就站到喪主的身北，面朝南；去拜見先生，要隨從大人才能進門。

在先生及爵位比自己高的人那裏陪侍吃飯，要後祭食先嘗飯；客人祭食，主人要辭讓説："招待不周，不值得祭嘛。"客人將飲料澆進飯裏，主人便以粗食謙讓；主人親自置换一些醬菜，客人便撤下自己用過的饌具；如果一室之人都不是賓客，那就由年少者一人撤下饌具；一同聚餐的，也由年少者一人撤下饌具；凡是通常的燕食，婦人不撤饌具。

吃棗桃李子這些有核的水果，不要將核扔到地上；瓜要祭上頭的瓜蒂，吃當中的部分，把用手操持的部分丢棄；凡是吃果實的話，要在君子之後吃；用火製熟的食物，要先爲君子嘗食。有吉慶事，不是國君賞賜便不祝賀。(以下正如鄭玄所説，應視爲"絶亡，非其句也"。)

【古注】

《注》 (一)童子，未冠之稱也。《冠禮》曰："將冠者，采衣紒也。"(二)皆爲幼小不備禮也，雖不服緦猶免，深衣無麻往給事也。裘帛温，傷壯氣也。絇，屨頭飾也。(三)謙也。(四)祭者，盛主人之饌也。(五)飧者，美主人之食也。疏之言麤也。(六)敬主人也。徹，奠于序端。(七)同事合居者也，賓客則各徹其饌也。(八)壹猶聚也，爲赴事聚食也。(九)婦人質不備禮。(十)恭也。(十一)上環，頭忖也。(十二)陰陽所成，非人事也。(十三)備火，齊不得也。(十四)唯君賜爲榮也。(十五)此下絶亡，非其句也。(十六)此補脱重。

《音義》 絇，其俱反 qú(ㄑㄩˊ)。免音問。

13.11

【原文】

孔子食於季氏，不辭，不食肉而飧(一)。

君賜車馬，乘以拜；賜衣服，服以拜(二)；賜，君未有命，弗敢即乘服也(三)。君賜，稽首，據掌致諸地(四)；酒肉之賜弗再拜(五)；凡賜，君子與小人不同日(六)。

凡獻於君，大夫使宰，士親，皆再拜稽首送之(七)；膳於君，有葷桃茢，於大夫去茢，於士去葷，皆造於膳宰(八)。大夫不親拜，爲君之答己也(九)。大夫拜賜而退；士待諾而退，又拜弗答拜(十)。大夫親賜士，士拜受，又拜於其室，衣服弗服以拜(十一)；敵者不在，拜於其室(十二)。凡於尊者有獻，而弗敢以聞(十三)。士於大夫不承賀，下大夫於上大夫承賀(十四)。親在，行禮於人稱父；人或賜之，則稱父拜之(十五)。

禮不盛，服不充(十六)，故大裘不裼，乘路車不式(十七)。

【譯文】

孔子在季氏家中進食，不辭讓，不等吃肉就把湯水倒進飯裹。

國君賞賜車馬，要乘坐着前去拜謝；賞賜衣服，要穿上前去拜謝；這如果是天子的賞賜，而國君没作出命令，則不敢即刻乘坐車馬穿上衣服哩。對待國君的賞賜,要叩頭,用左掌按在右掌上墊着頭觸地;酒肉之類的賞賜不必拜謝兩次;大凡賞賜,君子和小人不在同日進行。

大凡向國君進獻物品,大夫使家宰去,士親自去,都要兩次揖拜叩頭觸地送上去;向國君進獻膳羞,要用葷薑桃枝苕帚這些避邪物件遮蓋,獻給大夫的膳羞遮蓋物要减去苕帚,獻給士的遮蓋物减去葷薑,一律送到各家的膳宰那兒。大夫不親自去拜獻,爲了防止國君答拜自己嘛。大夫拜謝國君的賞賜只在門外讓小臣轉達即退避;士要等小臣轉告國君的回諾才告退,告退時再次拜謝而國君不再回答他的拜謝。大夫親自賞賜士,士拜謝接受,又到大夫家去拜謝,不必穿着賞賜的衣服拜謝;同僚來贈而自己不在,便到他家去拜謝。凡是對尊者有所進獻,却不敢使實際獻給誰這種話讓尊者聽到。士不敢承受來自大夫的祝賀,下大夫可以承受來自上大夫的祝賀。父母健在,向别人行禮要以父親的名義;别人或許有饋贈,就以父親的名義拜謝人家。

不是盛大的禮,衣服車騎不必充備,所以天子祭祀昊天上帝時穿的大裘外面不加裼衣,乘路車不低頭撫式示敬。

【古注】

《注》 (一)以其待己及饌非禮也。(二)敬君惠也。(三)謂卿大夫受賜於天子者,歸必致於其君,君有命乃服之。(四)致首於地。據掌,以左手覆案右手也。(五)輕也,受重賜者拜受,又拜於其室也。(六)慎於尊卑。(七)敬也。(八)膳,美食也。葷桃茢,辟凶邪也。大夫用葷桃,士桃而已。葷,薑及辛菜也。茢,菼帚也。造於膳宰,既致命而授之。葷或作焄。(九)不敢變動至尊。(十)小臣受大夫之拜,復以入告大夫。拜,便辟也。(十一)異於君惠也。拜受又就拜於其家,是所謂再拜也。(十二)謂來賜時不見也,見則不復往也。(十三)此謂獻辭也,《少儀》曰"君將適他臣,若致金玉貨貝於君則曰:致馬資於有司",是其類也。(十四)承,受也。士有慶事,不聽大夫親來賀己,不敢變動尊也。(十五)事統於尊。(十六)禮盛者服充,大事不崇曲敬。(十七)謂祭天也。周禮,王祀昊天上帝,則服大裘而冕。乘玉路,或曰乘兵車不式。

《音義》 葷,許雲反 hūn(ㄏㄨㄣ)。茢音列。

13.12

【原文】

父命呼,唯而不諾,手執業則投之,食在口則吐之,走而不趨(一)。親老,出不易方,復不過時(二)。親瘠,色容不盛,此孝子之疏節也(三)。父没而不能讀父之書,手澤存焉爾;母没而杯圈不能飲焉,口澤之氣存焉爾(四)。

君入門,介拂闑,大夫中棖與闑之閒,士介拂棖(五)。賓入不中門,不履閾(六),公事自闑西(七),私事自闑東(八)。

君與尸行接武(九)，大夫繼武(十)，士中武(十一)；徐趨皆用是(十二)；疾趨則欲發，而手足毋移(十三)；圈豚行，不舉足，齊如流(十四)，席上亦然(十五)；端行，頤霤如矢；弁行，剡剡起屨(十六)；執龜玉，舉前曳踵，蹜蹜如也(十七)。

【譯文】

父親命人來呼喚，只答應而不問原因，手上拿着的書應趕緊扔下，食物在口就趕快吐掉，跑步走而不是疾趨。父母年老，外出不改變常去之處，回來不超過原定的時限。父母生病，面色容止不振作，這是孝子的疏於節制嘛。父親去世而不忍閲讀父親的書，手的痕跡存留在上面呀；母親去世而她的茶杯不忍心使用呀，嘴唇潤澤的氣味存留於此呀。

國君進入大門，擔任上介的卿輔佐在門闑處，擔任中介的大夫輔佐在門柱和門闑之間，士介輔佐在門柱處。來賓不從門的中央進，不可踩踏門檻，公事從門闑的西邊進，私事從門闑的東邊進。

國君與代神受祭的尸並行時足迹前後相接，大夫與尸並行時脚步相連，士與尸並行時脚步之間能容一足；慢走都要用這種步距；快走就要想着抬起脚，而且手脚不要摇動；慢步趨行，脚不離地，衣裳下襬就像水在流動的樣子，走在席上也這樣；直身行走，下巴頦下垂得要像箭一樣直；急走，挺起身子抬起脚；手捧龜和玉，要抬起脚尖拖着脚後跟行不離地，邁步狭促而細密的樣子。

【古注】

《注》 (一)至敬。(二)不可以憂父母也。易方，爲其不信己所處也。復，反也。(三)言非至孝也。瘠，病也。王季有疾，文王色憂，行不能正履。(四)孝子見親之器物哀惻不忍用也。圈，屈木所爲，謂巵匜之屬。(五)此謂兩君相見也。棖，門楔也。君入必中門，上介夾闑，大夫介，士介鴈行於後，示不相沿也。君若迎聘客，擯者亦然。(六)辟尊者所從也，此謂聘客也，閾，門限。(七)聘享也。(八)覿面也。(九)尊者尚徐，蹈半迹。(十)迹相及也。(十一)迹間容迹。(十二)君大夫士之徐行也，皆如與尸行之節也。(十三)疾趨，謂直行也，疏數自若。發，謂起屨也。移之言，靡迆也，毋移，欲其直且正。欲或爲數。(十四)圈，轉也。豚之言，若有所循。不舉足，曳踵，則衣之齊如水之流矣。孔子執圭則然，此徐趨也。(十五)尊處亦尚徐也。(十六)此疾趨也。端，直也。頤或爲霤也。(十七)著徐趨之事。

《音義》 瘠，才細反 jì(ㄐㄧˋ)。闑，魚列反 niè(ㄋㄧㄝˋ)，門橛也。棖，直衡反 chéng(ㄔㄥˊ)，門楔也，謂兩旁木楔也。閾音域。數，色角反 shuò(ㄕㄨㄛˋ)。齊如流，齊音咨，本又作齋。弁，皮彦反 biàn(ㄅㄧㄢˋ)，急也。剡，以漸反 yǎn(ㄧㄢˇ)。蹜，色六反 sù(ㄙㄨˋ)。

《疏》 (一至四)此一節明子事親之禮。父命呼者，命謂遣人呼，非謂自喚也。(五至八)此一節明兩君朝聘，卿大夫入門之儀。(九至十七)此一節明行步徐趨疾趨之儀。

13.13

【原文】

凡行容惕惕(一)，廟中齊齊(二)，朝廷濟濟翔翔(三)。

君子之容舒遲，見所尊者齊遬(四)，足容重(五)，手容恭(六)，目容端(七)，口容止(八)，聲容静(九)，頭容直(十)，氣容肅(十一)，立容德(十二)，色容莊(十三)，坐如尸(十四)，燕居告温温(十五)。

凡祭，容貌顔色如見所祭者(十六)。

喪容纍纍(十七)，色容顛顛(十八)，視容瞿瞿梅梅(十九)，言容繭繭(廿)。

戎容暨暨(廿一)，言容詻詻(廿二)，色容厲肅(廿三)，視容清明(廿四)，立容辨卑毋讇(廿五)，頭頸必中(廿六)，山立(廿七)，時行(廿八)，盛氣顛實揚休(廿九)，玉色(卅)。

【譯文】

凡在路上行走應挺直身板加快脚步，宗廟中要恭敬嚴正，在朝廷上行走時當張拱如飛翔顯得有威儀。

君子的儀容舒遲閒雅，見到所尊敬的人應謙虚自斂，抬脚要顯得沉重，手勢要顯示出恭敬，目光要端正，口要保持静止，聲音要安静，頭要挺直，氣質要嚴肅，站立時要像心存感激，神色要莊重，坐着要像代神受祭的尸那樣恭敬謹慎，燕居教人使人時口氣要温柔和藹。

凡是祭祀，表現出的容貌顔色要像見到了所祭祀的先人一樣。

居喪時形容疲憊羸弱，神色顯得憂傷思念，目光顯得驚懼迷茫，説話顯得聲氣細微。

身著戎裝時應表現出果敢剛毅，言辭應顯示教令的威嚴，神色應顯得猛厲嚴肅，視線應顯得清察明審，站立時應顯得謙卑自貶而没有絲毫媚態，頭和脖子要中正，像山一樣佇立，觀察時機採取行動，激發將士使之義憤填膺如陽氣生殺萬物，並使常久保持這種如玉之成色。

【古注】

《注》 (一)惕惕，直疾貌也。凡行，謂道路也。(二)恭慤貌也。(三)莊敬貌也。(四)謙慤貌也。遬猶蹙蹙也。(五)舉欲遲也。(六)高且正也。(七)不睇視也。(八)不妄動也。(九)不噦欬也。(十)不傾顧也。(十一)似不息也。(十二)如有予也。(十三)勃如戰色。(十四)尸居神位，敬慎也。(十五)告，謂教使也。《詩》云"温温恭人"。(十六)如覩其人在此。(十七)羸憊貌也。(十八)憂思貌也。(十九)不審貌也。(廿)聲氣微也。(廿一)果毅貌也。(廿二)教令嚴也。(廿三)儀形貌也。(廿四)察於事也。(廿五)辨讀爲貶、自貶卑，謂磬折也。讇，爲傾身以有下也。(廿六)頭容直。(廿七)不摇動也。(廿八)時而後行也，《詩》云"威儀孔時"。(廿九)顛讀爲闐，揚讀爲陽，聲之誤也。盛聲中之氣使之闐滿其息，若陽氣之休物也。(卅)色不變也。

《音義》 惕音傷，直而疾也。齊，才兮反 qí(ㄑㄧˊ)。濟，子禮反 jǐ(ㄐㄧˇ)。齊遬，音咨速。德，得也。暨，其記反 jì(ㄐㄧˋ)。詻，五格反 è(ㄜˋ)。諂音諂。顛，依《注》讀爲闐，音田。

《疏》 惕惕，道路雖速疾，又不忘於直，故其容直而疾也。齊齊，自收持嚴正之貌也，以對神不敢舒散，故貌恭慤齊齊然。濟濟，有威儀莊矜也；翔翔，行而張拱也。舒遲，閑雅也，君子雖尋常舒遲，若見所尊之人則齊遬，齊謂齊齊，遬謂蹙蹙，言自斂持迫促不敢自寬奢，故《注》云謙慤貌也。立容德者，賀云：德，有所施予之名也，立時身形小俯向前，如授物與人時也，故《注》云有如予也。燕居告温温者，燕居謂私燕所居也，色尚和善，教人使人之時唯須温温，不欲嚴慄。喪容纍纍者，謂容貌瘦瘠纍纍然。顛顛，顔色憂思顛顛然，不舒暢也。瞿瞿，驚遽之貌；梅梅猶微微，謂微昧也。繭繭猶緜緜，聲氣微細繭繭然。暨暨，果毅剛强之貌。詻詻，謂教令嚴猛也，軍旅行教令宜嚴猛也。清明者，謂瞻視之容須清察明審。辨卑者，謂在軍中立之形容常貶損卑退磬折恭敬，不得驕傲忽略士卒。毋諂者，軍中尚威武，雖自貶退，當有威可畏，無得過爲諂曲以屈下於人。時行者，觀時而行也。盛氣顛實揚休者，顛，塞也；實，滿也；揚，陽也；休，養也，言軍士宜怒其氣塞滿身中，使氣息出外，咆勃如盛陽之氣生養萬物也。玉色者，軍中尚嚴肅，故色不變動，常使如玉也。

13.14

【原文】

凡自稱，天子曰“予一人(一)”；伯曰“天子之力臣(二)”；諸侯之於天子曰“某土之守臣某”，在其邊邑曰“某屏之臣某”，其於敵以下曰“寡人”；小國之君曰“孤”，擯者亦曰“孤(三)”；上大夫曰“下臣”，擯者曰“寡君之老”；下大夫自名，擯者曰“寡大夫”；世子自名，擯者曰“寡君之適(四)”；公子曰“臣孽(五)”；士曰“傳遽之臣”，於大夫曰“外私(六)”；大夫私事使，私人擯則稱名(七)；公士擯則曰“寡大夫”“寡君之老”；大夫有所往，必與公士爲賓也(八)。

【譯文】

凡是自稱，天子自稱“予一人”；方伯自稱“天子之力臣”；諸侯對天子自稱“某方土地的守臣某人”，那些在邊邑的諸侯自稱“某屏之臣某人”，他們對地位相等以下的人自稱“寡人”；小國的國君自稱“孤”，迎接賓客的擯在傳話時也稱國君爲“孤”；上大夫在君前自稱“下臣”，擯者傳話時稱他爲“寡君之老”；下大夫在君前直呼自己的名，擯者傳話時稱他爲“寡大夫”；太子在君前稱自己的名，擯者稱他爲“寡君的嫡子”；公子在君前自稱“臣孽”；士在君前自稱“傳遽之臣”，在大夫前自稱“外私”；大夫爲國君的私事出使，他的私人擯者介紹時就稱他的名；爲公事出使，由公家的士任擯者介紹時就稱他爲“寡大夫”或“寡君之老”；大夫只要有行聘出使的任務，必須帶領公士擔任賓介嘛。

【古注】

《注》 (一)謙,自别於人而已。(二)伯,上公九命分陝者。(三)邊邑,謂九州之外。大國之君自稱曰"寡人",擯者曰"寡君"。(四)擯者之辭,主謂見於他國君。下大夫自名於他國君曰"外臣某"。(五)孽當爲枿,聲之誤。(六)傳遽,以車馬給使者也。士臣於大夫者曰私人。(七)私事使,謂以君命私行,非聘也,若魯成公時,晉侯使韓穿來言汶陽之田歸之於齊之類。(八)謂聘也。大聘使上大夫,小聘使下大夫。公士爲賓謂作介也。往,之也。

《音義》 傳遽,傳,陟戀反 zhuàn(ㄓㄨㄢˋ)。

【淺悟】

我們每每看到國内各少數民族以及周邊國家的人民,每逢節假日和休閑時,便穿上各自五彩繽紛的傳統服飾時,總不免稱羡不已。難道中華民族的傳統服飾失傳了嗎?(13.6)中明明把我國古代服飾的制作方法記載得清清楚楚,爲什麽始終止步於稱羡人家呢?説到底還是個民族自尊心和民族自豪感問題。我們偷過誰、搶過誰、欺侮過誰啦?其實最没理由自卑的正是我們中華民族。

要想提高個人素質,本篇便是最好的借鑑。

明堂位第十四

《疏》 按鄭《目録》云："名曰名堂者，以其記諸侯朝周公於明堂之時，所陳列之位也。在國之陽，其制：東西九筵，南北七筵，堂崇一筵五室，凡室二筵，此於《別録》屬明堂。"

14.1

【原文】

昔者周公朝諸侯于明堂之位(一)：天子負斧依南鄉而立(二)；三公，中階之前，北面東上；諸侯之位，阼階之東，西面北上；諸伯之國，西階之西，東面北上；諸子之國，門東，北面東上；諸男之國，門西，北面東上；九夷之國，東門之外，西面北上；八蠻之國，南門之外，北面東上；六戎之國，西門之外，東面南上；五狄之國，北門之外，南面東上；九采之國，應門之外，北面東上。四塞，世告至。此周公明堂之位也(三)。明堂也者，明諸侯之尊卑也(四)。

【譯文】

往昔周公在明堂朝會諸侯的位次：周公攝天子位背對着畫有斧文的屏風朝南而立；太師、太傅、太保三公，站在南面當中臺階的前沿，面朝北而以東頭爲上位；各侯爵的位置，在阼階的東邊，面朝西而以北端爲上位；各伯爵國的位置，在西階的西邊，面朝東而以北端爲上位；各子爵國的位置，在門的東邊，面朝北而以東端爲上位；各男爵國的位置，在門的西邊，面朝北而以東端爲上位；九夷各國的位置，在東門之外，面朝西而以北端爲上位；八蠻各國的位置，在南門之外，面朝北而以東端爲上位；六戎各國的位置，在西門之外，面朝東而以南端爲上位；五狄各國的位置，在北門之外，面朝南而以東端爲上位；九采各國的位置，在應門之外，面朝北而以東端爲上位；或有四方藩衛之國，因新君初即位前來朝告的。這就是周公在明堂朝會諸侯的位次嘛。明堂朝會的用意呢，爲了明確諸侯的尊卑嘛。

【古注】

《注》 (一)周公攝王位，以明堂之禮儀朝諸侯也。不於宗廟，辟王也。(二)天子，周公也。負之言背也。斧依，爲斧文屏風於户牖之間，周公於前立焉。(三)朝之禮不於此，周公權用之也。朝位之上，上近主位尊也。九采，九州之牧典貢職者也。正門謂之應門，二伯帥諸侯而入，牧居外而糾察之也。四塞，謂夷服、鎮服、蕃服在四方爲蔽塞者，新君即位則乃朝。周禮，侯服歲一見，甸服二歲一見，男服三歲一見，采服四歲一見，衛服五歲一見，要服六歲一見。九州之外謂之蕃國，世一見。(四)朝於此，所以正儀辨等也。

14.2

【原文】

昔殷紂亂天下，脯鬼侯以饗諸侯(一)。是以周公相武王以伐紂。武王崩，成王幼弱，周公踐天子之位以治天下。六年，朝諸侯於明堂，制禮作樂，頒度量，而天下大服(二)；七年，致政於成王。成王以周公爲有勳勞於天下(三)，是以封周公於曲阜，地方七百里，革車千乘(四)，命魯公世世祀周公以天子之禮樂(五)。是以魯君孟春乘大路，載弧韣，旂十有二旒，日月之章，祀帝于郊，配以后稷。天子之禮也(六)。

【譯文】

昔日殷紂亂天下，用殺死鬼侯的肉製成脯醢宴饗諸侯。爲此周公輔佐武王討伐殷紂。武王駕崩，成王幼弱，周公只好踐臨天子之位以便治理天下。踐位六年，在明堂朝會諸侯，制定禮法創作音樂，頒布度量標準，因而天下無不順服；第七年，將政權歸還給成王。成王認爲周公對天下有功勳勞績，爲此將曲阜分封給周公，土地方圓七百里，兵車千乘，命令魯公伯禽世世用天子的禮樂祭祀周公。因此，魯君春季第一個月乘大路車，所載張旗的竹弓有弓套，竿頭繫鈴的旗幟懸垂着十二條旒，旗上繪有日月的采色圖案，到郊外祭祀蒼帝，以后稷配享。這就是天子的禮儀嘛。

【古注】

《注》 (一)以人肉爲薦羞，惡之甚也。(二)踐猶履也。頒讀爲班。度謂丈尺高卑廣狹也，量謂豆區斗斛筐筥所容受。(三)致政，以王事歸授之。王功曰勳，事功曰勞。(四)曲阜，魯地，上公之封，地方五百里，加魯以四等之附庸方百里者二十四井，五五二十五積，四十九開方之得七百里。革車，兵車也。兵車千乘成國之賦也。《詩·魯頌》曰："王記叔父，建爾元子，俾侯于魯，大啟爾宇，爲周室輔。乃命魯公，俾侯于東，錫之山川，土田附庸。"又曰："公車千乘，朱英綠縢。"(五)同之於周，尊之也。魯公謂伯禽。(六)孟春，建子之月，魯之始郊日以至。大路，殷之祭天車也。弧，旌旗所以張幅也，其衣曰韣。天子之旌旗畫日月。帝謂蒼帝靈威仰也，昊天上帝魯不祭。

14.3

【原文】

季夏六月，以禘禮祀周公於大廟，牲用白牡，尊用犧象山罍，鬱尊用黄目，灌用玉瓚大圭，薦用玉豆雕篹，爵用玉琖仍雕，加以璧散璧角，俎用梡嶡；升歌《清廟》，下管《象》，朱干玉戚、冕而舞《大武》；皮弁素積，裼而舞《大夏》；《昧》，東夷之樂也；《任》，南蠻之樂也。納夷蠻之樂於大廟，言廣魯於天下也〔一〕。

君卷冕立于阼，夫人副褘立于房中；君肉袒迎牲于門，夫人薦豆籩。卿大夫贊君，命婦贊夫人，各揚其職，百官廢職服大刑，而天下大服〔二〕。

【譯文】

季夏六月，在太廟用禘禮祭祀周公，犧牲用白色的牡牛，酒樽用犧樽、象樽和山罍，盛鬱鬯酒的酒樽用黄目，舀鬱鬯香酒澆地降神用大圭柄的玉瓚，薦享的祭品用玉豆和彫鏤的竹篹盛着，國君舀酒獻尸仍舊沿用夏朝那種雕鏤的玉琖，夫人和來賓再獻時分别使用以璧玉鑲口的角爵和散爵，陳設祭品的俎用舜時的梡和夏時的嶡；樂工登堂歌唱《清廟》詩，堂下吹管奏《武》樂，國君手執朱盾玉斧、身著衮冕伴隨着武王伐紂的《大武》樂曲翩翩起舞；舞罷又换上皮弁素裳，露出裼衣伴隨着夏禹時的《大夏》樂曲起舞；並演奏《昧》，這種東夷族的樂曲哩；還有《任》，這種南蠻族的樂曲哩。在太廟内接納夷蠻的音樂，是向天下推廣魯國的影響嘛。

魯君穿戴着衮冕站在阼階，夫人頭戴首飾身穿褘衣站有房中；魯君肉袒走到宫門外迎接犧牲，夫人進獻盛滿祭品的豆籩；卿大夫佐助國君，命婦佐助君夫人，使百官各盡其職，有廢職者將服重刑，因而天下大服。

【古注】

《注》 （一）季夏，建巳之月也。禘，大祭也。周公曰大廟，魯公曰世室，羣公稱宫。白牡，殷牲也。尊，酒器也。犧尊，以沙羽爲畫飾，象骨飾之。鬱，鬯之器也。黄，彝也。灌，酌鬱尊以獻也。瓚，形如槃，容五升，以大圭爲柄，是謂圭瓚。篹，籩屬也，以竹爲之，雕刻飾其直者也。爵，君所進於尸也。仍，因也，因爵之形爲之飾也。加，加爵也。散、角，皆以璧飾其口也。梡，始有四足也，嶡爲之距。《清廟》，《周頌》也。《象》，謂《周頌·武》也，以管播之。朱干，赤大盾也。戚，斧也。冕，冠名也。諸公之服，自衮冕而下如王之服也。《大武》，周舞也。《大夏》，夏舞也。周禮，昧師掌教昧樂，《詩》曰"以雅以南，以籥不僭"。廣，大也。（二）副，首飾也，今之步摇是也，《詩》云"副笄六珈"，《周禮》"追師掌王后之首服爲副"。褘，王后之上服，唯魯及王者之後夫人服之，諸侯夫人則自揄翟而下。贊，佐也。命婦，於内則世婦，於外則大夫之妻。祭祀，世婦以下佐夫人。揚，舉也。大刑，重罪也。天下大服，知周公之德宜饗此也。

《音義》 犧象，素何反 suō(ㄙㄨㄛ)。罍音雷。瓚，才旦反 zàn(ㄗㄢˋ)，圭瓚也。簨，息緩反 suǎn(ㄙㄨㄢˇ)。琖，側眼反 zhǎn(ㄓㄢˇ)，夏爵名，用玉飾之。梡，苦管反 kuǎn(ㄎㄨㄢˇ)，虞俎名。嶡，居月反 jué(ㄐㄩㄝˊ)，夏俎名。褘音輝。

《疏》 尊用犧象山罍者，魯得用天子之尊也；犧，犧尊也；象，象尊也；山罍，謂夏后氏之尊。鬱尊用黄目者，鬱謂鬱鬯酒，黄目嘗烝所用。灌用玉瓚大圭者，以玉飾瓚，以大圭爲瓚柄，灌謂酌鬱鬯獻尸求神也，酌之所用玉瓚。薦用玉豆雕簨者，薦謂祭時所薦菹醢之屬也，以玉飾豆；簨，籩也，以竹爲之，形似筥，雕鏤其柄，亦薦時用也。爵用玉琖仍雕者，爵，君酌酒獻尸杯也；琖，夏后氏之爵名也，以玉飾之；仍，因也，因用爵形而爲之飾，故曰仍雕。加以璧散璧角者，此再獻之時，夫人用璧角，其璧散者賓用之以獻尸。俎用梡嶡者，虞俎名梡，夏俎名嶡，直有四脚曰梡，加脚中央横木曰嶡。升歌《清廟》者，升，升堂也；《清廟》，周頌文王詩也，升樂工於廟堂而歌《清廟》詩也。下管《象》者，下，堂下也；管，匏竹；《象》，謂象武詩也；堂下吹管以播象武之詩。冕而舞《大武》者，冕，衮冕也；《大武》，武王樂也；王著衮冕執赤盾玉斧而舞武王伐紂之樂也。皮弁素積裼而舞《大夏》者，皮弁，三王之服也；裼，見美也；《大夏》，夏禹之樂也；王又服皮弁裼而舞夏后氏之樂也。周公德廣，非唯用四代之樂，亦爲蠻夷所歸，故賜奏蠻夷之樂於庭也。納夷蠻之樂於大廟者，皆於大廟奏之。

14.4

【原文】

是故，夏礿，秋嘗，冬烝，春社，秋省而遂大蜡，天子之祭也(一)。

大廟，天子明堂；庫門，天子皋門；雉門，天子應門(二)。

振木鐸於朝，天子之政也(三)。

山節、藻棁、復廟、重檐、刮楹、達鄉、反坫、出尊、崇坫康圭、疏屏，天子之廟飾也(四)。

【譯文】

由於以上原故，魯君祭宗廟，夏季可以舉行礿祭，秋季可以舉行嘗祭，冬季可以舉行烝祭，春季還可以舉行祭祀土地以祈求豐收的社祭，秋季還可以進行狩獵，而且年終還可舉行合祭百神的大蜡祭，這都是天子才能舉行的祭祀嘛。

魯國的太廟，有似天子的明堂；庫門，有似天子的皋門；雉門，有似天子的應門。

魯君在朝廷上摇動木舌的大鈴警衆，也是天子的行政方式嘛。

魯國太廟的斗拱雕刻成山形，短柱上畫有水藻文，兩層的廟堂，雙重的屋簷，刮摩的楹柱，窗户四通八達，有宴飲時回放酒具的土坫，此坫壘在酒樽的南邊，另壘有高土坫用來將賓客所獻的圭玉舉起放在上面，還有雕刻着雲氣蟲獸的屏風，這些都是天子的太廟才有的裝飾嘛。

【古注】

《注》 (一)不言春祠，魯在東方，王東巡守以春，或闕之。省讀爲獮，獮，秋田名也。春田祭社，秋田祀祊。大蜡，歲十二月索鬼神而祭之。(二)言廟及門如天子之制也。天子五門：皋、庫、雉、應、路；魯有庫、雉、路，則諸侯三門與？皋之言高也，《詩》云："乃立皋門，皋門有伉；乃立應門，應門將將。"(三)天子將發號令，必以木鐸警衆。(四)山節，刻欂盧爲山也。藻棁，畫侏儒柱爲藻文也。復廟，重屋也。重檐，重承壁材也。刮，刮摩也。鄉，牖屬，謂夾户窗也，每室八窗爲四達。反坫，反爵之坫也。出尊，當尊南也，唯兩君爲好，既獻，反爵於其上；禮君，尊于兩楹之間。崇，高也；康讀爲亢龍之亢，又爲高坫亢，所受圭奠于上焉。屏謂之樹，今桴思也，刻之爲雲氣蟲獸，如今闕上爲之矣。

《音義》 礿音藥。省讀爲獮，仙淺反 xiǎn(ㄒㄧㄢˇ)。棁，專悦反 zhuó(ㄓㄨㄛˊ)。鄉，許亮反 xiàng(ㄒㄧㄤˋ)。康音抗，苦浪反 kàng(ㄎㄤˋ)。

《疏》 (一)此一經明魯得祭之事。(二)此一經明魯之門及廟之制。(四)此一節論魯大廟之飾。

14.5

【原文】

鸞車，有虞氏之路也；鉤車，夏后氏之路也；大路，殷路也；乘路，周路也(一)。

有虞氏之旂，夏后氏之綏，殷之大白，周之大赤(二)。

夏后氏駱馬黑鬣，殷人白馬黑首，周人黄馬蕃鬣。夏后氏牲尚黑，殷白牡，周騂剛(三)。

泰，有虞氏之尊也；山罍，夏后氏之尊也；著，殷尊也；犧象，周尊也(四)。

爵，夏后氏以琖，殷以斝，周以爵(五)。

灌尊，夏后氏以雞夷，殷以斝，周以黄目；其勺，夏后氏以龍勺，殷以疏勺，周以蒲勺(六)。

【譯文】

魯君所乘的鸞車，那是虞舜帝祭天乘坐的輅車嘛；所乘的鉤車，那是夏朝天子乘坐的輅車嘛；所乘的大輅，那是殷天子乘坐的木輅嘛；所乘的乘輅，那是周天子乘坐的玉輅嘛。

魯君有四代的旌旗：虞舜帝的竿頂用旄牛尾裝飾的緌旗，夏天子的畫有龍的竿頂擊鈴的旗，殷天子行軍用的大白旗，周天子行朝禮用的大赤旗。

魯君可用三代的馬：夏代白身黑鬣的駱馬，殷代白身黑首的馬，周代黄身赤鬣的馬。祭祀可用三代的犧牲：夏代所崇尚的黑公牛，殷代崇尚的白公牛，周代崇尚的赤色公牛。

魯君可用四代的酒樽：虞舜帝所用的泰樽嘛，夏天子所用的山罍樽嘛，殷天子所用的著樽嘛，周天子所用的犧象樽嘛。

魯君可用三代的酒爵：夏天子用的玉琖，殷天子用的銅斝，周天子用的玉爵。

魯國可用三代酌酒澆地的樽和舀酒的勺；夏天子用的雞彝樽，殷天子用的銅斝，周天子用的黄目樽；舀酒的勺：夏天子用的龍頭勺，殷天子用的疏勺，周天子用的蒲勺。

【古注】

《注》 (一)鸞，有鸞和也。鉤，有曲輿者也。大路，木路也。乘路，玉路也。漢祭天乘殷之路也，今謂之桑根車也。《春秋傳》曰“大路素”。鸞或爲欒也。(二)四者旌旗之屬也。綏當爲緌，讀如冠蕤之蕤。有虞氏當言緌，夏后氏當言旂，此蓋錯誤也。緌，謂注旄牛尾於杠首，所謂大麾，《書》云“武王左杖黄鉞，右秉白旄以麾”，《周禮》“王建大旂以賓，建大赤以朝，建大白以即戎，建大麾以田也”。(三)順正色也。白馬黑鬣曰駱。殷黑首，爲純白凶也。騂剛，赤色。(四)泰，用瓦著，著地無足。(五)斝，畫禾稼也，《詩》曰“洗爵奠斝”。(六)夷讀爲彝，《周禮》“春祠夏禴，裸用雞彝鳥彝；秋嘗冬烝，裸用斝彝黄彝”。龍，龍頭也。疏，通刻其頭。蒲，合蒲如鳧頭也。

《音義》 綏，依《注》爲緌，耳佳反 ruí(ㄖㄨㄟˊ)。鬣，力輒反 liè(ㄌㄧㄝˋ)。蕃字又作番，音煩，郭璞云：兩披髮。騂，息營反 xīng(ㄒㄧㄥ)。斝音嫁。勺，市灼反 sháo(ㄕㄠˊ)。

《疏》 (一)此一經明魯有四代之車。(二)此一經論魯有四代旌旗。(三)此一經明魯有三代之馬及牲色不同。(四)此一經明魯用四代尊也。虞尊用瓦，名泰也。然或用三代或用四代者，隨其禮存者而用之耳，無别義也。(五)此一經明魯有三代爵，並以爵爲形，故并標名於其上。(六)此一節明魯有三代灌尊及所用之勺。雞夷者，夷即彝。彝，法也。

14.6

【原文】

土鼓、蕢桴、葦籥，伊耆氏之樂也(一)；拊搏、玉磬、揩擊、大琴、大瑟、中琴、小瑟，四代之樂器也(二)。

魯公之廟，文世室也；武公之廟，武世室也(三)。

米廩，有虞氏之庠也；序，夏后氏之序也；瞽宗，殷學也；頖宫，周學也(四)。

崇鼎、貫鼎、大璜、封父龜，天子之器也(五)；越棘大弓，天子之戎器也(六)。

【譯文】

魯國所用的土鼓、土塊做的鼓槌、蘆葦籥管，沿用古天子伊耆氏的樂器嘛；所用的拊搏、玉磬、揩擊、大琴、大瑟、中琴、小瑟，沿用虞夏殷周四代的樂器嘛。

魯公伯禽之廟，因伯禽有文德所以世世不毀其室嘛；魯武公敖之廟，因敖有武德所以世世不毀其室嘛。

魯國藏粢盛的米倉，是虞舜帝時的鄉學庠嘛；魯國的鄉學序，即夏朝時的鄉學序嘛；魯國祭祀樂祖的瞽宗，乃殷代的學校嘛；魯國頒布政教的頖宫，乃周王朝的學校嘛。

魯國分得的器物有：崇國和貫國的鼎、夏代的大璜、封父國的龜，這些均屬天子的重器嘛；分到越國的戟和大弓，此乃天子用於征伐的兵器嘛。

【古注】

《注》 (一)蕢當爲凷，聲之誤也。籥如笛，三孔。伊耆氏，古天子有天下之號也，今有姓伊耆氏者。(二)拊搏，以韋爲之，充之以穅，形如小鼓。揩擊，謂柷敔，皆所以節樂者也。四代，虞夏殷周也。(三)此二廟，象周有文王武王之廟也。世室者，不毀之名也。魯公，伯禽也。武公，伯禽之玄孫也，名敖。(四)庠，序，亦學也，庠之言詳也，於以考禮詳事也，魯謂之米廩，虞帝上孝，今藏粢盛之委焉。序，次序王事也。瞽宗，樂師瞽矇之所宗也，古者有道德者使教焉，死則以爲樂祖，於此祭之。頖之言班也，於以班政教也。(五)崇、貫、封父，皆國名。文王伐崇，古者伐國遷其重器，以分同姓。大璜，夏后氏之璜，《春秋傳》曰"分魯以夏后氏之璜"。(六)越，國名也。棘，戟也，《春秋傳》曰"子都拔棘"。

《音義》 蕢讀爲凷，苦怪反 kuài(ㄎㄨㄞˋ)。籥音藥。廩，力甚反 lǐn(ㄌㄧㄣˇ)。頖音判。

《疏》 魯公伯禽有文德，世世不毀其室，故云"文世室"。伯禽玄孫武公有武德，其廟不毀，故云"武世室"。云"武公之廟，武世室"者，作記之人因成王褒魯，遂盛美魯家之事，因武公其廟不毀，遂連文而美之，非實辭也。鄭云亦近誣矣，是不實也。

14.7

【原文】

夏后氏之鼓足，殷楹鼓，周縣鼓(一)。

垂之和鍾，叔之離磬，女媧之笙簧(二)。

夏后氏之龍簨虡，殷之崇牙，周之璧翣(三)。

有虞氏之兩敦，夏后氏之四璉，殷之六瑚，周之八簋(四)。

俎：有虞氏以梡，夏后氏以嶡，殷以椇，周以房俎(五)。

夏后氏以楬豆，殷玉豆，周獻豆(六)。

有虞氏服韍，夏后氏山，殷火，周龍章(七)。

有虞氏祭首，夏后氏祭心，殷祭肝，周祭肺(八)；夏后氏尚明水，殷尚醴，周尚酒(九)。

【譯文】

魯國可兼用三代之鼓：夏代四條腿的鼓，殷代用柱子從鼓中央的方孔穿過能竪在地上的鼓，周代懸掛的鼓。

魯國兼用先代的樂器有：舜帝時名叫垂的製作的和鍾，叔製作的離磬，女媧製作的笙簧。

魯國兼用三代懸掛鍾磬的飾物有：夏代簨的兩端刻有龍頭的木架，殷代在龍頭間刻有鋸齒以便懸掛的木架，周代裝飾着璧翣的木架。

魯君分到的盛黍稷的祭器有：虞舜帝時的敦兩具，夏代的璉四具，殷代的瑚六具，周代的簋八具。

魯君分到放祭品的禮器有：虞舜帝時用的梡俎，夏代通用的嶡俎，殷朝時用的椇俎，周朝用的房俎。

魯君分到的食器豆有：夏代通用的没有裝飾的楬豆，殷代用玉裝飾的木豆，周代用玉裝飾並稍作雕刻的獻豆。

魯君可兼用的祭服蔽膝有：虞舜帝時用熟皮製的韍，夏代畫有山形的韍，殷代畫有山和火狀的韍，周朝繪有龍形圖紋的韍。

魯君可兼用的祭物有：虞舜帝時所祭的牲首，夏代的祭心，殷代的祭肝，周朝的祭肺；飲料有：夏代崇尚的月明下收取的露水，殷代崇尚的醴酒，周朝崇尚的米酒。

【古注】

《注》 (一)足，謂四足也。楹，謂之柱貫中上出也。縣，縣之簨虡也。《殷頌》曰"植我鼗鼓"，《周頌》曰"應輮縣鼓"。(二)垂，堯之共工也。女媧，三皇承宓羲者。叔，未聞也。和、離，謂次序其聲縣也。笙簧，笙中之簧也。《世本》作曰"垂作鍾，無句作磬，女媧作笙簧"。(三)簨虡，所以縣鍾磬也。横曰簨，飾之以鱗屬；植曰虡，飾之以臝屬羽屬。簨以大版爲之，謂之業，殷又於龍上刻畫之爲重牙以挂縣紘也；周又畫繒爲翣，戴以璧，垂五采羽於其下，樹於簨之角上，飾彌多也，《周頌》曰："設業設虡，崇牙樹羽。"(四)皆黍稷器，制之異同未聞。(五)梡，斷木爲四足而已。嶡之言蹷也，謂中足爲横距之象，《周禮》謂之距，椇之言枳椇也，謂曲橈之也。房謂足下跗也，上下兩間有似於堂房，《魯頌》曰"籩豆大房"。(六)楬，無異物之飾也。獻，疏刻之。齊人謂無髮爲禿楬。(七)韍，冕服之韠也。舜始作之以尊祭服，禹湯至周增以畫文，後王彌飾也。山，取其仁可仰也。火，取其明也。龍，取其變化也。天子備焉，諸侯火而下，卿大夫山，士韎韋而已。韍或作黻。(八)氣主盛也。(九)此皆其時之用耳，言尚非。

《音義》 縣音玄。簨本又作筍，恤尹反 sǔn(ㄙㄨㄣˇ)。虡音巨。翣，所甲反 shà(ㄕㄚˋ)。敦音對。簋音軌。椇，俱雨反 jǔ(ㄐㄩˇ)。楬，苦瞎反 qià(ㄑㄧㄚˋ)。獻，素何反 suō(ㄙㄨㄛ)。

《疏》 簋是黍稷之器，敦與瑚璉共簠簋連文，故云黍稷器也。案鄭注《周禮・舍人》云："方曰簠，圓曰簋。"此云未聞者，謂瑚璉之器與簋異同未聞也。鄭注《論語》云："夏曰瑚，殷曰璉。"不同者，皇氏云："鄭注《論語》誤也，此言兩敦、四璉、六瑚、八簋者，言魯之所得唯此耳。"

14.8

【原文】

有虞氏官五十，夏后氏官百，殷二百，周三百(一)。有虞氏之緌，夏后氏之綢練，殷之崇牙，周之璧翣(二)。凡四代之服器官，魯兼用之。是故魯王禮也，天下傳之久矣，君臣未嘗相弑也，禮樂刑法政俗未嘗相變也，天下以爲有道之國。是故天下資禮樂焉(三)。

【譯文】

虞舜帝時官職五十種，夏代官職一百種，殷代官職二百種，周代官職三百種。喪葬的飾物：虞舜帝時旗竿頂上飾以旄牛尾，夏代用白色的熟絹纏旗竿，殷代旌旗兩側飾以鋸齒形的繒帶，周代遮掩棺柩的布鑲有璧玉。凡是虞夏殷周四代的服飾、器物、官制，魯君皆可兼用。爲此，魯君使用帝王的禮儀呢，已在天下流傳很久了呀，未曾發生過臣弑其君嘛，禮樂、刑法、政教、風俗不曾改變嘛，全天下都認爲這才是有道之國。正是這個緣故，天下咨詢禮樂都到魯國來。

【古注】

《注》 (一)周之六卿，其屬各六十，則周三百六十官也，此云三百者，記時冬官亡矣。《昏義》曰“天子立六官，三公、九卿、二十七大夫、八十一元士，凡百二十”，蓋謂夏時也。以夏、周推前後之差，有虞氏官宜六十，夏后氏宜百二十，殷宜二百四十，不得如此記也。(二)綏亦旌旗之緌也。夏綢，其杠以練爲之旒。殷又刻繒爲重牙以飾其側，亦飾彌多也，湯以武受命，恒以牙爲飾也。此旌旗及翣皆喪葬之飾。周禮，大喪葬，巾車執蓋，從車持旌，御僕持翣，旌從遣車，翣夾柩路左右前後。天子八翣，皆戴璧垂羽；諸侯六翣，皆戴圭；大夫四翣，士二翣，皆戴綏。孔子之喪，公西赤爲志亦用此焉。《爾雅》説旌旗曰：“素錦綢杠，纁白縿素，升龍于縿，練旒九。”(三)王禮，天子之禮也。傳，傳世也。資，取也。此蓋盛周公之德耳。春秋時，魯三君弑，又士之有誄由莊公始，婦人髽而弔始於臺駘，云君臣未嘗相弑，政俗未嘗相變，亦近誣矣。資或爲飲。

《音義》 綢，吐刀反 tāo(ㄊㄠ)。

《疏》 此四代服器，魯家每物之中得有用之，不謂事事盡用。天下以爲有道之國者，作記之時是周代之末，唯魯獨存周禮，故以爲有道之國。是故天下資禮樂焉者，《左傳·襄十年》云“諸侯宋魯於是觀禮”，宋爲王者之後，魯是周公之胤，是天下資禮樂焉。

【淺悟】

周成王如此優遇魯國的同時，也給周王朝的衰敗埋下了隱患。這一點，孔子在《禮運》中已談到。是謂“天無二日，地無二王”者也。

喪服小記第十五

《疏》 按鄭《目錄》云："《喪服小記》者，以其記喪服之小義也。此於《別錄》屬喪服。"

15.1

【原文】

斬衰括髮以麻；爲母括髮以麻，免而以布(一)。齊衰惡笄以終喪(二)。男子冠而婦人笄，男子免而婦人髽，其義，爲男子則免，爲婦人則髽。(三)

苴杖，竹也；削杖，桐也。

祖父卒，而后爲祖母後者三年(四)。

爲父母長子稽顙(五)，大夫弔之，雖緦必稽顙(六)。婦人爲夫與長子稽顙，其餘則否(七)。

男主必使同姓，婦主必使異姓(八)。

爲父後者，爲出母無服(九)。

親親以三爲五，以五爲九，上殺、下殺、旁殺，而親畢矣(十)。

【譯文】

爲父親服斬衰喪服前用麻括髮；爲母親服齊衰喪服前也要用麻括髮，並用布纏頭。女子爲母親服齊衰之喪要用榛木笄定髮髻直到喪期終止。平時男子戴冠而婦人插笄，遭喪時男子用布裹頭而婦人用麻將頭髮結成髽，其涵義，作爲男子遭父母之喪就該用布裹髮，作爲婦人就該用麻將頭髮結紮成髽。

遭父喪用的苴杖，是竹子做的嘛；遭母喪用的削杖，是梧桐木做的嘛。

祖父已去世，以後祖母去世承重孫要服喪三年。

爲去世的父母長子要向來賓行稽顙禮，大夫前來弔唁，即使服緦麻輕喪的遠親也必須行稽顙禮。婦人要爲死去的丈夫和長子向來賓行稽顙禮，其他人死就不行稽顙大禮。

要是喪家沒有嫡子嫡婦，男喪主必須找同姓的男子代理，女喪主必須找外姓的女子代理。

作爲父親的後嗣，被父親休棄的母親去世時不服喪。

親連親由三代連及五代，由五代連及九代，向上親恩漸次疏減，向下漸次疏減，向母妻兄弟旁系的親恩漸次疏減，直到親恩完畢而已。

【古注】

《注》 (一)母服輕，至免可以布代麻也，爲母又哭而免。(二)笄所以卷髮，帶所以持身也。婦人質於喪，所以自卷持者，有除無變。(三)别男女也。(四)祖父在，則其服如父在爲母也。(五)喪尊者及正體，不敢不盡禮。(六)尊大大，不敢以輕待之。(七)恩殺於父母。(八)謂爲無主後者爲主也。異姓，同宗之婦也，婦人外成。(九)不敢以己私廢父所傳重之祭祀。(十)己上親父，下親子，三也；以父親祖，以子親孫，五也；以祖親高祖，以孫親玄孫，九也。殺謂親益疏者，服之則輕。

《音義》 括，古活反 kuò(ㄎㄨㄛ)。笄，古兮反 jī(ㄐㄧ)。髽，側巴反 zhuā(ㄓㄨㄚ)。苴，七余反 jū(ㄐㄩ)。

15.2

【原文】

王者禘其祖之所自出，以其祖配之(一)，而立四廟(二)。庶子王亦如之(三)。

别子爲祖(四)，繼别爲宗(五)，繼禰者爲小宗(六)。有五世而遷之宗，其繼高祖者也(七)。是故祖遷於上，宗易於下。尊祖故敬宗，敬宗所以尊祖禰也(八)。庶子不祭祖者，明其宗也(九)。庶子不爲長子斬，不繼祖與禰故也(十)。庶子不祭殤與無後者，殤與無後者從祖祔食(十一)。庶子不祭禰者，明其宗也(十二)。

【譯文】

帝王禘祭其始祖的所由出的天，以其始祖配享，而且建立高祖、曾祖、祖父、亡父四座廟。庶子繼位爲王的也照此辦理。

諸侯没有繼位的其他庶子成了另外一支後世的始祖，繼承别宗的長子一支爲大宗，繼承父廟的其他庶子各支皆爲小宗。有五世就得遷廟的小宗，那是繼承高祖的支脈嘛。正是這個緣故，祖廟要從上代遷徙，宗支要從下代改易。尊崇祖先依舊要敬事宗族，敬事宗族用來尊崇祖先嘛。庶子要是不祭祀祖廟的話，是爲了表明他的宗脈嘛。庶子不爲死去的長子服斬衰喪服，由於不繼承祖廟和父廟的緣故嘛。庶子不祭祀幼年夭折和没有後代的人，因這兩種人隨從祖廟祔食。庶子要是不祭祀父廟的話，那是爲了表明自己的宗脈嘛(因爲祖廟和父廟都在長子之家)。

【古注】

《注》 (一)禘,大祭也。始祖感天神靈而生,祭天則以祖配之,"自外至者,無主不上"。(二)高祖以下與始祖而五。(三)世子有廢疾不可立而庶子立,其祭天立廟亦如世子之立也,春秋時衛侯元有兄縶。(四)諸侯之庶子别爲後世爲始祖也。謂之别子者,公子不得禰先君。(五)别子之世,長子爲其族人爲宗,所謂百世不遷之宗。(六)别子庶子之長子爲其昆弟爲宗也。謂之小宗者,以其將遷也。(七)謂小宗也。小宗有四:或繼高祖,或繼曾祖,或繼祖,或繼禰,皆至五世則遷。(八)宗者,祖禰之正體。(九)明其尊宗以爲本也,禰則不祭矣。言不祭祖者,主謂宗子庶子俱爲適士得立祖禰廟者也。凡正體在乎上者,謂下正猶爲庶也。(十)尊先祖之正體,不二其統也,言不繼祖禰則長子不必五世。(十一)不祭殤者,父之庶也。不祭無後者,祖之庶也。此二者當從祖祔食而已,不祭祖無所食之也,共其牲物而宗子主其禮焉,祖庶之殤則自祭之。凡所祭殤者,唯適子耳;無後者,謂昆弟諸父也。宗子之諸父無後者爲墠祭之。(十二)謂宗子庶子俱爲下士得立禰廟也,雖庶人亦然。

《音義》 禰,乃禮反 nǐ(ㄋㄧˇ)。適,丁歷反 dí(ㄉㄧˊ)。祔音附,食音嗣。

《疏》 《爾雅·釋天》文云:"自外至者,無主不上。"《公羊宣三年傳》文:"外至者,天神也;主者,人祖也。故祭以人祖配天神也"。

15.3

【原文】

親親、尊尊、長長、男女之有别,人道之大者也(一)。

從服者,所從亡則已(二);屬從者,所從雖没也服(三)。妾從女君而出,則不爲女君之子服(四)。

禮,不王不禘(五)。

世子不降妻之父母,其爲妻也,與大夫之適子同(六)。

父爲士,子爲天子諸侯,則祭以天子諸侯,其尸服以士服(七);父爲天子諸侯,子爲士,祭以士,其尸服以士服(八)。

婦當喪而出,則除之;爲父母喪,未練而出,則三年;既練而出則已;未練而反則期,既練而反則遂之(九)。

【譯文】

孝順父母,尊敬先祖,善事兄長,男女服喪有區别,是人生道路的大事嘛。

隨從服喪的話,所隨從的親人已死就算了;爲屬親隨從服喪的話,所隨從的屬親即使已死仍要服喪嘛。妾隨從主婦被丈夫休棄,就不爲主婦的兒子服喪。

禮制規定,不是帝王不得舉辦祀天的禘祭。

太子不降低妻的父母的喪服等級,他爲妻服喪呢,與大夫的嫡子爲妻服喪相同。

父親是士，兒子是天子或諸侯，祭祀就得用天子或諸侯之禮，代亡父受祭的尸仍穿士服；父親是天子或諸侯，兒子是士，祭祀要用士禮，代亡父受祭的尸也要穿士服。

媳婦正當爲公爹公婆服喪時却被丈夫休棄，就除掉喪服；爲父母守喪，尚未過小祥練祭而被丈夫休棄就服完三年喪；已過周年的練祭而被休棄就停止服喪；没過練祭而丈夫又命返回就等服滿一年喪再回去，已過周年的練祭而命返回就及時返回。

【古注】

《注》 (一)言服之所以隆殺。(二)謂若爲君母之父母昆弟從母也。(三)謂若自爲已之母黨。(四)妾爲女君之黨服，得與女君同。而今俱出，女君猶爲子期，妾於義絶無施服。(五)禘謂祭天。(六)世子，天子諸侯之適子也。不降妻之父母，爲妻故親之也。爲妻亦齊衰不杖者，君爲之主，子不得伸也。主言與大夫之適子同，據服之成文也。本所以正，見父在，爲妻不杖於大夫適子者，明大夫以上雖尊，猶爲適婦爲主。(七)祭以天了諸侯，養以子道也。尸服士服，父本無爵，子不敢以己爵加之，嫌於卑之。(八)謂父以罪誅，尸服以士服，不成爲君也。天子之子當封爲王者，後以祀其受命之祖。云爲士，則擇其宗之賢者，若微子者，不必封其子爲王者。後及所立爲諸侯者，祀其先君以禮卒者，尸服天子諸侯之服。如遂無所封立，則尸也祭也皆如士，不敢僭用尊者衣物。(九)當喪，當舅姑之喪也。出，除喪絶族也。

《疏》 (一)親親，謂父母也。尊尊，謂祖及曾祖高祖也。長長，謂兄及旁親也。男女之有别者，若爲父斬、爲母齊衰、姑姊妹在堂期、出嫁大功、爲夫斬、爲妻期之屬，是男女之有别也。人道之大者也，言此親親尊尊長長男女有别，人間道理最大者。

15.4

【原文】

再期之喪，三年也；期之喪，二年也；九月七月之喪，三時也；五月之喪，二時也；三月之喪，一時也(一)。故期而祭，禮也；期而除喪，道也，祭不爲除喪也(二)。三年而后葬者必再祭，其祭之閒不同時而除喪。大功者，主人之喪，有三年者，則必爲之再祭；朋友虞祔而已(四)；士妾有子而爲之緦，無子則已(五)。生不及祖父母諸父昆弟，而父税喪，已則否(六)。爲君之父母妻長子，君已除喪，而后聞喪，則不税(七)；降而在緦小功者，則税之(八)；近臣，君服斯服矣，其餘從而服，不從而税(九)。君雖未知喪，臣服已(十)。

【譯文】

第二個期年之喪，跨三個年頭嘛；期年之喪，跨兩個年頭嘛；九月七月之喪，跨三個季節嘛；五個月之喪，跨兩個季節嘛；三個月之喪，一個季節嘛。

所以足周年便祭祀，禮制規定嘛；足周年便改易喪服，符合天道嘛，然而祭祀並非爲了除喪哩。喪期滿三年之後下葬的話必須祭祀兩次，這兩次祭祀之間不在同季節舉行才能除去喪服。服大功喪服的從父兄弟，主持别人的喪事，遇有三年之喪的喪家，就必須爲他們祭祀兩次；爲朋友主喪只舉行虞祭和祔祭而已；士的妾有兒子死後就爲她服緦麻喪服，没有兒子就算了。出生後没趕上與遠在家鄉的祖父母及宗族的伯叔父和兄弟謀面，今聞喪，父親爲他們補行服喪之禮，自己就不必；若降等到緦麻或小功喪服，就要爲他們補行服喪。臣在外，國君的父母、正妻或長子死，國君除喪之後才聽説，就不爲其補行喪禮；若國君在外遭親喪，回國後，屬於近臣的話，國君服喪只需跟着服喪而已，其他臣屬在喪期内就隨着服，喪期已過便不補行喪禮。國君在外雖然不曾聞知内喪，國内臣屬先行服喪是可以的。

【古注】

《注》 (一)言喪之節應歲時之氣。(二)此謂練祭也。禮，正月存親，親亡至今而期，期則宜祭。期，天道一變，哀惻之情益衰，衰則宜除，不相爲也。(三)再祭，練祥也。間不同時者，當異月也，既祔，明月練而祭，又明月祥而祭。必異月者，以葬與練祥本異歲，宜異時也。而除喪已祥則除，不禫。(四)謂死者之從父昆弟來爲喪主。有三年者，謂妻若子幼少，大功爲之再祭，則小功緦麻爲之練祭可也。(五)士卑，妾無男，女則不服，不别貴賤。(六)謂子生於外者也。父以他故居異邦而生己，己不及此親存時歸見之，今其死，於喪服年月已過乃聞之，父爲之服。己則否者，不責非時之恩於人所不能也，當其時則服。税讀如"無禮則税"之税。税喪者，喪與服不相當之言。(七)臣之恩輕也。謂卿大夫出聘問以他故久留。(八)謂正親在齊衰大功者，親緦小功不税矣。《曾子問》曰"小功不税"，則是遠兄弟終無服也。此句補脱誤，在是宜承"父税喪，已則否"。(九)謂君出朝覲不時反而不知喪者。近臣，閽寺之屬也。其餘，羣介行人宰史也。(十)從服者，所從雖在外，自若服也。

《音義》 税，他外反 tuì(ㄊㄨㄟˋ)。

15.5

【原文】

虞杖不入於室，祔杖不升於堂(一)。

爲君母後者，君母卒，則不爲君母之黨服(二)。

絰殺五分而去一，杖大如絰(三)。

妾爲君之長子，與女君同(四)。除喪者，先重者(五)；易服者，易輕者(六)。無事不辟廟門(七)，哭皆於其次(八)。

復與書銘，自天子達於士，其辭一也：男子稱名，婦人書姓與伯仲，如不知姓則書氏(九)。

斬衰之葛與齊衰之麻同(十)，齊衰之葛與大功之麻同(十一)，麻同皆兼服之(十二)。

報喪者報虞,三月而後卒哭(十三)。

父母之喪偕,先葬者不虞祔,待後事,其葬服斬衰(十四)。

【譯文】

虞祭時喪杖不可帶入寢室,祔祭時喪杖不可帶入廟堂。

作爲君母後嗣的庶子,君母去世後,就不再爲君母娘家那邊的親屬服喪。

絰帶裁減五分之一,與喪杖的長度相同。

妾爲國君的長子服喪,與正妻的喪服相同。除喪的話,先除去重的;連續遭喪改易喪服的話,改易輕的。没有賓客弔喪及朝夕哭等,不得打開殯宫門,要哭全到倚廬次舍去哭。

爲死者招魂及將名字書寫在旗幡上,從天子一直到士,其呼叫和書寫的内容格式是一致的嘛:男子稱名,婦人書寫姓和長幼順序,如不知姓就寫氏。

斬衰喪服改易輕喪服的葛絰規格跟齊衰喪服的麻絰相同,齊衰喪服改易輕喪服的葛絰規格跟大功喪服的麻絰相同,麻絰相同的各種喪服都可兼服。

因故需要急速下葬的話就得急速虞祭,卒哭之祭仍要在三月之後舉行。

父母在同月或同日去世,要先葬母親而不舉行虞祭和祔祭,待以後葬完父親再舉行,那時仍著斬衰喪服。

【古注】

《注》 (一)哀益衰,敬彌多也。虞於寢,祔於祖廟。(二)徒從也,所從亡則已。(三)如要絰也。(四)不敢以恩輕,輕服君之正統。(五)謂練,男子除乎首,婦人除乎帶。(六)謂大喪既虞卒哭而遭小喪也,其易喪服,男子易乎帶,婦人易乎首。(七)鬼神尚幽闇也。廟,殯宫。(八)無時哭也,有事則入即位。(九)此謂殷禮也。殷質,不重名,復則臣得名君。周之禮,天子崩復曰"皋,天子復";諸侯薨復曰"皋,某甫復";其餘及書銘則同。(十)絰之大,俱七寸五分寸之一,帶五寸二十五分寸之十九。(十一)絰之大,俱五寸二十五分寸之十九,帶四寸百二十五分寸之七十六。(十二)皆者,皆上二事也,男子則絰上服之葛,帶下服之麻;婦人則絰下服之麻,同自帶其故帶也。兼服之,文主於男子也。(十三)報讀爲赴疾之赴,謂不及期而葬也,既葬即虞。虞,安神也。卒哭之祭待哀殺也。(十四)偕,俱也,謂同月若同日死也。先葬者,母也。《曾子問》曰:"葬,先輕而後重。"又曰:"反葬奠,而後辭於殯,遂備葬事。其虞也,先重而後輕。"待後事,謂如此也。其葬服斬衰者,喪之隆衰宜從重也。假令父死在前月,而同月葬猶服斬衰,不葬不變服也,言其葬服斬衰,則虞祔各以其服矣,及練祥皆然,卒事反服重。

《音義》 辟,婢亦反 pì(ㄆㄧˋ)。報,依《注》音赴,芳付反 fù(ㄈㄨˋ)。偕音皆。

15.6

【原文】

大夫降其庶子，其孫不降其父(一)。大夫不主士之喪(二)。

爲慈母之父母無服(三)。

夫爲人後者，其妻爲舅姑大功(四)。

士祔於大夫，則易牲(五)。

繼父不同居也者，必嘗同居。皆無主後，同財而祭其祖禰爲同居；有主後者爲異居(六)。

哭朋友者，於門外之右，南面(七)。

祔葬者不筮宅(八)。

【譯文】

大夫爲其庶子服喪需降等，他的孫子爲自己這位庶子父親服喪不降低標準。大夫不主持士的喪禮。

對撫育自己的慈母的父母不服喪。

丈夫出繼爲别人後嗣的話，他的妻子爲公爹公婆服大功喪服。

士死後在祖上的大夫廟中合享祔祭，就得改换成大夫享用的犧牲。

繼父不同居的情形呢，必是曾經同居過。雙方都没有主要的後嗣，共同享用財物並祭祀其祖先叫同居；繼父有主要後嗣就得算異居。

哭朋友的話，要在寢門外的右邊，面朝南。

與先死者合葬的話不再卜筮葬地。

【古注】

《注》 (一)祖不厭孫也，大夫爲庶子大功。(二)士之喪雖無主，不敢攝大夫以爲主。(三)恩不能及。(四)以不貳降。(五)不敢以卑牲祭尊也，大夫少牢也。(六)錄恩服深淺也。見同財則期同居，異財故同居。今異居，及繼父有子亦爲異居，則三月未嘗同居則不服。(七)變於有親者也。門外，寢門外。(八)宅，葬地也，前人葬既筮之。

15.7

【原文】

士大夫不得祔於諸侯，祔於諸祖父之爲士大夫者，其妻祔於諸祖姑，妾祔於妾祖姑，亡則中一以上而祔，祔必以其昭穆(一)。諸侯不得祔於天子，天子諸侯大夫可以祔於士(二)。

爲母之君母，母卒則不服(三)。

宗子，母在爲妻禫(四)。

爲慈母後者，爲庶母可也，爲祖庶母可也(五)。

爲父、母、妻、長子禫(六)。

慈母與妾母，不世祭也(七)。

丈夫冠而不爲殤，婦人笄而不爲殤(八)。爲殤後者，以其服服之(九)。

久而不葬者，唯主喪者不除，其餘以麻終月數者，除喪則已(十)。

箭笄終喪三年(十一)。齊衰三月，與大功同者繩屨(十二)。

練筮日、筮尸、視濯皆要絰杖繩屨，有司告具而后去杖；筮日、筮尸，有司告事畢而后杖，拜送賓(十三)；大祥吉服而筮尸(十四)。

【譯文】

身爲士大夫的公子公孫死後不得在諸侯的父祖廟中祔祭，當在曾任士大夫的叔伯祖父廟中祔祭，其妻當在叔伯祖母的神主旁祔祭，妾要在丈夫祖父之妾的神主旁祔祭，没有妾就在間隔一代以上的先祖之妾的神主旁祔祭，祔祭必須按照丈夫的昭穆順序。身爲諸侯的子孫死後不得在父祖是天子的廟中祔祭，身爲天子、諸侯、大夫的子孫死後可以在父祖是士的廟中祔祭。

對待母親的嫡母，母親已去世就不服喪。

宗子，母親在世要爲亡妻舉辦禫祭。

給撫育自己成人的慈母當後嗣的庶子，給庶母當後嗣是可以的，給祖庶母當後嗣也可以嘛。

爲父母、妻和長子除喪時舉辦禫祭。

撫育庶子的慈母和生養庶子的妾母，她們的亡靈不世代享祭。

男子行過冠禮之後死便不算殤，女子行過笄禮之後死也不算殤。成爲未成年而死的宗子的後繼者，用自己的本服爲他服喪。

久而不下葬的話，只有主持喪禮的人不除服，其餘服緦麻喪服的旁系親屬服滿月數的話，自行除掉喪服就行了。

女子頭插箭笄爲父母服喪要插滿三年。服三個月的齊衰喪服，跟服大功喪服相同之處在於都穿麻繩編製的鞋。

爲小祥練冠祭占筮吉日、占筮代神受祭的尸、察看洗濯祭器時都需在腰間繫麻絰、執喪杖、穿麻繩編的鞋，有司報告各事具備之後孝子去掉喪杖；占筮吉日、占筮代神受祭的尸，有司報告占筮完畢之後孝子重又拿起喪杖，拜送賓客；喪滿兩年舉行大祥祭時便換上吉服來占筮由誰擔任代神受祭的尸。

【古注】

《注》（一）士大夫，謂公子公孫爲士大夫者。不得祔於諸侯，卑别也，既卒哭，各就其先君爲祖者兄弟之廟而祔之。中猶間也。（二）人莫敢卑其祖也。（三）母之君母，外祖適母，徒從也，所從亡則已。（四）宗子之妻尊也。（五）謂父命之爲子母者也，即庶子爲後，此皆子也，傳重而已，不先命之與適妻使爲母子也，緣爲慈母後之義，父之妾無子者亦可命己庶子爲後。（六）自所爲禫者也。（七）以其非正，《春秋傳》曰："於子祭，於孫止。"（八）言成人也。婦人許嫁而笄，未許嫁與丈夫同。（九）言爲後者據承之也。殤無爲人父之道，以本親之服服之。（十）其餘，爲旁親也，以麻終。月數，不葬者喪不變也。（十一）亦於喪所以自卷持者，有除無變。（十二）雖尊卑異，於恩有可同也。（十三）臨事去杖，敬也。濯，謂溉祭器也。（十四）凡變除者，必服其吉服以即祭事，不以凶臨吉也。閒傳曰：大祥素縞麻衣。

15.8

【原文】

庶子在父之室，則爲其母不禫（一），庶子不以杖即位（二）。父不主庶子之喪，則孫以杖即位可也（三）。父在，庶子爲妻以杖即位可也（四）。

諸侯弔於異國之臣，則其君爲主（五）。諸侯弔，必皮弁錫衰；所弔雖已葬，主人必免；主人未喪服，則君亦不錫衰（六）。

養有疾者不喪服，遂以主其喪（七）；非養者入主人之喪，則不易己之喪服（八）；養尊者必易服，養卑者否（九）。

妾無妾祖姑者，易牲而祔於女君可也（十）。

婦之喪、虞、卒哭，其夫若子主之，祔則舅主之（十一）。士不攝大夫，士攝大夫唯宗子（十二）。主人未除喪，有兄弟自他國至，則主人不免而爲主（十三）。

陳器之道，多陳之而省納之可也，省陳之而盡納之可也（十四）。

【譯文】

庶子在父親家居住，那麼爲他的母親除喪時不得舉行禫祭，不得攜帶喪杖就哭位。父親不主持庶子的喪事，然而孫子攜帶喪杖就哭位是可以的嘛。父親在世，庶子爲亡妻攜帶喪杖就哭位是可以的嘛。

諸侯到其他國家的大臣家弔唁，該國的國君就得擔任喪主；諸侯弔唁，必戴皮弁冠身著錫衰喪服；所弔的死者雖已下葬，主人也必須去冠括髮；主人要是未著喪服，國君也就不必著錫衰喪服。

養護有病的人不可著喪服，病人死後當主持他的喪事；不是養護者前來主持此人的喪事，就不必改換自己原來的喪服；養護的是尊長必須改換喪服，養護的是子弟就不必易服。

亡妾没有妾祖姑的話，改換祭牲在嫡祖姑的神主旁祔祭是可以的嘛。

婦人的喪禮、虞祭直至卒哭，她的丈夫或兒子爲之主喪，到祖廟去祔祭就得由公爹主持。士不攝行大夫的喪事，能以士的身份攝行大夫喪事的只有宗子。主人尚未除喪，有兄弟從其他國來到，那麽主人不必用布纏頭而直接爲他們主喪。

陳列明器的方法：多陳設而少納入壙中是可以的嘛，少陳設而盡數納入壙中也可以嘛。

【古注】

《注》 （一）妾子父在厭也。（二）下適子也。位，朝夕哭位也。（三）祖不厭孫，孫得伸也。（四）舅不主妾之喪，子得伸也。（五）君爲之主，弔臣恩爲己也。子不敢當主，中庭北面哭不拜。（六）必免者，尊人君爲之變也。未喪服，未成服也。既殯成服。（七）不喪服，求生主吉，惡其凶也。遂以主其喪，謂養者有親也，死則當爲之主，其爲主之服如素無喪服。（八）入猶來也。謂養者無親於死者，不得爲主，其有親來爲主者，素有喪服而來爲主，與素無服者異。素無服，素有服，爲今死者當服，則皆三日成也。（九）尊謂父兄，卑謂子弟之屬。（十）女君，適祖姑也。易牲而祔，則凡妾下女君一等。（十一）婦，謂凡適婦庶婦也。虞、卒哭，祭婦非舅事也，祔於祖廟，尊者宜主焉。（十二）士之喪雖無主，不敢攝大夫以爲主，宗子尊，可以攝之。（十三）親質，不崇敬也。（十四）多陳之，謂賓客之就器也，以多爲榮。省陳之，謂主人之明器也，以節爲禮。

15.9

【原文】

奔兄弟之喪，先之墓而後之家，爲位而哭；所知之喪，則哭於宫，而后之墓（一）。

父不爲衆子次於外（二）；與諸侯爲兄弟者服斬（三）。

下殤小功，帶澡麻不絶，本詘而反以報之（四）。

婦祔於祖姑，祖姑有三人，則祔於親者（五）。其妻，爲大夫而卒而后其夫不爲大夫，而祔於其妻，則不易牲；妻卒而后夫爲大夫，而祔於其妻，則以大夫牲（六）。

爲父後者，爲出母無服。無服也者，喪者不祭故也（七）。

婦人不爲主而杖者：姑在爲夫杖（八）；母爲長子削杖（九）；女子子在室，爲父母，其主喪者不杖，則子一人杖（十）。

【譯文】

奔兄弟之喪，先到墓地然後回家，就哭位而哭；奔所知交之喪，先到他家臨時停柩的殯宫去憑弔，然後前往墓地去哭。

父親不爲衆庶子在中門外設置停放靈柩的處所；跟諸侯是兄弟的話要

服斬衰喪服。

爲八到十一歲夭折的下殤服小功喪服，用洗滌不斷根的麻作絰帶，將麻根彎曲並反轉至腰纏繞起來。

婦人死後在丈夫的祖母神主旁祔祭，丈夫的祖母如果有多人，就在丈夫的親祖母神主旁祔祭。這位妻子，在丈夫任大夫時而死，此後她的丈夫不再擔任大夫，死後跟他妻子合葬，就不能改用當初任大夫時的犧牲進行祭奠；如果妻死之後丈夫才任大夫，這樣死後跟他妻子合葬，就可用大夫規格的犧牲進行祭奠。

作爲父親後嗣的兒子，對休棄的生母不服喪。不服喪的理由呢，死者不享有祭祀的緣故嘛。

婦人不擔任喪主却要執喪杖的情形有：婆婆在世要爲亡夫執喪杖；母親要爲死去的長子執削杖；女兒未嫁在室，爲父母服喪，那主喪的同姓男子不能執喪杖，就由長女一人執杖。

【古注】

《注》 （一）兄弟先之墓，骨肉之親不由主人也。宫，故殯宫也。（二）於世子略，自若居寢。（三）謂卿大夫以下也，與尊者爲親，不敢以輕服服之。言諸侯者，明雖在異國猶來爲三年也。（四）報猶合也。下殤小功，本齊衰之親，其絰帶澡率治麻爲之，帶不絶其本，屈而上至要中合而糾之，明親重也。凡殤散帶垂。（五）謂舅之母死而又有繼母二人也。親者謂舅所生。（六）妻爲大夫，夫爲大夫時卒。不易牲，以士牲也。此謂始來仕無廟者，無廟者不祔。宗子去國乃以廟從。（七）適子正體於上，當祭祀也。（八）姑不厭婦。（九）嫌服男子當杖竹也。母爲長子服，不可以重於子爲己也。（十）女子子在室亦童子也。無男昆弟，使同姓爲攝主不杖。則子一人杖，謂長女也。許嫁及二十而笄，笄爲成人，成人正杖也。

15.10

【原文】

緦、小功，虞、卒哭，則免（一）。既葬而不報虞，則雖主人皆冠，及虞則皆免（二）。爲兄弟既除喪已，及其葬也，反服其服，報虞卒哭則免，如不報虞則除之（三）。遠葬者，比反哭者皆冠，及郊而后免反哭（四）。君弔，雖不當免時也，主人必免，不散麻，雖異國之君免也，親者皆免（五）。

除殤之喪者，其祭也，必玄（六）；除成喪者，其祭也，朝服縞冠（七）。

奔父之喪，括髮於堂上，袒，降踊，襲絰于東方；奔母之喪，不括髮，袒於堂上，降踊，襲免于東方，絰即位成踊，出門，哭止。三日而五哭三袒（八）。

適婦不爲舅後者，則姑爲之小功（九）。

【譯文】

遭緦麻、小功之喪，到虞祭、卒哭時，就得脱帽紮髮用布纏頭。已經下葬却不趕緊舉行虞祭，縱然是喪家的主人也要戴上帽子，等到虞祭時大家再都用布纏裹頭髮。爲兄弟已經除完喪，待到送葬的時候嘛，再重新穿上原來的喪服，葬完能及時舉行虞祭和卒哭祭就用布裹頭，如不及時虞祭就除去喪服。到郊外遠葬的話，連同返回哭時都戴上冠，到達近郊之後再去冠裹頭一路哭回家。國君來弔唁，雖説不到著免的時候呢，主人也必須著免，不散開麻帶，即使異國有國君前來也要著免哩，所有大功以上的親屬都得著免。

除掉爲殤所服的喪服時，其祭祀呢，必須换上黑色的祭服；除掉爲成人所服的喪服時，其祭祀嘛，要身著朝服頭戴縞素冠。

奔赴父親的喪事，一到堂上便括髮，袒臂、下堂哭踊，到東廂房穿好喪服紮上經帶；奔赴母親的喪事，不必括髮，到堂上袒臂，下堂哭踊，到東廂房穿好喪服用布裹頭，繫上經帶就位邊哭邊踊，走出殯宫門，停止哭號。三日内共哭五次袒臂三次。

嫡長媳婦没生兒子就死了，不能爲公爹留下後嗣的話，就由公婆爲她服小功喪服。

【古注】

《注》（一）棺柩已藏，嫌恩輕，可以不免也。言則免者，則既殯先啟之間，雖有事不免。（二）有故不得疾虞，雖主人皆冠，不可久無飾也。皆免，自主人至緦麻。（三）小功以下。（四）墓在四郊之外。（五）不散麻者，自若絞垂。爲人君變，貶於大斂之前既啟之後也。親者，大功以上也。異國之君免，或爲弔。（六）殤無變，文不縟，冠玄端黄裳而祭，不朝服，未純吉也，於成人爲釋禫之服。（七）成，成人也。縞冠，未純吉祭服也，既祥祭乃素縞麻衣。（八）凡奔喪，謂道遠已殯乃來也。爲母不括髮，以至成服一而已，貶於父也。即位以下於父母同也。三日五哭者，始至訖夕，反位哭乃出就次，一哭也，與明日又明日之朝夕而五哭。三袒者，始至袒，與明日又明日之朝而三也。（九）謂夫有廢疾他故，若死而無子不受重者。小功，庶婦之服也。凡父母於子，舅姑於婦，將不傳重於適，及將所傳重者非適，服之皆如庶子庶婦也。

《音義》 報音赴。比，必利反 bì（ㄅㄧˋ）。

大傳第十六

《疏》 案鄭《目錄》云:"名曰《大傳》者,以其記祖宗人親之大義。此於《別錄》屬通論。"

16.1

【原文】

禮,不王不禘。王者禘其祖之所自出,以其祖配之(一)。諸侯及其大祖(二)。大夫士有大事,省於其君,干祫及其高祖(三)。

牧之野,武王之大事也。既事而退,柴於上帝,祈於社,設奠於牧室(四),遂率天下諸侯,執豆籩,逡奔走(五),追王大王亶父、王季歷、文王昌,不以卑臨尊也(六)。

【譯文】

禮制規定,不是帝王不得舉行祀天的禘祭。帝王禘祭其先祖所由生的天,以其先祖配享。諸侯到祖廟去祭祀其最初受封的太祖。大夫士在敵寇來犯的大事中有勳勞,爲其國君所善待,可在墠場合祭其先人直到高祖。

牧野一戰,是周武王最重大的事件哩。戰事結束又退了回來,向天帝燔柴祭告,向后土祈禱,在牧野的館室陳設酒食祭奠,於是率領天下諸侯,携帶豆籩等祭器,急速奔走回祖廟,追尊古公亶父爲太王、季歷爲帝王、姬昌爲文王,這是爲了不使以往諸侯的卑名面臨如今天子的尊號嘛。

【古注】

《注》 (一)凡大祭曰禘。自,由也。大祭其先祖所由生,謂郊祀天也。王者之先祖皆感大微五帝之精以生,蒼則靈威仰,赤則赤熛怒,黄則含樞紐,白則白招拒,黑則汁光紀,皆用正歲之正月郊祭之,蓋特尊焉。《孝經》曰:"郊祀后稷以配天。"配威靈仰也;"宗祀文王於明堂以配上帝。"汎配五帝也。(二)大祖,受封君也。(三)大事,寇戎之事也。省,善也。善於其君,謂免於大難也。干猶空也,空祫,謂無廟祫,祭之於壇墠。(四)柴、祈、奠,告天地及先祖也。牧室,牧野之室也。古昔郊關皆有館焉。先祖者,行主也。(五)逡,疾也。疾奔走,言勸事也。《周頌》曰:"逡奔走在廟。"(六)不用諸侯之號臨天子也。文王稱王早矣,於殷猶爲諸侯,於是著焉。

《音義》 省,案《爾雅》云,省即訓善,息靖反 xǐng(ㄒㄧㄥˇ)。逡,息俊反 jùn(ㄐㄩㄣˋ)。亶,丁但反 dǎn(ㄉㄢˇ)。父音甫。

16.2

【原文】

上治祖禰,尊尊也;下治子孫,親親也;旁治昆弟,合族以食,序以昭繆,別之以禮義,人道竭矣(一)。

聖人南面而聽天下,所且先者五,民不與焉(二):一曰治親,二曰報功,三曰舉賢,四曰使能,五曰存愛(三)。五者一得於天下,民無不足、無不贍者;五者一物紕繆,民莫得其死(四)。聖人南面而治天下,必自人道始矣(五):立權度量,考文章,改正朔,易服色,殊徽號,異器械,別衣服,此其所得與民變革者也(六)。其不可得變革者則有矣:親親也,尊尊也,長長也,男女有別,此其不可得與民變革者也(七)。

【譯文】

對上整治父祖廟,爲了尊敬尊長嘛;對下整治子孫,爲了親近親人嘛;向旁疏理兄弟,用飲食聚合族人,用左昭右穆排列順序,用禮儀區別他們,人生道路竭盡無遺了呀。

聖人坐北朝南登極就天下之大位,首先要做的事有五件,民間瑣事姑且不干與:第一件是處理親屬間的關係,第二件是酬報功臣,第三件是舉薦賢德之士,第四件是任使有才能的人,第五件是存恤有愛心的人。這五件事能在天下完全得到貫徹,人民就會没人不滿足、没人得不到贍養的;這五件事有一件出現紕謬,人民就無法生存下去。聖人坐北朝南治理天下,必定從人生道路開始做起呀:確立度量衡,考校禮法制度,更改正朔曆法,易換車馬服色,改變旌旗標誌,制作不同的禮樂兵甲器械,區別吉凶服制,這些都是得爲民變革的項目嘛。那些不可變革的事物也有呀:孝順父母嘛,尊敬先祖嘛,善事兄長嘛,男女之間要有區別,這些都是不可給與人民變革的事物嘛。

【古注】

《注》 (一)治,猶正也。繆讀爲穆,聲之誤也。竭,盡也。(二)且先,言未遑餘事。(三)功,功臣也。存,察也,察有仁愛也。(四)物,猶事也。紕繆,猶錯也。五事得則民足,一事失則民不得其死,明政之難。(五)人道,謂此五事。(六)權,稱也。度,丈尺也。量,斗斛也。文章,禮法也。服色,車馬也。徽號,旌旗之名也。器械,禮樂之器及兵甲也。衣服,吉凶之制也。徽或作褘。(七)四者人道之常。

《疏》 昭繆,繆者木。贍,食艷反 shàn(ㄕㄢˋ)。紕繆,繆音謬,本或作謬。

16.3

【原文】

同姓從宗,合族屬;異姓主名治際會,名著而男女有别(一)。其夫屬乎父道者,妻皆母道也;其夫屬乎子道者,妻皆婦道也(二)。謂弟之妻婦者,是嫂亦可謂之母乎(三)?名者,人治之大者也,可無慎乎(四)?

四世而緦,服之窮也;五世袒免,殺同姓也;六世親屬竭矣(五)。其庶姓别於上,而戚單於下,昏姻可以通乎(六)?繫之以姓而弗别,綴之以食而弗殊,雖百世而昏姻不通者,周道然也(七)。

服術有六:一曰親親,二曰尊尊,三曰名,四曰出入,五曰長幼,六曰從服(八)。

從服有六:有屬從(九),有徒從(十),有從有服而無服(十一),有從無服而有服(十二),有從重而輕(十三),有從輕而重(十四)。

【譯文】

同姓子弟隨從大宗,合聚一族的親屬;嫁進門的外姓按照丈夫名分處理婚喪祭祀會聚時的交際,名分顯著之後男女才便於分别。她們的丈夫屬於父輩的話,妻室全是母輩嘛;她們的丈夫屬於子輩的話,妻室全是媳婦輩嘛。要是管弟弟的妻室叫媳婦的話,這位嫂子莫非也可以稱之爲母親嗎?名分這件事,是人倫治理的大事哩,能不謹慎對待嗎?

親族至第四代相互服喪著緦麻服,這是喪服的終極哩;第五代親的喪事只袒露左臂用布纏頭,遞減於同姓嘛;第六代的親屬關係便結束了呀。這些出自同一高祖分别立宗的衆多子孫,而他們的親戚關係既然已經結束,婚姻可以互通嗎?用姓將他們繫結着而不可區别,用飲食把他們連綴在一起而不能殊異,縱然百世而婚姻不得相通的規定,周禮是這樣的嘛。

服喪的道術有六:第一是最親的親人,第二是最尊貴的尊長,第三是有名分的婦族,第四是嫁出和待嫁的女子,第五是成人和殤,第六是夫隨妻和妻隨夫的喪服。

隨從的喪服有六種:有因親屬關係隨從服喪的,有非親屬關係而隨從服喪的,有隨從有喪服而自己没有喪服的,有隨從無喪服而自己必須服喪的,有隨從重喪服而自己只需服輕喪的,有隨從輕喪服而自己則需服重喪的情形。

【古注】

《注》 (一)合,合之宗子之家序昭穆也。異姓,謂來嫁者也,主於母與婦之名耳。際會,昏禮交接之會也。著,明也,母婦之名不明則人倫亂也,亂者若衛宣公、楚平王爲子取而自納焉。(二)言母婦無昭穆,於此統於夫耳。母焉則尊之,婦焉則卑之,尊之卑之明非己倫以厚別也。(三)言不可也。謂之婦與嫂者,以其在己之列,以名遠之耳,復謂嫂爲母,則令昭穆不明。昆弟之妻、夫之昆弟,不相爲服,不成其親也。男女無親,則遠於相見。(四)人治所以正人。(五)四世共高祖,五世高祖昆弟,六世以外親盡無屬名。(六)問之也。玄孫之子,姓別於高祖,五世而無服,姓世所由生。(七)周之禮所建者,長也。姓,正姓也。始祖爲正姓,高祖爲庶姓;繫之弗別,謂若今宗室屬籍也,《周禮》:"小史掌定繫世,辨昭穆。"(八)術猶道也。親親,父母爲首。尊尊,君爲首。名,世母叔母之屬也。出入,女子子嫁者及在室者。長幼,成人及殤也。從服,若夫爲妻之父母、妻爲夫之黨服。(九)子爲母之黨。(十)臣爲君之黨。(十一)公子爲其妻之父母。(十二)公子之妻爲公子之外兄弟。(十三)夫爲妻之父母。(十四)公子之妻爲其皇姑。

16.4

【原文】

自仁率親,等而上之至于祖,名曰輕;自義率祖,順而下之至于禰,名曰重。一輕一重,其義然也(一)。

君有合族之道,族人不得以其戚戚君位也(二)。

庶子不祭,明其宗也。庶子不得爲長子三年,不繼祖也(三)。別子爲祖(四),繼別爲宗(五),繼禰者爲小宗(六)。有百世不遷之宗,有五世則遷之宗。百世不遷者,別子之後也。宗其繼別子之所自出者,百世不遷者也;宗其繼高祖者,五世則遷者也。尊祖故敬宗,敬宗尊祖之義也(七)。

【譯文】

用遵循父母的仁恩,逐層往上推到祖先,仁恩的名聲漸輕;用遵循祖先的道義,順次向下推到父母的亡靈,祖先道義的名聲爲重。有輕有重,喪服的涵義就是這樣來的嘛。

君王有合聚族人的道理,族人不得以自己是親戚便去親近君位哩。

庶子不主持祭祀,用以彰明其宗主嘛。庶子不得爲長子服喪三年,因其不繼承祖廟的緣故嘛。嫡長子以外的別子成爲後世的始祖,繼承別子的嫡子嫡孫是大宗,繼承父廟的嫡子爲小宗。有百世不變遷的大宗,有五世就得變遷的小宗。百世不變遷的,是別子的後裔嘛。宗仰那繼承別子的出自嫡子的宗,便是百世不變遷的大宗嘛;宗仰那繼承高祖廟的,便是五世就變遷的小宗嘛。尊崇先祖故而敬重宗主,這就是敬宗尊祖的涵義嘛。

【古注】

《注》 (一)自猶用也。率,循也。用恩則父母重而祖輕,用義則祖重而父母輕,恩重者爲之三年，義重者爲之齊衰。然，如是也。(二)君恩可以下施，而族人皆臣也，不得以父兄子弟之親自戚於君位，謂齒列也，所以尊君别嫌也。(三)明猶尊也，一統焉。族人上不戚君，下又辟宗，乃後能相序。(四)别子，謂公子若始來在此國者，後世以爲祖也。(五)别子之世適也，族人尊之謂之大宗，是宗子也。(六)父之適也，兄弟尊之謂之小宗。(七)遷猶變易也。繼别子，别子之世適也。繼高祖者亦小宗也，先言繼禰者，據别子子弟之子也，以高祖與禰皆有繼者，則曾祖亦有也，則小宗四與大宗凡五。

16.5

【原文】

有小宗而無大宗者，有大宗而無小宗者，有無宗亦莫之宗者，公子是也(一)。公子有宗道：公子之公，爲其士大夫之庶者，宗其士大夫之適者，公子之宗道也(二)。

絶族無移服(三)，親者屬也(四)。

自仁率親，等而上之至于祖，自義率祖，順而下之至于禰，是故人道親親也(五)。親親故尊祖，尊祖故敬宗，敬宗故收族，收族故宗廟嚴，宗廟嚴故重社稷，重社稷故愛百姓，愛百姓故刑罰中，刑罰中故庶民安，庶民安故財用足，財用足故百志成，百志成故禮俗刑，禮俗刑然後樂(六)。《詩》云："不顯不承，無斁於人斯。"此之謂也(七)。

【譯文】

當朝國君的兄弟有的有小宗而没有大宗的，有的有大宗却没有小宗的，還有的既没有其他公子可爲宗也没有其他公子來主領宗族的，先君的公子有此三種情形嘛。公子有族人來與之爲宗之道：衆公子的國君，爲其任士大夫的庶出兄弟，立其任士大夫的親嫡兄弟爲宗，這就是公子的宗道嘛。

五世後族親斷絶便不再互相服喪，有親緣的各按其所屬的親疏關係服喪嘛。

用父母的仁恩爲因循，逐層往上推到祖先，用祖先的道義爲因循，順次向下推到父母的亡靈，這樣一來，人們就會稱道孝順父母嘛。能孝順父母必定會尊崇祖先，能尊崇祖先必定會敬重宗主，能敬重宗主必定會收攏族人，能收攏族人必定會使宗廟有尊嚴，宗廟有尊嚴必定會重視社稷，能重視社稷必定會愛護百姓，能愛護百姓必定會使刑罰中正，刑罰中正必定會使民衆安寧，民衆安寧必定會使財用豐足，財用豐足必定會使各種志願有成就，百志有成就必定會使禮俗端正，禮俗端正然後舉國才會歡樂。《詩經·周頌·清廟》中有云："彰顯和繼承文王的大功德，貫徹下去無人會對此厭棄。"説的就是這個意思嘛。

【古注】

《注》 (一)公子有此三事也。公子,謂先君之子,今君昆弟。(二)公子不得宗君。君命適昆弟爲之宗,使之宗之是公子之宗道也。所宗者適則如大宗,死爲之齊衰九月,其母則小君也,爲其妻齊衰三月。無適而宗庶則如小宗,死爲之大功九月,其母妻無服。公子唯己而已則無所宗,亦莫之宗。(三)族昆弟之子不相爲服。(四)有親者服,各以其屬親疏。(五)言先有恩。(六)收族,序以昭穆也。嚴猶尊也,《孝經》曰"孝莫大於嚴父"。百志,人之志意所欲也。刑猶成也。(七)斁,厭也。言文王之德不顯乎?不承成先人之業乎?言其顯且承之,人樂之無厭也。

《音義》 移服,移猶旁也。斁音亦

【淺悟】

古籍中凡所提到的"聖人",前面已説過,一般是指堯舜時以天下爲公時代的天子。本篇中的"聖人南面而聽天下"一節也不例外。那時的治政方略,永遠有借鑒意義,包括其中提到的"男女有别"。

篇末的"愛百姓故刑罰中"一語,很值得玩味。自古至今,只有欺壓百姓的官僚,決無欺壓官僚的百姓。執掌着生殺大權的官員,能否剛正不阿地秉公執法,關鍵就在對待百姓的態度上:愛護百姓、憂民之所憂的官,就一定能做到;那種瞞上欺下、官官相護、貪贓枉法的官,等於是百姓養活的明火執仗的强人。這後者,恰是家天下永遠無法治癒的癰疽。

孔穎達將"百姓"疏解爲"百官",莫非愛護百官就能使刑罰公正?顯然不是這麽回事。

少儀第十七

《疏》 案鄭《目録》云:"名曰《少儀》者,以其記相見及薦羞之小威儀。少猶小也。此於《别録》屬制度。"

17.1

【原文】

聞始見君子者,辭曰:"某固願聞名於將命者[一]。"不得階主[二]。敵者曰:"某固願見[三]。"罕見曰"聞名[四]"。亟見曰"朝夕[五]"。瞽曰"聞名[六]"。

適有喪者曰"比[七]",童子曰"聽事[八]"。適公卿之喪,則曰"聽役於司徒[九]"。

君將適他,臣如致金玉貨貝於君,則曰"致馬資於有司"。敵者曰"贈從者[十]"。

臣致襚於君,則曰"致廢衣於賈人"。敵者曰"襚[十一]"。親者兄弟,不以襚進[十二]。臣爲君喪,納貨貝於君,則曰"納甸於有司[十三]";賵馬入廟門[十四];賻馬、與其幣、大白兵車不入廟門[十五]。

【譯文】

據聞初次去見君子的話,話要這樣説:"某願向傳話的人通報自己的名字。"不得徑直進去見主人。初次去見跟自己身分相當的人要這樣説:"某願見到傳話的人。"去見很少會面的人要像見君子時所説的"聞名"那番話。去見屢次相見的人通報時要加進"朝夕"二字。去見盲人也要像見君子時所説的"聞名"那套話。

到有喪事的人那裏要這樣説:"某願在傳話人身邊比擬着做事。"如果去的是童子要這樣説:"某願到傳話人那裏去聽差。"去參加公卿的喪事,就要這樣説:"願聽從司徒的役使。"

國君將到其他國家去朝會,臣子如果送金玉錢幣給國君,就説"送給有司一點買馬的費用"。送給身分跟自己相當的人則説"贈給隨從者"。

臣下到遭喪的國君那裏向死者贈送衣被,就説"送的是從商人那裏買的襚衣”。送給地位跟自己相當的人則説“向死者贈送衣被”。死者如果是親戚的兄弟，贈送的衣物不需通過傳話人轉達。臣爲國君的喪事，向國君繳納貨幣，就説“繳納給有司的都是田野的産物”；送給死者的車馬直接進入廟門；送給主人用於喪事的馬、給與死者的幣帛、插有大白旗的兵車，不得進入廟門。

【古注】

《注》 (一)君子，卿大夫若有異德者。固，如故也。將猶奉也。即君子之門而云“願以名聞於奉命者”，謙遠之也，重則云“固奉命傳辭出入”。(二)階，上進者，言賓之辭不得指斥主人。(三)敵，當也。願見，願見於將命者，謙也。(四)罕，希也。希相見，雖於敵者，猶爲尊主之辭，如於君子。(五)，亟，數也。於君子則曰“某願朝夕聞名於將命者”，於敵者則曰“某願朝夕見於將命者”。(六)瞽，無目也。以無目，辭不稱見。(七)適，之也。曰“某願比於將命者”，比猶比方，俱給事。(八)曰“某願聽事於將命者”。童子未成人，不敢當相見之禮。(九)喪憂戚，無賓主之禮，皆爲執事來也。(十)適他，行朝會也。資猶用也。贈，送也。(十一)言襚衣不必以其斂也。賈人知物善惡也，《周禮·玉府》：“掌凡王之獻金玉、兵器、文織、良貨賄之物，受而藏之。”有賈八人。(十二)不執將命者，以即陳而已。(十三)甸，謂田野之物。(十四)以其主於死者。(十五)以其主於生人也。兵車，革路也。雖爲死者來，陳之於外，戰伐田獵之服非盛者也。《周禮》“革路，建大白以即戎”。

《音義》 適他，音失。襚音遂。賈音估。賵，芳仲反 fèng(ㄈㄥˋ)。賻音附。亟，去冀反 qì(ㄑㄧˋ)。

《疏》 聞始見君子者，謂作記之人心自謙退，不敢自專制其儀，而傳聞舊説，故云。某，客名也。將命，謂出入通客主之言語者也。

17.2

【原文】

賻者既致命，坐委之，擯者舉之，主人無親受也(一)。

受立，授立，不坐(二)。性之直者，則有之矣(三)。始入而辭：曰“辭矣”；即席，曰“可矣(四)”。排闔説屨於户内者，一人而已矣(五)，有尊長在則否(六)。

問品味，曰：“子亟食於某乎？”問道藝曰：“子習於某乎？子善於某乎(七)？”不疑在躬(八)，不度民械(九)，不願於大家(十)，不訾重器(十一)。氾埽曰埽，埽席前曰拚，拚席不以鬣，執箕膺擖(十二)。

【譯文】

來贈送財物助喪的人表達完來意，便跪着把贈物擺在當地，由接待客人的擯者將東西拿起，主人没有心思親自接受嘛。

接受饋贈的尊者站着，贈予者當然也得站着，不可坐着。不過尊者天生矮小需要跪下授予，這種情形則是有的呀。開始進門賓主相互辭讓：擯者告訴主人説"請客人先進去呀";走上席位時,擯者説"可以了,就座呀"。推開門把鞋脱在門内的,只從來賓中推選一人就行了呀,此時已有尊長在裏面就都把鞋脱在門外。

賓主互相詢問愛吃的食物品種和口味,應這樣説:"您經常吃某種餚饌嗎?"詢問道藝應這樣説:"您對某學科經常練習嗎?您善於某項技藝嗎?"不使懷疑出現在自身,不揣度民家的器械,不羡慕富貴廣大之家,不尋思人家的寶器。各處都掃叫掃,只掃席前叫拚,拚坐席前不使用苕帚,拿簸箕使箕舌朝向自己的胸前。

【古注】

《注》 (一)喪者非尸柩之事則不親也。舉之,舉以東。(二)由便。(三)有之,有跪者也,謂受授於尊者,而尊者短則跪,不敢以長臨之。(四)可猶止也。謂擯者爲賓主之節也,始入則告之辭,至就席則止其辭。(五)雖衆敵猶有所尊也。(六)在,在内也,後來之衆皆説屨於户外。(七)不斥人,謙也。道,三德三行也;藝,六藝。(八)躬,身也。不服行所不知使身疑也。(九)械,兵器也。不計度民家之器物使己亦有。(十)大謂富之廣也。(十一)訾,思。重猶寶也。(十二)鬣謂帚也。帚恒埽地,不潔清也。膺,親也。擖,舌也。持箕將去糞者,以舌自鄉。

《音義》 説,吐活反 tuō(ㄊㄨㄛ),本又作脱。度,大洛反 duò(ㄉㄨㄛˋ),計也。拚,弗運反 fèn(ㄈㄣˋ),又作擇。鬣,力輒反 liè(ㄌㄧㄝˋ)。膺,於陵反 yēng(ㄧㄥ),胸前也。擖,以涉反 yè(ㄧㄝˋ),舌也。

17.3

【原文】

不貳問(一)。問卜筮曰:"義與?志與?義則可問,志則否(二)。"

尊長於己踰等,不敢問其年(三),燕見不將命(四);遇於道,見則面(五),不請所之(六)。喪俟事,不犆弔(七)。侍坐弗使,不執琴瑟,不畫地,手無容,不翣也(八)。寢則坐而將命(九)。侍射則約矢(十),侍投則擁矢(十一),勝則洗而以請(十二),客亦如之(十三)。不角(十四),不擢馬(十五)。

執君之乘車則坐(十六)。僕者右帶劍,負良綏,申之面,拖諸幦(十七),以散綏升,執轡然後步(十八)。

請見不請退(十九)。朝廷曰退(廿),燕遊曰歸(廿一),師役曰罷(廿二)。

侍坐於君子,君子欠伸、運笏、澤劍首、還屨問日之蚤莫,雖請退可也(廿三)。

【譯文】

不可懷有二心問卜。太卜問卜筮者道:"正事還是私意?正事則可問,私意則不占。"

尊長比自己輩分高,不敢問他的年紀,私下拜見不需傳話人通報;在路上相遇，召見就去會面，不得詢問去何處。弔喪要等人家朝夕哭時前往，不可單獨去弔。陪坐時未經支使，不可操起琴瑟，不可在地上畫，不要搬弄手指，不敢搧扇子嘛。尊長躺着就得坐着爲他進出傳話。服侍射箭就爲尊長拿着一束箭，服侍投壺就抱着箭，得勝就洗杯斟酒請輸家飲，客人也這樣做。罰酒不使用容量大的角杯，贏家不得撤去輸家投壺得中的籌馬。

駕馭國君的乘車要手執馬繮坐在車上等。此僕人把劍跨在大帶的右邊，把國君登車挽手的精良繩索背到肩上，延伸到面前，拖至遮蓋車軾的幦闌上，自己挽着散綏上車，手執馬繮然後趕車前行五步等候着國君。

對尊長只請求接見不請求告退。朝廷散朝叫退，燕飲遊玩回來叫歸，軍隊戍邊還朝叫疲。

在君子身邊侍坐，君子打哈欠伸懶腰，玩弄笏板，揩拭劍柄頂端的飾物，旋轉鞋子問天色早晚，即便請求告退是可以的嘛。

【古注】

《注》 (一)當正己之心以問吉凶於蓍龜，不得於正凶則卜筮其權也。(二)大卜問來卜筮者也。義，正事也；志，私意也。(三)踰等，父兄黨也。問年則己恭孫之心不全。(四)自不用賓主之正，來則若子弟然。(五)可以隱則隱，不敢煩動也。(六)尊長所之或卑褻。(七)亦不敢故煩動也。事朝夕哭時。(八)端慤所以爲敬也。尊長或使彈琴瑟，則爲之可。(九)命有所傳辭也，坐者不敢臨之。(十)不敢與之拾取也。(十一)不敢釋於地也。投，投壺也，投壺坐。(十二)洗爵請行觴，不敢直飲之。(十三)客射若投壺不勝主人，亦洗而請之。(十四)角謂觥，罰爵也。於尊長與客如獻酬之爵。(十五)擢，去也，謂徹也。已徹馬，嫌勝，故專之。(十六)執，執轡。謂守之也，君不在中坐，示不行也。(十七)面，前也。幦，覆笭也。良綏，君綏也，負之由左肩上入右腋下，申之於前覆笭上也。(十八)步，行也。(十九)去止不敢自由。(廿)近君爲進。(廿一)禮，褻主於家也。(廿二)罷之言罷勞也，《春秋傳》曰"師還曰疲"。(廿三)以此皆解卷之狀。伸，頻伸也。運、澤，皆玩弄也，金器弄之，易以汗澤。

《音義》 犆音特，本亦作特。翣，本亦作萋，所角反 shà(ㄕㄚˋ)，盧云扇也。擢，直角反 zhuó(ㄓㄨㄛˊ)。幦音覓。拖，徒可反 tuō(ㄊㄨㄛ)，引也。轡，冰媚反 pèi(ㄆㄟˋ)。罷音皮。還音旋。蚤音早。莫音暮。

《疏》 不二問者，凡卜筮之法，當正己心志而來問於蓍龜則得吉兆，若二心不正必凶，則卜筮權者妄告。問卜筮曰義與志與者，謂太卜問來卜筮者，爲是道理正義與？爲是私意志與？若卜筮者是公義則可爲卜筮，若所問是私心志意則不爲之卜筮。

17.4

【原文】

事君者，量而后入，不入而后量。凡乞假於人、爲人從事者亦然，然故上無怨而下遠罪也(一)。不窺密(二)，不旁狎(三)，不道舊故(四)，不戲色(五)。

爲人臣下者，有諫而無訕，有亡而無疾（六）；頌而無諂，諫而無驕（七）；怠則張而相之（八），廢則埽而更之（九），謂之社稷之役（十）。

毋拔來，毋報往（十一），毋瀆神（十二），毋循枉（十三），毋測未至（十四）。士依於德，游於藝（十五）。工依於法，游於説（十六）。毋訾衣服成器（十七），毋身質言語（十八）。言語之美，穆穆皇皇；朝廷之美，濟濟翔翔；祭祀之美，齊齊皇皇；車馬之美，匪匪翼翼；鸞和之美，肅肅雍雍（十九）。

【譯文】

想服事國君的話，要衡量自己能勝任之後再仕進，不可仕進之後才衡量能否勝任。凡是向人求借東西、替人辦事之類也應這樣。這樣必會使上頭没有埋怨，而且自己在下頭可以遠離罪責嘛。此外還應注意不窺探隱密，不非分狎近，不談論舊友的事故，不調戲美色。

作爲别人臣下的人，君有過錯要當面規諫却不背地謗訕，規諫不聽可以出亡而不疾恨；稱頌時不夾雜諂諛之言，規諫而無驕慢之態；君上怠惰就奮起張羅並佐助他，政教廢壞就掃除障礙並更改舊制，可稱他是土神穀神的僕役。

不要急於來，不要急於去，不可褻瀆神祇，不可因循邪枉，不可揣測未來。士要以德行爲依托，在禮樂射御書數這六藝中優游。百工要以法度爲依托，在規矩尺寸的申説中優游。不要思慕衣服和美好的器物，不要親自評定可疑的傳聞。説話時的儀容要端莊而優美；在朝廷上的儀容要有威儀且安祥；祭祀時的儀容要恭敬而心馳神往；乘車馬時儀容要行進不止而不失整飭；車馬鸞鈴和鈴的儀狀，要嚴正而和諧。

【古注】

《注》 （一）量，量其事意合成否。（二）嫌伺人之私也。密，隱曲處也。（三）妄相服習，終或爭訟。（四）言知識之過失損友也，孔子曰："故舊不遺，則民不偷。"（五）暫變傾顔色爲非常，則人不長失敬也。（六）亡，去也。疾，惡也。（七）頌謂將順其美，匡救其惡。驕謂恃知而慢也。（八）怠，惰也。相，助也。（九）廢，政教壞亂不可因也。（十）役，爲也。（十一）報讀爲赴疾之赴。拔、赴皆疾也。人來往所之常有宿漸，不可卒也。（十二）瀆謂數而不敬。（十三）前日之不正不可復遵行以自伸。（十四）測，意度也。（十五）德，三德也：一曰至德，二曰敏德，三曰孝德。藝，六藝也：一曰五禮，二曰六樂，三曰五射，四曰五御，五曰六書，六曰九數。（十六）法謂規矩尺寸之數也，説謂鴻殺之意所宜也。《考工記》曰："薄厚之所震動，清濁之所由出，侈弇之所由興，有説。"説或爲申。（十七）訾，思也。成猶善也。思此則疾貧也。（十八）質，成也。聞疑則傳疑，若成之或有所誤也。（十九）匪讀如四牡騑騑。齊齊皇皇讀如歸往之往。美皆當爲儀，字之誤也。《周禮》："教國子六儀，一曰祭祀之容，二曰賓客之容，三曰朝廷之容，四曰喪紀之容，五曰軍旅之容，六曰車馬之容。"

《音義》 諂，勑檢反 chǎn（ㄔㄢˇ）。報音赴。説，始鋭反 shuì（ㄕㄨㄟˋ）。美音儀，出《注》。皇音往。匪讀爲騑，芳非反 fēi（ㄈㄟ）。

17.5

【原文】

問國君之子長幼，長則曰"能從社稷之事矣"，幼則曰"能御""未能御（一）"；問大夫之子長幼，長則曰"能從樂人之事矣"，幼則曰"能正於樂人""未能正於樂人（二）"；問士之子長幼，長則曰"能耕矣"，幼則曰"能負薪""未能負薪（三）"。

執玉、執龜筴不趨，堂上不趨，城上不趨（四）。武車不式，介者不拜（五）。

婦人吉事，雖有君賜肅拜；爲尸坐則不手拜，肅拜；爲喪主則不手拜（六）。葛絰而麻帶（七）。取俎進俎不坐（八），執虚如執盈，入虚如有人（九）。凡祭於室中，堂上無跣，燕則有之（十）。未嘗不食新（十一）。

【譯文】

問國君的公子長幼，年長就回答説"能處理社稷的事務啦"，年幼就回答説"能駕御自己"或"未能駕御自己"；詢問大夫之子長幼，年長就回答説"能從事樂人的技藝啦"，年幼就回答説"能就正於樂人"或"未能就正於樂人"；詢問士的兒子長幼，年長就回答説"能耕作啦"，年幼就回答説"能背柴火"或"未能背柴火"。

手上端着玉、端着龜策不疾走，堂上不疾走，城上不疾走。兵車上不手扶車式示敬，穿鎧甲的武士不下拜。

婦人有吉事，唯對國君的賞賜行低頭的肅拜禮；如果代死者受祭的尸坐着就不拱手揖拜，只低頭肅拜；擔任喪主也不拱手揖拜。虞祭卒哭後葛絰要換成麻帶。取俎進俎不坐，端着空器皿要像端着盛滿東西的器皿那樣，進入空屋要像裏面有人那樣。凡在室内、堂上祭祀都不能光着脚，祭完燕私時則有脱鞋的規矩。秋天五穀收穫没舉行嘗祭不得吃新糧食。

【古注】

《注》 （一）御謂御事。（二）正，樂政也。《周禮・大司樂》："以樂德教國子中、和、祇、庸、孝、友，以樂語教國子興道、諷誦、言語，以樂舞教國子舞雲門、大卷、大咸、大韶、大夏、大濩、大武。"（三）士禄薄，子以農事爲業。（四）於重器，於近尊，於迫狹無容也。步張足曰趨。（五）兵車不以容禮下人也，車中之拜，肅拜。（六）肅拜，拜低頭也。手拜，手至地也。婦人以肅拜爲正，凶事乃手拜耳。爲尸，爲祖姑之尸也。《士虞禮》曰"男男尸，女女尸"。爲喪主不手拜者，爲夫與長子當稽顙也，其餘亦手拜而已。雖或爲唯。或曰"喪爲主則不手拜，肅拜也"。（七）謂既虞卒哭也。帶所以自結束也，婦人質，少變於喪之帶，有除而無變。（八）以其有足，亦柄尺之類。（九）重慎。（十）祭不跣者，主敬也。燕則有跣，爲歡也。天子諸侯祭有坐尸於堂之禮，祭所尊在室，燕所尊在堂。將燕，降説屨乃升堂。（十一）嘗，謂薦新物於寢廟。

《**音義**》 筴音策。跣，悉典反 xiǎn(ㄒㄧㄢˇ)。

17.6

【原文】

僕於君子，君子升下則授綏。始乘則式君子下行，然後還立(一)。

乘貳車則式，佐車則否(二)。貳車者，諸侯七乘，上大夫五乘，下大夫三乘(三)。有貳車者之乘馬、服車，不齒(四)；觀君子之衣服、服劍、乘馬，弗賈(五)。其以乘壺酒、束脩、一犬賜人，若獻人，則陳酒執脩以將命，亦曰乘壺酒、束脩、一犬；以其鼎肉，則執以將命(七)；其禽加於一雙，則執一雙以將命，委其餘(八)；犬則執緤，守犬、田犬則授擯者；既受，乃問犬名；牛則執紖，馬則執靮，皆右之(九)；臣則左之(十)；車則説綏，執以將命；甲若有以前之，則執以將命，無以前之，則袒櫜奉胄(十一)；器則執蓋(十二)，弓則以左手屈韣執拊(十三)，劍則啟櫝，蓋襲之，加夫襓與劍焉(十四)。笏、書、脩、苞苴、弓、茵、席、枕、几、熲、杖、琴、瑟、戈有刃者櫝、筴、籥，其執之皆尚左手(十五)。刀卻刃授穎，削授拊(十六)。凡有刺刃者，以授人則辟刃(十七)。乘兵車，出先刃，入後刃(十八)。軍尚左(十九)，卒尚右(廿)。賓客主恭，祭祀主敬，喪事主哀，會同主詡(廿一)。軍旅思險，隱情以虞(廿二)。

【譯文】

爲君子駕車，君子上下車都要遞挽車繩。開始僕者乘上車便以手扶軾恭候君子下行，然後掉轉車停住等待君子出發。

乘通常的副車就要行扶軾禮，乘征戰和打獵的副車就不行扶軾禮。副車有規定，諸侯七乘，上大夫五乘，下大夫三乘。有副車者所駕的馬、所乘的車，不以年齒論；看君子的衣服、佩劍、車輛馬匹，不以價格論。如果拿四壺酒、十條肉脯、一隻狗賞賜給人，或進獻給尊者，就把酒陳列在門外只提着肉脯交給傳話的將命，也稱四壺酒、十條肉脯、一隻狗；要是進獻鼎肉，就提着交給傳話的將命；要是進獻禽類超過一對，就提着一對交給將命，餘者都置於門外；狗就牽着繫索，家犬、獵犬就交給接待客人的擯者，接受後，自然要問犬名；牛就牽着牛鼻繩，馬則牽着馬繮，皆用右手牽；獻戰俘則用左手抓其右臂；獻車則脱下挽手登車的繩索，拿給將命；獻鎧甲如果還有前面那些物品，就拿着交給將命，若没有那些物品，就袒露出裝在袋中的鎧甲奉上頭盔；

獻器物就只拿着蓋子，獻弓就用左手褪下弓套抓着弓背，獻劍就先打開劍匣，拿出劍再合上蓋子，把劍插進劍鞘放在匣蓋上。進獻笏、書籍、肉脯、用草包裹着的魚肉、弓、坐墊、草席、枕頭、几案、警枕、手杖、琴、瑟、裝在匣中有刃的戈、蓍筴、籥笛等，拿着這些物品，都得將左手放在上端。獻刀要將刀刃掉轉過來遮上刀鐶，曲刀就遮上刀柄。凡是有刺刃的利器，用來交給人時就得避開鋒刃。乘兵車，出國時兵刃朝前，回國時兵刃朝後。軍隊尚左，士卒尚右。賓客注重謙恭，祭祀注重敬慎，喪事注重悲哀，諸侯會同注重敏捷勇武。軍旅思慮險阻，隱匿實情以測度敵人的意圖。

【古注】

《注》 (一)還車而立以俟其去。(二)貳車佐車皆副車也，朝祀之副曰貳，戎獵之副曰佐。魯莊公敗於乾，時公喪，戎路傳乘而歸。(三)此蓋殷制也。周禮，貳車公九乘，侯伯七乘，子男五乘，卿大夫各如其命之數。(四)尊有爵之物廣敬也。服車，所乘車也，車有新舊。(五)平尊者之物非敬也。(六)陳重者，執輕者，便也。乘壺，四壺也。酒謂清也、糟也，不言陳。犬或無脩者，牽犬以致命也。於卑者曰賜，於尊者曰獻。(七)鼎肉，謂牲體已解可升於鼎。(八)加猶多也。(九)緤、紖、靮，皆所以繫制之者。守犬田犬問名，畜養者當呼之名，謂若韓盧、宋鵲之屬。右之者，執之宜由便也。(十)異於衆物。臣，謂囚俘。(十一)甲，鎧也。有以前之，謂他摯幣也。櫜，弢鎧衣也。胄，兜鍪也。袒其衣，出兜鍪以致命。(十二)謂有表裏。(十三)韣，弓衣也，左手屈衣并於拊執之，而右手執簫。(十四)櫝謂劍函也。襲，卻合之。夫襓，劍衣也，加劍於衣上。夫或爲煩，皆發聲。(十五)苞苴，謂編束萑葦以裹魚肉也。茵，著蓐也。頻，警枕也。筴，蓍也。籥如笛，三孔，皆十六物也。左手執上，上陽也；右手執下，下陰也。(十六)辟用時。穎，鐶也。拊謂把。(十七)辟刃，不以正鄉人也。(十八)不以刃嚮國也。(十九)左陽也，陽主生，將軍有廟，勝之策左；將軍爲上，貴不敗績。(廿)右陰也，陰主殺，卒之行伍以右爲上，示有死志。(廿一)恭在貌也，而敬又在心。詡謂敏而有勇，若齊國佐。(廿二)險，阻，出奇覆謏之處也。隱，意也，思也。虞，度也。當思念己情之所能，以度彼之將然否。

《音義》 賈音嫁。緤，息列反 xiè(ㄒㄧㄝˋ)。紖，丈引反 zhèn(ㄓㄣˋ)。靮，丁歷反 dí(ㄉㄧˊ)。櫜音羔，甲衣也。韣音獨。櫝音獨。襓，如遥反 ráo(ㄖㄠˊ)。頻，京領反 jiǒng(ㄐㄩㄥˇ)，警枕也。穎，役頂反 yǐng(ㄧㄥˇ)。詡，況矩反 xǔ(ㄒㄩˇ)。

《疏》 (一)君子升及下，僕者皆授綏也。始乘則式者，謂是僕者始乘，君子未至，御者則式以待君子升也。君子下行然后還立者，若君子將升，則僕先升；君子下行，則僕後下更還車而立待，君子去後乃敢自安。或云：君車將駕，則僕報策立於馬前；故君子將下車，則僕亦下車立於馬前，待君子下行乃更還車立以俟君去。

17.7

【原文】

燕侍食於君子，則先飯而後已(一)，毋放飯，毋流歠，小飯而亟之(二)。數噍，毋爲口容(三)。客自徹，辭焉則止(四)。

客爵居左，其飲居右[五]。介爵、酢爵、僎爵皆居右[六]。

羞濡魚者進尾[七]，冬右腴[八]，夏右鰭[九]，祭膴[十]。

凡齊，執之以右，居之以左[十一]。

贊幣自左，詔辭自右[十二]。

酌尸之僕，如君之僕[十三]，其在車，則左執轡，右受爵，祭左右軌范，乃飲[十四]。

【譯文】

陪侍在君子身邊燕食，要先嘗飯而且最後吃罷，不要放意用飯，不要像流水般大口喝湯，要小口吃飯急速嚥下。仔細咀嚼，不要使嘴弄出各種形狀。客人吃完撤下自己用過的器具，主人推辭阻撓就停止。

主人酬賓的酒爵放在客人的左邊，給客人飲用的酒爵放在右邊。客人隨從的酒爵、回敬主人用的酒爵、鄉人來觀禮的卿大夫用的酒爵全放在右邊。

進獻溼魚的話魚尾要朝前，冬季使肥厚的魚腹向右，夏季使肥美的脊鰭向右，祭祀要用魚腹下的大塊肉。

凡是醬菜和腌菜，用右手端，放在左邊。

贊助國君接受幣帛要站在國君左邊，爲國君宣讀詔書要站在國君右邊。

斟酒給爲尸駕車的人，如同斟給爲國君駕車的人，其人要是在車上，便左手執馬繮，右手接過酒爵，先祭左右車轂和軾前，然後飲下餘酒。

【古注】

《注》 (一)所以勸也。(二)亟，疾也，備噦噎若見問也。(三)口容，弄口。(四)主人辭其徹。(五)客爵，謂主人所酬賓之爵也，以優賓耳。賓不舉，奠於薦東。(六)三爵皆飲爵也。介，賓之輔也。酢，所以酢主人也。古文禮，僎作遵，遵謂鄉人爲卿大夫來觀禮者。酢或爲作，僎或爲騶。(七)擗之由後，鯁肉易離也。乾魚進首，擗之由前，理易析也。(八)氣在下。腴，腹下也。(九)氣在上。鰭，脊也。(十)膴，大臠，謂刳魚腹也。膴讀如哻。(十一)齊，謂食羹醬飲有齊和者也。居於左手之上，右手執而正之，由便也。(十二)自，由也。謂爲君受幣、爲君出命也，立者尊右。(十三)當其爲尸則尊。(十四)周禮大馭祭、兩軹祭軌，乃飲。軌與軹，於車同謂轊頭也。軌與范聲同，謂軾前也。

《音義》 歠，昌悅反 chuò(ㄔㄨㄛˋ)。亟，紀力反 jí(ㄐㄧˊ)。噍字又作嚼，子笑反 jiào(ㄐㄧㄠˋ)。僎音遵。膴，舊火吳反 hū(ㄏㄨ)。齊，才細反 jī(ㄐㄧ)。

17.8

【原文】

凡羞有俎者，則於俎内祭[一]。君子不食圂腴[二]。小子走而不趨，舉爵則坐祭立飲(三)；凡洗必盥(四)；牛羊之肺，離而不提心(五)；凡羞有湇者，不以齊(六)；爲君子擇葱薤，則絶其本末(七)；羞首者，進喙祭耳(八)；尊者，以酌者之左爲上尊(九)，尊壺者面其鼻(十)；飲酒者，機者、醮者，有折俎不坐(十一)；未步爵，不嘗羞(十二)；牛與羊魚之腥，聶而切之爲膾(十三)；麋鹿爲菹，野豕爲軒，皆聶而不切；麕爲辟雞，兔爲宛脾，皆聶而切之，切葱若薤實之，醯以柔之(十四)。其有折俎者，取祭肺反之，不坐，燔亦如之(十五)。尸則坐(十六)。

【譯文】

凡是膳羞用俎盛着，就在俎内祭。君子不吃犬豬的腸胃。子弟供役使奔走而不得疾趨，飲酒時就舉起酒爵坐着祭食站着飲酒；凡要洗酒爵必須先洗手；牛羊的肺，剖離下來而不割斷中心可提執的部分；凡是進有肉汁的話，不使用醋醬調和；爲君子擇葱薤，就擇掉其根和梢；進牲頭的話，使嘴朝前以便祭耳朵；陳設酒樽的話，以斟酒者的左邊爲首位的酒樽，執掌酒樽酒壺的人面向其柄；飲酒的話，洗完髮飲酒的、行冠禮飲酒的，参與折裂牲體盛進俎中時不能坐着操作；未行酒，不得品嘗膳羞；牛羊魚的生肉，先切成薄片再細切成膾；麋鹿肉製的肉醬，野豬肉切的肉片，都是聶成薄片而不再切；獐子肉製的肉醬、兔肉製的肉醬，都得聶成薄片後再細切，並把切好的葱或薤摻進肉醬裏，再用醋攪拌使之柔軟。其中有向俎内折裂牲體的賓客，取出祭祀用的肺返回坐席，不得就坐；燔炙祭肉也像這樣操作。代神受祭的尸做以上的事時就可以坐着操作。

【古注】

《注》 (一)俎於人爲横，不得祭於間也。(二)《周禮》圂作豢，謂犬豕之屬食米穀者也。腴有似人穢。(三)小子，弟子也，卑，不得與賓介具備禮容也。(四)先盥乃洗爵，先自絜也，盥有不洗也。(五)提猶絶也，刲離之不絶中央少者，使提絶以祭耳。(六)齊，和也。(七)爲有萎乾。(八)耳，出現也。(九)尊者，設尊者也。酌者鄉尊，其左則上尊也。(十)鼻在面中，言鄉人也。(十一)折俎尊，徹之乃坐也。已沐飲曰機，酌始冠曰醮。(十二)步，行也。(十三)聶之言，牒也。先藿葉切之，復報切之則成膾。(十四)此軒、辟雞、宛脾，皆菹類也。其作之狀，以醯與葷菜淹之，殺肉及腥氣也。(十五)亦爲尺柄之類也。燔，炙也。《鄉射》曰："賓奠爵于薦西，興，取肺坐絶祭；左手嚌之，興，加于俎，坐帨手。"(十六)尸尊也。《少牢・饋食禮》曰："尸左執爵，右兼取肝肺，擩于俎鹽，振祭嚌之，加于菹豆。"

《音義》 圂與豢同，音患。湇，起及反 qì(ㄑㄧˋ)。薤，户戒反 xiè(ㄒㄧㄝˋ)。喙，許濊反 huì(ㄏㄨㄟˋ)。機，其記反 jì(ㄐㄧˋ)。醮，子笑反 jiào(ㄐㄧㄠˋ)。聶，之涉反 zhé(ㄓㄜˊ)。膾，古外反 kuài(ㄎㄨㄞˋ)。麋音眉。軒音獻。麕，與倫反 jūn(ㄐㄩㄣ)。辟雞，補麥反 bò(ㄅㄜˋ)。

17.9

【原文】

衣服在躬，而不知其名爲罔(一)。

其未有燭，而後至者，則以在者告。道瞽亦然(二)。凡飲酒爲獻，主者執燭抱燋，客作而辭，然後以授人(三)。執燭不讓、不辭、不歌(四)。洗、盥、執食飲者勿氣，有問焉，則辟咡而對(五)。

爲人祭曰致福，爲己祭而致膳於君子曰膳，祔練曰告(六)。凡膳告於君子，主人展之，以授使者于阼階之南，南面再拜稽首送，反命，主人又再拜稽首(七)。其禮：大牢，則以牛左肩，臂臑，折九箇；少牢，則以羊左肩七箇；犆豕，則以豕左肩五箇(八)。

國家靡敝，則車不雕幾，甲不組縢，食器不刻鏤，君子不履絲屨，馬不常秣(九)。

【譯文】

衣裳服飾在身上，却不知其名義叫做無知。

天色已暗尚未燃燈燭，對後到的客人，主人就將在坐的客人介紹給他。引導盲人也這樣。大凡飲酒使宰夫代爲獻酬，主人要親自手持燈燭懷抱未點燃的火炬，客人一同起身辭謝，然後把燭燋交給下人。手持燈燭不謙讓、不推辭、不歌唱。給尊長打水洗爵、洗手、拿食物飲料的話不要聞氣味，尊長有事要問，就把口側到一旁來回答。

替主人攝祭，把祭完的餘肉分贈給人時稱給與福分，爲自己祭而向君子進獻飲食時稱膳羞，饋贈祔祭練祭的餘肉給君子時稱禀告。凡是向君子進膳和禀告。凡是爲君子獻膳和禀告，主人先要察看送上的飲食，然後到阼階的南邊交給使者，面朝南兩次跪拜叩頭相送，等使者返回復命，主人又兩次跪拜叩頭。此禮規定：祭祀用太牢，就進獻牛左肩、前肢，折成九段；用少牢，就將進獻的羊左肩折成七段；用特豕，就將進獻的豬左肩折成五段。

國家侈靡凋敝，君子的車不雕刻凹凸花紋，不用絲帶結甲繫鎧，食器不刻鏤，不穿絲製的鞋，不用通常的穀物喂馬。

【古注】

《注》 (一)罔猶罔罔無知貌。(二)爲其不見，意欲知之也。師冕見，及階，子曰："階也。"及席，子曰："席也。"皆坐，子告之曰："某在斯，某在斯。"(三)爲宵言也。主人親執燭，敬賓示不倦也。言獻主者，容君使宰夫也。未爇曰燋。(四)以燭繼晝，禮殺。(五)示不敢歆臭也。口旁曰咡。(六)此皆致祭祀之餘。於君子攝主言致福，申其辭也。自祭言膳，嫌也。祔練言告，不敢以爲福膳也。(七)展，省具也。(八)折,斷分之也。皆用左者,右以祭也。羊豕不言臂臑,因牛序之可知。(九)靡敝,賦稅亟也。雕,畫也;幾,附纏爲沂鄂也。組縢,以組飾之及紟帶也。《詩》云"公徒三萬,貝胄朱綅",亦鎧飾也。

《音義》 道瞽,道音導。燋,側角反 jiāo(ㄐㄧㄠ)。辟,匹亦反 pì(ㄆㄧˋ);咡,而志反 èr(ㄦˋ)。臑,奴報反 nào(ㄋㄠˋ)。幾,其衣反 qí(ㄑㄧˊ)。常,恒也。秣音末,穀馬。

《疏》 (一)衣服文章所以表人之德,亦勸人慕德,若著之而不識知其名義者,則是罔罔無知之人也。(二)在者,謂已在於坐者。若日已闇,而坐中未有燭繼,新有人後來至者,則主人以在坐中者而告之云,某人在此,某人在此,使後來人知之也。(三)獻主,主人也。凡飲酒,主人自獻賓,若尊卑不敵,則使宰夫爲主人以獻賓,故爲獻主也。執燭者,謂夜闇執燭;抱燋者,燋謂未爇之炬,既欲留客,又取未然之炬抱之也。客作而辭者,作,起也,客既見主人執燭抱燋,故自起辭之也。主人見客起辭,故從辭而止,乃以燭授已執事之人。(四)禮,賓主有讓及更相辭謝,又各歌《詩》相顯,今既夜莫,所以殺於三事。(五)洗,謂與尊長洗爵也。盥,謂與尊長洗手也。勿氣,謂不鼻臭尊長飲食也。當爲尊長洗盥及執飲食之時,而尊者有事問已,已則辟口而對,不使口氣及尊者。(九)靡謂侈靡,敝謂凋敝。由君造作侈靡,賦稅煩急,則物凋敝,則改往脩來或可。

【淺悟】

高雅的言談舉止,必會受到人們的稱羨。這種高雅的氣質,是在長期的家庭和社會生活環境中由一些相關的小禮儀熏陶出來的。隨着人的文化素養和社會文明程度的提高,人們必將越來越重視自身的小禮儀建設。本篇名曰"少儀",實則全是小禮儀,其中不乏可供借鑒者。

學記第十八

《疏》 按鄭《目録》云："名曰《學記》者，以其記人學教之義。此於《别録》屬通論。"

18.1

【原文】

發慮憲，求善良，足以謏聞，不足以動衆(一)；就賢體遠，足以動衆，未足以化民(二)。君子如欲化民成俗，其必由學乎(三)？

玉不琢，不成器；人不學，不知道。是故古之王者，建國君民，教學爲先(四)。《兑命》曰："念終始典于學。"其此之謂乎(五)？

雖有嘉肴，弗食不知其旨也；雖有至道，弗學不知其善也(六)。是故學然後知不足，教然後知困(七)。知不足，然後能自反也；知困，然後能自强也。故曰：教學相長也(八)。《兑命》曰："學學半。"其此之謂乎(九)？

古之教者，家有塾，黨有庠，術有序，國有學(十)。比年入學(十一)，中年考校(十二)。一年視離經辨志，三年視敬業樂羣，五年視博習親師，七年視論學取友，謂之小成；九年知類通達，强立而不反，謂之大成(十三)。夫然後足以化民易俗，近者説服，而遠者懷之，此大學之道也(十四)。《記》曰："蛾子時術之。"其此之謂乎(十五)？

【譯文】

開發謀慮制訂憲令，求索賢良之士，這樣足以獲取小聲聞，但不足以打動民衆。能親近賢良又能體諒疏遠之士，足以打動民衆，尚未足以感化人民。君子若想教化人民形成好的風俗，那就必須經由學了吧？

玉不雕琢，不能成爲器物；人不學習，便不懂得道理。正因這個緣故，古時候的帝王，建立國家君臨臣民，首先設教立學。《尚書・説命下》有云："心思始終放在學習典籍上。"大概就是指此説的吧？

雖有嘉肴，不吃就不知其味美嘛；雖有最完善的道理，不學就不知其好在哪裏嘛。所以學了之後才能知道自己的不足，教過之後才能知道自己存在的困惑。知道不足，然後才能自我反求嘛；知道困惑，然後才能自勵圖强嘛。所以説，教和學能相互促進嘛。《尚書·説命下》有云："教相當於學的一半。"大概就是指此説的吧？

古時候的教育場所，家有塾，黨有庠，遂有序，國有學。每年一次招生入學，隔年考校一次。第一年審察分章斷句辨别志趣的能力，第三年審察專注學業喜愛羣體的程度，第五年審察廣泛練習親近教師的情形，第七年審察論説學問擇取朋友的情趣，合格的叫小成；第九年主持類似的事物能够暢通無阻，善於獨立思考又不違反正道，這叫大成。這樣之後便足以教化人民改易陋俗，近處的百姓心悦誠服了，便能使遠方的百姓懷德來歸，這就是太學遵循的道路嘛。舊《記》有云："螞蟻的孩子時時學習銜土壘窩的技藝。"大概就是指此事説的吧？

【古注】

《注》 （一）憲，法也，言發計慮當擬度於法式也。求，謂招來也。謏之言，小也。動衆，謂師役之事。（二）就謂躬下之，體猶親也。（三）所學者，聖人之道，在方策。（四）謂内則設師保以教，使國子學焉，外則有大學庠序之官。（五）典，經也，言學之不舍業也。兑，當爲説字之誤也，高宗夢傅説，求而得之，作《説命》三篇，在《尚書》，今亡。（六）旨，美也。（七）學則睹己行之所短，教則見己道之所未達。（八）自反，求諸己也。自强，脩業不敢倦。（九）言學人乃益己之學半。（十）術當爲遂，聲之誤也。古者仕焉而已者，歸教於閭里，朝夕坐於門，門側之堂謂之塾。周禮，五百家爲黨，萬二千五百家爲遂。黨屬於鄉，遂在遠郊之外。（十一）學者每歲來入也。（十二）中猶間也。鄉遂大夫，間歲則考學者之德行道藝。周禮，三歲大比乃考焉。（十三）離經，斷句絶也；辨志，謂别其心意所趣鄉也。知類，知事義之比也。强立，臨事不惑也。不反，不違失師道。（十四）懷，來也、安也。（十五）蛾，蚍蜉也。蚍蜉之子，微蟲耳。時術，蚍蜉之所爲，其功乃復成大垤。

《音義》 謏，思了反 xiǎo(ㄒㄧㄠˇ)；聞音問，聲聞。兑，依《注》作説，音悦。學學半，上胡孝反 xiào(ㄒㄧㄠˋ)，下如字。術音遂。樂羣，樂，五孝反 yào(ㄧㄠˋ)。説服，説音悦。蛾，魚起反 yǐ(ㄧˇ)，或作蟻。

18.2

【原文】

大學始教，皮弁祭菜，示敬道也（一）；《宵雅》肄三，官其始也（二）；入學鼓篋，孫其業也（三）；夏楚二物，收其威也（四）；未卜禘，不視學，游其志也（五）；時觀而弗語，存其心也（六）；幼者聽而弗問，學不躐等也（七）。此七者，教之大倫也（八）。《記》曰："凡學，官先事，士先志。"其此之謂乎（九）？

大學之教也，時教必有正業，退息必有居（十）。學，不學操縵，不能安弦（十一）；不學博依，不能安詩（十二）；不學雜服，不能安禮（十三）；不興其藝，不能樂學(十四)。故君子之於學也,藏焉,脩焉,息焉,遊焉(十五)。夫然故,安其學而親其師,樂其友而信其道。是以雖離師輔而不反也。《兑命》曰:“敬孫務時敏,厥脩乃來。”其此之謂乎(十六)?

【譯文】

太學開始立教時,使有司身著皮弁服向先聖先師舉行祭菜禮,向學子展示尊敬道藝嘛;練習《詩經・小雅》的頭三篇,使學子明白爲官由此開始嘛;入學聽到擊鼓聲便打開書篋拿出書籍,以使學子遜順對待自己的學業嘛;榎木戒尺和荆條這兩件責罰之物,用來收束齊整學子的威儀嘛;未卜吉日舉行褅祭,天子是不會到國學去考校學子的經業,以放鬆其志意嘛;時時觀察而不輕易啓發,以使學子用心思索嘛;幼童只聽講而不得發問,教學不可越級而進嘛。此七者,乃教學的大倫次哩。舊《記》有云:“凡是求學,居官先學處理事務,學士先學立志。”大概就是指此説的吧?

太學的教育嘛,依時節教授必須有應時的正式課業,放學休息必須有固定的居處。求學,不學操持縵樂,便不能安正琴弦;不博學譬喻,便不能作好詩歌;不學各種服制,便不能安頓禮儀;對以上技藝不感興趣,便不能喜愛學習正業。所以君子對於學業呢,心中總是懷藏着它,暗自脩習它,歇息時如此,交遊時也如此。要是這樣的話,便能安心自己的學業而且親近自己的老師,喜愛所交的朋友並信奉所學的正道。這樣一來,即便離開老師輔導也不會違反正道嘛。《尚書・説命下》有云:“恭敬謙遜地對待學業,務必時常敏捷實行,其所脩的正道自會到來。”大概就是指此説的吧?

【古注】

《注》 (一)皮弁,天子之朝朝服也。祭菜,禮先聖先師。菜,謂芹藻之屬。(二)宵之言,小也。肄,習也。習《小雅》之三,謂《鹿鳴》《四牡》《皇皇者華》也,此皆君臣宴樂相勞苦之詩,爲始學者習之,所以勸之以官且取上下相和厚。(三)鼓篋,擊鼓警衆乃發篋出所治經業也。孫猶恭順也。(四)夏,槄也;楚,荆也。二者所以撲撻犯禮者。收,謂收斂整齊之。威,威儀也。(五)褅,大祭也。天子諸侯既祭乃視學考校,以游暇學者之志意。(六)使之悱悱憤憤,然後啓發也。(七)學,教也,教之長穉。(八)倫,理也。自大學始教至此,其義七也。(九)官,居官者也。士,學士也。(十)有居,有常居也。(十一)操縵,雜弄。(十二)博依,廣譬喻也。依或爲衣。(十三)雜服,冕服皮弁之屬。雜或爲雅。(十四)興之言,喜也、歆也。藝,謂禮樂射御書數。(十五)藏,謂懷抱之。脩,習也。息,謂作勞休止之爲息。遊,謂閒暇無事之爲遊。(十六)敬孫,敬道孫業也。敏,疾也。厥,其也。學者務及時而疾,其所脩之業乃來。

《音義》 肄本又作肆,以二反 yì(丨ˋ)。篋,古協反 qiè(ㄑ丨ㄝˋ)。孫音遜。夏,古雅反 jiǎ(ㄐ丨ㄚˇ)。

18.3

【原文】

今之教者，呻其佔畢，多其訊（一），言及于數（二），進而不顧其安（三），使人不由其誠（四），教人不盡其材（五）。其施之也，悖；其求之也，佛（六）。夫然故，隱其學而疾其師，苦其難而不知其益也（七），雖終其業，其去之必速（八）。教之不刑，其此之由乎（九）？

太學之法，禁於未發之謂豫（十），當其可之謂時（十一），不陵節而施之謂孫（十二），相觀而善之謂摩（十三）。此四者，教之所由興也（十四）。

發然後禁，則扞格而不勝（十五）；時過然後學，則勤苦而難成（十六）；雜施而不孫，則壞亂而不脩（十七）；獨學而無友，則孤陋而寡聞（十八）；燕朋逆其師（十九）；燕辟廢其學（廿）。此六者，教之所由廢也。（廿一）。

君子既知教之所由興，又知教之所由廢，然後可以爲人師也。故君子之教，喻也，道而弗牽，强而弗抑，開而弗達（廿二）——道而弗牽則和，强而弗抑則易，開而弗達則思。和易以思，可謂善喻矣（廿三）。

【譯文】

如今的教育者，看着簡策的文字誦讀，多問他幾句，開言便數落，進度又不顧學子能否聽得安適，使用人不用人家的誠實，教育人又不能充分發揮人家的才能。教師的施教嘛，有悖於常理；學子的求學呢，同樣拂戾乖逆。要是這樣的話，學子就會因其所學隱晦不明而疾恨自己的老師，苦於學業的艱難而不知學問的益處嘛，就算終結了學業，他忘掉的必然迅速。教育的不成功，或許這就是原由吧？

太學的法則，在情慾未萌發時就禁止的稱豫防，當其年齡適逢其時的稱時機，使長幼智鈍不超越節級而施教的稱遜順，相互觀察來完善自己的稱磋摩。這四種法則，乃教育興盛的由來嘛。

情慾發生之後再禁止，就會變得相互抵觸而不能制服；時機過去之後再來學，就會學得勤苦而難有成就；施教雜亂陵節而不遜順，就會秩序壞亂而不可脩治；獨自學習又没有朋友，就會學識淺陋而且見聞寡少；輕慢同學又違逆自己的老師；褻瀆所設的譬喻從而曠廢了自己的學業。這六種現象，乃教育衰廢的由來嘛。

君子既知道教育興盛的由來，又知道教育緣何而衰廢，然後才可以擔任别人的老師嘛。本來君子他們施教，靠曉喻嘛，引導而不牽掣，勉勵而不貶抑，啓發而不講透——引導而不牽掣學習氣氛就會和諧，勉勵而不貶抑學起來就會覺得容易，啓發而不講透就會促使學子思考。能使學習氣氛和諧使學子學得容易並善於思考，可以稱得上善於曉喻呀。

【古注】

《注》 (一)呻，吟也。佔，視也，簡謂之畢。訊猶問也，言今之師自不曉經之義，但吟誦其所視簡之文，多其難問也。呻或爲慕，訊或爲訾。(二)其發言出説不首其義，動云有所法象而已。(三)務其所誦多，不惟其未曉。(四)由，用也。使學者誦之而爲之説，不用其誠。(五)材，道也。謂師有所隱也。《易》曰"兼三材而兩之"，謂天地人之道。(六)教者言非，則學者失問。(七)隱，不稱揚也。不知其益，若無益然。(八)速，疾也。學不心解，則忘之易。(九)刑猶成也。(十)未發，情慾未生，謂年十五時。(十一)可，謂年二十時成人。(十二)不陵節，謂不教長者才者以小，教幼者鈍者以大也。施猶教也。孫，順也。(十三)不並問則教者思專也。摩，相切磋也。(十四)興，起也。(十五)教不能勝其情慾。格讀如凍洛之洛。扞，堅不可入之貌。(十六)時過則思放也。(十七)小者不達，大者難識，學者所惑也。(十八)不相觀也。(十九)燕猶褻也，褻其朋友。(廿)褻師之譬喻。(廿一)廢弛。(廿二)道，示之以道塗也。抑猶推也。開爲發頭角。(廿三)思而得之則深。

《音義》 佔，勑沾反 chān(ㄔㄢ)，視也。佛又作拂，扶弗反 fú(ㄈㄨˊ)。扞，胡半反 hàn(ㄏㄢˋ)；格，胡客反 gé(ㄍㄜˊ)；扞格，不入也。道音導。

18.4

【原文】

學者有四失，教者必知之。人之學也，或失則多，或失則寡，或失則易，或失則止。此四者，心之莫同也(一)。知其心，然後能救其失也(二)。教也者，長善而救其失者也，善歌者使人繼其聲，善教者使人繼其志(三)。其言也，約而達，微而臧，罕譬而喻，可謂繼志矣(四)。

君子知至學之難易，而知其美惡，然後能博喻；能博喻，然後能爲師；能爲師，然後能爲長；能爲長，然後能爲君(五)。故師也者，所以學爲君也(六)，是故擇師不可不慎也(七)。《記》曰："三王四代唯其師。"此之謂乎(八)？

【譯文】

求學的人存在着四種過失，施教者必須知道這一點。人的求學呢，或失於貪多，或失於嫌少，或失於輕視，或失於畏難自止。這四種過失，只因人心没有相同的緣故嘛。了解學者的心思，然後才能匡救他們的過失嘛。教育這種手段呢，就是爲了增長人的優點並匡救其過失而存在的嘛，比如擅長唱歌的人能使别人接續他的歌聲，好的教育者能使人繼承前人的志願。其言語呢，倘若能達到簡約而通達，微妙而精善，譬喻雖少却很明瞭，便可稱得上繼承志願了呀。

君子明白教學達到最高造詣的困難和容易，又明白其中的美好和醜惡，然後才能廣爲曉喻;能廣爲曉喻,然後才能當老師;能當老師,然後才能擔任官長;能擔任官長,然後才能擔任君王。所以教師的職責呢,是用來傳授如何做君王的嘛。鑒於這個緣故,學子選擇教師不可不慎重哩。舊《記》有云:"三王四代只倚重稱職的師輔。"就是指此説的吧?

【古注】

《注》 (一)失於多,謂才少者。失於寡,謂才多者。失於易,謂好問不識者。失於止,謂好思不問者。(二)救其失者,多與易則抑之,寡與止則進之。(三)言爲之善者,則後人樂放傚。(四)師説之明,則弟子好述之,其言少而解。臧,善也。(五)美惡,説之是非也。長,達官之長。(六)弟子學於師,學爲君。(七)師善則善。(八)四代,虞夏殷周。

《音義》 臧,子郎反 zāng(ㄗㄤ)。

18.5

【原文】

凡學之道,嚴師爲難(一)。師嚴然後道尊,道尊然後民知敬學。是故君之所不臣於其臣者二:當其爲尸,則弗臣也;當其爲師,則弗臣也(二)。大學之禮,雖詔於天子,無北面,所以尊師也(三)。善學者,師逸而功倍,又從而庸之;不善學者,師勤而功半,又從而怨之(四)。善問者如攻堅木,先其易者,後其節目,及其久也,相説以解;不善問者反此(五)。善待問者如撞鐘,叩之以小者則小鳴,叩之以大者則大鳴,待其從容,然後盡其聲;不善答問者反此(六)。此皆進學之道也(七)。

記問之學不足以爲人師(八)。必也,其聽語乎(九)!力不能問,然後語之,語之而不知,雖舍之可也(十)。良冶之子,必學爲裘(十一);良弓之子,必學爲箕(十二);始駕馬者反之,車在馬前(十三)。君子察於此三者,可以有志於學矣(十四)。

【譯文】

大凡求學的道路,值得尊敬的教師最難尋。教師受尊敬然後傳授的道理才尊貴,道理尊貴之後人們才會敬重學業。正是這個緣故,君王對其臣下所不使用臣下之禮相待的情形有兩種:當他擔任代神受祭的尸時,就不以臣禮相待嘛;當他擔任君王的師輔時,也不以臣禮相待嘛。太學的禮制規定,縱然對天子作訓導時,也不面朝北,以此尊敬教師嘛。好的學生,教師安逸而功效加倍,又隨即把功勞歸於教師;不好的學生,教師辛勤而功效減半,又隨即怨恨教師。善於盤問的學生好比加工堅硬的木材,先加工那些容易的部分，後加工那些枝節疤眼，待到時間一久呢，便相互愉快地把問題解開了；不善於發問的學生與此相反。擅長等待提問的教師好比撞鐘，撞擊時用力小的回音就小，用力大的回音就大，待其重復撞擊，然後才能窮盡鐘的聲音；不擅長回答提問的教師與此相反。這些都是增進學業的道理嘛。

靠記誦詩書來應付提問的教學方法，不够資格當别人的老師。必須呢，他要根據聽到的提問作出解答呀！學生實在没有能力提問，然後再告訴他；告訴他仍不明白，雖捨棄這一問題是可以的嘛。善於冶煉的工匠之子，必須先學縫補皮衣；善於造弓的弓匠之子，必須先學編製簸箕；開始學駕的馬駒與正常情形相反，車在前面拴着馬駒跟在後面走。君子對此三事仔細考察後，才可以立志教學呀。

【古注】

《注》 (一)嚴，尊敬也。(二)尸，主也，爲祭主也。(三)尊師，重道焉，不使處臣位也。武王踐阼，召師尚父而問焉曰："昔黄帝、顓頊之道存乎？意亦忽不可得見與？"師尚父曰："在丹書，王欲聞之則齊矣。"王齊三日端冕，師尚父亦端冕奉書而入，負屏而立；王下堂南面而立，師尚父曰："先王之道不北面。"王行西折而南，東面而立，師尚父西面道書之言。(四)從，隨也。庸，功也，功之受其道，有功於己。(五)言先易後難以漸入。(六)從當讀如富父舂戈之舂，舂容，謂重撞擊也，始者一聲而已。學者既開其端意，進而復問，乃極説之如撞鐘之成聲矣。從或爲松。(七)此皆善問善答也。(八)記問，謂豫誦雜難雜説，至講時爲學者論之。此或時師不心解，或學者所未能問。(九)必待其問乃説之。(十)舍之須後。(十一)仍見其家錮補穿鑿之器也。補器者，其金柔乃合，有似於爲裘。(十二)仍見其家撓角幹也。撓角幹者，其材宜調，調乃三體相勝，有似於爲楊柳之箕。(十三)以言仍見則貫，即事易也。(十四)仍讀先王之道，則爲來事不惑。

《音義》 從容，依《注》從讀爲舂，式容反 chōng(ㄔㄨㄥ)。撞，丈江反 zhuàng(ㄓㄨㄤˋ)。語，魚據反 yù(ㄩˋ)。舍音捨。箕音基。

18.6

【原文】

古之學者，比物醜類(一)。鼓無當於五聲，五聲弗得不和；水無當於五色，五色弗得不章；學無當於五官，五官弗得不治；師無當於五服，五服弗得不親(二)。

君子曰："大德不官(三)，大道不器(四)，大信不約(五)，大時不齊(六)。察於此四者，可以有志於本矣(七)。三王之祭川也，皆先河而後海，或源也，或委也，此之謂務本(八)。"

【譯文】

古時候的學者，凡事用同類的事例相比照。鼓在五聲中没擔當哪一聲，然而五聲得不到鼓的配合就不和諧；水在五色中沒擔當哪一色，然而五色得不到水的調和就不能彰顯；學問在五官中沒擔當任何一官，然而五官得不到學問的指導就不會治理；教師在五服之親中沒擔當任何一親，然而五服關係得不到教師的教誨就不會和睦相親。

君子說："大德不一定都要當官，大道不是只有一種用途的器具，大信不需訂契約，大時之下的生物不會整齊劃一。對這四種現象有了深入的觀察，便可以立志在根本的事業上了呀。夏商周三代之王他們祭祀百川呢，都是先祭河而後祭海，先祭源頭嘛，後祭委積嘛，這就叫致力於根本。"

【古注】

《注》 （一）以事相況而爲之。醜猶比也。醜或爲計。（二）當猶主也。五服，斬衰至緦麻之親。（三）謂君也。（四）謂聖人之道，不如器施於一物。（五）謂若胥命于蒲無盟約。（六）或時以生，或時以死。（七）本立而道生。言以學爲本，則其德於民無不化，於俗無不成。（八）源，泉所出也；委，流所聚也。始出一勺，卒成不測。

【淺悟】

本篇所記載的中華古文明時期的注重根本、注重實踐、提倡"導而弗牽、强而弗抑、開而弗達"、擯棄"記問之學"的教育思想，與《論語》所記載的孔子"一以貫之"的教育思想是一致的。《史記》載："孔子以詩書禮樂教，弟子蓋三千焉，身通六藝者七十有二人。"僅這一點，古今中外哪位教師能與孔子匹敵？

然而我國自隋唐開始實行科舉制度的一千多年來，"記問之學"便成了教育的主流。教師"呻其佔畢"，學生鸚鵡學舌，腦子裹裝的全是教師的貨，師云亦云，師謬亦謬，成績之優劣，只在背誦的數量、記憶的準確度上見分曉。今日的學生，乃明日的教師，"不足以爲人師"的"記問之學"歷經一千多年的接力傳遞，成了駕馭中國教育的頑固勢力，就像悟空頭上的緊箍，牢牢束縛着一代代活力四射的年輕學子的理解力、創造力和主觀能動性，其結果，除了部分不甘束縛而另闖天下外，餘者基本都成了頑固勢力的附庸：昨天你束縛我，現在我束縛他。現今的應試教育，即"記問之學"。

"凡學之道，嚴師爲難"。像孔子那樣值得尊敬的教師固然難尋，難道甘當伯樂那樣的教師也困難麼？

伯樂舉薦九方皋，世代仰慕。

常言道：千里馬常有，伯樂難尋。誠哉是言！

樂記第十九

《疏》 按鄭《目録》云:"名曰《樂記》者,以其記樂之義。此於《别録》屬《樂記》。"蓋十一篇,合爲一篇。謂有樂本,有樂論,有樂施,有樂言,有樂禮,有樂情,有樂化,有樂象,有賓牟賈,有師乙,有魏文矦。

19.1(**此樂本章篇幅太長,將分四節爲説**)

【原文一】

凡音之起,由人心生也。人心之動,物使之然也。感於物而動,故形於聲(一)。聲相應,故生變(二);變成方,謂之音(三);比音而樂之,及干戚羽旄,謂之樂(四)。

樂者,音之所由生也,其本在人心之感於物也。是故其哀心感者,其聲噍以殺;其樂心感者,其聲嘽以緩;其喜心感者,其聲發以散;其怒心感者,其聲粗以厲;其敬心感者,其聲直以廉;其愛心感者,其聲和以柔。六者非性也,感於物而后動(五)。是故先王慎所以感之者。故禮以道其志,樂以和其聲,政以一其行,刑以防其姦。禮樂刑政,其極一也(六),所以同民心而出治道也(七)。

【譯文】

凡是聲音的發出,都是由人的内心産生的嘛。人心的活動,乃外界事物使他這樣的嘛。受外物的感觸而心動,所以用聲音來表現。聲音相互應和,所以産生變化;變化形成抑揚頓挫,這叫音韻;排比音韻且用樂器伴奏,同時手持盾、斧、野鷄翎、旄牛尾起舞,這叫音樂。

音樂這種藝術,是從樂音中産生的嘛,其本源則在人心對外界事物的感覺嘛。由於這個緣故,倘若心中感覺悲哀的話,其聲音就急促而乾枯;如果心中感覺歡樂的話,其聲音就寬綽而舒緩;如果心中感覺喜悦的話,其聲音就高昂而分散;如果心中感覺憤怒的話,其聲音就粗暴而猛厲;如果心存恭敬感覺的話,其聲音就正直而廉隅;如果心中感覺愛慕的話,其聲音就謙和而温柔。這六種現象不屬於本性嘛,而是對外界事物産生感覺之後出現的舉動。正是這個緣故，先代聖王對那些能够感染人的事物非常慎重，所以用禮制引導人的志趣，用音樂諧和人們的聲音，用政令統一人民的行爲，用刑罰防範那種姦宄之人。禮制、音樂、政令、刑罰，其終極目標是一致的嘛，都是用來促使人民齊心協力從而出現太平的世道嘛。

【古注】

《注》 （一）宫商角徵羽，雜比曰音，單出曰聲。形猶見也。（二）樂之器，彈其宫則衆宫應，然不足樂，是以變之使雜也。《易》曰："同聲相應，同氣相求。"《春秋傳》曰："若以水濟水，誰能食之？若琴瑟之專一，誰能聽之？"（三）方猶文章也。（四）干，盾也；戚，斧也，武舞所執也。羽，翟羽也；旄，旄牛尾也，文舞所執。《周禮·舞師》："樂師掌教舞，有兵舞，有干舞，有羽舞，有旄舞。"《詩》曰："左手執籥，右手秉翟。"（五）言人聲在所見，非有常也。噍，踧也。嘽，寬綽貌。發猶揚也。粗，麤也。（六）極，至也。（七）此其所謂至也。

《音義》 旄音毛。噍，子遥反 jiāo（ㄐㄧㄠ），踧也，謂急也。嘽，昌善反 chǎn（ㄔㄢˇ），寬緩也。

《疏》 此一節論樂本之事。樂以音聲爲本，音聲由人心而生，此章備論音聲起於人心，故名樂本。

【原文二】

凡音者，生人心者也。情動於中，故形於聲，聲成文，謂之音。是故治世之音安以樂，其政和；亂世之音怨以怒，其政乖；亡國之音哀以思，其民困。聲音之道與政通矣（一）。

宫爲君，商爲臣，角爲民，徵爲事，羽爲物，五者不亂，則無怗懘之音矣（二）。宫亂則荒，其君驕；商亂則陂，其官壞；角亂則憂，其民怨；徵亂則哀，其事勤；羽亂則危，其財匱；五者皆亂，迭相陵，謂之慢，如此則國之滅亡無日矣（三）。

鄭衛之音，亂世之音也，比於慢矣（四）；桑間濮上之音，亡國之音也，其政散，其民流，誣上行私而不可止也（五）。

【譯文】

凡是聲音，是在人民心中産生的嘛。内心情感受到觸動，必然用聲音表現，聲音變化成抑揚頓挫的文采，稱之爲音樂。正是這個緣故，太平盛世的音樂安寧而快樂，其政治和諧；動亂時代的音樂怨恨而憤怒，其政治乖謬；亡國的音樂悲哀而愁思，那裏的人民困苦。聲音的道理與政治相通而已。

宫音象徵君，商音象徵臣，角音象徵民，徵音象徵事，羽音象徵物，君、臣、民、事、物這五者的秩序不亂，就不會出現不和諧的音樂呀。宫音紊亂其聲就荒散，或許是君王驕縱；商音紊亂其聲就傾斜不正，可能是官僚敗壞；角音紊亂其聲就憂懼，大概是人民怨忿；徵音紊亂其聲就哀傷，八成是徭役諸事勤苦；羽音紊亂其聲就不安，多半是財物匱乏；五音要是全紊亂，相互輪流陵越，稱之爲輕慢，像這樣國家的滅亡就没有時日了呀。

鄭國和衛國的音樂，是能使社會動亂的音樂哩，跟輕慢類似呀；桑間和濮水之上的音樂，是能使國家滅亡的音樂哩，那裏的政教涣散，人民流亡，誣蠛上峰，徇私枉法而不可制止哩。

【古注】

《注》（一）言八音和否隨政也。《玉藻》曰"御瞽幾聲之上下"。（二）五者，君臣民事物也。凡聲濁者尊，清者卑。怗懘，敝敗不和貌。（三）君臣民事物，其道亂則其音應而亂。荒猶散也。陂，傾也。《書》曰"王耄荒"，《易》曰"無平不陂"。（四）比猶同也。（五）濮水之上地有桑間者，亡國之音於此之水出也。昔殷紂使師延作靡靡之樂，已而自沈於濮水，後師涓過焉，夜聞而寫之，爲晉平公鼓之，是之謂也。桑間在濮陽南。誣，罔也。

《音義》 徵，張里反 zhǐ（ㄓˇ）。怗，昌廉反 zhān（ㄓㄢ）。懘，昌制反 zhì（ㄓˋ）。陂，彼義反 bì（ㄅㄧˋ），傾也。匱，其媿反 kuì（ㄎㄨㄟˋ），乏也。

《疏》 此一節明君上之樂隨情而動，若人情歡樂，樂音亦歡樂；若人情哀怨，樂音亦哀怨。言君上樂音，生於下民心者也。

【原文三】

凡音者，生於人心者也；樂者，通倫理者也（一）。是故知聲而不知音者，禽獸是也；知音而不知樂者，衆庶是也；唯君子爲能知樂（二）。是故審聲以知音，審音以知樂，審樂以知政，而治道備矣。是故不知聲者不可與言音，不知音者不可與言樂。知樂則幾於禮矣。禮樂皆得，謂之有德。德者，得也（三）。是故樂之隆，非極音也；食饗之禮，非致味也（四）。《清廟》之瑟，朱弦而疏越，壹倡而三歎，有遺音者矣；大饗之禮，尚玄酒而俎腥魚，大羹不和，有遺味者矣（五）。是故先王之制禮樂也，非以極口腹耳目之欲也，將以教民平好惡，而反人道之正也（六）。

【譯文】

凡屬聲音，是從人的内心産生的嘛；音樂這種藝術，是疏通人事條理的工具嘛。所以能識别聲音却不能識别樂音的，那是禽獸嘛；能識别樂音却不能識别音樂的，那是多數庶民嘛；只有君子能够通曉音樂。正是這個緣故，應審慎研究聲音以便認識樂音，審慎研究樂音以便通曉音樂，審慎研究音樂以便通曉政治，這樣才能使治國的手法完備呀。所以不懂聲音的人不可給他講樂音，不懂樂音的人不可給他講音樂。懂音樂就幾乎懂禮了呀。禮樂都得到了，稱之爲具有道德。道德的涵義，就是得到了禮樂的意思嘛。所以音樂的隆重，並非指窮極其聲音嘛；宗廟合祭的食饗之禮，並非指致力於美味嘛。歌唱《清廟》之詩所彈奏的瑟，用的是紅絲絃，而且將瑟的底孔疏通，以使聲音遲緩，一人領唱而三人和，這是爲了使有遺餘之音的用意而已；大饗宗廟的祭禮，崇尚玄酒和俎中的生魚，太羹不用佐料調和，也是爲了使有遺餘氣味的用意呀。所以先代聖王他們制禮作樂的用意呢，不是爲了滿足口腹耳目的貪欲嘛，將用來教導人民統一愛好和憎惡，能使壞人返回到正路上嘛。

【古注】

《注》 (一)倫猶類也；理，分也。(二)禽獸知此爲聲耳，不知其宫商之變也。八音并作克諧曰樂。(三)幾，近也。聽樂而知政之得失，則能正君臣民事物之禮也。(四)隆猶盛也。極，窮也。(五)清廟，謂作樂歌《清廟》也。朱弦，練朱弦練，則聲濁越瑟底孔也，畫疏之使聲遲也。倡，發歌句也。三歎，三人從歎之耳。大饗，祫祭先王以腥魚爲俎實，不臑熟之。大羹，肉湆不調以鹽菜。遺猶餘也。(六)教之使知好惡也。

《疏》 此一節明音樂之異，音易識而樂難知，知樂則近於禮。又明禮樂隆極之旨，先王所以禮樂教人之意。但禮包萬事，萬事備具始是禮極。今知樂，但知正君臣民事物而已，於禮未極，故云近於禮也。

【原文四】

人生而静，天之性也；感於物而動，性之欲也(一)；物至知知，然後好惡形焉(二)。好惡無節於内，知誘於外，不能反躬，天理滅矣(三)。夫物之感人無窮，而人之好惡無節，則是物至而人化物也；人化物也者，滅天理而窮人欲者也(四)。於是有悖逆詐僞之心，有淫泆作亂之事，是故强者脅弱，衆者暴寡，知者詐愚，勇者苦怯，疾病不養，老幼孤獨不得其所，此大亂之道也。

是故先王之制禮樂，人爲之節(五)：衰麻哭泣，所以節喪紀也；鐘鼓干戚，所以和安樂也；昏姻冠笄，所以别男女也；射鄉食饗，所以正交接也(六)。禮節民心，樂和民聲，政以行之，刑以防之，禮樂刑政，四達而不悖，則王道備矣。

【譯文】

人生下來能够安静，乃天然的本性嘛；對外物有所感觸而心動，乃性中的欲望嘛；外物來到懂得識别，然後喜好和厭惡表現出來了。喜好和厭惡在内心没有節制，理智受到外物的引誘，自身不能反省，天性滅絶了呀。這外物對人有着無窮的感染力，如果人對外物的喜好和厭惡不加節制，那麽此物來到人也隨物變化嘛；人隨物變化的結果呢，將會毁滅天性並窮盡人的貪欲之心哩。於是便生出悖逆詐僞之心，出現淫泆作亂之事，在這種變故下，强者脅迫弱者，人多淩暴人少的，聰明的欺詐愚昧的，勇悍的困苦怯懦的，有疾病的人得不到調養，老幼孤獨没有安身的處所，這是大亂的世道嘛。

由於這個緣故，先王他們制禮作樂，使人受到節制；制定按等級遞減的喪服和哭泣制度，用來節制喪事嘛；制作樂器和歌舞，用來調和安樂嘛；制定婚姻冠笄之禮，用來區别男女嘛；制定大射、鄉飲酒、食饗賓客等禮儀，用來端正交接嘛。用禮節制民心，用音樂和諧民聲，用政令推行禮樂，用刑罰防範奸宄，禮樂刑政，此四者暢達而不互相悖逆，那麽先王所行的正道就具備了呀。

【古注】

《注》 (一)言性不見物則無欲。(二)至，來也。知知，每物來則又有知也，言見物多則欲益衆。形猶見也。(三)節，法度也。知猶欲也。誘猶道也、引也。躬猶己也。理猶性也。(四)窮人欲，言無所不爲。(五)言爲作法度以遏其欲。(六)男二十而冠，女許嫁而笄，成人之禮。射、鄉，大射、鄉飲酒也。

《疏》 此一節論人感物而動，物有好惡，所感不同，若其感惡則天理滅，爲大亂之道，故下文明先王所以制禮樂以齊之。

19.2(**此樂論章將分三節爲説**)

【原文一】

樂者爲同，禮者爲異；同則相親，異則相敬(一)；樂勝則流，禮勝則離(二)。合情飾貌者，禮樂之事也(三)。禮義立則貴賤等矣；樂文同則上下和矣；好惡著則賢不肖别矣；刑禁暴，爵舉賢，則政均矣；仁以愛之，義以正之，如此則民治行矣(四)。

樂由中出(五)禮自外作(六)。樂由中出故静，禮自外作故文(七)。大樂必易，大禮必簡(八)。樂至則無怨，禮至則不争，揖讓而治天下者，禮樂之謂也(九)。暴民不作，諸侯賓服，兵革不試，五刑不用，百姓無患，天子不怒，如此則樂達矣；合父子之親，明長幼之序，以敬四海之内，天子如此，則禮行矣(十)。

【譯文】

樂爲了使人的愛憎相同而作，禮爲了和諧人際關係的差異而制；愛憎相同就會相親，協調好差異就會相敬；音樂超過限度就會流連忘返，行禮超過限度就會離心離德。和合情感修飾外貌二者，屬於禮樂的職事嘛。禮儀確立就會使貴賤有等級呀；樂曲音韻相同就會使上下和諧呀；喜好和憎惡顯著就容易區别賢與不肖呀；用刑罰禁止暴行，拿爵位舉薦賢良，就會使 政治公平呀；用仁道愛護人民，用義理糾正他們的錯誤，如此治理人民就會出政績呀。

樂從心中生出，禮在外貌操作。樂從心中生出所以需安静，禮在外貌操作所以需文飾。重大的音樂必定容易，重大的禮儀必定簡略。音樂通達便没有怨恨，禮教通行便不争鬭，用禪讓君位的方式來治理天下的情形，就是指禮樂的成效説的嘛。暴民不會興作，諸侯臣服，戰争不起，五刑不用，百姓没有憂患，天子不會動怒，如此就是樂教通達了呀；父子親情融洽，長幼順序明確，將此慎重推廣到四海之内，天子若能如此，就是禮教通行了呀。

【古注】

《注》（一）同謂恊好惡也，異謂别貴賤也。（二）流謂合行不敬也，離謂析居不和也。（三）欲其並行斌斌然。（四）等，階級也。（五）和在心也。（六）敬在貌也。（七）文猶動也。（八）易簡，若於《清廟》大饗然。（九）至猶達也、行也。（十）賓，恊也。試，用也。

《疏》皇氏云："從此以下爲樂論。"今依用焉。此章凡有四段：自此至民治行矣爲第一段，論樂與禮同異；自樂由中出至天子如此則禮行矣爲第二段，論樂與禮之功；自大樂與天地同和至述作之謂也爲第三段，論樂與禮唯聖人能識；自樂者天地之和至則此所與民同爲第四段，論樂與禮使上下和合。

【原文二】

大樂與天地同和，大禮與天地同節（一）。和故百物不失（二），節故祀天祭地（三）。明則有禮樂（四），幽則有鬼神（五）。如此，則四海之内合敬同愛矣。禮者殊事，合敬者也；樂者異文，合愛者也。禮樂之情同，故明王以相沿也（六）。故事與時並（七），名與功偕（八）。

故鐘鼓管磬，羽籥干戚，樂之器也；屈伸俯仰，綴兆舒疾，樂之文也。簠簋俎豆，制度文章，禮之器也；升降上下，周還裼襲，禮之文也（九）。故知禮樂之情者能作，識禮樂之文者能述（十）；作者之謂聖，述者之謂明；明聖者，述作之謂也。

【譯文】

重大的音樂與天地有着同樣的和諧作用，重大的禮儀與天地有着同樣的節制作用。能和諧所以一切物種不失其性，有節制所以通過祭祀天地以報成物之功。白天則有禮樂教化人民，夜裏則有鬼神助天地成物。像這樣，四海之内就會互相尊敬和關愛呀。禮所協調的是不同的事情，起着相互尊敬的作用嘛；樂所協調的是不同的文教，起着相互關愛的作用嘛。禮和樂的情理相同，過去英明的君王都以此相沿襲嘛。所以事情與時代並列，名稱與功績相伴。

在古代，鐘鼓管磬，羽籥干戚，屬於音樂的器具嘛；身體屈伸俯仰，樂隊移動得快慢，屬於音樂的文飾嘛。簠簋俎豆，制度文章，屬於行禮的器具嘛；升降上下，周旋裼襲，屬於行禮的文飾嘛。所以了解禮樂情理的人能創作，識别禮樂文飾的人能傳述；創作者稱他爲聖人，傳述者稱他爲聰明人；聰明人和聖人，就是指傳述和創作者説的嘛。

【古注】

《注》 (一)言順天地之氣與其數。(二)不失其性。(三)成物有功報焉。(四)教人者。(五)助天地成物者也，《易》曰"是故知鬼神之情狀，與天地相似"，《五帝德》説黄帝德曰"死而民畏其神者百年"，《春秋傳》曰"若敖氏之鬼"。然則聖人之精氣謂之神，賢知之精氣謂之鬼。(六)沿猶因述也，孔子曰："殷因於夏禮，所損益，可知也；周因於殷禮，所損益，可知也。"沿或作緣。(七)舉事在其時也，《禮器》曰："堯授舜，舜授禹，湯放桀，武王伐紂，時也。"(八)爲名在其功也。偕猶具也。堯作《大章》，舜作《大韶》，禹作《大夏》，湯作《大濩》，武王作《大武》，名因其得天下之大功。(九)綴，謂酇舞者之位也；兆，其外營域也。(十)述，謂訓其義也。

【原文三】

樂者，天地之和也；禮者，天地之序也。和故百物皆化，序故羣物皆别(一)。樂由天作，禮以地制(二)；過制則亂，過作則暴(三)。明於天地，然後能興禮樂也。

論倫無患，樂之情也；欣喜歡愛，樂之官也(四)。中正無邪，禮之質也；莊敬恭順，禮之制也(五)。若夫禮樂之施於金石，越於聲音，用於宗廟社稷、事乎山川鬼神，則此所與民同也(六)。

【譯文】

音樂的出現，是爲了天地之間的和諧嘛；禮制的出現，是爲了天地之間的秩序嘛。有和諧所以百物都能得到化育，有秩序所以衆物都可以辨别。樂以天爲法則進行創作，禮以地爲法則進行裁制；制禮出現過失就會造成混亂，作樂出現過失就會使暴虐四起。對天地的運行法則明確了，然後才能興作禮樂嘛。

論列倫類没有禍患，乃音樂的真情嘛；欣喜歡愛，乃音樂的官能嘛。中正没有邪僻，乃禮的本質嘛；莊敬恭順，乃禮的節制嘛。倘若這禮樂再用鐘磬之類樂器給予配合，發出清越的聲音，用於宗廟社稷、侍奉山川鬼神的祭祀，這些方面則是與民共同的嘛。

【古注】

《注》 (一)化猶生也，别謂形體異也。(二)言法天地也。(三)過猶誤也。暴，失文武之意。

(四)倫猶類也。患,害也。官猶事也。(五)質猶本也。(六)言情官質制,先王所專也。

《音義》 邪字又作斜,似嗟反 xié(ㄒㄧㄝˊ)。

《疏》 過制則亂者,過謂誤也,唯聖人識合天地也,若非聖,識則必誤,誤制禮則尊卑混亂也。過作則暴者,若過誤作樂則樂體違暴,謂文樂武樂雜亂也。

19.3**(此樂禮章將分爲兩節爲説)**

【原文一】

王者功成作樂,治定制禮(一);其功大者其樂備,其治辯者其禮具(二)。干戚之舞,非備樂也(三);孰亨而祀,非達禮也(四)。五帝殊時,不相秩沿樂;三王異世,不相襲禮(五)。樂極則憂,禮粗則偏矣(六)。及夫敦樂而無憂,禮備而不偏者,其唯大聖乎(七)?

天高地下,萬物散殊,而禮制行矣(八);流而不息,合同而化,而樂興焉(九)。春作夏長,仁也;秋斂冬藏,義也。仁近於樂,義近於禮(十)。樂者敦和,率神而從天;禮者别宜,居鬼而從地(十一)。故聖人作樂以應天,制禮以配地,禮樂明備,天地官矣(十二)。

【譯文】

帝王功業告成創作音樂,治下安定制作禮法;其功績大的區域其音樂完備,其治理普遍的地域其禮法齊全。使用干戚之類兵器的歌舞,不是完善的音樂哩;使用熟食的祭祀,不是尊貴的祭禮嘛。五帝不同時代,不相沿用音樂;三王不同世系,不相承襲禮制。音樂達到極限就會憂傷,禮制粗疏就會偏頗呀。能使這音樂敦厚而無憂,禮制完備而不偏頗的,恐怕只有偉大的聖人吧?

天高地下,萬物分散且殊别,因而禮法依此制訂施行呀;萬物流動而不息,會合齊同而變化,因而音樂據此興起呀。春季耕作夏季生長,屬於仁嘛;秋季收斂冬季儲藏,屬於義嘛。仁與音樂貼近,義與禮制貼近。音樂的功能是敦促和諧,遵循先聖的旨意順從天道;禮的功能是將差别調整到合宜,遵循先聖的旨意順從地道。所以聖人創作音樂來順應天道,制定禮制來配合地道,禮樂明晰而完備,使天下爲公呀。

【古注】

《注》 (一)功成治定同時耳,功主於王業,治主於教民,《明堂位》説周公曰:"治天下六年,朝諸侯於明堂,制禮作樂。"(二)辯,徧也。(三)樂以文德爲備,若《咸池》者。孔子曰《韶》:"盡美矣,又盡善也。"謂《武》:"盡美矣,未盡善也。"(四)達,具也。《效特牲》曰:"效血,大饗腥,三獻爓,一獻孰,至敬不饗味,而貴氣臭也。"(五)言其有損益也。(六)樂,人之所好也,害在淫侉;禮,人之所勤也,害在倦略。

（七）敦，厚也。（八）禮爲異也。（九）樂爲同也。（十）言樂法陽而生，禮法陰而成。（十一）敦和，樂貴同也；率，循也；從，順也。別宜，禮尚異也；居鬼，謂居其所爲，亦言循之也。鬼神，謂先聖先賢也。（十二）官猶事也，各得其事。

《疏》　此章是《樂記》第三章，名曰樂禮章。章中明王者爲治必制禮作樂，故名禮樂章。

【原文二】

天尊地卑，君臣定矣；卑高以陳，貴賤位矣；動静有常，小大殊矣；方以類聚，物以羣分，則性命不同矣，在天成象，在地成形。如此，則禮者天地之別也（一）。

地氣上齊，天氣下降，陰陽相摩，天地相蕩，鼓之以雷霆，奮之以風雨，動之以四時，煖之以日月，而百化興焉。如此，則樂者天地之和也（二）。

化不時則不生，男女無辨則亂升，天地之情也（三）。

及夫禮樂之極乎天而蟠乎地，行乎陰陽而通乎鬼神，窮高極遠而測深厚（四）。

樂著大始，而禮居成物（五）。著不息者天也，著不動者地也（六），一動一静者，天地之間也（七）。故聖人曰禮樂云（八）。

【譯文】

天尊地卑，君臣的名分以此確定呀；河低山高這樣陳列，象徵貴賤的地位呀；風雷一動一静有常行的規律，象徵小大萬物變化不等呀；飛禽走獸以同類相聚，草木孳生之物以羣體相分，那是性分命運不同呀；在天上成爲日月星辰之象，在地上成爲山川草木鳥獸之形。如此，禮的制訂就是依據天地之間的各種差别嘛。

地氣上升，天氣下降，陰柔和陽剛相互摩擦，天氣和地氣相互蕩動，變化成雷霆、風雨、四時、日月，用來鼓動、奮迅、萌發、温暖百物，因而百物得以發育生長呀。如此，音樂的創作就是效法天地的和諧氣象嘛。

化育不合時節百物就不會生長，男女没有辨别淫亂就會形成，天地就是這種情形嘛。

這禮樂能通到天並充滿大地，能在陰陽中流行並與先聖先賢溝通，能窮極高遠的日月星辰並能測知深厚的大川高山。

音樂附著於創始萬物的天，而禮制居守於成就萬物的大地。顯露着不止息的是天哩，顯露着不動的是大地嘛，這一動一静的，乃天地之間所有的事物嘛。過去聖人説的禮樂即如此。

【古注】

《注》 (一)卑高,謂山澤也。位矣,尊卑之位象山澤也。動静,陰陽用事。小大,萬物也,大者常存,小者隨陽出入。方謂行蟲也,物謂殖生者也。性之言生也;命,生之長短也。象,光耀也。形,體貌也。(二)齊讀爲躋。躋,升也。摩猶迫也。蕩猶動也。奮,訊也。百化,百物化生也。(三)辨,别也。升,成也。樂失則害物,禮失則亂人。(四)極,至也。蟠猶委也。高遠,三辰也。深厚,山川也。言禮樂之道,上至於天,下委於地,則其間無所不之。(五)著之言處也。大始,百物之始主也。(六)著猶明白也。息猶休止也。《易》曰:"天行健,君子以自强不息。"(七)閒謂百物也。(八)言禮樂之法天地也。樂静而禮動,其並用事則亦天地之閒耳。

《音義》 齊,《注》讀爲躋,又作隮,子兮反 jī(ㄐㄧ),升也。奮,甫問反 fèn(ㄈㄣˋ),《易》作"潤之"。大始,大音泰。

《疏》 此以下廣明禮樂之功包天地之别。

19.4(**此樂施章將分兩節爲説**)

【原文一】

昔者舜作五弦之琴,以歌《南風》;夔始制樂,以賞諸侯(一)。

故天子之爲樂也,以賞諸侯之有德者也:德盛而教尊,五穀時熟,然後賞之以樂。故其治民勞者,其舞行綴遠;其治民逸者,其舞行綴短(二)。故觀其舞,知其德;聞其謚,知其行也(三)。

《大章》,章之也(四);《咸池》,備矣(五);《韶》,繼也(六);《夏》,大也(七);殷周之樂盡矣(八)。

天地之道,寒暑不時則疾,風雨不節則饑。教者,民之寒暑也,教不時則傷世;事者,民之風雨也,事不節則無功(九)。然則先王之爲樂也,以法治也,善則行象德矣(十)。

【譯文】

往昔舜帝製作五弦之琴,用來彈唱《南風》詩歌;其典樂官夔開始創製樂器,以賞諸侯。

過去天子之所以製作樂器呢,爲了賞賜給諸侯中有德行的人嘛:恩德盛大並重視教育,五穀時常豐收,然後將樂器賞賜給他。所以那種治國而使人民勞苦不堪的,他所配用的舞隊行距遠;那種治國能使人民安逸的,他所配用的舞隊行距短。所以觀看他的歌舞,便知道他的德行;聞知他死後的謚號,便知其行爲嘛。

《大章》樂,彰顯堯帝的恩德嘛;《咸池》樂,歌頌黄帝功德完備呀;《韶》樂,歌頌舜帝繼承堯的德行嘛;《夏》樂,體現禹的光大帝業嘛;殷周二代的音樂只是盡人事而已。

天地的法則，寒暑不合時序就會引起疾病，風雨不合節令就會鬧饑荒。教育的道理，猶如民衆的寒暑嘛，教育不適時就會傷害一生；做事的道理，猶如民衆的風雨嘛，做事不加節制就没有功效。那麽先王之所以制作音樂呢，就是爲了效法天象來治理天下嘛，治理得好人民就會遵照德教行事呀。

【古注】

《注》（一）夔欲舜與天下之君共此樂也。《南風》，長養之風也，以言父母之長養己，其辭未聞也。夔，舜時典樂者也，《書》曰："夔，命女典樂。"（二）民勞則德薄，酇相去遠，舞人少也；民逸則德盛，酇相去近，舞人多也。（三）謚者，行之迹也。（四）堯樂名也，言堯德章明也，《周禮》闕之，或作《大卷》。（五）黄帝所作樂名也，堯增脩而用之。咸，皆也。池之言施也，言德之無不施也，《周禮》曰《大咸》。（六）舜樂名也。韶之言紹也，言舜能繼紹堯之德，《周禮》曰《大韶》。（七）禹樂名也。言禹能大堯舜之德，《周禮》曰《大夏》。（八）言盡人事也，《周禮》曰《大濩》《大武》。（九）教，謂樂也。（十）以法治，以樂爲治之法。行象德，民之行順君之德也。

《音義》 夔，求龜反 kuí（ㄎㄨㄟˊ）。

《疏》 此一節論《樂記》第四章，名爲"樂施"。施者，用于天下。

【原文二】

夫豢豕爲酒，非以爲禍也，而獄訟益繁，則酒之流生禍也（一）。是故先王因爲酒禮。壹獻之禮，賓主百拜，終日飲酒而不得醉焉，此先王之所以備酒禍也（二）。故酒食者，所以合歡也；樂者，所以象德也；禮者，所以綴淫也（三）。是故先王有大事，必有禮以哀之；有大福，必有禮以樂之；哀樂之分，皆以禮終（四）。樂也者，聖人之所樂也，而可以善民心，其感人深，其移風易俗，故先王著其教焉（五）。

【譯文】

再説用養豬的穀物造酒，並非用來製造禍患哩，却使獄訟益發頻繁，就是飲酒無度生的禍嘛。由於這個緣故，先王以此爲依據制定酒禮。士人一次性獻酒之禮，規定賓主要相互多次敬拜，即便終日飲酒也不會使人喝醉。這就是先王他用來防備酒禍制定的規矩嘛。當初制定以酒待客這種禮，是用來會合大夥同享歡樂嘛；音樂的功能，用來法象德行嘛；禮制的功能，用來制止淫逸嘛。正是這個緣故，先王遭遇死喪之類的大事，必有相應的禮制體現悲哀；有重大的福慶，必有相應的禮制來體現歡樂；悲哀和歡樂的分寸，都用禮制了斷。音樂這一形式呢，聖人他所喜愛的嘛，還可用來改善民心，它對人的感染深刻，它能改變風氣和習俗，所以先王著意用音樂教化人民。

【古注】

《注》 （一）以穀食犬豕曰豢。爲；作也。言豢豕作酒本以饗祀養賢，而小人飲之善酗，以致獄訟。（二）壹獻，士飲酒之禮。百拜，以喻多。（三）綴猶止也。（四）大事謂死喪也。（五）著猶立也，謂立司樂以下使教國子。

《音義》 綴，知劣反 chuò（ㄔㄨㄛˋ）。

《疏》 此一節明言禮樂之設不得其所，則禍亂興，故先王節其禮樂以防淫亂也。

19.5(**此樂言章**)

【原文】

夫民有血氣心知之性，而無哀樂喜怒之常，應感起物而動，然後心術形焉[一]。是故志微、噍殺之音作，而民思憂；嘽諧、慢易、繁文、簡節之音作，而民康樂；粗厲、猛起、奮末、廣賁之音作，而民剛毅；廉直、勁正、莊誠之音作，而民肅敬；寬裕、肉好、順成、和動之音作，而民慈愛；流辟、邪散、狄成、滌濫之音作，而民淫亂[二]。

是故先王本之情性，稽之度數，制之禮義，合生氣之和，道五常之行，使之陽而不散，陰而不密，剛氣不怒，柔氣不懾，四暢交於中而發作於外，皆安其位而不相奪也[三]，然後立之學等，廣其節奏，省其文采，以繩德厚[四]，律小大之稱，比終始之序，以象事行[五]，使親疏、貴賤、長幼、男女之理，皆形見於樂。故曰：樂觀其深矣[六]。

土敝則草木不長，水煩則魚鼈不大，氣衰則生物不遂，世亂則禮慝而樂淫。是故其聲哀而不莊，樂而不安，慢易以犯節，流湎以忘本，廣則容姦，狹則思欲，感條暢之氣而滅平和之德，是以君子賤之也[七]。

【譯文】

每個人都有感情思想意念智慧這些天性，却無法使悲哀快樂喜愛憤怒這些情緒保持常態，只能是應付感受發生的事物受到觸動，然後内心的活動才形之於色。由於這個緣故，志局卑微、聲音急促的音樂奏起，能使人想到憂傷；寬舒和諧、緩慢平易、文采繁富、節奏簡明的音樂奏起，能使人康樂；粗獷凌厲、猛烈驟起、奮動四肢、高亢激越的音樂奏起，能使人剛毅；清廉直捷、强勁純正、莊嚴誠一的音樂奏起，能使人肅然起敬；寬厚充裕、圓潤悦耳、順暢成熟、和聲相動的音樂奏起，能使人慈愛；流移乖辟、散放邪惡、往來節奏過度急促的音樂奏起，能使人淫亂。

爲此之故，先王以人的情性爲本，稽考律吕的度數，以禮的義理裁制人情，會合萬物生長發育之氣的總和，倡導仁義禮智信五常的行爲，使人的陽德能不流散,陰德能不閉塞,剛强脾氣不發怒,温柔脾氣不恐懼,這四者通暢交結在内,而動作顯現在外,全都安居其本位而不相排擠嘛,然後依其才力大小設立教學等級,廣闊音樂的節奏,省察五聲的文采,用來繩正德行的厚薄,律度小大音聲使之相稱,排比五聲終始的次序,用來法象事物行輩,使親疏、貴賤、長幼、男女的倫理,都用音樂將其形狀體現出來。古語説:音樂能觀察到事物的深處呀。

土地貧瘠草木就不長,水頻煩攪動魚鼈就長不大,氣息衰微生物就不能成活,世道混亂禮制就會出現偏差音樂就會淫蕩。正是這個緣故,音樂發出的聲音悲哀且不莊重,快樂却不安寧,緩慢平易以致冲犯節奏,放縱肆虐以致忘其根本,音節寬緩便含有姦淫之聲,音節狹促則又勾起人的慾念,撼動了條遠暢達的豪氣且毁滅了平易温和的美德。所以君子輕賤這種音樂嘛。

【古注】

《注》 (一)言在所以感之也。術,所由也。形猶見也。(二)志微,意細也,吴公子札聽鄭風而曰:"其細已甚,民弗堪也。"噍節,少易也。奮末,動使四肢也。賁讀爲憤,憤,怒氣充實也,《春秋傳》曰"血氣狡憤"。肉,肥也。狄、滌,往來疾貌也。濫,僭差也。此皆民心無常之傚也。肉或爲潤。(三)生氣,陰陽氣也。五常,五行也。密之言閉也。慴猶恐懼也。(四)等,差也,各用其才之差學之。廣,謂增習之。省猶審也。文采,謂節奏合也。繩猶度也。《周禮·大司樂》:"以樂語教國子興道、諷誦、言語;以樂舞教國子舞《雲門》《大卷》《大咸》《大韶》《大夏》《大濩》《大武》。(五)律,六律也。《周禮·典同》:"以六律六同辨天地四方陰陽之聲,以爲樂器。"小大,謂高聲正聲之類也。終始,謂始於宫終於羽,宗廟黄鐘爲宫,大吕爲角,大蔟爲徵,應鐘爲羽。以象事行,宫爲君,商爲臣。(六)謂同聽之莫不和敬,莫不和順,莫不和親。(七)遂猶成也。慝,穢也。廣,謂聲緩也。狹,謂聲急也。感,動也,動人條暢之善氣,使失其所。

《音義》 噍,子遥反 jiāo(ㄐㄧㄠ)。嘽,昌善反 chǎn(ㄔㄢˇ)。慴,之涉反 shè(ㄕㄜˋ)。省,西領反 xǐng(ㄒㄧㄥˇ)。敝音弊。慝,吐得反 tè(ㄊㄜˋ)。

《疏》 皇氏以爲自此以下至"君子賤之也"是樂言之科。

19.6(**此樂象章將分兩節爲説**)

【原文一】

凡姦聲感人,而逆氣應之,逆氣成象,而淫樂興焉;正聲感人,而順氣應之,順氣成象,而和樂興焉。倡和有應,回邪曲直各歸其分,而萬物之理各以類相動也(一)。是故君子反情以和其志,比類以成其行,姦聲亂色不留聰明,淫樂慝禮不接心術,惰慢邪辟之氣不設於身體,使耳目鼻口心知百體皆由順正,以行其義(二)。然後發以聲音,而文以琴瑟,動以干戚,飾以羽旄,從以簫管,奮至德之光,動四氣之和,以著萬物之理(三)。是故清明象天,廣大象地,終始象四時，周還象風雨，五色成文而不亂，八風從律而不姦，百度得數而有常，小大相成，終始相生，倡和清濁，迭相爲經(四)。故樂行而倫清，耳目聰明，血氣和平，移風易俗，天下皆寧(五)。

故曰：樂者，樂也。君子樂得其道，小人樂得其欲。以道制欲，則樂而不亂；以欲忘道，則惑而不樂(六)。

【譯文】

大凡姦邪之聲感觸到人，能使人的逆氣與之呼應，逆氣一旦形成現象，又能使淫蕩音樂興旺起來；純正之聲感觸到人，能使人的順氣與之呼應，順氣一旦形成現象，又能使和諧音樂興旺起來。一唱一和相呼應，乖違邪僻委婉率直各歸其善惡的本分，能使萬物的情理各依其種類相互感動嘛。由於這個緣故，君子返回到情感的本初來調和自己的志趣，比擬善類用來成就自己的品行，使姦聲亂色不在聽覺視覺中滯留，淫穢的音樂和偏差的禮制不接觸心術，隋慢邪僻的習氣不在自身體驗，使耳目鼻口心思智慧的一切體驗都遵循正確之路，用來實行自己合乎道義的事。然後用聲音抒發情懷，並用琴瑟增添文彩，用干戚舞動，用野鷄翎和旄牛尾加以裝飾，用簫管隨從，奮發最高道德的光華，感動四時之氣使之和順，以著明萬物的條理。這樣一來，歌聲清明象徵天，鐘鼓廣闊的音域象徵地，五聲周而復始象徵四季，舞者的周旋象徵風雨，五色成就文章因而不雜亂，八風順從音律因而不姦邪，晝夜百刻計時準確而且有常態，小月大月相輔相成，四季終始相生，清音濁音此唱彼和，相互更迭充當常行的法則。所以雅樂流行能使事物的條理清晰，耳聰目明，心平氣和，移風易俗，天下皆安寧。

古語説：音樂的效用，歡樂嘛。君子歡樂在於得到它的道理，小人歡樂在於得到其中的欲望。用道理節制欲望，就會歡樂而不昏亂；因欲望而忘記道理，就會迷惑而不歡樂。

【古注】

《注》 (一)成象者，謂人樂習焉。(二)反猶本也，術猶道也。(三)奮猶動也，動至德之光，謂降天神、出地祇、假祖考。著猶成也。(四)清明，謂人聲也。廣大，謂鐘鼓也。周還，謂舞者。五色，五行也。八風從律，應節至也。百度，百刻也，言日月晝夜不失正也。清，謂蕤賓至應鐘也；濁，謂黄鐘至中吕。(五)言樂用則正人理、和陰陽也。倫謂人道也。(六)道謂仁義也，欲謂邪淫也。

《音義》 倡，昌尚反 chàng(ㄔㄤˋ)，音唱。

《疏》 皇氏云，自此以下至“贈諸侯也”，爲樂象之科。此一節明樂有姦聲正聲，以類相感，君子當去淫聲用正聲也。

【原文二】

是故君子反情以和其志，廣樂以成其教，樂行而民鄉方，可以觀德矣(一)。德者，性之端也；樂者，德之華也；金石絲竹，樂之器也。詩，言其志也；歌，詠其聲也；舞，動其容也，三者本於心，然後樂器從之。是故情深而文明，氣盛而化神，和順積中而英華發外，唯樂不可以爲僞(二)。

樂者，心之動也；聲者，樂之象也；文采節奏，聲之飾也。君子動其本，樂其象，然後治其飾。是故先鼓以警戒，三步以見方，再始以著往，復亂以飭歸，奮疾而不拔，極幽而不隱。獨樂其志，不厭其道；備舉其道，不私其欲。是故情見而義立，樂終而德尊，君子以好善，小人以聽過。故曰：生民之道，樂爲大焉(三)。

樂也者，施也；禮也者，報也(四)。樂，樂其所自生；而禮反其所自始。樂章德，禮報情，反始也(五)。

所謂大輅者，天子之車也；龍旂九旒，天子之旌也；青黑緣者，天子之寶龜也；從之以牛羊之羣，則所以贈諸侯也(六)。

【譯文】

因上述的緣故，君子返回到情感的初始來調和自己的志趣，擴充音樂的義理來成就其教化，雅樂流行能使人民嚮往正道，可用此觀察德行呀。德這種品行，乃天性的開端嘛；音樂呢，德行的光華嘛；金石絲竹，音樂的器具嘛。詩，言説心中的志願嘛；歌，詠唱心中的聲音嘛；舞，調動自身的儀容嘛，三者源自内心，然後樂器參與伴奏。正是這個緣故，感情深厚才能使文采鮮明，氣勢旺盛才能變化通神，和睦順從積聚胸中才能使英拔的光華焕發在外。唯獨音樂不可以造假。

音樂的由來，内心受到觸動的結果嘛；聲音呢，音樂的表象嘛；文采節奏，聲音的裝飾嘛。君子觸動内心的本源，喜愛聲音這一表象，然後整治文采節奏這些聲音的裝飾。以此之故，武王伐紂演奏《大武》之樂時，先擊鼓來警戒將士，邁三步來表現將要起舞，再著手回來從頭重復一遍，完了再次治理以使結局整飭有條理，舞者精神振奮行動迅疾却不超拔，歌者極幽静却不隱晦。獨喜愛他的意志，不厭惡他所選擇的道路；普遍舉用那些合乎正道的事物，不偏私自己的欲望。正是這個緣故，使得真情顯現而且正義樹立，《大武》之樂奏完即顯出武王德業的尊榮，君子觀賞此樂則喜好行善，小人觀賞此樂則能治理過錯。古語説：對生民的引導，音樂居首位呀。

音樂的要旨呢，施與嘛；禮制的要旨呢，酬報嘛。音樂，喜愛它所産生的由來；而禮制則要回報它所經由的起始。音樂彰顯道德，禮制酬報恩情，即返報起始嘛。

所謂大輅這種車，乃天子乘的車嘛；繪有交龍圖紋、懸垂着九條旒飾、竿頭繫鈴的旗，乃天子標幟的旌旗嘛；甲殼邊緣是青黑色的，乃天子的寶龜嘛；那跟隨的成羣牛羊，則是用來饋贈給前來朝覲的諸侯嘛。

【古注】

《注》 (一)方猶道也。(二)三者本志也，聲也，容也。言無此本於内，則不能爲樂也。(三)文采，樂之威儀也。先鼓，將奏樂先擊鼓，以警戒衆也。三步，謂將舞必先三舉足，以見其舞之漸也。再始以著往，武王除喪至盟津之上，紂未可伐，還歸二年，乃遂伐之，武舞再更始，以明伐時再往也。復亂以飭歸，謂鳴鐃而退，明以整歸也。奮疾，謂舞者也；極幽，謂歌者也。(四)言樂出而不反，而禮有往來也。(五)自，由也。(六)贈諸侯，謂來朝將去，送之以禮。

19.7(**此樂情章**)

【原文】

樂也者，情之不可變者也；禮也者，理之不可易者也(一)。樂統同，禮辨異(二)。禮樂之説，管乎人情矣(三)。

窮本知變，樂之情也；著誠去僞，禮之經也。禮樂偩天地之情，達神明之德，降興上下之神，而凝是精粗之體，領父子君臣之節(四)。

是故大人舉禮樂，則天地將爲昭焉(五)：天地訢合，陰陽相得，煦嫗覆育萬物，然後草木茂，區萌達，羽翼奮，角觡生，蟄蟲昭蘇，羽者嫗伏，毛者孕鬻，胎生者不殰，而卵生者不殈。則樂之道歸焉耳(六)。

樂者，非謂黄鐘大吕弦歌干揚也，樂之末節也，故童者舞之；鋪筵席，陳尊俎，列籩豆，以升降爲禮者，禮之末節也，故有司掌之(七)。樂師辨乎聲詩，故北面而弦；宗祝辨乎宗廟之禮，故後尸；商祝辨乎喪禮，故後主人(八)。是故德成而上，藝成而下，行成而先，事成而後(九)。是故先王有上有下，有先有後，然後可以有制於天下也(十)。

【譯文】

音樂的功效呢，使情感達到不可改變的程度嘛；禮制的功效呢，使事理達到不可更改的地步嘛。音樂統領相同的事物，禮制辨别事物的差異。禮樂這種學説，人情的樞管呀。

窮究根本識别變化，這是音樂的情形嘛；顯著誠信去除詐僞，這是禮制常行的法則嘛。禮樂依照天地的情理，通達神明的美德，降落興起上下的神祇，能形成此間大小萬物的形體，整飭父子君臣的名節。

正是這個緣故，德行高尚的大人舉用禮樂，那麼天地都將爲之昭彰：天地的和氣交相感應，陰陽互相契合，用温暖覆育萬物，然後草木茂盛，種子屈曲着萌芽滋長，鳥類羽翼豐滿奮翅飛翔，有角無角的走獸悉數出生，蟄伏的蟲類蘇醒，鳥類用身體伏卵孵化，獸類孕育繁息，胎生的哺乳動物不會流産，而且卵生的鳥類其卵不會破裂。這只是音樂的規律歸附於此而已。

所謂音樂，並非指黄鐘大吕彈弦唱歌舉盾起舞説的嘛，那是音樂的末節哩，所以由童子來歌舞；鋪展筵席，陳設酒樽肉俎，排列祭器，使用揖讓升降進退辭辨這些行禮的儀式，都是禮制的末節嘛，所以由有關職司掌管這些事。比如樂師專司對樂聲歌詩的辨别，所以只能面朝北彈弦；宗祝專司對宗廟祭禮的辨别，所以只能跟在代神受祭的尸的後面；商祝專司對喪禮的辨别，所以只能跟在主人之後。由於這個緣故，道德有成居上位，才藝有成居下位，德行有成的先行，做事有成的後行。爲此之故，先王按人的品類劃分有上有下，有先有後，然後可以制禮作樂向天下頒布實行嘛。

【古注】

《注》 (一)理猶事也。(二)統同，同和合也。辨異，異尊卑也。(三)管猶包也。(四)偩猶依象也。降，下也。興猶出也。凝，成也。精粗，謂萬物大小也。領猶理治也。(五)言天地將爲之昭焉明也。(六)訢讀爲熹，熹猶蒸也。氣曰煦，體曰嫗，屈生曰區，無鰓曰觡。昭，曉也，蟄蟲以發出爲曉，更息曰蘇。孕，任也。鬻，生也。内敗曰殰。殈，裂也，今齊人語有殈者。(七)言禮樂之本由人君也，禮本著誠去僞，樂本窮本知變。(八)辨猶别也、正也。弦，謂鼓琴瑟也。後尸，居後贊禮儀。此言知本者尊，知末者卑。(九)德，三德也。行，三行也。藝，才技也。先，謂位在上也。後，謂位在下也。(十)言尊卑備，乃可制作以爲治法。

《音義》 偩音負。訢，依《注》音熹，許其反 xī(ㄒㄧ)。煦，許具反 xù(ㄒㄩˋ)。嫗，於具反 yǔ(ㄩˇ)。區，依《注》音句，古矦反 gōu(ㄍㄡ)。觡，古伯反 gé(ㄍㄜˊ)。鰓，息才反 sāi(ㄙㄞ)。蟄，直立反 zhé(ㄓㄜˊ)。鬻音育。殰音獨，懷任不成也，《字林》云胎敗。殈，呼闃反 xù(ㄒㄩˋ)，卵折不成曰殈。

《疏》 皇氏云，自此以下名爲樂情。

19.8**(此魏文矦問章將分三節爲説)**

【原文一】

魏文矦問於子夏曰："吾端冕而聽古樂，則唯恐卧，聽鄭衛之音則不知倦。敢問古樂之如彼何也？新樂之如此何也(一)？"

子夏對曰："今夫古樂，進旅退旅，和正以廣；弦匏笙簧，會守拊鼓；始奏以文，復亂以武，治亂以相，訊疾以雅；君子於是語，於是道古，脩身及家，平均天下，此古樂之發也(二)。

"今夫新樂，進俯退俯，姦聲以濫，溺而不止，及優侏儒，獶雜子女，不知父子，樂終不可以語，不可以道古。此新樂之發也(三)。

"今君之所問者，樂也；所好者，音也。夫樂者，與音相近而不同(四)。"

【譯文】

魏文侯向子夏詢問道："我穿著端冕朝服如果聽古先王的雅樂，就唯恐睡下，聽鄭衛之音就不知疲倦。敢問古樂爲何能使人那樣呢？新樂爲何會使人這樣呢？"

子夏回答説："今所説這古樂，舞者齊進齊退，樂音和諧純正而寬廣；弦匏笙簧諸多樂器，全等搏拊擊鼓再合奏；開始合奏要先擊鼓，重復合奏要擊鐃，治理節奏拍擊拊相，節奏太快使用狀如漆筩的樂器雅控制；君子於此時與人談論音樂的義理，於此時引導人們追隨古人遺風，用來脩養身心並推及全家，以致使天下公正公平。這是古樂給人的啓發嘛。

"如今這新樂，舞者俯身進俯身退，姦邪的歌聲使用過度，人們沉溺其中不能自止；待到優伶侏儒出場，如獮猴般男女間雜，不知還有父子之分；音樂終止後不可跟人交談，不敢提到古人。這是新樂給人的啓發嘛。

"今天君上所問的，是音樂哩；所愛好的，是樂音哩。這音樂呢，與樂音相近却不相同。"

【古注】

《注》 (一)魏文侯，晉大夫畢萬之後，僭諸侯者也。端，玄衣也。古樂，先王之正樂也。(二)旅猶俱也，俱進俱退，言其齊一也。和正以廣，無姦聲也。會猶合也、皆也，言衆皆待擊鼓乃作。《周禮·大師職》曰："大祭祀，帥瞽登歌，合奏擊拊；下管，播樂器，合奏鼓朄。"文，謂鼓也；武，謂金也。相即拊也，亦以節樂，拊者，以韋爲表，裝之以糠。糠一名相，因以名焉，今齊人或謂糠爲相。雅亦樂器名也，狀如漆筩，中有椎。(三)俯猶曲也，言不齊一也。濫，濫竊也。溺而不止，聲淫亂無以治之。獶，獮猴也。言舞者如獮猴戲也，亂男女之尊卑。獶或爲優。(四)言文侯好音而不知樂也。鏗鏘之類皆爲音，應律乃爲樂。

《音義》 儒音儒。獶，乃刀反 náo(ㄋㄠˊ)。

《疏》 自此以下至"有所合之也"，明魏文侯問古樂今樂之異，并子夏之荅辨，明古樂今樂之殊。新樂者，謂今世所作淫樂也。

【原文二】

文侯曰："敢問何如(一)？"

子夏對曰："夫古者，天地順而四時當，民有德而五穀昌，疾疢不作，而無妖祥，此之謂大當。然後聖人作，爲父子君臣，以爲紀綱。紀綱既正，天下大定；天下大定然後正六律，和五聲，弦歌詩頌，此之謂德音，德音之謂樂（二）。《詩》云：‘莫其德音，其德克明；克明克類，克長克君。王此大邦，克順克俾；俾于文王，其德靡悔；既受帝祉，施于孫子。’此之謂也。（三）今君之所好者，其溺音乎（四）？”

【譯文】

文侯説：“敢問音樂和樂音如何不同？”

子夏答道：“在古時候，天地和順因而四季得當，人民有道德因而五穀昌盛，疾病災害不發作，因而没有怪異的徵兆，這就叫做大得其當。這之後自有聖人出現，爲父子君臣制訂紀綱。紀綱盡皆公正，天下就會大體安定；天下大體安定之後即矯正六律、調和五聲，用琴瑟伴奏唱詩歌頌，這就叫德音，德音才配稱做音樂。《詩經・大雅・皇矣》有云：‘静聽他的德音，他的德音能照臨四方；能照臨四方又能勤施善政，能成爲師長能成爲君王。君臨如此大國，能和順待人能擇善而從；與文王比擬，他的德行無可追悔；盡受天帝的福祉，延續到子孫後代。’這説的就是德音嘛。今天君上您所愛好的，恐怕是溺音吧？”

【古注】

《注》（一）欲知音、樂異意。（二）當，謂樂不失其所。（三）此有德之音所謂樂也。德正應和曰莫，照臨四方曰明，勤施無私曰類，教誨不倦曰長，慶賞刑威曰君，慈和徧服曰順。俾當爲比，聲之誤也。擇善從之曰比。施，延也，言文王之德皆能如此，故受天福延於後世也。（四）言無文王之德，則所好非樂也。

《音義》當，丁浪反 dàng（ㄉㄤˋ）。疢，敕覲反 chèn（ㄔㄣˋ）。施，以豉反 yì（ㄧˋ）。

【原文三】

文侯曰：“敢問溺音何從出也（一）？”

子夏對曰：“鄭音好濫淫志，宋音燕女溺志，衛音趨數煩志，齊音敖辟喬志，此四者，皆淫於色而害於德，是以祭祀弗用也（二）。《詩》云：‘肅雍和鳴，先祖是聽。’夫肅，肅敬也；雍，雍和也；夫敬以和，何事不行（三）？爲人君者，謹其所好惡而已矣。君好之，則臣爲之；上行之，則民從之，《詩》云‘誘民孔易’，此之謂也（四）。然後聖人作爲鞉、鼓、椌、楬、壎、篪，此六者，德音之音也（五）。然後鐘磬竽瑟以和之，干戚旄狄以舞之，此所以祭先王之廟也，所以獻酬酳酢也，所以官序貴賤各得其宜也，所以示後世有尊卑長幼之序也（六）。

“鐘聲鏗，鏗以立號，號以立横，横以立武，君子聽鐘聲則思武臣（七）；石聲磬，磬以立辨，辨以致死，君子聽磬聲則思死封疆之臣（八）；絲聲哀，哀以立廉，廉以立志，君子聽琴瑟之聲則思志義之臣(九)；竹聲濫，濫以立會，會以聚衆，君子聽竽笙簫管之聲則思畜聚之臣(十)；鼓鼙之聲讙，讙以立動，動以進衆，君子聽鼓鼙之聲則思將帥之臣(十一)。君子之聽音，非聽其鏗鎗而已也，彼亦有所合之也(十二)。”

【譯文】

文侯説：“敢問溺音從哪兒出現的呢？”

子夏答道：“鄭國音樂好用濫調浸淫意志，宋國音樂安於女色溺没意志，衛國音樂短促急速煩擾意志，齊國音樂傲慢乖僻驕縱意志，這四種音樂，全浸淫在聲色之中因而危害道德，所以祭祀不會採用嘛。《詩經·周頌·有瞽》云：‘肅敬雍和的鳴聲相呼應，先祖唯此樂才會傾聽。’這肅的涵義，肅敬嘛；雍的涵義，雍和嘛；既恭敬又和睦，什麼事行不通？做國君的，只要謹慎對待自己所喜好和所憎惡的事物就行了呀。君上喜好的，臣下就會去做；上頭實行的，人們就會跟隨着做，《詩經·大雅·板》中所云“誘導人民極容易”，就是指此事説的嘛。然後聖人起來製造鞉、鼓、椌、楬、壎、篪，這六種樂器，所發出的是合乎德音的聲音嘛。然後再用鐘磬竽瑟這些華美樂器與之應和，舉着干戚旄狄起舞，這種音樂才可用來祭祀先王的宗廟嘛，才可在接待賓客時用來獻酬酳酢嘛，才可用來按官階的貴賤順序使各得其適宜的樂舞行列嘛，才可用來向後世昭示有尊卑長幼的次序嘛。

“鐘能發出寬宏沉重的鏗聲，鏗聲用來傳達號令，號令用來使士氣橫溢，士氣橫溢用來顯示威武，君子聽到鐘聲就會思慕精通武略之臣；石磬發出悠揚婉轉的聲音，磬聲用來樹立辨别是非曲直的品格，辨别是非曲直往往要付出死的代價，君子聽到磬聲就會思念死於國事的臣子；絲弦發出哀怨的聲音，哀怨之聲用來樹立廉隅的品格，廉隅不苟用來立定志向，君子聽到琴瑟之聲就會思慕立志行義之臣；竹樂的聲音收攬，收攬用來樹立會合的能力，會合的能力用來聚攏衆物，君子聽到竽笙簫管的聲音就會思慕畜積聚斂之臣；敲擊鼓的聲音喧譁，喧譁能使人激動，激動能激發衆將士奮進，君子聽到敲擊鼓之聲就會思慕具有將帥之才的臣子。君子他們聽音樂，不僅是單純聽那鏗鎗的聲音而已哩，他們也有許多情感融合在其中嘛。”

【古注】

《注》 (一)玩習之久，不知所由出也。(二)言四國皆出此溺音。濫，濫竊姦聲也。燕，安也，《春秋傳》曰：“懷與安，實敗名。”趨數讀爲促速，聲之誤也。煩，勞也。祭祀者不用淫樂。(三)言古樂敬且和，故無事而不用，溺音無所施。(四)誘，進也。孔，甚也。言民從君所好惡，進之於善無難。

(五)六者爲本,以其聲質也。椌楬,謂柷敔也。壎篪或爲簨虡。(六)官序貴賤,謂尊卑樂器列數有差次。(七)號,號令,所以警衆也。横,充也,謂氣作充滿也。(八)石聲磬,磬當爲罄,字之誤也。辨,謂分明於節義。(九)廉,廉隅也。(十)濫之意,猶擥聚也。會猶聚也。聚或爲最。(十一)聞讙囂,則人意動作。讙或爲歡,動或爲勳。(十二)以聲合成己之志。

《音義》 趨音促,數音速,敖字又作傲。辟,匹亦反 pì(ㄆㄧˋ)。喬音驕,本或作驕。鞉音桃。椌,苦江反 qiāng(ㄑㄧㄤ),柷(zhù·ㄓㄨˋ)也。楬,苦瞎反 qià(ㄑㄧㄚˋ),敔(yǔ·ㄩˇ)也。壎,許袁反 xūn(ㄒㄩㄣ)。篪,直支反 chí(ㄔˊ)。鼙,步西反 pí(ㄆㄧˊ)。磬,依《注》音罄,口定反 qìng(ㄑㄧㄥˋ)。

19.9(**此賓牟賈問章將分兩節爲説**)

【原文一】

賓牟賈侍坐於孔子,孔子與之言及樂曰:"夫《武》之備戒之已久,何也?"

對曰:"病不得其衆也(一)。"

"咏歎之,淫液之,何也?"

對曰:"恐不逮事也(二)。"

"發揚蹈厲之已蚤,何也?"

對曰:"及時事也(三)。"

"《武》坐致右憲左,何也?"

對曰:"非《武》坐也(四)。"

"聲淫及商,何也?"

對曰:"非《武》音也(五)。"

子曰:"若非《武》音,則何音也?"

對曰:"有司失其傳也,若非有司失其傳,則武王之志荒矣(六)。"

子曰:"唯,丘之聞諸萇弘,亦若吾子之言是也(七)。"

【譯文】

賓牟賈陪坐在孔子身旁,孔子跟他談到音樂時問:"這《武》樂爲起舞作準備要敲很久警戒鼓,爲什麼呢?"

賓牟賈答道:"象徵武王伐紂時擔心得不到衆將士的勇悍之氣嘛。"

又問:"歌唱時吟咏長歎,連綿不絶,爲什麼呢?"

答道:"象徵武王唯恐諸侯來不及參與戰事嘛。"

"舞隊一出便過早地揚手頓足以示猛厲,爲什麼呢?"

答道:"象徵伐紂及時行使武事嘛。"

"跳《武》舞要右膝跪到地上而將左膝抬高,爲什麼呢?"

答道:"那不是《武》舞的跪姿呀。"

"樂聲過度使用商音,爲什麽呢?"

答道:"那不是《武》樂之音呀。"

孔子問:"倘若不是《武》樂之音,那會是什麽音呢?"

答道:"準是掌管音樂的有司失去《武》樂的真傳哩。倘若不是有司失去《武》樂的真傳,也是對武王功業的記録荒疏了呀。"

孔子説:"對,我孔丘從萇弘那裏聞知此事,也像你説的這樣哩。"

【古注】

《注》 (一)《武》,謂周舞也。備戒,擊鼓警衆。病猶憂也,以不得衆心爲憂,憂其難也。(二)咏歎、淫液,歌遲之也。逮,及也。事,戎事也。(三)時至武事當施也。(四)言《武》之事無坐也。致,謂膝至地也。憲讀爲軒,聲之誤也。(五)言《武》歌在正其軍,不貪商也,時人或説其義爲貪商也。(六)有司,典樂者也。傳猶説也。荒,老耄也。言典樂者失其説也,而時人妄説也,《書》曰"王耄荒"。(七)萇弘,周大夫。

《疏》 此一經《别録》是賓牟賈問章。自此以下至"不亦宜乎",揔是賓牟賈與夫子相問答之事。賓牟賈,姓賓牟,名賈。

【原文二】

賓牟賈起,免席而請曰:"夫《武》之備戒之已久,則既聞命矣,敢問遲之遲而又久,何也(一)?"

子曰:"居,吾語汝。夫樂者,象成者也。揔干而山立,武王之事也;發揚蹈厲,大公之志也;《武》亂皆坐,周召之治也(二);且夫《武》始而北出,再成而滅商,三成而南,四成而南國是疆,五成而分周公左、召公右,六成復綴以崇(三)。天子夾振之,而駟伐,盛威於中國也(四);分夾而進,事蚤濟也(五);久立於綴,以待諸矦之至也(六)。且女獨未聞牧野之語乎(七)?武王克殷,反商未及下車,而封黄帝之後於薊,封帝堯之後於祝,封帝舜之後於陳;下車而封夏后氏之後於杞,投殷之後於宋,封王子比干之墓,釋箕子之囚,使之行商容而復其位,庶民弛政,庶士倍禄;濟河而西,馬散之華山之陽而弗復乘,牛散之桃林之野而弗復服,車甲衅而藏之府庫而弗復用;倒載干戈包之以虎皮,將帥之士使爲諸矦,名之曰'建櫜',然後天下知武王之不復用兵也(八)。散軍而郊射,左射《貍首》,右射《騶虞》,而貫革之射息也;裨冕搢笏,而虎賁之士説劒也;祀乎明堂,而民知孝;朝覲,然後諸矦知所以臣;耕藉,然後諸矦知所以敬;五者,天下之大教也(九)。食三老五更於大學,天子袒而割牲,執醬而饋,執爵而酳,冕而揔干,所以教諸矦之弟也(十)。若此,則周道四達,禮樂交通。則夫《武》之遲久,不亦宜乎(十一)?"

【譯文】

賓牟賈站起來,離開坐席請教道:"那《武》樂爲起舞作準備要敲很久警戒鼓,已是盡數聽了教命而已,敢問遲遲地等待而又準備那麽久,究竟是爲什麽呢?"

孔子説:"坐,我告訴你。這音樂的創作,需仿象已成功的事業嘛。舞者手持盾牌有如山一般直立不動,象徵武王持盾正立等待諸侯到來嘛;奮力揚手頓足以示猛厲,象徵太公那威武鷹揚的意志嘛;《武》舞亂失行列全都跪下,象徵周公召公的文德之治嘛;另外《武》舞開始從北邊出場,象徵武王北出觀兵;奏舞曲二成象徵武王滅亡商朝;奏舞曲三成象徵武王得勝南還;舞曲四成象徵南方各國歸併爲周朝疆土;舞曲五成舞隊分開象徵周公居左、召公居右分職而治;舞曲六成舞隊回到原位停止而充滿《武》樂,象徵武王之德充滿天下。天子夾在舞者中振鈴加以節制,指揮四度擊刺,象徵武王在中國享有盛大威望嘛;舞者各有部分振鈴夾在隊列中前進,象徵戰事早已成功嘛;舞隊停止長久站立,象徵武王伐紂等待諸侯的到來嘛。難道你還未曾聽過牧野決戰的談論嗎?武王戰勝殷紂,到達商都朝歌没等下車,即將薊地分封給了黄帝的後裔,將祝地分封給了帝堯的後裔,將陳地分給了帝舜的後裔;下了車又將杞地分封給了夏后氏的後裔,將投誠的殷朝後裔遷徙到宋地,爲王子比干的墳墓封土,釋放囚禁的箕子,遣使者前去探視商容並恢復其地位,廢除加在庶民頭上的苛政,衆士子俸禄加倍;濟河以西,戰馬遣散到華山之陽且不再駕車,耕牛放歸到桃林之郊野並不再服役,戰車鎧甲血祭之後藏進府庫且不再使用;將兵器倒置用虎皮包紮起來,將帥中功勛卓著之士使擔任諸侯,命名叫'鍵櫜',這樣之後天下各國全知道武王他不再用兵了嘛。遣散軍隊轉而到郊學的射宫習射,左邊的東學習射時歌唱《貍首》之詩,右邊的西學習射時歌唱《騶虞》之詩,因而穿透鎧甲的射法止息了嘛;身着裨衣頭戴禮冠腰插笏板,因而有如猛虎奔跑般的武士只得脱下寶劍嘛;在明堂舉行祭祀,因而人民懂得了孝道;制訂朝覲天子的禮制,這樣之後諸侯便懂得了如何盡臣道;天子親自耕作藉田,這樣之後諸侯便懂得了如何敬事;這五項措施,乃天下最重大的教化嘛。在太學奉養三老五更,天子袒衣親自切割牲肉,手持醬菜給他們佐餐,餐畢端着酒爵讓他們漱口,並頭戴禮冠手持盾牌爲他們跳舞,以此教給諸侯他們善待尊長嘛。像這樣,周朝的道路就會暢達四方,禮樂交相貫通。那麽這《武》樂進行得遲緩耗時長久,不也適宜嗎?"

【古注】

《注》 (一)遲之遲,謂久立於綴。(二)居猶安坐也。成,謂已成之事也。揔干,持盾也。山立猶正立也,象武王持盾正立待諸侯也。發揚蹈厲,所以象威武時也,《武》舞象戰鬬也。亂,謂失行列也,失行列則皆坐,象周公召公以文止武也。(三)成猶奏也,每奏《武》曲一終爲一成。始奏象觀兵盟津時也,再奏象克殷時也,三奏象克殷有餘力而反也,四奏象南方荆蠻之國侵畔者服也,五奏象周公召公分職而治也,六奏象兵還振旅也。復綴,反位止也。崇,充也,凡六奏以充《武》樂也。(四)夾振之者,王與大將夾舞者振鐸以爲節也。駟當爲四,聲之誤也。《武》舞,戰象也,每奏四伐,一擊一刺爲一伐,《牧誓》曰"今日之事不過四伐五伐"。(五)分猶部曲也;事猶爲也;濟,成也。舞者各有部曲之列,又夾振之者,象用兵務於早成也。(六)象武王伐紂待諸侯也。(七)欲語以作《武》樂之意。(八)反商,當爲及字之誤也,及商,謂至紂都也,《牧誓》曰"至于商郊牧野"。封,謂故無土地者也。投,舉徙之辭也,時武王封紂子武庚於殷墟,所徙者,微子也,後周公更封而大之。積土爲封,封比干墓,崇賢也。行猶視也,使箕子視商禮樂之官,賢者所處皆令反其居也。弛政,去其紂時苛政也。倍禄,復其紂時薄者也。散猶放也。桃林在華山旁。甲,鎧也。衅,釁字也。包干戈以虎皮,明能以《武》服兵也。建讀爲鍵,字之誤也。兵甲之衣曰櫜,鍵櫜,言閉藏兵甲也,《詩》曰"載櫜弓矢",《春秋傳》曰"垂櫜而入",《周禮》曰"櫜之欲其約也"。薊或爲續,祝或爲鑄。(九)郊射,爲射宫於郊也。左,東學也;右,西學也。《貍首》《騶虞》,所以歌爲節也。貫革,射穿甲革也。裨冕,衣裨衣而冠冕也。裨衣,衮之屬也。搢猶插也。賁,憤怒也。文王之廟爲明堂制。耕藉,藉田也。(十)三老五更,互言之耳,皆老人更知三德五事者也。冕而揔干,親在舞位也。周名大學曰東膠。(十一)言《武》遲久爲重禮樂。

《音義》 大公,大音泰。召音邵。反商,依《注》反音及。薊音計,今涿州薊縣是也,即燕國之都也。綴,竹劣反 chuò(ㄔㄨㄛˋ)。商容,孔安國云殷之賢人也,鄭云商禮樂之官也。弛,始氏反 shǐ(ㄕˇ),廢也。櫜音羔。賁音奔,孔安國云:"虎賁,若虎賁獸,言其猛也。"説劒,説,吐活反 tuō(ㄊㄨㄛ)。大學,大音泰。弟,大計反 tì(ㄊㄧˋ)。

19.10**(此樂化章將分三節爲説)**

【原文一】

君子曰:"禮樂不可斯須去身。致樂以治心,則易直子諒之心油然生矣;易直子諒之心生則樂,樂則安,安則久,久則天,天則神。天則不言而信,神則不怒而威。致樂以治心者也(一)。

"致禮以治躬則莊敬,莊敬則嚴威(二)。心中斯須不和不樂,而鄙詐之心入之矣(三);外貌斯須不莊不敬,而易慢之心入之矣(四)。

"故樂也者,動於内者也;禮也者,動於外者也。樂極和,禮極順,内和而外順,則民瞻其顔色而弗與争也,望其容貌而民不生易慢焉。故德煇動於内,而民莫不承聽;理發諸外,而民莫不承順(五)。故曰,致禮樂之道,舉而錯之天下無難矣。

【譯文】

君子説:"禮樂不可片刻離身。用音樂來治心,就會使和易正直慈愛誠信之心油然而生呀；和易正直慈愛誠信的心思產生就會樂觀，樂觀就會安詳，安詳就會長久，長久樂觀安詳就會真誠如天，真誠如天就會神明。真誠如天就會不必言語也能使人信服，做到神明就會不必動怒也威嚴。用音樂來治心就會得出這樣的效果嘛。

"用禮制來修身就會變得端莊恭敬，端莊恭敬就會嚴肅威重。心中片刻不和易不樂觀，鄙陋欺詐的心思就會乘虛而入呀；外貌片刻不端莊不恭敬，輕視傲慢之心就會借機而入呀。

"原本音樂的出處呢，是從內心發動的嘛；禮節的出處呢，是由外貌發動的嘛。音樂的極致是和諧，禮節的極致是恭順，內心和諧而且外貌恭順，那麼人們看到這樣的臉色必不會與之爭競嘛，望見這樣的容貌能使人們不會產生輕視傲慢的舉動呀。所以道德的光輝從內心發動，能使人們無不承命聽從；有道理的言論發布在外，能使人們無不承命順從。所以說，致力禮樂這條路，舉用並施行下去，天下便沒有難做的事了呀。

【古注】

《注》 (一)致，猶深審也。子，讀如不子之子。油然，新生好貌也。善心生則寡於利欲，寡於利欲則樂矣。志明行成，不言而見信如天也，不怒而見畏如神也。樂由中出，故治心。(二)躬，身也。禮自外作，故治身。(三)鄙詐，是貪多詐僞。(四)易，輕易也。(五)德煇，顔色潤澤也。理，容貌之進止也。

《疏》 自此以下至"可謂盛矣"名爲樂化，言樂能化人始至於善，故名樂化。

【原文二】

"樂也者，動於内者也；禮也者，動於外者也。故禮主其減，樂主其盈(一)。禮減而進，以進爲文；樂盈而反，以反爲文(二)。禮減而不進則銷，樂盈而不反則放，故禮有報而樂有反(三)；禮得其報則樂，樂得其反則安(四)。禮之報，樂之反，其義一也(五)。

"夫樂者，樂也，人情之所不能免也。樂必發於聲音，形於動静，人之道也；聲音動静、性術之變，盡於此矣(六)。故人不耐無樂，樂不耐無形，形而不爲道不耐無亂(七)。

"先王恥其亂，故制雅頌之聲以道之，使其聲足樂而不流，使其文足論而不息，使其曲直、繁瘠、廉肉、節奏足以感動人之善心而已矣，不使放心邪氣得接焉。是先王立樂之方也(八)。

【譯文】

"音樂的出處呢，是從內心發動的嘛；禮節的出處呢，是由外貌發動的嘛。所以禮節注重自身的削減，音樂注重自身的充盈。禮節削減若能前進，以前進爲美好；音樂充盈若能自返，以自返爲美好；禮節削減若不前進就會衰退，音樂充盈若不知返就會放蕩，所以禮節有褒獎而音樂有自返；禮節得以褒獎就會歡樂，音樂能自返就會安分。禮節這種褒獎，音樂這種自返，其涵義是一致的嘛。

"這音樂所追求的，乃歡樂嘛，是人情之中所不能避免的嘛。音樂必須通過聲音發出，用動作和静止的形式來表現，這是人類的自然常道嘛；聲音動静、性情技能的變化，盡在這裏呀。所以人類不能没有歡樂，歡樂不能没有表現形式，有表現形式却不給以引導不能没有淫亂之事發生。

"先王對這種淫亂感到羞恥，所以制作雅頌這種盛世的音樂加以引導，使其聲音足以歡樂而不流宕，使其文辭足够議論而不止息，使其曲直、繁簡、豐約、節奏足以感動人的善心爲止呀，不使放恣之心淫邪之氣得以接觸性情。這就是先王設立樂教的道理嘛。

【古注】

《注》 （一）禮主於減，人所倦也。樂主其盈，人所歡也。（二）進，謂自勉强也。反，謂自抑止也。文猶美也、善也。（三）放，淫聲樂不能止也。報讀曰褒，猶進也。（四）得，謂曉其義，知其吉凶之歸。（五）俱趨立於中，不銷不放也。（六）免猶自止也。人道，人之所爲也。性術，言此出於性也。益於此，不可過。（七）形，聲音動静也。耐，古書能字也，後世變之，此獨存焉，古以能爲三台字。（八）流謂淫放也。文，篇辭也。息猶銷也。曲直，歌之曲折也。繁瘠、廉肉，聲之鴻殺也。節奏，闋作進止所應也。方，道也。

【原文三】

"是故樂在宗廟之中，君臣上下同聽之，則莫不和敬；在族長鄉里之中，長幼同聽之，則莫不和順；在閨門之内，父子兄弟同聽之，則莫不和親。故樂者，審一以定和，比物以飾節，節奏合以成文，所以合和父子君臣，附親萬民也。是先王立樂之方也（一）。

"故聽其雅頌之聲，志意得廣焉；執其干戚，習其俯仰詘伸，容貌得莊焉；行其綴兆，要其節奏，行列得正焉，進退得齊焉。故樂者，天地之命，中和之紀，人情之所不能免也（二）。

"夫樂者，先王之所以飾喜也；軍旅鈇鉞者，先王之所以飾怒也。故先王之喜怒皆得其儕焉（三）：喜則天下和之，怒則暴亂者畏之。先王之道，禮樂可謂盛矣（四）。"

【譯文】

“正是上述之故，音樂設置在宗廟之中，君臣上下同聽演奏，就没有人會不謙和恭敬；設置在族長鄉里之中，長幼同聽演奏，便没有人會不平和順從；設置在閨門之内，父子兄弟同聽演奏，就没有人會不和睦相親。所以奏樂的人，需詳審一個標準音來釐定和聲，排比各類樂器以修飾音節，節奏會合連及成五聲之文，用來和睦父子君臣、撫愛親近萬民嘛。這就是先王設立樂教的道理嘛。

“所以聽到演奏盛世的雅頌之聲，能使人的志趣意願變得寬廣；手持干戚之類舞具，演習那俯仰屈伸的動作，容貌就會變得莊重起來；行走依照舞隊的行列位置，配合音樂的節奏，使行列保持端正，進退保持整齊。所以音樂這東西，乃天地的教命，中正和平的綱紀，人情之中所不能短缺的嘛。

“這音樂，先王他用來文飾喜悦嘛；軍隊用於刑戮的鈇鉞，先王他用來文飾憤怒嘛。先王的喜怒必定都能得到與其相應的同類：喜悦時天下都應和他的喜悦，憤怒時暴亂者都畏懼他的憤怒。先王的治理之道，禮樂的作用堪稱盛大呀。”

【古注】

《注》 (一)審一，審其人聲也。比物，謂雜金革土匏之屬也。以成文，五聲八音克諧相應和。(二)綴，表也，所以表行列也，《詩》云“荷戈與綴”。兆，域也，舞者進退所至也。要猶會也。命，教也。紀，揔要之名也。(三)儕猶輩類。(四)天子之於天下，喜怒節之以禮樂，則兆民和從而畏敬之。禮樂，王者所常興則盛矣。

《音義》 詘，丘勿反 qū(ㄑㄩ)。要，一遥反 yāo(ㄧㄠ)。儕，仕皆反 chái(ㄔㄞˊ)。

19.11**(此師乙章。此章原文有錯簡，已依鄭《注》作了調整，特此聲明)**

【原文】

子贛見師乙而問焉曰：“賜聞聲歌各有宜也，如賜者，宜何歌也(一)？”

師乙曰：“乙賤工也，何足以問所宜？請誦其所聞，而吾子自執焉(二)。寬而静，柔而正者宜歌《頌》；廣大而静，疏達而信者宜歌《大雅》；恭儉而好禮者宜歌《小雅》；正直而静、廉而謙者宜歌《風》；肆直而慈愛者宜歌《商》(三)；温良而能斷者宜歌《齊》。夫歌者，直己而陳德也，動己而天地應焉，四時和焉，星辰理焉，萬物育焉。故《商》者，五帝之遺聲也，商人識之，故謂之《商》；《齊》者，三代之遺聲也，齊人識之，故謂之《齊》。明乎《商》之音者，臨事而屢斷；

明乎《齊》之音者，見利而讓(四)。臨事而屢斷，勇也；見利而讓，義也。有勇有義，非歌孰能保此(五)？故歌者，上如抗，下如隊，曲如折，止如槀木，倨中矩，句中鉤，纍纍乎端如貫珠(六)。故歌之爲言也，長言之也：説之故言之，言之不足故長言之，長言之不足故嗟歎之，嗟歎之不足故不知手之舞之、足之蹈之也(七)。"

子貢問樂(八)。

【譯文】

子貢去見樂師乙並問他道："我端木賜聽説唱歌各有適宜哩，像我端木賜這樣的人，適宜唱什麼歌呢？"

師乙説："我是個卑賤的樂工哩，怎麼值得向我問適宜唱什麼歌？請讓我述説自己所聽來的，由你自己處置吧。寬容且文静、温柔且公正的人適宜歌唱《頌》詩；胸懷廣大而沉静、疏朗通達而誠信的人適宜歌唱《大雅》詩；恭敬儉樸且好禮的人適宜歌唱《小雅》詩；正直而沉静、廉潔而謙遜的人適宜歌唱《國風》；放肆率直却有慈愛之心的人適宜歌唱《商頌》；温厚善良並能裁斷的人適宜歌唱《齊風》。這歌唱的人，要站直自己的身體來敷陳先人的恩德嘛，能感動自己才能使天地回應，四季和順，星辰有條不紊，一切生物都能得到育養。原來《商頌》這一詩篇，是五帝遺留的聲音嘛，由商代人記録的，所以謂之《商頌》；《齊風》這一詩篇，是夏商周三代遺留的聲音嘛，由齊國人記載的，所以謂之《齊風》。能明瞭《商頌》這種音樂的話，臨事就能屢屢決斷；能明瞭《齊風》這種音樂的話，見利便能相讓。臨事能屢斷，爲勇氣哩；見到利益能讓，爲義氣哩。有勇有義，不通過詩歌怎能保持住這種品德？所以歌聲的回蕩，上升如同托舉，下降如同墜落，委曲如同折柳，静止如同枯木，稍微彎曲的當中像矩尺，大彎曲的當中像鈎鐮，歌聲連綴不斷的情形有如成串的珠子。所以把歌唱當作言語呢，則是把腔調拖長的言語嘛：心中愉悦故而用言語表述，言語表述不滿足故而用拖長的言語表述，用拖長的言語表述不滿足故而用嗟歎抒發，嗟歎抒發不滿足故而不知不覺、情不自禁地手舞足蹈起來了嘛。"

以上便是子貢詢問音樂的記録。

【古注】

《注》 (一)子贑，孔子弟子。師，樂官也，乙名。聲歌各有宜，氣順性也。(二)樂人稱工。執猶處也。(三)《商》，宋詩也。愛或爲哀。直己而陳德者，因其德歌所宜。育，生也。(四)屢，數也。數斷事，以其肆直也。見利而讓，以其温良能斷也，斷猶決也。(五)保猶安也、知也。(六)言歌聲之著，動人心之審如有此事。(七)長言之，引起聲也。嗟歎，和續之也。不知手之舞之足之蹈之，歡之至也。(八)上下同美之也。

《音義》 贛音貢。隊，直媿反 zhuì(ㄓㄨㄟˋ)。槖，古老反 gǎo(ㄍㄠˇ)。説音悦。

《疏》 依《别録》是師乙之章。此經倒錯，上下失叙，今依鄭之所《注》次而解之，所次依《史記·樂書》也。

【淺悟】

音樂是中華文化的主要組成部份之一，也是支撑政治的四大支柱(禮、樂、政、刑)之一。可惜孔子整理的《樂經》亡於秦火，古樂從此失傳，再也不見有如伯牙與鍾子期、荆柯與高漸離之輩因知音而結成的刎頸之交，足見古樂魅力之一斑。如今，本篇就成了探求古樂的唯一綫索，所有音、聲、樂的知識盡在篇中，兹不贅言。所要論及的是篇中"唯樂不可以爲僞"一語，對本人的感觸頗深，願談點感悟。此語的意思是，世上任何事都可以造假，唯獨音樂不能。比如憤怒時，誰能唱出歡樂的歌？悲哀時，誰能唱出喜慶的歌？一個國家，如果政治清明，必然到處都洋溢着安樂祥和的歌舞；如果政治昏暗，必然到處充斥着哀怨、仇恨、淫亂的足以挑起人邪欲惡念膨脹以致走向罪惡的音樂、歌舞、戲劇、小説等，高雅藝術則無處存身。所以要想了解一個國家的真實情況，只要考察那裏的音樂、歌舞、戲劇、小説的内容就够了，文化現象是無法作假的。魏文侯聽古樂打瞌睡，聽鄭衛之音則不知疲倦，如何作假？其屬下的臣民、其治下的國家將是怎樣的情形，也就可想而知了。

文中還强調，不論高雅音樂還是淫穢音樂，其移風易俗、其對人心的潛移默化作用則是相同的，若任其五音皆亂的淫穢音樂自由泛濫，"則國之滅亡無日矣"。所以自古以來，凡是有責任心的政治家和音樂家，無不遵照先王的"禮節民心，樂和民聲，政以行之，刑以防之"的治國之道去行，尤其注重禮樂教化，即所謂"王者功成作樂，治定制禮"者。

雜記上第二十

《疏》 按鄭《目録》云："名曰《雜記》者，以其雜記諸侯以下至士之喪事。此於《别録》屬《喪服》。"分爲上下，義於《曲禮》《檀弓》分别不殊也。

20.1

【原文】

諸侯行而死於館，則其復如於其國；如於道，則升其乘車之左轂，以其綏復(一)。其輤有裧，緇布裳帷，素錦以爲屋而行(二)。至於廟門，不毁牆，遂入，適所殯，唯輤爲説於廟門外(三)。

大夫士死於道，則升其乘車之左轂，以其綏復；如於館死，則其復如於家(四)。大夫以布爲輤而行，至於家而説輤，載以輲車，入自門，至於阼階下而説車，舉自阼階，升適所殯(五)。士輤，葦席以爲屋，蒲席以爲裳帷(六)。

【譯文】

諸侯出行如果死在他國的館舍裏，爲他招魂復魄的儀式就跟在自己國家一樣；如果死在路上，就登上他乘坐的左車輪的軸上，用旗杆頂端的旄牛尾招魂復魄。那裝載靈柩的輤車四周有像鼈甲一樣的飾緣，棺外罩有黑布的帷幔，再用素錦製成棺罩之後上路。來到停柩的殯宫門前，不必拆除棺外的帷幔，即進入殯宫，將靈柩停放在所殯之處，只把脱離開的輤車停在殯宫的門外。

大夫士死在路上，就登上他乘坐的左車輪的軸上，用旗杆頂上的旄牛尾招魂復魄；若死在館舍裏，爲他招魂復魄的儀式就跟在家是一樣的。死者是大夫就用白布將輤車的四周做好飾緣再上路，到家即把棺柩擡下輤車，載到輲車上，從大門進去，到達阼階前便擡下車，沿着阼階往上擡，擡到停柩處放下。死者是士的輤車，用葦席做棺罩，用蒲席做棺外的帷幔。

【古注】

《注》 (一)館，主國所致舍。復，招魂復魄也。如於其國，主國館賓，予使有之，得升屋，招用褒衣也。如於道,道上廬宿也。升車左轂,象升屋東榮。綏當爲緌,讀如蕤賓之蕤,字之誤也。緌,謂旌旗之旄也,去其旒而用之,異於生也。(二)輤,載柩將殯之車飾也,輤取名於櫬與蒨,讀如蒨旆之蒨,櫬棺也。蒨,染赤色者也。將葬,載柩之車飾曰柳。裧,謂鼈甲邊緣。緇布裳帷,圍棺者也。裳帷用緇,則輤用赤矣。輤象宫室屋,其中小帳櫬覆棺者,若未大斂,其載尸而歸,車飾皆如之。(三)廟,所殯宫。牆,裳帷也。適所殯,谓兩楹之間,去輤乃入廟門,以其入自有宫室也。毁或爲徹。凡柩自外來者,正棺於兩楹之間,尸亦侇之於此,皆因殯焉;異者,柩入自闕,升自西階;尸入自門,升自阼階。其殯必於兩楹之間者,以其死不於室而自外來,留之於中,不忍遠也。(四)綏亦緌也。大夫復於家以玄冕,士以爵弁服。(五)大夫輤言用布,白布不染也,言輤者,達名也。不言裳帷俱用布,無所别也。至門亦説輤乃入,言載以輲車入自門,明車不易也。輲讀爲輇,或作槫,許氏《説文解字》曰:"有輻曰輪,無輻曰輇。"《周禮》又有"蜃車,天子以載柩。"蜃輇聲相近,其制同乎輇,崇蓋半乘車之輪。諸侯言不毁牆,大夫士言不易車,互相明也。不易者,不易以楯也,廟中有載柩以楯之禮,此不耳。(六)言以葦席爲屋,則無素錦爲帳。

《音義》 綏,依《注》作緌,耳隹反 ruí(ㄖㄨㄟˊ)。輤,千見反 qiàn(ㄑㄧㄢˋ),《注》與蒨同。裧,昌占反 chān(ㄔㄢ)。説,吐奪反 tuō(ㄊㄨㄛ),本亦作脱。輲,依《注》作輇及槫,市專反 chuán(ㄔㄨㄢˊ)。

20.2

【原文】

凡訃於其君曰:"君之臣某死(一)。"父母妻長子曰:"君之臣某之某死(二)。"君訃於他國之君曰:"寡君不禄,敢告於執事。"夫人曰:"寡小君不禄。"大子之喪曰:"寡君之適子某死(三)。"

大夫訃於同國適者曰:"某不禄。"訃於士亦曰"某不禄"。訃於他國之君曰:"君之外臣寡大夫某死。"訃於適者曰:"吾子之外私寡大夫某不禄,使某實。"訃於士亦曰"吾子之外私寡大夫某不禄,使某實(四)"。

士訃於同國大夫曰"某死",訃於士亦曰"某死";訃於他國之君曰"君之外臣某死",訃於大夫曰"吾子之外私某死",訃於士亦曰"吾子之外私某死"。

大夫次於公館以終喪,士練而歸,士次於公館(五)。大夫居廬,士居堊室(六)。

【譯文】

凡是到自己的國君那裏報喪應這樣説:"君的臣下某人死了。"死的是父母妻長子應這樣説:"君的臣下某人的某親屬死了。"到他國的國君那裏報本國的君喪應這樣説:"寡君不再享用俸禄了,敢向執事通告。"君夫人死應這樣説:"寡小君不再享用俸禄了。"太子之喪應這樣説:"寡君的嫡子某人死了。"

大夫死後在本國報喪對爵位相當的同僚應這樣説:"某人不再享用俸禄

了。”向士報喪也説“某人不再享用俸禄了”。到外國的國君那裏報喪應這樣説：“君的外臣寡大夫某人死了。”向外國爵位相當的大夫報喪時應這樣説：“您的外國私交寡大夫某人不再享用俸禄了，指使我到此來報喪。”向外國有交情的士報喪也説“您的外國私交寡大夫某人不再享用俸禄了，指使我至此來報喪”。

士死到本國的大夫那裏報喪應説“某人死了”，向士報喪也説“某人死了”；到外國的國君那裏報喪應説“君的外臣某人死了”，向那裏有交情的大夫報喪應説“您的外國私交某人死了”，向那裏有交情的士報喪也説“您的外國私交某人死了”。

遭君喪，大夫在國君的館舍停留直至喪期終結再回家，擔任邑宰的士停留到一周年練冠後便可回到其治邑，朝廷之士要在國君的館舍停留到喪期終結。大夫在倚廬中居住，士在用白堊粉刷牆壁的室内居住。

【古注】

《注》 (一)訃或皆作赴，赴，至也。臣死，其子使人至君所告之。(二)此臣於其家喪所主者。(三)君夫人不稱薨，告他國君謙也。(四)適，讀爲匹敵之敵，謂爵同者也。實當爲至，此讀，周秦之人聲之誤也。(五)公館，公宫之舍也。練而歸之士謂邑宰也；練而猶處公館，朝廷之士也。唯大夫三年無歸也。(六)謂未練時也。士居堊室，亦謂邑宰也，朝廷之士亦居廬。

音義 大音泰。適，丁歷反 dí(ㄉㄧˊ)。堊，烏各反 è(ㄜˋ)。實，依《注》音至。

20.3

【原文】

大夫爲其父母兄弟之未爲大夫者之喪服如士服，士爲其父母兄弟之爲大夫者之喪服如士服(一)。大夫之適子，服大夫之服(二)。大夫之庶子爲大夫，則爲其父母服大夫服，其位與未爲大夫者齒(三)。士之子爲大夫，則其父母弗能主也，使其子主之，無子則爲之置後(四)。

大夫卜宅與葬日，有司麻衣、布衰、布帶、因喪屨、緇布冠不蕤，占者皮弁(五)。如筮，則史練冠長衣以筮，占者朝服(六)。

大夫之喪，既薦馬，薦馬者哭踊，出乃包奠而讀書(七)。大夫之喪，大宗人相，小宗人命龜，卜人作龜(八)。

【譯文】

大夫爲其没擔任過大夫的父母兄弟服喪所著的喪服應依照士的規格服，士爲其擔任大夫的父母兄弟服喪所著的喪服要依照士的規格服。大夫的嫡子，服喪依照大夫的規格服。大夫的庶子擔任大夫，爲其父母服喪就按大夫的規格服，他的位次跟没擔任大夫的嫡子按年齒次序排列。士的兒子是大夫，如果死了，他的父母就不能充任喪主嘛，應使他的兒子主持喪事，没有兒子就臨時爲他設置後嗣。

用占卜術爲大夫選擇墓穴和葬日，掌管占卜的有司身穿麻布衣，披布衰，腰繫布帶，脚穿喪屨，頭戴不加蕤飾的緇布冠，操作占卜的人頭戴白鹿皮帽。若用占筮術爲下大夫或士選擇墓穴和葬日，筮史就戴着練冠穿着長衣拿出筮草，操作占筮的人身穿朝服。

大夫的喪事，馬拉着靈柩已經進了祖廟，牽馬者要踊跳着哭號，出了祖廟便將祭奠的牲體包裹起來並宣讀記録在册的助葬物品。大夫的喪事，大宗人贊禮，小宗人告知龜甲需要占卜的内容，卜人操作灼龜甲取兆。

【古注】

《注》 (一)大夫雖尊，不以其服服父母兄弟，嫌若踰之也。士，謂大夫庶子爲士者也，己卑，又不敢服尊者之服。今大夫喪服禮逸，與士異者未得而備聞也。《春秋傳》曰："齊晏桓子卒，晏嬰粗衰斬、苴絰帶杖、菅屨、食粥、居倚廬、寢苫枕草。其老曰：'非大夫之禮也。'曰：'唯卿爲大夫。'"此平仲之謙也，言己非大夫，故爲父服士服耳。粗衰斬者，其縷在齊斬之間，謂縷如三升半而三升不緝也。斬衰以三升爲正，微細焉，則屬於粗也。然則士與大夫爲父服異者，有粗衰斬枕草矣；其爲母五升縷而四升，爲兄弟六升縷而五升乎？唯大夫以上乃能備儀盡飾，士以下則以臣服君之斬衰，爲其父以臣從君而服之齊衰，爲其母與兄弟亦以勉人爲高行也，大功以下，大夫士服同。(二)仕至大夫，賢著而德成，適子得服其服，亦尊其適象賢。(三)雖庶子，得服其服，尚德也。使齒於士，不可不宗適。(四)大夫之子得用大夫之禮，而士不得也。置猶立也。(五)有司，卜人也。麻衣，白布深衣而著衰焉。及布帶、緇布冠，此服非純吉，亦非純凶也，皮弁則純吉之尤者也。占者尊於有司，卜求吉，其服彌吉，大夫士朔服皮弁。(六)筮者，筮宅也，謂下大夫若士也。筮史，筮人也。長衣，深衣之純以素也。長衣練冠，純凶服也。朝服，純吉服也，大夫士日朝服以朝也。(七)嫌與士異記之也。《既夕禮》曰"包牲取下體"，又曰"主人之史請讀賵"。(八)卜葬及日也。相，相主人禮也。命龜，告以所問事也。作龜，謂揚火灼之以出兆。

20.4

【原文】(此節有錯簡，已按鄭《注》作了調整)

復，諸侯以褒衣、冕服、爵弁服(一)；夫人稅衣揄狄、狄稅素沙(二)；内子以鞠衣、褒衣、素沙；下大夫以襢衣，其餘如士(三)。復西上(四)。大夫不揄絞，屬於池下(五)。

大夫附於士，士不附於大夫，附於大夫之昆弟，無昆弟則從其昭穆，雖王父母在亦然(六)。婦附於其夫之所附之妃，無妃則亦從其昭穆之妃；妾附於妾祖姑，無妾祖姑則亦從其昭穆之妾(七)。男子附於王父則配，女子附於王母則不配(八)。公子附於公子(九)。

君薨，大子號稱子，待猶君也(十)。

【譯文】

招魂復魄時，諸侯穿天子加賜的褒衣、冕服、爵弁服；夫人按各自的身份穿税衣到揄狄不同的命服，這些命服全是用素沙做襯裏；卿的嫡妻穿鞠衣、褒衣，都用素沙做襯裏；下大夫之妻穿襢衣，其餘女人全依照士之妻的規格。招魂復魄在西邊的爲上位。大夫裝飾喪車的帷蓋不畫蒼黄色的雉尾，將帷蓋繫在承接雨水的池下面。

大夫死後可以祔祭在身份是士的祖先神主旁，士死後不可以祔祭在大夫地位的祖先神主旁，只能祔祭在大夫地位的祖先兄弟的神主旁，没有兄弟就從昭穆中尋找地位相當的先祖祔祭，即使祖父母健在也這樣。婦人祔祭在其丈夫所祔祭的祖先的妃子旁，祖先没有妃子就也從昭穆中尋找地位相當的妾祖姑祔祭；妾祔祭在妾祖姑的神主旁，没有妾祖姑，就也從那些昭穆中尋找地位相當的妾祔祭。男子死後祔祭在祖父的神主旁就得并祭祖母，未嫁女子死後祔祭在祖母的神主旁就不必并祭祖父。公子死後祔祭在公子身份的叔伯祖父的神主旁。

國君死未超過一年，太子號稱子，待他猶如國君嘛。

【古注】

《注》 (一)復，招魂復魄也。冕服者，上公五，矦伯四，子男三。褒衣亦始命爲諸矦及朝覲見加賜之衣也。褒猶進也。(二)言其招魂用税衣上至揄狄也。狄税素沙，言皆以白沙縠爲裹。(三)此復所用衣也。内子，卿之適妻也，《春秋傳》曰"晉趙姬請逆叔隗於狄，趙衰以爲内子而己下之"是也。下大夫，謂下大夫之妻。襢，《周禮》作展。王后之服六，唯上公夫人亦有褘衣，矦伯夫人自揄狄而下，子男夫人自闕狄而下，卿妻自鞠衣而下，大夫妻自展衣而下，士妻税衣而已。素沙，若今紗縠之帛也。六服皆袍制，不禪，以素紗裹之，如今袿袍襈重繒矣。褒衣者，始爲命婦見加賜之衣也。其餘如士之妻，則亦用税衣。(四)北面而西上，陽長左也，復者多少各如其命之數。(五)謂池飾也。揄，揄翟也。采青黄之間曰絞。屬猶繫也。人君之柳，其池繫絞繒於下而畫翟雉焉，名曰振容，又有銅魚在其間，大夫去振容，士去魚。此無人君及士，亦爛脱。(六)附讀皆爲祔。大夫祔於士，不敢以己尊自殊於其祖也。士不祔於大夫，自卑，别於尊者也。大夫之昆弟，謂爲士者也。從其昭穆中一以上祖又祖而已。祔者，祔於先死者。(七)夫所祔之妃，於婦則祖姑。(八)配，謂并祭王母；不配，則不祭王父也。有事於尊者，可以及卑；有事於卑者，不敢援尊。配與不配，祭饌如一，祝辭異，不言以某妃配某氏耳。女子，謂未嫁者也。嫁未三月而死，猶歸葬於女氏之黨。(九)不敢戚君。(十)謂未踰年也。雖稱子，與諸矦朝會如君矣。《春秋·魯僖公九年》："夏，葵丘之會，宋襄公稱子而與諸矦序。"待或爲侍。

《音義》 襢，張戰反 zhǎn(ㄓㄢˇ)。税，他唤反 tuàn(ㄊㄨㄢˋ)。揄音遥。絞，户交反 xiáo(ㄒㄧㄠˊ)。

20.5

【原文】

有三年之練冠，則以大功之麻易之，唯杖屨不易(一)。有父母之喪，尚功衰，而附兄弟之殤，則練冠附於殤，稱"陽童某甫"，不名神也(二)。

凡異居，始聞兄弟之喪，唯以哭對可也(三)。其始麻，散帶絰(四)，未服麻而奔喪，及主人之未成絰也，疏者與主人皆成之，親者終其麻帶絰之日數(五)。

主妾之喪，則自祔至於練祥，皆使其子主之，其殯祭不於正室(六)，君不撫僕妾(七)。

女君死，則妾爲女君之黨服；攝女君，則不爲先女君之黨服(八)。

聞兄弟之喪，大功以上，見喪者之鄉而哭(九)。適兄弟之送葬者弗及，遇主人於道，則遂之於墓(十)。凡主兄弟之喪，雖疏亦虞之(十一)。

凡喪服未畢，有弔者，則爲位而哭、拜、踊(十二)。大夫之哭大夫弁絰，大夫與殯亦弁絰(十三)；大夫有私喪之葛，則於其兄弟之輕喪則弁絰(十四)。

【譯文】

身有三年之喪已到小祥練冠時，又遭大功之喪，就用大功應服的麻布喪服替代練冠，唯喪仗和鞋不需更換。已有父母之喪，尚在功衰期間，如果遇上未成年而死的兄弟舉行祔祭，就戴着練冠去參加殤的祔祭，稱他爲"陽童某甫"，不稱死者的名字嘛。

凡是分開居住，最初聞知兄弟的死亡，對報信者只用號哭作答可以嘛。其時開始籌備麻布，散開帶絰，不等穿上喪服就去奔喪，要趕在主人的頭上腰間尚未結起絰帶前到達嘛，關係疏遠的就與主人一同結起絰帶，關係親近的就要服滿喪期的天數。

主管家務的妾的喪事，就親自爲她主持祔祭，至於小祥大祥的祭祀，都使她的兒子主持，不過殯斂及祭祀不得在正室舉行，主君不撫摸供役使的妾的屍體。

主婦死後，作妾的要爲主婦的親族服喪；頂替當了主婦，就不必爲先主婦的親族服喪。

聞知兄弟的死訊，屬大功以上的關係，奔喪時見到死者的鄉里就要哭。前往給兄弟送葬的話沒趕得上，在路上遇見了返回的主人，就徑直奔向墓地。凡是主持兄弟的喪事，即便關係疏遠也要主持到虞祭結束。

凡是喪服期限未滿，只要有來弔唁的，就得歸位向來賓哭訴、拜謝、踴跳。大夫前去哭弔大夫時身著錫衰頭戴弁絰，大夫參與殯斂也要身著錫衰頭戴弁絰；大夫有妻室的私喪卒哭之後已換上了葛布服，此時又遭兄弟的輕喪就身著弔服頭戴弁絰前往。

【古注】

《注》 (一)謂既練而遭大功之喪者也。練除首絰要絰，葛又不如大功之麻重也。言練冠易麻，互言之也。唯杖屨不易，言其餘皆易也。屨不易者，練與大功俱用繩耳。(二)此兄弟之殤，謂大功親以下之殤也。斬衰齊衰之喪，練皆受以大功之衰，此謂之功衰，以是時而祔大功親以下之殤。大功親以下之殤輕，不易服冠。而兄爲殤，謂同年者也。兄十九而死，已明年因喪而冠。陽童，謂庶殤也，宗子則曰陰童。童，未成人之稱也；某甫，且字也，尊神不名，爲之造字。(三)惻怛之痛不以辭言爲禮也。(四)與居家同也。凡喪，小斂而麻。(五)疏者，謂小功以下也；親者，大功以上也。疏者及主人之節則用之，其不及亦自用其日數。(六)祔自爲之者，以其祭於祖廟。(七)略於賤也。(八)妾於女君之親若其親然。(九)奔喪節也。(十)言骨肉之親不待主人也。(十一)喪事虞祔乃畢。(十二)客始來，主人不可以殺禮待之。(十三)弁絰者，大夫錫衰相弔之服也，如爵弁而素，加環絰曰弁絰。(十四)私喪，妻子之喪也。輕喪，緦麻也，大夫降焉，弔服而往，不以私喪之末臨兄弟。

20.6

【原文】

爲長子杖，則其子不以杖即位(一)。爲妻，父母在，不杖不稽顙(二)；母在，不稽顙，稽顙者，其贈也，拜(三)。違諸侯，之大夫，不反服；違大夫，之諸侯，不反服(四)。

喪冠條屬，以別吉凶。三年之練冠，亦條屬右縫(五)；小功以下，左(六)，緦冠繰纓(七)；大功以上散帶(八)。朝服十五升，去其半而緦，加灰錫也(九)。

諸侯相襚，以後路與冕服，先路與褒衣不以襚(十)。遣車視牢具(十一)，疏布輤，四面有章，置於四隅(十二)，載粻(十三)。

有子曰："非禮也，喪奠，脯醢而已(十四)。"

【譯文】

父親臨長子之喪手持喪杖，長子的兒子就不能拿着喪杖就哭位。臨妻室之喪，父母健在，不得拿喪杖和叩頭至地；只有母親健在，不得叩頭至地，叩頭至地的話，那是有人贈物嘛，當然要敬拜。脱離諸侯，前往大夫那裏仕進，諸侯死不必返回服喪；脱離大夫，前往諸侯那裏仕進，大夫死不必返回服喪。

喪冠的繫帶通體用的是一根繩子或布條，以便區别吉凶。三年喪期到了小祥練冠時，仍使用一根繩和布條向右縫的繫帶；服喪五個月的小功以下的喪冠，條屬向左縫；服喪三個月的緦冠用繰絲的纓帶；大功喪服以上的腰帶下垂部分要散開。朝服用布十五升，抽去其中的一半麻縷就成了緦麻服，加進草灰漂洗就成了滑澤的錫衰嘛 。

諸侯相互贈給死者的衣物，用副車和冕服；先行引導的輅車和天子加賜的褒衣不能用作贈給死者的衣物。送葬使用載牲體的遣車數是依照遣奠所用牲牢的規模定的，載棺柩的輤車用粗布做蓬蓋，四面有障蔽，下葬時安置在椁的四隅，遣車中還載有糧米。

有子說："不符合禮制哩，喪事設奠，只用肉脯肉醬而已。"

【古注】

《注》 (一)辟尊者。(二)尊者在，不敢盡禮於私喪也。(三)言獨母在，於贈拜得稽顙，則父在贈拜不得稽顙。(四)其君尊卑異也。違猶去也，去諸侯仕諸侯，去大夫仕大夫，乃得爲舊君服。(五)别吉凶者，吉冠不條屬也。條屬者，通屈一條繩若布爲武，垂下爲纓屬之冠，象大古喪事略也，吉冠則纓武異材焉。右縫者，右辟而縫之。(六)左辟象吉，輕也。(七)繰當爲澡，麻帶绖之澡，聲之誤也。謂有事其布以爲縷。(八)小功緦輕，初而絞之。(九)緦精粗與朝服同。去其半，則六百縷而疏也。又無事，其布不灰焉。(十)不以己之正者施於人，以彼不以爲正也。後路，貳車，貳車行在後也。(十一)言車多少各如所包遣奠牲體之數也。然則遣車載所包遣奠，而藏之者與遣奠，天子大牢包九个，諸侯亦大牢包七个，大夫亦大牢包五个，士少牢包三个，大夫以上乃有遣車。(十二)輤，其蓋也，四面皆有章蔽以隱翳牢肉。四隅，椁中之四隅。(十三)粻，米糧也。(十四)言死者不食糧也，遣奠本無黍稷。

《音義》 章，本或作鄣，音同。粻，陟良反 zhāng(ㄓㄤ)。

20.7

【原文】

祭稱孝子孝孫，喪稱哀子哀孫(一)。

端衰、喪車皆無等(二)。大白冠、緇布之冠皆不蕤，委武玄縞而后蕤(三)。大夫冕而祭於公，弁而祭於己；士弁而祭於公，冠而祭於己(四)。士弁而親迎，然則士弁而祭於己可也(五)。

暢，臼以椈，杵以梧；枇以桑，長三尺，或曰五尺(七)；畢用桑，長三尺，刊其柄與末(八)。

率帶，諸侯大夫皆五采，士二采(九)。

醴者，稻醴也。甕、甒、筲、衡，實見間而后折入(十)，重既虞而埋之(十一)。

凡婦人，從其夫之爵位(十二)。小斂、大斂、啟，皆辯拜(十三)。朝夕哭不帷(十四)，無柩者不帷(十五)。

君若載而后弔之，則主人東面而拜，門右北面而踊，出待，反而后奠(十六)。

子羔之襲也，繭衣裳，與稅衣，纁袡爲一，素端一，皮弁一，爵弁一，玄冕一。

曾子曰："不襲婦服(十七)。"

【譯文】

祭祀時自稱孝子孝孫，喪事自稱哀子哀孫。

端衰、喪車都没有等級之分。大白冠、緇布冠都不裝飾下垂的蕤，玄冠縞冠加上帽簷之後才能有蕤飾。大夫到國君那裏助祭戴絺冕，自家祭祀戴爵弁；士到國君那裏助祭戴爵弁，自家祭祀戴玄冠。士既然能戴着爵弁到女家迎娶新娘，那麽士戴着爵弁在自家祖廟祭祀應當可以嘛。

製作年終暢祭的香酒，舂米用柏木臼，梧桐杵；翻挑牲體用桑木枇，枇長三尺，或者説五尺；幫助主人叉舉牲體的畢也用桑木的，畢長三尺，柄和末端要刊削光滑。

匝屍用的不加針功的大帶，諸侯和大夫都用五種彩色的，士用朱緑兩種彩色的。

隨葬的甜醴酒，是用稻穀釀造的嘛。盛醯醢的甕、盛醴酒的甒、盛黍稷的筲，用桁木架起這些器物，填實棺衣和椁之間的空隙，然後將承席蓋進墓内的椁上，暫時代替神主的"重"待虞祭結束就埋掉它。

凡是婦人，一切都隨從她丈夫的爵位。小斂、大斂、啓攢棺柩，都得遍拜賓客。早晚哭靈時不支帷幔，没有棺柩在的場合不支帷幔。

國君要是在棺柩載上車之後前來弔唁，主人就要面朝東向國君跪拜，到門的右邊面朝北而哭踴，再出來等待國君離去，返回之後設奠。

子羔小斂時所加的衣呢，有絮絲綿的衣裳，加表一件税衣，用鑲有淺紅色的緣飾連爲一體，另有素色上衣一襲，皮弁、爵弁、玄冕各一頂。

曾子説："不該穿着婦人的服飾。"

【古注】

《注》 (一)各以其義稱。(二)喪車，惡車也。喪者衣衰及所乘之車貴賤同，孝子於親一也。衣衰言端者，玄端，吉時常服，喪之衣衰當如之。(三)不蕤，質無飾也。大白冠，大古之布冠也，《春秋傳》曰："衛文公大布之衣，大白之冠。"委武，冠卷也，秦人曰委，齊東曰武。玄，玄冠也；縞，縞冠也。(四)弁，爵弁也。冠，玄冠也。祭於公，助君祭也。大夫爵弁而祭於己，唯孤爾。(五)緣類欲許之也。親迎，雖亦己之事，攝盛服爾，非常也。(六)所以擣鬱也。椈，柏也。(七)枇，所以載牲體者。此謂喪祭也，吉祭枇用棘。(八)畢，所以助主人載者。刊猶削也。(九)此謂襲尸之大帶。率，綷也，綷之不加箴功，大夫以上更飾以五采，士以朱緑，襲事成於帶，變之所以異於生。(十)此謂葬時藏物也。衡當爲桁，所以庪甕甒之屬，聲之誤也。實見間，藏於見外椁内也。折，承席也。(十一)就所倚處埋之(十二)婦人無專制，生禮死事以夫爲尊卑。(十三)嫌當事來者終不拜，故明之也，此既事皆拜。(十四)緣孝子心欲見殯殣也，既出則施其扂，鬼神尚幽闇也。（十五）謂既葬也，棺柩已去，鬼神在室，堂無事焉，遂去帷。（十六）主人拜踊於賓位，不敢迫君也，君即位車東。出待，不必君留也。君反之使奠。（十七）繭衣裳者，若今大襡也，纊爲繭，緼爲袍，表之以稅衣乃爲一稱爾。稅衣，若玄端而連衣裳者也。大夫而以纁爲之緣，非也，唯婦人纁袡，禮以冠名服，此襲其服非襲其冠。曾子譏襲婦服而已。玄冕又大夫服，未聞子羔曷爲襲之玄冕，或謂爲玄冠，或爲玄端。

《音義》 率帶，上音律。甕，於貢反 wèng(ㄨㄥˋ)，盛醯醢之器。甒音無，瓦器。筲，所交反 shāo(ㄕㄠ)，竹器。衡，依《注》作桁，户庚反 héng(ㄏㄥˊ)，庪也。見音閒側之閒，棺衣也。折，之設反 zhé(ㄓㄜˊ)，形如牀，無足也。稅，他喚反 tuàn(ㄊㄨㄢˋ)。袡，而占反 rán(ㄖㄢˊ)，裳下襈也，王肅云，婦人蔽膝也。扂，户臘反 hé(ㄏㄜˊ)，閉也。襡音燭，衣裳上下相連屬。

20.8

【原文】

爲君使而死，公館復，私館不復。公館者，公宫與公所爲也；私館者，自卿大夫以下之家也[一]。

公七踊，大夫五踊，婦人居閒，士三踊，婦人皆居閒[二]。公襲卷衣一，玄端一，朝服一，素積一，纁裳一，爵弁二，玄冕一，褒衣一，朱綠帶，申加大帶於上[三]。小斂，環絰，公大夫士一也[四]。公視大斂，公升，商祝鋪席乃斂[五]。

魯人之贈也，三玄二纁，廣尺，長終幅[六]。

弔者即位于門西，東面，其介在其東南，北面西上，西於門[七]。主孤西面[八]，相者受命曰："孤某使某請事。"客曰："寡君使某，如何不淑！[九]"相者入告，出曰："孤某須矣[十]。"弔者入。主人升堂西面；弔者升自西階，東面致命曰："寡君聞君之喪，寡君使某，如何不淑！"子拜稽顙。弔者降，反位[十一]。

【譯文】

爲國君出使要是死了，死在公館可以爲他招魂復魄，死在私館就不爲他招魂復魄。所謂公館，即國君所建造的離宫别館嘛；所謂私館，即卿大夫以下官員的私家館舍嘛。

參加國君的喪禮要哭踊七次，大夫的喪禮要哭踊五次，士的喪禮要哭踊三次，婦人都要在主人和來賓之間哭踊。國君的屍體穿衮衣一襲，玄端一襲，朝服一襲，素積一襲，纁裳一襲，爵弁兩頂，玄冕一頂，天子加賜的褒衣一襲，繫朱綠帶，再將大帶加在上面。小斂時，孝子頭戴環絰，國君大夫士是一致的嘛。國君臨視臣下的大斂，國君登上大堂，主持殯殮的商祝鋪好席子等國君來到才入殮。

魯國人送給死者的贈品嘛，用三塊黑色兩塊淺紅色的布，每塊寬一尺，長終幅。失禮也。

諸侯派來弔唁的使臣在主國的大門西邊就位，面向東方，其隨員站在他的東南，面朝北依次由西向東排開，都站在門西。主國的嗣子面朝西站在阼階下，相禮的官員受命説："嗣子某使我請問有何事吩咐。"客使説："寡君使我唁問，怎麽出現這樣的不幸！"相者進去禀告，出來説："嗣子某在恭候着呀。"弔唁的使者進了門。主人登上靈堂面朝西站着；弔唁的使者從西階上來，面朝東致辭説："寡君聞知君的喪事，指使我前來唁問，怎麽出現這樣的不幸！"嗣子跪拜叩頭觸地；弔者走下堂，返回門外的原位。

【古注】

《注》 (一)公所，爲君所作離宫别館也。(二)公，君也。始死及小斂大斂而踊，君大夫士一也，則皆三踊矣。君五日而殯，大夫三日而殯；士二日而殯。士小斂之朝不踊，君大夫大斂之朝乃不踊。婦人居閒者，踊必拾主人踊，婦人踊，賓乃踊。(三)朱緑帶者，襲衣之帶飾之雜以朱緑，異於生也，此帶亦以素爲之申重也，重於革帶也，革帶以佩韍。必言重加大帶者，明雖有變，必備此二帶也。士襲三稱，子羔襲五稱，今公襲九稱，則尊卑襲數不同矣。諸侯七稱，天子十二稱與？(四)環絰者，一股所謂纏絰也。士素委貌，大夫以上素爵弁而加此絰焉散帶。(五)《喪大記》曰："大夫之喪，將大斂，既鋪絞紟衾。"乃鋪席則君至，爲之改始新之也。(六)言失之也。《士喪禮》下篇曰："贈用制幣、玄纁、束帛。"(七)賓立門外不當門。(八)立於阼階下。(九)受命，受主人命以出也。不言擯者，喪無接賓也。淑，善也。如何不善，言君痛之甚，使某弔。(十)稱其君名者，君薨，稱子某，使人知適嗣也。須矣，不出迎也。(十一)子，孤子也。降反位者，出反門外位。無出字，脱。

《音義》 卷衣，卷音袞。

20.9

【原文】

含者執璧將命曰："寡君使某含。"相者入告，出曰："孤某須矣(一)。"含者入，升堂致命；再拜稽顙；含者坐委于殯東南，有葦席，既葬，蒲席，降出反位(二)。宰夫朝服即喪屨，升自西階，西面坐取璧，降自西階以東(三)。

襚者曰："寡君使某襚。"相者入告，出曰："孤某須矣。"襚者執冕服，左執領，右執要，入，升堂致命曰："寡君使某襚。"子拜稽顙；委衣于殯東(四)，襚者降，受爵弁服而門内霤，將命，子拜稽顙如初；受皮弁服於中庭，自西階受朝服，自堂受玄端，將命，子拜稽顙皆如初，襚者降出反位(五)。宰夫五人，舉以東，降自西階。其舉亦西面(六)。

上介賵，執圭將命曰："寡君使某賵。"相者入告，反命曰："孤某須矣。"陳乘黄大路於中庭，北輈，執圭將命，客使自下由路西，子拜稽顙，坐委於殯東南隅，宰舉以東[七]。

凡將命，鄉殯將命，子拜稽顙，西面而坐委之；宰舉璧與圭，宰夫舉襚，升自西階，西面坐取之，降自西階[八]。賵者出，反位于門外[九]。

【譯文】

負責向死者口中含玉的副介捧着璧傳達國君之命説："寡君指使我來含玉。"相者進去禀告，出來説："嗣子某已在恭候呀。"含者進了門，登上靈堂傳達使命；嗣子再次拜謝叩頭觸地；含者坐着將璧放在停柩處的東南，有葦席承接，已經下葬，就用蒲席承接，完了走下臺階返回到原位。此時主國的上卿身著朝服脚穿喪屨，從西階登上靈堂，面朝西坐下取起璧，從西階下來向東走去。

負責向死者贈衣被的副介説："寡君指使我來獻衣被。"相者進去禀告，出來説："嗣子某已在恭候呀。"襚者拿起冕服，左手執衣領，右手托腰，進門，登上靈堂傳達使命説："寡君指使我來獻襚。"嗣子拜謝叩頭觸地；襚者將冕服放在停柩處的東邊，走下靈堂，在門内承接屋簷滴水的霤下從其他隨行人員手中接過爵弁服，傳達國君之命，嗣子拜謝稽顙如初；襚者再到中庭接過皮弁服，到西階接過朝服，到正堂接過玄端獻上，並一一傳達了國君之命，嗣子拜謝稽顙全如初，然後襚者走下靈堂出門返回到原位。上卿的佐助五人，托舉着這些襚服往東走，沿着西階下來。他們托舉時也是面朝西。

使臣中的上介負責向死者贈送車馬，捧着圭傳達國君之命説："寡君指使我來獻賵。"相者進去禀告，返回復命説："嗣子某在恭候呀。"上介將四匹黄馬一輛大車陳列在中庭，車轅朝北，捧着圭傳達國君之命，上介的隨從牽着馬站在輅車的西邊，嗣子拜謝叩頭至地，上介坐着將圭放在殯宫的東南角，主國的上卿托舉着圭向東走去。

凡是傳達國君之命，都是向停放的棺柩傳命，等嗣子拜謝叩頭觸地後，便面朝西將贈物放到地上；主國的上卿托舉賓客向死者贈送的璧和圭，其屬官托舉着贈送的衣被等物，都是從西臺階登上殯宫，面朝西坐下取物，再從西臺階下來。贈送車馬的上介出來，返回到大門外的位子上。

【古注】

《注》 (一)含玉爲璧制，其分寸大小未聞。(二)言降出反位，則是介也。《春秋》有"既葬，歸含賵襚無譏焉，皆受之於殯宫"。(三)朝服，告鄰國之禮也。即，就也，以東，藏於内也。(四)亦於席上所委璧之北，順其上下。(五)授襚者以服者，賈人。(六)亦西面者，亦襚者委衣時。(七)輈，轅也。自，率也。下，謂馬也，馬在路之下，《覲禮》曰"路下四亞之"。客給使者入設乘黄於大路之西，客入則致命矣。使或爲史。(八)凡者,説不見者也。鄉殯將命,則將命時立於殯之西南。宰夫,宰之佐也。此言宰舉璧與圭,則上"宰夫朝服"衍"夫"字。(九)乃著言門外,明禮畢將更有事。

《音義》 含,《説文》作琀,胡闇反 hàn(ㄏㄢˋ)。霤,力救反 liù(ㄌㄧㄡˋ)。賈音嫁。賵,芳鳳反 fèng(ㄈㄥˋ)。輈,竹由反 zhōu(ㄓㄡ),車轅。

《疏》 宰夫朝服即喪屨者,宰謂上卿也,言"夫"衍字;朝服者,吉服也;必用吉服者,以臨國執玉而來,執玉不麻,故著朝服;以仍在喪,不可純吉,故即喪屨也。宰夫謂宰之屬官。賵者上介,則此含者、襚者當是副介、末介,但含襚於死者爲切,故在先陳之。

20.10

【原文】

上客臨曰:"寡君有宗廟之事,不得承事,使一介老某相執綍(一)。"相者反命曰:"孤某須矣。"臨者入門右,介者皆從之,立于其左,東上(二)。宗人納賓,升,受命于君,降曰:"孤敢辭吾子之辱,請吾子之復位。"客對曰:"寡君命,某毋敢視賓客,敢辭。"宗人反命曰:"孤敢固辭吾子之辱,請吾子之復位。"客對曰:"寡君命,某毋敢視賓客,敢固辭。"宗人反命曰:"孤敢固辭吾子之辱,請吾子之復位。"客對曰:"寡君命,使臣某毋敢視賓客,是以敢固辭。固辭不獲命,敢不敬從(三)!"客立于門西,介立于其左,東上;孤降自阼階拜之,升哭,與客拾踊三(四);客出,送于門外,拜稽顙(五)。

其國有君喪,不敢受弔(六)。

外宗房中南面;小臣鋪席,商祝鋪絞紟衾;士盥于盤北,舉遷尸于斂上。卒斂,宰告,子馮之踊,夫人東面坐馮之,興踊(七)。

士喪有與天子同者三:其終夜燎,及乘人,專道而行(八)。

【譯文】

上等貴客親臨弔唁説:"寡君身負國家重任,不得抽身承當職事,指使我這一介老朽前來幫助牽引靈車的繩索。"相者入告回來復命説:"嗣子某已在恭候呀。"上客進去站在門右的臣位,隨從全都跟隨着,站在他的左邊,以東爲上位。宗人安排好賓客,上去領受嗣君之命,下來説:"嗣子大膽辭謝您的下辱,請您回到客位。"上客答道:"寡君有命,我不敢自視爲賓客,大膽推辭厚愛。"宗人又復命説:"嗣子大膽固執地辭謝您的下辱,請您回到賓位。"上客答道:"寡君有命,我不敢自視爲賓客,大膽固執地推辭厚愛。"宗人再次復命説:"嗣子大膽固執地辭謝您的下辱,請您務必回到客位。"上客只好回答説:"寡君有命,使臣我不敢自視爲賓客,所以才敢固執推辭。固執推辭既然不能獲得應允，哪裏還敢不敬從！”上客站在門西，隨員站在他的左邊，以東爲尊；嗣子從阼階下來拜謝他們，登上靈堂去哭，與客人輪番哭踴再三；上客一行出來，嗣子一直送到門外，拜謝叩頭觸地。

他的國家遭君喪，他便不敢接受親友的弔唁。

國君將要大斂，外宗女親在房内面朝南；小臣鋪開席子，商祝把裹屍的束帶單被鋪在席子上；士在浴盆的北邊洗手，托舉着屍體遷到入斂的絞紟衾上。入斂畢，太宰禀告，嗣子撫摸着屍體哭踴，夫人面朝東坐着撫摸屍體，站起來哭踴。

士的喪事有三處與天子相同：出殯前通夜燃火炬，用人牽引靈車，專尋道路而行。

【古注】

《注》 （一）上客，弔者也。臨，視也。言欲入視喪所不足而給助之，謙也，其實爲哭耳。（二）入門右，不自同于賓客。（三）賓三辭而稱使臣，爲恭也，爲恭者將從其命。（四）拜客，謝其厚意。（五）不迎而送，喪無接賓之禮。（六）辟其痛傷己之親如君。（七）此《喪大記》脱字，重著于是。（八）乘人，謂使人執引也。專道，人辟之。

《音義》 紼音弗。“寡君命”絶句。拾，其劫反 jié（ㄐㄧㄝˊ）。馮，皮冰反 píng（ㄆㄧㄥˊ），本或作憑。

【淺悟】

本篇的記載，只能作爲歷史資料。

雜記下第二十一

21.1

【原文】

有父之喪，如未没喪而母死，其除父之喪也，服其除服，卒事，反喪服(一)。雖諸父昆弟之喪，如當父母之喪，其除諸父昆弟之喪也，皆服其除喪之服，卒事，反喪服(二)；如三年之喪，則既穎，其練祥皆行(三)。王父死，未練祥而孫又死，猶是附於王父也(四)。

有殯，聞外喪，哭之他室(五)。入奠，卒奠出，改服即位，如始即位之禮(六)。

大夫士將與祭於公，既視濯而父母死，則猶是與祭也，次於異宫，既祭，釋服出公門外，哭而歸，其它如奔喪之禮；如未視濯，則使人告，告者反而后哭(七)；如諸父昆弟姑姊妹之喪，則既宿則與祭，卒事，出公門，釋服而后歸，其它如奔喪之禮；如同宫，則次于異宫(八)。

曾子問曰："卿大夫將爲尸於公，受宿矣，而有齊衰内喪，則如之何？"

孔子曰："出舍乎公宫以待事，禮也(九)。"

孔子曰："尸弁冕而出，卿大夫士皆下之，尸必式，必有前驅(十)。"

【譯文】

有父親的喪事，若未滿喪期又遭母親之喪，他要先治理父親的喪事嘛，等到守孝期滿除去斬衰喪服，行完大祥祭，再回頭爲母親服齊衰喪服。縱然叔伯兄弟的喪事，若正值父母之喪，他也得先治理叔伯兄弟的喪事嘛，都要服其除喪後的喪服，等到父母的喪事完畢，再回頭服叔伯兄弟的喪服；如果遭遇的仍是三年之喪，就應在虞祭卒哭已從服麻改成服穎，其前面三年之喪的練祭祥祭都可照常舉行。祖父已死，未到練祭祥祭如果孫子又死，像這樣孫子就得跟祖父合祭嘛。

靈柩停在殯宫，聞知在外的兄弟遭喪，要到别的屋去哭他。明晨進殯宫祭奠，祭奠完出來，改换相應的喪服到他室就哭位，依照開始就位之禮哭兄弟。

大夫士如果到國君那裏參與祭禮，看顧祭器洗濯完畢却遭父母之喪，就得繼續參與祭祀嘛，不過要到别的宫室居止，等到祭禮結束，脱下祭服出了國君的大門外，再哭着回家，其他事比照奔喪的禮節來辦理；如果尚未臨視洗濯祭器而遭喪，就使人稟告國君，等稟告的人返回之後再哭；如果洗濯完祭器而遭遇的是叔伯兄弟或姑姊妹之喪，要是已經宿戒就得參與祭禮，等事情結束，出了國君的大門，脱下祭服之後再回家，其他事比照奔喪之禮處理；宿戒時如果跟别人住在同一宫室，此時就得搬到别的宫室居止。

曾子問道："卿大夫假如擔任國君的尸，已接受了宿戒呀，却遭逢齊衰内喪，這該怎麼辦？"

孔子説："搬出客舍住進國君的宫室來等待從事，禮制這樣規定嘛。"

孔子説："代神受祭的尸穿戴整齊再出門，卿大夫士路上遇見都得下車，尸必須手扶車式以示敬，前面必須有人驅車開道。"

【古注】

《注》 （一）没猶竟也。除服，謂祥祭之服也。卒事，既祭反喪服，服後死者之服。（二）雖有親之大喪，猶爲輕服者除骨肉之恩也，唯君之喪不除私服。言當者，期大功之喪或終始皆在三年之中，小功緦麻則不除，殤長中乃除。（三）言今之喪既服潁，乃爲前三年者變除而練祥祭也。此主謂先有父母之服，今又喪長子者；其先有長子之服，今又喪父母，其禮亦然。然則言未没喪者已練祥矣。潁，草名，無葛之鄉去麻則用潁。（四）未練祥，嫌未祫祭序於昭穆爾。王父既附，則孫可祔焉。猶當爲由，由，用也。附皆當作祔。（五）明所哭者異也，哭之爲位。（六）謂後日之哭，朝入奠於其殯，既乃更即位就他室，如始哭之時。（七）猶亦當爲由。次於異宫，不可以吉與凶同處也。使者反而後哭，不敢專己於君命也。（八）宿則與祭，出門乃解祭服，皆爲差緩也。（九）尸重，受宿則不得哭，内喪同宫也。（十）冕兼言弁者，君之尸或服士大夫之服也。諸臣見尸而下車，敬也，尸式以禮。

《音義》 潁，口迥反 jiǒng（ㄐㄩㄥˇ），草也。濯，大角反 zhuó（ㄓㄨㄛˊ）。

21.2

【原文】

父母之喪，將祭，而昆弟死，既殯而祭；如同宫，則雖臣妾，葬而后祭，祭主人之升降散等，執事者亦散等，雖虞附亦然（一）。

自諸侯達諸士，小祥之祭，主人之酢也，嚌之，衆賓兄弟，則皆啐之；大祥，主人啐之，衆賓兄弟皆飲之可也（二）。

凡侍祭喪者，告賓祭薦而不食（三）。

子貢問喪。子曰："敬爲上，哀次之，瘠爲下。顔色稱其情，戚容稱其服（四）。"請問兄弟之喪。子曰："兄弟之喪，則存乎書策矣（五）。君子不奪人之喪（六），亦不可奪喪也（七）。"

孔子曰："少連、大連善居喪：三日不怠，三月不解，期悲哀，三年憂。東夷之子也（八）。"

【譯文】

父母的喪事，將要舉行祥祭時，兄弟又死了，只能等兄弟殯殮結束再祭祀父母；如果跟他們生前住在同一個宫室内，死的就算是奴僕，也要等下葬之後才能祭祀；祭祀時主人上來下去要一步邁一級臺階，供役使的人也要一步邁一級臺階，即便虞祭祔祭也如此。

從諸侯到衆士，舉行小祥之祭時，主人接過賓客回敬的酒呢，只在唇齒之間抿一下，衆來賓兄弟接過主人敬獻的酒，就都吮一小口品嘗一番；大祥祭時，主人接過回敬的酒吮一小口品嘗，衆來賓兄弟接過主人敬獻的酒全都飲下是可以的嘛。

凡是侍奉祭祀死者的贊禮者，要告知來賓祭祀進獻的肉脯肉醬只祭而不吃。

子貢問怎樣居父母之喪。孔子説："恭敬爲上，哀慟次之，哀慟得身體瘦瘠爲下。臉色要與心情相稱，哀戚的儀容要與所服的喪服相稱。"請問如何居兄弟之喪。孔子説："兄弟的喪制，就保存在書策中呀。君子不剥奪别人居喪之禮，也不可剥奪自己的居喪之禮嘛。"

孔子説："少連、大連守父母之喪做得好，初喪三日不怠惰，葬前三月不懈倦，練祭前的一年内始終悲哀，三年終喪仍憂戚。他們是未開化的東夷族之子哩。"

【古注】

《注》 (一)將祭，謂練祥也。言若同宫，則是昆弟異宫也。古者昆弟異宫同財，有東宫，有西宫，有南宫，有北宫，有父母之喪當在殯宫，而在異宫者，疾病或歸者主人適子。散等，栗階，爲新喪略威儀。(二)嚌啐皆嘗也，嚌至齒，啐入口。(三)薦脯醢也。吉祭，告賓祭薦，賓既祭而食之，喪祭賓不食。(四)問喪，問居父母之喪也。喪尚哀，言敬爲上者，疾時尚不能敬也。容，威儀也，《孝經》曰"容止可觀"。(五)言疏者如禮，行之未有加也。齊衰之喪，哀容之體，經不能載矣。(六)重喪禮也。(七)不可以輕之於己也。(八)言其生於夷狄而知禮也。怠，惰也。解，倦也。

《音義》 嚌，才細反 jì(ㄐㄧˋ)。啐，七内反 cuì(ㄘㄨㄟˋ)。解，胡買反 xiè(ㄒㄧㄝˋ)。

《疏》 君子不奪人之喪者，不奪他人居喪之禮，謂他人居喪，任其行禮，不可抑奪。亦不可奪喪也者，不可自奪己喪，謂己之居喪當須依禮，不可自奪其喪使不如法。

21.3

【原文】

三年之喪，言而不語，對而不問，廬堊室之中，不與人坐焉。在堊室之中，非時見乎母也，不入門(一)。疏衰皆居堊室，不廬，廬嚴者也(二)。

妻視叔父母，姑姊妹視兄弟，長中下殤視成人(三)。親喪外除(四)，兄弟之喪内除(五)。視君之母與妻，比之兄弟，發諸顔色者，亦不飲食也(六)。免喪之外，行於道路，見似目瞿，聞名心瞿，弔死而問疾，顔色戚容，必有以異於人也，如此而后可以服三年之喪，其餘則直道而行之是也(七)。

祥主人之除也，於夕爲期，朝服，祥因其故服(八)。子游曰："既祥，雖不當縞者必縞，然後反服(九)。"

【譯文】

三年的重喪期間，只説自己的事而不與别人交談，回答而不發問，住在倚廬和堊室之中，不跟别人坐在一起。在堊室裏面，不是按規定時間去看望母親，不得進母親的房門。一年齊衰喪服以下的親眷一律住堊室，不得進倚廬，倚廬是嚴肅的居所嘛 。

妻的喪事比照叔父母，姑姊妹的喪事比照兄弟，未成年而死的殤的喪事比照成年人。爲父母守喪外表雖已除服而内心的悲慟依舊，爲兄弟守喪雖未除服而内心的悲慟已除。看待國君之母和妻的喪事，比照自己的兄弟，能使容顔發生變化的醇酒美食，也不飲食哩。父母之喪期滿除服來到外面，在道路上行走，見到跟父母相似的面孔眼睛不由驚視，聽到與父母相同的名字内心不由驚悸，弔唁死者和慰問病人時，顔面氣色流露的哀戚容貌，必有以上這些跟别人不同的情素哩，如此之後才可以服三年之喪，其餘喪事就直接依照喪禮的規定進行就是了。

大祥主人的除喪嘛，要在祥祭前夕宣告祭期，宣告時身著朝服，祥祭時正因這一緣故而穿朝服。子游説："已經舉辦過大祥祭，仍有人來弔唁，雖説不該再穿祥祭前的縞素衣冠，主人也必須身著縞素衣冠接受弔唁，事過之後重新换上原來的服裝。"

【古注】

《注》 (一)言，言己事也；爲人説爲語。在堊室之中，以時事見乎母乃後入門，則居廬時不入門。(二)言廬哀敬之處，非有其實則不居。(三)視猶比也，所比者，哀容居處也。(四)日月已竟而哀未忘。(五)日月未竟而哀已殺。(六)言小君服輕亦内除也。發於顔色，謂醲美酒食使人醉飽。(七)惻隱之心能如是，則其餘齊衰以下直道而行盡自得也。似，謂容貌似其父母也。名與親同。(八)爲期，爲祭期也。朝服，以期至明日而行祭亦朝服，始即吉正祭服也，《喪服小記》曰"除成喪者，其祭也，朝服縞冠"是也。祭猶縞冠，未純吉也。既祭，乃服大祥素縞麻衣。釋禫之禮云："玄衣黄裳，則是禫祭玄冠矣。"黄裳者，未大吉也，既祭，乃服禫服、朝服、綅冠。踰月吉祭乃玄冠朝服，既祭，玄端而居，復平常也。(九)謂有以喪事贈賵來者，雖不及時猶變服，服祥祭之服以受之，重其禮也。其於此時始弔者，則衛將軍文子之爲之是矣。反服，反素縞麻衣也。

《音義》 堊，烏各反 è(ㄜˋ)，字亦作惡。

21.4

【原文】

當袒，大夫至，雖當踊，絶踊而拜之，反改成踊，乃襲(一)；於士，既事成踊、襲而后拜之，不改成踊(二)。上大夫之虞也，少牢，卒哭成事，附，皆大牢。下大夫之虞也，犆牲，卒哭成事，附，皆少牢(三)。

祝稱卜葬虞：子孫曰哀，夫曰乃，兄弟曰某，卜葬其兄弟曰伯子某(四)。

古者貴賤皆杖。叔孫武叔朝，見輪人以其杖關轂而輠輪者，於是有爵而后杖也(五)。

鑿巾以飯，公羊賈爲之也(六)。

冒者何也？所以揜形也，自襲以至小斂，不設冒則形，是以襲而后設冒也(七)。

或問於曾子曰："夫既遣而包其餘，猶既食而裹其餘與？君子既食則裹其餘乎(八)？"

曾子曰："吾子不見大饗乎？夫大饗既饗，卷三牲之俎，歸于賓館，父母而賓客之，所以爲哀也。子不見大饗乎(九)？"

【譯文】

初喪正當袒開上衣露出左臂要爲死者换衣時，有大夫弔喪來到，此時雖説應當哭踊，也得停止哭踊去叩拜大夫，再返回重新完成哭踊，踊完便爲死者襲衣；對於士的來到，等把完成哭踊、爲死者襲衣這些事做完之後再叩拜他，不必改换成踊。上大夫下葬後的虞祭嘛，要用豬羊二牲的少牢禮，完成百日祭的卒哭，以及止哭次日與祖先合享的祔祭，都用牛羊豬三牲具全的太牢禮。下大夫葬後的虞祭呢，使用一頭豬的特牲禮，卒哭成事以及止哭次日與祖先合享的祔祭，都用豬羊二牲的少牢禮。

祝史占卜葬日並虞祭時對主人的稱呼：子孫稱哀子某哀孫某，丈夫稱乃夫某，兄弟稱兄某弟某，占卜葬其兄弟稱伯子兄某伯子弟某。

古時候的人不分貴賤都可使用拐杖，自從魯國大夫叔孫武叔上朝時，發現造車輪的工匠用他的拐杖穿進輪轂來旋轉車輪，由此規定人們擁有爵位之後才可以使用拐杖哩。

用鑿孔的手巾蓋住死者的臉而從孔中爲死者飯含，這是公羊賈開的風氣哩。

冒這個物件起什麽作用呢？用來遮掩形體嘛，從爲死者襲衣直到小斂，不設冒就得暴露可怕的形象，所以襲衣就要設冒遮掩嘛。

有人向曾子問道："這送葬的遣車所載的牲體祭奠完還要包起餘下的祭物載回，跟吃完飯又裹走餘下的一樣麽？君子吃完飯就要裹走餘下的食物嗎？"

曾子説："先生不曾見大饗賓客的情形嗎？那大饗賓客已經宴飲完畢，主人收拾起剩下的牛羊豬肉放進俎中，饋贈給接待賓客的館舍，讓已去世的父母也享受賓客的待遇，用來表達孝子的哀情嘛。先生不曾見大饗的情形嗎？"

【古注】

《注》 (一)尊大夫，來至則拜之，不待事已也。更成踊者，新其事也。(二)於士，士至也。事，謂大小斂之屬。(三)卒哭成事，附，言皆則卒哭成事。附與虞異矣，下大夫虞以犆牲，與士虞禮同與？(四)祝稱卜葬虞者，卜葬卜虞祝稱主人之辭也。孫謂爲祖後者，稱曰哀孫某，卜葬其祖某甫。夫曰乃某，卜葬其妻某氏。兄弟相爲卜稱名而已。(五)記庶人失禮所由始也。叔孫武叔，魯大夫叔孫州仇也。輪人，作車輪之官。(六)記士失禮所由始也。士親飯必發其巾，大夫以上賓爲飯焉，則有鑿巾。(七)言設冒者爲其形，人將惡之也。襲而設冒言"后"，衍字耳。(八)言遣既奠而又包之，是與食於人，已而裹其餘將去何異與？君子寧爲是乎？言傷廉也。(九)既饗歸賓俎，所以厚之也。言父母，家之主，今賓客之，是孝子哀親之去也。

《音義》 犆音特。輠，胡罪反 huì(ㄏㄨㄟˋ)，迴也。揜，於檢反 yǎn(ㄧㄢˇ)。

《疏》 鑿巾以飯者，飯，含也，大夫以上貴，故使賓爲其親含，恐尸爲賓所憎穢，故設巾覆尸面，而當口鑿穿之，令含得入口也。而士賤，不得使賓，則子自含其親不得憎穢之，故不得鑿巾，但露面而含耳。於時公羊賈是士，自含其親而用鑿巾，則是自憎穢其親，故爲失禮。

21.5

【原文】(此節第四段有錯簡，已按鄭《注》作了調整)

非爲人喪，問與？賜與(一)？

三年之喪，以其喪拜；非三年之喪，以吉拜(二)。三年之喪，如或遺之酒肉，則受之，必三辭，主人衰絰而受之(三)。如君命，則不敢辭，受而薦之(四)。

喪者不遺人，人遺之，雖酒肉受也；從父昆弟以下，既卒哭，遺人可也(五)。

縣子曰："三年之喪如斬，期之喪如剡(六)。"

三年之喪，雖功衰不弔，自諸侯達諸士；如有服而將往哭之，則服其服而往(七)。期之喪，十一月而練，十三月而祥，十五月而禫(八)，練則弔(九)。既葬，大功弔，哭而退，不聽事焉(十)；期之喪未葬，弔於鄉人，哭而退，不聽事焉；功衰弔，待事不執事(十一)；小功緦，執事不與於禮(十二)。

相趨也，出宮而退；相揖也，哀次而退；相問也，既封而退；相見也，反哭而退；朋友，虞附而退(十三)。

弔非從主人也，四十者執紼(十四)；鄉人，五十者從反哭，四十者待盈坎(十五)。

【譯文】

禮物不是爲了人家的喪事，屬于饋贈麽？屬于賞賜麽？

守孝三年的重喪，對弔者使用先稽顙後揖拜的喪拜；不是三年的重喪，使用先揖拜後稽顙的吉拜。守孝三年的重喪，若有人饋贈酒肉，就收受下來，必須再三辭讓，主人要身著衰絰來接受。如果國君命人送來贈品，就不敢推辭，收受下來並進獻到祖廟。遭喪人家不饋贈禮物給别人，别人饋贈的禮物，哪怕是酒肉都得收嘛；叔伯兄弟以下的親戚，卒哭完畢，饋贈禮物給别人是可以的嘛。

縣子説："三年之喪的悲慟如刀斬，期年之喪的悲慟如利錐刺。"

守孝三年的重喪期間，縱然到了服小功大功喪服時也不弔唁别人，從諸侯到衆士都這樣；若有五服以内的親喪將前往去哭的話，就穿上相應的喪服前往。期年的喪事，十一個月舉行小祥祭，十三個月舉行大祥祭，十五個月舉行除服的禫祭，小祥祭後就可以弔唁别人。下葬結束，服大功喪服可以弔唁别人，哭過就告退，不必幫他們處理喪事；期年之喪尚未下葬，到同鄉人家中去弔唁，哭過就告退，不幫他們處理喪事；身有功衰喪服去弔唁，只等待喪事的進行而不幫助料理；身有小功或緦麻喪服去弔唁，可以幫助料理喪事却不參加他們的禮儀活動。

前去弔唁，屬於相互聞名的關係嘛，出了殯宫就告退；屬於曾相互會過面的關係呢，到了哀悼的位次就可告退；屬於相互有過饋贈的那種關係呢，下葬完畢便告退；屬於曾提着禮物相互拜見那種關係呢，要等喪主葬畢返回家去哭的時候才能告退；屬於朋友關係，要到葬後行完虞祭祔祭禮才能告退。

來弔喪並非只是空着手跟在主人後頭走嘛，四十歲以下的壯年人應抓着引棺索幫助拉柩車；同鄉人，五十歲以上的人隨着返回家哭的主人回來，四十歲以下的壯年人要等把墓穴的土填滿再回來。

【古注】

《注》 (一)此上滅脱，未聞其首云何。是言非爲人喪而問之與？人喪而賜之與？問，遺也，久無事曰問。(二)謂受問受賜者也。稽顙而後拜曰喪拜，拜而後稽顙曰吉拜。(三)受之必正服，明不苟於滋味。(四)薦於廟，貴君之禮。(五)言齊斬之喪重，志不在施惠於人。(六)言其痛之惻怛有淺深也。(七)功衰，既練之服也。諸侯服新死者之服而往哭，謂所不臣也。(八)此謂父在爲母也，當在"練則弔"上，爛脱在此。(九)父在爲母功衰可以弔人者，以父在，故輕於出也。然則凡齊衰十一月皆可以出矣。(十)聽猶待也，事謂襲斂執紼之屬。(十一)謂爲姑姊妹無主，殯不在己族者。(十二)禮，饋奠也。(十三)此弔者恩薄厚去遲速之節也。相趨，謂相聞姓名來會喪事也。相揖，嘗會于他也。相問，嘗相惠遺也。相見，嘗執摯相見也。附皆當爲祔。(十四)言弔者必助主人之事。從猶隨也。成人二十以上至四十丁壯時。(十五)非鄉人，則長少皆反，優遠也。坎或爲壙。

《音義》 遺，于季反 wèi(ㄨㄟˋ)。縣音玄。期音基。剡，以漸反 yǎn(ㄧㄢˇ)。禫，大感反 dàn(ㄉㄢˋ)

21.6

【原文】

喪食雖惡，必充飢，飢而廢事，非禮也；飽而忘哀，亦非禮也。視不明，聽不聰，行不正，不知哀，君子病之。故有疾飲酒食肉，五十不致毁，六十不毁，七十飲酒食肉，皆爲疑死(一)。有服，人召之食，不往；大功以下，既葬適人，人食之，其黨也，食之，非其黨弗食也(二)。功衰食菜果，飲水漿，無鹽酪；不能食食，鹽酪可也(三)。孔子曰："身有瘍則浴，首有創則沐，病則飲酒食肉。毁瘠爲病，君子弗爲也；毁而死，君子謂之無子(四)。"

非從柩與反哭，無免於堩(五)。

凡喪，小功以上，非虞附練祥，無沐浴(六)。

疏衰之喪，既葬，人請見之則見，不請見人，小功請見人可也；大功不以執摯；唯父母之喪，不辟涕泣而見人(七)。

三年之喪，祥而從政；期之喪，卒哭而從政；九月之喪，既葬而從政；小功緦之喪，既殯而從政(八)。

【譯文】

服喪期間食物雖惡劣，也必須以此充饑，不然因饑餓而不能做事，不符合禮制規定哩；追求飽足而忘了哀慟，也不符合禮制規定嘛。因過度哀慟以致看不明，聽不清，走不正，或者不知哀慟，君子擔憂這種情形。所以有病要飲酒吃肉，五十歲不得使身體過度毀傷，六十歲不得使身體毀傷，七十歲可以飲酒吃肉的規定，都是因爲君子擔心造成死亡而制定的。有喪服在身，别人召呼去吃飯，不可前往；大功以下的喪服，下葬結束到别人家去，人家請吃飯，倘若是親戚呢，但吃無妨，不是自己的親戚就不要吃嘛。大功小功喪服可以吃蔬菜水果，喝稀粥，没有鹽醋調味；實在吃不下，加點鹽醋是可以的嘛。孔子説："服喪的人身上生瘡就洗澡，頭有創傷就洗髮，病了就飲酒吃肉。因過度悲傷而消瘦以致病倒，君子不會這樣做嘛；因過度毀傷而死，君子認爲這家人没有兒子。"

不是跟隨柩車送葬和返回家中哭踊，不可用布纏着頭髮在路上走。

凡是守喪，小功服以上，不是爲了虞祭祔祭小祥祭大祥祭的需要，不可洗髮洗澡。

服粗麻服的喪事，已經下完葬，别人請求見他就會見，不請求會見别人，服小功喪服請求會見别人是可以的嘛；服大功喪去見所尊敬的人不用提着禮物；只有爲父母守喪期間，不回避流着鼻涕眼淚去接見人家。

三年的喪事，過了大祥祭便能從政；期年的喪事，過了卒哭的百日祭便能從政；九個的喪事，下葬結束便能從政；小功和緦麻的喪事，殯殮結束就能從政。

【古注】

《注》 (一)病猶憂也，疑猶恐也。(二)往而見食則可食也，爲食而往則不可。黨猶親也。非親而食，則是食于人無數也。(三)功衰，齊斬之末也。酪，酢截。(四)毁而死是不重親。(五)言喪服出入非此二事皆冠也，免所以代冠，人于道路不可以無飾。堩，道路。(六)言不有飾事則不沐浴。(七)言重喪不行求見人爾，人來求見己，亦可以見之矣。不辟涕泣，言至哀無飾也。(八)以王制言之，此謂庶人也。從政，從爲政者教令，謂給繇役。

《音義》 酪音洛。食食，上如字，下音嗣。瘍音羊。免音問。堩，古鄧反 gèng (ㄍㄥˋ)。辟音避。期音基。

21.7

【原文】

曾申問於曾子曰："哭父母有常聲乎？"曰："中路嬰兒失其母焉，何常聲之有(一)！"

卒哭而諱(二)。王父母，兄弟、世父、叔父、姑、姊妹、子與父同諱(三)。母之諱，宫中諱；妻之諱，不舉諸其側，與從祖昆弟同名則諱(四)。

以喪冠者，雖三年之喪可也；既冠於次，入哭踊三者三，乃出(五)。

大功之末，可以冠子，可以嫁子；父小功之末，可以冠子，可以嫁子，可以取婦；己雖小功，既卒哭，可以冠取妻，下殤之小功則不可(六)。

【譯文】

曾申向曾子問道："哭已故的父母有正常的哭聲嗎？"曾子說："半道上嬰兒找不到他母親的時候，哭起來哪有什麼正常的哭聲！"

從百日祭的卒哭開始諱稱死者的名字。已故的祖父母，兄弟、伯父、叔父、姑母、姊妹、兒子與父親都要諱稱他們的名字。母親所避諱的親人名字，兒子一家都得避諱；妻所避諱的親人名字，丈夫不在她身旁提起他們的名字，如其中有跟從祖兄弟同名的就得避諱。

在服喪期間行加冠禮的話，縱使是三年的重喪照樣可以進行嘛；在廬次内加完冠，進入殯宫一哭三踊地哭三次，然後出來。

大功喪服的末期，可以爲兒子行加冠禮，可以嫁女；父親於小功喪服的末期，除可以冠子、嫁女外，還可以爲兒子娶媳婦；自己雖說仍服小功之喪，卒哭結束後，還是可以爲兒子行加冠禮和娶妻，不過爲八至十一歲夭折的幼子服小功喪服期間就不行。

【古注】

《注》 (一)嬰，猶鷖彌也。言其若小兒亡母啼號，安得常聲乎？所謂哭不偯。(二)自此而鬼神事之，尊而諱其名。(三)父爲其親諱，則子不敢不從諱也。謂王父母以下之親諱，是謂士也，天子諸侯諱羣祖。(四)母之所爲其親諱，子孫於宫中不言。妻之所爲其親諱，夫於其側亦不言也。孝子聞名心瞿，凡不言人諱者，亦爲其相感動也。子與父同諱，則子可盡曾祖之親也。從祖昆弟在其中於父輕，不爲諱，與母妻之親同名，重則諱之。(五)言雖者，明齊衰以下皆可以喪冠也。始遭喪以其冠月，則喪服因冠矣。非其冠月，待變除卒哭而冠次廬也。雖或爲唯。(六)此皆謂可用吉禮之時。父大功卒哭而可以冠子嫁子，小功卒哭而可以取婦，己大功卒哭而可以冠子，小功卒哭而可以取妻，必偕祭乃行也。下殤小功，齊衰之親除喪而後可爲昏禮。凡冠者，其時當冠則因喪而冠之。

21.8

【原文】

凡弁絰，其衰侈袂(一)。

父有服，宫中子不與於樂；母有服，聲聞焉不舉樂；妻有服，不舉樂於其側(二)。大功將至，辟琴瑟(三)；小功至，不絶樂。

姑姊妹，其夫死，而夫黨無兄弟，使夫之族人主喪，妻之黨，雖親弗主(四)；夫若無族矣，則前後家、東西家；無有，則里尹主之(五)。或曰：主之而附於夫之黨〔六〕。

麻者不紳，執玉不麻，麻不加於采〔七〕。

國禁哭則止，朝夕之奠即位，自因也〔八〕。童子哭不偯、不踊、不杖、不菲、不廬〔九〕。

孔子曰："伯母叔母疏衰，踊不絶地；姑姊妹之大功，踊絶於地。如知此者，由文矣哉，由文矣哉〔十〕！"

【譯文】

凡是弔喪都要頭戴弁絰，與之配套的衰麻服袖子寬大。

父親有喪服在身，跟父親住在同一房間的子女不得參與到音樂活動中；母親有喪服在身，聲音能使母親聽到的地方不演奏音樂；妻有喪服在身，不在她身旁演奏音樂。大功喪服的親戚將要來到，藏起琴瑟這些樂器；小功喪服的親戚來到，不必停止奏樂。

姑姊妹無子而死，她的丈夫已先死，而姑父家又没有兄弟，只能使姑父的族人主持喪禮，娘家的親戚即便再親也不能主喪；姑父要是連族人都没有的話，就請前後家或東西家的鄰居主喪；如果連鄰居都没有，只好請里尹主持喪禮。有人説：讓娘家人主持完喪禮再送到丈夫的親戚中祔祭。

穿喪服的人不紥紳帶，捧着玉的人不著麻布喪服，麻布喪服不得罩在采衣之上。

國家舉行大祭祀禁忌哭號喪家就得止住哭聲，孝子早晚兩次的設奠就哭位，自行因襲舊日的典章制度嘛。小孩哭時不讓拖腔、不讓踊跳、不讓拿喪杖、不穿草鞋、不住倚廬。

孔子説："伯母叔母的喪事服粗麻喪服，哭踊時脚不離地；父親姊妹的喪事服大功喪服，哭踊時脚要離地。如果知道這些情由的話，便能用禮制儀文處理喪事了啊，便能用禮制儀文處理喪事了啊！"

【古注】

《注》 (一)侈猶大也，弁絰服者，弔服也。其衰，錫也，緦也，疑也。袂之小者二尺二寸，大者半而益之，則侈袂三尺三寸。(二)宫中子，與父同宫者也。禮，由命士以上父子異宫。不與於樂，謂出行見之不得觀也。(三)亦所以助哀也。至，來也。(四)此謂姑姊妹無子寡而死也。夫黨無兄弟，無緦之親也。其主喪不使妻之親而使夫之族人，婦人外成，主必宜得夫之姓類。(五)喪無無主也。里尹，閭胥里宰之屬，《王度記》曰："百户爲里，里一尹，其禄如庶人在官者。"里或爲士。諸侯弔於異國之臣，則其君爲主，里尹主之亦斯義也。(六)妻之黨自主之非也。夫之黨，其祖姑也。(七)吉凶不相干也。麻謂絰也，紳，大帶也，喪以要絰代大帶也。麻不加於采，衣采者不麻，謂弁絰者必服弔服是也。采，玄纁之衣。(八)禁哭，謂大祭祀時，雖不哭，猶朝夕奠。自因，自用故事。(九)未成人者不能備禮也，當室則杖。(十)由，用也，言知此踊絶地不絶地之情者，能用禮文哉。能用禮文哉，美之也。伯母叔母，義也；姑姊妹，骨肉也。

21.9

【原文】

世柳之母死，相者由左。世柳死，其徒由右相。由右相，世柳之徒爲之也(一)。

天子飯九貝，諸侯七，大夫五，士三(二)。士三月而葬，是月也，卒哭；大夫三月而葬，五月而卒哭；諸侯五月而葬，七月而卒哭。士三虞，大夫五，諸侯七(三)。諸侯使人弔，其次含襚賵臨，皆同日而畢事者也，其次如此也(四)。卿大夫疾，君問之無筭，士壹問之；君於卿大夫，比葬不食肉，比卒哭不舉樂，爲士比殯不舉樂。

升正柩，諸侯執綍五百人，四綍，皆銜枚，司馬執鐸，左八人，右八人，匠人執羽葆御柩。大夫之喪，其升正柩也，執引者三百人，執鐸者左右各四人，御柩以茅(五)。

孔子曰："管仲鏤簋而朱紘，旅樹而反坫，山節而藻棁，賢大夫也，而難爲上也(六)。晏平仲祀其先人，豚肩不揜豆，賢大夫也，而難爲下也(七)。君子上不僭上，下不偪下。"

【譯文】

魯國賢人世柳的母親死，贊禮的人以左爲尊。後來世柳死，他的門徒以右爲尊相禮。以右爲尊相禮，世柳的門徒開的頭嘛。

天子死後口中飯含九顆貨貝，諸侯含七顆，大夫五顆，士三顆。士停柩三月然後下葬，這個月嘛，要舉行止無時哭爲朝夕哭的卒哭祭；大夫也是停柩三月再下葬，五個月時舉行卒哭祭；諸侯需停柩五個月才下葬，七個月舉行卒哭祭。士需舉行三次安魂的虞祭，大夫舉行五次，諸侯七次。諸侯使人到臨國弔唁先傳達君命，接下來即爲死者飯含、贈衣被、車馬以及哭弔，這些都要在同一天把事做完哩，其次序就是這樣嘛。卿大夫生病，國君探問的次數無從計算，士得病只慰問一次；國君對於卿大夫的死，等到下葬這天不吃肉，等到卒哭這天不奏樂，爲士要到出殯這天不奏樂。

登上廟堂擺正棺柩，諸侯出殯牽引靈車繩索需五百人，用四條繩索，一律口中銜枚以防喧囂，司馬摇鈴指揮，左八人，右八人，匠人手持羽葆在柩車前引導。大夫的喪事，其登上廟堂擺正棺柩後呢，拿起繩索牽引靈車的是三百人，摇鈴的左右各四人，引導柩車用茅草。

孔子説："管仲盛黍稷的簋上雕鏤着蟲獸而且冠上結有朱紅色的帽帶，當門樹着影壁而且堂中壘有宴飲時回放酒具的土坫，斗拱雕刻着山而且楹柱上畫着水藻，這是一位賢大夫哩，却令上面爲難哩。晏平仲祭祀他的先人，小豬膀子肉連盤子底都蓋不住，也是一位賢大夫哩，却使下屬爲難哩。君子上不僭越君上，下不逼迫下屬。"

【古注】

《注》 (一)亦記失禮所由始也。世柳，魯穆公時賢人也。相，相主人之禮。(二)此蓋夏時禮也，周禮天子飯含用玉。(三)尊卑恩之差也。天子至士，葬即反虞。(四)言五者相次同時。(五)升正柩者，謂將葬朝于祖正棺於廟也。五百人，謂一黨之民。諸侯之大夫邑有三百户之制。綍，引同耳，廟中曰綍，在塗曰引，互言之。御柩者，居前道正之。大夫士皆二綍。(六)言其僭天子諸侯。鏤簋，刻爲蟲獸也。冠有笄者爲紘，紘在纓處兩端，上屬下不結。旅樹，門屏也。反坫，反爵之坫也。山節，薄櫨刻之爲山。棁，侏儒柱，畫之爲藻文。(七)言其偪士庶人也。豚俎實豆徑尺，言并豚兩肩不能覆豆，喻小也。

《音義》 鏤音陋。簋音軌。紘音宏。坫，丁含反 diàn(ㄉㄧㄢˋ)。棁，章説反 zhuó(ㄓㄨㄛˊ)。偪音逼。

21.10

【原文】

婦人非三年之喪，不踰封而弔(一)。如三年之喪，則君夫人歸(二)，夫人其歸也，以諸侯之弔禮；其待之也，若待諸侯然(三)：夫人至，入自闈門，升自側階，君在阼，其他如奔喪禮然(四)。

嫂不撫叔，叔不撫嫂(五)。

君子有三患：未之聞，患弗得聞也；既聞之，患弗得學也；既學之，患弗能行也。君子有五恥：居其位，無其言，君子恥之；有其言，無其行，君子恥之；既得之，而又失之，君子恥之；地有餘而民不足，君子恥之；衆寡均而倍焉，君子恥之(六)。

孔子曰："凶年則乘駑馬，祀以下牲(七)。"

恤由之喪，哀公使孺悲之孔子學士喪禮，《士喪禮》於是乎書(八)。

【譯文】

婦人不是遭逢三年的重喪，不越封疆去弔喪。如遭父母三年之喪，國君夫人就得歸國，夫人她歸國呢，使用諸侯的弔禮；母國接待她呢，要像接待諸侯一樣：夫人到達，從寢宮旁的闈門進入，從側旁的臺階上去，國君站在阼階上迎接，其他事跟奔喪的規矩一樣。

嫂子不撫慰小叔子，小叔子不撫慰嫂子。

君子有三事憂患：對某知識没聽過，憂患不能聽到嘛；這知識已經聽到，憂患不能學到手嘛；已經學到手，憂患不能付諸實行嘛。在位的君子有五種引以爲恥的事：身居那個職位，却没有符合那個職位的言論，君子以此爲恥；有符合那個職位的言論，却没按照言論去實行，君子以此爲恥；已經得到的職位，却又失掉了它，君子以此爲恥；土地有餘但是農民不足，君子以此爲耻；人口和土地的多少均等然而别人的功效加倍於自己，君子以此爲耻。

孔子説："凶年就用駑馬駕車，祭祀使用降低一等的犧牲。"

恤由的喪事，魯哀公指使孺悲到孔子那裏去學士子居喪和舉辦喪事的禮儀，《士喪禮》一文在此時記載成册。

【古注】

《注》 （一）踰封，越竟也，或爲越疆。（二）奔父母喪也。（三）謂夫人行道車服主國致禮。（四）女子子不自同於女賓也。宫中之門曰闈門，爲相通者也。側階亦旁階也。他，謂哭踊髽麻。闈門或爲帷門。（五）遠别也。（六）恥民不足者，古者居民量地以制邑，度地以居民，地邑民居必參相得也。衆寡均，謂俱有役事人數等也。倍焉，彼功倍己也。（七）自貶損亦取易供也。駑馬，六種最下者。下牲，少牢若特豕特豚也。（八）時人轉而僭上，士之喪禮已廢矣，孔子以教孺悲，國人乃復書而存之。

21.11

【原文】

子貢觀於蜡，孔子曰："賜也，樂乎？"對曰："一國之人皆若狂，賜未知其樂也（一）。"子曰："百日之蜡，一日之澤，非爾所知也（二）。張而不弛，文武弗能也；弛而不張，文武弗爲也；一張一弛，文武之道也。（三）。"

孟獻子曰："正月日至，可以有事於上帝；七月日至，可以有事於祖。"七月而禘，獻子爲之也（四）。

夫人之不命於天子，自魯昭公始也（五）。

外宗爲君夫人，猶内宗也（六）。

廄焚，孔子拜鄉人爲火來者（七），拜之，士壹，大夫再，亦相弔之道也（八）。

孔子曰："管仲遇盜，取二人焉，上以爲公臣曰：'其所與遊辟也，可人也（九）。'管仲死，桓公使爲之服。宦於大夫者之爲之服也，自管仲始也，有君命焉爾也（十）。"

【譯文】

子貢在舉行蜡祭的黨學内參觀，孔子問："賜哩，你感到快樂嗎？"回答説："一國的人都像發了狂，我端木賜真不明白他們竟會樂成那樣哩。"孔子説："勞苦終年盼到了蜡祭，只在這一天才能享受到國君的恩澤，這不是你這種人所能明白的哩。只緊張而不鬆弛，文王和武王都不能做到哩；只鬆弛而不緊張，文王和武王不會這樣做哩；有緊張有鬆弛，這才是文王和武王遵循的法則嘛。"

魯國權臣孟獻子説："周曆正月冬至日，可以到南郊祭祀天帝；七月夏至日，可以到宗廟祭祀祖先。"七月反而舉行祀天的禘祭，獻子開的頭嘛。

諸侯夫人的不按規定接受天子賜以命服，是由魯昭公開始的嘛。

由外宗嫁來成爲君夫人的喪服，跟内宗的女人一樣嘛。

孔子上朝時家中的馬廄失火，孔子拜謝那些爲火災前來慰問的鄉人，拜謝時，向士揖拜一次，向大夫揖拜兩次，這也是相互弔唁所採用的方法嘛。

孔子説："管仲遭遇一夥盜賊，從中揀取二人，提升以其擔任桓公的臣子時説："此二人因所與交游不當才犯法哩，是可以任用的人嘛。"後管仲死，齊桓公使此二人爲管仲服喪。在大夫的引薦下授予官職的人去爲此大夫服喪呢，是從管仲開始的嘛，只是有國君命令他們而已嘛。"

【古注】

《注》 (一)蜡也者，索也，歲十二月，合聚萬物而索饗之祭也，國索鬼神而祭祀，則黨正以禮屬民而飲酒於序，以正齒位。於是時民無不醉者如狂矣。曰未知其樂，怪之。(二)蜡之祭，主先嗇也，大飲烝勞農以休息之，言民皆勤稼穡有百日之勞，喻久也。今一日使之飲酒燕樂，是君之恩澤，非女所知，言其義大。(三)張弛，以弓弩喻人也。弓弩久張之則絶其力，久弛之則失其體。(四)記魯失禮所由也。孟獻子，魯大夫仲孫蔑也。魯以周公之故得以正月日至之後郊天，亦以始祖后稷配之。獻子欲尊其祖，以郊天之月對月禘之，非也，魯之宗廟猶以夏時之孟月爾，《明堂位》曰："季夏六月，以禘禮祀周公於大廟。"(五)亦記魯失禮所由也。周之制，同姓百世昏姻不通。吴大伯之後，魯同姓，昭公取於吴，謂之吴孟子，不告於天子。自此後取者遂不告於天子，天子亦不命之。(六)皆謂嫁於國中者也。爲君服斬，夫人齊衰，不敢以其親服服至尊也。外宗，謂姑姊妹之女、舅之女及從母皆是也。内宗，五屬之女也，其無服而嫁於諸臣者，從爲夫之君；嫁於庶人，從爲國君。(七)拜謝之。(八)言拜之者，爲其來弔己，《宗伯職》曰："以弔禮哀禍災"。(九)言此人可也，但居惡人之中使之犯法。(十)亦記失禮所由也。善桓公不忘賢者之舉。官猶仕也，此仕於大夫更升於公，與違大夫之諸侯同爾，禮不反服。

《音義》 蜡，仕嫁反 zhà(ㄓㄚˋ)。弛，尸是反 shǐ(ㄕˇ)。上以爲公臣，上，時掌反 shǎng(ㄕㄤˇ)。

21.12

【原文】

過而舉君之諱則起(一),與君之諱同則稱字(二)。

内亂不與焉,外患弗辟也(三)。

《贊大行》曰:圭,公九寸,矦伯七寸,子男五寸,博三寸,厚半寸,剡上左右各寸半,玉也,藻三采六等(四)。

哀公問子羔曰:"子之食奚當(五)?"對曰:"文公之下執事也。"

成廟則釁之,其禮:祝宗人、宰夫、雍人,皆爵弁純衣(六)。雍人拭羊,宗人視之,宰夫北面于碑南,東上(七);雍人舉羊升屋,自中,中屋南面,刲羊血流于前,乃降;門、夾室皆用雞,先門而後夾室;其衈皆于屋下:割雞,門,當門;夾室,中室(八),有司皆鄉室而立;門,則有司當門北面(九);既事,宗人告事畢,乃皆退(十),反命于君曰:"釁某廟事畢。"反命于寢,君南鄉于門内,朝服;既反命,乃退(十一)。路寢成,則考之而不釁。釁屋者,交神明之道也(十二)。凡宗廟之器,其名者,成則釁之以豭豚(十三)。

【譯文】

由於過失而提到國君的名諱就趕緊起立,跟國君的名諱相同就稱自己的字。

發生内亂不可參與其中,外患不回避嘛。

舊書《贊大行》有云:諸矦所執的圭的長度,公爵的九寸,矦爵和伯爵的七寸,子爵和男爵的五寸,一律寬三寸,厚半寸,剡削上端的左右角各一寸半,質料都是玉嘛,要放在畫有紅白藏青三種色彩共六行的藻墊上。

魯哀公問子羔道:"你家先人最初領取俸禄時是哪位國君當政?"回答説:"在文公的名下供役使。"

宗廟落成即舉行血祭:釁廟的禮制:祝宗人、宰夫、雍人,一律頭戴爵弁身著純衣。雍人把羊揩拭乾淨,宗人檢視一遍,宰夫面朝北站在拴牲口的石碑以南、東邊的上手;雍人舉着羊從兩階當中登上屋頂,面朝南站在屋頂中間,把羊宰掉使血流向前方,乃從屋頂下來;廟門、東西厢房都用雞血祭,先祭廟門然後祭夾室;雞耳旁的毛都要在屋下拔:殺雞時,祭廟門,要對着廟門殺;祭夾室,要在夾室内正中處殺,宰夫和祝宗人都要面向夾室而立;在廟門殺時,宰夫和祝宗人就面朝北當門而立;事情結束,宗人宣告事情完畢,等大家都退下,便向國君復命説:"血祭某廟之事已經完畢。"復命是在路寢内進行的,國君在路寢門内面朝南,身穿朝服;已經復命,乃退下。路寢落成,則設盛饌慶祝落成而不血祭。血祭房屋這種事,那是交接神明的方法嘛。凡是宗廟的祭器,那些名貴的,製成後即用小公豬的血塗抹器物縫隙。

【古注】

《注》 (一)舉猶言也。起立者,失言而變自新。(二)謂諸臣之名也。(三)謂卿大夫也。同僚將爲亂,己力不能討,不與而已。至於臨國爲寇,則當死之也。《春秋》"魯公子友如陳葬",原仲《傳》曰:"君子辟内難而不辟外難。"(四)贊大行者,書説《大行人禮》者名也。藻,薦玉者也。三采六等,以朱白蒼畫之再行也。子男執璧,作此贊者失之矣。(五)問其先人始仕食禄以何君時。(六)廟新成必釁之,尊而神之也。宗人先請於君曰:"請命以釁其廟。"君諾之乃行。(七)居上者,宰夫也,宰夫攝主也。拭,静也。(八)自,由也。衈,謂將刲割牲以釁,先滅耳旁毛薦之耳。聽聲者,告神欲其聽之。周禮有"刉衈"。(九)有司,宰夫,祝宗人。(十)告者,告宰夫。(十一)君朝服者,不至廟也。(十二)言路寢者,生人所居。不釁者,不神之也。考之者,設盛食以落之爾。《檀弓》曰"晉獻文子成室,諸大夫發焉"是也。(十三)宗廟名器,謂尊彝之屬。

《音義》 剡,以冉反 yǎn(ㄧㄢˇ)。釁,許靳反 xìn(ㄒㄧㄣˋ)。刲,苦圭反 kuí(ㄎㄨㄟˊ)。衈,如志反 ěr(ㄦˇ)。豭音加。

《疏》 《贊大行》曰者,贊,明也;大行,謂《周禮》有《大行人》篇,掌諸侯五等之禮,舊作記之前,有人説書,贊明《大行人》之事,謂之《贊大行》,今亦作記者引此舊書,故云《贊大行》曰,曰,發語端也。藻三采六等者,藻,謂以衛韋衣板以藉玉者;三采,朱白蒼也;六等,六行也;謂畫上三色,每色爲二行,是三采六等。

21.13

【原文】

諸侯出夫人,夫人比至于其國,以夫人之禮行,至以夫人入(一)。使者將命曰:"寡君不敏,不能從而事社稷宗廟,使使臣某敢告於執事。"主人對曰:"寡君固前辭不教矣,寡君敢不敬須以俟命(二)。"有司官陳器皿,主人有司亦官受之(三)。妻出,夫使人致之曰:"某不敏,不能從而共粢盛,使某也,敢告於侍者。"主人對曰:"某之子不肖,不敢辟誅,敢不敬須以俟命。"使者退,主人拜送之(四)。如舅在則稱舅,舅没則稱兄,無兄則稱夫(五),主人之辭曰"某子之不肖",如姑姊妹亦皆稱之(六)。

【譯文】

諸侯離棄夫人,夫人快到自己祖國時,用夫人的禮節行事,到家以夫人的身份進門。護送的使者傳達君命説:"寡君不聰敏,不能隨從夫人服事社稷宗廟,派遣使臣我大膽向貴國執事轉告。"主人對答説:"寡君先前曾以失教固執地推辭過婚事呀,既然如此,寡君怎敢不恭敬等待以聽任天命。"隨使者前來的有司如數陳列出陪嫁的器皿，主人的有司也如數收受下來。妻被離棄，一般都是夫家使人傳話説："某人不聰敏，不能隨從妻室共同祭祀祖先，派我來呢，大膽向侍者轉告。"主人對答説："我的女子不如人，不敢規避誅罰，怎敢不恭敬等待以聽任天命。"使者告退，主人拜送他出門。如果丈夫的父親在世使者就以他父親的名義轉告，父親去世就以他哥的名義轉告，没有兄長就只能以丈夫的名義轉告。主人的言辭所説的"我們的女子不如人"這番話，如果被離棄的是姑姊妹也都要用這番話稱説她們。

【古注】

《注》 (一)行道以夫人之禮者，弃妻致命其家乃義絶，不用此爲始。(二)前辭不教，謂納采時也，此辭賓在門外，擯者傳焉；賓入致命如初，主人卒辭曰"敢不聽命"。(三)器皿，其本所齎物也。律，弃妻畀所齎。(四)肖，似也。不似，言不如人。誅猶罰也。(五)言弃妻者，父兄在則稱之，命當由尊者出也，唯國君不稱兄。(六)姑姊妹見弃亦曰某之姑，某之姊若妹不肖。

《音義》 粢盛，上音咨，下音成。

21.14

【原文】

孔子曰："吾食於少施氏而飽，少施氏食我以禮(一)：吾祭，作而辭曰：'疏食不足祭也。'吾飧，作而辭曰：'疏食也，不敢以傷吾子。'"

納幣一束，束五兩，兩五尋(二)。婦見舅姑，兄弟姑姊妹皆立于堂下，西面北上，是見已(三)；見諸父，各就其寢(四)。女雖未許嫁，年二十而笄，禮之，婦人執其禮(五)，燕則鬈首(六)。

韠長三尺，下廣二尺，上廣一尺。會去上五寸，紕以爵韋六寸，不至下五寸。純以素，紃以五采(七)。

【譯文】

孔子説："我在少施氏家吃飯能吃飽，少施氏款待我合乎禮：我祭食，他起身辭謝説：'粗食不值得祭哩。'我吃罷用水澆飯，他又起身辭謝説：'粗飯哩，不敢以此傷害我的貴客。'"

納聘禮用帛一束，一束五兩，每兩五尋。媳婦拜見公爹公婆，兄弟姑姊妹都站在堂下，面朝西靠北爲上手，至此見面完畢；拜見伯父叔父，分别到他們的寢室去見。女子雖未許嫁，年齡到了二十歲髮髻也要插笄，爲她行成人禮，婦人執掌此禮，休息時就把頭髮紥成結。

蔽膝長三尺，下寬二尺，上寬一尺。韠的上縫會離上邊五寸，邊緣紕用六寸寬的赤黑色的皮革，下端五寸寬的部分不紕。用白生絹鑲邊，鑲縫用五彩的絲帶。

【古注】

《注》 (一)言貴其以禮待已而爲之飽也。時人倨慢，若季氏則不以禮矣。少施氏，魯惠公子施父之後。(二)納幣，謂昏禮納徵也。十个爲束，貴成數，兩兩者合其卷，是謂五兩。八尺曰尋，五兩五尋則每卷二丈也，合之則四十尺，今謂之匹，猶匹偶之云與？(三)婦來爲供養也，其見主於尊者，兄弟以下在位是爲已見，不復特見。(四)旁尊也，亦爲見時不來。(五)雖未許嫁，年二十亦爲成人矣。禮之，酌以成之。言婦人執其禮，明非許嫁之笄。(六)既笄之後去之，猶若女有鬌紒也。(七)會，謂領上縫也。領之所用蓋與紕同，在旁曰紕，在下曰純。素，生帛也。紕六寸者，中執之表裏各三寸也，純紕所不至者五寸，與會去上同。紃，施諸縫中，若今時條也。

《音義》 鬈音權。韠音必。會，古外反 kuài(ㄎㄨㄞ̀)。紕，婢支反 pí(ㄆㄧ́)。

【淺悟】

本篇所載"君子有三患、五恥"(21.10)一節，至今仍有指導意義。

另外魯哀公指使孺悲到孔子那裏學士喪禮一事，《論語·陽貨》篇中也曾提到，説孺悲想見孔子，孔子託病不見；等傳話人一出門，孔子即把瑟取來彈唱，有意使孺悲聽到歌聲。此舉可否視爲孔子有意促成"《士喪禮》於是乎書"的手段呢？

喪大記第二十二

《疏》　案鄭《目録》云："名曰《喪大記》者，以其記人君以下始死、小斂、大斂、殯葬之事。此於《别録》屬喪服。"《喪大記》者，劉元云："記謂之大者，言其委曲詳備繁多，故云大。"

22.1

【原文】

疾病，外内皆埽(一)，君大夫徹縣，士去琴瑟(二)。寢東首於北牖下(三)，廢牀，徹褻衣，加新衣，體一人(四)，男女改服(五)，屬纊以俟絶氣(六)。男子不死於婦人之手，婦人不死於男子之手(七)。君夫人卒於路寢；大夫世婦卒於適寢；内子未命，則死於下室，遷尸于寢，士之妻皆死于寢(八)。

復，有林麓則虞人設階，無林麓則狄人設階(九)。小臣復，復者朝服：君以卷，夫人以屈狄；大夫以玄赬，世婦以禮衣；士以爵弁，士妻以税衣。皆升自東榮、中屋履危，北面三號，捲衣投于前，司服受之，降自西北榮(十)。其爲賓，則公館復，私館不復；其在野，則升其乘車之左轂而復(十一)。復衣不以衣尸，不以斂(十二)。婦人復，不以袡(十三)。凡復，男子稱名，婦人稱字(十四)。唯哭先復，復而後行死事(十五)。

【譯文】

病情危重，寢室外内都打掃乾淨，國君及大夫病重就撤下懸掛的樂器，士病重就收藏起琴瑟。病人頭朝東躺在北窗下，不使用床，脱掉内衣，换上新衣，四肢各由一人負責更换，男女親屬都要改换衣服，病人口鼻之上弔一棉絨以觀察是否氣絶。男子不死於婦人之手，婦人不死於男子之手。國君夫人要死在路寢；大夫受有王命賜封的嫡妻要死在正寢；卿的嫡妻不曾受王命賜封，就得死在下室，再將屍體遷入寢室；士之妻都要死在寢室。

招魂復魄，封内有林麓就由掌管山林的虞人架設登屋的梯子，没有林麓就由狄人這一下等樂吏架設梯子。小臣負責招魂復魄，參與的人都要著朝服：國君著衮服，夫人著屈狄服；大夫著暗紅色的玄赬服，其嫡妻著禮衣；士著爵弁服，其妻著税衣。一概從屋東邊的飛簷處上去、站在屋脊正中的高峻處，面朝北呼號“某人回來呀”三遍，捲起所著的衣服向前投擲，管理衣服的官員收起投下的衣服，一齊從西北邊的飛簷處下來。如果作爲賓客而死，死在公家的館舍就招魂復魄，死在私家館舍就不復；如果死在野外，就登上他那乘車的左輪轂招魂復魄。招魂復魄所著的衣服不得用來覆蓋屍體，不得用作斂衣。婦人招魂復魄，不得著出嫁時的袡衣。凡是招魂復魄，男子呼喊名，婦人呼喊字。只有哭可以先於招魂復魄，招魂復魄之後進行死後諸事。

【古注】

《注》 (一)爲賓客將來問病也。疾困曰病。(二)聲音動人，病者欲静也。凡樂器，天子宫縣，諸侯軒縣，大夫判縣，士特縣。去琴瑟者，不命之士。(三)謂君來視之時也，病者恒居牖北下，或爲北墉下。(四)廢，去也。人始生在地，去牀，庶其生氣反。徹褻衣，則所加者新朝服矣，互言之也。加朝服者，明其終於正也。體，手足也，四人持之，爲其不能自屈伸也。(五)爲賓客來問病亦朝服也，庶人深衣。(六)纊，今之新棉，易動摇，置口鼻之上以爲候。(七)君子重終，爲其相褻。(八)言死者必皆於正處也。寢、室通耳，其尊者所不燕焉。君謂之路寢，大夫謂之適寢，士或謂之適室。此變命婦言世婦者，明尊卑同也，世婦以君下寢之上爲適寢。内子，卿之妻也。下室，其燕處也。(九)復，招魂復魄也。階，所乘以升屋者。虞人，主林麓之官也。狄人，樂吏之賤者。階，梯也，簨虡之類。(十)小臣，君之近臣也。朝服而復，所以事君之衣也。用朝服而復之者，敬也。復用死者之祭服，以其求於神也。君以卷，謂上公也。夫人以屈狄，互言耳。上公以衮，則夫人用禕衣；而侯伯以鷩，其夫人用揄狄；子男以毳，其夫人乃用屈狄矣。赬，赤也，玄衣赤裳，所謂卿大夫自玄冕而下之服也，其世婦亦以禮衣。榮，屋翼。升東榮者，謂卿大夫士也，天子諸侯言東霤。危，棟上也。號，若云“皋，某復也”。司服，以篋待衣於堂前。(十一)私館，卿大夫之家也，不於之復，爲主人之惡。(十二)不以衣尸，謂不以襲也，復者庶其生也，若以其衣襲斂，是用生施死，於義相反，《士喪禮》云：“以衣衣尸，浴而去之。”(十三)袡，嫁時上服，而非事鬼神之衣。(十四)婦人不以名行。(十五)氣絶則哭，哭而復，復而不蘇可以爲死事。

《音義》 縣音玄。去，起吕反 jǔ(ㄐㄩˇ)，收藏。牖音酉。卷本又作衮，古本反 gǔn(ㄍㄨㄣˇ)。屈音闕。赬，赤貞反 chēng(ㄔㄥ)。禮，知彥反 zhǎn(ㄓㄢˇ)。税，他亂反 tuàn(ㄊㄨㄢˋ)。袡，而廉反 rán(ㄖㄢˊ)。

22.2

【原文】

始卒，主人啼，兄弟哭，婦人哭踊(一)。既正尸，子坐于東方，卿大夫父兄子姓立于東方，有司庶士哭于堂下北面，夫人坐于西方，内命婦姑姊妹子姓立于西方，外命婦率外宗哭于堂上北面(二)。大夫之喪，主人坐于東方，主婦坐于西方，其有命夫命婦則坐，無則皆立(三)。士之喪，主人父兄子姓皆坐于東方，主婦姑姊妹子姓皆坐于西方(四)。凡哭尸于室者，主人二手承衾而哭(五)。

君之喪未小斂，爲寄公國賓出；大夫之喪未小斂，爲君命出；士之喪於大夫，不當斂則出(六)。凡主人之出也，徒跣，扱衽，拊心，降自西階。君拜寄公國賓于位；大夫於君命，迎于寢門外，使者升堂致命，主人拜于下；士於大夫親弔，則與之哭，不逆於門外(七)。夫人爲寄公夫人出；命婦爲夫人之命出；士妻不當斂，則爲命婦出(八)。

【譯文】

國君剛死，孝子啼哭，兄弟哭泣，婦人踊跳着哭。已將屍體移正位置後，孝子坐在死者東方，卿大夫、父兄及子孫站在死者東方，有司和衆士在堂下臉朝北哭，夫人坐在死者西方，内命婦、姑姊妹及其子孫站在死者西方，外命婦率領外宗在堂上臉朝北哭。大夫的喪事，主人坐在死者東方，主婦坐在死者西方，那些有封號的夫婦就坐着，没有封號的全站着。士的喪事，主人、父兄及其子孫都坐在死者東方，主婦、姑姊妹及其子孫都坐在死者西方。凡是在室内哭屍的時候，主人要兩手托起蓋屍的單被而哭。

國君的喪事尚未小斂，如果寄居在此避難的國君或正在朝聘的國賓前來弔唁，喪主要出迎；大夫的喪事尚未小斂，如果國君遣人前來弔唁，喪主要出迎；士的喪事對於大夫的弔唁，不在小斂的當口喪主就要出迎。凡是喪主前往出迎呢，要光着脚，衣襟插進腰帶，輕拍心口，由西臺階下來。國君嚮寄公或國賓的位置揖拜；大夫對於國君派來弔唁的使者，要到寢門外迎接，使者上堂傳達君命，喪主在堂下叩拜；士對於親自前來弔唁的大夫，就同他一起哭，不到門外去迎迓。國君夫人對寄公夫人的弔唁要出房迎迓；大夫的婦人對國君夫人派來弔唁的人要出房迎迓；士之妻不是在小斂的當口，就要對大夫婦人的弔唁出房迎迓。

【古注】

《注》 (一)悲哀有深淺也，若嬰兒中路失母，能勿啼乎？(二)正尸者，謂遷尸牖下南首也。子姓，謂衆子孫也，姓之言生也。其男子立於主人後，女子立於夫人後。世婦爲内命婦，卿大夫之妻爲外命婦。外宗，姑姊妹之女。(三)命夫命婦，來哭者同宗父兄子姓、姑姊妹子姓也。凡此哭者，尊者坐，卑者立。(四)士賤，同宗尊卑皆坐。(五)承衾哭者，哀慕若欲攀援。(六)父母始死悲哀，非所尊不出也，出者或至庭或至門。國賓聘，大夫不當斂，其來非斂時。(七)拜寄公國賓於位者，於庭鄉其位而拜之，此時寄公位在門西，國賓位在門東，皆北面。小斂之後寄公東面，國賓門西北面。士於大夫親弔，謂大夫身來弔士也。與之哭，既拜之，即位西階東面哭，大夫特來則北面。(八)出拜之於堂上也，此時寄公夫人、命婦位在堂上北面。小斂之後，尸西東面。

《音義》 跣，悉典反 xiǎn(ㄒㄧㄢˇ)。扱，初洽反 chā(ㄔㄚ)。衽，而審反 rèn(ㄖㄣˋ)，裳際也。

22.3

【原文】

小斂，主人即位于户内，主婦東面，乃斂；卒斂，主人馮之踊，主婦亦如之；主人袒，説髦，括髮以麻；婦人髽，帶麻于房中[一]。

徹帷，男女奉尸夷于堂，降拜[二]。

君拜寄公國賓；大夫士拜卿大夫於位，於士旁三拜；夫人亦拜寄公夫人於堂上；大夫内子士妻特拜命婦，氾拜衆賓於堂上[三]。主人即位，襲帶絰踊[四]。母之喪，即位而免[五]，乃奠[六]。弔者襲裘、加武、帶絰，與主人拾踊[七]。

君喪，虞人出木角，狄人出壺，雍人出鼎，司馬縣之，乃官代哭[八]。大夫官代哭不縣壺[九]，士代哭不以官[十]。君堂上二燭，下二燭；大夫堂上一燭，下二燭；士堂上一燭，下一燭[十一]。

賓出徹帷[十二]。

哭尸于堂上，主人在東方，由外來者在西方，諸婦南鄉[十三]。

婦人迎客送客不下堂，下堂不哭；男子出寢門見人不哭[十四]。其無女主，則男主拜女賓于寢門内；其無男主，則女主拜男賓于阼階下，子幼，則以衰抱之，人爲之拜；爲後者不在，則有爵者辭，無爵者人爲之拜；在竟内則俟之，在竟外則殯葬可也。喪有無後，無無主[十五]。

【譯文】

小斂，主人在户内就位，主婦面朝東，於是爲死者更衣；更衣完畢，主人憑依着屍體跺着脚哭，主婦也如此；主人袒露左臂，脱露出有如幼時的剪髮，用麻紮束起來；婦人頭髮用麻結成髽，到房中用麻絰紮腰。

撤下帷幔，男女親屬侍奉着屍體安放到靈堂，然後下堂拜謝來賓。

嗣君拜謝寄居在此的國君和來朝聘的國賓；大夫士到前來弔唁的卿大夫的坐位前拜謝，對士只側身拜三拜；嗣君夫人也到堂上拜謝寄公夫人；大夫的嫡妻和士之妻，單獨拜謝前來弔唁的大夫之妻，在堂上向衆來賓婦人普遍一拜。喪主就位，穿好喪服紮上絰帶即跺脚哭。母親的喪事，就位即用白布纏頭，舉行祭奠。此時來弔唁的人穿裘衣，冠上加帽卷，腰繫絰帶，與主人輪流跺脚哭。

國君死，掌管山澤的虞人獻出木柴和舀水的角，掌管樂器的狄人獻出可供計時的漏壺，掌管烹飪的雍人獻出盛水的鼎，司馬懸掛起漏壺，這些官員通夜更替着哭。大夫死官員更替着哭不懸挂漏壺，士死不用官員更替着哭。

國君的堂上燃兩支火燭，堂下燃兩支火燭；大夫的堂上燃一支火燭，堂下燃兩支火燭；士的堂上燃一支火燭，堂下燃一支火燭。

賓客退出便撤下帷幔。

在靈堂上哭屍，主人在屍的東方，由外地奔喪回來的親人在屍的西方，衆婦人面嚮南。

婦人迎客送客不下堂，迎送貴賓必須下堂只稽顙而不哭；男子出寢門見人不哭。家中没有女主人，就由男主人在寢門内拜見女賓；家中没有男主人，就由女主人在阼階下拜見男賓，孩子年幼，就用喪服包起抱着，使人代替他拜；死者的後嗣因故不在，有爵位的人來弔唁就辭謝，没有爵位的人來弔唁就使人代替他拜；死者的後嗣在國境之内就等他回來辦理喪事，如果在國境之外就可以先行殯葬嘛。喪事有没有後嗣的情形，決不能没有人主持喪事。

【古注】

《注》 (一)士既殯説髦，此云小斂，蓋諸侯禮也。士之既殯、諸侯之小斂，於死者俱三日也。婦人之髽，帶麻於房中，則西房也，天子諸侯有左右房。(二)夷之言尸也，於遷尸，主人主婦以下從而奉之孝敬之心。降拜，拜賓也。(三)衆賓謂士妻也，尊者皆特拜，拜士與其妻皆旅之。(四)即位，阼階之下位也。有襲絰乃踊，尊卑相變也。(五)記異者禮，斬衰括髮，齊衰免，以至成服而冠。爲母重、初亦括髮，既小斂則免。(六)小斂奠也。(七)始死，弔者朝服裼裘如吉時也，小斂則改襲而加武與帶絰矣。武，吉冠之卷也，加武者，明不改冠亦不免也，《檀弓》曰："主人既小斂，子游趨而出，襲裘帶絰而入。"(八)代，更也。未殯，哭不絶聲，爲其罷倦；既小斂，可以爲漏刻分時而更哭也。木給爨竈，角以爲㪷水斗。壺，漏水之器也。冬漏以火爨，鼎沸而後沃之，此挈壺氏所掌也，屬司馬，司馬涖縣其器。(九)下君也。(十)自以親疏哭也。(十一)燭所以照饌也，滅燎而設燭。(十二)君與大夫之禮也，士卒斂即徹帷。徹或爲廞。(十三)由外來，謂奔喪者也。無奔喪者，婦人猶東面。(十四)婦人所有事，自堂及房；男子所有事，自堂及門，非其事處而哭，猶野哭也。出門見人，謂迎賓客者也。(十五)拜者皆拜賓於位也。爲後者，有爵攝主爲之辭於賓耳，不敢當尊者禮也。

《音義》 馮，本或作憑，皮冰反 píng(ㄆㄧㄥˊ)。説，本作税，他活反 tuō(ㄊㄨㄛ)。髽，側瓜反 zhuā(ㄓㄨㄚ)。拾，其劫反 jié(ㄐㄧㄝˊ)。縣音玄。竟音境。

22.4

【原文】

君之喪三日，子夫人杖；五日既殯，授大夫世婦杖；子大夫寢門之外杖，寢門之内輯之；夫人世婦在其次則杖，即位則使人執之；子有王命則去杖，國君之命則輯杖，聽卜有事於尸則去杖；大夫於君所則輯杖，於大夫所則杖(一)。

大夫之喪三日之朝，既殯，主人主婦室老皆杖；大夫有君命則去杖，大夫之命則輯杖；内子爲夫人之命去杖，爲世婦之命授人杖(二)。

士之喪二日而殯，三日之朝，主人杖，婦人皆杖；於君命、夫人之命，如大夫；於大夫世婦之命，如大夫(三)。子皆杖，不以即位(四)。大夫士哭殯則杖，哭柩則輯杖(五)。弃杖者，斷而弃之於隱者(六)。

【譯文】

國君死後第三天，孝子和君夫人要執喪杖；第五天殯殮完，授予大夫世婦喪杖；衆孝子和大夫在寢門外可以拄喪杖，寢門内要提起喪杖不使着地；君夫人和世婦在其止息之處就拄喪杖，就哭位時則使人拿着喪杖；世子若有接待天子命人前來弔唁的應酬就去掉喪杖，若是鄰國的國君命人前來弔唁的應酬就提着喪杖，聽斷占卜下葬和各種祭日需服事代神受祭的尸時要去掉喪杖；大夫在嗣君的處所就提着喪杖，在其他大夫的處所就拄着喪杖。

大夫死後的第三天早晨，殯殮結束，主人主婦家臣一律執喪杖；大夫的嗣子有接待國君命人前來弔唁的應酬就去掉喪杖，有接待其他大夫命人前來弔唁的應酬就提着喪杖；大夫的嫡妻接待君夫人命人前來弔唁要去掉喪杖，接待世婦命人前來弔唁就把喪杖交給别人拿着。

士死後的第二天就能殯殮，第三天早晨，主人執喪杖，婦人都要執喪杖；至於接待國君命人前來弔唁、君夫人命人前來弔唁，跟大夫接待他們的方式一樣；對於大夫世婦命人前來弔唁，也跟大夫接待的方式一樣。庶子都要執喪杖，不得拄着喪杖就哭位。大夫士的嫡子哭殯時就拄着喪杖，啟殯送葬哭柩時就提着喪杖。大祥後丢棄喪杖時，要折斷並丢到隱蔽處。

【古注】

《注》 (一)三日者，死之後三日也。爲君杖不同日，人君禮大，可以見親疏也。輯，斂也，斂者，謂舉之不以拄地也。夫人世婦次於房中，即位堂上，堂上近尸殯。使人執杖，不敢自持也。子於國君之命輯杖，下成君不敢敵之也。卜，卜葬卜日也。凡喪祭虞而有尸。大夫於君所輯杖，謂與之俱即寢門外位也。獨焉則杖君，謂子也。於大夫所杖，俱爲君杖不相下也。(二)大夫有君命去杖，此指大夫之子也，而云大夫者，通實大夫有父母之喪也，授人杖與使人執之同也。(三)士二日而殯者，下大夫也。士之禮，死與往日，生與來日，此二日於死者亦得三日也。婦人皆杖，謂主婦容妾爲君女子子在室者。(四)子，謂凡庶子也。不以即位與去杖同。(五)哭殯，謂既塗也。哭柩，謂啟後也。大夫士之子於父父也，尊近，哭殯可以杖；天子諸侯之子於父父也，君也，尊遠，杖不入廟門。(六)杖以喪至尊，爲人得而褻之也。

22.5

【原文】(此節第一段應在第四段後，將在譯文中更正)

君設大盤，造冰焉；大夫設夷盤，造冰焉；士併瓦盤，無冰。設牀襢第，有枕，舍一牀，襲一牀，遷尸于堂又一牀。皆有枕席，君大夫士一也〔一〕。

始死，遷尸于牀，幠用斂衾，去死衣，小臣楔齒用角柶，綴足用燕几，君大夫士一也〔二〕。

管人汲，不説繘，屈之，盡階不升堂，授御者；御者入浴；小臣四人抗衾，御者二人浴；浴水用盆，沃水用枓，浴用絺巾，挋用浴衣，如它日，小臣爪足，浴餘水弃于坎。其母之喪，則内御者抗衾而浴〔三〕。

管人汲，授御者，御者差沐于堂上：君沐粱，大夫沐稷，士沐粱；甸人爲垼于西牆下，陶人出重鬲，管人受沐，乃煮之；甸人取所徹廟之西北厞，薪用爨之；管人授御者沐，乃沐，沐用瓦盤，挋用巾，如它日，小臣爪手翦須，濡濯弃于坎〔四〕。

【譯文】

人剛死，將屍體移到床上，用斂屍的單被覆蓋起來，脱去死者的衣裳，小臣用角質的柶楔入死者的齒縫，用燕几牽制死者的脚，這些爲死者沐浴、飯含、穿鞋的準備工作，國君、大夫和士是一樣的嘛。

掌管館舍的管人負責汲水，不解脱繫在桶上的繩索，而是纏繞着抓在手上，走盡臺階不得上堂，在門口把水交給御者；御者進去爲死者洗身；四名小臣抗舉着蓋屍的單被，兩名御者爲死者洗身；洗身的水用盆盛，用枓從盆裏舀水往屍身上澆，洗身用細葛布巾，擦身用浴衣，如同生時一樣，小臣還得爲死者剪脚趾甲，將洗浴剩餘的水倒進溝坎裏。若是母親的喪事，就由内御者抗衾和洗浴。

管人汲水，交給御者，御者在堂上用淘米水爲死者洗髮：國君用淘粱米水洗髮，大夫用淘稷米水洗髮，士用淘粱米水洗髮；掌管薪蒸的甸人在西牆下壘土竈，製陶匠獻出炊具重鬲，管人接過淘好的洗髮水，乃倒入鬲中備煮；甸人取過來撤到廟的西北隱蔽處，用柴薪進行燒煮；管人將煮好的洗髮水交給御者，於是爲死者洗髮；洗髮用瓦盤，擦拭用布巾，像在世時一樣，小臣爲死者剪手指甲和胡須，將洗過的不潔淨的水倒進溝坎裏。

國君屍體的床下設置大盤，將冰納入其中；大夫的屍床下設置較小的夷盤，將冰納入其中；士的屍床下設置兩個瓦盤，没有冰。設置的床上鋪展着竹席，有枕頭，飯含用一張床，斂屍襲衣用一張床，將屍遷到靈堂又用一張床。床上都有枕頭和竹席，國君大夫士這一點是一致的嘛。

【古注】

《注》 （一）此事皆沐浴之後，宜承“濡濯弃于坎”下，札爛脱在此耳（譯文將據此更正）。造猶内也。禮第，袒簀也，謂無席如浴時牀也。禮，自仲春之後，尸既襲既小斂，先内冰盤中乃設牀於其上，不施席而遷尸焉，秋涼而止。士不用冰，以瓦爲盤，併以盛水耳。漢禮，大盤廣八尺，長丈二，深三尺，赤中；夷盤小焉。《周禮》"天子夷盤"，《士喪禮》君賜冰亦用夷盤，然則其制宜同之。(二)牀，謂所設牀第當牖者也，《士喪禮》曰"士死於適室"。幠用斂衾，去死衣，病時所加新衣及復衣也，去之以俟沐浴。(三)抗衾者，蔽上重形也。抿，拭也，爪足，斷足爪也。(四)差，淅也；淅，飯米取其潘以爲沐也。浴沃用枓，沐於盤中，文相變也。《士喪禮》"沐稻"，此云"士沐粱"，蓋天子之士也。以差率而上之，天子沐黍與？

《音義》 幠，荒故反 hū(ㄏㄨ)。楔，息結反 xiē(ㄒㄧㄝ)。柶音四。綴，竹劣反 chuò(ㄔㄨㄛˋ)，牽制。管人，掌管舍之人也。説，吐活反 tuō(ㄊㄨㄛ)。繘，均必反 jú(ㄐㄩˊ)，汲水綆也。枓音主。抿音震。差，七何反 cuō(ㄘㄨㄛ)，差淅同。坄音役，塊竈也。鬲音歷。厞，扶味反 féi(ㄈㄟˊ)，隱也。濡，奴亂反 nuán(ㄋㄨㄢˊ)。濯，直孝反 zhuó(ㄓㄨㄛˊ)。禮，之善反 zhǎn(ㄓㄢˇ)，單也。

22.6

【原文】

君之喪，子、大夫、公子、衆士皆三日不食；子、大夫、公子食粥，納財，朝一溢米，莫一溢米，食之無筭；士疏食水飲，食之無筭；夫人、世婦、諸妻皆疏食水飲，食之無筭(一)。

大夫之喪，主人、室老、子姓皆食粥，衆士疏食水飲，妻妾疏食水飲(二)。士亦如之(三)。

既葬，主人疏食水飲，不食菜果，婦人亦如之，君大夫士一也；練而食菜果，祥而食肉(四)。

食粥於盛不盥，食於篹者盥，食菜以醯醬，始食肉者先食乾肉，始飲酒者先飲醴酒(五)。

期之喪，三不食食，疏食水飲，不食菜果；三月既葬，食肉飲酒；期，終喪不食肉、不飲酒，父在，爲母、爲妻。九月之喪，食飲猶期之喪也，食肉飲酒，不與人樂之(六)。

五月三月之喪，壹不食，再不食，可也；比葬，食肉飲酒，不與人樂之；叔母、世母、故主、宗子，食肉飲酒(七)。不能食粥，羹之以菜可也(八)；有疾食肉飲酒可也(九)；五十不成喪(十)，七十唯衰麻在身(十一)。既葬，若君食之則食之，大夫父之友食之則食之矣，不辟粱肉，若有酒醴則辭(十二)。

【譯文】

國君的喪事，世子、大夫、公子、衆士一律三天不吃飯；世子、大夫、公子吃粥，每餐納用的糧食，早晨一溢米，晚上一溢米，吃的次數不計算；士吃粗米飯飲水，吃的次數不計算；夫人、世婦、各妻妾一律吃粗米飯飲水，吃的次數不計算。

大夫的喪事，主人、家臣、子孫一律吃粥，衆士吃粗米飯飲水，妻妾也是吃粗米飯飲水。士的喪事也像大夫這樣。

下完葬，主人吃粗米飯飲水，不吃蔬菜水果，婦人也這樣。這種規定從國君到大夫士是一致的嘛；還有練祭後可以吃蔬菜水果、大祥祭後可以吃肉也一致。

吃盛在器皿裏的粥不必洗手，抓吃盛在竹器簞裏的飯要洗手，吃菜可用調料醋和醬，開始吃肉的話先吃乾肉，開始飲酒的話先飲醴酒。

期年的齊衰之喪，三餐不吃飯，之後只吃粗食飲水，不吃蔬菜水果；三月下完葬，可以吃肉飲酒；期年之内，自始至終不吃肉、不飲酒，那是指父親健在，爲母親、爲妻室守喪説的。九個月的大功之喪，食飲的規矩猶如期年之喪嘛，吃肉飲酒時，不得跟别人以此爲樂。

五月的小功和三月的緦麻之喪，一餐不吃，兩餐不吃，都可以嘛；到下完葬，吃肉飲酒時，不得與人以此爲樂；爲叔母、伯母、舊君主、嫡長子服喪，可以吃肉飲酒。不能吃粥的人，可用菜做羹配飯吃嘛；有病吃肉飲酒是可以的嘛；五十歲服喪不必一應齊備；七十歲只要衰麻在身就行了。下完葬，倘若國君賜食就吃，大夫父親的友人贈給食物只管吃就是了，並不回避美食佳肴，若贈有酒醴則辭却。

【古注】

《注》 （一）納財，謂食穀也。二十兩日溢，於粟米之法，一溢爲米一升二十四分升之一。諸妻，御妾也。同言無筭，則是皆一溢米或粥或飯。（二）室老，其貴臣也。衆士，所謂衆臣。（三）如其子食粥、妻妾疏食水飲。（四）果，瓜桃之屬。（五）盛，謂今時杯杅也。簞，竹筥也。歠者不盥手，飯者盥。簞或爲簨。（六）食肉飲酒，亦謂既葬。（七）義服恩輕也。故主，謂舊君也。言故主者，關大夫及君也。（八）謂性不能者可食飯菜羹。（九）爲其氣微。（十）成猶備也。所不能備，謂不致毁、不散送之屬也。（十一）言其餘居處飲食與吉時同也。（十二）尊者之前可以食美也，變於顔色亦不可。

《音義》 莫音暮。簞，私緩反 suǎn（ㄙㄨㄢˇ）。

《疏》 納財者，謂所食之米也，言每日納用之米。食之無筭者，言居喪困病不能頓食，隨須則食，故云無筭。士疏食水飲者，疏，粗也；食，飯也；士賤，故疏食粗米爲飯，亦水爲飲。婦人質弱，恐食粥傷性，故疏食水飲也。

22.7

【原文】

小斂於户内，大斂於阼；君以簟席，大夫以蒲席，士以葦席[一]。小斂布絞，縮者一，横者三；君錦衾，大夫縞衾，士緇衾，皆一；衣十有九稱，君陳衣于序東，大夫士陳衣于房中，皆西領北上，絞紟不在列[二]。大斂布絞，縮者三，横者五；布紟二衾，君大夫士一也；君陳衣于庭，百稱，北領西上；大夫陳衣于序東，五十稱，西領南上；士陳衣于序東，三十稱，西領南上；絞紟如朝服，絞一幅爲三，不辟；紟五幅，無紞[三]。小斂之衣，祭服不倒[四]；君無襚；大夫士畢主人之祭服，親戚之衣受之，不以即陳[五]。小斂，君大夫士皆用複衣複衾；大斂，君大夫士祭服無筭，君褶衣褶衾，大夫士猶小斂也[六]。

袍必有表，不襌；衣必有裳，謂之一稱[七]。

凡陳衣者實之篋，取衣者亦以篋，升降者自西階[八]。凡陳衣不詘，非列采不入，絺綌紵不入[九]。

【譯文】

爲屍穿衣的小斂在户内操作，移屍入棺的大斂在阼階操作；國君鋪簟席，大夫鋪蒲席，士鋪葦席。小斂綑屍的布製絞帶，縱綑一道，横綑三道；國君用錦緞單被，大夫用白絹單被，士用黑布單被，都用一床；衣裳要穿十九套，國君的衣裳陳列在序東，大夫士的衣裳陳列在房中，都是衣領朝西、北邊爲上手，絞帶和單被不在其列。大斂綑屍的布製絞帶，縱綑三道，横綑五道，布製的單被一墊一覆共兩床，君大夫士一樣嘛；國君的衣裳陳列在庭院，共百套，衣領朝北，西邊爲上手；大夫的衣裳陳列在序東，共五十套，衣領朝西，南邊爲上手；士的衣裳陳列在序東，共三十套，衣領朝西，南邊爲上手；絞帶和單被的布料如同朝服；絞帶一幅分爲三段，不再析裂；單被五幅，没有用來標識被頭的絲帶。小斂的十九套衣裳，其中的祭服不得顛倒着放；國君使用的衣被没有别人贈送的；大夫士用完主人的祭服，親戚相贈的衣裳接受下來，不便馬上陳列。小斂，君大夫士都用重疊的衣重疊的被；大斂，君大夫士所用的祭服没有固定的數量，國君可用夾衣夾被，大夫士跟小斂一樣嘛。

長袍必須有外衣，不能單穿長袍；上衣必須配有下裳，稱做一套。

凡是陳列斂衣的話都要裝進箱篋，受取斂衣的話也裝進箱篋，搬上搬下的話從西臺階走。凡是陳列斂衣不得使之卷屈，不是正服的色采不得入棺，細葛粗葛和苧麻布的褻衣不得入棺。

【古注】

《注》 (一)簟,細葦席也,三者下皆有莞。(二)絞,既斂所用束堅之者。縮,從也。衣十有九稱,法天地之終數也。《士喪禮》小斂陳衣於房中,南領西上,與大夫異,今此同,亦蓋天子之士也。絞紟不在列,以其不成稱,不連數也。小斂無紟,因絞不在列見之也,或曰縮者二。(三)二衾者,或覆之,或薦之。如朝服者,謂布精粗朝服十五升,小斂之絞也,廣終幅析其末,以爲堅之强也。大斂之絞一幅三析,用之以爲堅之急也。紞,以組類爲之,綴之領側,若今被識矣,生時襌被有識,死者去之,異於生也。《士喪禮》大斂亦陳衣於房中,南領西上,與大夫異,今此不同,亦蓋天子之士。紞或爲點。(四)尊祭服也,斂者要方,散衣有倒。(五)無禭者不陳不以斂。(六)褶,袷也。君衣尚多,去其著也。(七)袍,褻衣,必有以表之乃成稱也。《雜記》曰"子羔之襲,繭衣裳,與税衣,纁袡爲一"是也,《論語》曰"當暑,袗絺綌,必表而出之",亦爲其褻也。(八)取猶受也。(九)不詘,謂舒而不卷也。列采,謂正服之色也。絺綌紵者,當暑之褻衣也。襲尸重形,冬夏用袍,及斂則用正服。

《音義》 稱,尺證反 chèn(ㄔㄣˋ),杜預云:衣單複具曰稱。紞,丁覽反 dǎn(ㄉㄢˇ)。褶音牒。詘,丘勿反 qū(ㄑㄩ)。紵,直吕反 zhù(ㄓㄨˋ)。辟音擘。

22.8

【原文】

凡斂者袒,遷尸者襲(一)。君之喪,大胥是斂,衆胥佐之;大夫之喪,大胥侍之,衆胥是斂;士之喪,胥爲侍,士是斂(二)。小斂大斂,祭服不倒,皆左衽,結絞不紐(三)。斂者既斂必哭;士與其執事則斂,斂焉則爲之壹不食。凡斂者六人(四)。

君錦冒黼殺,綴旁七;大夫玄冒黼殺,綴旁五;士緇冒赬殺,綴旁三。凡冒,質長與手齊,殺三尺。自小斂以往用夷衾,夷衾質殺之,裁猶冒也(五)。

君將大斂,子弁絰即位于序端;卿大夫即位于堂廉楹西,北面東上;父兄堂下北面,夫人命婦尸西東面,外宗房中南面;小臣鋪席,商祝鋪絞紟衾衣,士盥于盤上,士舉遷尸于斂上;卒斂,宰告,子馮之踊,夫人東面亦如之(六)。

大夫之喪,將大斂,既鋪絞紟衾衣,君至,主人迎先入門右,巫止于門外;君釋菜,祝先入升堂;君即位于序端;卿大夫即位于堂廉楹西,北面東上;主人房外南面,主婦尸西東面。遷尸卒斂,宰告,主人降,北面于堂下;君撫之,主人拜稽顙;君降,升主人馮之,命主婦馮之(七)。

士之喪,將大斂,君不在,其餘禮猶大夫也(八)。

【譯文】

凡是爲死者小斂大斂的人都袒露着上身,遷屍入棺時都穿起衣服。國君的喪事,太祝操持斂事,衆祝佐助他;大夫的喪事,太祝臨視着,衆祝操持斂事；士的喪事，祝擔任臨視，士的朋友操持斂事。小斂大斂時，祭服不能顛倒擺放，衣襟都向左開，用帶子繫結不用紐扣。操持入斂的人入斂終了必須哭；士與死者曾一同共過事應協助斂事，協助斂事就得爲之一餐不進食。大凡入斂的話需用六人。

國君的屍袋從頭向下套的用錦袋，從脚往上套的用綉有斧形紋的袋，旁邊的袋縫用七條綴帶繫結；大夫從頭向下套的用玄色袋，從脚往上套的用綉有斧形紋的袋，邊縫用五條綴帶繫結；士從頭向下套的用緇色袋，從脚往上套的用淺紅的赬色袋，邊縫用三條綴帶繫結。大凡屍袋，上袋與手齊，下袋長三尺。從小斂以後還要用夷衾覆蓋屍柩，夷衾從上到下的規格，裁制猶如屍袋嘛。

國君即將大斂，世子頭戴裹着麻布的素冠在序東的南端就位；卿大夫在堂基邊側的東楹以西就位，面朝北、東邊爲上手；父兄在堂下面朝北，夫人命婦在屍的西邊面朝東，外宗的女親在房内面朝南；小臣鋪席，商祝鋪開包裹屍體的絞帶、單被、大被和衣裳，士在盤北洗罷手，托舉着屍體遷移到入斂處；入斂完，太宰當衆宣告，孝子憑依着棺柩跺脚號哭，婦人面朝東也憑依着棺柩跺脚哭嚎。

大夫的喪事，即將大斂，已將絞帶、單被、大被和衣裳鋪好，國君來到，前去迎迓的主人先回到門右恭候，跟隨國君的司巫在門外止步；國君向門神行釋菜禮，隨行的司祝先進去登上靈堂；國君在序東的南端就位；卿大夫在堂基邊側的東楹以西就位，面朝北，東邊爲上手；主人在房外面朝南，主婦在屍的西邊面朝東。遷屍入斂完畢，太宰當衆宣告，主人降下臺階，在堂下面朝北站立；國君撫摸屍體作最後的告別，主人拜謝叩頭觸地；國君下來，命主人上堂撫屍憑弔，又命主婦憑弔。

士的喪事，即將大斂，除國君不會在場之外，其餘一切禮數跟大夫一樣嘛。

【古注】

《注》 (一)袒者，於事便也。(二)胥，樂官也，不掌喪事，"胥"當爲"祝"字之誤也。侍猶臨也。大祝之職，大喪贊斂。喪祝，卿大夫之喪掌斂，《士喪禮》"商祝主斂"。(三)左衽，衽鄉左，反生時也。(四)斂者，必使所與執事者，不欲妄人褻之。執或爲槸。(五)冒者，既襲所以韜尸重形也。殺，冒之下帬，韜是上行者也。小斂又覆以夷衾。裁猶制也，字或爲材。(六)子弁絰者，未成服，弁如爵弁而素。大夫之喪，子亦弁絰。(七)先入右者，入門而右也。巫止者，君行必與巫，巫主辟凶邪也。釋菜，禮門神也。必禮門神者，禮，君非問疾弔喪不入諸臣之家也。主人房外南面，大夫之子尊，得升視斂也。(八)其餘，謂卿大夫及主婦之位。

《音義》 胥，依《注》作祝。

22.9

【原文】

鋪絞紟踊，鋪衾踊，鋪衣踊，遷尸踊，斂衣踊，斂衾踊，斂絞紟踊(一)。

君撫大夫、撫内命婦；大夫撫室老、撫姪娣(二)。君大夫馮父母妻長子，不馮庶子；士馮父母妻長子庶子，庶子有子，則父母不馮其尸。凡馮尸者，父母先，妻子後(三)。君於臣撫之，父母於子執之，子於父母馮之，婦於舅姑奉之，舅姑於婦撫之，妻於夫拘之，夫於妻於昆弟執之(四)。馮尸不當君所(五)。凡馮尸，興必踊(六)。

父母之喪，居倚廬，不塗，寢苫枕凷，非喪事不言。君爲廬宫之，大夫士襢之(七)。

既葬，拄楣塗廬，不於顯者，君大夫士皆宫之(八)。凡非適子者，自未葬，以於隱者爲廬(九)。既葬，與人立，君言王事，不言國事；大夫士言公事，不言家事(十)。君既葬，王政入於國，既卒哭，而服王事。大夫士既葬，公政入於家，既卒哭，弁絰帶，金革之事無辟也(十一)。既練，居堊室，不與人居，君謀國政，大夫士謀家事；既祥，黝堊，祥而外無哭者，禫而内無哭者，樂作矣故也(十二)。

禫而從御，吉祭而復寢(十三)。期，居廬，終喪不御於内者：父在，爲母爲妻齊衰期者、大功布衰九月者，皆三月不御於内。婦人不居廬，不寢苫，喪父母，既練而歸；期九月者，既葬而歸(十四)。公之喪，大夫俟練、士卒哭而歸(十五)。大夫士，父母之喪，既練而歸，朔月忌日，則歸哭于宗室；諸父兄弟之喪，既卒哭而歸(十六)。

父不次於子，兄不次於弟(十七)。

【譯文】

入斂時，鋪絞帶單被要哭踊，鋪大被要哭踊，鋪衣裳要哭踊，搬動屍體要哭踊，爲屍穿衣要哭踊，給屍蓋上大被要哭踊，用絞帶結紮單被要哭踊。

國君撫摸大夫、撫摸内命婦的屍體；大夫撫摸家臣、撫摸姪娣貴妾的屍體。國君和大夫憑弔服膺亡父母、嫡妻、嫡長子，不憑弔庶子；士憑弔亡父母、妻、長子、庶子，庶子有兒子，父母就不憑弔他的屍體。凡是憑弔屍體的話，父母先憑弔，妻子後憑弔。國君對亡臣是撫摸其屍體，父母對亡子是握着其胸口的上衣，子女對亡父母是對着屍體憑弔，媳婦對亡故的公爹公婆是捧着當胸的上衣，公爹公婆對死去的媳婦是撫摸其屍體，妻對亡夫是抓着其衣領，丈夫對亡妻和死去的兄弟是握着其胸口的上衣。憑弔屍體不敢站在國君撫摸過的處所。凡是憑弔屍體，起身後必須跺着脚哭。

父母的喪事，孝子住在倚廬守喪，不塗鏝牆壁，睡草苫枕土塊，不是有關喪事的話不説。國君住的倚廬用屏障圍起，大夫士的倚廬袒露着。

下完葬，撑起門楣塗鏝廬壁，不塗廬外顯眼之處，國君和大夫士都可圍起屏障。凡不是嫡子的話，從没下葬起就要在隱蔽處建倚廬。下完葬，跟别人站在一起時，國君只談天子的事，不談本國的事；大夫士只談公事，不談家事。先君已下葬，天子的政令下達到本國，待到百日卒哭結束後，便能服務天子的事；大夫士已下葬，國君的政令下達到封邑，待卒哭結束後，頭戴纏着麻布的素冠腰繫絰帶，哪怕遇上兵戎之事也不得規避哩。小祥練祭後，搬到堊室去住，不跟别人同居，國君可謀劃國政，大夫士可謀劃家事；大祥祭後，堊室的地和牆要塗得黑白分明；大祥祭時中門外不得有哭聲，除喪的禫祭時中門内不得有哭聲，音樂開始演奏的緣故嘛。

禫祭時能够支使婦人，吉祭後能重新回到寢室居住。期服，丈夫居倚廬，整個喪期婦人不得進廬内侍奉的情形有：父親健在，爲母親或爲妻服齊衰喪服一年的，服大功熟麻布衰服期九個月的，一概三個月婦人不得進廬内侍奉。婦人守喪不住倚廬，不睡草苫，遭父母之喪，小祥練祭結束就能回到夫家；遭服期九月之喪的話，下完葬就能回到夫家。國君的喪事，大夫等到練祭結束，士等卒哭完畢才能回家。庶子擔任大夫士，守父母之喪，小祥練祭結束就能回家，只是每月初一和父母的忌日，再回到嫡長子家的殯宫來哭；伯父叔父及兄弟的喪事，卒哭結束就能回家。

父親不到兒子的殯宫停留，兄不到弟的殯宫停留。

【古注】

《注》 (一)目孝子踊節。(二)撫，以手按之也。内命婦，君之世婦。(三)目於其親所馮也。馮，謂扶持服膺。(四)此恩之深淺尊卑之儀也。馮之類必當心。(五)不敢與尊者所馮同處。(六)悲哀之至，馮尸必坐。(七)宫，謂圍障之也。襢，袒也，謂不障。(八)不於顯者，不塗見面。(九)不欲人屬目，故廬於東南角，既葬猶然。(十)此常禮也。(十一)此權禮也。弁絰帶者，變喪服而弔，服輕，可以即事也。(十二)黝堊，堊室之飾也，地謂之黝，牆謂之堊。外無哭者，於門外不哭也。内無哭者，入門不哭也。禫，踰月而可作樂，樂作無哭者。"黝堊"或爲"要期"，"禫"或皆作"道"。(十三)從御，御婦人也。復寢，不復宿殯宫也。(十四)歸，謂歸夫家也。(十五)此公，公士大夫有地者也。其大夫士歸者，謂素在君所，食都邑之臣。(十六)歸，謂歸其宫也。忌日，死日也。宗室，宗子之家，謂殯宫也。禮，命士以上父子異宫。(十七)謂不就其殯宫爲次而居。

《音義》 苫，始占反 shān（ㄕㄢ）。由，苦内反 kuài（ㄎㄨㄞˋ）。襢，徒旱反 tǎn（ㄊㄢˇ），露也。禫，大感反 dàn（ㄉㄢˋ）。期音基。

《疏》 大夫撫室老撫姪娣者，大夫以室老爲貴臣，以姪娣爲貴妾，死則爲之服，故並撫之也。

22.10

【原文】

君於大夫世婦，大斂焉，爲之賜，則小斂焉[一]；於外命婦，既加蓋而君至[二]；於士，既殯而往，爲之賜，大斂焉。夫人於世婦，大斂焉，爲之賜，小斂焉；於諸妻，爲之賜，大斂焉；於大夫外命婦，既殯而往。大夫士既殯，而君往焉，使人戒之；主人具殷奠之禮俟于門外，見馬首，先入門右；巫止于門外，祝代之先，君釋菜于門内；祝先升自阼階，負墉南面，君即位于阼，小臣二人執戈立于前，二人立于後[三]；擯者進[四]，主人拜稽顙；君稱言，視祝而踊；主人踊[五]。大夫則奠可也；士則出俟于門外，命之反奠乃反奠；卒奠，主人先俟于門外；君退，主人送于門外，拜稽顙[六]。君於大夫疾，三問之，在殯，三往焉；士疾，壹問之，在殯，壹往焉[七]。君弔，則復殯服[八]。

夫人弔於大夫士，主人出迎于門外，見馬首，先入門右，夫人入升堂即位，主婦降自西階，拜稽顙于下，夫人視世子而踊，奠如君至之禮。夫人退，主婦送于門内，拜稽顙；主人送于大門之外，不拜[九]。

大夫君不迎于門外，入即位于堂下；主人北面，衆主人南面，婦人即位于房中。若有君命、命夫命婦之命、四鄰賓客，其君後主人而拜[十]。君弔，見尸柩而后踊[十一]。大夫士，若君不戒而往，不具殷奠，君退必奠[十二]。

【譯文】

國君對於大夫世婦之喪，一般要到大斂時前往弔唁，要是有所賜予，就須小斂時前往；對於外命婦之喪，要到入斂加蓋結束國君才到；對於士的喪事，要到殯斂結束才前往，要是有所賜予，就得大斂時前去。君夫人對於世婦之喪，要到大斂時前去弔唁，有所賜予，就須小斂時前往；對於衆妻妾之喪，有所賜予，就須大斂時前去弔唁；對於大夫的外命婦之喪，要到殯斂結束前去弔唁。大夫士殯斂結束，如果國君要去弔唁，應使人曉喻他們；主人便備辦殷奠之禮，到門外等候，馬頭一出現，先進去站在門右；隨行的司巫在門外止步，司祝代替他先行引路；國君在門内向門神行釋菜禮；司祝先從阼階上去，面朝南背墻而立；國君在阼階就主位，兩名執戈的小臣站在前面，兩名站在後面；擯者安排好客人進來報告，主人向國君敬拜叩頭觸地；國君陳述弔辭，並示意司祝哭踊，主人也隨之哭踊。主人如果是大夫，此時設奠是可以的嘛；如果是士，就走出門外去等候，國君命他返回設奠便回來設奠；祭奠畢，主人先到門外等候；國君告退，主人送到大門外，拜謝叩頭觸地。國君在大夫生病期間，多次探問他，在殯斂期間，多次前往弔唁；士生病期間，探問他一次，在殯斂期間，前往弔唁一次。國君弔唁時，喪主就要重新穿上殯時未成服的喪服。

國君夫人到大夫士家去弔喪，主人要走出門外去迎迓，馬頭一出現，先進去站在門右；君夫人進門升堂就位，主婦從西階下來，在堂下拜謝叩頭觸地；君夫人示意世子哭踊；主人設奠跟國君到此的禮數相同；君夫人告退，主婦送至門内，拜别時叩頭觸地；主人送到大門之外，不拜。

家臣死，大夫君前去弔唁主人不到門外迎迓，進來在堂下就位；主人面朝北，其他家庭成員面朝南，婦人在房内就位。若有國君命使者、命夫命婦命使者、四鄰各國賓客到來，主人要在其大夫君之後向使者和賓客拜謝。國君弔喪，見到屍體或棺柩之後哭踊。大夫士之喪，倘若國君事先不派人曉喻就前往，主人來不及備辦殷奠，等國君告退後必須設奠告殯。

【古注】

《注》 (一)爲之賜，謂有恩惠也。(二)於臣之妻略也。(三)殷猶大也，朝夕小奠，至月朔則大奠，君將來則具大奠之禮以待之，榮君之來也。祝負墉南面，直君北房户東也。小臣執戈先後君，君升而夾階立。大夫殯即成服，成服，則君亦成服錫衰而往弔之。(四)當贊主人也，始立門東北面。(五)稱言，舉所以來之辭也。視祝而踊，祝相君之禮當節之也。(六)迎不拜，拜送者，拜迎則爲君之答己。(七)所以致殷勤也。(八)復，反也，反其未殯未成服之服新君事也，謂臣喪既殯後，君乃始來弔也。復或爲服。(九)視世子而踊，世子從夫人，夫人以爲節也。世子之從夫人位如祝從君也。(十)入即位於下，不升堂而立阼階之下西面，下正君也，衆主人南面於其北。婦人即位於房中，君雖不升堂猶辟之也。後主人而拜者，將拜賓，使主人陪其後，而君前拜。不俱拜者，主人無二也。(十一)塗之後，雖往不踊也。踊或爲哭，或爲浴。(十二)榮君之來。

《疏》 大夫君不迎于門外者，貶於正君，謂大夫下臣稱大夫爲君，故云大夫君也。若有君命、命夫命婦之命、四鄰賓客，其君後主人而拜者，若當此大夫君來弔時，或有其本國之君命，或有國中大夫命婦之命，或有昔經使四鄰之國卿大夫遣使來弔，若或有此諸賓在庭，則此大夫之君代主人拜命及拜諸賓也。所以爾者，喪用尊者拜賓故也。君雖代爲主拜賓，而猶不敢同於國君專代爲主，故以主人陪置君之後也。主人在君後而拜，謂君先拜，主人後拜也。

22.11

【原文】

君大棺八寸，屬六寸，椑四寸；上大夫大棺八寸，屬六寸；下大夫大棺六寸，屬四寸；士棺六寸(一)。君裏棺用朱緑，用雜金鐕；大夫裏棺用玄緑，用牛骨鐕；士不緑(二)。君蓋用漆，三衽三束；大夫蓋用漆，二衽二束；士蓋不用漆，二衽二束(三)。君大夫鬊爪，實于緑中；士埋之(四)。

君殯用輴，欑至于上，畢塗屋；大夫殯以幬，欑置于西序，塗不暨于棺；士殯見衽，塗上帷之(五)。熬：君四種八筐，大夫三種六筐，士二種四筐，加魚腊焉(六)。

飾棺：君龍帷，三池，振容，黼荒，火三列，黻三列，素錦褚，加僞荒，纁紐六；齊，五采，五貝，黼翣二，黻翣二，畫翣二，皆戴圭，魚躍拂池；君纁戴六，纁披六。大夫畫帷，二池，不振容，畫荒，火三列，黻三列，素錦褚，纁紐二，玄紐二；齊，三采，三貝，黻翣二，畫翣二，皆戴綏，魚躍拂池；大夫戴，前纁後玄，披亦如之。士布帷布荒，一池，揄絞，纁紐二，緇紐二；齊，三采，一貝，畫翣二，皆戴綏；士戴，前纁後緇，二披用纁(七)。

【譯文】

國君表層的大棺厚八寸，第二層的屬棺厚六寸，最裏層的椑棺厚四寸；上大夫表層的大棺厚八寸，屬棺厚六寸；下大夫的大棺厚六寸，屬棺厚四寸；士的棺材厚六寸。國君裏棺内壁用朱繒和緑繒貼附，用金釘和象牙釘相雜將繒釘在棺壁上；大夫的裏棺用玄繒和緑繒貼附，用牛骨釘將繒釘住；士的棺内不釘緑繒。國君的棺蓋合縫處用漆塗抹，兩邊的三對榫頭用三條牛皮帶纏束；大夫的棺蓋合縫處用漆塗抹，兩邊的兩對榫頭用兩條牛皮帶纏束；士的棺蓋合縫處不塗漆，兩邊的兩對榫頭用兩條牛皮帶纏束。國君和大夫剪下的亂髮指甲，填在棺内的角落裏，士的埋了它。

國君殯時停柩在輴車内，四周用木料堆到棺柩上面成屋形，全部用泥塗屋；大夫殯時停柩要用棺衣將柩蓋住，放置在西墻下堆積木料，泥土不要塗到棺柩上；士殯時掘地停柩要能露出棺蓋的榫頭，露出的部分用木料覆蓋塗上泥。棺柩旁放置煎熬的穀物：國君使用黍稷粱稻四種穀物分别盛入八筐，大夫使用黍稷粱三種穀物分别盛入六筐，士使用黍稷兩種穀物分别盛入四筐，外加魚乾在每個筐内。

文飾棺柩：國君用繪有龍的帷幕，帷的三邊有用竹篾編的象徵屋簷承接雨水的池，池下懸有能够擺動繪有雉鳥的幡，蒙着帷幕的布繪有斧形紋，中央畫三行火焰，三行黻形花紋，棺柩上蒙一層素錦，素錦上再蒙一層帷幕，帷幕邊縫用三對六條淺紅的紐帶連結起來；龍帷中央有個圓形的頂，繫有五條彩帶，鑲着五顆貝殼，繪有斧形紋的翣兩扇，繪有黻形紋的翣兩扇，繪有雲氣的翣兩扇，翣的兩角都飾有圭玉，竹篾編的池下懸掛着銅魚，柩車行進時有如魚在池中跳躍；國君的棺柩用六條淺紅帛帶固著在柩車上，另用六條淺紅帛帶牽挽柩車。大夫用畫有雲氣的帷幕罩棺柩，帷的兩邊有用竹蔑編的象徵承接雨水的池，池下不懸挂能擺動的幡，蒙着帷幕的布上繪有雲氣，中央繪三行火焰，三行黻形的花紋，棺柩上蒙一層素錦，邊縫兩組淺紅紐帶，兩組黑色紐帶連綴起來；帷幕中央的圓頂子，繫着三條彩帶，鑲着三枚貝殼，畫有黻紋的翣兩扇，畫有雲氣的翣兩扇，翣的兩角都用五彩羽毛作飾，池上懸掛着銅魚，柩車行進時有如魚在池中跳躍；大夫用來將棺柩固著在柩車上的帛帶，前面用淺紅帶後面用黑帶，牽挽柩車的披也是前纁後玄。士罩棺柩的帷和幕全用白布，只有帷前一邊用竹蔑編的池，池下懸掛一面繪有雉鳥能隨風搖擺的絞繒，帷的邊縫用兩組淺紅紐帶和兩組黑色紐帶連綴起來；帷幕中央的圓頂子，繫着三條彩帶，鑲着一枚貝殼，畫有雲氣的翣兩扇，翣的兩角都用五彩羽毛作飾；士用來將棺柩固著在柩車上的帛帶，前面用淺紅色後面用黑色的，牽挽柩車的披使用兩條淺紅色的帛帶。

【古注】

《注》 （一）大棺，棺之在表者也。《檀弓》曰："天子之棺四重，水兕革棺被之，其厚三寸，杝棺一，梓棺二，四者皆周。"此以内説而出也。然而大棺及屬用梓，椑用杝，以是差之。上公革棺不被三重也，諸侯無革棺再重也，大夫無椑一重也，士無屬不重也，庶人之棺四寸。上大夫，謂列國之卿也。趙簡子云不設屬椑，時僭也。（二）鐕，所以琢著裹。（三）用漆者，塗合牝牡之中也。衽，小要也。（四）綠當爲角，聲之誤也。角中，謂棺内四隅也。鬊，亂髮也。將實爪髮棺中，必爲小囊盛之。此綠或爲簍。（五）欑猶菆也。屋，殯上覆如屋者也。幬，覆也。暨，及也。此記參差，以《檀弓》參之，天子之殯居棺以龍輴，欑木題湊象椁，上四注如屋以覆之盡塗之；諸侯輴不畫龍，欑不題湊象椁，其他亦如之；大夫之殯廢輴，置棺西牆下，就牆欑其三面。塗之不及棺者，言欑中狹小，裁取容棺。然而天子諸侯差寬大矣。士不欑，掘地下棺見小要耳。帷之，鬼神尚幽闇也，士達於天子皆然。幬或作錞，或作焞。（六）熬者，煎穀也。將塗，設於棺旁，所以惑蚍蜉使不至棺也，《士喪禮》曰"熬黍稷各二筐"，又曰"設熬，旁各一筐"。大夫三種加以粱，君四種加以稻。四筐，則手足皆一，其餘設於左右。（七）飾棺者，以華道路及壙中，不欲衆惡其親也。荒，蒙也，在旁曰帷，在上曰荒，皆所以衣柳也。士布帷布荒者，白布也，君大夫加文章焉。黼荒，緣邊爲黼文。畫荒，緣邊爲雲氣火，黻爲列於其中耳。僞當爲帷，或作于，聲之誤也。大夫以上有褚，以襯覆棺，乃加帷荒於其上。紐，所以結連帷荒者也。池，以竹爲之，如小車笭衣以青布。柳象宫室，縣池於荒之爪端，若承霤然，云君大夫以銅爲魚縣於池下。揄，揄翟也，青質五色，畫之於絞繒而垂之以爲振容，象水草之動摇，行則又魚上拂池，《雜記》曰"大夫不揄絞，屬於池下"，是不振容也。士則去魚，齊象車蓋蕤，縫合雜采爲之，形如瓜分然，綴貝落其上乃旁戴之，言值也，所以連繫棺束與柳材使相值，因而結前後披也。漢禮，翣以木爲筐，廣三尺，高二尺四寸，方兩角；高衣以白布畫者，畫雲氣，其餘各如其象，柄長五尺，車行使人持之而從，既窆，樹於壙中，《檀弓》曰周人"牆置翣"是也。緌當爲緌，讀如冠蕤之蕤，蓋五采羽注於翣首也。

《音義》 屬音燭。椑，步歷反 bì（ㄅㄧˋ）。鐕，子南反 zān（ㄗㄢ），釘也。鬊音舜。輴，勑倫反 chūn（ㄔㄨㄣ）。欑，才冠反 cuán（ㄘㄨㄢˊ）。幬音道。暨，其器反 jì（ㄐㄧˋ）。腊音昔。褚，張吕反 zhǔ（ㄓㄨˇ）。齊如字。披，彼義反 bì（ㄅㄧˋ）。揄音遥

22.12

【原文】

君葬用輴，四綍二碑，御棺用羽葆；大夫葬用輴，二綍二碑，御棺用茅；士葬用國車，二綍無碑，比出宫，御棺用功布〔一〕。

凡封，用綍去碑負引。君封以衡，大夫士以咸；君命毋譁，以鼓封，大夫命毋哭，士哭者相止也〔二〕。

君松椁，大夫柏椁，士雜木椁〔三〕。棺椁之閒：君容柷，大夫容壺，士容甒〔四〕。

君裏椁虞筐，大夫不裏椁，士不虞筐〔五〕。

【譯文】

國君下葬用輇車載柩，用四條繩索穿進兩方樹起的有孔石碑牽引着棺椁順進幕穴，用羽葆控制下棺的節奏；大夫下葬用輇車載柩，用兩條繩索兩方石碑順棺入穴，用茅草控制下棺節奏；士下葬用輇車載柩，用手拉住兩條繩索順棺入穴而不用石碑，等柩車出了殯宫，便用大功布控制行進和下棺入穴的節奏。

凡是下棺，將繩索一頭繫住棺椁，一頭穿繞石碑，拉繩者全到石碑背面將棺椁舒徐順下。國君下棺時用一根大杠横貫前後使棺椁保持平衡；大夫士下棺只用繩索；國君下棺時命令不得喧譁，以便聽鼓的節奏下棺；大夫下棺時命令不得號哭，士下棺時哭的人互相勸止嘛。

國君用松木椁，大夫用柏木椁，士用雜木椁。棺椁之間的距離：國君要容得下柷，大夫要容得下壺，士要容得下甒。

國君的裏椁内有虞筐，大夫不得設裏椁，士不得有虞筐。

【古注】

《注》 （一）大夫廢輴，此言輴非也，"輴"皆當爲載以輇車之"輇"，聲之誤也。輇字或作團，是以

文誤爲國。輇車，柩車也，尊卑之差也。在椁曰紼，行道曰引，至壙將窆又曰紼，而設碑，是以連言之。碑，桓楹也，御棺居前爲節度也。士言比出宫用功布，由出宫而止，至壙無矣。紼或爲率。（二）封，《周禮》作窆。窆，下棺也。此"封"或皆作"斂"，《檀弓》曰"公輸若方小斂，般請以機封"，謂此斂也。然則棺之入坎爲斂，與斂尸相似，記時同之耳。咸讀爲緘，凡柩車及壙，説載除飾而屬紼於柩之緘，又樹碑於壙之前後，以紼繞碑間之鹿盧輓棺而下之，此時棺下窆，使輓者皆繫紼而繞要負引舒縱之，備失脱也。用紼去碑者，謂縱下之時也。衡，平也。人君之喪又以木横貫緘耳，居旁持而平之，又擊鼓爲縱舍之節。大夫士旁牽緘而已。庶人縣窆不引紼也。禮，唯天子葬有隧，今齊人謂棺束爲緘繩。咸作爲椷。（三）椁，謂周棺者也。天子柏椁，以端長六尺。夫子制於中都，使庶人之椁五寸，五寸謂端方也。此謂尊者用大材，卑者用小材耳。自天子諸侯卿大夫士庶人六等，其椁長自六尺而下，其方自五寸而上，未聞其差所定也。抗木之厚蓋與椁方齊，天子五重，上公四重，諸侯三重，大夫再重，士一重。（四）閒可以藏物，因以爲節。（五）裹椁之物，虞筐之文未聞也。

《音義》 輴，依《注》音輇，市專反 quán(ㄑㄩㄢˊ)。紼音弗。國，依《注》亦作輇。封，依《注》作窆，彼驗反 biǎn(ㄅㄧㄢˇ)。咸，依《注》讀爲緘，古鹹反 jiān(ㄐㄧㄢ)。柷，昌六反 chù(ㄔㄨˋ)。甒音武。

【淺悟】

死亡本是最平等的事，而在專制的家天下時代也要搞得如此復雜，可嘆！不能維繫和諧的禮制，遲早要被廢除。

祭法第二十三

《疏》 案鄭《目録》云:"名曰《祭法》者,以其記有虞氏至周天子以下所制祀羣神之數。此於《别録》屬祭祀。"

23.1

【原文】

祭法有虞氏禘黄帝而郊嚳,祖顓頊而宗堯;夏后氏亦禘黄帝而郊鯀,祖顓頊而宗禹;殷人禘嚳而郊冥,祖契而宗湯;周人禘嚳而郊稷,祖文王而宗武王(一)。

燔柴於泰壇,祭天也;瘞埋於泰折,祭地也;用騂犢(二)。埋少牢於泰昭,祭時也;相近於坎壇,祭寒暑也;王宫,祭日也;夜明,祭月也;幽宗,祭星也;雩宗,祭水旱也;四坎壇,祭四方也。山林川谷丘陵能出雲,爲風雨,見怪物,皆曰神。有天下者祭百神,諸侯在其地則祭之,亡其地則不祭(三)。

大凡生於天地之間者皆曰命,其萬物死皆曰折,人死曰鬼,此五代之所不變也(四)。七代之所更立者,禘郊宗祖,其餘不變也(五)。

【譯文】

祭法:有虞氏禘祭以黄帝配食而郊祭以帝嚳配食,明堂祭以顓頊帝爲始祖而尊崇堯帝;夏后氏禘祭也以黄帝配食而郊祭却以鯀配食,明堂祭以顓頊帝爲始祖而尊崇禹;殷朝禘祭以帝嚳配食而郊祭以冥配食,明堂祭以契爲始祖而尊崇成湯;周朝禘祭以帝嚳配食而郊祭以稷配食,清廟祭以文王爲始祖而尊崇武王。

在南郊築泰壇將玉和犧牲放到柴上燒,以此祭天嘛;在北郊築泰折將繒和犧牲埋在地下,以此祭地嘛;犧牲都用赤色的牛犢。在泰昭壇埋少牢,以此祭四季嘛;在坎壇禳災祈福,以此祭寒暑嘛;王宫壇,用來祭日嘛;夜明壇,用來祭月嘛;幽禜壇,用來祭星嘛;雩禜壇,用來祭水旱嘛;四坎壇,用來祭四方之神嘛。山林川谷丘陵能出雲氣,形成風雨,出現奇異之物,這些現象統稱爲神。擁有天下的天子祭祀天地四方一切神,諸侯只能祭祀在自己封地内的山林川谷之神，自己封地内没有的神不得祭祀。

大凡生活在天地之間的一切生物都叫做命，那些無知的萬物之死都稱爲折，人死稱做鬼，這些稱謂自黄帝、堯舜、夏、商、周五代以來所不變的嘛。自黄帝、嚳、顓頊、堯舜、夏、商、周這七代所變更而創立的稱謂，除了禘祭郊祭的配食者和所宗所祖者各有不同外，其餘不變嘛。

【古注】

《注》 (一)禘、郊、祖、宗，謂祭祀以配食也。此禘，謂祭昊天於圜丘也。祭上帝於南郊曰郊，祭五帝五神於明堂曰祖。宗，祖宗通言爾，下有禘郊祖宗。《孝經》曰："宗祀文王於明堂，以配上帝。"《明堂・月令》春曰"其帝大昊，其神句芒"，夏曰"其帝炎帝，其神祝融"，中央曰"其帝黄帝，其神后土"，秋曰"其帝少昊，其神蓐收"，冬曰"其帝顓頊，其神玄冥。"有虞氏以上尚德，禘郊祖宗，配用有德者而已；自夏已下，稍用其姓代之。先後之次，有虞氏夏后氏宜郊顓頊，殷人宜郊契。郊祭一帝，而明堂祭五帝，小德配寡，大德配衆，亦禮之殺也。(二)壇折，封土爲祭處也。壇之言坦也，坦，明貌也。折，炤晳也，必爲炤明之名，尊神也。地陰，祀用黝牲，與天俱用犢，連言爾。(三)昭，明也，亦謂壇也。時，四時也，亦謂陰陽之神也。埋之者，陰陽出入於地中也。凡此以下皆祭用少牢。"相近"當爲"禳祈"，聲之誤也。禳猶却也；祈，求也。寒暑不時則或禳之，或祈之，寒於坎，暑於壇，王宫日壇。王，君也，日稱君。宫壇，營域也。夜明，亦謂月壇也。"宗"皆當爲"禜"，字之誤也。幽禜，亦謂星壇也，星以昏始見。禜之言營也，雩禜，亦謂水旱壇也。雩之言吁，嗟也，《春秋傳》曰："日月星辰之神，則雪霜風雨之不時，於是乎禜之。山川之神，則水旱癘疫之不時，於是乎禜之。"四方，即謂山林川谷丘陵之神也，祭山林丘陵於壇，川谷於坎，每方各爲坎爲壇。怪物，雲氣非常見者也。有天下，謂天子也；百者，假成數也。(四)生時形體異可同名，至死腐爲野土異其名，嫌同也。折，弃敗之言也。鬼之言歸也。五代，謂黄帝、堯舜、禹、湯、周之禮樂所存法也。(五)七代，通數顓頊及嚳也。所不變者，則數其所法而已，變之則通數所不法，爲記者之微意也。少昊氏修黄帝之法，後王無所取焉。

《音義》 嚳，口毒反 kù(ㄎㄨˋ)。顓音專；頊，許玉反 xū(ㄒㄩ)。鯀，本又作骸，古本反 gǔn(ㄍㄨㄣˇ)。契，息列反 xiè(ㄒㄧㄝˋ)。燔音煩，《爾雅》云："祭天曰燔柴。"瘞，於滯反 yì(ㄧˋ)，《爾雅》云："祭地曰瘞埋。"騂，私營反 xīng(ㄒㄧㄥ)。相近，依《注》讀爲禳祈，如羊反 rǎng(ㄖㄤˇ)巨依反 qí(ㄑㄧˊ)。幽宗雩宗，並依《注》讀爲禜，禜敬反 yíng(ㄧㄥˊ)。見，賢徧反 xiàn(ㄒㄧㄢˋ)。

23.2

【原文】

天下有王，分地建國，置都立邑，設廟祧壇墠而祭之，乃爲親疏多少之數。是故王立七廟，一壇一墠：曰考廟、曰王考廟、曰皇考廟、曰顯考廟、曰祖考廟，皆月祭之；遠廟爲祧，有二祧，享嘗乃止；去祧爲壇，去壇爲墠，壇墠有禱焉祭之,無禱乃止;去墠曰鬼。諸侯立五廟,一壇一墠:曰考廟、曰王考廟、曰皇考廟,皆月祭之;顯考廟、祖考廟,享嘗乃止;去祖爲壇,去壇爲墠,壇墠有禱焉祭之,無禱乃止;去墠爲鬼。大夫立三廟二壇:曰考廟、曰王考廟、曰皇考廟,享嘗乃止;顯考祖考無廟,有禱焉爲壇祭之,去壇爲鬼。適士二廟一壇,曰考廟、曰王考廟,享嘗乃止;顯考無廟,有禱焉爲壇祭之,去壇爲鬼。官師一廟,曰考廟,王考無廟而祭之,去王考爲鬼。庶士庶人無廟,死曰鬼。

【譯文】

天下有帝王,分封土地建立諸侯國,置都立邑,設廟祧壇墠來祭祀先人,以便按照親疏確定祭祀次數的多少。爲此之故,天子立七廟,並築一壇一墠:有父廟、有祖父廟、有曾祖廟、有高祖廟、有始祖廟,這五廟都是按月祭祀;遠祖廟稱爲祧,有文武二祧,按四季祭祀而已;不得在祧中受祭的遠祖需祭時築壇祭之,不得在壇臺受祭的遠祖需祭時到墠場祭之,應在壇臺和墠場受祭的遠祖當有祈禱的情況下才祭祀他們,没有祈禱就不祭;不得在墠場受祭的遠祖稱鬼。諸侯立五廟,另築一壇一墠:有父廟、有祖父廟、有曾祖廟,這三廟都是按月祭祀;高祖廟、始祖廟,按四季祭祀而已;不得在始祖廟受祭的遠祖需祭時築壇祭之,不得在壇臺受祭的遠祖需祭時到墠場祭之,應在壇臺和墠場受祭的遠祖當有祈禱的情況下才祭祀他們,没有祈禱就不祭;不得在墠場受祭的遠祖稱鬼。大夫立三廟二壇:有父廟、有祖父廟、有曾祖廟,按四季祭祀而已;高祖和始祖没有廟,需要祈禱時就築壇分别祭祀他們;不得在壇臺受祭的遠祖稱鬼。嫡士立二廟一壇:有父廟、有祖父廟,按四季祭而已;曾祖没有廟,需要祈禱他時就築起壇臺祭祀他;不得在壇臺受祭的先祖稱鬼。官師一廟,即父廟,祖父没有廟却仍要祭祀他,祖父再往上的先人稱鬼。庶士和庶人没有廟,死後便稱鬼。

【古注】

《注》 建國,封諸侯也。置都立邑,爲卿大夫之采地及賜士有功者之地。廟之言貌也,宗廟者,先祖之尊貌也。祧之言超也,超上去意也。封土曰墠,除地曰墠,《書》曰"三壇同墠"。王、皇皆君也。顯,明也。祖,始也。名先人以君明始者,所以尊本之意也。天子遷廟之主,以昭穆合藏於二祧之中;諸侯無祧,藏於祖考之廟中,《聘禮》曰"不腆先君之祧",是謂始祖廟也。享嘗,謂四時之祭。天子諸侯爲壇墠所禱,謂後遷在祧者也,既事則反其主於祧。鬼亦在祧,顧遠之於無事,祫乃祭之爾,《春秋·文二年》"秋,大事於大廟",《傳》曰"毀廟之主,陳於太祖;未毀廟之主,皆升合食於太祖"是也。魯煬公者,伯禽之子也,至昭公、定公久已爲鬼,而季氏禱之而立其宫,則鬼之主在祧明矣。唯天子諸侯有主禘祫。大夫有祖考者亦鬼其百世,不禘祫無主爾。其無祖考者,庶士以下鬼其考王考,官師鬼其皇考,大夫適士鬼其顯考而已。大夫祖考,謂别子也。凡鬼者,薦而不祭,《王制》曰"大夫士有田則祭,無田則薦”。適士，上士也。官師，中士下士。庶士，府史之屬。此適士云顯考無廟，非也，當爲皇考，字之誤。

《音義》 墠音善。顯考無廟，顯音皇，出《注》。祧，吐彫反 tiāo(ㄊㄧㄠ)。

《疏》 一壇一墠者，七廟之外又立壇墠各一也：起土爲壇，除地曰墠，近者起土，遠親除地，示將去然也。曰考廟者，父廟曰考，考，成也，謂父有成德之美也。曰王考廟者，祖廟也，王，君也，君考者，言祖有君成之德也，祖尊於父，故加君名也。曰皇考廟者，曾祖也；皇，大也，君也；曾祖轉尊又加大君之稱也。曰顯考廟者，高祖也；顯，明高祖居四廟最上，故以高祖目之。曰祖考廟者，祖，始也，此廟爲王家之始，故云祖考也。遠廟爲祧者，遠廟謂文武廟也；文武並在應遷之例，故云遠廟也；特爲功德而留，故謂爲祧。有文武二廟不遷，故云有二祧焉。享嘗乃止者，享嘗，四時祭祀；文武特留，故不得月祭，但四時祭而已。去祧爲壇者，謂高祖之父也，若是昭行寄藏武王祧，若是穆行即寄藏文王祧，不得四時而祭之，若有四時之祈禱則出就壇受祭也。去壇爲墠者，謂高祖之祖也，不得在壇，若有祈禱則出就墠受祭也。高祖之父既初寄在祧而不得於祧中受祭，故曰去祧也；高祖之祖經在壇而今不得祭，故云去壇也。壇墠有禱焉祭之者，在壇墠者不得享嘗，應有祈禱於壇墠乃祭之也。去墠曰鬼者，若又有從壇遷來墠者，則此前在墠者遷入石函爲鬼，雖有祈禱亦不得及，唯禘祫乃出也。

23.3

【原文】

王爲羣姓立社，曰大社；王自爲立社，曰王社。諸侯爲百姓立社，曰國社；諸侯自爲立社，曰侯社。大夫以下成羣立社，曰置社(一)。

王爲羣姓立七祀：曰司命、曰中霤、曰國門、曰國行、曰泰厲、曰户、曰竈；王自爲立七祀。諸侯爲國立五祀：曰司命、曰中霤、曰國門、曰國行、曰公厲；諸侯自爲立五祀。大夫立三祀：曰族厲、曰門、曰行。適士立二祀：曰門、曰行。庶士庶人立一祀，或立户，或立竈(二)。

王下祭殤五：適子、適孫、適曾孫、適玄孫、適來孫。諸侯下祭三，大夫下祭二，適士及庶人祭子而止(三)。

【譯文】

天子爲百官萬姓所立的社，叫大社；天子爲自己立的社，叫王社。諸侯爲百姓立的社，叫國社；諸侯爲自己立的社，叫侯社。大夫以下結成羣體滿百家以上所立的社，叫置社。

天子爲百官萬姓設立七種祭祀：祭司命、祭中霤、祭國門、祭國行、祭泰厲、祭户、祭竈；天子也爲自己設立這七種祭祀。諸侯爲本國設立五種祭祀：祭司命、祭中霤、祭國門、祭國行、祭公厲；諸侯也爲自己設立這五種祭祀。

大夫設立三種祭祀：祭族厲、祭門、祭行。適士設立兩種祭祀：祭門、祭行。庶士庶人設立一種祭祀，有的設立祭户，有的設立祭竈。

天子下祭未成人而死的子孫五代：嫡子、嫡孫、嫡曾孫、嫡玄孫、嫡來孫。諸矦下祭三代，大夫下祭兩代，適士到庶人只祭嫡子而已。

【古注】

《注》 (一)羣，衆也。大夫以下，謂下至庶人也。大夫不得特立社，與民族居百家以上則共立一社，今時里社是也，《郊特牲》曰："唯爲社事單出里。"(二)此非大神所祈報大事者也，小神居人之間司察小過作譴告者爾。《樂記》曰"明則有禮樂，幽則有鬼神"，鬼神謂此與？司命，主督察三命。中霤，主堂室居處。門户，主出入。行，主道路行作。厲，主殺罰。竈，主飲食之事。《明堂·月令》春曰"其祀户，祭先脾"，夏曰"其祀竈，祭先肺"，中央曰"其祀中霤，祭先心"，秋曰"其祀門，祭先肝"，冬曰"其祀行，祭先腎"。《聘禮》曰："使者出，釋幣於行；歸，釋幣於門。"《士喪禮》曰："疾病禱於五祀。"司命與厲，其時不著，今時民家或春秋祠司命，行神山神門，户竈在旁，是必春祠司命，秋祠厲也，或者合而祠之。山即厲也，民惡言厲，巫祝以厲山爲之，謬乎。《春秋傳》曰："鬼有所歸，乃不爲厲。"(三)祭適殤者，重適也。祭適殤於廟之奥，謂之陰厭；王子公子祭其適殤於其黨之廟，大夫以下庶子祭其適殤於宗子之家，皆當室之白，謂之陽厭。凡庶殤不祭。

《音義》 適，都歷反 dí(ㄉㄧˊ)

《疏》 羣姓，謂百官以下及兆民。大夫以下成羣立社曰置社者，大夫以下，謂包士庶；成羣，聚而居其羣衆滿百家以上得立社，爲衆特置，故曰置社。

23.4

【原文】

夫聖王之制祭祀也，法施於民則祀之，以死勤事則祀之，以勞定國則祀之，能禦大菑則祀之，能捍大患則祀之。是故厲山氏之有天下也，其子曰農，能殖百穀；夏之衰也，周弃繼之，故祀以爲稷。共工氏之霸九州也，其子曰后土，能平九州，故祀以爲社。帝嚳能序星辰以著衆；堯能賞均刑法以義終；舜勤衆事而野死；鯀鄣鴻水而殛死，禹能脩鯀之功；黄帝正名百物以明民共財，顓頊能脩之，契爲司徒而民成；冥勤其官而水死；湯以寬治民而除其虐；文王以文治，武王以武功去民之菑。此皆有功烈於民者也；及夫日月星辰，民所瞻仰也；山林川谷丘陵，民所取財用也。非此族也，不在祀典。

【譯文】

這聖明天子制定的祭祀嘛，能將禮法推廣到民間實施的人要祭祀，勤勉民事以致累死的人要祭祀，安定國家勳勞卓著的人要祭祀，能抵禦大災害的人要祭祀，能捍衛國土免遭大患的人要祭祀。以此之故，在厲山氏擁有天下之時呢，他的子嗣名叫農，能繁殖百穀；到夏朝衰落呢，周的先祖弃繼續殖百穀，所以把農和弃當做稷神來祭祀。共工氏稱霸九州之時呢，他的子嗣名叫后土，能平治九州，所以把后土當做社神來祭祀。帝嚳能觀測星辰排列時序使民衆明白時節；堯能使獎賞公正刑罰有法度以恩義終其一生；舜勤懇效力民衆之事而累死在蒼梧之野；鯀障塞洪水而被殛死，禹能脩正其父鯀的功業；黄帝辨正百物的名稱以明確天下是人民共有的財産，顓頊能脩治黄帝的法則，契擔任司徒能使民間教化獲得成功；冥辛勤致力於他所管轄的湖澤職事却溺水而死；湯用寬容治理人民因而驅除其時暴虐的夏桀；文王用禮樂文教治理人民、武王用武功討伐殷紂除去人民的災難。這些都是對人民有功勳業績的人哩；還有那日月星辰，爲人民所瞻仰哩；山林川谷丘陵，人民賴以獲取財用哩。不是以上這類事物呢，則不在祭祀的法典之内。

【古注】

《注》 此所謂大神也，《春秋傳》曰："封爲上公，祀爲大神。"厲山氏，炎帝也，起於厲山，或曰有烈山氏。弃，后稷名也。共工氏，無録而王謂之霸，在大昊炎帝之間。著衆，謂使民興事知休作之期也。賞，賞善，謂禪舜封禹稷等也。能刑，謂去四凶。義終，謂既禪二十八載乃死也。野死，謂征有苗死於蒼梧也。殛死，謂不能成其功也。明民，謂使之衣服有章也。民成，謂知五教之禮也。冥，契六世之孫也。其官，立冥水官也。虐菑，謂桀紂也。烈，業也。族，猶類也。祀典，謂祭祀也。

《音義》 鄣音章。殛，紀力反 jí(ㄐㄧˊ)，《尚書》云"殛鯀於羽山"，又云"鯀則殛死"。顓頊能脩之，本或作"顓頊脩黄帝之功"。

【淺悟】

我們中華古聖王所制定的祭祀，除了對生養萬物的皇天后土、日月星辰、山林川谷丘陵等被稱之爲"神"的大自然，要按時舉行祭祀外，對那些"法施於民、以死勤事、以勞定國、能禦大災、能捍大患"的五族英靈，也要按時祭祀。

自從進入"天下有王，分地建國"的封建時代後，祭禮這一純粹的感恩之舉，隨之也變成了家天下的御用工具了。表面看，歷朝歷代的祭祀也都按照古聖王制定的法則操作，然而受祭對象則必須是爲當朝做出了符合那五項標準的功臣。到了下一個朝代，受祭者自然又要更立，前朝的功臣就成了垃圾。這樣往復循環，經過數千年洗刷沉澱，至今仍活在中華兒女心中、年年歲歲從四面八方會聚攏來誠心爲之舉行祭祀的，依舊是那些遵循天道法則，或爲人類創造出文化、文明、衣、食、住行或殫精極慮傳述不朽的中華文化終其一生，或在"法施於民、以死勤事、以勞定國、能禦大災、能捍大患"方面做出重大貢獻的聖王、聖人和道德楷模們。但是最令人遺憾的是，人們因受到利欲驅動，以破除迷信爲借口，置皇天后土、山林川澤等等衆神的養育之恩於不顧，瘋狂破壞、污染大自然以索取財富。殊不知這是在毀滅後世子孫的生存之路呀！與聖明的祖先相對照，我們算什麼!

中華文化中的神和鬼,《禮記》中已經闡述得很清楚了,與宗教中的神和鬼是兩種完全不同的概念。自從各種外來宗教在中華大地落户後,便將這兩種不同的概念給混淆了。其責任全在翻譯家,他們無法標準譯出各宗教中的主宰者的名稱,就將中華文化中最神聖的神和鬼移植到了宗教的主宰者名下。久而久之,不知情者便將這兩種涵義完全不同的概念混爲一談了,甚至有位曾留過洋的資深學者竟公然聲稱:中國的儒教實際就是宗教,因爲也信仰鬼神嘛! 這也難怪,在國外學不到孔子"知之爲知之,不知爲不知,是知也"的教誨,鬧出這樣的笑話也就不足爲奇了。

祭義第二十四

《疏》 案鄭《目録》云:"名曰《祭義》者,以其記祭祀、齋戒、薦羞之義也。此於《别録》屬祭祀。"

24.1

【原文】

祭不欲數,數則煩,煩則不敬;祭不欲疏,疏則怠,怠則忘。是故君子合諸天道,春禘秋嘗(一)。霜露既降,君子履之,必有悽愴之心,非其寒之謂也;春雨露既濡,君子履之,必有怵惕之心,如將見之(二)。樂以迎來,哀以送往,故禘有樂而嘗無樂(三)。

致齊於内,散齊於外。齊之日,思其居處,思其笑語,思其志意,思其所樂,思其所嗜。齊三日,乃見其所爲齊者(四)。祭之日,入室,僾然必有見乎其位;周還出户,肅然必有聞乎其容聲;出户而聽,愾然必有聞乎其嘆息之聲(五)。是故先王之孝也,色不忘乎目,聲不絶乎耳,心志嗜欲不忘乎心。致愛則存,致慤則著,著存不忘乎心,夫安得不敬乎(六)?君子生則敬養,死則敬享,思終身弗辱也(七)。君子有終身之喪,忌日之謂也;忌日不用,非不祥也;言夫日,志有所至,而不敢盡其私也(八)。

【譯文】

祭祀不希望頻數,頻數就會煩瑣,煩瑣就會導致不敬;祭祀也不能太稀疏,稀疏就會懈怠,懈怠就會導致淡忘。由於這個緣故,君子凡事與天道相契合,春季舉行禘祭秋季舉行嘗祭。秋季霜露已經降落,君子踩在上面,必會生出悽涼悲愴的心情,這不是指霜露寒冷説的嘛;春季雨露盡將土地濕潤,君子走在上面,必會産生怵怯惕懼的心情,如同將要見到故去的雙親那樣。用歡樂的心情迎接亡魂到來,用悲哀的心情送走亡魂,所以禘祭有音樂伴奏而嘗祭没有音樂伴奏。

大祀前是在室内行清整身心的致齋禮,中祀前要到室外行清整身心的散齋禮。從齋戒這天起,一心思念親人生時居住的處所,思念其笑容和話語,思念其志節和意願,思念其所喜愛的事物,思念其所特殊的嗜好。齋戒三日，就會見到那爲之所齋戒的先人。祭祀這天，進入堂室，想像着彷彿必能見到先人坐在神位上；應酬完出來，肅然起敬必能聽到先人寬容的聲音；出門再聽，慨然嘆息必能聽到先人的嘆息之聲。以此之故，先王所推重的孝道嘛，是那種雙親的神色能時時出現在眼前而不忘，其聲音不絕於耳，其心思志向嗜好期願牢記在心而不忘。孝子傾盡愛慕就會使父母在心中永存，傾盡真誠謹慤父母的音容笑貌就會顯著，顯著的音容笑貌能在心中永存不忘，那麽對待逝去的先人還會不敬嗎？君子在父母生時能恭敬奉養，死後能恭敬祭祀，牢記終生不使父母因自己的緣故而蒙受恥辱嘛。君子有終生之喪，是指每年忌日的祭祀説的嘛；忌日這天不用來做其他事，不是因爲這天不吉祥哩；所謂忌日，是記憶中所有一切思念的極致，因而不敢再盡自己的私情經營其他事哩。

【古注】

《注》 (一)忘與不敬，違禮莫大焉。合於天道，因四時之變化，孝子感時念親，則以此祭之也。春禘者，夏殷之禮也，周以禘爲殷祭，更名春祭曰祠。(二)非其寒之謂，謂悽愴及怵惕皆爲感時念親也。霜露既降，禮説在秋，此無秋字，蓋脱爾。(三)迎來而樂，樂親之將來也。送去而哀，哀其享否不可知也；小言之，則爲一祭之閒孝子不知鬼神之期；推而廣之，放其去來於陰陽。(四)致齊，思此五者也。散齊，七日不御不樂不弔耳。見所爲齊者，思之熟也。所嗜，素所欲飲食也，《春秋傳》曰"屈到嗜芰"。(五)周還出户，謂薦設時也。無尸者闔户，若食閒則有出户而聽之。(六)存著，則謂其思念也。(七)享猶祭也、饗也。(八)忌日，親亡之日。忌日者，不用舉他事，如有時日之禁也。祥，善也。志有所至，至於親以此日亡，其哀心如喪時。

《音義》 數，色角反 shuò(ㄕㄨㄛˋ)。齊，側皆反 zhāi(ㄓㄞ)。樂以迎來，盧各反 lè(ㄌㄜˋ)。所樂，五孝反 yaò(ㄧㄠˋ)。僾音愛，微見貌。還音旋。愾，開代反 kài(ㄎㄞˋ)。愨，苦角反 què(ㄑㄩㄝˋ)。言夫日，本或作"言夫忌日"。

《疏》 合諸天道者，諸，於也；禘者，陽之盛也；嘗者，陰之盛也；陰陽氣盛，孝子感而思念其親，故君子制禮合於天道。

24.2

【原文】

唯聖人爲能饗帝，孝子爲能饗親(一)。饗者，鄉也，鄉之然後能饗焉(二)。是故孝子臨尸而不怍。君牽牲，夫人奠盎；君獻尸，夫人薦豆；卿大夫相君，命婦相夫人，齊齊乎其敬也，愉愉乎其忠也，勿勿諸其欲其饗之也(三)。

文王之祭也，事死者如事生，思死者如不欲生，忌日必哀，稱諱如見親，祀之忠也，如見親之所愛，如欲色然，其文王與(四)？《詩》云："明發不寐，有懷二人。"文王之詩也。祭之明日,明發不寐,饗而致之,又從而思之。祭之日,樂與哀半:饗之必樂,已至必哀(五)。

仲尼嘗,奉薦而進。其親也,慤;其行也,趨趨以數(六)。已祭,子贛問曰:"子之言祭,濟濟漆漆然;今子之祭,無濟濟漆漆何也?"子曰:"濟濟者,容也,遠也;漆漆者,容也,自反也。容以遠,若容以自反也,夫何神明之及交?夫何濟濟漆漆之有乎(七)?反饋樂成,薦其薦俎,序其禮樂,備其百官,君子致其濟濟漆漆,夫何慌惚之有乎(八)?夫言豈一端而已?夫各有所當也(九)。"

【譯文】

只有聖人主持的祭祀能使天帝歆饗祭品,孝子主持的祭祀能使雙親歆饗祭品。饗的内涵,嚮往嘛,心嚮往之然後才能使神靈歆饗祭品。正是這個緣故,孝子面對尸時能够不慚怍。國君親自牽牲畜,夫人用盎齊白酒設奠;國君向尸進獻毛血,夫人進獻用豆盛着的祭品;卿大夫佐助國君,命婦佐助君夫人。那嚴整的樣子甚是恭敬哩,那和顔悦色的樣子忠心可嘉哩,那勤勉不懈的樣子多麼希望神靈歆饗這些祭品嘛。

周文王對待祭祀呢,服事死去的父母跟服事生時一樣,思念起他們簡直痛不欲生,忌日到來必定哀傷,説到父母的名諱就像見到了他們,祭祀時的忠心呢,如同見到父母生前所愛惜的事物,如同常人貪欲美色那樣喜愛,大概文王就是這樣吧?《詩經·小雅·小宛》云"直到天明不成寐,只因懷念父母親",這是描述文王的詩句嘛。祭祀在明日,夜不成寐,獻上祭品供其歆饗,從而再次引起思念。祭祀這天,歡樂和悲哀參半:想到神靈就要前來歆饗祭品必然歡樂,想到停止祭祀的時刻到來必悲哀。

仲尼參加國君秋季在宗廟舉行的嘗祭,恭敬地捧着進獻的祭品進來。他親自操作的事呢,謹慎而誠慤;他的行動呢,脚步急迫而迅速。祭祀結束時,子貢問道:"夫子曾談到參加祭祀,應脩整容貌展現出有威儀的狀態;今天夫子在祭祀時,爲什麼没按濟濟漆漆的要求做呢?"孔子説:"所謂濟濟,其儀容呢,要與神明疏遠嘛;所謂漆漆,其儀容呢,要自我脩整嘛。儀容要與神明疏遠,或者容貌要自我脩整呢,那麼哪位神明能與你交流?這樣搞得濟濟漆漆又有何用啊?等到進獻熟食奏樂完成,獻上自己所獻的用俎豆盛着的祭品,按照禮儀順序奏樂,大小官員齊備,當此之時,作爲助祭賓客的君子展現出濟濟漆漆的威儀,這又何需表現出深切思念的慌惚狀態啊?以前所説的那番話豈是指一個方面就完了?那是各有所適當的場合嘛。"

【古注】

《注》 (一)謂祭之能使之饗也。帝,天也。(二)言中心鄉之乃能使其祭見饗也。上饗或爲相。(三)色不和曰怍。奠盎,設盎齊之奠也。此時君牽牲,將薦毛血。君獻尸而夫人薦豆,謂繹日也。儐尸,主人獻尸,主婦自東房薦韭菹醢。勿勿猶勉勉也,愨愛之貌。(四)思死者如不欲生,言思親之深也。如欲色者,以時人於色厚,假以喻之。(五)明發不寐,謂夜至旦也。祭之明日,謂繹日也,言繹之夜不寐也。二人謂父母,容尸侑也。(六)嘗,秋祭也。親,謂身親執事時也。愨與趨趨,言少威儀也,趨讀如促,數之言速也。(七)漆漆讀如朋友切切。自反,猶言自脩整也。容以遠,言非所以接親親也。容以自反,言非孝子所以事親也。及,與也。此皆非與神明交之道。(八)天子諸侯之祭或從血腥始,至反饋是進熟也。薦俎,豆與俎也。慌惚,思念益深之時也。言祭事既備,使百官助己祭,然而見其容而自反,是無慌惚之思念。(九)豈一端,言不可以一槩也。禮各有所當行,祭宗廟者賓客濟濟漆漆,主人愨而趨趨。

《音義》 趨音促。漆,依《注》音切。

24.3

【原文】

孝子將祭,慮事不可以不豫,比時具物,不可以不備,虛中以治之(一)。宮室既脩,牆屋既設,百物既備,夫婦齊戒沐浴盛服,奉承而進之,洞洞乎,屬屬乎,如弗勝,如將失之。其孝敬之心至也與(二)?薦其薦俎,序其禮樂,備其百官,奉承而進之(三)。於是諭其志意,以其慌惚,以與神明交,庶或饗之。庶或饗之,孝子之志也(四)。

孝子之祭也,盡其愨而愨焉,盡其信而信焉,盡其敬而敬焉,盡其禮而不過失焉,進退必敬,如親聽命,則或使之也(五)。

孝子之祭可知也,其立之也,敬以詘;其進之也,敬以愉;其薦之也,敬以欲;退而立,如將受命;已徹而退,敬齊之色不絕於面(六)。孝子之祭也,立而不詘,固也;進而不愉,疏也;薦而不欲,不愛也;退立而不如受命,敖也;已徹而退,無敬齊之色,而忘本也。如是而祭,失之矣(七)!

孝子之有深愛者,必有和氣;有和氣者,必有愉色;有愉色者,必有婉容(八)。孝子如執玉,如奉盈,洞洞屬屬然如弗勝,如將失之。嚴威儼恪,非所以事親也,成人之道也(九)。

【譯文】

孝子將要祭祀,對事情不可以不豫先考慮,及時置辦祭祀器物,不可以不完備,排除雜念集中精力辦理這些事。宮室已脩整一新,牆屋已布置完畢,各種器物已經齊備,夫婦齋戒沐浴穿上盛服,捧托着祭品向神明進獻,神情虔誠啊,專注啊,好像搬不動祭品,又像將要失手墜落的樣子。其孝敬之心可以算得上到家了吧？獻上自己所獻的俎豆，按照禮儀順序奏樂，大小百官齊備，捧托着祭品向神明進獻。當此之時，曉諭自己的志意，用自己深切懷念的慌惚狀態，用來跟神明交流，希望神明或許會來歆饗。希望神明或許會來歆饗這些祭品，這就是孝子的心之所向嘛。

孝子的祭祀呢，竭盡了内心的謹慤且能做到謹慤，竭盡了内心的信實且能做到信實，竭盡了内心的恭敬且能做到恭敬，一切依禮而行且能不出現過失，進退必肅敬，如同親耳聽到父母之命，就像真的在支使自己哩。

孝子的祭祀是可以識别的嘛，他站在那裏呢，恭敬地屈下身子；他進獻血腥時呢，尊敬而且和顔悦色；他進獻熟食時呢，尊敬而且委婉和順；退下站着，如同行將接受使命；已經撤祭退下時，臉上始終保持恭敬莊重之色。孝子在祭祀時，如果站着却不屈下身，則是見聞固陋哩；進獻血腥時却顯得不愉快，則是有意疏遠雙親哩；進獻熟食時却不婉順，顯然是不愛其雙親哩；退下站着却不像接受使命的樣子，則是傲慢哩；已撤下祭品退下來，臉上毫無恭敬莊重之色，這純屬忘本哩。像這樣進行祭祀，有失孝子的稱號呀！

孝子若有深愛的話，必有温和的態度；有温和態度的話，必有愉快的臉色；有愉快臉色的話，必有委婉的容貌。孝子端着祭品如同端着寶玉，又像捧着盈滿的酒，誠敬專注的樣子好像力不勝任，又像將從手上墜失。嚴肅威嚴矜莊謹敬的態度，不能用來服事雙親哩，那是成年人對待孺子的辦法嘛。

【古注】

《注》 (一)比時，猶先時也。虚中，言不兼念餘事。(二)脩設，謂埽除及黝堊。(三)百官助主人進之。(四)諭其志意，謂使祝祝饗及侑尸也。或猶有也，言想見其仿佛來。(五)言當盡己而已，如居父母前，將受命而使之。(六)詘，充詘，形容喜貌也。進之，謂進血腥也。愉，顔色和貌也。薦之，謂進熟也。欲，婉順貌，謂齊莊。(七)固猶質陋也。而忘本，而衍字。(八)和氣，謂立而詘。(九)成人，既冠者，然而孝子不失其孺子之心也。

《音義》 詘，求勿反 qū(ㄑㄩ)。

《疏》 自此以下至"成人之道"，廣明孝子祭祀之義。

24.4

【原文】

先王之所以治天下者五：貴有德，貴貴，貴老，敬長，慈幼；此五者，先王之所以定天下也。貴有德，何爲也？爲其近於道也；貴貴，爲其近於君也；貴老，爲其近於親也；敬長，爲其近於兄也；慈幼，爲其近於子也(一)。是故至孝近乎王，至弟近乎霸。至孝近乎王，雖天子必有父；至弟近乎霸，雖諸侯必有兄。先王之教，因而弗改，所以領天下國家也[二]。

子曰："立愛自親始，教民睦也；立敬自長始，教民順也[三]；教以慈睦，而民貴有親；教以敬長，而民貴用命[四]。孝以事親，順以聽命，錯諸天下，無所不行。"

【譯文】

先王他們用來治理天下的通則有五項：重視有德行的人，重視顯貴的的高官，重視老人，尊敬年長者，慈愛幼童；這五項通則，先王他們用來安定天下嘛。重視有德行的人，什麽原因呢？因爲德行離正道近嘛；重視顯貴的高官，因爲他們能跟君王接近嘛；重視老人，因爲他們跟父母近似嘛；尊敬年長者，因爲他們跟兄長近似嘛；慈愛幼童，因爲他們跟子女近似嘛。所以孝做到極致便接近於王道，悌做到極致便接近於霸道。孝做到極致接近於王道，縱然天子必有待之如父一樣的人；悌做到極致接近於霸道，縱然諸侯必有待之如兄一樣的人。先王他們實施教化，因襲着以上通則而不改變，用來率領天下國家嘛。

孔子説："樹立愛心從孝順父母做起，以此教導人民和睦嘛；樹立恭敬品德從尊敬長者做起，以此教導人民順從嘛；教以慈愛和睦，能使人民明白有父母的可貴；教以尊敬長者，能使人民知道服從教命的重要。孝道用來侍奉雙親，順從用來聽受教命，這種教化安置在天下，没有什麽處所行不通。"

【古注】

《注》 (一)言治國有家道。(二)天子有所父事，諸侯有所兄事，謂若三老五更也。天子衰，諸侯興，故曰霸。(三)親長，父兄也。睦，和厚也。(四)尊長，出教令者。

《音義》 弟音悌。錯，千路反 cuò(ㄘㄨㄛˋ)

24.5

【原文】

郊之祭也，喪者不敢哭，凶服者不敢入國門，敬之至也[一]。

祭之日，君牽牲，穆答君，卿大夫序從[二]。既入廟門，麗于碑。卿大夫袒，而毛牛尚耳，鸞刀以刲，取膟膋乃退；爓祭，祭腥而退。敬之至也[三]。

郊之祭，大報天而主日，配以月。夏后氏祭其闇，殷人祭其陽，周人祭日以朝及闇[四]。祭日於壇，祭月於坎，以别幽明，以制上下[五]；祭日於東，祭月於西，以别外内，以端其位[六]；日出於東，月生於西，陰陽長短終始相巡，以致天下之和[七]。

天下之禮，致反始也，致鬼神也，致和用也，致義也，致讓也(八)。致反始，以厚其本也；致鬼神，以尊上也；致物用，以立民紀也；致義，則上下不悖逆矣；致讓，以去争也。合此五者，以治天下之禮也，雖有奇邪，而不治者則微矣(九)。

【譯文】

郊外祭祀天地呢，有喪事的人家不敢哭，穿凶服的人不敢進國門，尊敬皇天后土要做到極致嘛。

祭宗廟這天，國君牽着犧牲，子孫在國君對面幫着牽，卿大夫按順序跟隨着。進了廟門，將犧牲繫在石碑上。卿大夫解衣袒露上身殺牲取毛，以牛耳毛爲上品，用鸞刀割牲體，取下牲血和腸間的油脂便退下；國君用沉在熱湯裏半熟的肉進行祭祀，祭完生肉就退下。尊敬先人要做到極致嘛。

郊外的祭祀，乃是大力報答上天的恩澤而以祭日爲主，使月亮配祭。夏朝祭日要等到黄昏，殷朝祭日是在中午，周朝祭日從早晨祭到黄昏。在壇臺上祭日，在坑坎地上祭月，以此區别幽暗和明亮，用來節制上下；朝東祭日，朝西祭月，用來區别内外，以端正各自的位置。太陽從東方出現，月亮在西方生成，晝夜的長短周而復始交相沿襲，以致天下極爲和諧。

天下的禮制，無非是引導人致力回報初始嘛，表達對鬼神的感念嘛，致力於百姓的和諧及財用豐足嘛，致力於道義嘛，致力於謙讓嘛。致力於回報初始，以使自身本質厚重嘛；表達對鬼神的感念，用來教民尊敬長上嘛；致力於和諧及財用，以便爲人民設立法紀制度嘛；致力於道義，上下就不會悖亂叛逆呀；致力於謙讓，用來去除争鬥嘛。若能使這五者相互配合，以此來疏理天下的禮制呢，即便有奇異的邪惡存在，然而不聽從治理的人只能是微乎其微而已。

【古注】

《注》 (一)祭者吉禮，不欲聞見凶人。(二)祭，謂祭宗廟也。穆，子姓也。答，對也。序，以次第從也，序或爲豫。(三)麗猶繫也。毛牛尚耳，以耳毛爲上也。膟膋，血與腸間脂也。爓祭祭腥，祭爓肉腥肉也，湯内曰爓。爓祭祭腥，或爲合祭腥泄腤熟也。(四)主日者，以其光明，天之神可見者莫著焉。闇，昏時也。陽讀爲曰雨曰暘之"暘"，謂日中時也。朝，日出時也。夏后氏大事以昏，殷人大事以日中，周人大事以日出，亦謂此郊祭也。以朝及闇，謂終日有事。(五)幽明者，謂日照晝月照夜。(六)端，正。(七)巡讀如沿漢之"沿"，謂更相從道。(八)因祭之義汎説禮也。致之言至也，使人勤行至於此也。至於反始，謂報天之屬也。至於鬼神，謂祭宗廟之屬也。至於和用，謂治民之事以足用也。(九)物猶事也，變和言物，互文也。微猶少也。

《音義》 刲，苦圭反 kuí(ㄎㄨㄟˊ)。膟音律。膋，力彫反 liáo(ㄌㄧㄠˊ)。爓音尋。巡，

依《注》音沿，悦專反 yán(ㄧㄢˊ)。

《疏》 知穆是子姓者，熊氏云："父昭子穆；姓，生也，是昭穆所生謂子孫。直言穆者，文不備。"穆答君者，言祭廟君牽牲之時，子姓對君共牽牲。

24.6

【原文】

宰我曰："吾聞鬼神之名，不知其所謂。"

子曰："氣也者，神之盛也；魄也者，鬼之盛也；合鬼與神，教之至也(一)。衆生必死，死必歸土，此之謂鬼；骨肉斃于下，陰爲野土(二)，其氣發揚于上爲昭明，焄蒿悽愴，此百物之精也，神之著也(三)。因物之精，制爲之極，明命鬼神，以爲黔首則，百衆以畏，萬民以服(四)。

"聖人以是爲未足也，築爲宫室，設爲宗祧，以别親疎遠邇，教民反古復始，不忘其所由生也。衆之服自此，故聽且速也(五)。二端既立，報以二禮：建設朝事，燔燎羶薌，見以蕭光，以報氣也，此教衆反始也；薦黍稷，羞肝肺首心，見間以俠甒，加以鬱鬯，以報魄也，教民相愛，上下用情，禮之至也(六)。

"君子反古復始，不忘其所由生也，是以致其敬，發其情，竭力從事以報其親，不敢弗盡也(七)。是故昔者天子爲藉千畝，冕而朱紘，躬秉耒；諸侯爲藉百畝，冕而青紘，躬秉耒。以事天地山川社稷先古，以爲醴酪齊盛，於是乎取之，敬之至也(八)。

"古者天子諸侯，必有養獸之官，及歲時，齊戒沐浴而躬朝之；犧牷祭牲，必於是取之，敬之至也；君召牛，納而視之，擇其毛而卜之，吉，然後養之；君皮弁素積，朔月月半君巡牲，所以致力，孝之至也(九)。

"古者天子諸侯，必有公桑蠶室，近川而爲之，築宫仞有三尺，棘牆而外閉之，及大昕之朝，君皮弁素積，卜三宫之夫人、世婦之吉者，使入蠶于蠶室；奉種浴于川，桑于公桑，風戾以食之(十)；歲既單矣，世婦卒蠶，奉繭以示于君，遂獻繭于夫人，夫人曰：'此所以爲君服與？'遂副褘而受之，因少牢以禮之(十一)。古之獻繭者，其率用此與(十二)？及良日，夫人繅，三盆手，遂布于三宫夫人世婦之吉者，使繅，遂朱緑之，玄黄之，以爲黼黻文章。服既成，君服以祀先王先公，敬之至也(十二)。"

【譯文】

宰我説："我聽了鬼神的名稱，却不知那是指什麼説的。"

孔子道："氣息的由來呢，是神在旺盛時的産物嘛；形魄的由來呢，是鬼在興盛時的産物嘛;合祭鬼和神,乃教化的大事嘛。所有生物必然要死,死後必然回歸土中,這就叫鬼;骨肉在地下斃敗,覆蓋着成爲田野和土壤,其氣息向上蒸騰散發光明,散發出令人悽愴的香氣,這是百物的精靈哩,即神的顯露嘛。依據百物的精靈,爲其裁制極尊的稱號,尊名爲鬼神,用來作爲黎民的法則,各類人衆因而敬畏,萬方民衆因而賓服。

"聖人認爲這樣做仍不滿足哩,乃築造宫室,設計成宗祧,用來區别親疏遠近,教育人民追祭先祖回報初始,不忘自己是從哪個宗支衍生的嘛。民衆由此服從聖人的教化,所以聽從且能迅速付諸行動嘛。鬼和神這兩方面的尊名已經確立,遂用兩種禮制進行報答:早晨設置血腥祭事,燔燎油脂的香氣,雜以焚燒艾蒿的光亮,用來報答氣息嘛,這是教導民衆回報初始哩;進獻黍稷,進獻牲體的肝肺頭心,將兩口酒甒夾雜在其間,加入鬱鬯香酒,用來報答形魄嘛,以此教導人民相愛,上下都能使用真情,禮的規範便達到了極致嘛。

"君子追念先祖回報初始,不忘自己是從哪個宗支衍生的,所以要向鬼神表達自己的敬意,抒發自己的真情,竭力治理事務以報答自己的雙親,不敢不盡心哩。以此之故,往昔天子治理藉田千畝,頭戴繫着朱紅帶子的冠冕,親自操耒耕作;諸侯治理藉田百畝,頭戴繫着青色帶子的冠冕,親自操耒耕作。爲了服事天地山川社稷先祖,用來釀造甜酒酸醋以及祭祀用的穀物,都是從這些藉田中穫取的,恭敬到了極點嘛。

"古時候天子諸侯,必有養獸的官員,待到每年固定的時間,便齋戒沐浴後親自探望牲圈;祭祀所用毛色純正肢體完具的犧牲,必從這裏取用,恭敬到了極點嘛;國君召呼把牛牽來,牽來後親自驗視,選擇不同毛色的犧牲分别進行占卜,占得吉兆,然後另外圈養起來;國君頭戴皮弁身穿帶褶的白布裳,每月初一和十五國君都要巡視犧牲,如此盡力,真是孝敬到了極點哩。

"古時候天子諸侯,必有公家的桑林和蠶室,靠近河流種桑建室,築起的宫室一丈高,用荆棘圍的牆門是從外面關閉的。待到季春三月初一的黎明,國君頭戴皮弁身穿有褶的白布裳,通過占卜從三宫的夫人世婦中選出占得吉兆的,使其進入蠶室養蠶;她們捧着蠶種到河邊浴蠶,到公家的桑林中採摘桑葉,風乾後拿去喂蠶;時間已到三月末呀,世婦養蠶完結,捧着繭到國君那裏展示,完了再把繭獻給夫人,夫人説:'這是用來給國君做祭服的麽?'於是穿上王后的副褘祭服接受下來,依照慣例設少牢宴禮遇她們。古時候的獻繭者,大概都是用這樣的法度吧?待到吉日,夫人親自繅絲,用數盆水浸漬蠶繭拿手抽出絲縷，隨即交給三宫夫人及世婦中的吉者，使她們繅絲，順便將絲染成紅色、緑色、黑色、黄色，用來織成有着黼黻花紋的布匹。祭服已製成，國君穿着好去祭祀先王先公，恭敬得很嘛。”

【古注】

《注》 (一)氣謂嘘吸出入者也，耳目之聰明爲魄。合鬼神而祭之，聖人之教致之也。(二)陰讀爲依蔭之蔭，言人之骨肉蔭于地中爲土壤。(三)焄，謂香臭也。蒿，謂氣烝出貌也。上言衆生，此言百物，明其與人同也，不如人貴爾。蒿或爲藨。(四)明命，猶尊名也，尊極於鬼神不可復加也。黔首，謂民也；則，法也；爲民作法，使民亦事其祖禰鬼神，民所畏服。(五)自，由也，言人由此服於聖人之教也。聽，謂順教令也。速，疾也。(六)二端既立，謂氣也，魄也，更有尊名云鬼神也。二禮，謂朝事與薦黍稷也。朝事，謂薦血腥時也。薦黍稷，所謂饋食也。見及見間，皆當爲覸，字之誤也。羶當爲馨，聲之誤也。燔燎馨香，覸以蕭光，取牲祭脂也。光猶氣也。有虞氏祭首，夏后氏祭心，殷祭肝，周祭肺。覸以俠甒，謂雜之兩甒醴酒也。相愛、用情，謂此以人道祭之也。報氣，以氣報魄，以實各首其類。(七)從事，謂脩薦可以祭者也。(八)藉，藉田也。先古，先祖。(九)歲時齊戒沐浴而躬朝之，謂將祭祀卜牲，君朔月月半巡視之。君召牛納而視之，更本擇牲意。(十)大昕，季春朔日之朝也。諸侯夫人三宫，半王后也。風戾之者，及早凉脆採之，風戾之，使露氣燥乃以食蠶，蠶性惡濕。(十一)歲單，謂三月月盡之後也，言歲者，蠶歲之大功事畢於此也。副禕，王后之服，而云夫人，記者容二王之後與？禮之，禮奉繭之世婦。(十二)問者之辭。(十三)三盆手者，三淹也，凡繅每淹大揔而手振之以出緒也。

《音義》 焄，許雲反 xūn(ㄒㄩㄣ)，香臭之氣耳。蒿，許羔反 hāo(ㄏㄠ)。燔音煩。羶，依《注》音馨，許經反 xīn(ㄒㄧㄣ)。見，見間，依《注》作覸，音間厠之間，徐舌辯反 jiàn(ㄐㄧㄢˋ)。俠，古洽反 jiā(ㄐㄧㄚ)。藉，在亦反 jí(ㄐㄧˊ)。齊盛，齊音咨。仞音刃，七尺曰仞。昕，許斤反 xīn(ㄒㄧㄣ)，日欲出。禕音暉。繅，悉刀反 sāo(ㄙㄠ)，抽繭出絲也。

《疏》 自此以下至“以祀先王先公，敬之至也”，明宰我問鬼神之事，夫子答以鬼神魂魄祭祀之禮，又廣明天子諸侯耕藉及公桑之事。

24.7

【原文】

君子曰：“禮樂不可斯須去身(一)。致樂以治心，則易直子諒之心油然生矣；易直子諒之心生則樂，樂則安，安則久，久則天，天則神。天則不言而信，神則不怒而威，致樂以治心者也(二)。致禮以治躬則莊敬，莊敬則嚴威(三)。心中斯須不和不樂，而鄙詐之心入之矣；外貌斯須不莊不敬，而慢易之心入之矣。故樂也者，動於内者也；禮也者，動於外者也。樂極和，禮極順，内和而外順，則民瞻其顔色而不與争也，望其容貌而衆不生慢易焉(四)。故德煇動乎内，而民莫不承聽；理發乎外，而衆莫不承順(五)。故曰，致禮樂之道而天下塞焉，舉而錯之無難矣(六)。樂也者，動於内者也；禮也者，動於外者也，故禮主其減，樂主其盈。禮減而進，以進爲文；樂盈而反，以反爲文（七）。禮減而不進則銷，樂盈而不反則放，故禮有報而樂有反（八）；禮得其報則樂，樂得其反則安。禮之報，樂之反，其義一也。”

【譯文】

君子説：“禮節和音樂不可片刻離身。致力音樂用來治心，那麽和易正直慈愛誠信之心就會油然而生呀；和易正直慈愛誠信的心思産生就會使人變得樂觀，樂觀就會安祥，安祥就會長久，長久樂觀安祥就會真誠如天，真誠如天就會神明。真誠如天就會不必言語也能使人信任，做到神明就會不必動怒也威嚴，致力音樂用來治心就會得出這樣的效果嘛。致力禮節用來脩身就會使人變得端莊恭敬，端莊恭敬就會嚴肅威重。心中有片刻不和易不樂觀，那種鄙陋欺詐的心思就會乘虚而入呀；外貌有片刻不端莊不恭敬，那種傲慢輕視就會借機而入呀。原來音樂的出處呢，是從内心發動的嘛；禮節的出處呢，是由外貌發動的嘛。音樂達到極致便和諧，禮節做到極致便恭順，内心和諧外貌恭順，那麽人們看到這樣的臉色必不會與之争競嘛，望見這樣的容貌人們決不會對其産生傲慢輕視的舉動。所以道德的光輝從内心發動，能使人們無不承命聽從；符合道理的言行散發在外，能使人們無不承命順從。所以説，致力禮樂這條路能够使之充滿天下，做任何事都没有困難了呀。由於音樂的出處是從内心發動的，禮節的出處是由外貌發動的，所以禮節注重自身的削減，音樂注重自身的充盈。禮節削減若能前進，以前進爲美好；音樂充盈若能知返，以知返爲美好。禮節削減若不前進就會衰退，音樂充盈若不知返就會放蕩，所以禮節有襃獎而音樂有自返；禮節得以襃獎就會歡樂，音樂得以自返就會安分。禮節這種襃獎，音樂這種自返，二者的意義是一致的嘛。”

【古注】

《注》（一）斯須猶須臾也。（二）子讀如“不子”之子。諒，信也。油然，物始生美好貌。（三）躬，身也。（四）極，至也。（五）理，謂言行也。（六）塞，充滿也。（七）減猶倦也，盈猶溢也。樂以統情，禮以理行，人之情有溢而行有倦。倦而進之，以能進者爲文；溢而使反，以能反者爲文。文謂才美。（八）報皆當爲襃，聲之誤也。

《疏》 此一節已具於《樂記》，但記者别人，故於此又記之。其義已具在《樂記》，故於此不繁文也。

24.8

【原文】

曾子曰："孝有三：大孝尊親，其次弗辱，其下能養。"

公明儀問於曾子曰："夫子可以爲孝乎？"

曾子曰："是何言與！是何言與！君子之所爲孝者，先意承志，諭父母於道。參直養者也，安能爲孝乎(一)？"

曾子曰："身也者，父母之遺體也。行父母之遺體，敢不敬乎？居處不莊，非孝也；事君不忠，非孝也；涖官不敬，非孝也；朋友不信，非孝也；戰陳無勇，非孝也。五者不遂，烖及於親，敢不敬乎(二)？亨孰羶薌，嘗而薦之，非孝也，養也。君子之所謂孝也者，國人稱願然曰：'幸哉，有子如此！'所謂孝也已(三)。衆之本，教曰孝，其行曰養。養可能也，敬爲難；敬可能也，安爲難；安可能也，卒爲難。父母既没，慎行其身，不遺父母惡名，可謂能終矣。仁者，仁此者也；禮者，履此者也；義者，宜此者也；信者，信此者也；强者，强此者也。樂自順此生，刑自反此作。"

曾子曰："夫孝，置之而塞乎天地，溥之而横乎四海，施諸後世而無朝夕。推而放諸東海而準，推而放諸西海而準，推而放諸南海而準，推而放諸北海而準(四)，《詩》云'自西自東，自南自北，無思不服'，此之謂也。"

曾子曰："樹木以時伐焉，禽獸以時殺焉。夫子曰：'斷一樹，殺一獸，不以其時非孝也。(五)孝有三：小孝用力，中孝用勞，大孝不匱(六)。思慈愛忘勞，可謂用力矣；尊仁安義，可謂用勞矣；博施備物，可謂不匱矣(七)。父母愛之，嘉而不忘；父母惡之，懼而無怨(八)；父母有過，諫而不逆(九)；父母既没，必求仁者之粟以祀之。此之謂禮終(十)。'"

【譯文】

曾子説："孝有三等：大孝尊敬父母，其次不使父母蒙受恥辱，其下是能够贍養。"

公明儀向曾子問道："老師您可以稱得上孝嗎？"

曾子説："這是什麽話嘛！這是什麽話嘛！君子他們所認爲的孝子，要能事先意料到父母的心願並承接過來代他們去做，做完告知父母自己的做法合乎正道。我曾參只是個做到贍養的人哩，哪能稱得上孝啊？"

曾子説："身體這東西呢，乃父母的遺體嘛。行使父母的遺體，敢不敬慎嗎？在居住的處所不莊重，不是孝哩；服事國君不忠誠，不是孝哩；到官履行職務不肅敬，不是孝哩；對朋友不講信用，不是孝哩；對陣交戰没有勇氣，不是孝哩。這五種孝行做得不完備，災禍將波及到雙親，敢不敬慎嗎？烹熟羶薌美味，品嘗之後進獻給父母，也不是孝哩，那叫贍養嘛。君子他們所認爲的孝子呢，應當是一國之人都露出傾慕的樣子稱贊說：'幸運啊，有這樣好的兒子！'這才是君子所認爲的孝子嘛。一切教化的根本，這種教化叫做孝，孝的主要行爲叫做贍養。贍養有可能做到嘛，做到尊敬則困難；尊敬有可能做到嘛，做到使父母安逸則困難；使父母安逸有可能做到嘛，做到終身行孝則困難。父母死後，自身的行爲需謹慎，不給父母落下惡名，可以稱得上能終身行孝呀。實行仁道的話，先用仁德行孝嘛；實踐禮的話，先履行孝道嘛；要行道義的話，先使自己的行爲與孝道相宜嘛；講信用的話，先對行孝有信用嘛；要强盛的話，先使自己的孝行勝過別人嘛。歡樂由順從孝道而産生，刑罰因違反孝道所造成。"

曾子說："這孝道，使之安置並充塞於天地之間，遍布並充溢於四海之內，流傳到後世能够從早到晚都實施，以此推廣到東海能作爲準則，推廣到西海能作爲準則，推廣到南海能作爲準則，推廣到北海能作爲準則，《詩經·大雅·文王有聲》中所云'自西自東，自南自北，無人不服從'，就是指此事說的嘛。"

曾子說："樹木要依時節砍伐它，禽獸要依時節宰殺它。我的老師曾說：'砍一棵樹，殺一頭獸，不依照適宜的時節就是不孝哩。孝有三種：小孝使用體力，中孝使用勞績，大孝不使匱乏。思念父母的慈愛而忘記自己的疲勞，可謂使用體力了呀；尊崇仁道安行義舉，可謂使用勞績了呀；廣泛施與從而物用完備，可謂不匱乏呀。父母疼愛自己，欣喜且不忘記；父母厭惡自己，畏懼而不怨恨；父母有過錯，勸諫却不忤逆；父母死後，必求仁者的粟米用來祭祀他們，這就叫以禮送終。'"

【古注】

《注》 （一）公明儀，曾子弟子。（二）遂猶成也。（三）然猶如也。（四）無朝夕，言常行無輟時也。放猶至也，準猶平也。（五）夫子，孔子也，曾子述其言以云。（六）勞猶功也。（七）思慈愛忘勞，思父母之慈愛己而自忘己之勞苦。（八）無怨，無怨於父母之心。（九）順而諫之。（十）喻貧困猶不取惡人物以事亡親。

《音義》 亨，普彭反 pēng（ㄆㄥ），通烹。溥，本又作敷，芳於反 fū（ㄈㄨ）。放，甫往反 fǎng（ㄈㄤˇ），至也。

24.9

【原文】

樂正子春下堂而傷其足，數月不出，猶有憂色。門弟子曰："夫子之足瘳矣，數月不出，猶有憂色，何也？"樂正子春曰："善如爾之問也，善如爾之問也！吾聞諸曾子，曾子聞諸夫子曰：'天之所生，地之所養，無人爲大。父母全而生之，子全而歸之，可謂孝矣；不虧其體，不辱其身，可謂全矣(一)。'故君子頃步而弗敢忘孝也，今予忘孝之道，予是以有憂色也(二)。壹舉足而不敢忘父母，壹出言而不敢忘父母。壹舉足而不敢忘父母，是故道而不徑，舟而不游，不敢以先父母之遺體行殆；壹出言而不敢忘父母，是故惡言不出於口，忿言不反於身。不辱其身，不羞其親，可謂孝矣(三)。"

【譯文】

樂正子春下堂時扭傷了脚，數月不出來，臉上仍掛着憂悒之色。門下弟子問："夫子的脚已痊愈了呀，數月不出來，仍有憂愁的面色，爲什麽呢？"樂正子春説："你問得好哩，你問得好哩！我從曾子那裏聽到，曾子從孔子那裏聽説：'天之所生，地之所養的萬物，没有比人稟賦更大的。父母完整地生下孩子，孩子最終能完整地歸還給父母，可以稱得上孝呀；不虧損自己的形體，自身不曾蒙受凌辱，可以稱得上完整呀。'所以君子邁半步路的工夫也不敢忘記孝哩，如今我忘了孝的道理，我是爲此流露出憂悒的面色嘛。應做到一抬脚而不敢忘父母，一出言而不敢忘父母。一抬脚而不敢忘父母，所以走正道而不抄捷徑，過河乘船而不游泳，不敢拿先父母的遺體去冒險；一出言而不敢忘父母，所以口不出惡言，别人忿恨的言語便不會反擊到自身。能使自身不遭受凌辱，父母不會因自己而蒙羞，可以稱得上孝了呀。"

【古注】

《注》 (一)曾子聞諸夫子，述曾子所聞於孔子之言。(二)頃當爲跬，聲之誤也。予，我也。(三)徑，步邪趨疾也。忿言不反於身，人不能無忿怒，忿怒之言當由其直，直則人服，不敢以忿言來也。

《音義》 瘳，丑留反 chōu(ㄔㄡ)，差也。頃讀爲跬，缺碑反 kuǐ(ㄎㄨㄟˇ)，一舉足爲跬，再舉足爲步。

《疏》 無人爲大者，言天地生養萬物之中，無如人最爲大。

24.10

【原文】

昔者有虞氏貴德而尚齒，夏后氏貴爵而尚齒，殷人貴富而尚齒，周人貴親而尚齒(一)。虞、夏、殷、周，天下之盛王也，未有遺年者，年之貴乎天下久矣，次乎事親也(二)。

是故朝廷同爵則尚齒，七十杖於朝，君問則席；八十不俟朝，君問則就之，而弟達乎朝廷矣(三)。行肩而不併，不錯則隨，見老者則車徒辟，斑白者不以其任行乎道路，而弟達乎道路矣(四)。居鄉以齒，而老窮不遺，强不犯弱，衆不暴寡，而弟達乎州巷矣(五)。古之道，五十不爲甸徒，頒禽隆諸長者，而弟達乎獀狩矣(六)。軍旅什伍，同爵則尚齒，而弟達乎軍旅矣(七)。

孝弟發諸朝廷，行乎道路，至乎州巷，放乎獀狩，脩乎軍旅，衆以義死之而弗敢犯也(八)。

【譯文】

往昔有虞氏重視德行而且崇尚年齒，夏王朝重視爵位並崇尚年齒，殷朝重視財富且崇尚年齒，周朝重視親族也崇尚年齒。虞舜、夏禹、殷湯、周武王，都是天下有盛譽的帝王嘛，都未曾遺棄過年長者，年齒受天下尊重已經很久了呀，僅次於侍奉雙親哩。

正是以上的緣故，朝廷上爵位相同則年齒高的居上位，七十歲的老臣上朝可以拄拐杖，君王問話就鋪席令其坐；八十歲的老臣不等散朝就可以告退，君王有事要問就到其府上就教，因而敬愛長者的風氣便在朝廷上通行了呀。老少同行不能併肩走，不是錯開便是隨在後面，遇見老者不論乘車還是徒步都要避讓，頭髮斑白的老人不能使他在道路上擔持重物走，因而敬愛長者的風尚便在道路上通行了呀。居住鄉閭論列年齒，能够不遺漏貧窮老人，强者不侵犯弱者，人多的不淩暴人少的，因而敬愛長者的風尚便在州巷中通行了呀。古時候引導，五十歲不擔當田獵時的勞役，獵獲的禽獸分給年長者多一些，因而敬愛長者的風尚便在狩獵中通行了呀。軍旅士卒行列中，爵位相同則年齒高的居上位，因而敬愛長者的風尚便在軍旅中通行了呀。

孝悌的品德由朝廷發起，向道路推行，直至州巷，狩獵時也倣效，軍旅中也脩治，衆人都會爲節義而死決不敢違犯孝悌這種品德嘛。

【古注】

《注》 (一)貴，謂燕賜有加於諸臣也。尚，謂有事尊之於其黨也。臣能世禄曰富。舜時多仁聖有德，後德則在小官。(二)言其先老也。(三)同爵尚齒，老者在上也。君問則席，爲之布席於堂上而與之言，凡朝位立於庭，魯哀公問於孔子命席。不俟朝，君揖之即退，不待朝事畢也。就之，就其家也。老而致仕，君或不許，異其禮而已。(四)錯，鴈行也。父黨隨行，兄黨鴈行。車徒辟，乘車步行皆辟老人也。斑白者，髮雜色也。任，所擔持也。不以任，少者代之。(五)老窮不遺，以鄉人尊而長之，雖貧且無子孫無棄忘也。一鄉者五州，巷猶閭也。(六)四井爲邑，四邑爲丘，四丘爲甸，甸六十四井也，以爲軍田出役之法，五十始衰，不從力役之事也。頒之言分也，隆猶多也。及田者分禽，多其老者，謂竭作未五十者。春獵爲獀，冬獵爲狩。(七)什伍，士卒部曲也，《少儀》曰"軍尚左，卒尚右"。(八)死之，死此孝弟之禮。

《音義》 辟音避。行，户剛反 háng(ㄏㄤˊ)。獀，所求反 sōu(ㄙㄡ)。放，方往反 fǎng(ㄈㄤˇ)。

《疏》 此前經明孝，以下至"不敢犯"，又兼明孝弟，故下云："孝弟發諸朝廷"。

24.11

【原文】

祀乎明堂，所以教諸侯之孝也；食三老五更於大學，所以教諸侯之弟也；祀先賢於西學，所以教諸侯之德也；耕藉，所以教諸侯之養也；朝覲，所以教諸侯之臣也。五者，天下之大教也(一)。食三老五更於大學，天子袒而割牲，執醬而饋，執爵而酳，冕而摠干，所以教諸侯之弟也。是故鄉里有齒而老窮不遺，强不犯弱，衆不暴寡，此由大學來者也(二)。天子設四學，當入學而大子齒(三)。

天子巡守，諸侯待于竟，天子先見百年者(四)。八十九十者東行，西行者弗敢過；西行，東行者弗敢過，欲言政者，君就之可也(五)。壹命齒于鄉里，再命齒于族，三命不齒，族有七十者弗敢先(六)。七十者，不有大故不入朝，若有大故而入，君必與之揖讓而后及爵者(七)。

【譯文】

在明堂舉行祭祀大典，用來教給諸侯照此盡孝嘛；在太學宴請三老五更，用來教給諸侯照此敬愛長者嘛；在西學祭祀先賢，用來教給諸侯尊重有道德的人嘛；耕作藉田，用來教給諸侯照此繁殖嘛；朝覲，用來教給諸侯照此統領臣民嘛。這五種教法，乃天下最重大的教導嘛。在太學宴請三老五更，天子袒開上衣親自切割牲體，親自端着醬進獻，吃完親自端着酒爵請他們用酒漱口，然後戴上帽子手持盾牌親自統領着跳舞，用來教給諸侯照此敬愛年長者嘛。正是這個緣故，鄉里出現論列年齒的時候能够不遺漏貧窮的老者，强者不侵犯弱者，人多的不凌暴人少的，這種風氣是由太學擴散而來的嘛。天子在四郊分别設立學堂，只要進了學堂就連太子也要按年齒論事。

天子巡視各國的守備，諸侯要到邊境去等待，天子先要拜見百歲老人。八九十歲的老者在路東行走，路西行走的人不敢越過他；在路西行走，路東行走的人不敢越過他；老人想談政事的話，國君去遷就他可以嘛。一命官爵者在鄉里中要按年齒排位次，二命官爵者在族内要按年齒排位次，三命官爵者不論在鄉里還是族内都不論列年齒，不過飲酒時族内有七十歲以上的老者在坐則不敢搶先。七十歲告老在家的老者，不是發生重大事故不入朝，若有重大事故需要入朝，國君必跟他揖讓之後再顧及各官員。

【古注】

《注》 (一)祀乎明堂，宗祀文王。西學，周小學也。先賢有道德，王所使教國子者。(二)割牲，制俎實也。冕而揔干，親在舞位以樂侑食也。教諸侯之弟，次事親。(三)四學，謂周四郊之虞庠也，《文王世子》曰："行一物而三善皆得，唯世子而已。其齒於學之謂也。"(四)問其國君以百年者所在而往見之。(五)弗敢過者，謂道經之則見之。(六)此謂鄉射飲酒時也。齒者，謂以年次立若坐也。三命，列國之卿也，不復齒，席之於賓東。不敢先族之七十者，謂既一人舉觶乃入也，雖非族亦然承齒乎族，故言族爾。(七)謂致仕在家者，其入朝，君先與之爲禮，而後揖卿大夫士。

《音義》 大學、大子，大音泰。守，手又反 shòu(ㄕㄡˋ)，本又作狩。觶，之豉反 zhì(ㄓˋ)

24.12

【原文】

天子有善，讓德於天；諸侯有善，歸諸天子；卿大夫有善，薦於諸侯；士庶人有善，本諸父母，存諸長老。禄爵慶賞，成諸宗廟，所以示順也(一)。

昔者聖人建陰陽天地之情，立以爲《易》。易抱龜南面，天子卷冕北面，雖有明知之心，必進斷其志焉，示不敢專，以尊天也。善則稱人，過則稱己，教不伐，以尊賢也(二)。

孝子將祭祀，必有齊莊之心以慮事，以具服物，以脩宫室，以治百事(三)；及祭之日，顔色必温，行必恐，如懼不及愛然(四)；其奠之也，容貌必温，身必詘，如語焉而未之然(五)；宿者皆出，其立卑静以正，如將弗見然(六)；及祭之後，陶陶遂遂，如將復入然(七)。是故慤善不違身，耳目不違心，思慮不違親，結諸心，形諸色，而術省之，孝子之志也(八)。

建國之神位，右社稷而左宗廟(九)。

【譯文】

天子有善舉，將恩德推讓給上天；諸侯有善舉，歸功於天子；卿大夫有善舉，歸功於向諸侯舉薦自己的人；士和庶人有善舉，歸功於父母養育的本源，長老的存撫。俸禄爵位慶功行賞，這些全在宗廟中完成，用來展示和順嘛。

昔時聖人興建陰陽天地的情致，用此創作成《易經》。占易之官抱着龜面朝南，天子身著衮服頭戴冠冕面朝北，縱然有明智之心，也必須根據龜甲顯現的標志進行推斷，表示不敢自專，因爲要尊重天意嘛。好事就稱説是别人所爲，過失就稱説由自己造成，這是教人不自誇，用以尊賢嘛。

孝子將要祭祀，必須用虔誠莊重的心思去考慮事情，去備辦祭服祭物，去脩整宫室，去疏理一切事件；到祭祀這天，面色必須温和，行走必須小心，好像就怕得不到先人喜愛一樣；當奠酒酳酒時呢，容貌必須温和，身體必須屈曲，好像有話告訴先人却没得到答復的樣子；留宿助祭的賓客都出去了，他謙卑静默地站在那裏用端正的心情深深思念着先人時，好像不曾看見他們從身旁出去一樣；等到祭祀結束之後，想像着父母陶陶遂遂相隨而行的模樣，宛如他們又將進來似的。以此之故，孝子樸實善良的品質不離身，所聽所見不違背自己的心願，所思所慮不離雙親，這一切集結在心頭，表現在臉上，能够遵循並省察 這一切，乃孝子的標志嘛。

建立國家的神位，右邊是社稷之神而左邊是宗廟。

【古注】

《注》 (一)薦，進也。成諸宗廟，於宗廟命之。《祭統》有十倫，六曰"見爵賞之施焉"。(二)立以爲《易》，謂作《易》。易抱龜，易，官名，《周禮》曰"大卜"，大卜主三兆、三易、三夢之占。(三)謂齊之前後也。(四)如懼不及見其所愛者。(五)奠之，謂酌尊酒奠之及酳之屬。如語焉而未之然，如有所以語親而未見答。(六)宿者皆出，謂賓助祭者事畢出去也。如將弗見然，祭事畢而不知親所在，思念之深，如不見出也。(七)思念既深，如覩親將復入也。陶陶遂遂，相隨行之貌。(八)術當爲述，聲之誤也。(九)周尚左也。

《音義》 卷，古本反 gǔn(ㄍㄨㄣˇ)。知音智。語，魚預反 yù(ㄩˋ)。陶音遥。術義作述。

【淺悟】

中華文化的祭祀純屬感恩活動，感念皇天后土、高山大川等等，以及先人們的恩澤。支撑中華文化的兩大支柱，一是遵循天道法則，再者便是教人感恩。古聖王們就是以此二者爲本治國平天下的，正如孔子所説："立愛自親始，教民睦也；立敬自長始，教民順也；教以慈睦，而民貴有親；教以敬長，而民貴用命。孝以事親，順以聽命，錯諸天下，無所不行。"人只要懂得感恩，一切好品德都能培養起來，這便是祭祀的意義之所在。

孔子還説："斷一樹，殺一獸，不以其時非孝也。"怎麽砍樹殺獸也跟孝道有關呢？試想，萬物皆天所生、地所養，互爲兄弟姐妹，而獨賦予人以最大的靈性，即所謂"無人爲大"。既然如此，人類就應不辱天所賦予的使命，輔助天地維護好兄弟姐妹之間相互依存、相互制約的關系，使之生生不息，才可稱孝；反之，人類爲了滿足自身的貪欲而違背天道法則，"不以其時"地在其生長繁殖期也要砍樹殺獸，敢説這是孝嗎？請看當今被破壞得千瘡千孔的自然環境，成加速度增長的被滅絶的物種，怎能不欽佩中華文化的遠見卓識。

只要肯用天道法則來觀察世界,任何人都有先見之明,關鍵只在肯不肯用這一法則。

此外,樂正子春那番話令人生疑。如果連“傷其足”都屬不孝的話,那就只能成天呆在屋裏不走路,不幹活兒。但又怎麽贍養父母呢?這決不是中華文化的原文。中華文化只有“志士仁人,無求生以害仁,有殺身以成仁”之類催人奮進的語言(此語出自《論語・衛靈公》)。

本篇還告訴我們,古天子每面臨重大決擇時,必先依據聖人創作的《易經》,鄭重其事地抱龜占卜,以決定棄取。之所以這樣做,並非因其没有“明智之心”作出正確判斷,而是爲了尊奉天道,向民衆展示不敢自專。長此以往,尊奉天道必將成爲全天下之習慣行爲。自從進入家天下時代,帝王們將天下據爲自家所有,將整個社會引入“各親其親,各子其子,貨力爲己”的私欲膨脹狀態,於是“謀用是作,而兵由此起”。從此占卜的目的不再是爲了尊奉天道,居然變成了助長貪婪、安撫心理需求的愚昧至極的迷信活動,既可悲又可笑!

祭統第二十五

《疏》 案鄭《目録》云:“名曰《祭統》者,以其記祭祀之本也。統猶本也。此於《别録》屬祭祀。”

25.1

【原文】

凡治人之道,莫急於禮。禮有五經,莫重於祭(一)。夫祭者,非物自外至者也,自中出,生於心也,心怵而奉之以禮。是故,唯賢者能盡祭之義(二)。

賢者之祭也,必受其福,非世所謂福也。福者,備也;備者,百順之名也,無所不順者謂之備,言内盡於己,而外順於道也。忠臣以事其君,孝子以事其親,其本一也(三)。上則順於鬼神,外則順於君長,内則以孝於親,如此之謂備。唯賢者能備,能備然後能祭。是故賢者之祭也,致其誠信,與其忠敬,奉之以物,道之以禮,安之以樂,參之以時,明薦之而已矣,不求其爲,此孝子之心也(四)。祭者,所以追養繼孝也。孝者,畜也:順於道,不逆於倫,是之謂畜(五)。是故孝子之事親也,有三道焉:生則養,没則喪,喪畢則祭。養則觀其順也,喪則觀其哀也,祭則觀其敬而時也。盡此三道者,孝子之行也(六)。

【譯文】

凡是治理人民的方法,没有比制訂禮制更急迫的。禮制有五條經脈,没有比祭禮更重要的。這祭禮的來歷,並不是什麽事物從外面到來的嘛,它出自身體之中,由内心産生的嘛,内心感念引起怵惕從而敬奉以祭禮。因此,只有賢者能够完全了解祭祀的涵義。

賢者這種祭祀嘛,必能受到鬼神的賜福,並非世俗所説的福哩。這個福,是備的意思嘛;備指的是什麽,是給百事順從定的名稱嘛,没有任何地方不順從的話稱之爲備,就是説内能盡到自己的責任,在外面道路上也能順從嘛。忠臣以此服事其君王,孝子以此侍奉其雙親,其本源是一致的嘛。上則對鬼神順從,外則對君長順從,内則對父母用順從行孝,這樣做就叫備。只有賢者能做到備,能做到備然後才能主持祭祀。所以賢者主持的祭祀嘛,盡到他的誠信,給予他的忠敬,用祭物奉獻,用禮來引導,用樂來安頓,按時参拜,進獻上清潔的祭品而已呀,不求神明對自己有所作爲,這才是孝子的心意哩。祭祀的意義,用於追念養育之恩繼續行孝嘛。孝的意義,爲畜嘛:對正道要順從,對倫理不忤逆,這樣做叫畜。以此之故,孝子他們侍奉父母呢,有三條必經之路:生時盡心贍養,送終盡心服喪,喪事完畢按時祭祀。贍養時則觀察他的順從哩,服喪時則觀察他的哀慟哩,祭祀時則觀察他是否恭敬和按時哩。能完全做到這三要道的話,就是孝子的行爲嘛。

【古注】

《注》 (一)禮有五經,謂吉禮、凶禮、賓禮、軍禮、嘉禮也。莫重於祭,謂以吉禮爲首也。《大宗伯職》曰"以吉禮事邦國之鬼神祇"。(二)怵,感念親之貌也。怵或爲述。(三)世所謂福者,謂受鬼神之祐助也。賢者之所謂福音,謂受大順之顯名也。其本一者,言忠孝俱由順出也。(四)明猶潔也。爲,謂福祐爲己之報。(五)畜,謂順於德教。(六)没,終也。

《音義》 畜,許六反 xù(ㄒㄩˋ)。

25.2

【原文】

既内自盡,又外求助,昏禮是也。故國君取夫人之辭曰:"請君之玉女,與寡人共有敝邑,事宗廟社稷。"此求助之本也(一)。夫祭也者,必夫婦親之,所以備外内之官也。官備則具備(二):水草之菹,陸産之醢,小物備矣;三牲之俎,八簋之實,美物備矣;昆蟲之異,草木之實,陰陽之物備矣(三)……凡天之所生,地之所長,苟可薦者,莫不咸在,示盡物也。外則盡物,内則盡志,此祭之心也(四)。是故天子親耕於南郊,以共齊盛,王后蠶於北郊,以共純服;諸侯耕於東郊,亦以共齊盛,夫人蠶於北郊,以共冕服。天子諸侯非莫耕也,王后夫人非莫蠶也,身致其誠信。誠信之謂盡,盡之謂敬,敬盡然後可以事神明。此祭之道也(五)。

【譯文】

對内已經盡了自己的孝心,又要對外尋求佐助,婚禮是這樣嘛。所以國君娶夫人的聘辭寫道:"請君的玉女,能與寡人共同擁有敝邑,服事宗廟社稷。"這就是求助的根據嘛。這祭禮呢,必須夫婦親自參與其事,用以完備外内的職責嘛。職責完備才能使所供各種祭物齊備:諸如水藻制的菹醬,陸地動物制的肉醬,作料要備齊呀;牛羊豬三種牲體盛在俎裏,八個簋器盛着各類穀物,美物要備齊呀;不同的昆蟲,草木的果實,這些陰陽之物都要備齊呀……凡是天上有的,地裏長的,只要可以進獻的物品,無不都在,表示竭盡了物力嘛。外則竭盡物力，内則牢記不忘，這才是祭祀的核心哩。以此之故，天子親自到南郊的藉田去耕作，以供給祭祀用的穀類，王后到北郊的桑林去養蠶，以供給製作祭服；諸侯到東郊的藉田去耕作，也是爲了供給祭祀用的穀類，夫人也到北郊的桑林去養蠶，以供給製作祭服。天子和諸侯並非没有人爲其耕作哩，王后及夫人並非没有人爲其養蠶哩，親身去作以表達自己的誠信，講誠信才稱得上盡心，能盡心才稱得上恭敬，有誠信能盡心然後才可以侍奉神明。這是祭祀的道理嘛。

【古注】

《注》 （一）言玉女者，美言之也，君子於玉比德焉。（二）具，謂所供衆物。（三）水草之菹，芹茆之屬。陸産之醢，蚳蝝之屬。天子之祭八簋。昆蟲，謂温生寒死之蟲也，《内則》可食之物有蜩范。草木之實，蔆芡榛栗之屬。（四）咸，皆也。（五）純服，亦冕服也，互言之爾，純以見繒色，冕以著祭服。東郊少陽，諸侯象也。夫人不蠶於西郊，婦人禮少變也。齊或爲粢。

25.3

【原文】

及時將祭，君子乃齊。齊之爲言，齊也，齊不齊，以致齊者也。是故君子非有大事也，非有恭敬也，則不齊，不齊則於物無防也，嗜欲無止也。及其將齊也，防其邪物，訖其嗜欲，耳不聽樂，故《記》曰“齊者不樂”，言不敢散其志也。心不苟慮，必依於道；手足不苟動，必依於禮（一）。是故君子之齊也，專致其精明之德也。故散齊七日以定之，致齊三日以齊之，定之之謂齊。齊者，精明之至也，然後可以交於神明也（二）。是故先期旬有一日，宫宰宿夫人：夫人亦散齊七日，致齊三日（三）。君致齊於外，夫人致齊於内，然後會於大廟；君純冕立於阼，夫人副禕立於東房；君執圭瓚祼尸，大宗執璋瓚亞祼；及迎牲，君執紖，卿大夫從，士執芻，宗婦執盎從夫人，薦涚水；君執鸞刀，羞嚌，夫人薦豆。此之謂夫婦親之（四）。

【譯文】

適值其將要祭祀時，君子乃齋戒。拿齋戒來説，即齊整嘛，齊整身心中一切不齊整之處，以達到齊整的地步嘛。由於這個緣故，君子不是發生大事的時候呢，不是處在恭敬的場合呢，就不齋戒，不齋戒對所有事物便無需提防嘛，嗜好欲望也無需禁止嘛。等到將近齋戒時呢，就得提防那些邪惡的事物，禁止那些嗜好欲望，耳不聽音樂，舊《記》所云“齋者不樂”，説的就是不敢分散其意志嘛。心中不隨便思慮，必然要依賴於正道；手足不隨意妄動，必然會依恃於禮。正是這個緣故,君子他們在齋戒時呢,只專心致志其精明的德行嘛。所以祭前先行散齋七天來安定思慮,再行致齋三天來齊整身心,安定思慮齊整身心的過程叫做齋戒。齋戒者的精明達到極致呢,然後才可以跟神明交流嘛。正是這個緣故,祭祀日期的前十一天,宫宰要告誡夫人:夫人也需行散齋七天安定思慮,行致齋三天齊整身心。國君在外面的路寢致齋,夫人在裏面的正寢致齋,然後到太廟會合。國君頭戴絲帽站在阼階,夫人頭插副笄身穿褘衣站在東房;國君拿圭柄的瓚勺爲代神受祭的尸斟上灌地的鬱鬯香酒,主持祭禮的太宗用璋柄的瓚勺爲尸斟第二遍灌地酒;等迎接犧牲時,國君牽着牛鼻繩,卿大夫跟隨着,士抱着芻草,宗婦捧着盎罇跟隨着夫人,盎罇内是用於進獻的過濾後的清酒;國君操鸞刀,割下肝肺進獻給尸品嘗,夫人用盛在豆中的菹醢進獻。這樣操作就叫夫婦親自參與祭祀。

【古注】

《注》 (一)訖猶止也。(二)定者,定其志意。(三)宫宰,守宫官也。宿讀爲肅,肅猶戒也,戒輕肅重也。(四)大廟,始祖廟也。圭瓚、璋瓚,祼器也,以圭璋爲柄酌鬱鬯曰祼。大宗亞祼,容夫人有故攝焉。紖,所以牽牲也,《周禮》作"絼"。芻,謂藁也,殺牲時用薦之,《周禮》封人祭祀飾牲,共其水藁涚盎齊也。盎齊,涚酌也。凡尊有明水,因兼云水爾。嚌,嚌肺,祭肺之屬也,君以鸞刀割制之。天子諸侯之祭禮,先有祼尸之事乃後迎牲。芻或爲穖。

《音義》 乃齊,側皆反 zhāi(ㄓㄞ),下不齊、齊者同。言齊也、齊不齊,下以齊之,並如字。祼,古亂反 guàn(ㄍㄨㄢˋ)。紖,直忍反 zhèn(ㄓㄣˋ)。涚,舒鋭反 shuì(ㄕㄨㄟˋ)。嚌,才細反 jì(ㄐㄧˋ)。盎齊,才細反 jì(ㄐㄧˋ)。

《疏》 此一節明將祭齊戒之義,並明君與夫人皆致齊會於大廟,夫婦交親行祭之義。

25.4

【原文】

及入舞,君執干戚就舞位,君爲東上,冕而揔干,率其羣臣,以樂皇尸。是故天子之祭也,與天下樂之;諸侯之祭也,與竟内樂之:冕而揔干,率其羣臣,以樂皇尸,此與竟内樂之之義也(一)。

夫祭有三重焉:獻之屬莫重於祼,聲莫重於升歌,舞莫重於《武宿夜》,此周道也(二)。凡三道者,所以假於外,而以增君子之志也,故與志進退:志輕則亦輕,志重則亦重,輕其志而求外之重也,雖聖人弗能得也。是故君子之祭也,必身自盡也,所以明重也。道之以禮,以奉三重,而薦諸皇尸,此聖人之道也。

【譯文】

當入手舞蹈時，君王拿起盾牌斧子走上舞位，君王在東邊上手，頭戴皇冠手持盾牌，率領手下羣臣起舞，以娱樂代先皇受祭的尸。所以天子這種祭祀嘛，是與天下人民同樂；諸侯的祭祀呢，是與國境内的民衆同樂：頭戴禮冠手持盾牌，率領其群臣起舞，以娱樂代先皇受祭的尸，這是與境内民衆娱樂君尸之義嘛。

這祭祀中有三件最莊重的事：獻祭之類没有比獻酒灌地以降神的儀式更莊重，聲樂中没有比升堂時所奏的歌聲更莊重，舞蹈中没有比《武宿夜》之舞更莊重，這是周朝的禮儀嘛。大凡這三件莊重的事，都要借助於外物，用來增益君子的意志嘛，所以與意志共進退：意志輕浮此事也輕浮，意志莊重此事也莊重，其意志輕浮而苛求外在事物的莊重呢，縱然聖人也不能得到這樣的效果嘛。正是這個緣故，君子他們在祭祀時呢，必定竭盡自身的誠敬，用來表明莊重嘛。用禮的規範引導自己的行爲，以奉行這三件莊重的事，才能向皇尸進獻祭物，這是聖人的教導哩。

【古注】

《注》 (一)君爲東上，近主位也。皇，君也。言君尸者，尊之。(二)《武宿夜》，武曲名也。周道猶周之禮。

《疏》 (一)此一節明祭時天子諸侯親在舞位，以樂皇尸也。(二)舞莫重於《武宿夜》者，《武宿夜》是武曲之名，是衆舞之中無能重於《武宿夜》之舞。凡三道者……言三種所重之道，皆假借外物而以增益君子内志，祼則假於鬱鬯，歌則假於聲音，舞則假於干戚，皆是假於外物。故與志進退者，此外物增成君子内志，故與志同進同退。若内心志輕略，則此等亦輕略；内志殷重，此等亦殷重。

25.5

【原文】

夫祭有餕，餕者，祭之末也，不可不知也。是故古之人有言曰："善終者如始。"餕其是已。是故古之君子曰："尸亦餕鬼神之餘也，惠術也，可以觀政矣(一)。"是故尸謖，君與卿四人餕；君起，大夫六人餕，臣餕君之餘也；大夫起，士八人餕，賤餕貴之餘也；士起，各執其具以出，陳于堂下，百官進，徹之，下餕上之餘也(二)。凡餕之道，每變以衆，所以别貴賤之等，而興施惠之象也。是故以四簋黍，見其脩於廟中也。廟中者，竟内之象也(三)。祭者，澤之大者也。是故上有大澤，則惠必及下，顧上先下後耳，非上積重而下有凍餒之民也。是故上有大澤，則民夫人待于下流，知惠之必將至也，由餕見之矣，故曰可以觀政矣(四)。

【譯文】

這祭祀有分享食餘之物的規矩，餕這種規矩，要到祭祀的末尾進行哩，這一點不可不知哩。因此，古時候的人有句話説："美好的終結要像開始一樣。"餕這種規矩正是這樣的終結。以此之故，古代的君子説："代神受祭的尸也要吃鬼神餘下的祭物嘛，這是施惠的方法哩，可用此觀察政治呀。"正因這個緣故，尸吃完起身後，國君和卿四人分享餘下的祭物；國君吃完起身後，大夫六人分享餘下的祭物，即臣吃君的餘物嘛；大夫吃完起身後，士八人分享餘下的祭物，即卑賤者吃尊貴者的餘物嘛；士吃完起來，各拿着那些盛着祭物的器具出來，陳列在堂下，由參與祭祀的衆執事分享餘下部分，吃完撤下器具，即在下位者吃在上位者的餘物嘛。大凡分享祭祀餘物的規律，每次變换都要增多人數，用來區分貴賤的等差，從而興起施惠的景象嘛。因此，用四簋黍的餕餘，顯現其在廟中對施惠的脩治嘛。在廟中顯現，作爲境内施惠的象徵嘛。祭祀的這一規矩，乃恩澤之中最廣大的嘛。因此，上頭有大恩澤，就必定惠及到下面，只不過在上位的先得在下位的後得而已，並非上面重疊蓄積下面却有受凍挨餓的民衆嘛。因此，上面有大恩澤，民衆就會在下面等待，知道恩惠必將到來嘛，是從分享餕餘這一規矩中顯現出來的呀，所以説這一規矩可用來觀察政治呀。

【古注】

《注》 (一)術猶法也。爲政尚施惠，盡美能知能惠，《詩》云："維此惠君，民人所瞻。"(二)進當爲餕，聲之誤也。百官，謂有事於君祭者也。既餕乃徹之而去，所謂自卑至賤進徹，或俱爲餕。(三)鬼神之惠徧廟中，如國君之惠徧竟内也。(四)鬼神有祭不獨饗之，使人餕之，恩澤之大者也。國君有蓄積不獨食之，亦以施惠於竟内也。

《音義》 謖，所六反 sù(ㄙㄨˋ)，起也。見，賢遍反 xiàn(ㄒㄧㄢˋ)。進，依《注》作餕。

25.6

【原文】

夫祭之爲物大矣，其興物備矣，順以備者也，其教之本與(一)！是故君子之教也，外則教之以尊其君長，内則教之以孝於其親。是故明君在上，則諸臣服從；崇事宗廟社稷，則子孫順孝。盡其道，端其義，而教生焉(二)。是故君子之事君也，必身行之，所不安於上，則不以使下；所惡於下，則不以事上。非諸人，行諸己，非教之道也(三)。是故君子之教也，必由其本，順之至也，祭其是與？故曰，祭者，教之本也已(四)。

【譯文】

這祭祀所承當的事物重大呀，其徵集的物品齊備呀，這種上下和順而且百物齊備的效果呢，或許是政教的根本吧！因此，君子的教育嘛，對外則教人尊敬其國君和長輩，對内則教人孝順自己的雙親。正是這個緣故，賢明的君王在上，衆臣就會服從；推崇侍奉宗廟社稷，子孫就會順從孝道。人君若能盡其孝道，端正君臣上下之義，政教就會由此產生。因此，君子他們服事國君呢，必定親身去實行，對上面的指令感到不安妥的，就不用來指使下屬；對下屬的作爲感到憎恶的，就不用來服事上司。對别人的行爲做了非難，自己却又這樣做，這不是政教所應走的路哩。因此，君子所推行的政教呢，必定從政教的根本著手，使之達到和順的極致嘛，祭祀或許能這樣吧？所以説，祭祀這一禮制，乃政教的根本哩。

【古注】

《注》（一）爲物，猶爲禮也。興物，謂薦百品。（二）崇猶尊也。（三）必身行之，言恕己乃行之。（四）教由孝順生也。

25.7

【原文】

夫祭有十倫焉：見事鬼神之道焉，見君臣之義焉，見父子之倫焉，見貴賤之等焉，見親疏之殺焉，見爵賞之施焉，見夫婦之别焉，見政事之均焉，見長幼之序焉，見上下之際焉，此之謂十倫（一）。

鋪筵設同几，爲依神也。詔祝於室，而出于祊，此交神明之道也（二）。

君迎牲而不迎尸，别嫌也：尸在廟門外則疑於臣，在廟中則全於君；君在廟門外則疑於君，入廟門則全於臣、全於子。是故不出者，明君臣之義也（三）。

夫祭之道，孫爲王父尸。所使爲尸者，於祭者子行也，父北面而事之，所以明子事父之道也，此父子之倫也（四）。

尸飲五，君洗玉爵獻卿；尸飲七，以瑶爵獻大夫；尸飲九，以散爵獻士及羣有司，皆以齒，明尊卑之等也（五）。

夫祭有昭穆。昭穆者，所以别父子、遠近、長幼、親疏之序，而無亂也。是故有事於大廟，則羣昭羣穆咸在而不失其倫，此之謂親疏之殺也（六）。

古者明君，爵有德而禄有功，必賜爵禄於大廟，示不敢專也。故祭之日，一獻，君降立于阼階之南，南鄉；所命北面；史由君右，執策命之；再拜稽首，受書以歸，而舍奠于其廟。此爵賞之施也（七）。

君卷冕立于阼，夫人副褘立于東房。夫人薦豆執校，執醴授之執鐙；尸酢夫人執柄，夫人授尸執足；夫婦相授受，不相襲處，酢必易爵，明夫婦之别也（八）。

凡爲俎者，以骨爲主。骨有貴賤，殷人貴髀；周人貴肩，凡前貴於後。俎者，所以明祭之必有惠也，是故貴者取貴骨，賤者取賤骨；貴者不重，賤者不虚，示均也。惠均則政行，政行則事成，事成則功立。功之所以立者，不可不知也。俎者，所以明惠之必均也，善爲政者如此，故曰見政事之均焉（九）。

凡賜爵，昭爲一，穆爲一，昭與昭齒，穆與穆齒，凡羣有司皆以齒，此之謂長幼有序（十）。

夫祭有畀，煇、胞、翟、閽者，惠下之道也。唯有德之君爲能行此，明足以見之，仁足以與之。畀之爲言，與也，能以其餘畀其下者也；煇者，甲吏之賤者也；胞者，肉吏之賤者也；翟者，樂吏之賤者也；閽者，守門之賤者也，古者不使刑人守門，此四守者，吏之至賤者也，尸又至尊，以至尊既祭之末而不忘至賤，而以其餘畀之，是故明君在上，則竟内之民無凍餒者矣！此之謂上下之際（十一）。

【譯文】

這祭祀有十種涵義體現在其中：體現侍奉鬼神的方法是其一，體現君臣之間的義務是其二，體現父子之間的倫理是其三，體現貴賤的等級是其四，體現親疏的遞減是其五，體現爵禄賞賜的施予是其六，體現夫婦的差别是其七，體現政事的公平是其八，體現長幼的次序是其九，體現上下的交際是其十，這就是所謂的十倫。

鋪展筵席陳設共同的几案，使神有所憑依嘛。祝史在室内詔告，而從廟門旁出去，這就是與神明交接的方法嘛。

君王迎接犧牲而不迎接代神受祭的尸，爲了避開嫌疑嘛：尸在廟門外就仍有臣子的嫌疑，在廟中才能保全其君父的地位；君王在廟門外就仍有君王的嫌疑，進了廟門才能保全其臣下、保全其兒子的地位。這種不出廟門迎尸的緣由，正是爲了表明君臣之間的義務嘛。

這祭祀的規矩，孫子擔任代替祖父受祭的尸。所使擔任尸的幼童，是從祭者的子輩行列中挑選的嘛，父輩面朝北侍奉他，用來使兒子明白侍奉父親的規矩哩，這就是父子之間的倫理嘛。

尸飲酒至五巡，君王洗淨玉爵獻酒給卿；尸飲至七巡，用瑶爵獻酒給大夫；尸飲至九巡，用散爵獻酒給士及衆有司，全都按年齒順序接受敬酒，以表明尊卑的等級嘛。

這祭祀有按輩分排列的昭穆。昭穆的意義,用來分別父子、遠近、長幼、親疏的次序,而不使紊亂嘛。因此,到太廟舉行祫祭,如果衆昭衆穆的後裔全在,也能不迷失自己的倫次,這就是所謂的親疏的遞減嘛。

古代賢明的君王,爵位賜給有德行的人和俸禄賞給有功之臣時,必定在太廟進行賞賜,表示不敢擅自專行嘛。所以祭祀這天,第一次獻酒過後,君王從阼階下來站在南端,面朝南;所受賞賜之命者面朝北;史官站在君王右邊,手持策書向受賞賜者宣布命令;受賞賜者兩次跪拜叩頭至地,收受詔書而歸,先到自己的家廟向神主行釋奠禮。這就是爵賞的施予嘛。

君王頭戴禮冠身穿袞服站在阼階上,夫人頭插副笄身穿褘衣站在東房内。夫人進獻豆時拿着豆的腰部,别人拿着醴酒授予她時要托着豆的底座;尸向夫人回敬酒時手持爵柄,夫人向尸獻酒時手托着爵足;夫婦相互給予和接受物品時,不重複對方拿過之處,回敬酒時必須另换酒爵,以表明夫婦的差别嘛。

凡是往俎上放牲體的話,以骨爲主。骨有貴賤,殷代貴重後腿骨;周朝貴重前腿骨,而且凡是前面的部位都比後面的部位貴重。使用俎這種祭器,用來表明祭過之後必能得到恩惠嘛。因此,尊貴者領取貴骨,卑賤者領取賤骨;尊貴者不會獲得重份,卑賤者也不會空手而歸,以示公平嘛。恩惠公平政令才會通行無阻,政令通行事情才能做成,事情做成才能建立功業。功業是如何建立的,此事不可以不知道哩。俎這種祭器,用來表明恩惠的分配必須公平嘛,善於治理國政的人正是這樣做的,所以説祭祀能體現政事的公平呀。

凡是祭完賜予助祭者酒爵時,屬於昭的世系在一起,屬於穆的世系在一起,昭系與昭系要序齒,穆系與穆系要序齒,所有參與祭祀的衆有司都要按年齒排序,這就叫長幼有序。

這祭祀末尾另有賜與,賜給煇吏、胞吏、翟吏、閽吏的,君王有施惠給最底層的小吏的道義嘛。唯獨有道德的君王能這樣做,他的明智足以體現這樣做的意義,其仁慈足以使他肯賜與這些下等人。畀的意思是,賜與嘛,能將其餘下的物品賜予他的下屬嘛;煇這種官,是掌管製皮革的官中最卑賤的小吏;胞這種官,是祭祀時掌管割肉的官中最卑賤的小吏;翟這種官,是掌管音樂的官中最卑賤的小吏;閽這種官,是看守宫門的官中最卑賤的小吏,而且古時候還不讓受過刑罰的人守門。這四種職守的小吏,是吏中最卑賤的人哩，而代神受祭的尸又最尊貴，以最尊貴之身在祭祀結束的末尾能够不忘最卑賤的人，能用那些餘下的祭物賜與他們。由此可見，賢明的君王在上，就能使境内的人民没有受凍挨餓的呀！這就是所謂上下的交際。

【古注】

《注》 (一)倫猶義也。(二)同之言，詷也，祭者以其妃配亦不特几也。詔祝，告事於尸也。出於祊，謂索祭也。(三)不迎尸者，欲全其尊也。尸，神象也，鬼神之尊在廟中，人君之尊出廟門則伸。(四)子行，猶子列也。祭祖則用孫列，皆取於同姓之適孫也。天子諸侯之祭，朝事延尸於户外，是以有北面事尸之禮。(五)尸飲五，謂酳尸五獻也。大夫士祭，三獻而獻賓。(六)昭穆咸在，同宗父子皆來。(七)一獻，一酳尸也。舍當爲釋，聲之誤也。非時而祭曰奠。(八)校，豆中央直者也。執醴，授醴之人授夫人以豆則執鐙，鐙，豆下跗也。(九)殷人貴髀，爲其厚也。周人貴肩，爲其顯也。凡前貴於後，謂脊脅臂臑之屬。(十)昭穆，猶特牲少牢饋食之禮衆兄弟也。羣有司，猶衆賓下及執事者，君賜之爵，謂若酬之。(十一)明足以見之，見此卑者也。仁足以與之，與此卑者也。煇，《周禮》作韗，謂韗磔皮革之官也。翟，謂教羽舞者也。古者不使刑人守門，謂夏殷時。

《音義》 見，賢遍反 xiàn(ㄒㄧㄢˋ)，下皆同。殺，色皆反 shài(ㄕㄞˋ)。子行，户剛反 háng(ㄏㄤˊ)。舍，依《注》音釋。卷，古 本反 gǔn(ㄍㄨㄣˇ)。校，柄也。髀，必氏反 bì(ㄅㄧˋ)。重，直龍反 chóng(ㄔㄨㄥˊ)。畀，必利反 bì(ㄅㄧˋ)，與也。煇，依《注》作韗，音運，甲吏也。胞，步交反 páo(ㄆㄠˊ)，肉吏也。翟音狄，樂吏也。閽音昏，守門者也。

《疏》 從此至"此之謂十倫"一經，摠明十倫之目。從上雖云"祭其事隱"，此廣陳祭含十義，以顯教之本十倫義也。此一節廣明祭有十種倫禮。

25.8

【原文】

凡祭有四時，春祭曰礿，夏祭曰禘，秋祭日嘗，冬祭曰烝(一)。礿、禘，陽義也；嘗、烝，陰義也。禘者，陽之盛也；嘗者，陰之盛也。故曰，莫重於禘嘗(二)。古者於禘也，發爵賜服，順陽義也；於嘗也，出田邑，發秋政，順陰義也(三)，故《記》曰："嘗之日，發公室，示賞也，草艾則墨。"未發秋政，則民弗敢草也(四)。故曰，禘嘗之義大矣，治國之本也，不可不知也。明其義者，君也；能其事者，臣也。不明其義，君人不全；不能其事，爲臣不全(五)。夫義者，所以濟志也，諸德之發也。是故其德盛者其志厚，其志厚者其義章，其義章者其祭也敬，祭敬，則竟内之子孫莫敢不敬矣(六)。是故君子之祭也，必身親涖之，有故則使人可也。雖使人也，君不失其義者，君明其義故也(七)。其德薄者其志輕，疑於其義而求祭，使之必敬也，弗可得已。祭而不敬，何以爲民父母矣！

【譯文】

凡是宗廟祭祀都有四季變换，春季祭祀稱礿，夏季祭祀稱禘，秋季祭祀稱嘗，冬季祭祀稱烝。礿祭和禘祭，陽的涵義嘛；嘗祭和烝祭，陰的涵義嘛。禘祭，處於陽氣最旺盛的季節哩；嘗祭，處於陰氣最旺盛的季節哩。所以説，没有比禘祭和嘗祭更重要的祭祀。古時候在禘祭時呢，頒發爵禄賞賜服官，以順應陽這一涵義嘛；在嘗祭時呢，外出到采邑去田獵，發布秋季的政令，以順應陰這一涵義嘛，舊《記》有云："嘗祭這天，散發公室的財物，以示獎賞嘛，割草時節便開始行墨刑。"没發布秋季政令，民衆便不敢割草嘛。所以説，禘祭和嘗祭的意義重大呀，乃治國之本哩，不可不知哩。明瞭禘嘗意義的，應是君王嘛；能勝任其事的，應是臣子嘛。不明瞭禘嘗的意義，君王不稱職；不能勝任其事，作臣子的不稱職。這禘嘗的意義，用來成就志向哩，是各種品德的發動機關哩。正是這個緣故，其品德豐盛的話他的志向就深厚，其志向深厚的話他對禘嘗之義的理解就彰著，其對禘嘗意義的理解彰著的話他對祭祀就恭敬嘛，對祭祀恭敬，境内的子孫就没有敢不恭敬的呀。因此，君子對待祭祀呢，必定親身到場參加，如果有緣故使人替代是可以的嘛。盡管使人替代嘛，説明君王是位不會迷失祭祀之義的人，因爲君王明瞭祭祀之義的緣故才使人替代嘛。如果其品德淺薄的話他的志向必輕賤，對祭祀的意義心存懷疑却要求去祭祀，想讓他必須做到恭敬呢，那是不可能的。祭祀尚且不恭敬，又如何擔當人民的父母呀！

【古注】

《注》 (一)謂夏殷時禮也。(二)夏者尊卑著，而秋萬物成。(三)言爵命屬陽，國地屬陰。(四)發公室，出賞物也。草艾，謂艾取草也，秋草木成，可芟艾給爨亨，時則始行小刑也。(五)全猶具也。(六)濟，成也。發，謂機發也。竟内之子孫，萬人爲子孫。(七)涖，臨也。君不失其義者，言君雖不自親祭，祭禮無闕，於君德不損也。

《音義》 礿，羊灼反 yào(ㄧㄠˋ)。艾音刈。

《疏》 此一節明祭祀之重、禘嘗之義，人君若能明於其義，可以爲民父母。

25.9

【原文】

夫鼎有銘。銘者，自名也，自名以稱揚其先祖之美，而明著之後世者也。爲先祖者，莫不有美焉，莫不有惡焉，銘之義，稱美而不稱惡，此孝子孝孫之心也，唯賢者能之(一)。銘者，論譔其先祖之有德善，功烈、勳勞、慶賞、聲名，列於天下，而酌之祭器，自成其名焉，以祀其先祖者也。顯揚先祖，所以崇孝也；身比焉，順也；明示後世，教也(二)。夫銘者，壹稱而上下皆得焉耳矣。是故君子之觀於銘也，既美其所稱，又美其所爲(三)。爲之者，明足以見之，仁足以與之，知足以利之，可謂賢矣；賢而勿伐，可謂恭矣(四)。故衛孔悝之鼎銘曰："六月丁亥，公假于大廟(五)。公曰：'叔舅，乃祖莊叔，左右成公，成公乃命莊叔，隨難于漢陽，即宫于宗周，奔走無射(六)；啟右獻公，獻公乃命成叔：纂乃祖服(七)；乃考文叔，與舊耆欲，作率慶士，躬恤衛國，其勤公家，夙夜不解，民咸曰休哉(八)。'公曰：'叔舅，予女銘，若纂乃考服(九)。'悝拜稽首曰：'對揚以辟之(十)，勤大命，施于烝彝鼎(十一)。'"此衛孔悝之鼎銘也(十二)。古之君子，論譔其先祖之美，而明著之後世者也，以比其身，以重其國家如此(十三)。子孫之守宗廟社稷者，其先祖無美而稱之，是誣也；有善而弗知，不明也；知而弗傳，不仁也。此三者，君子之所恥也。

【譯文】

這鐘鼎上有銘文。銘刻的話，自己的名字刻在下方嘛，以自己的名義稱揚其先祖的美舉，是能彰明昭著到後世的内容嘛。作爲先祖來説，無不有美好之處，無不有醜惡之處，銘刻的意義，只在稱説美好而不稱説醜惡，這是孝子孝孫的心情嘛，只有賢者能這樣做。銘的内容，主要論譔其先祖有恩德的善事，諸如功烈、勳勞、慶賞、聲望名譽等，能在天下陳列的，再經斟酌刻到祭器上，完成後把自己的名字刻在下方，以待祭祀其先祖時用嘛。顯揚先祖，目的在推崇孝道嘛；自身的名字排比在下方，這是順序嘛；明示後世，能起到教育作用嘛。這銘文，只是稱述一人却使上下都能得到教益而已呀。正是這個緣故，君子他們來到銘文前觀看呢，既贊美其所稱述的人，又贊美其人所做的事。做此事的人，其賢明足以顯現其先祖的美好，其仁德足以令其參與到此事，其智慧足以使上下都獲益，可以稱得上賢達呀；賢達而不自誇，可謂謙恭呀。以往衛國大夫孔悝的鼎銘刻道："六月丁亥，莊公來到太廟。莊公説：'叔舅，你的先祖莊叔，輔佐成公。成公當年出奔時命莊叔跟隨到楚國漢水之北避難，後返國回到京都就位於宫室，莊叔自始至終跟隨奔走勞苦不知厭倦；其孫成叔受此啓發，又輔佐有着相似遭遇的獻公返國，獻公乃命令成叔：繼承你祖父的職務；你先父文叔，能振興舊時耆碩的欲望，起來率領卿大夫士，親身撫恤亂後的衛國，他辛勤服事公室，從早到晚不懈怠，人民交口贊美啊。'莊公説：'叔舅，我贊許你這銘文，你來繼承你先父的職務。'孔悝跪拜叩頭觸地説：'回答君命，發揚並彰明先祖的美德，殷勤執行君的大命，使烝祭的彝尊和鐘鼎上刻的美德蔓延無窮。'"這就是衛國孔悝鼎上的銘文嘛。古時候的君子，論譔其先祖的美舉，並使之彰明昭著於後世嘛，用自身的名字排比在下方，以致重視其國家像衛莊公命孔悝這樣。不過子孫爲了守護宗廟社稷的話,其先祖没有可讚美之處却硬去稱揚他們,這是誣罔哩;有善舉却不知,這是不賢明哩;知道却不傳述,這是不仁哩。這三種情形,是君子他們所羞恥的事哩。

【古注】

《注》 (一)銘,謂書之刻之以識事者也。自名,謂稱揚其先祖之德著己名於下。(二)烈,業也。世功曰勳,事功曰勞。酌之祭器,謂斟酌其美傳著於鐘鼎也。身比焉,謂自著名於下也;順也,自著名以稱揚先祖之德,孝順之行也。教也,所以教後世。(三)美其所爲,美此人爲此銘。(四)明足以見之,見其先祖之美也。仁足以與之,與其先祖之銘也,非有仁恩,君不使與之也。知足以利之,利己名得比於先祖。(五)孔悝,衛大夫也。公,衛莊公蒯聵也。德孔悝之立己,依禮褒之,以静國人自固也。假,至也,至於大廟,謂以夏之孟夏禘祭。(六)公曰叔舅者,公爲策書尊呼孔悝而命之也。乃猶女也。莊叔,悝七世之祖,衛大夫孔達也。隨難者,謂成公爲晉文公所伐出奔楚,命莊叔從焉。漢,楚之川也。即宫於宗周,後反得國坐殺弟叔武,晉人執而歸之於京師寘之深室也。射,厭也,言莊叔常奔走至勞苦而不厭倦也。周既去鎬京,猶名王城爲宗周也。(七)獻公,衛侯衎,成公曾孫也,亦失國得反,言莊叔之功流於後世。啓右獻公,使得反國也。成叔,莊叔之孫成子烝鉏也。右,助也。纂,繼也。服,事也。獻公反國,命成子繼女祖莊叔之事,欲其忠如孔達也。(八)文叔者,成叔之曾孫文子圉,即悝父也。作,起也。率,循也。慶,善也。士之言,事也。言文叔能興行先祖之舊德,起而循其善事。(九)若、乃,猶女也。公命悝,予女先祖以銘以尊顯之,女繼女父之事,欲其忠如文子也。成公獻公莊公皆失國得反,言孔氏世有功焉,寵之也。(十)對,遂也;辟,明也,言遂揚君命以明我先祖之德也。(十一)施猶著也,言我將行君之命,又刻著於烝祭之彝鼎。彝,尊也,《周禮》"大約劑,書於宗彝"。(十二)言銘之類衆多也,畧取其一以言之。(十三)如莊公命孔悝之爲也。莊公孔悝雖無令德以終其事,於禮是行之非。

《音義》 比,毗志反 bì(ㄅㄧˋ),謂次比也。見,賢遍反 xiàn(ㄒㄧㄢˋ)。悝,口回反 kuī(ㄎㄨㄟ)。射音亦。解,古賣反 xiè(ㄒㄧㄝˋ)。辟,必亦反 bì(ㄅㄧˋ)。傳,直專反 zhuàn(ㄓㄨㄢˋ)。

25.10

【原文】

昔者周公旦有勳勞於天下,周公既没,成王、康王追念周公之所以勳勞者,而欲尊魯,故賜之以重祭:外祭則郊社是也,内祭則大嘗禘是也(一)。夫大嘗禘,升歌《清廟》,下而管《象》,朱干玉戚以舞《大武》,八佾以舞《大夏》。此天子之樂也,康周公,故以賜魯也(二)。子孫纂之,至于今不廢,所以明周公之德,而又以重其國也(三)。

【譯文】

往昔周公旦對周朝的天下有功勳勞績,周公死後,成王、康王追念周公他所建立的功勳勞績時,想到應該尊顯其分封的魯國,所以特賜魯國使用與天子同樣隆重的祭禮:外祭效法天子冬至在郊外祭天夏至在社宫祭地這樣的禮嘛，内祭效法天子在宗廟舉行盛大的嘗祭禘祭這樣的禮嘛。舉行這盛大的嘗祭和禘祭時，升堂歌唱稱頌文王的《清廟》詩，堂下則用管樂吹奏《象》樂，舞者手持朱紅色的盾和用玉飾柄的斧跳《大武》舞，之後變换排成八列、每列八人跳的《大夏》舞。這些天子才能使用的音樂呢，爲了擴大周公的影響，所以將此賜給魯國使用嘛。周公的子孫繼承此禮，直到如今不廢，用此彰明昭著周公的功德，又能用來尊重他的封國嘛。

【古注】

《注》 (一)言此者，王室所銘若周公之功。(二)《清廟》，頌文王之詩也。管《象》，吹管而舞《武》《象》之樂也。朱干，赤盾；戚，斧也，此《武》《象》之舞所執也。佾猶列也。《大夏》，禹樂，文舞也。執羽籥文武之舞皆八列，互言之耳。康猶褒大也，《易・晉卦》曰："康侯用錫馬。"(三)不廢，不廢其此禮樂也。重猶尊也。

《疏》 此一節因上説鼎銘，明先祖之善，故此明周公之勳、子孫纂之，特重於餘國，亦光揚之事。至今不廢此禮樂，謂作記之時也，所以明周公之有德，而又以尊重其魯國也。康侯用錫馬者，證"康"是褒崇之義。

【淺悟】

感恩是人類第一重要的品德。如何感恩呢？曰知恩必報。可是怎樣報呢？衆所周知，施恩者從來不圖報，圖報就不是施恩了，而是做生意。在受恩者這邊，知恩必報也是值得稱道的，如果知恩不報的話，那就離忘恩負義不遠了，這很危險，是自取滅亡之道。這邊是不圖報，那邊是必報，這該怎麽辦？常言道，知恩不報非君子，當然要支持必報。依照古聖王的啓示，報答恩德的最佳方案是：牢記不忘，按施恩者的心願去做。比如報答皇天后土、高山大川、創造文明的祖先們的恩澤，按時祭祀就不會忘恩，積極維護天道法則，與萬物和諧相處，必能合其心願；報答父母之恩，盡孝道，不做會給他們帶來羞恥的事，必稱其心願；報答恩人的最佳方案是：也學他那樣扶危濟困不圖名利，不正是他的心願麽？這正是中華古聖王貫穿於整部《禮記》中的一貫倡導。

感恩這種品德若能風行全天下，科學家能將其瘋狂向大自然索取的精力轉移到維護生態平衡的神聖事業上，人類才有希望。

本篇末尾所記載的，成王和康王因周公的勳勞而賜給魯國特殊的優遇，殊不知這恰是爲周王朝的衰亡埋下的隱患。孔子在《禮運》篇中就此發出"嗚呼哀哉"的感嘆，意味深長地説："魯之郊禘非禮也，周公其衰矣！"由此可見，專制政體下所作的一切規定，都有其不可治愈的致命傷。因爲天子的感恩，只有感天下之恩，不得混入其自家的私恩。它做不到。

經解第二十六

《疏》 案鄭《目録》云："名曰《經解》者，以其記六義政教之得失也。此與《别録》屬通論。"《經解》一篇，揔是孔子之言。記者録之以爲《經解》者，皇氏云："解者，分析之名，此篇分析六經體教不同，故名曰《經解》也。"六經其教雖異，揔以禮爲本，故記者録入於《禮》。"

26.1

【原文】

孔子曰："入其國，其教可知也(一)。其爲人也，温柔敦厚，《詩》教也；疏通知遠，《書》教也；廣博易良，《樂》教也；絜静精微，《易》教也；恭儉莊敬，《禮》教也；屬辭比事，《春秋》教也(二)。故《詩》之失愚，《書》之失誣，《樂》之失奢，《易》之失賊，《禮》之失煩，《春秋》之失亂(三)。其爲人也，温柔敦厚而不愚，則深於《詩》者也；疏通知遠而不誣，則深於《書》者也；廣博易良而不奢，則深於《樂》者也；絜静精微而不賊，則深於《易》者也；恭儉莊敬而不煩，則深於《禮》者也；屬辭比事而不亂，則深於《春秋》者也(四)。

【譯文】

孔子説："進入這個國家，那裏的教化便可以知道嘛。那裏對人的態度呢，如果温柔敦厚，那是《詩經》教化的結果嘛；如果通達事理知曉遠古，則是《書經》教化的結果嘛；如果心胸寬廣博大待人平易善良，那是《樂經》教化的結果嘛；如果那裏的人整潔安静精細隱微，則是《易經》教化的結果嘛；如果謙恭儉樸莊重敬慎，那是《禮經》教化的結果嘛；如果善於連綴文辭比類史事，那是用《春秋》教化的結果嘛。問題是《詩》教容易出現的過失是造成愚昧，《書》教容易出現的過失是造成誣罔，《樂》教容易出現的失誤是使人奢華，《易》教容易出現的失誤會造成傷害，《禮》教容易出現的過失是使人煩瑣，《春秋》教容易出現的過失是造成動亂。那裏對人的態度呢，如果温柔敦厚又不愚昧，那是對《詩經》有着深切領悟的結果嘛；如果通達事理知曉遠古又不誣罔，則是對《書經》有着深切領悟的結果嘛；如果心胸寬廣博大待人平易善良又不奢華，那是對《樂經》有着深切領悟的結果嘛；如果那裏的人整潔安静精細隱微又不傷害人，那是對《易經》有着深切領悟的結果嘛；如果謙恭儉樸莊重敬慎又不煩瑣，那是對《禮經》有着深切領悟的結果嘛；如果善於連綴文辭比類史事又不製造動亂，那是對《春秋》史書有着深切領悟的結果嘛。

【古注】

《注》 （一）觀其風俗，則知其所以教。（二）屬猶合也。《春秋》多記諸侯朝聘會同，有相接之辭，罪辯之事。（三）失，謂不能節其教者也。《詩》敦厚近愚；《書》知遠近誣；《易》精微，愛惡相攻，遠近相取，則不能容人，近於傷害；《春秋》習戰争之事，近亂。（四）言深者，既能以教，又防其失。

《疏》 人君以六經之道，各隨其民教之；民從上教，各從六經之性。觀民風俗，則知其教，故云其教可知也。

26.2

【原文】

“天子者，與天地參，故德配天地，兼利萬物，與日月並明，明照四海而不遺微小。其在朝廷，則道仁聖禮義之序；燕處，則聽雅頌之音；行步，則有環佩之聲；升車，則有鸞和之音。居處有禮，進退有度，百官得其宜，萬事得其序。《詩》云：‘淑人君子，其儀不忒；其儀不忒，正是四國。’此之謂也(一)。發號出令而民説，謂之和；上下相親，謂之仁；民不求其所欲而得之，謂之信；除去天地之害，謂之義。義與信，和與仁，霸王之器也。有治民之意，而無其器則不成(二)。

“禮之於正國也，猶衡之於輕重也，繩墨之於曲直也，規矩之於方圜也。故衡誠縣，不可欺以輕重；繩墨誠陳，不可欺以曲直；規矩誠設，不可欺以方圜；君子審禮，不可誣以姦詐(三)。是故隆禮由禮，謂之有方之士；不隆禮、不由禮，謂之無方之民。敬讓之道也，故以奉宗廟則敬，以入朝廷則貴賤有位，以處室家則父子親、兄弟和，以處鄉里則長幼有序。”孔子曰“安上治民，莫善於禮”，此之謂也(四)。

【譯文】

“天子的職守，與天地共同參預其事，所以德行要與天地匹配，兼顧萬物的利益，與日月同放光明，光明照臨四海而不遺漏微小之物。他在朝廷上，就講解仁聖禮義的順序；退朝燕居時，就聽盛世的雅頌音樂；走動時，就有佩帶的環玉和珮玉相碰發出的響聲；登車時，就有車上的鸞鈴、和鈴相呼應的聲音。住所有禮制規範，進來退下有法度，百官都能得到適宜自己的職位，所有事情都安排得井然有序。《詩經·曹風·鳲鳩》中有云：‘心地善良的君子，其儀軌没有偏差；其儀軌没有偏差，故能校正四方各國。’就是指此事説的嘛。發出號令能使人民心悦誠服,這叫應和;能使上下相親,這叫仁政;人民想要的東西不必要求就能使他們得到,這叫信用;能解除天地的水旱癘疫等自然災害,這叫道義。道義和信用,應和與仁政,乃霸者和王者的器具嘛。有治理人民的意願,如果没有治理的器具便不能成就霸王之業。

"禮對於整頓國家的作用呢,猶如秤對於物體輕重的作用嘛,繩墨對於曲直的作用嘛,規矩對於方圓的作用嘛。所以秤審查其秤砣,就不能被輕重所欺騙;繩墨審查其彈印,就不能被曲直所欺騙;規矩審查其畫法,就不能被方圓所欺騙;君子依照禮的規範審查一切,就不能被姦猾狡詐之言所欺騙。因此,能尊崇禮運用禮,稱之爲有道之士;不尊崇禮不運用禮,稱之爲無道之民。道即恭敬謙讓之道嘛,所以用來侍奉宗廟就會生敬意,用來進入朝廷就會使貴賤都安於其位,用來安頓家庭就會使父子相親兄弟和睦,用來處置鄉里關係就會使長幼有序。"孔子在《孝經》中所説的"安定國家治理人民,没有比禮教更好的",也是指此事説的嘛。

【古注】

《注》 (一)道猶言也。環佩,佩環佩玉也,所以爲行節也。《玉藻》曰:"進則揖之,退則揚之,然後玉鏘鳴也。"環取其無窮止,玉則比德焉。孔子佩象環五寸,人君之環其制未聞也。鸞和皆鈴也,所以爲車行節也。《韓詩内傳》曰:"鸞在衡,和在軾前,升車則馬動,馬動則鸞鳴,鸞鳴則和應。"居處,朝廷與燕也。進退,行步與升車也。(二)器,謂所操以作事者也。義信和仁皆存乎禮。(三)衡,稱也。縣,謂錘也。陳,設,謂彈、畫也。誠猶審也,或作成。(四)隆禮,謂盛行禮也。方猶道也,《春秋傳》曰:"教之以義方。"

《音義》 圜音圓。縣音玄。

《疏》 從篇首孔子曰"入其國,其教可知也",至此"長幼有序",事相連接,皆是孔子之辭,記者録之。而爲記其理既盡,記者乃引孔子所作《孝經》之辭以結之,故云"此之謂也",言孔子所云者正此經之所謂也。"此之謂也"以後,則是記者廣明安上治民之義,非復孔子之言也。

26.3

【原文】

故朝覲之禮,所以明君臣之義也;聘問之禮,所以使諸侯相尊敬也;喪祭之禮,所以明臣子之恩也;鄉飲酒之禮,所以明長幼之序也;昏姻之禮,所以明男女之别也。夫禮,禁亂之所由生,猶坊止水之所自來也。故以舊坊爲無所用而壞之者,必有水敗;以舊禮爲無所用而去之者,必有亂患(一)。

故昏姻之禮廢,則夫婦之道苦,而淫辟之罪多矣;鄉飲酒之禮廢,則長幼之序失,而争鬬之獄繁矣;喪祭之禮廢,則臣子之恩薄,而倍死忘生者衆矣;聘覲之禮廢,則君臣之位失,諸侯之行惡,而倍畔侵陵之敗起矣(二)。

故禮之教化也微，其止邪也於未形，使人日徙善遠罪而不自知也。是以先王隆之也。《易》曰："君子慎始，差若豪氂，繆以千里。"此之謂也(三)。

【譯文】

本來朝覲這種禮，是用來明確君臣之義的嘛；聘問這種禮，用來使諸侯互相尊敬嘛；喪祭這種禮，用來表明臣下和兒子的報恩嘛；鄉飲酒這種禮，用來表明長幼的次序嘛；婚姻這種禮，用來表明男女的區別嘛。這禮，是禁止動亂所産生的源頭，就像隄防阻止洪水的奔來是同樣的道理嘛。所以認爲舊隄防没有什麽用從而將其毁壞的話，必將遭受水災；認爲舊時的禮教没有什麽用因而將其廢除的話，必將出現動亂帶來的憂患。

所以婚姻這種禮如果廢棄，夫婦的道路就會痛苦，進而淫亂邪僻的罪惡就會隨之多起來呀；鄉飲酒這種禮如果廢棄，長幼的秩序就會消失，繼而争鬬的獄訟就會頻繁發生呀；喪祭這種禮如果廢棄，臣下和兒子的報恩意識就會淡薄，所以背棄死者遺忘生者的人就會越來越多呀；聘問朝覲這些禮如果廢棄，君臣的地位就會失去秩序，諸侯的行爲險惡，因而背叛侵陵這些衰敗現象也會隨之而起呀。

所以禮的教化作用很微妙哩，它能在邪惡還没形成時就給止住，使人每天都在遠離罪過向好的方面轉化而自己却不知道哩。因此，早先的聖王推崇禮教哩。《易經》中有云："君子謹慎對待開始，開始倘若差錯毫釐，最終將會謬誤千里。"就是指此事説的嘛。

【古注】

《注》 (一)春見曰朝，小聘曰問，其篇今亡。昏姻，謂嫁娶也，壻曰昏，妻曰姻。自，亦由也。(二)苦，謂不至不答之屬。(三)隆，謂尊盛之也。始，謂其微時也。

《音義》 坊音房，本又作防。取，本亦作娶。辟，匹亦反 pì(ㄆㄧˋ)。豪，户刀反 háo(ㄏㄠˊ)，依字作毫。氂，李其反 lí(ㄌㄧˊ)，本又作釐。

【淺悟】

本篇的前兩節，孔穎達認爲是孔子所言，大致可信。的確，來到一個陌生國家，一看民衆的文化素養，即可知道這個國家的大體狀況了。在我們中國，一切文化現象都離不開"禮"，"禮"既是國家的門面，更是我們中華民族的標幟，關係到國家興衰、事業的成敗，即所謂"安上治民，莫善於禮"者也。

本篇的第三節，孔穎達認爲是記者廣明安上治民之義，此義大概是針對當時已經走向衰敗的朝政而發的吧？

孔子在《論語》中所説的"道之以政，齊之以刑，民免而無恥；道之以德，齊之以禮，有恥且格"，可與本篇互相發明。

哀公問第二十七

《疏》 案鄭《目録》云:"名曰《哀公問》者,善其問禮,著謚顯之也。此於《别録》屬通論。"但此篇哀公所問凡有二事,一者問禮,二者問政,問禮在前,問政在後。

27.1

【原文】

哀公問於孔子曰:"大禮何如?君子之言禮,何其尊也?"

孔子曰:"丘也小人,不足以知禮(一)。"

君曰:"否,吾子言之也。"

孔子曰:"丘聞之,民之所由生,禮爲大。非禮無以節事天地之神也;非禮無以辨君臣上下長幼之位也;非禮無以别男女父子兄弟之親、昏姻疏數之交也。君子以此之爲尊敬然(二),然後以其所能教百姓,不廢其會節(三);有成事,然後治其雕鏤、文章、黼黻以嗣(四);其順之,然後言其喪筭:備其鼎俎,設其豕腊、脩其宗廟,歲時以敬祭祀,以序宗族;即安其居,節醜其衣服,卑其宫室,車不雕幾,器不刻鏤,食不貳味,以與民同利。昔之君子之行禮者如此(五)。"

公曰:"今之君子胡莫之行也?"

孔子曰:"今之君子好實無厭,淫德不倦,荒怠敖慢,固民是盡,午其衆以伐有道,求得當欲,不以其所。昔之用民者由前,今之用民者由後。今之君子莫爲禮也(六)。"

【譯文】

魯哀公向孔子問道:"重大的禮該怎樣辦?君子他們談論禮時,爲什麽顯得那麽尊重呢?"

孔子説:"我孔丘是個小人物哩,不够資格了解禮。"

哀公説:"不然,先生談一談嘛。"

孔子説:"我聽説,人民所遵循的生存法則,禮的作用最大。没有禮就無法節制服事天地之間的神靈嘛;没有禮就無法辨别君臣上下長幼的地位嘛;

没有禮就無法區别男女父子兄弟這些親情、婚姻親疏遠近這些關係的交接嘛。君子因這些事所以尊敬禮，然後用自己的所能教給百姓，使他們不廢弛以上那些關係約會時的節操；這些事有了成效，然後治理那些雕鏤、文章、黼黻用來世代相承；百姓順適了這些事，然後教給他們喪祭的禮數：備辦烹飪和割牲肉用的鼎和俎，陳設祭奠用的豬和乾肉，脩整其宗廟，每年按時以恭敬之心去祭祀，連帶排列宗族内的次序；就近安頓自己的居處，節制自己跟同輩穿一樣低賤的衣裳服飾，居住低矮的宫室，車不雕飾，器物不刻鏤，食不二味，以此跟人民利害相共。昔日的君子所推行的禮教就像這樣。”

哀公問：“如今的君子，爲什麼没有這樣推行的呢？”

孔子説：“如今的君子貪婪無厭，惑亂德行不知疲倦，荒誕怠惰而且傲慢，已經把人民的財力耗盡，還要忤逆衆人的意願討伐有道的邦國，爲了求得符合自己的欲望，不惜使用歪門邪道。昔日的君子使用民財民力遵循前面的辦法，如今的君子使用民財民力遵循後面的辦法。如今的君子没有從事禮教的了。”

【古注】

《注》 (一)謙不答也。(二)言君子以此故尊禮。(三)君子以其所能於禮教百姓，使其不廢此上事之期節。(四)上事行於民有成功，乃後續以治文飾，以爲尊卑之差。(五)言，語也。筭，數也。即，就也。醜，類也。幾，附纏之也。言君子既尊禮，民以爲順，乃後語以喪祭之禮，就安其居處，正其衣服，教之節儉。與之同利者，上下俱足也。(六)實猶富也。淫，放也。固猶故也。午其衆，逆其族類也。當猶稱也。所猶道也。由前，用上所言。由後，用下所言。

《音義》 數，色角反 shuò(ㄕㄨㄛˋ)。腊音昔。幾音祈。午，王肅作迕，迕，逆也。

27.2

【原文】

孔子侍坐於哀公。

哀公曰：“敢問人道誰爲大？”

孔子愀然作色而對曰：“君之及此言也，百姓之德也，固臣敢無辭而對：人道政爲大(一)。”

公曰：“敢問何謂爲政？”

孔子對曰：“政者，正也，君爲正，則百姓從政矣。君之所爲，百姓之所從也；君所不爲，百姓何從(二)？”

公曰：“敢問爲政如之何？”

孔子對曰：“夫婦别，父子親，君臣嚴，三者正，則庶物從之矣(三)。”

公曰："寡人雖無似也，願聞所以行三言之道，可得聞乎(四)？"

孔子對曰："古之爲政，愛人爲大。所以治愛人？禮爲大；所以治禮？敬爲大；敬之至矣，大昏爲大，大昏至矣。大昏既至，冕而親迎，親之也；親之也者，親之也。是故君子興敬爲親，舍敬是遺親也。弗愛不親，弗敬不正。愛與敬，其政之本與(五)？"

公曰："寡人願有言，然，冕而親迎，不已重乎(六)？"

孔子愀然作色而對曰："合二姓之好，以繼先聖之後，以爲天地宗廟社稷之主，君何謂已重乎(七)？"

公曰："寡人固，不固，焉得聞此言也？寡人欲問，不得其辭，請少進(八)。"

孔子曰："天地不合，萬物不生。大昏，萬世之嗣也，君何謂已重焉？"孔子遂言曰："内以治宗廟之禮，足以配天地之神明；出以治直言之禮，足以立上下之敬；物恥足以振之，國恥足以興之。爲政先禮，禮其政之本與(九)？"孔子遂言曰："昔三代明王之政，必敬其妻子也，有道。妻也者，親之主也，敢不敬與？子也者，親之後也，敢不敬與？君子無不敬也，敬身爲大。身也者，親之枝也，敢不敬與？不能敬其身，是傷其親；傷其親，是傷其本；傷其本，枝從而亡。三者，百姓之象也：身以及身，子以及子，妃以及妃。君行此三者，則愾乎天下矣。大王之道也如此，則國家順矣(十)。"

【譯文】

孔子在魯哀公身旁陪坐。

哀公問："敢問人生道路什麽最重大？"

孔子臉色登時變得驚惶失措的樣子回答道："君上能關注到這樣的話題呢，乃是百姓的福分哩，所以臣下敢不加推辭地回答：人生道路政事最重大。"

哀公問："敢問如何解説處理政事？"

孔子答道："政事的要旨，就是公正嘛，君上處理政務公正，百姓就會服從政令呀。君上的所作所爲，乃是百姓他們所跟隨的表率嘛；君上要是無所作爲，百姓如何跟隨？"

哀公問："敢問怎樣處理政事？"

孔子答道："夫婦的差别，父子的親情，君臣的尊嚴，這三者能够端正，所有事物都會跟隨着端正起來呀。"

哀公説："寡人雖説不肖嘛，還是希望聽一聽如何實行這三句話的方法，可以説給我聽嗎？"

孔子答道："古時候執政者處理政事，把愛人放在首位；如何疏導愛人？禮教放在首位；如何整治禮教？尊敬放在首位；尊敬的極點呢，以天子諸侯的婚娶最重大，他們的婚娶要做到尊敬的極致呀。天子諸侯的婚娶既是尊敬的極致，君王就得身著冕服親自迎接，表示對夫人的親愛嘛；親愛夫人的用意呢，以換取夫人的親愛嘛。因此，君子提倡尊敬以使相互親愛，捨棄尊敬是會遺失相互的親愛嘛。不愛關係就不親密，不敬家道就不端正。愛和敬，應當是政事的根本吧？"

哀公說："寡人願意實行所說的三件事，不過，身著冕服而且親自迎接，不也太隆重了嗎？"

孔子臉色頓時變得憂懼的樣子回答說："合兩姓之好，使先聖的後嗣得以繼續，用以擔當天地宗廟社稷的祭主，君上爲何說太隆重啊？"

哀公說："寡人固陋，不固陋，怎麽能聽到這樣的開導呢？寡人想問，卻又找不到恰當的言辭，請再略微進益一些。"

孔子說："天地不合，萬物不會出生。天子諸侯的婚姻，關係到萬世的後嗣哩，君上爲何說太隆重呢？"孔子進而說道："成婚之後，内能脩治祭宗廟之禮，使之足以配享天地的神明；出來能脩治正直的教化之禮，足以樹立起君臣上下的相敬之風；臣下的職事遭受恥辱足以得到救助，君上治國遭受恥辱足以使之振興。主持國政首先要加强禮教，禮教應當是政事的根本吧？"孔子更進一步說道："過去夏商周三代賢明帝王的政教，必慎重對待其妻和子嘛，故而政治清明。妻的作用呢，親睦的主體嘛，敢不慎重對待麽？兒子的作用呢，父母的後嗣嘛，敢不慎重麽？君子没有不慎重對待的事物嘛，而以慎重對待自身最重大。身體是什麽，是父母的枝枒哩，敢不慎重對待麽？不能慎重對待自身，是傷害自己的雙親；傷害自己的雙親，就是傷害自己的根本；傷害自己的根本，枝枒隨即就消亡。自身、妻和子三者，是百姓的形象哩：拿自身推及到百姓之身，拿自己的孩子推及到百姓的孩子，拿自己的妻推及到百姓之妻，君上能推行這三事，這三事就會影響到全天下呀。早年太王古公亶父就是用這種方法嘛，所以各個國家無不順從呀。"

【古注】

《注》 （一）愀然，變動貌也。作猶變也。德猶福也。辭，讓也。（二）言君當務於政。（三）庶物，猶衆事也。（四）無似，猶言不肖。（五）大昏，國君取禮也。至矣，言至大也。興敬爲親，言相敬則親。（六）已猶大也。怪親迎乃服祭服。（七）先聖，周公也。（八）固、不固，言吾由鄙固故也。請少進，欲其爲言以曉己。（九）宗廟之禮，祭宗廟也。夫婦配天地，有日月之象焉，《禮器》曰："君在阼，夫人在房，大明升於東，月生於西，此陰陽之分，夫婦之位也。”直猶正也，正言，謂出政教也，政教有夫婦之禮焉，《昏義》曰：“天子聽外治，后聽内職，教順成俗，外内和順，國家理治，此之謂盛德。”物猶事也。事恥，臣恥也。振猶救也。國恥，君恥也。君臣之行有可恥者，禮足以救之，足以興復之。（十）愾猶至也。大王居豳爲狄所伐，乃曰：“土地所以養人也，君子不以其所養害所養。”乃去之岐。是言百姓之身猶吾身也，百姓之妻子猶吾之妻子也，不忍以土地之故而害之，去之岐而王迹興焉。

《音義》 愀，七小反 qiǎo（ㄑㄧㄠˇ）。愾，許乞反 xì（ㄒㄧˋ）。大王，大音泰。

《疏》 自此以下終篇末，皆侍坐時言也。此雲侍坐，則以前問者非侍坐時也。

27.3

【原文】

公曰：“敢問何謂敬身？”

孔子對曰：“君子過言則民作辭，過動則民作則。君子言不過辭，動不過則，百姓不命而敬恭，如是則能敬其身。能敬其身，則能成其親矣（一）。”

公曰：“敢問何謂成親？”

孔子對曰：“君子也者，人之成名也，百姓歸之名，謂之君子之子，是使其親爲君子也。是爲成其親之名也已。”孔子遂言曰：“古之爲政，愛人爲大。不能愛人，不能有其身；不能有其身，不能安土；不能安土，不能樂天；不能樂天，不能成其身（二）。”

公曰：“敢問何謂成身？”

孔子對曰：“不過乎物（三）。”

公曰：“敢問君子何貴乎天道也？”

孔子對曰：“貴其不已，如日月東西相從而不已也，是天道也；不閉其久，是天道也；無爲而物成，是天道也；已成而明，是天道也（四）。”

公曰：“寡人惷愚冥煩，子志之心也（五）。”

孔子蹴然辟席而對曰：“仁人不過乎物，孝子不過乎物。是故仁人之事親也，如事天，事天如事親，是故孝子成身（六）。”

公曰：“寡人既聞此言也，無如後罪何（七）。”

孔子對曰：“君之及此言也，是臣之福也（八）。”

【譯文】

哀公問：“敢問如何解釋慎重對待自身？”

孔子答道：“君子倘若言論有過錯民衆也會遵照錯誤的辭令去做，舉動有過錯民衆也會當作法則去效法。君子的言論不出現錯誤的辭令，舉動不出現過錯的法則，百姓不需命令也能尊敬地恭行，像這樣就是能慎重對待自身。能慎重對待自身，就能成就雙親的美名呀。”

哀公問：“敢問如何解説成就雙親的美名？”

孔子答道：“君子這一稱呼呢，是人有了成就的美名嘛，百姓歸附這個美名，稱他是君子的兒子，這就使其雙親成了君子嘛。這只是成就其雙親的美名而已。”孔子進而説道：“古時候的君子處理政事，把愛人放在首位。要是不能愛人，連自身也保不住；不能保全自身，就不能在故土安居；不能安居故土，就不能喜愛天命；不能喜愛天命，當然不能成就自身。”

哀公問：“敢問如何成就自身？”

孔子答道：“做事不要出現過錯。”

哀公問：“敢問君子爲何對天道那麼重視呢？”

孔子答道：“重視其不休止，就像日月東西相隨永不止息嘛，這就是天道哩；其永久不閉塞，這就是天道哩；無所作爲却能使萬物成長，這就是天道哩；已經成長就能够神明，這就是天道哩。”

哀公説：“寡人愚蠢、不明事理，先生心裏是知道的嘛。”

孔子露出恭敬的樣子避開坐席回答道：“仁人做事盡量不出過錯，孝子侍奉父母盡量不出過錯。因此，有仁德的孝子侍奉父母呢，如同侍奉天，侍奉天也如同侍奉父母，所以孝子能成就自身的美名。”

哀公説：“寡人已經聽到這番教誨了，就恐怕對以後的罪過無可奈何。”

孔子應對説：“君上能説出來這樣的話嘛，實在是臣民的福分哩。”

【古注】

《注》 (一)則，法也。民者，化君者也。君之言雖過，民猶稱其辭；君之行雖過，民猶以爲法。(二)有猶保也，不能保身者，言人將害之也。不能安土，動移失業也。不能樂天，不知己過而怨天也。(三)物猶事也。(四)已猶止也。是天道也者，言人君法之當如是也。日月相從，君臣相朝會也。不閉其久，通其政教不可以倦。無爲而成，使民不可以煩也。已成而明，照察有功。(五)志讀爲識，識，知也。冥煩者，言不能明理，此事子之心所知也，欲其要言使易行。(六)蹴然，敬貌。物猶事也。事親事天，孝敬同也，《孝經》曰：“事父孝，故事天明。”舉無過事，以孝事親，是所以成身。(七)既聞此言也者，欲勤行之也。無奈後日過於事之罪何，爲謙辭。(八)善哀公及此言。此言，善言也。

《音義》 惷，昌容反 chōng(ㄔㄨㄥ)，愚也。志，依《注》音識，徐(鍇)音試。蹴，子六反 cù(ㄘㄨˋ)。辟音避。

【淺悟】

本篇的對話，當在孔子周游列國返回之後。孔子時年在六十八至七十三歲之間。其時魯國政權操縱在季孫、叔孫、孟孫三家之手。哀公此問，也許是想有所作爲。但是正如他給自己的評價“寡人惷愚冥煩”一樣，是個毫無勇氣和魄力的人，終生受制於三家，只是可惜了孔子這番金玉良言。孔子此言不但適用於治國，同時也可作爲治理家庭以及一切行業和部門的指南。

哀公作了一點檢討，孔子立刻給以鼓勵和讚揚。由此可見，領導人的自我檢討是何等珍貴呀！不過只檢討是不夠的，關健在行動。

仲尼燕居第二十八

《疏》　案鄭《目録》云："名曰《仲尼燕居》者，善其不倦，燕居猶使三子侍之，言及於禮，著其字，言事可法。退朝而處曰燕居。此於《别録》屬通論。"此之一篇是仲尼燕居，子張、子貢、言游三子侍側，孔子爲説禮事。

28.1

【原文】

仲尼燕居，子張、子貢、言游侍，縱言至於禮(一)。子曰："居，女三人者，吾語女禮，使女以禮周流，無不徧也(二)。"

子貢越席而對曰："敢問何如(三)？"

子曰："敬而不中禮，謂之野；恭而不中禮，謂之給；勇而不中禮，謂之逆。"子曰："給奪慈仁(四)。"

子曰："師，爾過；而商也，不及。子産猶衆人之母也，能食之，不能教也(五)。"

子貢越席而對曰："敢問將何以爲此中者也？"

子曰："禮乎禮，夫禮所以制中也(六)。"

子貢退。

【譯文】

孔子退朝閒居，子張、子貢、子游在一旁陪侍，廣泛談論談到了禮。孔子説："坐，你們三個，我告訴你們有關禮的事，使你們用禮周旋流傳，傳遍天下没有行不通的地方哩。"

子貢從席位站起應聲道："敢問怎樣周旋？"

孔子説："尊敬如果不符合禮，這叫粗野；恭維如果不符合禮，這叫捷給；勇敢如果不符合禮，這叫逆亂。"孔子特别强調説："捷給的人能混亂與慈愛的仁者的差别。"

孔子説："顓孫師，你做事好超過限度；而卜商呢，又達不到限度。鄭國大夫子産猶如衆人的母親哩，能供應食物給他們，不能教育哩。"

子貢從席位站起應聲道："敢問將怎樣才能成爲這種既不超過又不會不及的適中者呢?"

孔子説："禮呀禮，這禮正是用來節制過與不及以達到適中的嘛。"

子貢退回到坐位上。

【古注】

《注》（一）言游，言偃子游也。縱言，汎説事。（二）居，女三人者，女三人且坐也，使之坐。凡與尊者言，更端則起。（三）對，應也。（四）奪猶亂也。巧言足恭之人似慈仁，實鮮仁，特言是者，感子貢也，子貢辯，近於給。（五）過與不及，言敏鈍不同，俱違禮也。衆人之母，言子産慈仁多，不矜莊，又與子張相反。子産嘗以其乘輿濟冬涉者，而輿梁不成，是慈仁亦違禮。（六）禮乎禮，唯有禮也。

《音義》給音急。食音嗣。

28.2

【原文】

言游進曰："敢問禮也者，領惡而全好者與(一)?"

子曰然。

"然則何如?"

子曰："郊社之義，所以仁鬼神也；嘗禘之禮，所以仁昭穆也；饋奠之禮，所以仁死喪也；射鄉之禮，所以仁鄉黨也；食饗之禮，所以仁賓客也(二)。"子曰："明乎郊社之義、嘗禘之禮，治國其如指諸掌而已乎。是故以之居處有禮，故長幼辨也；以之閨門之内有禮，故三族和也；以之朝廷有禮，故官爵序也；以之田獵有禮，故戎事閑也；以之軍旅有禮，故武功成也。是故宫室得其度，量鼎得其象，味得其時，樂得其節，車得其式，鬼神得其饗，喪紀得其哀，辨説得其黨，官得其體，政事得其施。加於身而錯於前，凡衆之動得其宜(三)。"子曰："禮者何也？即事之治也。君子有其事，必有其治。治國而無禮，譬猶瞽之無相與，倀倀乎其何之？譬如終夜有求於幽室之中，非燭何見？若無禮，則手足無所錯，耳目無所加，進退揖讓無所制。是故以之居處，長幼失其别，閨門三族失其和，朝廷官爵失其序，田獵戎事失其策，軍旅武功失其制，宫室失其度，量鼎失其象，味失其時，樂失其節，車失其式，鬼神失其饗，喪紀失其哀，辨説失其黨，官失其體，政失其施。加於身而錯於前，凡衆之動失其宜，如此則無以祖洽於衆也(四)。"

【譯文】

子游上前問道："敢問禮這事物，是防治邪惡並保全善良的麼?"

孔子説是這樣。

“那麼如何防治和保全？”

孔子説：“郊外祭天地的涵義，用來存慰鬼神嘛；嘗祭禘祭之禮，用來存慰祖先嘛；饋奠之禮，用來存慰死者和喪家嘛；鄉射鄉飲酒之禮，用來存慰同鄉人嘛；食饗之禮，用來存慰賓客嘛。”孔子接着又説：“對郊社之義，嘗禘之禮都明確了，治理國家應當像指點掌上之物那樣容易而已呀。所以用此道理使住所有禮，必定能辨别長幼嘛；用此道理使閨門之内有禮，祖孫三代必定會和睦嘛；用此道理使朝廷有禮，官階爵位必定有次序嘛；用此道理使田獵有禮，軍事訓練必定嫻熟嘛；用此道理使軍隊有禮，必能成就戰功嘛。正是這個緣故，宫室建造得到應有的法度，量具鼎器得到應有的法象，五味得到應有的時令，音樂得到應有的節奏，車輿得到應有的格式，鬼神得到應有的饗食，喪紀得到應有的哀悼，分辨解説詩書禮樂都能得到應有的黨類，官守得到應有的體統，政事得到應有的施爲。總之，禮不論加到身上還是安置在面前，凡是所有的行動都能做得正相宜。”孔子進一步開導説：“禮有什麽用呢？就眼下的事進行疏理嘛。君子出現某種事故，必有相應的禮去疏理。治國要是没有禮，比如盲人没有嚮導相伴，倀倀然他將怎麽走路？比如整夜在幽暗的屋内尋找東西，没有燭光如何能見到？倘若没有禮，手脚就没有地方安置，耳目就没有地方發揮作用，進退揖讓就没有依據裁制。因此，以這種狀態在住所，長幼就會失去應有的區别，家庭祖孫三代就會失去應有的和睦，朝廷上的官階爵位就會失去應有秩序，田獵和軍事訓練就會失去應有的策劃，軍隊的戰功就會失去應有的裁斷，宫室建造就會失去應有的法度，量具鼎器就會失去應有的法象，五味就會失去應有的時令，音樂就會失去應有的節奏，車輿就會失去應有的格式，鬼神就會失去應有的饗食，喪紀就會失去應有的哀悼，分辨解説詩書禮樂就會失去應有的黨類，官守就會失去應有的體統，政事就會失去應有的施爲。總之，這種狀態不論加到身上還是放置在事物面前，凡是所有的行動都不會做到正相宜，像這樣就無法跟大衆保持最初時的融洽了嘛。”

【古注】

《注》 （一）領猶治也。好，善也。（二）仁猶存也，凡存此者，所以全善之道也。郊社嘗禘饋奠，存死之善者也；射鄉食饗，存生之善者也。郊有后稷，社有句龍。（三）治國指諸掌，言易知也。郊社嘗禘，尊卑之事，有治國之象焉。辨，别也。三族，父子孫也。凡言得者，得法於禮也。量，豆區斗斛也。味，酸苦之屬也，四時有所多及，獻所宜也。式謂載也，所載有尊卑。辨禮之説，謂禮樂之官教學者，黨，類也。體，尊卑異而合同。（四）凡言失者，無禮故也。策，謀也。祖，始也。洽，合也。言失禮無以爲衆倡始，無以合和衆。

《音義》 倀，敕良反 chāng（ㄔㄤ），無見貌。

28.3

【原文】

子曰："慎聽之，女三人者！吾語女禮，猶有九焉，大饗有四焉。苟知此矣，雖在畎畝之中，事之，聖人已。兩君相見，揖讓而入門，入門而縣興；揖讓而升堂，升堂而樂闋；下管象武，夏籥序興；陳其薦俎，序其禮樂，備其百官，如此而后君子知仁焉。行中規，還中矩，和鸞中《采齊》，客出以《雍》，徹以《振羽》，是故君子無物而不在禮矣。入門而金作，示情也；升歌《清廟》，示德也；下而管象，示事也。是故古之君子，不必親相與言也，以禮樂相示而已(一)。"子曰："禮也者，理也；樂也者，節也。君子無理不動，無節不作。不能詩，於禮繆；不能樂，於禮素；薄於德，於禮虛(二)。"子曰："制度在禮，文爲在禮，行之其在人乎(三)？"

子貢越席而對曰："敢問夔其窮與(四)？"

子曰："古之人與？古之人也，達於禮而不達於樂，謂之素；達於樂而不達於禮，謂之偏。夫夔，達於樂而不達於禮，是以傳於此名也，古之人也(五)。"

【譯文】

孔子說："仔細聽着，你們三個人！我給你們講解的禮，還有九種，其中的大饗禮就有四項内容。如果能知道這些呢，縱然身在畎畝之中，一旦衆人擁戴他居君位，就是聖人呀。兩國的國君相見，互相揖讓着進門，進門時懸掛的樂器齊鳴；互相揖讓着升堂，升堂時懸樂停止擊奏；堂下管樂吹奏象武樂，與夏籥更番吹奏起舞；於是陳列出大饗用的薦羞俎肉，依次排列禮儀樂器的順序，備足所需的各種官員，如此之後君子便知道這是存撫他們。行走合乎規矩，周旋合乎法度，車鈴的聲音合乎《采齊》樂章的曲調，賓客出來使用歌曲《雍》歡送，禮畢演奏樂曲《振羽》撤下食具，所以君子没有一事不合乎禮呀。進門便鐘磬聲起，展示感情嘛；升堂時歌唱贊頌文王的《清廟》詩，展示德行嘛；堂下管樂吹奏武王伐紂的象舞曲，展示王業之事嘛。所以古時候的君子相會時，不必親自跟對方交談嘛，只是用禮樂相互表示而已。"孔子繼續說："禮的涵義呢，道理嘛；樂的涵義呢，節制嘛。君子没有道理的事不妄動，没有節制的事不妄作。不能誦詩，運用禮就會出現謬誤；不能習樂，運用禮就會失去文采；在德行上淺薄，運用禮等於形同虛設。"孔子强調說："制訂法度依據禮，文章所爲要依據禮，實行禮大概要靠人吧？”

子貢從席位站起應聲道：“敢問舜帝時的樂官夔難道禮也貧乏麼？”

孔子説：“夔不是古時候的人麼？古時候的人呢，對那種通達於禮而不通達於音樂的人，説他樸素；對那種通達於音樂而不通達於禮的人，稱他偏廢。這位夔，對音樂通達而對禮不通達，所以將這個通達音樂的名聲流傳至今哩，古時候的人是這樣嘛。”

【古注】

《注》 (一)猶有九焉，吾所欲語女餘有九也，但大饗有四。大饗，謂饗諸侯來朝者也。四者，謂金再作，升歌《清廟》、下管象也。事之，謂立置於位也。聖人已者，是聖人也。縣興，金作也。金再作者，獻主君又作也。下，謂堂下也。象武，武舞也。夏籥，文舞也。序，更也。堂下吹管，舞文武之樂更起也。知仁焉，知禮樂所存也。《采齊》《雍》《振羽》皆樂章也。《振羽》，《振鷺》及《雍》。金作示情也，賓主人各以情相示也，金性内明，象人情也。示德也，相示以德也，《清廟》頌文王之德。示事也，相示以事也，武象，武王之大事也。(二)繆，誤也。素猶質也。歌詩所以通禮意也，作樂所以同成禮文也，崇德所以實禮行也。《王制》曰：“樂正崇四術，立四教，順先王詩書禮樂以造士；春秋教以禮樂，冬夏教以詩書。王大子、王子、羣后之大子、卿大夫元士之適子，國之俊選，皆造焉。”則古之人皆知諸侯之禮樂。(三)文爲，文章所爲。(四)見其不達於禮。(五)素與偏，俱不備耳。夔達於樂，傳世名，此賢人也，非不能，非所謂窮。

《音義》 畎，古犬反 quǎn(ㄑㄩㄢˇ)。縣音玄。闋，苦穴反 què(ㄑㄩㄝˋ)。籥音藥。中，丁仲反 zhòng(ㄓㄨㄥˋ)。還音旋。齊，本又作薺，在細、在私二反 jì(ㄐㄧˋ)或 zì(ㄗˋ)。繆音謬。夔，求龜反 kuí(ㄎㄨㄟˊ)。

《疏》 自此以下，孔子揔爲三人説禮之大意，但於禮之内大饗爲重，故此經特明之。猶有九焉者，言上經所説禮外，猶有九事焉。大饗有四焉者，言九事之中，兩君相見大饗有四。謂賓初入門而縣興，揖讓而升堂，主人獻賓，賓飲訖而樂闋是一也；賓酢主人金奏作，主人飲畢而樂闋是二也；至工人升歌《清廟》是三也；歌畢堂下管象武是四也。苟知此矣，苟，誠也，謂誠能知此四事，其身雖在畎畝之中，衆人奉而事之，立置於位，戴以爲君，言如此者，是聖人也。

28.4

【原文】

子張問政。子曰：“師乎，前，吾語女乎，君子明於禮樂，舉而錯之而已(一)。”

子張復問。

子曰：“師，爾以爲必鋪几筵，升降酌獻酬酢，然後謂之禮乎？爾以爲必行綴兆、興羽籥、作鐘鼓，然後謂之樂乎？言而履之，禮也；行而樂之，樂也。君子力此二者，以南面而立，夫是以天下大平也：諸侯朝，萬物服體，而百官莫敢不承事矣。禮之所興，衆之所治也；禮之所廢，衆之所亂也。目巧之室，則有奧阼，席則有上下，車則有左右，行則有隨，立則有序，古之義也。室而無奧阼，則亂於堂室也；席而無上下，則亂於席上也；車而無左右，則亂於車也；行而無隨，則亂於塗也；立而無序，則亂於位也。昔聖帝明王諸侯，辨貴賤、長幼、遠近、男女、外內，莫敢相踰越，皆由此塗出也(二)。”

三子者，既得聞此言也，於夫子，昭然若發矇矣(三)。

【譯文】

子張問政事。孔子説：“顓孫師啊，往前點兒，我告訴你呀，君子首先把禮樂的意義搞明白，將其安放到政事上施行就是了。”

子張又問。

孔子説：“顓孫師，你以爲必須鋪設供奉神主的几筵，升堂下堂斟酒進獻賓主相互敬酒，然後才稱之爲禮嗎？你以爲必須舉行有着排成行列的樂隊，揮舞着羽籥，敲擊着鐘鼓，然後才稱之爲樂嗎？諾言能够履行，這就是禮嘛；行爲能使人歡樂，這就是樂嘛。君子力行這兩樣，在面朝南的位置上即天子位，這天下就會因此而太平哩：諸侯來朝、萬物都會出現祥瑞的徵兆，而且百官没有敢不承擔職事的呀。禮如果能够興盛，乃是民衆得以治理的保障嘛；禮要是被廢棄，乃是民衆作亂的根源哩。用目測技巧建造的宫室，就有尊長所居的奧位和主人所走的阼階、坐席就有上位下位、車上就有左位右位，行路就有少者在後相隨，站立就有長幼尊卑的次序，這是古時候的禮儀嘛。宫室如果没有奧阼，堂室的秩序就會紊亂嘛；坐席如果不分上下位，席上秩序就會紊亂嘛；車上如果不分左右位，車上的秩序就會紊亂嘛；行路如果没有前行後隨，路上的秩序就會紊亂嘛；站立如果没有次序，位置就會紊亂嘛。往昔聖明的帝王諸侯，辨别貴賤、長幼、遠近、男女、外內的秩序，没有人敢相互超越，都是從這條途徑引伸出來的嘛。”

這三位弟子，在夫子身邊聽完這番講解呢，明顯地表露出好像盲人見到了光明的樣子啊。

【古注】

《注》 (一)言禮樂足以爲政也。錯猶施行也。(二)服體，體服也，謂萬物之符長，皆來爲瑞應也。衆之所治，衆之所以治也。衆之所亂，衆之所以亂也。目巧，謂但用巧目善意作室，不由法度，猶有奧阼賓主之處也。自目巧以下，古今常事，不可廢改也。(三)乃曉禮樂不可廢改之義也。

《音義》 樂之，音洛。符長，符謂甘露醴泉之屬，長謂麟鳳五靈之屬。

【淺悟】

孔子説的“明乎郊社之義，嘗禘之禮，治國其如指諸掌而已乎”這句話，該怎麼理解呢？請看，郊指祭天，社指祭地，嘗祭和禘祭都是盛大的祭祖活動。祭天地和祭祖，目的都是感恩，感念大自然和祖先的養育之恩。明確了這一意義，將其制定成禮制，使每個人都樹立起感恩思想，治理國家還會困難麽？

感恩的禮、高雅的音樂，是中華文化的標識，越在窮困時，這一標識越清晰。

孔子閒居第二十九

《疏》 案鄭《目録》云："名曰《孔子閒居》者，善其無倦而不褻，猶使一弟子侍，爲之説《詩》著其氏，言可法也。退燕避人曰閒居。此於《别録》屬通論。"

29.1

【原文】

孔子閒居，子夏侍。

子夏曰："敢問《詩》云：'凱弟君子，民之父母。'何如斯可謂民之父母矣(一)？"

孔子曰："夫民之父母乎？必達於禮樂之原，以致五至而行三無，以横於天下，四方有敗，必先知之。此之謂民之父母矣(二)。"

子夏曰："民之父母既得而聞之矣，敢問何謂五至？"

孔子曰："志之所至，詩亦至焉；詩之所至，禮亦至焉；禮之所至，樂亦至焉；樂之所至，哀亦至焉，哀樂相生。是故正明目而視之，不可得而見也；傾耳而聽之，不可得而聞也；志氣塞乎天地。此之謂五至(三)。"

子夏曰："五至既得而聞之矣，敢問何謂三無？"

孔子曰："無聲之樂，無體之禮，無服之喪，此之謂三無。"

子夏曰："三無既得略而聞之矣，敢問何詩近之(四)？"

孔子曰："'夙夜其命宥密'，無聲之樂也；'威儀逮逮，不可選也'，無體之禮也；'凡民有喪，匍匐救之'，無服之喪也(五)。"

子夏曰："言則大矣、美矣、盛矣！言盡於此而已乎？"

孔子曰："何爲其然也！君子之服之也，猶有五起焉(六)。"

子夏曰："何如？"

孔子曰："無聲之樂，氣志不違；無體之禮，威儀遲遲；無服之喪，内恕孔悲。無聲之樂，氣志既得；無體之禮，威儀翼翼；無服之喪，施及四國。無聲之樂，氣志既從；無體之禮，上下和同；無服之喪，以畜萬邦。無聲之樂，日聞四方；無體之禮，日就月將；無服之喪，純德孔明。無聲之樂，氣志既起；無體之禮，施及四海；無服之喪，施于孫子(七)。”

【譯文】

孔子在家閒居，子夏在一旁陪侍。

子夏問：“敢問《詩經·大雅·泂酌》中所説的‘和樂平易的君子，是人民的父母’，怎麽樣才可以稱得上人民的父母呀？”

孔子説：“這人民的父母嗎？他必須通曉禮樂的本原，從而達到五至以及實行三無，使之充滿天下，不論哪裏發生災禍，必先知其情由。這才堪稱人民的父母呀。”

子夏説：“民之父母的涵義已經聽明白了，敢問什麽是五至？”

孔子説：“君的恩意所到達的民間，言志的詩歌也就到了那裏；詩歌所到達的處所，禮的規範也就到了那裏；禮的規範所到之處，歡樂也就到了那裏；歡樂所到之處，悲哀也就到了那裏，悲哀和歡樂從來都是交相發生的。這些事故縱然擦亮眼睛去看，也不可能見到哩；側耳細聽這種聲音，也不可能聽到哩；但是恩意却像氣體般塞滿天下。這就是五至。”

子夏説：“五至的涵義已經聽明白了，敢問什麽是三無？”

孔子説：“没有聲音的歡樂，没有形體的禮儀，没有喪服的喪事，這就是三無。”

子夏説：“三無已能大略聽懂一些而已，敢問什麽詩跟三無的意思相近？”

孔子説：“《詩經·周頌·昊天有成命》中説的‘晝夜謀劃教命以使百姓寬和静謐’，這屬於無聲的歡樂嘛；《詩經·邶風·柏舟》中説的‘威儀文雅而且安和，讚美聲不可勝算哩’，這屬於没有形體的禮儀嘛；《詩經·邶風·谷風》中説的‘尋常人家遭喪亂，盡心盡力去賙救’，這屬於没有喪服的喪事嘛。”

子夏説：“詩所表達的意境實在重大呀、美滿呀、豐盛呀！表達的意境全在這裏就完了嗎？”

孔子説：“怎麽會是那樣呢！君子他們反復誦習這些詩呢，還能從中得到五種啟發呀。”

子夏問：“怎麽啟發？”

孔子説：“没有聲音的歡樂，不會違背君的氣志；没有形體的禮儀，威儀從容不迫；没有喪服的喪事，内存寬厚外表甚悲。没有聲音的歡樂，君所施的像氣體般充滿天地的恩意已經獲得；没有形體的禮儀，威儀恭敬謹慎；没有喪服的喪事，蔓延到四周臨國。無聲之樂，君的氣志已經使人民順從；無體之禮，使上下和睦同心；無服之喪，使天下各國競相孝順。無聲之樂，日漸傳布到天下各地；無體之禮，天天有成就月月有進展；無服之喪，使純正的德行大放光明。無聲之樂，君的氣志使民間盡受啟發；無體之禮，蔓延到四海；無服之喪，向子孫延續。”

【古注】

《注》 （一）凱弟，樂易也。（二）原猶本也。横，充也。敗，謂禍裁也。（三）凡言志者，至於民也。志，謂恩意也，言君恩意至於民，則其詩亦至也。詩，謂好惡之情也。自此以下皆謂民之父母者，善推其所有，以與民共之。人耳不能聞，目不能見，行之在胸心也。塞，滿也。（四）於意未察，求其類於詩，詩長人情。（五）詩讀“其”爲基，聲之誤也，基，謀也。密，静也。言君夙夜謀爲政教以安民，則民樂之，此非有鐘鼓之聲也。逮逮，安和之貌也，言君之威儀安和逮逮然，則民傚之，此非有升降揖讓之禮也。救之，賙恤之，言君於民有喪，有以賙恤之，則民傚之，此非有衰絰之服。（六）言盡於此乎，意以爲説未盡也。服猶習也，君子習讀此詩，起此詩之義，其説有五也。（七）不違者，民不違君之氣志也。孔，甚也。施，易也。從，順也。畜，孝也，使萬邦之民競爲孝也。就，成也；將，大也，使民之傚禮日有所成，至月則大矣。起猶行也。

《音義》 凱，本又作愷，邱在反 kǎi（ㄎㄞˇ）。弟，本又作悌，徒禮反 tì（ㄊㄧˋ）。其命，依《注》音基。宥音又。施，以豉反 yì（ㄧˋ），易也。選，宣面反 suàn（ㄙㄨㄢˋ），同算。畜，許六反 xù（ㄒㄩˋ）。

《疏》 《詩》云：“凱弟君子，民之父母”者，此《詩·大雅·泂酌》之篇，美成王之德。“夙夜基命宥密”者，此《詩·周頌·昊天有成命》之篇。“威儀逮逮，不可選也”者，此《詩·邶風·柏舟》之篇。“凡民有喪，匍匐救之”者，此《詩·邶風·谷風》之篇，謂人君見民有死喪，則匍匐往賙救之，民皆傚傚之，此非有衰絰之服，故云無服之喪也。

29.2

【原文】

子夏曰：“三王之德，參於天地。敢問何如斯可謂參於天地矣？”

孔子曰：“奉三無私以勞天下（一）。”

子夏曰：“敢問何謂三無私？”

孔子曰：“天無私覆，地無私載，日月無私照。奉斯三者以勞天下，此之謂三無私。其在《詩》曰：‘帝命不違，至于湯齊；湯降不遲，聖敬日齊。昭假遲遲，上帝是祗；帝命式于九圍。’是湯之德也（二）。

“天有四時，春秋冬夏，風雨霜露，無非教也。地載神氣，神氣風霆，風霆流形，庶物露生，無非教也（三）。

“清明在躬，氣志如神，嗜欲將至，有開必先，天降時雨，山川出雲。其在《詩》曰：‘嵩高惟嶽，峻極于天。惟嶽降神，生甫及申。惟申及甫，惟周之翰。

四國于蕃，四方于宣。'此文武之德也[四]。三代之王也，必先其令聞，《詩》云：'明明天子，令聞不已。'三代之德也[五]；'弛其文德，協此四國。'大王之德也[六]。"

子夏蹶然而起，負牆而立曰："弟子敢不承乎！"

【譯文】

子夏問："夏禹殷湯周文三位帝王的德行，與天地之德並列爲三。敢問他們怎麽可以稱得上與天地之德並列爲三呀？"

孔子説："他們奉行三無私來慰勞天下。"

子夏問："敢問什麽是三無私？"

孔子説："天覆蓋萬物没有偏私，地承載萬物没有偏私，日月照耀萬物没有偏私。奉行這三樣恩德來慰勞勸勉天下，這就叫三無私。這在《詩經·商頌·長發》中的説法是：'不違背天帝的使命，直到成湯登上王位；湯禮賢下士不遲延，聖明恭敬日益齋莊。光明到來百姓和舒，由此受到天帝敬重；天帝任命成湯在九州用事。'這是成湯的德行嘛。

"天有四季變化，春生夏長秋殺冬藏，風雨霜露滋養萬物，無處不是傳授嘛。地承載着神妙之氣，神妙之氣變化成風雷，風雷流布其形迹，衆物露芽萌生，無處不是傳授嘛。

"聖人清静明光之德在身，像氣體充滿天地般的恩澤有如神明，君臨天下的嗜欲將至，開創基業必先擁有賢能的輔佐，就像天降時雨，山川必先出現雲霧一樣。這種現象在《詩經·大雅·嵩高》中的説法是：'五嶽的嵩山，高聳入雲天。只有高山能够降神明，降生出甫侯和申伯。有謀略的甫侯和申伯，成爲周朝的楨幹之臣。周圍各國爲之屏蕃，周朝的德政四處宣揚。'這是文王武王德行的寫照嘛。夏商周三代的帝王呢，必定都是先使自己樹立起好名聲，《詩經·大雅·江漢》中有云：'明察秋毫的天子，好名聲傳揚不止。'説的是三代帝王的德行嘛；詩中還説：'施行禮樂教化的德政，協和這些四周的國家。'説的是周太王的德行嘛。"

子夏急忙起身，背靠牆站着説："弟子敢不承奉教誨嗎！"

【古注】

《注》 （一）三王，謂禹湯文王也。參天地者，其德與天地爲三也。勞，勞來。（二）帝，天帝也。《詩》讀"湯齊"爲湯躋，躋，升也。降，下也。齊，莊也。昭，明也。假，至也。祗，敬也。式，用也。九圍，九州之界也。此《詩》云：殷之先君，其爲政不違天之命，至於湯，升爲君，又下天之政教甚疾，其聖敬日莊嚴，其明道至於民遲遲然安和，天是用敬之，命之用事於九州，謂使王也。是湯之德者，是湯奉天無私之德也。(三)言天之施化收殺,地之載生萬物,此非有所私也。無非教者,皆人君所當奉行以爲政教。(四)清明在躬,氣志如神,謂聖人也。嗜欲將至,謂其王天下之期將至也。神有以開之,必先爲之生賢知之輔佐,若天將降時雨,山川爲之先出雲矣。峻,高大也。翰,幹也,言周道將興,五嶽爲之生賢輔佐,仲山甫及申伯爲周之幹臣,天下之蕃衛,宣德於四方,以成其王功。此文武之德也,是文王武王奉天地無私之德也。此宣王詩也。文武之時,其德如此,而詩無以言之,取類以明之。(五)令,善也。言以明德善聞,天乃命之王也。不已,不倦止也。(六)弛,施也。協,和也。大王,文王之祖。周道將興,始有令聞。(七)承,奉承不失隊也。起負牆者,所問竟,辟後來者。

《音義》 勞,力報反 lào(ㄌㄠˋ)。湯齊,依《注》音躋,子兮反 jī(ㄐㄧ)。日齊,側皆反 zhāi(ㄓㄞ)。假音格。蹶,居衛反 guì(ㄍㄨㄟˋ)。

《疏》 其在《詩》曰"帝命不違……"者,此《詩·商頌·長發》之篇。其在《詩》曰"嵩高惟嶽……"者,此《詩·大雅·嵩高》之篇。《詩》云"明明天子,令聞不已"者,此《詩·大雅·江漢》之篇。"弛其文德,協此四國",此亦《江漢》之詩,接"令聞不已"之下。

【淺悟】

創造中華文化的始祖們,將執政者比喻成民之父母,這是多麼有深意的確切比喻啊!世上只有不孝的子女,決無不愛子女的父母。如果執政者能够像愛自己子女那樣愛百姓,他必會受到百姓的衷心擁護,社會必會長治久安。但在家天下的時代裏,執政者不可能做到視民如子,於是便有了朝代的不斷更替。

坊記第三十

《疏》 案鄭《目録》云："名《坊記》者，以其記六藝之義，所以坊人之失者也。此於《別録》屬通論。"坊防，古字通用。

30.1

【原文】

子言之："君子之道，辟則坊與？坊民之所不足者也(一)。大爲之坊，民猶踰之(二)。故君子禮以坊德，刑以坊淫，命以坊欲(三)。"

子云："小人貧斯約，富斯驕；約斯盗，驕斯亂(四)。禮者，因人之情而爲之節文，以爲民坊者也。故聖人之制富貴也，使民富不足以驕，貧不至於約，貴不慊於上，故亂益亡(五)。"

子云："貧而好樂，富而好禮，衆而以寧者，天下其幾矣(六)！《詩》云：'民之貪亂，寧爲荼毒(七)？'故制國不過千乘，都成不過百雉，家富不過百乘。以此坊民，諸侯猶有畔者(八)。"

【譯文】

孔子對弟子説："君子的引導，猶如效法堤防吧？堤防民衆中那些不值得引導的人嘛。大力設置這種堤防，那些人依然會越過去。所以君子用禮來堤防道德流失，用刑罰來堤防淫邪浸入，用教令來堤防貪欲泛濫。"

孔子説："小人貧困就露出卑下相，富有就驕傲自大；卑下就可能偷盗，驕傲就可能作亂。這禮，正是循着人的情感而爲之節制文飾，用來作爲民衆的堤防嘛。早先聖人節制富有、貧困和顯貴呢，使人富有後不至於驕傲、貧困時不至於卑下、顯貴後對上頭不會懷恨不滿，所以亂風亂俗就會逐漸消亡嘛。"

孔子説："貧困能够喜愛樂觀，富有能够好禮，家族人多勢衆能够依照安寧處世的，天下恐怕極少啊！《詩經·大雅·桑柔》中有云：'民衆他們貪財作亂，難道可以被其殘害？'所以節制諸侯國的兵車不得超過千乘，都邑建成面積不得超過百雉，卿大夫家的財富不得超過百乘之賦。用這種辦法堤防人，諸侯中仍有叛逆的。”

【古注】

《注》 (一)民所不足，謂仁義之道也，失道則放辟邪侈也。(二)言嚴其禁尚不能止，況不禁乎？(三)命謂教令。(四)約猶窮也。(五)此節文者，謂農有田里之差、士有爵命之級。慊，恨、不滿之貌也。慊或爲嫌。(六)言如此者寡也。寧，安也。大族衆家恒多作亂。(七)言民之貪爲亂者，安其荼毒之行惡之也。(八)古者方十里，其中六十四井出兵車一乘，此兵賦之法也，成國之賦千乘。雉，度名也，高一丈、長三丈爲雉，百雉爲長三百丈，方五百步。子男之城方五里。百雉者，此謂大都，三國之一。

《音義》 辟，匹亦反 pì(ㄆㄧˋ)，徐又音譬。慊，苦簟反 qiǎn(ㄑㄧㄢˇ)。荼音徒。

《疏》 此篇凡三十九章，此下三十八章悉言“子云”，唯此一章稱“子言之”者，以是諸章之首，一篇揔要，故重之，特稱子言之也。

30.2

【原文】

子云：“夫禮者，所以章疑別微，以爲民坊者也。故貴賤有等，衣服有別，朝廷有位，則民有所讓(一)。”

子云：“天無二日，土無二王，家無二主，尊無二上，示民有君臣之別也。《春秋》不稱楚越之王喪。禮，君不稱天，大夫不稱君，恐民之惑也(二)。《詩》云：‘相彼盍旦，尚猶患之(三)。’”

子云：“君不與同姓同車、與異姓同車不同服，示民不嫌也。以此坊民，民猶得同姓以弒其君(四)。”

子云：“君子辭貴不辭賤，辭富不辭貧，則亂益亡(五)。故君子與其使食浮於人也，寧使人浮於食(六)。”

子云：“觴酒豆肉，讓而受惡，民猶犯齒；衽席之上，讓而坐下，民猶犯貴；朝廷之位，讓而就賤，民猶犯君(七)。《詩》云：‘民之無良，相怨一方；受爵不讓，至于己斯亡(八)。’”

子云：“君子貴人而賤己，先人而後己，則民作讓。故稱人之君曰君，自稱其君曰寡君(九)。”

子云：“利禄先死者而後生者，則民不偝；先亡者而後存者，則民可以託(十)。《詩》云：‘先君之思，以畜寡人(十一)。’以此坊民，民猶偝死而號無告(十二)。”

【譯文】

孔子説：“這禮呢，是用來彰明疑惑辨別隱微，以此作爲人的堤坊而存在的嘛。所以貴賤有了等級,衣服有了差别,朝廷上有了位次,人們就會有所謙讓。”

孔子説:“天上没有兩個太陽,國土没有兩個君王,家庭没有兩個主人,尊位没有兩個長上,向人們昭示有主次的分别嘛。《春秋經》不書録楚君和越君僭稱王號的喪葬。禮制規定,國君不得稱天,大夫不得稱君,恐怕人們産生疑惑嘛。逸《詩》有云:‘觀察那隻夜鳴求天明的盍旦鳥,尚且還憂慮它的想入非非。’”

孔子説:“國君不與同姓的宗親同乘一輛車,與異姓同車不穿相同的衣服,向人們展示不會生出嫌疑嘛。用這種辦法堤防人,有的人依然會利用同姓的宗親殺其國君。”

孔子説:“君子辭謝顯貴不辭却卑賤,辭謝富裕不辭却貧困,作亂的事件就會逐漸消亡。所以君子與其使俸禄勝過自身的能力呢,寧願使自身的能力勝過所得的俸禄嘛。”

孔子説:“飲酒吃肉,謙讓並接受最差的,仍然有人會觸犯年長者;衽席之上,謙讓並坐在下首,仍然有人會觸犯尊貴者;朝廷的位次,謙讓而且就賤位,仍然有人會觸犯地位在上者。《詩經·小雅·角弓》中有云:‘人的心地不善良,凡事互相怨恨對方;接受爵禄不謙讓,以至搞得身敗名裂。’”

孔子説:“君子尊重别人而輕賤自己,先滿足别人而後考慮自己,民間就會興起謙讓之風。所以稱呼人家的國君要説國君,向人家稱呼自己的國君要説寡君。”

孔子説:“財利榮禄先歸功於死者而後歸於生者,人們就不會背離;先賜予死亡者而後賜予生存者,人們就可以依託。《詩經·邶風·燕燕》中有云:‘要對先君多思念,孝敬我這守寡人。’用這樣的辦法堤防人,有的人依然背棄死者而使老弱呼號無處申告。”

【古注】

《注》 (一)位,朝位也。(二)楚越之君僭號稱王。不稱其喪,謂不書葬也。《春秋傳》曰:“吴楚之君不書葬,辟其僭號也。”臣者天君,稱天子爲天王;稱諸矦不言天公,辟王也;大夫有臣者稱之曰主,不言君,辟諸矦也。此者皆爲使民疑惑,不知孰者尊也。《周禮》曰:“主友之讎,視從父昆弟。”(三)盍旦,夜鳴求旦之鳥也,求不可得也,人猶惡其欲反晝夜而亂晦明,況於臣之僭君求不可得之類亂上下惑衆也。(四)同姓者,謂先王先公子孫有繼及之道者也,其非此則無嫌也。僕右恒朝服,君則各以時事,唯在軍同服爾。(五)亡,無也。(六)食,謂禄也。在上曰浮,禄勝己則近貪,己勝禄則近廉。(七)犯猶僭也。齒,年也。禮,六十以上籩豆有加,貴秩異者。(八)良,善也,言無善之人,善遥相怨,貪爵禄,好得無讓,以至亡已。(九)寡君,猶言少德之君,言之謙。(十)言不偷於死亡,則於生存信。(十一)此衛夫人定姜之詩也。定姜無子,立庶子衎,是爲獻公。畜,孝也。獻公無禮於定姜,定姜作詩言獻公當思先君定公,以孝於寡人。(十二)死者見僨,其家之老弱號呼稱冤,無所告無理也。

30.3

【原文】

子云:"有國家者,貴人而賤禄,則民興讓;尚技而賤車,則民興藝[一]。故君子約言,小人先言[二]。"

子云:"上酌民言,則下天上施。上不酌民言,則犯也;下不天上施,則亂也[三]。故君子信讓以涖百姓,則民之報禮重[四]。《詩》云:'先民有言,詢于芻蕘[五]。'"

子云:"善則稱人,過則稱己,則民不争;善則稱人,過則稱己,則怨益亡。《詩》云:'爾卜爾筮,履無咎言[六]。'"子云:"善則稱人,過則稱己,則民讓善。《詩》云:'考卜惟王,度是鎬京;惟龜正之,武王成之[七]。'"子云:"善則稱君,過則稱己,則民作忠。《君陳》曰:'爾有嘉謀嘉猷,入告爾君于内,女乃順之于外曰:此謀此猷,惟我君之德。於乎,是惟良顯哉[八]!'"子云:"善則稱親,過則稱己,則民作孝。《大誓》曰:'予克紂,非予武,惟朕文考無罪;紂克予,非朕文考有罪,惟予小子無良[九]。'"

【譯文】

孔子説:"有國有家的諸侯和卿大夫,尊重人才而輕視爵禄,民間就會興起謙讓之風;崇尚技能而輕視車服,民間就會興起學藝之風。過去君子少説話多做事,小人先説話後做事。"

孔子説:"上頭斟酌吸取民間的獻言,下面就會像遵循天道那樣服從上頭的政教措施。上頭不斟酌吸取民間的獻言,下面就會冒犯哩;下面不像遵循天道那樣服從上頭的政教措施,世道就會混亂哩。舊日君子用誠信謙讓來治理百姓,民衆就會用效死的重禮相酬報。《詩經·大雅·板》中有云:'古代賢君擬訂政教,必向草野之民詢謀。'"

孔子説:"好事就稱説别人,過錯就歸爲自己,人們就不會争執;好事就稱説别人,過錯就歸爲自己,怨恨就會逐漸消亡。《詩經·衛風·氓》中有云:'你占卜你占筮,卦中没説有過失。'"孔子還説:"好事就稱别人,過錯就歸爲自己,人們遇到好事就會互相遜讓。《詩經·大雅·文王有聲》中云:'考核占卜裁決在王,卦兆顯示定都鎬京;是龜作出這般考正,由武王將京都建成。'"孔子還説:"好事就稱頌君王,過錯就歸爲自己,民間就會興起忠厚之風。《尚書·君陳》中有云:'你有好謀略好計劃,進入內宮稟告你的君王,你對外乃順水推舟地宣稱:作出這些謀略和計劃,只有我們君王才具備這樣的德行。嗚呼,這只有良臣顯揚君王啊!'"孔子又説:"好事就稱頌父母,過錯就歸咎自己,民間就會興起孝敬之風。《尚書·泰誓下》中有云:'我若能戰勝殷紂,並非因爲我的武功,由於我父文王無辜;要是殷紂戰勝我,並非因爲我先父文王有罪,而是由於小子我没有好品德。'"

【古注】

《注》 (一)言人君貴尚賢者能者,而不吝於班禄賜車服,則讓道興,賢者能者人所服也。技猶藝也。(二)言人尚德不尚言也。約與先互言爾,君子約則小人多矣,小人先則君子後矣。《易》曰:"君子以多識前言,往行以畜其德。"(三)酌猶取也,取衆民之言以爲政教,則得民心;得民心則恩澤所加,民受之如天矣,言其尊。(四)涖,臨也。報禮重者,猶言能死其難。(五)先民,謂上古之君也。詢,謀也。芻蕘,下民之事也。言古之人君將有政教,必謀之於庶民乃施之。(六)爾,女也。履,禮也。言女鄉卜筮,然後與我爲禮,則無咎惡之言矣。言惡在己,彼過淺。(七)度,謀也。鎬京,鎬宫也。言武王卜而謀居此鎬邑,龜則出吉兆正之,武王築成之。此臣歸美於君。(八)君陳,蓋周公之子,伯禽弟也,名篇在《尚書》,今亡。嘉,善也。猷,道也。於乎是惟良顯哉,美君之德。(九)《大誓》,《尚書》篇名也。克,勝也。非予武,非我武功也。文考,文王也,無罪則言有德也。無良,無功善也。此武王誓衆以伐紂之辭也。今《大誓》無此章,則其篇散亡。

《音義》 芻,初俱反 chú(ㄔㄨˊ)。蕘,如遥反 ráo(ㄖㄠˊ)。度,徒洛反 duó(ㄉㄨㄛˊ)。鎬,胡老反 hào(ㄏㄠˋ)。大誓,大音泰,本亦作泰。

30.4

【原文】

子云:"君子弛其親之過,而敬其美(一)。"《論語》曰:"三年無改於父之道,可謂孝矣(二)。"高宗云:"三年其惟不言,言乃讙(三)。"

子云:"從命不忿,微諫不倦,勞而不怨,可謂孝矣(四),《詩》云'孝子不匱(五)'。"

子云:"睦於父母之黨,可謂孝矣(六)。故君子因睦以合族(七)。《詩》云:'此令兄弟,綽綽有裕;不令兄弟,交相爲瘉(八)。'"

子云:"於父之執,可以乘其車,不可以衣其衣,君子以廣孝也(九)。"

子云:"小人皆能養其親,君子不敬,何以辨(十)?"

子云:"父子不同位,以厚敬也(十一)。《書》云:'厥辟不辟,忝厥祖(十二)。'"

子云:"父母在,不稱老,言孝不言慈,閨門之内戲而不歎(十三)。君子以此坊民,民猶薄於孝而厚於慈。"

子云:"長民者,朝廷敬老則民作孝(十四)。"

子云:“祭祀之有尸也,宗廟之有主也,示民有事也。脩宗廟,敬祀事,教民追孝也(十五)。以此坊民,民猶忘其親。”

【譯文】

孔子説:“君子忘却自己父母的過失,而敬重他們的美德。”在《論語》中説:“長期没改變父親的教導,可以稱得上孝順啦。”

殷高宗説:“守孝三年之内不談論政事,待到談論時便使天下都歡喜。”

孔子説:“接受父母的指令不能表現得忿悶;對其過失當在初露端倪時宛言勸諫而不倦,憂愁勞苦而不埋怨,可以稱得上孝順啦,正如《詩經·大雅·既醉》中所説的‘孝子的孝心不會窮盡’。”

孔子説:“能跟父母的親族和睦相處,可以稱得上考順啦。舊日的君子遵循和睦的原則聚合族人,《詩經·小雅·角弓》中有云:‘彼此友善的兄弟,相互寬容而富裕;不能友善的兄弟,交相指責挑毛病。’”

孔子説:“對於父親的執友,可以乘他的車,不可以穿他的衣服,君子認爲這樣可以擴大孝道嘛。”

孔子説:“小人都能贍養自己的父母,君子要是不尊敬,二者將如何辨别?”

孔子説:“父子不能處在同等的位置上,爲了增加敬意嘛。《尚書·太甲上》中有云:‘那君王不能盡君王之道,必將辱没其先祖。’”

孔子説:“父母健在,子女不得稱老,只談自己的孝行不談父母的慈愛,閨門之内可以嬉戲而不可以歎氣。君子用這樣的禮教堤防人,有的人仍然行孝淡薄却要求父母的慈愛更濃厚。”

孔子説:“撫養人民的天子諸戾,能在朝廷中尊敬老者就會使民間興起孝敬之風。”

孔子説:“祭祀之所以有代神受祭的尸、宗廟之所以有神主呢,是爲了向人們昭示到處都有需服事的尊者嘛。脩治宗廟,恭敬地祭祀和侍奉,是在教給人們追補行孝嘛。用這些禮教堤防人,有的人仍會遺忘自己的父母之恩。”

【古注】

《注》 (一)弛猶棄忘也,孝子不藏識父母之過。(二)不以己善駮親之過。(三)高宗,殷王武丁也,名篇在《尚書》。三年不言,有父小乙喪之時也。讙當爲歡,聲之誤也。其既言,天下皆歡喜,樂其政教也。(四)微諫不倦者,子於父母尚和順,不用鄂鄂。《論語》曰:“事父母幾諫,見志不從,又敬不違。”《内則》曰:“父母有過,下氣怡色柔聲以諫;諫若不入,起敬起孝,説則復諫。”此所謂不倦。(五)匱,乏也,孝子無乏止之時。(六)睦,厚也;黨猶親也。(七)合族,謂與族人燕與族人食。(八)令,善也。綽綽,寬容貌。交猶更。瘉,病也。(九)父之執,與父執志同者也。可以乘其車,車於身差遠也,謂今與己位等。(十)辨,别也。(十一)同位,尊卑等;爲其相褻。(十二)厥,其也。辟,君也。忝,辱也。爲君不君,與臣子相褻,則辱先祖矣。君父之道宜尊嚴。(十三)孝上施,言慈則嫌下流也。戲,謂孺子言笑者也,《孟子》曰"舜年五十而不失其孺子之心"。歎,謂有憂戚之聲也。(十四)長民,謂天子諸侯也。(十五)有事,有所尊事。

《音義》 弛,式氏反 shǐ(ㄕˇ)。瘉,羊主反 yù(ㄩˋ)。辟不辟,並必亦反 bì(ㄅㄧˋ)。忝,他玷反 tiǎn(ㄊㄧㄢˇ)。長民,丁丈反 zhǎng(ㄓㄤˇ)。

《疏》 上文承"善則稱親,則民作孝",故此一節廣明爲孝之道以坊於民,民猶有亡孝之事。君子弛其親之過者,謂若親有過失,孝子棄忘之,不藏記在心也。

30.5

【原文】

子云:"敬則用祭器(一)。故君子不以菲廢禮,不以美没禮(二)。故食禮,主人親饋則客祭,主人不親饋則客不祭。故君子苟無禮,雖美不食焉。《易》曰:'東鄰殺牛,不如西鄰之禴祭,寔受其福(三)。'《詩》云:'既醉以酒,既飽以德(四)。'以此示民,民猶争利而忘義。"

子云:"七日戒,三日齊,承一人焉以爲尸,過之者趨走,以教敬也(五)。醴酒在室,醍酒在堂,澄酒在下,示民不淫也(六)。尸飲三,衆賓飲一,示民有上下也(七)。因其酒肉,聚其宗族,以教民睦也(八)。故堂上觀乎室,堂下觀乎上(九)。《詩》云:'禮儀卒度,笑語卒獲(十)。'"

【譯文】

孔子説:"尊敬的場合就得使用祭器。舊日的君子不因來賓的禮物菲薄而廢棄禮,不因來賓的禮物豐美而超過禮。所以飲食之禮,主人親自行饋食禮賓客就祭食,主人不親自行饋食禮賓客就不祭食。舊日的君子如果受到無禮的待遇,縱然肴饌豐美也不吃呀。《易經·既濟卦》中有云:'東方鄰國殺牛盛祭,不如西方鄰國舉行儉樸的禴祭更能受到上天賜予的實在福分。'《詩經·大雅·既醉》中有云:'既醉飲美酒,又飽受恩德。'用這些事實向人們昭示,有的人仍然爲了争利而忘義。"

孔子説:"祭前七天戒酒葷,三天清潔身心,承奉一人尊之爲尸,從尸面前經過的話需急步走,用來教育人尊敬嘛。醴酒在室内,醍酒在堂上,澄酒在堂下,用這些淡酒向人們昭示不可貪淫烈酒嘛。尸飲罷三巡,衆賓客飲一巡,向人們昭示有上下之别嘛。憑藉祭祀的酒肉,聚集起全宗族的人相互敬酒，以此教育人們相親睦嘛。所以堂上的人向内室觀摩，堂下的人向堂上觀摩。《詩經·小雅·楚茨》中有云：‘禮儀盡合乎法度，笑語盡獲得節制。’”

【古注】

《注》 （一）祭器，籩豆簠簋之屬也，有敬事於賓客則用之謂饗食也。盤盂之屬爲燕器。（二）言不可以其薄不及禮而不行禮，亦不可以其美過禮而去禮，禮主敬，廢滅之是不敬。（三）東鄰，謂紂國中也。西鄰，謂文王國中也。此辭在《既濟》。《既濟》《離》下《坎》上，《離》爲牛，《坎》爲豕，西鄰禴祭則用豕，與言殺牛而凶，不如殺豕受福，喻奢而慢不如儉而敬也。《春秋傳》曰："黍稷非馨，明德惟馨"，信矣。（四）言君子饗燕非專爲酒肴，亦以觀威儀講德美。（五）戒，謂散齊也。承猶事也。（六）淫猶貪也。澄酒，清酒也。三酒尚質不尚味。（七）上下，猶尊卑也。主人主婦上賓獻尸，乃後主人降，洗爵獻賓。（八）言祭有酒肉，羣昭羣穆皆至，而獻酬之咸有薦俎。（九）謂祭時肅敬之威儀也。（十）卒，盡也。獲，得也。言在廟中者不失其禮儀，皆歡喜得其節也。

《音義》 菲，芳鬼反 fěi（ㄈㄟˇ），薄也。禴音藥。寔，時力反 shí（ㄕˊ），《易》作實。齊，側皆反 zhāi（ㄓㄞ）。醍音體。度如字，法度也。

30.6

【原文】

子云："賓禮每進以讓；喪禮每加以遠：浴於中霤，飯於牖下，小斂於户内，大斂於阼，殯於客位，祖於庭，葬於墓，所以示遠也（一）。殷人弔於壙，周人弔於家，示民不偝也（二）。"

子云："死，民之卒事也，吾從周（三）。以此坊民，諸侯猶有薨而不葬者。"

子云："升自客階，受弔於賓位，教民追孝也（四）。未没喪，不稱君，示民不争也。故魯《春秋》記晉喪曰：'殺其君之子奚齊，及其君卓（五）。'以此坊民，子猶有弒其父者（六）。"

子云："孝以事君，弟以事長，示民不貳也。故君子有君不謀仕，唯卜之日稱二君（七）。喪父三年，喪君三年，示民不疑也（八）。父母在，不敢有其身，不敢私其財，示民有上下也（九）。故天子四海之内無客禮，莫敢爲主焉。故君適其臣，升自阼階，即位於堂，示民不敢有其室也（十）。父母在，饋獻不及車馬，示民不敢專也（十一）。以此坊民，民猶忘其親而貳其君。"

【譯文】

孔子説："接待賓客之禮，每走進一處都需讓先；居喪之禮，每增加一事都要遠離一些：在室中央爲死者洗身，在窗下飯含，小斂在門内穿衣，大斂在阼階入棺，棺柩停在西階客位，出殯前在中庭舉行祖奠，埋葬要到墓地，用來表示逐漸遠離嘛。殷朝人到墓穴處弔喪，周朝人到喪者家中弔喪，昭示人們不要背棄死者嘛。”

孔子説：“死，人的最後一樁事嘛，我遵從周朝的禮制。用這樣的制度堤防人，諸侯中仍然有君薨而不下葬的事。”

孔子説：“送葬回來孝子從賓客走的西階登上廳堂，在賓客的位子上接受弔唁，這是教給人們追補行孝嘛。喪期未結束，嗣子不得稱君，向人民表示不争權位嘛。所以魯國《春秋》記載晉國的喪事寫道：‘晉臣里克殺其國君的兒子奚齊，又殺了新立的國君卓。’用這樣的警告堤防人，仍然有兒子弑自己父親的事發生。”

孔子説：“用孝道服事君王，用悌道服事尊長，這是向人們表示没有二心嘛。所以君王的嗣子當君父健在時不謀劃繼位的事，只有君父有故爲之占卜的時候自稱副君。喪父守孝三年，喪君同樣守喪三年，這是向人們昭示君王的地位不容懷疑嘛。父母健在，自身不敢獨斷專行，不敢私自積攢錢財，這是向人顯示要有上下的屬性嘛。所以天子四海之内没有客禮，因爲没有人敢擔當他的主人。所以君王到其臣屬那裏，從阼階上去，在大堂就坐，這是向人昭示在君王之前不敢有自己的宫室嘛。父母健在，兒子不論饋贈還是進獻均不得使用像車馬那樣貴重的物品，這是向人們展示不敢專斷嘛。用這些禮教堤防人，依然有人忘記自己的父母而對其君王懷有二心。”

【古注】

《注》 (一)遠之所以崇敬也。阼或爲堂。(二)既葬哀而哭踊，於是弔之。(三)周於送死尤備。(四)謂反哭時也。既葬矣，猶不由阼階，不忍即父位也。(五)没，終也，《春秋傳》曰：“諸侯於其封内三年稱子，至其臣子踰年則謂之君矣。”奚齊與卓子皆獻公之子也，獻公卒，其年奚齊殺，明年而卓子殺矣。(六)弑父，不子之甚。(七)不貳，不自貳於尊者也。自貳，謂若鄭叔段者也。君子有君，謂君之子父在者也；不謀仕，嫌遲爲政也。卜之日，謂君有故而爲之卜也。二當爲貳。唯卜之時辭得曰“君之貳某”爾。晉惠公獲於秦，命其大夫歸擇立君曰：“其卜貳圉”也。(八)不疑於君之尊也。君無骨肉之親，不重其服，至尊不明。(九)身及財皆當統於父母也。有猶專也。(十)臣亦統於君。(十一)車馬，家物之重者。

30.7

【原文】

子云：“禮之先幣帛也，欲民之先事而後禄也(一)。先財而後禮，則民利(二)；無辭而行情，則民争(三)。故君子於有饋者，弗能見，則不視其饋(四)。《易》曰：‘不耕穫，不菑畬，凶(五)。’以此坊民，民猶貴禄而賤行(六)。”

子云：“君子不盡利以遺民(七)。《詩》云：‘彼有遺秉，此有不斂穧，伊寡婦之利[八]。'故君子仕則不稼，田則不漁，食時不力珍，大夫不坐羊，士不坐犬[九]。《詩》云：'采葑采菲，無以下體；德音莫違，及爾同死[十]。'以此坊民，民猶忘義而爭利，以亡其身。"

子云："夫禮，坊民所淫，章民之别，使民無嫌，以爲民紀者也[十一]。故男女無媒不交，無幣不相見，恐男女之無别也[十二]。以此坊民，民猶有自獻其身[十三]。《詩》云：'伐柯如之何？匪斧不克；取妻如之何？匪媒不得；蓺麻如之何？横從其畝；取妻如之何？必告父母[十四]。'"

【譯文】

孔子説："相見禮要在饋贈幣帛之前進行哩，這是希望人們先做事然後謀求俸禄嘛。要是先饋贈幣帛然後行相見禮，就會引誘人們貪利；没等辭讓就徑直表達私情，就會誘發人們爭鬬。所以君子對待饋贈禮物的人，如果不能會見人家，就不接納人家的饋贈。《易經·无妄卦》爻辭有云：'不耕作妄圖有收穫，不墾荒妄圖有熟田，凶。'用這樣的警語堤防人，有的人仍然重視俸禄而輕賤做事。"

孔子説："君子不把差不多掏光的利益遺留給别人。《詩經·小雅·大田》中有云：'那邊有成把遺漏的禾穀，此處有没打綑的散穀子，讓那可憐的寡婦拾點利。'舊日的君子出仕就不稼穡，田獵就不打漁，吃四季的産物不力求珍羞美味，大夫不坐羊皮墊，士不坐狗皮墊。《詩經·邶風·谷風》中有云：'拔蘿卜拔大頭芥，不要拔斷地下莖；不要違背山盟海誓，我願與你同生共死。'用這樣的教誨堤防人，有的人仍然忘義而爭利，以致遭殺身之禍。"

孔子説："這禮，是堤防人們所淫亂的事，彰明人與人的區别，使人們之間没有嫌疑，用來作爲人們行爲的綱紀嘛。所以未婚男女没有媒人不交往，没有彩禮不相見，就是恐怕男女之間没有區别嘛。用這些規矩堤防人，有的人仍然私下以身相許。《詩經·齊風·南山》中有云：'如何砍斧柄？非斧頭不行；如何娶妻？非媒妁不成；如何種麻？交錯在田間；如何娶妻？必須禀告父母。'"

【古注】

《注》（一）此禮謂所執之贄以見者也，既相見，乃奉幣帛以修好也。或云：禮之先辭而後幣帛。（二）財，幣帛也，利猶貪也。（三）辭，辭讓也，情主利欲也。（四）饋，遺也。不能見，謂有疾也。不視，猶不内也。（五）言必先種之乃得穫，若先菑乃得畬也，安有無事而取利者乎？田一歲曰菑，二歲曰畬，三歲曰新田。（六）行猶事也，言務得其禄不務其事。（七）不與民爭利也。（八）言穫者之遺餘，捃拾所以爲利。（九）食時，謂食四時之膳也。力猶務也。天子諸侯有秩膳，古者殺牲食其肉，坐其皮。不坐羊犬，是不無故殺之。（十）葑，蔓菁也，陳宋之間謂之葑。菲，蒠類也。下體，謂其根也。采葑菲之菜者，采其葉而食之，無以其根美則并取之，苦則棄之，并取之是盡利也。此《詩》故親今疏者，言人之交當如采葑采菲，取一善而已，君子不求備於一人。能如此，則德美之音不離令名，我願與女同死矣。《論語》曰："故舊無大故，則不棄也。"（十一）淫猶貪也。章，明也。嫌，嫌疑也。（十二）重男女之會，所以遠别之於禽獸也。有幣者必有媒，有媒者不必有幣，仲春之月會男女之時不必待幣。（十三）獻猶進也。（十四）伐柯，伐木以爲柯也。克，能也。蓺猶樹也。横從，横行治其田也。言取妻之法必有媒，如伐柯之必須斧也。取妻之道必告父母，如樹麻當先易治其田。

《音義》 菑，側其反 zī（ㄗ）。畬音餘。積，子賜反 jì（ㄐㄧˋ）。從，子容反 zōng（ㄗㄨㄥ）。

《疏》 案《爾雅·釋地》云："田一歲曰菑，二歲曰新田，三歲曰畬。"此云三歲曰新田者，誤也。"

30.8

【原文】

子云："取妻不取同姓，以厚别也(一)。故買妾不知其姓，則卜之(二)。以此坊民，魯《春秋》猶去夫人之姓曰'吳'，其死曰'孟子卒(三)'。'"

子云："禮，非祭，男女不交爵(四)。以此坊民，陽侯猶殺繆侯而竊其夫人(五)。故大饗廢夫人之禮(六)。"

子云："寡婦之子，不有見焉，則弗友也，君子以辟遠也(七)。故朋友之交，主人不在，不有大故，則不入其門(八)。以此坊民，民猶以色厚於德。"

子云："好德如好色(九)，諸侯不下漁色(十)。故君子遠色以爲民紀，故男女授受不親(十一)；御婦人則進左手(十二)；姑姊妹女子子已嫁而反，男子不與同席而坐(十三)；寡婦不夜哭(十四)；婦人疾，問之，不問其疾(十五)。以此坊民，民猶淫泆而亂於族(十六)。"

子云："昏禮，壻親迎，見於舅姑；舅姑承子以授壻，恐事之違也(十七)。以此坊民，婦猶有不至者(十八)。"

【譯文】

孔子説："娶妻不娶同姓，爲了加大區别嘛。過去買妾不知其姓，就爲她占卜確定去留。用這樣的禮制堤防人，魯國《春秋》仍然隱去昭公夫人的真姓姬而稱'吳'，記載她的死稱'孟子卒'。"

孔子説："禮制規定，不是祭祀場合，男女不得相互敬酒。用這種規定堤防人，陽侯還是殺了繆侯並竊據了他的夫人。所以此後大宴賓客便廢除了夫人參與的禮制。"

孔子說："寡婦的兒子，不是有見地的那類，就不跟他結交，君子爲了避嫌而遠離嘛。所以朋友之交，主人不在的情況下，不是發生大的變故，就不進他的家門。用這樣的辦法堤防人，人們仍然把姿色看得比道德重。"

孔子說："愛好道德要像愛好姿色一樣，諸侯就不會到下面網羅美色。舊日的君子遠離女色以此作爲人民的法紀，所以男女不親手交接物品；爲婦人駕車就伸出左手握繮繩；已出嫁的姑媽、姊妹、女兒如果回來，男人不跟她們同席而坐；寡婦不在夜間哭泣；婦人生病，探問她，不問她生什麼病。用這些規矩堤防人，有的人依然縱欲放蕩而且把族内搞得亂作一團。"

孔子說："婚禮規定，結婚時女壻要親自到女家迎娶，先跟岳父岳母相見；岳父岳母對女子懲戒一番把她交給女壻，恐怕女兒服事夫家有違公爹公婆之命嘛。用這種辦法堤防人，媳婦中依然有做不到的。"

【古注】

《注》 （一）厚猶遠也。（二）妾言買者，以其賤，同之於衆物也。士庶之妾恒多凡庸，有不知其姓者。（三）吳大伯之後，魯同姓也，昭公取焉，去姬曰吳而已至其死，亦略云"孟子卒"，不書夫人某氏薨，"孟子"蓋其且字。（四）交爵，謂相獻酢。（五）同姓也，以貪夫人之色至殺君而立，其國未聞。（六）大饗，饗諸侯來朝者也，夫人之禮使人攝。（七）有見，謂睹其才藝也。同志爲友。（八）大故，喪病。（九）此句似不足，《論語》曰"未見好德如好色"，疾時人厚於色之甚而薄於德也。（十）謂不内取於國中也，内取國中爲下漁色，昏禮始納采，謂采擇其可者也。國君而内取，象捕魚然，中網取之是無所擇。（十一）不親者，不以手相與也。《内則》曰："非祭非喪，不相授器。其相授，則女受以篚；其無篚，則皆坐奠之而後取之。"（十二）御者在右前左手，則身微背之。（十三）女子十年而不出也，嫁及成人可以出矣，猶不與男子共席而坐，遠別。（十四）嫌思人道。（十五）嫌媚，略之也。問增損而已。（十六）亂族，犯非妃匹也。（十七）舅姑，妻之父母也。妻之父爲外舅，妻之母爲外姑。父戒女曰：夙夜無違命；母戒女曰：毋違宫事。（十八）不至，不親夫以孝舅姑也。《春秋·成公九年》："春二月，伯姬歸於宋。夏五月，季孫行父如宋致女。"是時宋共公不親迎，恐其有違而致之也。

《音義》 繆侯，繆音穆。妃匹，妃音配，音如字。

【淺悟】

中華文化中的禮，其另一主要功能是"防"，堤防人們誤入歧途，即本篇的主題。本篇引用的孔子之言，與孔子在《論語》中的一貫主張基本一致，統屬人類共有的寶貴財富。

子云："夫禮，坊民所淫，章民之别，使民無嫌，以爲民紀者也。"

在人類社會中，永遠存在着君臣、父子、男女、長幼、貧富、貴賤、智愚、强弱等等差别。有差别就會産生矛盾糾紛。禮正是爲了平衡矛盾糾紛、使對立雙方和諧相處而存在的。中華文化講究"禮尚往來"，君與臣、父與子、男與女、貧與富之間的或交叉的往來，如果各角色都能自覺依照禮來規範各自的行爲，就可避免矛盾糾紛的發生。

比如貧與富之間，使貧者樂觀，富者好禮，還會起糾紛麽？

再比如父子之間，父母的首要責任是領導，帶領並引導子女健康成長；領導必須莊重才有威信；有了威信之後再跟子女建立如同朋友般的關係——所謂朋友，並非現今世俗逢人便互相稱呼的那種朋友；中華文化中的朋友，指的是同師加同志——學習同樣的道德規範又有相同的人生追求，子女必定孝敬。如果拋開領導責任，一味强調世俗那種所謂的朋友關係，最終誰將駕馭誰那就難説了，哪裏還談得上孝道！不過家庭内部的糾紛切勿對簿公堂，那樣只會激化矛盾，加深仇恨。

中華文化强調的“男女有别”，是從人性的根本考慮的。《禮運》有云：“飲食男女，人之大欲存焉。”就是説，飲食和男女情愛，是人類第一位的欲望。尤其是男女情愛，横加限制或放縱，都會引發意想不到的糟糕後果。所以只能加强禮教，使男女雙方都能自覺潔身自好、堅守貞操，才能防患於未然。自從那種男女無别的大開放、大暴露的風氣刮進中國以來，由於缺乏“天敵”，致使反人性的同性戀及毁滅人類的艾滋病迅速在中華這片浄土蔓延，假如中華文化不加大力度進行自我防範，而是一味拿舶來的藥方套用於中國，恐怕更嚴重的災難很快又會接踵而至。

文中多次使用“以此坊民，民猶如何如何”這樣的警語，我想，到了這一步，無情的刑罰也會失去效力。這就等於告訴我們：必須毫不懈怠地一以貫之地加强禮的規範作用，以不負中華祖先創造的如此優秀的文化的苦心。

什麽是文化？凡是遵循天道法則亦即大自然規律的學問、科技、教育、藝術、道德規範、風俗習慣等，稱之爲文化。中華祖先五千年前創造的中華文化，正是這樣的文化。那些爲了滿足貪欲、不惜以破壞大自然從而也毁壞着包括人類在内的萬物的生存環境爲代價的哲學、科技、教育、文藝等，無論其打出怎樣冠冕堂皇的招牌，也不配稱爲文化；熱衷於此的人，必將成爲後世子孫的罪人。

中庸第三十一

《疏》 案鄭《目錄》云:"名曰:《中庸》者,以其記中和之爲用也。庸,用也。孔子之孫子思伋作之,以昭明聖祖之德。此於《別錄》屬通論"。

朱熹《中庸章句》(以下簡稱《章句》) 子程子曰:"不偏之謂中,不易之謂庸。中者,天下之正道;庸者,天下之定理。"此篇乃孔門傳授心法,子思恐其久而差也,故筆之於書,以授孟子。其書始言一理,中散爲萬事,末復合爲一理,"放之則彌六合,卷之則退藏於密",其味無窮,皆實學也。善讀者玩索而有得焉,則終身用之有不能盡者矣。

31.1

【原文】

天命之謂性,率性之謂道,脩道之謂教(一)。道也者,不可須臾離也,可離非道也(二)。是故君子戒慎乎其所不睹,恐懼乎其所不聞(三),莫見乎隱,莫顯乎微,故君子慎其獨也(四)。喜怒哀樂之未發,謂之中;發而皆中節,謂之和。中也者,天下之大本也;和也者,天下之達道也(五)。致中和,天地位焉,萬物育焉(六)。

【譯文】

天所賦予的自然稟賦叫做性,遵循本性所走的路叫做道,脩治正道推而廣之叫做教。這正道呢,不可片刻離開嘛,可離開的就不是正道了。由於這個緣故,君子在别人看不到的地方也會謹慎警戒自己的行爲,在别人聽不見的地方也會惶恐畏懼生怕自己偏離正道,不讓隱蔽的邪念出現,不使微小的過失顯露,所以君子總是審慎對待自己獨處時的一舉一動嘛。喜怒哀樂在没抒發時,稱這種狀態爲中;抒發出來能都合乎節度,稱這種現象爲和。這中呢,是天下最大的根本嘛;這和呢,是天下四通八達的道路嘛。致力於中正和諧,天地就會得其正位,萬物就能正常繁育生長呀。

【古注】

《注》 (一)天命,謂天所命生人者也,是謂性命。木神則仁,金神則義,火神則禮,水神則信,土神則知。《孝經説》曰:"性者,生之質,命人所稟受度也。"率,循也,循性行之是謂道。脩,治也,治而廣，之人放傚之，是曰教。(二)道猶道路也，出入動作由之，離之惡乎從也？(三)小人閒居爲不善，無所不至也。君子則不然，雖視之無人，聽之無聲，猶戒慎恐懼自脩正，是其不須臾離道。(四)慎獨者，慎其閒居之所爲。小人於隱者，動作言語自以爲不見睹，不見聞，則必肆盡其情也；若有佔聽之者，是爲顯見，甚於衆人之中爲之。(五)中爲大本者，以其含喜怒哀樂，禮之所由生，政教自此出也。(六)致，行之至也。位猶正也。育，生也，長也。

《疏》 天命之謂性者，天本無體亦無言語之命，但人感自然而生，有賢愚吉凶，若天之付命遣使之然，故云天命。但人自然感生，有剛柔好惡，或仁或義或禮或知或信，是天性自然，故云謂之性。率性之謂道，率，循也；道者，通物之名，言依循性之所感而行，不令違越，是之曰道，感仁行仁感義行義之屬不失其常，合於道理，使得通達，是率性之謂道。脩道之謂教，謂人君在上，脩行此道以教於下，是脩道之謂教也。

《章句》 (一)命猶令也，性即理也。天以陰陽五行化生萬物，氣以成形，而理亦賦焉，猶命令也。於是人物之生，因各得其所賦之理，以爲健順五常之德，所謂性也。率，循也。道猶路也。人物各循其性之自然，則其日用事物之間莫不各有當行之路，是則所謂道也。脩，品節之也。性道雖同，而氣稟或異，故不能無過不及之差。聖人因人物之所當行者而品節之，以爲法於天下，則爲之教，若禮樂刑政之屬是也。蓋人知己之有性，而不知其出於天；知事之有道，而不知其由於性；知聖人之有教，而不知其因吾之所固有者裁之也。故子思於此首發明之，而董子所謂“道之大原出於天”，亦此意也。(二、三)離，去聲。道者，日用事物當行之理，皆性之德而具於心，無物不有，無時不然，所以不可須臾離也。若其可離，則豈率性之謂哉？是以君子之心常存敬畏，雖不見聞、亦不敢忽，所以存天理之本然而不使離於須臾之頃也。(四)見音現。隱，暗處也。微，細事也。獨者，人所不知而己所獨知之地也。言幽暗之中，細微之事，跡雖未形而幾則已動，人雖不知而己獨知之，則是天下之事無有著見明顯而過於此者。是以君子既常戒懼，而於此尤加謹焉，所以遏人欲於將萌，而不使其潛滋暗長於隱微之中，以至離道之遠也。(五)樂音洛。中節之“中”，去聲。喜怒哀樂，情也；其未發，則性也。無所偏倚，故謂之中。發皆中節，情之正也，無所乖戾，故謂之和。大本者，天命之性、天下之理皆由此出，道之體也。遠道者，循性之謂，天下古今之所共由，道之用也。此言性情之德以明道不可離之意。(六)致，推而極之也。位者，安其所也。育者，遂其生也。自戒懼而約之，以至於至静之中無少偏倚而其守不失，則極其中而天地位矣。自謹獨而精之，以至於應物之處無少差謬而無適不然，則極其和而萬物育矣。蓋天地萬物本吾一體，吾之心正，則天地之心亦正矣；吾之氣順，則天地之氣亦順矣，故其效驗至於如此。此學問之極功，聖人之能事，初非有待於外，而脩道之教亦在其中矣。是其一體一用雖有動静之殊，然必其體立而後用有以行，則其實亦非有兩事也。故於此合而言之，以結上文之意。右第一章。子思述所傳之意以立言：首明道之本原出於天而不可易，其實體備於己而不可離；次言存養省察之要；終言聖神功化之極。蓋欲學者於此反求諸身而自得之，以去夫外誘之私而充其本然之善，楊氏所謂“一篇之體要”是也。其下十章，蓋子思引夫子之言以終此章之義。

【淺悟】

此章所云，發人深省，感慨繫之。

世上萬物，除了人類之外，没有哪一物種不在遵循着天道法則，依靠自身的本性來維持生存和蕃衍生息的。植物就不必説了。所有的草食和肉食動物，終生只做三件事：飲食、睡眠、養育後代。此三事既是維持生命最基本的條件，又是其終生的最高要求，當其滿足了這些要求後，對其天性所需之外的一切決無非分之想。

我們這些萬物之靈的人類則不同。我們人類則是吃着碗裹的、盯着鍋裹的，你争我搶，可謂貪得無厭，欲壑難填，把大地母親糟踐得千瘡百孔，面目全非。對大自然瘋狂掠奪的結果，使大氣受到越來越嚴重的污染，節令人不守時、風雨無常，病菌變異，動植物種羣不斷減少乃至滅絶，各種災變頻繁出現，生態再也無法平衡，以致河流、湖泊、海洋、雪山、冰蓋、森林、沙漠等等不斷惡化，這一切，無一不與人類的活動密切相關，真不知大地母親還能經得起幾年折騰！禽獸在哺乳期間尚且能够做到不喂飽幼崽自己決不肯進食，而作爲萬物之靈的我們，在瘋狂掠奪、大肆揮霍的時候，難道一點也不考慮後世子孫的活路嗎？他們可都是我們的親骨肉呀！

我們的具有善良的大智慧的祖先，在文字發明之初，便將醞釀了無數代的成熟思想記載下來，創造出了以天道法則爲支柱的中華文化，以此引領我們"參天地之化育"。本章所述的正是如何遵循天道，化育萬物。天道是不朽的，中華文化是用天道法則貫穿起來的，當然也不朽。

31.2

【原文】

仲尼曰："君子中庸，小人反中庸。君子之中庸也，君子而時中；小人之中庸也，小人而無忌憚也(一)。"

子曰："中庸其至矣乎？民鮮能久矣(二)。"

【譯文】

仲尼説："君子遵守中和爲平常事，小人違反中和爲常事。君子對待中庸之道的態度呢，君子立身行事能合乎時宜並保持中和；小人對待中庸之道的態度嘛，小人立身行事却表現得肆無忌憚哩。"

孔子説："中庸莫非是最難達到的嗎？人們很少能長久力行此道呀。"

【古注】

《注》(一)庸，常也，用中爲常道也。反中庸者，所行非中庸，然亦自以爲中庸也。君子而時中者，其容貌君子而又時節其中也。小人而無忌憚，其容貌小人又以無畏難爲常行，是其反中庸也。(二)鮮，罕也。言中庸爲道至美，顧人罕能久行。

《章句》 (一)右第二章。中庸者，不偏不倚、無過不及而平常之理，乃天命所當然，精微之極致也。唯君子爲能體之，小人反是。王肅本作"小人之反中庸也"，程子亦以爲然，今從之。君子之所以爲中庸者，以其有君子之德，而又能隨時以處中也。小人之所以反中庸者，以其有小人之心，而又無所忌憚也。蓋中無定體，隨時而在，是乃平常之理也。君子知其在我，故能戒謹不睹，恐懼不聞，而無時不中。小人不知有此，則肆欲妄行而無所忌憚矣。此下十章皆論中庸以釋首章之義，文雖不屬，而意實相承也。變"和"言"庸"者，游氏曰"以性情言之，則曰中和；以德行言之，則曰中庸"是也。然中庸之中,實兼中和之義。(二)右第三章。鮮,上聲,下同。過則失中,不及則未至,故惟中庸之德爲至。然亦人所同得,初無難事;但世教衰,民不興行,故鮮能之,今已久矣。《論語》無"能"字。

【淺悟】

中庸這一概念,鄭玄的解釋應當是對的,即"用中爲常道",拿現在話説就是:用中和作爲常行之道。但不知從何時開始,人們將中庸這一概念硬給説成是儒家的最高道德標準,這是毫無道理也是毫無根據的。究其原因,大概是錯誤地理解了"中庸其至矣乎"這句話所致。這句話在《論語》中是這樣説的:"中庸之爲德也,其至矣乎?"雖多出"之爲德也"四個字,其涵義實際是一樣的。對此,拙著《論語淺悟》曾作過辨解,在此不妨重述一遍。

"中庸其至矣乎"一語,歷來都被認定爲感嘆句。若是感嘆,用一"矣"字足够了,何必加一"乎"字?假如爲了加强語氣,那也應當加"哉",而不是"乎",因爲"乎"字多作疑問助詞用,個别作感嘆助詞,也只限於用在句中,諸如"郁郁乎文哉""於從政乎何有"等。若將這句話硬給變成感嘆句,就得這樣譯:"中庸那是至高的道德標準呀!人民很少能長久遵循這一標準了呀!"這是説不通的。中庸既是最高的道德標準,人民很少能長久遵循也就不足爲奇了,孔子又何必慨嘆?所以"中庸其至矣乎"只有作疑問句,這句話才有意義。

"其"是疑問副詞,豈、難道、莫非的意思。所謂中庸,是中華祖先依據天道法則歸納的術語。天下萬事萬物無一不是遵循中庸之道存在的。人的一生、家庭和社會和諧,實際都是不斷用中庸之道調節生存狀態的過程,得中庸者生,失中庸者亡,任何事物都不能抗拒這一規律。鄭玄將中庸解釋爲"用中爲常道",何晏解釋爲"中和可常行之德",朱熹解釋爲"中者,不偏不倚、無過不及之名;庸,平常也",無疑都是正確的。諸如饑餐渴飲、有病求醫以及父慈子孝、官正民親等,都合乎中庸。反之,諸如揮霍浪費、朱門酒肉臭路有凍死骨、爲官不正、苛政猛於虎、諸侯間的兼併戰爭,以及民衆造反等,則不符合中庸。這前半句譯成白話應當是:中庸莫非是最難達到的嗎?這樣問的實際意思是:中庸不難做到,就像行仁道一樣,"我欲仁,斯仁至矣",想行中庸,同樣也能做到。這才應當是孔子的本意。

"民鮮能久矣"的民,是人的總稱,解釋爲人、人民、官僚等,凡是人所充當的角色,都可用"民"替代,具體所指,要根據文意而定。這裏的"民"具體指誰呢?從整段話的語氣看,顯然在指責不符合中庸之道的社會狀況。而這種狀況完全是權貴們一手造成的。所以這個"民"字,應當是指權貴們。所謂久矣,自幽厲之亂到孔子此時已持續了三百多年,可謂久矣。之所以用"民"而不直接指向權貴,這大概就是孔子貫用的寓大義於微言的一字褒貶的《春秋》筆法吧?

但是歷來的解經家無一列外地都將"民"字指向民衆,這是毫無道理的。亂世之下,受制於人的民衆連活命都成問題,哪裏"能"操縱中庸呢?孔子從未指責過民衆,只有那些不懂治道的權貴們才會動輒指責民衆。孔子説此話的目的,無非是希望弟子們日後走上仕途，務要遵循中庸之道，去改變“民鮮能久矣”這種社會狀况。

31.3

【原文】

子曰：“道之不行也，我知之矣：知者過之，愚者不及也。道之不明也，我知之矣：賢者過之，不肖者不及也。人莫不飲食也，鮮能知味也(一)。”

子曰：“道其不行矣夫(二)？”

【譯文】

孔子説：“中庸之道之所以行不通呢，我知道其中的緣故呀：智者自以爲智力過人而不屑一顧，愚者自以爲智力達不到而放棄實行嘛。中庸之道之所以不能彰明呢，我知道其中的原因呀：賢者自以爲才能過人覺得不值得彰明，不肖者自認才能不及人而不去做彰明的努力嘛。就像人没有不飲食的，却很少有人會去識别飲食的滋味一樣嘛。”

孔子説：“中庸之道莫非不推行了嗎？”

【古注】

《注》 (一)罕知其味謂愚者，所以不及也。過與不及，使道不行，唯禮能爲之中。(二)閔無明君教之。

《章句》 (一)右第四章。知者之“知”，去聲。道者，天理之當然，中而已矣。知、愚、賢、不肖之過不及，則生禀之異而失其中也。知者知之過，既以道爲不足行；愚者不及知，又不知所以行：此道之所以常不行也。賢者行之過，既以道爲不足知；不肖者不及行，又不求所以知：此道之所以常不明也。道不可離，人自不察，是以有過不及之弊。(二)右第五章。夫音扶。由不明，故不行。此章承上章而舉其不行之端，以起下章之意。

【淺悟】

孔子後面這句話，也應是反詰口氣，意思是他不相信行不通，用以激發來者。傳統譯法則仍作感歎句，似不妥。

31.4

【原文】

子曰：“舜其大知也與？舜好問而好察邇言，隱惡而揚善，執其兩端，用其中於民。其斯以爲舜乎？”

【譯文】

孔子説：“舜難道只是有大智慧麽？舜還喜好向人請教和核察左右親近

者的進言，並且隱匿别人的缺點更稱揚人家的善舉，掌握了兩種極端的意見，將那折中的部分運用到民間。大概這就是人們認爲的舜吧？”

【古注】

《注》 邇，近也。近言而善易以進，人察而行之也。兩端，過與不及也。用其中於民，賢與不肖皆能行之也。斯，此也。其德如此，乃號爲舜。舜之言充也。

《疏》 執其兩端用其中於民者，端謂頭緒，謂知者過之，愚者不及，言舜能執持愚知兩端，用其中道於民，使愚知俱能行之。

《章句》 右第六章。知，去聲。與，平聲。好，去聲。舜之所以爲大知者，以其不自用而取諸人也。邇言者，淺近之言，猶必察焉，其無遺善可知。然於其言之未善者則隱而不宣，其善者則播而不匿，其廣大光明又如此，則人孰不樂告以善哉？兩端，謂衆論不同之極致，蓋凡物皆有兩端，如大小厚薄之類。於善之中又執其兩端而量度以取中，然後用之，則其擇之審而行之至矣。然非在我之權度精切不差，何以與此？此知之所以無過不及，而道之所以行也。

【淺悟】

邇言，朱熹解爲“淺近之言”，似不妥。如果好察淺近之言，則是苛察，只有酷吏才如此。好察邇言，應當是：對左右親近者的進言也要詳細核察，也就是説，不輕信身邊的親近者的話，這才是聖明君王應具備的品德。

31.5

【原文】

子曰：“人皆曰予知，驅而納諸罟擭陷阱之中，而莫之知辟也。人皆曰予知，擇乎中庸，而不能期月守也(一)。”

子曰：“回之爲人也，擇乎中庸，得一善，則拳拳服膺而弗失之矣(二)。”

子曰：“天下國家可均也，爵禄可辭也，白刃可蹈也，中庸不可能也(三)。”

【譯文】

孔子説：“每個人都認爲自己明智，然而驅趕着往圈套之中引誘，却没有人知道躲避哩。每個人都認爲自己明智，然而選擇了中庸這條路，却連一個月都不能遵守哩。”

孔子説：“顔回的爲人嘛，選擇了中庸之道，獲得一項好的心得，便忠誠謹慎地牢記在胸中而不會將其丢失呀。”

孔子説：“天下國家可以治理公正嘛，爵位俸禄可以辭讓嘛，鋒利的刀刃可以在上面踩踏嘛，要想完全達到中庸的境界是不可能哩。”

【古注】

《注》 (一)予，我也。言凡人自謂有知，人使之入罟不知辟也；自謂擇中庸而爲之，亦不能久行，言其實愚又無恒。(二)拳拳，奉持之貌。(三)言中庸難，爲之難。

《音義》 罟音古，罔之摠名。擭，胡化反 huò(ㄏㄨㄛˋ)，《尚書傳》云："捕獸機檻。"阱，才性反 jǐng(ㄐㄧㄥˇ)，本或作穽，穿地陷獸也。辟音避。期音基。

《章句》 (一)右第七章。予知之"知"，去聲。罟音古。擭，胡化反。阱，才性反。辟與避同。期，居之反。罟，網也；擭，機檻也；陷阱，坑坎也，皆所以掩取禽獸者也。擇乎中庸，辨别衆理以求所謂中庸，即上章"好問""用中"之事也。期月，匝一月也。言知禍而不知辟，以況能擇而不能守，皆不得爲知也。承上章"大知"而言，又舉不明之端，以起下章也。(二)右第八章。回，孔子弟子顔淵名。拳拳，奉持之貌。服，猶著也。膺，胸也。奉持而著之心胸之間，言能守也。顔子蓋真知之，故能擇能守如此，此行之所以無過不及，而道之所以明也。(三)右第九章。均，平治也。三者亦知仁勇之事，天下之至難也。然皆倚於一偏，故資之近而力能勉者，皆足以能之。至於中庸雖若易能，然非義精仁熟而無一毫人欲之私者，不能及也。三者難而易，中庸易而難，此民之所以鮮能也。亦承上章以起下章。

【淺悟】

孔子提到的顔淵，可與《論與・雍也》篇中提到的"不遷怒，不貳過"之義相互發明。

爲何説"中庸不可能"呢？舉個淺近的例子，比如吃飯，能吃得既不虧欠肚子，又不撑得慌，也就是吃得恰到好處，這叫中庸。可是誰能保證自己一年到頭每頓飯，不論孬好都吃得恰到好處呢？以此類推人的一生所要經歷的無數大大小小的事情，全都做得恰到好處，誰有這個可能？"不可能也"。但是必須努力，能做多少做多少，盡量争取多做，否則世界就亂了。

31.6

【原文】

子路問强(一)。子曰："南方之强與，北方之强與，抑而强與(二)？寬柔以教，不報無道，南方之强也，君子居之(三)。衽金革，死而不厭，北方之强也，而强者居之(四)。故君子和而不流，强哉矯！中立而不倚，强哉矯！國有道，不變塞焉，强哉矯！國無道，至死不 變，强哉矯(五)！"

【譯文】

子路詢問怎樣才算强者。孔子説："你指南方的强者呢，還是北方的强者呢，或者你那樣的强者呢？教育人們寬容柔和，對無理冒犯也不報復，這是南方的强者嘛，君子以這種方式自處。用兵戈作枕甲胄爲席，戰鬭至死仍不解氣，這是北方的强者哩，你這樣的强者就是用這種方式自處。舊日的君子和藹可親却不隨波逐流，這才是能矯曲變直的强者啊！保持中立不偏袒任何一方，這才是能矯曲變直的强者啊！國家政治清明，不改變充滿内心的志向，這才是能矯曲爲直的强者啊！國家政治昏暗，至死不改變自己的志操，這才是能矯曲爲直的强者啊！"

【古注】

《注》 (一)强,勇者所好也。(二)言三者所以爲强者異也。抑,辭也。而之言女也,謂中國也。(三)南方以舒緩爲强。不報無道,謂犯而不校也。(四)衽猶席也。北方以剛猛爲强。(五)此抑女之强也。流猶移也,塞猶實也。國有道,不變以趨時;國無道,不變以辟害,有道無道一也。矯,强貌。塞或爲色。

《章句》 (一)右第十章。子路,孔子弟子仲由也。子路好勇,故問强。(二)與,平聲。抑語辭。而,汝也。(三)寬柔以教,謂含容巽順以誨人之不及也。不報無道,謂横逆之來,直受之而不報也。南方風氣柔弱,故以含忍之力勝人爲强,君子之道也。(四)衽,席也。金,戈兵之屬。革,甲胄之屬。北方風氣剛勁,故以果敢之力勝人爲强,强者之事也。(五)此四方者,汝之所當强也。矯,强貌,《詩》曰"矯矯虎臣"是也。倚,偏著也。塞,未達也。國有道,不變未達之所守;國無道,不變平生之所守也。此則所謂中庸之不可能者,非有以自勝其人欲之私不能擇而守也。君子之强,孰大於是?夫子以是告子 路者,所以抑其血氣之剛,而進之以德義之勇也。

31.7

【原文】

子曰:"素隱行怪,後世有述焉,吾弗爲之矣(一)。君子遵道而行,半塗而廢,吾弗能已矣(二)。君子依乎中庸,遯世不見知而不悔,唯聖者能之(三)。君子之道,費而隱(四),夫婦之愚,可以與知焉,及其至也,雖聖人亦有所不知焉;夫婦之不肖,可以能行焉,及其至也,雖聖人亦有所不能焉(五)。天地之大也,人猶有所憾(六)。故君子語大,天下莫能載焉;語小,天下莫能破焉(七)。《詩》云'鳶飛戾天,魚躍于淵',言其上下察也(八)。君子之道,造端乎夫婦,及其至也,察乎天地(九)。"

【譯文】

孔子説:"平素隱居然而行事怪誕,後世竟然有人稱述他們,我不做這種事呀。君子遵照中庸之道前行,可是走到半路不走了,我則不能停止呀。君子依循中庸之道,遯世隱居不被知遇也不懊悔,只有聖人能這樣。君子遵奉的中庸之道,用途廣博而義微言簡,對那些愚昧的村夫民婦,可以教他們明白一些道理,若要達到極致呢,縱然聖人也有其所不明白的道理;對那些不肖的村夫民婦,可以教他們勝任一些有意義的事,若要做到極致呢,雖説聖人也有其所不能勝任的事呀。就像天地的恩德如此之大,人們却依然有所抱怨。所以君子遵奉的中庸之道,説到大處,普天之下没有地方能够裝載得下它;説到小處,普天之下没有人能將其再剖開一份。《詩經·大雅·旱麓》中説的'鷹向高天飛翔,魚在深淵跳躍',説的正是中庸之道能使上下的事物都顯著。君子遵奉的中庸之道，是從村夫民婦所知 所行處開始，當其達到極致呢，從天上到地下的事物無不彰明較著。”

【古注】

《注》 (一)素，讀爲“攻城攻其所傃”之傃，傃猶鄉也，言方鄉，辟害隱身，而行詭譎以作，後世名也。弗爲之矣，恥之也。(二)廢猶罷止也。弗能已矣，汲汲行道，不爲時人之隱行。(三)言隱者當如此也，唯舜爲能如此。(四)言可隱之節也。費猶佹也，道不費則仕。(五)與讀爲“贊者皆與”之與，言匹夫匹婦愚耳，亦可以其與有所知、可以其能有所行者，以其知行之極也，聖人有不能如此。舜好察邇言，由此故與？(六)憾，恨也。天地至大，無不覆載，人尚有所恨焉，況於聖人能盡備之乎？(七)語猶説也。所説大事，謂先王之道也；所説小事，謂若愚不肖夫婦之知行也，聖人盡兼行。(八)察猶著也。言聖人之德至於天，則鳶飛戾天；至於地，則魚躍于淵，是其著明於天地也。(九)夫婦，謂匹夫匹婦之所知所行。

《疏》 素隱行怪後世有述焉者，素，鄉也，謂無道之世，身鄉幽隱之處應須静默，若行怪異之事求立功名，使後世有所述焉。吾弗爲之矣者，如此之事，我不能爲之，以其身雖隱遁而名欲彰也。

《章句》 (一)素，按《漢書》當作索，蓋字之誤也。索隱行怪，言探求隱僻之理，而過爲詭異之行也。然以其足以欺世而盜名，故後世或有稱述之者。此知之過而不擇乎善，行之過而不用其中，不當强而强者也，聖人豈爲之哉？(二)遵道而行，則能擇而行矣。半途而廢，則力之不足也。此其知雖足以及之，而行有不逮，當强而不强者也。已，止也。聖人於此，非勉焉而不敢廢，蓋至誠無息，自有所不能止也。(三)不爲索隱行怪，則依乎中庸而已。不能半塗而廢，是以遯世不見知而不悔也。此中庸之成德，知之盡、仁之至、不賴勇而裕如者，正吾夫子之事而猶不自居也，故曰“唯聖者能之”而已。右第十一章。子思所引夫子之言，以明首章之義者止此。蓋此篇大旨，以知仁勇三達德爲入道之門，故於篇首即以大舜、顔淵、子路之事明之。舜，知也；顔淵，仁也；子路，勇也。三者廢其一，則無以造道而成德矣。餘見第二十章。(四)費，符味反。費，用之廣也。隱，體之微也。(五至七)與，去聲。君子之道，近自夫婦居室之間，遠而至於聖人天地之所不能盡，其大無外，其小無内，可謂費矣。然其理之所以然，則隱而莫之見也。蓋可知可能者，道中之一事，及其至而聖人不知不能；則舉全體而言，聖人固有所不能盡也。侯氏曰：“聖人所不知，如孔子問禮、問官之類；所不能，如孔子不得位、堯舜病博施之類。”愚謂人所憾於天地，如覆載生成之偏，及寒暑災祥之不得其正者。(八)鳶，余專反。《詩》，《大雅·旱麓》之篇。鳶，鴟類。戾，至也。察，著也。子思引此詩以明化育流行，上下昭著，莫非此理之用，所謂費也。然其所以然者，則非見聞所及，所謂隱也。故程子曰：“此一節子思吃緊爲人處，活潑潑地，讀者宜致思焉。”(九)結上文。右第十二章。子思之言，蓋以申明首章道不可離之意也。其下八章，雜引孔子之言以明之。

【淺悟】

從“君子之道費而隱”到“察乎天地”一段，朱熹認爲是子思所言，另闢一章，不知有何依據，故不敢盲從，仍依鄭玄説。

31.8

【原文】

子曰："道不遠人，人之爲道而遠人，不可以爲道(一)。《詩》云：'伐柯伐柯，其則不遠。'執柯以伐柯，睨而視之，猶以爲遠(二)？故君子以人治人，改而止(三)。忠恕違道不遠，施諸己而不願，亦勿施於人(四)。君子之道四，丘未能一焉：所求乎子以事父，未能也；所求乎臣以事君，未能也；所求乎弟以事兄，未能也；所求乎朋友先施之，未能也(五)。庸德之行，庸言之謹，有所不足，不敢不勉；有餘，不敢盡：言顧行，行顧言(六)，君子胡不慥慥爾(七)？君子素其位而行，不願乎其外：素富貴，行乎富貴；素貧賤，行乎貧賤；素夷狄，行乎夷狄；素患難，行乎患難——君子無入而不自得焉(八)。在上位不陵下，在下位不援上(九)，正己而不求於人，則無怨：上不怨天，下不尤人(十)。故君子居易以俟命，小人行險以徼幸(十一)。"

【譯文】

孔子説："中庸之道不會疏遠人，在人實行此道時如果疏遠人，便不可用中庸作爲道。《詩經·豳風·伐柯》中有云：'砍斧柄砍斧柄，斧柄的標準並不遠。'手握斧柄砍斧柄，眼一斜就能看到柄的樣式，還能認爲遠？所以君子用人的道德規範治理人的不良行爲，直到悔改爲止。忠恕的品德離中庸之道不遠，即施加給自己的事物如果不願接受，也不要施加給别人。君子的主張有四條，我孔丘一條都没能做到：用所尋求的爲子之道來侍奉父親，没能做到哩；用所尋求的爲臣之道來服事國君，没能做到哩；用所尋求的悌道來服事兄長，没能做到哩；用所尋求的朋友之道先施予朋友，没能做到哩。日常道德的實行，日常言語的謹慎，有做得不够之處，不敢不勉力去做；做完之後尚有餘力，也不敢把話説盡：説話要顧忌行爲，行爲要顧忌説出的話，君子何不篤實自己的言行呢？君子依照平素所處的地位去行事，不羡慕自身以外的事物：身處富貴地位，就做富貴地位應做的事；身處貧賤地位，就做貧賤地位應做的事；身處夷狄部落，就做夷狄部落應做的事；身在患難之中，就做患難時應做的事——君子無論進入怎樣的境地而不自覺得意。在上位不欺陵下屬，在下位不攀援上司，端正自己而不責求别人，就不會有怨恨：上不埋怨天，下不責怪人。所以君子居心平易以等待天命安排，小人專幹冒險的事來求得徼幸。"

【古注】

《注》 (一)言道，即不遠於人，人不能行也。(二)則，法也。言持柯以伐木將以爲柯，近以柯爲尺寸之法，此法不遠人，人尚遠之，明爲道不可以遠。（三）言人有罪過，君子以人道治之，其人改則止，赦之不責以人所不能。（四）違猶去也。（五）聖人而曰我未能，明人當勉之無已。（六）庸猶常也，言德常行也，言常謹也。聖人之行實過於人，有餘不敢盡，常爲人法從禮也。（七）君子，謂衆賢也。慥慥，守實，言行相應之貌。（八）素皆讀爲傃。不願乎其外，謂思不出其位也。自得，謂所鄉不失其道。（九）援，謂牽持之也。（十）無怨，人無怨之者也，《論語》曰："君子求諸己，小人求諸人。"（十一）易，猶平安也。俟命，聽天任命也。險，謂傾危之道。

《音義》 慥，七到反 zào（ㄗㄠˋ）。

《章句》 （一）道者，率性而已，固衆人之所能知能行者也，故常不遠於人。若爲道者厭其卑近，以爲不足爲，而反務爲高遠難行之事，則非所以爲道矣。（二、三）睨，研計反。《詩》，《豳風・伐柯》之篇。柯，斧柄。則，法也。睨，斜視也。言人執柯伐木以爲柯者，彼柯長短之法在此柯耳，然猶有彼此之别，故伐者視之猶以爲遠也。若以人治人，則所以爲人之道，各在當人之身。初無彼此之别，故君子之治人也，即以其人之道還治其人之身。其人能改，即止不治。蓋責之以其所能知能行，非欲其遠人以爲道也，張子所謂"以衆人望人則易從"是也。（四）盡己之心爲忠，推己及人爲恕。違，去也，如《春秋傳》齊師"違谷七里"之違，言自此至彼相去不遠，非背而去之之謂也。道，即其不遠人者是也。施諸己而不願，亦勿施於人，忠恕之事也。以己之心度人之心，未嘗不同，則道之不遠於人者可見。故己之所不欲，則勿以施之於人，亦不遠人以爲道之事，張子所謂"以愛己之心愛人，則盡仁"是也。（五至七）子、臣、弟、友四字絶句。求猶責也。道不遠人，凡己之所以責人者，皆道之所當然也，故反之以自責而自修焉。庸，平常也。行者，踐其實。謹者，擇其可。德不足而勉，則行益力；言有餘而訒，則謹益至。謹之至則言顧行矣，行之力則行顧言矣。慥慥，篤實貌。言君子之言行如此，豈不慥慥乎？贊美之也。凡此皆不遠人以爲道之事。張子所謂"以責人之心責己，則盡道"是也。右第十三章。"道不遠人"者，夫婦所能。"丘未能一"者，聖人所不能，皆費也。而其所以然者，則至隱存焉。下章放此。（八）素猶見在也，言君子但因見在所居之位而爲其所當爲，無慕乎其外之心也。難，去聲。此言素其位而行也。（九、十）援，平聲。此言不願乎其外也。（十一）易，去聲。易，平地也。居易，素位而行也。俟命，不願乎外也。徼，求也；幸，謂所不當得而得者。右第十四章，子思之言也。

【淺悟】

《論語》中孔子説的"君子求諸己，小人求諸人""君子思不出其位也""言忠信，行篤敬，雖之夷狄不可棄""不怨天，不尤人""不仁者不可以久處約，不可以長處樂"等，可與本章相互發明。

"君子素其位而行"以下，朱熹認爲是子思之言，不知有何依據。此外，又將此文連同下面孔子説的"射有似乎君子，失諸正鵠，反求諸其身"這段話，劃定爲第十四章，似不妥，故仍從鄭玄説。

31.9

【原文】

子曰："射有似乎君子，失諸正鵠，反求諸其身（一）。君子之道，辟如行遠必自邇，辟如登高必自卑（二）。《詩》曰：'妻子好合，如鼓瑟琴；兄弟既翕，和樂且耽；宜爾室家，樂爾妻帑[三]。'"子曰："父母其順矣乎[四]？"

【譯文】

孔子説："射藝跟君子之道相似，射失目標，反過來責求自己本身。君子對人的引導，好比走遠路必從近處出發，好比登高必由低處起步，正如《詩經·小雅·棠棣》中所云：'妻兒相處美好契合，有如鼓瑟撫琴；兄弟盡皆相親相愛，樂觀快活且和諧；協調好你的大家庭，與你妻小共享歡樂。'"孔子説："似這樣，做父母的大概可以順心了吧？"

【古注】

《注》（一）反求於其身，不以怨人。畫布曰正，棲皮曰鵠。（二）自，從也。邇，近也。行之以近者卑者始，以漸致之高遠。（三）瑟琴聲相應和也。翕，合也。耽，亦樂也。古者謂子孫曰帑。此詩言和室家之道，自近者始。（四）謂其教令行，使室家順。

《音義》正音征；鵠，古毒反 gǔ(ㄍㄨˇ)，正鵠皆鳥名也，大射則張皮侯而棲鵠，賓射張布侯而設正也。辟音譬。翕，許急反 xī(ㄒㄧ)。帑音奴，本又作孥，子孫也，杜預注《左傳》云妻子也。

《章句》（一）正音征。鵠，工毒反。畫布曰正，棲皮曰鵠，皆侯之中、射之的也。子思引此孔子之言以結上文之意。（二）辟、譬同。（三）好，去聲。耽，《詩》作湛，亦音耽。樂音洛。《詩》，《小雅·棠棣》之篇。鼓瑟琴，和也。翕，亦合也。耽，亦樂也。帑，子孫也。（四）夫子誦此詩而贊之曰：人能和於妻子、宜於兄弟如此，則父母其安樂之矣。子思引《詩》及此語，以明行遠自邇，登高自卑之意。右第十五章。

【淺悟】

"君子之道"的道，應當讀上聲，引導的意思。凡是引導，一定要由近及遠，由淺入深，從低到高，《詩》中所展現的，正是這一過程：要想讓父母順心，就必須協調好大家庭中的各種關係；要做到這一點，首先必須使自己的妻室兒女能够達到相互契合，然後才有可能搞好與兄弟姐妹等的關係，大家庭内才能和睦相處，其樂融融。這一切的總目的，就是使父母能够稱心如意，安享晚年。以上這段話及所引《詩》，朱熹認爲是子思所爲，未敢認同。

31.10

【原文】

子曰："鬼神之爲德，其盛矣乎？視之而弗見，聽之而弗聞，體物而不可遺[一]。使天下之人，齊明盛服以承祭祀，洋洋乎如在其上，如在其左右[二]。《詩》曰：'神之格思，不可度思，矧可射思[三]？'夫微之顯，誠之不可揜如此夫[四]！"

【譯文】

孔子說："鬼神所造就的恩德，應當是盛大無比的吧？想看其形跡却看不見，想聽其聲息也聽不到，只是默默生養萬物而且無一遺棄。使天下之人，齋戒明净穿戴齊整來承奉祭祀，想像着鬼神那靈氣啊仿佛就在人們的上空流動，仿佛在人們的左右環繞。《詩經·大雅·抑》中有云：'神明的降臨兮，不可揣度兮，況且可以厭倦兮？'這鬼神的靈氣屬於那種隱微的明顯，真誠得不可遮掩有如此詩所云嘛！"

【古注】

《注》 (一)體猶生也，可猶所也。不有所遺，言萬物無不以鬼神之氣生也。(二)明猶潔也。洋洋，人想思其傍僾之貌。(三)格，來也。矧，況也。射，厭也，"思"皆聲之助。言神之來，其形象不可億度，而知事之盡敬而已，況可厭倦乎？(四)言神無形而著，不言而誠。

《音義》 齊，側皆反 zhāi(ㄓㄞ)，本亦作齋。度，待洛反 duò(ㄉㄨㄛˋ)。矧，詩忍反 shěn(ㄕㄣˇ)。射音亦。

《疏》 此節明鬼神之道無形而能顯著誠信。中庸之道與鬼神之道相似，亦從微至著，不言而自誠也。

《章句》 (一)程子曰："鬼神，天地之功用，而造化之跡也。"張子曰："鬼神者，二氣之良能也。"愚謂以二氣言，則鬼者陰之靈也，神者陽之靈也。以一氣言，則至而伸者爲神，反而歸者爲鬼，其實一物而已。爲德，猶言性情功效。鬼神無形與聲，然物之終始莫非陰陽合散之所爲，是其爲物之體，而物之所不能遺也。其言體物，猶《易》所謂"幹事"。(二)齊，側皆反，齊之爲言齋也，所以齊不齊而致其齋也。明猶潔也。洋洋，流動充滿之意。能使人敬畏奉承而發見昭著如此，乃其"體物而不可遺"之驗也。孔子曰："其氣發揚於上爲昭明，焄蒿淒愴，此百物之精也，神之著也。"正謂此爾。(三)度，待洛反。射音亦，《詩》作斁。《詩》，《大雅·抑》之篇。格，來也。矧，況也。射，厭也，言厭怠而不敬也。思，語辭。(四)夫音扶。誠者，真實無妄之謂。陰陽合散，無非實者，故其發見之不可掩如此。右第十六章。不見不聞，隱也。體物如在，則亦費矣。此前三章，以其費之小者而言；此後三章，以其費之大者而言。此一章，兼費隱，包大小而言。

【淺悟】

中華文化提到的鬼神，其涵義在本章體現得淋灕盡致，完全不同於世俗所編造的那些帶有迷信色彩的有意志的根本不存在的想像之物。中華文化的鬼神，則是人類不可須臾離的真實存在的實體。

31.11

【原文】

子曰："舜其大孝也與？德爲聖人，尊爲天子，富有四海之内，宗廟饗之，子孫保之(一)。故大德必得其位，必得其禄，必得其名，必得其壽(二)。故天之生物，必因其材而篤焉(三)：故栽者培之，傾者覆之(四)。《詩》曰：'嘉樂君子，憲憲令德；宜民宜人，受祿于天；保佑命之，自天申之。'故大德者必受命(五)。"

【譯文】

孔子説："舜當屬大孝了吧？論德行是聖人，論尊貴是天子，論財富擁有四海之内的一切，死後宗廟祭祀他，子孫世代保持這一祭祀。舊日有大德的人必定會得到應有的地位，必定會得到應有的俸祿，必定會獲得相應的名聲，必定會獲得高壽。所以天對其所生的萬物，必定依據各物的資質來加强管理：原本栽種的就培育，傾斜的就覆蓋。《詩經·大雅·嘉樂》中有云：'嘉美快樂的君子，盛大明顯的美德；得民心又得人才，承受天賜的福祉；保佑任命其稱帝，此命由天帝申令。'所以説大德之人必將承受大命"。

【古注】

《注》 (一)保，安也。(二)名，令聞也。(三)材，謂其質性也。篤，厚也。言善者天厚其福，惡者天厚其毒，皆由其本而爲之。(四)栽讀如"文王初載"之載，栽猶殖也。培，益也。今時人名草本之殖曰栽，築牆立板亦曰栽，栽或爲兹。覆，敗也。(五)憲憲，興盛之貌。保，安也；佑，助也。

《章句》 (一)與，平聲。子孫，謂虞思、陳胡公之屬。(二)舜年百有十歲。(三、四)材，質也。篤，厚也。栽，植也。氣至而滋息爲培，氣反而游散則覆。《詩》，《大雅·假樂》之篇，假，當依此作嘉；憲，當依《詩》作顯。申，重也。(五)受命者，受天命爲天子也。右第十七章。此由庸行之常，推之以極其至，見道之用廣也。而其所以然者，則爲體微矣。後二章亦此意。

【淺悟】

孔子在《禮運》篇中曾對堯舜時代的社會狀況作過簡要的描述，即"大道之行也，天下爲公，選賢與能，講信脩睦……"。在這種時代中，當然是"大德必得其位，必得其祿，必得其名"。進入家天下的時代後，由於實行的是"大人世及"的社會制度，所以大德之人未必得其位、得其祿、得其名。不過從本章的叙述中，足以見出孔子内心的向往。

31.12

【原文】

子曰："無憂者，其唯文王乎？以王季爲父，以武王爲子；父作之，子述之(一)；武王纘大王、王季、文王之緒，壹戎衣而有天下，身不失天下之顯名，尊爲天子，富有四海之内，宗廟饗之，子孫保之(二)。武王末受命，周公成文武之德，追王大王、王季，上祀先公以天子之禮。斯禮也，達乎諸侯大夫，及士庶人：父爲大夫，子爲士，葬以大夫，祭以士；父爲士，子爲大夫，葬以士，祭以大夫；期之喪，達乎大夫；三年之喪，達乎天子；父母之喪，無貴賤一也(三)。"

【譯文】

孔子説："帝王中没有憂慮的，大概只有周文王吧？因爲有王季這樣的父親，有武王這樣的兒子；父親創作法度，兒子傳述成説；武王繼承太王、王季、文王的世業，穿起戎衣一舉而平定了天下，自身並不因討伐殷紂而失去據有天下的顯赫名聲，被推尊爲天子，擁有四海之内的財富，宗廟享受供奉，子孫世代保持祭祀。武王末年受命爲天子，是周公完成了文王和武王的德業，追尊太王和王季爲王，用天子的禮制向上祭祀先公。這一禮制嘛，上至諸侯大夫，下到士和庶人都通用：父親是大夫，兒子是士，父死使用大夫的葬禮，祭祀使用士的祭禮；父親是士，兒子是大夫，父死使用士的葬禮，祭祀使用大夫之祭禮；一年的喪服，通行到大夫；三年的喪服，通行到天子；父母的喪事，服喪的期限無論地位貴賤都一樣嘛。"

【古注】

《注》 (一)聖人以立法度爲大事，子能述成之，則何憂乎？堯舜之父子則有凶頑，禹湯之父子則寡令聞，父子相成唯有文王。(二)纘，繼也。緒，業也。戎，兵也。衣讀如殷，聲之誤也，齊人言殷聲如衣，虞夏商周氏者多矣，今姓有衣者，殷之冑與？壹戎殷者，壹用兵伐殷也。(三)末猶老也。追王大王、王季者，以王迹起焉先公組紺以上至后稷也。斯禮達於諸侯大夫士庶人者，謂葬之從死者之爵，祭之用生者之禄也，言大夫葬以大夫，士葬以士，則追王者改葬之矣。期之喪達於大夫者，謂旁親所降在大功者，其正統之期，天子諸侯猶不降也；大夫所降，天子諸侯絶之不爲服，所不臣乃服之也，承葬祭説期。三年之喪者，明子事父以孝、不用其尊卑變。

《音義》 纘，徐音纂，哉管反 zuǎn(ㄗㄨㄢˇ)。大音泰。壹戎衣，依《注》衣作殷，謂一用兵伐殷也，《尚書》依字讀謂"一著戎衣而天下大定"。

《章句》 (一)此言文王之事。《書》言"王季其勤王家"，蓋其所作亦積功累仁之事也。(二)大音泰，下同。此言武王之事。纘，繼也。大王，王季之父也。《書》云："大王肇基王蹟。"《詩》云："至于大王，實始翦商，"緒，業也。戎衣，甲冑之屬。壹戎衣，《武成》文，言一著戎衣以伐紂也。(三)追王之王，去聲。此言周公之事。末，猶老也。追王，蓋推文武之意，以及乎王蹟之所起也。先公，組紺以上至后稷也。上祀先公以天子之禮，又推大王、王季之意以及於無窮也。制爲禮法以及天下，使葬用死者之爵，祭用生者之禄。喪服自期以下，諸侯絶，大夫降；而父母之喪，上下同之，推己以及人也。右第十八章。

【淺悟】

孔子好用寓大義於微言的《春秋》筆法。從"無憂者，其唯文王乎"以下這段話中，可以悟出這樣的内涵：在家天下的時代裏，作爲帝王，只有像文王那樣，除了自身必須具備王者應有的美德外，還得上有賢明的父親，下有能傳承德業的兒子，才能使其權位"無憂"。"唯文王"三字，説明這種狀況在家天下中是不可能長期存在的。於是便出現了朝代的不斷更替。只有進入"天下爲公，選賢與能"的時代後，那種局面才會劃上句號。

31.13

【原文】

子曰："武王周公，其達孝矣乎？夫孝者，善繼人之志，善述人之事者也。春秋脩其祖廟，陳其宗器，設其裳衣，薦其時食(一)。宗廟之禮，所以序昭穆也；序爵，所以辨貴賤也；序事，所以辨賢也；旅酬下爲上，所以逮賤也；燕毛，所以序齒也(二)。踐其位，行其禮，奏其樂，敬其所尊，愛其所親，事死如事生，事亡如事存，孝之至也(三)。郊社之禮，所以事上帝也；宗廟之禮，所以祀乎其先也(四)。明乎郊社之禮，禘嘗之義，治國其如示諸掌乎(五)？"

【譯文】

孔子説："武王和周公，應當算通達孝道了吧？這孝道的要旨，要善於繼承先人的遺志，善於傳述先人未竟的事業嘛。春秋二季脩葺其祖廟，陳列其祭器，擺設出各先祖遺留的衣裳，進獻那些應時的食品。宗廟之禮，是用來排列昭穆次序的嘛；按爵位排列次序，是用來分辨貴賤的嘛；按職事排列次序，是用來辨別賢能的嘛；按次序勸酒在下位者爲在上位者斟酒，是爲了照顧賤者也有參與的機會嘛；祭完燕飲時按毛髮的顔色就坐，是用來區分長幼的次序嘛。登上先祖之王位，奉行先祖的禮制，演奏先祖的音樂，敬重先祖尊崇的事物，愛護先祖所親近的人，服事死者如同服事其生時一樣，侍奉亡靈如同亡靈就在面前一樣，武王和周公之孝達到了極致哩。祭祀皇天后土之禮，是用來侍奉上帝的嘛；宗廟之禮，是用來祭祀其先人的嘛。明白了祭天地之禮和按四季祭祀宗廟的涵義，治理國家大概就會像把東西展示在掌上那麼容易明瞭吧？"

【古注】

《注》 (一)脩，謂掃糞也。宗器，祭器也。裳衣，先祖之遺衣服也，設之當以授尸也。時食，四時祭也。(二)序猶次也。爵，謂公卿大夫士也。事，謂薦羞也。以辨賢者，以其事别所能也，若司徒羞牛，宗伯共雞牲矣。《文王世子》曰："宗廟之中，以爵爲位，崇德也；宗人授事以官，尊賢也。"旅酬下爲上者，謂若特牲饋食之禮，賓弟子、兄弟之子各舉觶於其長也。逮賤者，宗廟之中以有事爲榮也。燕，謂既祭而燕也，燕以髮色爲坐，祭時尊尊也，至燕親親也。齒亦年也。(三)踐猶升也，其者，其先祖也，踐或爲纘。(四)社，祭地神，不言后土者，省文。(五)示，讀如"寘諸河之干"之寘，寘，置也，物而在掌中，易爲知力者也。序爵、辨賢、尊尊、親親，治國之要。

《音義》 糞本亦作攢，亦作拚。觶音至。

《章句》 (一)達，通也。承上章而言武王周公之孝，乃天下之人通謂之孝，猶孟子之言達尊也。上章言武王纘大王、王季、文王之緒以有天下，而周公成文武之德以追崇其先祖，此繼志、述事之大者也。下文又以其所制祭祀之禮，通於上下者言之。祖廟，天子七，諸侯五，大夫三，適士二，官師一。宗器，先世所藏之重器，若周之赤刀、大訓、天球、河圖之屬也。裳衣，先祖之遺衣服，祭則設之以授尸也。時食，四時之食，各有其物，如春行羔、豚、膳、膏、香之類是也。（二）昭，如字。爲，去聲。宗廟之次：左爲昭，右爲穆，而子孫亦以爲序。有事於大廟，則子姓兄弟羣昭羣穆咸在而不失其倫焉。爵，公矦卿大夫也。事，宗祝有司之職事也。旅，衆也；酬，導飲也。旅酬之禮，賓弟子、兄弟之子各舉觶於其長而衆相酬。蓋宗廟之中以有事爲榮，故逮及賤者，使亦得以申其敬也。燕毛，祭畢而燕，則以毛髮之色別長幼爲坐次也。齒，年數也。（三）踐猶履也。其，指先王也。所尊、所親，先王之祖考、子孫、臣庶也。始死謂之死，既葬而反則曰亡焉，皆指先王也。此結上文兩節，皆繼志、述事之意也。（四、五）郊，祭天；社，祭地，不言后土者，省文也。禘，天子宗廟之大祭，追祭大祖之所自出於大廟，而以大祖配之也。嘗，秋祭也，四時皆祭，舉其一耳。禮必有義，對舉之，互文也。示與視同，視諸掌，言易見也。此與《論語》文意大同小異，記有詳略耳。右第十九章。

【淺悟】

效社即皇天后土，中華文化稱之爲神；宗廟供奉的先人靈位，中華文化稱之爲鬼。祭祀鬼神，完全是感恩活動。執政者如果能明白這一涵義，自然會想到自己百年之後也要使人民感念自己的恩德。要使人民感恩，自己首先要像天地和先祖那樣對人民有恩德。對人民有了恩德，“治國其如示諸掌乎”？

31.14

【原文】

哀公問政。子曰：“文武之政，布在方策。其人存，則其政舉；其人亡，則其政息(一)。人道敏政，地道敏樹(二)。夫政也者，蒲盧也(三)。故爲政在人(四)，取人以身，脩身以道，脩道以仁(五)。仁者，人也，親親爲大；義者，宜也，尊賢爲大。親親之殺，尊賢之等，禮所生也(六)。在下位不獲乎上，民不可得而治矣(七)。故君子不可以不脩身；思脩身，不可以不事親；思事親，不可以不知人；思知人，不可以不知天(八)。天下之達道五，所以行之者三。曰君臣也，父子也，夫婦也，昆弟也，朋友之交也，五者，天下之達道也；知、仁、勇三者，天下之達德也，所以行之者一也(九)。或生而知之，或學而知之，或困而知之，及其知之，一也(十)；或安而行之，或利而行之，或勉强而行之，及其成功，一也(十一)”。

子曰：“好學近乎知，力行近乎仁，知恥近乎勇。知斯三者，則知所以脩身；知所以脩身，則知所以治人；知所以治人，則知所以治天下國家矣(十二)。凡爲天下國家有九經：曰脩身也，尊賢也，親親也，敬大臣也，體羣臣也，子庶民也，來百工也，柔遠人也，懷諸矦也(十三)。脩身則道立，尊賢則不惑，親親則諸父昆弟不怨，敬大臣則不眩，體羣臣則士之報禮重，子庶民則百姓勸，來百工則財用足，柔遠人則四方歸之，懷諸矦則天下畏之(十四)。

“齊明盛服，非禮不動，所以脩身也；去讒遠色，賤貨而貴德，所以勸賢也；尊其位，重其禄，同其好惡，所以勸親親也；官盛任使，所以勸大臣也；忠信重禄，所以勸士也；時使薄斂，所以勸百姓也；日省月試，既廩稱事，所以勸百工也；送往迎來，嘉善而矜不能，所以柔遠人也；繼絶世，舉廢國，治亂持危，朝聘以時，厚往而薄來，所以懷諸侯也[十五]。

“凡爲天下國家有九經，所以行之者一也。凡事豫則立，不豫則廢：言前定則不跲，事前定則不困，行前定則不疚，道前定則不窮[十六]。

“在下位不獲乎上，民不可得而治矣[十七]；獲乎上有道，不信乎朋友，不獲乎上矣；信乎朋友有道，不順乎親，不信乎朋友矣；順乎親有道，反諸身不誠，不順乎親矣；誠身有道，不明乎善，不誠乎身矣[十八]。

“誠者，天之道也；誠之者，人之道也。誠者，不勉而中，不思而得，從容中道，聖人也。誠之者，擇善而固執之者也[十九]。

“博學之，審問之，慎思之，明辨之，篤行之。有弗學，學之弗能弗措也；有弗問，問之弗知弗措也；有弗思，思之弗得弗措也；有弗辨，辨之弗明弗措也；有弗行，行之弗篤弗措也。人一能之，己百之；人十能之，己千之。果能此道矣，雖愚必明，雖柔必强[廿]。

【譯文】

魯哀公詢問爲政之道。孔子説：“文王和武王的政教，全頒布在簡策上。那班人存在，那些政教才能得以實行；没了那班人，那些政教也就停息了。人事的道理在勤勉政教，土地的道理在勤勉種植。這政教呢，能像蒲葦一樣迅速蔓衍嘛。所以治理國政的關鍵在人才，選取人才先要脩養自身，脩養自身要用正道，脩養正道主要靠仁德。仁這種品德，用來待人嘛，將親近親人擺在首位；義這種品德，用來做適宜的事嘛，把尊重德才兼備的賢者放在首位。親近親人的關係遞減，尊重賢才也有等差，於是禮制便應運而生了嘛。所以君子不可以不脩養身心；想脩養身心，不可以不侍奉好雙親；想侍奉好雙親，不可以不懂得人情；想懂得人情，不可以不懂得天道法則。天下通達的大路有五條，用來行走這五條大路所應具備的美德有三種。所謂君臣哩，父子哩，夫婦哩，兄弟哩，朋友的交往哩，這五條路，就是天下通達的大路嘛；智慧、仁慈、勇敢這三樣，就是天下通行不變的美德嘛，與用來行走這五條大路所應具備的美德是一致的嘛。這三種美德，有的是生來就知道的，有的是通過學習才知道的，有的是在困境中通過體悟而知道的，等他們知道後，那就一樣了嘛；用智仁勇去實行五達道，有的人爲了心安而實行，有的人爲了獲利而實行，有的人是勉强而實行，等他們獲得了成功，那就一樣了嘛。”

孔子説：”好學接近智慧，勉力而行接近仁道，知道羞恥接近勇敢。知道了這三個道理，就會知道如何脩身；知道了如何脩身，就會知道如何管理人才；知道了如何管理人才，就會知道如何治理天下國家呀。大凡治理天下國家有九件常行的法則：叫做脩養身心嘛，尊重賢才嘛，親近親人嘛，敬重大臣嘛，體恤羣臣嘛，愛民如子嘛，招徠百工嘛，撫柔遠方的邊民嘛，關懷諸侯嘛。脩正了身心就能使治國之道立得住，尊重賢才就不會有困惑，親近親人就不會使伯叔和兄弟們産生怨恨，敬重大臣就不會迷亂方寸，體恤羣臣就會收到士爲知己者死的重禮相報，愛民如子就會使百姓互相勸勉向善，招徠百工就會使財用充足，撫柔遠方的邊民就會使四方各國歸附，關懷諸侯就會使天下敬畏。

“齋戒明淨身著盛服，不符合禮的心思不動，用來脩養身心嘛；斥去讒言遠離女色，輕賤財貨而重視道德，用此勸勉賢才嘛；尊敬他的地位，增加他的俸禄，與他的愛好憎惡相同，用此勸勉親人相親近嘛；官屬配備充足任憑其差使，用此勸勉大臣嘛；忠誠守信者增加俸禄，用以勸勉士大夫嘛；依照適當的時節使用民力並減輕賦税，用此勸勉百姓嘛；每天省察按月考試，酬發的糧米與所做的事相稱，用此勸勉百工嘛；送别離去的迎接前來的，嘉許人家的長處而矜恤能力差的人，用此撫柔遠方的邊民嘛；繼續立起斷絶了承祀的帝王後裔，復興廢棄的國家，治理動亂扶持危難，朝聘按時舉行，走時厚贈禮物來時薄收貢品，以此關懷諸侯嘛。

“大凡治理天下國家這九種常行的法則，用來推行的辦法只有一個嘛。凡事預先籌畫就能站得住，不預先籌畫就可能半途而廢：發言前先擬定好要義就不會説得顛三倒四；做事前先確定下範圍就不會遇到困擾；行動前先確定好目標就不會出現疚心事；道路提前確定就不會是窮途末路。

“在下位不獲得上司的任用，就不可能得到治理民衆的機會呀；想獲得上司的任用有條路，不能得到朋友的信任，便不能獲得上司的任用呀；想得到朋友信任有條路，不能順從雙親，便不能得到朋友的信任呀；順從雙親有條路，對自身的反省不真誠，便不會順從父母呀；使自身真誠有辦法，如果不明白什麽是善，便不可能使自身真誠啊。

“真誠這種品質，乃天所遵循的法則哩；使之具備真誠這種品德，乃人所遵循的法則嘛。真誠的人，不必勉勵便能做得合情合理，不須思考就能得出準確的判斷，從容不迫地合乎中庸之道，聖人是這樣嘛。通過教導使之具備真誠這種品德者，是那種選擇完善的事物能够牢固堅持着的人嘛。

"對知識，學習要廣博，詢問要周詳，思考要謹慎，辨别要明晰，實行要篤誠。有不曾學過的知識，學到不能完全領會不放棄嘛；有不曾問過的問題，問到不完全知曉不放棄嘛；有不曾思考的事物，思考到不得出合適的結論不放棄嘛；有不曾辨别的是非，辨别到不完全明晰不放棄嘛；有不曾實行的承諾，實行到不篤誠不棄置嘛。别人一次能做到的事，自己寧願付出一百次的努力去完成；别人十次能做到的事，自己寧願付出一千次的努力去完成。果真能沿着這條道路走呀，縱然愚昧也必變得明智，縱然柔弱也必變得剛强。

【古注】

《注》(一)方，版也；策，簡也。息猶滅也。(二)敏猶勉也。樹，謂殖草木也。人之無政，若地無草木矣。敏或爲謀。(三)蒲盧，蜾蠃，謂土蜂也，《詩》曰："螟蛉有子，蜾蠃負之。"螟蛉，桑蟲也，蒲盧取桑蟲之子，去而變化之，以成爲己子。政之於百姓，若蒲盧之於桑蟲然。(四)在於得賢人也。(五)取人以身，言明君乃能得人。(六)人也。讀如"相人偶"之人，以人意相存問之言。(七)此句其屬在下，著脱，誤，重在此。(八)言脩身乃知孝，知孝乃知人，知人乃知賢不肖，知賢不肖乃知天命所保佑。(九)達者常行，百王所不變也。(十)困而知之，謂長而見禮義之事，己臨之而有不足，乃始學而知之此達道也。(十一)利，謂貪榮名也。勉强，恥不若人。(十二)言有知有仁有勇乃知脩身，則脩身以此三者爲基。(十三)體，猶接納也。子，猶愛也。遠人，蕃國之諸侯也。(十四)不惑，謀者良也。不眩，所任明也。(十五)同其好惡，不特有所好惡於同姓，雖恩不同，義必同也。尊重其禄位，所以貴之，不必授以官守，天官不可私也。官盛任使，大臣皆有屬官，所任使不親小事也。忠信重禄，有忠信者重其禄也。時使，使之以時。日省月試，考校其成功也。既讀爲餼，餼廪，稍食也，《槀人職》曰："乘其事，考其弓弩，以下上其食。"(十六)一，謂當豫也。跲，躓也。疚，病也，人不能病之。(十七)獲，得也。言臣不得於君，則不得居位治民。(十八)言知善之爲善，乃能行誠。(十九)言誠者，天性也。誠之者，學而誠之者也。因誠身，説有大至誠。(廿)此勸人學誠其身也。果猶決也。

《音義》 蒲盧，即今之細腰蜂也。眩，玄遍反 xuàn(ㄒㄩㄢˋ)。既，依《注》音餼，許氣反 xì(ㄒㄧˋ)。廪，力錦反 lǐn(ㄌㄧㄣˇ)。跲，其劫反 jiá(ㄐㄧㄚˊ)。

《章句》 (一)哀公，魯君名蔣。方，版也；策，簡也。息猶滅也。有是君，有是臣，則有是政矣。(二、三)夫音扶。敏，速也。蒲盧，沈括以爲蒲葦是也。以人立政，猶以地種樹，其成速矣，而蒲葦又易生之物，其成尤速也。言人存政舉，其易如此。(四、五)此承上文人道敏政而言也。爲政在人，《家語》作"爲政在於得人"，語意尤備。人，謂賢臣。身，指君身。道者，天下之達道。仁者，天地生物之心，而人得以生者，所謂"元者，善之長也"。言人君爲政在於得人，而取人之則又在脩身，能仁其身，則有君有臣，而政無不舉矣。(六)殺，去聲。人指人身而言。具此生理，自然便有惻怛慈愛之意，深體味之可見。宜者，分别事理，各有所宜也。禮，則節文斯二者而已。(七)鄭氏曰，此句在下，誤重在此。(八)爲政在人，取人以身，故不可以不脩身。脩身以道，脩道以仁，故思脩身不可以不事親。欲盡親親之仁，必由尊賢之義。故又當知人。親親之殺，尊賢之等，皆天理也，故又當知天。(九)知，去聲。達道者，天下古今所共由之路，即《書》所謂五典，孟子所謂"父子有親，君臣有義，夫婦有别，長幼有序，朋友有信"是也。知，所以知此也；仁，所以體此也；勇，所以强此也。謂之達德者，天下古今所同得之理也。

一，則誠而已矣。達道雖人所共由，然無是三德則無以行之；達德雖人所同得，然一有不誠則人欲間之而德非其德矣。程子曰："所謂誠者，止是誠實此三者，三者之外更別無誠。"（十、十一）强，上聲。知之者之所知，行之者之所行，謂達道也。以其分而言，則所以知者，知也；所以行者，仁也；所以至於知之、成功而一者，勇也。以其等而言，則生知安行者，知也；學知利行者，仁也；困知勉行者，勇也。蓋人性雖無不善，而氣稟有不同者，故聞道有蚤莫，行道有難易，然能自强不息，則其至一也。吕氏曰："所入之塗雖異，而所至之域則同，此所以爲中庸。若乃企生知安行之質爲不可幾及，輕困知勉行，謂不能有成，此道之所以不明不行也。"（十二）"子曰"二字衍文。"好"、近乎知之"知"，並去聲。此言未及乎達德而求以入德之事。通上文三知爲知，三行爲仁，則此三近者，勇之次也。吕氏曰："愚者自是而不求，自私者徇人欲而忘返，懦者甘爲人下而不辭。故好學非知，然足以破愚；力行非仁，然足以忘私；知恥非勇，然足以起懦。"斯三者，指三近而言。人者，對己之稱。天下國家，則盡乎人矣。言此以結上文脩身之意，起下文九經之端也。（十三）經，常也。體，謂設以身處其地而察其心也。子，如父母之愛其子也。柔遠人，所謂無忘賓旅者也。此列九經之目也。吕氏曰："天下國家之本在身，故脩身爲九經之本。然必親師取友，然後脩身之道講，故尊賢次之。道之所進莫先其家，故親親次之。由家以及朝廷，故敬大臣、體羣臣次之。由朝廷以及其國，故子庶民、來百工次之。由其國以及天下，故柔遠人、懷諸侯次之。此九經之序也。"視羣臣猶吾四體，視百姓猶吾子，此視臣視民之别也。（十四）此言九經之效也。道立，謂道成於己而可爲民表，所謂"皇建其有極"是也。不惑，謂不疑於理。不眩，謂不迷於事。敬大臣則信任專，而小臣不得以間之，故臨事而不眩也。來百工，則通功易事，農末相資，故財用足。柔遠人，則天下之旅皆悦而願出於其塗，故四方歸。懷諸侯，則德之所施者博，而威之所制者廣矣，故曰天下畏之。（十五）齊，側皆反。去，上聲。遠、好、惡、斂，並去聲。既，許氣反。稟，彼錦、力錦二反。稱，去聲。朝音潮。此言九經之事也。官盛任使，謂官屬衆盛，足任使令也。蓋大臣不當親細事，故所以優之者如此。忠信重禄，謂待之誠而養之厚，蓋以身體之，而知其所賴乎上者如此也。既讀曰餼，餼稟，稍食也。稱事，如《周禮・稾人職》曰"考其弓弩，以上下其食"是也。往，則爲之授節以送之；來，則豐其委積以迎之。朝，謂諸侯見於天子；聘，謂諸侯使大夫來獻，《王制》"比年一小聘，三年一大聘，五年一朝"。厚往薄來，謂燕賜厚而納貢薄。（十六）一者，誠也。一有不誠，則是九者皆爲虚文矣。此九經之實也。跲，其劫反。行，去聲。凡事，指達道、達德、九經之屬。豫，素定也。跲，躓也。疚，病也。此承上文，言凡事皆欲先立乎誠，如下文所推是也。（十七、十八）此又以在下位者推言素定之意。反諸身不誠。謂反求諸身而所存所發未能真實而無妄也。不明乎善，謂未能察於人心天命之本然，而真知至善之所在也。（十九）中，並去聲。從，七容反。此承上文誠身而言。誠者，真實無妄之謂，天理之本然也。誠之者，未能真實無妄而欲其真實無妄之謂，人事之當然也。聖人之德，渾然天理，真實無妄，不待思勉而從容中道，則亦天之道也。未至於聖，則不能無人欲之私，而其爲德不能皆實，故未能不思而得，則必擇善，然後可以明善；未能不勉而中，則必固執，而後可以誠身，此則所謂人之道也。不思而得，生知也；不勉而中，安行也。擇善、學知以下之事；固執，利行以下之事也。（廿）此誠之之目也。學問思辨，所以擇善而爲知，學而知也。篤行，所以固執而爲仁，利而行也。程子曰："五者廢其一，非學也。"君子之學，不爲則已，爲則必要其成，故常百倍其功。此困而知、勉而行者也，勇之事也。明者擇善之功，强者固執之效。吕氏曰："君子所以學者，爲能變化氣質而已。德勝氣質，則愚者可進於明、柔者可進於强；不能勝之，則雖有志於學，亦愚不能明、柔不能立而已矣。蓋均善而無惡者，性也，人所同也；昏明强弱之稟不齊者，才也，人所異也。誠之者所以反其同而變其異也。夫以不美之質求變而美，非百倍其功不足以致之。今以鹵莽滅裂之學或作或輟，以變其不美之質，及不能變，則曰天質不美，非學所能變，是果於自棄，其爲不仁甚矣。"右第二十章。此引孔子之言，以繼大舜文武周公之緒，明其所傳之一致。舉而措之，亦猶是耳。蓋包費隱、兼小大，以終十二章之意。章内語誠始詳，而所謂誠者，實此篇之樞紐也。又按《孔子家語》亦載此章，而其文尤詳。"成功一也"之下，有公曰："子之言美矣、至矣！寡人實至，不足以成之也。"故其下復以"子曰"起答辭，今無此問辭而猶有"子曰"二字，蓋子思删其繁文以附於篇，而所删有不盡者，今當爲衍文也。博學之以下，《家語》無之，意彼有闕文，抑此或子思所補也歟？

【淺悟】

所謂"或生而知之，或學而知之，或困而知之"中的"或"，是指五達道和三達德中的某一種或某幾種，而不是指人。"或生而知之"的"或"，指的是父子之間的仁愛，只有這一種是生下來就知道的，即使父子之間的智和勇也不是生下來就知道的，更不用説君臣、夫婦、兄弟、朋友之間的關係了。其餘的一切，都是"或學而知之，或困而知之"。但是歷來都把"或"解説成"有的人"，"或生而知之"解説成"有的人生來就知道這些道理"。這就是説，有的人生來就知道用智仁勇這三種美德來處理君臣、父子、夫婦、兄弟、朋友之間的關係了。果真有這種人嗎？顯然不現實。作這樣的解説，嚴格地講，是對中華文化的褻瀆。

31.15

【原文】

"自誠明，謂之性；自明誠，謂之教。誠則明矣，明則誠矣〔一〕。唯天下至誠爲能盡其性；能盡其性，則能盡人之性；能盡人之性，則能盡物之性；能盡物之性，則可以贊天地之化育；可以贊天地之化育，則可以與天地參矣〔二〕。其次致曲，曲能有誠，誠則形，形則著，著則明，明則動，動則變，變則化。唯天下至誠爲能化〔三〕。"

【譯文】

"由真誠而明德，這叫天性；由明德而達到真誠，這叫教化。真誠就必然明德呀，明德就必能達到真誠呀。只有天下最真誠的人才能竭盡其天性做事；能竭盡其天性做事，就能最大限度地調動起人的天性；能最大限度地調動起人的天性，就能充分發揮萬物的天性；能充分發揮萬物的天性，就可以贊助天地的化育功能；可以贊助天地的化育功能，就可以跟天地合稱三才了呀。其次是致力於邪曲之事的人，致力邪曲之事若能真誠，真誠就會表現出功效，功效就會逐漸顯著，顯著就會日趨明朗，明朗就會感動人心，感動人心就會使人改變氣節，氣節改變就會使人轉化。只有天下最真誠的人才能化惡爲善。"

【古注】

《注》（一）自，由也。由至誠而有明德，是聖人之性者也；由明德而有至誠，是賢人學以知之也。有至誠則必有明德，有明德則必有至誠。（二）盡性者，謂順理之使不失其所也。贊，助也；育，生也。助天地之化生，謂聖人受命在王位、致大平。（三）其次，謂自明誠者也。致，至也。曲，猶小小之事也。不能盡性而有至誠，於有義焉而已。形，謂人見其功也，盡性之誠人不能見也。著，形之大者也。明，著之顯者也。動，動人心也。變，改惡爲善也，變之久則化而性善也。

《章句》（一）自，由也。德無不實而明無不照者，聖人之德，所性而有者也，天道也。先明乎善，而後能實其善者，賢人之學由教而入者也，人道也。誠則無不明矣，明則可以至於誠矣。右第二十一章，子思承上章夫子天道人道之意而立言也。自此以下十二章，皆子思之言，以反復推明此章之意。（二）天下至誠，謂聖人之德之實，天下莫能加也。盡其性者，德無不實，故無人欲之私，而天命之在我者察之由之，巨細精粗無毫髮之不盡也。人物之性，亦我之性，但以所賦形氣不同而有異耳，能盡之者，謂知之無不明而處之無不當也。贊猶助也。與天地參，謂與天地並立爲三也，此自誠而明者之事也。右第二十二章，言天道也。（三）其次，通大賢以下凡誠有未至者而言也。致，推致也。曲，一偏也。形者，積中而發外。著，則又加顯矣。明，則又有光輝發越之盛也。動者，誠能動物。變者，物從而變。化，則有不知其所以然者。蓋人之性無不同，而氣則有異，故惟聖人能舉其性之全體而盡之。其次，則必自其善端發見之偏而悉推致之，以各造其極也。曲無不致，則德無不實，而形、著、動、變之功自不能已。積而至於能化，則其至誠之妙亦不異於聖人矣。右第二十三章，言人道也。

【淺悟】

天下的領導人若能都是至誠者，我們人類和萬物共有的地球家園就有救了。

朱熹認爲本文"皆子思承上章夫子天道、人道之意而立言"，似乎證據不足，故仍從鄭玄作孔子之教言。

31.16

【原文】

至誠之道，可以前知。國家將興，必有禎祥；國家將亡，必有妖孽。見乎蓍龜，動乎四體：禍福將至，善必先知之，不善必先知之。故至誠如神。

【譯文】

掌握着最真誠的道理，可以預先知道未來。國家將要興盛，必有吉慶祥瑞的迹象；國家將要滅亡，必有怪異反常的事物出現。這些徵兆在蓍草和龜甲的占卜中能够顯現，從龜的四肢活動也可以看出：禍福將要到來，好的方面必能事先知道，不好的方面也必能事先知道。所以最真誠的道理有如神明。

【古注】

《注》可以前知者，言天不欺至誠者也。前亦先也。禎祥妖孽，蓍龜之占，雖其時有小人愚主，皆爲至誠能知者出也。四體,謂龜之四足,春占後左,夏占前左,秋占前右,冬占後右。

《章句》 見音現。禎祥者,福之兆;妖孽者,禍之萌。蓍所以筮,龜所以卜。四體,謂動作威儀之間,如執玉高卑,其容俯仰之類,凡此皆理之先見者也。然惟誠之至極而無一毫私僞留於心目之間者,乃能有以察其幾焉。神,謂鬼神。右第二十四章,言天道也。

【淺悟】

據《論語》中的"子不語怪力亂神"的記載斷定,本文不會出自孔子之口。

31.17

【原文】

"誠者,自成也;而道,自道也(一)。誠者,物之終始,不誠無物(二)。是故君子誠之爲貴(三)。誠者,非自成己而已也,所以成物也。成己,仁也;成物,知也。性之德也,合外内之道也(四),故時措之宜也(五)。故至誠無息,不息則久,久則徵,徵則悠遠,悠遠則博厚,博厚則高明(六)。博厚所以載物也,高明所以覆物也,悠久所以成物也。博厚配地,高明配天,悠久無疆(七)。如此者,不見而章,不動而變,無爲而成。天地之道可壹言而盡也(八):其爲物不貳,則其生物不測(九)。天地之道,博也,厚也,高也,明也,悠也,久也(十)。

"今夫天,斯昭昭之多,及其無窮也,日月星辰繫焉,萬物覆焉;今夫地,一撮土之多,及其廣厚,載華嶽而不重,振河海而不洩,萬物載焉;今夫山,一卷石之多,及其廣大,草木生之,禽獸居之,寶藏興焉;今夫水,一勺之多,及其不測,黿鼉蛟龍魚鱉生焉,貨財殖焉(十一)。《詩》曰:'維天之命,於穆不已。'蓋曰天之所以爲天也;'於乎不顯,文王之德之純。'蓋曰文王之所以爲文也,純亦不已(十二)。

【譯文】

孔子説:"真誠這種美德,要自己成就嘛;而道路,也要自己疏導嘛。真誠這種美德,貫穿於萬物從始到終的整個生命過程,不真誠就不會有萬物。正是這個緣故,君子以能做到真誠爲可貴。真誠的君子,並非自己成就自己就完事了,還要用真誠來成就萬物嘛。成就自己,屬於仁道哩;成就萬物,屬於智慧嘛。天性的德行呢,合乎由外到内的一切法則嘛,不論何時施行都必定適宜嘛。所以最真誠就不會有停息,不停息就能持久,能持久就會有徵驗,有徵驗就會長遠,能長遠其德就會越發廣博厚實,其德廣博厚實其功就會越發高大明顯。博厚用來承載萬物嘛,高明用來覆蓋萬物嘛,悠久用來成就萬物嘛。博厚可與地相配,高明可與天相配,悠久則無止境。像這樣的話，不必出現就能使功業彰顯，不必動作就能使萬物變化，無所施爲就能獲得成功。天地的法則用一句話便可説盡嘛：其對待萬物真誠不二，而且其化生萬物不可測度。天地的法則，廣博哩，厚實哩，高大哩，光明哩，悠長哩，久遠哩。

"此時所見到這天，其光亮只是極小的部分，待往其無窮盡處看呢，日月星辰全繫掛在天上，萬物也都被覆蓋着；此時所見到這地，只有一撮土那麽多，待往其廣闊厚實的地方看，承載着華山那樣的崇山峻嶺而不以爲重，振盪的河海在上面而不會洩漏，萬物全裝載在上面；此時所見到這山，只是一拳頭那麽大的石塊，待到達其寬廣高峻處看，草木生長在上面，禽獸居住在裏邊，寶藏也在山中興工採掘；此時所見到這水，只有一勺那麽多，待向其深不可測處看，黿鼉蛟龍魚鱉全在裏面生活，這就等於把貨物錢財放到水中繁殖。《詩經·周頌·維天之命》有云：'惟有上天的教命，壯美啊運行不停。'大概是説天之所以是天的原由嘛。詩中又云：'嗚呼，好不光明顯耀，文王的德行如此純潔。'大概是説文王死後之所以謚爲'文'的緣故嘛，正是因爲其純潔的德行也像天那樣永不停歇。

【古注】

《注》 (一)言人能至誠，所以自成也。有道藝，所以自道達。(二)物，萬物也，亦事也。大人無誠，萬物不生；小人無誠，則事不成。(三)言貴至誠。(四)以至誠成己則仁道立，以至誠成物則知彌博，此五性之所以爲德也。外内所須而合也，外内猶上下。(五)時措，言得其時而用也。(六)徵，猶效驗也。此言至誠之德既著於四方，其高厚日以廣大也。徵或爲徹。(七)後言悠久者，言至誠之德既至，博厚高明配乎天地，又欲其長久行之。(八)言其德化與天地相似，可一言而盡，要在至誠。(九)言至誠無貳，乃能生萬物多無數也。(十)此言其著見成功也。(十一)此言天之高明本生昭昭，地之博厚本由撮土，山之廣大本起卷石，水之不測本從一勺，皆合少成多自小致大，爲至誠者亦如此乎。昭昭猶耿耿，小明也。振猶收也。卷猶區也。(十二)天所以爲天，文王所以爲文，皆由行之無已，爲之不止，如天地山川之云也，《易》曰"君子以順德，積小以成高大"是與。

《音義》 自道音導。卷，羌權反 quán(ㄑㄩㄢˊ)。黿音元。鼉，徒河反 tuó(ㄊㄨㄛˊ)。於穆、於乎，於音烏。

《章句》 (一)"道也"之道，音導。言誠者，物之所以自成；而道者，人之所當自行也。誠，以心言，本也；道，以理言，用也。(二、三)天下之物，皆實理之所爲，故必得是理然後有是物。所得之理既盡，則是物亦盡而無有矣。故人之心一有不實，則雖有所爲亦如無有，而君子必以誠爲貴也。蓋人之心能無不實，乃爲有以自成，而道之在我者亦無不行矣。(四、五)知，去聲。誠雖所以成己，然既有以自成，則自然及物，而道亦行於彼矣。仁者體之存，知者用之發，是皆吾性之固有而無内外之殊。既得於己，則見於事者以時措之，而皆得其宜也。右第二十五章，言人道也。(六)無息，既無虚假，自無間斷。久，常於中也。徵，驗於外也。此皆以其驗於外者言之，鄭氏所謂"至誠之德著於四方"者是也。

存諸中者既久,則驗於外者益悠遠而無窮矣。悠遠,故其積也廣博而深厚。博厚,故其發也高大而光明。(七)悠久即悠遠,兼内外而言之也。本以悠遠致高厚,而高厚又悠久也。此言聖人與天同用。(八)此言聖人與天地同體。見音現,見猶示也。不見而章,以配地而言也。不動而變,以配天而言也。無爲而成,以無疆而言也。(九)此以下復以天地明至誠無息之功用。天地之道可一言而盡,不過曰誠而已。不貳,所以誠也。誠故不息,而生物之多,有莫知其所以然者。(十)言天地之道誠一不貳,故能各極其盛,而有下文生物之功。(十一)夫音扶。華藏並去聲。卷,平聲。勺,市若反。昭昭猶耿耿,小明也。此指其一處而言之。及其無窮,猶十二章"及其至也"之意,蓋舉全體而言也。振,收也。卷,區也。此四條皆以發明由其不貳不息以致盛大而能生物之意。然天地山川實非由積累而後大,讀者不以辭害意可也。(十二)於音烏;乎音呼。《詩》《周頌·維天之命》篇。於,歎辭;穆,深遠也。不顯,猶言豈不顯也。純,純一不雜也。引此以明至誠無息之意。程子曰:"天道不已,文王純於天道亦不已。純則無二無雜,不已則無間斷先後。"右第二十六章,言天道也。

【淺悟】

孔穎達認爲"此是孔子言",大致可信,所以譯文前加"孔子説"。下文仍爲孔子言。

31.18

【原文】

"大哉,聖人之道!洋洋乎,發育萬物,峻極于天(一)!優優大哉,禮儀三百,威儀三千,待其人然後行。故曰,苟不至德,至道不凝焉(二)。

"故君子尊德性而道問學,致廣大而盡精微,極高明而道中庸,温故而知新,敦厚以崇禮(三)。

"是故居上不驕,爲下不倍;國有道,其言足以興;國無道,其默足以容(四)。《詩》曰:'既明且哲,以保其身。'其此之謂與(五)?"

【譯文】

"偉大啊,聖人所遵循的天道!萌發養育着廣闊無際的萬物呀,一直通到極高的天!聖人制定了優裕而重大的禮儀三百、威儀三千啊,有待合適的人選出現之後去實行。所以説,倘若不具備最高境界的道德,這最高境界的聖人之道就不會凝聚形成。

"所以君子既尊重至誠之德的天性而在道路上也能通過詢問來學習,既致力於寬廣博大的知識又能盡心於精細隱微的問題,既具備最高尚明智的造詣又能遵循中正平庸的道理,温習學過的知識又能從中悟出新意,培養出敦樸厚道的品格以便崇尚禮制。

"正是這個緣故,君子身居上位不驕傲,身處下位不違背正道;國家政治清明,他的獻言足以使國運振興;國家政治昏暗,他的緘默足以容身免禍。

《詩經·大雅·烝民》有云:'既明理又知人,以保全其自身。'大概就是指上述這種事説的吧?"

【古注】

《注》 (一)育,生也。峻,高大也。(二)言爲政在人,政由禮也。凝,猶成也。(三)德性,謂性至誠者。道,猶由也。問學,學誠者也。廣大,猶博厚也。温,讀如"燖温"之温,謂故學之孰矣,後時習之謂之温。(四)興,謂起在位也。(五)保,安也。

《章句》 (一)包下文兩節而言。峻,高大也。此言道之極於至大而無外也。(二)優優,充足有餘之意。禮儀,經禮也。威儀,曲禮也。此言道之入於至小而無間也。總上兩節。至德謂其人,至道指上兩節而言也。凝,聚也,成也。(三)尊者,恭敬奉持之意。德性者,吾所受於天之正理。道,由也。温猶燖温之温,謂故學之矣,復時習之也。敦,加厚也。尊德性,所以存心而極乎道體之大也。道問學,所以致知而盡乎道體之細也。二者脩德凝道之大端也,不以一毫私意自蔽,不以一毫私欲自累,涵泳乎其所已知,敦篤乎其所已能,此皆存心之屬也。析理則不使有毫釐之差,處事則不使有過不及之謬,理義則日知其所未知,節文則日謹其所未謹,此皆致知之屬也。蓋非存心無以致知,而存心者又不可以不致知。故此五句大小相資,首尾相應,聖賢所示入德之方莫詳於此,學者宜盡心焉。(四、五)倍与背同。與,平聲。興,謂興起在位也。《詩》,《大雅·烝民》之篇。右第二十七章,言天道也。

【淺悟】

堪稱偉大的,除了天道外,没有别的"道"。所以"聖人之道"只能譯爲:聖人所遵循的天道;聖人當然是指以天下爲公的堯和舜了。

31.19

【原文】

子曰:"愚而好自用,賤而好自專,生乎今之世,反古之道,如此者,烖及其身者也(一)。非天子不議禮,不制度,不考文(二)。今天下車同軌,書同文,行同倫(三),雖有其位,苟無其德,不敢作禮樂焉;雖有其德,苟無其位,亦不敢作禮樂焉(四)。"

子曰:"吾説夏禮,杞不足徵也;吾學殷禮,有宋存焉;吾學周禮,今用之,吾從周(五)。王天下有三重焉,其寡過矣乎(六)?上焉者,雖善無徵,無徵不信,不信民弗從;下焉者,雖善不尊,不尊不信,不信民弗從(七)。故君子之道,本諸身,徵諸庶民,考諸三王而不繆,建諸天地而不悖,質諸鬼神而無疑,百世以俟聖人而不惑。質諸鬼神而無疑,知天也;百世以俟聖人而不惑,知人也(八)。是故君子動而世爲天下道,行而世爲天下法,言而世爲天下則,遠之則有望,近之則不厭(九)。《詩》曰:'在彼無惡,在此無射;庶幾夙夜,以永終譽。'君子未有不如此,而蚤有譽於天下者也(十)。"

【譯文】

孔子說："愚蠢却好自以爲是，卑賤却好獨斷專行，生活在當今時代，專走復古的道路，像這樣的話，災禍將會降臨到他的身上哩。不是天子不評議禮制的沿革，不制訂法度，不考校文章。如今天下車軌寬窄相同，書寫的文字相同，行爲的倫次相同。雖説有天子的地位，若没有相稱的德行，不敢創作禮樂制度呀；縱然有聖人的德行，若没有相稱的地位，也不敢創作禮樂制度呀。"

孔子說："我打算評説夏禮，其後裔所在的杞國不值得驗證哩；我所學到的殷禮，徒有其後裔所在的宋國尚存而已；我所學習的周禮，如今在使用着，我只能服從周朝。君臨天下有三件重要事，做好大概能少犯些過錯而已吧？上代的禮制，雖説很好却無法得到驗證，没經過驗證就不能使人信服，不能使人信服人民就不會聽從；下面人的主張雖説很好却不尊貴，不尊貴就得不到信任，得不到信任人民就不會服從。所以君子所奉行的道路，以自身的脩養爲根本，將主張拿到庶民當中去驗證是否合乎民心，對照禹湯武三王的禮樂制度進行考核能够不謬誤，建立在天地之間能够不悖逆天道，質正於天地的法則和先祖的英靈能够没有疑點，這樣的主張哪怕用百世的時光等待聖人來驗證也不會産生疑惑。質正於天地的法則和先祖的英靈能够没有疑點，此是深知天道嘛；用百世的時光等待聖人來驗證而不會産生疑惑，此是深知人道嘛。正是這個緣故，君子的舉動能够世代爲天下作嚮導，行爲能够世代爲天下所效法，言語能够世代作爲天下的準則，遠離他便令人仰慕，接近他決不會使人生厭。《詩經·周頌·振鷺》中有云：'在彼無所憎惡，在此無所厭煩；幾乎日夜勤學，美譽永遠流傳。'君子没有不這樣做的，所以能在天下及早享有美譽嘛。"

【古注】

《注》 (一)反古之道，謂曉一孔之人不知今王之新政可從。(二)此天下所共行，天子乃能一之也。禮，謂人所服行也。度，國家宫室及車輿也。文，書名也。(三)今，孔子謂其時。(四)言作禮樂者必聖人在天子之位。(五)徵猶明也，吾能説夏禮，顧杞之君不足與明之也。吾從周，行今之道。(六)三重，三王之禮。(七)上，謂君也，君雖善，善無明徵，則其善不信也。下，謂臣也，臣雖善，善而不尊君，則其善亦不信也。徵或爲證。(八)知天知人，謂知其道也。鬼神，從天地者也，《易》曰："故知鬼神之情狀，與天地相似。"聖人則之，百世同道。徵或爲證。(九)用其法度，想思若其將來也。(十)射，厭也。永，長也。

《音義》 射音亦。蚤音早。

《章句》 (一)好，去聲。烖，古災字。以上孔子之言，子思引之。反，復也。(二)此以下子思之言。禮，親疏貴賤相接之體也。度，品制。文，書名。（三）行，去聲。今，子思自謂當時也。軌，轍迹之度。倫，次序之體。三者皆同，言天下一統也。（四）鄭氏曰：言作禮樂者，必聖人在天子之位。（五）此又引孔子之言。杞，夏之後。徵，證也。宋，殷之後。三代之禮，孔子皆嘗學之而能言其意，但夏禮既不可考證，殷禮雖存，又非當世之法，惟周禮乃時王之制，今日所用。孔子既不得位，則從周而已。右第二十八章，承上章"爲下不倍"而言，亦人道也。（六）王，去聲。吕氏曰："三重，謂議禮、制度、考文，惟天子得以行之，則國不異政，家不殊俗，而人得寡過矣。"（七）上焉者，謂時王以前，如夏商之禮雖善，而皆不可考。下焉者，謂聖人在下，如孔子雖善於禮而不在尊位也。（八）此君子指王天下者而言。其道，即議禮制度考文之事也。本諸身，有其德也。徵諸庶民，驗其所信從也。建，立也，立於此而參於彼也。天地者，道也。鬼神者，造化之跡也。百世以矣聖人而不惑，所謂"聖人復起不易吾言"者也。知天知人知其禮也。（九）動，兼言行而言。道，兼法則而言。法，法度也。則，準則也。（十）惡，去聲。射音妒，《詩》作斁。《詩》，《周頌·振鷺》之篇。射，厭也。所謂"此"者，指"本諸身"以下六事而言。右第二十九章，承上章"居上不驕"而言，亦人道也。

【淺悟】

"上焉者"的上，鄭注指君，似不妥，故譯文從朱説。

朱熹認爲"非天子不議禮"至"亦不敢作禮樂焉"一段，以及"王天下有三重焉"以下，都是子思之言，似不足信，故仍沿鄭玄之説。自"仲尼祖述堯舜"以下，才應當是子思之言，以申明《春秋》之義，孔子之德。

31.20

【原文】

仲尼祖述堯舜，憲章文武，上律天時，下襲水土（一），辟如天地之無不持載、無不覆幬，辟如四時 之錯行，如日月之代明，萬物並育而不相害，道並行而不相悖，小德川流，大德敦化。此天地之所以爲大也（二）。

唯天下至聖爲能聰明睿知，足以有臨也；寬裕温柔，足以有容也；發强剛毅，足以有執也；齊莊中正，足以有敬也；文理密察，足以有別也（三）。溥博淵泉，而時出之（四）：溥博如天，淵泉如淵。見而民莫不敬，言而民莫不信，行而民莫不説，是以聲名洋溢乎中國，施及蠻貊，舟車所至，人力所通，天之所覆，地之所載，日月所照，霜露所隊，凡有血氣者，莫不尊親，故曰配天（五）。

唯天下至誠爲能經綸天下之大經，立天下之大本，知天地之化育（六）。夫焉有所倚？肫肫其仁，淵淵其淵，浩浩其天（七）。苟不固聰明聖知達天德者，其孰能知之（八）？《詩》曰"衣錦尚絅"，惡其文之著也。故君子之道，闇然而日章；小人之道，的然而日亡（九）。君子之道，淡而不厭，簡而文，温而理，知遠之近，知風之自，知微之顯，可與人德矣（十），《詩》云："潛雖伏矣，亦孔之昭。"故君子内省不疚，無惡於志（十一）。君子之所不可及者，其唯人之所不見乎？

《詩》云：“相在爾室，尚不愧于屋漏[十二]。”故君子不動而敬，不言而信。《詩》曰：“奏假無言，時靡有争[十三]。”是故君子不賞而民勸，不怒而民威於鈇鉞，《詩》曰：“不顯惟德，百辟其刑之[十四]。”是故君子篤恭而天下平。《詩》曰：“予懷明德，不大聲以色[十五]。”

子曰：“聲色之於以化民，末也。《詩》曰‘德輶如毛[十六]’，毛猶有倫；‘上天之載，無聲無臭’，至矣[十七]！”

【譯文】

仲尼師法並傳述堯舜的大道，恪守文王武王的典章制度，上則遵循天的運行時序，下則因襲水土的功用，有似天地那般没有不扶持承載、没有不覆蓋遮蔽的事物，有似四季那般交錯運行，像日月那般互相替代着照明，萬物都能得到繁育而且不會互相妨害，各種道藝同時進行能够互不相悖，小德行像川水流淌滋潤着萬物，大德行敦樸寬厚化育萬物。這就是天地之所以堪稱偉大的原因之所在哩。

只有天下德行最高尚的聖人才能耳目靈敏智慧明通，足以君臨天下嘛；其寬宏大度温和柔順，足以容納人才嘛；發憤圖强剛勁堅毅，足以決斷事物嘛；齊肅端莊執中公正，足以恭敬謹慎處事嘛；周密觀察禮文儀節的條理，足以辨别等級嘛。其德行普遍而博大，其思慮如淵泉，能够隨時噴薄而出：德行普遍博大有如天，思慮的淵泉有如深潭。其出現能使民衆没有人不尊敬，其言語能使民衆没有人不相信，其行爲能使民衆没有人不愉悦，所以其聲譽名望在中原各國廣泛流傳，並蔓延到蠻貊這些邊遠的少數民族地區，凡是車船所能到達之處，人力所能通過的地方，天所覆蓋的，地所承載的，日月所能照射到的，霜露所能墜落的地方，只要是有血氣的人，没有不尊重親近他的，所以説其聖德與天相匹配。

只有天下最真誠的人才能經營治理天下的大法，樹立天下的大根本，主持天地的生化養育。這有什麽依靠麽？依靠其誠懇周到的仁德，深淵一般深邃的思慮，像天那般浩瀚的胸懷。若不是能穩固其聰明聖智通達天德的聖人，難道會有誰能知遇他嗎？正如《詩經・衛風・碩人》中所説的“莊姜出嫁途中將穿的錦衣外面加上一件單衣”，她是厭惡錦衣的文彩太顯眼嘛。所以君子遵奉的道理，看似隱晦却是日益彰顯；小人遵奉的道理，看似鮮明却是日漸消亡。君子所走的路，安於恬淡且不厭倦，簡約却有文采，温和並有條理，知道深遠的道理要從淺近處着手，知道風俗教化來自何處，知道事物如何能從細微達到顯著，這樣便可以跟隨他進入道德之門了呀，正如《詩經・

小雅·正月》中所云:"魚雖潛伏在水底,也能看得很清晰。"所以君子内心反省不愧疚,因在記憶中没有惡劣的行爲。君子他們所不可企及的地方,大概正是人們所見不到的内心反省吧? 正如《詩經·大雅·抑》中所云:"看你獨自在室内,暗中問心仍無愧。"所以君子不動時也能心懷敬意,不説話時也能心懷誠信。《詩經·商頌·烈祖》中説道:"宗廟演奏大樂没有談話聲,因爲天下升平無争訟。"以此之故,君子不需行賞便能使民衆互相勸勉做善事,不必動怒就能使人民比見到鈇鉞之類的刑具更畏懼,正如《詩經·周頌·烈文》中所云:"文王的德行好不顯赫,各路諸侯皆奉爲法則。"因此君子篤誠謙恭能使天下太平。《詩經·大雅·皇矣》中有云:"我歸向有明德者,因其不高聲厲色。"

孔子説:"使用聲色去教化人民,末策嘛。《詩經·大雅·烝民》中有云:'以德化民輕如鴻毛。'不過鴻毛仍然有形狀可比。《詩經·大雅·文王》中有云:'上天的造生萬物,既無聲又無氣味。'這才是教化人民的最高境界呀!"

【古注】

《注》 (一)此以《春秋》之義説孔子之德。孔子曰:"吾志在《春秋》,行在《孝經》。"二經固 足以明之孔子所述堯舜之道而制《春秋》,而斷以文王武王之法度,《春秋傳》曰:"君子曷爲? 爲《春秋》。撥亂世,反諸正,莫近諸《春秋》。其諸君子樂道堯舜之道與? 末不亦樂乎堯舜之知君子也。"又曰:"是子也,繼文王之體,守文王之法度,文王之法無求而求,故譏之也。"又曰:"王者孰謂? 謂文王也。"此孔子兼包堯舜文武之盛德而著之《春秋》,以俟後聖者也。律,述也。述天時,謂編年四時具也。襲,因也。因水土,謂記諸夏之事山川之異。(二)聖人制作,其德配天地如此,唯五始可以當焉。幬,亦覆也。小德川流,浸潤萌芽,喻諸侯也。大德敦化,厚生萬物,喻天子也。幬或作燾。(三)言德不如此,不可以君天下也。蓋傷孔子有其德而無其命。(四)言其臨下普徧,思慮深重,非得其時不出政教。(五)如天,取其運照不已也。如淵,取其清深不測也。尊親,尊而親之。(六)至誠,性至誠,謂孔子也。大經,謂六藝而指《春秋》也。大本,《孝經》也。(七)安有所倚,言無所偏倚也,而人人自以被德尤厚似偏頗者。肫肫,讀如"誨爾忳忳"之忳忳。忳,懇誠貌也。肫肫或爲純純。(八)言唯聖人乃能知聖人也。《春秋傳》曰:"末不亦樂乎堯舜之知君子。"明凡人不知。(九)言君子深遠難知,小人淺近易知,人所以不知孔子,以其深遠。禪爲絅,錦衣之美而君子以絅表之,爲其文章露見似小人也。(十)淡,其味似薄也。簡而文、温而理,猶簡而辨、直而温也。自,謂所從來也。三知者,皆言其睹末察本、探端知緒也。人德,人聖人之德。(十一)孔,甚也,昭,明也。言聖人雖隱居,其德亦甚明矣。疚,病也,君子自省身無慫病,雖不遇世,亦無損害於己志。(十二)言君子雖隱居,不失其君子之容德也。相,視也。室西北隅謂之屋漏。視女在室獨居者,猶不愧于屋漏,屋漏非有人也,況有人乎? (十三)假,大也。此《頌》也,言奏大樂於宗廟之中,人皆肅敬,金聲玉色無有言者,以時大平和合,無所争也。(十四)不顯,言顯也。辟,君也。此《頌》也,言不顯乎文王之德;百君盡刑之,諸侯法之也。(十五)予,我也。懷,歸也。言我歸有明德者,以其不大聲爲嚴厲之色以威我也。(十六)輶,輕也。言化民當以德,德之易舉,而用其輕如毛耳。(十七)倫猶比也。載讀曰栽,謂生物也。言毛雖輕尚有所比,有所比則有重。上天之造生萬物,人無聞其聲音,亦無知其臭氣者;化民之德,清明如神,淵淵浩浩然後善。

《音義》 幬,徒報反 dào(ㄉㄠˋ)。見,賢遍反 xiàn(ㄒㄧㄢˋ)。説音悦。施,以豉反 yì(ㄧˋ)。貊,本又作貉,武伯反 mó(ㄇㄛˊ),《説文》云北方人也。隊,直類反 zhuì(ㄓㄨㄟˋ)。肫,依《注》音之淳反 zhūn(ㄓㄨㄣ)。絅,本又作顈,《詩》作褧,口迥反 jiǒng(ㄐㄩㄥˇ)。輶音酉。載,依《注》讀曰栽,音災,生也。

《疏》 此一節明子思申明夫子之德與天地相似,堪以配天地而育萬物,傷有聖德無其位也。既説君子之德不大聲以色,引夫子舊語聲色之事以接之,言化民之法當以德爲本,若用聲色化民是其末事。

《章句》 (一)祖述者,遠宗其道。憲章者,近守其法。律天時者,法其自然之運。襲水土者,因其一定之理。皆兼内外該本末而言也。(二)辟音譬。幬,徒報反。錯猶迭也。此言聖人之德。悖猶背也。天覆地載,萬物並育於其間而不相害,四時日月錯行代明而不相悖。所以不害不悖者,小德之川流;所以並育並行者,大德之敦化。小德者,全體之分;大德者,萬殊之本。川流者,如川之流,脈絡分明而往不息也;敦化者,敦厚其化,根本盛大而出無窮也。此言天地之道,以見上文取辟之意也。右第三十章,言天道也。(三)知,去聲。齊,側皆反。别,彼列反。聰明睿知,生知之質。臨,謂居上而臨下也。其下四者,乃仁義禮知之德。文,文章也。理,條理也。密,詳細也;察,明辨也。(四)溥博,周徧而廣濶也。淵泉,静深而有本也。出,發見也。言五者之德充積於中,而以時發見於外也。(五)見音現,説音悦。言其充積極其盛,而發見當其可也。施,去聲。隊音墜。"舟車所至"以下,蓋極言之。配天,言其德之所及廣大如天也。右第三十一章,承上章而言小德之川流,亦天道也。(六)經綸,皆治絲之事:經者,理其緒而分之;綸者,比其類而合之也。經,常也。大經者,五品之人倫。大本者,所性之全體也。惟聖人之德極誠無妄,故於人倫各盡其當然之實,而皆可以爲天下後世法,所謂經綸之也。其於所性之全體,無一毫人欲之僞以雜之,而天之道千變萬化皆由此出,所謂立之也。其於天地之化育,則亦其極誠無妄者,有默契焉,非但聞見之知而已。此皆至誠無妄,自然之功用,夫豈有所倚著於物而後能哉。(七)肫,之純反。肫肫,懇至貌,以經綸而言也。淵淵,静深貌,以立本而言也。浩浩,廣大貌,以知化而言也。其淵、其天,則非特如之而已。(八)聖知之知,去聲。固猶實者,鄭氏曰:唯聖人能知聖人也。右第三十二章,承上章而言大德之敦化,亦天道也。前章言至聖之德,此章言至誠之道。然至誠之道非至聖不能知,至聖之德非至誠不能爲,則亦非二物矣。此篇言聖人天道之極致,至此而無以加矣。(九、十)衣,去聲。絅,口迥反。惡,去聲。闇,於感反。前章言聖人之德極其盛矣,此復自下學立心之始言之,而下文又推之以至其極也。《詩》,《衛風・碩人》《鄭風・豐》皆作"衣錦褧衣",褧絅同,禪衣也。尚,加也。古之學者爲己,故其立心如此。尚絅故闇然,衣錦故有日章之實。淡、簡、温,絅之襲於外也,不厭而文且理焉,錦之美在中也。小人反是,則暴於外而無實以繼之,是以的然而日亡也。遠之近,見於彼者由於此也。風之自,著乎外者本乎内也。微之顯,有諸内者形諸外也。有爲己之心而又知此三者,則知所謹而可入德矣,故下文引《詩》言謹獨之事。(十一、十二)惡,去聲。《詩》,《小雅・正月》之篇。承上文言"莫見乎隱,莫顯乎微"也。疚,病也。無惡於志,猶言無愧於心,此君子謹獨之事也。(十三)相,去聲。《詩》,《大雅・抑》之篇。相,視也。屋漏,室西北隅也。承上文又言君子之戒謹恐懼無時不然,不待言動而後敬信,則其爲己之功益加密矣。故下文引《詩》並言其效。假、格同。鈇音夫。《詩》,《商頌・烈祖》之篇。奏,進也。承上文而遂反其教,言進而感格於神明之際,極其誠敬,無有言説而人自化之也。威,畏也。鈇,莝斫刀也;鉞,斧也。(十四、十五)《詩》《周頌・烈文》之篇。不顯,説見二十六章。此借引以爲幽深玄遠之意。承上文言天子有不顯之德,而諸侯法之,則其德愈深而效愈遠者。篤,厚也。篤恭,言不顯其敬也。篤恭而天下平,乃聖人至德淵微,自然之應,中庸之極功也。(十六、十七)輶,由酉二音。《詩》,《大雅・皇矣》之篇。引之以明上文所謂不顯之德者,正以其不大聲與色也。又引孔子之言,以爲聲色乃化民之末務。今但言"不大"之而已,則猶有聲色者存,是未足以形容"不顯"之妙。不若《烝民》之詩所言"德輶如毛",則庶乎可以形容矣;而又自以爲謂之毛，則猶有可比者，是亦未盡其妙。不若《文王》之詩所言"上天之載，無聲無臭"，然後乃爲"不顯"之至耳。蓋聲臭有氣無形，在物最爲微妙，而猶曰"無"之，故惟此可以形容"不顯""篤恭"之妙，非此德之外，又别有是三等然後爲至也。右第三十三章。子思因前章極致之言反求其本，復自下學爲己謹獨之事推而言之，以馴致乎篤恭而天下平之盛。又贊其妙，至於無聲無臭而後已焉。蓋舉一篇之要而約言之，其反覆丁寧示人之意至深切矣，學者豈可不盡心乎。

【淺悟】

《中庸》一文，再過千年萬年也仍具有現實意義。這就是中華祖先創造的以天道法則爲根基、與大地上的萬物和諧相處並使之生生不息的文化。中華文化遲早都會被全人類所接納，哪怕是被迫接納。我堅信。因爲得之者生，失之者亡。作爲普通人的我們，只要"博學之，審問之、慎思之、明辨之、篤行之。人一能之，己百之；人十能之，己千之。果能此道矣，雖愚必明，雖柔必强"。

只盼那種能够"固聰明聖知達天德者"早日出現啊！

表記第三十二

《疏》 按鄭《目錄》云:"名曰《表記》者,以其記君子之德見於儀表。此於《别錄》屬通論"。

32.1

【原文】

子言之:"歸乎!君子隱而顯,不矜而莊,不厲而威,不言而信(一)。"

子曰:"君子不失足於人,不失色於人,不失口於人。是故君子貌足畏也,色足憚也,言足信也(二)。《甫刑》曰:'敬忌而罔有擇言在躬(三)。'"

子曰:"裼襲之不相因也,欲民之毋相瀆也(四)。"

子曰:"祭極敬,不繼之以樂;朝極辨,不繼之以倦(五)。"

子曰:"君子慎以辟禍,篤以不揜,恭以遠恥(六)。"

子曰:"君子莊敬日强,安肆日偷(七)。君子不以一日使其躬儳焉,如不終日(八)。"

子曰:"齊戒以事鬼神,擇日月以見君,恐民之不敬也(九)。"

子曰:"狎侮死焉,而不畏也(十)。"

子曰:"無辭不相接也,無禮不相見也,欲民之毋相褻也(十一)。《易》曰:'初筮告,再三瀆,瀆則不告(十二)。'"

【譯文】

孔子對弟子説:"回去吧!君子韜光隱迹因而聲名顯著,不矜誇因而莊重,不猛厲因而有威望,不善言辭因而有信譽。"

孔子説:"君子對人舉手投足不會有失穩重,在人前容色不會有失莊重,與人交談不會失口説出不當説的話。正是這個緣故,君子的外貌足以使人敬畏嘛,神色足以使人忌憚嘛,言語足以使人相信嘛。《尚書·甫刑》中有云:'外貌恭敬内心戒慎就没有可挑剔的言語加到身上。'"

孔子説:"行禮有時必須袒露出裼衣,有時必須穿好上衣,二者不能相互因襲,這是希望人們不要互相褻瀆嘛。"

孔子説:"祭祀極其肅敬,接下來的事不可表現出歡樂;上朝要盡力分辨政事，分辨久了不可露出倦態。”

孔子説：“君子始終保持謹慎以避免禍患，保持篤厚以不遭困迫，保持恭敬以遠離恥辱。”

孔子説：“君子莊重恭敬日益强盛，安樂放肆就會日益苟且偷安。君子不使自身有一天是處於得過且過，好像活不過這一天的狀態。”

孔子説：“侍奉鬼神必須齋戒，覲見君王必須選擇日期，這是擔心人們對此不敬重哩。”

孔子説：“因狎昵致悔慢而死的人，就是因爲不知敬畏嘛。”

孔子説：“没準備好辭令不相交接哩，没有禮貌不相見哩，這是希望人們不要相互褻瀆嘛。《易經·蒙卦》中有云：‘初次占筮告訴結果，接二連三卜問則是褻瀆，褻瀆就不告訴結果。’”

【古注】

《注》 （一）此孔子行應聘諸侯莫能用己，心厭倦之辭也。矜，謂自尊大也。厲，謂嚴顔色。（二）失，謂失其容止之節也。《玉藻》曰：“足容重，色容莊，口容止。”（三）《甫刑》，《尚書》篇名。忌之言戒也，言己外敬而心戒慎，則無有可擇之言加於身也。（四）不相因者，以其或以裼爲敬，或以襲爲敬。禮盛者以襲爲敬，執玉龜之屬也；禮不盛者以裼爲敬，受享是也。（五）極猶盡也。辨，分别政事也。《祭義》曰：“祭之日，樂與哀半：饗之必樂，已至必哀。”（六）篤，厚也。揜猶困迫也。（七）肆猶放恣也。偷，苟且也。肆或爲褻。（八）儳焉，可輕賤之貌也。如不終日，言人而無禮死無時。（九）擇日月以見君，謂臣在邑竟者。（十）忕於無敬心也。（十一）辭，所以通情也。禮，謂摯也。《春秋傳》曰：“古者諸侯有朝聘之事，號辭必稱先君以相接也。”（十二）瀆之言褻也。

《音義》 裼，思歷反 xī（ㄒㄧ）。儳，仕鑑反 chán（ㄔㄢ），不整肅。

《疏》《甫刑》，《尚書》篇名，《吕刑》也，甫侯爲穆王説刑，故稱《甫刑》。

【淺悟】

“狎侮死焉，而不畏也”一語，狎是習慣的意思，侮是輕慢的意思，焉是代詞，指這類人。鄭玄認爲這類人的死是因爲“忕於無敬心”。忕讀 shì（ㄕ），習慣的意思。就是説，這類人的死是因爲習慣於没有敬畏之心。鄭的解説無疑是對的，故從之。

“無禮不相見”中的“禮”，鄭玄解説成“摯”，即禮品。這與《曲禮上》中所説的“貧者不以財貨爲禮”相牴牾，故不從。無禮不相見，應當是指禮貌、禮節這些足以區别人品的非物質性的東西，否則顔淵、曾參、原憲這些德才兼備的貧窮弟子將被拒之門外了。

32.2

【原文】

子言之：“仁者，天下之表也；義者，天下之制也；報者，天下之利也（一）”。

子曰：“以德報德，則民有所勸；以怨報怨，則民有所懲（二）。《詩》曰：‘無言不讎，無德不報[三]。'《大甲》曰：'民非后，無能胥以寧；后非民，無以辟四方[四]。'"

子曰："以德報怨，則寬身之仁也；以怨報德，則刑戮之民也[五]。"

子曰："無欲而好仁者，無畏而惡不仁者，天下一人而已矣。是故君子議道自己，而置法以民[六]。"

子曰："仁有三，與仁同功而異情[七]。與仁同功，其仁未可知也；與仁同過，然後其仁可知也：仁者安仁，知者利仁，畏罪者强仁[八]。仁者右也，道者左也；仁者人也，道者義也[九]。厚於仁者薄於義，親而不尊；厚於義者薄於仁，尊而不親[十]。道有至，義有考。至道以王，義道以霸，考道以爲無失[十一]。"

【譯文】

孔子對弟子説："仁道，天下的儀表嘛；道義，天下的裁制嘛；報答，天下的利益嘛。"

孔子説："用恩德報答恩德，人們就會有所勸勉而向善；用怨恨報復怨恨，人們就會有所懲戒而畏懼。《詩經·大雅·抑》中有云：'説出的話不會没有回應，施出的恩德不會没有回報。'《尚書·太甲》中有云：'人民没有君王，便没有能力相互處得安寧；君王没有人民，便没有辦法君臨四方。'"

孔子説："用恩德回報怨恨，那是寬慰自身的仁慈嘛；用怨恨回報恩德，那是應該處以刑罰或殺戮的人嘛。"

孔子説："無所貪欲而愛好仁道的人，還有無所畏懼而憎惡不仁道的人，天下只有少數人能這樣而已呀。正是這個緣故，君子評議仁道先針對自己，而後爲民設置法規。"

孔子説："行仁道有三種類别，其參與仁的功效相同然而情趣各異。他們參與仁愛事業如果所收到的功效相同，其行仁道的意圖未可知哩；參與仁愛事業如果出現了相同的過失，然後他們行仁道的意圖便可知道了：有仁德的人只圖心 安而行仁道，有智謀的人看到有利可圖才行仁道，犯了罪怕受懲罰的人是在勉强行仁道。仁好比右手嘛，道好比左手嘛；仁是指施給人的恩德嘛，道是指裁斷事物使合乎道義嘛。視仁德厚重的人對道義就會淡薄，這種人可親却不受尊重；視道義厚重的人對仁德就會淡薄，這種人受尊重却不可親。道有最完美的，有合乎正義的，有經過考核的。最完美的道用來成就王業，合乎正義的道用來成就霸業，經過考核的道可以使人没有失誤。"

【古注】

《注》 （一）報謂禮也，禮尚往來。（二）懲謂創艾。（三）讎猶答也。（四）大甲，湯孫也，《書》以名篇。胥，相也，民非君不能以相安。（五）寬猶愛也，愛身以息怨，非禮之正也。仁，亦當言民，聲之誤。（六）一人而已，喻少也。自己，自盡己所能行。（七）三，謂安仁也、利仁也、强仁也。利仁强仁功雖與安仁者同，本情則異。（八）功者，人所貪也；過者，人所辟也。在過之中非其本情者，或有悔者焉。（九）右也左也，言相須而成也。人也，謂施以人恩也。義也，謂斷以事宜也。《春秋傳》曰："執未有言舍之者，此其言舍之何人也？"（十）言仁義並行者也，仁多則人親之，義多則人尊之。（十一）此讀當言"道有至、有義、有考"，字脱一"有"耳。有至，謂兼仁義者；有義，則無仁矣；有考，考成也。能取仁義之一成之，以不失於人，非性也。

《音義》 大甲，大音泰。無能胥以寧，《尚書》作"罔克胥匡以生"。辟音璧，君也。

【淺悟】

"以德報怨，則寬身之仁也"中的"仁"，鄭玄認爲是"民"字之誤，"寬身"則解作"愛身以息怨"；"愛身"，《辭源》譯爲"貪生怕死，苟全性命"。這樣理解"寬身之仁"也没有錯，只嫌把原文解説得太支離，故[譯文]未依此。然而應怎樣"報怨"呢？《論語·憲問篇》第三十四章有人就問到了"以德報怨何如"這個問題，孔子的回答是："何以報德？以直報怨，以德報德。"就是説，如果用恩德回報怨恨，又將怎樣報答恩德呢？應當是，用正直回報怨恨，用恩德報答恩德。那麼怎樣才算"以直報怨"呢？孔子在《論語·公冶長篇》第二十章中説："匿怨而友其人，左丘明恥之，丘亦恥之。"意思是，藏匿起怨恨去結交那個人，孔子引以爲恥。由此可見，用正直回報怨恨，也應做得光明磊落。如果把恨埋在心裏，表面保持一團和氣，却在暗中等待時機實施報復，這就不是正直了。按孔子之意分析，對方只要不是犯下不可饒恕的罪行，就採用寬容的態度，既不跟他結交，也不伺機報復，即所謂退一步海闊天空，這可否算"以直報怨"？

另外，"無畏而惡不仁者"這段話，《論語·里仁篇》第六章中也有類似的論述，不妨參考拙著《論語淺悟》的辯解，或許有助於對這段話的理解。

32.3

【原文】

子言之："仁有數，義有長短小大。中心憯怛，愛人之仁也；率法而强之，資仁者也（一）；《詩》云：'豐水有芑，武王豈不仕？詒厥孫謀，以燕翼子，武王烝哉！'數世之仁也（二）；《國風》曰：'我今不閱，皇恤我後。'終身之仁也（三）。"

子曰："仁之爲器重，其爲道遠。舉者莫能勝也，行者莫能致也，取數多者，仁也。夫勉於仁者，不亦難乎（四）？是故君子以義度人，則難爲人；以人望人，則賢者可知已矣（五）。"

子曰："中心安仁者，天下一人而已矣。《大雅》曰：'德輶如毛，民鮮克舉之;我儀圖之,惟仲山甫舉之,愛莫助之(六)。'《小雅》曰:'高山仰止,景行行止(七)。'"

子曰:"詩之好仁如此:鄉道而行,中道而廢,忘身之老也,不知年數之不足也,俛焉日有孳孳,斃而后已(八)。"

子曰:"仁之難成久矣,人人失其所好(九),故仁者之過易辭也(十)。"

子曰:"恭近禮,儉近仁,信近情,敬讓以行,此雖有過,其不甚矣。夫恭寡過,情可信,儉易容也,以此失之者不亦鮮乎(十一)?《詩》曰:'温温恭人,惟德之基。'"

子曰:"仁之難成久矣,惟君子能之(十二)。是故君子不以其所能者病人,不以人之所不能者愧人(十三)。是故聖人之制行也,不制以己,使民有所勸勉愧恥以行其言(十四):禮以節之,信以結之,容貌以文之,衣服以移之,朋友以極之,欲民之有壹也(十五)。《小雅》曰:'不愧于人,不畏于天(十六)?'是故君子服其服,則文以君子之容;有其容,則文以君子之辭;遂其辭,則實以君子之德(十七)。是故君子恥服其服而無其容,恥有其容而無其辭,恥有其辭而無其德,恥有其德而無其行(十八)。是故君子衰絰則有哀色,端冕則有敬色,甲冑則有不可辱之色(十九)。《詩》云:'惟鵜在梁,不濡其翼;彼記之子,不稱其服(廿)。'"

【譯文】

孔子對弟子説:"仁有數種類型,意思是有長短大小之别。見到不幸的事内心便憂傷痛苦,這是愛人的仁嘛;依照法規去强制推行的,這是有憑藉的仁嘛;《詩經·大雅·文王有聲》中有云:'豐水岸上有枸杞,武王豈不牽掛天下事?爲其子孫留下好謀略,以使子孫安息有蔭蔽,武王真是好君王啊!'這是延及數代的仁嘛;《詩經·邶風·谷風》中有云:'我今尚且不被丈夫所容,哪有閒暇憂慮我的身後。'這是只顧一生的仁嘛。"

孔子説:"推行仁道好比搬運沉重的器物,要搬着走很遠的路。没有人能搬得動哩,没有人能達到目的地哩,只能取完成數多的,稱其爲仁嘛。這種在仁道上勉力去做的人,不也難能可貴嗎?因此,君子用道義度量人,就難做人;用人對比人,就可知道誰是賢者了呀。"

孔子説:"内心以行仁道才感到安舒的人,天下只有少數人會這樣而已呀。《詩經·大雅·烝民》中有云:'道德輕如鴻毛,却很少有人能舉起它;我揣測估量此事,只有仲山甫能勝任,可惜没人幫助他。'《小雅·車舝》中有云:'有山一樣崇高的品德人們就會仰慕,有光明正大的行爲人們就會跟着走。’”

孔子說：“詩中之人如此愛好仁德：嚮着仁道前行，中途無法履行才廢止，忘記自身已經老了，不知歲數已經不够了，每天都勉勵自己孜孜不倦地進取，至死方休。”

孔子說：“仁道的難以成就已經很久了呀，每個人都失去了自己所愛好的事物，所以仁者的這種過失是容易解説的嘛。”

孔子說：“使恭順貼近禮的規範，儉樸貼近仁德，信用貼近真情，用尊敬謙讓的態度去實行，這樣即便出現過錯，其後果不會太嚴重呀。這恭順能使人少犯過錯，有真情就可以信賴，儉僕容易被人接納嘛，因爲這樣出現過失的人，不也稀罕嗎？正如《詩經・大雅・抑》中所云：‘温柔恭順的君子，是以道德爲根基。’”

孔子說：“仁道的難以成就由來已久了呀，只有君子能成就它。正是這個緣故，君子不拿自己所能勝任的事去挖苦别人，不拿别人所不擅長的事羞愧人家。由於這個緣故，聖人在制訂行爲規範時呢，不制訂以自己爲標準的制度，而是制訂能使人民有所勸勉知道羞愧恥辱以便按照聖人的話去實行的制度：用禮來節制他們，用誠信來連結他們，用恭敬的容貌文飾他們，用有服飾的衣裳改變他們，用朋友的勉勵使之達到最高的造詣，這一切都是希望人民能够一心向善嘛。正如《詩經・小雅・何人斯》中所云：‘在人面前能够不慚愧，對天能够不畏懼。’所以君子穿上他應穿的服裝，就得用君子的儀容進行文飾；有了這種儀容，還得用君子的言辭進行文飾；具備了高雅的言辭，還得用君子的道德進行充實。爲此之故，君子將會因穿着君子的服裝却不具備相應的儀容引以爲恥，將會因徒有君子的儀容却不具備相應的言辭引以爲恥，將會因徒有君子的言辭却不具備相應的品德引以爲恥，將會因徒有君子的品德却没有相應的行爲引以爲恥。由於這個緣故，君子有喪服在身臉上就會現出悲哀之色，穿上朝服臉上就會現出莊敬之色，甲胄在身臉上就會現出不可凌辱之色。《詩經・曹風・候人》中有云：‘鵜鶘棲在魚梁上，不會沾濕其翅膀；那個紈絝的子弟，與其服飾不相稱。’”

【古注】

《注》 (一)資，取也。數與長短大小互言之耳，性仁義者其數長大，取仁義者其數短小。(二)芑，枸檵也。仕之言事也。詒，遺也。燕，安也。烝，君也，言武王豈不念天下之事乎？如豐水之有芑矣，乃遺其後世之子孫以善謀，以安翼其子也。君哉，武王美之也。(三)閱猶容也。皇，暇也。恤，憂也。言我今尚恐不能自容，何暇憂我後之人乎？(四)取數多，言計天下之道，仁居其多。(五)言以先王成法儗度人則難中也，當以時人相比方耳。（六）輶，輕也。鮮，罕也。儀，匹也。圖，謀也。愛猶惜也。言德之輕如毛耳，人皆以爲重，罕能舉行之者。作此詩者，周宣王之大臣也，言我之匹謀之，仲山甫則能舉行之美之也，惜乎時人無能助之者，言賢者少。（七）仰高，勤行者，仁之次也。景，明也，有明行者，謂古賢聖也。（八）廢，喻力極罷頓，不能復行則止也。俛焉，勤勞之貌。斃，仆也。（九）言仁道不成，人所由不得其志。（十）辭猶解說也。仁者恭儉，雖有過，不爲甚矣，唯聖人無過。（十一）言罕以此失之。（十二）言能成人道者少也。（十三）病愧，謂罪咎之。（十四）以中人爲制，則賢者勸勉，不及者愧恥，聖人之言乃行也。（十五）移讀如"禾氾移"之移，移猶廣大也。極，致也。壹，謂專心於善。（十六）言人有所行，當慙怖於天人也。（十七）遂猶成也。（十八）無其行，謂不行其德。（十九）言色稱其服也。（廿）鵜，鵜鶘，污澤也，污澤善居泥水之中，在魚原以不濡污其翼爲才，如君子以稱其服爲有德。

《音義》 憯，七感反 cǎn(ㄘㄢˇ)。怛，丹葛反 dá(ㄉㄚˊ)。俛音勉。孳音兹。移，昌氏反 chǐ(ㄔˇ)。

【淺悟】

本節所告訴我們的是，要想成爲受人尊敬的君子，除了做到嚴於律己、寬以待人外，還應加强個人素質的提升，使自己的服飾、神態、言辭、品德修養、行爲規範都需符合君子之風。社會越文明，這種修養越顯得重要。可以說，本節的内容是人類永久的借鏡。

32.4

【原文】

子言之："君子之所謂義者，貴賤皆有事於天下。天子親耕，粢盛秬鬯，以事上帝，故諸侯勤以輔事於天子(一)。"

子曰："下之事上也，雖有庇民之大德，不敢有君民之心，仁之厚也(二)。是故君子恭儉以求役仁，信讓以求役禮，不自尚其事，不自尊其身，儉於位而寡於欲，讓於賢，卑己而尊人，小心而畏義，求以事君(三)，得之自是，不得自是，以聽天命(四)。《詩》云：'莫莫葛藟，施于條枚；凱弟君子，求福不回(五)。'其舜、禹、文王、周公之謂與？有君民之大德，有事君之小心(六)。《詩》云：'惟此文王，小心翼翼；昭事上帝，聿懷多福；厥德不回，以受方國(七)。'"

子曰："先王謚以尊名，節以壹惠，恥名之浮於行也(八)。是故君子不自大其事，不自尚其功，以求處情；過行弗率，以求處厚；彰人之善而美人之功，以求下賢(九)。是故君子雖自卑而民敬尊之(十)。"

子曰："后稷天下之爲烈也，豈一手一足哉(十一)？唯欲行之浮於名也，故自謂便人(十二)。"

【譯文】

孔子對弟子說："君子所說的道義，是指天下不論地位貴賤都需要有所侍奉。天子需親自扶犂勸勉農耕，將盛在祭器中的黍稷和黑米香酒，用於侍奉天帝，所以諸侯對待天子同樣會辛勤地輔佐侍奉。”

孔子説：“下屬的服事上司呢，縱然有庇護人民的大恩德，却不敢萌生主宰人民的野心，其仁德多麽惇厚嘛。正是這個緣故，君子以恭敬節儉的作風尋求實施仁道的方法，以誠信謙讓的品格尋求貫徹禮制的途徑，不居功自誇，不妄自尊大，在官位上節儉而且欲望少，對賢者謙讓，降低自己而尊重别人，小心而且敬畏地對待符合道義的事，以此尋求服事君王的機遇，得到任用自己是這樣做，得不到任用自己還是這樣做，一切聽從天命。《詩經·大雅·旱麓》中有云：‘茂盛繁密的葛藤，蔓延到樹的枝幹；和樂平易的君子，求福不違背正道，’這大概是指舜、禹、文王、周公説的吧？他們都具有治理人民的大恩德，都有小心服事君王的經歷。《詩經·大雅·大明》中有云：‘只有這位文王，做事小心翼翼；昭明道德服事天帝，遵循天道以至多福；其德行不違正道，受到四方各國擁戴。’”

孔子説：“先王爲死者立謚號以尊顯其名望，謚號只節選其中一種最具代表的恩惠，因爲恥於名聲超過行爲嘛。以此之故，君子從不誇大自己的事績，不居功自傲，以尋求保持真情；過失的行爲不重復，以求保持淳厚；表彰别人的善舉並贊美别人的功績，以尋求在下面的賢士。正是這個緣故，君子雖説自我卑下然而人們越發敬愛尊重他。”

孔子説：“后稷爲天下建立的功業，豈止少數人獲益啊？他只希望使行爲超過虚名嘛，所以稱自己是個只熟悉稼穡的便人。”

【古注】

《注》 （一）言無事而居位食禄是不義而富且貴。（二）庇，覆也。無君民之心是思不出其位。（三）役之言爲也。求以事君者，欲成其忠臣之名也。（四）言不易道徼禄利也。（五）凱，樂也。弟，易也。言樂易之君子，其求福修德以俟之，不爲回邪之行要之，如葛藟之延蔓於條枚是其性也。（六）言此德當不回也。（七）昭，明也。上帝，天也。聿，述也。懷，至也。言述行上帝之德以至於多福也。方，四方也。受四方之國，謂王天下。（八）謚者，行之迹也。名者，謂聲譽也。言先王論行以爲謚。以尊名者，使聲譽可得而尊信也。壹讀爲一，惠猶善也。言聲譽雖有衆多者，即以其行一大善者爲謚耳。在上曰浮，君子勤行成功，聲譽踰行是所恥。（九）率，循也。過行不復循行，猶不二過。（十）言謙者所以成行立德。（十一）烈，業也。言后稷造稼穡，天下世以爲業。豈一手一足，喻用之者多無數也。（十二）亦言其謙也。辟仁聖之名，云自便習於此事之人耳。

《音義》 粢音咨，杜預云：“黍稷曰粢，在器曰盛。”秬音巨，黑黍。鬯，敕亮反 chàng（ㄔㄤˋ），香酒也。施，以豉反 yì（ㄧˋ）。條枚，《毛詩傳》云：“枝曰條，幹曰枚。”

【淺悟】

孔子這些教誨，對生活在今天的每一位有社會責任心的人，尤其是執政者來説，都有借鑒作用，而且這個“今天”不會隨時日的遷延而改變。假如一地的主要長官能按此教誨以身作則地實踐，此教誨不久便會在該地形成風氣，正所謂“君子之德風，小人之德草，草上之風必偃”(《論語・顔淵篇》)者也。

32.5

【原文】

子言之：“君子之所謂仁者，其難乎？《詩》云：‘凱弟君子，民之父母。’凱以强教之，弟以説安之：樂而毋荒，有禮而親，威莊而安，孝慈而敬。使民有父之尊，有母之親，如此而后可以爲民父母矣！非至德其孰能如此乎(一)？今父之親子也，親賢而下無能；母之親子也，賢則親之，無能則憐之。母親而不尊，父尊而不親。水之於民也，親而不尊，火尊而不親；土之於民也，親而不尊，天尊而不親；命之於民也，親而不尊，鬼尊而不親(二)。”

子曰：“夏道尊命，事鬼敬神而遠之，近人而忠焉，先禄而後威，先賞而後罰，親而不尊(三)，其民之敝，惷而愚、喬而野、朴而不文(四)。殷人尊神，率民以事神，先鬼而後禮，先罰而後賞，尊而不親(五)，其民之敝，蕩而不静，勝而無恥(六)。周人尊禮尚施，事鬼敬神而遠之，近人而忠焉，其賞罰用爵列，親而不尊(七)，其民之敝，利而巧、文而不慙、賊而蔽(八)。”

子曰：“夏道未瀆辭，不求備，不大望於民，民未厭其親。殷人未瀆禮，而求備於民。周人强民，未瀆神，而賞爵刑罰窮矣(九)。”

子曰：“虞夏之道，寡怨於民；殷周之道，不勝其敝(十)。”

子曰：“虞夏之質，殷周之文，至矣(十一)。虞夏之文不勝其質，殷周之質不勝其文(十二)。”

子言之曰：“後世雖有作者，虞帝弗可及也已矣：君天下，生無私，死不厚其子；子民如父母，有憯怛之愛，有忠利之教；親而尊，安而敬，威而愛，富而有禮，惠而能散；其君子尊仁畏義，恥費輕實，忠而不犯，義而順，文而静，寬而有辨(十三)。《甫刑》曰：‘德威惟威，德明惟明。’非虞帝其孰能如此乎(十四)？”

【譯文】

孔子對弟子説：“君子他們所説的仁道，莫非難以達到嗎？《詩經・大雅・泂酌》中有云：‘和樂平易的君子，人民視其如父母。’用和樂的態度對人民加强教育，用平易的作風使人民愉悦安寧：歡樂能使人民不會荒廢事業，有禮能使人民相親相愛，威嚴莊重能使人們相安無事，孝順父母慈愛子弟能使上下相互敬慕。使人民有對父親那樣的尊敬，有對母親那樣的親切，如此之後才可以擔當人民的父母官呀！不是具備最高道德的人難道還有誰能如此嗎？如今做父親的愛孩子嘛，愛賢才而瞧不起没有才能的；做母親的愛孩子呢，賢才就愛他，没有才能就憐憫他。母親可親却不尊嚴，父親尊嚴却不可親。水對於人呢，可親却不尊嚴，火尊嚴却不可親；土地對於人呢，可親近却不尊嚴，天尊嚴却不可親近；教命對於人呢，可親却不尊嚴，鬼尊嚴却不可親。”

孔子説：“夏朝的世道尊重四時的教命，恭敬侍奉鬼神却能遠離迷信活動，親近人才且忠心對待他們，先給俸禄而後施加威勢，先賞賜而後懲罰，其教命可親却不尊嚴，當人民在政教衰敗時，便暴露出蠢笨而愚昧，驕傲而粗野，簡朴且不文飾。殷朝尊崇神，率領人民去侍奉神，先侍奉鬼神而後舉行朝廷的禮事活動，先懲罰而後賞賜，其教命尊嚴却不可親，當人民在政教衰敗時，便暴露出放蕩且不安静，能免受刑罰却没有羞耻心。周朝尊重禮制崇尚施惠，恭敬侍奉鬼神又能遠離迷信活動，親近人才且忠心對待他們，其賞賜和懲罰采用爵位的排列進行，其教命可親却不尊嚴，當人民在政教衰敗時，就變得利欲熏心而且投機取巧，文過飾非而且毫不羞慚，相互賊害又相互蒙蔽。”

孔子説：“夏朝的世道不曾褻瀆言辭，對人民不求全責備，不大怨望，人民也不曾厭煩朝廷的親善。殷朝未曾褻瀆禮制，却對人民求全責備。周朝强制人民服從，只是未曾褻瀆神明，然而賞賜和刑罰都達到了極致呀。”

孔子説：“虞舜和夏禹時的世道，對人民很少抱怨；殷朝周朝時的世道，敝害使人不堪承受。”

孔子説：“虞舜夏禹的質朴、殷朝周朝的文采，都達到了極致呀。虞舜夏禹的文采不能勝過其質朴，殷朝周朝的質朴不能勝過其文采。”

孔子對弟子説道：“後世雖説有創建新王朝的人，虞舜帝的人品也不可企及而已呀：他主宰天下，生時大公無私，死後既不傳位又不留下豐厚的財産給其子；愛民如同父母對待子女，既有擔憂悲傷那種愛心，又有忠誠利欲之辨的教誨；可親又可尊，安詳而且恭敬，威嚴又慈祥，富有四海而且有禮，恩惠能够不斷四散分發；其治下的君子都尊崇仁德敬畏道義，以浪費和輕視財物爲可耻，忠厚且不犯禁，遵循道義而且順從民心，文雅而安静，寬宏大度之中却有辨别。《尚書·甫刑》中有云：‘德政威嚴人皆敬畏，德政光明人皆尊仰。’除非虞舜帝難道還有誰能如此嗎？”

【古注】

《注》（一）有父之尊，有母之親，謂其尊親已如父母。（二）或見尊，或見親，以其嚴與恩所尚異也。命，謂四時政令所以教民勤事也。鬼，謂四時祭祀所以訓民事君也。（三）遠鬼神近人，謂外宗廟内朝廷。（四）以本不困於刑罰，少詐諼也。敝，謂政教衰失之時也。（五）先鬼後禮，謂内宗廟外朝廷也。禮者，君臣朝會，凡以摯交接相施予。（六）以本忕於鬼神虚無之事，令其心放蕩無所定，困於刑罰，苟勝免而無恥也。《月令》曰："無作淫巧，以蕩上心。"（七）賞罰用爵列，以尊卑爲差。（八）以本數交接以言辭，尊卑多獄訟。（九）未瀆辭者，謂時王不尚辭，民不褻爲也。不求備、不大望，言其政寬，貢税輕也。强民，言承殷難變之敝也。賞爵刑罰窮矣，言其繁文備設。（十）勝猶任也。言殷周極文，民無恥而巧利，後世之政難復。（十一）言後有王者，其作質文不能易之。（十二）言王者相變質文，各有所多。（十三）死不厚其子，言既不傳位，又無以豐饒於諸臣也。恥費，不爲辭費出空言也。實，謂財貨也。辨，别也，猶寬而栗也。静或爲情。（十四）德所威則人皆畏之，言服罪也。德所明則人皆尊寵之，言得人也。

《音義》説音悦。喬音驕。

【淺悟】

"凱弟君子，民之父母"，是三千多年前的中華祖先爲官員作出的定義。孔子又爲此定義的内涵作了進一步的闡述。的確，不論哪個時代，官員對待百姓若能像對待自己的子女那樣，既有父親般的尊嚴，又有母親般的慈愛，他一定會是一位深受百姓景仰和擁戴的好官。"父母官"，多麽有文化内涵的準確定義。

再者，通過孔子對虞、夏、殷、周四個時代的摘要評價，不難看出孔子的政治傾向和心目中的聖人標準。那種硬説"孔子畢生都在致力於復辟西周奴隸制社會制度"的論調，可以休矣！《論語》中子貢曰："仲尼不可毁也！他人之賢者，丘陵也，猶可踰也。仲尼，日月也，無得而踰焉。人雖欲自絶，其何傷於日月乎？多見其不知量也。"其此之謂與？

32.6

【原文】

子言之："事君先資其言，拜自獻其身，以成其信（一）。是故君有責於其臣，臣有死於其言。故其受禄不誣，其受罪益寡（二）。"

子曰："事君大言入則望大利，小言入則望小利（三），故君子不以小言受大禄，不以大言受小禄（四）。《易》曰：'不家食，吉（五）。'"

子曰："事君不下達，不尚辭，非其人弗自（六）。《小雅》曰：'靖共爾位，正直是與；神之聽之，式穀以女（七）。'"

子曰："事君遠而諫，則讇也；近而不諫，則尸利也（八）。"

子曰："邇臣守和，宰正百官，大臣慮四方（九）。"

子曰："事君欲諫不欲陳（十）。《詩》云：'心乎愛矣，瑕不謂矣？中心藏之，何日忘之(十一)?'"

子曰:"事君難進而易退,則位有序;易進而難退,則亂也(十二)。故君子三揖而進,一辭而退,以遠亂也(十三)。"

子曰:"事君三違而不出竟,則利祿也,人雖曰不要,吾弗信也(十四)。"

子曰:"事君慎始而敬終(十五)。"

子曰:"事君可貴可賤,可富可貧,可生可殺,而不可使爲亂(十六)。"

子曰:"事君軍旅不辟難,朝廷不辭賤(十七),處其位而不履其事,則亂也(十八)。故君使其臣,得志則慎慮而從之,否則孰慮而從之,終事而退,臣之厚也(十九)。《易》曰:'不事王侯,高尚其事(廿)。'"

子曰:"唯天子受命于天,士受命于君(廿一)。故君命順,則臣有順命;君命逆,則臣有逆命(廿二)。《詩》曰:'鵲之姜姜、鶉之賁賁;人之無良,我以爲君(廿三)。'"

子曰:"君子不以辭盡人(廿四)。故天下有道,則行有枝葉;天下無道,則辭有枝葉(廿四)。是故君子於有喪者之側,不能賻焉,則不問其所費;於有病者之側,不能饋焉,則不問其所欲;有客不能館,則不問其所舍(廿六)。故君子之接如水,小人之接如醴;君子淡以成,小人甘以壞(廿七)。《小雅》曰:'盜言孔甘,亂是用餤(廿八)。'"

子曰:"君子不以口譽人,則民作忠(廿九)。故君子問人之寒則衣之,問人之飢則食之,稱人之美則爵之(卅)。《國風》曰:'心之憂矣,於我歸説(卅一)。'"

子曰:"口惠而實不至,怨菑及其身(卅二)。是故君子與其有諾責也,寧有已怨(卅三)。《國風》曰:'言笑晏晏,信誓旦旦,不思其反;反是不思,亦已焉哉(卅四)!'"

子曰:"君子不以色親人,情疏而貌親,在小人則穿窬之盜也與?"

子曰:"情欲信,辭欲巧(卅五)。"

【譯文】

孔子對弟子説:"服事君王先諮詢好自己的獻言,然後親自進身拜見,以成全獻言的誠信。以此之故,君王對其臣下有責罰,臣下甚至要爲自己的獻言付出死的代價。所以臣下不靠誣罔受禄,他所受到的罪責就越少。"

孔子説:"服事君王有重大獻言被采納就有望得到大利禄,小獻言被采納便有望得到小利禄。所以君子不憑小獻言接受大賞賜,不會因有重大獻言受到小賞賜。《易經·大畜卦》有云:'不使賢者在家謀食,可獲吉利。'"

孔子説:"服事君王不可將下面的瑣事傳達上去,不崇尚浮華的言辭,不是那種正經人不要親近。《詩經·小雅·小明》中有云:'恭謹謀求你的職位,人品正直與之交往;神明正在傾聽一切,用此福祿向你昭示。'"

孔子説:"服事君王關係疏遠如果規諫其過失,就有諂媚之嫌嘛;關係親近却不諫諍,那就像代神受祭的尸一樣無所事事只收受利祿嘛。"

孔子説:"君王身邊的近臣職守調和事宜,冢宰主治百官,大臣謀慮四方之事。"

孔子説:"服事君王對其過失應當諫諍不應當對外張揚。《詩經·小雅·隰桑》中有云:'心啊愛護他,何不告訴呀?内心深藏着他,何日能把他忘?'"

孔子説:"服事君王難以進身並容易辭退,位次才會有秩序;如果容易仕進而難以辭退,就會使賢與不肖混亂嘛。所以君子再三揖讓然後進身,一次辭退便離去,以遠離混亂嘛。"

孔子説:"服事君王多次聲明離職却不走出國境,必是貪戀祿位嘛;人家雖説這不是要挾,我不相信哩。"

孔子説:"服事君王從始至終都要謹慎而恭敬。"

孔子説:"服事君王可使之尊貴或卑賤,可使之富裕或貧寒,可使之生也可使之死,却不可使其制造叛亂。"

孔子説:"服事君王軍旅之中不避危難,朝廷之中不推辭卑賤的職事,處在所擔任的職位上如果不履行那個職位的事務,就會混亂嘛。所以君王指使其臣下,符合自己的心願還須謹慎考慮然後服從指令;不符合自己的心願就經過深思熟慮依然服從指令,任務完成即引退,顯示爲臣的寬厚嘛。《易經·蠱卦·上九爻辭》中有云:'不服事王侯,是因爲把自己的家事看得無比高尚。'"

孔子説:"縱然天子也得接受天的使命,衆臣則接受君王的使命。所以君王的命令順從天道,臣下就會順從君王的命令;君王的命令違逆天道,臣下就會違逆君王的命令。《詩經·鄘風·鶉之奔奔》中有云:'喜鵲高天匹偶相隨,鵪鶉低空比翼雙飛;其人的行爲無善德,我却要稱她爲小君。'"

孔子説:"君子不依據言辭判斷人的全部。所以天下政治清明時,人們的行爲就會有如枝葉般鋪天蓋地;天下政治昏暗時,人們的言辭也會有如枝葉般鋪天蓋地。以此之故,君子在有喪事的親友身旁,不能給以財物上的資助,就不問人家有哪些花費;在有病的親友身旁,不能饋贈食品,就不問人家想吃什麼;有客來訪不能留宿,就不問人家住在哪家客舍。所以君子的交接像水那樣清淡，小人的交接像醴酒那樣甘甜；君子清淡却能成事，小人甘甜反而壞事。《詩經・小雅・巧言》中有云：'盗賊説的話很甜美，禍亂也在此時進入。'"

孔子説："君子不以空口贊譽人，民間就會興起忠厚之風。所以君子問人是否寒冷就能使他穿上衣服，問人是否饑餓就能使他吃上飯，稱贊人家的美德就能賜給他爵位。《詩經・曹風・蜉蝣》中有云：'心中憂傷呀，何處是我歸宿。'"

孔子説："空口應許給人好處但是實物拿不到，怨恨災患就會降到他身上。由於這個緣故，君子與其有因允諾帶來的譴責呢，寧可有當時什麽也不允諾帶來的抱怨。《詩經・衛風・氓》中有云：'言談笑語多温柔，海誓山盟多誠懇；不料一切全顛倒，違反誓言都不想，也只好罷休了啊！'"

孔子説："君子不拿表情親近人，感情疏遠而外貌親近，在小人當中不就是穿牆爬洞的盗賊麽？"

孔子説："感情應誠實，言辭應恰到好處。"

【古注】

《注》 (一)資，謀也，獻，猶進也。言臣事君必先謀定其言，乃後親進爲君言也。(二)死其言者，竭力於其所言之事，死而不負於事。不信曰誣。(三)大言可以立大事，小言可以立小事也。人，爲君受之。利，禄賞也。人或爲人。(四)言臣受禄各用其德能也。(五)此《大畜・象辭》也。《象》曰："不家食吉，養賢也。"言君有大畜積，不與家食之而已，必以禄賢者。賢有大小，禄有多少。(六)不下達，不以私事自通於君也。不尚辭，不多出浮華之言也。弗自，不身與相親。(七)靖，治也。爾，女也。式，用也。穀，禄也。言敬治女位之職事，正直之人乃與爲倫友，神聽女之所爲，用禄與女。(八)尸，謂不知人事無辭讓也。(九)邇，近也。和，謂調和君事者也，齊景公曰"惟據與我和"。宰，冢宰也，冢宰主治百官。(十)陳，謂言其過於外也。(十一)瑕之言，胡也。謂，猶告也。(十二)亂，謂賢否不别。(十三)進難者，謂主人之擇己也；退速者，爲君子之倦也。(十四)違猶去也。利禄，言爲貪禄留也。臣以道去君，至於三而不遂去是貪禄，必以其强與君要也。(十五)輕交易絶，君子所恥。(十六)亂，謂違廢事君之禮。(十七)言尚忠且謙也。(十八)履猶行也。(十九)使，謂使之聘問師役之屬也。慎慮而從之者，此己志也，欲其必有成也。否，謂非己志也。孰慮而從之，又計於己利害也。終事而退，非己事者事成則去也。事或爲身。(廿)言臣致仕而去，不復事君也。君猶高尚其所爲之事，言尊大其成功也。(廿一)言皆有所受，不敢專也。唯，當爲雖字之誤也。(廿二)言臣受順則行順，受逆則行逆，如其所受於君，則爲君不易矣。(廿三)姜姜賁賁，争斗惡貌也。良，善也。言我以惡人爲君亦使我惡，如大鳥姜姜於上，小鳥賁賁於下。(廿四)不見人之言語，則以爲善，言其餘行或時惡也。(廿五)行有枝葉，所以益德也；言有枝葉，是衆虚華也。枝葉依幹而生，言行亦由禮出。(廿六)皆辟有言而無其實。(廿七)水相得合而已，酒醴相得則敗。淡，無酸酢少味也。接或爲交。(廿八)盗，賊也。孔，甚也。餤，進也。(廿九)譽，繩也。(卅)皆爲有言不可以無實。(卅一)欲歸其所説忠信之人也。(卅二)善言而無信，人所惡也。(卅三)已，謂不許也。言諾而不與，其怨大於不許。(卅四)此皆相與爲昏禮而不終也。

言始合會言笑和説，要誓甚信；今不思其本，恩之反覆；反覆之不思，亦已焉哉，無如此人何，怨之深也。(卅五)巧，謂順而説也。

《音義》 畜，勑六反 chù(ㄔㄨˋ)。讇，本亦作諂，chǎn(ㄔㄢˇ)。藏，如字，鄭解《詩》作臧，云善也。竟音境。要，於遥反 yāo(ㄧㄠ)。賁音奔。餤音談。説音悦。歸説，始鋭反 shuì(ㄕㄨㄟˋ)。菑音災。

【淺悟】

家天下的社會制度，永遠埋伏着不盡危機，任何一種危機都在醖釀着天下大亂。這也正是孔子最擔憂的，因爲大亂中遭殃最深重的永遠都是無辜又無告的平民百姓。爲此，孔子殫誠極慮進行補救：從執政者入手，針對上下級應處的關係作了方方面面的有效平衡，並對人與人交接時應注意的事項也作了盡善盡美的引導。這一切在人類社會中永遠都有借鑒作用。

其中"事君難進而易退則位有序，易進而難退則亂也"一節，準確地點到了家天下時代的根本性的弊害。這一弊害只有進入天下爲公的時代後，才能徹底消除。

32.7

【原文】

子言之："昔三代明王，皆事天地之神明，無非卜筮之用，不敢以其私褻事上帝(一)。是故不犯日月，不違卜筮(二)，卜筮不相襲也(三)。大事有時日(四)，小事無時日，有筮(五)；外事用剛日，内事用柔日(六)，不違龜筮。"

子曰："牲牷禮樂齊盛，是以無害乎鬼神，無怨乎百姓(七)。"

子曰："后稷之祀易富也，其辭恭，其欲儉，其禄及子孫(八)。《詩》曰：'后稷兆祀，庶無罪悔，以迄于今(九)。'"

子曰："大人之器威敬(十)。天子無筮(十一)，諸侯有守筮(十二)；天子道以筮；諸侯非其國不以筮，卜宅寢室(十四)；天子不卜處大廟(十五)。"

子曰："君子敬則用祭器(十六)，是以不廢日月，不違龜筮，以敬事其君長(十七)。是以上不瀆於民，下不褻於上(十八)。"

【譯文】

孔子對弟子説："往昔夏殷周三代賢明的君王，都侍奉天地的神明，大小事没有不是用卜筮決定的，不敢用自己的私意褻瀆這種侍奉上帝的活動。正是這個緣故，他們任何事都不會觸犯侍奉上帝的日月，不會違背卜筮的各種規定，而且占卜和占筮不交相沿襲嘛。大事有占卜時日的規定，小事没有占卜時日的規定，只有占筮；郊外的祭祀用單日，郊内的祭祀用偶日，不得違背龜筮顯示的徵兆。"

孔子説："三代所使用的色純體全的犧牲、禮樂和盛在祭器中的黍稷，這些對鬼神没有妨害，百姓也不會抱怨。”

孔子説：“周朝先祖后稷的祭祀容易備辦充裕，他的言辭恭敬，他希望節儉，他的福禄延及到子孫。《詩經・大雅・生民》中有云：‘后稷開始的祭祀，幾乎没有罪過懺悔，以致延續到如今。’”

孔子説：“大人的器度威嚴而恭敬。天子大事不使用占筮，諸侯守國有事可占筮；天子出行上路時需占筮；諸侯不是在自己國内不敢占筮，改易住宅内的寢室要占卜；天子巡守住進諸侯國的太廟不需占卜。”

孔子説：“君子主辦慎重恭敬的事時就會使用祭器，這是爲了不廢弛值得恭敬的日月，不違背龜筮顯示的徵兆，用以敬謹服事那些君長。這樣做，在上位者對人民才不會瀆職，在下位者對上司便不會褻慢。”

【古注】

《注》 （一）言動任卜筮也。神明，謂羣神也。（二）日月，謂冬夏至、正月及四時也。所不違者，日與牲尸也。（三）襲，因也。大事則卜，小事則筮。（四）大事，有事於大神，有常時常日也。（五）有事於小神，無常時常日。有筮，臨有事筮之。（六）順陰陽也，陽爲外，陰爲内，事之外内別乎四郊。（七）牷猶純也。（八）富之言，備也。以傳世之禄，恭儉者之祭易備也。（九）兆，四郊之祭處也。迄，至也。言祀后稷於郊以配天，庶幾其無罪悔乎福禄，傳世乃至於今。（十）言其用之尊嚴。（十一）謂征伐出師若巡守也。天子至尊，大事皆用卜也，《春秋傳》曰：“先王卜征五年，歲襲其祥。”（十二）守筮，守國之筮，國有事則用之。（十三）始將出卜之道，有小事則用筮。（十四）入他國則不筮，不敢問吉凶於人之國也。諸侯受封乎天子，因國而國，唯宫室欲改易者得卜之耳。（十五）卜可建國之處吉，則宫廟吉可知。（十六）謂朝聘待賓客崇敬，不敢用燕器也。（十七）用龜筮問所貢獻也。（十八）言上之於下以直，則下應之以正，不褻慢也。

《音義》 牷音全，純色也。齊音粢。

《疏》 昔三代明王皆事天地之神明者，謂祭事天地及諸神明也。無非卜筮之用者，言皆須卜筮，唯九月大享帝於明堂不用卜也，故《曲禮下篇》云“大饗不問卜”，鄭云：“莫適卜也，以其揔饗五帝，不知主何帝而卜之，故不卜矣。”所以必須卜者，不敢以其私褻奉事上帝，故皆卜之也。

【淺悟】

古代的卜筮活動，一般都是面臨嚴肅的重大事件幫助決策者下定最後的決心，或爲了鼓舞士氣時使用。卜筮果真靈驗嗎？那倒未必，史書的大量記載可以作證。不過它能給決策者一次最後的鄭重其事地深思熟慮的機會。大概這正是卜筮最主要的目的所在吧？只有那些不懂《易》理的爲功利所迷惑的愚者，才會對卜筮的結果深信不疑。假如其真有靈驗的話，試問，歷朝歷代每一位皇帝的靈寢的方位，皆由當代最具權威的風水大師通過卜筮確定的，又有哪位皇帝廕及到子孫，能使其王朝長盛不衰呢？所以那些遵循天道法則，處處順應民心的智者，對卜筮除重視其最後的深思熟慮的機會外，決不會爲其結果所左右。《論語・子路篇》第二十二章引用《易經・恒卦・九三爻》的爻辭云:“不恒其德,或承之差。”子曰:“不占而已矣。”意思是:《易經》云:“不能恒久堅守其德行,常會承受由此帶來的羞辱。”孔子解釋説:“卦義是要無恒心的人不必占卜而已呀。”王充《論衡·卜筮》篇中這樣記載:武王伐紂,卜筮之逆,占曰大凶。太公推蓍蹈龜而曰:“枯骨死草,何知吉凶!”結果一舉滅殷,建立了周朝。

只有違反天道法則,將本屬於人民共有的天下據爲自家所有的專制王朝,才會對卜筮的徵兆深信不疑。這也只是一場利令智昏的自我安慰的鬧劇而已,遲早還得把天下歸還給人民,我們人類也得把萬物共有的天下歸還給萬物。不然便是自取滅亡。

細心閲讀本文所記孔子有關卜筮的論述,自會領悟内中的深意。

緇衣第三十三

《疏》 案鄭《目錄》云："名曰《緇衣》者，善其好賢者厚也。《緇衣》，鄭詩也。其詩曰：'緇衣之宜兮，敝予又改爲兮；適子之館兮，還予授子之粲兮。'粲，餐也。設餐以授之，愛之欲飲食之。言緇衣之賢者，居朝廷宜其服也，我欲就爲改制其衣，反欲與之新衣，厚之而無已。此於《别録》屬通論。"

33.1

【原文】

子言之曰："爲上易事也，爲下易知也，則刑不煩矣(一)。"

子曰："好賢如《緇衣》，惡惡如《巷伯》，則爵不瀆而民作愿，刑不試而民咸服(二)。《大雅》曰：'儀刑文王，萬國作孚(三)。'"

子曰："夫民，教之以德，齊之以禮，則民有格心；教之以政，齊之以刑，則民有遯心(四)。故君民者，子以愛之，則民親之；信以結之，則民不倍；恭以涖之，則民有孫心(五)。《甫刑》曰：'苗民匪用命，制以刑，惟作五虐之刑曰法。'是以民有惡德，而遂絶其世也(六)。"

【譯文】

孔子對弟子説道："如果君上容易服事，臣下容易了解呢，就不需頻煩動用刑罰了呀。"

孔子説："愛好賢才能像《詩經·鄭風·緇衣》中所説的那樣，憎惡邪惡能像《詩經·小雅·巷伯》中所説的那樣，就不會褻瀆爵位而且民間還會興起樸實善良的風氣，不動用刑罰却能使人民全都服從。《詩經·大雅·文王》中有云：'以文王作爲效法的模範，各國都會興起誠信之風。'"

孔子説："這人民，用道德教化他們，用禮的規範整齊他們的行爲，人民就會有自我端正的心願；用行政命令教訓他們，用刑罰整齊他們的行爲，人民就會有逃避制裁的心思。所以要想統治人民的話，就得像愛子女那樣愛他們，人民才會親近你；用誠信連結他們，人民就不會背離；用恭敬的態度親臨他們當中，人民就會以遜順之心相迎。《尚書·甫刑》中有云：'三苗治民不是用政令，而是專用嚴刑制裁，制作出五種酷虐之刑號稱律法'。這樣以來人民皆有惡劣的品行，因而三苗終於斷絶了後嗣。”

【古注】

《注》 （一）言君不苛虐，臣無姦心，則刑可以措。（二）《緇衣》《巷伯》皆《詩》篇名也。《緇衣》首章曰：“緇衣之宜兮，敝予又改爲兮，適子之館兮，還予授子之粲兮。”言此衣緇衣者，賢者也，宜長爲國君其衣敝，我願改制授之以新衣，是其好賢，欲其貴之甚也。《巷伯》六章曰：“取彼譖人，投畀豺虎；豺虎不食，投畀有北；有北不受，投畀有昊。”此其惡惡，欲其死亡之甚也。爵不瀆者，不輕爵人也。試，用也。咸，皆也。（三）刑，法也。孚，信也。儀法文王之德而行之，則天下無不爲信者也。文王爲政，克明德慎罰。（四）格，本也。遯，逃也。（五）涖，臨也。孫，順也。（六）《甫刑》，《尚書》篇名。匪，非也。命，謂政令也。高辛氏之末，諸侯有三苗者作亂，其治民不用政令，專制御之以嚴刑，乃作五虐蚩尤之刑，以是爲法，於是民皆爲惡起倍畔也，三苗由此見滅，無後世，由不任德。

《疏》 爲上易事者，爲上謂君，君上以正理御物，則臣事之易也。爲下易知也者，爲下謂臣，臣下無姦詐，則君知其情易也。則刑不煩矣者，君易事，臣易知，故刑辟息止不煩動矣。然此篇題《緇衣》，而入文不先云《緇衣》者，欲見君明臣賢如此，後乃可服緇衣也。

【淺悟】

“民有格心”的格字，有來、至之義，也有糾正、端正之義。《尚書・冏命》：“繩愆糾繆，格其非心。”《孟子・離婁上》：“惟大人爲能格君之非。”其中的“格”與本文的“格”意義相同，即“正”的意思。鄭玄取“本”義，似不妥，故不從。

孔子於本節所闡述的以德禮爲核心和以政刑爲核心這兩種不同手段治理人民所能得出的不同結果，與在《論語・爲政篇》第二章所闡述的内容大同小異，再次申明了他的“爲政以德”的思想傾向。但這並不意味着對政刑的否定。衆所周知，只要有政權存在，就必須有統一人民意志的行政命令；要保證行政命令的順利實施，就不能没有法律，即所謂“刑”。正如前面《樂記》中所云：“政以一其行，刑以防其姦。”政和刑同樣是治理天下不可或缺的手段，孔子本人就擔任過魯國最高執法官大司寇之職。

但是，一味信賴政刑更不可取。其中的道理，拙著《論語淺悟》已有分辨，兹不贅述。總之，一味依賴政刑，是没有文化的體現。

33.2

【原文】

子曰：“下之事上也，不從其所令，從其所行（一）：上好是物，下必有甚者矣（二）！故上之所好惡，不可不慎也，是民之表也（三）。”

子曰：“禹立三年，百姓以仁遂焉，豈必盡仁（四）？《詩》云：‘赫赫師尹，民具爾瞻。’《甫刑》曰：‘一人有慶，兆民賴之。’《大雅》曰：‘成王之孚，下土之式（五）。’”

子曰：“上好仁，則下之爲仁争先人。故長民者，章志、貞教、尊仁，以子愛百姓,民致行己,以説其上矣[六]。《詩》云:'有梏德行,四國順之[七]。'"

子曰:"王言如絲,其出如綸;王言如綸,其出如綍[八]。故大人不倡游言[九]:可言也,不可行,君子弗言也;可行也,不可言,君子弗行也。則民言不危行,而行不危言矣[十]。《詩》云:'淑慎爾止,不諐于儀[十一]。'"

子曰:"君子道人以言,而禁人以行[十二],故言必慮其所終,而行必稽其所敝,則民謹於言而慎於行[十三]。《詩》云:'慎爾出話,敬爾威儀[十四]。'《大雅》曰:'穆穆文王,於緝熙敬止[十五]。'"

子曰:"長民者,衣服不貳,從容有常,以齊其民,則民德壹[十六]。《詩》云:'彼都人士,狐裘黄黄;其容不改,出言有章;行歸于周,萬民所望[十七]。'"

【譯文】

孔子説:"臣下他們服事君上嘛,不光聽從他所發出的指令,還會隨從他所做的事:上頭喜好這種物品,下面必有喜好得更厲害的人呀!所以上頭對所喜好和厭惡的事物,不可不慎重嘛,此乃民衆的表率哩。"

孔子説:"禹即位三年,百姓自覺用仁道充實自己,何必盡力貫徹仁道?《詩經·小雅·節南山》中有云:'威名顯赫的太師尹,人民都在把你瞻仰。'《尚書·甫刑》中有云:'天子有善行,萬民依賴他。'《詩經·大雅·下武》中有云:'武王成就王業之誠信,乃天下效法的榜様。'"

孔子説:"上頭愛好仁道,下面實行仁道就會争先恐後。所以撫養人民的人,首先自己彰明志向、端正教化、尊崇仁道,用對待子女的愛心愛護百姓,人們就會致力修養自己的行爲,以取悦其尊長上司呀。《詩經·大雅·抑》中有云:'君王若有大德行,各國都會歸順他。'"

孔子説:"君王的言語像細絲,待其傳出就會像絲帶那樣粗;君王的言語像絲帶,待其傳出就會像大繩索。所以王公大人不倡導虚浮夸誕之言:可以説却做不到的話,君子是不會説的嘛;可以做却不可説出口的事,君子是不會做的嘛。這樣人們説的話就不會超出其行爲,而且行爲也不會超出其所説的話呀。《詩經·大雅·抑》中有云:'慎重你的美好舉止,儀表不要出現過失。'"

孔子説:"君子用語言引導人,而用行爲禁止人,所以説話必先考慮這句話最終能否行得通,而實行時必先稽核實行起來將會出現哪些敝漏,這樣人們就會對自己的言行謹慎起來。《詩經·大雅·抑》中有云:'謹慎你説的話,敬重你的威儀。'《詩經·大雅·文王》中有云:'端莊肅穆的文王,光明恭敬的容止。'"

孔子説："撫養人民的官員，衣裳服飾不重複，舉止從容有常態，用此整齊轄下的人民，人民的品德就會整齊劃一。《詩經·小雅·都人士》中有云：'那個都城的人士，狐裘黄得閃亮光；他的容止不改變，説出話來有文章；行爲歸向於忠信，是爲萬民所仰望。'"

【古注】

《注》 （一）言民化行，不拘於言。（二）甚者，甚於君也。（三）言民之從君如影逐表。（四）百姓傚禹爲仁，非本性能仁。遂猶達也。（五）皆言化君也。孚，信也。式，法也。（六）章，明也。貞，正也。民致行己者，民之行皆盡己心。（七）梏，大也，直也。（八）言言出彌大也。綸，今有秩，嗇夫所佩也。綍，引棺索也。（九）游猶浮也，不可用之言也。（十）危猶高也，言不高於行，行不高於言，言行相應也。（十一）淑，善也。諐，過也。言善慎女之容止，不可過於禮之威儀也。（十二）禁猶謹也。（十三）稽猶考也、議也。（十四）話，善言也。（十五）緝熙皆明也，言於明明乎敬其容止。（十六）貳，不壹也。（十七）黄衣則狐裘，大蜡之服也，詩人見而説焉。章，文章也。忠信爲周，此詩毛氏有之，三家則亡。

《音義》 梏音角，《詩》作覺，jué（ㄐㄩㄝ）。綸音倫，綬也。綍音弗，大索。道音導。諐，起虔反 qiān（ㄑㄧㄢ）。

【淺悟】

孔子本節之所言，可與他在《論語》中所説的"君子之德風，小人之德草，草上之風必偃"（12.19）、"古者言之不出，恥躬之不逮也"（4.22）、"多聞闕疑，慎言其餘則寡尤；多見闕殆，慎行其餘則寡悔"（2.18）相互發明，其辨解可參考拙著《論語淺悟》。

33.3

【原文】

子曰："爲上可望而知也，爲下可述而志也，則君不疑於其臣，而臣不惑於其君矣（一）。尹吉曰：'惟尹躬及湯，咸有壹德（二）。'《詩》云：'淑人君子，其儀不忒。'"

子曰："有國者章善癉惡，以示民厚，則民情不貳（三）。《詩》云：'靖共爾位，好是正直。'"

子曰："上人疑則百姓惑，下難知則君長勞（四）。故君民者，章好以示民俗，慎惡以御民之淫，則民不惑矣（五）。臣儀行，不重辭，不援其所不及，不煩其所不知，則君不勞矣（六）。《詩》云：'上帝板板，下民卒癉（七）。'《小雅》曰：'匪其止共，惟王之邛（八）。'"

子曰："政之不行也，教之不成也，爵祿不足勸也，刑罰不足恥也。故上不可以褻刑而輕爵（九）。《康誥》曰：'敬明乃罰。'《甫刑》曰：'播刑之不迪（十）。'"

【譯文】

孔子説："對上頭可通過觀望去了解嘛，對下屬可通過陳述去了解嘛，這樣君上對其臣下就不會産生猜疑，而臣下對其君上也不會感到惶惑呀。伊尹告誡太甲説：'只有我伊尹自身和湯王，都具有純一的德行。'《詩經·曹風·鳲鳩》中有云：'善良的君子，其儀軌不變。'"

孔子説："有國家的君王表彰善良憎恨邪惡，用以向人民展示力量的雄厚，這樣人民的情感就會專一不二。《詩經·小雅·小明》中有云：'謙恭安守你的職位，愛好這種端正剛直的操守。'"

孔子説："上頭的人猜疑就會使百姓迷惑，下面的人難以識别就會使君長勞苦。所以治理人民的話，要彰明愛好以昭示民間習俗，慎重對待憎惡以抵禦人們的淫佚，這樣人民就不會迷惑呀。臣下遵照儀軌行事，不崇尚虚浮的言辭，不援引君上所達不到的境界，不煩難君上所不知道的事，這樣君上就不會勞累呀。《詩經·大雅·板》中有云：'在上的帝王邪僻，在下的人民都憎恨。'《小雅·巧言》中有云：'佞臣恭順不供職，君上只有多勞苦。'"

孔子説："政令之所以行不通呢，教化之所以不成功呢，都因爵禄濫賞不足以勸勉爲善嘛，刑罰濫施不足以使人知恥嘛。所以君上不可褻瀆刑罰和輕視爵賞。《尚書·康誥》中有云：'敬慎嚴明才能懲罰。'《甫刑》中有云：'這是實施刑罰的正道。'"

【古注】

《注》 (一)志猶知也。(二)吉當爲告，告，古文誥字之誤也。尹告，伊尹之誥也，《書·序》以爲"咸有壹德"今亡。咸，皆也，君臣皆有壹德不貳，則無疑惑也。(三)章，明也。癉，病也。(四)難知，有姦心也。(五)淫，貪侈也，《孝經》曰："示之以好惡，而民知禁。"(六)儀當爲義，聲之誤也，言臣義事君則行也。重猶尚也，援猶引也。不引君所不及，謂必使其君所行如堯舜也。不煩以其所不知，謂必使其知慮如聖人也。凡告喻人，當隨其才以誘之。(七)上帝，喻君也。板板，辟也。卒，盡也。癉，病也。此君使民惑之詩。(八)匪，非也。邛，勞也。言臣不止於恭敬其職，惟使王之勞，此臣使君勞之詩也。(九)言政教所以明賞罰。(十)康，康叔也，作誥，《尚書》篇名也。播猶施也。不，衍字耳。迪，道也，言施刑之道。

《音義》 吉依《注》作告，音誥，羔報反 gào(ㄍㄠˋ)。癉，丁旦反 dǎn(ㄉㄢˇ)。靖共、止共，共音恭，本亦作恭。邛，其恭反 qióng(ㄑㄩㄥˊ)。

【淺悟】

上下如何溝通才能增進了解？執政者如何才能使人民對國家感情專一？上下如何協調才不會君勞民惑？以及政令爲何不行、教化爲何不成？等，孔子在本節一一作了極爲精確的解答，可謂言近指遠，萬古不磨。

33.4

【原文】

子曰："大臣不親，百姓不寧，則忠敬不足，而富貴已過也。大臣不治，而邇臣比矣(一)！故大臣不可不敬也，是民之表也；邇臣不可不慎也，是民之道也(二)。君毋以小謀大，毋以遠言近，毋以内圖外(三)，則大臣不怨，邇臣不疾，而遠臣不蔽矣(四)。葉公之顧命曰：'毋以小謀敗大作，毋以嬖御人疾莊后，毋以嬖御士疾莊士、大夫、卿士(五)。'"

子曰："大人不親其所賢，而信其所賤，民是以親失，而教是以煩(六)。《詩》云：'彼求我則，如不我得；執我仇仇，亦不我力(七)。'《君陳》曰：'未見聖，若己弗克見；既見聖，亦不克由聖(八)。'"

【譯文】

孔子説："大臣不親近君上，百姓便不得安寧，則是臣對君不够忠誠和君對臣不够恭敬，而且臣的富貴已超過了限度所致嘛。大臣不治理政事，近臣就會朋比爲奸呀！所以對大臣不可不恭敬哩，他們是民衆的表率嘛；選擇近臣不可不慎重哩，他們是民衆跟隨的嚮導嘛。君上不要與小臣謀畫大臣的事，不要同遠臣談論近臣的事，不要跟内臣圖謀外臣的事，這樣大臣就不會抱怨，近臣就不會嫉妒，而且遠臣也不會被遮蔽呀。楚國葉公臨終遺書有云：'不要使用小臣的計謀敗壞大臣的作爲，不要讓愛妾嫉妒莊重知禮的王后，不要讓嬖幸之士讒毁莊重知禮的士、大夫和卿士。'"

孔子説："王公大人不親近人們所尊重的人，却相信人們所輕賤的人，人們也會因此而迷失所當親近的人，而且政教也會因此而煩亂。《詩經·小雅·正月》中有云：'他幽王當初求我參政，好像就怕得不到我；控制了我却又傲慢無禮，也不讓我施展才力。'《尚書·君陳》中有云：'未曾見到聖道時，好似自己永遠不能見到；已經見到了聖道，依然不能用聖道。'"

【古注】

《注》 (一)忠敬不足，謂臣不忠於君，君不敬其臣。邇，近也。言近以見遠，言大以見小，互言之。比，私相親也。(二)民之道，言民循從也。(三)圖亦謀也，言凡謀之，當各於其黨。於其黨，知其過審也，大臣柄權於外，小臣執命於内，或時交争轉相陷害。(四)疾猶非也。(五)葉公，楚縣公葉公子高也。臨死遺書曰顧命。小謀，小臣之謀也。大作，大臣之所爲也，嬖御人，愛妾也。疾亦非也。莊后，適夫人齊莊得禮者。嬖御士，愛臣也。莊士，亦謂士之齊莊得禮者，今爲大夫、卿士。(六)親失，失其所當親也。教煩，由信賤也。賤者，無壹德也。(七)言君始求我，如恐不得我；既得我，持我仇仇然不堅固，亦不力用我，是不親信我也。(八)克，能也。由，用也。

《音義》 葉，舒涉反 shè(ㄕㄜˋ)，葉公，楚大夫沈諸梁也，字子高，爲葉縣尹，僭稱公也。仇音求，

《爾雅》云："讎也。"

【淺悟】

通過本節之所述，可以清楚地認識到，專制統治下不可救治的弊病。所謂聖道，即堯舜推行的天下爲公的大道。由此可見孔子的傾向。

33.5

【原文】

子曰："小人溺於水，君子溺於口，大人溺於民，皆在其所褻也(一)。夫水近於人而溺人，德易狎而難親也，易以溺人(二)；口費而煩，易出難悔，易以溺人(三)；夫民閉於人而有鄙心，可敬不可慢，易以溺人(四)，故君子不可以不慎也(五)。《太甲》曰：'毋越厥命，以自覆也。若虞機張，往省括于厥度則釋(六)。'《兑命》曰：'惟口起羞，惟甲胄起兵，惟衣裳在笥，惟干戈省厥躬(七)。'《太甲》曰：'天作孽，可違也；自作孽，不可以逭(八)。'尹吉曰：'惟尹躬天見于西邑夏，自周有終，相亦惟終(九)。'"

【譯文】

孔子説："小孩常被水淹死，有地位的君子常被口舌淹死，王公大人會被人民淹死，都在於他們對水、口舌、人民有所褻慢所致嘛。這水離人近因而能淹死人，就像道德容易狎侮而難以親近嘛，所以容易的就會淹死人；喜歡説費話而且煩瑣，出口容易追悔難，因容易出口所以能淹死人；這人民一旦遭人閉塞就會生出鄙夷之心，對他們只可恭敬不可輕慢，否則便容易把人淹死，所以有權勢的君子不可以不慎重對待哩。《尚書·太甲》中有云："不要顛越先王的教命，以自取覆滅嘛。要像掌管山澤田獵的虞人射箭那樣先張開機弩，朝箭尾瞄準目標然後揣度着釋弦發箭。'《尚書·説命》中有云：'這口舌能引起羞辱，這甲胄能引起戰争，這衣裳要放在篋笥内，這干戈之事要省察自身之後才可動用。'《太甲》中還説：'上天造成的災孽，可以躲避嘛；自己制造的災孽，不可以逃脱。'伊尹告誡説：'我伊尹的先祖曾在夏都西邑親眼所見，夏朝的先君用忠信治國有始有終，輔相大臣也都堅守忠信有始有終。'"

【古注】

《注》 (一)言人不溺於所敬者。溺，謂覆 没不能自理出也。(二)言水人所沐浴自潔清者。至於深淵洪波所當畏慎也，由近人之故，或泳之游之褻慢而無戒心以取溺焉。有德者亦如水矣，初時學其近者小者以從人事，自以爲可則侮狎之，至於先王大道性與天命，則遂扞格不入，迷惑無聞，如溺於大水矣。難親，親之當肅敬，如臨深淵。（三）費猶惠也，言口多空言且煩數也，過言一出，駟馬不能及，不可得悔也。口舌所覆，亦如溺矣。費或爲哱，或爲悖。（四）言民不通於人道而心鄙詐，難卒告諭，人君敬慎以臨之則可，若陵虐而慢之，分崩怨畔，君無所尊，亦如溺矣。（五）慎所可褻乃不溺矣。（六）越之言，蹷也。厥，其也。覆，敗也。言無自顛蹷女之政教以自毁敗。虞，主田獵之地者也。機，弩牙也。度，謂所擬射也。虞人之射禽，弩已張，從機間視括，與所射參相得，乃後釋弦發矢。爲政亦當以己心參於羣臣及萬民，可乃後施也。（七）兑當爲説，謂殷高宗之臣傅説也，作書以命高宗，《尚書》篇名也。羞猶辱也。衣裳，朝祭之服也。惟口起辱，當慎言語也。惟甲胄起兵，當慎軍旅之事也。惟衣裳在笥，當服以爲禮也。惟干戈省厥躬，當恕己不尚害人也。（八）逭猶辟也。逭，逃也。（九）尹吉亦尹誥也。天，當爲"先"字之誤也。忠信爲周。相，助也，謂臣也。伊尹言，尹之先祖見夏之先君，臣皆忠信以自終，今天絶桀者，以其自作孽。伊尹始仕於夏，此時就湯矣。夏之邑在亳西。見或爲敗，邑或爲予。

《音義》 兑依《注》作説，本亦作説，音悦。逭，乎亂反 huàn（ㄏㄨㄢˋ）。吉音誥。

【淺悟】

孔子本節列舉的的幾則比喻，要指只在"大人溺於民"上。《孔子家語·五儀解》中所載孔子曰："夫君者，舟也；庶人者，水也。水所以載舟，亦所以覆舟。"其義與本節的要指一致，都是希望"大人"待民"可敬不可慢"。據此，後世一些雜書便出現了諸如"是非只爲多開口，煩惱皆因强出頭"之類有益於教化的格言。

33.6

【原文】

子曰："民以君爲心，君以民爲體。心莊則體舒，心肅則容敬。心好之，身必安之；君好之，民必欲之。心以體全，亦以體傷；君以民存，亦以民亡（一）。《詩》云：'昔吾有先正，其言明且清，國家以寧，都邑以成，庶民以生。誰能秉國成？不自爲正，卒勞百姓（二）。'《君雅》曰：'夏日暑雨，小民惟曰怨；資冬祁寒，小民亦惟曰怨（三）。'"

子曰："下之事上也，身不正，言不信，則義不壹，行無類也（四）。"

子曰："言有物而行有格也，是以生則不可奪志，死則不可奪名（五）。故君子多聞，質而守之；多志，質而親之；精知，略而行之（六）。《君陳》曰：'出入自爾師虞，庶言同（七）。'《詩》云：'淑人君子，其儀一也。'"

【譯文】

孔子説："人民以君王爲心臟，君王以人民爲身體。内心端莊身體就舒暢，内心嚴肅儀容就恭敬。内心愛好某種事物，身體必然以此感到安適；君王愛好某種事物，人民必然也想得到。心臟因爲有身體才得以保全，也會因爲身體出現變故而受到損傷；君王依靠人民才得以生存，也會因爲人民出現變故而滅亡。古逸詩有云：'往昔我有先君之臣，其教言明朗且清晰，國家得以安寧，都邑得以建成，庶民得以安生。如今誰能執掌國政做出這樣的成就？這班執政者自身不正，却要盡力辛勞百姓。'《尚書·君牙》中周穆王對君牙說：'夏季暑熱降雨，小民只是抱怨嘆息；冬季嚴寒，小民依然只是抱怨。'"

孔子說："下面的人服事上司呢，如果上司自身行爲不端正，説話不講信用，下面的人情義就不專一，因爲行爲没有比類的標準嘛。"

孔子說："言論要内容充實而行爲要有規格標準，這樣在生時便不可褫奪其志節，死後也不可褫奪其名聲。所以君子要多傾聽民聲，把經過質成的見聞守護住；要多記錄，親信那些經過質疑的消息；要精密識别，經過謀略之後再實行。《尚書·君陳》中成王告誡君陳說：'你要反復跟衆人商討，大家意見相同再施行。'《詩經·曹風·鳲鳩》中有云：'善良的君子，其威儀一致哩。'"

【古注】

《注》 (一)莊，齊莊也。(二)先正，先君長也。誰能秉國成，傷今無比人也。成，邦之八成也，誰能秉行之？不自以所爲者正，盡勞來百姓。憂念之者，與疾時大臣專功争美。(三)雅，《書·序》作牙，假借字也。君雅，周穆王司徒，作《尚書》篇名也。資當爲至，齊魯之語，聲之誤也。祁之言是也，齊西偏之語也。夏日暑雨，小民怨天；至冬是寒，小民又怨天。言民恒多怨，爲其君難。(四)類，謂比式。(五)物，謂事驗也。格，舊法也。(六)質猶少也。多志，謂博交汎愛人也。精知，孰慮於衆也。精或爲清。(七)自，由也。師、庶，皆衆也。虞，度也。言出内政教當由女衆之所謀度，衆言同，乃行之政教當由一也。

《音義》 "昔吾有先正"至"庶民以生"總五句，今《詩》皆無此語，餘在《小雅·節南山》篇，或皆逸詩也，"誰能秉國成"，毛《詩》無"能"字。資，依《注》音至，《尚書》作咨，連上句云"怨咨"，"夏日"無日字。

《疏》 《詩》云"昔吾有先正"者，此逸詩也。《君雅》，《尚書》以爲"君牙"，按《尚書》云"小民惟曰怨咨"，今此作資字，鄭又讀資當爲至，以鄭不見《古文尚書》故也。

【淺悟】

本節的要旨是上一節的延續。不是置身於百姓之中，與百姓的命運休戚與共，不會反復論述一個話題。莫非歷代的統治者都不懂"水所以載舟，亦所以覆舟""君以民存，亦以民亡"的道理？不，皆因利令智昏所致。這便注定了專制統治永遠不會長盛不衰。

33.7

【原文】

子曰："唯君子能好其正，小人毒其正(一)。故君子之朋友有鄉，其惡有方(二)，是故邇者不惑，而遠者不疑也(三)。《詩》云'君子好仇(四)'。"

子曰："輕絶貧賤而重絶富貴，則好賢不堅而惡惡不著也，人雖曰不利，吾不信也(五)。《詩》云：'朋友攸攝，攝以威儀(六)。'"

子曰："私惠不歸德，君子不自留焉(七)。《詩》云：'人之好我，示我周行(八)。'"

子曰："苟有車，必見其軾；苟有衣，必見其敝；人苟或言之，必聞其聲；苟或行之，必見其成(九)。《葛覃》曰：'服之無射(十)。'"

【譯文】

孔子説："只有君子能喜好他的伴侣，小人常會傷害他的伴侣。所以君子與朋友有同樣的嚮往，他們的憎惡合乎義方。以此之故，近處的朋友對他不感到困惑，離遠的朋友對他也不會産生懷疑，正如《詩經·周南·關雎》中所説的'君子選擇好的伴侣'。"

孔子説："輕率地跟貧賤者絶交却慎重地跟富貴者絶交，乃是喜好賢德不堅固而憎惡邪惡不顯著的表現嘛，此人雖説不看重利益，我不相信哩。《詩經·大雅·既醉》中有云：'朋友相互輔助，輔助以威儀。'"

孔子説："私下饋贈不歸屬道德，君子不會自己留下此物。《詩經·小雅·鹿鳴》中有云：'人要是對我好，當曉示我忠信之道。'"

孔子説："如果有車，必能見到車前用來扶手的横軾；如果有衣服，必能見到穿舊穿破的；人如果有話説，必能聽到他的聲音；如果有事要辦，必能見到辦理的成效。《詩經·周南·葛覃》中有云：'衣服穿破不厭棄。'"

【古注】

《注》 (一)正，當爲"匹"字之誤也。匹，謂知識朋友。(二)鄉、方，喻輩類也。小人徼利，其友無常也。(三)言其可望而知。邇，近也。(四)仇，匹也。(五)言此近徼利也。(六)攸，所也。言朋友以禮義相攝正，不以貧富貴賤之利也。(七)私惠，謂不以公禮相慶賀，時以小物相問遺也。言其物不可以爲德，則君子不以身留此人也。相惠以褻瀆邪辟之物，是爲不歸於德。歸或爲懷。(八)行，道也，言示我以忠信之道。(九)言凡人舉事，必有後驗也。見其軾，謂載也。敝，敗衣也，衣或在内，新時不見。(十)射，厭也。言己願采葛以爲君子之衣，令君子服之無厭，言不虚也。

《音義》 正音匹，出《注》。覃，徒南反 tán(ㄊㄢˊ)。射音亦。

《疏》 君子能好其正者，正，匹偶，言君子能愛好其朋友，匹偶，以下云"君子好仇"，故此"正"爲匹也。

33.8

【原文】

子曰："言從而行之，則言不可飾也；行從而言之，則行不可飾也(一)。故君子寡言而行以成其信，則民不得大其美而小其惡(二)。《詩》云：'白圭之玷，尚可磨也；斯言之玷，不可爲也(三)。'《小雅》曰：'允也君子，展也大成(四)。'

《君奭》曰：‘昔在上帝，周田觀文王之德？其集大命於厥躬（五）。’”

子曰：“南人有言曰：‘人而無恒，不可以爲卜筮。’古之遺言與？龜筮猶不能知也，而況於人乎（六）！《詩》云：‘我龜既厭，不我告猶（七）。’《兑命》曰：‘爵無及惡德民，立而正事，純而祭祀，是爲不敬，事煩則亂，事神則難（八）。’《易》曰：‘不恒其德，或承之羞。恒其德，偵；婦人吉，夫子凶（九）。’”

【譯文】

孔子説：“話出口隨即付諸行動，説的話就不可掩飾嘛；實行完隨後説出來，做的事就不可掩飾嘛。舊時的君子話説得少而是用行動成就他的信用，這樣人們就不能誇大他的美舉和縮小他的劣跡。《詩經·大雅·抑》中有云：‘白圭上的瑕疵，尚可磨掉嘛；這言語上的瑕疵，不可以打磨掉哩。’《小雅·車攻》中有云：‘講信用兮這位君子，靠誠實兮大獲成功。’《尚書·君奭》中周公告誡君奭説：‘往昔天帝，爲何一再勸勉能使天下安寧的文王進德？那就是打算將重大的使命集中到他身上。’”

孔子説：“南國人有句諺語説：‘人要是没有恒心，不可以求卜問筮。’這是先王遺留下來的古訓吧？連龜甲筮草都不能了解其真情哩，何況是人呀！《詩經·小雅·小旻》中有云：‘我的靈龜已經厭倦，不再告訴我趨吉避凶的謀略。’《尚書·説命》中傅説告誡殷高宗説：‘爵位不可賜給品德惡劣的人，如果樹立起這種人讓他主持正事，人們全都仿效他去祭祀，這樣是對鬼神的不敬，事情煩瑣就會紊亂，侍奉神明就難以獲福。’《易經·恒卦》九三和六五爻辭有云：‘不能恒久堅守其德行，常會承受由此帶來的羞辱。恒久堅守其德行，要經常向人就正；這樣婦人可獲吉利，男人有凶險。’”

【古注】

《注》 （一）從猶隨也。（二）以行爲驗虚言，無益於善也。寡當爲顧，聲之誤地。（三）玷，缺也，言圭之缺尚可磨而平之，言之缺無如之何。（四）允，信也。展，誠也。（五）奭，召公名也，作《尚書》篇名也。古文“周田觀文王之德”爲“割申勸寧王之德”，今博士讀爲“厥亂勸寧王之德”，三者皆異，古文似近之。割之言蓋也，言文王有誠信之德，天蓋申勸之；集大命於其身，謂命之使王天下也。（六）恒，常也。不可爲卜筮，言卦兆不能見其情，定其吉凶也。（七）猶，道也。言褻而用之，龜厭之，不告以吉凶之道也。（八）惡德，無恒之德。純猶皆也，言君祭祀，賜諸臣爵，毋與惡德之人也。民將立以爲正，言放效之疾，事皆如是而以祭祀，是不敬鬼神也。惡德之人使事煩，事煩則亂，使事鬼神又難以得福也。純或爲煩。（九）羞猶辱也。偵，問也，問正爲偵。婦人，從人者也，以問正爲常德則吉；男子當專行幹事，而以問正爲常德，是亦無恒之人也。

《音義》 奭音釋。“周田觀文”，依《注》讀爲“割申勸寧”。兑命，兑音説。

【淺悟】

第七第八兩節所講的，都是做人的道理。對待朋友要相互輔助以威儀和忠信，不要丢棄舊朋友，不論其貧賤還是富貴。做人要少説多幹，要有恒心，無恒之人將一事無成。

奔喪第三十四

《疏》 案鄭《目錄》云:“名曰《奔喪》者,以其居他國,聞喪奔歸之禮。此於《别錄》屬喪服之禮矣。”實逸《曲禮》之正篇也,漢興後得古文,而禮家又貪其説,因合於《禮記》耳。

34.1

【原文】

奔喪之禮:始聞親喪,以哭答使者盡哀;問故,又哭盡哀[一];遂行,日行百里,不以夜行[二],唯父母之喪,見星而行,見星而舍[三];若未得行,則成服而后行[四];過國至竟哭,盡哀而止[五];哭辟市朝[六],望其國竟哭[七];至於家,入門左,升自西階,殯東,西面坐,哭盡哀;括髮袒[八],降堂東即位,西鄉哭成踊[九];襲絰于序東,絞帶反位,拜賓成踊[十],送賓反位;,有賓後至者,則拜之成踊,送賓皆如初;衆主人兄弟皆出門,出門哭止,闔門相者告就次[十一];於又哭,括髮袒成踊;於三哭,猶括髮袒成踊[七];三日成服,拜賓送賓皆如初[十三]。

奔喪者非主人,則主人爲之拜賓送賓。奔喪者,自齊衰以下,入門左,中庭北面,哭盡哀,免麻于序東,即位袒,與主人哭成踊[十四];於又哭三哭,皆免袒;有賓,則主人拜賓送賓[十五];丈夫婦人之待之也,皆如朝夕哭位,無變也[十六]。

奔母之喪,西面哭盡哀,括髮袒,降堂東即位,西鄉哭成踊,襲免絰于序東,拜賓送賓皆如奔父之禮,於又哭不括髮[十七]。

婦人奔喪,升自東階,殯東,西面坐,哭盡哀,東髽,即位,與主人拾踊[十八]。

【譯文】

從域外趕回服喪的禮制:乍聽到親人的死訊,用盡情哀哭回答報信者,問明死亡的緣由後,再次哭至盡哀;遂即上路,日行百里,不連夜走,只有父母的喪事,拂曉尚能見到星星即上路,黄昏見到星星才住進客舍;若因公事一時不得上路,只好穿上相應的喪服等到能脱身時即趕路;經過該國到達邊境時要哭，哭到盡哀爲止；哭時要避開人流集中的市朝，遥望着自己的國境哭；回到家，從大門的左邊進，踏着西階上堂，走到靈柩的東邊，面朝西坐下，哭到竭盡悲哀；紮束起頭髮袒露出左臂，降階到堂下的東邊就位，面朝西踩着脚哭；到東廂房穿起衣服頭上紮起絰帶，腰上綑起絞帶再返回到原位，邊拜謝來賓邊踩着脚哭，送走來賓重新回到原位；有後到的來賓，就向他們邊拜謝邊踩着脚哭，此後送賓客都像開始那樣；衆主人的兄弟弔完喪一齊走出門，出門後便停止號哭，關上大門贊禮的儐相宣告回到倚廬；到第二天早上哭時，依然紮束頭髮袒露左臂踩着脚哭；到第三天早上哭時，還是紮束頭髮袒露左臂踩着脚哭；三日哭後各自穿起應穿的喪服，拜賓送賓等禮數都跟初時一樣。

奔喪者不是喪主，就由喪主代他拜賓送賓。奔喪者，自服齊衰喪服以下的親戚，都要從大門的左邊進，走到中庭面朝北，哭至盡哀，再到東廂房摘下帽子用麻將頭髮紮成結，就位時袒露左臂，同主人一起踩着脚哭；在第二第三天早上哭時，一律脱帽括髮袒露左臂；有來賓，就由主人拜賓送賓；喪主和婦人在接待奔喪者時呢，都仍守在朝夕哭的位子上，没有變化嘛。

奔赴母親的喪事，面朝西哭到竭盡悲哀，紮束頭髮袒露左臂，走下臺階到堂下的東邊就位，向西踩着脚哭，再到東廂房穿衣脱帽紮束绖帶，拜賓送賓等，都跟奔父喪的禮制一樣，只是第二天早上哭時不必用麻紮束頭髮。

婦人奔喪，從東階上堂，走到靈柩的東邊，面朝西坐下，哭至盡哀，然後到東廂房用麻將頭髮合結成髽，回到原位，與主人輪番踩着脚哭。

【古注】

《注》(一)親，父母也。以哭答使者，驚怛之哀無辭也。問故，問親喪所由也。雖非父母，聞喪而哭，其禮亦然也。(二)雖有哀戚，猶辟害也。晝夜之分别於昏明，哭則遂行者不爲位。(三)侵晨冒昏，彌益促也，言唯著異也。(四)謂以君命有爲者也，成喪服得行則行。(五)感此念親。(六)爲驚衆也。(七)斬衰者也，自是哭且遂行。(八)括髮袒者，去飾也。未成服者，素委貌深衣。已成服者，固自喪服矣。(九)已殯者位在下。(十)襲，服衣也。不於又哭乃絰者，發喪已踰日，節於是可也。其未小斂而至，與在家同耳。不散帶者不見尸柩，凡拜賓者就其位，既拜反位哭踊。(十一)次，倚廬也。(十二)又哭，至明日朝也；三哭，又其明日朝也，皆升堂括髮袒，如始至必又哭三哭者，象小斂大斂時也，《雜記》曰："士三踊，其夕哭從朝夕哭，不括髮，不袒，不踊，不以爲數。"(十三)三日，三哭之明日也。既哭成其喪服杖於序東。(十四)不升堂哭者，非父母之喪統於主人也。麻亦絰帶也，於此言麻者，明所奔喪雖有輕者，不至喪所無改服也。凡袒者，於位襲於序東，袒襲不相因位，此麻乃袒變於爲父母也。(十五)又哭三哭亦入門左，中庭北面，如始至時也。(十六)待奔喪者無變，嫌賓客之也，於賓客以哀變爲敬，此骨肉哀則自哀矣，於此乃言待之，明奔喪者至三哭猶不以序入也。(十七)爲母於又哭而免，輕於父也，其他則同。(十八)婦人，謂姑姊妹女子子也。東階，東面階也，婦人入者由闈門。東髽，髽於東序，不髽於房，變於在室者也。去纚大紒曰髽。拾，更也，主人與之更踴賓客之。

《音義》 竟音境。辟音避。鄉，許亮反 xiàng（ㄒㄧㄤˋ）。齊音咨。免音問。髽，側瓜反，zhuā（ㄓㄨㄚ）。拾，其劫反 jié（ㄐㄧㄝˊ）。

34.2

【原文】

奔喪者不及殯，先之墓，北面坐，哭盡哀。主人之待之也，即位於墓左，婦人墓右，成踴盡哀；括髮，東即主人位，絰絞帶，哭成踴；拜賓，反位成踴；相者告事畢，(一)遂冠，歸入門左，北面哭盡哀，括髮袒，成踴；東即位，拜賓成踴；賓出，主人拜送；有賓後至者，則拜之成踴，送賓如初，衆主人兄弟皆出門，出門哭止，相者告就次；於又哭，括髮成踴；於三哭，猶括髮成踴，三日成服；於五哭，相者告事畢(二)。爲母所以異於父者，壹括髮，其餘免以終事，他如奔父之禮(三)。

齊衰以下不及殯，先之墓，西面哭盡哀(四)，免麻于東方，即位，與主人哭成踴，襲；有賓，則主人拜賓送賓；賓有後至者，拜之如初；相者告事畢(五)，遂冠，歸入門左，北面哭盡哀，免袒成踴；東即位，拜賓成踴；賓出，主人拜送；於又哭，免袒成踴；於三哭，猶免袒成踴，三日成服；於五哭，相者告事畢(六)。

聞喪不得奔喪，哭盡哀；問故，又哭盡哀，乃爲位，括髮袒成踴，襲絰絞帶即位(七)；拜賓，反位成踴；賓出，主人拜送于門外，反位；若有賓後至者，拜之成踴，送賓如初；於又哭，括髮袒成踴；於三哭，猶括髮袒成踴，三日成服；於五哭，拜賓送賓如初(八)。

若除喪而后歸，則之墓，哭成踴，東括髮袒絰，拜賓成踴，送賓反位，又哭盡哀，遂除，於家不哭(九)。主人之待之也，無變於服，與之哭不踴(十)。

自齊衰以下，所以異者免麻。

【譯文】

奔喪的嫡子没能趕上殯葬，先徑直前往墓地，面朝北坐下，哭至盡哀。家中的主人對他的接待呢，要在墳墓的左邊就位，婦人在墳墓的右邊，跺着脚哭至盡哀；奔喪的嫡子用麻紮起頭髮，到東邊就主人位，頭上加絰帶腰上細絞帶，跺着脚哭；拜過賓客，返回到原位繼續跺着脚哭；贊禮的儐相宣告此階段的事情完畢，於是戴上帽子，回到家從大門的左邊進，面朝北哭至盡哀，紮起頭髮袒露左臂，跺脚哭；到東邊就位，邊向來賓拜謝邊跺着脚哭；賓客出門時，主人拜送；有後到的賓客，就邊拜謝邊跺脚哭，拜送賓客仍像初時一樣；主人的衆兄弟都出了門，出門後便停止哭，儐相宣告進倚廬；在第二天早上哭時，要紒起頭髮踩着脚哭；在第三天早上哭時，依然紒束頭髮踩脚哭，第三天便可穿上各自應穿的喪服；在第五天哭後，儐相宣告這一階段的事情完畢。爲母親奔喪所不同於父親的地方，諸如剛進門哭時一次結紒頭髮，下餘還有脱掉帽子用麻布裹頭直到喪事終了，其他都跟奔父喪的禮制相同。

爲齊衰喪服以下的親人奔喪没能趕上殯葬，也要先到墓地，面朝西哭至盡哀，在墳墓東邊摘下帽子用麻布裹頭，走到規定的位子上，與主人一同踩着脚哭，然後穿上衣服；要是有來賓，就由主人拜賓送賓；賓客有後到的，拜謝他們仍像初時那樣；儐相宣告此階段的事情完畢，於是戴上帽子，回到家從大門的左邊進，面朝北哭至盡哀，摘下帽子用麻布裹頭袒露左臂踩着脚哭；走到東邊就位，邊拜謝來賓邊踩着脚哭；賓客出門時，由主人拜送；在第二天早上哭時，要脱帽裹頭袒露右臂踩脚哭；在第三天早上哭時，仍要脱帽裹頭袒露左臂踩脚哭，第三天可以穿上各自應服的喪服；到第五天哭後，儐相宣告這一階段的事情完畢。

聽到父母去世的噩耗却因公事不得脱身奔喪，只能哭至盡哀；向報信人問明死亡緣故，再次哭至盡哀，然後設置臨時的朝夕哭位，紒束起頭髮袒露出左臂踩着脚哭，哭後穿好衣服頭裹麻布腰紮絞帶就位；拜謝完來賓，返回位子踩着脚哭；賓客走出時，主人拜送到大門外，再返回位子上；若有後到的賓客，邊拜謝他們邊踩着脚哭，拜送賓客仍像初時那樣；在第二天早上哭時，要紒束頭髮袒露左臂踩着脚哭；在第三天早上哭時，仍要紒束頭髮袒露左臂踩着脚哭，第三天便可穿起喪服；到第五天哭時，拜賓送賓仍像初時那樣。

若除喪以後才返回，就先前往墓地，踩着脚哭，到東邊主人位上紒束頭髮袒露左臂腰綑絰帶，邊拜謝來賓邊踩脚哭，送走賓客回到位子上，再次哭至盡哀，於是除掉喪服，回到家就不再哭了。在家的主人對他的接待呢，不需改變平日的服飾，跟他一同哭時不踩脚。

除服以後才趕回的服齊衰以下喪服的奔喪者，所不同的只有服緦麻喪服的遠親。

【古注】

《注》　(一)主人之待之，謂在家者也。哭於墓，爲父母則袒。告事畢者，於此後無事也。(二)又哭三哭不袒者，哀戚已久殺之也，逸奔喪禮説："不及殯日，於又哭猶括髮，即位不袒。"告事畢者，五哭而不復哭也。成服之朝爲四哭，此謂既期乃後歸至者也；其未期，猶朝夕哭，不止於五哭。(三)壹括髮，謂歸入門哭時也。於此乃言爲母異於父者，明及殯不及殯其異者同。(四)不北面者，亦統於主人。(五)不言袒言襲者，容齊衰親者或袒可。(六)爲父於又哭括髮而不袒，此又哭三哭皆言袒，袒衍字也。(七)聞父母喪而不得奔，謂以君命有事，不然者不得爲位。位有酇列之處，如於家朝夕哭位矣。不於又哭乃絰者，喪至此，踰日節於是可也。（八）不言就次者，當從其事，不可以喪服廢公職也，其在官亦告就次。言五哭者，以迫公事，五日哀殺亦可以止。（九）東，東即主人位，如不及殯者也。遂除，除於墓而歸。（十）無變於服，自若時服也，亦即位於墓左，婦人墓右。

《疏》 主人之待之也，主人謂先在家者，非謂適子也，此奔喪者身是適子，故經云"拜賓反位成踊"，若非適子，則不得拜賓也。自齊衰以下所以異者免麻，此"免麻"者，當謂"至緦麻"也。

34.3

【原文】

凡爲位，非親喪，齊衰以下皆即位，哭盡哀；而東免絰即位，袒成踊（一）；襲，拜賓反位，哭成踊；送賓反位，相者告就次；三日五哭卒，主人出送賓；衆主人兄弟皆出門，哭止，相者告事畢，成服拜賓（二）。若所爲位家遠，則成服而往（三）。

齊衰望鄉而哭，大功望門而哭，小功至門而哭，緦麻即位而哭（四）。

哭父之黨於廟，母妻之黨於寢，師於廟門外，朋友於寢門外，所識於野，張帷（五）。凡爲位不奠（六）。哭天子九，諸侯七，卿大夫五，士三（七）。大夫哭諸侯，不敢拜賓（八）；諸臣在他國，爲位而哭，不敢拜賓（九）；與諸侯爲兄弟，亦爲位而哭（十）。凡爲位者壹袒（十一）。

所識者弔，先哭于家而後之墓，皆爲之成踊，從主人北面而踊（十二）。

凡喪，父在，父爲主（十三）；父没，兄弟同居，各主其喪（十四）；親同，長者主之（十五）；不同，親者主之（十六）。

聞遠兄弟之喪，既除喪而后聞喪，免袒成踊，拜賓則尚左手（十七）。

無服而爲位者，唯嫂叔，及婦人降而無服者麻（十八）。

凡奔喪，有大夫至，袒拜之，成踊而后襲；於士，襲而后拜之（十九）。

【譯文】

凡是給在外没能趕回家奔喪的人設置哭位，只要不是父母去世，其餘齊衰以下的喪事都要就哭位，哭至盡哀；先到東廂房摘下帽子用麻布裹起頭就位，袒露左臂跺着脚哭；然後穿好衣服，拜謝過賓客重新返回位子上，跺着脚哭；等送走賓客返回哭位後，儐相宣告進倚廬；三天之内哭五次爲止，此時的賓客由主人出來送；主人的衆兄弟都出了門，便停止哭，儐相宣告事情完畢，此後便可穿着喪服拜謝賓客。倘若所設置的哭位離家太遠，就等可以穿喪服時再前往。

遭齊衰之喪者在望見家鄉時開始哭，遭大功之喪者在望見家門時開始哭，遭小功之喪者到達門前時開始哭，服緦麻之喪者要在就位時開始哭。

父親一族的人死了要到祖廟去哭，母親和妻室的族人死了就在寢室内哭，老師的死要到廟門外去哭，朋友的死要在寢門外哭，所認識的賢者死了就到郊野，張設起帷幔在裏面哭。凡是在外没趕回奔喪的人設置了哭位便不再設酒食祭奠。爲死去的天子哭九次，爲死去的諸侯哭七次，爲死去的卿大夫哭五次，爲死去的士哭三次。大夫哭死去的國君時，爲了避嫌，不敢拜謝來賓；士大夫在列國出使，設置哭位哭本國死去的國君時，不敢以主人身份拜謝賓客；如果跟該國君有族親或婚姻關係，也需設置哭位哭本國死去的國君。凡是設置哭位的士大夫在哭時只需袒露左臂一次。

爲所認識的賢者弔唁，要先到他家哭過之後再前往墓地哭，都需爲他踩着脚哭，隨從主人面朝北輪番踩着脚哭。

凡是喪事，父親健在，由父親擔任喪主；父親去世，如果兄弟同住一宅，就各自主持自家的喪事；如果兄弟是同父同母，就由年齡最大的主持喪事；如果不是同父同母，就由最親近的人主持喪事。

聽到同族兄弟死亡的消息，是已經除喪之後才聽到的，也要脱帽裹髮袒露左臂踩着脚哭，拜謝賓客作揖時要左掌包在右拳之上。

没有喪服關係却要設置哭位的，只有嫂子和小叔子之間是這樣，還有那些因出嫁而降爲没有喪服關係的婦人哭時要繫麻。

凡是奔喪，如果有大夫到來，要袒露左臂向其拜謝，踩着脚哭完之後再穿好衣服；如果來的是士，就穿好衣服之後拜謝他。

【古注】

《注》 （一）謂無君事又無故，可得奔喪而以己私未奔者也。唯父母之喪則不爲位，其哭之不離聞喪之處。齊衰以下更爲位而哭，皆可行乃行。（二）卒猶止也。三日五哭者，始聞喪訖，夕爲位乃出就次，一哭也；與明日又明日之朝夕而五哭。不五朝哭而數朝夕備，五哭而止，亦爲急奔喪，己私事當畢，亦明日乃成服。凡云五哭者，其後有賓亦與之哭而拜之。（三）謂所當奔者，外喪也，外喪緩而道遠，成服乃行，容待齎也。（四）奔喪哭，親疏遠近之差也。（五）此因五服聞喪而哭，列人恩諸所當哭者也。黨，謂族類無服者也，逸奔喪禮曰："哭父族與母黨於廟，妻之黨於寢，朋友於寢門外，壹哭而已，不踊。"言壹哭而已，則不爲位矣。（六）以其精神不在乎是。（七）此臣聞君喪而未奔，爲位而哭，尊卑日數之差也。士亦有屬吏，賤，不得君臣之名。（八）謂哭其舊君不敢拜賓，辟爲主。（九）謂大夫士使於列國。（十）族親昏姻在異國者。（十一）謂於禮正可爲位而哭也，始聞喪哭而袒，其明日則否，父母之喪自若三袒也。（十二）從主人而踊，拾踊也。北面，自外來便也，主人墓左西面。（十三）與賓客爲禮宜使尊者。（十四）各爲其妻子之喪爲主也，祔則宗子主之。（十五）父母没，如昆弟之喪，宗子主之。（十六）從父昆弟之後。（十七）小功緦麻不税者也，雖不服，猶免袒。尚左手，吉拜也，逸奔喪禮曰："凡拜，吉喪皆尚左手。"（十八）雖無服猶弔，服加麻袒免爲位哭也。正言嫂叔，尊嫂也，兄公於弟之妻則不能也。婦人降而無服，族姑姊妹嫁者也，逸奔喪禮曰："無服袒免爲位者，惟嫂與叔。凡爲其男子服，其婦人降而無服者麻。”(十九)主人袒降哭而大夫至,因拜之,不敢成己禮,乃禮尊者。或曰大夫後至者,袒拜之,爲之成踊。

【淺悟】

本篇所記奔喪的禮制,雖説那些形式不再適合當今時代,但其内涵則是源自人的内心情感。所以除了那些帶有家天下時代的嚴格的等級規定的内容應予徹底擯棄外,餘下的出自内心情感的内涵部分則永遠不會改變。

問喪第三十五

《疏》 案鄭《目録》云："名曰《問喪》者，以其記善問居喪之禮所由也。此於《别録》屬喪服也。"

35.1

【原文】

親始死，雞斯徒跣，扱上衽，交手哭。惻怛之心，痛疾之意，傷腎、乾肝、焦肺。水漿不入口，三日不舉火，故鄰里爲之糜粥以飲食之(一)。夫悲哀在中，故形變於外也；痛疾在心，故口不甘味，身不安美也(二)。三日而斂，在牀曰尸，在棺曰柩，動尸舉柩，哭踊無數。惻怛之心，痛疾之意，悲哀志懣氣盛，故袒而踊之，所以動體安心下氣也。婦人不宜袒，故發胷：擊心、爵踊，殷殷田田，如壞牆然，悲哀痛疾之至也。故曰：辟踊哭泣，哀以送之，送形而往，迎精而反也(三)。其往送也，望望然，汲汲然，如有追而弗及也；其反哭也，皇皇然，若有求而弗得也。故其往送也，如慕；其反也，如疑(四)。求而無所得之也，入門而弗見也，上堂又弗見也，入室又弗見也，亡矣、喪矣、不可復見已矣！故哭泣辟踊，盡哀而止矣(五)；心悵焉、愴焉、惚焉、愾焉，心絶志悲而已矣。祭之宗廟，以鬼饗之，徼幸復反也(六)；成壙而歸，不敢入處室，居於倚廬，哀親之在外也；寢苫枕塊，哀親之在土也(七)。故哭泣無時，服勤三年，思慕之心，孝子之志也，人情之實也(八)。

【譯文】

父母去世之初，用笄定髮纚帛裹頭赤脚步行，上衣大襟插進腰帶，兩手交替撲打着哭。惻怛的心情，痛疾的意致，使五臟都受到了傷害。漿水不想入口，三天不想動火，故此鄰里煮些糜爛的稀粥讓他們飲食。這悲哀積結在五中，形貌的變化必然顯露在外嘛；痛疾凝聚在内心，嘴裏必然吃不出美味，身體必然不會睡得香甜嘛。第三天就得入殮，死者在床上稱屍，在棺内稱柩，搬動屍體抬起棺柩，無數次跺着脚哭。惻怛的心情，痛疾的意致，悲哀使得意志憤懣火氣旺盛，所以要袒露左臂和跺着脚哭，用來活動肢體從而安定心志降下火氣嘛。婦人不適宜袒露肢體，所以使其盡情發散胸襟：雙手敲擊心口，像雀一樣跳踊，依依不舍地嚎啕，如同折毀牆壁一般，悲哀痛疾的發泄達到了極致嘛。所以説，要捶胸頓足地哭泣，用哀慟的心情發送他們，發送其形骸前往墓地，迎接其精神返回家嘛。孝子前往送葬時呢，那依戀地一再翹首瞻望的樣子，那匆忙急迫的樣子，好像在追趕什麽却又追不上嘛；他返回哭的途中呢，那心神不安的樣子，就像有所求却又得不到嘛。所以他前往送葬的樣子呢，好像一路在思慕；他返回哭的樣子呢，又像疑心父母的靈魂能否回來。尋求却什麽都没得到，進門却見不到，上堂也見不到，進入寢室還是見不到哩，没有了呀，喪失了呀，不能再見面了呀！所以哭泣時捶胸頓足，只能竭盡悲哀爲止罷了；心情爲之惆悵、爲之悲愴、爲之恍惚、爲之慨歎，心中絶望只能將悲慟付諸記憶而已呀。到宗廟祭祀他們，用侍奉祖先的規格饗食他們，或許能徼幸重新返回哩；墳墓建成回到家，不敢入住寢室，到倚廬去居住，爲了哀悼雙親他們都睡在外面嘛；以茅草爲席土塊爲枕，爲了哀悼雙親他們都躺在土裏嘛。所以哭泣没有固定的時限，辛勤服喪三年，這是思慕的心意，孝子的志節，人情的真實展現嘛。

【古注】

《注》 （一）雞斯當爲“笄纚”，聲之誤也。親，父母也。親始死，去冠二日乃去笄纚括髮也。今時始喪者，邪巾貊頭笄纚之存象也。徒猶空也。上衽，深衣之裳。前五藏者，腎者下，肝在中，肺在上，舉三者之焦傷，而心脾在其中矣。五家爲鄰，五鄰爲里。（二）言人情之中外相應。（三）故袒而踊之，言聖人制法故使之然也。爵踊，足不絶地。辟，拊心也。哀以送之，謂葬時也。迎其精神而反，謂反哭及日中而虞。（四）望望，瞻望之貌也。慕者，以其親之在前。疑者，不知神之來否。（五）説反哭之義也。（六）説虞之義。（七）言親在外在土，孝子不忍反室自安也。入處室，或爲入宫。（八）勤，謂憂勞。

《音義》 雞斯，依《注》爲笄纚，笄音古兮反 jī（ㄐㄧ）；纚，所綺反 shǐ（ㄕˇ）。跣，悉典反 xiǎn（ㄒㄧㄢˇ）。扱，初洽反 chá（ㄔㄚˊ）。苫，始占反 shān（ㄕㄢ）。

35.2

【原文】

或問曰：“死三日而后斂者，何也（一）？”

曰：“孝子親死，悲哀志懣，故匍匐而哭之，若將復生然，安可得奪而斂之也？故曰，三日而后斂者，以俟其生也；三日而不生，亦不生矣，孝子之心，亦益衰矣；家室之計，衣服之具，亦可以成矣；親戚之遠者，亦可以至矣。是故聖人爲之斷決，以三日爲之禮制也（二）。”

或問曰：“冠者不肉袒，何也（三）？”

曰：“冠至尊也，不居肉袒之體也，故爲之免以代之也（四）。然則秃者不免，傴者不袒，跛者不踊，非不悲也，身有錮疾，不可以備禮也。故曰，喪禮唯哀爲主矣：女子哭泣悲哀，擊胷傷心；男子哭泣悲哀，稽顙觸地無容，哀之至也[五]。"

或問曰："免者以何爲也[六]？"

曰："不冠者之所服也。《禮》曰：'童子不緦，唯當室緦。'緦者其免也，當室則免而杖矣[七]。"

或問曰："杖者何也[八]？"

曰："竹，桐，一也。故爲父苴杖，苴杖，竹也；爲母削杖，削杖，桐也[九]。"

或問曰："杖者以何爲也[十]？"

曰："孝子喪親，哭泣無數，服勤三年，身病體羸，以杖扶病也[十一]。則父在不敢杖矣，尊者在故也。堂上不杖，辟尊者之處也；堂上不趨，示不遽也。此孝子之志也，人情之實也，禮義之經也，非從天降也，非從地出也，人情而已矣[十二]。"

【譯文】

有人問道："人死三天之後入斂的規定，爲什麽呢？"

答："孝子爲父母的死，悲傷哀痛意志憤懣，必定匍匐在他們身上痛哭，像是還會再活過來一樣，怎麽可以强奪過來入殮呢？所以説，三天之後入斂的規定，用以等待死者復活嘛；三天要是不能復活，也就不能活了呀，孝子期盼的心願，也逐漸衰退了呀；再説家庭的計劃，衣服的備辦，也應該完成了呀；還有親戚中那些離得遠的，也可用這三天時間趕到呀。由於這些緣故，聖人爲之截斷決定，用三天作爲入斂期限的禮制嘛。"

又有人問道："戴帽子的人不袒衣露肉，爲什麽呢？"

答："帽子最尊貴，不能停留在袒衣露肉的身體上，所以爲之用布裹頭來代替帽子嘛。不過秃頭的人不裹頭，駝背的人不袒衣，跛脚的人不必跺着脚哭，並非他們不悲傷哩，而是身有殘疾的人，不可使用完備的禮數苛求嘛。所以説，喪禮只以哀慟爲主而已：女子哭泣到悲哀時，就擊打胸口發散傷心；男子哭泣到悲哀時，便叩頭觸地完全没了原有的儀容，哀慟到了極致嘛。"

又有人問道："去冠括髮的人爲什麽要這樣裝束呢？"

答："這是不著冠的童子所服用的嘛。《儀禮・喪服》中有云：'童子不服緦麻喪服，只有因無父兄而擔當家主的童子才服緦麻喪服。'服緦麻喪服的人就得去冠括髮嘛，擔當家主的童子當然也得去冠括髮而且要執喪杖呀。"

又有人問道："喪杖的材料用什麽呢？"

答:“有竹的,有桐木的,用途一樣嘛。爲父親服喪必須用苴杖,苴杖,竹子做的嘛;爲母親服喪用削杖,削杖,桐木做的嘛。”

又有人問道:“執喪杖的人因爲什麼要拿着它呢?”

答:“孝子失去父母,無數次地哭泣,辛勤服喪三年,身體疲憊羸弱,用喪杖支撑病弱的身體嘛。只是父親健在不敢爲去世的母親執喪杖罷了,因爲尊者尚在的緣故嘛。堂上不得執喪杖,爲了迴避尊者的處所嘛;堂上不得快速行走,表示不畏懼嘛。這是孝子的志節,人情的真實展現,禮儀的常道嘛,既不是從天上降下的,也並非從地裏鑽出的,只是人的感情而已呀。”

【古注】

《注》 (一)怪其遲也。(二)匍匐,猶顛蹷,或作扶服。(三)怪冠衣本之相爲也。(四)言身無飾者不敢冠,冠爲褻尊服。肉袒則著免,免狀如冠而廣一寸。(五)將踊先袒,將袒先免,此三疾俱不踊不袒不免,顧其所以否者,各爲一耳。擊胷傷心,稽顙觸地不踊者,若此而可,或曰男女哭踊。(六)怪本所爲施也。(七)不冠者,猶未冠也。當室,謂無父兄而主家者也。童子不杖,不杖者不免,當室則杖而免。免,冠之細,别以次成人也。緦者其免也,言免乃有緦服也。(八)怪其義各異。(九)言所以杖者義一也,顧所用異耳。(十)怪所爲施。(十一)言得杖乃能起也。數或爲時。(十二)父在不杖,謂爲母喪也。尊者在不杖,辟尊者處不杖,有事不趨,皆爲其感動使之憂戚也。

《音義》 羸,力垂反 léi(ㄌㄟˊ),劣也,疲也。

【淺悟】

遭父母之喪,爲何三日後入斂?爲何服喪三年?哭時爲何袒而踊?爲何要執喪杖?爲何要居倚廬、寢苫枕塊?本篇通過一問一答,解釋得清清楚楚。儘管這些形式已過時,但是孝子的這種情感則是應當發揚光大、永遠繼承的。

服問第三十六

《疏》 案鄭《目錄》云："名曰《服問》者，以其善問，以知有服，而遭喪所變易之節。此於《别録》屬喪服也。"

【原文】

《傳》曰："有從輕而重，公子之妻爲其皇姑(一)；有從重而輕，爲妻之父母(二)；有從無服而有服，公子之妻爲公子之外兄弟(三)；有從有服而無服，公子爲其妻之父母(四)。"

《傳》曰："母出，則爲繼母之黨服；母死，則爲其母之黨服；爲其母之黨服，則不爲繼母之黨服(五)。"

三年之喪既練矣，有期之喪既葬矣，則帶其故葛帶，絰期之絰，服其功衰(六)；有大功之喪亦如之(七)；小功無變也(八)。麻之有本者，變三年之葛(九)；既練，遇麻斷本者，於免絰之，既免，去絰；每可以絰必絰，既絰則去之(十)；小功不易喪之練冠，如免，則絰其緦小功之絰，因其初葛帶；緦之麻，不變小功之葛；小功之麻，不 變大功之葛，以有本爲税(十一)；殤，長、中變三年之葛，終殤之月筭，而反三年之葛，是非重麻，爲其無卒哭之税。下殤則否(十二)。

君爲天子三年，夫人如外宗之爲君也(十三)，世子不爲天子服(十四)；君所主夫人妻、大子、適婦(十五)。大夫之適子爲君、夫人、大子如士服(十六)。君之母非夫人，則羣臣無服，唯近臣及僕驂乘從服；唯君所服，服也(十七)。公爲卿大夫錫衰以居，出亦如之，當事則弁絰；大夫相爲亦然，爲其妻，往則服之，出則否(十八)。凡見人，無免絰，雖朝於君，無免絰，唯公門有税齊衰(十九)。

《傳》曰："君子不奪人之喪，亦不可奪喪也。"

《傳》曰："罪多而刑五，喪多而服五，上附下附，列也(廿)。"

【譯文】

舊日《傳記》中有云："有的人隨從服輕喪的親人却要服重喪，諸如國君的庶子之妻爲其丈夫的母親服喪之類就是；有的人隨從服重喪的親人却要服輕喪，諸如爲妻的父母服喪之類就是；有的人隨從没有喪服的親人却要服喪，諸如國君的庶子之妻爲丈夫的外兄弟要服喪之類就是；有的人隨從有喪服的親人却無需服喪，諸如國君的庶子爲其妻的父母之類就是。”

《傳記》又云：“生母被離棄，就要爲繼母的親族服喪；生母若是因病而死，就要爲自己生母的親族服喪；爲自己生母的親族服喪，就不爲繼母的親族服喪。”

三年之喪已行過小祥的練祭之後，又遭遇一年的喪事也已下葬完畢，腰上要束三年喪服時的葛帶，頭上要纏一年喪服時的葛絰，喪服仍服練祭後穿的功衰；如果又遭遇的是服期爲九個月的大功之喪也要照這樣做；又遭遇的如果是服期爲五個月的小功之喪就無需改變原來的喪服嘛。大功以上之喪所束的腰帶是帶根的麻帶，改變三年之喪的腰帶要換成葛帶；已行過練祭之後，又遭遇用去根的麻束腰的小功之喪時，就要摘帽並在頭上腰間結紮絰帶，殯斂結束後，再將頭上腰間的絰帶去掉；每當有事可以使用絰帶時必須加絰帶，完事就去掉絰帶；又遭遇的是小功以下的喪事就不需改變此前三年之喪時的練冠，如果束髮纏頭，就用絰帶纏束服緦麻或小功之喪者的頭，仍沿用初時的葛帶；服緦麻喪服時用的麻，不可改變此前服小功之喪時所用的葛；服小功之喪時所用的麻，不可改變此前服大功之喪時所用的葛，只有用帶根的麻時才可以改變；行過練祭之後，又遭遇的如果是未成年而夭折的童子之喪，十六到十八歲的長殤和十二到十五歲的中殤就得改變此前服三年之喪時的葛帶，直到爲此殤服喪的月數終結，再換上三年之喪時的葛帶，這並非因爲麻比葛重要，而是由於爲殤没有卒哭之後補行服麻的規矩。八到十一歲的下殤就不這樣。

諸侯要爲天子服喪三年，夫人爲天子服喪的期限跟諸侯的外宗爲諸侯服喪的期限相同嘛，諸侯的世子不爲天子服喪；諸侯所主持的只有正妻、太子和太子的正妻的喪事。大夫的嫡長子爲國君、國君夫人和太子服喪的期限跟士服喪的期限相同。國君的母親不是正妻，羣臣就不爲她服喪，只有近臣以及駕車的僕人跟隨服喪，因爲國君需服喪，所以跟隨着服嘛。國君爲去世的卿大夫在住所服細麻製的喪服，外出也這樣穿，當參加殯殮、下葬等事時要加戴纏有麻絰的素冠；大夫相互服喪也這樣，如果爲其妻服喪，前往參加喪禮就穿錫衰戴弁絰，出來就換下。凡是身著齊衰以上的喪服見人，不可脱掉頭上纏的麻絰，縱然朝見國君，也不可去掉頭上纏的麻絰，只在進入公門時脱去身上的齊衰喪服。

《傳記》有云：“君子不剝奪别人的喪禮，也不可剝奪自身的喪禮嘛。”

《傳記》又云："罪狀再多而刑罰只有五種，喪事再多而喪服只有五種，有的向上依附有的向下依附，事例相似嘛。"

【古注】

《注》 (一)皇，君也。諸侯妾子之妻爲其君姑齊衰，與爲小君同，舅不厭婦也。(二)妻齊衰，而夫從緦麻，不降一等，言非服差。(三)謂爲公子之外祖父母從母緦麻。(四)凡公子厭於君，降其私親，女君之子不降也。(五)雖外親亦無二統。(六)帶其故葛帶者：三年既練，期既葬，差相似也。經期之葛絰，三年既練，首絰除矣；爲父既練，首絰除矣。爲父既練，衰七升；母既葬，衰八升。凡齊衰既葬，衰或八升或九升。服其功衰，服粗衰。(七)大功之麻，變三年之練葛，期既葬之葛帶，小於練之葛帶，又當有絰，亦反服其故葛帶。經期之絰，差之宜也，此雖變麻，服葛大小同耳，亦服其功衰。凡三年之喪既練，始遭齊衰大功之喪，絰帶皆麻。(八)無所變於大功齊衰之服，不用輕累重也。(九)有本，謂大功以上也，小功以下澡麻斷本。(十)雖無變緣，練無首絰，於有事則免絰如其倫。免無不絰，絰有不免，其無事則自若練服也。(十一)稅，亦變易也。小功以下之麻雖與上葛同，猶不變也。此要其麻有本者，乃變上耳。《雜記》曰："有三年之練冠，則以大功之麻易之，唯杖屨不易也。"(十二)謂大功之親爲殤在緦小功者也，所以變三年之葛，正親親也。三年之葛，大功變既練，麻衰變既虞卒哭。凡喪，卒哭受麻以葛，殤以麻。終喪之月數非重之而不變，爲殤未成人，文不縟耳。下殤則否，言賤也。男子爲大功之殤中從上，服小功；婦人爲之中從下，服緦麻。(十三)外宗，君外親之婦也，其夫與諸侯爲兄弟服斬，妻從服期；諸侯爲天子服斬，夫人亦從服期。《喪大記》曰："外宗，房中南面。"(十四)遠嫌也，不服與畿外之民同也。(十五)言妻見大夫以下亦爲此三人爲喪主也。(十六)大夫不世子不嫌也。士爲國君斬，小君期，大子君服斬，臣從服期。(十七)妾先，君所不服也。禮，庶子爲後，爲其母緦。言唯君所服，伸君也，《春秋》之義有以小君服之者，時若小君在則益不可。(十八)弁絰，如爵弁而素加絰也，不當事則皮弁。出，謂以他事不至喪所。(十九)見人，謂行求見人也。無免絰，絰重也。稅猶免也，古者"說"或作稅，有免齊衰，謂不杖齊衰也。於公門有免齊衰，則大功有免絰也。(廿)列，等比也。

《音義》 期音基。有本爲稅，稅，吐外反 tuì(ㄊㄨㄟˋ)。驂乘，驂，七南反 cān(ㄘㄢ)；乘音剩。免絰，免音勉，去也。稅齊衰，稅，吐活反 tuō(ㄊㄨㄛ)。罪本作辠，辠正字也，秦始皇以其似皇字，改爲罪也。列，徐音例，本亦作例。

《疏》 《傳》曰，皇氏曰："此言《傳》曰者，即前《大傳》之篇。"則服術有六，不指其人。今以其人明之。或可《傳》曰者，是舊有成傳，記者引之，則非前《大傳》篇也，故下文"罪多而刑五，喪多而服五"，今記者皆引此舊《傳》而記之。

【淺悟】

本篇的內容只能當作歷史資料用。

閒傳第三十七

《疏》 案鄭《目錄》云："名曰《閒傳》者，以其記喪服之閒輕重所宜。此於《别錄》屬喪服"。

【原文】

斬衰何以服苴？

苴，惡貌也，所以首其内而見諸外也。斬衰貌若苴，齊衰貌若枲，大功貌若止，小功緦麻容貌可也。此哀之發於容體者也(一)。斬衰之哭，若往而不反；齊衰之哭，若往而反；大功之哭，三曲而偯；小功緦麻，哀容可也。此哀之發於聲音者也(二)。斬衰唯而不對，齊衰對而不言，大功言而不議，小功緦麻議而不及樂。此哀之發於言語者也(三)。斬衰三日不食，齊衰二日不食，大功三不食，小功緦麻再不食，士與斂焉，則壹不食；故父母之喪，既殯食粥，朝一溢米，莫一溢米；齊衰之喪，疏食水飲，不食菜果；大功之喪，不食醯醬；小功緦麻，不飲醴酒。此哀之發於飲食者也。父母之喪，既虞卒哭，疏食水飲，不食菜果；期而小祥，食菜果；又期而大祥，有醯醬；中月而禫，禫而飲醴酒；始飲酒者，先飲醴酒；始食肉者，先食乾肉(四)。父母之喪，居倚廬，寢苫枕塊，不説絰帶；齊衰之喪，居堊室，苄翦不納；大功之喪，寢有席；小功緦麻，牀可也。此哀之發於居處者也。父母之喪，既虞卒哭，拄楣翦屏，苄翦不納；期而小祥，居堊室，寢有席；又期而大祥，居復寢；中月而禫，禫而牀。(五)。斬衰三升，齊衰四升、五升、六升，大功七升、八升、九升，小功十升、十一升、十二升，緦麻十五升去其半：有事其縷，無事其布，曰緦。此哀之發於衣服者也(六)。斬衰三升，既虞卒哭，受以成布六升，冠七升；爲母疏衰四升，受以成布七升，冠八升，去麻服葛，葛帶三重；期而小祥，練冠縓緣，要絰不除，男子除乎首，婦人除乎帶。男子何爲除乎首也？婦人何爲除乎帶也？男子重首，婦人重帶，除服者先重者，易服者易輕者；又期而大祥，素縞麻衣；中月而禫，禫而纖，無所不佩(七)。

易服者，何爲易輕者也(八)？

斬衰之喪，既虞卒哭，遭齊衰之喪，輕者包，重者特(九)；既練，遭大功之喪，麻葛重[十]。齊衰之喪，既虞卒哭，遭大功之喪，麻葛兼服之[十一]。斬衰之葛與齊衰之麻同，齊衰之葛與大功之麻同，大功之葛與小功之麻同，小功之葛與緦之麻同：麻同則兼服之[十二]，兼服之服重者，則易輕者也[十三]。

【譯文】

斬衰喪服因何使用苴麻製做？

苴麻，外觀粗惡哩，用此標幟其内心且顯現在外表嘛。遭斬衰之喪者的容貌似苴麻，遭齊衰之喪者的容貌似枲麻，服大功之喪者的容貌似静止，服小功和緦麻之喪者保持平時的容貌即可嘛。這是悲哀流露在容貌形體上的情形嘛。遭斬衰之喪者的哭聲，好像有去無回；遭齊衰之喪者的哭聲，好像去了又拐回來；服大功之喪者的哭聲，一哭三迴轉而且拖着尾音；服小功和緦麻之喪者，表現出悲哀的容貌就行了嘛。這是悲哀流露在聲音上的情形嘛。遭斬衰之喪者見人只答應而不答對，遭齊衰之喪者只答對而不交談，服大功之喪者只交談而不議論，服小功和緦麻之喪者可以議論却不涉及娱樂之事。這是悲哀流露在言語上的情形嘛。遭斬衰之喪者三天不進食，遭齊衰之喪者兩天不進食，服大功之喪者三餐不進食，服小功和緦麻之喪者兩餐不進食，士參與小殮大殮的話，便一餐不進食；所以遭父母之喪，靈柩已停到殯宫孝子才可以吃粥，早餐煮一溢米，晚餐煮一溢米；遭齊衰之喪者，可吃粗飯喝清水，不吃蔬菜瓜果；服大功之喪者，不得吃加醋醬等調料的食物；服小功和緦麻之喪者，不得飲甜醴酒。這是悲哀流露在飲食上的情形嘛。遭父母之喪，行完虞祭和卒哭祭之後，可以吃粗飯喝清水，不得吃蔬菜瓜果；一周年行完小祥祭後，可以吃蔬菜瓜果；又一周年行完大祥祭後，可以吃加有醋醬之類調料的食物；再隔一月舉行除喪的禫祭，禫祭時能够飲甜醴酒；開始飲酒的話，先飲醴酒；開始吃肉的話，先吃乾肉。遭父母之喪，住在倚廬内，睡草墊枕土塊，不脱頭上和腰間的絰帶；遭齊衰之喪，住在用白土塗墁牆壁的棚子裏，睡的草墊兩頭剪平而不編綴；居大功之喪，睡卧有草席；服小功和緦麻之喪，睡在床上可以嘛。這是悲哀顯現在住所的情形嘛。遭父母之喪，舉行完安魂的虞祭和卒哭祭之後，撑起門楣修剪草屏，草墊兩端剪平却不編綴；一周年行過小祥祭後，住進用白土墁牆的堊室，睡卧有草席；又一周年行過大祥祭後，重新回到寢室居住；再隔一月舉行除喪的禫祭，禫祭後可以睡在床上。斬衰喪服用麻縷三升，齊衰喪服用麻縷四升、五升或六升，大功喪服用麻縷七升、八升或九升，小功喪服用麻樓十升、十一升或十二升，緦麻喪服用十五升抽去一半麻縷的細疏麻布：有服喪之事就加工麻縷，没有服喪之事就織成麻布,叫做緦。這是悲哀顯現在衣服上的情形嘛。斬衰喪服用麻縷三升,行過虞祭和卒哭祭後,接受用六升成布縫製的喪服,喪冠用布七升;爲母親所服的疏衰用麻縷四升,行過虞祭和卒哭祭後,接受用七升成布縫製的喪服,喪冠用布八升,解去腰上的麻帶改服葛帶,葛帶紮三重;一周年行過小祥祭,戴白色的熟絹冠衣邊鑲有淺紅色的緣飾,腰上的絰帶不除,男子只除頭上的絰帶,婦人要除去腰上的葛帶。男子因何要除去頭上的絰帶呢?婦人因何要除去腰上的葛帶呢?因爲男子重視頭,婦人重視帶,除服的話先除受重視的部位,改變喪服的話要改變喪輕的。又一周年行過大祥祭,應穿白色生絹跟細麻混紡的衣服;隔月舉行除喪的禫祭,禫祭後應戴黑經白緯的纖冠,身上没有什麼飾物不可佩帶。

改變喪服的話,因何改換喪輕的呢?

斬衰之喪,已行過虞祭和卒哭祭,又遭齊衰之喪,卒哭後的輕服要包起來,齊衰重服要特出;行過小祥的練祭後,又遭大功之喪,所用的麻絰葛絰都選擇較重的。齊衰之喪,已行過虞祭和卒哭祭,又遭大功之喪,麻絰葛絰兩種哪種重服哪種。斬衰喪服所用的葛絰與齊衰喪服所用的麻絰相同,齊衰喪服所用的葛絰與大功喪服所用的麻絰相同,大功喪服所用的葛絰與小功喪服所用的麻絰相同,小功喪服所用的葛絰與緦麻喪服所用的麻絰相同:麻絰相同則兩方面的喪服都能兼顧到,兼服的喪服若是重的話,就改變較輕的喪服嘛。

【古注】

《注》 (一)有大憂者面必深黑。止,謂不動於喜樂之事。枲或爲似。(二)三曲,一舉聲而三折也。偯,聲餘從容也。(三)議,陳説非時事也。(四)先飲醴酒食乾肉者,不忍發御厚味也。(五)苄,今之蒲苹也。(六)此齊衰多二等,大功小功多一等。服主於受,是極列衣服之差也。(七)葛帶三重,謂男子也,五分去一而四糾之,帶輕既變,因爲飾也。婦人葛絰不葛帶,舊説云"三糾之練而帶去一股",去一股則小於小功之絰,似非也。易服,謂爲後喪所變也。婦人重帶,帶在下體之上,婦人重之,辟男子也,其爲帶猶五分絰去一耳。《喪服小記》曰:"除成喪者,其祭也,朝服縞冠。"此素縞者,《玉藻》所云"縞冠素紕,既祥之冠"。麻衣,十五升布,亦深衣也,謂之麻者,純用布無采飾也。大祥除衰杖。黑經白緯曰纖,舊説纖冠者,采纓也。無所不佩,紛帨之屬如平常也。纖或作綅。(八)因上説而問之。(九)説所以易輕者之義也。既虞卒哭,謂齊衰可易斬服之節也,輕者可施於卑。服齊衰之麻以包斬衰之葛,謂男子帶,婦人絰也。重者宜主於尊,謂男子之絰,婦人之帶,特其葛不變之也。此言包特者,明於卑可以兩施,而尊者不可貳。(十)此言大功可易斬服之節也。斬衰已練,男子除絰而帶獨存,婦人除帶而絰獨存,謂之單,單獨也。遭大功之喪,男子有麻絰,婦人有麻帶,又皆易其輕者以麻謂之重麻;既虞卒哭,男子帶其故葛帶,絰期之葛絰,婦人絰其故葛絰,帶期之葛帶,謂之重葛。(十一)此言大功可易齊衰期服之節也。兼猶兩也,不言包特而兩言者,包特著其義,兼者明有絰有帶耳。不言重者,三年之喪既練或無絰，或無帶，言重者，以明今皆有期以下，固皆有矣。兩者，有麻有葛耳，葛者亦特，其重麻者亦包其輕。（十二）此竟言有上服既虞卒哭，遭下服之差也，唯大功有變三年既練之服，小功以下則於上皆無易焉。此言大功之葛與小功之麻同，小功之葛與緦之麻同，主爲大功之殤長申言之。（十三）服重者，謂特之也。則者，則男子與婦人也。凡下服虞卒哭，男子反其故葛帶，婦人反其故葛絰，其上除服，則固自受以下服之受矣。

《音義》 苴，七余反 jū（ㄐㄩ）。枲，思里反 xǐ（ㄒㄧˇ）。偯，於起反 yǐ（ㄧˇ）。溢音逸，二十兩也。莫音暮。禫，大感反 dàn（ㄉㄢˋ）。説，吐活反 tuō（ㄊㄨㄛ），通脱。堊，烏各反 è（ㄜˋ）。苄，户嫁反 xià（ㄒㄧㄚˋ）。縓，七戀反 quàn（ㄑㄩㄢˋ），淺紅色。纖，息廉反 xiān（ㄒㄧㄢ）。

【淺悟】

本篇的操作方法，由於失傳太久，所以理解起來很困難，譯文中的謬誤自難避免。好在這些内容已没了應用價值，僅可作歷史資料而已。

三年問第三十八

《疏》 案鄭《目錄》云:"名曰《三年問》者,善其問以知喪服年月所由也。此於《別錄》屬喪服。"

【原文】

三年之喪,何也?

曰:"稱情而立文,因以飾羣,别親疏貴賤之節,而弗可損益也。故曰,無易之道也(一)。創鉅者其日久,痛甚者其愈遲。三年者,稱情而立文,所以爲至痛極也;斬衰苴杖、居倚廬、食粥、寢苫、枕塊,所以爲至痛飾也(二)。三年之喪,二十五月而畢,哀痛未盡,思慕未忘,然而服以是斷之者,豈不送死有已、復生有節也哉(五)?

"凡生天地之閒者,有血氣之屬必有知,有知之屬莫不知愛其類:今是大鳥獸,則失喪其羣匹,越月踰時焉,則必反巡,過其故鄉,翔回焉、鳴號焉、蹢躅焉、踟蹰焉,然後乃能去之;小者至於燕雀,猶有啁噍之頃焉,然後乃能去之。故有血氣之屬者,莫知於人,故人於其親也,至死不窮(四)。

"將由夫患邪淫之人與?則彼朝死而夕忘之,然而從之,則是曾鳥獸之不若也,夫焉能相與羣居而不亂乎(五)?

"將由夫脩飾之君子與?則三年之喪,二十五月而畢,若駟之過隙,然而遂之,則是無窮也(六)。

"故先王焉,爲之立中制節,壹使足以成文理,則釋之矣(七)。"

然則何以至期也(八)?

曰:"至親以期斷(九)。"

是何也(十)?

曰:"天地則已易矣,四時則已變矣,其在天地之中者,莫不更始焉,以是象之也(十一)。"

然則何以三年也(十二)?

曰:"加隆焉爾也,焉使倍之,故再期也(十三)。"

由九月以下何也?

曰："焉使弗及也[十四]。故三年以爲隆，緦小功以爲殺，期九月以爲閒。上取象於天，下取法於地，中取則於人，人之所以羣居和壹之理盡矣[十五]。故三年之喪，人道之至文者也，夫是之謂至隆[十六]。是百王之所同，古今之所壹也，未有知其所由來者也[十七]。"

孔子曰："子生三年，然後免於父母之懷。夫三年之喪，天下之達喪也[十八]。"

【譯文】

三年這種喪制，依據什麼呢？

答："爲了符合人的感情需求而設立的禮儀條文，用此整飭五服衆親，來區別親疏貴賤的節度，因而這種條文是不可增減的嘛。所以説，這是不可改易的法則嘛。創傷巨大的話其持續的日子就久，疼痛猛烈的話其痊愈的就慢。三年的喪制，符合人的情感需求而設立的禮儀條文，是用以治理最痛苦的極限嘛；服斬衰執苴杖、住倚廬、吃稀粥、睡草墊、枕土塊，是用來作爲最痛苦的掩飾嘛。三年的喪期，二十五個月就完畢，儘管哀痛未盡，思慕未忘，然而服喪以此裁斷除喪的期限，難道不是因爲喪葬需有終止，恢復生計需有節度嗎？

"凡是生長在天地之間的，只要有血液會喘氣的動物必有智慧，有智慧的動物没有不知道喜愛自己的同類：且看這些大鳥獸，如果跟其羣體失散或死了配偶，哪怕超過一月乃至一個季節的時光，也必定返回巡視，經過其原來的棲息地，回旋飛翔啊，悲鳴呼號啊，躊躅徘徊啊，留連踟蹰啊，然後才能離開那裏；至於形體嬌小的燕雀，尚且要在故地啁噍鳴叫有頃，然後乃能離開那裏。原因是有血氣之類的動物中，没有哪一類能超過人的智慧，所以人對自己父母的思慕嘛，至死都不會窮盡。

"難道能依託那類染上邪淫習氣的小人麽？只怕他早晨死了父母晚上便給忘記，然而聽從這種人的意願，那就連鳥獸的行爲都不如了，這怎能使大家在一起相處而不出亂子呢？

"難道能依託那種注重品德脩養的君子麽？僅僅三年的喪期，二十五個月就完畢，對他們來説就像駟馬過隙那樣短促，然而滿足他們的意願，只怕服喪的期限那就没有窮盡了。

"古代的先王考慮至此，爲喪禮設立折中的制度儀節，使所有人一律都足以完成節制文飾的條理，就可以解除喪服了呀。"

那麽何故還有一周年的喪期呢？

答："最近的親戚用一周年決斷喪期。"

這又是爲何呢？

答："天地的法則已經改易了呀，四季的法則已經變化了呀，那些生長在天地之間的萬物，没有不重新開始的，以此法象期年之喪嘛。"

那麽爲何使用三年的喪期呢？

答："爲了增加喪禮的隆重而已嘛，這樣使喪期加倍，所以有兩個期年嘛。"

從九個月以下的喪期又是何故呢？

答："這是使那些達不到期年以上的遠親所守的喪期嘛。因此以三年喪期爲隆重，以緦麻和小功的喪期爲最減省，以期年和九個月的喪期爲隆殺之間。此乃上取象於天，下取法於地，中取則於人的結果，這就是人類用以羣居而且能够保持和諧統一的道理盡在其中呀。所以三年的喪期，乃人生道路的最具文理的規範嘛，這一喪禮形式稱得上最隆重，爲歷代帝王所認同，從古到今都是一致的嘛，却不曾有知道此規定是從哪個時代傳下來的人哩。"

孔子説："孩子出生三年，然後才能脱離父母的懷抱。這守孝三年的喪制，是全天下從天子到庶人通行的喪制嘛。"

【古注】

《注》 (一)稱情而立文，稱人之情輕重而制其禮也。羣，謂親之黨也。無易猶不易也。(二)飾情之章表也。(三)復生，除喪反生者之事也。(四)匹，偶也。言燕雀之恩不如大鳥獸，大鳥獸不如人。含血氣之類，人最有知而恩深也，於其五服之親念之至死無止已。(五)言惡人薄於恩，死則忘之，其相與聚處必失禮也。(六)駟之過隙，喻疾也。遂之，謂不時除也。(七)立中制節，謂服之年月也。釋猶除也、去也。(八)言三年之義如此，則何以有降至於期也？期者，謂爲人後者，父在爲母也。(九)言服之正，雖至親皆期而除也。(十)問服斷於期之義也。(十一)法此變易可以期也。(十二)言法此變易可以期，何以乃三年爲？(十三)言於父母加隆其恩使倍期也，下焉猶然。(十四)言使其恩不若父母。(十五)取象於天地，謂法其變易也。自三年以至緦，皆歲時之數也。言既象天地，又足以盡人聚居純厚之恩也。(十六)言三年之喪，喪禮之最盛也。(十七)不知其所從來，喻此三年之喪前世行之久矣。(十八)達，謂自天子至於庶人。

《音義》 稱，尸證反 chèn(ㄔㄣˋ)。鉅音巨，大也。蹢，直亦反 zhí(ㄓˊ)；躅，直録反 zhú(ㄓㄨˊ)；蹢躅，不行也。啁，張留反 zhōu(ㄓㄡ)；噍，子流反 jiāo(ㄐㄧㄠ)；啁噍，聲頃。知音智。

《疏》 三年之喪何也者，記者欲釋三年之義，故假設其問云：三年喪者意有何義理？

【淺悟】

從《奔喪第三十四》篇至此共五篇，將沿用了數千年的喪制的内涵，講解得非常清楚了，玆不贅言。

深衣第三十九

《疏》 案鄭《目録》云："名曰《深衣》者，以其記深衣之制也。深衣，連衣裳而純之以采者，素純曰長衣，有表則謂之中衣。大夫以上祭服之中衣用素，《詩》云'素衣朱襮'，《玉藻》曰'以帛裹布非禮也'；士祭以朝服，中衣以布明矣。此於《别録》屬制度。"

【原文】

古者深衣，蓋有制度，以應規矩繩權衡（一）。短毋見膚（二），長毋被土（三），續衽鉤邊（四），要縫半下（五）；袼之高下，可以運肘（六）；袂之長短，反詘之及肘（七）；帶，下毋厭髀，上毋厭脅，當無骨者（八）。制十有二幅，以應十有二月（九），袂圜以應規（十），曲袷如矩以應方（十一），負繩及踝以應直（十二），下齊如權衡以應平（十三）。故規者，行舉手以爲容（十四）；負繩抱方者，以直其政、方其義也，故《易》曰"坤六二之動，直以方也（十五）"；下齊如權衡者，以安志而平心也（十六）。五法已施，故聖人服之（十七）。故規矩取其無私，繩取其直，權衡取其平，故先王貴之（十八）。故可以爲文，可以爲武，可以擯相，可以治軍旅，完且弗費，善衣之次也（十九）。具父母、大父母，衣純以績；具父母，衣純以青；如孤子，衣純以素（廿）。純袂、緣，純邊，廣各寸半（廿一）。

【譯文】

古時候的深衣，大概有制定的法度，使用相應的規矩和標準的權衡。衣短不得露出肌膚，長不得觸及到土，連綴衣襟鉤到右邊，開縫在腰下的一半處；腋窩的高低，能使臂肘運轉自如；衣袖的長短，把它反屈過來能達到肘部；束腰的大帶，下面不要壓到髀骨，上面不要壓到肋骨，當束在没有骨骼的部位。裁制深衣共用布帛十二幅，以對應十二個月，圓形袖口以對應規則，曲折的交領猶如矩尺以對應方正，衣裳背縫達到脚踝以對應正直、衣下襬猶如稱物輕重的權衡以對應公平。原來袖口成圓規狀的話，行諸如揖讓之類舉手禮時可用來展示儀容；衣裳背縫直和衣領環抱成方形的話，以示自己政教正直，行義方正嘛，所以就像《易經·坤卦·象辭》所説的"六二爻的變動，正直而且方正嘛"；衣裳下襬有如權衡的話，以安定意志能使心地公平嘛。

深衣按此五種法則去施行，聖人必定會服用。原來規矩是取法它的没有偏私，繩墨是取法它的正直，權衡是取法它的公平，所以先王重視這樣的深衣。原因是穿著它可以處理文事，可以處理武事，可以迎賓贊禮，可以治理軍隊，用途完備且不浪費，是僅次於朝服和祭服的吉服嘛。如果父母、祖父母俱在，穿的絲織深衣使用彩繪；如果只是父母俱在，穿的絲織深衣用青色；如果是無父的孤子，只能穿白色的生絹深衣。袖口的鑲邊、深衣底部的鑲邊、旁側的鑲邊，各一寸半寬。

【古注】

《注》 (一)言聖人制事必有法度。(二)衣取蔽形。(三)爲汙辱也。(四)續猶屬也。衽，在裳旁者也，屬連之不殊裳前後也。鉤讀如"鳥喙必鉤"之鉤，鉤邊，若今曲裾也。續或爲裕。(五)三分要中減一以益下，下宜寬也。要或爲優。(六)肘不能不出入。袼，衣袂當掖之縫也。(七)袂屬幅於衣，詘而至肘，當臂中爲節，臂骨上下各尺二寸，則袂肘以前尺二寸。肘或爲腕。(八)當骨緩急難爲中也。(九)裳六幅，幅分之以爲上下之殺。(十)謂胡下也。(十一)袷，交領也。古者方領，如今小兒衣領。(十二)繩，謂裻與後幅相當之縫也。踝，跟也。(十三)齊，緝。(十四)行舉手，謂揖讓。(十五)言深衣之直方應《易》之文也。政或爲正。(十六)心平志安行乃正，或低或仰則必有異志者與？(十七)言非法不服也。(十八)貴此衣也。(十九)完且弗費，言可苦衣而易有也。深衣者，用十五升布鍛濯灰治，純之以采。善衣，朝祭之服也，自士以上深衣爲之次。庶人吉服深衣而已。(廿)尊者存，以多飾爲孝。繢，畫文也。三十以下無父稱孤。(廿一)純，謂緣之也。緣袂，謂其口也。緣，緆也。緣邊，衣裳之側，廣各寸半，則表裏共三寸矣，唯袷廣二寸。

《音義》 袼，本又作胳，音各，腋也。厭，於甲反 yā(丨Y)。圜音圓。袷音劫。踝，胡瓦反 huái(厂ㄨㄞ)。齊音咨，亦作齌。大父母，大音泰，祖父母也。繢，胡對反 huì(厂ㄨㄟ)。

《疏》 此一篇從初至末皆論深衣之制。以作記之人爲記之時，深衣無復制度，故稱古者深衣蓋有制度，言蓋者，疑辭也。

【淺悟】

深衣即長衫，諸侯、大夫、士退朝閒居時所穿，普通民衆作爲禮服。

投壺第四十

《疏》　案鄭《目錄》云:“名曰《投壺》者,以其記主人與客燕飲、講論才藝之禮。此於《别錄》屬吉禮。亦實《曲禮》之正篇。是投壺與射爲類,此於五禮宜屬嘉禮也,或云宜屬賓禮。”

【原文】

投壺之禮:主人奉矢,司射奉中,使人執壺(一)。

主人請曰:“某有枉矢哨壺,請以樂賓。”

賓曰:“子有旨酒嘉肴,某既賜矣,又重以樂,敢辭(二)。”

主人曰:“枉矢哨壺不足辭也,敢固以請。”

賓曰:“某既賜矣,又重以樂,敢固辭(三)。”

主人曰:“枉矢哨壺不足辭也,敢固以請。”

賓曰:“某固辭不得命,敢不敬從(四)。”

賓再拜受,主人般還曰辟(五);主人阼階上拜送,賓般還曰辟(六)。已拜受矢,進即兩楹閒,退反位,揖賓就筵(七)。

司射進度壺,閒以二矢半,反位,設中東面,執八筭興(八),請賓曰:“順投爲入,比投不釋,勝飲不勝者;正爵既行,請爲勝者立馬,一馬從二馬,三馬既立,請慶多馬。”

請主人亦如之(九)。

命弦者曰:“請奏《貍首》,閒若一。”

大師曰諾(十)。

左右告矢具,請拾投。有入者,則司射坐而釋一筭焉。賓黨於右,主黨於左(十一)。

卒投,司射執筭曰:“左右卒投,請數,二筭爲純,一純以取,一筭爲奇。”遂以奇筭告曰:“某賢於某若干純。”奇則曰奇,均則曰左右鈞(十二)。

命酌曰:“請行觴。”

酌者曰諾(十三)。

當飲者皆跪奉觴曰:“賜灌。”

勝者跪曰:“敬養(十四)。”

正爵既行，請立馬，馬各直其筭，一馬從二馬，以慶。慶禮曰："三馬既備，請慶多馬。"

賓主皆曰諾[十五]。

正爵既行，請徹馬[十六]。

筭多少視其坐[十七]。籌，室中五扶，堂上七扶，庭中九扶[十八]；筭長尺二寸[十九]；壺頸脩七寸，腹脩五寸，口徑二寸半，容斗五升，壺中實小豆焉，爲其矢之躍而出也。壺去席二矢半[廿]。矢，以柘若棘，毋去其皮[廿一]。

魯令弟子辭曰："毋幠，毋敖，毋偝立，毋踰言，偝立踰言有常爵。"薛令弟子辭曰："毋幠，毋敖，毋偝立，毋踰言，若是者浮[廿一]。"

鼓 ○□○○□□○□○○□ 半 ○□○□○○○□ □○□○ 魯 鼓。
○□○○○□□○□○○□□○□○ ○□□○ 半 ○□○○○□□○
薛鼓[廿三]。

取半以下爲投壺禮，盡用之爲射禮[廿四]。

司射，庭長，及冠士立者，皆屬賓黨；樂人及使者童子，皆屬主黨[廿五]。

魯 鼓 ○□○○□□○○ 半 ○□○○□○○○○ □○□○ 薛 鼓
○□○○○○□○□○□○○○□○□ ○○□○
半○□○□○○○○□○[廿六]。

【譯文】

投壺之禮：主人捧着矢，主持投壺的司射捧着裝籌碼的中，另使人拿着壺。

主人邀請說："某有彎曲的矢和歪口的壺，請以此娱樂各位貴賓。"

來賓說："您豐盛的美酒嘉肴，我們已經受到賞賜了呀，又再用此娱樂，不敢當。"

主人說："彎曲的矢歪口的壺不值得推辭嘛，冒昧堅持邀請。"

來賓說："我們已經得到了賞賜呀，又再用此娱樂，大膽堅持辭謝。"

主人再次說："彎曲的矢歪口的壺不值得推辭哩，冒昧堅決邀請。"

來賓說："我們堅持辭謝既然得不到應允，怎敢不恭敬從命。"

賓客再次拜謝將矢接受下來，主人旋轉着身體躲着揖拜連說迴避；主人在阼階上揖拜着將矢送出時，賓客也是旋轉着身體躲着揖拜連說迴避。主人拜送完便接受贊者送的矢，走進堂前就兩根楹柱之間察看投壺處所，然後退回到原位，揖拜賓客請其就席位。

司射進入廳堂揣度放壺的地方，兩壺間隔以兩矢半的距離，返回西階上位，面朝東陳設好裝籌碼的中，手持八枝籌碼站起來，延請來賓說："順着投進的才算數，不等對方投完連續投的投進也不算，勝者酌酒給不勝者喝；用這種正禮的酒爵罰完酒，請爲勝者樹立籌碼，勝一次的要將籌碼歸併給勝兩次的一方，已經立起三個籌碼，請爲籌碼多的一方慶賀。"

延請主人也説這些話。

司射又命鼓瑟的琴師說："請奏《貍首》詩篇，節奏的間隔要一致。"

太師應諾，開始奏樂。

司射向左右的主人賓客宣告矢已具備，請輪流投壺。有投進的，司射就坐下將一個籌碼放進中内。賓客一方投完退到司射右邊的位子上，主人一方投完退到司射左邊的位子上。

投壺結束，司射拿起剩餘的籌碼說："左右兩方投壺結束，請數一數，投進兩枝籌碼爲一純，一純一純地取出來，不够純的一枝籌碼爲奇。"於是拿起獲勝的一方多餘的籌碼宣告說："某方比某方多出籌碼若干純。"若按單數算就說多出若干奇，若雙方均等就說左右鈞。

司射命獲勝方的弟子斟酒說："請依次爲對方敬酒。"

獲勝方的弟子應諾，依次敬酒。

應當飲罰酒的一方全都跪着捧起酒杯說："承蒙賞賜飲酒。"

獲勝一方跪着說："敬請調養。"

使用正禮的酒爵罰完酒，司射延請雙方一同爲勝者樹立籌碼，所立籌碼各應放在初次放籌碼之處，獲勝一次的要將籌碼歸併給獲勝兩次的一方，以表慶賀。舉行慶禮時說："三枝籌碼已具備，請慶賀獲得籌碼多的一方。"

賓主一齊應諾。

使用正禮的酒爵飲罷慶賀酒，司射請雙方撤去籌碼。

所用籌碼的多少要看在坐參與投壺的人數而定。所用的矢，在室内投壺用五扶（二尺）長的，在堂上用七扶（二尺八寸）長的，庭院中用九扶（三尺六寸）長的；籌碼長一尺二寸；壺頸高七寸，腹高五寸，壺口直徑二寸半，壺的容量一斗五升，内填小豆在裏面，爲了防止矢從裏面跳出來嘛。壺離席位二矢半的間距。矢，用柘木或棗木制作，不要去皮。

魯國司射戒令弟子的言辭說："不要怠慢，不要倨傲，不要背過身站立，不要遥相談話，背過身站立和遥相談話將用通常一升的酒爵處罰。"薛國司射戒令弟子的言辭說："不要怠慢，不要倨傲，不要背過身站立，不要遥相談話，要是這樣的話將受處罰。"

鼓節○□○○□□○□○○□半節○□○□○○ ○□□○□○這是魯國的鼓節。另一套鼓節○□○○○□□○□○○□□○□○○□□○半節○ □○○○□□○這是薛國的鼓節。

取半節以下的用於投壺禮，全部都用上的是射禮的鼓節。

司射、庭長、年滿二十歲站着投壺的士子，都屬參與投壺的賓客一方；能够奏樂的國子以及擔任使者的童子，都屬參與投壺的主人一方。

魯國另一套鼓節○□○○□□○○半節○□○○□○○○○□○□○。薛國也另有一套鼓節○□○○○○□○□○□○○○□○□○○□○半節○□ ○□○○○○□○。

【古注】

《注》 (一)矢，所以投者也。中，士則鹿中也，射人奉之者。投壺，射之類也，其奉之西階上北面。(二)燕飲酒既脱屨升坐，主人乃請投壺也，否則或射，所謂燕射也。枉哨，不正貌，爲謙辭。(三)固之言，如故也。言如故辭者，重辭也。(四)不得命，不以命見許。(五)賓再拜受，拜受矢也。主人既辟，進授矢兩楹之閒也。(六)拜送，送矢也。辟，亦於其階上。(七)主人既拜送矢，又自受矢。進即兩楹閒者，言將有事於此也。退乃揖賓即席，欲與偕進，明爲偶也。賓席主人席皆南鄉，閒相去如射物。(八)度壺，度其所設之處也。壺去坐二矢半，則堂上去賓席主人席邪行各七尺也。反位，西階上位也。設中東面，既設中，亦實八筭於中，横委其餘於中西執筭而立，以請賓俟投。(九)請猶告也。順投，矢本入也。比投，不拾也。勝飲不勝，言以能養不能也。正爵，所以正禮之爵也，或以罰，或以慶。馬，勝筭也，謂之馬者，若云技藝如此，任爲將帥乘馬也。射，投壺皆所以習武，因爲樂。(十)弦，鼓瑟者也。《貍首》，詩篇名，今逸，《射義》所云《詩》曰"曾孫矦氏"是也。閒若一者，投壺當以爲志取節焉。(十一)拾，更也。告矢具，請更投者司射也，司射東面立，釋筭則坐，以南爲右，北爲左也，已投者退，各反其位。(十二)卒，已也。賓主之黨畢已投，司射又請數其所釋左右筭，如數射筭。一純以取實於左手，十純則縮而委之，每委異之，有餘則横諸純下；一筭爲奇，奇則縮諸純下，兼斂左筭實於左手，一純以委，十則異之，其它如右獲。畢則司射執奇筭以告於賓與主人也。若告云某賢於某者，未斥主黨勝與、賓黨勝與，以勝爲賢，尚技藝也。鈞猶等也，等則左右手各執一筭以告。(十三)司射又請於賓與主人以行正爵。酌者，勝黨之弟子。(十四)酌者亦酌奠於豐上，不勝者坐取乃退而跪飲之。灌猶飲也，言賜灌者服而爲尊敬辭也，《周禮》曰"以灌賓客"。賜灌敬養，各與其偶於西階上，如飲射爵。(十五)飲不勝者畢，司射又請爲勝者立馬，當其所釋筭之前。三立馬者，投壺如射，亦三而止也。三者一黨，不必三勝，其一勝者并其馬於再勝者以慶之，明一勝不得慶也。飲慶爵者，偶親酌，不使弟子無豐。(十六)投壺禮畢，可以去其勝筭也。既徹馬，無筭爵乃行。(十七)筭用當視坐投壺者之衆寡爲數也，投壺者人四矢，亦人四筭。(十八)籌，矢也。鋪四指曰扶，一指案寸，《春秋傳》曰"膚寸而合"。投壺者或於室，或於堂，或於庭，其禮褻，隨晏早之宜，無常處。(十九)其節三扶可也，或曰筭長尺有握。握，素也。(廿)脩，長也。腹容斗五升，三分益一則爲二斗，得圜囷之象，積三百二十四寸也，以腹脩五寸約之，所得求其圜周，圜周二尺七寸有奇，是爲腹徑九寸有餘也。實以小豆，取其滑且堅。(廿一)取其堅且重也。舊説云：矢大七分，或言去其皮節。(廿二)弟子，賓黨主黨年穉者也，爲其立堂下相褻慢，司射戒令之。記魯薛者，禮衰乖異，不知孰是也。幠，敖慢也。偝者，不正鄉前也。踰言，遠談語也。常爵，常所以罰人之爵也。浮亦謂是也。《晏子春秋》曰:"酌者奉觴而進曰:'君令浮。'"晏子時以罰梁邱據。浮或作匏,或作符。踰或爲遥。(廿三)此魯薛擊鼓之節也,圜者擊鼙,方者擊鼓。古者舉事皷各有節,聞其節則知其事矣。(廿四)投壺之皷半射節者,投壺,射之細也,射謂燕射。(廿五)庭長,司正也。使者,主人所使薦羞者。樂人,國子能爲樂者。此皆與於投壺。(廿六)此二者記兩家之異,故兼列之。

《音義》 壺,器名,以矢投其中,射之類。奉音捧。枉哨,不正貌,王肅云:枉,不直;哨,不正也。般,步干反 pán(ㄆㄢˊ);還音旋。辟音避。度,徒洛反 duó(ㄉㄨㄛˊ)。比,毘志反 pí(ㄆㄧˊ),頻也。大音泰。拾,其劫反 jié(ㄐㄧㄝˊ)。純音全。奇,紀宜反 jī(ㄐㄧ)。縮,色六反 suō(ㄙㄨㄛ),直也。柘,止夜反 zhè(ㄓㄜˋ),木名。幠,好吾反 hū(ㄏㄨ),敖也。偝音佩。浮,罰也。○鼙鼓,薄迷反 pí(ㄆㄧˊ),鄭呼爲鼙也,其聲下,其音榻榻然。□方鼓,鄭呼爲鼓也,其聲高,其音鏜鏜然。榻音呼臘反 tà(ㄊㄚˋ)。鏜音吐郎反 tāng(ㄊㄤ)。

【淺悟】

投壺是燕飲時的娛樂游戲,於娛樂中培養人的君子之風。古時的德育,無所不入。

儒行第四十一

《疏》 案鄭《目録》云："名曰《儒行》者，以其記有道德者所行也。儒之者，優也、柔也、能安人、能服人；又儒者，濡也，以先王之道能濡其身。此於《别録》屬通論。"案下文云"儒有過失可微辨而不可面數，搏猛引重不程勇力。"此皆剛猛得爲儒者。但儒行不同，或以遜讓爲儒，或以剛猛爲儒，其與人交接常能優柔，故以儒表名。

《音義》 行，下孟反 xìng(ㄒㄧㄥˋ)。此《注》云《儒行》之作，蓋孔子自衛初反魯之時也。

【原文】

魯哀公問於孔子曰："夫子之服，其儒服與(一)？"

孔子對曰："丘少居魯，衣逢掖之衣；長居宋，冠章甫之冠。丘聞之也，君子之學也博，其服也鄉，丘不知儒服(二)。"

哀公曰："敢問儒行。"

孔子對曰："遽數之，不能終其物；悉數之，乃留更僕，未可終也(三)。"

哀公命席(四)。

孔子侍曰："儒有席上之珍以待聘，夙夜强學以待問，懷忠信以待舉，力行以待取，其自立有如此者(五)；

"儒有衣冠中，動作慎，其大讓如慢，小讓如僞，大則如威，小則如愧，其難進而易退也，粥粥若無能也，其容貌有如此者(六)；

"儒有居處齊難，其坐起恭敬，言必先信，行必中正，道塗不争險易之利，冬夏不争陰陽之和，愛其死以有待也，養其身以有爲也，其備豫有如此者(七)；

"儒有不寶金玉，而忠信以爲寶；不祈土地，立義以爲土地；不祈多積，多文以爲富；難得而易禄也，易禄而難畜也；非時不見，不亦難得乎？非義不合，不亦難畜乎？先勞而後禄，不亦易禄乎？其近人有如此者(八)；

"儒有委之以貨財，淹之以樂好，見利不虧其義，劫之以衆，沮之以兵，見死不更其守，鷙蟲攫搏不程勇者，引重鼎不程其力，往者不悔，來者不豫，過言不再，流言不極，不斷其威，不習其謀，其特立有如此者(九)；

"儒有可親而不可劫也，可近而不可迫也，可殺而不可辱也，其居處不淫，其飲食不溽，其過失可微辨而不可面數也，其剛毅有如此者(十)；

“儒有忠信以爲甲胄，禮義以爲干櫓，戴仁而行，抱義而處，雖有暴政，不更其所，其自立有如此者(十一)；

“儒有一畝之宫，環堵之室，篳門圭窬，蓬户甕牖，易衣而出，并日而食，上答之，不敢以疑，上不答，不 敢以諂，其仕有如此者(十二)；

“儒有今人與居，古人與稽，今世行之，後世以爲楷，適弗逢世，上弗援，下弗推，讒諂之民有比黨而危之者，身可危也，而志不可奪也，雖危，起居竟信其志，猶將不忘百姓之病也，其憂思有如此者(十三)；

“儒有博學而不窮，篤行而不倦，幽居而不淫，上通而不困，禮之以和爲貴，忠信之美，優游之法，慕賢而容衆，毁方而瓦合，其寬裕有如此者(十四)；

“儒有内稱不辟親，外舉不辟怨，程功積事，推賢而進達之，不望其報，君得其志，苟利國家，不求富貴，其舉賢援能有如此者(十五)；

“儒有聞善以相告也，見善以相示也，爵位相先也，患難相死也，久相待也，遠相致也，其任舉有如此者(十六)；

“儒有澡身而浴德，陳言而伏，静而正之，上弗知也，麤而翹之，又不急爲也，不臨深而爲高，不加少而爲多，世治不輕，世亂不沮，同弗與，異弗非也，其特立獨行有如此者(十七)；

“儒有上不臣天子，下不事諸矦，慎静而尚寬，强毅以與人，博學以知服，近文章，砥厲廉隅，雖分國，如錙銖，不臣不仕，其規爲有如此者(十八)；

“儒有合志同方，營道同術，並立則樂，相下不厭，久不相見，聞流言不信，其行本方，立義同而進，不同而退，其交友有如此者(十九)；

“温良者，仁之本也；敬慎者，仁之地也；寬裕者，仁之作也；孫接者，仁之能也；禮節者，仁之貌也；言談者，仁之文也；歌樂者，仁之和也；分散者，仁之施也。儒皆兼此而有之，猶且不敢言仁也，其尊讓有如此者(廿)；

“儒有不隕穫於貧賤，不充詘於富貴，不慁君王，不累長上，不閔有司，故曰儒(廿一)。今衆人之命儒也，妄常，以儒相詬病(廿一)。”

孔子至舍，哀公館之。聞此言也，言加信，行加義，終没吾世，不敢以儒爲戲(廿三)。

【譯文】

魯哀公向孔子問道：“夫子這身服裝，莫非儒服麼？”

孔子答道：“我孔丘年少時住在魯國，穿本地的寬袖襌衣；年長加冠時住在祖先所居的宋國，戴殷祖的章甫冠。我孔丘聽説呢，君子的學問要淵博嘛，他的服裝應入鄉隨俗嘛，孔丘不知什麽是儒服。”

哀公忙改口説：“冒昧請教儒者的品行。”

孔子答道：“倉猝述説其品行，不能將他們的事情説盡；盡述其事就得説很久，恐怕説到更换僕人，未必能説完哩。”

哀公趕快命人陳設坐席。

孔子進言道：“有的儒者能敷陳上古堯舜珍貴之道以等待聘召，從早到晚勉力學習以等待詢問，懷藏忠信以等待薦舉 努力實行以等待取用，其依靠自身修養求得建樹有這樣的；

“有的儒者穿戴適中，動作慎重，他對大事的謙讓有如傲慢，對小事的謙讓有如虚僞，但在操作大事時就像受到威脅，操作小事時又像有所慚愧，他難以進用却容易引退哩，那卑下敬畏的樣子像没有才能似的，其容貌有這樣的；

“有的儒者在住所獨處時神態莊重虔誠好像害怕災難，他坐着站着都保持恭敬，出言必將誠信放在首位，行爲必求中正，道路上不争險要或平易的便利，冬季不争向陽夏季不争背陰的調和，愛惜自己的死是因有所期待嘛，修養自己的身心以冀有所作爲嘛，其預先準備有這樣的；

“有的儒者不珍愛金玉，却將忠信視爲珍寶；不祈求擁有土地，以建立恩義作爲土地；不祈求多積蓄財物，以多掌握文章技藝爲富有；這樣的儒者難以得到却容易接受俸禄哩，容易接受俸禄却難以久留哩；不是適當的時機不出現，不也難以得到嗎？不符合道義的事不配合，不也難以久留嗎？總是先效勞然後才受禄，不也容易接受俸禄嗎？其接近人有這樣的情形；

“有的儒者把貨幣財物委託給他，用其愛好的事物浸染他，見此利誘他能不虧負自己堅守的道義，用衆人劫持他，用兵器恐嚇他，面對死亡的威脅不能更改他的操守，遭逢鷙禽猛獸與之搏擊而不度量自己的驍勇程度，載運重鼎也不度量自己的力氣能否勝任，以往做的事不後悔，未來的事不預先準備，錯誤的言論不重復，流傳的言論不刨根問底，不間斷其威儀，不預習其計謀，其特殊的立身有這樣的情形；

“有的儒者可以親善却不可劫持哩，可以接近却不可脅迫哩，可以殺害却不可侮辱哩，其住所不淫巧，其飲食不貪美味，其過失可用微言辨白却不可當面數落哩，其剛毅有這樣的；

“有的儒者用忠誠守信作鎧甲，用禮儀作盾牌，擁戴着仁道前行，懷抱着道義處世，縱然遭遇暴虐的政局，也不更改自己平生的志操，其自我建樹有這樣的；

“有的儒者住着十步見方的屋子，室内四壁環繞着土牆，門是荆竹編的門旁留有圭形的小洞，用蓬蒿塞門縫用破甕口當窗户，换上合家共用的一套衣裳才能出門，兩天只能吃一天的糧食，上頭答應採用他的建議，他不敢對此有所懷疑，上頭不答復，更不敢使用諂媚的伎倆求用，其出仕做官有這樣的；

“有的儒者跟今人一起居住，却與古人的志趣相合，今世這樣實行，後世將以此作爲楷模，湊巧不逢世運，上頭不援引，下面不推薦，好説人壞話和諂媚逢迎這些小人如果互相比附結黨一同來危害他的話，他的身軀可以危害哩，然其志節不可剝奪哩，縱然遭危害，其日常起居的舉止終究還是能顯示出他的志趣，依然不忘百姓的疾苦嘛，其憂國憂民的心思有這樣的；

“有的儒者學識淵博仍在不停地學，專心實踐而不知疲倦，隱居獨處能够不淫亂，仕途通達能够不被政事所困，運用禮制遵循以和爲貴的原則，見忠誠守信的人就贊美，見優柔和順的人就效法，仰慕賢才又能包容衆人，損毁自身的棱角去跟瓦礫般的賤民相結合，其度量之寬裕有這樣的；

“有的儒者薦舉賢才既不迴避自己的親友，也不迴避外面所怨恨的人，只衡量其功業積累其事迹，推薦德才兼備的賢者使他們能够進身顯達，不冀望其回報，爲了使君上能如願以償，只要有利於國家，自身不求富貴，其舉薦賢才援引能人有這樣的；

“有的儒者聽到好消息便互相通告哩，見到善舉便互相提示哩，加爵進位便互相讓先哩，患難則争相赴死哩，朋友久居下位得不到升遷便等待與之共進哩，朋友在遥遠小國不得志便招致前來一同服事明君哩，其擔保舉薦有這樣的；

“有的儒者用道德修養身心，陳述的意見能令人佩服，諫諍能使人改正過失，上司不明白其中的利害關係呢，便略微給以啓發，並不急於説服嘛，不會面臨深陷之處便自以爲高，不把少量的成績加起來以充多，世道太平不自輕賤，世道錯亂不自毁其志節，意見相同不親附，意見不同不非毁，其不隨波逐流的獨特的立身行事有這樣的；

“有的儒者上不臣事天子，下不服事諸疾，謹慎沉静而且崇尚寬恕，以剛强堅毅的品格助人，學識淵博因而知道如何服從，親近禮樂制度用以磨礪品行使之端正，縱然分封爲諸疾，在他看來有如輕微的錙銖，故而不爲臣不求仕，其規範度量自己人生有這樣的；

“有些儒者志同道合，用相同的方法經營道藝，都有建樹便歡樂，分出高下也不厭棄，久不相見，聽到誹謗朋友的流言不相信，他們的行爲以方正爲本，確立的義旨相同就携手前進，不同便退避，其交友有這様的；

“温厚善良這種品德，是仁德的根本嘛；恭敬謹慎這種品德，是仁德生長的土地嘛；寬宏大量這種品德，是仁者的作風嘛；謙遜交際這種品德，是仁者的態度嘛；行禮有節度這種品德，是仁者的容貌嘛；談話的内容，是仁者的文采嘛；歌唱和音樂的聲音，是仁者的應和嘛；分散蓄積振救災民這種品德，是仁者的施捨嘛。以上這些品德儒者即便全部兼而有之，尚且不敢説自己具備了仁德哩，其重視遜讓有這様的；

“儒者具有貧賤時不會喪失志氣，富貴時不會因倉廩充足而得意忘形，不辱没君王，不繫累年長的上司，不難爲專司其職的下屬官吏的修養，因此稱之爲儒。如今衆人對儒者的評論呢，説他們是狂妄的庸常人，拿儒者取笑羞辱。”

孔子回到住所，哀公以客禮供養他。哀公聽了這番話後呢，説話增加了誠信，行事增加了道義，終其一生，不敢再拿儒者作爲戲謔的話柄。

【古注】

《注》 (一)哀公館孔子，見其服與士大夫異，又與庶人不同，疑爲儒服而問之。(二)逢猶大也，大掖之衣，大袂襌衣也，此君子有道藝者所衣也。孔子生魯，長而之宋而冠焉，宋其祖所出也。衣少所居之服，冠長所居之冠，是之謂鄉。言不知儒服，非哀公意不在於儒，乃今問其服。庶人襌衣袂二尺二寸，袪尺二寸。(三)遽猶卒也，物猶事也。留，久也。僕，大僕也。君燕朝則正位，掌擯相更之者，爲久將倦，使之相代。(四)爲孔子布席於堂與之坐也。君適其臣，升自阼階，所在如主。(五)席，陳也。珍，善也。鋪陳往古堯舜之善道以待聘召，懷忠信之德以待見。舉，用也。取，進取位也。(六)中，中間，謂不嚴厲也。如慢如僞，言之不愊怛也。如威如愧，如有所畏。(七)齊難，齊莊可畏難也。行不争道，止不選處，所以遠鬭訟。(八)祈猶求也。立義以爲土地，以義自居也。難畜，難以非義久留也。勞猶事也，積或爲貨。(九)淹，謂浸漬之。劫，劫脅也。沮，謂恐怖之也。鷙蟲，猛鳥猛獸也，字從鳥，鷙省聲也。程猶量也。重鼎，大鼎也。搏猛引重不量勇力堪之與否，當之則往也，雖有負者，後不悔也。其所未見，亦不豫備，平行自若也。不再，猶不更也。不極，不問所從出也。不斷其威，常可畏也。不習其謀，口及則言，不豫其説而順也。斷或爲繼。(十)淫，謂傾邪也。恣滋味爲溽，溽之言欲也。(十一)甲，鎧；胄，兜鍪也。干櫓，小楯大楯也。(十二)言貧窮屈道仕爲小官也。宫，謂牆垣也。環堵，面一堵也，五版爲堵，五堵爲雉。篳門，荆竹織門也。圭窬，門旁窬也，穿牆爲之如圭矣。并日而食，二日用一日食也。上答之，謂君應用其言。(十三)稽猶合也，古人與合，則不合於今人也。援猶引也、取也。推猶進也、舉也。危，欲毁害之也。起居，猶舉事動作。信，讀如屈伸之伸，假借字也。猶，圖也。信或爲身。(十四)不窮，不止也。幽居，謂獨處時也。上通，謂仕道達於君也，既仕，則不困於道德不足也。忠信之美，美忠信者也。優游之法，法和柔者也。毁方而瓦合，去己之大圭角，下與衆人小合也；必瓦合者，亦君子爲道不遠人。(十五)君得其志者，君所欲爲，賢臣成之。(十六)相先猶相讓也。

久相待，謂其友久在下位不升，己則待之乃進也。遠相致者，謂己得明君而仕，友在小國不得志則相致遠也。（十七）麤猶疏也、微也。君不知己有善言正行，則觀色緣事而微翹發其意使知之，又必舒而脱脱焉；己爲之疾，則君納之速；君納之速，怪妬所由生也 。不臨深而爲高，臨衆不以己位尊自振貴也。不加少而爲多，謀事不以己少勝自矜大也。世治不輕，不以賢者並衆不自重愛也。世亂不沮，不以道衰廢壞己志也。（十八）强毅以與人，彼來辨言行而不正，不苟屈以順之也。博學以知服，不用己之知勝於先世賢知之所言也。雖分國如錙銖，言君分國以禄之，視之輕如錙銖矣。八兩曰錙。（十九）同方同術，等志行也。聞流言不信，不信其友所行如毁謗也。（廿）此兼上十有五儒，蓋聖人之儒行也，孔子嫌若斥己假仁以爲説。仁，聖之次也。（廿一）隕穫，困迫失志之貌也。充詘，歡喜失節之貌。慁猶辱也。累猶繫也。閔，病也。言不爲天子諸侯卿大夫羣吏所困迫而違道，孔子自謂也。充或爲統，閔或爲文。（廿二）妄之言無也，言今世名儒無有常人，遭人名爲儒而以儒靳，故相戲，此哀公輕儒之所由也。詬病猶恥辱也。（廿三）儒行之作，蓋孔子自衛初反魯時也。孔子歸至其舍，哀公就而禮館之，問儒服而遂問儒行，乃始覺焉，言没世不敢以儒爲戲當時服。

《音義》 章甫，殷冠也。更，代也。粥，羊六反 yù（ㄩˋ），卑謙貌。齊，側皆反 zhāi（ㄓㄞ）。樂好，樂音五孝反 yào（ㄧㄠˋ）。沮，在吕反 jǔ（ㄐㄩˇ）。程音呈。溽音辱。甕，烏貢反 wèng（ㄨㄥˋ）；牖音酉，以敗甕口爲牖。静本作諍，音争。錙，側其反 zī（ㄗ）。詘，求勿反 qū（ㄑㄩ）。仁之能，能通態。慁，胡困反 hùn（ㄏㄨㄣˋ）。

《疏》 魯哀公問於孔子者，言夫子自衛反魯，哀公館於孔子問以儒行之事。記者録之以爲儒行之篇。孔子説儒凡十七條，其從上以來至下十五條皆明賢人之儒，其第十六條明聖人之儒，其十七條之儒是夫子自謂也。

【淺悟】

第十四條“儒有上不臣天子……”一節，其中的“博學以知服”，鄭《注》云：“不用己之知勝於先世賢知之所言也。”孔《疏》云：“謂廣博學問，猶知服畏先代賢人。言不以己之博學淩夸前賢也。”鄭孔二賢所灌輸的，恰是被前面《學記》篇所駁斥的“不足以爲人師”的“記問之學”。試想，假如“不用己之知勝於先世賢者之所言”，又何須“博學”！因此譯文未敢從二賢之説。

文中十七條中的任何一條，只要肯對號入座地認真實踐，即使不能成爲完人，也可不枉此生了。

大學第四十二

《疏》 案鄭《目錄》云:“名曰《大學》者,以其記博學可以爲政也。此於《別錄》屬通論”。此《大學》之篇論學成之事,能治其國,章明其德於天下,知本明德所由先從誠意爲始。

《章句》 子程子曰:“《大學》,孔氏之遺書,而初學入德之門也。”於今可見古人爲學次第者,獨賴此篇之存,而《論》《孟》次之。學者必由是而學焉,則庶乎其不差矣。

42.1

【原文】

大學之道,在明明德,在親民,在止於至善。知止而后有定,定而后能静,静而后能安,安而后能慮,慮而后能得。物有本末,事有終始,知所先後,則近道矣(一)。古之欲明明德於天下者,先治其國;欲治其國者,先齊其家;欲齊其家者,先脩其身;欲脩其身者,先正其心;欲正其心者,先誠其意;欲誠其意者,先致其知(二),致知在格物(三)。物格而后知至,知至而后意誠,意誠而后心正,心正而后身脩,身脩而后家齊,家齊而后國治,國治而后天下平。自天子以至於庶人,壹是皆以脩身爲本。其本亂而末治者否矣。其所厚者薄,而其所薄者厚,未之有也。此謂知本,此謂知之至也(四)。

【譯文】

大學的教導,在於彰明光明的德性,在於親愛人民,在於使此二事停止在最美好的境地。知道停止在何處之後才會有固定的志向,志向確定之後内心才能寧静,心内寧静之後才能隨遇而安,感到安適之後才能深謀遠慮,深謀遠慮之後才有可能得志。任何事物都有本末終始,知道哪個應當先做哪個應當後做,就接近大學的教導了呀。古時候的君王想使光明的德性在天下彰明的話,就先治理好自己的祖國;想治理好自己祖國的話,就先去整齊自己的家庭;想整齊好自己家庭的話,就先加强自身的脩養;想脩養自身的話,就先端正自己的心思;想端正自己心思的話,就先使自己的意念真誠;想使自己的意念真誠的話,就先盡自己之所能去獲取知識,獲取知識在於推究事物的原理。事物的原理經過推究之後得到了知識,知識得到之後意念自會真誠，意念真誠之後心思自會端正，心思端正之後自身便有了脩養，自身具有脩養之後家庭秩序自會整齊，各家庭的秩序都整齊之後祖國的政治自然清明安定，各諸侯國的政治全都清明安定之後天下自然會太平。自天子以下直到庶民，一律都應以脩養自身的品德作爲根本。樹根腐爛却想使樹枝長得好是不可能的呀。那些所應寄予厚望的事物却鄙薄它，那些所應鄙薄的事物却寄予厚望，這樣的情形不曾有過嘛。這就叫知道根本，這就叫知識的最高境界哩。

【古注】

《注》 (一)明明德，謂顯明其至德也。止，猶自處也。得，謂得事之宜也。(二)知，謂知善惡吉凶之所終始也。(三)格，來也。物猶事也。其知於善深則來善物，其知於惡深則來惡物，言事緣人所好來也。此致或爲至。(四)壹是，專行是也。

《章句》 (一)程子曰："親當作新。"大學者，大人之學也。明，明之也。明德者，人之所得乎天，而虛靈不昧，以具衆理而應萬事者也。但爲氣稟所拘，人欲所蔽，則有時而昏。然其本體之明則有未嘗息者，故學者當因其所發而遂明之，以復其初也。新者，革其舊之謂也。言既自明其明德，又當推以及人，使之亦有以去其舊染之污也。止者，必至於是而不遷之意。至善，則事理當然之極也。言明明德，新民，皆當止於至善之地而不遷，蓋必其有以盡夫天理之極，而無一毫人欲之私也。此三者，《大學》之綱領也。后與後同，後仿此。止者，所當止之地，即至善之所在也。知之，則志有定向。静，謂心不妄動。安，謂所處而安。慮，謂處事精詳。得，謂得其所止。明德爲本，新爲民末，知止爲始，能得爲終。本始所先，末終所後，此結上文兩節之意。(二)治，平聲，後仿此。明明德於天下者，使天下之人皆有以明其明德也。心者，身之所主也。誠，實也。意者，心之所發也。實其心之所發，欲其必自慊而無自欺也。致，推極也。知猶識也。推極吾之知識，欲其所知無不盡也。(三)格，至也。物猶事也。窮至事物之理，欲其極處無不到也。此八者《大學》之條目也。(四)治，去聲，後仿此。物格者，物理之極處無不到也。知至者，吾心之所知無不盡也。知既盡，則意可得而實矣。意既實，則心可得而正矣。脩身以上，明明德之事也。齊家以下，新民之事也。物格知至，則知所止矣。誠意以下，則皆得所止之序也。壹是，一切也，正心以上皆所以脩身也，齊家以下則舉此而錯之耳。本，謂身也。所厚，謂家也。此兩節結上文兩節之意。"此謂知本，此謂知之至也"，程子曰衍文也，此句之上別有闕文，此特其結語也。右經一章，蓋孔子之言，而曾子述之。其傳十章，則曾子之意而門人記之也。舊本頗有錯簡，今因程子所定，而更考經文，別爲序次如左。

【淺悟】

程子將"在親民"改爲"在新民"；認爲"此謂知本"一語是衍文；認爲"此謂知之至也"一句之上別有闕文。於是朱熹按程氏之意，在此句之上編造了一段文字計百三十餘言補入其中，又"因程子所定，而更考經文，別爲序次"，將原文的次序作了重新安排，使這篇朱子所謂的"曾子之意而門人記之"的《大學》，變成了他們宋代理學家的《大學》。

"在親民"是大學教育的三項總綱之一，在於培養學子使之具有親愛人民的品德，以冀日後步入仕途能爲其熱愛的人民辦實事，難道有何不妥嗎？改作"在新民"，按宋儒之意：新者，革其舊之謂也。就是説，革除人民之舊，更之以新。但不知將爲人民革何舊、更何新？這與下面所述的内容又有多大關聯呢？宋儒之説不能令人信服，故不從。

42.2

【原文】

所謂誠其意者，毋自欺也，如惡惡臭，如好好色，此之謂自謙。故君子必慎其獨也。小人閒居爲不善，無所不至，見君子而后厭然，揜其不善而著其善；人之視己如見其肺肝然，則何益矣！此謂誠於中，形於外，故君子必慎其獨也〔一〕。曾子曰："十目所視，十手所指，其嚴乎！"富潤屋，德潤身，心廣體胖，故君子必誠其意〔二〕。

《詩》云："瞻彼淇澳，菉竹猗猗；有斐君子，如切如磋，如琢如磨。瑟兮僩兮，赫兮喧兮；有斐君子，終不可諠兮。"如切如磋者，道學也；如琢如磨者，自脩也；瑟兮僩兮者，恂慄也；赫兮喧兮者，威儀也；有斐君子，終不可諠兮者，道盛德至善，民之不能忘也〔三〕。

《詩》云："於戲，前王不忘！"君子賢其賢而親其親，小人樂其樂而利其利，此以没世不忘也〔四〕。

《康誥》曰"克明德"，《大甲》曰"顧諟天之明命"，《帝典》曰"克明峻德"，皆自明也〔五〕。湯之盤銘曰"苟日新，日日新，又日新"，《康誥》曰"作新民"，《詩》曰"周雖舊邦，其命惟新"，是故君子無所不用其極〔六〕。

《詩》云："邦畿千里，惟民所止。"《詩》云："緡蠻黄鳥，止于丘隅。"

子曰："於止，知其所止，可以人而不如鳥乎〔七〕？《詩》云：'穆穆文王，於緝熙敬止。'爲人君止於仁，爲人臣止於敬，爲人子止於孝，爲人父止於慈，與國人交止於信〔八〕。"

子曰："聽訟吾猶人也，必也，使無訟乎？"無情者不得盡其辭，大畏民志〔九〕。此謂知本〔十〕。

【譯文】

所謂使自己的意念保持真誠這種工夫，關鍵在不要欺騙自己嘛，要像厭惡難聞的臭氣，和喜好美色那樣不會自欺，這就叫滿足自己的意念。所以君子必定會慎重對待自己獨處時的意念嘛。小人閒暇獨處時不幹好事，没有什麽壞事是他做不到的，見到君子後登時現出一副夢魘般的受驚樣子，竭力掩蓋那些不好的事且昭著他的好處；殊不知别人在注視自己時就像連肚裏的肺肝都能見到一樣，作這種掩飾會有什麽補益呀！這就説明内心的真實，會在外表顯現出來，所以君子必定會慎重對待自己獨處時的意念嘛。曾子説："身後十個人的眼睛在盯着，十個人的手在指指點點，那是多麽嚴厲呀！"財富能潤飾房屋，道德能潤澤身體，心胸寬廣身體自然安適舒泰，所以君子必須使自己的意念保持真誠。

《詩經·衛風·淇澳》中有云："看那淇水岸邊，菉竹茂盛美觀；有文采的君子，如同切骨角磋象牙，如同琢美玉磨寶石。莊嚴啊，勇武啊，顯赫啊，盛大啊，有文采的君子，永遠不會被人忘記啊。"這如切如磋的比喻，説的是勤學嘛；這如琢如磨的比喻，是指自我脩養嘛；這瑟兮僩兮的比喻，是指面色嚴峻令人戰慄嘛；這赫兮喧兮的比喻，是指莊嚴的容貌舉止嘛；有斐君子，終不可諠兮這句詩，説的是君子盛大的恩德達到了美好的極致，人民至死不能忘哩。

《詩經·周頌·烈文》中有云："嗚呼，前代帝王的功德令人不忘！"君子尊重前王所尊重的事並親近他所親近的人，小民則喜歡前王帶給自己的歡樂並利用前王帶給自己的便利，這就是使人永世不忘的原由嘛。

《尚書·周書·康誥》中所説的"能够彰明德教"，《尚書·商書·太甲》中所説的"眷顧諟正上天昭明的使命"，《尚書·虞書·堯典》中所説的"能够著明高尚的德行"，三者都在彰明自身的德性嘛。商湯刻在洗澡盆上用來警誡自己的銘文上説的"果能於此日改過自新，就能天天改過自新，再一天還能改過自新"，《康誥》中所説的"振作起已革舊從新的殷民"，《詩經·大雅·文王》中所説的"岐周雖説是個歷史悠久的邦國，它却禀承天命改革舊制實施新政"，由此可見，君子没有什麽事不是使用 最大的能力去做的。

《詩經·商頌·玄鳥》中有云："國都畿内方圓千里，專供人民居住棲止。"《詩經·小雅·緡蠻》中有云："文采美麗的黄鳥，棲止在山丘草木繁茂的角落。"

孔子説："黄鳥所止，知道自己所應棲止在何處，可以使人連鳥都不如嗎？《詩經·大雅·文王》中有云：'莊嚴肅穆的文王，光明正大又能敬其所止。'作爲君王應停留在仁德上，作爲臣下應停留在敬慎處事上，作爲兒子應停留在孝道上，作爲父親應停留在慈愛上，與國人交往應停留在信用上。"

孔子説："審理訟案我跟别人類似嘛，只是必須呢，設法使没有訴訟發生吧？"就是説，使那種没有情實的人不得盡情表述他那虚構的荒誕之辭，令所有心存徼倖的人都感到畏懼。這就是所謂的知道"誠其意"的根本。

【古注】

《注》 （一）謙讀爲慊，慊之言厭也，厭讀爲黶，黶，閉藏貌也。（二）嚴乎，言可畏敬也。胖猶大也，三者言有實於内，顯見於外。（三）此心廣體胖之詩也。澳，隈崖也。菉竹猗猗，喻美盛。斐，有文章貌也。諠，忘也。道猶言也。恂字或作峻，讀如嚴峻之峻，言其容貌嚴栗也。民不能忘，以其意誠而德著也。（四）聖人既有親賢之德，其政又有樂利於民，君子小人各有以思之。（五）皆自明明德也。克，能也，顧，念也。諟猶正也。《帝典》，《堯典》，亦《尚書》篇名也。峻，大也。諟或爲題。（六）盤銘，刻戒於盤也。極猶盡也，君子日新其德，常盡心力不有餘也。（七）於止，於鳥之所止也。就而觀之，知其所止，知鳥擇岑蔚安閒而止處之耳，言人亦當擇禮義樂土而自止處也，《論語》曰："里仁爲美，擇不處仁，焉得知？"（八）緝熙，光明也。此美文王之德光明，敬其所以自止處。（九）情猶實也，無實者多虚誕之辭。聖人之聽訟與人同耳，必使人無實者不敢盡其辭，大畏其心志，使誠其意不敢訟。（十）本，謂誠其意也。

《音義》 謙，依《注》讀爲慊，苦簟反 qiàn（ㄑㄧㄢˋ）。胖，步丹反 pán（ㄆㄢˊ）。澳，於六反 yù（ㄩˋ）。緡音緜，一音亡巾反 mín（ㄇㄧㄣˊ），《傳》云："緜蠻，小鳥貌。"僩，下板反 xiàn（ㄒㄧㄢˋ）。於戲音嗚呼。

《章句》 （一）誠其意者，自脩之首也。毋者，禁止之辭。自欺云者，知爲善以去惡，而心之所發有未實也。謙讀爲慊，快也，足也。獨者，人所不知而己所獨知之地也。言欲自脩者知爲善以去其惡，則當實用其力而禁止其自欺，使其惡惡則如惡惡臭，好善則如好好色，皆務決去而求必得之，以自快足於己，不可徒苟且以徇外而爲人也。然其實與不實，蓋有他人所不及知而己獨知之者，故必謹之於此以審其幾焉。閒音閑，閒居，獨處也。厭然，銷沮閉藏之貌。此言小人陰爲不善而陽欲掩之，則是非不知善之當爲與惡之當去也；但不能實用其力以至此耳。然欲掩其惡而卒不可掩，欲詐爲善而卒不可詐，則亦何益之有哉！此君子所以重以爲戒而必謹其獨也。（二）引此以明上文之意。言雖幽獨之中，而其善惡之不可掩如此，可畏之甚也。胖，安舒也。言富則能潤屋矣，德則能潤身矣，故心無愧怍，則廣大寬平而體常舒泰，德之潤身者然也。蓋善之實於中而形於外者如此，故又言此以結之。（三）《詩》，《衛風·淇澳》之篇。淇，水名；澳，隈也。猗猗，美盛貌，興也。斐，文貌。切以刀鋸，琢以椎鑿，皆裁物使成形質也。磋以鑢鐋，磨以砂石，皆治物使滑澤也。治骨角者既切而復磋之，治玉石者既琢而復磨之，皆言其治之有緒而益致其精也。瑟，嚴密之貌。僩，武毅之貌。赫喧，宣著盛大之貌。諠，忘也。道，言也。學，謂講習討論之事。自脩者，省察克治之功。恂慄，戰懼也。威，可畏也；儀，可象也。引《詩》而釋之，以明"明明德"者之"止於至善"。道學、自脩，言其所以得之之由。恂慄、威儀，言其德容表裏之盛，卒乃指其實而歎美之也。（四）於戲音烏乎。樂音洛。《詩》，《周頌·烈文》之篇。前王，謂文武也。君子，謂其後賢後王。小人，謂後民也。此言前王所以新民者止於至善，能使天下後世無一物不得其所，所以既没世而人思慕之，愈久而不忘也。此兩節咏歎淫泆，其味深長，當熟玩之。（五）《康誥》，《周書》。克，能也。大讀作泰。《大甲》，《商書》之篇。顧，謂常目在之也。諟，古是字，猶此也，或曰審也。天之明命，即天之所以與我，而我之所以爲德者也，常目在之，則無時不明矣。《帝典》即《堯典》，《虞書》之篇。峻，《書》作俊，大也。結所引《書》，皆言自明己德之意。（六）盤，沐浴之盤也。銘，名其器以自警之辭也。苟，誠也。湯以人之洗濯其心以去惡，如沐浴其身以去垢，故銘其盤，言誠能一日有以滌其舊染之污而自新，則當因其已新者而日日新之，又日新之，不可略有間斷也。作新民，鼓之舞之之謂作，言振起其自新之民也。《詩》，《大雅·文王》之篇，言周國雖舊，至於文王，能新其德以及於民，而始受天命也。自新、新民，皆欲止於至善也。（七）《詩》，《商頌·玄鳥》之篇。邦畿，王者之都也。止，居也，言物各有所當止之處也。《詩》，《小雅·緡蠻》之篇。緡，《詩》作緜。緡蠻，鳥聲。丘隅，嶺蔚之處。(八)子曰以下，孔子説《詩》之辭，言人當知所當止之處也。《詩》，《文王》之篇。穆穆，深遠之意。"於緝"之於音烏，歎美辭；緝，繼續也；熙，光明也；敬止，言其無不敬而安所止也。引此而言聖人之止無非至善，五者乃其目之大者也。學者於此究其精微之藴，而又推類以盡其餘，則於天下之事皆有以知其所止而無疑矣。(九)猶人，不異於人也。情，實也。引夫子之言，而言聖人能使無實之人不敢盡其虛誕之辭。蓋我之明德既明，自然有以畏服民之心志，故訟不待聽而自無也。(十)觀於此言，可以知本末之先後矣。

【淺悟】

孔子所説的"聽訟……使無訟乎"這段話，見於《論語・顔淵》篇。自"無情者"以下這段話，當屬記者的發揮，恐非孔子之意。因爲要想達到"使無訟"這種境界，不是短期内就能見成效的。這是個復雜的工程，首先統治者必須"爲政以德"，然後"導之以德，齊之以禮"，普及道德教育，使人人知恥，自覺端正自己的行爲，才能"使無訟"。假如按記者的主觀願望去"大畏民志"，很難設想誰有能耐大畏那些利欲熏心，連死都不怕的無恥之徒之志；不能制止這些無恥之徒爲非作歹，又怎能"使無訟"呢？記者的發揮，與孔子的一貫倡導不符。

42.3

【原文】

所謂脩身在正其心者，身有所忿懥，則不得其正；有所恐懼，則不得其正；有所好樂，則不得其正；有所憂患，則不得其正。心不在焉，視而不見，聽而不聞，食而不知其味，此謂脩身在正其心(一)。

所謂齊其家在脩其身者，人之其所親愛而辟焉，之其所賤惡而辟焉，之其所畏敬而辟焉，之其所哀矜而辟焉，之其所敖惰而辟焉。故好而知其惡，惡而知其美者，天下鮮矣。故諺有之曰："人莫知其子之惡，莫知其苗之碩。"此謂身不脩，不可以齊其家(二)。

【譯文】

所謂脩養自身在於先端正自己心思的原由是，自身倘若有些須忿怒，心思就不能得到端正；倘若有些須恐懼，心思也不能得到端正；倘若有些須愛好，心思也不能得到端正；倘若有些須憂患，心思也不能得到端正。能使心思完全不在這些干擾上，做到視而不見，聽而不聞，食而不知其味，這才稱得上把脩養自身的精力全用在了端正自己的心思上。

所謂整齊自己的家庭在於先脩養自身的原由是，人們對待自己所親愛的的人就會偏向他，對待自己所輕賤憎惡的人就會對他産生偏見，對待自己所敬畏的人就會偏信他，對待自己所哀憐的人就會偏袒他，對待自己所鄙視惰慢的人也會出現偏頗。所以喜好這個人又能知道他的污點，憎惡這個人又能知道他的優點的人，天下罕見呀。舊時諺語有這樣的説法："人不能知道自己孩子的缺點，不能知道自己的禾苗有多肥碩。"這説明自身不加强脩養，不可以整齊自己的家庭。

【古注】

《注》 (一)懥，怒貌也，或作懫，或作疐。(二)之，適也。辟，猶喻也。言適彼而以心度之曰：吾何以親愛此人，非以其有德美與？吾何以敖惰此人，非以其志行薄與？反以喻己，則身脩與否可自知也。鮮，罕也。人莫知其子之惡，猶愛而不察。碩，大也。

《音義》 懥，勑值反 zhì(ㄓˋ)。樂，五孝反 yào(ㄧㄠˋ)。辟音譬，謂譬喻也。諺，俗語也。

《章句》 (一)程子曰："'身有'之身當作心。"忿懥，怒也。蓋是四者，皆心之用而人所不能無者。然一有之而不能察，則欲動情勝而其用之所行，或不能不失其正矣。心有不存，則無以檢其身，是以君子必察乎此而敬以直之，然後此心常存而身無不脩也。(二)人，謂衆人。之猶於也，辟猶偏也。五者在人本有當然之則，然常人之情惟其所向而不加察焉，則必陷於一偏而身不脩矣。諺，俗語也。溺愛者不明，貪得者無厭，是則偏之爲害，而家之所以不齊也。

【淺悟】

程子認爲"身有"之身當作心，那麼"不得其正"的"其"字又是誰的代詞？所以"身"字指自身，"其"字才是心的代詞。

之其所的"之"字，鄭玄取"適"義，即往、至的意思；朱熹取"於"義，即對於、對待的意思。"辟"字，鄭玄取"喻"義，即譬喻、曉喻的意思；朱熹取"偏"義，即偏陂，偏差的意思。相比之下，似覺朱熹的取義與這段話的主旨"脩其身"比較貼近，故從之。

42.4

【原文】

所謂治國必先齊其家者，其家不可教而能教人者，無之。故君子不出家而成教於國：孝者所以事君也，弟者所以事長也，慈者所以使衆也。《康誥》曰："如保赤子。"心誠求之，雖不中不遠矣，未有學養子而後嫁者也(一)。

一家仁，一國興仁；一家讓，一國興讓；一人貪戾，一國作亂。其機如此。此謂一言僨事，一人定國(二)。

堯舜率天下以仁，而民從之；桀紂率天下以暴，而民從之；其所令反其所好，而民不從(三)。是故君子有諸己，而后求諸人；無諸己，而后非諸人。所藏乎身不恕而能喻諸人者，未之有也。故治國在齊其家(四)。

《詩》云："桃之夭夭，其葉蓁蓁；之子于歸，宜其家人。"宜其家人，而后可以教國人。《詩》云："宜兄宜弟。"宜兄宜弟，而后可以教國人。《詩》云："其儀不忒，正是四國。"其爲父子兄弟足法，而后民法之也。此謂治國在齊其家(五)。

【譯文】

所謂治理國事必須先整齊自己家庭的原由是，連自己家庭成員都不能教育好却能教育好别人這種事，恐怕尚無先例。過去的君子不出家門便能在全國成就教化：用有孝心的人來服事國君嘛，用兄弟相善的人來服事尊長嘛，用有慈愛之心的人來遣使民衆嘛。《尚書·康誥》中有云："像保養初生嬰兒那樣愛護百姓。"用心誠懇地尋求百姓的需要，縱然不能完全切中百姓的意願却也不會相差太遠呀，不曾有哪位女子是學會了養孩子之後才出嫁的嘛。

國君一家講仁德，全國就會興起仁愛之風；國君一家講謙讓，全國就會興起謙讓之風；國君一人貪婪暴戾，全國就會製造叛亂。國君所起的樞機作用就是這樣。這就叫一句話可以敗事，一個人可以決定國運。

堯和舜率領天下用仁道，因而人民跟隨着行仁道；桀和紂率領天下使用暴虐，因而人民跟隨着行暴虐；他們發布的命令如果跟他們的愛好相反，人民就不會服從命令。由於這個緣故，君子自己具有良好的脩養，然後才對别人的脩養進行責求；自己没有劣跡，然後才對别人的劣跡進行非難。若將自身不可寬恕的劣跡藏起來，却能對别人的脩養進行曉喻的話，這種情形不曾有過嘛。所以治理國家在於整齊自己的家庭。

《詩經·周南·桃夭》中有云："桃花嬌嫩而艷麗，葉子叢緑而茂密；這位女子嫁進門，合家稱心又如意。"合家人都稱心如意，然後可以用此教化國人。《詩經·小雅·蓼蕭》中有云："兄弟彼此相善。"兄弟彼此相善，然後可以用此教化國人。《詩經·曹風·鳲鳩》中有云："他的儀軌無差錯，可矯正此四方各國。"他家無論父親、兒子還是兄弟都足以使人效法，然後人們才會效法他嘛。這正説明治理國家關鍵在整齊國君的家庭。

【古注】

《注》 (一)養子者，推心爲之而中於赤子之耆欲也。(二)一家一人，謂人君也。戾之言，利也。機，發動所由也。僨，猶覆敗也。《春秋傳》曰"登戾之"，又曰"鄭伯之車僨於濟"。戾或爲吝，僨或爲犇。(三)言民化君行也，君若好貨而禁民淫於財利，不能正也。(四)有於己，謂有仁讓也；無於己，謂無貪戾也。(五)夭夭蓁蓁，美盛貌。之子者，是子也。

《音義》 僨本又作賁，徐音奮。蓁音臻。

《章句》 (一)身脩則家可教矣。孝弟慈，所以脩身而教於家者也。然而國之所以事君、事長、使衆之道不外乎此，此所以家齊於上而教成於下也。中，去聲。此引《書》而釋之，又明立教之本，不假强爲，在識其端而推廣之耳。(二)僨音奮。一人，謂君也。機，發動所由也。僨，覆敗也。此言教成於國之效。(三)好，去聲。此又承上文"一人定國"而言。(四)有善於己，然後可以責人之善；無惡於己，然後可以正人之惡，皆推己以及人，所謂恕也。不如是，則所令反其所好，而民不從矣。喻，曉也。通結上文。(五)夭，平聲。蓁音臻。《詩》，《周南・桃夭》之篇。夭夭，少好貌。蓁蓁，美盛貌，興也。之子，猶言是子，此指女子之嫁者而言也。婦人謂嫁曰歸。宜猶善也。《詩》，《小雅・蓼蕭》篇。《詩》，《曹風・鳲鳩》篇。忒，差也。此三引《詩》皆以咏歎上文之事，而又結之如此，其味深長，最宜潛玩。

【淺悟】

《論語・顔淵》篇載：季康子問政於孔子曰："如殺無道而就有道，何如？"孔子對曰："子爲政，焉用殺？子欲善而民善矣！君子之德風，小人之德草，草上之風必偃。"意思是：季康子向孔子徵詢施政的意見説："如果殺戮暴亂者以使政治歸於清明，怎麽樣？"孔子答道："你執掌國政，幹麽動殺機？你愛行善人民就會跟着行善呀！當官的德行是風，小民的德行是草，草上刮風必仰倒。"這段對話可與本節之義相互發明，都在闡明一條萬古不磨的定理。

42.5

【原文】

所謂平天下在治其國者，上老老而民興孝，上長長而民興弟，上恤孤而民不倍。是以君子有絜矩之道也(一)：所惡於上，毋以使下；所惡於下，毋以使上；所惡於前，毋以先後；所惡於後，毋以從前；所惡於右，毋以交於左；所惡於左，毋以交於右。此之謂絜矩之道(二)。

《詩》云："樂只君子，民之父母。"民之所好好之，民之所惡惡之，此之謂民之父母(三)。

《詩》云："節彼南山，維石巖巖；赫赫師尹，民具爾瞻。"有國者不可以不慎，辟則為天下僇矣(四)。

《詩》云："殷之未喪師，克配上帝；儀監于殷，峻命不易。"道得衆則得國，失衆則失國。是故君子先慎乎德。有德此有人，有人此有土，有土此有財，有財此有用。德者本也，財者末也，外本内末，争民施奪。是故財聚則民散，財散則民聚。是故言悖而出者，亦悖而入；貨悖而入者，亦悖而出(五)。

《康誥》曰："惟命不于常。"道善則得之，不善則失之矣(六)。《楚書》曰："楚國無以爲寶，惟善以爲寶(七)。"舅犯曰："亡人無以爲寶，仁親以爲寶(八)。"

【譯文】

所謂平治天下關鍵在治理好各諸侯國的原由是，各國上頭尊重老人能使民間興起重孝之風，上頭敬事長者能使民間興起友愛之風，上頭撫恤孤兒能使人民不背棄。所以君子有審度自己以規範別人的道義嘛：對上頭下達的令自己所厭惡的事，不用類似的事指使下面；對下面給予的令自己所厭惡的服事方式，不拿這種方式去服事上頭；對前人施加的令自己所厭惡的影響，不用這種先人的影響施加給後人；對身後的人施加的令自己所憎惡的舉動，不隨從這種舉動施加給身前的人；對右邊人的令自己所厭惡的交接手法，不拿這種手法跟左邊的人交接；對左邊的人令自己所厭惡的交接手法，不拿此法跟右邊人交接。這樣做才能稱之爲絜矩之道。

《詩經·小雅·南山有臺》中有云："這位快樂的君子啊，人民將他當成父母。"人民所喜好的自己便喜好，人民所憎惡的自己便憎惡，這樣才稱得上人民的父母。

《詩經·小雅·節南山》中有云："那高大峻峭的終南山，岩石堆積的層巒迭嶂；聲威顯赫的尹太師，人民都在把你瞻望。"掌握着國家命脈的人不可以不謹慎，行事邪僻就會遭天下人的誅戮呀。

《詩經·大雅·文王》中有云："殷朝未曾喪失民心時，其政教尚能匹配上天；當以殷的存亡爲借鑒，奉承天的大命不容易。"說的是誰能獲得民衆的心就能得到國家，失去民衆的心就會失去國家。由於這個緣故，君子首先在德行上謹慎不苟。有德行就會擁有人才，有人才就會擁有土地，有土地就會擁有財富，有財富國家的用度就有保障。道德是根本嘛，財貨是末梢哩，外表裝點着根本而內心惦記着末梢，那是與民爭利實施劫奪之教。由於這個緣故，財貨聚斂起來了，但是民心却離散了，能够散財賑災，民心才會凝聚。也是這個緣故，違悖正道的言論說出口的話，也會得到違悖正道的回答；財貨如果是違悖正道聚斂進來的話，也會違悖正道地流失出去。

《尚書·康誥》中有云："惟獨天命不會經常光顧。"說的是實行善政就會得到天命，不推行善政就會喪失天命呀。《楚書》中有云："楚國没有什麽可以視爲珍寶，只以行善視爲珍寶。"晋文公的舅父狐子犯說："我們逃亡在外的人没有什麽可以當做珍寶，應以親近仁道當成珍寶。"

【古注】

《注》 （一）老老長長，謂尊老敬長也。恤，憂也。民不倍，不相倍棄也。絜猶結也，挈也。矩，法也。君子有挈法之道，謂當執而行之，動作不失之。倍或作偝，矩或作巨。（二）絜矩之道，善持其所有以恕於人耳，治國之要盡於此。（三）言治民之道無也，取於己而已。（四）巖巖，喻師尹之高嚴也。師尹，天子之大臣爲政者。在下之民俱視所行而則之，可不慎其德乎？邪辟失道則天下共誅之矣。

(五)師,衆也。克,能也。峻,大也。言殷王帝乙以上未失其民之時,德亦有能配天者,謂天享其祭祀也。及紂爲惡,而民怨神怒以失天下,監視殷時之事,天之大命得之誠不易也。道猶言也。用,謂國用也。施奪,施其劫奪之情也。悖猶逆也,言君有逆命,則民有逆辭也。上貪於利,則下人侵畔。老子曰:"多藏必厚亡。"(六)于,於也。天命不於常,言不傳祐一家也。(七)《楚書》,楚昭王時書也,言以善人爲寶。時謂觀射父昭奚恤也。(八)舅犯,晉文公之舅狐偃也。亡人,謂文公也。時辟驪姬之讒亡在翟,而獻公薨,秦穆公使子顯弔,因勸之復國,舅犯爲之對此辭也。仁親,猶言親愛仁道也,明不因喪規利也。

《音義》 僇,力竹反 lù(ㄌㄨˋ),與戮同。

《疏》 自此以下至終篇,覆明上文平天下先治其國之事。但欲平天下先須治國。治國事多於平天下,非一義可了,故廣而明之,言欲平天下先須脩身,脩身之事由近及遠,自内至外,故初明絜矩之道,次明散財於民,其次又明用善人遠惡人,此皆治國治天下之綱,故特詳悉畢舉。

《章句》 (一)倍與背同。老老,所謂老吾老也。興,謂有所感發而興起也。孤者,幼而無父之稱。絜,胡結反 xié(ㄒㄧㄝˊ),度也;矩,所以爲方也。言此三者,上行下效,捷於影響,所謂家齊而國治也,亦可以見人心之所同,而不可使有一夫之不獲矣。是以君子必當因其所同,推以度物,使彼我之間各得分願,則上下四旁均齊方正而天下平矣。(二)此覆解上文絜矩二字之義。如不欲上之無禮於我,則必以此度下之心,而亦不敢以此無禮使之。不欲下之不忠於我,則必以此度上之心,而亦不敢以此不忠事之,至於前後左右無不皆然,則身之所處,上下四方長短廣狹彼此如一而無不方矣。彼同有是心而興起焉者,又豈有一夫之不獲哉?所操者約,而所及者廣,此平天下之要道也。故章内之意,皆自此而推之。(三)樂音洛。《詩》,《小雅·南山有臺》之篇。只,語助辭。言能絜矩而以民心爲己心,則是愛民如子,而民愛之如父母矣。(四)《詩》,《小雅·節南山》之篇。節讀爲截,截然高大貌。師尹,周太師尹氏也。辟讀爲僻,偏也;僇與戮同。言在上者人所瞻仰不可不慎,若不能絜矩而好惡徇於一己之偏,則身弒國亡,爲天下之大戮矣。(五)《詩》,《文王》篇。儀《詩》作宜,峻《詩》作駿。師,衆也。配,對也。配上帝,言其爲天下君而對乎上帝也。監,視也。峻,大也。不易,言難保也。道,言也。引《詩》而言此,以結上文兩節之意。有天下者能存此心而不失,則所以絜矩而與民同欲者,自不能已矣。先慎乎德,承上文不可不慎而言。德,即所謂明德。有人,謂得衆。有土,謂得國。有國,則不患無財用矣。人君以德爲外,以財爲内,則是争鬭其民,而施之以劫奪之教也。蓋財者,人之所欲同,不能絜矩而欲專之,則民亦起而争奪矣。外本内末故財聚,争民施奪故民散,反是,則有德而有人矣。悖,逆也。此以言之出入,明貨之出入也。自"先慎乎德"以下至此,又因財貨以明能絜矩與不能者之得失也。(六)道,言也。因上文引《文王》詩之意而申言之,其丁寧反覆之意益深切矣。(七)《楚書》,《楚語》,言不寶金玉而寶善人也。(八)舅犯,晉文公舅狐偃,字子犯。亡人,文公時爲公子,出亡在外也。仁,愛也,事見《檀弓》。此兩節又明不外本而内末之意。

【淺悟】

世界上把執政者定義爲"民之父母"者,大概只有中華文化吧?有人説,這一稱呼是家天下時代的産物,體現着百姓對統治者的無奈。其實這是誤解。世上只有不孝的子女,而無不愛子女的父母。如果每一位執政者都能像對待親生子女那樣對待老百姓,必定會受到百姓的衷心愛戴和擁護。"民之父母"這一稱呼,寄托着創造中華文化的祖先們對後世的執政者的期望和警策。千萬不可顛倒過來,把老百姓説成是執政者的衣食父母,因爲不孝的子女會找出種種理由爲自己的行爲辯護。當然,也有極個别親手殺死自己子女的父母,不過人們往往給予這樣的父母以“爲民除害”的贊譽。即使如此,該父母恐怕終其殘生都擺脱不掉自罪的折磨。可憐見,如果不是被逼得萬不得一,没有哪位父母肯下此毒手,正如刑律所斬的必是十惡不赦的惡徒。“民之父母”有此好惡之心否?

42.6

【原文】

《秦誓》曰:“若有一介臣,斷斷兮無他技,其心休休焉,其如有容焉;人之有技,若己有之;人之彦聖,其心好之,不啻若自其口出,寔能容之。以能保我子孫黎民,尚亦有利哉!人之有技,媢嫉以惡之;人之彦聖,而違之俾不通,寔不能容。以不能保我子孫黎民,亦曰殆哉(一)!”唯仁人放流之,迸諸四夷,不與同中國。此謂唯仁人爲能愛人,能惡人(二)。

見賢而不能舉,舉而不能先,命也;見不善而不能退,退而不能遠,過也(三)。好人之所惡,惡人之所好,是謂拂人之性,菑必逮夫身(四)。是故君子有大道:必忠信以得之,驕泰以失之(五)。

生財有大道:生之者衆,食之者寡,爲之者疾,用 之者舒,則財恒足矣(六)。仁者以財發身,不仁者以身發財(七)。未有上好仁,而下不好義者也;未有好義,其事不終者也;未有府庫財,非其財者也(八)。

孟獻子曰:“畜馬乘,不察於雞豚;伐冰之家,不畜牛羊;百乘之家,不畜聚斂之臣,與其有聚斂之臣,寧有盗臣!”此謂國不以利爲利,以義爲利也(九)。長國家而務財用者,必自小人矣(十)。彼爲善之,小人之使爲國家,菑害並至,雖有善者亦無如之何矣(十一)!此謂國不以利爲利,以義爲利也。

【譯文】

《尚書·周書·秦誓》中有云:“倘若有一位臣子,絶對心誠志一没有異端技能,其心胸寬厚博大,似有容納一切的氣量;别人有技藝,高興得像他自己有的一樣;别人有賢德叡智,他會發自内心地喜愛人家,不僅是表達在他的口頭上,而是確實能容納人家。任用他定能保護我的子孫及黎民百姓,説不定會大有利啊!倘若别人有本領,便嫉妒以致憎惡人家;别人有賢德叡智,便極力阻礙使之不能跟上面溝通,實在不能容納人。若任用這種人必不能保護我的子孫及黎民百姓,也太危險啊!”唯獨有仁德的人能放逐流配這種危險之徒,將其迸斥到邊遠的四夷,不許他們回到中原諸國同住。這説明只有仁人既能愛護人，又能憎惡人。

發現德才兼備的賢者如果不能舉薦，即使舉薦又不能率先引見，都是輕慢嘛；發現不好的人如果不能斥退，即使斥退却不能遠離，都是過錯嘛。喜好人們所憎惡的事物，憎惡人們所喜好的事物，這叫拂逆人的本性，災禍勢必會降到他身上。由此可見，君子用人存在着大道理：忠誠守信必能獲得人心，驕傲奢泰必會失去人心。

生殖財富存在着大道理：參預生殖的人多，食俸祿的人員減少，製造財富的人動作迅速，使用財富的速度遲緩，財富就會恒久充足呀。有仁德的人利用財富發揚自身的美德，不仁者利用自身的一切手段發財。不曾有在上位的人好行仁道，其下屬却不好講情義的嘛；不曾有下屬好講情義，其做事竟會有始無終的嘛；自然也就沒有人會把府庫的財物，不當成自己的財物那樣管理的嘛。

魯國大夫孟獻子説："家中畜養駟馬拉車的士大夫，不可分心窺察養雞養豬這些細事去跟百姓争利；喪祭可以用冰的卿大夫家中，不可畜養牛羊生財；有采地可供百乘兵車之賦的上卿之家，不可容留搜刮民脂民膏的家臣，與其有這種聚斂之臣，寧願有會盗竊的家臣！"這是説國家不應把貨利當成利益，應把道義當做利益嘛。作爲國家的尊長如果致力於聚財爲自己所用的話，必是來自小人的唆使呀。他國君想實施善政，却使小人治理國家，災荒禍患就會一齊到來，縱然有善於治亂之臣出現也無可奈其何了呀！這就進一步説明國家不可以貨利爲利益，當以道義爲利益嘛。

【古注】

《注》 （一）《秦誓》，《尚書》篇名也，秦穆公伐鄭，爲晉所敗於殽，還誓其羣臣，故作此篇也。斷斷，誠一之貌也。他技，異端之技也。有技，才藝之士也。若己有之，不啻若自其口出，皆樂人有善之甚也。美士曰彦。黎，衆也。尚，庶幾也。娼，妒也。違，猶戾也。俾，使也。拂戾賢人所爲，使功不通於君也。殆，危也。彦或作盤。（二）放，去惡人娼嫉之類者，獨仁人能之，如舜放四罪而天下咸服。（三）命讀爲慢，聲之誤也。舉賢而不能使君以先己，是輕慢於舉人也。（四）拂猶佹也。逮，及也。（五）道，行所由。（六）是不務祿不肖，而勉民以農也。（七）發，起也。言仁人有財則務於施與，以起身成其令名；不仁之人有身貪於聚斂，以起財務成富。（八）言君行仁 道，則其臣必義，以義舉事，無不成者，其爲誠然，如己府庫之財爲己有也。（九）孟獻子，魯大夫仲孫蔑也。畜馬乘，謂以士初試爲大夫也。伐冰之家，卿大夫以上喪祭用冰。百乘之家，有采地者也。雞豚牛羊，民之所畜養以爲財利者也。國家利義不利財，盗臣損財耳，聚斂之臣乃損義。《論語》曰："季氏富於周公，而求也，爲之聚斂。非吾徒也，小子鳴鼓而攻之可也！"（十）言務聚財爲己用者必忘義，是小人所爲也。（十一）彼，君也，君將欲以仁義善其政，而使小人治其國家之事，患難猥至，雖云有善不能救之，以其惡之已著也。

《音義》 个，古賀反 gè（ㄍㄜˋ），《尚書》作介。休休，《尚書》傳曰"樂善也"，鄭《注》云"美大之貌"。

畜,許六反 xù(ㄒㄩ̀)。乘,繩證反 shèng(ㄕㄥ̀)。命,依《注》音慢。

《章句》 (一)斷斷,誠一之貌。彥,美士也。聖,通明也。尚,庶幾也。媢音冒,忌也。違,拂戾也。殆,危也。(二)迸讀爲屏,古字通用,猶逐也。言有此媢嫉之人妨賢而病國,則仁人必深惡而痛絶之,以其至公無私,故能得好惡之正如此也。(三)命,鄭氏云當作慢,程子云當作怠,未詳孰是。若此者,知所愛惡矣。而未能盡愛惡之道,蓋君子而未仁者也。(四)菑,古災字。拂,逆也。好善而惡惡,人之性也,至於拂人之性,則不仁之甚者也。自《秦誓》至此,又皆以申言好惡公私之極,以明上文所引《南山有臺》《節南山》之意。(五)君子,以位言之。道,謂居其位而脩己治人之術。發己自盡爲忠,循物無違爲信。驕者矜高,泰者侈肆。此因上所引《文王》《康誥》之意而言。章内三言得失,而語益加切,蓋至此而天理存亡之幾決矣。(六)吕氏曰:"國無游民則生者衆矣,朝無倖位則食者寡矣,不奪農時則爲之疾矣,量入爲出則用之舒矣。"愚按:此因有土有財而言,以明足國之道在乎務本而節用,非必外本内末而後財可聚也,自此以至終篇,皆一意也。(七)發猶起也。仁者散財以得民,不仁者忘身以殖貨。(八)上好仁以愛其下,則下好義以忠其上,所以事必有終,而府庫之財無悖出之患也。(九)孟獻子,魯之賢大夫仲孫蔑也。畜馬乘,士初試爲大夫者也。伐冰之家,卿大夫以上喪祭用冰者也。百乘之家,有采地者也。君子寧亡己之財而不忍傷民之力,故寧有盗臣而不畜聚斂之臣。"此謂"以下,釋獻子之言也。(十)言由小人導之也。(十一)"彼爲善之",此句上下疑有闕文誤字。此一節深明以利爲利之害,而重言以結之,其叮嚀之意切矣。此章之義,務在與民同好惡而不專其利,皆推廣絜矩之意也。能如是,則親賢樂利各得其所而天下平矣。

【淺悟】

《論語·爲政》及《顔淵》篇中,孔子説的"舉直錯諸枉則民服,舉枉錯諸直則民不服"及"舉直錯諸枉能使枉者直",可與本文相互發明。

大學之道,可謂字字珠璣,句句入木三分,是放之四海而皆準的萬古不磨的真理。此篇不僅是中華祖先留給後人的治學綱領,同時也是爲執政者指出的治國平天下的"得之者生、失之者死"的要道。

"大學之道,在明明德,在親民,在止於至善",善哉是言!

冠義第四十三

《疏》 案鄭《目録》云："名曰《冠義》者，以其記冠禮成人之義。此於《别録》屬吉事。"但冠禮起早晚，書傳既無正文。案《略説》稱，周公對成王云："古人冒而句領。"《注》云："古人謂三皇時，以冒覆頭，句領繞頸。"至黄帝時，則有冕也。故《世本》云："黄帝造火食旒冕。"是冕起於黄帝也。但黄帝以前則以羽皮爲之冠，黄帝以後乃用布帛。

【原文】

凡人之所以爲人者，禮義也。禮義之始，在於正容體，齊顔色，順辭令（一）。容體正，顔色齊，辭令順，而后禮義備，以正君臣，親父子，和長幼（二）。君臣正，父子親，長幼和，而后禮義立（三）。故冠而后服備，服備而后容體正，顔色齊，辭令順（四）。故曰冠者，禮之始也。是故古者聖王重冠。古者冠禮，筮日筮賓，所以敬冠事；敬冠事，所以重禮；重禮，所以爲國本也（五）。故冠於阼，以著代也；醮於客位；三加彌尊，加有成也（六）。已冠而字之，成人之道也（七）。見於母，母拜之；見於兄弟，兄弟拜之：成人而與爲禮也。玄冠玄端，奠摯於君，遂以摯見於鄉大夫、鄉先生，以成人見也（八）。

成人之者，將責成人禮焉也；責成人禮焉者，將責爲人子、爲人弟、爲人臣、爲人少者之禮行焉，將責四者之行於人，其禮可不重與（九）？故孝弟忠順之行立，而后可以爲人；可以爲人，而后可以治人也。故聖王重禮。故曰冠者，禮之始也，嘉事之重者也。是故古者重冠。重冠，故行之於廟。行之於廟者，所以尊重事；尊重事，而不敢擅重事；不敢擅重事，所以自卑而尊先祖也（十）。

【譯文】

大凡人之所以是人的原由，在於有禮儀嘛。禮儀的初始，在於端正其容體，像齋戒時那樣莊敬其臉色，和順其説話的語氣。容體端正，臉色莊敬，説話的語氣和順，然後禮儀具備，以便端正君上與臣下的關係，親密父子之間的關係，調和長幼之間的關係。君臣關係端正，父子相親，長幼和睦，然後禮儀樹立。舊日行過冠禮之後服制才告完備，服制完備之後便加强容體端正、臉色莊敬、説話的語氣和順的修養。所以説加冠這種禮，是禮制的開始嘛。正是這樣的緣故，古時候的聖王重視加冠。古時候舉行加冠禮，要通過占筮來挑選吉日和邀請賓客，用來敬慎對待加冠之事；敬慎加冠之事，原因是重視禮制；之所以重視禮制，因爲這是國家的根本嘛。所以要在主人的阼階上舉行加冠禮，以昭著必將取代家主人之義嘛；冠者在客位上接受父親斟的酒；三次所加的冠一頂比一頂尊貴，以增加其成就感嘛。加冠完畢便爲其另取表字，這是成人的必由之路嘛。然後去拜見母親，母親要還拜；再去拜見兄弟，兄弟也要還拜；他已是成人因而要相與行禮嘛。戴上玄冠穿起玄端，向國君進獻贄禮；遂又拿着贄禮去拜訪鄉大夫和辭官告老的鄉先生，都是以成人面貌出現的嘛。

已行成人禮的人，將用成人禮要求他嘛；用成人禮要求他的話，將要求他作爲兒子、作爲弟弟、作爲臣下、作爲年少者的禮數行事，將要求他按照這四種不同身份的行爲待人，對待這些不同的禮可以不重視麽？所以孝悌忠順這些品行樹立起來，然後才可以做人；可以做人，然後才可以管理人嘛。所以聖王重視禮制。所以説加冠這種禮，是禮制的開始嘛，也是嘉禮中最重要的一種嘛。由於這個緣故，古時候重視加冠禮。重視加冠禮，所以在廟中舉行。在廟中舉行冠禮的原因是，用來尊崇莊重的事；尊崇莊重的事，因而不敢對此事獨斷專行；不敢擅行如此莊重之事，只能用此自我卑賤從而尊顯先祖的辦法了。

【古注】

《注》 (一)言人爲禮以此三者爲始。(二)言三始既備乃可求以三行也。(三)立猶成也。(四)言服未備者未可求以三始也。童子之服采衣紒。(五)國以禮爲本。(六)阼，謂主人之北也。適子冠於阼，若不醴，則醮用酒於客位敬而成之也。户西爲客位。庶子冠於房，户外又因醮焉不代父也。冠者初加緇布冠，次加皮弁，次加爵弁，每加益尊，所以益成也。(七)字所以相尊也。(八)鄉先生，謂鄉老而致仕者。服玄冠玄端，異於朝也。(九)言責人以大禮者，已接之不可以苟。(十)嘉事，嘉禮也。宗伯掌五禮，有吉禮，有凶禮，有賓禮，有軍禮，有嘉禮，而冠屬嘉禮。《周禮》曰："以昏冠之禮親成男女也。"

《音義》 醮，子笑反 jiào(ㄐㄧㄠˋ)。以成人見，見音賢編反 xiàn(ㄒㄧㄢˋ)。摯，本又作贄。

【淺悟】

冠禮這種形式雖説如今已廢棄，然其内涵則是不容忽視的：少年進入到成年，舉行一種儀式，表明成年人將要擔負的責任、義務等，並非毫無意義。相反，强化這一儀式的嚴肅、鄭重、文化氛圍，對那些初入成年行列的年輕人來説，必將起到鼓舞、鞭策及警示的作用，使其樹立起强烈的自尊、自信、自强的信心和責任感，不論對國家還是其個人，都有難以估量的助益。

昏義第四十四

《疏》 案鄭《目録》云:"名曰《昏義》者,以其記娶妻之義,内教之所由成也。此於《别録》屬吉事也。"謂之昏者,案鄭《昏禮目録》云:"娶妻之禮,以昏爲期,因名焉。必以昏者,取其陰來陽往之義,日入後二刻半爲昏以定稱之,壻曰昏,妻曰姻。"謂壻以昏時而來,妻則因之而去也。若壻之與妻之屬名,壻之親屬名之曰姻,女之親屬名之爲昏。

44.1

【原文】

昏禮者,將合二姓之好,上以事宗廟,而下以繼後世也。故君子重之。是以昏禮納采、問名、納吉、納徵、請期,皆主人筵几於廟,而拜迎於門外,入揖讓而升,聽命於廟。所以敬慎重正昏禮也(一)。

父親醮子而命之迎,男先於女也。子承命以迎,主人筵几於廟,而拜迎于門外。壻執鴈入,揖讓升堂,再拜奠鴈,蓋親受之於父母也;降出,御婦車,而壻授綏,御輪三周,先俟于門外;婦至,壻揖婦以入,共牢而食,合巹而酳,所以合體,同尊卑,以親之也(二)。

敬慎重正,而后親之,禮之大體,而所以成男女之别,而立夫婦之義也。男女有别,而后夫婦有義;夫婦有義,而后父子有親;父子有親,而后君臣有正。故曰昏禮者,禮之本也(三)。

夫禮始於冠,本於昏,重於喪祭,尊於朝聘,和於鄉射。此禮之大體也(四)。

夙興,婦沐浴以俟見;質明,贊見婦於舅姑,婦執笲棗栗段脩以見;贊醴婦,婦祭脯醢,祭醴,成婦禮也(五)。舅姑入室,婦以特豚饋,明婦順也(六)。厥明,舅姑共饗婦,以一獻之禮奠酬;舅姑先降自西階,婦降自阼階,以著代也(七)。

成婦禮,明婦順,又申之以著代,所以重責婦順焉也。婦順者,順於舅姑,和於室人,而后當於夫,以成絲麻布帛之事,以審守委積蓋藏(八)。是故婦順備,而后内和理;内和理,而后家可長久也。故聖王重之(九)。

是以古者，婦人先嫁三月，祖廟未毁，教于公宫；祖廟既毁，教于宗室。教以婦德，婦言、婦容、婦功。教成祭之，牲用魚，芼之以蘋藻，所以成婦順也(十)。

【譯文】

婚禮的宗旨是，扶持撮合男女兩家的愛好，向上可以侍奉宗廟，而且向下可以繼續後世的傳宗接代嘛。所以君子重視婚禮。因此婚禮向女方納采、問名、納吉、納徵、請期這些事，女方主人都要在廟堂中擺設筵几，並到門外拜迎，進門後揖讓着登堂，在廟堂内聽男方使者傳達使命。以此敬慎鄭重的態度對待婚禮嘛。

父親親自爲兒子酌酒並命他前去迎娶，因男方要比女方先行動嘛。兒子稟承父命前去迎接，女方主人在廟堂内擺設筵几，並到門外拜迎。新郎提着大鴈進門，與主人揖讓着登堂，再次叩拜獻上大鴈，因爲這是親自從父母那裏領受的教命嘛；下堂出來，駕好新娘的車，並由新郎把挽手登車的綏遞給新娘，駕着車使車輪轉過三周便交給御者，自己先駕着車到家門外等候；新娘的車到，新郎作着揖把媳婦領進家，吃同一頭牲的肉，互飲交杯酒，以此象徵合爲一體，尊卑相同，使之相親相愛嘛。

對待婚姻能够恭敬謹慎莊重端正，然後夫婦才會相親相愛，這便是婚禮的主體，能够用此成就男女的區别，並能樹立起夫婦的恩義嘛。男女有區别，然後夫婦才會有恩義；夫婦有恩義，然後父子才會有親情；父子有親情，然後君臣關係才會純正。所以説婚娶這種禮，是各禮制的根本嘛。

這禮制是由冠禮開始，以婚禮爲根本，以喪禮和祭禮最莊重，以諸侯朝聘天子之禮最尊貴，以鄉飲酒禮和鄉射之禮最和諧，這些就是禮制的主體嘛。

媳婦早早起身，濯髮洗身以等待着召見；天剛明，贊者領着媳婦去見公爹公婆，媳婦提着盛有大棗板栗乾肉的竹笲拜見；贊者斟上醴酒放在媳婦坐席前，媳婦先祭肉醬，再祭醴酒，完成其做媳婦的禮儀嘛。公爹公婆進入室内，媳婦將一頭小豬獻上，表明媳婦孝順嘛。第二天，公爹公婆共同宴饗媳婦，使用一次性獻酒之禮奠酒勸酒；宴饗畢，各回自己的寢室，公爹公婆先從西臺階下來，媳婦從東臺階下來，以顯著替代主婦的位置嘛。

完成媳婦的禮儀，表明媳婦要順適，又重申媳婦已經取代了主婦的地位，用以加重媳婦順適家人的責任嘛。媳婦順適的話，對公爹公婆就會孝順，對大小姑子諸室人就會和氣，然後才能跟丈夫的責任相當，以成就養蠶種麻織布做衣這些事，以及審慎守護積聚掩蓋儲藏的物品。由此可見，媳婦具備順從的品行，然後家庭内部才能和睦有條理；内部和睦有條理，然後家庭才能長久嘛。所以聖王重視婚禮。

因此古時候，女子出嫁前三個月，如果高祖的神主没遷出祖廟，就在國君家中接受教育；高祖的神主已遷出祖廟，就在嫡長子家中接受教育。教育採用婦德、婦言、婦容、婦功這些内容。教育完成需祭祀祖先，牲類用魚，菜羹用蘋藻，以此成就婦人的順從嘛。

【古注】

《注》 （一）聽命，謂主人聽使者所傳壻家之命。（二）酌而無酬酢曰醮，醮之禮如冠醮，與其異者，於寢耳。壻御婦車輪三周，御者代之，壻自乘其車先道之歸也。共牢而食，合巹而酳，成婦之義。（三）言子受氣性純則孝，孝則忠也。（四）始猶根也，本猶幹也。鄉，鄉飲酒。（五）成其爲婦之禮也。贊"醴"婦，當作禮，聲之誤也。（六）以饋明婦順者，供養之禮主於孝順。（七）言既獻之，而授之以室事也。降者，各還其燕寢，婦見及饋饗於適寢。昏禮不言厥明此言之者，容大夫以上禮多，或異日。（八）室人，謂女妐女叔諸婦也。當猶稱也，後言稱夫者，不順舅姑、不和室人，雖有善者，猶不爲稱夫也。（九）順備者，行和當事成審也。（十）謂與天子諸侯同姓者也。嫁女者，必就尊者教成之。教成之者，女師也。祖廟，女所出之祖也。公，君也。宗室，宗子之家也。婦德，貞順也。婦言，辭令也。婦容，婉娩也。婦功，絲麻也。祭之，祭其所出之祖也。魚蘋藻皆水物，陰類也。魚爲俎實，蘋藻爲羹菜，祭無牲牢，告事耳，非正祭也，其齊盛用黍云，君使有司告之宗子之家，若其祖廟已毁，則爲壇而告焉。

《音義》 昏者，一本作昬；禮者，婚禮用昏，故經典止作昏字。迎，魚敬反 yìng(ㄧˋㄥ)。巹，徐音謹，破瓢爲巵也。笲音煩，一音皮彦反 piàn(ㄆㄧˋㄢ)，器名，以葦若竹爲之，其形如筥，衣之以青繒，以盛棗栗腶脩之屬。段，本又作腶，或作鍛，同脩脯也，加薑桂曰腶脩，何休云："婦執腶脩者，取其斷斷自脩飾也。"芼，莫報反 mào(ㄇˋㄠ)。蘋音頻，藻音早，《毛詩傳》云："蘋，大萍；藻，聚藻。"

44.2

【原文】

古者天子后立六宫，三夫人、九嬪、二十七世婦，八十一御妻，以聽天下之内治，以明章婦順，故天下内和而家理。天子立六官，三公、九卿、二十七大夫、八十一元士，以聽天下之外治，以明章天下之男教，故外和而國治。故曰，天子聽男教，后聽女順；天子理陽道，后治陰德；天子聽外治，后聽内職。教順成俗，外内和順，國家理治，此之謂盛德（一）。

是故男教不脩，陽事不得，適見於天，日爲之食；婦順不脩，陰事不得，適見於天，月爲之食。是故日食則天子素服，而脩六官之職，蕩天下之陽事；月食則后素服，而脩六宫之職，蕩天下之陰事。故天子之與后，猶日之與月，陰之與陽，相須而后成者也（二）。天子脩男教，父道也；后脩女順，母道也。故曰，天子之與后，猶父之與母也，故爲天王服斬衰，服父之義也；爲后服資衰，服母之義也[三]。

【譯文】

古時候天子的妻室設立六宫，三夫人、九嬪、二十七世婦、八十一御妻，以聽斷天下的宫内事，以明確彰顯婦人的順從，所以天下宫内和睦家政有條理。天子設立六官，三公、九卿、二十七大夫、八十一元士，以聽斷天下宫廷以外的政事，以明確彰顯天下男人的教化，故而外面和諧且國家安泰。所以説，天子聽斷男人的教化，王后聽斷女人的順從；天子治理陽道，王后治理陰德；天子聽斷宫廷以外的政事，王后聽斷宫内的職事。男教女順形成習俗，宫外宫内和協順從，家有條理國享太平，這堪稱盛德。

如果男人不脩治教化，陽事便不會得志，上天就會有懲罰出現，令太陽爲之虧蝕；如果婦人不脩治順從，陰事便不會得志，上天也會有懲罰出現，令月亮爲之虧蝕。由於這個緣故，出現日蝕天子就身穿素服，並脩整六官的職責，蕩滌天下陽事的污穢；出現月蝕王后就穿上素服，並脩整六宫的職責，蕩除天下陰事的污穢。所以天子跟王后，猶如太陽跟月亮，陰跟陽，是相互配合之後才有成就的嘛。天子脩治男教，屬於爲父之道嘛；王后脩治女順，屬於爲母之道嘛。所以説，天子與王后，猶如父親與母親一般嘛，所以爲亡故的天子要服斬衰喪服，即爲亡父服喪的涵義嘛；爲亡故的王后要服齊衰喪服，即爲亡母服喪的涵義嘛。

【古注】

《注》 (一)天子六寢，而六宫在後，六官在前，所以承副施外内之政也。三夫人以下百二十人，周制也；三公以下百二十人，似夏時也，合而言之，取其相應有象大數也。内治，婦學之法也。陰德，謂主陰事陰令也。(二)適之言，責也。食者，見道有虧傷也。蕩，蕩滌去穢惡也。(三)父母者，施教令於婦子者也，故其服同。資當爲齊，聲之誤也。

《音義》 嬪，毗人反 pín(ㄆㄧㄣˊ)。適，直革反 zhé(ㄓㄜˊ)；見，賢遍反 xiàn(ㄒㄧㄢˋ)。

《疏》 是故日食則天子素服而脩六官之職蕩天下之陽事者，謂救日之日著素服，蕩除天下之陽事有穢惡者。杜預以爲，假日食之異，以戒懼人君，其言若信若不信，不可定以爲驗也。

【淺悟】

婚禮列爲禮的根本，依據什麼呢？孔子在《禮運》中説："飲食男女，人之大欲存焉。"其中的男女，指的正是男婚女嫁。進入成年後，哪個人能控制自己不想這件事？若不成就這種好事將會怎樣？再者，從社會結構看，國是由家庭組成的，家庭則源於夫妻結合；從人員關係看，有夫妻之後才有父子，有父子之後才有君臣，有君和臣民之後才能稱國，所以不論從哪個角度講，家庭都是社會的根基。這或許就是古聖王重視婚禮的依據吧？

婚禮所致力的目標是“合兩姓之好”。但要實現這一目標却不容易，常言道，家家都有本難唸的經。的確，没發生過口角的夫妻近乎没有。究其原因，一來是人性中有着“近之則不遜，遠之則怨”的弱點，二來是兩人除了性别差異外，還存在着教養、愛好、習慣等差别。針對此，古聖王作出了在宗廟舉行一系列禮儀活動的規定，以加强婚禮嚴肅而鄭重的氣氛，使其二人能以恭敬謹慎莊重端正的姿態對待婚姻。如果在婚後朝夕相處的日子裏，夫妻中哪怕能有一人始終保持這種姿態，就一定會相親相愛，存在的差别非但不會妨害情感交流，反而能起到取長補短、增添生活情趣的作用，夫婦的恩義自然也就建立起來了；夫婦有了恩義，父子的親情便有了保障；有道是家庭小社會，能處理好家庭，從政時一定也能擺正君臣的關係。假如夫婦之間不能以恭敬謹慎莊重端正的姿態相待，人性中的弱點必將暴露無餘，這樣的婚姻注定要痛苦一生，即使重新再組建十次家庭，只要不轉變對待婚姻的姿態，就不會得到幸福，同時也不可使從政。這大概是古聖王之所以兩次强調“敬慎重正”的道理所在吧？

文中還提到女子出嫁前要接受婦德、婦言、婦容、婦功的教育——婦德指道德脩養，婦言指與人交接時有分寸的言詞，婦容指得體的儀容舉止，婦功指適合女人的勞作——這些有助於提高婦女尊嚴、使人見了不敢輕視的教育内容，近世以來竟然被認定爲“壓迫婦女的反動禮教”。殊不知社會發展到今天，隨着物質生活的滿足，人們的文化品位眼光越來越挑剔，於是越來越多的婦女爲了充實自身内在的素質，心甘情願地接受這種“反動禮教的壓迫”，真是莫大的諷刺。還是中華祖先的眼光遠大。

本篇最後所述的“古者天子后”一節，純屬家天下時代的產物，已被近世所擯棄。不過每當出現諸如日蝕、月蝕、彗星、地震等異常現象時，不論哪個朝代的帝王基本都會檢討是否因自己的決策失誤或行爲不當所引起，於是廣開言路，誠懇納諫，以改正失誤並約束自己的行爲，這正符合儒家倡導的“君子求諸己，小人求諸人”“古之學者爲己，今之學者爲人”的理念，則是十分可貴的，至於這樣做是否見效，屬不屬於庸人自擾，則一概不究。我想，人多一些自省，終歸有益無害，這大概是先儒不予深究的原因吧？

鄉飲酒義第四十五

《疏》 案鄭《目錄》云:"名曰《鄉飲酒義》者,以其記鄉大夫飲賓于庠序之禮,尊賢養老之義。此於《别録》屬吉事。"《儀禮》有其事,此記釋其義也。但此篇前後凡有四事:一則三年賓賢能,二則卿大夫飲國中賢者,三則州長習射飲酒也,四則黨正蜡祭飲酒。揔而言之,皆謂之鄉飲酒。

45.1

【原文】

鄉飲酒之義:主人拜迎賓于庠門之外,入三揖而后至階,三讓而后升,所以致尊讓也(一);盥洗揚觶,所以致絜也(二);拜至、拜洗、拜受、拜送、拜既,所以致敬也(三)。尊讓絜敬也者,君子之所以相接也——君子尊讓則不争,絜敬則不慢,不慢不争則遠於鬭辨矣!不鬭辨則無暴亂之禍矣!斯君子之所以免於人禍也,故聖人制之以道(四)。

鄉人、士、君子,尊於房中之閒,賓主共之也;尊有玄酒,貴其質也(五)。羞出自東房,主人共之也(六);洗當東榮,主人之所以自絜,而以事賓也(七)。賓主,象天地也;介僎,象陰陽也;三賓,象三光也;讓之三也,象月之三日而成魄也;四面之坐,象四時也(八)。天地嚴凝之氣始於西南,而盛於西北,此天地之尊嚴氣也,此天地之義氣也;天地温厚之氣始於東北,而盛於東南,此天地之盛德氣也,此天地之仁氣也(九)。主人者尊賓,故坐賓於西北,而坐介於西南以輔賓;賓者,接人以義者也,故坐於西北(十);主人者,接人以德厚者也,故坐於東南,而坐僎於東北以輔主人也(十一)。仁義接,賓主有事,俎豆有數,曰聖;聖立而將之以敬,曰禮;禮以體長幼,曰德(十二)。德也者,得於身也。故曰,古之學術道者,將以得身也,是故聖人務焉(十三)。

祭薦、祭酒,敬禮也;嚌肺,嘗禮也;啐酒,成禮也;於席末,言是席之正,非專爲飲食也,爲行禮也,此所以貴禮而賤財也;卒觶,致實於西階上,言是席之上,非專爲飲食也,此先禮而後財之義也。先禮而後財,則民作敬讓而不争矣(十四)。

【譯文】

鄉飲酒這種禮儀：主人在庠學門外拜迎賓客，進門互相作揖三次之後來到階前，讓先三次之後登上臺階，以此表達尊重謙讓嘛；洗完酒觶揚一揚，用來表示洗得清潔嘛；拜謝賓客到來，拜謝主人清洗酒觶，賓客拜受酒爵，主人拜送酒肴，賓客飲盡再拜，以此表達敬意嘛。尊重謙讓清潔致敬這些禮數呢，是君子他們用來相互交接所慣用的嘛——君子相互尊重謙讓就不會發生爭執，愛清潔有敬意就不會怠慢，不怠慢不爭執就會遠離爭鬭强辨呀！不爭鬭强辨就没有暴亂之禍呀！這就是君子他們用來免於人禍的辦法嘛，所以聖人制定這種禮制加以引導。

鄉大夫、州長黨正、卿大夫士舉行鄉飲酒禮時，酒樽放在東房到門户之間，便於賓主共同使用嘛；樽内斟有薄酒，注重它的本質嘛。膳羞從東房端出，是主人供給來賓的嘛；盥洗水放在東邊的屋簷下，主人用來自己清潔酒具，以便服事來賓嘛。賓主，象徵天地嘛；來賓的佐助介和主人的佐助僎，象徵陰陽嘛；鄉人、士、君子三賓，象徵日月星三光嘛；互相謙讓再三呢，象徵每月的第三天才開始形成月魄嘛；賓主介僎四面對坐，象徵四季嘛。天地嚴寒凝重的氣候在西南方開始形成，而在西北方達到頂盛，這是天地的尊貴威嚴之氣嘛，這是天地的正義之氣嘛；天地温和厚重的氣候在東北方開始形成，而在東南方達到頂盛，這是天地的盛大德澤之氣嘛，這是天地的仁慈之氣嘛。做主人的尊重賓客，所以請賓客在西北方就坐，而讓介在西南方就坐以便輔助賓客；賓客這種角色，是用道義與人交接的嘛，所以在西北方就坐；主人這種角色，是用恩德寬厚與人交接的嘛，所以在東南方就坐，而使僎在東北方就坐以便輔助主人嘛。用仁義相交接，賓主都有所作爲，設宴的俎豆有節序度數，稱做精通事理；精通事理的能力樹立起來又能恭敬奉行其事，稱做明禮；用禮來體恤長幼，稱做德行。德行的由來呢，是從自身獲得的嘛。所以説，古時候學道藝的人，自身將會得到美名嘛。因此聖人致力於此事。

食前祭祀主人進獻的食物，灑酒祭地，這是表達敬意的禮嘛；在齒旁嘗一下肺的味道，這是品嘗之禮嘛；吸一小口酒品味，這是成就主人之禮嘛；在坐席的末端啐酒，説明此酒席的正確定位，並非專爲飲食而設，而是爲了行禮嘛，這是用來表示重視禮制而輕賤財貨嘛；主人先乾杯，來賓站在西階上隨主人喝光杯中的酒，説明此席之上，並非專爲飲食而設嘛，這是先禮而後財的涵義嘛。先禮而後財，人們就會興起恭敬謙讓之風而不爭鬭呀。

【古注】

《注》 (一)庠,鄉學也,州黨曰序。(二)揚,舉也,今《禮》皆作騰。(三)拜至,謂始升時拜,拜賓至。(四)道,謂此禮也。(五)鄉人,鄉大夫也。士,州長黨正也。君子,謂卿大夫士也。卿大夫士飲國中賢者,亦用此禮也。共尊者,人臣卑,不敢專大惠。(六)羞,燕私可以自專也。(七)絜猶清也。(八)陰陽,助天地養成萬物之氣也。三賓象天三光者,繫於天也。古文《禮》僎皆作遵。(九)凝猶成也。(十)賓者接人以義,言賓來以成主人之惠。(十一)以僎輔主人,以其仕在官也。(十二)聖,通也,所以通賓主之意也。將,猶奉也。(十三)術猶藝也。得身者,謂成己令名免於刑罰也。言學術道,則此説賓賢能之禮。(十四)非專爲飲食,言主於相敬以禮也。致實,謂盡酒也,酒爲觶實。祭薦祭酒嚌肺於席中,唯啐酒於席末也。

《音義》 庠音詳,《學記》云:"古之教者,家有塾,黨有庠,術有序,國有學。"觶,之豉反 zhì(ㄓˋ),《説文》云:"鄉飲酒角也。"榮,屋翼也。介,輔賓者。僎音遵,輔主人者。魄,普百反 pò(ㄆㄛˋ),《説文》作霸,云"月始生魄然也"。嚌,才細反 jì(ㄐㄧˋ)。啐,七内反 cuì(ㄘㄨㄟˋ)。

45.2

【原文】

鄉飲酒之禮,六十者坐,五十者立侍,以聽政役,所以明尊長也。六十者三豆,七十者四豆,八十者五豆,九十者六豆,所以明養老也。民知尊長養老,而后乃能入孝弟;民入孝弟,出尊長養老,而后成教,成教而後國可安也。君子之所謂孝者,非家至而日見之也,合諸鄉射,教之鄉飲酒之禮,而孝弟之行立矣(一)。

孔子曰:"吾觀於鄉,而知王道之易易也(二)。"

主人親速賓及介,而衆賓自從之;至于門外,主人拜賓及介,而衆賓自入。貴賤之義别矣(三)。

三揖至于階,三讓以賓升,拜至獻酬辭讓之節繁,及介,省矣;至于衆賓升受、坐祭、立飲,不酢而降。隆殺之義辨矣(四)。

工入,升歌三終,主人獻之;笙入三終,主人獻之;閒歌三終,合樂三終,工告樂備,遂出。一人揚觶,乃立司正焉。知其能和樂而不流也(五)。

賓酬主人,主人酬介,介酬衆賓,少長以齒,終於沃洗者焉。知其能弟長而無遺矣(六)。

降,説屨升坐,脩爵無數,飲酒之節,朝不廢朝,莫不廢夕。賓出,主人拜送,節文終遂焉。知其能安燕而不亂也(七)。

貴賤明,隆殺辨,和樂而不流,弟長而無遺,安燕而不亂,此五行者,足以正身安國矣。彼國安而天下安,故曰:"吾觀於鄉,而知王道之易易也。"

鄉飲酒之義,立賓以象天,立主以象地,設介僎以象日月,立三賓以象三光。古之制禮也，經之以天地，紀之以日月，參之以三光，政教之本也(八)。

亨狗於東方，祖陽氣之發於東方也(九)；洗之在阼，其水在洗東，祖天地之左海也(十)；尊有玄酒，教民不忘本也(十一)。

賓必南鄉。東方者春，春之爲言蠢也，産萬物者聖也；南方者夏，夏之爲言假也，養之長之假之，仁也；西方者秋，秋之爲言愁也，愁之以時察，守義者也；北方者冬，冬之爲言中也，中者藏也。是以天子之立也，左聖，鄉仁，右義，偝藏也(十二)。介必東鄉，介賓主也(十三)。主人必居東方，東方者春，春之爲言蠢也，産萬物者也，主人者造之，産萬物者也(十四)。月者三日則成魄，三月則成時，是以禮有三讓，建國必立三卿。三賓者，政教之本，禮之大參也(十五)。

【譯文】

鄉飲酒這種禮制，六十歲以上的老者坐着，五十歲以下的人站着陪侍，以聽受政事役使，用來表明尊敬長者嘛。六十歲的老者供食品三豆，七十歲的供四豆，八十歲的供五豆，九十歲的供六豆，以此彰明奉養老人嘛。人們知道尊敬長者奉養老人的必要，然後便能回到家中孝順父母敬愛兄長；人們在家孝順父母敬愛兄長，出來尊敬長者奉養老人，然後才能成就教化，成就教化之後國家才可以安定嘛。君子他們所傳授的孝道，並非到家裏去而且每天一見面就開導嘛，而是在每年春秋兩季會合民衆舉行鄉射時，教給他們鄉飲酒這種禮制，而孝悌的品行便樹立起來了呀。

孔子説："我觀察過鄉飲酒這種禮制，因而知道先王所行的正道推行起來極其容易嘛。"

主人親自到大賓和介賓家中延請，而讓衆賓自行跟從前來；到達門外，主人拜請大賓和介賓先進門，而讓衆賓自行進入。這樣尊貴和卑賤的禮儀就分明了呀。

賓主互相揖拜三次來到階前，三次相讓請賓客先登，其後賓主互相揖拜到席就坐、互相獻酒勸酒、互相推辭謙讓等禮節繁多，輪到介賓，只得省略而已；至於衆賓，只需登上臺階接受酒爵，坐着祭祀，站起來飲酒，不需回敬主人便可降下臺階。這樣隆重和減省的禮儀由此可以辨别了呀。

樂正進來，登堂演唱詩歌三篇，主人向他獻酒；吹笙的樂師走進堂下吹奏樂曲三成，主人向他獻酒；再由堂上堂下更迭演唱詩歌三篇，合奏樂曲三成，完了樂正報告歌樂齊備，即刻出來。此時一人揚起酒觶示意旅酬，於是設立司正以正禮。由此可知鄉飲酒能够和睦安樂而且不失禮嘛。

大賓向主人勸酒，主人向介賓勸酒，介賓向衆賓勸酒，各按少長以年齒順序依次進行，連執掌澆水洗手洗爵的都勸到爲止。由此可知鄉飲酒禮能够敬愛長者而且不遺忘任何人呀。

走下臺階，脱下鞋登堂就坐，依次敬酒没有固定數量，飲酒的節度，以早上不曠廢上朝，晚上不曠廢家中的私事爲準。賓客告辭出來，主人拜送，禮節儀式充足完備地結束。由此可知鄉飲酒禮在安閒燕樂中也能不紊亂嘛。

尊貴和卑賤的禮儀分明，隆重和減省的禮儀可辨別，和睦安樂而不失禮，敬愛長者且不遺忘任何人，安閒燕樂中能不紊亂，這五種行爲，足以端正自身安邦定國呀。他們諸侯國安定才能使天下安定，所以孔子才會説："我觀察過鄉飲酒這種禮制，因而知道先王所行的正道推行起來極其容易嘛。"

鄉飲酒禮的涵義是，設立賓位用來象徵天，設立主位用來象徵地，設立介和僎位用來象徵日和月，設立三賓之位用來象徵三光。古時候創制的禮儀呢，以天地作爲固定不變的法則，以日月作爲紀時曆法的依據，用三光作爲參考進行驗證，以此作爲刑賞與教化的根本嘛。

在東方烹製狗肉，這是效法陽氣從東方散發嘛；在阼階上洗濯，所用的水放在洗具以東，這是效法天地的東邊是海嘛；酒樽内盛的是玄酒（水），教誨人們不要忘本嘛。

賓客必須面嚮南坐。北斗指向東方是春季，春的涵義是蠢動嘛，産生萬物的季節無所不生嘛；北斗指向南方是夏季，夏的涵義是壯大嘛，滋養、增長、壯大萬物是仁者之道嘛；北斗指向西方是秋季，秋的涵義是聚斂嘛，聚斂萬物依照時節肅殺，信守道義的作爲嘛；北斗指向北方是冬季，冬的涵義是成嘛，完成之後儲藏嘛。所以天子的即位呢，東邊是聖明，面嚮仁道，西邊有道義，背後有儲藏嘛。介必須面朝東坐，因其處於賓主之間嘛。主人必須坐在東方，東方象徵春季，春的涵義是蠢動嘛，産生萬物的季節嘛，作主人的成就春季的事，也是産生萬物者嘛。每月的第三天就形成月魄，三個月就形成一個季度，因此禮也有三次謙讓，建國也必定設立三卿。鄉飲酒禮設立三賓這種規定，正是刑賞和教化的根本，制禮的重大參考嘛。

【古注】

《注》 （一）此説鄉飲酒謂黨正，國索鬼神而祭祀，則以禮屬民而飲酒于序，以正齒位之禮也。其鄉射，則州長春秋以禮會民，而射于州序之禮也。謂之鄉者，州黨鄉之屬也，或則鄉之所居州黨，鄉大夫親爲主人焉，如今郡國下令長於鄉射飲酒，從太守相臨之禮也。（二）鄉，鄉飲酒也。易易，謂教化之本，尊賢尚齒而已。（三）速，謂即家召之。别，猶明也。（四）繁，猶盛也。小減曰省。辨，猶别也。

尊者禮隆，卑者禮殺，尊卑别也。(五)工，謂樂正也。樂正既告備而降，言遂出者，自此至去不復升也。流，猶失禮也。立司正以正禮，則禮不失可知。一人或爲二人。(六)遺猶脱也、忘也。(七)朝夕朝莫，聽事也。不廢之者，既朝乃飲，先夕則罷其正也。終遂，猶充備也。(八)日出於東，僎所在也；月生於西，介所在也。三光，三大辰也，天之政教出於大辰焉。(九)祖，猶法也。狗所以養賓，陽氣生養萬物。(十)海，水之委也。(十一)大古無酒，用水而已。(十二)春猶蠢也，蠢，動生之貌也。聖之言生也。假，大也。愁讀爲揫，揫，斂也。察，猶察察嚴殺之貌也。南鄉、鄉仁，貴長大萬物也。察或爲殺。(十三)獻酬之禮，主人將西，賓將南，介覸其閒也。(十四)言禮之所共由主人出也。(十五)言禮者，陰也，大數取象法於月也。

《音義》 殺，色戒反 shài(ㄕㄞˋ)。弟音悌。廢朝，直遥反 cháo(ㄔㄠˊ)。莫言暮。亨，普萌反 pēng(ㄆㄥ)。愁，依《注》讀爲揫，子留反 jiū(ㄐㄧㄡ)，《爾雅》云："揫，聚也。"偝音佩。

《疏》 吾觀於鄉者，言吾觀看飲酒之禮，有尊賢尚齒之法，則知王者教化之道，其事甚易，以尊賢尚齒爲教化之本故也。不直云易，而云易易者，取其簡易之義，故重言易易，猶若《尚書》"王道蕩蕩""王道平平"，皆重言，取其語順故也。

【淺悟】

中華文化源於天道法則，因而事事附會以天象，鄉飲酒禮也是其中之一。但這未必没有積極意義，至少它可以提醒人們時時處處都不要背離天道。這是我們中華祖先所獨具的高尚品質和良苦用心。假如人類都能遵循此道安頓生活，大自然決不會被糟蹋成今天這般模樣。

也許是鄉飲酒禮的影響所致，這一禮俗的形式在民間一直沿用至今。然其内涵多有變味兒。

射義第四十六

《疏》　案鄭《目録》云："名曰《射義》者，以其記燕射、大射之禮，觀德行取於士之義。此於《别録》屬吉事。"案此篇中有鄉射，又云不失正鵠、正則、賓射，然則鄉射、賓射俱有之矣，今《目録》唯云燕射、大射者，但此篇廣説天子諸侯大射、燕射之義，不專於鄉射、賓射，故鄭《目録》特舉大射、燕射。其射之所起，起自黄帝，故《易·繫辭》黄帝以下九事章云："古者弦木爲弧，剡木爲矢，弧矢之利以威天下。"又《世本》云："揮作弓，夷牟作矢。"《注》云："揮，夷牟，黄帝臣。"是弓矢起於黄帝矣。《虞書》云"侯以明之"，是射侯見於堯舜，夏殷無文，周則其矣。

46.1

【原文】

古者諸侯之射也，必先行燕禮；卿大夫士之射也，必先行鄉飲酒之禮。故燕禮者，所以明君臣之義也；鄉飲酒之禮者，所以明長幼之序也(一)。

故射者，進退周還必中禮。内志正，外體直，然後持弓矢審固；持弓矢審固，然後可以言中。此可以觀德行矣(二)。

其節：天子以《騶虞》爲節，諸侯以《貍首》爲節，卿大夫以《采蘋》爲節，士以《采蘩》爲節。《騶虞》者，樂官備也；《貍首》者，樂會時也；《采蘋》者，樂循法也；《采蘩》者，樂不失職也。是故天子以備官爲節，諸侯以時會天子爲節，卿大夫以循法爲節，士以不失職爲節。故明乎其節之志，以不失其事，則功成而德行立。德行立，則無暴亂之禍矣，功成則國安。故曰射者，所以觀盛德也(三)。

是故古者天子以射選諸侯卿大夫士。射者，男子之事也，因而飾之以禮樂也。故事之盡禮樂而可數爲，以立德行者，莫若射。故聖王務焉(四)。

是故古者天子之制：諸侯歲獻貢士於天子，天子試之於射宫，其容體比於禮，其節比於樂，而中多者，得與於祭；其容體不比於禮，其節不比於樂，而中少者，不得與於祭；數與於祭而君有慶，數不與於祭而君有讓；數有慶而益地，數有讓而削地。故曰射者，射爲諸侯也(五)。是以諸侯君臣盡志於射，以習禮樂。夫君臣習禮樂而以流亡者，未之有也(六)。故《詩》曰："曾孫侯氏，四正具舉。大夫君子，凡以庶士，小大莫處，御于君所，以燕以射，則燕則譽。"

言君臣相與盡志於射，以習禮樂，則安則譽也。是以天子制之，而諸矦務焉，此天子之所以養諸矦而兵不用，諸矦自爲正之具也（七）。

【譯文】

古時候諸矦舉行射禮前，必先舉行燕禮；卿大夫士舉行射禮前呢，必先舉行鄉飲酒之禮。原來燕禮的作用，是要以此表明君臣之間各應遵循的道義嘛；鄉飲酒這種禮的作用，是要以此表明長幼的順序嘛。

過去射箭者，前進後退周旋必須符合禮的規範。一心想着正鵠，身體站直，然後手持弓箭審慎穩固；手持弓箭審慎穩固，然後才可以談得上中的。由此可以觀察人的德行呀。

射禮的節奏：天子使用《騶虞》樂章作爲節奏，諸矦使用《貍首》樂章作爲節奏，卿大夫使用《采蘋》樂章作爲節奏，士使用《采蘩》樂章作爲節奏。《騶虞》樂章的大意是，因百官齊備而歡樂嘛；《貍首》樂章的大意是，因朝會依時而歡樂嘛；《采蘋》樂章的大意是，因遵循法度而歡樂嘛；《采蘩》樂章的大意是，因不失職而歡樂嘛。正是這個緣故，天子使用百官齊備的樂章作爲節奏，諸矦使用按時朝會天子的樂章作爲節奏，卿大夫使用遵循法度的樂章作爲節奏，士使用不失職這樣的樂章作爲射禮的節奏。所以明確了各自節奏的志趣，以便不失誤各自的職事，就會功業有成而且樹立起德行。樹立起德行，只能没有暴亂之禍而已，功業有成才能使國家安定。所以説射箭這種禮制，可以用來觀察盛德嘛。

正是這個緣故，古時候天子用射禮選拔諸矦卿大夫士。射箭這種技藝，是男子的事嘛，因而用禮樂爲之文飾嘛。所以諸事之中能够極盡禮樂之能而且可以頻繁操作，作爲樹立德行的手段，没有什麽能比得上射禮。所以聖王致力於射禮的推行。

也是這個緣故，古時候的天子制定詔令：諸矦每年都要向天子進獻貢士，天子在射宫對他們進行考試，其容儀體態跟禮的規範相近，其射箭的節奏跟樂章的節奏相近，而且射中多的貢士，得以參與祭祀；其容儀體態跟禮的規範不相稱，其射箭的節奏跟樂章的節奏不相配，而且射中少的貢士，不得參與祭祀。屢屢參與祭祀就能得到國君的慶賞，屢屢不得參與祭祀就會受到國君責讓；頻繁獲得慶賞便能增益封地，頻繁遭受責讓就會削減封地。所以説射箭這一詔令，是通過射禮爲諸矦選拔人才制定的哩。所以諸矦君臣對射藝能盡心竭力，藉以演習禮樂。像這些君臣那樣盡心竭力演習禮樂而遭流亡的事例，未曾有過嘛。舊逸詩《貍首》中有云："帝王的曾孫諸矦，四度正爵向賓客、國君、卿、大夫全都舉杯獻過酒。大夫君子，以及凡庸的衆士，不論職位大小都不要留滯官邸，全到國君的處所御侍，以便参加燕禮和射禮，又享燕樂又有聲譽。"說的正是君臣一同在射藝上盡心竭力地下功夫，藉以演習禮樂，又享燕樂又有聲譽嘛。所以天子制定這一詔令，而諸侯致力於射禮。這就是天子他爲什麽教養諸侯能够不動用兵器，却能使諸侯自行脩正的才具嘛。

【古注】

《注》 （一）言别尊卑老穉然後射，以觀德行也。（二）内正外直，習於禮樂有德行者也，正鵠之名出自此也。（三）《騶虞》《采蘋》《采蘩》，毛《詩》篇名，《貍首》逸，下云"曾孫矦氏"是也。樂官備者，謂《騶虞》曰"壹發五豝"，喻得賢者多也；"于嗟乎騶虞"，歎仁人也。樂會時者，謂《貍首》曰"小大莫處，御于君所"。樂循法者，謂《采蘋》曰"于以采蘋，南澗之濱"，循澗以采蘋，喻循法度以成君事也。樂不失職者，謂《采蘩》曰"彼之童童，夙夜在公"。（四）選士者，先考德行，乃後決之於射。男子生而有射事，長學禮樂以飾之。（五）歲獻，獻國事之書及計偕物也。三歲而貢士，舊説云："大國三人，次國二人，小國一人。"（六）流猶放也，《書》曰："流共工于幽州。"（七）此曾孫之詩，諸矦之射節也。四正，正爵四行也，四行者：獻賓、獻公、獻卿、獻大夫，乃後樂作而射也。莫處，無安居其官次者也。御，猶侍也。以燕以射，先行燕禮乃射也。則燕則譽，言國安則有名譽。譽或爲與。

《音義》 正音征；鵠，古毒反 gǔ（ㄍㄨˇ）。騶，側尤反 zōu（ㄗㄡ）。數，色角反 shuò（ㄕㄨㄛˋ）。比，毗志反 bì（ㄅㄧˋ），親合也。與音預。

46.2

【原文】

孔子射於矍相之圃，蓋觀者如堵牆（一）。射至於司馬，使子路執弓矢出延射曰："賁軍之將、亡國之大夫、與爲人後者，不入，其餘皆入。"蓋去者半，入者半（二）。又使公罔之裘、序點揚觶而語，公罔之裘揚觶而語曰："幼壯孝弟，耆耋好禮，不從流俗，脩身以俟死，者不？在此位也。"蓋去者半，處者半。序點又揚觶而語曰："好學不倦，好禮不變，旄期稱道不亂，者不？在此位也。"蓋廑有存者（三）。

射之爲言者，繹也，或曰舍也。繹者，各繹己之志也，故心平體正，持弓矢審固；持弓矢審固，則射中矣。故曰爲人父者，以爲父鵠；爲人子者，以爲子鵠；爲人君者，以爲君鵠；爲人臣者，以爲臣鵠。故射者各射己之鵠。故天子之大射謂之射矦，射矦者，射爲諸矦也，射中則得爲諸矦，射不中則不得爲諸矦（四）。

天子將祭，必先習射於澤。澤者，所以擇士也。已射於澤，而后射於射宫，射中者得與於祭，不中者不得與於祭；不得與於祭者有讓，削以地；得與於祭者有慶，益以地。進爵絀地是也[五]。

故男子生，桑弧蓬矢六，以射天地四方。天地四方者，男子之所有事也，故必先有志於其所有事，然後敢用穀也，飯食之謂也[六]。

射者，仁之道也，射求正諸己，己正而後發，發而不中則不怨勝己者，反求諸己而已矣[七]。

孔子曰："君子無所争。必也，射乎？揖讓而升，下而飲。其争也，君子[八]。"

孔子曰："射者何以射？何以聽？循聲而發，發而不失正鵠者，其唯賢者乎？若夫不肖之人，則彼將安能以中[九]？《詩》云：'發彼有的，以祈爾爵。'祈，求也，求中以辭爵也；酒者，所以養老也，所以養病也。求中以辭爵者，辭養也[十]。"

【譯文】

孔子在矍相這個地方的園圃内舉行射禮，圍觀者多得像堵牆。射前在司馬到達時，指使子路手持弓箭出來延請觀衆中想射箭的人説："敗軍之將、亡君之國的大夫、投靠篡位者的人，這三種人不得加入，其餘的都可加入。"聽完此話大約離去的有半數，加入的有半數。又指使公罔之裘、序點二人揚觶告誡加入的人，公罔之裘舉起酒觶告誡説："少壯者孝順父母敬愛兄長，年老者喜好以禮待人，不跟隨流行的陋俗，脩養身心直到終生，這樣的人有麽？有就站在這邊賓位嘛。"聽罷此語大約離去半數，留下半數。序點又舉起酒觶告誡説："好學不倦，好禮不變，即使活到百歲也能保持言行不亂，這樣的人有麽？有就站在這邊賓位嘛。"此時已是很少有存留下來的人了。

拿射這個字來説的話，就是繹的意思嘛，或者叫舍嘛。繹的涵義是，各人陳述自己的意志嘛。所以心情平和身體端正，握着弓箭才能審慎穩固；握着弓箭審慎穩固，就會射中呀。所以説做父親的，認爲所射的是父親應達到的目標；做兒子的，認爲所射的是兒子應達到的目標；做國君的，認爲所射的是國君應達到的目標；做臣子的，認爲所射的是臣子應達到的目標。所以每位射箭者所射的都是自己應達到的做人目標。原本天子舉行的大射稱之爲射侯，射侯的涵義是，通過射禮選拔諸侯嘛，射中就能擔任諸侯，射不中就不得擔任諸侯。

天子將要祭祀時，必定先在澤宫演習射禮。澤宫這一場所，用來選擇諸侯進獻的貢士嘛。在澤宫射罷，然後到射宫舉行射禮，射中的貢士獲得參與祭祀的資格，射不中的貢士不得參與祭祀；不得參與祭祀的將遭責讓，削減諸侯的封地；獲得參與祭祀的會有慶賞，增益諸侯的封地。通常進升爵位和削減封地都這樣辦嘛。

男孩下生，必須備好桑木弓和六支蓬蒿做的箭，用來射向天地四方。天地四方意味着，男子他們所承擔的諸如祭祀、朝聘、戰爭等職事嘛。所以必須先對其所應承擔的職事立下志願，然後才敢享用穀物，即所謂飯食嘛。

射箭這門技藝，是通往仁的道路嘛，射的時候只對自己要求做到心平體正，自己心平體正之後再發射，發射如果不中決不抱怨勝過自己的人，只是反轉來尋求自己的不足而已呀。

孔子說："君子没有什麽可争執的事。必得争呢，那就是比射箭吧？相互作揖謙讓着登堂比賽，賽罷揖讓着下堂飲酒。他們的競争嘛，同樣具備君子風範。"

孔子說："射者如何射？如何聽？依照樂曲節奏的聲音來發射，發射能箭箭不失命中靶心的，大概只有德才兼備的賢者吧？若是那不正派的小人，他將用怎樣的辦法才能射中？《詩經·小雅·賓之初筵》中有云：'射向正鵠争取命中，以祈不飲你的罰酒。'祈，求的意思嘛，求命中以辭謝罰酒嘛。酒這東西，是用來奉養老者嘛，是用來調養病體嘛。祈求命中以辭謝罰酒的用意是，辭謝被奉養嘛。"

【古注】

《注》 (一)矍相，地名也。樹菜蔬曰圃。(二)先行飲酒禮，將射乃以司正爲司馬，子路執弓矢出延射，則爲司射也。延，進也，出進觀者欲射者也。賁讀爲僨，僨猶覆敗也。亡國，亡君之國者也。與猶奇也；後人者，一人而已，既有爲者而往奇之，是貪財也。子路陳此三者而觀者畏其義，則或去也。延或爲誓。(三)之，發聲也。射畢又使此二人舉觶者，古者於旅也語。語，謂説義理也。三十曰壯。耆耋，皆老也。流俗，失俗也。處，猶留也。八十九十曰旄，百年曰期頤。稱猶言也、行也。者不，言有此行不？可以在此賓位也。序點或爲徐點。壯或爲將。旄期或爲旄勤。今《禮》"揚"皆作"騰"。(四)大射，將祭擇士之射也。以爲某鵠者，將射還視侯中之時，意曰"此鵠乃爲某之鵠，吾中之則成人，不中之則不成人也"。得爲諸侯，謂有慶也。不得爲諸侯，謂有讓也。(五)澤，宫名也。士，謂諸侯朝者諸臣及所貢士也，皆先令習射於澤，已乃射於射宫課中否也。諸侯有慶者先進爵，有讓者先削地。(六)男子生則設弧於門左，三日負之，人爲之射，乃卜食子也。(七)諸猶於也。(八)必也射乎，言君子至於射則有争也。下，降也。飲射爵者，亦揖讓而升降，勝者袒決遂，執張弓；不勝者襲説決拾，卻左手，右加弛弓於其上而升飲，君子恥之，是以射則争中。(九)何以，言其難也。聲，謂樂節也。畫布曰正，棲皮曰鵠。正之言，正也；鵠之言，梏也，梏，直也。言人正直乃能中也。發或爲射。(十)發猶射也。的，謂所射之識也。言射的必欲中之者，以求不飲女爵也。辭養，讓見養也。爾或爲有。

《音義》 矍，俱縛反 jué(ㄐㄩㄝ)。賁，依《注》讀爲僨，音奮。旄，本又作耄，莫報反 mào(ㄇㄠˋ)。廑音勤，又音僅，少也。弧音胡，以桑木爲弓。正音征。的，丁歷反 dì(ㄉㄧˋ)。食音嗣。

【淺悟】

本篇最值得玩味的記載是:"古者天子以射選諸矦卿大夫士。射者,男子之事也,因而飾之以禮樂,故事之盡禮而可數爲,以正德行者,莫若射。故聖王務焉。"這便爲《禮運》所説的"大道之行也,天下爲公,選賢與能"中的"選"作了注解,即通過射來選;其中所謂的"聖王",當然是指堯和舜這兩位天下爲公時代的天子,因爲家天下時代所實行的是"大人世及以爲禮",不再以射選士。

孔子嚮往"天下爲公,選賢與能"的堯舜時代,這大概是本篇流傳下來的動因吧?

燕義第四十七

《疏》　案鄭《目錄》云:"名曰《燕義》者,以其記君臣燕飲之禮,上下相尊之義。此於《別錄》屬吉事。"案《儀禮目錄》云:"諸侯無事,若卿大夫有勤勞之功,與羣臣燕飲以樂之。"勤勞,謂征伐聘問,《詩》曰"吉甫燕喜"是也。臣有王事之勞亦燕之,故《燕禮》記云"若有王事"是也。

【原文】

古者周天子之官,有庶子官。庶子官職諸侯卿大夫士之庶子之卒,掌其戒令,與其教治,別其等,正其位(一);國有大事,則率國子而致於大子,唯所用之;若有甲兵之事,則授之以車甲,合其卒伍,置其有司,以軍法治之,司馬弗正(二)。凡國之政事,國子存游卒,使之脩德學道,春合諸學,秋合諸射,以考其藝而進退之(三)。

諸侯燕禮之義:君立阼階之東南,南鄉爾卿,大夫皆少進,定位也。君席阼階之上,居主位也;君獨升立席上,西面特立,莫敢適之義也(四)。

設賓主,飲酒之禮也。使宰夫爲獻主,臣莫敢與君亢禮也;不以公卿爲賓,而以大夫爲賓,爲疑也,明嫌之義也。賓入中庭,君降一等而揖之,禮之也(五)。

君舉旅於賓,及君所賜爵,皆降再拜稽首,升成拜,明臣禮也;君答拜之,禮無不答,明君上之禮也。臣下竭力盡能以立功於國,君必報之以爵祿。故臣下皆務竭力盡能以立功,是以國安而君寧。禮無不答,言上之不虛取於下也,上必明正道以道民,民道之而有功,然後取其什一,故上用足而下不匱也,是以上下和親而不相怨也。和寧,禮之用也,此君臣上下之大義也。故曰燕禮者,所以明君臣之義也(六)。

席:小卿次上卿,大夫次小卿,士庶子以次就位於下。獻君,君舉旅行酬,而后獻卿;卿舉旅行酬,而后獻大夫;大夫舉旅行酬,而后獻士;士舉旅行酬,而后獻庶子。俎豆、牲體、薦羞,皆有等差,所以明貴賤也(七)。

【譯文】

早先周天子下設的官職,有庶子官。庶子官是職掌諸侯及卿大夫士的衆庶子的副官,掌管他們的警戒命令,給與他們教育懲處,分別他們的等級,糾正他們在朝廷站立的位次;國内出現大事,便率領衆國子到太子那裏致意,希望對他們有所任用;若發生戰争之事,就將兵車鎧甲授予他們,把他們編制成軍隊,設置各司其職的官屬,按治軍的法規管理隊伍,司馬不得徵調。國家的一般行政事務,國子中尚存的無所事事者,要使他們脩德行學道藝,春季在太學會合,秋季在射宫會合,以考查他們的才能從而決定進用還是絀退。

諸侯燕禮的儀式:國君站在阼階的東南,嚮南朝卿作揖示意他移近些,大夫也都隨着前進少許,站在規定的位次嘛。國君的席位在阼階之上,這是主人的座位嘛;國君獨自上去站在席位上,面朝西獨自站着,以示没有人敢與之匹敵的意思嘛。

設置賓主之位,這是飲酒的禮制嘛。天子指使宰夫擔任獻酒的主人,這是向臣下表示没有人敢跟君王行對等的禮嘛;不把諸侯和卿當做賓客,而把大夫當做賓客,這是爲了防止懷疑亢禮嘛,彰明避嫌的涵義嘛。賓客進入中庭,君王走下一級臺階向其揖拜,以禮待之嘛。

國君舉爵按次序向賓客勸酒,等國君所賜的酒爵到達跟前時,臣下都要走下臺階兩次跪拜叩頭至地,然後上堂再拜稽首完成拜禮,以表明臣下所應具備的禮嘛;國君需向臣下作揖答拜,禮没有不報答之理,以此表明君上所應具備的禮嘛。臣下竭盡力量和才能爲國立功,君上必用爵位俸禄作爲對他們的回報。因此臣下都會竭盡力量和才能專心爲國立功,自此以後國家安定而且君上安寧。禮没有不報答的,是説上頭不會没有理由地對下面索取,上頭必須闡明正當的途經去引導人民,人民經過這樣引導才能有功效,然後抽取他們十分之一的田賦,必定會使上頭用度充足而下面不會匱乏嘛,自此以後上下和睦相親因而不會互相抱怨嘛。和睦安寧,是禮所起的作用嘛,這對君臣上下都有重大意義嘛。所以説燕禮這一制度,是用來彰明君臣之間的道義嘛。

席位:小卿居上卿的下首,大夫居小卿的下首,士和庶子在階下依次就位。宰夫獻酒給國君,國君舉杯向來賓依次勸酒,然後獻酒給卿;卿舉杯向衆人依次勸酒,然後獻酒給大夫;大夫舉杯向衆人依次勸酒,然後獻酒給士;士舉杯向衆人依次勸酒,然後獻酒給庶子。每人面前擺放的俎豆之類的禮器,肉的部位,薦羞等美味,都有等級差别,以此彰明貴賤嘛。

【古注】

《注》 (一)職,主也。庶子,猶諸子也。周禮諸子之官,司馬之屬也。卒讀皆爲倅,諸子副,代父者也。戒令,致於大子之事。教治,脩德學道。位,朝位也。(二)國子,諸子也。軍法,百人爲卒,五人爲伍。弗,不也。國子屬大子,司馬雖有軍事,不賦也。(三)游卒,未仕者也。學,大學也。射,射宫也。燕禮有庶子官,是以義,載此以爲説。(四)定位者,爲其始入,踧踖揖而安定也。(五)設賓主者,飲酒致歡也。宰夫,主膳食之官也,天子使膳宰爲主人。公,孤也,疑自下上至之辭也,公卿尊矣,復以爲賓,則尊與君大相近。(六)言聖人制禮,因事以託政。臣再拜稽首,是其竭力也。君答拜之,是其報以禄惠也。(七)牲體,俎實也。薦,謂脯醢也;羞,庶羞也。

《音義》 卒,依《注》音倅,七對反 cuì(ㄘㄨㄟˋ),副也。卒伍,子忽反 zú(ㄗㄨˊ)。弗正,正音征。適音敵,本亦作敵。亢,苦浪反 kàng(ㄎㄤˋ)。以道,道音導。

《疏》 從篇首至末,皆明燕飲之義。作記之人在於周末,追述周初之事,故云古者。

【淺悟】

本篇記載的是西周禮制,純屬家天下時代的産物,對我們研究歷史有着重要的參考價值。由於社會上長幼尊卑的客觀存在,所以這一禮制,直到今天仍在民間廣泛流傳,酒宴上有尊有讓,仍能見到西周遺風,足見禮文化對中華子孫的影響之深。

聘義第四十八

《疏》　案鄭《目録》云:“名曰《聘義》者,以其記諸侯之國交相聘問之禮,重禮輕財之義也。此於《别録》屬吉事。”

48.1

【原文】

聘禮,上公七介,侯伯五介,子男三介,所以明貴賤也(一)。介紹而傳命,君子於其所尊弗敢質,敬之至也(二)。三讓而后傳命,三讓而后入廟門,三揖而后至階,三讓而后升,所以致尊讓也(三)。君使士迎于竟,大夫郊勞,君親拜迎于大門之内而廟受,北面拜貺,拜君命之辱,所以致敬也(四)。

敬讓也者,君子之所以相接也。故諸侯相接以敬讓,則不相侵陵(五)。

卿爲上擯,大夫爲承擯,士爲紹擯,君親禮賓;賓私面私覿,致饔餼,還圭璋,賄贈饗食燕,所以明賓客君臣之義也(六)。

故天子制諸侯,比年小聘,三年大聘,相厲以禮。使者聘而誤,主君弗親饗食也,所以愧厲之也。諸侯相厲以禮,則外不相侵,内不相陵。此天子之所以養諸侯兵不用,而諸侯自爲正之具也(七)。

以圭璋聘,重禮也;已聘而還圭璋,此輕財而重禮之義也。諸侯相厲以輕財重禮,則民作讓矣(八)。

【譯文】

諸侯相互聘問之禮,公爵派卿聘問要帶專司通報傳達之職的介七名,侯爵伯爵派卿聘問帶五名介,子爵男爵派卿聘問帶三名介,以此彰明貴賤嘛。主國通過並列的衆介相繼傳遞君命,因爲君子對自己所尊重的人不敢當面質詢,要做到尊敬的極致嘛。使者三次謙讓之後傳達使命,三次謙讓之後進入廟門,三次揖拜之後走到階前,三次謙讓之後登上臺階,以此表達尊重和謙讓嘛。主國的國君指使士到邊境去迎接來聘者,指使大夫到郊外去慰勞,國君親自在大門之内拜迎並到廟中接受聘問,面朝北拜謝所賜之物,拜謝對方國君派遣使者不恥下辱,以此表達敬意嘛。

恭敬謙讓這種品德，君子他們以此相互交接嘛。所以諸侯之間用恭敬謙讓這種品德相互交接，就不會相互侵犯欺陵。

卿擔任迎接聘問來賓的上擯，大夫擔任承擯，士擔任紹擯，國君親自禮遇來賓；來賓以私人身份拜見國君，國君爲了表達心意則派卿給他送去生熟肉食，返還圭璋，並贈送財物及設大宴、小宴、私宴進行款待，以此彰明主國君臣禮遇賓客的涵義嘛。

舊日天子詔命諸侯，每年一小聘，三年一大聘，用禮的規範互相激厲。使者聘問時如果有錯誤，主國的國君便不親自設宴款待嘛，用這種方式羞愧他以達到激厲的目的嘛。諸侯以禮互相激厲，就不會對外相互侵犯，内部也不會互相欺陵。這就是天子他用來教養諸侯不動用兵器，却能使諸侯自行脩正的才具嘛。

聘問使用圭璋，是對聘禮的重視嘛；聘問結束又將圭璋返還，這是輕財重禮的涵義嘛。諸侯若能用輕財重禮這種行爲互相激厲，民間就會興起謙讓的風氣呀。

【古注】

《注》 (一)此皆使卿出聘之介數也。《大行人職》曰："凡諸侯之卿，其禮各下其君二等。"(二)質，謂正自相當。(三)此揖讓主謂賓也。三讓而后傳命，賓至廟門，主人請事時也。賓見主人陳擯以大客禮當己，則三讓之，不得命乃傳其君之聘命也。三讓而后入廟門，讓主人廟受也。《小行人職》曰："凡四方之使者，大客則擯，小客則受其幣、聽其辭。"(四)貺，賜也。賓致命，公當楣再拜聘君之恩惠，辱命來聘者也。(五)君子之相接，賓讓而主人敬也。(六)設大禮，則賓客之也，或不親而使臣，則爲君臣也。(七)比年小聘，所謂歲相問也。三年大聘，所謂殷相聘也。(八)圭，瑞也，尊圭璋之類也，用之還之皆爲重禮，禮必親之，不可以己之有遥復之也。財，謂璧琮享幣也，受之爲輕財者，財可遥復重賄反幣是也。

《意義》 擯，必刃反 bìn(ㄅㄧㄣˋ)，本又作儐。勞，力報反 lào(ㄌㄠˋ)。貺，本亦作況，音同。覿，大歷反 dí(ㄉㄧˊ)，見也。饔字又作雍，音同。餼，許既反 xì(ㄒㄧˋ)。還音旋。食音飼。

48.2

【原文】

主國待客，出入三積，餼客於舍，五牢之具陳於内，米三十車，禾三十車，芻薪倍禾，皆陳於外，乘禽日五雙，羣介皆有餼牢，壹食再饗，燕與時賜無數，所以厚重禮也(一)。古之用財者，不能均如此，然而用財如此其厚者，言盡之於禮也。盡之於禮，則内君臣不相陵，而外不相侵。故天子制之，而諸侯務焉爾(二)。

聘射之禮，至大禮也。質明而始行事，日幾中而后禮成，非强有力者弗能行也，故强有力者，將以行禮也〔三〕。酒清，人渴而不敢飲也；肉乾，人飢而不敢食也；日莫人倦，齊莊正齊而不敢解惰，以成禮節，以正君臣，以親父子，以和長幼。此衆人之所難，而君子行之，故謂之有行。有行之謂有義，有義之謂勇敢。故所貴於勇敢者，貴其能以立義也；所貴於立義者，貴其有行也；所貴於有行者，貴其行禮也。故所貴於勇敢者，貴其敢行禮義也。故勇敢强有力者，天下無事則用之於禮義，天下有事則用之於戰勝；用之於戰勝則無敵，用之於禮義則順治；外無敵，内順治，此之謂盛德。故聖王之貴勇敢强有力如此也。勇敢强有力而不用之於禮義戰勝，而用之於争鬬，則謂之亂人。刑罰行於國，所誅者亂人也，如此則民順治而國安也〔四〕。

【譯文】

受聘國接待賓客，從客人入境到出境始終供應柴米飼料等生活用品，這些贈送給客人的物品全送到館舍，盛五牢的食具陳放在館舍内，三十車米、三十車粟、六十車飼料和柴草，全陳放在館舍外，四種禽類每天供應十隻，擔任通報傳達之職的羣介都有肉類供應，初次供應便飯，再次設大宴招待，燕食和應時的賞賜没有固定的數目，以此體現對聘禮的重視程度嘛。古時候使用財物的場合，不能都如此豐厚，然而使用財物如此豐厚的話，説明對待聘禮盡心盡力嘛。能盡心盡力對待聘禮，内部君臣之間就不會相互欺陵，而且對外也不會相互侵犯。所以天子制定出聘禮，諸侯只是致力於此而已。

聘禮和射禮，是最隆重的禮儀嘛。天剛亮就開始辦理交際應酬諸事，太陽接近中天之後禮儀才告完成，不是强幹有能力的人不能勝任嘛，所以强幹有能力的人，進用他執行聘射之禮嘛。酒即便已澄清，口渴却不敢飲哩；肉即便已乾燥，腹饑却不敢吃哩；日暮人倦，依然虔誠莊敬端正齊整而不敢懈惰，以成就射禮的節制，以端正君臣之義，以使父子相親，以使長幼和睦相處。這是多數人所難以做到的，而君子却在實行着這些難以做到的事，所以稱他們有品行。有品行又可稱做有情義，有情義又可稱做勇敢。原來對勇敢所看重的，是看重他能够建立情義嘛；對建立起情義者所看重的，是看重他有品行嘛；對有品行者所看重的，是看重他能勝任聘射之禮嘛。原來對勇敢者所看重的，是看重他敢於遵照禮儀行事嘛。所以對待勇敢强幹有能力的人，當天下無事時便任用他在禮儀上發揮作用，天下有事時便任用他在戰争中克敵制勝；任用他在戰争中克敵制勝則所向無敵，任用他在禮儀上發揮作用人們便會順從治理；對外所向無敵，對内人人順從治理，這就叫盛德。舊日聖王他重視勇敢强幹有能力的人就像這樣嘛。勇敢强幹有能力的資質如果不將它用在禮儀和戰爭克敵制勝，而是將它用在爭鬬上，只能稱他是動亂不安的人。在國内實行的刑罰，所誅戮的就是這種動亂不安的人哩，像這樣人民才會順從治理又能使國家安定嘛。

【古注】

《注》 (一)厚重禮，厚此聘禮也。(二)不能均如此，言無則從其實也。言盡之於禮，欲令富者不得過也。(三)禮成，禮畢也，或曰行成。(四)勝，克敵也，或爲陳。

《音義》 乘，繩證反 shèng(ㄕㄥˋ)。幾音基。

48.3

【原文】

子貢問於孔子曰："敢問君子貴玉而賤碈者，何也？爲玉之寡而碈之多與？(一)"

孔子曰："非爲碈之多，故賤之也，玉之寡，故貴之也。夫昔者，君子比德於玉焉。温潤而澤，仁也(二)；縝密以栗，知也(三)；廉而不劌，義也(四)；垂之如隊，禮也(五)；叩之，其聲清越以長，其終詘然，樂也(六)；瑕不揜瑜，瑜不揜瑕，忠也(七)；孚尹旁達，信也(八)；氣如白虹，天也；精神見于山川，地也(九)；圭璋特達，德也(十)。天下莫不貴者，道也(十一)，《詩》云：'言念君子，温其如玉。'故君子貴之也(十二)。"

【譯文】

子貢向孔子問道："敢問君子重視玉而輕視很像玉的碈石，爲什麼呢？因爲玉的數量少而碈石的數量多嗎？"

孔子説："並非因爲碈石數量多的緣故才輕視它，玉數量少才重視它嘛。在昔日，君子拿玉的質地比擬道德。其温和柔潤且有光澤的質地，比擬仁德嘛；其細緻嚴密而堅韌的質地，比擬智慧嘛；其有棱角却不傷人的質地，比擬義氣嘛；垂掛在身便下墜的屬性，比擬禮所崇尚的謙恭卑下嘛；叩擊它，其聲音清澈激越而綿長、聲音的終端詘然而止的屬性，比擬音樂嘛；其瑕疵不會掩蓋光彩，光彩不會掩蓋瑕疵的質地，比擬忠誠嘛；其晶瑩的彩色向四方通達的質地，比擬信用嘛；其氣色有如白虹的質地，比擬天嘛；其精氣在山川中顯現的現象，比擬地嘛；只有圭璋可以單獨在朝聘時通行無阻，以此比擬無事不通的德行嘛。天下没有人不重視的事物，道路嘛。《詩經·秦風·小戎》中有云：'我思念夫君，他温和如玉。'所以君子重視玉嘛。"

【古注】

《注》 (一)碈石似玉,或作玟也。(二)色柔温潤,似仁也。潤或爲濡。(三)縝,緻也。栗,堅貌。(四)劌,傷也,義者不苟傷人也。(五)禮尚謙卑。(六)樂作則有聲,止則無也。越,猶揚也。詘,絶止貌也。《樂記》曰"止如槀木"。(七)瑕,玉之病也。瑜,其中閒美者。玉之性,善惡不相揜,似忠也。(八)孚讀爲浮;尹讀如竹箭之筠。浮筠,謂玉采色也,采色旁達,不有隱翳,似信也。孚或作姇,或爲扶。(九)精神,亦謂精氣也。虹,天氣也。山川,地所以通氣也。(十)特達,謂以朝聘也。璧琮則有幣,惟有德者無所不達,不有須而成也。(十一)道者,人無不由之。(十二)言,我也。貴玉者以其似君子也。

《音義》 碈,武巾反 mín(ㄇㄧㄣˊ),字亦作瑉,似玉之石。縝音軫。知音智。劌,九衛反 guì(ㄍㄨㄟˋ),《字林》云"利傷也"。隊,直位反 zhuì(ㄓㄨㄟˋ)。尹,依《注》音筍,又作筠,於貧反 yún(ㄩㄣˊ)。見,賢遍反 xiàn(ㄒㄧㄢˋ)。詘,其勿反 qū(ㄑㄩ)。

【淺悟】

本篇通過對諸侯之間互相聘問這一禮制的記述,主要告訴我們三件事:一是諸侯之間若能以輕財重禮的行爲互相激厲,民間就會興起謙讓之風,即與孔子在《論語》中所説的"君子之德風,小人之德草,草上之風必偃"的意向有相通之處;二是古聖王重視勇敢强有力的人,他們是國家安定順治的保障,這與孔子在《論語》中再三强調的"舉直錯諸枉"的道理是一致的,因爲正直的人必勇敢强有力;三是對君子之所以貴玉的原因作了詳盡的解釋。

古人佩玉,原來是賦予了玉以道德的内涵。將玉垂掛在腰間,無時無刻不在督促自己去跟玉所藴含的仁、智、義、禮、樂、忠、信、天象、地氣相比擬,使自己的言行能像玉一般高潔。然而古聖王的這一美好設計,竟被後世給庸俗化了,惜哉!

喪服四制第四十九

《疏》 案鄭《目録》云:"名曰《喪服四制》者,以其記喪服之制取於仁義禮知也。此於《别録》舊説屬喪服。"鄭云:"舊説案《别録》無《喪服四制》之文,唯舊説稱此喪服之篇屬喪服。然以上諸篇每篇言義,此不云喪義而云《喪服四制》者,但以上諸篇皆記《儀禮》當篇之義,故每篇言義也。此則記者别記喪服之四制,非記《儀禮·喪服》之篇,故不云喪服之義也。"

49.1

【原文】

凡禮之大體,體天地,法四時,則陰陽,順人情,故謂之禮。訾之者是不知禮之所由生也(一)。

夫禮,吉凶異道,不得相干,取之陰陽也(二)。喪有四制,變而從宜,取之四時也;有恩、有理、有節、有權,取之人情也。恩者,仁也;理者,義也;節者,禮也;權者,知也。仁義禮知,人道具矣(三)。

其恩厚者其服重,故爲父斬衰三年,以恩制者也(四)。

門内之治,恩揜義;門外之治,義斷恩。資於事父以事君,而敬同;貴貴尊尊,義之大者也,故爲君亦斬衰三年,以義制者也(五)。

三日而食,三月而沐,期而練,毁不滅性,不以死傷生也。喪不過三年,苴衰不補,墳墓不培。祥之日,鼓素琴,告民有終也,以節制者也。資於事父以事母,而愛同。天無二日,土無二王,國無二君,家無二尊,以一治之也。故父在,爲母齊衰期者,見無二尊也(六)。

杖者何也?爵也,三日授子杖,五日授大夫杖,七日授士杖,或曰擔主,或曰輔病。婦人童子不杖,不能病也。百官備,百物具,不言而事行者,扶而起;言而后事行者,杖而起;身自執事而后行者,面垢而已。秃者不髽,傴者不袒,跛者不踊,老病不止酒肉,凡此八者,以權制者也(七)。

【譯文】

凡是禮的主體,無不體察天地,效法四時,效法陰陽,順應人情,所以才稱得上禮。詆毁禮的人是不知道禮是如何産生的嘛。

這禮，吉禮和凶禮各負有不同的使命，互不相干，這是取法陰陽嘛。喪服有四種制度，變化時便依從適宜的，這是取法四時嘛；有的依從恩惠，有的依從道理，有的依從節制，有的依從權宜，這是取法人情嘛。依從恩惠，屬於仁哩；依從道理，屬於義哩；依從節制，屬於禮哩；依從權宜，屬於智哩。能依從仁義禮智，做人的道理便具備了呀。

先人的恩情越深厚爲其所服的喪服越重，所以爲父親的喪事服斬衰喪服三年，這是用恩情裁制的喪禮嘛。

家族内的喪事治理，私恩蓋過公義；家族外的喪事治理，當以公義割斷私恩。用服事父親的操守去服事國君，而且要有同等的恭敬；重視顯貴尊重尊長，乃公義中的重大成分嘛，所以爲君王的喪事也要服斬衰喪服三年，這是用公義裁制的喪禮嘛。

三天後才可吃粥，三月後才可洗髮，一周年行完小祥祭才能戴練冠，悲哀過度損毁形體却不得危及性命，不可因死者傷害到生者嘛。喪期不得超過三年，苴麻喪服破損不修補，墳墓不培土。大祥這天，彈奏不加文飾的素琴，用這種方式向人們宣告喪事有終了，這是用節制裁制的喪禮嘛。用侍奉父親的操守來侍奉母親，而且要有同等的愛心。然而天上没有兩個太陽，地上没有兩個帝王，諸侯國没有兩個國君，家庭没有兩個尊長，都是使用一位尊者治理的嘛，所以父親健在，爲母親的喪事只能服一周年的齊衰喪服這種規定，所體現的便是一家不能有兩位尊長嘛。

執喪杖是爲什麽呢？爲有爵位的人而設的嘛，第三天授予嫡子喪杖，第五天授予大夫喪杖，第七天授予士喪杖，或許是没有爵位的喪主借用喪杖，或許是各庶子爲了支撑病體而使用喪杖。婦人童子不執喪杖，他們不可能因悲哀過度而抱病嘛。手下百官齊備，百物具全，不必自己説話事情便能順利實行的天子諸侯，由於悲傷過度須人攙扶方能站起；必須自己吩咐之後喪事才能進行的大夫士，不敢過度悲傷，哭完自己拄着喪杖站起；必須親自動手做事之後喪事才能順利進行的普通人家，只要哭得滿面涕淚就行了。秃頭的婦人不必用麻將頭髮結成髽，駝背的人不必袒露臂膀，跛脚者哭時不必踊跳，年老有病的人不得阻止飲酒吃肉。大凡上述這八種情形，都是用權宜裁制的喪禮嘛。

【古注】

《注》 (一)禮之言，體也。故謂之禮，言本有法則而生也。口毁曰訾。(二)吉禮凶禮異道，謂衣服容貌及器物也。(三)取之四時，謂其數也。取之人情，謂其制也。(四)服莫重斬衰也。(五)資猶操也。貴貴，謂爲大夫君也。尊尊，謂爲天子諸侯也。(六)食，食粥也。沐，謂將虞祭時也。補、培，猶治也。鼓素琴，始存樂也，三年不爲樂，樂必崩。(七)五日、七日授杖，謂爲君喪也。扶而起，謂天子諸侯也。杖而起，謂大夫士也。面垢而已，謂庶民也。髽，婦人也，男子免而婦人髽。髽或爲免。

《音義》 訾，徐音紫，一音才斯反 cī(ㄘ)。期音基。擔，是艷反 shàn(ㄕㄢˋ)。髽，側瓜反 zhuā(ㄓㄨㄚ)。傴，紆主反 yǔ(ㄩˇ)。

《疏》 或曰擔主者，解無爵而亦杖，《喪服》傳云："無爵而杖者何？擔主也。"鄭《注》云："擔，假也，尊其爲主，假之以杖。"或曰輔病者，《喪服》傳云："非主而杖者何？輔病也。"謂庶子以下，雖非適子皆杖，爲其輔病故也。婦人童子不杖不能病也者，婦人謂未成人之婦人，童子謂幼少之男子。

49.2

【原文】

始死，三日不怠，三月不解，期悲哀，三年憂，恩之殺也。聖人因殺以制節(一)。此喪之所以三年，賢者不得過，不肖者不得不及，此喪之中庸也，王者之所常行也。《書》曰："高宗諒闇，三年不言。"善之也(二)。王者莫不行此禮，何以獨善之也？曰：高宗者，武丁；武丁者，殷之賢王也，繼世即位，而慈良於喪。當此之時，殷衰而復興，禮廢而復起，故善之；善之，故載之《書》中而高之，故謂之高宗；三年之喪，君不言，《書》云"高宗諒闇，三年不言"，此之謂也。然而曰"言不文"者，謂臣下也(三)。禮，斬衰之喪，唯而不對；齊衰之喪，對而不言；大功之喪，言而不議；緦小功之喪，議而不及樂(四)。父母之喪，衰冠、繩纓、菅屨，三日而食粥，三月而沐，期十三月而練冠，三年而祥。

比終兹三節者，仁者可以觀其愛焉，知者可以觀其理焉，强者可以觀其志焉。禮以治之，義以正之，孝子、弟弟、貞婦，皆可得而察焉(五)。

【譯文】

父母初亡，頭三天哭不絶聲，三個月内休息不解衣，周年内用朝夕哭抒發悲哀，第三年依然憂悶不樂，感恩之情就這樣逐漸遞減嘛。聖人依據這種遞減的實際情形制訂限節。這就是喪期爲什麼制定爲三年，使有賢德的孝子不得超過期限，無賢德的不孝者不得達不到期限的原由，這是喪事的中庸之道嘛，是帝王他們常久以來所貫徹實行的嘛。《尚書》中有云："殷高宗居凶廬守喪，三年不言語。"是贊美他哩。凡是帝王没有哪位不奉行此禮的，因何單單贊美他呢？告訴你，高宗其人，名叫武丁；武丁其人，是殷朝德才兼備的賢王嘛，一登上繼世的王位，對待父王的喪事便能充分展現其仁慈善良的品格。當此之時，殷朝從衰敗恢復到興盛，禮制從廢壞中重新崛起，所以贊美他；贊美他，所以載入《尚書》中能使後人景仰他，因而謚稱他爲高宗；三年的喪服，君不言語，《尚書》所説的“高宗諒闇，三年不言”，就是指這段史實説的嘛。然而《孝經・喪親章》中所説的“言語不加文飾”這句話，是指臣子以下説的嘛。禮制規定：服斬衰這種最重的喪，只答應而不應對；服齊衰這種次重的喪，可以應對而不先開言；服大功這樣的喪，可以先開言却不加議論；服緦麻和小功這種輕喪，可以議論却不得涉及娱樂之事。父母的喪事，穿粗麻孝服戴粗麻孝帽、用粗麻繩作結冠帶、穿草鞋，第三天開始吃粥，三個月後可以洗髮，周年後的第十三個月改戴白色的熟絹帽，第三年舉行滿喪的大祥祭。

待到以上幾個限節終結後，是仁者就可以看到他對父母的愛心，是智者就可以看到他處理喪事的條理，是剛强者就可以看到他居喪中固守的志節。用禮的規範治理喪事，用道義去考定守喪者的行爲，是不是孝順的兒子、互相友善的兄弟、德操堅貞的婦人，都能把他們觀察得清清楚楚。

【古注】

《注》 （一）不怠，哭不絶聲也。不解，不解衣而居，不倦息也。（二）諒，古作梁，楣謂之梁。闇，讀如鶉鵪之鵪，闇謂廬也。廬有梁者，所謂柱楣也。（三）言不文者，謂喪事辨，不所當共也，《孝經説》曰：“言不文者，指士民也。”（四）此謂與賓客也。唯而不對，侑者爲之應耳。言，謂先發口也。（五）仁，有恩者也。理，義也。察，猶知也。

《音義》 諒闇，依《注》讀爲梁，闇讀爲鵪，烏南反 ān(ㄢ)。菅音姦。屨，紀具反 jù(ㄐㄩ̀)。比，必利反 bì(ㄅㄧ̀)。弟弟，上音悌，下如字。

【淺悟】

中華文化無處不遵循天道法則，縱然喪事也不例外。人類活動只有在天道法則的指導下才能與大自然和諧相處，使萬物生生不息，否則便是死路。因此，中華文化是不朽的文化。

世上萬物，除人類之外，未有不遵循天道法則者。萬物之靈的人類啊！……

另外值得注意的是，整部《禮記》類似本篇“天無二日，土無二王，國無二君，家無二尊”的論述，孔子在《曾子問第七》和《坊記第三十》兩篇中也有强調，其重要性由此可見。試想，如果天上有兩顆太陽，一國有兩位君王，一家有兩位做主的尊長，將會出現怎樣的后果，不言而喻。

本篇最後所説的，從喪事中，能將當事人的意圖及道德情操觀察得清清楚楚，信哉是言。

榮成蕉嶺　姜厚粤

二〇〇六年三月於石島張家村

《禮記》索引

索引内之語句，按首字之拼音順序排列；順序相同者，按書中出現之先後順序排列。

暴民不作，諸侯賓服。兵革不試，五刑不用，天子不怒，如此則樂達矣 19.2(一)

不能詩，於禮繆；不能樂，於禮素；薄於德，於禮虛 28.3

賓禮每進以讓，喪禮每加以遠 30.6

博學之，審問之，慎思之，明辨之，篤行之。有弗學，學之弗能弗措也；有弗問，問之弗知弗措也；有弗思，思之弗得弗措也；有弗辨，辨之弗明弗措也；有弗行，行之弗篤弗措也。人一能之，己百之；人十能之，己千之。果能此道矣，雖愚必明，雖柔必强 31.14

報者，天下之利也 32.2

白圭之玷，尚可磨也；斯言之玷，不可爲也 33.8

本亂而末治者否矣。其所厚者薄，而其所薄者厚，未之有也 42.1

C、ch(ㄘ、ㄔ)

賜人者不曰來取，與人者不問其所欲 1.13

承天之祜 9.3

辭貴不辭賤，辭富不辭貧，則亂益亡。故君子與其使食浮於人也，寧使人浮於食 30.2

此令兄弟，綽綽有裕；不令兄弟，交相爲瘉 30.4

誠身有道，不明乎善，不誠乎身矣 31.14

誠者，天之道也；誠之者，人之道也。誠者，不勉而中，不思而得，從容中道，聖人也；誠之者，擇善而固執之者也 31.14

誠者，自誠也；而道，自道也。誠者，物之終始，不誠無物。是故君子誠之爲貴 31.17

誠者，非自成己而已也，所以成物也。成己，仁也；成物，知也。性之德也，合外内之道也，故時措之宜也 31.17

朝極辨，不繼之以倦 31.1

財聚則民散，財散則民聚 42.5

Dd(ㄉ)

道德仁義，非禮不成 1.2

禱祠祭祀，供給鬼神，非禮不誠不莊 1.2

弔喪弗能賻，不問其所費 1.13

大夫士去國，不説人以無罪 2.3

地、邑、民居，必三相得也，無曠土，無游民，食節事時，民咸安其居，樂事勸功，尊君親上，然後興學 5.14

大樂正論造士之秀者以告于王，而升諸司馬，曰進士 5.15

大司徒、大司馬、大司空齊戒受質，百官各以其成質於三官；大司徒、大司馬、大司空以百官之成質於天子 5.18

道路，父之齒隨行，兄之齒鴈行，朋友不相踰。輕任并，重任分，斑白者不提挈 5.21

德成而教尊，教尊而官正，官正而國治 8.2(三)

F、f(ㄈ)

凡官民材，必先論之。辨論，然後使之；任事，然後爵之；位定，然後禄之 5.6

凡居民材，必因天地寒煖燥濕 5.14

凡制五刑，必即天論，郵罰麗於事 5.17

凡聽五刑之訟，必原父子之親，立君臣之義以權之；意論輕重之序，慎測深淺之量以別之；悉其聰明，致其忠愛以盡之 5.17

夫禮，先王以承天之道，以治人之情，故失之者死，得之者生 9.2

法無常而禮無列，禮無列則士不事也 9.4(一)

夫禮，必本於大一，分而爲天地，轉而爲陰陽，變而爲四時，列而爲鬼神，其降曰命，其官於天也 9.4(六)

夫禮，必本於天，動而之地，列而之事，變而從時，協於分藝 9.4(六)

父子篤，兄弟睦，夫婦和，家之肥也 9.4(七)

凡飲，養陽氣也；凡食，養陰氣也；凡聲，陽也 11.2

父母有過，下氣怡色，柔聲以諫；諫若不入，起敬起孝，説則復諫；不説，與其得罪於鄉黨州閭，寧孰諫；父母怒，不説，而撻之流血，不敢疾怨，起敬起孝 12.5

凡男拜，尚左手；凡女拜，尚右手 12.6

凡四代之服器官，魯兼用之。是故魯王禮也，天下傳之久矣，君臣未嘗相弑也，禮樂刑法政俗未嘗相變也，天下以爲有道之國，是故天下資禮樂也 14.8

發然後禁，則扞格而不勝；時過然後學，則勤苦而難成；雜施而不孫，則壞亂而不脩；獨學而無友，則孤陋而寡聞；燕朋逆其師；燕辟廢其學。此六者，教之所由廢也 18.3

凡學之道，嚴師爲難。師嚴然後道尊，道尊然後民知敬學 18.5

凡音者，生人心者也，情動於中，故形於聲。聲成文，謂之音 19.1(二)

發揚蹈厲 19.9(二)

夫樂者，樂也，人情之所不能免也 19.10(二)

夫樂者，先王之所以飾喜也；軍旅鈇鉞者，先王之所以飾怒也。故先王之喜怒皆得其儕焉；喜則天下和之，怒則暴亂者畏之。先王之道，禮樂可謂盛矣 19.10(三)

夫歌者，直己而陳德也，動己而天地應焉，四時和焉，星辰理焉，萬物育焉 19.11

夫聖王之制祭祀也，法施於民則祀之，以死勤事則祀之，能禦大菑則祀之，能捍大患則祀之 23.4

父母愛之，喜而不忘；父母惡之，懼而不怨；父母有過，諫而不逆；父母既没，必求仁者之粟以祀之，此之謂禮終 24.8

凡治人之道，莫急於禮；禮有五經，莫重於祭 25.1

發號出令而民説謂之和，上下相親謂之仁，民不求其所欲而得之謂之信，除去天地之害謂之義。義與信，和與仁，霸王之器也 26.2

夫禮，禁亂之所由，猶坊水之自來也。故以舊坊爲無所用而壞之者，必有水敗；以舊禮爲無用而去之者，必有亂患 26.3

Gg(巜)

古之君子，進人以禮，退人以禮，故有舊君反服之禮也 4.6

國奢則示之以儉，國儉則示之以禮 4.7

苟無禮義忠信誠慤之心以涖之，雖固結之，民其不解乎？ 4.16

古者公田藉而不税，市廛而不税，關譏而不征，林麓川澤以時入而不禁，夫圭田無征 5.13

廣谷大川異制，民生其閒者異俗，剛柔、輕重、遲速異齊，五味異和，器械異制，衣服異宜。脩其教，不易其俗；齊其政，不易其宜 5.14

故政者，君之所以藏身也 9.4(一)

故人者，其天之德，陰陽之交，鬼神之會，五行之秀氣也 9.4(四)

故人者，天地之心也，五行之端也，食味、别聲、被色而生者也 9.4(四)

羔豚而祭，百官皆足；大牢而祭，不必有餘，此之謂稱也。諸侯以龜爲寶，以圭爲瑞；家不寶龜，不藏圭，不臺門，言有稱也 10.2

古之聖人，内之爲尊，外之爲樂，少之爲貴，多之爲美 10.4

觀其禮樂，而治亂可知也；觀其器，而知其工之巧；觀其發，而知其人之知 10.8

甘受和，白受采，忠信之人可以學禮；苟無忠信之人，則禮不虚道。是以得其人之爲貴也 10.11

工依於法，游於説 17.4

古之王者建國君民，教學爲先 18.1

孤陋而寡聞 18.3

古之學者，比物醜類 18.6

鼓無當於五聲，五聲弗得不和 18.6

宫爲君，商爲臣，角爲民，徵爲事，羽爲物，五者不亂，則無怗懘之音也 19.1(二)

宫亂則荒，其君驕；商亂則陂，其官壞；角亂則憂，其民怨；徵亂則哀，其事勤；羽亂則危，其財匱；五者皆亂，迭相陵，謂之慢，如此國之滅亡無日矣 19.1(二)

觀其舞，知其德；觀其謚，知其行也 19.4(一)

廣大而静，疏達而信者宜歌《大雅》，恭儉而好禮者宜歌《小雅》 19.11

歌之爲言也，長言之也：説之故言之，言之不足故長言之，長言之不足故嗟歎之，嗟歎之不足故不知手之舞之，足之蹈之也 19.11

歌者，上如抗，下如隊，曲如折，止如槀木，倨中矩，句中鉤，纍纍乎端如貫珠 19.11

貴有德，貴貴，貴老，敬長慈幼，此五者，先王之所以定天下也 24.4

古之爲政，愛人爲大；所以愛人？禮爲大；所以治禮？敬爲大 27.2

古之爲政，愛人爲大。不能愛人，不能有其身；不能有其身，不能安土；不能安土，不能樂天；不能樂天，不能成其身 27.3

敢問君子何貴乎天道也？孔子對曰：貴其不已。如日月東西相從而不已也，是天道也；不閉其久，是天道也；無爲而物成，是天道也；已成而明，是天道也 27.3

Jj(ㄐ)

君子反古復始，不忘其所由生也，是以致其敬，發其情，竭力從事以報其親，不敢弗盡也 24.6

祭者，非物自外至者也，自中出，生於心也，心怵而奉之以禮。是故唯賢者能盡祭之義 25.1

祭者，教之本也已 25.6

祭而不敬，何以爲民父母矣 25.8

君子審禮，不可欺以姦詐 26.2

君子慎始，差若毫氂，繆以千里 26.3

今之君子好實無厭，淫德不倦，荒怠敖慢，固民是盡，午其衆以伐有道，求得當欲，不以其所 27.1

君之所爲，百姓之所從也；君之所不爲，百姓何從？ 27.2

君子無不敬，敬身爲大。身也者，親之枝也，敢不敬與？身以及身，子以及子，妃以及妃。君行此三者，則愾乎天下矣 27.2

君子過言，則民作辭；過動，則民作則 27.3

敬而不中禮謂之野，恭而不中禮謂之給，勇而不中禮謂之逆。給奪慈仁 28.1

君子禮以坊德，刑以坊淫，命以坊欲 30.1

君子約言，小人先言 30.2

君子弛其親之過而敬其美，從命不忿，微諫不倦，勞而不怨，可謂孝矣 30.4

敬則用祭器，故君子不以菲廢禮，不以美没禮。故食禮，主人親饋則客祭，主人不親饋則客不祭。故君子苟無禮，雖美不食焉。以此示民，民猶争利而忘義 30.5

君子不盡利以遺民。故君子仕則不稼，田則不漁，食時不力珍，大夫不坐羊，士不坐犬。以此坊民，民猶忘義而争利，以亡其身 30.7

君子遠色以爲民紀，故男女授受不親：御婦人則進左手；姑姊妹女子子嫁而反，男子不與同席而坐；寡婦不夜哭；婦人疾，問之，不問其疾。以此坊民，民猶淫泆而亂於族 30.8

君子戒慎乎其所不睹，恐懼乎其所不聞，莫見乎隱，莫顯乎微。故君子慎其獨也 31.1

君子和而不流，强哉矯！中立而不倚，强哉矯！國有道，不變塞焉，强哉矯！國無道，至死不變，强哉矯！ 31.6

君子依乎中庸，遯世不見知而不悔，唯聖者能之 31.7

君子之道，造端乎夫婦，及其至也，察乎天地 31.7

君子素其位而行，不願乎其外：素富貴，行乎富貴；素貧賤，行乎貧賤；素夷狄，行乎夷狄；素患難，行乎患難：君子無入而不自得焉 31.8

君子居易以俟命，小人行險以徼幸 31.8

君子之道，譬如行遠必自邇，譬如登高必自卑 31.9

K(ㄎ)

M(ㄇ)

N(ㄋ)

P(ㄆ)

貧而好樂，富而好禮，衆而以寧者，天下其幾矣！故治國不過千乘，都成不過百雉，家富不過百乘。以此坊民，諸侯猶有畔者 30.1

朋友之交，主人不在，不有大故則不入其門 30.8

Q（ㄑ）

取妻不取同姓。 1.7

前朱雀而後玄武，左青龍而右白虎 1.14

親有疾，飲藥，子先嘗之 2.7

丘聞之，親者毋失其爲親也，故者毋失其爲故也 4.19

親親，尊尊，長長，男女之有別，人道之大者也 15.3

親親也，尊尊也，長長也，男女有别，此其不可得與民變革者也 16.2

窮本知變，樂之情也；著誠去僞，禮之經也 19.7

《齊》者，三代之遺聲也，齊人識之，故謂之《齊》 19.11

秋，霜露既降，君子履之，必有悽愴之心，非其寒之謂也；春，雨露既濡，君子履之，必有怵惕之心，如將見之 24.1

慤善不違身，耳目不違心，思慮不違親，結諸心，形諸色，而術省之，孝子之志也 24.12

其爲人也，温柔敦厚，《詩》教也；疏通知遠，《書》教也；廣博易良，《樂》教也；絜静精微，《易》教也；恭儉莊敬，《禮》教也；屬辭比事，《春秋》教也 26.1

丘聞之，民之所由生，禮爲大 27.1

清明在躬，氣志如神，嗜欲將至，有開必先，天降時雨，山川出雲 29.2

取妻不取同姓，以厚别也 30.8

親親之殺，尊賢之等，禮所生也 31.14

去讒遠色，賤貨而貴德，所以勸賢者 31.14

其次至曲，曲能有誠，誠則形，形則著，著則明，明則動，動則變，變則化。唯天下至誠爲能化 31.15

情欲信，辭欲巧 32.6

輕絶貧賤而重絶富貴，則好賢不堅而惡惡不著，人雖曰不利，吾不信也 33.7

丘少居魯，衣逢掖之衣；長居宋，冠章甫之冠。丘聞之，君子之學也博，其服也鄉。丘不知儒服 41（二）

其爲父子兄弟足法，而后民法之也。此謂治國在齊其家 42.4

R（ㄖ）

人而無禮，雖能言，不亦禽獸之心乎？ 1.2

人有禮則安，無禮則危 1.2

人竟問禁，人國問俗，人門問諱 1.15

人喜則斯陶，陶斯咏，咏斯猶，猶斯舞，舞斯愠，愠斯戚，戚斯歎，歎斯辟，辟斯踊矣 4.8

儒有一畝之宫，環堵之室，篳門圭窬，蓬户甕牖，易衣而出，并日而食，上答之不敢以疑，上不答不敢以諂。其仕有如此者 41（十二）

儒有今人與居，古人與稽，今世行之，後世以爲楷；適不逢世，上弗援，下弗推；讒諂之民有比黨而危之者，身可危也，而志不可奪也；雖危，起居竟信其志，猶將不忘百姓之病也。其憂思有如此者 41（十三）

儒有博學而不窮，篤行而不倦，幽居而不淫，上通而不困；禮之以和爲貴，忠信之美，優游之法，慕賢而容衆，毁方而瓦合。其寬裕有如此者 41（十四）

儒有内稱不辟親，外舉不辟怨，程功積事，推賢而進達之，不望其報；君得其志，苟利國家，不求富貴。其舉賢援能有如此者 41（十五）

儒有聞善以相告也，見善以相示也，爵位相先也，患 難相死也，久相待也，遠相致也。其任舉有如此者 41（十六）

儒有澡身而浴德，陳言而伏，静而正之；上弗知也，麤而翹之，又不急爲也；不臨深而爲高，不加少而爲多；世治不輕，世亂不沮；同弗與，異弗非也。其特立獨行有如此者 41（十七）

儒有上不臣天子，下不事諸矦，慎静而尚寬，强毅以與人，博學以知服；近文章，砥厲廉耦，雖分國，如錙珠，不臣不仕。其規爲有如此者 41（十六）

儒有合志同方，營道同術，並立則樂，相下不厭；久不相見，聞流言不信，其行本方，立義同而進，不同而退。其交友有如此者 41（十九）

儒有不隕獲於貧賤，不充詘於富貴，不慁君王，不累長上，不閔有司，故曰儒。今衆人之命儒也，妄常，以儒相詬病 41（廿一）

如切如磋者，道學也；如琢如磨者，自脩也 42.2

若有一个臣，斷斷兮無他技，其心休休焉，其如有容焉；人之有技，若己有之；人之彦聖，其心好之，不啻若自其口出，寔能容之。以能保我子孫黎民，尚亦有利哉！人之有技，娟嫉以惡 之；人之彦聖，而違之俾不通，寔不能容。以不能保我子孫黎民，亦曰殆哉！ 42.6

仁者以財發身，不仁者以身發財 42.6

S、sh（ㄙ、ㄕ）

侍坐於君子，君子欠伸、撰仗屨、視日蚤莫，侍坐者請出矣 1.7

侍於君子，不顧望而對，非禮也 2.1

事親有隱而無犯，事君有犯而無隱，事師無犯無隱 3.2

喪禮，與其哀不足而禮有餘也，不若禮不足而哀有餘也 3.16

喪人無寳，仁親以爲寳 4.3

社稷宗廟之中未施敬於民而民敬 4.15

司徒論選士之秀者而升之學，曰俊士 5.15

升於司徒者不征於鄉，升於學者不征於司徒，曰造士 5.15

三王之祭川也，皆先河而後海，或源也，或委也，此之謂務本 18.6

聲音之道與政通矣 19.1(二)

桑間濮上之音，亡國之音也，其政散，其民流，誣上行私而不可禁也 19.1(二)

審聲以知音，審音以知樂，審樂以知政，而治道備矣 19.1(三)

聖人作樂以應天，制禮以配地。禮樂明備，天地官矣 19.3(一)

聲哀而不莊，樂而不安，慢易以犯節，流湎以忘本，廣則容姦，狹則思欲，感條暢之氣而滅平和之德，是以君子賤之也 19.5

詩，言其志也；歌，詠其聲也；舞，動其容也。三者本於心，然後樂器從之。是故情深而文明，氣盛而化神，和順積中而英華發外，唯樂不可以爲僞 19.6(二)

生民之道，樂爲大焉 19.6(二)

肆直而慈愛者宜歌《商》 19.11

《商》者，五帝之遺聲也，商人識之，故謂之《商》 19.11

山林川谷丘陵能出雲，爲風雨，見怪物，皆曰神 23.1

善則稱人，過則稱己。教不伐，以尊賢也 24.12

身致其誠信。誠信之謂盡，盡之謂敬，敬盡然後可以事神明。此祭之道也 25.2

《詩》之失愚，《書》之失誣，《樂》之失奢，《易》之失賊，《禮》之失煩，《春秋》之失亂 26.1

喪祭之禮廢，則臣子之恩薄，而倍死忘生者衆矣 26.3

聖人之制富貴也，使民富不足以驕，貧不至於約，貴不慊上，故亂益亡 30.1

上酌民言，則下天上施。上不酌民言，則犯也；下不天上施，則亂也。故君子信讓以涖百姓，則民之報禮重 30.3

善則稱人，過則稱己，則民不争；善則稱人，過則稱己，則怨益亡；善則稱人，過則稱己，則民讓善；善則稱君，過則稱己，則民作忠；善則稱親，過則稱己，則民作孝 30.3

舜其大知也與？舜好問而好察邇言，隱惡而揚善，執其兩端，用其中於民。其斯以爲舜乎？ 31.4

素隱行怪，後世有述焉，吾弗爲之矣。君子遵道而行，半塗而廢，吾弗能已矣 31.7

射有似乎君子，失諸正鵠，反求諸身 31.9

舜其大孝也與？德爲聖人，尊爲天子，富有四海之内，宗廟饗之，子孫保之 31.11

時使薄斂，所以勸百姓也 31.14

送往迎來，嘉善而矜不能，所以柔遠人也 31.14

順乎親有道，反諸身不誠，不順乎親矣 31.14

上焉者，雖善無徵，無徵不信，不信民弗從；下焉者，雖善不尊，不尊不信，不信民弗從 31.19

聖人之制行也，不制以己，使民有勸勉愧恥以行其言：禮以節之，信以結之，容貌以文之，衣服以移之，朋友以極之，欲民之有壹也 32.3

W(ㄨ)

無欲而好仁者，無畏而惡不仁者，天下一人而已矣。是故君子議道自己，而置法以民 32.2

唯天子受命於天，士受命於君。故君命順，則臣有順命；君命逆，則臣有逆命 32.6

王言如絲，其出如綸；王言如綸，其出如綍。故大人不倡游言。可言也，不可行，君子弗言也；可行也，不可言，君子弗行也。則民言不危行，而行不危言矣 33.2

爲上可望而知也，爲下可述而志也，則君不疑於其臣，而臣不惑於其君矣 33.3

温良者，仁之本也；敬慎者，仁之地也；寬裕者，仁之作也；孫接者，仁之能也；禮節者，仁之貌也；言談者，仁之文也；歌樂者，仁之和也；分散者，仁之施也。儒皆兼此而有之，猶且不敢言仁也，其尊讓有如此者 41(廿)

物格而后知至，知至而后意誠，意誠而后心正，心正而后身脩，身脩而后家齊，家齊而后國治，國治而后天下平 42.1

爲人君止於仁，爲人臣止於敬，爲人子止於孝，爲人父止於慈，與國人交止於信 42.2

唯仁人能愛人，能惡人 42.6

未有上好仁，而下不好義者也；未有好義，其事不終者也；未有府庫財，非其財者也 42.6

X(丁)

脩身踐行，謂之善行 1.1

行脩言道，禮之質也 1.1

兄弟之讎不反兵 1.14

小子識之：苛政猛於虎也 4.16

夏后氏未施敬於民而民敬之 4.16

墟墓之閒未施哀於民而民哀 4.16

昔者先王未有宫室，冬則居營窟，夏則居橧巢；未有火化，食草木之實，鳥獸之肉，飲其血，茹其毛 9.3

刑肅而俗敝，則民弗歸也。是謂疵國 9.4(一)

先王之立禮也，有本有文。忠信，禮之本也；義理，禮之文也。無本不立，無文不行 10.1

先王之制禮也，不可多，不可寡也，唯其稱也 10.4

昔先王尚有德，尊有道，任有能，舉賢而置之，聚衆而誓之 10.7

壻親御授綏，親之也。親之也者，親之也。敬而親之，先王之所以得天下也 11.11

孝子之養老也，樂其心，不違其志；樂其耳目，安其寢處，以其飲食忠養之，孝子之身終 12.10

學然後知不足，教然後知困。知不足，然後能自反也；知困，然後能自强也。故曰教學相長也 18.1

學者有四失，教者必知之。人之學也，或失則多，或失則寡，或失則易，或失則止 18.4

其肺肝然,則何益矣! 42.2

心不在焉,視而不見,聽而不聞,食而不知其味。此謂脩身在正其心 42.3

見賢而不能舉,舉而不能先,慢也;見不善而不能退,退而不能遠,過也 42.6

鄉飲酒之義:主人拜迎賓于庠門之外,入三揖而后至階,三讓而后升,所以致尊讓也;盥洗揚觶,所以致絜也;拜至、拜洗、拜受、拜送、拜既,所以致敬也。尊讓絜敬也者,君子之所以相接也。君子尊讓則不争,絜敬則不慢,不慢不争則遠鬬辨也。不鬬辨則無暴亂之禍矣。故聖人制之以道 45.1

先禮而後財,則民作敬讓而不争矣 45.1

Y、y(丨、凵)

疑事毋質,直而勿有 1.1

易墓,非古也 3.16

有其禮,無其財,君子弗行也;有其禮,有其財,無其時,君子弗行也 3.22

有虞氏未施信於民而民信之 4.15

殷人作誓而民始畔 4.15

用民之力,歲不過三日 5.13

樂正崇四術,立四教,順先王《詩》《書》《禮》《樂》以造士。春秋教以《禮》《樂》,冬夏教以《詩》《書》 5.15

疑獄,氾與衆共之,衆疑,赦之,必察小大之比以成之 5.17

瘖、聾、跛、躃、斷者、侏儒,百工各以其器食之 5.21

用人之知去其詐,用人之勇去其怒,用人之仁去其貪 9.4(二)

飲食男女,人之大欲存焉;死亡貧苦,人之大惡存焉。故欲惡者,心之大端也;人藏其心,不可測度也。美惡皆在其心,不見其色,欲一以窮之,舍禮何以哉? 9.4(三)

以天地爲本,故物可舉也;以陰陽爲端,故情可睹也;以四時爲柄,故事可勸也;以日星爲紀,故事可列也;月以爲量,故功有藝也;鬼神以爲徒,故事有守也;五行以爲質,故事可復也;禮義以爲器,故事行有考也;人情以爲田,故人以爲奥也;四靈以爲畜,故飲食有由也 9.4(四)

義者,藝之分,仁之節也。協於藝,講於仁,得之者强 9.4(七)

堯授舜,舜授禹,湯放桀,武王伐紂,時也 10.2

燕侍食於君子,則先飯而後已;毋放飯,毋流歠,小飯而亟之;數噍,毋爲口容。客自徹,辭焉則止 17.7

玉不琢,不成器;人不學,不知道 18.1

幼者聽而弗問,學不躐等 18.2

燕朋逆其師,燕辟廢其學 18.3

樂者,通倫理者也。是故知聲而不知音者,禽獸是也。知音而不知樂者,衆庶是也 19.1(三)

Z、zh（ㄗ、ㄓ）

致中和，天地位焉，萬物育焉　31.1

仲尼曰：君子中庸，小人反中庸。君子之中庸也，君子而時中；小人之中庸也，小人而無忌憚也　31.2

子曰：中庸其至矣乎？民鮮能久矣　31.2

子路問强　31.6

忠恕違道不遠，施諸己而不願，亦勿施於人　31.8

在上位不陵下，在下位不援上，正己而不求於人，則無怨：上不怨天，下不尤人　31.8

齊明盛服，非禮不動，所以脩身也　31.14

尊其位，重其禄，同其好惡，所以勸親親也　31.14

忠信重禄，所以勸士也　31.14

在下位不獲乎上，民不可得而治也　31.14

自誠明，謂之性；自明誠，謂之教。誠則明矣，明則誠矣　31.15

贊天地之化育　31.15

至誠之道可以前知：國家將興，必有禎祥；國家將亡，必有妖孽。見乎蓍龜，動乎四體：禍福將至，善必先知之，不善必先知之。故至誠如神　31.16

至誠無息，不息則久，久則徵，徵則悠遠，悠遠則博厚，博厚則高明　31.17

質諸鬼神而無疑，知天也；百世以俟聖人而不惑，知人也　31.19

仲尼祖述堯舜，憲章文武，上律天時，下襲水土，辟如天地之無不持載、無不覆幬，譬如四時之錯行，如日月之代明，萬物並育而不相害，道並行而不相悖，小德川流，大德敦化。此天地所以爲大也　31.20

子曰：聲色之於以化民，末也。《詩》曰‘德輶如毛’，毛猶有倫；‘上天之載，無聲無臭’，至矣！　31.20

子言之：歸乎！君子隱而顯，不矜而莊，不厲而威，不言而信　32.1

子言之：仁者，天下之表也；義者，天下之制也；教者，天下之利也　32.2

子言之：仁有數，義有長短大小　32.3

中心安仁者，天下一人而已矣　32.3

子言之：君子之所謂義者，貴賤皆有事於天下　32.4

子言之：君子之所謂仁者，其難乎！　32.5

子言之曰：後世雖有作者，虞帝弗可及也已矣：君天下，生無私，死不厚其子；子民如父母，有憯怛之愛，有忠利之教；親而尊，安而敬，威而愛，富而有禮，惠而能散；其君子尊仁畏義，恥費輕實，忠而不犯，義而順，文而静，寬而有辨。非虞帝其孰能如此乎？　32.5

子言之：事君先資其言，拜自獻其身，以成其信。是故君有責於其臣，臣有死於其言，故其受禄不誣，其受罪益寡　32.6

子言之：昔三代明王皆事天地神明，無非卜筮之用，不敢以其私褻事上帝　32.7

子言之曰：爲上易事也，爲下易知也，則刑不煩矣　33.1